Sailer | Grabener

IMMOBILIEN-FACHWISSEN
von A–Z

8. Auflage

Grabener Verlag

Erwin Sailer | Henning J. Grabener

Volker Bielefeld
Peter Dietze-Felberg
Prof. Dr. Stephan Kippes
Rudolf Koch
Ulf Matzen
Irma Petersen
Heike Schwertfeger
Heinz-Josef Simons

mit einem Vorwort von Prof. Dr. Hansjörg Bach

IMMOBILIEN-FACHWISSEN
von A–Z

Das Lexikon mit umfassenden Antworten
auf Fragen aus der Immobilienwirtschaft

8. Auflage

Grabener Verlag

Bibliografische Information der Deutschen Bibliothek
Die Deutsche Bibliothek verzeichnet diese Publikation in der Deutschen Nationalbibliografie; detaillierte bibliografische Daten sind im Internet über http://dnb.ddb.de abrufbar.

© 2007 | Grabener Verlag | Kiel
Postanschrift: Niemannsweg 8 | 24105 Kiel
Telefon: 0431 - 560 1 560 | Fax: 0431 - 560 1 580
Internet: www.grabener-verlag.de
E-Mail: info@grabener-verlag.de

Fotos: Grabener Verlag | Kiel
Satz: Petra Matzen
Umschlaggestaltung: Astrid Grabener
Redaktionsleitung: Henning J. Grabener

Alle Informationen wurden mit größter Sorgfalt erarbeitet. Eine Garantie für die Richtigkeit sowie eine Haftung können Autoren und Verlag jedoch nicht übernehmen.

Alle Rechte, auch die des auszugsweisen Nachdrucks, der fotomechanischen Wiedergabe (einschließlich Mikrokopie) sowie der Auswertung durch Datenbanken oder ähnliche Einrichtungen vorbehalten.

Die 1. Stichwortsammlung erschien 1996 | Die 1. Auflage erschien 1997

Druck: Druckerei Fotosatz Nord | Wittland 8a | 24109 Kiel | www.dfn-kiel.de

8. Auflage 2007

ISBN 978-3-925573-26-2

Vorwort

Mit seiner achten Auflage setzt das IMMOBILIEN-FACHWISSEN von A–Z die Tradition fort, von Mal zu Mal mehr fundierte Stichworterklärungen anzubieten. Im Vergleich zur siebten Auflage hat sich die Zahl der aufgeführten Stichworte erheblich erhöht, und zwar um 70 Prozent!

Die von Henning J. Grabener und Heinz-Josef Simons gelieferte Stichwortbasis (1. Auflage 1996) wurde von Erwin Sailer kontinuierlich erweitert und fachlich vervollständigt. Nicht zuletzt durch die Vergrößerung des Autorenstammes konnte das Stichwortpotenzial verschiedener Disziplinen ausgeschöpft werden, vor allem auch im technischen Bereich.

Wertvolle Unterstützung erhielten Sailer und Grabener insbesondere von Volker Bielefeld, Peter Dietze-Felberg, Prof. Dr. Stephan Kippes, Rudolf Koch, Ulf Matzen, Irma Petersen, Heike Schwertfeger und Heinz-Josef Simons.

Der Vergleich mit der vorangegangenen Auflage macht deutlich, wodurch das „Immobilienfachwissen" sich besonders auszeichnet: durch seine Aktualität. Zwischen den Druckauflagen pflegen die Autoren beständig die für jedermann abrufbare Online-Version, so dass Neuerungen sofort aufgenommen werden können. Das erhält das IMMOBILIEN-FACHWISSEN jung. So ist zum Beispiel nachzulesen, dass aus der „ebs" die „IREBS" geworden ist, oder aus dem „Verband Deutscher Hypothekenbanken" der „Verband deutscher Pfandbriefbanken". Das jüngst verabschiedete „Gleichbehandlungsgesetz" fehlt ebenso wenig wie die Charakterisierung der Wertermittlungsrichtlinien 2006, oder die neuen Beleihungswertermittlungen.

Der stetige Aktualisierungsbedarf wird deutlich, wenn man an die rapide Zunahme der gesetzlichen Regelungen denkt, zum Beispiel im steuerlichen Bereich (etwa die neue Berliner Grunderwerbsteuerregelung), aber auch an die Fortentwicklung der Rechtsprechung der Obergerichte, die ebenfalls berücksichtigt werden muss (Stichwort „geschlossene Immobilienfonds").

Auch die fachliche Bandbreite der Stichwörter wurde erweitert und umfasst jetzt die „Unternehmensethik" ebenso wie die „EU-Vermittlerrichtlinie".

Prof. Dr. Hansjörg Bach

Bezeichnend ist, dass das IMMOBILIEN-FACHWISSEN jetzt nicht mehr mit dem Stichwort „Abbruchanordnung" beginnt, sondern mit „Abberufung (Wohnungseigentumsverwalter)", gefolgt von „Abbindebeschleuniger" und nicht mehr mit „Zwischenfinanzierung" endet, sondern mit „Zyklopenmauerwerk".

Prof. Dr. Hansjörg Bach
Leiter des Studiengangs Immobilienwirtschaft
der Hochschule Nürtingen
März 2007

... auf ein Wort

Mit dem Lexikon IMMOBILIEN-FACHWISSEN von A–Z gehen wir 2007 in das 11. Jahr. Als 1996 die erste Ausgabe herauskam, reichten zwei Autoren aus, um innerhalb von vier Monaten ein Heftchen mit einer begrenzten Anzahl von Stichworten und Erklärungen zu füllen. Als kleine Broschüre von 120 Seiten startete 1997 die erste echte Auflage, die auch in den Buchhandel ging.

Heute liegt ein umfangreiches, gewachsenes Fachlexikon vor uns. Eine Vielzahl von Autoren hat es geschafft, aus den Anfängen ein echtes Grundlagenwerk für die Immobilienwirtschaft zu entwickeln. Fast alle Schreiber und Mitmacher der ersten Stunde sind noch heute im Team.

Das Lexikon ist für uns in der Redaktion inzwischen der Mittelpunkt unserer Arbeit geworden. Es hat sich gezeigt: Immobilien sind nicht einfach tote Materie. Ihr Umfeld entwickelt sich ständig, sie unterliegen einer Vielzahl von Einflüssen und immer geht es um Menschen. Wurden anfänglich Begriffe ohne großen Kommentar ins Lexikon übernommen, wird heute jede Darstellung geprüft und zur Diskussion gestellt. Dann beginnt die Bewährungsprobe. Die Leser sind aktiv und das Internet macht Reaktionen schnell und unkompliziert. Da wird die eigene Meinung übermittelt, wird auf vermeintlich Falsches oder auch Missverständliches hingewiesen, werden zusätzliche Informationen angeboten, oft mit umfassendem Hintergrundwissen.

Erfreulicherweise ist das Lexikon immer mehr Teil der Aus- und Weiterbildung geworden. Nicht selten kommt es zu Auseinandersetzungen über die eine oder andere Formulierung. Wenn dann für 10 Zeilen im Buch eine Leser-Reaktion mit wissenschaftlicher Begründung von rund 40 Seiten und 20 verschiedenen Meinungen eingeht, rauft der Redakteur sich schon mal die Haare. Das bedeutet viel Arbeit, aber auch viel Spaß und schließlich Erfolg für das Lexikon.

Wesentliche Grundlage für dieses Buch ist die Online-Version. Seit 1999 ist sie auf vielen Internetseiten von Firmen, Verbänden, Schulen und Organisationen und natürlich des Grabener Verlags zu finden. Zu Beginn hörten wir oft die Frage, ob denn die parallele Ausgabe als Buch und als Online-Version nicht unklug für den Verlag sei? Nach vielen Jahren guter Erfahrung sind wir sicher, den richtigen Weg gefunden zu haben. Beide Medien ergänzen sich und gleichen ihre Nachteile gegenseitig aus. So kann man das Buch an jedem Ort lesen und bequem darin blättern, während die Online-Version auf dem Bildschirm immer aktuell ist. Denn nach dem Druck eines Buches entwickelt sich das Fachwissen weiter. Neue Urteile, Vorschriften und Gesetze machen oft tägliche Aktualisierungen notwendig. Im Online-Lexikon findet der Leser immer den aktuellen Sachstand. Darüber hinaus werden viele fachliche Darstellungen im Zuge der Entwicklung ergänzt, verändert und angepasst.

Henning J. Grabener

Wie geht es weiter? Ein fertiges Buch heißt für die Redaktion nichts anderes, als sich auf die nächste Auflage vorzubereiten – die 9. Auflage erscheint Ende 2009/ Anfang 2010. Bis dahin wird die Online-Ausgabe weiter wachsen. Service und Leistungen in diesem Bereich sollen erhöht, technische Neuerungen genutzt werden.

An dieser Stelle möchte ich es nicht versäumen, mich bei den Autoren zu bedanken. Stellvertretend seien besonders Erwin Sailer als Hauptautor und Volker Bielefeld genannt, der unter Zeitdruck mit großem persönlichen Einsatz die komplette Novellierung des Wohnungseigentumsgesetztes vor Drucklegung eingearbeitet hat. Mein Dank und meine Hochachtung gelten auch den vielen Autoren aus nah und fern sowie den aufmerksamen Lesern und Spezialisten, die uns mit ihren Zuschriften, Meinungen und Ideen dahin gebracht haben, wo wir heute mit dem Lexikon sind. So möchten wir gern weitermachen. Wir freuen uns auf eine lebendige Zukunft und ein ebensolches Medium zum Nutzen unserer Leser.

Ihr Henning J. Grabener

Redaktionsleiter im Grabener Verlag
März 2007

Vielen Dank

Dass sich dieses Lexikon als Buch von Auflage zu Auflage so gut entwickeln konnte, und dass die Online-Version interessierten Lesern und Internet-Nutzern kostenfrei zur Verfügung gestellt werden kann, verdanken wir auch der wachsenden Anzahl von Sponsoren. Sie haben es ermöglicht, dass die Redaktion ohne wirtschaftlichen Druck ihre Aufgaben erfüllen kann. Nur mit dieser Hilfe war es möglich, auch teure Recherchen und Befragungen durchzuführen.

An dieser Stelle möchten wir uns vom Verlag und von der Redaktion ganz herzlich bei diesen mehr als hilfreichen Unterstützern bedanken und sie Ihnen kurz vorstellen:

ALT & KELBER
Immobilienverwaltung GmbH

Bahnhofstr. 7 · 74072 Heilbronn
www.altundkelber.de

Unternehmensgruppe ESW. Ihr Zuhause ist unsere Stärke.

Evangelisches Siedlungswerk in Bayern
Hans-Sachs-Platz 10 · 90403 Nürnberg
www.esw-bayern.de

EBZ – Europäisches Bildungszentrum
der Wohnungs- und Immobilienwirtschaft

Springorumallee 20 · 44795 Bochum
www.e-b-z.de

 Frankfurter
Sparkasse *1822*

Frankfurter Sparkasse · 60255 Frankfurt am Main
ServiceLine 069 24 1822 24 ·
www.frankfurter-sparkasse.de

Mecklenburg-Vorpommern Brandenburg
Berlin-Ost Sachsen-Anhalt Sachsen

Am Luftschiffhafen 1 · 14471 Potsdam
www.lbs-ost.de

Maurienstraße 5 · 22305 Hamburg
www.gewos.de

Dachverband
Deutscher Immobilienverwalter e. V.

Mohrenstr. 33 · 10117 Berlin
www.immobilienverwalter.de

VdW Rheinland Westfalen
Goltsteinstr. 29 · 40211 Düsseldorf
www.wohnungswirtschaft-aktuell.de

VdW südwest
Franklinstr. 62 · 60486 Frankfurt
www.wohnungswirtschaft-aktuell.de

Bodenseestr. 217 · 81243 München
www.3a-makler.net

Uhlandstr. 68 · 22087 Hamburg
www.gvuw.de

Adolphsplatz / Gr. Burstah · 20457 Hamburg
www.haspa.de

Grundstr. 2 · 82061 Neuried
www.gg-immobilien.de

Färberplatz 12 · 90402 Nürnberg
www.hausundgrund-nuernberg.de

Hochschule für
Wirtschaft und Umwelt
Nürtingen-Geislingen

Neckarsteige 6-10 · 72622 Nürtingen
www.hfwu.de

Erik-Nölting-Str. 24 · 40227 Düsseldorf
www.i-d-g.de

Gustav Selve Palais · Lüdenscheider Str. 36
58762 Altena · www.sipgroup.de

Haydnstr. 5 · 57577 Hamm Sieg
www.intramakler.de

 Fachinstitut
für die Immobilienwirtschaft

Heckkoppel 2 a · 22393 Hamburg
www.ml-fachinstitut.de

Erasmusstr. 16 · 79098 Freiburg
www.frimmo.de

Viktoriastraße 12 · 26548 Norderney
www.norderney-immobilien.com

Bahnhofstr. 79 · 45525 Hattingen
www.stalter-immobilien.de

Lietzenburger Straße 72 · 10719 Berlin
www.wohnungsprivatisierung.de

immobilien berger
seit 1988

Poststraße 46 · 69115 Heidelberg
www.immobilien-berger.com

Berliner Platz 1 D · 38102 Braunschweig
www.vow-bs.de

contecta
Immobilienverwaltung GmbH

Keltenstr. 6 · 86368 Gersthofen
www.contecta.de

 Hamburg
Mecklenburg-Vorpommern
Schleswig-Holstein

Tangstedter Landstr. 83 · 22415 Hamburg
www.vnw.de

 VNWI e.V.
Verband der
nordrhein-westfälischen
Immobilienverwalter

Vaalser Straße 148 · 52074 Aachen
www.vnwi.de

Verband der
Immobilienverwalter
Bayern e. V.

Elisenstr. 3 · 80335 München
www.vdiv-bayern.de

IMMOBILIENSACHVERSTÄNDIGE BUNDESWEIT

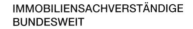

Lindenstr. 23 · 55270 Klein-Winternheim
www.immobiliensachverstaendige-bundesweit.de

 Immobilienverband Deutschland IVD
Bundesverband
der Immobilienberater, Makler,
Verwalter und Sachverständigen e. V.

Littenstr. 10 · 10179 Berlin
www.ivd.net · info@ivd.net

 VdW
Rheinland
Westfalen

Goltsteinstr. 29 · 40211 Düsseldorf
www.vdw-rw.de

 Verband der Immo-
bilienverwalter
Baden-
Württemberg e.V.

Berliner Str. 19 · 74321 Bietigheim-Bissingen
ww.vdiv.de

 Bundesfachverband
Wohnungs- und Immobilienverwalter e.V.
BFW

Schiffbauerdamm 8 · 10117 Berlin
www.wohnungsverwalter.de

 Das Informationsportal
der Immobilienwirtschaft

Warschauer Str. 58a · 10243 Berlin
www.immothek24.de

 Immobilienverband Deutschland IVD
Region
Berlin
Brandenburg e. V.

Kurfürstendamm 102 · 10711 Berlin
www.ivd-berlin-brandenburg.de

 Landesverband Freier Immobilien-
und Wohnungsunternehmen
Niedersachsen / Bremen e. V.

Am Holzgraben 1 · 30161 Hannover
www.lfw-nb.de

 Verband der Immobilien-
verwalter Rheinland-Pfalz /
Saarland e.V

Schubertstr. 2 · 67061 Ludwigshafen
www.vdiv-rps.de

Torstraße 49 · 10119 Berlin
www.strategis.eu

Immer aktuell

Sie halten die 8. Auflage des Lexikons IMMOBILIEN-FACHWISSEN von A–Z in den Händen, dessen Ziel es ist, einen umfassenden und aktuellen Einblick in die Immobilienwirtschaft zu bieten. Deshalb ist mit diesem Lexikon ein besonderer Service verbunden.

Internetservice

Unter der Adresse **www.grabener-verlag.de** sowie unter den Adressen unserer Sponsoren finden Sie eine stets tagaktuelle Ausgabe des Lexikons im Internet. Hier können Sie kurz nachsehen, ob sich bei der Erklärung eines Sachverhaltes zwischenzeitig etwas verändert hat. Sie sind damit immer auf der sicheren Seite, wenn es um aktuelles Wissen geht. Die Redaktion arbeitet regelmäßig an Neuerungen, an Aktualisierungen wie auch an nötigen Berichtigungen.

Ihr Henning J. Grabener
Redaktionsleiter im Grabener Verlag

Auf der Startseite von **www.grabener-verlag.de** finden Sie in der oberen Zeile einen Button für das **Online-Lexikon**. Ständig aktualisiert – komplett – mit Nennung der Autoren und Sponsoren.

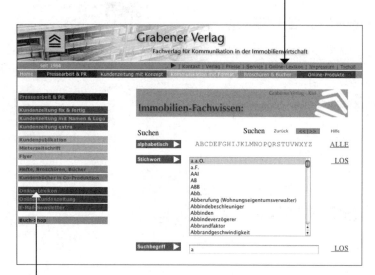

Unser Angebot für Ihre WebSite finden Sie hier!

Und so sieht die Startseite des Lexikons als Onlineversion aus. Es stehen verschiedene Suchkriterien zur Auswahl.

Inhalt

Vorwort 9
... auf ein Wort 10
Vielen Dank 11
Immer aktuell 14
Inhaltsübersicht 15

Lexikon

    A 17
    B 83
    C 161
    D 169
    E 191
    F 227
    G 257
    H 303
    I 323
    J 351
    K 355
    L 375
    M 393
    N 429
    O 447
    P 453
    Q 477
    R 479
    S 501
    T 545
    U 565
    V 583
    W 619
    Z 653

Jetzt sind Sie gefragt 669
Die Autoren 670
Empfehlungen 675

a.a.O.
Abkürzung für: am angegebenen Ort

a.F.
Abkürzung für: alte Fassung

AAI
Abkürzung für: Arbeitsgemeinschaft der Akademien der Immobilienwirtschaft

AB
Abkürzung für: Altbau

ABB
Abkürzung für: Allgemeine Bedingungen für Bausparverträge

Abb.
Abkürzung für: Abbildung

Abberufung (Wohnungseigentumsverwalter)
Die Abberufung des Verwalters erfolgt ebenso wie seine Bestellung durch mehrheitliche Beschlussfassung in der Wohnungseigentümerversammlung (§ 26 Abs. 1 WEG).
Die Abberufung kann jedoch durch entsprechende Vereinbarung auf das Vorliegen eines wichtigen Grundes beschränkt werden. Im Übrigen gilt der mit dem Bestellungsbeschluss festgelegte Zeitraum. Als wichtiger Grund, der eine vorzeitige Abberufung rechtfertigen kann, gilt allgemein die Zerstörung des Vertrauensverhältnisses zwischen Verwalter und Wohnungseigentümergemeinschaft. Von einer Störung des Vertrauensverhältnisses ist im Regelfall dann auszugehen, wenn der Verwalter seinen vertraglichen Pflichten nicht oder nur unzureichend nachkommt. Dabei kann es sich um die Nichteinberufung oder ständig verspätete Einberufung der Wohnungseigentümerversammlung handeln, auch die Nichtvorlage oder die wiederholte Vorlage von falschen oder unvollständigen Jahresabrechnungen und Wirtschaftsplänen sowie die Nichtdurchführung von Beschlüssen oder sonstige Pflichtverletzungen können als wichtiger Grund zur sofortigen Abberufung führen.
Ein wichtiger Grund zur Abberufung liegt nach Inkrafttreten der Änderungen des Wohnungseigentumsgesetzes nunmehr regelmäßig dann vor, wenn der Verwalter die Beschluss-Sammlung nicht ordnungsmäßig führt (§ 26 Abs. 1 Satz 4 WEG).

Kommt ein Mehrheitsbeschluss trotz Vorliegen eines wichtigen Grundes nicht zustande, kann auch der einzelne Wohnungseigentümer im Rahmen seines Anspruchs auf ordnungsmäßige Verwaltung die Abberufung des Verwalters durch das Gericht verlangen. Dem muss allerdings der vergebliche Versuch vorangegangen sein, die Abberufung durch Beschlussfassung in der Wohnungseigentümerversammlung durchzusetzen.
Verhindert der Verwalter durch eigenes Stimmrecht oder durch ihm übertragene Stimmrechtsvollmachten rechtsmissbräuchlich seine Abberufung, und kommt deshalb ein Mehrheitsbeschluss nicht zustande, ist ein solcher Negativbeschluss dennoch anfechtbar und führt bei Vorliegen wichtiger Gründe zur Abberufung. Die erfolgreiche Abberufung aus wichtigem Grund zieht in der Regel die gleichzeitige außerordentliche Kündigung des Verwaltungsvertrages nach sich.
Siehe / Siehe auch: Bestellung des Verwalters, Verwalter (WEG), Beschluss, Beschluss-Sammlung

Abbindebeschleuniger
Abbindebeschleuniger ist ein Zusatzstoff, der einen Abbindeprozess, beispielsweise das Erhärten von Beton, beschleunigt und damit die Abbindezeit verkürzt. Abbindebeschleuniger werden verwendet, wenn aus bestimmten Gründen ein besonders schnelles Fortschreiten der Baumaßnahmen erforderlich ist.
Siehe / Siehe auch: Abbinden, Abbindeverzögerer, Beton

Abbinden
Abbinden ist die Bezeichnung für den Prozess des Erhärtens von Bindemitteln und Klebstoffen, insbesondere für das Erhärten von Zement, Kalk oder Gips in Verbindung mit Zuschlagstoffen. Der Abbindeprozess kann durch geeignete Zusätze verzögert oder beschleunigt werden.
Siehe / Siehe auch: Abbindebeschleuniger, Abbindeverzögerer, Beton

Abbindeverzögerer
Abbindeverzögerer ist ein Zusatzstoff, der einen Abbindeprozess, beispielsweise das Erhärten von Beton, verzögert und damit die Abbindezeit verlängert. Abbindeverzögerer werden zum Beispiel verwendet, wenn beim Betonieren auf großen Baustellen mit einer vergleichsweise langen Ver-

arbeitungszeit zu rechnen sind und wenn Pump-, Spritz- oder Fertigbeton über längere Strecken bzw. längere Zeit zu transportieren ist. Auch bei vergleichsweise dicht liegenden Bewehrungen ist der Einsatz von Abbindeverzögerern sinnvoll, um eine ausreichend gründliche Verarbeitung des Betons, insbesondere beim Verdichten, zu gewährleisten.
Siehe / Siehe auch: Abbinden, Abbindebeschleuniger, Beton, Moniereisen, Stahlbeton

Abbrandfaktor

Der Abbrandfaktor (m) ist eine dimensionslose Kenngröße, die das Abbrandverhalten von Materialien beschreibt. Er gibt die Menge des je Zeit- und Flächeneinheit verbrennenden Materials an und wird für brandschutztechnische Berechnungen verwendet, beispielsweise um rechnerische Brandbelastungen bzw. die unter Brandschutzaspekten erforderliche Dimensionierung von Bauteilen zu ermitteln.
Siehe / Siehe auch: Abbrandgeschwindigkeit, Brandschutz, Brandwand

Abbrandgeschwindigkeit

Die Abbrandgeschwindigkeit gibt an, wie viel Masse beziehungsweise wie viel Volumen eines festen oder flüssigen Stoffes innerhalb einer bestimmten Zeit und bezogen auf einen bestimmten Teil der Verbrennungsoberfläche verbrennt. Gerät beispielsweise ein bestimmtes Material, dessen Abbrandgeschwindigkeit 0,5 Kilogramm je Minute und Quadratmeter beträgt, auf einer Fläche von zwei Quadratmetern für zehn Minuten in Brand, dann hätte dies insgesamt einen Substanzverlust von 10 kg des betreffenden Materials zur Folge.
Siehe / Siehe auch: Abbrandfaktor, Brandschutz, Brandwand

Abbruchanordnung

In Fällen, in denen eine bauliche Anlage gegen geltendes Baurecht verstößt, kann die Bauaufsichtsbehörde den Abbruch anordnen. Formelle Verstöße liegen vor, wenn eine erforderliche Baugenehmigung nicht erteilt, eine Bauanzeige nicht erstattet oder eine Genehmigung durch Zeitablauf oder Aufhebung unwirksam wurde. Materielle Verstöße, bei denen von vornherein eine Genehmigungsunfähigkeit vorliegt, wiegen schwerer. Eine Abbruchanordnung (auch Abbruchverfügung genannt) ist eine Ermessensentscheidung, bei der auch die Verhältnisse des Betroffenen mit zu berücksichtigen sind. Liegt nur eine Illegalität vor, kommt ein Abbruchgebot nur als äußerste Konsequenz in Frage.

Abbruchantrag

Grundsätzlich muss der Abbruch eines Gebäudes bei der zuständigen Behörde beantragt werden. Das Abbruchvorhaben und die beabsichtigten Abbruchverfahren sind dabei zu erläutern. Gesetzliche Regelungen dazu finden sich in den Landesbauordnungen.Der Antrag muss darüber hinaus den zuständigen Abbruchunternehmer ausweisen. Dieser muss über die notwendige Sachkunde und Erfahrung verfügen, da in diesem Bereich z.b. erhebliche Kenntnisse über Baustatik, Immissionsschutz und Arbeitsschutz vonnöten sind. Sichergestellt sein muss ferner die Trennung und fachgerechte Verwertung bzw. Entsorgung der beim Abbruch anfallenden Materialien.Keine Genehmigung wird benötigt zum Abbruch von Gebäuden unter 300 Kubikmeter Rauminhalt, von Einfriedungsmauern, Stellplätzen und anderen untergeordneten baulichen Anlagen.

Abbruchgebot

Siehe / Siehe auch: Rückbau- und Entsiegelungsgebot

Abbundzeichen

Abbundzeichen sind von Zimmerleuten verwendete Konstruktionszeichen, mit denen die einzelnen Teile einer Holzkonstruktion – beispielsweise eines Fachwerkgerüstes oder eines Dachstuhles – auf dem Zimmerboden versehen werden. Sie geben an, wie die Teile später auf der Baustelle zusammenzufügen sind, und erleichtern und beschleunigen auf diese Weise den Bauablauf.In der Regel werden die Abbundzeichen durch mit dem Beitel ins Holz geschlagene Kerbstiche erzeugt. Verwendung finden vor allem römische, aber auch arabische Zahlen, graphische Symbole oder Kombinationen der vorgenannten Elemente. Abbundzeichen sind oftmals eine wesentliche Informationsquelle im Rahmen von bauhistorischen Untersuchungen.

Abdichtungen

Die Anforderungen an Bauwerksabdichtungen ergeben sich aus DIN 18 195. Abdichtungen sollen das Eindringen von Wasser und Feuchtigkeit in Bauwerkskörper verhindern. Zu unterscheiden sind vertikale von horizontalen Abdichtungen. Vertikale Abdichtungen beziehen sich auf Maßnahmen an den Außenwänden. Putz reicht in der Regel nicht aus. Bitumenbasierte Spachtelmasse, mehrlagig aufgetragen, ist heute Standard. Gegen drückendes Wasser kann unterstützend ein Dränagesystem eingesetzt werden, das das Wasser vom Gebäude ableitet. Die horizontale Abdichtung erfolgt durch Horizontalsperren oberhalb der Bodenplatten. Die Abdichtung von Flachdächern erfolgt durch bituminöse Dachbahnen oder Polyethylenfolien. Gegen hohe Grundwasser helfen nur Wannen. Dränagesysteme sind eher schädlich. So genannte weiße Wannen bestehen aus einer Betonmasse, die selbst die Abdichtungsfunktion übernimmt.

Abdingbarkeit

Die Möglichkeit, die Anwendbarkeit gesetzlicher Vorschriften durch vertragliche Absprache auszuschließen, nennt man Abdingbarkeit. Man unterscheidet zwischen zwingenden (unabdingbaren) und nicht zwingenden (abdingbaren) Rechtsvorschriften. Bei letzteren spricht man auch von „dispositivem Recht". Zur Wahrung des so genannten Grundsatzes der Privatautonomie werden zivilrechtliche Normen grundsätzlich als abdingbar angesehen. Es gibt jedoch eine Vielzahl von Ausnahmen.

Diese haben den Zweck, die Rechtsklarheit zu sichern (z.B. im Sachenrecht) oder auch die wirtschaftlich schwächere Vertragspartei zu schützen (Mietrecht, Arbeitsrecht, Verbraucherschutz). So sind viele Mieterschutzvorschriften des Bürgerlichen Gesetzbuches ausdrücklich zwingend. Die Unabdingbarkeit einer Vorschrift ist nicht immer ausdrücklich vom Gesetzgeber geregelt. Teilweise ist sie (ggf. vor Gericht) durch Auslegung zu ermitteln. Meist wird Unabdingbarkeit bei Gesetzen angenommen, die den wirtschaftlich schwächeren Vertragspartner schützen sollen.

Siehe / Siehe auch: Abdingbarkeit (Wohnungseigentum), Allgemeine Geschäftsbedingungen im Mietrecht

Abdingbarkeit (Wohnungseigentum)

Die Wohnungseigentümer können gemäß § 10 Abs. 2 Satz 2 WEG von den Bestimmungen des Wohnungseigentumsgesetzes durch sogenannte Vereinbarungen abweichen, ebenso können sie aber auch Vereinbarungen treffen, die die gesetzlichen Bestimmungen ergänzen. Dies gilt für allerdings nur für Regelungen über das rechtliche Verhältnis der Wohnungseigentümer untereinander und auch insoweit nicht uneingeschränkt. Das Wohnungseigentumsgesetz unterscheidet nämlich nach abdingbaren (nicht zwingenden) und unabdingbaren (zwingenden) Vorschriften. Nur von den abdingbaren Vorschriften kann durch eine Vereinbarung im Sinne von § 10 Abs. 2 Satz 2 WEG abgewichen werden. Unabdingbar sind die zwingenden Vorschriften über die Zuordnung und Abgrenzung von Sondereigentum und Gemeinschaftseigentum (§ 1 Abs. 6, § 5 Abs. 1 und 2 WEG). Auch die Vorschrift über die Begrenzung der Verwalterbestellung auf maximal 5 Jahre bzw. 3 Jahre bei Erstbestellung nach Begründung des Wohnungseigentums (§ 26 Abs. 1 WEG) ist unabdingbar. Auch darf die Verwalterbestellung nicht von der Zustimmung Dritter oder von anderen Voraussetzungen abhängig gemacht werden (§ 26 WEG). Auch die dem Verwalter gesetzlich auferlegten Pflichten (§ 27 Abs. 1 bis 3 WEG) sind unabdingbar und können deshalb weder beschränkt noch entzogen werden. Abdingbar sind dagegen unter anderem die Vorschriften über die Kostenverteilung oder das Stimmrecht (§§ 16 Abs. 2, 25 Abs. 2 WEG).

Siehe / Siehe auch: Beschluss, Vereinbarung (nach WEG), Kostenverteilung

AbfG

Abkürzung für: Abfallgesetz

Abflussverstopfung in Mietwohnung

Kommt es in einer Mietwohnung zu einer Abflussverstopfung, muss der Mieter die anfallenden Kosten für den Rohrreinigungsdienst nur tragen, wenn er das Malheur schuldhaft verursacht hat. Dies muss der Vermieter beweisen.Mietvertragliche Regelungen, nach denen alle Mieter sich anteilig an den Kosten der Beseitigung einer Verstopfung der Hauptabwasserleitung zu beteiligen haben, sind zumindest im Formularmietvertrag unwirksam. Sie werden als unangemessene Benachteiligung des Mieters angesehen.Entstehen durch die Abflussverstopfung Schäden am Eigentum des Mieters, kann dieser den Vermieter auf Schadenersatz in Anspruch nehmen. Allerdings nur dann, wenn der Vermieter für den Schaden verantwortlich ist oder das Rohr schon vor Miet-

vertragsabschluss verstopft war. Dies muss der Mieter beweisen. Vermieter sind nicht verpflichtet, Abflussrohre regelmäßig prüfen oder reinigen zu lassen. Häufen sich allerdings Rohrverstopfungen oder gibt es andere Verdachtsmomente, nach denen sich ein Rohr zugesetzt haben könnte, muss der Vermieter tätig werden. Unternimmt er nichts, muss er sich entstehende Schäden zurechnen lassen.
Siehe / Siehe auch: Allgemeine Geschäftsbedingungen im Mietrecht

AbfRestÜberwV
Abkürzung für: Abfall- und Reststoffüberwachungsverordnung

Abgabenordnung (AO)
Die Abgabenordnung enthält die Grundregeln des deutschen Steuerrechts. Sie besteht aus neun Teilen mit insgesamt über 400 Paragraphen. Sie enthält Begriffsdefinitionen (z.B. Begriff Steuern) und Zuständigkeitsvorschriften, Vorschriften über das Steuergeheimnis, das Steuerschuldrecht (Entstehen von Steueransprüchen), das Verfahrensrecht mit Fristen und Terminen, die Durchführung der Besteuerung (Steuererklärungen), die Steuererhebung mit Regeln über Fälligkeit und Verjährung, sowie Vorschriften über die Vollstreckung, die außergerichtliche Rechtsbehelfsverfahren und Straf- und Bußgeldvorschriften.

Abgasklappe
Verhindert das Auskühlen des Heizkessels. Die Abgasklappe dient dazu, bei Stillstand des Brenners die Verbindung zwischen Kessel und Schornstein zu schließen. Bei modernen Heizkesseln schließt sich bei Brennerstillstand automatisch eine Luftklappe. Da keine Außenluft mehr in den Kessel strömt, kühlt dieser langsamer ab. Bei alten Kesseln können Abgasklappen nachgerüstet werden. Ältere Kessel sind jedoch nach der Energieeinsparverordnung in vielen Fällen innerhalb bestimmter Fristen durch neue zu ersetzen.
Siehe / Siehe auch: Energieeinsparverordnung (EnEV)

Abgehängte Decke
Eine abgehängte Decke ist die Decke eines Raumes, die in einem Abstand unterhalb der eigentlichen konstruktiven Decke angebracht ist. Der Zwischenraum zwischen der konstruktiven und der abgehängten Decke kann zur Unterbringung von Haustechnik, beispielsweise zum Verlegen von Leitungen oder zur Abluftführung, genutzt werden. Ein Vorteil abgehängter Decken besteht darin, dass sie durch die Verringerung der Raumhöhe zur Reduzierung der Heizkosten beitragen können. Nachteilig kann sich dagegen auswirken, dass Schäden an der darüber liegenden Bausubstanz, insbesondere an der konstruktiven Decke, länger unbemerkt bleiben können. Zudem wird durch das Abhängen der Decke die Großzügigkeit des Raumeindrucks beeinträchtigt.

Abgeld
Siehe / Siehe auch: Disagio

Abgeltungsklausel
Die Abgeltungsklausel ist eine Klausel im Mietvertrag, nach der der Mieter beim Auszug einen Anteil der Kosten für Schönheitsreparaturen laut Voranschlag einer Fachfirma übernehmen muss, wenn die Fristen für Schönheitsreparaturen noch nicht abgelaufen sind. Beispiel: Liegen zum Zeitpunkt des Auszuges die letzten Schönheitsreparaturen innerhalb der Mietzeit länger als ein Jahr zurück, zahlt der Mieter 20% der Kosten laut Kostenvoranschlag einer Fachfirma; liegen sie über zwei Jahre zurück zahlt er 40%, über drei Jahre 60%, über vier Jahre 80%.
Siehe / Siehe auch: Schönheitsreparaturen

Abgeschlossenheit / Abgeschlossenheitsbescheinigung
Damit an Räumen rechtlich selbständiges Alleineigentum als Wohnungseigentum (Sondereigentum an Wohnungen) oder als Teileigentum (Sondereigentum an nicht zu Wohnzwecken dienenden Räumen) entstehen kann, müssen die jeweils zugehörigen Räume nach den Vorschriften des Wohnungseigentumsgesetzes abgeschlossen sein (§ 3 Abs. 2 Satz 1 WEG). Als abgeschlossen im Sinne des Gesetzes gelten Wohnungen und nicht zu Wohnzwecken dienende Räumlichkeiten dann, wenn sie baulich vollkommen gegenüber anderen Wohnungen und Räumen abgeschlossen sind. Die Zugänge vom Freien, vom Treppenhaus oder von Vorräumen aus müssen verschließbar sein. Wohnungen müssen über Wasserversorgung, Ausguss und WC verfügen. Zusätzliche Räume (Keller-/Boden und / oder Abstellräume), die außerhalb der abgeschlossenen Wohnung liegen,

müssen ebenfalls verschließbar sein. Auch Balkone und Loggien gelten im Allgemeinen wegen ihrer räumlichen Umgrenzung als abgeschlossen. Ebenerdige Terrassen vor Erdgeschosswohnungen gelten dagegen nur dann als abgeschlossen, wenn sie direkt an die Wohnung anschließen und gegenüber der übrigen Grundstücksfläche vertikal durch eine Ummauerung abgegrenzt sind. Stellplätze in einer (Tief-)Garage gelten als abgeschlossen, wenn sie durch Wände oder Geländer abgegrenzt oder auch dauerhaft markiert sind (§ 3 Abs. 2 Satz 2 WEG). Das gleiche gilt für Stellplätze auf einem Garagenoberdeck. Kfz.-Stellplätzen im Freien und ebenso Car-Ports gelten dagegen grundsätzlich nicht als abgeschlossen. Die Abgeschlossenheit ist bei der so genannten Begründung von Wohnungs- oder Teileigentum durch eine von der zuständigen Baubehörde auszustellende Abgeschlossenheitsbescheinigung gegenüber dem Grundbuchamt nachzuweisen. Nach den neuen Bestimmungen des Wohnungseigentumsgesetzes kann die Ausstellung der Abgeschlossenheitsbescheinigung durch öffentlich bestellte oder anerkannte Sachverständigen für das Bauwesen erfolgen, wenn dies von den Landesregierungen durch Rechtsverordnung so bestimmt wird (§ 7 Abs. 4 Satz 3 WEG).

Siehe / Siehe auch: Aufteilungsplan, Teilungserklärung, Sondereigentum, Wohnungseigentum, Teileigentum

Abgrenzungssatzung (Klarstellungssatzung)

Um Klarheit darüber zu schaffen, wo die Innenbereichsgrenzen eines Baugebietes bzw. eines im Zusammenhang bebauten Ortsteils im Sinne des § 34 BauGB verlaufen, kann die Gemeinde eine Abgrenzungssatzung beschließen. Die Abgrenzungssatzung legt diese „Grenzziehung" fest. Die Satzung wird auch als Klarstellungssatzung bezeichnet. Sie entfaltet keine Rechtswirkungen, sondern dient nur der Dokumentation des Grenzverlaufs zwischen Innen- und Außenbereich. Die Abgrenzungssatzung gehört zu den so genannten Innenbereichssatzungen.

Siehe / Siehe auch: Ergänzungs- oder Einbeziehungssatzung, Entwicklungssatzung

ABIEG

Abkürzung für: Amtsblatt der Europäischen Gemeinschaften

ABl

Abkürzung für: Amtsblatt

abl

Abkürzung für: ablehnend

Ablaufleistung

Bei der Ablaufleistung handelt es sich um den Geldbetrag, den der Versicherungsnehmer einer Kapital-Police am Ende der vertraglich vereinbarten Laufzeit ausbezahlt bekommt. Diese Ablaufleistung ergibt sich, vereinfacht ausgedrückt, aus der garantierten Versicherungssumme sowie aus den Überschüssen, die während der Vertragslaufzeit durch die rentierliche Anlage der vom Versicherungsnehmer gezahlten Beiträge erreicht werden. Ärgerlich für viele Versicherungsnehmer ist, dass die Überschussbeteiligung in den vergangenen Jahren spürbar reduziert wurde.

Mit der Folge, dass die seinerzeit bei Vertragsabschluss hochgerechneten Ablaufleistungen nicht mehr erreicht werden. Eine missliche Situation für zahlreiche Immobilieneigentümer, die vor Jahren ihr selbstgenutztes oder vermietetes Wohneigentum mit Hilfe einer Kapital-Lebensversicherung finanziert haben. Abgeschlossen wurden in der Regel sogenannte endfällige Hypotheken-Darlehen ohne laufende Tilgung. Stattdessen fand oder findet die Rückzahlung des Immobilienkredits auf einen Schlag mit Hilfe der Ablaufleistung einer Kapital-Police statt. In vielen Fällen aber reicht jetzt und auch in den nächsten Jahren das von den Assekuranzen überwiesene Geld nicht mehr zur vollständigen Schuldentilgung aus, eben weil die Überschüsse verringert wurden und die Ablaufleistungen niedriger ausfallen als gedacht. Auch aus steuerlichen Gründen ist der Einbau von Kapital-Policen seit Beginn des vergangenen Jahres nicht mehr sinnvoll. Bei Vertragsabschlüssen nämlich, die nach Silvester 2004 stattfanden, wurde das sogenannte Steuerprivileg von Kapital-Lebensversicherungen weitgehend beseitigt. Seitdem gilt: Sofern eine Police eine Laufzeit von mindestens zwölf Jahren hat und der Vertrag nach dem vollendeten 60. Lebensjahr des Versicherungsnehmers endet, ist die Hälfte der in jener Ablaufleistung enthaltenen Überschüsse steuerfrei. Hat der Policenkunde hingegen sein 60. Lebensjahr bei Vertragsende noch nicht erreicht, greift das Finanzamt auf sämtliche Überschüsse zu und unterwirft diese dem persönlichen Steuersatz des Fiskuskunden.

Weil die Steuerregeln zu Beginn des vergangenen Jahres auf diese Weise verschärft wurden, lohnt auch bei vermieteten Immobilien das Zins- und Steuer-Differenzgeschäft aufgrund des Einbaus einer Kapital-Police in die Finanzierungsstrategie kaum noch. Wichtig: Bei Versicherungsverträgen, die bis einschließlich Silvester 2004 abgeschlossen wurden, gelten die früheren Steuervorteile von Kapital-Lebensversicherungen nach wie vor. Allerdings kann auch dieses Privileg nichts an der immer noch recht mageren Überschussbeteiligung ändern.

Siehe / Siehe auch: Lebensversicherung, Überschussbeteiligung / Lebensversicherung

Ablaufplan

Siehe / Siehe auch: Bauzeitenplan

Ablöse

Die auch nach der Mietrechtsreform von 2001 weiterhin zulässige „Ablöse" für Einrichtungsgegenstände war mehrfach Gegenstand von Gerichtsverfahren, bei denen um die zulässige Höhe des Kaufpreises für Einbauküchen, alte Schränke etc. gestritten wurde. Nach der Rechtsprechung darf der Preis für die Einrichtungsgegenstände deren tatsächlichen Wert nicht um mehr als 50% überschreiten – andernfalls ist die Vereinbarung unwirksam. Beispiel: Der Vormieter verlangt für einige Küchenschränke 1.000 Euro. Die Schränke sind aber nur 200 Euro wert. Dazu rechnet man die 50%, also 100 Euro. Bezahlen müsste der neue Mieter also 300 Euro – und nicht mehr. Alles, was darüber hinaus gezahlt wurde, kann sogar als ungerechtfertigte Bereicherung zurückverlangt werden. Die Verjährungsfrist für diesen Anspruch liegt bei drei Jahren ab dem Endes des Jahres, in dem der Anspruch entstanden ist und der Gläubiger Kenntnis erhalten hat (oder ohne grobe Fahrlässigkeit hätte erhalten müssen). Der Wert der Einrichtungsgegenstände richtet sich übrigens nach deren tatsächlichem, marktüblichen Zeitwert und deren Zustand. Dabei ist allerdings der Gebrauchswert in der Wohnung, das heißt in zusammengebautem und benutzbarem Zustand, zugrunde zu legen und nicht der mögliche Einzelverkaufspreis auf dem nächsten Flohmarkt. Hier muss – unter Zugrundelegung des Neupreises – geschätzt werden. Aus einem Urteil des Berliner Kammergerichts (Az. 8 U 314/03) geht hervor, dass der tatsächliche Wert des eingebauten Inventars meist höher anzusetzen ist als der Zeitwert der einzelnen Inventargegenstände auf dem Gebrauchtwarenmarkt. So müssen die vom Nachmieter eingesparten Transport- und Einbaukosten berücksichtigt werden. Nachmieter sollten eine genaue Liste der übernommenen Gegenstände anfertigen und gegebenenfalls den Zustand durch Zeugen bestätigen lassen.

Siehe / Siehe auch: Abstandszahlung

Ablösesumme

Als Ablösesumme wird der noch nicht getilgte Teil eines bestehenden Darlehens bezeichnet, das im Rahmen einer Umschuldung durch ein anderes Darlehen abgelöst werden soll. Soll beispielsweise ein Darlehen über 300.000 Euro nach zehn Jahren abgelöst werden und sind zu diesem Zeitpunkt bereits 90.000 Euro getilgt, ergibt sich eine Ablösesumme in Höhe von 210.000 Euro.

Siehe / Siehe auch: Bankvorausdarlehen, Umschuldung

Ablösung

Ablösung beschreibt das Ersetzen eines Kredits durch einen anderen Kredit.

Siehe / Siehe auch: Ablösesumme, Bankvorausdarlehen, Umschuldung

Ablösung von Stellplätzen

Die Landesbauordnungen bzw. Stellplatzordnungen schreiben die Anzahl von Stellplätzen vor, die im Rahmen eines Neubaus errichtet werden muss. Auch eine Maximalzahl kann vorgegeben werden. Will der Bauherr nicht die vorgegebene Anzahl von Stellplätzen oder Garagen errichten, kann er durch die Zahlung eines Geldbetrages pro Stellplatz die Verpflichtung zum Bau von Stellplätzen ablösen.
Beispiel: Die Stellplatzsatzung der Stadt Kronach vom 12.3.2001 sieht einen Ablösebetrag von 2.550 Euro pro Stellplatz in der Altstadt vor (wobei dies auch für Gebäude auf den Stadtmauern gilt).

Siehe / Siehe auch: Stellplatzverordnung

Abluftanlage

Bei der Abluftanlage handelt sich um eine klimatechnische Anlage, die für ein Abströmen der Luft eines Raumes (meist nach außen) sorgt. Abluft wird oft oberhalb von abgehängten Decken abgeleitet. Die Abluftanlage funktioniert automatisch auf der Grundlage unterschiedlicher Luftdruckverhältnisse zwischen der Luft in den Räumen und der Außenluft. In Wohnungen werden Abluftanlagen in der Regel in den Küchen, Bädern und den WC's installiert. Sofern die Abluftanlage mit einem Wärmetauscher verbunden wird, kann ein Teil der durch die Entlüftung verloren gehenden Wärme wieder zurück gewonnen werden. Bei einer Lüftungsanlage wird die Innenluft über Ventilatoren nach außen geleitet. Ebenso funktioniert die Belüftung der Räume mit Außenluft.

ABM
Abkürzung für: Arbeitsbeschaffungsmaßnahmen

Abmahnung

Allgemein

Mit einer Abmahnung soll verhindert werden, dass bestimmte Handlungen oder Verhaltensweisen wiederholt oder fortgesetzt werden. Abmahnungen sind bekannt in den Bereichen des Arbeits-, Miet- und Wettbewerbsrechts. Im Gegensatz dazu steht die Mahnung, die sich darauf bezieht, den säumigen Schuldner zu bewegen, eine fällige Leistung zu erbringen, bzw. eine Handlung vorzunehmen, zu der er verpflichtet ist. Eine Abmahnung muss das Fehlverhalten bzw. die „verwerfliche Handlung" bezeichnen und auf die drohenden Folgen hinweisen, die entstehen, wenn sie nicht beachtet wird. Die Abmahnung ist in der Regel Voraussetzung für ein weiteres rechtliches Vorgehen, wenn der oder die Abgemahnte nicht innerhalb einer gesetzten Frist reagiert.

Mietrecht

Im Mietrecht bezieht sich die Abmahnung darauf, einen vertragswidrigen Gebrauch der Mieträume durch den Mieter zu unterbinden. Es kann sich dabei z.B. um eine nicht tolerierbare Tierhaltung in der Wohnung, um das Anbringen von Schildern am Hauseingang, um eine Zweckentfremdung der Mieträume oder eine unbefugte Gebrauchsüberlassung (Untervermietung) handeln. Der Mieter wird zur Unterlassung aufgefordert. Ignoriert der Mieter die Abmahnung, kann der Vermieter auf Unterlassung klagen.
Gegenstand mietrechtlicher Abmahnung können auch erhebliche Pflichtverletzungen sein, die bei Wohnraummietverhältnissen zu einem berechtigten Interesse des Vermieters zur Kündigung des Mietverhältnisses führen. Eine Abmahnung ist zwar bei besonders schweren Pflichtverletzungen nicht erforderlich, erscheint aber zweckmäßig, etwa bei sich laufend wiederholenden nächtlichen Ruhestörungen und sonstigen den Hausfrieden beeinträchtigenden Handlungen des Mieters. Bei laufend unpünktlichen Mietzahlungen ist eine Abmahnung dann erforderlich, wenn als Folge weiterer Unpünktlichkeiten eine fristlose Kündigung ins Auge gefasst wird.

Arbeitsrecht

Der Arbeitgeber kann den Arbeitnehmer abmahnen, wenn dieser seine Arbeitspflicht (z.B. Bummelei am Arbeitsplatz) oder seine Treuepflicht gegenüber dem Arbeitgeber verletzt. Zu den Treuepflichten zählt z.b. die Verschwiegenheitspflicht, die etwa im Maklergeschäft eine sehr große Bedeutung hat. Die Kündigung eines Arbeitsverhältnisses kann nur ausgesprochen werden, wenn der Arbeitnehmer trotz vorhergehender Abmahnung nicht reagiert und die ihm auferlegten Pflichten weiterhin verletzt. Allerdings muss die vorausgegangene Abmahnung mit einer Kündigungsandrohung verbunden sein.

Wettbewerbsrecht

Wettbewerbsrechtliche Verstöße berechtigen die davon beeinträchtigten Mitbewerber als auch Vereine, deren satzungsgemäßer Zweck in der Förderung des lauteren und Bekämpfung des unlauteren Wettbewerbs besteht, Unterlassungsansprüche geltend zu machen (§ 8 Abs. 3 UWG n. F.). Auch Industrie- und Handelskammern und Handwerkskammern können unlauteren Wettbewerb verfolgen. Diese bedienen sich in der Regel jedoch der maßgeblich von ihnen mit getragenen „Zentrale zur Bekämpfung unlauteren Wettbewerbs". Schließlich haben auch noch sogenannte „qualifizierte" Verbraucherschutzverbände eine Anspruchsberechtigung. Dies ist zum Beispiel bei rechtswidrigen Allgemeinen Geschäftsbedingungen der Fall. Mitbewerber können sich zur Abmahnung eines Rechtsanwalts bedienen. Die erforderlichen Aufwendungen des Abmahners sind zu erstatten (§ 12 Abs. 1 UWG n. F.).
Das seit Sommer 2004 geltende neue UWG Gesetz gegen den unlauteren Wettbewerb schränkt die Klagebefugnis des Mitbewerbers auf den Fall ein, dass ein konkretes Wettbewerbsverhältnis vorliegt. Dies ist der Fall, wenn ein gleichartiges Angebot an einen weitgehend identischen Kundenkreis vorliegt. Ob dies eine wirksame Hilfe ge-

gen Abmahner ist, die eigentlich unter den Missbrauchsparagraphen fallen sollten, wird die Zukunft entscheiden. Die Gerichte haben leider auch in der Vergangenheit gute Ansätze des Gesetzgebers zu verhindern gewusst. Die Erfahrungen bis zum Spätsommer 2006 mit dem neuen UWG zeigen die gleiche Tendenz wie in der Vergangenheit. Ein kurzfristiger Einbruch bei der Anzahl der Abmahner (-55%) und Abmahnungen (-32%) für 2005 gegenüber 2004, steht schon 2006 ein deutlicher Anstieg der Zahlen (Abmahner +27%, Abmahnungen +32%) gegenüber. Eine wichtige Rolle spielt hier das Internet.

Die gerichtliche Verfolgung unlauteren Wettbewerbs setzt jetzt die Abmahnung voraus, in welcher der Wettbewerbsverstoß bezeichnet werden muss. Sinn der Abmahnung ist es, die Wiederholungsgefahr auszuräumen. Dies geschieht dadurch, dass der „Wettbewerbssünder" aufgefordert wird, innerhalb einer bestimmten, meist recht kurzen Frist (4-10 Tage) eine Unterlassungserklärung abzugeben, in der für den Wiederholungsfall eine von der Höhe bestimmte – oder auch von unbestimmter Höhe – Vertragsstrafe versprochen wird. Mit der Abgabe der Unterlassungserklärung kommt ein Vertrag zustande, mit dem die Wiederholungsgefahr als ausgeräumt gilt. Für Unterlassungsforderungen weiterer Mitbewerber in der gleichen Angelegenheit entfällt dann das Rechtsschutzinteresse. Allerdings muss der Betroffene jedem weiteren Abmahnenden gegenüber offen legen, z.B. durch Kopien der Abmahnung und abgegebenen Unterlassungserklärung, dass er bereits eine strafbewehrte Unterlassungsverpflichtung abgegeben hat.

Siehe / Siehe auch: Berechtigtes Interesse, Wettbewerbsrecht

Abmahnverein
Siehe / Siehe auch: Wettbewerbsrecht

Abmarkung
Als Abmarkung wird das Errichten oder Wiederherstellen fester Grenzzeichen zwischen Grundstücken bezeichnet. Die durch die Grenzzeichen markierten Grenzpunkte sollen den Verlauf der in Kataster und Grundbuch definierten Grundstücksgrenzen vor Ort erkennbar machen. Bevor der Begriff Abmarkung im Jahre 1900 mit dem Paragraphen 919 des Bürgerlichen Gesetzbuches allgemein in die Rechtssprache eingeführt wurde, wurde teilweise auch synonym von „Vermarkung" gesprochen.

Siehe / Siehe auch: Feldgeschworene

Abmeldung / Anmeldung des Mieters
Wer umzieht, muss sich bei der Meldebehörde des alten Wohnortes abmelden und am neuen Wohnort anmelden. Dies muss innerhalb einer Woche geschehen. Viele Mietverträge enthalten entsprechende Klauseln, um den Mieter an seine gesetzliche Meldepflicht zu erinnern. Auch der Vermieter muss in vielen Bundesländern bei der Ummeldung des Mieters mitwirken. Dies geschieht durch das Ausfüllen einer Anmelde- z.T. auch einer Abmeldebestätigung. Die Einzelheiten regeln die Meldegesetze der Länder. Viele Bundesländer haben in den letzten Jahren ihre Meldegesetze geändert, um eine An- bzw. Abmeldung über das Internet zu ermöglichen. Die Weitergabe von Melderegisterdaten – z.B. an politische Parteien zu Werbezwecken oder an Privatpersonen – kann eingeschränkt werden, soweit der Meldepflichtige dies bei Anmeldung beantragt. Meldepflichtige, die sich nicht fristgemäß ummelden, begehen eine Ordnungswidrigkeit und riskieren eine empfindliche Geldbuße – z.T. bis zu 500 Euro. Diese kann auch einem Vermieter oder dessen Beauftragten drohen, der gegenüber der Meldebehörde nicht die vorgeschriebenen Angaben über seine Mieter macht. Der Vermieter hat nach vielen Landesgesetzen als Wohnungsgeber das Recht auf Auskunft über die in seiner Wohnung gemeldeten Personen. Hat er also Zweifel über Anzahl oder Identität der Bewohner, kann er ihre Vor- und Familiennamen und gegebenenfalls ihren akademischen Grad beim Einwohnermeldeamt erfragen.

Siehe / Siehe auch: Meldepflicht

Abnahme
Der Begriff der Abnahme bezieht sich auf eine erbrachte Leistung, die vertraglich geschuldet ist und übergeben wird. (Besitzübergang). Der Begriff wird aber auch gebraucht im Zusammenhang mit der Rückgabe einer genutzten Sache an den Eigentümer wie z.B. bei Abnahme einer Mietwohnung zum Zeitpunkt der Beendigung des Mietverhältnisses. Im Regelfall erfolgt die Abnahme in Gegenwart der Vertragsparteien oder deren Vertreter. Je nach Gegenstand der Abnahme knüpfen sich an sie unterschiedliche Rechtskonsequenzen.

Siehe / Siehe auch: Bauabnahme, Beendigung eines Mietverhältnisses, Gebrauchsabnahme

Abnahme Immobilie

Im Rahmen einer Bau-Abnahme wird von der zuständigen Baubehörde die ordnungsgemäße Beachtung und Einhaltung der maßgeblichen Bauvorschriften im Zuge der Herstellung eines Gebäudes oder eines Gebäudeteils überprüft und bescheinigt. Die entsprechende Bescheinigung der Behörde ergeht dann in Form des Abnahmescheins.

Abnahmeprotokoll

Beim Abnahmeprotokoll handelt es sich um die Niederschrift über das Ergebnis einer förmlichen Abnahme. Mit Unterzeichnung des Abnahmeprotokolls durch die Parteien wird dieses Ergebnis vom diesen anerkannt. Soweit nicht Beanstandungen oder Vorbehalte ausdrücklich in das Protokoll aufgenommen wurden, erlöschen mit Unterzeichnung gegenseitige Erfüllungsansprüche.
Siehe / Siehe auch: Bauabnahme, Beendigung eines Mietverhältnisses, Gebrauchsabnahme

Abnahmeverpflichtung

Als Abnahmeverpflichtung bezeichnet man die von einem Darlehensnehmer eingegangene Verpflichtung gegenüber dem Darlehensgeber, sich ein Darlehen innerhalb einer vereinbarten Abnahmefrist auszahlen zu lassen.
Siehe / Siehe auch: Darlehen, Nichtabnahmeentschädigung

Abrechnung (Wohnungseigentum)

Siehe / Siehe auch: Jahresabrechnung (Wohnungseigentum), Einzelabrechnung (Wohnungseigentum)

Abrundungssatzung

Siehe / Siehe auch: Ergänzungs- oder Einbeziehungssatzung, Abgrenzungssatzung (Klarstellungssatzung)

Absäuern

Als Absäuern bezeichnet man die Behandlung von Oberflächen mit Säuren bzw. Säurelösungen. Anwendungsgebiete derartiger Verfahren sind der Betonbau, der Metallbau sowie die Textiltechnik und -veredelung. Im Betonbau dient das Absäuern vor allem zur Entfernung von Kalkablagerungen, Ausblühungen und Verunreinigungen von Betonoberflächen. Verwendet werden dazu verdünnte Säurelösungen, beispielsweise verdünnte Salzsäure. Bei der Herstellung von Sichtbetonflächen lassen sich sandsteinähnliche Oberflächenstrukturen erzielen, wenn die oberste Zementsteinschicht des Betons durch Absäuern entfernt wird. Darüber hinaus lässt sich durch vorheriges Absäuern stark kalkhaltiger Oberflächen die Haftung von Anstrichen verbessern. Im Metallbau werden verzinkte Oberflächen abgesäuert, um eine bessere Haftfähigkeit von Anstrichen und Lacken zu erreichen; in der Textilindustrie ist das Absäuern ein notwendiger Bestandteil von Färbeverfahren, beispielsweise bei der Färbung mit Reaktiv-, Schwefel- und Naphtolfarbstoffen.
Siehe / Siehe auch: Beton, Sandstrahlen

Absanden

Als Absanden wird die Ablösung von Sand oder anderen Zuschlagstoffen von Beton- oder Putzflächen bezeichnet. Darüber hinaus wird der Begriff gelegentlich auch als Synonym für Sandstrahlen verwendet. Das Absanden kann zum einen durch eine geringe Bindung im Materialgefüge, beispielsweise aufgrund eines geringen Bindemittel- bzw. Zementgehalts, verursacht sein. Zum anderen kann es darauf zurückzuführen sein, dass die betroffenen Oberflächen im Laufe des Herstellungsprozesses zu früh ausgetrocknet sind, weil sie nicht ausreichend feucht gehalten wurden oder weil ihnen zuviel Feuchtigkeit entzogen wurde. Letzteres tritt insbesondere dann ein, wenn raues, saugfähiges Schalungsmaterial verwendet wird oder wenn feuchtigkeitssaugende, poröse Putzuntergründe nicht in der erforderlichen Weise vorbehandelt werden. Bei glatten Putzen oder Sichtbetonflächen führt Absanden zu einer Beeinträchtigung des visuellen Erscheinungsbildes und ist daher ggf. als Ausführungsmangel zu werten.
Siehe / Siehe auch: Sandstrahlen

Absatzmarkt

Aus der Perspektive der Unternehmen, die Produkte und Dienstleistungen anbieten, handelt es sich beim Absatzmarkt um die Gesamtheit der Marktbeziehungen, die sich auf den Vertrieb dieser Produkte und Dienstleistungen beziehen. Bei Bauträgern, Maklern und sonstigen Immobilienanbietern sind dies regelmäßig die Marktbeziehungen zu Interessenten für Kauf- und Mietobjekte.

Dieser Markt ist überwiegend durch eine Unternehmer-Verbraucherbeziehung geprägt, weshalb er durch die Makler-Bauträger-Verordnung besonders reguliert ist. Den Makler- und Bauträgerkunden auf der Absatzmarktseite wird dabei unabhängig davon eine Verbraucherfunktion zugewiesen, ob es sich versierte Kaufleute oder Gesellschaften oder um unerfahrene Privatpersonen handelt.
Dem Absatzmarkt steht der „Beschaffungsmarkt" gegenüber, bei dem in der Regel dem beschaffenden Unternehmen die „Kundenrolle" gegenüber dem Anbieter zukommt. Dies gilt nicht im Maklergeschäft, wo auch der Objektanbieter als Auftraggeber Kunde des Maklers ist.
Siehe / Siehe auch: Beschaffungsmarkt, Marketing

Absatzwege-Politik

(Vertriebspolitik) Der Kunde schaltet den Makler – abgesehen von den seltenen Fällen, bei denen es nur darum geht, Beratungsleistungen über die Objektgestaltung von ihm abzurufen – ein, wenn er ein Objekt auf dem Markt anbieten oder nachfragen will, weil der Makler über eine breite Marktübersicht verfügt und eine qualifizierte Vertriebs- sowie Kommunikationspolitik anbieten kann. Deshalb muss die Politik der Absatzwege einen hohen Stellenwert innerhalb des auf das derivate Marketing zielenden Instrumentariums des Maklers einnehmen. Stellvertretend für seinen Auftraggeber legt er fest, auf welchem Markt (regional oder überregional) das Objekt anzubieten ist, wie die Zielgruppe zu definieren und anzusprechen ist und er prüft welcher Zugangsweg zu dieser Zielgruppe zu beschreiten ist (Möglichkeiten und Methoden der Kontaktanbahnung und -pflege).
Als Marketingleistung des Maklerunternehmens im Rahmen der Absatzwege-Politik ist vor allem der Fragenbereich der Vertriebsorganisation angesprochen, konkret die Organisation des Außendienstes (angestellte Außendienstmitarbeiter, freie Mitarbeiter, Wege über das Gemeinschaftsgeschäft, Geschäft über einen Maklerverbund usw.).
Siehe / Siehe auch: Marketing

Abschattungseffekt

Unter Abschattungseffekt versteht man eine Reduzierung der Windleistung durch Hindernisse wie Bäume, Mauern, Gebäude. Dadurch kann die Leistungsfähigkeit von Windkraftanlagen beeinträchtigt werden.

Abschlagszahlung

Baurechtlich

Die Abschlagszahlung bezieht sich auf eine nachweislich ausgeführte, eingrenzbare Teilleistung der Gesamtbauleistung. Abschlagszahlungen sind nach § 16 VOB/B 2002 auf Antrag in Höhe des Wertes dieser Leistungen einschließlich darauf entfallender Umsatzsteuer innerhalb von 18 Werktagen nach Zugang der Aufstellung über die erbrachten Bauleistungen zu überweisen.
Als Leistungen werden dabei auch für die Leistung extra angefertigte Bauteile und die auf der Baustelle angelieferten Stoffe und Bauteile angesehen, wenn dem Auftraggeber nach seiner Wahl entweder das Eigentum an ihnen übertragen oder entsprechende Sicherheit gestellt wurde.
Abschlagszahlungen haben keinen Einfluss auf die Haftung des Auftragnehmers; sie werden nicht als Abnahme von Teilen der Bauleistung angesehen.

Mietrechtlich

Als Abschlagszahlungen oder „Abschläge" bezeichnet man bei den Mietnebenkosten auch die Beträge, die monatlich für Fernwärme, Gas, Strom etc. zu zahlen sind. Sie beruhen auf einer überschlagsmäßigen oder auf Erfahrungswerten beruhenden Schätzung des Verbrauches der jeweiligen Wohneinheit. Am Ende des Abrechnungszeitraumes wird mit Hilfe der Messdaten der tatsächliche Verbrauch ermittelt, was zu Nachzahlungen oder einem Guthaben führen kann.
Siehe / Siehe auch: VOB-Vertrag, Werkvertrag, Vorauszahlungen nach VOB/B

Abschlussgebühr (Bausparvertrag)

Bei Abschluss eines Bausparvertrages wird eine Abschlussgebühr fällig. Sie dient der Deckung der Abschlusskosten, u.a. der Provision des Vermittlers. Die Gebühr wird entweder mit den ersten Sparraten verrechnet oder separat vom Bausparer überwiesen und beträgt je nach Bauspartarif zwischen 1 und 1,6% der Bausparsumme.
Die Abschlussgebühr wird bei der Berechnung des effektiven Jahreszinses des Bauspardarlehens nicht berücksichtigt. Die Höhe der Abschlussgebühr sollte nicht das alleinige Entscheidungskriterium für einen Vertragsabschluss sein. Es sollten auch die übrigen Kosten (Kontoführungsgebühren, Darlehensgebühr, Zinsen verglichen werden). Gleiches gilt für das verlockende Angebot, die

Abschlussgebühr bei Inanspruchnahme des Darlehens zurückerstattet zu erhalten. Hier sollte man vor allem die Höhe der Guthabenzinssätze im Auge behalten.

Siehe / Siehe auch: Bausparvertrag, Einlage, unverzinsliche (Bausparvertrag)

Abschreibung

Der Tatsache, dass Bauwerke im Zeitverlauf abgenutzt werden und daher mit einer zeitlich beschränkten Nutzungsdauer gerechnet werden muss, ist in den verschiedenen Teilbereichen der Immobilienwirtschaft Rechnung zu tragen.

Abschreibung bei Mietenkalkulation

Bei Wohngebäuden, die bis 31.12.2001 mit öffentlichen Mitteln nach dem II. WoBauG gefördert wurden, musste die Kostenmiete ermittelt werden. Sie gilt für diesen Wohnraum bis zum Ende des Zeitraums, in dem der Wohnraum als gefördert anzusehen ist. Bei Änderung der Kostenansätze, ist auch in Zukunft die Kostenmiete im Rahmen einer Teilwirtschaftlichkeitsberechnung fortzuschreiben. Das kann – bei werterhöhenden Investitionen – auch die Abschreibung betreffen.

Die Mietkalkulation erfolgte im Rahmen der Wirtschaftlichkeitsberechnung nach der II. Berechnungsverordnung. Für die Wohngebäude wurde eine hundertjährige Nutzungsdauer unterstellt, was zu einem linearen Abschreibungssatz von 1 Prozent führt. Dieser Satz erhöhte sich für Einrichtungen und Teile, die erfahrungsgemäß in kürzeren Zeitabschnitten erneuert werden müssen. So lagen etwa die Sätze für die Sammelheizung und für Einbaumöbel bei 4%, für Gemeinschaftsantennen oder maschinelle Wascheinrichtung bei 10%. Für Wohnraum, der nach dem Wohnraumförderungsgesetz gefördert wurde bzw. künftig wird, die Antragstellung also nach dem 31.12.2001 erfolgte bzw. erfolgt, ist nicht mehr die nach der II BV berechnete Kostenmiete, sondern die „vereinbarte Miete" relevant. Die Abschreibung spielt hier keine Rolle mehr. Das Kalkulationsschema der II. BV kann aber als reines Berechungsschema für jede Art Wohnraum nach wie vor verwendet werden, auch wenn sie ihre rechtliche Bedeutung eingebüsst hat.

Abschreibung bei Wertermittlung

Die WertV kennt den Begriff Abschreibung nicht. Dort wird von Wertminderung gesprochen. Er entspricht jedoch dem, was in der Abschreibung zum Ausdruck kommt, nämlich in der Berücksichtigung der Tatsache, dass die Nutzbarkeit eines hergestellten physischen Gutes u.a. durch den laufenden Nutzungsprozess zeitlich begrenzt ist. Es wird deshalb am Bewertungsstichtag auf die (wirtschaftliche) Restnutzungsdauer abgestellt. Im Ertragswertverfahren ist die sich aus der Restnutzungsdauer ergebende „Abschreibung" Teil des Vervielfältigers mit dem der Gebäudereinertrag multipliziert wird.

Beim Sachwertverfahren wird die der wirtschaftlichen Alterswertminderung entsprechende Abschreibung teils linear, teils nach statistisch-empirischen und teils in Form von mathematisch-theoretischen Ableitungen ermittelt. Sie führt vom ursprünglichen Herstellungswert zum Zeitwert des Gebäudes, sofern aus bestimmten Gründen keine Zu- oder Abschläge erforderlich sind. Grundsätzlich kann zwischen einem progressiven, linearen und degressiven Wertminderungsverlauf unterschieden werden. Das bedeutet, dass die Abschreibungsquoten im Zeitverlauf steigen, gleich bleiben oder fallen können. Entspricht der Ausgangswert des neu hergestellten Gebäudes einem nachhaltig hohen Gebäudestandard, der auch im längeren Zeitverlauf durch altersbedingte Nutzungsminderungen in hohem Maße marktfähig bleibt, wird eher eine progressive Verlaufsform der Abschreibung unterstellt werden können. Die Abschreibungsquoten sind in den ersten Jahrzehnten gering und werden erst später zunehmend größer. Bei einem durchschnittlichen Zustandsniveau des Gebäudes wird der Abschreibungsverlauf eher linear sein. Die degressive Verlaufsform wird in Fällen zu unterstellen sein, in denen die Nutzungsfähigkeit und -intensität schon im ersten Zeitabschnitt der Gesamtnutzungsdauer stark abnimmt. Auf welche Abschreibungsmethode im Verfahren auch immer zurückgegriffen wird – der Sachverständige muss die Heranziehung der jeweiligen Methode einleuchtend begründen.

Abschreibung im Rechnungswesen

Im Rechnungswesen bezieht sich die Abschreibung nicht nur auf „Sachanlagen", sondern auch auf Finanzanlagen und Forderungen (insbesondere Mietforderungen). Bei den Abschreibungen auf Anlagevermögen wird zwischen linearer und degressiver Abschreibung einerseits, sowie planmäßiger und außerplanmäßiger Abschreibung andererseits unterschieden. Außerplanmäßige Abschreibungen können wirtschaftlich bedingt sein (z.B. fehlende Anpassung an den technischen Fortschritt, der zu erheblichen Einsparungen im Bereich der Bewirtschaftungskosten führen würde) oder sie sind faktischer Natur (z. B. Zerstörung durch Brand). Abschreibungen können auch steuerlich von den Einkünften aus Vermietung und Verpachtung oder aus Gewerbebetrieb „abgesetzt" werden. Man spricht hier von „Absetzung für Abnutzung", die in den Einkommensteuerrichtlinien auch mit dem Kürzel „AfA" bezeichnet wird. Daneben kennt das Einkommensteuerrecht auch eine „erhöhte Absetzungen für Abnutzung" bei Gebäuden in Sanierungs- und städtebaulichen Entwicklungsgebieten und bei Baudenkmälern.

Siehe / Siehe auch: Absetzung für Abnutzung (AfA), Baudenkmal

Absetzung für Abnutzung (AfA)

Bei der AfA handelt es sich um einen Begriff des Einkommensteuerrechts. Mit ihm wird der Teil von Werbungskosten bzw. Betriebsausgaben bezeichnet, der sich auf die abnutzungsbedingte Wertminderung eines Wirtschaftsgutes bezieht. Unterschieden wird stets zwischen linearer und degressiver AfA. Im Rahmen der Immobilienwirtschaft gelten folgende Sätze:

- Die lineare AfA beträgt 2% (bei Gebäuden mit Baujahr vor dem 1.1.1925 2,5%). Berechnungsgrundlage sind die Anschaffungs- oder Herstellungskosten des Gebäudes. Nicht einbezogen wird der Wert des erschlossenen Baugrundes, auf dem das Gebäude errichtet wurde. Bei Gebäuden, die sich im Betriebsvermögen befinden und nicht Wohnzwecken dienen, betrug der AfA-Satz 4%. Dieser wurde mit dem Steuerreformgesetz vom 14.7.2000 zum 1.1.2001 auf 3% gesenkt. Wird das Gebäude verkauft, können Veräußerer und Erwerber die AfA jeweils zeitanteilig geltend machen, wobei für die zeitliche Aufteilung der Tag des Besitzüberganges maßgebend ist.
- Aktuell kann eine degressive AfA für neu hergestellte Wohngebäude auf Grund des Ende 2005 beschlossenen Gesetzes „zum Einstieg in ein steuerliches Sofortprogramm" nicht in Anspruch genommen werden. Allerdings ist für Wohngebäude, die vom Steuerpflichtigen auf Grund eines nach dem 28.2.1989 und vor dem 1.1.2006 gestellten Bauantrags hergestellt oder nach dem 28.2.1989 und vor dem 1.1.2006 auf Grund eines rechtswirksam abgeschlossenen obligatorischen Vertrags bis zum Ende des Jahres der Fertigstellung angeschafft wurden, die im Erstjahr in Anspruch genommene degressive AfA über die Laufzeit von 40 bzw. 50 Jahren weiter anzusetzen. Je nach Beginn der degressiven AfA sind die in den einzelnen Jahren anzusetzenden Abschreibungssätze infolge von Änderungen durch die steuerliche Gesetzgebung unterschiedlich.
- Erhöhte Absetzungen gibt es darüber hinaus bei Gebäuden die in städtebaulichen Sanierungs- und Entwicklungsgebieten liegen und durch bauliche Maßnahmen modernisiert, instand gesetzt oder erneuert wurden. Das gleiche gilt für Herstellungskosten, die durch Baumaßnahmen an Baudenkmälern entstehen. Diese Kosten konnten, sofern die Baumaßnahmen vor dem 1.1.2004 begonnen hatten, innerhalb von 10 Jahren mit je 10% als Werbungskosten abgesetzt werden. Außerhalb der Absetzung für Abnutzung und Substanzverringerung sind Absetzungen für außergewöhnliche technische und wirtschaftliche Abnutzung möglich.

Diese Afa-Sätze wurden zum 1.1.2004 verringert (siehe Tabelle) In den ersten acht Jahren dürfen Eigentümer Modernisierungs- und Instandhaltungskosten über die Sonder-AfA mit nur noch jeweils neun Prozent geltend machen. In den darauf folgenden vier Jahren beträgt der Satz nunmehr jeweils sieben Prozent. Somit verlängert sich die Abschreibungsdauer der Kosten von zuvor zehn auf jetzt zwölf Jahre.

Achtung! Die Summe der steuermindernd geltend gemachten AfA muss in den Fällen, in denen ein Veräußerungsgewinn zu versteuern ist (war), bei Ermittlung des Gewinns wieder addiert werden.

Was Vermieter von den Einkünften
aus Vermietung und Verpachtung
steuerlich absetzen können

Kauf oder Bau einer neuen Wohnimmobilie – degressive AfA

Kaufvertrag oder Bauantrag zwischen 28.2.1989 und 31.12.95:

1. bis 4. Jahr	je 7%
5. bis 10. Jahr	je 5%
11. bis 16. Jahr	je 2%
17. bis 40. Jahr	je 1,25%
Kaufvertrag oder Bauantrag zwischen 1.1.1996 und 31.12.2003:	
1. bis 8. Jahr	je 5%
9. bis 14. Jahr	je 2,5%
15. bis 50. Jahr	je 1,25%
Kaufvertrag oder Bauantrag zwischen 1.1.2004 und 31.12.2005:	
1. bis 10. Jahr	je 4%
11. bis 18. Jahr	je 2,5%
19. bis 50. Jahr	je 1,25%
Kaufvertrag oder Bauantrag nach dem 31.12.2005: ausschließlich lineare AfA mit 2% p.a.	
Kauf einer Immobilie aus dem Bestand – lineare Normal AfA	
Fertigstellung vor 1.1.1925	2,5%
Fertigstellung nach 31.12.1924	2%
Kauf oder Bau einer neuen Wohnimmobilie in den neuen Bundesländern (Steuervergünstigung lief 1998 aus)	
Kaufvertag oder Bauantrag vor 1.1.1997:	
1. bis 5. Jahr	50% + Normal-AfA 2% p.a.
6. bis 50. Jahr	Rest
Kaufvertrag oder Bauantrag zwischen 1.1.1997 und 31.12.1998:	
1. bis 5. Jahr	25% + Normal-AfA 2% p.a.
6. bis 50. Jahr	Rest
Modernisierung von Baudenkmälern und Städtebauliche Sanierungsmaßnahmen (bei Eigennutzung Behandlung wie Sonderausgaben)	
Herstellungskosten für Mod.- und Instandsetzungsmaßnahmen nach 31.12.1996 und vor 1.1.2004:	
1. bis 10. Jahr	bis zu 10%
Herstellungskosten für Mod.- und Instandsetzungsmaßnahmen nach dem 31.12.2003:	
1. bis 8. Jahr	bis zu 9%
9. bis 12. Jahr	bis zu 7%
Bei selbstgenutzten Objekten und Erwerb nach 31.12.2003:	
AfA 10 Jahre	je 9%

Siehe / Siehe auch: Baudenkmal, Absetzung für außergewöhnliche Abnutzung, Privates Veräußerungsgeschäft

Absetzung für außergewöhnliche Abnutzung

Es handelt sich um eine AfA in bestimmten Fällen. Eine solche Absetzung kann in Frage kommen, wenn beispielsweise ein Gebäude abgebrochen wird oder wenn ein Brandschaden entstanden ist. Vorausgesetzt wird immer ein ungewöhnlicher Umstand, der die wirtschaftliche Nutzbarkeit des Gebäudes in dem Jahr hat sinken lassen, in dem die Absetzung geltend gemacht wird. Weitere Gründe hierfür können eine verkürzte Nutzungsdauer durch einen schlechten Gebäudezustand sein, mangelhafte Pflege oder die nach Beendigung eines Mietverhältnisses nur eingeschränkte Vermietbarkeit eines Objektes, das nach den speziellen Wünschen des vorherigen Mieters errichtet worden war.
Siehe / Siehe auch: Spezialimmobilien

Abst.
Abkürzung für: Abstand

Abstandsfläche
Im Bauordnungsrecht wird als Abstandsfläche der Mindestabstand bezeichnet, der vor den Außenwänden eines Gebäudes oder Gebäudeteils gegenüber der Grundstücksgrenze oder anderen Gebäuden freigehalten werden muss („Bauwich"). Nach den Bestimmungen der jeweiligen Landesbauordnungen entspricht im Regelfall die Tiefe der Abstandsfläche der Gebäudehöhe. Beträgt die Gebäudehöhe (H) z.B. 10 m, dann muss zur Nachbargrenze ein Abstand von ebenfalls 10 m eingehalten werden. Der Lichteinfallswinkel beträgt damit 45°. Die vorgeschriebenen Mindesttiefen liegen zwischen 2,5-3 m. Stellplätze und sog. „Grenzgaragen" sind in Abstandsflächen meist zulässig. Abstandsflächen dürfen auch auf öffentlichen Verkehrs- und Grünflächen liegen, jedoch nur bis zu deren Mitte. Bindende Festsetzungen in Bebauungsplänen über die Tiefe der Abstandsflächen haben Vorrang. Mit Abstandsflächen sollen eine ausreichende Belichtung und Belüftung eines Gebäudes sichergestellt werden. Außerdem dienen sie dem Brandschutz, dem ungestörten Wohnen aber auch dem Nachbarschutz.
Es gibt eine Tendenz zur Verringerung der Abstandflächen. Sie sollen ausschließlich auf bauordnungsrechtliche Zielsetzungen zurückgeführt werden. Dies ergibt sich aus der am 8.11.2002 von der Bauministerkonferenz beschlossenen Muster-

bauordnung. Sie enthält einen neuen Regelabstand mit 0,4 H (0,4 mal Wandhöhe). Es geht jetzt um die Umsetzung dieser Vorgabe in den einzelnen Bauordnungen der Bundesländer.
Siehe / Siehe auch: Bauordnungsrecht

Abstandszahlung

Unter einer Abstandszahlung versteht man eine einmalige Zahlung des neuen Mieters an den Vermieter oder Vormieter. Als Gegenleistung macht der Vormieter die Wohnung frei bzw. der Vermieter lässt den Nachmieter zügig einziehen. Damit nicht zu verwechseln ist der häufig verwendete Begriff „Ablöse". Eine Ablöse zahlt der neue Mieter für Einrichtungsgegenstände, die er vom bisherigen Mieter übernimmt. Abstandszahlungen sind seit dem Vierten Mietrechtsreformgesetz nicht mehr zulässig. Durch diese Reform wurde u.a. ein § 4a in das Wohnungsvermittlungsgesetz eingefügt, der eindeutig regelt:
- Eine Vereinbarung, die einen Wohnungssuchenden dazu verpflichtet, ein Entgelt dafür zu zahlen, dass der Vormieter die Wohnung räumt, ist unwirksam.
- Ausnahme: Die Erstattung von Umzugskosten für den bisherigen Mieter ist möglich.
- Ein Vertrag des Wohnungssuchenden mit Vormieter oder Vermieter, nach dem der Wohnungssuchende Einrichtungsgegenstände oder Inventar der Wohnung kaufen muss, gilt nur, wenn tatsächlich ein Mietvertrag zustande kommt.
- Der Kaufpreis für Einrichtungs- oder Inventarteile darf nicht außer Verhältnis zu deren wirklichem Wert stehen.

Das früher zum Teil von Vermietern in Gebieten mit Wohnungsnot angewendete Verfahren, sich die Vermietung einer Wohnung durch einen zusätzlichen Geldbetrag „versüßen" zu lassen, ist damit nicht mehr zulässig. Eine solche Vereinbarung – auch in mündlicher Form – ist schlicht unwirksam. Ebenso dürfen Mieter keine verschleierte Provision dafür verlangen, dass sie einem Nachmieter, den sie mit Zustimmung des Vermieters selbst gesucht haben, die Wohnung überlassen. Die Erstattung von Umzugskosten des Vormieters darf nicht die Form einer „verkappten Abstandszahlung" annehmen. Ersetzen muss der Nachmieter auch im Rahmen einer entsprechenden Vereinbarung nur Kosten, die durch Belege nachgewiesen werden können.

Zulässig – wenn auch in der Praxis eher unüblich – sind Vereinbarungen, nach denen der Vermieter dem Mieter einen Geldbetrag als „Abstand" zahlt, damit dieser vorzeitig die Wohnung räumt.
Siehe / Siehe auch: Ablöse, Umzugskosten

ABV

Abkürzung für: Allgemeine Bausparkasse der Volksbanken (Österreich)

abw

Abkürzung für: abweichend

Abwägung / Abwägungsbeschluss

An der Bauleitplanung müssen die Gemeinden durch öffentliche Auslegung die Öffentlichkeit (Bürger) und durch „Inkenntnissetzen" bestimmte Behörden und sonstige Träger öffentlicher Belange beteiligen. Diese können nach Fertigstellung des Entwurfs Anregungen und Stellungnahmen abgeben und Bedenken äußern, mit denen sich die Gemeinde auseinandersetzen muss. Die Gemeinde muss private und öffentliche Belange gegeneinander und untereinander gerecht abwägen (§ 1 Abs. 8 BauGB). Diese Abwägung findet Eingang in einen Abwägungsbeschluss.
Ist danach eine Änderung oder Ergänzung der Planung erforderlich, erfolgt eine Überarbeitung des Entwurfs. Dieser wird erneut ausgelegt und die betroffenen Behörden und sonstigen Träger öffentlicher Belange werden um Stellungnahme gebeten. Wenn durch die Änderung die Grundzüge der Planung nicht berührt werden, kann auf dieses Procedere verzichtet werden.
Siehe / Siehe auch: Träger öffentlicher Belange / Behörden

Abwasser

Beim Abwasser handelt es sich um Wasser, das im Haushalt gebraucht und verunreinigt in das kommunale Abwassersystem abgeleitet wird. Bevor es in den natürlichen Gewässerhaushalt zurückgeführt wird, muss das Abwasser in Kläranlagen vorgeklärt, biologisch gereinigt und schließlich nachgeklärt werden. Früher wurde auch das Niederschlagswasser (z. B. Regen, Schnee auf überbauten oder befestigten Grundstücksflächen) in den Kanal eingeleitet. Heute wird großer Wert darauf gelegt, die Abwassermengen dadurch zu verringern, dass Niederschlagswasser direkt in den entsiegelten Boden gelangt. Werden Schmutz-

und Regenwasser getrennt abgeleitet, spricht man vom so genannten Trennsystem. Für die Einleitung von Abwasser in die öffentliche Kanalisation wird von der Gemeinde eine Entwässerungsgebühr verlangt.

Abwicklungsgebühr (Agio)

Unter Abwicklungsgebühr versteht man das Aufgeld, das der Anleger bezahlen muss. Mit dieser Gebühr wird ein Teil der Vertriebskosten abgedeckt.
Siehe / Siehe auch: Agio

abzgl

Abkürzung für: abzüglich

AEB

Abkürzung für: Allgemeine Einbruchdiebstahlsversicherungsbedingungen

AEK

Abkürzung für: Arbeitsgemeinschaft des evangelischen Siedlungswerkes und des katholischen Siedlungsdienstes

Änderung des Mietvertrages

Mietverträge können nach Unterzeichnung nur durch beide Vertragspartner gemeinsam abgeändert werden. Grundsätzlich kann dies auch formlos, d.h. mündlich erfolgen - was jedoch aus Beweisgründen nicht ratsam ist. Verträge können nicht nur durch ausdrückliche mündliche oder schriftliche Vereinbarung, sondern auch stillschweigend bzw. konkludent (also durch schlüssiges Handeln) abgeändert werden. Eine solche Vertragsänderung liegt vor, wenn Mieter und Vermieter über einen längeren Zeitraum in gegenseitigem Einverständnis etwas abweichend vom Mietvertrag handhaben – z.B. überlässt der Vermieter dem Mieter die Nutzung eines Gartens oder von Nebenräumen. Keine Vertragsänderung findet mit dem Eigentümerwechsel des Mietobjekts statt. Der neue Eigentümer tritt hier auf Vermieterseite in den bisherigen Mietvertrag ein.
Siehe / Siehe auch: Formularmietvertrag, Mietvertrag

ÄndVO

Abkürzung für: Änderungsverordnung

AERB

Abkürzung für: Allgemeine Bedingungen für die Versicherung gegen Schäden durch Einbruchdiebstahl und Raub

Ärztehäuser

Ärztehäuser sind Gebäude, die konzeptionell so gestaltet sind, dass sich Ärzte verschiedener Fachrichtungen dort niederlassen können. Durch Zurverfügungstellung eines Personalpools einschließlich einer zentralen Empfangsstation und der Möglichkeit teure Apparate gemeinsam nutzen zu können, werden oft erhebliche Synergieeffekte generiert. Teilweise gehört zu einem Ärztehaus auch ein ambulantes Operationszentrum. Angeschlossen sind Cafés bzw. Bistros zur Überbrückung der Wartezeiten. Zu den Komplementäreinrichtungen gehören in der Regel eine Apotheke zur unmittelbaren Versorgung der Patienten mit den verschriebenen Medikamenten sowie gelegentlich ein Sanitätshaus. Ärztehäuser sind moderne Gegenentwürfe der früheren Polykliniken. Sie haben unterschiedliche Größen, in denen zwischen 15 bis 75 Allgemein- und Fachärzte, Psychologen usw. Platz finden. Innerhalb des Ärzteteams werden Gemeinschaftspraxen von Ärzten gleicher Fachrichtungen implementiert umso eine gegenseitige Vertretung zu ermöglichen. Betreiber von Ärztehäusern bieten ihre Räume zur Miete bzw. Pacht an und stellen zur Entlastung der Ärzte von Verwaltungsarbeiten einen entsprechenden Dienstleistungsservice einschließlich Reinigungsservice bereit. Teilweise werden Ärztehäuser auch in Teileigentumseinheiten aufgesplittet, die zum Kauf angeboten werden. Mit Hilfe von Spezialunternehmen, die sich mit der Vermittlung und Bewertung von Arztpraxen beschäftigen, wird beim Ausscheiden eines Arztes bzw. einer Ärztin für eine rasche Komplettierung des Ärzteteams gesorgt.

Ästhetische Immissionen

Als ästhetische Immissionen bezeichnet man optische Eindrücke außerhalb des Grundstücks, die das ästhetische oder geschmackliche Empfinden des Grundstückseigentümers bzw. -bewohners stören. Über die Rechtmäßigkeit sagt der Begriff noch nichts aus. Eine solche Immission kann ein vor dem Wohnzimmerfenster angelegter Schrottplatz sein - oder ein Gartenzwerg mit heruntergelassener Hose. Meist kann mit dem gängigen nachbarrechtlichen Abwehranspruch aus §§ 1004, 906

BGB nicht gegen ästhetische Immissionen eingeschritten werden, da das störende Objekt nicht - wie z.b. eine Geräusch – oder Geruchsimmission – auf das Grundstück des Klägers gelangt. Eine Beeinträchtigung seines Eigentums wird in vielen Fällen abgelehnt, selbst wenn eine Wertminderung im Raum steht.Bei der rechtlichen Beurteilung wird z.b. berücksichtigt, ob der störende Anblick auf einer ordnungsgemäß genehmigten Gewerbetätigkeit des Nachbarn beruht (Schrottplatz) oder ob dieser womöglich den störenden Anblick extra geschaffen hat, um den Grundstückseigentümer zu ärgern (Gartenzwerg). Ist eine derartige Absicht nachweisbar, können Ansprüche aus den Vorschriften des Bürgerlichen Gesetzbuches über unerlaubte Handlungen in Verbindung mit dem so genannten „Schikaneverbot" hergeleitet werden (§§ 823 Abs.2, 226 bzw. 826 BGB). Innerhalb einer Wohnungseigentümergemeinschaft kann es einfacher sein, gegen derartige Störungen vorzugehen – wenn nämlich der Nachbar und Miteigentümer das Gemeinschaftseigentum in unzulässiger Weise nutzt. Handhabe bietet hier § 14 Nr.1 und Nr.3 WEG, nach dem die Nutzung des Gemeinschaftseigentums nur ohne Nachteile für andere Eigentümer erfolgen darf (z.B. OLG Hamburg, NJW 1988, 2052, Gartenzwerge).
Siehe / Siehe auch: Gartenzwerge

AEVO
Abkürzung für: Ausbilder-Eignungsverordnung

AfA
Abkürzung für: Absetzung für Abnutzung
Siehe / Siehe auch: Absetzung für Abnutzung (AfA)

AfaA
Abkürzung für: Absetzung für außergewöhnliche technische oder wirtschaftliche Abnutzung
Siehe / Siehe auch: Absetzung für außergewöhnliche Abnutzung

AFB
Abkürzung für: Allgemeine Feuerversicherungsbedingungen

AFG
Abkürzung für: Arbeitsförderungsgesetz

AFS
Abkürzung für: Arbeitsgemeinschaft Fortbildung in der Grundstücks- und Wohnungswirtschaft

AfS
Abkürzung für: Absetzung für Substanzverringerung

After-Sales-Selling
Siehe / Siehe auch: After-Sales-Service

After-Sales-Service
After-Sales-Service (auch: After-Sales-Selling, Post-Sale-Selling) ist die Kunden-Nachbetreuung, findet also nach der Abwicklung des eigentlichen Geschäfts statt und dient der Kundenbindung sowie der Imagebildung. Die Kunden sollen weiterhin, d.h. auch nach dem Kauf bzw. Verkauf der Immobilie an das Unternehmen gebunden werden, so dass der Kontakt zwischen den Kunden und dem Immobilienunternehmen aufrecht gehalten wird. Der After-Sales-Service stellt ein hohes Maß an Kundenorientierung dar, denn es ist das aktive Bemühen um den Kunden und stellt die Service-Qualität des Immobilienunternehmens dar. Die Zufriedenheit des Kunden soll durch die Nachbetreuung sichergestellt werden, da ein zufriedener Kunde die beste Werbung für ein Immobilienunternehmen ist und der Kunde bei zukünftigen Immobilientransaktionen wieder eine Dienstleistung benötigen könnte. Auch eine Rückfrage des Immobilienmaklers, ob sich der Käufer in der neuen Umgebung wohl fühlt, Grußkarten zu bestimmten Anlässen oder die Zusendung von Unternehmens-Zeitungen bringen das Unternehmen immer wieder in das Gedächtnis des Kunden.

AFWoG
Abkürzung für: Gesetz über den Abbau der Fehlsubventionierung im Wohnungswesen

AG
Abkürzung für:
• Aktiengesellschaft
• Amtsgericht
• Auftraggeber
• Ausführungsgesetz
Siehe / Siehe auch: Amtsgericht

Ag
Abkürzung für: Antragsgegner

AGB

Abkürzung für: Allgemeine Geschäftsbedingungen
Siehe / Siehe auch: Allgemeine Geschäftsbedingungen (AGB)

AGBG

Abkürzung für: Gesetz zur Regelung des Rechts der Allgemeinen Geschäftsbedingungen

Agenda 21

Die Agenda 21 (21. Jahrhundert) ist eines von fünf Dokumenten, die auf der Konferenz der Vereinten Nationen für Umwelt und Entwicklung im Juni 1992 in Rio de Janeiro von über 170 Teilnehmerstaaten (darunter auch Deutschland) verabschiedet wurde. Sie enthalten Grundprinzipien, Strategieelemente und Maßnahmen, die sich auf den Schutz und die Entwicklung der bedrohten Umwelt zur Erhaltung der menschlichen Existenz beziehen. Unter den fünf Dokumenten ist die Agenda 21 ist das „Aktionspapier" (Agenda kommt von agere = agieren). Es enthält detaillierte Handlungsaufträge, um einer weiteren Verschlechterung der globalen Umweltbedingungen entgegenzuwirken und schrittweise eine Verbesserung zu erreichen. Die Umsetzung soll auf breiter Basis unter besonderer Einbeziehung von Nichtregierungsorganisationen (NRO) erfolgen, wobei auf der untersten Ebene die Initiativen von den Kommunen ausgehen sollen („Lokale Agenda 21"). Die Kommune sucht dabei den Dialog mit den Bürgern und örtlichen Organisationen. Diese bieten ihr Fachwissen an, wirken als Multiplikatoren und sollen eine kontrollierende und bewertende Funktion hinsichtlich der von den Kommunen initiierten Programme zur Verwirklichung der Lokalen Agenda 21 übernehmen. Die Agenda 21 enthält u.a. auch ein Kapitel über die Förderung einer nachhaltigen Siedlungsentwicklung, ein Aspekt, der auf der „HABITAT II" (Weltsiedlungskonferenz der Vereinten Nationen) in Istanbul vertieft wurde. Die Beratungen wurden von der Erkenntnis getragen, dass im 21. Jahrhundert weltweit ein Verstädterungsprozess stattfindet und es vor allem in den Entwicklungsländern vermehrt zu Verslumungserscheinungen kommen wird. 27 der derzeit insgesamt 33 „Megastädte" (Städte jeweils mit über 8 Millionen Einwohner) liegen in den Entwicklungsländern. 600 Millionen Menschen der Stadtbevölkerung leben heute bereits in Slums am Rande von Großstädten. Nach der Erklärung von Istanbul geht es um die Entwicklung globaler Aktionspläne für lebenswerte Städte durch Stärkung der kommunalen Selbstverwaltung, einer entsprechenden Finanzausstattung und Förderung des Selbsthilfegedankens in einem Zeitrahmen von 20 Jahren. Zur Umsetzung der Agenda 21 auf kommunaler Ebene in Europa wurde im Mai 1994 in Dänemark die „Charta von Aalborg" verabschiedet. In diesem Rahmen können sich die Gemeinden verpflichten, in Lokale-Agenda-21-Prozesse einzutreten. Im März 2001 wurde ermittelt, dass über 1892 Gemeinden in Deutschland, vor allem Großstädte, eine lokale Agenda 21 erstellt haben oder dabei sind sie zu erstellen. Der Anstoß zu Agenda 21-Prozessen in den Gemeinden kommt nicht selten von privaten Organisationen, bevor sie in eine Gemeindeinitiative umschlagen. Hessen, Nordrhein-Westfalen, das Saarland und Bayern spielen dabei eine Vorreiterrolle. Viele Agenda 21-Initiativen werden im Internet dokumentiert. Konkret können Agenda 21-Prozesse ihren Niederschlag in auch in Flächennutzungs- und Bebauungsplänen unter den Gesichtspunkten der flächensparenden Siedlungsentwicklung und der Verkehrsvermeidung finden.
Siehe / Siehe auch: HABITAT

AGG

Abkürzung für:
Allgemeine Geschäftsgrundsätze
Allgemeines Gleichbehandlungsgesetz
Siehe / Siehe auch: Allgemeines Gleichbehandlungsgesetz

Agio

Agio ist ein Aufgeld beim Wertpapierkauf, das sich bei der Wertpapieremission als Differenz zwischen dem Nennwert und dem tatsächlich zu zahlenden Preis darstellt. Auch bei geschlossenen Immobilienfonds findet man die Bezeichnung Agio. Es handelt sich um eine Provision, die direkt an den Initiator oder die Vertriebsgesellschaft bezahlt wird. Bei offenen Immobilienfonds und anderen Investmentfonds wird von „Ausgabeaufschlag" gesprochen, der in den jeweiligen Ausgabepreis einbezogen wird. Er entspricht der Differenz zwischen dem Ausgabe- und dem Rücknahmepreis. Aus dem Ausgabeaufschlag wird u.a. die Vertriebsprovision an den Berater bezahlt. Bei sog No-load-Fonds gibt es keinen Ausgabeaufschlag und damit auch keine Beratung. Die Höhe des Agios

oder des Ausgabeaufschlages liegt zwischen 3 und 5,5%. Im Gegensatz zum Agio beim Erwerb von Forderungen in Form von Wertpapieren wird bei Schuldverschreibungen oder Darlehen häufig ein Disagio (Abgeld) vereinbart.
Siehe / Siehe auch: Disagio, Immobilienfonds

AGK
Abkürzung für: Allgemeine Geschäftskosten

AGIB
Abkürzung für: Allgemeine Versicherungsbedingungen für Glasversicherungen

AGLB
Abkürzung für: Automatisiertes Grundbuch- und Liegenschaftsbuchverfahren
Siehe / Siehe auch: Grundstücks- und Bodeninformationssystem

AGW
Abkürzung für: Arbeitsgemeinschaft großer Wohnungsunternehmen

AHB
Abkürzung für: Allgemeine Versicherungsbedingungen für die Haftpflichtversicherung

AHG
Abkürzung für: Altschuldenhilfegesetz

AIDA-Technik
Die AIDA-Technik wird als Vorgabe und Prüfmethode in der Werbung genutzt. Sie setzt sich aus vier grundsätzlichen Funktionen zusammen, die eine Werbeaktivität erfüllen sollten: Attract (Aufmerksamkeit gewinnen), Interest (Interesse des Lesers an der Anzeigenbotschaft wecken), Desire (systematisches Wecken eines Kundenwunsches) und Action (Handlungsaufforderung). Die beste Anzeige hilft letztendlich nichts, wenn sie nicht mit einer klaren und kraftvollen Handlungsaufforderung an den potentiellen Kunden verbunden ist.

AK
Abkürzung für: Architektenkammer
Siehe / Siehe auch: Architektenkammer

Akquise
Akquisition bezeichnet die Beschaffung von Aufträgen, in der Immobilienwirtschaft also den Immobilieneinkauf, mit dem Ziel, die ins Angebot aufgenommenen Objekte zu vermitteln. Zu unterscheiden ist zwischen passiver und aktiver Akquise, der sog. Kaltakquise. Die Begriffe lassen sich aus der Art der Beschaffung ableiten: Bei der passiven Akquise kommt der Immobilienverkäufer auf den Immobilienmakler zu, mit der Bitte sein Objekt am Markt zu platzieren und zu verkaufen. Geschieht die Kontaktaufnahme durch den Immobilienmakler, so ist das der aktive Akquisitionsweg.

Durch die aktive Akquisition kann ein Immobilienmakler die Qualität seines Angebots erhöhen und Angebotsdefiziten vorbeugen. Als rechtliche Grundlage für die Entstehung des Lohnanspruchs bei der aktiven Akquisition dient der § 652 BGB. Der Nachteil der aktiven Akquisition liegt darin, dass der potentielle Auftraggeber die Beauftragung eines Maklers möglicherweise bisher gar nicht erwogen hatte, Misstrauen gegenüber Maklern besitzt oder dass sich die Provisionsvorstellung negativ verfestigt hat. Zum anderen bewerben sich auch andere Makler um einen Auftrag, und so kann es sein, dass der potentielle Auftraggeber bereits einen anderen Makler beauftragt hat. Die Vorteile der aktiven Akquisition liegen in der Bereitschaft des Maklers, sich um den Kunden zu bemühen, ihn bestmöglich zu beraten und eventuell durch schnelle Reaktion Wettbewerbsvorteile zu erreichen.

Akquisition
Siehe / Siehe auch: Akquise

Akquisitionsprospekt (Maklergeschäft)
Im Gegensatz zum Exposé, welches das Informationsbedürfnis von Immobilieninteressenten befriedigen soll, werden in Akquisitionsprospekten die Leistungen dargestellt, die ein Makler im Falle der Beauftragung durch den Objektanbieter erbringen wird. Es handelt sich insoweit um ein Leistungsversprechen mit Bindungswirkung. Dieser Prospekt enthält aber nicht nur die Leistungen, zu deren Erbringung sich der Makler bei Auftragserteilung verpflichtet, sondern auch die Auftragsbedingungen, die der Auftragserteilung seitens des Maklers zugrunde gelegt und zu denen die dargestellten Leistungen erbracht werden.

Die vom Makler angebotenen Leistungen sind entweder Standardleistungen, die auf jeden Fall erbracht werden oder Leistungen, der Makler für den Auftraggeber im Bedarfsfalle abrufbar bereithält.

Akquisitionsstrategien

Ganz allgemein wird Akquisition definiert als „Bemühungen, die darauf gerichtet sind, im Interesse der Erzielung von Geschäftsabschlüssen Kontakte anzubahnen beziehungsweise zu festigen". Mit der Akquisition will ein Unternehmen in der Immobilienbranche sein Angebot an Objekten, welches später an potentielle Käufer weitergeleitet wird, erweitern. So kann das Unternehmen Interessenten ein breites Angebot an Objekten anbieten und die Wahrscheinlichkeit erhöhen, dass Kunden ein passendes Objekt finden.

Damit steigen die Chancen eines. In Zusammenhang mit Akquisitionsstrategien muss auch kurz auf die Marktteilnehmer eingegangen werden, sowohl auf die aktuellen als auch auf die potentiellen Marktteilnehmer. Die aktuellen Marktteilnehmer sind die derzeitigen Anbieter von Objekten und die Nachfrager auf dem Gegenwartsmarkt. Die potentiellen Marktteilnehmer sind die Marktteilnehmer, die mittelfristig entweder einen Bedarf an Immobilien haben werden, oder es sind Marktteilnehmer, die mittelfristig Immobilien verkaufen oder vermieten wollen. Potentielle Marktteilnehmer sind „Marktteilnehmer von morgen", die derzeit noch nicht am Markt präsent sind mit ihrer Nachfrage oder ihrem Angebot. Sie befinden sich noch im Marktvorfeld, werden jedoch mittelfristig Marktteilnehmer werden.

Diese Unterscheidung ist für die Akquisition von besonderer Bedeutung, da der Erfolg der Akquisition abhängig ist, zu welchem Zeitpunkt der Makler auf den potentiellen Objektanbieter zugeht. Potentielle Marktteilnehmer kann man durch Marktforschung ausfindig machen. Die Akquisition betrifft sowohl die aktuellen wie auch an die potentiellen Marktteilnehmer. Entscheidend ist, mit welchen Maßnahmen sich Makler an die Marktteilnehmer wenden. Spezielle Akquisitionsstrategien gibt es nicht.

Die Maßnahmen, die der Makler anwenden kann, sind das Imagemarketing, das Beziehungsmarketing, das Beschaffungsmarketing und die Strategien aus der Beschaffung, d.h. die genaue Analyse des Marktes. Als Hilfe für die Akquisition kann der Makler jedoch den Marketing-Mix heranziehen. Die Aufgabe des Marketing-Mix besteht darin, herauszufinden, welche der vier klassischen Marketinginstrumente wie, und mit welcher Intensität eingesetzt werden sollen, um die Marketingziele des Unternehmens zu erreichen. Der Marketing-Mix enthält auf der einen Seite das originäre Marketing für den Makler selbst und auf der anderen Seite das derivate Marketing für den Kunden. Die einzelnen Instrumente des Marketing-Mixes können nur sinnvoll eingesetzt werden, wenn sie kombiniert werden.

Zwischen den einzelnen Instrumenten besteht eine Wechselbeziehung, da der Einsatz eines Instrumentes Auswirkungen auf ein anderes haben kann. Die Planung des Marketing-Mixes erfolgt zur optimalen Kombination der Marketing-Instrumente. Aus dieser Planung kann der langfristige Marketingplan mit den Marketingstrategien festgelegt werden. Diese Strategien beziehen sich auf die Marktteilnehmer.

Siehe / Siehe auch: Marketingmix

Aktenzeichen

Das Aktenzeichen ist ein zum Zweck der Unterscheidung einer Akte zugeteiltes, individuelles Kennzeichen bei Gerichten und Ämtern.

AktG

Abkürzung für: Aktiengesetz

AktienG

Abkürzung für: Aktiengesetz

Aktiva

Aktiva sind Vermögenswerte eines Unternehmens, unter anderen bestehend aus Grundstücken, Gebäuden, Maschinen, Anlagen, Beteiligungen, Forderungen. Sie stehen auf der linken Bilanzseite.

Aktivgeschäft (Kreditinstitute)

Das Aktivgeschäft umfasst alle, das Anlagevermögen eines Kreditinstituts beeinflussenden Geschäfte (Kreditausleihungen, Festgeldanlagen, Erwerb von Wertpapieren, Beteiligungen usw.) Die Refinanzierung dieser Anlagen erfolgt über das Passivgeschäft (Verbindlichkeiten des Kreditinstituts in ihren verschiedenen Ausprägungsformen) Dabei ist auf Fristenkongruenz zu achten. Die Aktiv-Passiv-Steuerung verfolgt den Zweck, einen möglichst hohen Deckungsbeitrag aus dem Zinsgeschäft zu erwirtschaften.

Akustikdecken

Akustikdecken dienen der Verbesserung der Akustik eines Raumes durch Dämmung oder Lenkung des Schalls. Mit Hilfe einer Akustikdecke kann durch gezielten Einsatz von bestimmten Deckenelementen auch die Sprachverständlichkeit erhöht werden (Anwendungsbereiche sind Seminarräume, Konferenzräume, Hörsäle, Konzertsäle Theater). Akustikdecken sind regelmäßig als Unterdecken, ohne Flächenverbindung mit der Hauptdecke des Raumes konstruiert.

Akustikputz

Eine mineralische Putzbeschichtung, die durch Oberflächenstruktur und Zusammensetzung schallschluckend wirkt, bezeichnet man als Akustikputz. Der schallschluckende Effekt wird meist durch spezielle Beimengungen erreicht. Die Effektivität hängt von der Stärke der Putzschicht ab.Derartige Putze dienen der Reduzierung von Geräuschen, die in dem verputzten Raum selbst entstehen. Sie können auf glattem Beton ebenso aufgebracht werden wie auf Unterputz oder Putzträgerplatten.
Siehe / Siehe auch: Akustikziegel

Akustikziegel

Akustikziegel dienen dem Schallschutz und werden vorwiegend in Schallschutzwänden besonders schallintensiver Gebäude verwendet – z.B. von Fabriken oder Tiefgarageneinfahrten. Die besonderen Schallschutzeigenschaften werden durch eine spezielle quadratische Art und Lage der Lochung verursacht. Der Lochanteil im Ziegel sollte dazu bei 35% - 50% liegen. Eine horizontale Lochführung im Ziegel bringt den bestmöglichen Schallschutz bei Innenwänden, während bei Außenwänden eine schräg nach unten gerichtete Lochführung zu empfehlen ist. Ein besonders hoher Schallschutz lässt sich erreichen, indem man eine zweischaligen Mauer errichtet. Diese besteht dann aus einer Wand aus Akustikziegeln, einer aus normalen Ziegeln und dazwischen einer Schalldämmung z.B. aus Mineralfaserplatten.
Siehe / Siehe auch: Akustikputz, Zweischaliges Mauerwerk

Akzessorietät

Als Akzessorietät bezeichnet man die Verbindung einer persönlichen Forderung mit einem Grundpfandrecht. Sie ist das typische Merkmal einer Hypothek. Bei einer Grundschuld wird die hier fehlende Verbindung erst durch eine Zweckerklärung, auch als Zweckbestimmungserklärung bezeichnet, hergestellt.

Alarmanlage

Alarmanlagen dienen der Gebäudesicherung gegen Einbrüche und Beschädigungen. Zu unterscheiden ist zwischen Anlagen, die die Außenhaut des Gebäudes überwachen und raumüberwachenden Anlagen. Die Überwachungssysteme, die sich auf die Außenhaut (Fenster, Hauseingänge) beziehen, lösen den Alarm bereits vor Eindringen in das Gebäude aus. Der Raumüberwachung dienen vor allem Bewegungsmelder innerhalb des Gebäudes, die einen Alarm (Sirene, Blitzleuchter) auslösen. Die Alarmanlage kann auch mit einer Notrufzentrale verbunden werden, die automatisch angewählt wird.

ALK

Abkürzung für: Automatisierte Liegenschaftskarte

All-Risk-Versicherung

Als All-Risk-Versicherung wird eine umfassende Gebäudeversicherung bezeichnet, welche die Substanz einer Immobilie vor Schäden aus Gefahren aller Art absichert. Sie wird auch All-Gefahrenversicherung genannt. Die in Deutschland relativ neue All-Risk-Versicherung deckt mehr Risiken ab als die traditionellen Gebäudeversicherungen (Feuerversicherung, Zusatzdeckung und erweiterte Zusatzdeckung). Im Gegensatz zu herkömmlichen Versicherungen, die einzeln in der Police aufgelistete Risiken berücksichtigen, schließt die All-Risk-Versicherung nur wenige Schadensfälle aus.

Versicherte Gefahren je Versicherung

Traditionelle Versicherung	Gefahren	All-Gefahren-Versicherung
Feuerversicherung gemäß AFB	Feuer, Blitz Explosion Anprall bemannter Flugkörper	alle Gefahren in einer Police
EC-Deckung gemäß ECB	Politische Gefahren, böswillige Beschädigungen, Fahrzeug-	alle

	anprall, Rauch, Überschall, Sprinklerleckage, Leitungswasser, Sturm (ab Windstärke 8), Hagel	Gefahren in einer Police
Erweiterte Zusatzdeckung	Erdbeben, Vulkanausbruch, Hochwasser, Über-, schwemmung, Erdsenkung, Sturm (bis Windstärke 8), Schwelbrand, Schneedruck, Lawine, Anprall, unbemannter Flugkörper, sonstige bekannte Gefahren	alle Gefahren in einer Police
Nicht versicherbar	Unbekannte Gefahren	

Alleinauftrag

Der Alleinauftrag, auch Makler-Alleinauftrag oder Exklusivauftrag genannt, ist eine besondere Art des Maklervertrages. Er ist nicht im BGB geregelt. Der Alleinauftrag verleiht dem Makler eine besondere Vertrauensposition gegenüber dem Auftraggeber. Entgegen dem gesetzlichen Recht wird der Makler durch den Alleinauftrag verpflichtet, zur Erreichung des Auftragszwecks tätig zu werden. Eine Verkaufsverpflichtung des Auftraggebers ist mit dem Alleinauftrag jedoch nicht verbunden. Unterschieden wird zwischen dem einfachen und qualifizierten Alleinauftrag.

Einfacher Alleinauftrag

Beim einfachen Alleinauftrag genießt der Makler während der Auftragsdauer Konkurrenzschutz. Kein anderer Makler darf während der Auftragslaufzeit für den Auftraggeber tätig werden. Solche Verpflichtungen können im Rahmen Allgemeiner Geschäftsbedingungen, also auf Vertragsformularen, vereinbart werden.

Qualifizierter Alleinauftrag

Beim qualifizierten Alleinauftrag ist der Auftraggeber darüber hinaus verpflichtet, Interessenten, die an ihn herantreten, an den Makler zu verweisen und den Makler zu Verhandlungen mit solchen Interessenten hinzuzuziehen. Es soll damit erreicht werden, dass das in Auftrag gegebene Geschäft nur mit Beteiligung des Maklers abgewickelt wird. Im Gegensatz zum einfachen Alleinauftrag ist die in Allgemeinen Geschäftsbedingungen, also formularmäßig vereinbarte Verweisungs- oder Hinzuziehungsvereinbarung unwirksam. Das OLG Hamm hat sogar entschieden, dass der Makler, wenn er solche unwirksamen Vereinbarungen trifft, seinen Provisionsanspruch verwirkt (Az. 18 U 236/99). Im Lichte der neueren Rechtsprechung des BGH dürfte diese Rechtsansicht aber nicht haltbar sein (BGH Az. III ZR 322/04).

Als besonderer, ebenfalls nur individuell auszuhandelnder Typus des qualifizierten Alleinauftrages gilt eine Vereinbarung, nach der ein Makler im Abschlussfall unabhängig davon eine Erfolgsprovision erhält, ob er zum Zustandekommen des beabsichtigten Vertrages einen Beitrag geleistet hat. Entgegen landläufiger Meinung sichert der qualifizierte Alleinauftrag, den ein Verkäufer erteilt, nicht vor einem Verlust einer etwaigen Käuferprovision. Auch wenn der Verkäufer seine Verweisungs- und Hinzuziehungspflicht erfüllt, muss es dem Makler gelingen, mit dem in Aussicht genommenen Kaufinteressenten eine Provision zu vereinbaren. Verweigert der Käufer ein Provisionsversprechen, darf der Makler nicht versuchen, den sonst möglichen Verkauf zu verhindern. Dies wäre ein Treueverstoß gegenüber dem Alleinauftraggeber und würde gegebenenfalls auch noch zur Verwirkung seines Provisionsanspruches diesem gegenüber führen. Bei Alleinaufträgen ist grundsätzlich zu raten, die Provision ausschließlich mit dem Verkäufer zu vereinbaren, weil dem Makler nur auf diese Weise eine vollständige Marktschließung zugunsten des Auftraggebers gelingen kann.

Einfacher Alleinauftrag

Pflichten des Auftraggebers	Rechte des Auftraggebers
• darf keinen weiteren Makler beauftragen	• keine Verpflichtung zum Abschluss • keine Verpflichtung zur Unterlassung eigener Aktivitäten

Rechte des Maklers	Pflichten des Maklers
• Makler kann als Doppelmakler nur tätig werden, wenn ausdrücklich vereinbart	• intensiver Einsatz (BGH, NJW 1969 1626) • Verschaffen möglichst günstiger

Qualifizierter Alleinauftrag

Pflichten des Auftraggebers	Rechte des Auftraggebers
• darf keinen weiteren Makler beauftragen	• keine Verpflichtung zum Abschluss

Rechte des Maklers	Pflichten des Maklers
• Makler kann als Doppelmakler nur tätig werden, wenn ausdrücklich vereinbart • Verpflichtung zur Unterlassung eigener Aktivitäten • Verpflichtung, Interessenten an Makler zu verweisen bzw. ihn hinzuzuziehen	• intensiver Einsatz (BGH, NJW 1969 1626) • Verschaffen möglichst günstiger Vertragsbedingungen • kein Ersatz von Aufwendungen ohne ausdrückliche Vereinbarung • kann Tätigkeit nicht vor Ablauf der Bindungsfrist aufgeben (BGH, NJW-RR 1987,944)

Siehe / Siehe auch: Maklervertrag

Allergien

Wird durch in der Wohnung vorhandene Stoffe (z.B. Schimmelpilz) eine Allergie beim Mieter ausgelöst, kann dies unter Umständen verschiedene Ansprüche des Mieters auslösen. Schimmelpilz wird bereits ohne allergische oder sonstige Gesundheitsbeeinträchtigungen als erheblicher Wohnungsmangel betrachtet. Dies führt zum Anspruch auf Beseitigung des Mangels und bei weiter bestehendem Mangel auf Mietminderung.
Bei einer erheblichen Gefährdung der Gesundheit kann sogar eine fristlose Kündigung durch den Mieter nach § 569 Abs.1 BGB berechtigt sein.
Wann eine Gesundheitsgefährdung vorliegt, ist immer eine Frage des jeweiligen Einzelfalles. Die Möglichkeit, dass sich wegen einer Schimmelpilzbildung Sporen in der Wohnungsluft befinden könnten, reicht nicht aus. Einige Gerichte haben eine solche Gefährdung bei großflächiger Schimmelbildung als gegeben angesehen. Welche Gefährdung tatsächlich z.B. durch Schimmelsporen in der Raumluft vorhanden ist, kann nur ein Gutachter oder die (kostengünstigere) Untersuchung durch das Gesundheitsamt feststellen.
Siehe / Siehe auch: Mietminderung, Sachmangel (im Mietrecht)

Allesbrenner

Heizkessel, der verschiedenartige Brennstoffe verwerten kann (z.B. alle Festbrennstoffe). Die Bezeichnung wird für Einzelöfen/Kaminöfen ebenso verwendet wie für Heizkessel mit Anschluss an die Haushheizung.
Dem Vorteil der Verwendbarkeit verschiedener Brennstoffe steht der Nachteil gegenüber, dass auf einen bestimmten Brennstoff ausgelegte Öfen meist höhere Wirkungsgrade erzielen. Allesbrenner dürfen nicht als private Müllverbrennungsanlage missverstanden werden. Verbrannt werden dürfen nur geeignete und zulässige Materialien (z.B. unbehandeltes Naturholz, keine Möbelreste oder behandelten Holzteile).
Siehe / Siehe auch: Stirling-Motor

allgA

Abkürzung für: allgemeine Ansicht

Allgemeine Bausparbedingungen (ABB)

In den allgemeinen Bausparbedingungen sind die rechtlichen Grundlagen des Bausparvertrages zwischen Bausparkasse und Bausparer gemäß dem Bausparkassengesetz geregelt. Die Bausparkasse händigt dem Sparer bei Vertragsabschluss die ABB aus. Regelungsinhalte sind insbesondere Höhe und Fälligkeit der Leistungen des Bausparers und der Bausparkasse, die Verzinsung der Bauspareinlagen und der Bauspardarlehen, Zuteilungsvoraussetzungen und Zuteilungsverfahren Auszahlungsbedingungen, die Höhe der Gebühren u.a.

Allgemeine Geschäftsbedingungen (AGB)

Allgemeine Geschäftsbedingungen sind vorformulierte Vertragsbedingungen, die der Verwender dieser Bedingungen dem Geschäftsverkehr mit

Kunden stellen will. Sie unterliegen einer besonderen Inhaltskontrolle durch die Gerichte. Diese entscheiden im Rechtsstreit darüber, ob bestimmte Bedingungen den Vertragspartner unangemessen benachteiligen oder ob sie zulässig sind. Die Regelungen fanden sich früher in einem eigenen Gesetz, dem ABG-Gesetz, bis sie dann im Zuge der Schuldrechtsreform in teils veränderter Fassung in das BGB übernommen wurden. Im Geschäftsverkehr zwischen Kaufleuten gelten die Vorschriften über AGB nur eingeschränkt. Dabei gelten nur solche vorformulierten Vertragsbedingungen als AGB, die bestimmt sind, in einer „Vielzahl" von Fällen eingesetzt zu werden. Bei vorformulierten Geschäftsbedingungen im Geschäftsverkehr mit Verbrauchern kommt es dagegen nicht auf diesen Bestimmungszweck an. Das Gesetz unterwirft hier bereits die einmalige Verwendung dieser Geschäftsbedingung der gerichtlichen Inhaltskontrolle. Unter die Inhaltskontrolle fallen auch notarielle Verträge. Gerichtlicher Beurteilungsmaßstab dafür, ob eine Geschäftsbedingung den Vertragspartner, der sich ihr unterworfen hat, unangemessen benachteiligt, ist meistens das gesetzliche Leitbild. Eine unangemessene Benachteiligung kann sich unabhängig davon auch ergeben, wenn wesentliche Rechte und Pflichten, die sich aus der Natur des Vertrages ergeben, so eingeschränkt werden, dass die Erreichung des Vertragszweckes gefährdet ist.

Beim Maklervertrag ist gesetzliches Leitbild vor allem § 652 BGB, in dem die Voraussetzungen für das Entstehen eines Provisionsanspruchs geregelt sind. Wird in Vertragsbedingungen hiervon wesentlich abgewichen, können diese im Rechtsstreit nicht durchgesetzt werden. Dies gilt z.B. für den qualifizierten Alleinauftrag, der bei einer entsprechenden Konstellation dem Makler auch dann zu einem Provisionsanspruch verhelfen würde, wenn er einen Kunden, mit dem der Vertrag geschlossen wurde, weder nachgewiesen noch mit ihm Verhandlungen geführt hat. Ursprüngliche Allgemeine Geschäftsbedingungen können nachträglich dadurch wirksam werden, dass sie vom Verwender für den Vertragspartner deutlich erkennbar zur Verhandlungssache erklärt werden. Es genügt dabei nicht, dass nur ihr Inhalt erklärt wird. Vielmehr muss für den Vertragspartner die Möglichkeit bestehen, die Bedingung durch eine andere, von ihm vorgeschlagene Bedingung ersetzen zu können. Ob der Vertragspartner von dieser Möglichkeit Gebrauch macht, ist dabei nicht entscheidend. Eine so zur Disposition gestellte Bedingung wird zur Individualvereinbarung.

Im immobilienwirtschaftlichen Geschäftsbereich haben AGB-Fragen besonders auch bei Mietverträgen, Darlehensverträgen und Bauverträgen besondere Bedeutung.

Siehe / Siehe auch: Alleinauftrag, Individualvereinbarung, Maklervertrag

Allgemeine Geschäftsbedingungen im Mietrecht

Allgemeine Geschäftsbedingungen (AGB) müssen strengen gesetzlichen Anforderungen genügen – früher nach dem AGB-Gesetz, heute nach den Vorschriften der §§ 305 ff. BGB. Unter anderem unterliegen sie der Inhaltskontrolle, das heißt sie sind unwirksam, wenn sie den Vertragspartner des Verwenders unangemessen benachteiligen. Sie werden nicht Vertragsbestandteil, wenn sie so ungewöhnlich sind, dass der Vertragspartner mit einer solchen Klausel nicht rechnen muss. Die Folge ist, dass die jeweilige Klausel unwirksam ist, der Vertrag jedoch weiterbesteht. An Stelle der unwirksamen Klausel gilt die jeweilige gesetzliche Regelung. Unklarheiten gehen zu Lasten des Verwenders.

Im Mietrecht ist die Unterscheidung zwischen Allgemeinen Geschäftsbedingungen und individuell ausgehandelten Klauseln wichtig. Immer wieder finden sich in Mietverträgen Klauseln, die nach den Regeln der Inhaltskontrolle unwirksam wären. Hier kommt es schnell zum Streit darüber, ob unwirksame AGB oder wirksame individuelle Klauseln vorliegen.

Als Allgemeine Geschäftsbedingungen bezeichnet man alle für eine Vielzahl von Verträgen vorformulierten Vertragsbedingungen, die eine Vertragspartei (Verwender) der anderen Vertragspartei bei Abschluss eines Vertrags vorgibt. Unwesentlich ist, ob die Regelungen einen äußerlich gesonderten Vertragsteil bilden oder in die Vertragsurkunde selbst aufgenommen werden. Auch ihr Umfang, ihre Schriftart und Form sind nicht entscheidend. Nicht als Allgemeine Geschäftsbedingungen gelten Vertragsbedingungen, die zwischen den Vertragsparteien im Einzelnen ausgehandelt sind. Vor Gericht gilt die handschriftliche Einfügung einer Klausel zumindest als Indiz für eine individuell ausgehandelte Regelung, während ein nicht abgeänderter Vordruck z.B. vom Eigentümerverein grundsätzlich als AGB angesehen wird.

„Für eine Vielzahl von Verträgen vorformuliert" bedeutet nach den Gerichten, dass zumindest eine Verwendung in drei Fällen beabsichtigt war (BGH, Urteil vom 27. September 2001 - VII ZR 388/00). Überholt ist dies für Verträge zwischen Unternehmern und Privatleuten. Nach § 310 BGB gelten Regelungen, die von Unternehmern gegenüber Verbrauchern verwendet werden, bereits bei einmaliger Verwendung als AGB. Dies betrifft z.b. Mietverträge von Wohnungsgesellschaften. Bei Gewerbemietverträgen gilt letzteres nicht, da hier kein Verbraucher geschützt werden muss. Viele der Regelungen der §§ 305 ff. BGB gelten nicht für Verträge unter Unternehmern. Einige Beispiele für unwirksame Klauseln:

- „Der Mieter hat die Hausgebühren zu tragen" (unbestimmte Formulierung)
- „Der Mieter zahlt eine Einzugskostenpauschale von...", geregelt in der Hausordnung (überraschend, da an unüblicher Stelle geregelt)
- „Der Mieter hat die Wohnung besichtigt und verzichtet auf jede Mietminderung und Schadenersatzforderung" (u.a. unzulässiger Haftungsausschluss, § 309 Nr.12 b und Nr.7 BGB).
- „Kosten, die mit dem Vertragsabschluss zusammenhängen, gehen zu Lasten des Mieters" (überraschende und unklare Klausel)
- Beidseitiger Kündigungsverzicht für fünf Jahre (unangemessene Benachteiligung).

Siehe / Siehe auch: Allgemeine Geschäftsbedingungen (AGB)

Allgemeines Gleichbehandlungsgesetz

Nach langen Verhandlungen und vielen Nachbesserungen ist am 18. August 2006 das Allgemeine Gleichbehandlungsgesetz (AGG) in Kraft getreten. Das Gesetz setzt vier europarechtliche Richtlinien in deutsches Recht um. Es zielt darauf ab, Benachteiligungen aus Gründen der Rasse, ethnischen Herkunft, des Geschlechts, der Religion oder Weltanschauung, des Alters, einer Behinderung oder der sexuellen Identität zu beseitigen oder ganz zu verhindern. Grundsätzlich ist nach diesem Gesetz die Ungleichbehandlung aus den genannten Motiven untersagt. Wenn ein sachlicher Grund vorliegt, ist jedoch eine Verletzung des Benachteiligungsgebots ausnahmsweise zulässig.

Solche Gründe können z.B. die Vermeidung von Gefahren oder das Bedürfnis nach Schutz der Intimsphäre sein.

Das AGG behandelt den Zugang zu:
- Beschäftigung und Beruf
- Waren und Dienstleistungen (einschließlich Wohnraum).

Es findet keine Anwendung bei:
- Familien- oder Erbrecht
- Vertragsbeziehungen, bei denen ein besonderes Nähe- oder Vertrauensverhältnis der Vertragspartner oder ihrer Angehörigen entsteht. Z.B.: Mieter und Vermieter bzw. deren Angehörige nutzen Wohnräume auf dem gleichen Grundstück bzw. im gleichen Haus.

Eine andere wichtige Einschränkung ist, dass das Gesetz nur für „Massengeschäfte" gilt. Dies sind Geschäfte, die „typischerweise ohne Ansehung der Person zu vergleichbaren Bedingungen in einer Vielzahl von Fällen zustande kommen" oder bei denen die betreffende Person nach der Art des Vertragsverhältnisses von nachrangiger Bedeutung ist und derartige Verträge in einer Vielzahl von Fällen zu vergleichbaren Bedingungen zustande kommen. Das Anbieten einer Vielzahl von Wohnungen ist ein Massengeschäft. Unter einer Vielzahl von Wohnungen versteht man in der Regel über 50.

Bei der Vermietung von Wohnraum erlaubt das AGG ausdrücklich, Mietinteressenten unterschiedlich zu behandeln, um die Schaffung und Erhaltung sozial stabiler Bewohnerstrukturen, ausgewogener Siedlungsstrukturen und ausgeglichener wirtschaftlicher, sozialer und kultureller Verhältnisse zu gewährleisten.

Das Gesetz wird erhebliche Auswirkungen auf das Wirtschaftsleben haben. Seine Handhabung ist in den ersten Jahren sicherlich mit Schwierigkeiten verbunden, da der Text des AGG diverse unbestimmte Rechtsbegriffe enthält (z.B. „angemessen", „legitimes Ziel"), die erst der Interpretation durch Gerichtsentscheidungen bedürfen.

Allgemeines Wohngebiet
Siehe / Siehe auch: Wohngebiete (nach BauNVO)

allgM
Abkürzung für: allgemeine Meinung

Allokation
Unter Allokation bezeichnet man in der Volkswirtschaftslehre das Phänomen des ständigen Wech-

sels knapper Ressourcen von Produktionen mit abnehmender zu Produktionen mit zunehmender Produktivität bzw. Rentabilität. Hiervon abgeleitet wird in der Immobilienwirtschaft das Anlageverhalten bezeichnet, das zur höchstmöglichen Ergiebigkeit der Gesamtanlage führt. Dabei steht eine gezielte Streuung des Immobilienbesitzes nach Entwicklungschancen Vordergrund.

Alt
Abkürzung für: Alternative

Altbau / Neubau

Zwischen Alt- und Neubau wird in vielen Rechtsgebieten unterschieden. Sie sind aber allgemeingültig an keiner Stelle genau definiert. Es handelt sich vielmehr um ein Unterscheidungsmerkmal, welches vorwiegend wohnungswirtschaftlich und steuerlich von Bedeutung ist. Je nach Art der Vorschrift sind die Abgrenzungen unterschiedlich:

1. Wohnungswirtschaft

Alle Wohnungen, die nach dem 20.6.1948 (Tag der Einführung der Deutschen Mark) bezugsfertig geworden sind, gelten im Sinne der Neubaumietenverordnung im Rahmen des preisgebundenen Wohnungsbaus als Neubauten. Im Umkehrschluss ergibt sich daraus, dass die vorher fertiggestellten Wohnungen dem Altbau zuzuordnen sind.

2. Steuerrecht: Begriff der Fertigstellung

Bei der steuerlichen Unterscheidung zwischen Alt- und Neubau kommt es in der Regel auf den Zeitpunkt der Fertigstellung an. Ein Objekt gilt als fertiggestellt, wenn alle wesentlichen Arbeiten ausgeführt worden sind und die Wohnung bewohnbar ist. Ob es bereits durch die Baubehörde abgenommen wurde, ist steuerlich unbedeutend. Zieht der Eigentümer bereits in das Haus ein, bevor alle wichtigen Arbeiten abgeschlossen sind, so gilt das Objekt als nicht fertiggestellt. Solche wichtigen Arbeiten sind zum Beispiel Türen oder Fenster, sanitäre Einrichtungen oder der Anschluss an die Versorgungsleitungen. Es muss die Möglichkeit zum Anschluss einer Küche bestehen. Geringfügige Restarbeiten schließen die Bezugsfertigkeit nicht aus. Auch ist für die steuerliche Fertigstellung nicht die endgültige Gesamtfertigstellung (einschl. Außenanlagen) maßgeblich.

2.1. Selbstgenutzte Immobilien / Eigenheimzulagengesetz

Eine Immobilie gilt im Sinne des Eigenheimzulagengesetzes als Neubau, wenn sie spätestens bis zum Ende des zweiten auf das Jahr der Fertigstellung folgenden Jahres angeschafft worden ist. Bei Anschaffung eines Objektes im Jahr 2004 muss für einen Neubau die Fertigstellung somit im Jahr 2002, 2003 oder 2004 erfolgt sein. Ob ein Objekt schon einmal bezogen (= gebraucht) war, ist für die Abgrenzung Altbau / Neubau hier unerheblich. Mit Abschaffung des Eigenheimzulagengesetzes ab 1.1.2006 ist diese Unterscheidung irrelevant geworden.

2.2. Vermietungsobjekte

Die Abgrenzung zwischen Alt- und Neubau ist für die Art und Höhe der Abschreibung von Bedeutung. Die attraktiveren Abschreibungen, wie degressive AfA oder erhöhte AfA, konnte bislang der Eigentümer nur für einen steuerlichen Neubau beanspruchen. Ein solcher liegt vor, wenn die Immobilie im Jahr der Fertigstellung angeschafft wird. Ein beispielsweise im Jahr 2001 fertiggestelltes Objekt gilt somit nur dann als Neubau, wenn dieses auch im selben Jahr vom Verkäufer an den Käufer übergeben worden ist. Wird eine bautechnisch neue Immobilie erst im Folgejahr der Fertigstellung angeschafft, dann liegt ein steuerlicher Altbau vor. Bei erheblichen Sanierungen kann auch bei einer Altimmobilie ausnahmsweise ein steuerlicher Neubau vorliegen, wenn im Zuge der Baumaßnahmen auch die wesentliche Substanz, wie die tragenden Gebäudeteile, erneuert worden ist. Eine stichtagsbezogene Altersunterscheidung ergibt sich bei der normalen AfA, wo zwischen Fertigstellungszeiträumen vor dem 1.1.1925 (2,5%

AfA) und solchen nach dem 31.12.1924 (2% AfA) unterschieden wird. Die Altersstruktur der Wohngebäude in Deutschland nach den Zahlen des Statistischen Bundesamtes sieht wie folgt aus: (Nach dieser Statistik des Statistischen Bundesamtes gehören nach dem wohnungswirtschaftlichen Einteilungsschema in Westdeutschland nur noch 24% der Wohngebäude zum Altbau, in Ostdeutschland dagegen noch 42%.)

Wohneinheiten in Gebäuden mit Wohnraum

Baujahr	Deutschland	West	Ost
vor 1901	8,2	6,9	13,2
1901 - 1918	6,8	5,9	10,5
1919 - 1948	12,3	11,2	18,7
1949 - 1978	46,8	51,6	26,8
1979 - 1986	10,9	10,4	12,3
1987 - 1990	3,3	2,9	4,0
1991 - 2000	10,2	9,7	13,0
2001 - 2002	0,8	0,8	0,8
2003 - 2004	0,7	0,7	0,7
	100,0	100,0	100,0

Altbaumietenverordnung

Altbaumietenverordnungen legten früher eine Mietpreisbindung für Altbauten fest. Sie galten für Gebäude, die vor dem 28.6.1948 fertig gestellt worden waren und beruhten auf dem Modell der Brutto- oder Inklusivmiete, die die Betriebskosten mit einschloss. Altbaumietenverordnungen legten ferner der Wohnflächenberechnung andere als die heute üblichen Maßstäbe zugrunde. Bekanntes Beispiel ist die Berliner Altbaumietenverordnung, die mit Wirkung zum 1.1.1988 aufgehoben wurde.
Siehe / Siehe auch: Neubaumietenverordnung

Altbaumodernisierung

Darunter wird meist eine umfassende Erneuerung bestehender Gebäude verstanden. Eines der Hauptziele der Altbaumodernisierung ist die energetische Sanierung, d.h. die Verbesserung der Energiebilanz des Objektes. Durch Wärmedämmung der Fassade und des Daches sowie Einbau einer zeitgemäßen Heizanlage und moderner Fenster lassen sich die Kosten für den Energieverbrauch um bis zu 65% verringern. Die umfassende Modernisierung eines Altbaus sollte mit der Wärmedämmung der Fassade beginnen. So kann z.B. eine Außendämmung installiert werden, vor die Verblendmauerwerk gesetzt wird. Weniger aufwändig, aber auch weniger effektiv ist eine Innendämmung der Wände. Als nächster Schritt ist das Dach zu dämmen. Erhebliche Energieeinsparungen versprechen Wärmeschutzfenster. Das Entweichen von Wärme nach unten wird durch eine Dämmung der Kellerdecke erreicht. Eine moderne Heizanlage rundet das Energiesparprogramm ab. Bei vielen älteren Häusern ist die Feuchtigkeitsisolierung des Kellers im Laufe der Zeit schadhaft geworden. Hier empfiehlt sich eine Prüfung, ob von außen eine neue Isolierschicht aufgetragen werden muss. Alternativen sind auch hier Innendämmungen oder das Einspritzen von Isoliermaterial in das Mauerwerk. Berücksichtigt werden sollte auch die Erneuerung des elektrischen Systems. In vielen Altbauten finden sich noch Elektrokabel, die modernen Verhältnissen nicht angepasst sind. Folge sind herausgesprungene Sicherungen bei Einschalten mehrerer Elektro-Großgeräte. Wenn alte Leitungen dauerhaft überlastet werden (z.B. durch Hintereinanderhängen mehrerer Mehrfachsteckdosen) besteht Brandgefahr. Nicht vergessen werden sollten auch die Rohrleitungen. Sind Abflussrohre schadhaft, sind noch alte Wasserrohre aus Blei verbaut?
Bei der Altbaumodernisierung helfen spezialisierte Fachbetriebe. Eine qualifizierte Planung des Gesamtprojektes durch einen Fachmann kann Kosten sparen (z.B. Verwendung eines Baugerüstes für mehrere Modernisierungsbereiche). Vor dem Kauf eines zu modernisierenden Altbauobjektes kann ein unabhängiger Bausachverständiger den Umfang der notwendigen Arbeiten ermitteln. Die KfW bietet Förderprogramme an, die Eigentümern von Altbauten beim Modernisieren finanziell unter die Arme greifen können.
Weitere Infos: www.kfw-foerderbank.de
Bei der Altbaumodernisierung müssen unter Anderem die folgenden gesetzlichen Regelungen beachtet werden:
• Denkmalschutzgesetz
• Energieeinsparverordnung (EnEV)
• Landesbauordnung
• Baugesetzbuch (BauGB)

Altengerechtes Wohnen

Den speziellen Wohnbedürfnissen alter Menschen sollen Empfehlungen gerecht werden, die unter dem Schlagwort des altengerechten Wohnens vom Bundesministerium für Verkehr, Bau- und Wohnungswesen zusammengestellt worden sind. Sie gehen von einer mit zunehmendem Alter einhergehenden Einschränkung der Bewegungsfähigkeit der älter werdenden Menschen aus. Die Empfehlungen beziehen sich vor allem auf Ausstattungsnotwendigkeiten im Sanitärbereich (Bad, WC, Dusche), in den Küchen und Schlafzimmern, sowie innerhalb des Gebäudes auf Zugänge und Treppen. Mit Hilfe entsprechender Wohnkonzepte soll älteren Menschen eine möglichst lange Zeit ein selbständiges, unabhängiges Wohnen in vertrauter Umgebung ermöglicht werden.

Viele Menschen stehen mit zunehmendem Alter vor der Frage, ob sie ihre bisherige Wohnung behalten und ggf. durch bauliche Änderungen anpassen sollen, oder ob ein Umzug in ein bereits von vornherein altersgerecht konzipiertes Wohnobjekt erforderlich ist. Die genannten Empfehlungen können bei dieser Entscheidung helfen. Bei Konzepten des so genannten „Betreuten Wohnens" ist zu beachten, dass dieser Begriff nicht gesetzlich geschützt ist. Hier sollte also vom Bewohner besonderer Wert darauf gelegt werden, dass auch tatsächlich alle Ausstattungsnotwendigkeiten beachtet wurden und dass gegebenenfalls eine ständige medizinische Versorgung im Haus möglich ist.

Genaue Informationen erhalten Sie durch Abruf der Broschüre „Wohnen im Alter – am liebsten zu Hause" per E-Mail unter: buergerinfo@bmvbw.bund.de

Siehe / Siehe auch: Barrierefreiheit, Betreutes Wohnen

Altenheim

Altenheim oder Altersheim steht in der Umgangssprache für eine Einrichtung, die die Unterbringung von alten Menschen mit Betreuung und Pflege verbindet. In der Praxis gibt es wenige „Altenheime" die nur dem Wohnen dienen und keine Pflegemöglichkeit bieten. Oft wird von Betreibern versucht, den negativen Klang der Bezeichnung „Altenheim" durch die Verwendung von Bezeichnungen wie „Seniorenheim" zu vermeiden.

Träger können sowohl Gemeinde- oder Kreisverwaltungen wie auch die Kirche, gemeinnützige Organisationen oder kommerzielle Betreiber sein. In Deutschland, Österreich und der Schweiz existieren gesetzliche Regelungen über die Finanzierung der Kosten für Einrichtungen der Altenhilfe. Aufgrund dieser Regelungen werden behördlicherseits Vergütungssätze pro Tag und Bewohner festgesetzt, die die Kosten für Unterbringung, Betreuung, Essen und Trinken sowie Pflege einschließen. Bezahlt wird diese Vergütung vom Bewohner mit Hilfe seiner Pflegeversicherung bzw. seiner Rentenbezüge.

Zwischen Bewohnern und Heimträger wird ein Heimvertrag geschlossen, der im Einzelnen Leistungen, Vergütungsbeträge und Rechte und Pflichten der Beteiligten regelt.

Bedarf ein Heimbewohner der Pflege, wird durch den Medizinischen Dienst der Krankenkassen auf der Grundlage seines körperlichen Zustandes seine Pflegestufe festgesetzt. Es gibt vier Pflegestufen, die Zugehörigkeit zur jeweiligen Stufe wird regelmäßig überprüft. Die Kosten der Pflege steigen von Stufe zu Stufe.

Die gesetzlichen Anforderungen an Altenheime regelt das Heimgesetz (HeimG). Es schreibt auch regelmäßige Überprüfungen durch die kommunale Heimaufsicht vor. Nicht jede Wohneinrichtung für Senioren unterliegt allerdings dem Heimgesetz und dieser Kontrolle. Die Voraussetzungen dafür sind, dass die Einrichtung außer Wohnraum auch Betreuung und Verpflegung bereitstellt, unabhängig von der Anzahl der Bewohner existiert und entgeltlich betrieben wird. Schwieriger wird die Abgrenzung bei Einrichtungen, bei denen der Wohnraum schlicht vermietet wird und der Vermieter Serviceverträge für Verpflegung und Pflege mit externen Dienstleistern abschließt.

Einrichtungen für „Betreutes Wohnen" gelten in der Regel nicht als Heim im Sinne des Heimgesetzes. Im Zweifel kann die zuständige Heimaufsicht bei Gemeinde oder Kreis Auskunft darüber geben, ob die Einrichtung ihrer Kontrolle unterliegt.

Weitere für Altenheime relevante Rechtsvorschriften:

- Heim-Mindestbauverordnung (HeimMindBauVO): Baurechtliche Anforderungen an Altenheime
- Heim-Mindestpersonalverordnung: Danach muss mindestens die Hälfte des Personals aus ausgebildeten Pflegefachkräften bestehen.
- Altenpflegegesetz: Ausbildung, Erlaubnis und Berufsausübung für Altenpfleger.
- Neuntes Sozialgesetzbuch (SGB IX): Rehabilitation und Teilhabe behinderter Menschen

Siehe / Siehe auch: Altengerechtes Wohnen, Altenheimvertrag, Altenheimvertrag, Vertragsdauer/Kündigung, Betreutes Wohnen, Heimgesetz

Altenheimvertrag

Der Altenheimvertrag ist geregelt in § 5 Heimgesetz. Er wird abgeschlossen zwischen dem Träger eines Heimes und dem neuen Bewohner und regelt sowohl das Wohnen im Heim als auch die Betreuung bzw. Pflegeleistungen. Der Vertrag muss vom Träger zumindest schriftlich bestätigt werden, er muss Rechte und Pflichten des Trägers und das vom Bewohner zu zahlende Entgelt regeln. Nach dem Gesetz muss das Entgelt im Vergleich zu den Leistungen angemessen sein und für alle Bewohner nach den gleichen Grundsätzen ermittelt werden. Der Vertrag hat den neuen Bewohner u.a. darauf hinzuweisen, dass dieser sich u.a. beim Träger und der zuständigen Behörde beraten lassen oder sich über mangelhafte Leistungen beschweren kann. Die Anschriften dieser Stellen müssen vorhanden sein. Das Gesetz schreibt vor, dass bei erheblichen Mängeln der vertraglichen Leistungen des Heimes die Bewohner neben zivilrechtlichen Ansprüchen auch eine Kürzung des Heimentgelts für bis zu sechs Monate rückwirkend verlangen können.

Nach § 6 HeimG müssen die vertraglichen Leistungen vom Träger soweit möglich an einen erhöhten oder verringerten Betreuungsbedarf des Bewohners angepasst werden. Sowohl der Heimträger als auch der Bewohner können eine solche Vertragsänderung fordern. Eine entsprechende Änderung des Entgeldes kann verlangt werden. Der Träger darf auch – in angemessenem Rahmen – eine Erhöhung des Entgelts fordern, weil sich die Berechnungsgrundlage verändert hat und die Erhöhung für das Heim betriebsnotwendig ist (§ 7 HeimG).

Siehe / Siehe auch: Altenheim, Altenheimvertrag, Vertragsdauer/Kündigung, Betreutes Wohnen, Heimgesetz

Altenheimvertrag, Vertragsdauer / Kündigung

Altenheimverträge werden nach § 8 HeimG auf unbestimmte Zeit geschlossen, in Ausnahmefällen ist eine befristete Aufnahme möglich.

Kündigung durch Bewohner:

Vom Bewohner kann der Heimvertrag spätestens am dritten Werktag eines Kalendermonats für den Ablauf desselben Monats schriftlich gekündigt werden. Abweichend davon kann die Kündigung bei Erhöhung des Heimentgelts jederzeit für den Zeitpunkt stattfinden, zu dem die Erhöhung wirksam werden soll. Außerordentliche fristlose Kündigung des Heimvertrages ist möglich, wenn dem Bewohner die Fortsetzung bis Ablauf der Kündigungsfrist unzumutbar ist. Falls der Betreiber die zur Kündigung führenden Zustände zu vertreten hat, muss er für den Bewohner eine anderweitige angemessene Unterkunft und Betreuung nachweisen und in gewissem Umfang auch die Umzugskosten ersetzen.

Kündigung durch den Träger

Der Träger kann den Heimvertrag nur aus wichtigem Grund kündigen. Das Gesetz nennt folgende Gründe:

- Einstellung / Einschränkung des Heimbetriebes
- Änderung des Gesundheitszustandes des Bewohners in solchem Maße, dass er in diesem Heim nicht mehr fachgerecht gepflegt werden kann
- Der Bewohner verletzt seine vertraglichen Pflichten so sehr, dass dem Betreiber die Vertragsfortsetzung nicht mehr zumutbar ist
- Der Bewohner kommt für zwei aufeinander folgende Termine mit der Entrichtung des Entgelts (oder eines Teils des Entgelts, der den Betrag für einen Monat übersteigt) in Verzug oder
- in einem Zeitraum, der sich über mehr als zwei Monate erstreckt, mit der Bezahlung in Höhe eines Betrages, der das Entgelt für zwei Monate erreicht.

Die Kündigung durch den Träger muss begründet werden und schriftlich erfolgen.

Ein gerichtliches Räumungsurteil gegen einen Bewohner, der als Pflegefall im Heim nicht mehr ausreichend versorgt werden kann, kann nach der Rechtsprechung erst erfolgen, wenn das Gericht den Nachweis einer angemessenen anderen Betreuungseinrichtung durch den Heimträger nachgeprüft hat (vgl. BGH, 28.10.2004, Az. III ZR 205/03). Der Heimvertrag endet mit dem Tod der Bewohnerin oder des Bewohners. Vereinbart werden darf eine Fortgeltung des Vertrags bezüglich der Entgeltbestandteile für Wohnraum und Investitionskosten für maximal zwei Wochen nach dem Sterbetag. Für diesen Zeitraum allerdings verringert sich das Entgelt um den Wert der vom Heimträger ersparten Aufwendungen.

Siehe / Siehe auch: Altenheim, Altenheimvertrag, Betreutes Wohnen, Heimgesetz

Altenteil

Das Altenteilsrecht bezieht sich auf dinglich gesicherte Nutzungen sowie Sach- und Dienstleistungen aus oder auf einem Grundstück. Zweck des Altenteils ist die leibliche und persönliche Versorgung des Berechtigten im Zusammenhang mit der Übertragung eines in der Regel landwirtschaftlichen Anwesens im Wege der vorweggenommenen Erbfolge. Die Versorgungs- und Pflegeverpflichtung sowie die Einräumung des Wohnungsrechts als Gegenleistung für die Übertragung des Hofes wird als „Leibgeding" bezeichnet. Die dingliche Absicherung erfolgt auf dem übertragenen Anwesen durch Eintragung einer Reallast und – hinsichtlich der Nutzungsrechte – einer beschränkten persönlichen Dienstbarkeit in Form eines Wohnungsrechts.
Siehe / Siehe auch: Reallast, Beschränkte persönliche Dienstbarkeit, Wohnungsrecht

Altersvorsorge

Da die gesetzliche Altersrente aufgrund der sich ständig wandelnden Altersstruktur in Zusammenhang mit dem Generationenvertrag zunehmend zu Anpassungszwängen führt, ist jeder in Deutschland gut beraten, privat für den Lebensabend vorzusorgen. Das bedeutet nichts anderes, als sich möglichst früh für eine langfristig rentable Kapitalanlage zu entscheiden, die im Alter entweder von bestimmten Kosten entlastet oder aber für zusätzliche Einnahmen sorgt. Die optimale Form der privaten Altersvorsorge besteht aus einem ausgewogenen Portfolio, in dem Immobilien einen wertbeständigen Teil darstellen - unabhängig von ihrer Nutzung. Grundgedanke: Eine schuldenfreie Wohnung oder ein durch Kredite nicht belastetes Haus ersparen in späteren Jahren Mietzahlungen. Instandhaltungsmaßnahmen können beim selbst genutzten Haus, wenn erforderlich, individuell „gestreckt" und vom Kostenvolumen geplant werden. Ein Haus kann nötigenfalls auch „konsumiert" oder im Rahmen des Verkaufes „verrentet" werden. Die Einnahmen aus einem Mietobjekt können nach Steuern und Kosten eine deutliche Aufbesserung der Renteneinnahmen bringen. Aus diesem Grund sollte jeder versuchen, möglichst früh Wohneigentum anzuschaffen. Nach dem Koalitionsvertrag, den die Koalitionsparteien im Zusammenhang mit der Regierungsbildung 2005 geschlossen haben, soll die Immobilie als Instrument der Altervorsorge gefördert werden.

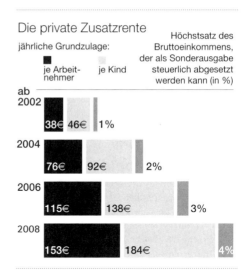

Die private Zusatzrente

Siehe / Siehe auch: Immobilienverrentung

Alterswertminderung

Jedes Gebäude hat eine bestimmte Lebens- und Nutzungsdauer. Bei Ermittlung des Sachwertes eines Gebäudes sind einerseits die technische Lebensdauer und andererseits die wirtschaftliche Nutzungsdauer zu berücksichtigen. In der Regel ist die wirtschaftliche Nutzungsdauer (wie lange kann ein Gebäude wirtschaftlich sinnvoll genutzt werden) geringer als die technische Lebensdauer (bedingt durch Alterungs- und Abnutzungserscheinungen). Es kommt somit in der Regel auf die Nutzungsdauer an. Zugrunde gelegt werden eine „übliche" Gesamtnutzungsdauer und eine geschätzte Restnutzungsdauer. Letztere korrigiert die Gesamtnutzungsdauer, wenn Modernisierungsmaßnahmen durchgeführt oder Instandhaltungsmaßnahmen unterlassen wurden. Dann geht die Berechnung der Alterswertminderung von einem fiktiven Baujahr aus.
Die Alterswertminderung führt zu einem Abschlag von den ermittelten Gebäudenormalherstellungskosten. Es gibt mehrere Verlaufsformen, die den Prozess der Alterwertminderung nachzeichnen: linear, progressiv (nach Ross), degressiv oder als Kombination von progressiv und degressiv. Die Ross'sche Alterwertminderung zeichnet eine anfänglich geringe Alterswertminderung des Gebäudes nach, die im Laufe der Zeit zunimmt. Vorbild

war der Flugverlauf einer von einer Kanone abgefeuerten Granate. Die lineare Alterwertminderung unterstellt einen gleichmäßigen Verlauf, die degressive unterstellt im Verlauf eine anfänglich starke, im Zeitverlauf schwächer werdende Alterswertminderung. Vorschläge haben u.a. auch die TEGOVA, die Arbeitsgemeinschaft der Vorsitzenden der Gutachterausschüsse für Grundstückswerte in Nordrhein-Westfalen (AGVGA), Gerardy, Vogels und Tiemann gemacht.
Siehe / Siehe auch: Sachwert

Althofsanierung

Die Althofsanierung bezweckt die Verbesserung der Produktionsgrundlagen landwirtschaftlicher Betriebe. Sie wird von den Landwirtschaftsministerien der Bundesländer aus Mitteln der EU, des Bundes und des Landes gefördert. Die Förderung besteht aus Zinsverbilligungen für Immobilien und Baumaßnahmen. Dabei ist Voraussetzung, dass bestimmte Anforderungen (z.B. bei baulichen Maßnahmen an eine artgerechte Tierhaltung, Mindeststandards in Bezug auf Umwelt und Hygiene) erfüllt werden müssen. Mit der Förderung der Althofsanierung wurde 1955 begonnen. Parallel dazu wurden die Aussiedlung von Betrieben und die landwirtschaftliche Flurbereinigung in Förderprogramme aufgenommen. Seit Einführung der Gemeinschaftsaufgabe zur Verbesserung der Agrarstruktur und des Küstenschutzes wurden etwa 35.000 Althofsanierungen gefördert.
Siehe / Siehe auch: Aussiedlerhof

Altlasten

Nach der Definition des Bundes-Bodenschutzgesetzes vom 1. März 1999 gibt es zwei Gruppen von Altlasten, nämlich
- Stillgelegte Abfallbeseitigungsanlagen und Grundstücke, auf denen Abfälle behandelt, gelagert oder abgelagert worden sind (Altablagerungen).
- Grundstücke stillgelegter Anlagen und sonstige Grundstücke, auf denen mit umweltgefährdenden Stoffen „umgegangen" worden ist („Altstandorte"). Hierzu zählen nicht Anlagen, deren Stilllegung einer Genehmigung nach dem Atomgesetz bedarf.

Von Altlasten zu unterscheiden sind „schädliche Bodenveränderungen", die die „Bodenfunktionen" insoweit beeinträchtigen, als dadurch aktuelle Gefahren, erhebliche Nachteile oder Belästigungen für den Einzelnen oder die Allgemeinheit ausgehen. Sie entsprechen dem Begriff der „schädlichen Umwelteinwirkungen" nach dem Bundes-Immissionsschutzgesetz. Zur Gefahrenabwehr gegen drohende schädliche Bodenveränderungen sind nur der Grundstückseigentümer bzw. derjenige, der die tatsächliche Gewalt über das Grundstück innehat, verpflichtet. Dagegen erstreckt sich die Sanierungspflicht bei Altlasten (und – falls schädliche Bodenveränderungen eingetreten sind – auch bei diesen) auf einen viel größeren Personenkreis. Hierzu gehören:
- der Verursacher und dessen Gesamtrechtsnachfolger
- der aktuelle Bodeneigentümer und
- derjenige, der die tatsächliche Gewalt über das Grundstück ausübt. Dies schließt ein: Mieter, Pächter und jeden, der aufgrund eines notariellen Kaufvertrages Besitz am Grundstück erlangt hat.
- der frühere Grundstückseigentümer.

Wer von diesen Personen vorrangig zu den Kosten herangezogen wird, legt das Gesetz nicht fest. Alle Sanierungspflichtigen können zur Kostenübernahme für alle im Zusammenhang mit der Sanierung erforderlichen Maßnahmen herangezogen werden.

Zum Schutz des Erwerbers altlastenbehafteter Grundstücke oder von Grundstücken mit schädlichen Bodenveränderungen gibt es jetzt bundeseinheitliche Bestimmungen. Der frühere Eigentümer ist danach bei allen Kaufvertragsabschlüssen nach dem 1. März 1999 zur Sanierung verpflichtet, sofern er die Altlast oder schädliche Bodenveränderung kannte bzw. kennen musste. Unabhängig davon sollte in Kaufverträgen dafür gesorgt werden, dass dem Grundstückserwerber das Recht eingeräumt wird, Regressansprüche gegen den Voreigentümer geltend machen zu können, falls die Behörde auf ihn zurückgreift. Der in Grundstückskaufverträgen übliche Sachmängelausschluss kann sonst zu fatalen Folgen für den Erwerber führen.

Auch bei bloßen „Verdachtsflächen" ist auf jeden Fall ratsam, ein Bodengutachten erstellen zu lassen. Der Erwerber eines Altlastengrundstücks kann jedenfalls sein Grundstück erst nutzen, wenn er durch ein Bodengutachten nachweist, dass von den Ablagerungen keine Gefährdung mehr ausgeht. Um das zu erreichen, muss das Grundstück im Zweifel saniert werden. Das Altlastenkataster

verzeichnet auf einer geografischen Karte bekannte Altlasten und kann im örtlichen Bauamt eingesehen werden. Eine Garantie auf Vollständigkeit besteht jedoch nicht.
Siehe / Siehe auch: Altlastenkataster, Bodenfunktionen (Bodenschutzgesetz)

Altlastenkataster
Nach Landesrecht sind Altlastenkataster zu führen. Das Umweltbundesamt informiert über die in den Bundesländern hierfür zuständigen Stellen. So findet etwa in Bayern die Erfassung der Altlastenverdachtsflächen und der ermittelten Altlasten durch das Bayerische Landesamt für Umweltschutz statt. Es hat bis März 2005 11.014 Altablagerungen und 5.425 Altstandorte erfasst. Die EDV-gestützten Altlastenkataster werden ständig erneuert und erhalten als Informationsgrundlage für Eigentümer und Grundstücksinteressenten ein immer größer werdendes Gewicht.
Siehe / Siehe auch: Altlasten

AMA
Abkürzung für: American Marketing Association

Amortisation
Darunter versteht man die Tilgung einer Schuld nach einem im voraus festgelegten Tilgungsplan.

Amtl.Begr.
Abkürzung für: amtliche Begründung

Amtsgericht
Das Amtsgericht ist das Gericht für Zivil- und Strafsachen. Nach der Änderung des Wohnungseigentumsgesetzes ist das Amtsgericht seit dem 1. Juni 2007 auch zuständig für Streitigkeiten nach § 43 WEG n.F., und zwar unabhängig vom Streitwert mit Ausnahme von Klagen Dritter, die sich gegen die Wohnungseigentümergemeinschaft oder gegen Wohnungseigentümer richten. Im Übrigen besteht im Zivilrechtsstreit eine Zuständigkeit bis 5.000 Euro, so dass die weitaus überwiegende Zahl von Rechtsstreiten zunächst vor dem Amtsgericht verhandelt werden, z.B. bei den Mietgerichten. Beim Amtsgericht wird u.a. auch das Grundbuch geführt (Grundbuchamt). Es führt auch Versteigerungen durch (Vollstreckungsgericht).
Siehe / Siehe auch: Grundbuch, Grundbuchamt, Beschlussanfechtung (Wohnungseigentum)

Amtskasse
Siehe / Siehe auch: Gerichtskasse

AMVO
Abkürzung für:
- Altbaumietenverordnung
- Verordnung über gemeinsame Anforderungen in der Meisterprüfung im Handwerk.
- Arbeitsmittelverordnung (AM-VO Republik Österreich)

Siehe / Siehe auch: Anforderungen in der Meisterprüfung

AMVOB
Abkürzung für: Altbaumietenverordnung Berlin
Siehe / Siehe auch: Altbaumietenverordnung

AN
Abkürzung für: Auftragnehmer

Anchor
Der Anchor ist der Publikumsmagnet in einem Shopping-Center. Dieser ist für den nachhaltigen Erfolg des Centers geradezu überlebensnotwendig. Mit dem Ziel die Lauffrequenz im gesamten Center zu erhöhen ist der Anchor häufig im hinteren Teil des Komplexes untergebracht, um die Passantenströme möglichst weit in das Gewerbeobjekt hineinzuziehen.
Anchor können große Kaufhäuser, Supermärkte oder bei kleineren Einkaufs-Komplexen ein größeres Textilgeschäft bzw. ein TV-Markt sein. Auch ein Multiplex-Kino, ein großer Food-Court (d.h. ein Gastronomiebetrieb mit zahlreichen unterschiedlichen Essensständen) können eine solche Magnet-Funktion erfüllen. Je nach Dimensionierung des Einkaufskomplexes sind auch mehrere Anchor denkbar, wobei hier die teilweise divergierenden Interessen unter einen Hut gebracht werden müssen. Anchor im Office-Bereich: Der Anchor, also der Hauptmieter, ist im Shopping-Centerbereich ein gängiger Begriff. Er hat allerdings, auch wenn dies vielfach übersehen wird – auch im Büroimmobilienbereich seine Bedeutung, da bei größeren Flächen wichtige Mieter von Großflächen auch weitere Mieter von der Sinnhaftigkeit einer Anmietung überzeugen und es zum anderen Mieter gibt, die in der Nachbarschaft zu diesem Hauptmieter Synergien sehen. Insofern ist etwa ein Ärztehaus eine denkbare Möglichkeit. Auch bei Büroflächen ist also auf den Mieter-Mix zu

achten, da bestimmte Vorzeige-Mieter mit ihrem Ansehen das Objekt aufwerten oder andere dem Ansehen eher abträglich sind. So wurde z.B. in Berlin das Haus der Verbände kreiert als speziell für Geschäftsstellen von Verbänden konzipiertes Objekt. Wenn es bei solch einem Objekt gelingt, namhafte Schlüssel-Mieter zu finden, so kann die Vermietung der übrigen Flächen im Idealfall zum Selbstläufer werden.

Ein Beispiel für die Wichtigkeit des Mieter-Mixes auch im Office-Bereich: Ein großes Bürogebäude stand zur Vermietung an. Als Hauptmieter für die obersten zwei Stockwerke konnte eine große international agierende Kanzlei gewonnen werden, die ein relativ hohes Mietniveau akzeptierte. Im Gegenzug dafür musste sich der Vermieter verpflichten, keine weiteren Kanzleien in das Gebäude zu nehmen. Insofern wurde die Chance verschenkt, ausgehend von der Spezialisierung der Kanzlei durch andere Kanzleien hier etwa ein Haus der juristischen Beratungskompetenz oder Anwalts-Haus zu kreieren. bei dem dieses rechtliche Know-how noch durch artverwandte Dienstleister wie etwa international agierende Patent-Anwaltskanzleien ergänzt würde. Stattdessen wurden die Flächen ohne ein weitergehendes Konzept gestreut.

Anderkonto

Unter einem Anderkonto versteht man ein Treuhandkonto, das vom Notar bei der Abwicklung von Immobiliengeschäften zur zwischen-zeitlichen Verwahrung von Fremdgeldern benutzt wird. Ist der Notar von den Vertragsparteien mit der Abwicklung der Kaufpreiszahlungen beauftragt, hält er den vom Käufer entrichteten Kaufpreis so lange auf einem Anderkonto zurück, bis sämtliche Verpflichtungen aus dem Kaufvertrag erfüllt sind. Hierzu können gehören: Löschung der Vorlasten, Eintragung der Auflassungsvormerkung, behördliche Genehmigungen usw.. Für die Führung eines Anderkontos verlangt der Notar eine zusätzliche Gebühr.

Andienungsrecht

Als Andienungsrecht wird das einem Vertragspartner eingeräumte Recht bezeichnet, dem anderen Vertragspartner eine bestimmte Sache zum Kauf „anzudienen". Teilweise wird auch synonym von einer Verkaufsoption gesprochen. In der Regel werden bei derartigen Vereinbarungen auch Festlegungen über den Zeitpunkt bzw. den Zeitraum getroffen, in dem der andere Vertragspartner die betreffende Sache zurückkaufen muss, sofern ihm dies dann von der anderen Vertragspartei angeboten wird. Initiatoren geschlossener Immobilienfonds räumen Fondszeichnern mitunter Andienungsrechte ein. Sie bietet den Anlegern damit die Möglichkeit, ihre Fondsanteile zu einem festgelegten Zeitpunkt und zu einem vorab feststehenden Preis zurückzugeben.

Anfechtung

Siehe / Siehe auch: Beschlussanfechtung (Wohnungseigentum)

Anfechtung des Mietvertrages

Unter bestimmten Voraussetzungen kann ein bereits unterschriebener Mietvertrag angefochten werden – mit der Folge, dass er als unwirksam anzusehen ist.

Die Anfechtung ist möglich wegen:
- Irrtums über wesentliche Eigenschaften einer Sache oder Person, § 119 BGB; darunter fallen auch versehentliche falsche Angaben der Beteiligten oder Verschweigen von Mängeln
- arglistiger Täuschung (§ 123 BGB). absichtliche falsche Angaben einer Vertragspartei mit dem Ziel, den anderen zu täuschen, z.B. über Wohnungsmängel oder das Einkommen des Mieters
- Drohung (§ 123 BGB)
- Falscher Übermittlung einer Willenserklärung (§ 120 BGB)

Die Anfechtung kann nur unter Einhaltung bestimmter Fristen erfolgen (vgl. unter „Anfechtungsfrist"). Wer einen Vertrag anficht, muss beweisen, dass die Gründe für eine Anfechtung vorliegen. Und: Er muss dem Vertragspartner unter Umständen den Schaden ersetzen, den dieser durch sein Vertrauen auf das Bestehen des Vertrages erleidet (§122 BGB).

Im Mietrecht kommt eine Anfechtung des Mietvertrages durch den Mieter in Betracht, wenn der Vermieter ihm bei Vertragsschluss wesentliche Mängel der Wohnung verschwiegen hat. Dies gilt nicht, wenn der Mieter bei der Besichtigung die Schäden oder Mängel hätte erkennen können. Umgekehrt kann der Vermieter den Vertrag anfechten, wenn der Mieter ihn z.B. über seine Einkommensverhältnisse getäuscht hat.

Siehe / Siehe auch: Anfechtungsfrist

Anfechtungsfrist
Eine Anfechtung des Mietvertrages wegen Irrtums muss „ohne schuldhaftes Zögern" erfolgen – Juristendeutsch für „sofort, wenn der Irrtum bemerkt wurde". Allerdings ist eine Anfechtung nur innerhalb von 10 Jahren nach Vertragsschluss bzw. nach Abgabe der Willenserklärung, über die man sich geirrt hatte, möglich (§ 121 BGB).
Die Anfechtung wegen Täuschung oder Drohung kann nur innerhalb einer Frist von einem Jahr erfolgen, beginnend mit dem Zeitpunkt, zu dem der Getäuschte die Täuschung entdeckt hat bzw. der Bedrohte nicht mehr unter Zwang steht. Auch hier ist nach zehn Jahren keine Anfechtung mehr möglich.
Siehe / Siehe auch: Anfechtung des Mietvertrages, Beschlussanfechtung (Wohnungseigentum), Wohnungseigentum

Anfechtungsgesetz
Das Anfechtungsgesetz ist ein Gesetz über die Anfechtung von Rechtshandlungen eines Schuldners außerhalb des Insolvenzverfahrens. Die Regelung ist in Kraft getreten mit Wirkung zum 1.1.1999.

AnfG
Abkürzung für: Anfechtungsgesetz
Siehe / Siehe auch: Anfechtungsgesetz

Anforderungen in der Meisterprüfung
Die Anforderungen an die Meisterprüfung sind bundeseinheitlich geregelt in der AMVO (Verordnung über gemeinsame Anforderungen in der Meisterprüfung im Handwerk und in handwerksähnlichen Gewerben). Diese beschreibt Inhalt, Gliederung und Durchführung der Meisterprüfung. Es gibt die folgenden selbstständigen Prüfungsteile:
- Prüfung der meisterhaften Verrichtung der in dem Handwerk gebräuchlichen Arbeiten (Teil I),
- Prüfung der erforderlichen fachtheoretischen Kenntnisse (Teil II),
- Prüfung der erforderlichen betriebswirtschaftlichen, kaufmännischen und rechtlichen Kenntnisse (Teil III) und
- Prüfung der erforderlichen berufs- und arbeitspädagogischen Kenntnisse (Teil IV).

Grundlage der AMVO sind die §§ 45 bis 51a Handwerksordnung (HwO). Eine weitere wichtige Regelung in diesem Bereich ist die Meisterprüfungsverfahrensverordnung (MPVerfVO). Diese am 17.12.2001 geschaffene Verordnung regelt das Zulassungs- und Prüfungsverfahren bei der Meisterprüfung im Handwerk.
Siehe / Siehe auch: AMVO, AMVOB

Angebot
Angebot im Rechtssinne ist die an eine bestimmte Person gerichtete verbindliche Willenserklärung auf Abschluss eines Vertrages. Wird das Angebot zu den genannten Bedingungen angenommen, kommt der Vertrag zustande. Weicht die Annahmeerklärung inhaltlich vom Angebot ab, ist dies als wiederum annahmebedürftiges Gegenangebot zu werten. Bei Grundstücksgeschäften bedarf sowohl das (rechtsverbindliche) Angebot als auch die Annahmeerklärung der notariellen Beurkundungsform nach § 311b BGB. Angebote in einem rein tatsächlichen Sinne sind unverbindlich. So spricht man im Maklergeschäft auch von einem Objektangebot, über das erst Verhandlungen geführt werden müssen, wenn es zu einem rechtswirksamen notariellen Vertragsabschluss kommen soll. Dieser Angebotsbegriff liegt auch der Preisangabenverordnung zugrunde, die vorschreibt, dass beim „Anbieten" von Waren und Leistungen stets der End- und der Grundpreis anzugeben ist.
Siehe / Siehe auch: Grundpreis

Angehörige
Angehörige im zivilrechtlichen Sinne sind nicht nur Familienangehörige, sondern auch in gerader Linie Verwandte und Verschwägerte sowie adoptierte Personen. Im Sinne der Abgabenordnung und damit im steuerrechtlichen Sinne zählen auch Verlobte, geschiedene Ehegatten sowie Pflegeeltern und Pflegekinder – auch wenn die häusliche Gemeinschaft nicht besteht – zu den Angehörigen. Sie haben im Besteuerungsverfahren ein Auskunftsverweigerungsrecht.

Angehörige des Mieters
Nahe Familienangehörige (Ehegatte, Kinder, Eltern) sowie Hausangestellte oder Pflegepersonal dürfen vom Mieter dauerhaft in die Mietwohnung aufgenommen werden. Der Mieter muss dazu nicht die Erlaubnis des Vermieters einholen. Er sollte den Vermieter jedoch zumindest über den Zuwachs informieren – dies ist zwecks Berücksichtigung der korrekten Personenanzahl bei

der Nebenkostenabrechnung erforderlich. Eine Überbelegung der Wohnung darf der Vermieter untersagen. Soll ein nichtehelicher Lebensgefährte in die Mietwohnung aufgenommen werden, ist die Genehmigung des Vermieters erforderlich. In der Praxis hat der Vermieter vor Gericht jedoch kaum Chancen, mit einer Untersagung des Einzugs durchzukommen. Wird die Mietwohnung in Wohneigentum umgewandelt und verkauft, gelten nicht nur für den Mieter selbst bestimmte Kündigungsschutzfristen, sondern auch für seine Angehörigen. Der Bundesgerichtshof entschied so in einem Fall, bei dem die Tochter der Mieterin bereits seit Jahren mit in der Wohnung ihrer Mutter gelebt hatte. Nach deren Ableben wurde die Wohnung veräußert. Der neue Eigentümer forderte den Auszug der Tochter, da diese bei Umwandlung keine Mieterin gewesen sei. Der BGH entschied, dass die Tochter durch den Tod ihrer Mutter per Gesetz in das Mietverhältnis eingetreten sei und damit in den Genuss der dreijährigen „Schonfrist" des § 577 a BGB vor Eigenbedarfskündigungen komme (Az.: VIII ZR 26/03).
Siehe / Siehe auch: Verbilligte Vermietung, Vermietung an Angehörige

Angehörigendarlehen

Immobilien-Darlehen von Verwandten. Damit das Finanzamt keine verdeckte Schenkung vermutet, auf die Schenkungsteuer zu entrichten ist, darf das Darlehen nicht zinslos sein. Am sichersten ist ein schriftlicher Darlehensvertrag mit Konditionen, die normalerweise auch unter Dritten, z.B. Freunden, üblich sind.

Angemessene Miete

Ist ein Mieter Bezieher des Arbeitslosengeldes II (ALG II), erhält er vom Staat Leistungen für Unterkunft und Heizung „soweit diese angemessen sind". Rechtsgrundlage ist § 22 SGB II (Zweites Sozialgesetzbuch). Kommt die Arbeitsagentur zu dem Ergebnis, dass der Mieter über seine Verhältnisse wohnt, werden sie als Bedarf nur so lange berücksichtigt, wie es dem Betroffenen unmöglich oder unzumutbar ist, die Kosten durch Wohnungswechsel oder andere Maßnahmen zu senken. Über sechs Monate hinaus erstreckt sich diese Duldung jedoch meist nicht. Die Kostensenkung muss nicht notwendigerweise durch Umzug stattfinden. Es kann auch ein Teil der Wohnung untervermietet werden. Kann der Mieter innerhalb der sechs Monate trotz Bemühung keine Kostensenkung erreichen, ist eine ausführliche Einzelfallprüfung der Behörde angesagt.
Unternimmt der Mieter innerhalb der Frist nichts, verringert die Arbeitsagentur seine Wohnkosten. Die Differenz zwischen wirklichen und angemessenen Kosten muss dann vom Mieter selbst gezahlt werden. Die Kriterien, nach denen die Angemessenheit festgestellt wird, sind nicht durch ein Bundesgesetz geregelt, sondern werden auf kommunaler Ebene festgelegt und sind daher überall unterschiedlich.
Beispiele aus Berlin:
Richtwerte für angemessene Brutto-Warmmiete:
- 1-Personen-Haushalt: 360 Euro.
- 2-Personen-Haushalt: 444 Euro.
- 3-Personen-Haushalt: 542 Euro.
- 4-Personen-Haushalt: 619 Euro.
- 5-Personen-Haushalt: 705 Euro.

Findet der Mieter eine billigere Wohnung, muss er vor Vertragsabschluss die Zusicherung der Behörde über die Kostenübernahme einholen. Diese wird nur bei angemessenen Kosten erteilt.
Siehe / Siehe auch: Hartz-IV und Miete, Untermiete

Ankaufsrecht

Das Ankaufsrecht (Optionsrecht) gibt dem Berechtigten die schuldrechtliche Befugnis, das Grundstück zu erwerben, wenn bestimmte vertraglich vereinbarte Voraussetzungen eingetreten sind. Dem Ankaufsrecht entspricht eine Veräußerungspflicht des Eigentümers. Zu seiner Wirksamkeit bedarf es der notariellen Beurkundung. Die grundbuchliche Absicherung kann nur über eine Auflassungsvormerkung erfolgen.
Siehe / Siehe auch: Auflassungsvormerkung

Anlagemix

Anlagekonzepte umfassen oft eine Mischung aus spekulativen und sicheren Investments. Ein „klassisches" Anlagemix könnte so aussehen: 10% liquide Mittel (etwa als Geldmarktpapiere) 30% Aktien, 30% festverzinsliche Wertpapiere und – als sicheres Element – 30% Immobilien. Je nach Größe des Portfolios kann es sich bei den Immobilien um ganze Gebäude, einzelne Wohnungen oder auch Anteile an geschlossenen Immobilienfonds handeln.
Siehe / Siehe auch: Immobilienfonds - Offener Immobilienfonds

Anlagevermittler

Die reine Anlagevermittlung beschränkt sich, im Gegensatz zur qualifizierten Anlageberatung, weitestgehend auf die Erteilung von Auskünften zu einem bestimmten Anlageobjekt. Nicht erwartet werden sollten dagegen von einem reinen Anlagevermittler die qualifizierte Be- und Auswertung der erteilten Auskünfte. Dennoch ist auch der reine Vermittler verpflichtet, alle wesentlichen, entscheidungsrelevanten Tatsachen zutreffend und vollständig darzulegen. Damit bei einem reinen Anlagevermittler die Haftung im Vergleich zu einem Anlageberater eingeschränkt ist, muss der Anlagevermittler dem Kunden klar zu erkennen geben, dass es sich nur um eine reine Anlagevermittlung handelt.

Anlagevorschriften
Offene Immobilienfonds:

Die gesetzlichen Regelungen für die Anlagen von Immobilienfonds finden sich im Investmentgesetz. Mit den Anlagevorschriften sollen vor allem die Kleinanleger als Investoren bei Investmentfonds geschützt werden. Die Liquiditätsvorschriften, die sich auf offene Immobilienfonds beziehen, sind kurz folgende: Mindestens 5% ihres Sondervermögens müssen die Fondsmanager flüssig halten. Die liquide Reserve darf maximal 49% betragen. Dadurch kommen die Verwalter insbesondere kleinerer Fonds dann in Verlegenheit, wenn die Grenze nahezu erreicht, ein lohnendes Objekt jedoch nicht in Sicht ist. Außerdem wirkt sich der Grad der Liquidität auf die Wertentwicklung der Fondsanteile aus, da am Markt oft nicht mehr als 5% Verzinsung für liquide Mittel (Bankguthaben, festverzinsliche Wertpapiere, Geldmarkttitel) erzielt werden können. Neben den Vorschriften zur Liquidität gibt es qualitative Regeln. So müssen sich „offene Immobilienfonds" von vornherein auf den Kauf solcher Objekte beschränken, die einen Gewinn erwarten lassen. Spekulative Anlagen wie Bauerwartungsland sind demnach ausgeschlossen. Erwerben dürfen die Fonds Mietwohn- und Geschäftsgrundstücke, sowie gemischt genutzte und Grundstücke im Zustand der Bebauung. Die Fonds können unter bestimmten Bedingungen auch Erbbaurechte erwerben. Bis zu 20% des Sondervermögens dürfen in unbebaute Flächen investiert werden, sofern eine eigene Bebauung vorgesehen ist. Zudem darf jedes Objekt im Verkehrswert höchstens 15% des Fonds-Sondervermögens ausmachen. Seit 1. Juli 2002 können bis zu 30% des Fondssondervermögens außerhalb der Europäischen Union angelegt werden. Das Sondervermögen von offenen Immobilienfonds kann auch aus Beteiligungen an Immobiliengesellschaften bestehen, soweit diese bestimmte Voraussetzungen erfüllen und die Kapitalanlagegesellschaft einen bestimmenden Einfluss auf die Geschäftsstrategie nehmen kann (insbesondere Stimmenmehrheit für Satzungsänderungen). Außerdem haben die Kapitalanlagegesellschaften eigene Regeln erlassen, die etwa eine Obergrenze bei der Kreditaufnahme festlegen.

Siehe / Siehe auch: Immobilienfonds, Immobilienfonds - Offener Immobilienfonds, Finanzmarktförderungsgesetze

Anleger

Anleger ist der Erwerber von Vermögensanlagen jeglicher Art. Es handelt sich dabei im Wesentlichen um Wertpapiere, Gold und Immobilien. Bei den Immobilienanlagen wird noch unterschieden zwischen direkten und indirekten Anlageformen. Bei den direkten Immobilienanlagen steht der Anleger als Eigentümer im Grundbuch, bei den indirekten ist er an einer Gesellschaft oder einer Vermögensmasse (Sondervermögen) beteiligt.
Bei einem Anlagepotenzial, das die Möglichkeit einer Anlagemischung bietet, sollte der Anleger zum Zweck der Risikominimierung auf eine optimale Anlagestreuung Wert zu legen. Mit diesem Fragenbereich befasst sich die Portfoliotheorie.

Siehe / Siehe auch: Institutioneller Anleger, Asset Allocation, Portfoliomanagement (Assetmanagement)

Anliegergebrauch

Öffentliche Straßen stehen im Gemeingebrauch und können im Rahmen der gesetzlichen Vorschriften von jedem benutzt werden. Zusätzliche Rechte für Grundstückseigentümer gewährt der Anliegergebrauch. Dieser wird aus der Eigentumsgarantie des Art. 14 Grundgesetz abgeleitet. Er ist keine Sondernutzung und auch nicht genehmigungsbedürftig. Der Anliegergebrauch umfasst alle Nutzungen der öffentlichen Straße, die im Rahmen der angemessenen Nutzung des eigenen Grundstücks stattfinden. Davon umfasst sind z.B.:
- Werbung im Luftraum per Firmenschild
- Fahrradständer
- Bauzaun ohne Reklame

- PKW-Parken am Straßenrand, mehrtägiges Abstellen von Wohnwagen.

Nicht davon umfasst sind z.B.:
- Werbung im Luftraum für Produkte
- Schaffung zusätzlicher Zugänge zur Straße
- Verkaufsstände auf Straße bzw. Gehweg.

Siehe / Siehe auch: Sondernutzung von Straßen

Anliegergebühren

Siehe / Siehe auch: Erschließung - Erschließungsbeitrag

Anmietrecht

Das Anmietrecht besteht darin, dass der Verpflichtete (Vermieter) dem Berechtigten (Mietinteressent) die Mietsache zur Miete anbieten muss, bevor er sie an einen anderen vermietet. Die näheren Bestimmungen werden erst dann getroffen, wenn der Hauptvertrag geschlossen wird. Das Anmietrecht kann formlos vereinbart werden. Es verpflichtet den Berechtigten nicht zur Anmietung der Wohnung. Der Vermieter bleibt weiter frei in seiner Entscheidung, an wen er zu welchen Bedingungen vermieten will.

Siehe / Siehe auch: Mietoption, Mietvorvertrag, Vormietrecht

Annuität

Der Begriff Annuität leitet sich ab vom lateinischen Wort für Jahr („annus") und bezeichnet den Betrag, den ein Schuldner jährlich für Zinsen und Tilgung eines Darlehens an den Gläubiger zu zahlen hat. Ist eine konstante Annuität vereinbart, so zahlt der Schuldner jedes Jahr den gleichen Betrag. Dabei nimmt der Zinsanteil an der Annuität sukzessive ab, weil sich infolge der Tilgung der Darlehensstand und damit auch die Zinslast verringert. Umgekehrt bedeutet dies, dass der für die Tilgung des Darlehens zur Verfügung stehende Anteil an der Annuität stetig zunimmt. Bei variabler Annuität wird die Zahlung konstanter Tilgungsbeträge zuzüglich der jeweils anfallenden Zinsen vereinbart. Mit dem Rückgang der Zinslast wird daher in diesem Fall auch die auch die Annuität geringer.

Siehe / Siehe auch: Annuitätendarlehen, Tilgung

Annuitätendarlehen

Beim Annuitätendarlehen (auch Tilgungsdarlehen) handelt es sich um ein Immobiliendarlehen, für das gleichbleibende Jahresraten an Zins- und Tilgungsleistungen zu zahlen sind. Die jährliche Belastung (Annuität) setzt sich zusammen aus dem für das Darlehen vereinbarten Zinssatz sowie der Darlehenstilgung, die sich um den geringer werdenden Zinsbetrag jeweils erhöht. Dieser Effekt führt dazu, dass z.b. ein Darlehen mit einem Zinssatz von 6% und 1% Tilgung in 33,5 Jahren, bei 2% Tilgung in 24 Jahren getilgt ist. In der Regel wird eine bestimmte Zinsbindungsdauer vereinbart. Nach Ablauf der Zinsbindung kann sich durch Änderung der Zinsanteils an der (gleich bleibenden) Annuität die Laufzeit verkürzen (bei niedrigerem Folgezinssatz) oder erhöhen (bei höherem Folgezinssatz). Während sich die Laufzeit des Annuitätendarlehens durch die Zins- und Tilgungsbedingungen bestimmt, besteht auch die Möglichkeit, eine bestimmte Laufzeit, z.B. 15 Jahre bei einem bestimmten Zinssatz zu vereinbaren. Daraus errechnet sich dann die Höhe des Tilgungsanteils an der Annuität. Man spricht in diesem Fall von Volltilgungsdarlehen. Die Raten bleiben dann für die Gesamtlaufzeit konstant.

Laufzeit von Annuitätendarlehen in Jahren

Tilgung	Zinszahlung (Nominalzins) pro Jahr					
	5,0%	7,0%	7,5%	8,0%	9,0%	9,5%
1%	33,4	30,7	29,6	28,5	27,6	26,7
2%	23,8	22,2	21,5	20,9	20,3	19,7
3%	18,8	17,8	17,3	16,8	16,4	16,0
4%	15,7	14,9	14,6	14,2	13,9	13,6
5%	13,5	12,9	12,6	12,4	12,1	11,9
6%	11,9	11,4	11,2	11,0	10,8	10,6
7%	10,6	10,2	10,0	9,9	9,7	9,6
8%	9,6	9,3	9,1	9,0	8,8	8,7
9%	8,8	8,5	8,3	8,2	8,1	8,0

Anpflanzungen

Anpflanzungen sind Bäume, Sträucher und Hecken auf einem Grundstück. Dabei spielt es keine Rolle, ob diese Pflanzen auch ohne menschliches Zutun gewachsen sind. Nicht dazu gehören Stauden, (z.B. Sonnenblumen), Bäume, die Bestand eines Waldes sind, und Hecken, die als Grundstückseinfriedung an die Grenze gepflanzt worden sind.
Für Anpflanzungen gelten nach dem Nachbarrechtsgesetz eines Landes bestimmte Grenzabstände. Bebauungspläne enthalten vielfach Pflanzgebote. In Wohnungseigentumsanlagen sind Anpflanzungen auf dem Grundstück der Anlage dem Gemeinschaftseigentum zuzuordnen. Dies gilt auch für Bäume und Sträucher, die von einem Sondernutzungsberechtigten auf seiner Terrassen- oder Gartenfläche bei Erwerb übernommen oder später von ihm gepflanzt wurden. Ausgenommen sind einjährige sowie nicht im Erdreich verwurzelte Pflanzen und Gewächse (Gewächse in mobilen Blumenkübeln und Pflanztrögen) auf Sondernutzungsflächen.
Die gärtnerische Pflege der im gemeinschaftlichen Eigentum stehenden Anpflanzungen (Zurückschneiden und Auslichten von Bäumen und Sträuchern, Austausch und Ersatz abgestorbener Pflanzen, aber auch Rasenpflege) fällt unter die ordnungsmäßige Instandhaltung und Instandsetzung des gemeinschaftlichen Eigentums und obliegt der Gemeinschaft. Die dafür aufzuwendenden Kosten sind gemäß § 16 Abs. 2 WEG im Verhältnis der Miteigentumsanteile auf alle Eigentümer zu verteilen, sofern nicht eine abweichende Kostenverteilung in der Teilungserklärung oder Gemeinschaftsordnung getroffen wurde. Sind einem Sondernutzungsberechtigten die gärtnerische Gestaltung und Pflege der ihm zugewiesenen Terrassen- oder Gartenflächen und die dabei entstehenden Kosten durch Vereinbarung übertragen, bedeutet das aber nicht zwangsläufig, dass er auch die Kosten für das notwendige Fällen eines auf seiner Sondernutzungsfläche stehenden Baumes zu tragen hat (OLG Düsseldorf, Beschl. v. 17.10.2003, I-3 Wx 227/03).
Das vollständige Entfernen von Sträuchern oder das Fällen von Bäumen bedarf im Regelfall, auch auf Sondernutzungsflächen der Zustimmung aller Eigentümer, vorbehaltlich der öffentlich-rechtlichen Genehmigung aufgrund örtlicher Baumschutzsatzungen. In Wohnungseigentumsanlagen sind Anpflanzungen auf dem Grundstück der Anlage dem Gemeinschaftseigentum zuzuordnen. Dies gilt auch für Bäume und Sträucher, die von einem Sondernutzungsberechtigten auf seiner Terrassen- oder Gartenfläche bei Erwerb übernommen oder später von ihm gepflanzt wurden. Ausgenommen sind einjährige sowie nicht im Erdreich verwurzelte Pflanzen und Gewächse (Gewächse in mobilen Blumenkübeln und Pflanztrögen) auf Sondernutzungsflächen. Die gärtnerische Pflege der im gemeinschaftlichen Eigentum stehenden Anpflanzungen (Zurückschneiden und Auslichten von Bäumen und Sträuchern, Austausch und Ersatz abgestorbener Pflanzen, aber auch Rasenpflege) fällt unter die ordnungsmäßige Instandhaltung und Instandsetzung des gemeinschaftlichen Eigentums und obliegt der Gemeinschaft.
Die dafür aufzuwendenden Kosten sind gemäß § 16 Abs. 2 WEG im Verhältnis der Miteigentumsanteile auf alle Eigentümer zu verteilen, sofern nicht eine abweichende Kostenverteilung in der Teilungserklärung oder Gemeinschaftsordnung oder durch mehrheitliche Beschlussfassung gemäß § 16 Abs. 3 WEG getroffen wurde. Sind einem Sondernutzungsberechtigten die gärtnerische Gestaltung und Pflege der ihm zugewiesenen Terrassen- oder Gartenflächen und die dabei entstehenden Kosten durch Vereinbarung oder Beschluss übertragen, bedeutet das aber nicht zwangsläufig, dass er auch die Kosten für das notwendige Fällen eines auf seiner Sondernutzungsfläche stehenden Baumes zu tragen hat (OLG Düsseldorf, Beschl. v. 17.10.2003, I-3 Wx 227/03). Das vollständige Entfernen von Sträuchern oder das Fällen von Bäumen, bedarf im Regelfall, auch auf Sondernutzungsflächen, der Zustimmung aller Eigentümer, vorbehaltlich der öffentlich-rechtlichen Genehmigung aufgrund örtlicher Baumschutzsatzungen.
Siehe / Siehe auch: Sondernutzungsrecht, Betriebskosten, Kostenverteilung

Anrechnungsmethode
Wurde in einem Doppelbesteuerungsabkommen die Besteuerung nach der Anrechnungsmethode vereinbart, so werden die im Ausland erzielten Einkünfte sowohl in dem betreffenden Staat als auch in Deutschland besteuert. Die im Ausland gezahlten Steuern werden jedoch auf die in Deutschland anfallende Steuerlast angerechnet.
Siehe / Siehe auch: Doppelbesteuerungsabkommen, Freistellungsmethode

Anschaffung (steuerlicher Begriff)

Im steuerlichen Sinne gelten Immobilien als „angeschafft", wenn der Besitzübergang erfolgt ist. Dies ist der Tag, an dem laut Kaufvertrag Nutzen, Lasten und Gefahr auf den Käufer übergehen. Für die Berechnung der 10-jährigen Spekulationsfrist nach § 23 EStG und die Beurteilung der Fälle des gewerblichen Grundstückshandels rechnet das Finanzamt anders. Hier zählt das Beurkundungsdatum des Kaufvertrages.

Siehe / Siehe auch: Gewerblicher Grundstückshandel

Anschaffungskosten

Die für die Berechnung der AfA (Absetzung für Abnutzung) relevanten Anschaffungskosten beziehen sich beim Immobilienerwerb auf den Kaufpreis ohne den Wertanteil des erschlossenen Bodens. Die Aufteilung des Kaufpreises in Boden- und Gebäudeanteil erfolgt in der Regel durch Feststellung des Verkehrswertes des Bodenanteils (Bodenrichtwert), der vom Kaufpreis abgezogen wird. Im Verhältnis Boden-/Gebäudewertanteil werden auch die Erwerbsnebenkosten (Notar- und Gerichtsgebühren, Maklerprovision, Grunderwerbsteuer) aufgeteilt in einen zum Bodenwert gehörenden Anteil und einen für die AfA relevanten Teil. Kosten der Finanzierung (einschließlich der Notar- und Grundbuchkosten für die Grundschuldbestellung) zählen nicht zu den Anschaffungs-, sondern zu den Werbungskosten.

Siehe / Siehe auch: AfA, Absetzung für Abnutzung (AfA), Herstellungskosten

Anschaffungsnaher Aufwand

Der anschaffungsnahe Aufwand (auch Herstellungsaufwand bzw. – aus der Gegensicht – Erhaltungsaufwand) bezeichnet die steuerlich relevante Grenze des Erhaltungsaufwandes für eine Immobilie nach der Anschaffung. Wer eine Immobilie erworben hat, hat darauf zu achten, dass er innerhalb der ersten drei Jahre nach Anschaffung nicht mehr als 15% des Gebäudewertes für Erhaltungsaufwand investiert. Maßgeblich sind hier die Nettorechnungsbeträge ohne Mehrwertsteuer. Kosten für jährlich wiederkehrende Maßnahmen zählen nicht mit. Der Bundesfinanzhof hat mit zwei grundlegenden Entscheidungen aus 2001 und 2003 die frühere Handhabung der Finanzämter modifiziert. Für die Frage der sofortigen Abzugsfähigkeit des Erhaltungsaufwandes oder seiner Aktivierung folgt er nunmehr § 255 HGB. Danach sind nach Erwerb einer nicht genutzten Immobilie alle Aufwendungen, die dazu dienen, sie in einen „betriebsbereiten Zustand" zu versetzen, Anschaffungskosten. Werden die Immobilien zum Zeitpunkt des Erwerbs genutzt, ist von einem betriebsbereiten Zustand auszugehen. Allerdings sind alle innerhalb des oben genannten Zeitraumes erfolgten Instandsetzungen und Modernisierungsmaßnahmen Herstellungsaufwand, wenn sie in ihrer Gesamtheit eine wesentliche Verbesserung der Immobilie darstellen. Auch Aufwendungen für die Beseitigung versteckter Mängel können den Nutzungswert des Gebäudes steigern und zu Anschaffungs- oder Herstellungskosten im Sinne des § 255 HGB führen. (BFH v. 22.1.2003, BStBL II.S. 596) Ist die kritische 15%-Grenze überschritten, wird der Aufwand wie Herstellungskosten behandelt.

Anschaffungsnaher Erhaltungsaufwand

Siehe / Siehe auch: Anschaffungsnaher Aufwand

Anschlussdisagio

Wenn die Zinsfestschreibung eines Darlehens in Verbindung mit einem Disagio ausläuft, und für die Anschlussfinanzierung ein erneutes Disagio vereinbart werden soll, so wird dies als Anschlussdisagio bezeichnet. Diese Absicht ist in der Regel sehr kritisch zu betrachten, da dadurch die laufenden Ausgaben zur Darstellung einer höheren Ausschüttung gedrückt werden sollen. Der Effekt für den Fonds ist bei einer ohnehin schon relativ hohen Innenfinanzierung besonders bedenklich, da die Darlehensschuld aufgrund in der Regel sehr niedriger oder keiner Tilgung nicht weniger, sondern unter Umständen sogar mehr wird. Im Sinne vorsichtiger Kalkulationen sollte eine solche Vereinbarung nur dann geduldet werden, wenn ein wirtschaftlicher Grund dafür vom Initiator nachgewiesen werden kann.

Siehe / Siehe auch: Disagio

Anschlussfinanzierung

Die Anschlussfinanzierung ist eine Finanzierung zu neu verhandelten Konditionen, die nach dem Auslaufen der Zinsbindung bei einem Darlehen gelten sollen. Je nach Zinsentwicklung kann die Anschlussfinanzierung mit höheren oder niedrigeren Zinsbelastungen verbunden sein. Bei der Prüfung von Investitionsvorhaben oder im Rahmen von Prognosen in den Prospekten geschlossener Immobilienfonds sollte – auch in Niedrigzinsphasen – aus Gründen der kaufmännischen Vorsicht für Anschlussfinanzierungen stets mit einem Zinssatz gerechnet werden, der mindestens dem langfristigen Durchschnittswert für vergleichbare Finanzierungen entspricht.

Anschlussgebühren
Siehe / Siehe auch: Anschlusskosten und Benutzungsgebühren

Anschlusskosten und Benutzungsgebühren
Anschlusskosten sind Aufwendungen, die der Gemeinde bei Herstellung, Erneuerung, Veränderung und Beseitigung sowie durch die Unterhaltung eines Haus- oder Grundstücksanschlusses an Versorgungsleitungen und Abwasserbeseitigungsanlagen entstehen und vom Hauseigentümer zu ersetzen sind. Es handelt sich um einen reinen Kostenersatz. Für Bauherren besteht im Rahmen einer Gemeindesatzung Anschluss- und Benutzungszwang. Energieversorgungsunternehmen sind im Gegenzug auch ihrerseits verpflichtet, alle im Versorgungsgebiet befindlichen Anwohner an ihr Versorgungssystem anzuschließen. Die Regelungen hierüber finden sich in den länderunterschiedlichen Kommunalabgabegesetzen. Zu unterscheiden sind solche reinen Anschlusskosten vom Erschließungsbeitrag, den die Kommune zur Deckung des Aufwandes zur Herstellung ihrer Erschließungsanlagen (Kanal, Wasserleitungen usw.) erhebt. Die Anschlusskosten können jedoch durch Gemeindesatzung in den Erschließungsbeitrag einbezogen werden. Die Kosten werden in tatsächlich entstandener Höhe oder nach Durchschnittssätzen errechnet. Die Benutzungsgebühren für die Wasserversorgung und den Kanal hängen vom Wasserverbrauch ab. Über sie wird auch der Aufwand für die laufende Unterhaltung und Instandsetzung abgedeckt. Gemeinden können aber auch beschließen, die Anschlusskosten nicht gesondert zu erheben, sondern sie in die laufenden Benutzungsgebühren einzurechnen.
Siehe / Siehe auch: Erschließung - Erschließungsbeitrag

Anschlussvermietung
Als Anschlussvermietung wird die erneute Vermietung von Immobilien nach dem Auslaufen eines Mietvertrages oder nach Ausfall eines Mieters bezeichnet. Für den Eigentümer bzw. Investor kommt es bei der Anschlussvermietung darauf an, wie schnell und zu welchen Konditionen sie gelingt.
Bei der Beurteilung möglicher Investitionen oder von Prognoserechnungen geschlossener Immobilienfonds sollte stets kritisch geprüft werden, inwieweit es realistisch ist, dass eine Anschlussvermietung zu den gleichen Konditionen erfolgen kann, wie sie mit dem Vormieter vereinbart waren. Hier sind vor allem eventuelle Indexierungen der Mieten zu berücksichtigen. Abweichungen von diesen Konditionen wirken sich – positiv oder negativ – auf die Rendite des Investments aus.
Darüber hinaus ist zu bedenken, dass Anschlussvermietungen häufig nur dann möglich sind, wenn vom potenziellen neuen Mieter gewünschte Anpassungen, Umbauten o. ä. vorgenommen werden. Diese können erhebliche Kosten verursachen, die in die Berechnungen einbezogen und durch Bildung entsprechender Rückstellungen abgesichert werden sollten.

Anspargrad
Anspargrad ist der Prozentsatz des bereits eingezahlten Bausparguthabens im Vergleich zur Bausparsumme. Sobald der Bausparer das vereinbarte Mindestguthaben angespart hat und eine ausreichende Bewertungszahl erreicht ist, erfolgt die Zuteilung des Bauspardarlehens.
Siehe / Siehe auch: Bewertungszahl (Bausparen)

Anteilsfinanzierung
Als Anteilsfinanzierung werden Kredite bezeichnet, die ein Anleger aufnimmt, um Anteile an geschlossenen Immobilienfonds zu erwerben. Im Hinblick auf die Regelungen des Paragraphen 2b EStG („Fallenstellerparagraph") ist zu beachten, dass ein eventuelles negatives steuerliches Ergebnis in der Anfangsphase für den Anleger nicht zu einer Steuerermäßigung führt, die das vom Anleger eingebrachte Eigenkapital ohne Berücksichtigung modellhaft fremdfinanzierter Eigenkapitalanteile übersteigt.
Anderenfalls wird unterstellt, dass die Erzielung des steuerlichen Vorteils im Vordergrund stand. Für diese Fälle gilt die Verlustausgleichsbeschränkung nach Paragraph 2b EStG, so dass das negative steuerliche Ergebnis nicht im Rahmen des vertikalen Verlustausgleichs mit positiven

Ergebnissen aus anderen Einkunftsarten verrechnet werden darf.
Siehe / Siehe auch: Fallenstellerparagraph

Anteilwert
Wer Anteile an Investmentfonds besitzt, kann diese zum jeweiligen Anteilwert („Nettoinventarwert") an die Kapitalanlagegesellschaft zurückgeben. Dieser Wert errechnet sich aus der Teilung des Fondsvermögens (Sondervermögens) durch die Zahl der ausgegebenen Anteilscheine. Der Anteilwert ändert sich durch die Rückgabe von Zertifikaten naturgemäß nicht, da nur ein Tausch Anteil gegen Geld stattfindet.
Zum Fondsvermögen gehören die darin enthaltenen Wertpapiere zzgl. Dividenden oder Zinsen. Die täglich veröffentlichten Ausgabe- und Rücknahmepreise unterscheiden sich durch die Höhe des „Ausgabeaufschlags". Bei Immobilienfonds errechnet sich das Vermögen aus dem Wert der Immobilien und den liquiden Mitteln. Die Übertragung des Eigentums an einem Anteil erfolgt durch Übergabe des Anteilscheines.

Anti-Graffiti-Gesetz
Am 1. Sept. 2005 beschloss der Bundestag eine Ergänzung der §§ 303 und 304 des Strafgesetzbuches, mit der eine nicht unerhebliche oder nicht nur vorübergehende Veränderung des Erscheinungsbildes einer fremden Sache strafrechtlich geahndet wird. Dieser Tatbestand wird jetzt wie eine Sachbeschädigung behandelt und mit einer Freiheitsstrafe von bis zu zwei Jahren oder mit Geldstrafe bestraft.
Noch härter (mit einer Freiheitsstrafe bis zu 3 Jahren) wird bestraft, wer das Erscheinungsbild von Gegenständen oder Sachen der religiösen Verehrung, Grabmäler, Denkmäler, Naturdenkmäler Gegenstände der Kunst und der Wissenschaft usw. nicht nur unerheblich oder nur vorübergehend verändert. Mit diesen Vorschriften will der Gesetzgeber Graffitisprayern das Handwerk legen. Ob dies das Ende der „Street-Art" bedeutet, bleibt abzuwarten. Immerhin lebt mittlerweile eine ganze Antigraffiti-Industrie von der Graffitibeseitigung.
Siehe / Siehe auch: Graffiti, Entfernung, Vandalismus

Antrag und Bewilligung (Grundbuch)
Das Grundbuchamt wird nur auf Antrag tätig. Ausnahmsweise erfolgen Rechtsänderungen im Grundbuch auch von Amts wegen (etwa Anlage von Wohnungsgrundbüchern aufgrund einer Teilungserklärung). Anträge können sich auf Eintragungen, Löschungen aber auch auf Vermerke beziehen. Werden Rechte Dritter oder des Grundstückseigentümers berührt, müssen diese die Änderung im Grundbuch bewilligen. So ist etwa zur Löschung einer Grundschuld die Bewilligung des Grundschuldgläubigers erforderlich, zur Eigentumsübertragung auf den Erwerber die Bewilligung des bisherigen Eigentümers, der sein Eigentumsrecht aufgibt. Antrag und Bewilligung muss inhaltlich deckungsgleich sein („Konsensprinzip").
Überwiegend werden Antrag und Bewilligung in einer Urkunde zum Ausdruck gebracht. Die häufig anzutreffende Formulierung des Notars lautet in solchen Fällen etwa: „Die Parteien beantragen und bewilligen die Rechtsänderung im Grundbuch."

Anwaltszwang
Beim Amtsgericht kann – abgesehen von Ausnahmefällen – jeder Bürger seine Rechte selbst wahrnehmen. Ein Zwang zur Einschaltung eines Anwalts besteht dagegen nach § 78 der Zivilprozessordnung bei Verfahren vor dem Landgericht und den höheren Instanzen, wenn also die Eingangsinstanz das Landgericht ist oder gegen ein Urteil Berufung bzw. Revision eingelegt wird.
Das Amtsgericht ist u.a. zuständig für:
- Ansprüche, deren Wert in Geld fünftausend Euro nicht übersteigt.
- Bei Streitigkeiten über Ansprüche aus einem Mietverhältnis über Wohnraum oder über den Bestand eines solchen Mietverhältnisses.
- Wenn es um „Ansprüche aus einem mit der Überlassung eines Grundstücks in Verbindung stehenden Leibgedings-, Leibzuchts-, Altenteils- oder Auszugsvertrages" geht (§ 23 Gerichtsverfassungsgesetz).

Für alle anderen zivilrechtlichen Verfahren ist grundsätzlich das Landgericht Eingangsinstanz – und damit ein Rechtsanwalt erforderlich. Wenn eine Partei gegen den Anwaltszwang verstößt, also ohne Anwalt vor einem entsprechenden Gericht erscheint, gilt sie als nicht wirksam vertreten und kann keine relevanten Willensäußerungen vornehmen. Damit entsteht eine Situation, als wäre sie gar nicht anwesend. Im Verwaltungsgerichtsverfahren besteht vor den Oberverwaltungsgerichten und dem Bundesverwaltungsgericht Anwaltszwang. Vor dem Arbeitsgericht ist keine anwaltliche Vertretung vorgeschrieben. Anwaltszwang besteht aber vor dem Landes- und Bundesarbeitsgericht. Ehescheidungen vor dem Familiengericht erfordern ebenfalls die Beteiligung eines Rechtsanwalts.

AnwBl
Abkürzung für: Anwaltsblatt

Anwesenheitsliste (Wohnungseigentümerversammlung)

Die Wohnungseigentümerversammlung ist nur beschlussfähig, wenn die erschienenen (und vertretenen) stimmberechtigten Wohnungseigentümer mehr als die Hälfte der Miteigentumsanteile, berechnet nach der im Grundbuch eingetragenen Größe dieser Anteile, vertreten (§ 24 Abs. 3 WEG). Zur Dokumentation und zum Nachweis der Beschlussfähigkeit – wichtig bei Beschlussanfechtung – ist vom Verwalter eine Anwesenheitsliste zu führen, in der die Wohnungseigentümer namentlich unter Angabe der ihnen gehörenden Wohnung/en und der für sie eingetragenen Miteigentumsanteile aufzuführen sind.

Diese Angaben sind zur Ermittlung der Stimmrechte (Kopfprinzip, Wertprinzip, Objektprinzip) und des Beschlussergebnisses von Bedeutung. Die Anwesenheit ist durch eigenhändige Unterschrift nachzuweisen.

Wird der Wohnungseigentümer durch einen Dritten vertreten, hat sich der Vertreter unter Vorlage einer entsprechenden Vertretungsvollmacht – diese kann auch nachgereicht werden – auszuweisen und in die Anwesenheitsliste durch eigenhändige Unterschrift einzutragen. Da die Beschlussfähigkeit zu jedem Tagesordnungspunkt gegeben sein muss, sind bei vorzeitigem Verlassen der Versammlung die betreffenden Wohnungseigentümer als nicht mehr anwesend auszutragen.

Für namentliche Abstimmungen empfiehlt sich gegebenenfalls die Führung einer weiteren Anwesenheitsliste. Die Anwesenheitsliste ist der Niederschrift über die Versammlungsbeschlüsse als Anlage beizufügen und mit dieser unbefristet aufzubewahren.

Siehe / Siehe auch: Beschlussfähigkeit, Stimmrecht (Wohnungseigentümerversammlung), Vertretung (Wohnungseigentümerversammlung), Niederschrift (Wohnungseigentümerversammlung).

Anzeigen (Inserate)
Anzeigen in Zeitungen und Zeitschriften sind wichtige Werbemittel im Maklergeschäft. Unterschieden werden Objektangebots- Such- und Imageanzeigen.

Objektangebotsanzeigen

Durch Objektangebotsanzeigen lenkt der Makler die Aufmerksamkeit der Leser auf die von ihm angebotenen Immobilienangebote. Diese Anzeigen können als Sammelanzeigen (Darstellung mehrerer Objektangebote) oder als Einzelanzeige (Darstellung eines Objektangebots) veröffentlicht werden. Bei der Gestaltung der Anzeige ist auf das Leseverhalten einerseits und die Rubrizierung des Inseratenteils des Werbeträgers andererseits Rücksicht zu nehmen. Sammelanzeigen sind deshalb nur dann sinnvoll, wenn damit Objekte einer Objektart dargestellt werden und der Werbeträger (die Zeitung) nur eine flache Rubrikstruktur anbietet. Im Hinblick auf das Leseverhalten sollte bei Sammelanzeigen eine Anordnung in aufsteigender Größenreihenfolge (z.B. von 2-Zimmer zur 5-Zimmer-Eigentumswohnung) angestrebt werden. Kundennutzen kann in Sammelanzeigen nur in geringem Ausmaße vermittelt werden. Im Vordergrund stehen daher Einzelanzeigen.

Reine Maklerunternehmen geben für Angebotsanzeigen im Schnitt zwischen 15% und 20% ihrer Provisionseinnahmen aus. Es ist daher notwendig, in bestimmten Abständen durch Werbeerfolgskontrollen die Effizienz der Angebotsanzeigen zu ermitteln. Objektangebotsanzeigen werden der „Objektwerbung" des Maklers zugerechnet. Zu den Werbestrategien gehört es dabei, den Kundennutzen des angebotenen Objektes für die angesprochene Zielgruppe über die Headline in den Vordergrund zu stellen. Besondere Bedeutung kommt der ersten Objektanzeige zu, die zu den relativ häufigsten Erstleserkontakten führt. Bei der zweiten und dritten Schaltung nimmt tendenziell der Anteil der Zweit- und Drittleser zu und der Anteil der Neuleser ab. Zu häufige Schaltung mindert das „Objektansehen" was sich besonders auf den erzielbaren Preis auswirkt.

Suchanzeigen

Mit Suchanzeigen wendet sich der Makler an Anbieter von Immobilienobjekten. Sie werden nur dann als sinnvoll angesehen, wenn für den Leser kenntlich wird, dass der Makler über konkrete

Interessenten verfügt. Es ist daher wichtig in der Suchanzeige ein Kurzprofil des/der Interessenten mitzuliefern. Dass ein Makler „laufend" Objekte sucht, ist selbstverständlich und braucht nicht erst mitgeteilt zu werden.

Imageanzeigen

Imageanzeigen werden der Firmenwerbung des Unternehmens zugerechnet. Über sie soll der (positive) Bekanntheitsgrad und das spezifische Profil des Unternehmens in der Öffentlichkeit oder bei speziellen Zielgruppen gesteigert werden. Speziell für Maklerunternehmen ist ein Positivimage wichtig, da die Art des Maklergeschäftes einen großen Vertrauensvorschuss der Auftraggeber erfordert.

Mit Imageanzeigen wendet sich das Unternehmen vor allem an potentielle Auftraggeber (Auftraggeber von morgen). Sie sichern das „Geschäft der Zukunft" ab. Imageanzeigen sind deshalb bedeutsam für die passive Auftragsakquisition.

Während eine zu häufige Schaltung ein und derselben Objektangebotsanzeige sich für das Objekt eher schädlich auswirkt, gewinnt die auf Verfestigung des Erinnerungswerts basierende Imageanzeige mit zunehmender Wiederholung eine nachhaltige Wirkung. Allerdings ist die Imageanzeige nur eine von mehreren Möglichkeiten der Imagewerbung. Bei einer inhaltlichen Verbindung von Objekt- und Imagewerbung in einer Zeitungsanzeige im Rahmen des Immobilieninseratenteils sollte in den Hervorhebungen jedenfalls das Objekt im Vordergrund stehen. Der durchschnittliche Zeitungsleser sucht zunächst nicht einen Makler, sondern ein Objekt. Der Weg muss also erst vom Objekt zum Makler führen.

Siehe / Siehe auch: Auftragsakquisition (Maklergeschäft)

Anzeigengestaltung

Im Gegensatz zu Fließtextanzeigen handelt es sich bei „gestalteten Anzeigen" um größere, häufig mit Rahmen, grafischen Elementen und Bildern versehene Anzeigen. Derart gestaltete Anzeigen werden insbesondere bei teuren Immobilien oder bei Bauträgerobjekten geschaltet, bei denen zugleich mehrere Objekte angeboten werden und ein höheres Werbebudget zur Verfügung steht. Ein Vorteil der gestalteten Anzeige gegenüber einem Fließsatztext besteht darin, dass über die Gestaltung stärker die emotionale Tiefenschicht der ausgewählten Zielgruppe angesprochen werden

kann. Hilfsmittel bei der Gestaltung von Anzeigen können in einer Datei gespeicherte Textblöcke sein, die im Laufe der Zeit nach Objektspezifika geordnet angesammelt werden oder auch andere Anzeigen-Organizer wie z.B. der „Immo-Profitexter" von Kippes.

Anzeigepflicht

Gewerberechtlich

Ein Betrieb, der den Vorschriften der Makler- und Bauträger-Verordnung unterliegt, ist nach § 9 MaBV verpflichtet, personelle Änderungen in der Leitung des Betriebes oder einer Zweigstelle der Gewerbebehörde unverzüglich anzuzeigen – bei juristischen Personen sind das diejenigen, die nach der Satzung das Unternehmen vertreten. Damit soll die Behörde in die Lage versetzt werden, prüfen zu können, ob bei den neuen Personen die Voraussetzungen für die Erlaubnis nach § 34c GewO gegeben sind. Ein Unterlassen der Anzeige stellt eine Ordnungswidrigkeit dar und wird mit Bußgeld geahndet.

Baurechtlich

Baurechtliche Anzeigepflichten beziehen sich auf die beabsichtigte Ausführung kleinerer Baumaßnahmen, für die eine Genehmigung nicht erforderlich ist. Diesbezügliche Einzelregelungen sind Ländersache.

Nach dem Geldwäschebekämpfungsgesetz

Jeder Makler ist im Zusammenhang mit Immobiliengeschäften verpflichtet der Staatsanwaltschaft oder der Zentralstelle für Verdachtsanzeigen beim Bundeskriminalamt zu melden, wenn er Barbeträge, Wertpapieren oder Edelmetalle annehmen soll, die den Wert von 15.000 Euro überschreiten. Dies gilt, wenn gleichzeitig Verdachtsmomente gegeben sind, die darauf hindeuten, dass dies im Zusammenhang mit einer beabsichtigten Straftat geschieht. Er ist außerdem zur Identifizierung des Kunden (Vorlage des Personalausweises) verpflichtet.

Nach dem Gesetz über den Versicherungsvertrag

Wer eine Versicherung abschließen will, muss dem Versicherer alle ihm bekannten Umstände anzeigen, die zur Beurteilung des Versicherungsrisikos wichtig sind. Gefahrenerheblich sind solche Umstände, die geeignet sind, den Vertrag nicht zu schließen oder nur zu anderen Bedingungen. Wird die Anzeigepflicht verletzt, kann die Versicherungsgesellschaft den Vertrag anfechten. Vor allem bei Haftpflichtversicherungen spielt die Anzeigepflicht eine größere Rolle.

Mietrechtlich

Im Rahmen seiner mietvertraglichen Pflichten muss jeder Mieter gegenüber dem Vermieter Schäden oder Mängel anzeigen, die an der Wohnung oder am Gebäude entstanden sind und womöglich zu weiteren Schäden oder Gefahren führen können. Wenn Maßnahmen zum Schutz gegen eine unvorgesehene Gefahr für die Mietsache notwendig werden, muss er den Vermieter darauf hinweisen. Beispiele: Feuchtigkeitsschaden bei Mietwohnung durch undichte Kellerwand; morscher Baum auf Mietgrundstück droht, auf die Straße zu fallen; Dachstuhl wird massiv vom Holzwurm befallen etc.

Der Mieter muss dem Vermieter ebenfalls mitteilen, wenn ein Dritter sich Rechte an der Mietsache anmaßt. Falls in allen diesen Fällen keine Anzeige (= Information) beim Vermieter erfolgt, macht sich der Mieter schadenersatzpflichtig. Er muss für alle Schäden aufkommen, die infolge seines Schweigens entstanden sind. Obendrein verliert der Mieter seine Rechte auf Mietminderung oder Schadenersatz wegen Mängeln und auf fristlose Kündigung wegen Verletzung des Mietvertrages durch den Vermieter. (§ 536c BGB). Die Anzeigepflichten des Vermieters werden als Mitteilungspflichten bezeichnet. So besteht u.a. die Pflicht, drei Monate vor einer Modernisierung den Mieter über die geplanten Arbeiten zu informieren.

Siehe / Siehe auch: Geldwäschebekämpfungsgesetz, Meldepflicht, Mitteilungspflichten des Vermieters

AO

Abkürzung für: Abgabenordnung
Siehe / Siehe auch: Abgabenordnung (AO)

AOK

Abkürzung für: Allgemeine Ortskrankenkassen

API

Abkürzung für: Angabepflichtiger Prospektinhalt

ApoG

Abkürzung für: Apothekengesetz.
Es enthält die gesetzlichen Regeln für den Betrieb von Apotheken, einschließlich der Vorschriften über die für den Betreiber notwendige Erlaubnis, den Betrieb mehrerer Apotheken durch einen Betreiber, sowie Miete und Pacht von Apotheken.
Siehe / Siehe auch: Apotheken, Miete / Pacht

Apotheken, Miete / Pacht

Für Miet- oder Pachtverträge über Apotheken gelten Besonderheiten nach dem Apothekengesetz (ApoG). So sind am Umsatz oder Gewinn ausgerichtete Gewerbemietverträge bei Apotheken unzulässig. Pachtverträge sind von dieser Regelung nach § 8 S. 3 ApoG ausgenommen.

Allerdings ist die Verpachtung einer Apotheke nach § 9 ApoG nur unter engsten Voraussetzungen gestattet:
- Wenn und solange der Verpächter eine Apothekenerlaubnis besitzt und die Apotheke aus wichtigen persönlichen Gründen nicht mehr selbst betreiben kann oder wenn seine Erlaubnis widerrufen oder durch Widerruf seiner Approbation erloschen ist.
- Die erbberechtigten Kinder können nach dem Tod eines Apothekers seine Apotheke verpachten, bis das jüngste Kind das 23. Lebensjahr vollendet. Ergreift ein Kind vor Ende des 23. Lebensjahres die Apothekerlaufbahn, ist eine Verlängerung möglich, bis das Kind die Erlaubnisvoraussetzungen erfüllt.
- Beim Tod des Erlaubnisinhabers kann auch der erbberechtigte Ehepartner oder Lebenspartner die Apotheke verpachten – bis zur Wiederheirat oder neuen Lebenspartnerschaft (wenn er nicht selbst Erlaubnisinhaber ist).

In den genannten Fällen ändert ein Umzug der Apotheke innerhalb des Ortes oder in angrenzende Stadtbezirke nichts an der Verpachtungsmöglichkeit. Stirbt der Verpächter vor Vertragsende, kann die zuständige Behörde die Fortsetzung des Pachtverhältnisses mit dem Erben für höchstens 12 Monate erlauben. Apothekenpächter benötigen eine Apothekenerlaubnis nach § 1 ApoG. Der Pachtvertrag darf nicht die Eigenverantwortlichkeit und Entscheidungsfreiheit des Pächters einschränken.
Siehe / Siehe auch: ApoG, Umsatzmiete

App.

Abkürzung für: Appartement

ARB
Abkürzung für: Allgemeine Bedingungen für die Rechtsschutzversicherungen

Arbeitgeberdarlehen
Das Arbeitgeberdarlehen zählt zu den freiwilligen Sozialleistungen vieler Unternehmen. Es ist oft – besonders in Hochzinszeiten – günstiger als ein Baudarlehen von Sparkassen und Banken. Die soziale Komponente eines solchen Kredits besteht darin, dass der Arbeitgeber eben einen Zinssatz berechnet, der zum Teil deutlich niedriger ist als die aktuellen Marktkonditionen. Der finanzielle Vorteil für den Arbeitnehmer, den Darlehensempfänger, besteht in der Zinsdifferenz. Der vom Firmenchef subventionierte Darlehenszins darf aus steuerlichen Gründen allerdings eine bestimmte Grenze nicht unterschreiten. Falls er dies doch tut, gilt der Zinsvorteil als sogenannter Sachbezug, den der Darlehensnehmer und Arbeitnehmer versteuern muss. Ein steuerlich relevanter Zinsvorteil liegt vor, wenn der Effektivzins des Arbeitgeberdarlehens niedriger ist als 5%. Tipp: Derzeit (Stand: März 2006) sind Arbeitgeberdarlehen zumindest aus steuerlichen Gründen wenig attraktiv. Denn Baukredite mit einer zehnjährigen Zinsbindung kosten nur wenig mehr als 4% effektiv, so dass die steuerlich relevante Grenze bei Firmendarlehen um rund einen Prozentpunkt darüber liegt.

Arbeitnehmerähnliche Selbstständige
Wer im Zusammenhang mit seiner beruflichen Tätigkeit außer Familienangehörige keinen versicherungspflichtigen Arbeitnehmer beschäftigt und regelmäßig und im wesentlichen nur für einen Auftraggeber tätig wird, gilt seit 1.1.1999 als arbeitnehmer-ähnlicher Selbstständiger. Hierunter fallen auch Handelsvertreter der Makler, wenn sie – was üblich ist – nur für einen Makler tätig werden. Allerdings werden sie, sofern sie am 2.1.1999 nicht schon das 50. Lebensjahr vollendet haben, sozialversicherungspflichtig, wenn sie nicht vor dem 10.12.1998 einen privaten Lebens- oder Rentenversicherungsvertrag abgeschlossen haben, wobei sie mindestens ebensoviel Beiträge aufwenden müssen, wie bei der Sozialversicherung. Für den Makler, für den ein solcher Handelsvertreter tätig wird, ergeben sich aus der Zuordnung des Handelsvertreters zum arbeitnehmerähnlichen Selbstständigen keine Konsequenzen. Besondere Gefahr droht jedoch dann, wenn in Wirklichkeit gar keine arbeitnehmerähnliche Selbstständigkeit, sondern eine „Scheinselbstständigkeit" vorliegt.
Siehe / Siehe auch: Scheinselbstständigkeit

Arbeitnehmersparzulage
Staatliche Förderung der Vermögensbildung von Arbeitnehmern auf der Grundlage der Neuregelung des Vermögensbildungsgesetzes zum 1.1.1999. Voraussetzung für die Gewährung der Arbeitnehmersparzulagen sind bestimmte Einkommensgrenzen, die nicht überschritten werden dürfen.
Danach darf das zu versteuernde Einkommen ab 1999 nicht mehr als 17.900 bzw. 35.800 Euro bei Alleinstehenden bzw. Verheirateten betragen. Wer die vermögenswirksamen Leistungen in Bausparverträge anlegt oder zum Bau, Erwerb, Ausbau, Erweiterung oder zur Entschuldung seines Wohneigentums verwendet, erhält seit dem 1 Januar 2004 9% aus maximal 470 EURO. Gleiches gilt für den Erwerb eines Baugrundstücks für den Bau eines Wohngebäudes. Bei Beteiligungen, die sich auf Anteilsscheine an Aktienfonds, Aktien und Beteiligungen am eigenen Betrieb und ähnliches beziehen, beträgt der Fördersatz 18% aus einem jährlichen Sparbetrag von maximal 400 Euro. Die beiden Förderungen (Bausparen und Beteiligungssparen) können nebeneinander gewährt werden, so dass der Staat jährlich in der Spitze 114,30 Euro überweist (42,30 Euro für Bausparverträge und 72 Euro für Beteiligungssparen). Die Sperrfrist für Sparverträge über Wertpapiere liegt bei 7 Kalenderjahren. Für Anlagen, die auch im Rahmen des Wohnungsbauprämiengesetzes gefördert werden, gelten die Verwendungsvoraussetzungen des Wohnungsbauprämien-Gesetzes.

Arbeitsgemeinschaft
Arbeitsgemeinschaften gehören zu den so genannten Gelegenheitsgesellschaften. Bei einer Arbeitsgemeinschaft handelt es sich um einen Zusammenschluss von rechtlich und wirtschaftlich selbständigen Unternehmen mit dem Ziel, gemeinsam einen bestimmten Auftrag zu erledigen bzw. gemeinsam einen oder mehrere bestimmte Verträge (Werkvertrag, Werklieferungsvertrag) zu erfüllen. Arbeitsgemeinschaften sind vor allem im Baugewebe verbreitet, werden jedoch auch im Zusammenhang mit industriellen Großaufträgen, Forschungs- und Entwicklungsprojekten o. ä. ge-

bildet. Gründe für die Bildung von Arbeitsgemeinschaften sind in der Regel produktionstechnische oder finanzielle Anforderungen, die die Kapazität eines einzelnen Unternehmens überschreiten oder das Bestreben, die mit einem Großauftrag verbundenen Risiken auf mehrere Unternehmen zu verteilen.

Bei Ausschreibungen für größere Projekte der öffentlichen Hand wird zum Teil auch die Bildung von Arbeitsgemeinschaften gefordert. Rechtlich handelt es sich bei der Arbeitsgemeinschaft üblicherweise um eine Gesellschaft bürgerlichen Rechts, die im eigenen Namen und für eigene Rechnung mit dem Auftraggeber kontrahiert, Leistungen erbringt und abrechnet. Da sie als Außengesellschaft fungiert, bestehen Rechtsbeziehungen nur zwischen der Arbeitsgemeinschaft und dem Auftraggeber, nicht aber zwischen dem Auftraggeber und einzelnen Unternehmen, die der Arbeitsgemeinschaft angehören. Eine Arbeitsgemeinschaft kann einen eigenen Namen sowie eigenes Gesellschaftsvermögen haben.

Arbeitsgemeinschaften bilanzieren selbständig, wobei die entstehenden Gewinne und Verluste anteilig entsprechend der Beteiligungsquote in die Gewinn- und Verlustrechnungen den beteiligten Unternehmen übernommen und dort als Umsatzerlöse ausgewiesen werden. Darüber hinaus können Mitgliedsunternehmen einer Arbeitsgemeinschaft Umsatzerlöse aus Leistungen an die Arbeitsgemeinschaft (z.B. Vermietung von Technik, Dienstleistungen o. ä.) erzielen.

Bilanziell wird der Leistungsverkehr zwischen Arbeitsgemeinschaft und Mitgliedsunternehmen unter „Forderungen an Arbeitsgemeinschaften" bzw. „Verbindlichkeiten gegenüber Arbeitsgemeinschaften" erfasst. Neben den echten Arbeitsgemeinschaften werden zum Teil auch „unechte" Arbeitsgemeinschaften gebildet, die die beschriebenen Merkmale nicht oder nur teilweise aufweisen. Hierzu gehören beispielsweise Konstellationen mit einem Hauptunternehmer wie einem Nebenunternehmern oder einem Generalunternehmer, der mit einem oder mehreren Subunternehmern eine Innengesellschaft bildet. Die konkrete Beurteilung einer unechten Arbeitsgemeinschaft richtet sich nach den Vertragsverhältnissen im jeweiligen Einzelfall.

Siehe / Siehe auch: ARGE, Gelegenheitsgesellschaft, Generalunternehmer, Konsortium, Subunternehmer

ArbeitsschutzVO

Abkürzung für: Arbeitsschutzverordnung

Arbeitszimmer (außerhäusliches)

Aufwendungen für ein außerhäusliches Arbeitszimmer/Büro unterliegen im Gegensatz zum häuslichen Arbeitszimmer keiner Abzugsbeschränkung. Zur Definition eines „außerhäuslichen" Arbeitszimmers hat der Bundesfinanzhof im Urteil vom 18.8.2005 (AZ VI R 39/04) ausführlich Stellung genommen. Im Entscheidungssachverhalt hatte ein Hochschulprofessor (mit Einkünften aus nebenberuflicher schriftstellerischer Tätigkeit) Aufwendungen für sein Arbeitszimmer geltend gemacht, das sich im Dachgeschoss eines in seinem alleinigen Eigentum stehenden dreigeschossigen Wohngebäudes befand. Die Erdgeschosswohnung wurde von ihm bewohnt, das erste Obergeschoss war fremdvermietet. Zu dieser Konstellation hat der Bundesfinanzhof entschieden, dass als Arbeitszimmer genutzte Räumlichkeiten in einem Mehrfamilienhaus, die nicht zur Privatwohnung des Steuerpflichtigen gehören, im Regelfall aus „außerhäusliches" Arbeitszimmer zu werten sind und damit nicht unter die Abzugsbeschränkung fallen. Hinweis: Aus dem Urteil ist – auch für die künftige Rechtslage – insbesondere die Empfehlung abzuleiten, dass Arbeitszimmer in Mehrfamilienhäusern idealerweise immer auf einer anderen Etage als die Privatwohnung liegen sollten.

Siehe / Siehe auch: Arbeitszimmer (häusliches)

Arbeitszimmer (häusliches)

Die steuerliche Relevanz der Kosten für ein häusliches Arbeitszimmer ist in den vergangenen Jah-

ren immer geringer geworden. Die Rechtslage im Mai 2006 ist wie folgt:
Die Aufwendungen für ein häusliches Arbeitszimmer sowie die Kosten der Ausstattung können grundsätzlich nicht als Werbungskosten angesetzt werden.

Ausnahmen:
- Die betriebliche oder berufliche Nutzung des Arbeitszimmers beträgt mehr als 50% der gesamten betrieblichen und beruflichen Tätigkeit (Nachweis der Arbeitszeiten durch Terminkalender oder Arbeitszeiten-Buch erforderlich)
- Es steht für die betriebliche oder berufliche Tätigkeit kein anderer Arbeitsplatz zur Verfügung (z.B. Lehrer, Handelsvertreter ohne eigenen Schreibtisch beim Arbeitgeber).

In diesen Ausnahmefällen ist die Höhe der abziehbaren Aufwendungen auf 1.250 Euro begrenzt. Die Beschränkung auf 1.250 Euro gilt nicht, wenn das Arbeitszimmer den Mittelpunkt der gesamten betrieblichen und beruflichen Betätigung bildet (d.h. es gibt praktisch keine Tätigkeit außerhalb des Arbeitszimmers, das Arbeitszimmer darf keine Einrichtungsgegenstände enthalten, die auf eine private Nutzung schließen lassen).Soweit das Arbeitszimmer Mittelpunkt der Berufstätigkeit ist, können alle damit im Zusammenhang stehenden Kosten als Werbungskosten geltend gemacht werden. Hierzu zählen Schuldzinsen, Mietanteil bzw. bei Wohneigentum die anteilig auf den Arbeitsraum entfallende Abschreibung, sowie Kosten für Heizung, Strom, Wasser, Reinigung usw.
Grundsätzlich kann ein Raum nur dann als Arbeitszimmer anerkannt werden, wenn folgende Voraussetzungen vorliegen:
- Es muss sich um einen abgeschlossenen Raum handeln
- Es darf kein Durchgangszimmer sein, das zwei andere Räume verbindet
- Die übrigen Wohnräume müssen dem Wohnbedarf der Familie gerecht werden.

Rechtsänderung ab dem Jahr 2007:
Aufwendungen für ein häusliches Arbeitszimmer können ab dem Jahr 2007 nur noch dann steuerlich geltend gemacht werden, wenn es den Mittelpunkt der gesamten betrieblichen und beruflichen Tätigkeit bildet. Lehrer z. B. können nichts mehr geltend machen, da der Mittelpunkt seiner Tätigkeit die Schule ist. Es kommt nun der Frage, ob es sich um ein häusliches (Abzugsbeschränkung) oder ein außerhäusliches Arbeitszimmer (keine Abzugsbeschränkung) handelt, eine größere Bedeutung zu als bislang (s. außerhäusliches Arbeitszimmer).
Darüber hinaus ist zu beachten, dass vom Abzugsverbot für die Kosten des häuslichen Arbeitszimmers und somit auch von der weiteren gesetzlichen Einschränkung ab 2007 die Aufwendungen für Arbeitsmittel, die sich in dem als Arbeitszimmer genutzten Raum befinden, z. B. Schreibtisch, EDV oder Bücherregal nicht betroffen sind. Diese Aufwendungen werden vielmehr bei betrieblicher bzw. beruflicher Veranlassung weiterhin steuerlich berücksichtigt.
Siehe / Siehe auch: Arbeitszimmer (außerhäusliches)

ArbGG
Abkürzung für: Arbeitsgerichtsgesetz

ArbStättVO
Abkürzung für: Arbeitsstättenverordnung

Architekt
Neben dem als Architekten betitelt Hochbauarchitekt gibt es noch den Landschafts- und den Innenarchitekt. Aus dem Griechischen abgeleitet bedeutet archós der Anführer oder das Oberhaupt und tékton der Zimmermann oder der Zimmerer. Ab dem 16. Jahrhundert hat sich in der Übersetzung des Wortes Architekt die Bezeichnung Baumeister etabliert. Die Architektin oder der Architekt wird in Vertretung der Bauherren tätig. Die Aufgabe umfasst im Wesentlichen die Beratung der Bauherren, das Zeichnen der Baupläne, die Eingabe des Bauantrages mit allen notwendigen Formularen bei den Behörden, die Erstellung der Werkpläne, die Ausschreibung, die Vergabe und die Verhandlung mit den Handwerkern und Baufirmen, die Betreuung der Baustelle und die Abrechnung mit den beteiligten Firmen.
In größeren Büros werden diese Leistungen in zwei Bereiche eingeteilt, die des Planers im Büro und die des Bauleiters auf der Baustelle. Diese Leistungen werden in 9 Leistungsphasen der HOAI eingeteilt und vergütet. Der Absolvent einer Fachhochschule oder einer Universität der Architektur erhält eine Urkunde, die ihn als „Diplom Ingenieur" ausweist. Nach wenigstens zweijähriger, nachgewiesener Bautätigkeit kann er sich in die Liste der Architekten- und Ingenieurkammer eintragen lassen. Mit diesem Schritt ist er unein-

geschränkt und eigenverantwortlich bauvorlageberechtigt und befugt, die Berufsbezeichnung Architektin oder Architekt zu führen.
Siehe / Siehe auch: Architektur, Architektenkammer, Honorarordnung für Architekten und Ingenieure (HOAI)

Architektenbindung

Eine Vereinbarung in einem notariellen Grundstückskaufvertrag, wonach sich der Erwerber verpflichtet, zur Planung oder Ausführung des Bauwerks die Leistung eines bestimmten Architekten oder Bauingenieurs in Anspruch zu nehmen („Architektenbindung"), ist unwirksam. Sind Architektenleistungen vorher bereits erbracht und werden sie vom Erwerber genutzt, hat der Architekt allerdings Anspruch auf Honorar nach den Mindestsätzen der HOAI.

Architektenhaftpflichtversicherung

Die Architektenhaftpflichtversicherung geht über eine normale Berufshaftpflichtversicherung hinaus. Sie deckt Personen-, Sach- und Vermögensschäden, die aus Fehlern des Architekten bei Planung, Objektüberwachung, Beratung und Begutachtungen entstehen. Abgedeckt werden die daraus resultierenden Schadensersatzansprüche.

Architektenkammer

Die Architektenkammern (AK) bilden die berufsständischen Vertretungen der Architekten, Innenarchitekten, Landschaftsarchitekten und Stadtplaner. Es handelt sich um Körperschaften öffentlichen Rechts, zu deren Mitgliedern alle in die Architektenliste des jeweiligen Bundeslandes eingetragenen Angehörigen der genannten Berufe zählen. Aufgaben und Tätigkeit der Architektenkammern werden durch die Architektengesetze der einzelnen Bundesländer geregelt. Die Eintragung in die Architektenliste und mithin die Mitgliedschaft in einer Architektenkammer ist Voraussetzung für das Führen der entsprechenden Berufsbezeichnung. Unerheblich ist dabei, ob die betreffende Person ihren Beruf freiberuflich, gewerblich, im Angestelltenverhältnis oder mit Beamtenstatus ausübt.
Siehe / Siehe auch: Bundesarchitektenkammer

Architektenleistungen

Das Leistungsbild der Architekten ergibt sich aus der Honorarordnung für Architekten und Ingenieure (HOAI). Von den 11 großen Leistungsbereichen sind für den immobilienwirtschaftlichen Bereich vor allem die in Teil II (Leistungen bei Gebäuden, Freianlagen und raumbildenden Ausbauten) und die sich darauf beziehenden zusätzlichen Leistungen von Bedeutung. §15 enthält im Rahmen des Leistungsbildes für Objektplanung bei Gebäuden 9 Grundleistungen.

Diese sind in folgende Leistungsphasen zusammengefasst:
• Grundlagenermittlung
• Vorplanung
• Entwurfsplanung
• Genehmigungsplanung
• Ausführungsplanung
• Vorbereitung der Vergabe
• Mitwirkung bei der Vergabe
• Objektüberwachung
• Objektbetreuung, Dokumentation

Besondere Leistungen ergeben sich aufgrund besonderer Anforderungen. Teilweise handelt es sich um Leistungen, die normalerweise zum Aufgabenbereich des wirtschaftlichen Baubetreuers zählen, etwa Aufstellung eines Finanzierungsplanes und Mitwirkung bei der Beschaffung der Finanzierungsmittel, Aufstellen und Überwachen eines Zahlungsplanes, Objektverwaltung. Die „zusätzlichen Leistungen" beziehen sich auf die Entwicklung und Herstellung von Fertigteilen, Rationalisierungsmaßnahmen, die Projektsteuerung und die besonderen Maßnahmen im Zusammenhang mit der Durchführung eines Winterbaus. Bauherr und Architekt können im Rahmen der Vertragsfreiheit ihr Geschäftsverhältnis frei gestalten. Es gilt das Werkvertragsrecht des BGB. Seitens der Architekten wird häufig der sogenannte Architekteneinheitsvertrag verwendet. Ein neu gefasster Einheitsvertrag, den die Interessentenverbände der Architekten durchsetzen wollten, wurde, nachdem er vom Bundeskartellamt bereits veröffentlicht war, wieder zurückgezogen.

Der alte Architekteneinheitsvertrag verstößt indes in mehrerlei Hinsicht gegen die Vorschriften über AGB. Die obsoleten Klauseln beziehen sich auf dienstvertragsrechtliche, also nicht erfolgsbezogene Fälligstellungen von Honoraren, vom Gesetz abweichend geregelte Kündigungsvoraussetzungen, Vergütungsverpflichtungen des Bauherrn, wenn Kündigung vom Architekten zu vertreten ist, Vergütungsregelungen für nicht erbrachte Leistungen und dergleichen. Die Geschäftsbeziehung zwischen Bauherrn und Architekten wird durch Verwendung eines solchen Vertrages jedenfalls problematisiert.

Architektenvertrag
Siehe / Siehe auch: Architektenleistungen

Architektenwettbewerb
Ein Architektenwettbewerb dient dem Finden unterschiedlicher Lösungsalternativen für eine bestimmte Planungsaufgabe und dem Auswählen der geeignetsten Lösung. Die Durchführung von Architektenwettbewerben wird durch die GRW 1995 (Grundsätze und Richtlinien für Wettbewerbe auf den Gebieten der Raumplanung des Städtebaus und des Bauwesens) geregelt. Konkrete Wettbewerbsverfahren sind mit der Architektenkammer des betreffenden Bundeslandes abzustimmen. Treten Bund oder Länder als Bauherren auf, so sind generell Wettbewerbe nach GRW durchzuführen. Die Vorschriften der GRW für die Durchführung von Wettbewerben beinhalten unter anderem die folgenden Anforderungen an Wettbewerbsverfahren: Entscheidung durch ein unabhängiges Preisgericht, anonyme Abwicklung des Verfahrens, Auslobung von Preisen sowie Verpflichtung des Auslobers, einen oder mehrere Preisträger mit der weiteren Bearbeitung des Projekts zu beauftragen. Je nach Zielstellung und Art der Planungsaufgabe unterscheiden die GRW mehrere Wettbewerbsarten und -verfahren. So wird zwischen Ideenwettbewerben und Realisierungswettbewerben, einstufigen und mehrstufigen Verfahren sowie zwischen offenen und beschränkten Wettbewerbsverfahren differenziert. Darüber hinaus existieren mit den Kombinierten Wettbewerben und den Investorenwettbewerben noch zwei besondere Verfahren, bei denen es sich nicht um Architektenwettbewerbe im eigentlichen Sinne handelt.
Siehe / Siehe auch: Kombinierter Wettbewerb, Investorenwettbewerb

Architektur
Der lateinische Begriff architectura bedeutet Baukunst oder Baustil. Doch Architektur bezieht sich nicht nur auf die Errichtung und die Gestaltung von Bauten. Neben der Baukunst wird ein grundlegendes Wissen über Baumaterialen, der Anwendung technischer Methoden und deren Gesellschafts- und Umwelteinflüsse erwartet. Ein Raum wird gestaltet. Hierbei ist es unerheblich, ob es sich bei dem Raum um eine Landschaft, einen städtischen Platz, einen Gebäudekomplex, ein Einfamilienhaus oder einen Innenraum handelt. Architektur hat eine gesellschaftliche Verantwortung, denn der Mensch reagiert unbewusst auf die Einflüsse seiner Umgebung.
Siehe / Siehe auch: Architekt, Baukunst

Architekturmodell

Bei Architekturmodellen handelt es sich um maßstabsgerechte Modelle von geplanten Gebäuden, die ihre äußere Wirkung bezogen auf die Umgebungsbebauung erkennen lassen. Es kann sich um ganze städtebauliche Modelle handeln, aber auch um Präsentationsmodelle für ein bestimmtes Objekt. Vielfach wird mit Architekturmodellen im Rahmen von Architektenwettbewerben gearbeitet.

Arenen
Derzeit werden auch in Deutschland zunehmend Arenen nach dem Muster amerikanischer Super-Domes konzipiert. Bei dieser Sonderimmobilie findet alles von internationalen Sportveranstaltungen bis zu großen Musik-Happenings statt. Der grüne Rasen des Sports kann mit vernünftigem Aufwand jeweils aufgebracht oder entfernt werden. Die amerikanischen Super-Domes, die zunehmende hochgradige Kommerzialisierung und Professionalisierung des Spitzensports, speziell des Fußballs und nicht zuletzt die Vergabe der Fußball-WM 2006 an Deutschland haben das Thema Arenen deutlich an Bedeutung gewinnen lassen. Über lange Jahre war das Thema Arenen eine Veranstaltung öffentlicher Stellen, die Stadi-

en vorhielten und letztendlich auch die Verluste berappten. Jetzt wird über Modelle nachgedacht, bei denen private Betreiber in diesem Segment aktiv werden. Diese Arenen bieten sich aber nicht nur für Freiluftveranstaltungen, sondern ganz speziell auch für Indoor-Events an.

Der Erfolg einer Arena ist nur dann möglich, wenn sie sich durch ein hohes Maß an Multi-Funktionalität auszeichnet und eine Vielzahl unterschiedlicher Nutzungen ermöglicht. Nutzungsflexibilität bedeutet bei Arenen nicht nur, dass unterschiedliche Nutzungen grundsätzlich möglich sind, sondern dass ein schneller und effizienter Wechsel hinsichtlich der unterschiedlichen Nutzungsform möglich ist. Oder anders ausgedrückt: Eine Arena hilft nicht viel, wenn es drei Tage dauert, den Fußballrasen abzutragen und das Stadion für eine normale Konzertveranstaltung umzurüsten.

ARGE
Abkürzung für: Arbeitsgemeinschaft
Siehe / Siehe auch: Arbeitsgemeinschaft

ARGEBAU – Bauministerkonferenz
Die Bauministerkonferenz ist die Arbeitsgemeinschaft der für Städtebau, Bau- und Wohnungswesen zuständigen Minister und Senatoren der 16 Länder der Bundesrepublik Deutschland. Sie tritt nach Bedarf (in der Regel einmal im Jahr) zusammen. Die Leitung obliegt dem Länderministern im Wechsel. Die ARGEBAU fasst Beschlüsse die für die Entwicklung des Städtebaus, des Bau- und des Wohnungswesens in den Bundesländern von Bedeutung sind. Zu den wichtigsten Aufgaben gehört bei der föderalistischen Struktur Deutschlands die Sorge für einheitliche Rechts- und Verwaltungsvorschriften der Länder im Bereich des Wohnungswesens, des Bauwesens und des Städtebaus.Beispielsweise ist die Musterbauordnung ist ein Produkt von ARGEBAU.

Arglistige Täuschung
Arglistige Täuschung ist ein Verhalten, das beim Gegenüber einen Irrtum erzeugt bzw. unterhält und bei dem der Täuschende entweder weiß oder zumindest in Kauf nimmt, dass er gerade durch diese Täuschung Einfluss auf die Willensentscheidung des anderen nimmt. Die Konsequenzen eines solchen Handelns im Zivilrecht regelt § 123 BGB: Nach dieser Vorschrift können Willenserklärungen, die z.B. im Rahmen eines Vertragsabschlusses abgegeben wurden, angefochten werden, wenn ihnen eine arglistige Täuschung oder widerrechtliche Drohung des Geschäftsgegners zugrunde liegt.

ARICS
Abkürzung für: Associate of the Royal Institution of Chartered Surveyors
Siehe / Siehe auch: Chartered Surveyor

Arkade

Arkaden sind auf Säulen ruhende Bogenreihen, die in der Regel als Dachstütze dienen. Die darunter befindlichen Bogengänge spenden Schatten und schützen vor Regen. Vielfach werden diese Bogengänge auch zur Erweiterung von Gastronomiebetrieben außerhalb des Gebäudes genutzt. Arkaden bieten auch für die Geschäfte mit ihren Schaufenstern und Auslagen Vorteile.

ARR
Abkürzung für: Average Room Rate
Siehe / Siehe auch: Average Room Rate

Arrondierung
Unter Arrondierung (Abrundung) versteht man eine Neuordnung von Grundstücken im Zusammenhang mit der Flurbereinigung. Im Interesse einer effizienten Felderbewirtschaftung soll zersplitterter Grundbesitz durch Flächentausch (Felderregu-

lierung) zu sinnvollen Einheiten zusammengefasst werden. Landwirtschaftliche Flurbereinigungsmaßnahmen sind das Pendant zur städtebaulichen Bodenordnung.
Siehe / Siehe auch: Bodenordnung

Art der baulichen Nutzung

In einem Flächennutzungsplan können Bauflächen dargestellt werden, die die allgemeine Art der baulichen Nutzung bezeichnen (W = Wohnbauflächen, M = gemischte Bauflächen, G = gewerbliche Bauflächen und S = Sonderbauflächen). Es besteht auch die Möglichkeit der Darstellung von Baugebieten. Im Bebauungsplan können nur Baugebiete festgesetzt werden. Sie enthalten nähere Festsetzungen der Nutzungsart. Allerdings ist darauf hinzuweisen, dass auch in Flächennutzungsplänen Baugebiete „dargestellt", aber nicht „festgesetzt" werden können.

Nach der Baunutzungsverordnung (BauNVO) gibt es 10 verschiedene Baugebiete, darunter vier Wohngebietsarten nämlich Kleinsiedlungsgebiet (WS), reines, allgemeines und besonderes Wohngebiet (WR, WA, WB), drei Mischgebietsarten nämlich Dorfgebiet, „Mischgebiet", Kerngebiet (MD, MI, MK) und drei gewerbliche Gebietsarten. Zu diesen gehören Gewerbegebiet, Industriegebiet und Sondergebiet (GE, GI, SO). Eine „Nebenart" des Sondergebiets sind Wochenendhausgebiete. Das eigentliche Sondergebiet bezieht sich auf die Beschreibung eines Baugebietes, in dem besondere bauliche Anlagen errichtet werden können wie Flughäfen, Hochschulen, Großkliniken, Einkaufszentren, Kurgebiete u. dergl. (Beispiel SO KLINIK für ein Sondergebiet, für das der Bau einer Klinik festgesetzt ist.).

Jede Baugebietsart wird in einem eigenen Paragrafen beschrieben. Im ersten Absatz steht die Zwecksetzung: z.B. bei § 3 Reine Wohngebiete: „Reine Wohngebiete dienen dem Wohnen". Es folgt im 2. Absatz jeweils der Katalog der baulichen Nutzung, der zulässig ist und damit die Baugebietsart charakterisiert z.B. bei § 2 Kleinsiedlungsgebiete: „Zulässig sind 1. Kleinsiedlungen einschl. Wohngebäude mit entsprechenden Nutzgärten, landwirtschaftliche Nebenerwerbsstellen und Gartenbaubetriebe sowie 2. die der Versorgung des Gebietes dienenden Läden, Schank- und Speisewirtschaften sowie nicht störende Handwerksbetriebe." Der 3. Absatz ist schließlich den zulässigen Ausnahmen gewidmet. So können bei Gewerbegebieten (§ 8) ausnahmsweise zugelassen werden:
1. Wohnungen für Aufsichts- und Bereitschaftspersonen sowie Betriebsinhaber und Betriebsleiter.
2. Anlagen für kirchliche, kulturelle, soziale und gesundheitliche Zwecke
3. Vergnügungsstätten.

Bei der konkreten Gestaltung eines Bebauungsplanes muss sich eine Gemeinde für eine Nutzungsart entscheiden, wobei sie allerdings von den Vorgaben der Verordnung durch Festsetzungen abweichen kann, soweit dadurch der Gesamtcharakter des Baugebietes nicht wesentlich beeinträchtigt wird. Im Übrigen wird die jeweilige Baugebietsbeschreibung der Baunutzungsverordnung Bestandteil des Bebauungsplans. Die festgesetzt Baugebietsart enthält wichtige Informationen für die Lageanalysen von Maklern und Sachverständigen und für Standortanalysen von Projektentwicklern.
Siehe / Siehe auch: Ausnahmen und Befreiungen (öffentliches Baurecht)

Art.

Abkürzung für: Artikel

Asbestzement

Da Asbest ein Mineral mit großer Hitzebeständigkeit ist, wurde es früher vielfach im Baugewerbe eingesetzt. Es wurde zur Herstellung von Asbestzement verwendet. Da freischwebende Asbestfasern, die beim Arbeiten mit Asbestplatten auftreten, in der menschlichen Lunge zu Krebs führen können, wurde der Einsatz in Deutschland mit wenigen Ausnahmen verboten. Die im Rahmen von Asbestsanierungen anfallenden asbesthaltigen Baustoffe dürfen nach entsprechender Vorbehandlung nur von bestimmten sachkundigen Firmen auf ausgewiesenen Asbestdeponien entsorgt werden. Sind in Gebäuden Bauteile mit Astbestzement verwendet worden, kann sich dies erheblich wertmindernd auswirken.

ASR

Abkürzung für: Arbeitsstättenrichtlinien

Asset

Unter einem Asset ist eine Anlageform zu verstehen, die einen Baustein des Vermögensportfolios, beispielsweise Immobilien, Aktien, Fonds, bildet.
Siehe / Siehe auch: Asset Allocation, Asset

Management, Portfoliomanagement (Assetmanagement), Vermögensmanagement (Assetmanagement)

Asset Allocation
Aufteilung des Kapitals auf verschiedene Anlageformen. Ziel dieses Anlageverhalten ist der bestmögliche Ertrag des Gesamtvermögensportfolios. Eine gezielte Diversifikation ist die Grundlage dafür.
Siehe / Siehe auch: Asset, Asset Management, Portfoliomanagement (Assetmanagement), Vermögensmanagement (Assetmanagement)

Asset Deal
Als Asset Deal wird im Zusammenhang mit Immobilieninvestitionen eine Transaktion bezeichnet, bei der der Investor eine Immobilie direkt erwirbt. Veräußerungsgegenstand ist die dabei Immobilie selbst – im Unterschied zum Share Deal, bei dem lediglich Anteile an einer Objektgesellschaft veräußert werden. Ein Asset Deal ist stets mit einem Grundstückserwerb verbunden. Der Käufer wird an Stelle des Verkäufers unmittelbarer Eigentümer des erworbenen Objekts. Neben dem „klassischen" Immobilienkauf, bei dem der Käufer ein Grundstück mit einem bereits bestehenden Gebäude erwirbt, sind weitere Formen eines Asset Deals möglich. Hierzu zählen Bauträgerverträge, Generalübernehmermodelle, Grundstückskäufe mit Vertragsübernahme und Property Outsourcing durch Sale-and-Lease-back. Auch bei Portfoliotransaktionen kann es sich um Asset Deals handeln, sofern mehrere einzelne Objekte en bloc veräußert werden. Werden dagegen bei einer Portfoliotransaktion statt einzelner Immobilien Anteile an einer Gesellschaft veräußert, die das betreffende Immobilienportfolio hält, handelt es sich um einen Share Deal.
Siehe / Siehe auch: Share Deal

Asset Management
Siehe / Siehe auch: Vermögensmanagement (Assetmanagement)

Ast
Abkürzung für: Antragsteller

AStB
Abkürzung für: Allgemeine Bedingungen für die Sturmversicherung

Asymmetrische Kündigungsfristen
Der Begriff bezeichnet das seit der Mietrechtsreform vom 1.9.2001 bestehende Ungleichgewicht bei den Kündigungsfristen für Mieter und Vermieter. Während der Mieter abgesehen von wenigen Ausnahmen nun immer eine dreimonatige Kündigungsfrist hat, verlängert sich die Kündigungsfrist für den Vermieter nach einer Wohndauer des Mieters von fünf und acht Jahren um je drei Monate. Der Vermieter darf nur kündigen, wenn einer der gesetzlich genannten Gründe vorliegt. Der Mieter muss keinen Grund angeben.
Siehe / Siehe auch: Beendigung eines Mietverhältnisses

Atmendes Büro
Das atmende Büro ist ein Bürokonzept, das eine flexible Anpassung an organisatorische Veränderungen ermöglicht. Raumaufteilung und Einrichtung sind so gestaltet, dass sie kurzfristig und relativ unkompliziert an veränderte Bedürfnisse der Nutzer angepasst werden können, beispielsweise durch variable Trennwände o. ä. Synonym wird auch die Bezeichnung Projektwerkstatt verwendet.

AtomG
Abkürzung für: Atomgesetz

ATV
Abkürzung für: Allgemeine Technische Vertragsbedingungen für Bauleistungen

Aufgeld
Siehe / Siehe auch: Agio

Aufklärungspflichten (Maklergeschäft)
Der Makler ist verpflichtet, seinen Auftraggeber über alle ihm bekannten Umstände aufzuklären, die für seine Entscheidung, ob er das angebotene Geschäft abschließen soll, Von Bedeutung sein können. Im Gegensatz zum Immobilienberater trifft den Makler keine Verpflichtung, besondere Erkundigungen einzuziehen, um den Auftraggeber in jeder Hinsicht aufklären zu können.
Zu unterscheiden ist zwischen einer allgemeinen Aufklärungspflicht, die grundsätzlich besteht und einer besonderen Aufklärungspflicht. So wird der Makler, der ein Baugrundstück anbietet, den Kaufinteressenten über eine das Grundstück be-

einträchtigende Bebauungsmöglichkeit des Nachbargrundstücks aufklären müssen.

Eine besondere Aufklärungspflicht entsteht dann, wenn der Makler bemerkt, dass sich der Auftraggeber hinsichtlich eines Sachverhalts in einem Irrtum befindet (z. B. über die Höhe der Erwerbnebenkosten beim Grundstückskauf) oder bestimmte (auch rechtliche) Zusammenhänge falsch einschätzt (z.B. die notarielle Beurkundungsnotwendigkeit auch von unwichtig erscheinenden Nebenabsprachen im Zusammenhang mit einem Grundstückskaufvertrag).

Siehe / Siehe auch: Immobilienberatung, Makler

Auflassung

Auflassung bezeichnet die Einigung zwischen Verkäufer und Käufer über den Eigentumswechsel beim Grundstückskauf. Die Auflassung muss zusätzlich zum Kaufvertrag erfolgen und von beiden Vertragsseiten bei gleichzeitiger Anwesenheit vor einem Notar erklärt werden. Die Vertragsparteien können sich auch vertreten lassen. Anschließend wird der Eigentümerwechsel im Grundbuch eingetragen. Beim Immobilienkaufvertrag wird die Auflassung in der Regel bereits in der Kaufvertragsurkunde erklärt. Existiert das Kaufgrundstück noch nicht als handelbares Gut, weil es erst Vermessen werden muss, kann die Auflassung erst dann erklärt werden, wenn das Grundstück als Rechtsobjekt entstanden ist.

Auflassungsvormerkung

Die Auflassungsvormerkung sichert den Anspruch des Grundstückserwerbers auf Übertragung des Eigentums am Grundstück. Sie ist üblich, da sich die Auflassung nicht unmittelbar nach der Unterzeichnung des Kaufvertrags vollziehen lässt. Die Auflassungsvormerkung wird in Abteilung II des Grundbuchs eingetragen und Zug um Zug mit der Eigentumsumschreibung wieder gelöscht.

Aufmaß

Sofern ein Bauvertrag auf Einheitspreisen (Preise für Leistungseinheiten) beruht, ist es erforderlich, die erbrachte Leistung quantitativ zu erfassen. Dies erfolgt durch das Aufmaß, einem Zählen und Nachmessen der Längen (z.B. Rohre), Flächen (z.B. Wände) und Massen (z.B. Mauerwerk). Zum Aufmaß sollte der Architekt des Bauherrn hinzugezogen werden („gemeinsames Aufmaß").

Aufrechnung

Der Mieter kann gegen Mietforderungen des Vermieters mit eigenen Geldforderungen gegen den Vermieter aufrechnen. Dies geht aus §§ 387 ff. BGB hervor.Beispiel: Der Mieter ist mit einer Monatsmiete von 500 Euro im Rückstand. Der zur Mietwohnung gehörende Elektroherd hat ohne Verschulden des Mieters seinen Dienst eingestellt. Der Mieter hat für 450 Euro einen neuen Herd gekauft. Er erklärt durch Schreiben an den Vermieter die Aufrechnung mit der ausstehenden Miete und schuldet dem Vermieter nur noch 50 Euro.Die Aufrechnung findet nicht automatisch statt, sondern muss ausdrücklich erklärt werden. Wenn der Vermieter dem Mieter aus irgendwelchen mit dem Mietverhältnis zusammenhängenden Gründen noch Geld schuldet, hat der Mieter überdies ein Zurückbehaltungsrecht (§ 273 BGB). Das heißt, er kann die Zahlung der Miete solange zurückhalten, bis der Vermieter seine Schulden begleicht. Dann allerdings muss der Mieter den ausstehenden Betrag zusätzlich zur laufenden Miete bezahlen.Seit der Mietrechtsreform stellt § 556 b Abs. 2 BGB klar, dass der Mieter gegen eine Mietforderung mit eigenen Forderungen aus § 536a (Schadenersatz und Aufwendungsersatzanspruch des Mieters wegen Mangel der Mietsache), § 539 BGB (Ersatz sonstiger Aufwendungen auf die Mietsache) oder aus ungerechtfertigter Bereicherung wegen zu viel gezahlter Miete aufrechnen oder ein Zurückbehaltungsrecht ausüben kann – auch wenn dies im Mietvertrag ausgeschlossen wurde. Jede gegenteilige Vereinbarung ist unwirksam. Allerdings muss der Mieter daran denken, seine Absicht auf Aufrechnung oder Ausübung des Zurückbehaltungsrechts dem Vermieter mindestens einen Monat vor Fälligkeit der Miete, mit der er aufrechnen will, schriftlich, laut Gesetz „in Textform", mitzuteilen.

Aufteilungsplan

Um Wohnungseigentum rechtswirksam durch Anlegung der Wohnungsgrundbücher zu begründen, ist es erforderlich, der Eintragungsbewilligung neben der Abgeschlossenheitsbescheinigung eine von der Baubehörde mit Siegel und Stempel versehene Bauzeichnung beizufügen, die allgemein als Aufteilungsplan bezeichnet und zum Bestandteil der Grundakte wird. Nach den neuen Bestimmungen des Wohnungseigentumsgesetzes kann die Anfertigung des Aufteilungsplans auch durch öffentlich bestellte oder anerkannte Sachverständige für das Bauwesen erfolgen, wenn dies die Landesregierungen durch Rechtsverordnung bestimmt haben. In diesem Fall bedarf der als Anlage beizufügende Aufteilungsplan der Form des § 29 der Grundbuchordnung § 7 Abs. 4 Satz 3 WEG. Der Aufteilungsplan soll Aufschluss geben über die Aufteilung des Gebäudes sowie über die Lage und Größe der im Sondereigentum und der im Gemeinschaftseigentum stehenden Gebäudeteile. Bei bestehenden Gebäuden muss der Aufteilungsplan grundsätzlich den aktuellen Bauzustand zutreffenden wiedergeben. Alle zu demselben Sondereigentum gehörenden Einzelräume sind mit der jeweils gleichen Nummer zu kennzeichnen (§ 7 Abs. 4 Satz 1 Nr. 1 WEG). Zur klaren Abgrenzung von Sondereigentum und Gemeinschaftseigentum ist es erforderlich, dass der Aufteilungsplan nicht nur die Grundrisse, sondern auch Schnitte und Ansichten des Gebäudes enthält. Die Nummerierung der zu einem Sondereigentum gehörigen Räume, einschließlich Balkone, Loggien, Keller-, Boden- und Abstellräume, Garagenstellplätze, muss mit der entsprechenden Nummerierung des Sondereigentums in der Teilungserklärung übereinstimmen. Ist Sondereigentum in der Teilungserklärung und im Aufteilungsplan nicht hinreichend und übereinstimmend ausgewiesen, zum Beispiel bei abweichender oder fehlender Nummerierung, ist Sondereigentum nicht rechtswirksam entstanden.

Ebenfalls im Aufteilungsplan auszuweisen sind Sondernutzungsrechte, also alleinige Gebrauchs- und Nutzungsrechte an gemeinschaftlichen Flächen (Gartenflächen, PKW-Stellplätze im Freien) und Räumen.

Siehe / Siehe auch: Wohnungsgrundbuch, Sondernutzungsrecht, Sondereigentum, Gemeinschaftseigentum, Abgeschlossenheit / Abgeschlossenheitsbescheinigung

Auftragsakquisition (Maklergeschäft)

Auftragsakquisition im Maklergeschäft kann als Beschaffung von Objektaufträgen zu Bedingungen verstanden werden, die einen positiven Beitrag zum betriebswirtschaftlichen Ergebnis des Maklerbetriebs erwarten lassen. Die Beschaffung von Interessentenaufträgen zur Objektsuche gehört zwar auch zur Auftragsakquisition. Sie spielt aber im deutschen Maklergeschäft kaum eine Rolle, obwohl sich ein solcher Marktzugang für Makler auch anbieten würde.

Im Rahmen der Auftragsakquisition sind folgende Rahmenbedingungen zu beachten:
- Die Angebotskonditionen für das Objekt müssen marktrealistisch sein.
- Die Maklervertragsbedingungen müssen so beschaffen sein, dass dem Makler auch ein genügend großer Spielraum für den Einsatz von Auftragsbearbeitungskosten bleibt.
- Der Auftraggeber sollte sich zur Provisionszahlung im Abschlussfall verpflichten.

Durch marktrealistische Angebotsbedingungen kann der Makler weitgehend die Auswirkungen des siehe Erfolgsprinzips ausschalten. Marktrealistische Angebotsbedingungen liegen auch im Interesse des Auftraggebers, weil ein zu hoher Preisansatz zu einem sukzessiven Absenken der Preise führen muss. Dies ruft bei den Interessenten eine „Baissespekulation" hervor. Das Objekt ist dann nur unter Wert zu verkaufen.

Die Maklervertragsbedingungen sollten so gestaltet sein, dass der Makler über seinen Einsatz für den Auftraggeber auf der Ebene einer hohen Erfolgswahrscheinlichkeit agieren kann. Bemühen sich z.B. drei oder vier Makler gleichzeitig um den Verkauf, bestehen aus der Sicht jedes Einzelnen nur noch geringe Erfolgschancen, was den Kosteneinsatzspielraum erheblich reduziert. Als geeignetes Instrument zur Absicherung eines erfolgsorientierten Einsatzes bietet sich der siehe Alleinauftrag an. Durch ihn werden die Auswirkungen des „Prinzips der Entscheidungsfreiheit des Auftraggebers" im Interesse beider Parteien erheblich reduziert. Die letzte Rahmenbedingung geht von der Überlegung aus: „Wer zahlt schafft an." Übernimmt der Verkäufer die gesamte Maklerprovision,

dann wird der Makler zum ausschließlichen Interessenvertreter des Verkäufers, was sich in der Regel im Gesamtergebnis des vermittelten Vertrages auswirkt.
Siehe / Siehe auch: Erfolgsprinzip (Maklergeschäft), Alleinauftrag

Aufwendungsbeihilfe

Zuschuss oder Darlehen, das nach den Wohnungsbauförderungsvorschriften der Bundesländer den Vermietern öffentlich geförderter Wohnungen gewährt wird. Ziel ist die Bereitstellung kostengünstigen Wohnraums für die Mieter von Sozialwohnungen. Die Zuschussregelungen ändern sich jährlich. Darlehen, die über längere Zeiträume laufen, verringern sich in regelmäßigen Abständen um ein Drittel der ursprünglichen Darlehenssumme. Für den Vermieter ist dann eine Erhöhung der Miete nach den für öffentlich geförderten Wohnraum einschlägigen Vorschriften (Wohnungsbindungsgesetz) zulässig. Läuft eine derartige Förderstufe ab, prüft die zuständige Behörde meist auch die Wohnberechtigung der Mieter. Stellt sich heraus, dass deren Einkommen die Grenze für das Bestehen der Wohnberechtigung um über 5% überschreitet, werden die Aufwendungsbeihilfen reduziert. Beträgt die Überschreitung mehr als 40%, können sie komplett beendet werden.
Siehe / Siehe auch: Fehlbelegung, Kostenmiete, Wohnberechtigungsschein, WoBindG

Aufwendungsdarlehen und Aufwendungszuschüsse

Als rückzahlbares Aufwendungsdarlehen werden vom Staat im sogenannten 2. Förderweg für Neubauten gewährte Darlehen bezeichnet, das Bauherren oder Käufern mit niedrigen Einkommen erhalten konnten. Der Bauherr erhielt mehrere Jahre einen bestimmten Darlehensbetrag pro Quadratmeter Wohnfläche, dessen Höhe sich nach der Zahl der Familienmitglieder richtete.
Im Vergleich dazu brauchten Aufwendungszuschüsse nicht zurückgezahlt werden. Sie wurden oft bei Wohnungen, die im 1. oder 2. Förderweg gefördert wurden, von den Bundesländern zusätzlich gewährt. Diese staatliche Förderung richtete sich in ihrer Höhe nach der Wohnfläche. Der Aufwendungszuschuss verringerte sich außerdem alljährlich um einen bestimmten Satz, bezogen auf die Anfangsleistung. Durch die Aufhebung des 2. Wohnungsbaugesetzes zum Ablauf des 31. Dezember 2002, (optional des 31. Dezember 2003) das hierfür die Gesetzesgrundlage war, ist diese Förderung auf dieser Rechtsgrundlage nicht mehr möglich. Heute gilt das Wohnraumförderungsgesetz, das allerdings ähnliche Förderungsmöglichkeiten vorsieht.
Siehe / Siehe auch: Wohnraumförderungsgesetz

Aufzinsungsdarlehen

Unter einem Aufzinsungsdarlehen bezeichnet man ein Darlehen, bei dem die turnusmäßig fälligen Zinsraten samt Zinseszinsen während der Darlehenslaufzeit auf die Darlehenssumme aufgeschlagen werden. Sinnvoll sind Aufzinsungsdarlehen für Vor- und Zwischenfinanzierungen von Bauträgermaßnahmen, da sie die Liquidität nicht beeinträchtigen. Die Gewährung solcher Darlehen setzt eine einwandfreie Bonität des Bauträgers voraus.

Aufzugsanlage

Aufzüge dienen der vertikalen Beförderung von Personen, Lasten und Gütern meist innerhalb von Gebäuden. Personenaufzüge müssen zur Sicherheit der beförderten Personen eine Fahrkorbtüre besitzen. Lastenaufzüge dienen zum Transport von Waren und Personen. Reine Güteraufzüge dienen ausschließlich der Beförderung von Waren. Daneben gibt es den „Paternosteraufzug", der ausschließlich der Personenförderung dient. Die miteinander verketteten Kabinen sind offen und werden während des Fahrens betreten. Sie befinden sich in einem ständigen Umlauf. Für die Steuerung der Personenaufzüge gibt es verschiedene Systeme (Handsteuerung, Einzelsteuerung, Sammelrufsteuerung, Zielauswahlsteuerung). Rechtliche Regelungen befinden sich in der Betriebssicherheitsverordnung (BetrSichV) von 2002 durch die die Aufzugsverordnung aufgehoben wurde. Aufzüge gehören nach dieser Verordnung zu den überprüfungsbedürftigen Anlagen.
Die Inbetriebnahme setzt eine Überprüfung durch den TÜV voraus. Auch später muss in periodischen Abständen eine Überprüfung durchgeführt werden. Ein „Aufzugwärter" ist nicht mehr erforderlich. Allerdings muss der Betreiber sicherstellen, dass eine schnelle Befreiung eingeschlossener Personen möglich wird. Wer als Betreiber des Aufzugs (in der Regel der Hauseigentümer) die periodische Überprüfung nicht veranlasst, begeht einer Ordnungswidrigkeit die mit Geldbuße bis zu 25.000 Euro geahndet wird. Bei Personenschäden

ermittelt der Staatsanwalt. Weitere Vorschriften über Aufzüge, Fahrschächte, Triebwerksräume, Schalldämmung bei Einbau von Aufzügen finden sich in den Bauordnungen der Bundesländer. In der Regel müssen Aufzüge bei Gebäuden mit mehr als fünf Stockwerken in ausreichender Zahl und Größe eingebaut werden. Mindestens ein Aufzug muss rollstuhltauglich und zur Beförderung von Lasten geeignet sein.

AufzV
Abkürzung für: Aufzugsverordnung

Auktion (Immobilien)
Außer der Zwangsversteigerung gibt es die Form der freiwilligen Versteigerung einer Immobilie – auch Auktion genannt. In Niedersachsen hat diese Form der „Vermittlung über einen Auktionator eine lange Tradition. Mit der Gründung eines ersten Auktionshauses in Berlin im Jahre 1985 durch den damaligen Berliner Wirtschaftssenator Hans Peter Plettner begann eine neue Entwicklung. Das Unternehmen existiert heute unter dem Namen Deutsche Grundstücksauktionen AG (DGA).
1992 erfolgte ebenfalls in Berlin die Gründung der Karhausen Immobilien Organisationen GmbH & Co (KIA). Weitere neuere Auktionshäuser für Immobilien sind die Deutsche Haus- und Grundauktionen AG in Stuttgart, Bremen und Düsseldorf, die die Auktionen der EXPO-Pavillons in Hannover übernahm. Zu nennen sind auch Waitz & Richter GmbH in Leipzig sowie Jones Lang LaSalle die mit Engels & Völkers sich um Grundstücksauktionen unter dem Dach des Auktionshauses Sotheby's bemühen. Die beiden Berliner Versteigerungshäuser zusammen versteigern im Jahresschnitt Objekte im Wert zwischen 45 und 100 Millionen Euro. Die Erfolgsquote bei Versteigerungen liegt relativ hoch. Es wird geschätzt, dass über 90 % der eingelieferten Objekte auch im Versteigerungsverfahren umgesetzt werden. Allerdings liegt in vielen Fällen die Zuschlagsumme nicht oder nicht wesentlich über dem Mindestgebot. Andererseits können hier auch Objekte am Markt untergebracht werden, die bei Verkaufsbemühungen am normalen Markt kaum Chancen haben.
Über den Versteigerungserfolg (Versteigerungserlös im Vergleich zum Mindestgebot) entscheidet auch die Vermarktungsstrategie. Für einen Versteigerungstermin werden oft bis zu 50.000 Objektkataloge versandt. Wichtig ist, dass die Zielgruppenschärfe der Werbemaßnahmen. Der Versteigerer bedarf einer Erlaubnis nach § 34b der Gewerbeordnung. Sie wird erteilt, wenn der Antragsteller geordnete Vermögensverhältnisse nachweisen kann, und die das Versteigerergewerbe erforderlich Zuverlässigkeit besitzt. Außerdem muss der Grundstücksversteigerer die erforderlichen Kenntnisse über den Grundstücksverkehr nachweisen. Besonders sachkundige Versteigerer können öffentlich bestellt und vereidigt werden. Weder der Versteigerer noch seine Angestellten dürfen als Bieter auftreten.
Nähere Regelungen über den Versteigerungsvorgang enthält die Versteigerer-Verordnung (VerstV). In ihr sind unter anderem geregelt Form und Inhalt des Auftragsverhältnisses mit dem Auftraggeber (u.a. das von ihm zu entrichtende „Aufgeld"), die Versteigerungsbedingungen, die der Versteigerer festlegen muss, die etwaige Hinzuziehung eines vereidigten Sachverständigen zur Ermittlung des Verkehrswertes sowie die Anzeigepflicht eines Versteigerungstermins bei der zuständigen Behörde. Wird im Grundstücksversteigerungsverfahren der Zuschlag erteilt, erfolgt in der Regel die notarielle Beurkundung durch den anwesenden Notar. Denkbar ist im Übrigen auch, dass der Notar selbst eine Auktion leiten und den Zuschlag beurkundet. Zuständig für die Versteigerung ist er „kraft Amtes" etwa dann, wenn er darum ersucht wird, eine freiwillige Versteigerung von Wohnungseigentum durchzuführen, wenn die Wohnungseigentümer rechtsgültig ein Veräußerungsverlangen gegenüber einem Wohnungseigentümer wirksam beschlossen haben. Dieses Verfahren ist in §§ 53 ff WEG geregelt.

Siehe / Siehe auch: Zwangsversteigerung

Aus- und Weiterbildung
Unter Ausbildung versteht man die systematische Vermittlung von Kenntnissen, Fertigkeiten und Fähigkeiten. Unterschieden wird zwischen akademischer und beruflicher Ausbildung.

Akademische Ausbildung
Die akademische Ausbildung findet an Universitäten / Hochschulen und Fachhochschulen statt. Außerdem gehören dazu die Berufsakademien, die einen akademischen Status genießen. Es handelt sich um den sogenannten tertiären Ausbildungssektor, der Träger der akademischen Ausbildung ist. Im Bereich immobilienwirtschaft-

licher Studienmöglichkeiten konzentriert sich die akademische Ausbildung vor allem auf Fachhochschulen und Berufsakademien. Es gibt derzeit elf Fachhochschulen und fünf Berufsakademien in Deutschland, die im Rahmen einer wirtschaftswissenschaftlichen Fakultät Studiengänge oder Studienschwerpunkte mit immobilienwirtschaftlichem Inhalt anbieten.

Während beim in der Regel 8-semestrigen Studium an Fachhochschulen meist zwei praktische Studiensemester vorgesehen sind, in denen die Studenten in Betrieben ihres späteren Berufsfeldes arbeiten und diese Tätigkeit wissenschaftlich begleiten (Themen der Diplomarbeit ergeben sich aus diesem Tätigkeitsspektrum), entspricht das Studium an Berufsakademien einem dualen System. Die Hälfte der Studienzeit verbringen die Studierenden an der Akademie und die andere Hälfte in Partnerbetrieben oder Verwaltungen des öffentlich-rechtlichen Bereichs. So verbinden sich Theorie und Praxis. Im Universitätsbereich gibt es vier immobilienwirtschaftliche Stiftungslehrstühle, nämlich an der Universität Leipzig, an der European Business School Reichartshausen und zwei an der Universität Regensburg (Immobilienmanagement und Immobilienökonomie). Dort werden noch drei weitere Stiftungslehrstühle eingerichtet, nämlich für Immobilienfinanzierung, Immobilienentwicklung und Immobilienrecht.

Die akademische Ausbildung befindet sich derzeit im Umbruch. Viele Fachhochschulen haben sich im Zuge des Bologna-Prozesses zu einer Umstellung von Diplomabschlüssen auf Bachelor- und Masterabschlüsse entschlossen. Der Bachelorabschluss kann nach einem relativ kurzen Studium erreicht werden. Der Masterabschluss entspricht dem akademischen Diplom.

Der mit der Unterzeichnung einer entsprechenden Urkunde durch 29 europäische Bildungsminister eingeleitete Bologna-Prozess soll der Vereinheitlichung und damit der größeren Transparenz der europäischen akademischen Abschlüsse dienen. Die Erklärung entfaltet jedoch keine Bindungswirkung, so dass nach wie vor Universitäten und Fachhochschulen am Diplom-Abschluss festhalten. Umgesetzt wurde dieser Prozess durch das Hochschulrahmengesetz, das es den Hochschulen ermöglicht – sie aber nicht dazu verpflichtet – Bachelor- und Masterstudiengänge zu entwickeln bzw. auszuprobieren.

Berufliche Ausbildung

Die Berufsausbildung in der Immobilienwirtschaft erfolgte früher nach dem Ausbildungsberufsbild des Kaufmanns / der Kauffrau in der Grundstücks- und Wohnungswirtschaft, das im Zuge der Neuregelung von 2006 in Immobilienkaufmann und Immobilienkauffrau umbenannt wurde.

Diese neue, auf dem Berufsbildungsgesetz basierende Verordnung über die Berufsausbildung zum Immobilienkaufmann / zur Immobilienkauffrau, die am 1. August 2006 in Kraft trat, sieht im 3. Ausbildungsjahr fünf Wahlpflichtqualifikationen vor, nämlich Steuerung und Kontrolle im Unternehmen, Gebäudemanagement, Maklergeschäfte, Bauprojektmanagement und Wohnungseigentumsverwaltung. Der Auszubildende muss im sich im 3. Ausbildungsjahr für zwei dieser Wahlqualifikationseinheiten entscheiden. Damit wird Abschied genommen von dem bisherigen Monoberuf des Kaufmanns / der Kauffrau in der Grundstücks- und Wohnungswirtschaft.

Die betriebliche Ausbildung wird im Rahmen des dualen Systems durch die Ausbildung an der Berufsschule nach den Vorgaben des Rahmenlehrplanes für Immobilienkaufleute ergänzt. Eine Veröffentlichung von angebotenen Ausbildungsstellen im Internet kann bei der Bundesagentur für Arbeit erfolgen.

Berufliche Fortbildung

Unter Weiterbildung versteht man eine Anpassungs- oder Aufstiegsfortbildung von Personen, die bereits in Berufsleben stehen und ihren Berufsbildungsstand entweder dem aktuellen Wissensstand anpassen wollen oder einen Aufstieg in ihrem Unternehmen anstreben. Die Aufstiegsfortbildung zum geprüften Immobilienfachwirt (IHK) / zur geprüften Immobilienfachwirtin (IHK) ist ebenfalls in einer Verordnung auf der Grundlage des Berufsbildungsgesetzes geregelt. Die frühere Bezeichnung dieses Abschlusses lautete „Fachwirt / Fachwirtin der Grundstücks- und Wohnungswirtschaft. Im Gegensatz zur beruflichen Erstausbildung ist die berufliche Fortbildung eine berufsbegleitende Erwachsenenbildung. Die Regelungen hierzu finden sich in der Verordnung über die Prüfung zum anerkannten Abschluss Geprüfter Immobilienfachwirt / Geprüfte Immobilienfachwirtin vom 23. Dezember 1998. Im Jahr 2006 boten 46 Institutionen einschließlich einiger

Weiterbildungszentren der Industrie- und Handelskammern Lehrgänge an, die zum Abschluss Geprüfter Immobilienfachwirt IHK bzw. Geprüfte Immobilienfachwirtin IHK führen. Beim anderen Abschluss handelt es sich um den funktionsorientierten Fachkaufmann für die Verwaltung von Wohnungseigentum. Rechtsgrundlage hierfür sind Kammerregelungen aufgrund einer Ermächtigung nach § 42 Abs. 2 Berufsbildungsgesetz. Allerdings ist das Interesse an dieser Fortbildungsmaßnahme relativ gering. Es gibt zurzeit zwei Bildungsträger in Deutschland, die entsprechende Lehrgänge anbieten. Einen Überblick über die Anbieter von Lehrgängen der beruflichen Fortbildung erhält man bei der Bundesagentur für Arbeit im Internet.

Institutionalisierte Berufsbildung

Neben den auf dem Berufsbildungsgesetz beruhenden staatlichen beruflichen Aus- und Fortbildungsabschlüssen gibt es weitere von privaten Berufsbildungsträgern angebotene immobilienwirtschaftliche Lehrgänge. Sie führen zu institutsinternen Studienabschlüssen. In der Regel werden von diesen Institutionen auch Lehrgänge angeboten, die zu einem nach dem Fachwirtabschluss auf der Grundlage des Berufsbildungsgesetzes beruhen.
Die institutsinternen Abschlüsse setzen überwiegend auf den Fachwirtabschluss oder auf eine vergleichbare Vorausqualifikation auf. Zu den Bildungsträgern, die immobilienwirtschaftliche Kontaktstudiengänge oder Aufbaustudiengänge anbieten, gehören folgende Akademien:
- Deutschen Immobilien Akademie an der Universität Freiburg
- IRE | BS-Immobilienakademie GmbH auf Schloss Reichartshausen in Oestrich-Winkel
- Akademie der Immobilienwirtschaft (ADI) in Stuttgart
- Europäisches Bildungszentrum der Wohnungs- und Immobilienwirtschaft in Bochum
- Südwestdeutsche Fachakademie der Immobilienwirtschaft in Wiesbaden,
- Technische Akademie Südwest e.V. TAS in Kaiserslautern

Ein Überblick über weitere Bildungsträger mit einem immobilienwirtschaftlichen Seminarangebot wird hier angehängt.

Bedeutung der Berufsbildung in der Immobilienwirtschaft

Die Bedeutung der beruflichen Aus- und Fortbildung in der Immobilienwirtschaft ergab sich aus einer Umfrage der Immobilien Zeitung im Rahmen der Expo Real im Jahr 2003, an der 91 Unternehmen aus dem Bereich der Immobilienwirtschaft mit insgesamt ca. 40.000 Beschäftigten beteiligt waren.

Das Ranking der von den Unternehmen bevorzugten berufsbezogenen Abschlüsse ergibt sich aus folgender Übersicht, wobei Mehrfachnennungen möglich waren:
- Immobilienfachwirt (IHK) 38%
- Kaufmann der Grundstücks- und Wohnungswirtschaft 34%
- Immobilienökonom / Immobilienwirt 26%
- Chartered Surveyor 13%
- Sonstige Abschlüsse 12%

Vor diesem Hintergrund ist die Erkenntnis wichtig, dass für 20,8% der Unternehmen ein Hochschulabschluss zwingend und für 57,1% wünschenswert ist.

Akademie der Immobilienwirtschaft (ADI)
AFM Akademie für Facility Management
Akademie Langenfeld
AWB Akademie für Wirtschaft und Bildung
Akademie der Immobilienwirtschaft (ADI) GmbH
AWI - Akademie der Wohnungs- und Immobilienwirtschaft Baden-Württemberg GmbH
BBA - Berlin-Brandenburgische Akademie der Wohnungswirtschaft e.V.
Berliner Fachseminare Bernd Heuer Dialog Düsseldorf GmbH
Berufsakademie Mannheim - Fachrichtung Immobilienwirtschaft
Berufsakademie Sachsen
Staatliche Studienakademie Leipzig
Betriebswirtschaftliches Institut der Bauindustrie (BWI-Bau)
Bundesverband Deutscher Sachverständiger und Fachgutachter e.V. (BDSF)
DIA - Deutsche Immobilien-Akademie - an der Universität Freiburg
ebs IMMOBILIENAKADEMIE GmbH EUROFORUM Deutschland GmbH
Europäische Immobilien Akademie
Europäisches Institut für postgraduale Bildung an der TU Dresden e.V. EIPOS
Fachhochschule Oldenburg / Ostfriesland / Wilhelmshaven - Standort Oldenburg
ewm Wirtschaftsseminare MD GmbH
FH Biberach - Hochschule für Bauwesen und

Wirtschaft

FH Lippe Abteilung Detmold - Fachbereich ImmobilienwirtschaftFH Nürtingen - Standort Geislingen
FWI Führungsakademie der Wohnungs- und Immobilienwirtschaft e.V.GBS - Gemeinn. GmbH f. berufsb. Schulen München
gtw Weiterbildung GmbH
Handelskammer Hamburg
Bildungs-Service GmbH
Haufe Akademie
Haus der Technik e.V. - HDT
Akademie Helf Recht-Unternehmerzentrum
Hochschule Anhalt (FH) - Hochschulstandort Bernburg, Fachbereich Wirtschaft
IBS Lippstadt International Business School
IHK Giessen-Friedberg - Geschäftsstelle Friedberg
IHK Hanau-Gelnhausen-Schlüchtern
IHK Rhein-Neckar - Fort- und Weiterbildung
IHK Südthüringen - Weiterbildungszentrum
IHK Südwestsachsen - Chemnitz-Plauen-Zwickau
IHK-Weiterbildungsakademie GmbH
IHK-Zentrum für Weiterbildung GmbH
IMI Immobilien-Institut-Reinhold Pachowsky
immopromot Bernd Eger OHG
Institut für Baubiologie und Ökologie, unabhängige private GmbH
Institut für City- und Regionalmanagement
Ingolstadt e.V.- Fachhochschule Ingolstadt
Institut für deutsches und internationales Baurecht e.V. - an der Humbold-Universität zu Berlin
Internationales Institut für Facility Management
Josef-Humar-Institut e.V. - Institut für Wohnungseigentum und Wohnungsrecht
Klaus Nielen Institut für Immobilienwirtschaft GmbH
MA Management Akademie - Gesellschaft zur Fortbildung von Fach- und Führungskräften
Management Forum Starnberg GmbH
Management GmbH
ML Fachinstitut für die Immobilienwirtschaft
Oldenburgische Industrie- und Handelskammer
PROTEKTOR - Fachschule für Dienstleistungen
RDM-Bayern GmbH - Institut für Immobilienmarktforschung und Berufsbildung
REA - Real Estate Fernakademie
Rudolf Haufe Verlag GmbH & Co. KG SSB Spezial Seminare Bau GmbH
Sächsische Verwaltungs- und Wirtschaftsakademie - VWA
Steintechnisches Institut Mayen-Koblenz im IHK-Bildungszentrum Koblenz e.V.
Südwestdeutsche Fachakademie der Immobilienwirtschaft e.V.
Tasche & Partner Sachverständigen-NetzwerkUniversität Leipzig - Wirtschaftswissenschaftliche Fakultät - Stiftungslehrstuhl Grundstücks- und Wohnungswirtschaft
VDM Verband Deutscher Makler Landesverband Bayern
VDM Verband Deutscher Makler Landesverband Nordrhein-Westfahlen
Verkaufstraining f. d. Immobilienwirtschaft
WAK Wirtschaftsakademie Schleswig-Holstein
WEKA MEDIA GmbH
WF-Akademie
Wirschaftsschule Küster - Gesellschaft für Erwachsenenbildung mbH
Württembergische Verwaltungs- und Wirtschafts-Akademie

Siehe / Siehe auch: Studiengänge (immobilienwirtschaftliche), Kaufmann/Kauffrau in der Grundstücks- und Wohnungswirtschaft (IHK), Fachkaufmann für die Verwaltung von Wohnungseigentum, Immobilienfachwirt, Immobilienkaufmann / Immobilienkauffrau

Ausbauhaus

Haus, das in verschiedenen Ausbaustufen angeboten wird, wobei der Restausbau durch den Bauherrn erfolgt. Insbesondere die Eigenleistungen und damit die Restkosten werden häufig falsch eingeschätzt. Ebenfalls gestaltet sich die Bewertung der Immobilie und damit auch die Beleihung in der Regel nicht einfach.

Ausbietungsgarantie (Zwangsversteigerungsverfahren)

Unter Ausbietungsgarantie versteht man ein notariell beurkundetes Versprechen eines Bieters gegenüber dem betreibenden Gläubiger, im Versteigerungstermin ein Gebot in bestimmter Mindesthöhe abzugeben. Die Verpflichtung ist einseitig und daher nicht empfehlenswert. Zumindest sollten die Kosten der Ausbietungsgarantie vom begünstigten Gläubiger getragen werden. Makler können Ausbietungsgarantien vermitteln.

Ausführungsplanung

Die Ausführungsplanung ist die 5. Leistungsphase nach § 15 der HOAI (Honorarordnung für Architekten und Ingenieure). Sie wird mit 25%

(Gebäude), 24% (Freianlagen), 30% (raumbildende Ausbauten) bewertet, bemessen am gesamten Honorar der Architekten und Ingenieure. In dieser Planungsphase werden die aussagekräftigen und detaillierten Zeichnungen und Objektbeschreibungen für die beteiligten Fachleute und Baufirmen erstellt. Sämtlichen relevanten Aspekte müssen beachtet werden: Gestaltung, Städtebau, Funktion, Technik, Bauphysik, Wirtschaftlichkeit, energetische und ökologische Wirtschaftlichkeit. Die Ausführungsplanung ist auch die Grundlage für die Ausschreibung und für die Tätigkeit auf der Baustelle.

Siehe / Siehe auch: Ausführungszeichnungen, Ausschreibung, HOAI, Leistungsphasen

Ausführungszeichnungen

Auf Grundlage der Ausführungszeichnungen wird auf der Baustelle gearbeitet. Ausgehend von den Bauantragszeichnungen werden Grundrisse, Ansichten und Schnitte im Maßstab 1:50 dargestellt. Die notwendigen Details werden zeichnerisch bis zu einem Maßstab von 1:1 verdeutlicht. Die Berechnung der Baustatik werden hier zeichnerisch umgesetzt und die Positionen benannt. Die Erkenntnisse weiterer Ingenieure und Fachleute (z.B. Licht-, Belüftungs-, Aufzugtechnik) werden dargestellt. Materialien werden festgelegt.

Siehe / Siehe auch: Ausführungsplanung, Baustellenverordnung, Maßstab

Ausgabeaufschlag

Siehe / Siehe auch: Agio

Ausgleichsflächen

Die im Zusammenhang mit der Aufstellung, Änderung, Ergänzung oder Aufhebung von Bauleitplänen zu erwartende mögliche Versiegelung des Bodens erfordert einen Ausgleich durch Bereitstellung von sogenannte Ausgleichsflächen etwa in Gestalt von Grünflächen (Streuwiesen), Biotopen, extensiv genutzte Wiesen, die einer intensiven landwirtschaftlichen Nutzung entzogen sind. Diese sind in den Flächennutzungsplänen darzustellen und in den Bebauungsplänen festzusetzen. Die Ausgleichsflächen müssen nicht im räumlichen Zusammenhang mit dem Baugebiet stehen (sogenannte externe Kompensation). Andererseits kann der Ausgleich auch in einer Dachbegrünung des Gebäudes bestehen, mit dem der Boden versiegelt wird. Grundlage bildet die Eingriffsregelung des Bundesnaturschutzgesetzes und §§ 1 Abs 7, sowie 1a Abs. 3 BauGB. Die Kosten für die Bereitstellung der Ausgleichsflächen sind nach bestimmten Umlegungsmaßstäben, die sich am Versiegelungsgrad des Bodens durch die Bebauung orientieren (überbaubare Grundstücksflächen, zulässige Grundfläche, zu erwartende Versiegelungsfläche, Schwere des Eingriffs), auf die Eigentümer der Flächen des neuen Baugebietes abzuwälzen. Im Gegensatz zum Erschließungsaufwand werden die Gesamtkosten der Ausgleichsmaßnahmen umgelegt. Beschaffung und Bereitstellung von Ausgleichsflächen können auch durch städtebaulichen Vertrag auf Unternehmen übertragen werden.

Siehe / Siehe auch: Erschließung - Erschließungsbeitrag, Erschließungsvertrag, Ersatzmaßnahme (für Ausgleich), Grundflächenzahl (GRZ) - zulässige Grundfläche (GR), Überbaubare Grundstücksfläche, Versiegelung

Ausgleichszahlung für Sozialwohnungen

Ausgleichszahlung ist die neue Bezeichnung der „Fehlbelegungsabgabe". Die Ausgleichszahlung wird von den Mietern einer Sozialwohnung erhoben, wenn deren Einkommensverhältnisse sich soweit verbessert haben, dass sie eigentlich keinen Anspruch auf eine Sozialwohnung mehr hätten. Die Ausgleichszahlung ist Ländersache und die gesetzlichen Regelungen können in jedem Bundesland unterschiedlich sein. Grundsätzlich entfällt die „Wohnberechtigung", wenn das tatsächliche Einkommen des gesamten Haushalts 20% über der jeweiligen Einkommensgrenze liegt. Manche Bundesländer setzen geringere Prozentsätze an.

Siehe / Siehe auch: Fehlbelegung, Sozialklausel

Auskunfteien

Auskunfteien sind Unternehmen, die über Personen, Firmen, Verbände und Vereinigungen Informationen sammeln und diese interessierten Nachfragern als Auskünfte gegen Vergütung zur Verfügung stellen. Teilweise übernehmen Auskunfteien auch noch Inkassodienste. Die bekanntesten sind: Schimmelpfeng Inkasso GmbH – dieses Unternehmen wurde 1999 erworben von D & B – Dun und Brandstreet Deutschland GmbH (seit 2001 geht man aber wieder getrennte Wege) Bürgel, Creditreform, Schufa, KSV-Kreditschutz-Vereinigung GmbH. Letztere teilt sich die Arbeit mit der Schufa. Die Schufa bearbeitet Aufträge über Privatpersonen, die KSV Aufträge über Firmen. Für den Versicherungsbereich ist als Auskunftsstelle der „Versicherungsaußendienst e.V." zuständig. Wer als Kaufmann ein größeres Geschäft mit einem neuen Kunden abschließen will, möchte unter Umständen dessen Zahlungsfähigkeit prüfen. Wer Kredite vergeben will, muss wissen, wen er als Kunden vor sich hat. Hier bringen Auskünfte mehr Sicherheit. Wer als Kunde keine Kredite bekommt, wer plötzlich aufgefordert wird, seine Außenstände umgehend auszugleichen, sollte prüfen, was die Auskunfteien gespeichert haben. Kaufleute sollten regelmäßig Eintragungen über sich bei den Auskunfteien auf ihre Richtigkeit hin überprüfen.

Auskunftspflicht des Vermieters
Beim Abschluss des Mietvertrages haben beide Vertragspartner gegenüber dem jeweils anderen die Pflicht, bestimmte Auskünfte zu erteilen - allerdings nicht unbegrenzt. Eine Aufklärungspflicht ist immer gegeben, wenn ein bestimmter Umstand für die Entscheidung des Vertragspartners wesentlich erscheint, oder dieser ausdrücklich danach gefragt hat. Eine Verletzung der Aufklärungspflichten kann zur Rückgängigmachung des Vertrages führen. Beim Mietvertrag bezieht sich die Aufklärungspflicht des Vermieters ohne ausdrückliche Nachfrage des künftigen Mieters auf alle Umstände, die die Nutzung der Mietsache beeinträchtigen können. Z.B.:
- Höhe der Nebenkosten / Betriebskosten
- Geplantes Geltendmachen von Eigenbedarf
- Harmonisches Zusammenleben der Hausgemeinschaft
- Geplanter Verkauf des Mietobjekts
- Laute Nachbarn
- Bestehen einer Baugenehmigung für das Mietobjekt
- Erlaubnis des Vermieters zur Untervermietung

Auf Fragen zu Nachteilen des Mietobjekts aufgrund seiner Lage muss der Vermieter jedoch nur auf konkrete Nachfrage antworten und auch nur dann, wenn durch diese Gegebenheiten erhebliche Belästigungen entstehen können. Z.B.:
- Prostitution in der Umgebung
- schlechte Anbindung an öffentlichen Nahverkehr

Fragen hinsichtlich persönlicher Verhältnisse der anderen Mieter muss bzw. darf der Vermieter nicht beantworten. Z.B.:
- Religionszugehörigkeit
- Beruf

Siehe / Siehe auch: Mieterselbstauskunft, Mitteilungspflichten des Vermieters, Unzulässige Fragen

Auslandsinvestment

Als Auslandsinvestments werden Kapitalanlagen außerhalb Deutschlands bezeichnet. Im Immobilienbereich erwerben zunehmend insbesondere institutionelle Anleger auch ausländische Büro- und Einzelhandelsobjekte, wobei Großbritannien, die Niederlande, Frankreich, die USA und Spanien derzeit zu den interessantesten Märkten zählen. Der Vertrieb ausländischer Investmentanteile ist seit 1.1.2004 im Investmentgesetz (früher im Auslandinvestmentgesetz) geregelt, das insbesondere auch Vorschriften über den Verkaufsprospekt und Antragsvordruck enthält.
Siehe / Siehe auch: Investmentgesetz (InvG)

AuslInvestmG
Abkürzung für: Auslandsinvestmentgesetz

Ausnahmen und Befreiungen (öffentliches Baurecht)
Im Bauplanungsrecht sind Ausnahmen in den Rechtsvorschriften geregelt. So können Festsetzungen in Bebauungsplänen Ausnahmeregelungen enthalten, die ein Bauherr für sich in Anspruch nehmen kann. Außerdem finden sich in der Baunutzungsverordnung bei Beschreibung der Baugebietsarten viele Ausnahmetatbestände, die der Gemeinde eine größere Planungsfreiheit einräumen. Von Befreiungen im Sinne des Baupla-

nungsrechts (§ 31 BauGB) dagegen spricht man, wenn zugelassen wird, dass der Bauherr von Festsetzungen des Bebauungsplanes abweichen darf. Die Befreiung ist möglich, wenn mit der beabsichtigten Abweichung die Grundzüge des Bebauungsplanes unberührt bleiben und entweder Gründe des Gemeinwohls dies erfordern oder die Abweichung städtebaulich vertretbar ist. Befreiungen sind ferner dann möglich, wenn die Durchführung des Bebauungsplanes zu einer nicht beabsichtigten Härte führen würde. Stets muss dabei abgewogen werden, ob die Abweichung auch mit den öffentlichen Belangen (Interessen) vereinbar ist. Auch in den Landesbauordnungen finden sich Möglichkeiten, von der Einhaltung zwingender Vorschriften insbesondere im Genehmigungsverfahren befreit zu werden („Dispens"). Bei Befreiungen im Rahmen des öffentlichen Baurechts muss nicht selten auch auf nachbarrechtliche Belange Rücksicht genommen werden.

Siehe / Siehe auch: Art der baulichen Nutzung, Bebauungsplan, Nachbarrecht

Ausschreibung

Unter Ausschreibung versteht man die Aufforderung an Bauunternehmer und Handwerker zur Angebotsabgabe. Grundlage ist die detaillierte Darstellung der gewünschten Bauleistung mit Hilfe eines Leistungsverzeichnisses und einer Leistungsbeschreibung. Die Regeln für die Ausschreibung enthält die VOB Teil A. Sie haben Empfehlungscharakter, soweit nicht die öffentliche Hand Bauherr ist oder das Baugeschehen im Rahmen von PPP-Konstruktionen beeinflussen kann. In diesem Fall ist eine europaweite Ausschreibung vorgesehen, wenn die der Gesamtauftragswert 5 Millionen Euro ohne Umsatzsteuer übersteigt. Unterschieden wird zwischen folgenden Arten der Ausschreibung:
- Öffentlicher Ausschreibung, z.B. in Tageszeitungen, die umfangreiche Informationen enthalten muss. Sie richtet sich an eine unbeschränkte Anzahl von Unternehmen.
- Beschränkte Ausschreibung an 3-8 Bewerber (wenn die öffentliche Ausschreibung zu keinem Ergebnis oder einem zu hohen Aufwand führt)
- Beschränkte Ausschreibung nach öffentlicher Aufforderung
- Freihändige Vergabe in ganz bestimmten Fällen

Die Ausschreibung dient dazu, die Vergabe von Bauleistungen im Regelfall auf die Grundlage des Wettbewerbs zu stellen.

Siehe / Siehe auch: Public-Private-Partnership-Gesellschaft (PPP-Gesellschaft)

Ausschüttung

Ausschüttungen aus einem geschlossenem Immobilienfonds oder anderen Beteiligungsmodellen werden regelmäßig aus den vorhandenen Liquiditätsüberschüssen und damit aus den jährlichen Überschüssen der Einnahmen über die entstandenen Ausgaben, getätigt. Die Einnahmen bestehen hierbei im Wesentlichen aus den monatlichen Mieterträgen sowie zu einem geringeren Teil aus den Zinseinnahmen aus der Anlage der vorhandenen Barmittel.

Zu den Ausgaben rechnen vor allem die Zins- und Tilgungsleistungen für eventuelle Darlehensaufnahmen (Innenfinanzierung), die Reservezuführungen zur Instandhaltungsrücklage und zum Mietausfallwagnis, die laufenden Vergütungen für Komplementäre, Treuhänder, Geschäftsführer und -besorger sowie die sonstigen Fondskosten. Die positive Differenz dieser beiden Einnahmen- und Ausgabenblöcke – vermindert oder vermehrt um eine etwaige Entnahme oder Zuführung zur Liquiditätsreserve – steht schließlich für die Bedienung einer Barausschüttung an die Fondsgesellschafter zur Verfügung. Ein reiner Vergleich von Ausschüttungen verschiedener Fonds ist nur vorsichtig möglich. Je nach Tilgungshöhe, in Verbindung mit Disagio, Zinsvorauszahlung und Währung der Finanzierung sowie Liquiditätszuführungen bzw. -abbau muss die Ausschüttung bereinigt betrachtet werden, um einen Vergleichsmaßstab zu erhalten. Viele Initiatoren verwenden die konzeptionell möglichen Gestaltungsformen, um optisch höhere Ausschüttungen bereits von Anfang an darstellen zu können.

Eine nur ebenfalls beschränkt einsetzbare Kennzahl ist die Summe der Ausschüttungen über einen bestimmten Zeitraum, da in diesem Betrag, neben der bereits vorher aufgeführten Bereinigungsnotwendigkeit, der wichtige Zeitfaktor keine Beachtung findet. Nur über eine summierte, bereinigte Barwertausschüttung wäre eine sinnvolle Vergleichsgröße geschaffen, die aber auch wiederum nur unter Beachtung der sonstigen Risikostruktur des Fonds eine Vergleichsmöglichkeit bietet.

Außenanlagen

Zu den Außenanlagen gehören nach Anlage 1 der (außer Kraft gesetzten) II BV u.a.
- Entwässerungs- und Versorgungsanlagen vom Hausanschluss bis zum öffentlichen Netz, Kleinkläranlagen, Brunnen u. dergl.,
- Befestigungen von Wegen, Höfen, Spielplätzen,
- Gartenanlagen mit Pflanzungen, Stützmauern, Teppichklopfstangen usw.

Die Kosten für Außenanlagen sind Teil der Baukosten. Nach der DIN 276 (Kosten im Hochbau) zählen zu den Außenanlagen Arbeiten an Geländeflächen (z.B. Pflanzen, Rasen, Wasserflächen), befestigte Flächen (Wege, Höfe u.s.w.), Baukonstruktionen in Außenanlagen (Einfriedung, Mauern, Rampen usw.), technische Anlagen (z.B. Abwasser- und Wasseranlagen, Fernmelde- und informations-technische Anlagen), Einbauten und sonstige Maßnahmen für Außenanlagen.

Außenbereich (§ 35 BauGB)

Zum Außenbereich gehören die Gebiete einer Gemeinde, die nicht im Geltungsbereich eines qualifizierten Bebauungsplanes liegen und nicht unbeplanter Innenbereich sind. Außenbereichsflächen können aber innerhalb des unbeplanten Innenbereiches liegen. Grundsätzlich ist der Außenbereich von einer Bebauung freizuhalten. Allerdings sind Ausnahmen zulässig, nämlich so genannte privilegierte Vorhaben. Dabei handelt es sich um die Vorhaben, die land- und forstwirtschaftlichen Betrieben, Gartenbaubetrieben, der öffentlichen Versorgung z.B. mit Energie und Entsorgung dienen. Hinzu kommen Anlagen zur Erforschung und Entwicklung oder Nutzung der Windkraft- oder Wasserenergie und der energetischen Nutzung von Biomassen. Kernkraftwerke, die ohnehin nicht mehr zulässig sein sollen, wurden aus dem Katalog gestrichen. Sonstige Vorhaben können im Einzelfall zugelassen werden. Außerdem gibt es „begünstigte Vorhaben", die eine Folgenutzung, Nutzungsänderungen, Umbau, Wiederaufbau und Erweiterungsmaßnahmen in beschränktem Umfange ermöglichen. Durch eine Außenbereichssatzung kann für überwiegend mit Wohnungen bebaute Bereiche im Außenbereich eine weitere Wohnbebauung ermöglicht werden, aber auch eine Bebauung mit kleineren Gewerbe- und Handwerksbetrieben.

Außendämmung

Eine Außendämmung ist an den Außenflächen eines Gebäudes angebrachtes Material zur Dämmung gegen Wärmeverluste oder gegen Lärmbelastung. Die Außendämmung kann bereits während des Baus angebracht worden sein, aber auch erst nachträglich im Rahmen von Sanierungs- und Modernisierungsmaßnahmen hinzugefügt werden. Eine ausreichende Außendämmung ist eine wesentliche Voraussetzung für das Einhalten der Wärmeschutzverordnung (WSVO).

Außendienstorganisation

Eine wichtige Größe bei der Außendienstorganisation ist die Anzahl der Objekte, die ein einzelner Mitarbeiter betreut. Hier ist – will er diese sinnvoll bearbeiten und den Eigentümer informiert halten – eine Obergrenze von 20 bis maximal 25 Objekte vorstellbar. Der langjährige Chefredakteur des Branchendienstes Immobilienwirtschaft heute (IWh), Henning Grabener, sieht diese Grenze bei klassischen Maklerunternehmen sogar deutlich niedriger, nämlich bei 10 Objekten. Diese 25-Objekte-Obergrenze ist jedoch nur dann möglich, wenn der Mitarbeiter nicht zu stark in Akquisitionsaktivitäten involviert ist wie z.B. bei Banken, wenn ein großer Anteil der Kunden aus dem klassischen Finanzgeschäft des Instituts kommt. Insofern sollte es ein Alarmsignal sein, wenn einzelne Vertriebsmitarbeiter, wie vom Autor gelegentlich bei Unternehmensberatungen festgestellt, zwischen 70 und 80 Objekten mit insgesamt bis zu 120 Wohneinheiten zu betreuen haben.

Die Folge hiervon sind zumeist sehr lange Vermarktungszeiten und mangelhaft betreute Objekte, was sich letztendlich wiederum in einem unglücklichen Objektanbieter niederschlägt. Der Außendienst kann aus angestellten aber auch aus freien Mitarbeitern bestehen. Freie Mitarbeiter sind selbständig und bedürfen für ihre Maklertätigkeit eine eigene Erlaubnis nach § 34c GewO. Die vertragliche Regelung erfolgt über einen Handelsvertretervertrag. Das Vergütungssystem muss anreizorientiert ausgestaltet werden. Im Hinblick auf den Außendienst ist zudem wichtig, dass der Kunde trotz der hohen Mitarbeiterfluktuation in der Immobilienbranche nicht ständig mit neuen Ansprechpartnern konfrontiert wird. Die im Vergleich zu anderen Branchen überdurchschnittlich hohe Fluktuation in der Immobilienwirtschaft ist besonders fatal, da die (Service-) Dienstleistungen von Immobilienunternehmen hochgradig personenbezogen sind.

Außenfinanzierung

Der Begriff der Außenfinanzierung kann in immobilienwirtschaftlichen Zusammenhängen mit zweierlei Bedeutung gebraucht werden. Zum einen wird darunter in einem allgemeinen betriebswirtschaftlichen Sinne die Finanzierung eines Unternehmens verstanden, soweit dabei Kapital von außen zugeführt und nicht durch Umsätze im Rahmen der Geschäftstätigkeit des Unternehmens erwirtschaftet wird. Mögliche Formen der Außenfinanzierung sind die Zuführung von Eigenkapital (Einlagen- bzw. Beteiligungsfinanzierung) oder die Finanzierung über Kredite (Fremdfinanzierung). Zum anderen wird bei Geschlossenen Immobilienfonds von Außenfinanzierung gesprochen, wenn ein Fondszeichner sich die zur Leistung seiner Eigenkapitaleinlage erforderlichen Mittel ganz oder teilweise durch Aufnahme eines Darlehens beschafft. Dabei kann ein solches Darlehen mit dem erworbenen Fondsanteil besichert werden. Dagegen kommt die Fondsimmobilie selbst nicht als Sicherheit in Betracht, weil sie sich im Gesamthandvermögen der Fondsgesellschaft befindet. Daher entstehen durch die individuelle Darlehensaufnahme eines Fondszeichners keine Haftungsrisiken für andere Anleger desselben Fonds.

Außenprovision

Außenprovisionen sind Maklerprovisionen, die bei provisionspflichtiger Einschaltung von Maklern von Mietern und Erwerbern von Immobilien bzw. Räumen an Maklern zu bezahlen sind. Steuerlich ist folgendes zu beachten:
Erwirbt man eine Immobilie, die zu Einkünften aus Vermietung und Verpachtung oder zu Betriebseinnahmen führen, ist die Provision aufzuteilen in einen auf den Gebäude- und einen auf den Bodenwert betreffenden Anteil. Der Gebäudewertanteil der Provision unterliegt der AfA. Die in Zusammenhang mit der Anmietung von gewerblichen Räumen anfallenden Provisionen sind Betriebsausgaben. Wird eine Wohnung angemietet, können Maklerprovisionen steuerlich nur dann von Bedeutung sein, wenn ein Umzug aus beruflichen Gründen erforderlich war.
Siehe / Siehe auch: Absetzung für Abnutzung (AfA), Maklerprovision, Innenprovision

Außenwand (eines Gebäudes)

Die Außenwände eines Gebäudes sind die Wände, die das Gebäude nach allen Seiten abschließen und die Funktionen des Wärme- Schall- und Witterungsschutzes haben. Das Dach des Gebäudes gehört nicht dazu. Der Begriff hat Bedeutung im Rahmen des Fenster- und Lichtrechtes. Die Außenwand ist ferner die Bezugsfläche zur Berechnung der Abstandsflächen.
Siehe / Siehe auch: Abstandsfläche, Fenster- und Lichtrecht

Außenwasserzähler

Bei der Berechnung der Wassergebühren wird davon ausgegangen, dass die aus der Wasserleitung gezapfte Menge der Menge der in die Kanalisation geleiteten Abwässer entspricht. Dies stimmt nicht in allen Fällen: So verwenden Gartenfreunde im Sommer erhebliche Mengen Leitungswasser zum Bewässern von Rasen und Grünpflanzen. Eine Bezahlung von Abwassergebühren für diesen Wasserverbrauch lässt sich vermeiden, indem nach Rücksprache mit dem Versorgungsbetrieb / den Stadtwerken ein geeichter Außenwasserzähler angebracht wird. In Fallrohre von Regenrinnen lassen sich zudem Weichen einbauen, mit denen das Regenwasser statt in das Abflussrohr nach Wahl in eine Regentonne umgeleitet werden kann. Damit wird Wasser für den Garten gesammelt, ohne die Wasserrechnung zu strapazieren.

Siehe / Siehe auch: Kaltwasserzähler, Versiegelte Fläche

Aussiedlerhof

Im Zusammenhang mit dem in der Nachkriegszeit beginnenden Konzentrationsprozess landwirtschaftlicher Betriebsstrukturen wurden in einer weiteren Entfernung zu den Dörfern so genannte Aussiedlerhöfe gegründet.
Deren Zweck war das Bestreben, die landwirtschaftlichen Arbeitsprozesse zu rationalisieren. Die Gründung von Aussiedlerhöfen war eine Alternative zur Althofsanierung. Voraussetzung war die Konzeption entsprechender Hofstrukturen in Verbindung mit durch die Flurbereinigung geschaffenen zusammenhängenden Flächenarealen um die neuen Höfe. In den 50er Jahren des vergangenen Jahrhunderts wurden damit auch heimatvertriebene Bauern, die einen entsprechenden Besitz in ihrem Ursprungsland nachweisen konnten, entschädigt. Gleichzeitig wurden damit die Immissionslasten der Dörfer, die durch landwirtschaftliche Betriebe entstanden, herabgesenkt.
Die Betreuung der Aussiedlung wurde vielfach von gemeinnützigen Siedlungsunternehmen bzw. „Landgesellschaften" übernommen. Aussiedlerhöfe waren lange Zeit begehrte Objekte des landwirtschaftlichen Immobilienhandels. Sie stehen auch heute noch im Fokus der bedeutenden Gütermakler. Allerdings hat sich in den letzten 10 Jahren ein Trend zur Umnutzung entwickelt. Aus manchen Aussiedlerhöfen wurden Reiterhöfe oder Gewerbebetriebe. Dennoch werden auch heute noch – wenn ein öffentliches Interesse gegeben ist – Aussiedlerhöfe gefördert, z.B. durch Erschließungszuschüsse. In Bayern beträgt der Zuschuss 21.000 Euro pro Hof.
Siehe / Siehe auch: Althofsanierung

Ausst.

Abkürzung für: Ausstattung

Austrittsstufe

Die Austrittsstufe ist der obere Ansatz einer Treppe, der so genannte Treppenaustritt. Bei Gebäudetreppen ist die Austrittsstufe analog zu den anderen Stufen ausgebildet. Doch im Gegensatz zu den Trittstufen befindet sie sich auf dem Niveau des zu erreichenden Geschosses.
Siehe / Siehe auch: Gebäudetreppen, Stufe

Auszahlungsvoraussetzungen

Die Auszahlung eines Baufinanzierungsdarlehens durch die kreditgewährende Bank ist regelmäßig an das Vorliegen und die Erfüllung bestimmter Auszahlungsvoraussetzungen geknüpft. Hierzu können beispielsweise die Eintragung einer Hypothek oder einer Grundschuld zur dinglichen Besicherung des Darlehens sowie die Vorlage der erforderlichen Baugenehmigung bzw. der Nachweis des tatsächlichen Baufortschritts zählen.

Auszugsgebühr

Eine Auszugsgebühr bzw. Bearbeitungsgebühr für die Beendigung des Mietvertrages darf der Vermieter nicht verlangen. Dies sagt zumindest der überwiegende Teil der Gerichte. Gerichtlich für unwirksam erklärt wurde ebenfalls eine Vertragsklausel, nach der der Vermieter bei einverständlicher Beendigung des Mietvertrages vom Mieter eine Monatsmiete als Kostenpauschale erhalten sollte (OLG Karlsruhe, RE WM 2000, 236). Im Ausnahmefall zulässig sein kann die Auszugsgebühr dann, wenn sie nachträglich vereinbart wurde, nachdem der Mieter um die einverständliche Aufhebung des Mietvertrages gebeten hat (OLG Hamburg RE WM 90, 244). Auch dann dürfen keine pauschalen Beträge (Pauschalbetrag von einer Monatsmiete) in Form von Allgemeinen Geschäftsbedingungen z.B. im Mietaufhebungsvertrag vereinbart werden.
Siehe / Siehe auch: Bearbeitungsgebühr

Autowäsche

Das Waschen von Autos auf der Straße ist in den meisten Gemeinden Deutschlands untersagt, da man Umweltbelastungen des Grundwassers bzw. des in den Regenwasserabflusskanälen der Straßen abgeleiteten Wassers vermeiden will. Dies gilt unabhängig davon, ob per Hand mit Schwamm und Eimer oder per Schlauch gewaschen wird. Auch auf unbefestigten Plätzen oder Flächen, deren Abwasser in einen öffentlichen Regenwasserkanal fließt, darf nicht gewaschen werden. Hauseigentümer dürfen ihr Auto auf dem eigenen Grundstück nur auf befestigten Flächen waschen. Eine Motorwäsche darf nur stattfinden, wenn es einen Wasserablauf mit Ölabscheider gibt.
Mietrechtlich ist die Verwendung von Wasser aus dem Wasserhahn der Mietwohnung zum Autowaschen problematisch, da dieses Wasser nur für den normalen persönlichen Gebrauch be-

stimmt ist. Bei der Umlage der Wasserkosten auf die verschiedenen Parteien eines Hauses wird ein Berechnungsschlüssel verwendet, der außer dem Verbrauch auch die Wohnungsgröße berücksichtigt (z.B.: Warmwasser nach Verbrauch 70%, nach Wohnfläche 30%). So können Ungerechtigkeiten entstehen, da andere Mieter für die glänzende Karosse ihres Nachbarn mit bezahlen. Der Vermieter kann das Autowaschen auf dem Gelände einer Wohnanlage untersagen.
Siehe / Siehe auch: Betriebskosten

AUV
Abkürzung für: Auslandsumzugskostenverordnung

AV
Abkürzung für: Allgemeine Verfügung

AVB
Abkürzung für: Allgemeine Versicherungsbedingungen

AVBElt
Abkürzung für: Allgemeine Bedingungen für die Versorgung mit Elektrizität

AVBFernwärme
Abkürzung für: Allgemeine Bedingungen für die Versorgung mit Fernwärme

AVBGas
Abkürzung für: Allgemeine Bedingungen über die Gasversorgung von Tarifkunden

AVBWasser
Abkürzung für: Allgemeine Bedingungen für die Versorgung mit Wasser

Average Room Rate
Kennziffer aus der Hotelbranche, die den durchschnittlichen Zimmerpreis angibt. Dieser weicht von den Angaben in der Preisliste eines Hotels insofern ab, als ein Hotelzimmer nicht immer zu denselben Preisen vermietet wird. Für die Zeit von Messen oder zu bestimmten Jahreszeiten mit vergleichsweise hoher Nachfrage werden teilweise höhere Preise berechnet, während es in nachfrageschwächeren Phasen vielfach zu Preisnachlässen und Sonderangeboten kommt. Die Average Room Rate gibt wichtige Anhaltspunkte zur Beurteilung der Wirtschaftlichkeit von Hotelimmobilien bzw. zum Vergleich mehrerer Hotels untereinander. Sie errechnet sich aus dem mit einem Zimmer erzielten Gesamtumsatz, geteilt durch die Anzahl der belegten Nächte innerhalb der betrachteten Periode.

AVV
Abkürzung für: Allgemeine Verwaltungsvorschrift

AVVLärm
Abkürzung für: Allgemeine Verwaltungsvorschriften zum Schutz gegen Baulärm

AWA
Abkürzung für: Allensbacher Werbeträger-Analyse

AWB
Abkürzung für: Allgemeine Bedingungen für die Versicherung gegen Leitungswasserschäden

AWC
Abkürzung für: Außentoilette

AWG
Abkürzung für: Außenwirtschaftsgesetz

AWI
Abkürzung für: Akademie der Wohnungs- und Immobilienwirtschaft, Baden-Württemberg GmbH

AWOS
Abkürzung für: Arbeitsgemeinschaft für Wohnungswesen, Städteplanung und Raumordung

AZ. / Az.
Abkürzung für: Aktenzeichen

B to B
Abkürzung für: Business to Business
Begriff aus dem Marketing, auch B2B, der die Zielansprache eines Unternehmens an ein Unternehmen bezeichnet.
Siehe / Siehe auch: Business-to-Business, B to C

B to C
Abkürzung für: Business to Consumer
B to C ist ein Begriff aus dem Marketing, auch B2C, der die Zielansprache eines Unternehmens an Kunden bezeichnet.

B-Plan
Abkürzung für: Bebauungsplan

BAB
Abkürzung für: Betriebsabrechnungsbogen

Baden
Das Rauschen ein- und ablaufenden Wassers gehört zu den Geräuschen, die bei der normalen Nutzung einer Wohnung entstehen. Baden, Duschen oder gar die Nutzung der WC-Spülung können daher nicht per Hausordnung oder Mietvertrag auf bestimmte Tageszeiten begrenzt werden. Derartige Regelungen sind unwirksam. Auch wiederholtes nächtliches Baden trotz Verbot per Hausordnung und Abmahnung ist kein Grund, den Mietvertrag zu kündigen (vgl. Landgericht Köln, Az.: 1 S 304/96, 17.4.1997). Einige Gerichte ziehen allerdings die Grenze bei langanhaltenden Badevorgängen. So entschied das Oberlandesgericht Düsseldorf (Az.: 5 Ss (Owi) 411/90 - (Owi) 181/90), dass nächtliches Baden einschließlich Ein- und Ablaufenlassen des Wassers sich auf 30 Minuten zu beschränken habe. Dieser Fall wurde allerdings nicht nach den Regeln des Mietrechts beurteilt, sondern nach den Vorschriften des Immissionsschutzrechtes – der Badesünder erhielt in diesem Fall ein Bußgeld wegen unzulässiger Geräuschentwicklung.
Siehe / Siehe auch: Hausordnung

BADV
Abkürzung für: Bundesamt für zentrale Dienste und offene Vermögensfragen.
Siehe / Siehe auch: Bundesamt für zentrale Dienste und offene Vermögensfragen

BAFin
Abkürzung für: Bundesanstalt für Finanzdienstleistungsaufsicht
Siehe / Siehe auch: Bundesanstalt für Finanzdienstleistungsaufsicht (BAFin), Versicherungswesen (BAV / BAFin), BAKred

BAG
Abkürzung für: Bundesarbeitsgericht

Bahnhöfe

Bei vielen Einzelhandelsimmobilien werden seitens des Center Managements große Anstrengungen unternommen, eine hohe Lauffrequenz in das Objekt zu bekommen. Ganz im Gegensatz zu den Bemühungen klassischer Shopping-Center, eine signifikante Frequenz im Objekt zu generieren, wird bei der Frequenzimmobilie Bahnhöfe, speziell bei Großbahnhöfen, wo eine hohe Frequenz eigentlich fast zwangsläufig vorhanden wäre, nur sehr wenig getan, um diese auch zu nutzen. Ein Beispiel hierfür sind vielfach auch S- und U-Bahn-Zwischengeschosse. Hier gilt: Attraktive Bahnhöfe generieren einerseits Umsatz im Einzelhandel, andererseits sind sie ein wichtiger Beitrag die Attraktivität des Verkehrsmediums Bahn zu erhöhen und damit das klassische Kerngeschäft der Eisenbahngesellschaft zu stützen.
Siehe / Siehe auch: Spezialimmobilien

BAK
Abkürzung für: Bundesarchitektenkammer
Siehe / Siehe auch: Bundesarchitektenkammer

BAKred
Abkürzung für: Bundesaufsichtsamt für das Kreditwesen.
Zum 1.5.2002 ist dieses Amt aufgegangen in der BAFin (Bundesanstalt für Finanzdienstleistungs-

aufsicht). Das BAKred beaufsichtigte zu Beginn seiner Tätigkeit 1962 ca. 13.000 Kreditinstitute mit etwa 18.000 Zweigstellen. Am 1.5.2002 waren es 2.600 Kreditinstitute mit 51.000 Zweigstellen.
Siehe / Siehe auch: Bundesanstalt für Finanzdienstleistungsaufsicht (BAFin), BAFin

Balanced Scorecard

Die Balanced Scorecard ist ein „ausbalanciertes Kennzahlensystem", bei dem nicht nur — wie früher — die finanzielle Perspektive eines Unternehmens in Kennzahlen ausgedrückt wird, sondern auch die Kundenperspektive (Meßlatte für die Kundenorientierung), die innere Prozessperspektive (Qualität der internen Prozessabläufe) und die Lern- und Entwicklungsperspektive (Qualifizierungs- und Motivationsgrad der Mitarbeiter sowie ihrer Eingebundenheit in den betrieblichen Informations-strom). Zusammengenommen ergeben sie die Kenngrößen, die entscheidend für den Unternehmenserfolg sind.Ausgegangen wird von den strategischen Zielen eines Unternehmens. Die Balanced Scorecard liefert auf den vier genannten Feldern das Gerüst, das die operative Umsetzung ermöglicht. Die Balanced Scorecard gehört zu den Grundlagen des Controlling. Im immobilienwirtschaftlichen Dienstleistungsbereich (Makler, Verwalter, Betreuer) steht in besonderem Maße die Lern- und Entwicklungsperspektive als „Leistungstreiber" im Vordergrund. Neuere Entwicklungen schenken dabei der „HR-Scorecard" ihre besondere Aufmerksamkeit.Bei den Human Resources werden für die Personalarbeit Kennzahlen für die Soll- und Istkompetenzen der Mitarbeiter verglichen und daraus die erforderlichen Schlussfolgerungen für eine zielgerichtete Personalentwicklung gezogen. Messbar gemacht werden auch die Motivation und der Grad der Identifizierung der Mitarbeiter mit ihrem Unternehmen.

Balkon

Unter Balkon versteht man eine nach mindestens einer Seite offene, mit einer Brüstung gesicherte, begehbare Fläche in Obergeschossen, die - im Gegensatz zur Loggia – über die Außenwand eines Gebäudes hinausragt. Ist der Balkon von einer Wohnung aus zugänglich, kann die Balkonfläche bis zur Hälfte zur Wohnfläche zählen. Die Bewertung der Fläche hängt von der Stockwerkslage und Himmelsrichtung (Südbalkon / Nordbalkon) ab.
Mieter können den Balkon ihrer Wohnung unbeschränkt nutzen, solange sie dabei nicht Rechte der anderen Mieter oder des Vermieters verletzen. Es ist bei der Balkonnutzung also darauf zu achten, dass niemand belästigt wird – z.B. durch Lärm, Geruch (Grillen im Sommer) und herabfallende Dinge (Vogelkot von ausufernden Pflanzen). Einige herabfallende Blätter muss der darunter wohnende Mieter jedoch hinnehmen.
Für Instandsetzungsmaßnahmen ist der Vermieter zuständig. Der Balkon darf dabei nicht flächenmäßig verkleinert werden.
Aus Sicht des Wohnungseigentumsrechts (WEG) zählt der Boden bzw. die Bodenbeschichtung eines Balkons zwingend zum Gemeinschaftseigentum. Wenn also z.B. nach einer allgemeinen Instandsetzung der Balkonbeschichtungen Mängel auftauchen, kann nur die Eigentümergemeinschaft und nicht der einzelne Eigentümer Ansprüche gegen den Handwerksbetrieb geltend machen.
Siehe / Siehe auch: Gemeinschaftseigentum, Loggia

Bankbürgschaft

Der Bankbürgschaft liegt ein Vertrag zwischen der bürgenden Bank und einem Schuldner zugrunde, in der sich die Bank verpflichtet, für die Verbindlichkeit des Schuldners gegenüber dessen Gläubiger einzustehen. Die Bürgschaftserklärung bedarf der Schriftform.Der Bürge kann die Einreden geltend machen, die dem Schuldner zustehen. In der Regel wird die Einrede der Anfechtbarkeit, der Aufrechenbarkeit und der Vorausklage ausgeschlossen. Die Bürgschaft kann zeitlich befristet oder unbefristet gewährt werden. Die Bürgschaft endet, wenn die ihr zugrunde liegende Forderung erlischt oder die Bürgschaftsurkunde zurückgegeben wird. Befriedigt die bürgende Bank den Gläubiger, geht dessen Forderungsrecht auf die Bank über.
Bankbürgschaften spielen bei der Baufinanzierung eine große Rolle.Eine Bankbürgschaft wird

gegen eine Bürgschaftsgebühr (Aval) gewährt, die eine Risikoprämie darstellt und zusätzlich den Prüfungs- und Verwaltungsaufwand abdeckt. Diese Gebühr wird entweder einmalig oder laufend in Rechnung gestellt.

Bankenhaftung bei geschlossenen Immobilienfonds

Anleger haben in der Vergangenheit in einer beachtlichen Zahl wegen unzureichender oder gar falscher Information in den Verkaufsprospekten bei geschlossenen Immobilienfonds Vermögen eingebüsst. Da im Fall der Insolvenz des Initiators keine Möglichkeit bestand, den entstandenen Schaden ersetzt zu bekommen, wurde zunehmend versucht, auch Treuhänder oder die finanzierende Bank haftbar zu machen.

Zu diesem Fragenbereich gibt es divergierende Auffassungen zwischen dem für Gesellschaftsrecht zuständigen II Senat und dem für Banken zuständigen XI Senat des BGH. Während der II Senat einen „Einwendungsdurchgriff" zwischen der Unterzeichnung des Fondbeitritts des Anlegers und dem damit verbundenen Darlehensvertrag, den der Treuhänder für ihn abschließt, bejahte und damit das Anlagerisiko vollständig auf die Bank verlagerte, sah dies der XI Senat anders.

Nunmehr ist durch mehrere Urteile des Bankensenats vom 25. April 2006 (Urteil - XI ZR 29/05 -, Urteil XI ZR 219/04 -, Urteil XI ZR 193/04 -, Urteil XI ZR 106/05) mehr Klarheit geschaffen worden. Die Meinungsverschiedenheiten zwischen diesem Senat und dem II. Senat sind offensichtlich ausgeräumt. Im Übrigen soll jetzt der Bankensenat künftig für alle Klagen in Sachen geschlossene Immobilienfonds zuständig sein.

Grundsätzlich gilt jetzt, dass die Finanzierung des Erwerbs einer Immobilie mit Hilfe eines durch eine Grundschuld abgesicherten Darlehens kein mit dem Erwerbsvorgang verbundenes Geschäft i.S.d. § 9 Verbraucherkreditgesetz darstellt. Damit entfallen in der Regel auch Ansprüche gegen die finanzierenden Kreditinstitute, die mit Hinweis auf ein verbundenes Geschäft begründet wurden. Dagegen wird ein verbundenes Geschäft angenommen, wenn sich beide Geschäfte als wirtschaftliche Einheit darstellen und der Kreditvertrag nicht auf Initiative des Erwerbers, sondern durch den für die Veräußerung zuständigen Anlagevertreiber erfolgte. Chancen hat der Anleger, wenn der Erwerber des Fondsanteils durch falsche Angaben zur Beteiligung am Fonds bewogen wurde und Erwerb und Darlehensaufnahme ein verbundenes Geschäft sind. Der Erwerber kann dann seine Abfindungsansprüche gegen den Anlagevertreiber auch gegen das Kreditinstitut geltend machen. Außerdem kann der Darlehensvertrag wegen Täuschung vom Darlehensnehmer angefochten werden.

Bei einem Haustürgeschäft, das ohne Widerrufsbelehrung abgeschlossen wurde, der Widerruf also nachgeholt werden kann, bewirkt der Widerruf beim verbundenen Geschäft, dass dem Kreditinstitut kein Zahlungsanspruch aus dem Darlehensvertrag gegen den widerrufenden Darlehensnehmer zusteht. Dieser muss sich also an den für die Unterlassung der Widerrufsbelehrung Verantwortlichen mit seinen Ansprüchen wenden.

Bankgeheimnis

Das Bankgeheimnis beruht auf einer vertraglichen Verpflichtung des Bankkunden mit der Bank zur Verschwiegenheit über alle kundenbezogenen Tatsachen und Wertungen. Durch gesetzliche Vorschriften (Auskunftspflichten) wird das Bankgeheimnis begrenzt. Aber auch der Bankkunde kann die Bank zur Auskunft ermächtigen. Einer unbeschränkten Auskunftspflicht unterliegt die Bank in Strafverfahren und Steuerstrafverfahren. Auch gegenüber dem Nachlassfinanzamt bestehen bestimmte Meldepflichten. Löchrig wurde das Bankgeheimnis aber auch dadurch, dass die Finanzverwaltung (hier das Bundesamt für Finanzen) seit April 2005 auf die von den Banken seit 2002 geführten EDV-Listen über Konten und Depots zugreifen kann, ohne dass der Steuerpflichtige davon etwas erfährt. Damit soll ihm die Möglichkeit einer rechtzeitigen Selbstanzeige genommen werden. Dabei möchten die Finanzbehörden auch den Fällen auf die Spur kommen, in denen Spekulationsgewinne im Bereich des Wertpapierhandelns bisher nicht erfasst werden konnten. Ein solcher Zugriff soll im Übrigen auch den Behörden erlaubt werden, die für das Arbeitslosengeld II zuständig sind. Ein Effekt des neuen Kontoabfragesystems wurde mittlerweile erkannt. Zunehmend verlagern Deutsche ihre Konten und Depots nach Österreich, wo das Bankgeheimnis bislang noch besteht.

Bankvorausdarlehen

Langfristiges und grundbuchlich abgesichertes Baudarlehen einer Bank, bei dem die Tilgung ausgesetzt wird und als Tilgungsersatz Einzahlungen in einen Bausparvertrag erfolgen. Nach Zuteilung des Bauspardarlehens wird damit das Bankvorausdarlehen abgelöst.

BAnz
Abkürzung für: Bundesanzeiger

Bargebot
(Zwangsversteigerungsverfahren) Als Bargebot wird der Teil des Gebotes bei einer Zwangsversteigerung bezeichnet, der bei Erteilung des Zuschlags zu zahlen ist. Darin nicht enthalten sind die zu übernehmenden Rechte und Lasten. Dabei kann es sich um das jeweils an 1. Rangstelle eingetragene Erbbaurecht handeln, aber auch um ein Altenteil, das nach länderrechtlichen Regelungen selbst dann übernommen werden muss, wenn es im Rang außerhalb des bestrangig betreibenden Gläubigers liegt. (Unter bestimmten Voraussetzungen kann jedoch auch das Altenteil untergehen.) Notwegerechte und Überbaurechte sind bestehen bleibende Rechte. Belastungen, die im Falle des Zuschlags außerhalb des Bargebots liegen, entfallen. Vom Bargebot nicht abgedeckt, also zusätzlich zu erbringen, sind die Grunderwerbsteuer, die Gebühren für die Erteilung des Zuschlags und für die Umschreibung im Grundbuch. „Bargebot" bedeutet nicht, dass man den Preis bar während des Versteigerungstermins zahlen muss. Von Bietern kann aber sofort eine Sicherheitsleistung in Höhe von 10% des Verkehrswertes der Immobilie verlangt werden.

BaROV
Abkürzung für: Bundesamt zur Regelung offener Vermögensfragen, jetzt Bundesamt für zentrale Dienste und offene Vermögensfragen
Siehe / Siehe auch: Bundesamt für zentrale Dienste und offene Vermögensfragen, Entschädigungsgesetz, Vermögensgesetz

Barrierefreiheit
Barrierefreiheit ist besonders bei Wohnungen für Behinderte oder ältere Mitbürger wichtig. Barrierefreiheit bedeutet:
- Keine Stufen und Türschwellen in der Wohnung
- bodengleiche Dusche ohne Duschwanne
- ausreichende Bewegungsflächen, z.B. zwischen Bett und Wänden und vor der Küchenzeile
- ausreichende Türbreiten (Innentüren mindestens 80 cm). Die DIN 18025, Teil 2) legt noch weitere „Hauptanforderungen" für Barrierefreies Wohnen fest.

§554a BGB gewährt dem Mieter einen Anspruch auf Zustimmung des Vermieters zu baulichen Veränderungen, wenn diese für eine behindertengerechte Nutzung des Mietobjektes erforderlich sind. Der Vermieter kann die Zustimmung nur verweigern, wenn sein Interesse an der unveränderten Erhaltung der Mietsache das Interesse des Mieters überwiegt, wobei die Interessen der anderen Mieter in den Abwägungsprozess einzubeziehen sind.
Siehe / Siehe auch: Altengerechtes Wohnen, Betreutes Wohnen

Barwertkalkulation
Die Barwertkalkulation wird im Rahmen der Investitionsrechnung verwendet. Der Barwert einer künftigen Zahlung wird durch Abzinsung auf den Gegenwartszeitpunkt ermittelt. Die Differenz der Summe der Barwerte aller investitionsbedingten Einzahlungen und der Summe der Barwerte aller investitionsbedingten Auszahlungen ergibt den Kapitalwert einer Investition. Wird der Kapitaleinsatz einer möglichen Investition mit den auf den Investitionszeitpunkt abgezinsten Einnahmen aus dieser Investition verglichen, lässt sich daraus ein Schluss auf die Vorteilhaftigkeit bzw. Nachteiligkeit der Investition ziehen. Wenn Investitionen mit Hilfe von Barwertkalkulationen verglichen werden sollen, muss ihnen ein einheitlicher Abzinsungsfaktor zugrunde gelegt werden. Es handelt sich dann um eine Gegenüberstellung aller investitionsbedingten Ausgaben mit den aus der Investition erwarteten Einnahmen. Im angelsächsischen Raum spricht man deshalb auch von der „Discounted-Cashflow-Method".
Siehe / Siehe auch: Investitionsrechnung

Basel II
Die Eigenkapitalrichtlinie Basel II, die ein externes Ratingsystem für Kreditinstitute vorsieht, nimmt Abschied von der bisher praktizierten und für erforderlich angesehenen pauschalen Eigenkapitalunterlegungsquote von mindestens 8%. Bisher wurde dabei keine Rücksicht auf die Risikostruktur der Ausleihungen der Kreditinstitute genommen. Nach Basel II soll nunmehr diese Risikostruktur berücksichtigt werden. Das Risiko der Kreditinstitute kommt in der Rückzahlungs-

wahrscheinlichkeit von vergebenen Krediten zum Ausdruck. Ihre Bewertung erfolgt in einem externen Rating. Danach wird bei höherem Risiko eine höhere Eigenkapitalunterlegungsquote gefordert, bei niedrigerem Risiko eine entsprechend niedrigere. Nach dem der Bewegungsspielraum der Kreditinstitute dadurch entweder verringert oder erhöht wird, folgt als Konsequenz, dass Kreditinstitute risikoreiche Engagements eher meiden werden. Quasi parallel zum Rating der Kreditinstitute erfolgt deshalb ein Rating der potenziellen Darlehensnehmer. Dabei kann sowohl der Bankkunde selbst durch Beauftragung einer Ratingagentur für Klarheit sorgen. Andernfalls übernimmt die Rolle des Raters das Kreditinstitut selbst.

Beim Rating kommt es neben der tatsächlichen Risikostruktur des Geschäftes entscheidend auf die Unternehmenstransparenz und die Kooperationswilligkeit und -fähigkeit an, die dem Kreditinstitut gegenüber vom Unternehmer an den Tag gelegt werden.

Betroffen davon sind in der Immobilienwirtschaft insbesondere klein- und mittelständisch einzuordnende Unternehmen, die sich schwerpunktmäßig mit immobilienwirtschaftlicher Projektentwicklung auf eigene Rechnung befassen, sowie Bauträger und Wohnungsunternehmen. Besonderes Merkmal ist hier ja die langfristige Bindung von Fremdkapital. Die Dokumentation eines professionell gehandhabten Risikomanagements dieser Unternehmen ist besonders wichtig. Auch die Unternehmerpersönlichkeit selbst steht auf dem Prüfstand.

Die Umsetzung von Basel II ab dem 1. Januar 2007 wurde vom Bundeskabinett beschlossen. Der Gesetzentwurf wird, wenn er vom Bundestag als Gesetz verabschiedet wurde, seinen Niederschlag in einer Neugestaltung des Kreditwesengesetzes finden. Dabei sollen zugunsten des Mittelstandes die Risikogewichte, die die Eigenkapitalunterlegung der Banken bestimmen, herabgesetzt werden.

Siehe / Siehe auch: Risiko, Risikomanagement

Basiszinssatz

An die Stelle des früheren Diskontsatzes trat mit Übergang der geldpolitischen Befugnisse der Deutschen Bundesbank an die Europäische Zentralbank (EZB) der Basiszinssatz.
Er ist u.a. wichtig für die Berechnung der Verzugszinsen. Im Zuge der Schuldrechtsreform am 1.1.2002 wurde er in § 247 BGB mit 3,62% festgelegt. Der Basiszinssatz soll halbjährlich an die sich ändernde Bezugsgröße des Zinssatzes für längerfristige Refinanzierungsgeschäfte (jeweils festgelegt von der EZB) angepasst werden.

Die Verzugszinsen liegen bei Verbrauchergeschäften um 5 Prozentpunkte, bei Handelsgeschäften um 8% über dem jeweiligen Basiszinssatz. Die bisherige Schwankungsbreite des Basiszinssatzes bewegte sich in den Jahren 2000 bis 2004 zwischen dem Tiefstand im 2. Halbjahr 2004 von 1,13% und dem Höchststand von 4,26% in der Zeit vom 1.9.2000 bis zum 31.8.2001. Der jeweils aktuelle Basiszinssatz wird auf der Internetseite www.bundesbank.de veröffentlicht.

Siehe / Siehe auch: Diskontsatz (Basiszinssatz), Leitzinsen

BAT

Abkürzung für: Bundesangestelltentarif

Bau- und Kauffinanzierungsinstitute

Baugeld können Bauherren und Immobilienerwerber von unterschiedlichen Partnern erhalten. Baufinanzierungsinstitute sind:

- Realkreditinstitute:
  Dazu zählen alle öffentlichen und privaten Pfandbriefbanken (im früheren Hypothekenbankgesetz als „Hypothekenbanken" bezeichnet). Neben reinen Hypothekenbanken gibt es gemischte Pfandbriefbanken und Pfandbriefbanken mit Pfandbriefprivileg. Ihre Hauptaufgabe ist die Gewährung von langfristigen Krediten („Realkredite") in Form von grundschuldgesicherten Darlehen und Kommunaldarlehen. Refinanzierungsmittel sind u.a. Pfandbriefe und Kommunalobligationen.

- Sparkassen:
  Sie haben einen regional bestimmten Geschäftsbereich und sind spezialisiert auf Baudarlehen mit überwiegend kurzer Zinsbindung und mit variabler Verzinsung. Refinanzierungsmittel sind überwiegend Spareinlagen.

- Groß- und Privatbanken:
  Sie agieren überregional und unterhalten ein Filialsystem. Diese Kreditinstitute haben sich in aller Regel auf die Gesamtbaufinanzierung spezialisiert.

- Genossenschaftsbanken (Volksbanken und Raiffeisenkassen):
  Sie haben eine ähnliche Angebotspalette wie

Sparkassen. Auch sie bieten in der kurzfristigen Finanzierung und bei Darlehen mit variabler Zinsanpassung attraktive Konditionen, da sie ebenfalls über einen hohen Bestand zinsgünstiger Spareinlagen (Refinanzierungsmittel) verfügen.
- Bausparkassen:
Im Vordergrund steht das Bauspardarlehen, wobei die für eine wohnungswirtschaftliche Mittelverwendung vorgesehenen Bausparguthaben das bestimmende Refinanzierungsinstrument der Darlehen sind.
- Direktbanken:
Diese treten in zunehmendem Maße in Erscheinung. Sie wickeln ihre Geschäfte per Internet, telefonisch oder postalisch ab. Auf Wunsch gibt es auch Hausbesuche. Der Verzicht auf die Unterhaltung eines Filialsystems ermöglicht es den Direktbanken, Zinsvorteile zu gewähren, die bei der konventionellen Hausbank nicht möglich sind. Direktbanken bieten auch Baufinanzierungen an. So lag der effektive Zinssatz bei den Direktbanken für ein Darlehen mit einer Laufzeit von zehn Jahren im Frühjahr 2006 bei rund 4%, während die Konditionen der konventionellen Banken bei etwa 4,3% lagen.
- Versicherungsgesellschaften:
Versicherungs-Hypotheken sind in ihren Konditionen tendenziell günstiger als Banken und Sparkassen. Andererseits beziehen sich die Zinsen während der ganzen Laufzeit auf die gesamte gleich bleibende Darlehenssumme, während bei Tilgungshypotheken der Kreditinstitute die Zinsen von der durch Tilgungsraten sinkenden Darlehenssumme berechnet werden. Der kapitalisierte Zinsbetrag dürfte deshalb in der Regel bei Versicherungsgesellschaften denjenigen der übrigen Kreditinstitute übersteigen. Die Rückzahlung des Darlehens erfolgt am Ende der Versicherungslaufzeit in einem Betrag durch Tilgungsverrechnung mit der Versicherungssumme bzw. der Ablaufleistung.
Es gibt zwei Varianten einer Lebensversicherungshypothek. Die erste besteht darin, dass die Ausleihung in Höhe der Versicherungssumme erfolgt. Zum Tilgungszeitpunkt wird aber nicht nur die Versicherungssumme ausbezahlt, sondern auch die angefallene Überschussbeteiligung. Kalkuliert man die (mutmaßliche) Überschussbeteiligung bei Darlehnsaufnahme mit ein, kann am Ende – wenn die Überschussbeteiligung zu großzügig kalkuliert wurde – eine Finanzierungsdifferenz entstehen. Sie muss dann entweder durch Umfinanzierung oder durch eine Sondertilgungszahlung vom Darlehensnehmer abgedeckt werden.

Wer finanziert den Wohnungsbau?

Auszahlung von Finanzierungsmitteln 2005 in Milliarden Euro

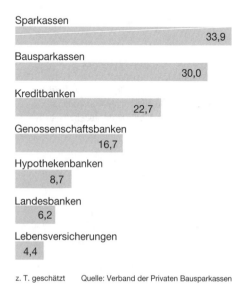

z. T. geschätzt   Quelle: Verband der Privaten Bausparkassen

Siehe / Siehe auch: Bausparkassen, Pfandbrief

Bauabnahme

Zu werkvertraglichen Leistungspflicht des Auftragnehmers (Unternehmers) gehört es, dass er dem Auftraggeber die Bauleistung (das Bauwerk) zum Zeitpunkt der Abnahme nach der vereinbarten Beschaffenheit frei von Sachmängeln verschafft. Der Bauherr (Auftraggeber) ist stets zur Abnahme der von ihm in Auftrag gegebenen Bauleistungen verpflichtet. Die Abnahme kann nicht verweigert werden, wenn die Bauleistung nur noch unwesentliche Mängel aufweist. Am besten erfolgt die Bauabnahme mit Unterstützung eines Sachverständigen, der nach erfolgter Abnahme eine Fertigstellungsbescheinigung ausstellt. Diese Abnahme erfolgt zu dem zwischen Bauherren und Bauunternehmen, bzw. Erwerber und Bauträger vereinbarten Termin. Im Abnahmeprotokoll listet der Bauherr alle Mängel auf, die noch beseitigt werden müssen. Neben dieser förmlichen Abnahme, die innerhalb von 12 Tagen nach Aufforderung durch den Auftragnehmer erfolgen muss, gibt es eine stillschweigende, die dadurch zustande kommt, dass der Bauherr das Gebäude in Gebrauch nimmt. Von „fiktiver Abnahme" im Sinne der VOB 2002 wird gesprochen, wenn sechs Werktage nach Beginn der Nutzung des Bauwerkes eine Abnahme nicht verlangt wird. Im Gegensatz zum BGB-Recht setzt VOB 2002 bei der fiktiven Abnahme keine Abnahmereife voraus.

Mit der Bauabnahme sind wichtige rechtliche Konsequenzen für den Bauherrn verknüpft: Zum einen beginnt ab diesem Zeitpunkt die Mängelbeseitigungsfrist zu laufen. Darüber hinaus wird – bei fehlerfreier Arbeit – der Anspruch des Unternehmers auf die vereinbarte Vergütung fällig. Außerdem tritt eine Beweislastumkehr ein. Den Beweis dafür, dass später auftretende Schäden „Baumängel" sind, hat der Bauherr zu führen. Schließlich geht mit der Bauabnahme auch die Gefahr auf den Bauherrn über. Wurde eine Vertragsstrafe für den Verzugsfall vereinbart, muss sie im Abnahmeprotokoll vermerkt werden, da sonst der Anspruch verloren geht.

Siehe / Siehe auch: Gebrauchsabnahme, Fiktive Abnahme, Stillschweigende Abnahme

Bauabzugsteuer

Um Umsatzsteuern zu „sparen" kam es vor, dass Unternehmen Auftraggebern Angebote unterbreiteten, Bauleistungen ohne Berechnung der Umsatzsteuer, also am Finanzamt vorbei, auszuführen. Diese Praxis soll seit 1.1.2002 durch die Bauabzugsteuer unterbunden werden. Es handelt sich um die Verpflichtung des Auftraggebers, 15% des Rechnungsbetrages direkt an das für den Bauunternehmer zuständige Finanzamt zu überweisen. Wenn der Bauunternehmer eine Freistellungsbescheinigung des Finanzamtes vorlegt, darf dessen Rechnung ohne diesen Abzug beglichen werden. Die Regelung gilt für solche Auftraggeber, die „Unternehmer" i.S.d. Umsatzsteuergesetzes sind. Hierzu zählen auch Eigentümer von Wohnhäusern, soweit sie mehr als zwei Wohnungen vermietet haben. Der Steuerabzug kann aber ohne Vorlage einer Freistellungsbescheinigung des Bauhandwerkers unterbleiben, wenn die Gegenleistung im Jahr voraussichtlich 5.000 Euro nicht überschreitet (Bagatellgrenze). Bei Vermietern, die ausschließlich umsatzsteuerbefreite Vermietungsumsätze erzielen, erhöht sich die Bagatellgrenze auf 15.000 Euro im Kalenderjahr.

Haftung: Ist der Auftraggeber verpflichtet, den Steuerabzug vorzunehmen und führt er diesen nicht ordnungsgemäß durch, haftet der Leistungsempfänger für den nicht oder zu niedrig abgeführten Abzugsbetrag (§ 48a Abs.3 Satz 1 EStG).

Bauantrag

Mit dem Bauantrag leitet der Bauherr das Baugenehmigungsverfahren ein. Ganz gleich, wie die Baugenehmigung im jeweiligen Bundesland geregelt ist, muss der Bauherr in jedem Fall dem Bauantrag einen Lageplan, Bauzeichnungen, eine Baubeschreibung, sowie statische Nachweise beifügen. Es handelt sich um so genannte Bauvorlagen, deren Bestandteile in Bauvorlagenverordnungen geregelt sind.

Der Bauantrag ist bei der Gemeinde oder der Kreisbehörde (je nach Länderrecht) einzureichen. Er ist vom Bauherrn und dem Entwurfsverfasser zu unterschreiben. Im vereinfachten Genehmigungsverfahren und in Verfahren, in denen keine Genehmigung eingeholt werden soll, gelten teilweise abweichende Vorschriften. Auch hier ist zu beachten, dass die Länderregelungen unterschiedlich sind.

Siehe / Siehe auch: Bauvorlagen

Bauantragszeichnungen

Die Bauantragszeichnungen sind Teil des Bauantrages. Üblicherweise werden Grundrisse, Schnitte und Ansichten im Maßstab 1:100 und der Lageplan im Maßstab 1:500 oder 1:1000 erstellt. Diese Zeichnungen sind die Ergebnisse aus den Entwurfsbesprechungen zwischen Bauherren und Architekten. Sie werden dem Bauamt zur Genehmigung vorgelegt. Gleichzeitig werden die Zeichnungen an die anderen Ingenieure, z.B. Statiker, zur Bearbeitung weiter gereicht. Die Statik muss zum Baubeginn vorliegen.

Siehe / Siehe auch: Bauantrag, Maßstab

Bauaufsicht

Die Aufgabe der Bauaufsichtsbehörden ist die staatliche Überwachung der Bautätigkeiten. Hierzu zählen die Erteilung oder das Versagen von Bau- und Teilbaugenehmigungen, bzw. die Prüfung eingereichter Unterlagen bei genehmigungsfreien Verfahren auf baurechtliche Zulässigkeit. Ferner zählen zu den Aufgaben der Bauaufsichtsbehörde die Erteilung von Vorbescheiden auf Bauvoranfragen, Erteilung von Dispensen, Teilungsgenehmigungen i.S.d. Wohnungseigentumsgesetzes, Erlass von Nutzungsuntersagungen, Abbruchanordnungen Stilllegen und Versiegelung von Baustellen usw. Als Träger hoheitlicher Gewalt kann sie sich Amtspflichtverletzungen zu Schulden kommen lassen, was dann zu Schadensersatzansprüchen führen kann. Die unterste Baubehörde ist auf Kreisebene angesiedelt, die mittlere auf der Ebene der Regierungsbezirke und die oberste auf der Ebene des zuständigen Ministeriums eines Bundeslandes.

Bauausschlussklausel

(Rechtsschutzversicherung) Um kostspielige Rechtsstreitigkeiten im Zusammenhang mit dem Bau eines Gebäudes nicht übernehmen zu müssen, sichern sich Versicherungsunternehmen mit der Bauausschlussklausel ab. Danach sind solche Streitigkeiten nicht durch eine Rechtsschutzversicherung gedeckt.

Baubeschränkung

Ein Grundstück kann nicht nach dem Belieben des Grundstückseigentümers bebaut werden. Seine „Baufreiheit" wird durch viele Gesetze (Baugesetzbuch, Baunutzungsverordnung, Bauordnungen der Bundesländer, Nachbarschaftsgesetze) eingeschränkt. Diese Einschränkungen werden als Baubeschränkung bezeichnet.
Siehe / Siehe auch: Baugesetzbuch (BauGB), Baunutzungsverordnung (BauNVO)

Baubeschreibung

Als Teil der Bauvorlage

Die Baubeschreibung ist Teil der Bauvorlagen die bei der Bauaufsichtsbehörde einzureichen ist. Inhalt und Umfang bestimmen sich nach den Bauvorlagenverordnungen der Bundesländer. Zum Inhalt der Baubeschreibung zählen alle Einzelheiten des Bauvorhabens, die sich nicht aus den Bauzeichnungen und dem Lageplan ergeben. In der Regel gehören dazu die Beschreibung der Baukonstruktion, der Anlagen zur Wärme- und Wasserversorgungsanlagen, der umbaute Raum, die Wohnfläche (Nutzfläche), die Grund- und Geschoßflächenzahl usw.

Als Teil des Bauträgervertrages

Die Baubeschreibung des Bauträgers dient dazu, die werkvertraglichen Leistungspflichten des Bauträgers so detailliert darzustellen, dass sie eine vernünftige und sichere Entscheidungsgrundlage für Kaufinteressenten sein können. Dazu gehört die Beschreibung der Beton und Maurerarbeiten mit Angaben zu den Wandstärken, dem Baumaterial, der Art der Decken, die Beschreibung der Ausführungen von Zimmer- Spengler- und Dachdeckerarbeiten, der sanitären und der Elektroinstallationen, der Heizung, der Glas-, Gips- und Fliesenarbeiten, die Schreiner- und Malerarbeiten, die Beschreibung der Bodenbeläge usw.In den Bauträgerverträgen werden meist auch Abweichungsvorbehalte aufgenommen, die allerdings zu keinen wertmäßigen Beeinträchtigungen führen dürfen. In der Regel wird den Erwerbern eine Auswahl von qualitätssteigernden Sonderwünschen gegen Aufpreis angeboten.

Baubetreuung

Baubetreuer ist, wer Bauvorhaben im Namen und auf Rechnung des Bauherrn vorbereitet oder durchführt. Zu unterscheiden ist zwischen Teil- und Vollbetreuung. Die Vollbetreuung umfasst sowohl die wirtschaftliche als auch die technische Betreuung. Die Teilbetreuung bezieht sich entweder auf die wirtschaftliche oder technische Betreuung. Bei der wirtschaftlichen Betreuung schaltet der Baubetreuer im Namen und für Rechnung des Bauherrn den Architekten und die Sonderfachleute ein. Bei der Vollbetreuung übernimmt der Baubetreuer auch die technischen Leistungen entweder durch einen hauseigenen Architekten oder durch einen freischaffenden Architekten, der dann für den Baubetreuer tätig wird.

Das Leistungsbild des Baubetreuers entspricht dem des Bauträgers. Er ist – stellvertretend für den Bauherrn – der Organisator des Baugeschehens. Die Zulassungsvoraussetzungen des § 34c GewO und die einschlägigen Vorschriften der MaBV beziehen sich auf den wirtschaftlichen Baubetreuer. Das bedeutet unter anderem, dass der Baubetreuer Sicherheit in Höhe der Vermögenswerte des Bauherrn leisten muss, über die er im Zusammenhang mit der Durchführung des Bauvorhabens verfügt. Die Sicherheit kann durch eine Bankbürgschaft erbracht werden, die so ausgestaltet ist, dass Bürgschaftszahlungen stets auf erste Anforderung durch den Bauherrn zu leisten sind. Keine Sicherheit muss geleistet werden, wenn der Baubetreuer nur gemeinsam mit dem Bauherrn über das Baukonto verfügen darf. Der wirtschaftliche Baubetreuer haftet nach dem Auftrags- und Dienstvertragsrecht. Haftungsfälle können sein: Erhebliche Bausummenüberschreitung, Fehlerhafte Kostenermittlung, vorvertragliche Pflichtverletzungen (z.B. Verschweigen der Tatsache, dass der Baubetreuer nicht über eine Erlaubnis nach § 34c GewO verfügt), aber auch Prospekthaftung. Der Vollbetreuer haftet nach dem Werkvertragsrecht und muss deshalb auch Gewähr für eine mängelfreie technische Planungsleistung übernehmen.

Die Haftung erweitert sich in den Fällen, in denen auf eine Überprüfung der Einhaltung von bauordnungsrechtlichen Vorschriften im Rahmen eines Baugenehmigungsverfahrens verzichtet und eine der Formen des genehmigungsfreien Bauens (z.B. „Genehmigungsfreistellungsverfahrens" in Bayern oder „Kenntnisgabeverfahrens" in Baden Württemberg) gewählt wird.
Siehe / Siehe auch: Bauträger

BauBl
Abkürzung für: Baublatt

BauBoden
Abkürzung für: Deutsche Bau- und Bodenbank AG

Baubuch
Nach dem Gesetz über die Sicherung der Bauforderungen ist von denjenigen, die Baugeld empfangen, ein Baubuch zu führen, aus dem sich die Verwendung der für die Durchführung eines Bauvorhabens zur Verfügung gestellten Gelder ergibt. Im Baubuch müssen angegeben werden: Die Namen der Bauunternehmer, die übertragenen Leistungen, die vereinbarten Vergütungen, die Höhe der zugesicherten Mittel und Namen der Geldgeber, die geleisteten Zahlungen sowie etwaige Abtretungen, Pfändungen oder sonstigen Verfügungen über die gewährten Finanzierungsmittel. Das Baubuch dient dem Nachweis dafür, dass die Baugelder ausschließlich für das Bauvorhaben verwendet wurden. Das Baubuch ist 5 Jahre aufzubewahren.

Baucontrolling
Durch das Baucontrolling soll die Qualität der Arbeiten durch das Bauunternehmen kontrolliert werden, um versteckte Mängel durch schlampige Bauausführungen zu vermeiden. Damit das Baucontrolling auch effektiv funktioniert, muss diese Aufgabe unbedingt durch einen neutralen Dritten durchgeführt werden. Gerade im Bereich der geschlossenen Immobilienfonds, bei denen durch die Anleger regelmäßig keine Kontrollen durchgeführt werden, und zwischen dem Verkäufer oder Generalübernehmer und dem Initiator oftmals personelle und kapitalmäßige Verflechtungen bestehen, sind solche Kontrollen aus Anlegerschutzgesichtspunkten unerlässlich. Einige seriöse Initiatoren haben deshalb den Technischen Überwachungsverein TÜV als neutrale Kontrollstelle eingeschaltet. Diese Funktion könnte aber auch durch ein Architekturbüro vorgenommen werden, wobei hier wieder besonders auf die Neutralität zu achten ist.
Siehe / Siehe auch: Controlling

Baudenkmal

Gebäude bzw. einzelne Bauteile können je nach landesrechtlichen Vorschriften durch einen Verwaltungsakt eine Rechtsverordnung oder schlicht durch Eintrag in ein Denkmalbuch oder eine Denkmalliste die Eigenschaft eines Baudenkmals erhalten. Unterstellt werden muss dabei ein öffentliches Interesse an der Erhaltung und Nutzung des Baudenkmals. Für eine Reihe von Maßnahmen wie Beseitigung, Änderungen am geschützten Gebäude / Gebäudeteil, Nutzungsänderungen bis hin zu Modernisierungen bedürfen der Erlaubnis der zuständigen Denkmalschutzbehörde. Der Eigentümer ist im Rahmen der Zumutbarkeit zur Erhaltung, Instandsetzung und sachgemäßen Behandlung verpflichtet.
Siehe / Siehe auch: Denkmalschutz

Bauernhof
Bauernhöfe zählen zu den landwirtschaftlichen Betrieben. Ihre betriebliche Grundlage ist Ackerbau und Viehzucht. Kleinbetriebe, die nicht als Nebenerwerbstellen geführt werden, widmen sich zunehmend u.a. auch in ihrer Eigenschaft als Ferienhöfe dem Fremdenverkehr.
Siehe / Siehe auch: Landwirtschaftlicher Betrieb, Ferienhöfe

Bauerwartungsland
Unter Bauerwartungsland versteht man Flächen, die nach der Definition der Wertermittlungsverordnung nach ihrer Eigenschaft, ihrer sonstigen Beschaffenheit, und ihrer Lage eine bauliche Nutzung in absehbarer Zeit erwarten lassen. Indizien dafür können sein eine Darstellung des Gebietes als Baufläche in einem Flächennutzungsplan, ein entsprechendes Verhalten der Gemeinde oder die allgemeine städtebauliche Entwicklung des betroffenen Gemeindegebietes. Ein „Restrisiko" der Einschätzung bleibt allerdings bestehen, da die Gemeindepolitik nicht immer mit der wünschenswerten Deutlichkeit vorhersehbar ist. Für Bauerwartungsland wird ein spekulativer Preis bezahlt, der die Entwicklungsnähe dieses Gebietes in Richtung Bauland zum Ausdruck bringt.

Baufenster
Als Baufenster bezeichnet man die planerische Darstellung des Flächenteils eines Baugrundstücks in einem Bebauungsplan, innerhalb der die Gebäude errichtet werden dürfen überbaubare Grundstücksfläche). Baufenster werden begrenzt durch Baugrenzen, Baulinien und Bebauungstiefen. Zu unterscheiden ist die überbaubare Grundstücksfläche von der zulässigen Grundfläche, die sich aus der „Grundflächenzahl" ergibt. Außerhalb des Baufensters können in der Regel Garagen (Grenzgaragen), Carports, Gartenhäuschen und dergleichen errichtet werden. Das Baufenster kann die sich aus der Grundflächenzahl (GRZ) ergebende Bebauungsmöglichkeit einschränken. Baufenster ist kein baurechtlich definierter Begriff, sondern ein Begriff aus der Baupraxis.
Siehe / Siehe auch: Überbaubare Grundstücksfläche, Grundflächenzahl (GRZ) - zulässige Grundfläche (GR)

Baufertigstellungsversicherung
Sie übernimmt Mehrkosten, die entstehen, wenn ein Bauunternehmen während der Bauphase zahlungsunfähig wird und ein Insolvenzverfahren eingeleitet wird. Die Mehrkosten ergeben sich aus der Beauftragung eines oder mehrerer anderer Unternehmen zur Fertigstellung.

Baufeste
Baufeste sind Feierlichkeiten, die aus Anlass und im Zusammenhang mit der Realisierung von Bauprojekten meist unmittelbar auf dem Baugrundstück, auf der Baustelle beziehungsweise innerhalb eines im Bau befindlichen Gebäudes stattfinden. Üblicherweise markieren sie bestimmte Stufen des Baufortschritts. Gefeiert werden beispielsweise der Erste Spatenstich, die Grundsteinlegung, das Richtfest sowie die Übergabe des fertigen Gebäudes oder die Einweihung beziehungsweise Eröffnung.
Baufeste haben sich zum Teil aus einer Jahrhunderte alten Tradition entwickelt. Heute spielen sie im Rahmen des Baustellenmarketings eine zentrale Rolle und bilden zugleich wichtige Kommunikationsanlässe für die Presse- und Öffentlichkeitsarbeit. Sie eignen sich gut, um Bekanntheit, Akzeptanz und Positionierung eines Projektes, aber auch des Investors oder des Projektentwicklers zu verstärken. Da die Veranstaltung von Baufesten in der Regel ein Ruhen der Arbeiten auf der Baustelle erfordert, sollten sie rechtzeitig im Rahmen der gesamten Projektablaufplanung berücksichtigt werden – idealer Weise bereits durch Ausweisung im Bauzeitplan bei der Ausschreibung.
Siehe / Siehe auch: Baustellenmarketing, Erster Spatenstich, Grundsteinlegung, Richtfest

Baufinanzierung
Die Baufinanzierung bezieht sich auf die langfristige Finanzierung von Bauvorhaben oder einen Immobilienerwerb mit Hilfe eines oder verschiedener Finanzierungsbausteine. Die klassische Baufinanzierung besteht im Einsatz von erstrangigen Immobiliendarlehen von Banken und Versicherungen und zweitrangigen Bauspardarlehen. Um eine solide Baufinanzierung zu gewährleisten, sollte die Eigenkapitalquote des Bauherrn oder Käufers 25% - 30% des insgesamt für die Anschaffung benötigten Kapitals nicht unterschreiten. Allerdings können die Einkommensverhältnisse und Lebensumstände und Lebensgewohnheiten des-

sen, der die Finanzierung beansprucht, eine höhere Eigenkapitalquote nahe legen oder auch eine niedrigere ermöglichen. In bestimmten Fällen (z.B. im sozialen Wohnungsbau) können ergänzende Finanzierungsmittel eingeplant werden. Bei der modernen Baufinanzierung wird zunehmend auf die individuellen Verhältnisse (z.b. Lebensarbeitszeit, Arbeitsplatzrisiko, Familienstand, Vermögenshintergrund, Entschuldungsziele) des Bauherrn oder Erwerbers abgestellt.

Bauflächen

Bauflächen werden im Flächennutzungsplan nach der vorgesehenen allgemeinen Art ihrer baulichen Nutzung dargestellt. Unterschieden wird dabei zwischen Wohnbauflächen (W), gemischten Bauflächen (M), gewerblichen Bauflächen (G) und Sonderbauflächen (S). Auf der Grundlage dieser Darstellungen werden in den Bebauungsplänen die verschiedenen Baugebiete festgesetzt. Aus Wohnbauflächen können Kleinsiedlungsgebiete, reine Wohngebiete, allgemeine Wohngebiete und besondere Wohngebiete entwickelt werden. Die Darstellung gemischter Bauflächen ist Grundlage entweder für Dorfgebiete, für Mischgebiete oder Kerngebiete. Aus gewerblichen Bauflächen können Gewerbegebiete und Industriegebiete entwickelt werden. Bei den Sonderbauflächen gibt es Abzweigungen in Richtung Sondergebiete, die der Erholung dienen und die besonders wichtigen sonstigen Sondergebiete (Ladengebiete, Gebiete für Einkaufszentren, für Messen und Ausstellungen, für Hochschulen, Kliniken, Hafenanlagen usw.) Die Charakterisierung der Baugebiete erfolgt in der Baunutzungsverordnung (BauNVO).
Siehe / Siehe auch: Bauleitplanung, Wohngebiete (nach BauNVO)

BauGB

Abkürzung für: Baugesetzbuch
Siehe / Siehe auch: Baugesetzbuch (BauGB)

BauGB-MaßnG

Abkürzung für: Baugesetzbuch-Maßnahmegesetz

Baugebiet

In einem Flächennutzungsplan können außer Bauflächen auch Baugebiete „dargestellt" werden. In einem qualifizierten Bebauungsplan muss die Baugebietsart verbindlich „festgesetzt" werden. Er enthält daneben Festsetzungen über Nutzungsmaße, sowie Festsetzungen der überbaubaren Grundstücksflächen und der Verkehrsflächen. Bei den Innenbereichsflächen richtet sich die Bebauung nach der Bebauung der näheren Umgebung. Nähere Erläuterungen der Baugebietsarten enthält die Baunutzungsverordnung. Geregelt ist dort, welcher Nutzung die jeweilige Baugebietsart dient, was an Bauvorhaben zulässige ist und was ausnahmsweise zugelassen werden kann.
Siehe / Siehe auch: Art der baulichen Nutzung, Bebauungsplan, Flächennutzungsplan (FNP)

Baugebot

Voraussetzung für den Erlass eines Baugebotsbescheides gegenüber einem Grundstückseigentümer ist entweder das Vorliegen eines rechtskräftigen Bebauungsplanes oder ein Grundstück, das sich im Innenbereich befindet. Dem Baugebot entspricht auch ein Anpassungsgebot für bestehende Gebäude, wenn diese den Festsetzungen des Bebauungsplans bzw. der umliegenden Bebauung nicht entsprechen. Allerdings kann die Gemeinde das Baugebot nicht durchsetzen, wenn die festgesetzte Bebauung dem Eigentümer aus wirtschaftlichen Gründen nicht zuzumuten ist. Der Eigentümer kann auch von der Gemeinde die Übernahme des Grundstücks verlangen.
Siehe / Siehe auch: Innenbereich

Baugeldkonto

Das Baugeldkonto ist ein Kontokorrentkonto, über das der aus einer Baufinanzierung resultierende Geldverkehr abgewickelt wird. Ein Baugeldkonto ist sinnvoll, wenn sich die Finanzierung aus mehreren Bausteinen zusammensetzt und deshalb unterschiedliche Zahlungstermine und -ströme berücksichtigt werden müssen. Für Baubetreuer sind bei Vorbereitung und Durchführung von Bauvorhaben Baugeldkonten als offene Fremdkonten (vom eigenen Vermögen getrennte Vermögensverwaltung) vorgeschrieben.

Baugenehmigung

Die Baugenehmigung ist einer Unbedenklichkeitsbescheinigung der Baubehörde für ein Bauvorhaben. Da die Regelung von Baugenehmigungen Ländersache ist, fallen die Baugenehmigungsverfahren je nach Bundesland unterschiedlich aus. Regelungsgrundlage sind die Länderbauordnungen.Mit Erteilung der Genehmigung entsteht ein Rechtsanspruch auf Durchführung des Bauvorhabens. Die Genehmigungsbehörde übernimmt die Haftung. Genehmigte Bauten genießen Bestandsschutz. Die Geltungsdauer einer Baugenehmigung liegt zwischen drei und vier Jahren. Für Ein- und Zweifamilienhäuser, sowie andere Gebäude (in Bayern und in anderen Bundesländern bis zur Hochhausgrenze) die im Geltungsbereich eines Bebauungsplanes gebaut werden sollen, bieten die meisten Länder vereinfachte Verfahren an.Der Bauherr muss dabei unter Einreichung der Bauvorlagen lediglich anzeigen, dass er bauen will. (Anzeigeverfahren, Kenntnisgabeverfahren, Genehmigungsfreistellungsverfahren usw.). Erhebt die Behörde gegen sein Vorhaben innerhalb der geltenden kurzen Fristen (überwiegend 2 Wochen) keinen Einspruch, kann der Baubeginn angezeigt und mit dem Bau begonnen werden. Die Haftung für die Einhaltung der Bauvorschriften z.b. über Standsicherheit, Wärmeschutz usw. geht bei diesen Verfahren auf den Architekten über.

Baugesetzbuch (BauGB)

Das Baugesetzbuch bildet die Rechtsgrundlage für das Bauplanungs- und Städtebaurecht. Im einzelnen regelt das BauGB die
- Bauleitplanung und deren Sicherung,
- die Zulässigkeit von Bauvorhaben,
- Bodenordnung,
- Enteignung,
- Erschließung,
- Maßnahmen für den Naturschutz

und im Rahmen des besonderen Städtebaurechts
- Städtebauliche Sanierungs- und Entwicklungsmaßnahmen,
- Vorschriften über die Soziale Stadt,
- Vorschriften über den Stadtumbau,
- Erhaltungssatzung und städtebauliche Gebote,
- Sozialplan und Härteausgleich,
- Aufhebung von Miet- und Pachtverhältnissen,
- städtebauliche Maßnahmen zur Verbesserung der Agrarstruktur,

sowie Vorschriften über
- Wertermittlung,
- Zuständigkeiten,
- Verfahrens- und Überleitungsvorschriften.

Das BauGB enthält die Ermächtigungsvorschriften für den Erlass der Baunutzungsverordnung (BauNVO), der Planzeichenverordnung (PlanzV) und der Wertermittlungsverordnung (WertV).

Nach der Änderung des BauGB vom 20.7.2004 durch das Europarechtanpassungsgesetz sind seit 1.1.2007 weitere Änderungen in Kraft getreten. Sie zielen auf die Stärkung der Innenentwicklung der Städte und Gemeinde durch den Wegfall förmlicher Umweltprüfungen, die Erhaltung oder Entwicklung der wohnortnahen Grundversorgung, die Beschleunigung bei Sanierungsverfahren, sowie die Stärkung privater Initiativen, zum Beispiel von Business Improvement Districts (Bids).

Siehe / Siehe auch: Bauleitplanung, Business Improvement District (BID), Strategische Umweltprüfung (SUP), Umweltbericht, Umweltverträglichkeitsprüfung / Umweltprüfung

Baugrenze

Die Baugrenze ist eine Festsetzung im Bebauungsplan. Ein neu zu errichtendes Gebäude darf die Baugrenze nicht überschreiten.
Darstellung im Bebauungsplan:

— — · — — · — — · — — · — —

Siehe / Siehe auch: Baulinie, Bebauungsplan

Baugrunduntersuchung

Bei der Baugrunduntersuchung wird die Beschaffenheit des Bodens geprüft. Die Tragfähigkeit des Bodens wird in aller Regel anhand von geologischen Karten und durch Probebohrungen festgestellt. Erst nach Abschluss der Baugrunduntersuchung kann das Fundament sachgerecht erstellt werden. Grundwasserstände ergeben sich aus hydrographischen Karten.

Bauhandwerkersicherungshypothek

Bauhandwerker, bzw. Bauunternehmen haben entsprechend § 648 BGB die Möglichkeit, ihre Forderungen aus der Durchführung von Bauleistungen durch Eintrag einer Bauhandwerkersicherungshypothek auf dem Grundstück des Bauherrn absichern zu lassen. Entsprechendes gilt auch für Umbauten und sonstige „wesentliche" Veränderungen bei Bestandsobjekten.Voraussetzung für die Geltendmachung dieses Verlangens ist stets, dass es sich um Bauleistungen handelt, die erbracht wurden. Das Liefern von Küchen zum Beispiel, die nicht speziell für das Bauvorhaben zum Einbau angefertigt wurden, lässt einen Sicherungsanspruch noch nicht entstehen. Weigert sich der Eigentümer, die Eintragung zu bewilligen, kann der Handwerker auf Zustimmung klagen.

Das Urteil ersetzt dann die Bewilligung. Alternativ zu dieser etwas unhandlichen und in der Praxis kaum gebräuchliche Absicherungsmethode einer Sicherungshypothek kann auch eine Sicherheitsleistung des Bestellers (Bauherrn) nach § 684a erbracht werden, eine Regelung, die 1993 durch das Bauhandwerkersicherungsgesetz eingeführt wurde. Diese Sicherheit kann durch eine Garantie oder das Zahlungsversprechen eines Kreditinstituts geleistet werden.

Bauhelferversicherung

Bei vielen Bauvorhaben werden in erheblichem Umfang Eigenleistungen durch den Bauherrn, Verwandte oder Freunde erbracht. Für diese Helfer besteht in der Regel Versicherungspflicht. Nur der Bauherr und dessen Ehegatte sind von der Versicherungspflicht befreit. Eine Versicherungspflicht besteht auch dann nicht, wenn es sich um geringfügige Bauarbeiten handelt und die Gesamtarbeitszeit aller Beschäftigte nicht mehr als 39 Stunden beträgt. Eine preiswerte Möglichkeit, die Helfer gegen Unfälle auf der Baustelle abzusichern, ist der Abschluss einer kurzfristigen Unfallversicherung. Bereits ab ca. 150 € können drei Helfer für drei Monate in folgendem Umfang versichert werden:
- Invalidität: 50.000 €
- Unfalltod: 5.000 €
- Krankenhaus-Tagegeld: 10 €

Auskunftsquelle ist diejenige regional zuständige Bauberufsgenossenschaft, an die auch die vom Gesetz vorgeschriebenen Meldungen der Helfer und deren Arbeitsstunden gehen müssen.

Bauherr

Wer in eigenem Namen, auf eigene Rechnung und Gefahr und auf eigenem Grundstück ein Bauvorhaben durchführt oder durchführen lässt ist Bauherr. Kennzeichnende Merkmale des Bauherrn sind das Bauherrenrisiko und die Bauherreninitiative. Im Gegensatz zum Bauträger ist der Privatbauherr kein Gewerbetreibender.
Siehe / Siehe auch: Bauträger

Bauherrenhaftpflichtversicherung

Die Bauherrenhaftpflichtversicherung deckt Schäden ab, die sich aus der Verletzung der Verkehrssicherungspflicht des Bauherrn ergeben. Der Bauherr ist immer für die Schäden, die andere Personen aufgrund des Bauvorhabens erleiden, verantwortlich.
Er muss dafür sorgen, dass die Baustelle ausreichend beleuchtet und abgesperrt ist, dass Gruben abgedeckt und alle am Bau Beteiligten (Bauunternehmer, Architekten usw.) zuverlässig sind. Unfälle von Handwerkern und anderen an der Durchführung des Baus beteiligte Arbeiter werden über deren Versicherung abgedeckt. Die Prämie für die Bauherrenhaftpflichtversicherung berechnet sich nach der Bausumme.

Bauherrenmodell

Version eines Steuermodells, bei dem durch den Kauf von Grundstücken und die Errichtung eines Gebäudes neben den in Jahresraten absetzbaren Baukosten möglichst hohe Werbungskosten entstehen und dadurch die Einkommensteuerbelastung vermindert wird. In Anspruch genommen wurde diese Art von Steuermodellen – vor allem in den 70er Jahren – durch Kapitalanleger, die zugleich Mieteinnahmen erzielen wollten. Heute sind Bauherrenmodelle aufgrund eingeschränkter Auslegung des Bauherrenbegriffs (Erbauer eines Gebäudes auf eigene Rechnung und eigene Gefahr) und anderer Einschränkungen von steuerlichen Absetzungsmöglichkeiten durch den Bauherrenerlass vom 13.1.1981 praktisch bedeutungslos geworden.

Baujahr

Zahlreiche geschlossene Immobilienfonds haben als Fondsimmobilie ein bereits fertig bestehendes Objekt auserwählt. Von erheblicher Bedeutung für den voraussichtlichen Verlauf der Mieteinnahmen ist hierbei das Baujahr des betreffenden Gebäudes. Zum einen werden für Neubauten regelmäßig höhere Mietzinsen realisierbar sein, als für Altbauen. Zum anderen ist für neu errichtete Objekte auf absehbare Zeit mit einem deutlich niedrigeren Reparatur- oder Revitalisierungsaufwand zu rechnen. Allerdings zeichnen sich ältere Gebäude häufig durch einen weitgehend vollen Vermietungsstand aus, was ganz erheblich zur Prognosesicherheit für das Projekt beiträgt.

Baukindergeld
Siehe / Siehe auch: Kinderzulage

Baukonjunktur
In Preisen des Jahres 2000 ausgedrückt, sanken die gesamten Bauinvestitionen somit um 14,9%, (beim Wohnungsbau um 15,1% und beim Nichtwohnungsbau um 14,7%). Der sinkenden Bauinvestition entsprach auch ein unterdurchschnittliches Baupreiswachstum. Während die Inflationsrate (der Verbraucherpreisindex), gemessen am Basisjahr 2000 Ende 2005 bei 8,3% lag, stieg der Baupreisindex für Wohngebäude nur um 2,3%, für Bürogebäude um 3,6% und gewerbliche Betriebsgebäude um 5%.

Die Zahl der Baugenehmigungen stieg zwar von 2002 auf 2003 um 7,3% an, sank von da an bis 2005 um 19%. Die Entwicklung der Baugenehmigungszahlen sind – ähnlich wie die Auftragseingänge in der Industrie – ein Indikator für die Entwicklung der Konjunktur. Ob der weitere Rückgang der Bauinvestitionen, der sich in den sinkenden Baugenehmigungszahlen andeutet, gebremst wird, hängt von der künftigen Entwicklung der Investitionsneigung der Unternehmen ab.

Die Bauinvestitionen entwickelten sich seit dem Jahr 2000 wie folgt:

Baugenehmigungen in Deutschland

Angaben in 1000

Jahr	Wohnungsbau	Nicht-Wohnungsbau	insgesamt
2000:	140,8	100,9	241,7
2001:	132,2	98,4	230,6
2002:	124,3	92,2	216,5
2003:	123,1	89,9	213,0
2004:	122,6	88,1	210,7
2005:	119,5	86,1	205,6

Quelle: Stat. Bundesamt

Baukosten
Die Baukosten sind ein Teil der Gesamtkosten einer Baumaßnahme. Zu den Gesamtkosten zählen die „reinen Baukosten" (Kosten der Gewerke), die Kosten für die Außenanlagen, die Baunebenkosten, die Kosten der besonderen Betriebseinrichtung sowie die Kosten des Geräts und besonderer Wirtschaftsausstattung.

Die Baukostenentwicklung wird mit Hilfe des Baupreisindex des Statistischen Bundesamtes in Wiesbaden gemessen. Es handelt sich um eine in Prozent ausgedrückte Messzahl auf der Grundlage eines Basisjahres = 100. Basisjahr ist derzeit das Jahr 2000. Der Baupreisindex wird monatlich vom Statistischen Bundesamt Wiesbaden ermittelt. Bis 2003 blieb er relativ unverändert, ab 2004 leicht steigend. 2005 erreichte er für Wohngebäude den Wert von 102,3. Wie sehr die Baukosten über die lange Zeit vor dem 1. Weltkrieg bis heute gestiegen sind, ergibt sich aus den Wiederherstellungswerten der für 1913 erstellten Wohngebäude. Der Index beträgt (auf Euro-Basis) 11,272. Die Wiederherstellung würde mit anderen Worten um mehr als elfmal soviel kosten, wie 1913.

Bei durchschnittlicher Ausstattung für Wohngebäude teilen sich die Baukosten prozentual in etwa auf, wie in folgender Tabelle wiedergegeben ist. In der Planungsphase können diese Angaben bei der Kalkulation und der Auftragsvergabe hilfreich sein. Anschließend können Sie die über den Quadratmeter-Preis des umbauten Raumes ermittelte Bausumme anteilig auf die einzelnen Gewerke aufteilen, um so eine genauere Kostenübersicht bei der Vergabe der einzelnen Bauleistungen zu erhalten, in denen sich die Kosten bewegen dürfen.

Siehe / Siehe auch: Außenanlagen, Baunebenkosten, Besondere Betriebseinrichtungen

Aufteilung der reinen Bauleistung in %

Rohbau:
Erdarbeiten	2,5
Maurer-, Beton- und Stahlbetonarbeiten	38,0
Zimmererarbeiten	4,5
Dachdecker- und Spenglerarbeiten	4,5
Summe Rohbau	**49,5**

Ausbau:
Sanitärarbeiten	7,0
Heizungsarbeiten	4,5
Elektroarbeiten	4,0
Fenster	6,5

Steinmetzarbeiten	1,0
Putzarbeiten (Innen- und Außenputz)	8,0
Estricharbeiten	3,0
Fliesenarbeiten	3,0
Innentüren	3,5
Schlosserarbeiten	2,0
Bodenbeläge	2,5
Rolläden	1,0
Malerarbeiten	2,5
Dachgeschossausbau	2,0
Summe Ausbau	**50,5**
Gesamtsumme	**100,0**

Baukostenzuschuss

Baukostenzuschüsse können aus öffentlichen Mitteln (z.B. Denkmalschutzprogrammen) oder von privaten Geldgebern (z.B. Mietern) gezahlt werden. Im letzteren Fall wird der Baukostenzuschuss vom Mieter bei Anmietung der Wohnung an den Eigentümer gezahlt und dient der Mitfinanzierung des Mietobjektes.

Ein Baukostenzuschuss kann als so genannter verlorener Zuschuss konzipiert sein. Eine Rückerstattung ist in diesem Fall nur vorgesehen, wenn der Betrag bei Beendigung des Mietverhältnisses noch nicht „abgewohnt" ist. Gesetzliche Grundlage für die Rückforderung ist das Gesetz über die Rückerstattung von Baukostenzuschüssen. In der Praxis kommt es nur zu einer solchen Rückerstattung, wenn der Zuschuss außergewöhnlich hoch war oder der Mietvertrag sehr schnell beendet wurde. Ein Zuschuss in Höhe einer Jahresmiete gilt nach dem Gesetz durch eine Mietzeit von vier Jahren als getilgt. Zum Nachteil des Mieters getroffene Vereinbarungen sind unwirksam. Der Mieter zahlt bei dieser Konstruktion regulär Miete; mit dem Zuschuss „erkauft" er sich den Mietvertrag in einem begehrten Mietobjekt.

Bei öffentlich gefördertem Wohnraum darf ein verlorener Baukostenzuschuss nicht vereinbart werden. Ein Baukostenzuschuss kann jedoch nicht nur als verlorener Zuschuss vereinbart werden. Die Vertragspartner können auch vereinbaren, dass der Zuschuss auf die Miete angerechnet wird. Dazu muss vertraglich geregelt werden, dass eine Mietvorauszahlung stattfinden soll und dass der Zuschuss allein für den Bau des Mietobjektes bestimmt ist. Er muss auch tatsächlich entsprechend verwendet werden. Auch ein Käufer des Mietobjektes muss dann akzeptieren, dass die Miete für den vereinbarten Zeitraum durch den Zuschuss abgegolten ist. Wird bei einer solchen Konstruktion das Mietverhältnis vor dem „Abwohnen" des Zuschuss beendet, kann der Mieter den nicht abgewohnten Teil zurückfordern. Steuerlich werden Zuschüsse von Mietern als Einnahmen aus Vermietung und Verpachtung angesehen. Dies gilt für Baukostenzuschüsse in Form verlorener Zuschüsse und in Form von Mietvorauszahlungen. Die Einnahmen sind im Jahr des Zuflusses zu versteuern.

Baukunst

Baukunst ist das Zusammenspiel von Ästhetik und Technik, um die Konstruktion und den statischen Aufbau der Bauten in Einklang mit seinem äußeren Erscheinungsbild zu bringen. Dabei spielen technische Neuerungen, aktuelle Baumaterialien und der jeweilige Zeitgeschmack eine große Rolle. Anwendung findet die Baukunst im Hochbau, denn der Tiefbau befasst sich fast ausschließlich mit der bautechnischen Umsetzung der Aufgabe.
Siehe / Siehe auch: Architektur

Bauland

Bauland bezeichnet im engeren Sinne Flächen, auf denen bauliche Anlagen errichtet werden dürfen („Baugrundstücke"). Baurechte können nach Vorliegen der bauordnungsrechtlichen Erfordernisse (Baugenehmigung) sofort genutzt werden. Die Erschließung muss gesichert sein. In diesem Sinne ist Bauland = baureifes Land.

Im weiteren Sinne werden unter dem Baulandbegriff auch Flächen bezeichnet, für die zwar ein Baurecht besteht, das aber wegen fehlender Umlegung („Bruttorohbauland") und mangelnder Erschließungssicherheit noch nicht bebaut werden kann. Als Nettorohbauland bezeichnet man Einzelparzellen, bei denen die Erschließungsanlagen noch nicht vorhanden sind.

Baulast

Bei der Baulast handelt es sich um eine öffentlich-rechtliche Last, die sich aus einer freiwilligen Verpflichtung des Grundstückseigentümers gegenüber der Bauaufsichtsbehörde ergibt. Gegenstände einer solchen Verpflichtung sind nachbarrechtliche Beschränkungen, die sich nicht bereits aus öffentlich-rechtlichen Vorschriften ergeben, z.B. Duldung, dass der Nachbar das Grundstück befährt. Der häufigste Fall einer Baulast ist die Einräumung einer Bebauungsmöglichkeit im Grenzabstandsbereich. In diesem Fall muss der Eigentümer des belasteten Grundstücks bei Errichtung eines Gebäudes den nachbarlichen Grenzabstand zusätzlich übernehmen. Der Grundstückseigentümer muss eine Erklärung über die Einräumung der Baulast gegenüber der Baubehörde abgeben. Mit Eintrag in das Baulastenverzeichnis wird die Baulast eine öffentlich rechtliche Last. Baulastenverzeichnisse werden in Bayern und Brandenburg nicht geführt. Hier wird auf beschränkt persönliche Dienstbarkeiten in den Grundbüchern zugunsten der Gemeinden ausgewichen.

Baulastenverzeichnis
Siehe / Siehe auch: Baulast

Bauleistungsversicherung

Die Bauleistungsversicherung – früher Bauwesenversicherung – sichert den Bauherrn gegen Schäden am Bau ab. Diese können entstanden sein durch Diebstahl, höhere Gewalt und Elementarereignisse, besondere Witterungseinflüsse (Überflutungen, Sturm, Hagel), Vandalismus usw. Die Versicherung bezieht sich ferner auf Schäden, die durch fehlerhafte statische Berechnungen, Konstruktions- und Materialfehler oder mangelnde Bauaufsicht entstehen. Versichert sind alle Bauleistungen, Baustoffe und Bauteile einschl. der einzubauenden Gebäudebestandteile wir Türen und Fenster, sowie Außenanlagen (aber nicht die Gartenanlagen und Pflanzen). Berechnungsgrundlage für die Prämie sind die Bausumme, die Höhe der Selbstbeteiligung und die Versicherungszeit (max. 24 Monate). Schäden, die durch innere Unruhen, Streik oder Aussperrung entstehen, sind (häufig) ebenfalls versichert mit der Einschränkung, dass diese Teile jederzeit von der Versicherungsgesellschaft gekündigt werden können. Nicht abgedeckt durch die Versicherung sind hingegen Schäden, die das Ergebnis schlecht ausgeführter Handwerkerarbeiten sind. Beispiel: frisch gegossener Estrich, der nach einem Frosteinbruch im Winter nichts mehr taugt. Da ein versierter Estrichleger einen anderen Zeitpunkt für diese Arbeit hätte wählen müssen, springt die Versicherung nicht ein. Der Bauherr kann allerdings den Handwerker innerhalb der Fristen für Mängelhaftung (früher „Gewährleistung") zur Nacherfüllung auffordern.

Bauleiter
Siehe / Siehe auch: Bauleitung

Bauleitplanung

Bauleitplanung ist der Oberbegriff für die planerischen Darstellungen und Festsetzungen hinsichtlich einer baulichen Nutzung von Flächen der Gemeinden oder gemeindlicher Planungsverbände. Bauleitpläne müssen sich an den Zielen der Raumordnung, d.h. an den Vorgaben der Regionalpläne orientieren. Die Planungshoheit liegt bei den Gemeinden. Die Bauleitpläne benachbarter Gemeinden sind aufeinander abzustimmen, wobei die Auswirkungen auf die zentralen Versorgungsbereiche zu achten ist. Mehrere Gemeinden können sich zum Zweck einer gemeinsamen Bauleitplanung zu Planungsverbänden zusammenschließen. Die Aufstellung von Bauleitplänen ist im Baugesetzbuch, der Baunutzungsverordnung und der Planzeichenverordnung geregelt.

Die Bauleitplanung besteht aus dem Flächennutzungsplan, der sich grundsätzlich auf das gesamte Gemeindegebiet bezieht (vorbereitender Bauleitplan), und dem Bebauungsplan (verbindlicher Bauleitplan) dessen Geltungsbereich räumlich auf bestimmte Gemeindegebiete beschränkt ist. Auf beiden Planungsebenen ist die Beteiligung der Öffentlichkeit und der Behörden vorgesehen. Im Zuge der Änderung des BauGB vom 1. Januar 2007 wurde die Beteiligung der Öffentlichkeit und der Behörden mit dem Gesetz zur Erleichterung von Planungsvorhaben für die Innenentwicklung der Städte gestrafft.

Siehe / Siehe auch: Baugesetzbuch (BauGB), Bebauungsplan, Flächenmanagement, Flächennutzungsplan (FNP), Raumordnung, Träger öffentlicher Belange / Behörden

Bauleitung

Die Bauleitung hat eine Person inne, die bei einem Bauvorhaben je nach Vertragsgestaltung den Auftraggeber oder den Auftragnehmer vertritt. Die Bauleitung übernimmt eine Schnittstellenfunktion zwischen Auftraggeber, Auftragnehmer und der Bauaufsichtsbehörden bzw. den Trägern öffentlicher Belange.

Für die Funktion als Bauleiter wird gewöhnlich ein abgeschlossenes (Fach-) Hochschulstudium zum Dipl.-Ingenieur Fachrichtung Architektur oder Hochbau vorausgesetzt. Bei kleineren Bauvorhaben oder in kleineren Betrieben werden als Bauleiter auch Handwerksmeister oder staatlich geprüfte Techniker eingesetzt. Die Aufgaben der Bauleitung werden im § 15 der HOAI, Leistungsphase 8 geregelt. Dabei wird zwischen Grundleistungen, die für den Bauleiter obligatorisch sind, und besonderen Leistungen, die separat vereinbart werden können, unterschieden.

Grundleistungen nach § 15 HOAI sind:
- Überwachen der Ausführung des Objektes auf Übereinstimmung mit der Baugenehmigung oder Zustimmung, den Ausführungsplänen und den Leistungsbeschreibungen sowie mit den allgemein anerkannten Regeln der Technik und den einschlägigen Vorschriften
- Überwachen der Ausführung von Tragwerken nach § 63 Abs. 1 Nr. 1 und 2 auf Übereinstimmung mit dem Standsicherheitsnachweis
- Koordinieren der an der Objektüberwachung fachlich Beteiligten
- Überwachung und Detailkorrektur von Fertigteilen
- Aufstellen und Überwachen eines Zeitplanes (Balkendiagramm)
- Führen eines Bautagebuchs
- Gemeinsames Aufmass mit den bauausführenden Unternehmen
- Abnahme der Bauleistungen unter Mitwirkung anderer an der Planung und Objektüberwachung fachlich Beteiligter unter Feststellung von Mängeln
- Rechnungsprüfung
- Kostenfeststellung nach DIN 276 oder nach dem wohnungsrechtlichen Berechnungsrecht
- Antrag auf behördliche Abnahme und Teilnahme daran
- Übergabe des Objektes einschließlich Zusammenstellung und Übergabe der erforderlichen Unterlagen, zum Beispiel Bedienungsanleitungen, Prüfprotokoll
- Überwachen der Beseitigung der bei der Abnahme der Bauleistungen festgestellten Mängeln

Besondere Leistungen können zwischen Auftraggeber oder Auftragnehmer und der Bauleitung vereinbart werden:
- Aufstellen, Überwachen und Fortschreiben eines Zahlungsplanes
- Aufstellen, Überwachen und Fortschreiben von differenzierten Zeit-, Kosten- oder Kapazitätsplänen
- Tätigkeiten, die aufgrund landesrechtlicher Vorschriften über die Grundleistungen hinausgehen

Grundsätzlich benötigt der Bauleiter eine besondere Vollmacht seines Auftraggebers, um Verträge mit den am Bau Beteiligten im Namen des Auftraggebers zu schließen. In der Praxis ist es oft strittig, ob Nachträge zu den vereinbarten Leistungen zustande gekommen sind, wenn diese auf der Baustelle zwischen beteiligten Unternehmen und der Bauleitung vereinbart wurden.

Bauliche Veränderung (Wohnungseigentum)

Bauliche Veränderungen und Maßnahmen, die über die ordnungsmäßige Instandhaltung und Instandsetzung hinausgehen, können von den Wohnungseigentümern nicht mit Mehrheit beschlossen werden (§ 22 Abs. 1 WEG). Das bedeutet allerdings nicht, dass bauliche Veränderungen grundsätzlich immer der Zustimmung aller im Grundbuch eingetragenen Wohnungseigentümer bedürfen. Vielmehr hängt die erforderliche Zustimmung davon, ob und welche Eigentümer im Sinne des Gesetzes von der baulichen Veränderung nachteilig betroffen sind (§ 14 Nr. 1 WEG).

Grundsätzlich kann allerdings davon ausgegangen werden, dass die Zustimmung aller Eigentümer immer dann erforderlich ist, wenn das Grundstück oder das Gebäude gegenüber seiner ursprünglichen Gestaltung baulich optisch verändert wird. Dies gilt beispielsweise bei Balkonverglasungen und bei der Errichtung von zusätzlichen Baulichkeiten wie zum Beispiel beim Anbau von Garagen oder bei der Errichtung eines Car-Ports.

Beschließen allerdings die Wohnungseigentümer eine bauliche Veränderung mit Mehrheit, beispielsweise die Anbringung eines Vordaches über der Hauseingangstür, ist der Mehrheitsbeschluss

wirksam und vom Verwalter durchzuführen, wenn er nicht innerhalb Monatsfrist angefochten und durch das Gericht für ungültig erklärt wird.
Die Eigentümer, die diesem Beschluss nicht zugestimmt haben, brauchen sich aber dann auch nicht an den Kosten zu beteiligen (§ 16 Abs. 3 WEG). Ob die Eigentümer auch durch mehrheitliche Beschlussfassung zur anteiligen Kostentragung herangezogen werden können, ist derzeit noch strittig. Grundsätzlich sollte, um die Zahlungspflicht zu vermeiden, ein solcher Beschluss vorsorglich angefochten werden.
Werden bauliche Veränderungen am gemeinschaftlichen Eigentum durch einzelne Eigentümer ohne die erforderliche Zustimmung der übrigen Eigentümer vorgenommen, kann jeder Eigentümer die Beseitigung dieser Baumaßnahme verlangen, auch wenn diese bereits durchgeführt worden ist.
Siehe / Siehe auch: Beseitigungsanspruch (Bauliche Veränderungen), Instandhaltung / Instandsetzung (Mietrecht), Instandhaltung / Instandsetzung (Wohnungseigentum), Instandhaltungsrückstellung (Instandhaltungsrücklage), Kostenverteilung, Modernisierungsmaßnahmen (Wohnungseigentum)

Bauliche Veränderungen (Mietwohnung)

Bauliche Veränderungen der Mietsache sind alle Veränderungen, die sich bei Auszug des Mieters nicht ohne weiteres wieder entfernen lassen, die in die Bausubstanz eingreifen, die die optische Einheitlichkeit einer Wohnanlage gefährden oder unerwünschte Folgen für andere Bewohner haben. Beispiele:
- Herausreißen oder Einziehen von Wänden
- Einbau einer anderen Heizungsanlage
- Ankleben von Styroporplatten (Feuergefahr)
- Austausch der Einbauküche
- Verglasen des Balkons
- Ersetzen der elektrischen Leitungen
- Austausch von Fußböden
- Einbau einer Überwachungskamera durch Einzelbewohner am Haupteingang des Mehrfamilienhauses.

Die meisten Standardmietverträge enthalten eine Klausel, nach der bauliche Veränderungen an der Mietsache nicht ohne Zustimmung des Vermieters durchgeführt werden dürfen. Auch ohne diese Klausel ist dies ohne Erlaubnis unzulässig und kann zu Schadenersatzansprüchen gegen den Mieter führen (Wiederherstellung des alten Zustandes).
Zulässig sind geringfügige Veränderungen, die sich noch im Rahmen des vertragsgemäßen Gebrauchs bewegen. Beispiele: Anbringen neuer Steckdosen, Entfernen von Einbauschränken, Herstellen eines Telefonanschlusses, Dübellöcher (soweit in angemessener Menge und schonend z.B. für Fliesen). Ebenfalls genehmigungsfrei eingebracht werden können Einrichtungen des Mieters, die wieder entfernt werden können und nur vorübergehend mit der Mietwohnung verbunden sind. Beispiele: Unverklebter Teppichboden, Aufstellen einer transportablen Duschkabine in der Küche, neue Wasserhähne.
Einen Rechtsanspruch auf Genehmigung einer erheblichen baulichen Veränderung hat der Mieter nicht. Ausnahme nach § 554 a BGB Einbauten, die ein behinderter Mieter benötigt, um die Wohnung behindertengerecht zu nutzen. Beispiele: Breitere Türen, Türschwellenentfernung, behindertengerechtes Bad.
Siehe / Siehe auch: Barrierefreiheit, Bauliche Veränderung (Wohnungseigentum), Behindertengerechte Umbauten

Baulinie

Eine Baulinie ist die im Bebauungsplan festgesetzte Linie, an die gebaut werden muss. Sie kann in roter Farbe dargestellt werden.
Darstellungsform im Bebauungsplan:
— ·· — ·· — ·· — ·· —

Siehe / Siehe auch: Baugrenze

Baulückenkataster

Baulückenkataster werden von Gemeinden angelegt, einerseits mit dem Ziel einer Bestandsaufnahme vorhandener Bauflächen vor allem in den unbeplanten Innenbereichen. Die vorhandenen siedlungspolitischen Entwicklungspotentiale sollen erkannt werden. Andererseits sollen die vorhandenen Baulandreserven im Interesse eines haushälterischen Flächenmanagements „mobilisiert" werden. Insoweit handelt es sich um ein Informationsinstrument, das Architekten, Maklern, Bauträgern einen Überblick über potenzielle Angebote verschaffen soll.
Es liegt an diesen, mit den Eigentümern Verbindung aufzunehmen, um ihnen einen Verkauf schmackhaft zu machen. Die Eigentümeranschriften sind in kommunalen Baulandkatastern aus

datenschutzrechtlichen Gründen nicht erfasst. Bei entsprechendem Interesse können die Eigentümer (teilweise gegen Gebühr) erfragt werden. Die Baulücken werden in Katasterplänen farblich gekennzeichnet. Die „klassische Baulücke" ist in der Regel sofort bebaubar. In das Baulückenkataster werden aber auch Flächen aufgenommen, die bauliche Nutzungsreserven aufweisen. Ebenso können Flächen bezeichnet werden, die aktuell falsch genutzt werden und deren Umnutzung im öffentlichen Interesse liegt. Im Zusammenhang mit Einbeziehungssatzungen werden im Baulückenkataster vielfach auch Flächen gekennzeichnet, die durch Einbeziehung in den Innenbereich Bauflächen werden. Da es keine speziellen öffentlich rechtlichen Regelungen über das Führen von Baulückenkatastern gibt, führte die Entwicklung zu einer Vielzahl von Ausprägungen. In der Regel werden die Möglichkeiten der geographischen Informationssysteme (GIS) zur Erstellung der Baulückenkataster genutzt.

Baumangel

Weist die Leistung des Bauunternehmers bzw. Handwerkers nicht die „vereinbarte Beschaffenheit" auf und weicht sie von den anerkannten Regeln der Technik ab, liegt ein Baumangel vor. Fehlt eine Beschaffenheitsvereinbarung, ist die Leistung mangelfrei, wenn sie sich „für die nach dem Vertrag vorausgesetzte", bei Fehlen einer vertraglichen Klarstellung „für die gewöhnliche Verwendung" eignet Es ist immer ratsam, einen solchen Baumangel durch einen Sachverständigen begutachten zu lassen oder vor Anhängigkeit eines Rechtsstreites ein „Selbständiges Beweisverfahren" – früher Beweissicherungsverfahren – einzuleiten.

Damit wird auch eine etwa drohende Verjährung unterbrochen. Wird dabei ein Baumangel festgestellt, stehen dem Bauherrn Mängelhaftungsansprüche (früher „Gewährleistung") nach dem Werkvertragsrecht des BGB oder – wenn vereinbart – nach VOB 2002 zu.

Siehe / Siehe auch: Bauschaden

Baumassenzahl (BMZ) – Baumasse (BM)

Durch die Festsetzung einer Baumassenzahl wird eine Begrenzung der Baumasse (ausgedrückt in m²) im Verhältnis zur Grundstücksgröße hergestellt. Sie ist nur in Gewerbe- und Industriegebieten sowie in „sonstigen Sondergebieten" als Festsetzungsmaß baulicher Nutzung zulässig. Da sie früher auch in Gewerbegebieten nicht festgesetzt werden konnte und deshalb auf die GFZ ausgewichen wurde, gibt es heute noch viele Bebauungspläne für Gewerbegebiete, die keine BMZ enthalten. In solchen Fällen gilt als Höchstmaß für die zu errichtende Baumasse die GFZ x 3,5. Höchstmögliches Verdichtungsmaß ist eine BMZ von 10,0.

Beispiel: Eine BMZ von 3,0 entspricht bei einem 10.000 m² großen Baugrundstück einer Baumasse von 30.000 m². Alternative Festsetzungsmöglichkeit ist in diesem Falle BM = 30.000. Darstellung der Baumassenzahl als Planzeichen:

$$\boxed{3,0}$$

Baumkataster

Das Baumkataster wird von den Städten und Gemeinden üblicherweise bei den Grünflächenämtern geführt. Im Baumkataster sind Angaben zur Gattung, Krone, Wurzel des Baumes, zur Unterhaltspflege, sowie zum Eigentum an den erfassten Bäumen im Gemeindegebiet vermerkt.

Siehe / Siehe auch: Baumschutz, Baumschutzsatzung, Grenzbaum

Baumschutz

In vielen Gemeinden bestehen Baumschutzverordnungen, die das Fällen von Bäumen bestimmter Höhe bzw. Größe untersagen oder von einer Genehmigung abhängig machen. Solche Regelungen können die Bebaubarkeit eines Grundstücks und damit seinen Wert teilweise erheblich beeinträchtigen. Rechtsgrundlage für gemeindliche oder vom Landkreis erlassene Baumschutzverordnungen (auch Baumschutzsatzung genannt) sind die

Naturschutzgesetze bzw. Landschaftspflegegesetze der Bundesländer, die wiederum dem Bundesnaturschutzgesetz als Rahmengesetz folgen.
Siehe / Siehe auch: Baumkataster

Baumschutzsatzung

Viele Gemeinden haben aus Umweltschutzerwägungen heraus so genannte Baumschutzsatzungen geschaffen, die das Fällen von Bäumen einer bestimmten Größe untersagen. Geschützt sind darin meist:
- Bäume mit Stammumfang von 80 und mehr Zentimetern
- mehrstämmige Bäume, wenn ein Stamm einen Umfang von 50 cm und mehr hat.

Der Umfang wird in einer Höhe von 100 cm über dem Erdboden gemessen. Wenn der Kronenansatz unter dieser Höhe liegen sollte, ist der Stammfang unmittelbar unter dem Kronenansatz maßgeblich. Obstbäume sind von der Satzung meist ausgenommen (nicht jedoch Walnuss und Esskastanie). Verboten ist: „Entfernung, Zerstörung, Schädigung des Baumes oder wesentliche Veränderung seines Aufbaues. Der Aufbau wird wesentlich verändert, wenn Eingriffe vorgenommen werden, die auf das charakteristische Aussehen erheblich einwirken oder das weitere Wachstum beeinträchtigen." (Quelle: Satzung zum Schutz des Baumbestandes, Düsseldorf, 1986). Natürlich sind Ausnahmen vorgesehen – z.B. bei kranken Bäumen oder solchen, von denen Gefahren ausgehen. Zuständig: Das örtliche Umwelt – und Grünamt oder die städtische Umweltbehörde. Ein Verstoß gilt als Ordnungswidrigkeit, die mit Geldbuße bis zu 50.000 Euro geahndet werden kann.
Siehe / Siehe auch: Baumkataster

Baunebenkosten

Baunebenkosten sind Teil der Gesamtkosten eines Bauvorhabens. Zu ihnen zählen im Wesentlichen:
- Kosten für Architekten, Ingenieure und Sonderfachleute
- Kosten der Verwaltungsleistungen des Bauherrn (u.a. auch eine eventuelle Baubetreuungsgebühr)
- Kosten der Behördenleistungen wie Baugenehmigung, Gebrauchsabnahmen
- Kosten der Finanzierungsbeschaffung, Bauzeitzinsen, Bereitstellungszinsen
- Grundsteuern während der Bauphase
- Beiträge zur Bauherrenhaftpflicht und Bauleistungsversicherung

Was Baunebenkosten sind, ergibt sich aus § 8 der mittlerweile außer Kraft gesetzten II Berechnungsverordnung. Zur Ermittlung der Kosten für Architekten und Ingenieure gilt die HOAI. Die Kosten der Verwaltungsleistungen sind in der II BV begrenzt auf 1% bis 3,4% der Baukosten, zuzüglich etwaiger Zuschläge in besonderen Fällen. Baunebenkosten sind auch in der DIN 276 unter der Hauptgruppe 700 (7.1.1-7.5.9) erfasst. Sie entsprechen in etwa trotz teils anderer Bezeichnung denen der II BV.
Siehe / Siehe auch: Gesamtkosten (eines Bauwerks)

Baunutzungskosten

Unter Baunutzungskosten (von Hochbauten) versteht man die Folgekosten, die nach Fertigstellung eines Gebäudes durch dessen Nutzung entstehen. Es handelt sich um eine Betrachtung aus der Sicht desjenigen, der für die Planung des Gebäudes zuständig ist. Dabei gilt der Grundsatz, dass ein Gebäude, das so geplant ist, dass nach Fertigstellung alle Nutzungsfunktionen aus der Kostenperspektive optimiert sind, zwar mehr Herstellungskosten verursacht, diese aber durch Kosteneinsparungen währen der Nutzungsdauer mehr als kompensiert werden. Die Baunutzungskosten sind in der DIN 18960 definiert. Die einzelnen, darin dargestellten Kosten entsprechen inhaltlich teilweise den Kapital- und Bewirtschaftungskosten der II BV, sind aber anders gegliedert und begrifflich anders gefasst.

Baunutzungsverordnung (BauNVO)

Die Baunutzungsverordnung enthält Regelungen zur Bestimmung von Art und Maß der baulichen Nutzung sowie der Bauweise und der überbaubaren Grundstücksfläche. Bei der Aufstellung der Bauleitpläne (Flächennutzungsplan und Bebauungsplan) durch die Gemeinde sind die Vorschriften der Baunutzungsverordnung zu beachten. Die Baunutzungsverordnung stellt eine Ergänzung zum Baugesetzbuch dar. Die Baunutzungsverordnung enthält für die Bauleitplanung Regelungen zur Bestimmung von Art der baulichen Nutzung (Bauflächenarten und Baugebiete) und Maß der baulichen Nutzung (zulässige Grundfläche, Geschoßfläche, Baumasse, Höhe, Zahl der Vollgeschosse) sowie der Bauweise (offen, geschlossen) und der überbaubaren Grundstücksfläche (Baufenster).
Bei der Aufstellung der Bauleitpläne (Flächennut-

zungsplan und Bebauungsplan) durch die Gemeinde sind die Vorschriften der Baunutzungsverordnung zu beachten. Die Baunutzungsverordnung stellt eine Ergänzung zum Baugesetzbuch dar. Zu beachten ist, dass alte Bebauungspläne nach der zur Zeit ihrer Aufstellung geltenden Baunutzungsverordnung zu beurteilen sind. Es gibt in diesem Sinne vier Baunutzungsverordnungen, nämlich die von 1962, 1968, 1977 und 1990.

Siehe / Siehe auch: Bauleitplanung, Bebauungsplan

BauNVO

Abkürzung für: Baunutzungsverordnung

BauO

Abkürzung für: Bauordnung

BauOBaWü

Abkürzung für: Bauordnung von Baden-Württemberg

BauONW

Abkürzung für: Bauordnung für Nordrhein-Westfalen

Bauordnungsrecht

Das Bauordnungsrecht hat sich aus früheren baupolizeilichen Vorschriften entwickelt. Es regelt, was bei der Errichtung, Änderung und dem Abbruch baulicher Anlagen zu beachten ist. Neben Begriffsdefinitionen ist u.a. folgendes Regelungsgegenstand des Bauordnungsrechts: Abstandsflächen und Nachbarschutz, Sicherheit am Bau, Bauantrag, Bauvoranfrage, Baugenehmigung und Genehmigungsfreistellung, Ausnahmen und Befreiungen, Baulasten, Vorschriften zur Baueinstellung, Nutzungsuntersagung und vieles mehr. Die Bestimmungen finden sich den Landesbauordnungen der einzelnen Bundesländer. Diese sind nicht einheitlich, sodass die bauordnungsrechtliche Beurteilung von Sachverhalten sich nach dem jeweiligen Landesrecht richtet. Eine Musterbauordnung, die von Zeit zu Zeit durch die für das Bauwesen zuständigen Minister der Bundesländer aktualisiert wird (zuletzt 2002), dient als Richtschnur für die Gesetzgebung der Bundesländer. Der letzte Stand der Länderbauordnungen ergibt sich aus folgender Übersicht:

- Landesbauordnung Baden-Württemberg (LBO) vom 8.8.1995 (zuletzt geändert am 14.12.2004)
- Bayerische Bauordnung (BayBO) vom 4.8. 1997 (zuletzt geändert am 26.7.2005)
- Bauordnung für Berlin vom 3.9.1997 (zuletzt geändert am 16.7.2001)
- Brandenburgische Bauordnung (BbgBO) vom 16.7.2003
- Bremische Landesbauordnung (BremLBO) vom 27.3.1995 (zuletzt geändert 8.4.03)
- Hamburgische Bauordnung (HbauO) vom 7. 12.2005, (tritt am 1.4.2006 in Kraft)
- Hessische Bauordnung (HBO) 18.7.2002
- Landesbauordnung Mecklenburg-Vorpommern vom 6.5.1998)
- Niedersächsische Bauordnung (LbauO M-V) vom 10.2.2003
- Bauordnung für das Land Nordrhein-Westfalen (BauO NRW) vom 1.3.2000
- Landesbauordnung Rheinland-Pfalz (LbauO) vom 24.11.1998 (zuletzt geändert 28.09.05)
- Bauordnung für das Saarland (-LBO) vom 27. März 1996 (zuletzt geändert 19.5.2004)
- Sächsische Bauordnung (SächsBO) vom 28. 5.2004
- Bauordnung Sachsen-Anhalt (BauO LSA) vom 1. März 2004 (zuletzt geändert am 19.7.2004)
- Landesbauordnung für das Land Schleswig-Holstein (-LBO) vom 10. Januar 2000 (zuletzt geändert am 20.12.2004)
- Thüringische Bauordnung (ThürBO) vom 16. 3.2004

BauOSaar

Abkürzung für: Bauordnung des Saarlandes

BauPG

Abkürzung für: Bauproduktegesetz

Bauplanungsrecht

Das derzeit geltende Bauplanungsrecht fußt auf dem Bundesbaugesetz von 1960 und wurde 1971 durch das Städtebaurecht ergänzt. Zusammengeführt wurden diese beiden Rechtsgebiete 1986 im Baugesetzbuch. Dabei wurden auch Aspekte der Stadtökologie, des Umweltschutzes, des Flächenrecycling erstmals in den Regelungsbereich einbezogen. Seitdem erfuhr das Baugesetzbuch einige Novellierungen. Das für die östlichen Bundesländer gedachte BauGB-Maßnahmegesetz, das Erleichterungen bei der Umsetzung bauplanungsrechtlicher und städtebaurechtlicher Ziele gebracht hat, wurde 1998 in das Baugesetzbuch überführt. Dann wurden zunehmend europarechtliche Normen berücksichtigt. Die letzte Änderung des deutschen Bauplanungsrechts erfolgte durch das Europarechtsanpassungsgesetz 2004.

Das Bauplanungsrecht ist Bundesrecht. Es regelt im allgemeinen Städtebaurecht umfassend die gemeindlichen Kompetenzen und Aufgaben im Zusammenhang mit der Bauleitplanung, die Instrumente zu deren Sicherung, die Rechtsgrundlagen der baulichen Nutzung des Bodens, die Bodenordnung und Erschließung sowie die Enteignung.

Gegenstand des Besonderen Städtebaurechts sind Vorschriften über städtebauliche Sanierungs- und Entwicklungsmaßnahmen, Vorschriften zum Stadtumbau und zur Sozialen Stadt, über die Erhaltungssatzung und städtebaulichen Gebote und die im Zusammenhang mit solchen Maßnahmen erforderliche soziale Abfederung (Sozialplan) und die notwendige Aufhebung von Miet- und Pachtverhältnissen im Zuge solcher Maßnahmen. Einbezogen wurde auch das Wertermittlungsrecht mit der Installation und dem Aufgabenbereich von Gutachterausschüssen. Zum Bauplanungsrecht zählen auch die zugehörigen Verfahrensvorschriften einschließlich der Verfahren vor den Kammern für Baulandsachen.

Siehe / Siehe auch: Baugesetzbuch (BauGB), Baunutzungsverordnung (BauNVO), PlanzVO, Wertermittlungsverordnung

Baupreisindex

Der Baupreisindex wird verwendet zur Ermittlung des Herstellungswertes eines Gebäudes nach dem Sachwertverfahren (§ 21ff WertV), um die Normalherstellungskosten auf die Preisverhältnisse zum Wertermittlungsstichtag umzurechnen. In Deutschland werden die folgenden Indizes vom Statistischen Bundesamt herausgegeben:
- konventioneller Neubau im Hochbau (Wohngebäude, Bürogebäude und gewerbliche Betriebsgebäude),
- Neubau von Einfamiliengebäuden in vorgefertigter Bauart (Fertighäuser),
- Neubau im Tiefbau (Straßen, Brücken, Ortskanäle) und
- Instandhaltung von Mehrfamiliengebäuden

Bauproduktklassen

Die Bauprodukte (nach DIN 4102-1 „Baustoffe") werden nach Euronorm in nicht brennbar und brennbar eingeteilt. Nicht brennbar sind die Bauprodukte, die der Baustoffklasse A1 und A2 angehören. Die Baustoffe der Klassen B, C, D und E unterscheiden sich hinsichtlich ihres unterschiedlichen Ausmaßes der Entflammbarkeit. Die Katalogisierung berücksichtigt Rauchentwicklung und brennendes Abtropfen. Die Euronorm gilt an Stelle von DIN 4102-1 seit 1.1.2001.

Bauprozess

(Zivilrecht) Beim Bauprozess stehen Rechtsstreitigkeiten im Mittelpunkt, die im Zusammenhang mit der Errichtung eines Bauwerkes entstehen. Die Risiken des Bauprozesses sind grundsätzlich nicht durch eine Rechtsschutzversicherung abdeckbar. Das finanzielle Risiko, das wegen der meist hohen Streitwerte ebenfalls hoch ausfällt, liegt deshalb zunächst beim klagenden Bauherrn. Hinzu kommen die Kosten für Gutachter, die in aller Regel eingeschaltet werden müssen. Diese Ausgaben müssen die Prozessparteien ebenfalls selbst tragen. Wer gerichtlich gegen Entscheidungen der Baubehörde vorgehen will, muss den Verwaltungsrechtsweg beschreiten.

BauR

Abkürzung für: Baurecht

Baureifes Land

Siehe / Siehe auch: Bauland

Baureinigung

Spezielle Reinigungsfirmen kümmern sich um die Reinigung von Neu- oder Umbauten während oder nach der Bauzeit. Während der Bauphase kann mehrfach eine Grob-Baureinigung durchgeführt werden, die groben Schmutz und Staub beseitigt, die Arbeit der nächsten Gewerke erleichtert und nicht zuletzt eine frühzeitige Besichtigung durch Kauf- und Mietinteressenten ermöglicht.

Nach Abschluss der Bauarbeiten erfolgt eine Endreinigung, die das Gebäude bezugsfertig gesäubert hinterlässt.

Auch eine Nachreinigung muss in manchen Fällen durchgeführt werden, wenn etwa Nachbesserungen oder die Beseitigung von Baumängeln doch noch einmal für Schmutz und Staub gesorgt haben. Natürlich muss bei den genannten Arbeiten die Einhaltung der gesetzlichen Richtlinien zur Abfallbeseitigung gewährleistet sein.

Siehe / Siehe auch: Endreinigung

Bausachverständigenverordnung

Die Prüfung haustechnischer Anlagen und Einrichtungen ist in jedem Bundesland durch uneinheitliche Landesvorschriften geregelt. Einige Bundesländer haben spezielle Vorschriften zur Anerkennung der Sachverständigen erlassen, die derartige Prüfungen durchführen dürfen. Manche Länder – z.B. Berlin – verzichten auf eine formelle Anerkennung und ermächtigen jede Person mit einer entsprechenden Ausbildung und Sachkunde zur Durchführung von Anlagenprüfungen.

Die Verordnungen werden z.T. als Bausachverständigenverordnung (BauSVO), teils aber auch anders bezeichnet. Die BauSVO Baden-Württemberg z.b. versteht sich als Verordnung über anerkannte Sachverständige für die Prüfung technischer Anlagen und Einrichtungen nach Bauordnungsrecht (BauSVO).

Sie regelt u.a. die Voraussetzungen für die Anerkennung als Sachverständiger sowie Pflichten und Aufgaben von Bausachverständigen. Im Freistaat Bayern existiert eine vergleichbare Regelung unter der Bezeichnung „Verordnung über die verantwortlichen Sachverständigen im Bauwesen (SachverständigenverordnungBau - SVBau)" vom 24.September 2001.

Bauschaden

Im Gegensatz zum Baumangel, der auf eine mangelhafte Bauausführung zurückzuführen ist, entstehen Bauschäden durch unterlassene Instandhaltungsarbeiten oder durch Einwirkungen von außen (Sturm, Blitz und dergleichen). Bauschäden können aber auch durch einen Baumangel verursacht werden. Etwaige Sachmängelansprüche (Gewährleistungsansprüche) beziehen sich nicht auf Bauschäden, es sei denn es handelt sich um Mangelfolgeschaden, die auf einen Baumangel eng und unmittelbar zurückzuführen sind.

Siehe / Siehe auch: Baumangel

Bausenat

Der Begriff Bausenat wird in unterschiedlichen Bedeutungen gebraucht. Zum einen bezeichnet er einen in Bausachen zuständigen Spruchkörper (rechtsprechendes Organ) eines Gerichts. Bausenate bestehen beispielsweise an Oberlandesgerichten und am Bundesgerichtshof, wo Bausachen dem VII. Zivilsenat zugewiesen sind.In den Städten Berlin, Hamburg, Bremen und Lübeck, deren oberste Exekutive Senat genannt wird, werden zudem die für das Bauwesen zuständigen Senatsverwaltungen umgangssprachlich als Bausenat bezeichnet. Des Weiteren wird der Begriff auch auf die für Bauangelegenheiten zuständigen Ausschüsse kommunaler Parlamente angewendet.

Bauspardarlehen

Bauspardarlehen sind Darlehen von Bausparkassen, auf die der Bausparer einen Anspruch hat, wenn er die Zuteilungsvoraussetzungen erfüllt hat. Der Bausparzins liegt in der Regel zwischen 4,5% und 5%. Die Regellaufzeit liegt zwischen 10 und 11 Jahren. Die Höhe der Annuität richtet sich nach dem gewählten Tarif und bewegt sich zwischen 3‰ und 10‰ der Bausparsumme pro Monat. In den Standardtarifen beträgt die Monatsrate, die an die Bausparkasse abzuführen ist, 6‰ der Bausparsumme. Die für die Zuteilung zu erreichende Bewertungszahl wird nach einem „Zeit-mal-Geld-System" ermittelt.

Bauspardarlehen können bis zur Höhe von 15.000 Euro ohne grundbuchliche Absicherung gewährt werden, wenn sich der Darlehensnehmer verpflichtet, einer möglichen Sicherung von Forderungen durch Grundpfandrechte zugunsten anderer oder durch Veräußerung des Grundstücks zu verhindern (§ 7 Abs. 4 Gesetz über Bausparkassen). Es handelt sich um ein "Bauspardarlehen gegen Verpflichtungserklärung".

Siehe / Siehe auch: Bausparen

Bausparen

Bausparen ist das Einzahlen von Beträgen bei einer Bausparkasse auf der Grundlage eines Bausparvertrages. Die Einzahlungen können regelmäßig, unregelmäßig bis hin zur Einmalzahlung erfolgen. Ziel des Bausparens ist es, später ein zinsgünstiges Darlehen zum Kauf, Bau oder zur Renovierung einer Wohnung bzw. eines Hauses aufnehmen zu können. Die Höhe der Einzahlungen richtet sich nach der Höhe der Bausparvertragssumme. Der Bausparer spart 40% bis 50% auf seinem Bausparkonto an (Mindestansparsumme).Erreicht er eine vorgegebene Bewertungszahl – sie richtet sich danach, wie viel der Bausparer eingezahlt hat und wie lange die Einzahlungen zurück liegen – und erfüllt er die Wartezeit, erhält er ein Darlehen, das je nach Bausparkasse normalerweise mit 4,5 bis 5,0% zu verzinsen ist. Mit der Zuteilung bekommt er ebenfalls sein Bausparguthaben zurück. Das Guthaben enthält die angesparten Raten, die angefallenen Zinsen (üblicher Zinssatz 2,5 bis 3,0% im Jahr) und etwaige Förderbeträge. Die Tilgung ist relativ hoch, so dass die jährliche Annuität – bezogen auf das Darlehen – über derjenigen von üblichen Baudarlehen liegt. Bausparen wird durch die Wohnungsbauprämie und Arbeitnehmersparzulage staatlich gefördert. Welche der Förderungsmöglichkeiten im Einzelfall in Frage kommen, erläutern Finanzierungsberater und die Bausparkassen. Allerdings ist darauf hinzuweisen, dass die Bausparfinanzierung effektiv teurer sein kann, als eine Bankfinanzierung. Dies kann dann der Fall sein, wenn auf das Bankkonto in der Ansparzeit die gleiche Sparrate einbezahlt und höher verzinslich angelegt wird als bei einer Bausparkasse – selbst wenn später das Bankdarlehen für sich genommen teurer ist. Nur bei relativ niedrigen Bausparvertragssummen, bei denen das Verhältnis zwischen der Einzahlungssumme einerseits und den staatlichen Förderungsmitteln plus Einlagenverzinsung andererseits zu einer höheren Gesamtverzinsung des Guthabens führt, erscheint Bausparen als geeignetes Restfinanzierungsinstrument attraktiv.

Siehe / Siehe auch: Wohnungsbauprämie, Arbeitnehmersparzulage, Bauspardarlehen, Bausparvertrag

Bausparkassen

Bei den Bausparkassen handelt es sich nach dem Bausparkassengesetz von 1973 um Kreditinstitute, auf die das Kreditwesengesetz anzuwenden ist und die der Überwachung durch die Bundesanstalt für Finanzdienstleistungsaufsicht (BaFin) unterliegen. Die ersten Bausparkassen wurden Anfang des 19. Jahrhunderts in England gegründet.
In Deutschland folgte nach englischem Vorbild 1868 in Breslau die erste Gründung als Genossenschaft. Durchgesetzt hat sich der Bausparrgedanke allerdings erst mit Gründung der Wüstenrot 1924. Heute gibt es 21 private und 13 öffentliche Bausparkassen.

Siehe / Siehe auch: Bausparen

Bausparsumme

Betrag, über den ein Bausparvertrag abgeschlossen wird. Die Bausparsumme setzt sich aus dem Bausparguthaben und dem Bauspardarlehen zusammen und wird ausgezahlt, wenn der Vertrag die Zuteilungsvoraussetzungen erfüllt.

Bausparvertrag

Der Bausparvertrag ist ein Vertrag, den ein Bausparer mit einer Bausparkasse abschließt. Damit strebt der Bausparer in aller Regel an, ein künftiges Bauvorhaben mit einem zinsgünstigen Darlehen zu finanzieren. Bausparverträge können nicht nur durch den Bausparer, sondern auch durch dessen nahe Verwandte für Bauzwecke genutzt werden. Welche Verwandte hierfür in Betracht kommen, regelt der Gesetzgeber.
Einzahlungen auf Bausparverträge werden vom Staat durch Gewährung von Arbeitnehmersparzulage und Wohnungsbauprämie unterstützt. Die Verwendung der Bausparguthaben ist dafür zweckgebunden.
Bausparverträge können nur für wohnungswirtschaftliche Zwecke verwendet werden. Hierzu zählen die Finanzierung von Erwerbsvorgängen und die Durchführung von Wohnbauvorhaben, Umbauten und Modernisierungen.
Außerdem werden die Auszahlung von Miterben, die Ablösung von Fremdfinanzierungsmitteln (Umschuldungen) soweit jeweils wohnungswirtschaftliche Objekte betroffen sind, sowie die Modernisierung der Mietwohnung durch den Mieter als wohnungswirtschaftlicher Verwendungszweck anerkannt.
Eine anderweitige Verwendung des Bausparguthabens vor Ende der 7-jährigen Sperrfrist führt dazu, dass die gewährten Wohnungsbauprämien wieder an den Fiskus zurückerstattet werden müssen. Verschiedene Banken schließen mit Bausparkassen Bausparverträge ab, die sie selbst besparen und bei Zuteilung ausgewählten Kunden als Finanzierungsmittel anbieten.
In Zeiten hoher Zinsen kann dies eine interessante Finanzierungsalternative darstellen. Es handelt sich um sogenannte Bauspar-Vorratsverträge. Neben dem Standard-Bausparvertrag gibt es Schnellsparvarianten und Langsamsparvarianten wobei grundsätzlich einer kurzen / langen Darlehenslaufzeit immer eine kurze / lange Ansparzeit bis zur Zuteilung entspricht. Im Zuge des Wandels der Tariflandschaft mit dem Ziel, den unterschiedlichen Bedürfnissen der Bausparer gerecht zu werden, werden heute auch Bausparverträge angeboten, bei denen ein Bauspardarlehen in Höhe der Bau-

sparvertragssumme gewährt werden. Bei Tarifen mit hohen Guthabenzinsen (z.B. 5%) werden entsprechend höhere Darlehenszinsen gefordert.
Der Variationsreichtum ist mittlerweile außerordentlich groß. Bausparverträge können geteilt, ermäßigt oder erhöht werden. Auch eine Zusammenlegung mehrerer Verträge ist möglich. Bei Übertragung ist darauf zu achten, dass nur Angehörige den bereits entstandenen Anspruch auf Wohnbauprämien mit übernehmen können.
Siehe / Siehe auch: Arbeitnehmersparzulage, Wohnungsbauprämie, Bausparen

BauStatG
Abkürzung für: Gesetz über die Durchführung vom Statistiken der Bautätigkeit und die Fortschreibung des Gebäudebestandes

Baustellenmarketing
Als Baustellenmarketing werden diejenigen Marketingmaßnahmen bezeichnet, die für ein Immobilienprojekt während der Bauphase durchgeführt werden. Dabei kommen grundsätzlich unterschiedliche Elemente des Marketingmix in Betracht. Typische Maßnahmen sind beispielsweise Presse- und Öffentlichkeitsarbeit, Außenwerbung direkt vor Ort an der Baustelle – beispielsweise am Bauzaun – sowie Eventmarketing. Ziel ist es, bereits während der Bauphase potenzielle Mieter, aber auch Nachbarn und die Öffentlichkeit auf das betreffende Projekt aufmerksam zu machen, dessen Vermarktung zu unterstützen, Spekulationen über die entstehende Bebauung vorzubeugen und die Akzeptanz für die künftigen Nutzungen an dem betreffenden Standort zu erhöhen.
In zunehmendem Maße werden bei größeren Projekten auch Baustellenführungen angeboten – gegebenenfalls auch in Kooperation mit benachbarten Projekten, um einer breiteren Öffentlichkeit einen Einblick in das Geschehen auf der Baustelle und eine Vorstellung von der künftigen Bebauung zu geben. Eine zentrale Rolle innerhalb des Baustellenmarketings spielen auch die Baufeste.
Siehe / Siehe auch: Baufeste, Marketing, Marketingmix

Baustellenverordnung
Im Interesse des Gesundheitsschutzes musste eine EG-Richtlinie in deutsches Recht umgesetzt werden, die im Arbeitsschutzgesetz und insbesondere in der Baustellenverordnung vom Juni 1998 ihren Niederschlag fand. Der Anhang II enthält einen Katalog von „besonders gefährlichen Arbeiten", für die eine Vorankündigungspflicht gegenüber der zuständigen Behörde besteht.
Bei solchen Baustellen und bei Baustellen auf denen Beschäftigte mehrerer Arbeitgeber tätig sind, ist ein Koordinator zu bestellen, der einen Sicherheits- und Gesundheitsplan ausarbeiten (lassen) und nach den allgemeinen Grundsätzen des Arbeitsschutzes (Arbeitsschutzgesetz) koordinieren muss. Er hat darauf zu achten, dass die Arbeitgeber / Unternehmen Ihren Pflichten aus der Verordnung nachkommen (insbesondere Instandhaltung der Arbeitsmittel, Vorkehrung zur Lagerung und Entsorgung insbesondere der Gefahrenstoffe, Anpassung der Ausführungszeiten und Zusammenarbeit zwischen Arbeitgebern und Unternehmen ohne Beschäftigte).

Bausummenüberschreitung
Liegen die vorab veranschlagten Kosten unter den tatsächlich vom Bauherrn aufgewendeten Ausgaben, liegt eine Bausummenüberschreitung vor. Der Finanzierungsplan sollte für einen solchen Fall genügend Spielraum vorsehen.
Die Haftung des Architekten, der im Rahmen der Honorarordnung für Architekten und Ingenieure hierzu Feststellungen getroffen hat, beginnt erst, wenn bestimmte, von der Rechtsprechung großzügig bemessene Toleranzgrenzen überschritten werden. Bei Kostenschätzungen betragen sie etwa 30%, bei Kostenberechnungen 20% und bei der Zusammenstellung der Kostenanschläge als Ergebnis von Ausschreibungen 5-10%. Allerdings muss festgestellt werden, dass Rechtslehre und Rechtsprechung hierzu etwas uneinheitlich sind.
Siehe / Siehe auch: Honorarordnung für Architekten und Ingenieure (HOAI)

BauSVO
Abkürzung für: Bausachverständigenverordnung
Siehe / Siehe auch: Bausachverständigenverordnung

Bautafel

Bautafeln sind an jeder Baustelle anzubringen. Sie informieren über die Art des Bauvorhabens, Name und Adresse des Bauherrn, der Bauleitung, des Architekten und des Statikers.

Die Bautafel muss deutlich lesbar und von der Straße aus gut sichtbar an gebracht werden. Bautafeln haben sich aus einer bauordnungsrechtlichen Zwangsmaßnahme längst zu einem Marketinginstrumentarium für den Bauherrn und die am Bau und am Vertrieb beteiligten Unternehmen entwickelt. Schließlich soll auch für das entstehende Objekt geworben werden.

Auch künstlerische Aspekte treten bei der Bautafelgestaltung immer mehr in den Vordergrund. Bautafelausstellungen werden organisiert. Bautafelenthüllungen durch Repräsentanten des öffentlichen Lebens treten bei besonderen Bauvorhaben vor allem im öffentlichen Bereich immer häufiger an die Stelle des ersten „Spatenstichs".

Bautagebuch

Das Bautagebuch dient der Aufzeichnung der Vorgänge am Bau. Vor allem werden darin Beginn und Dauer der einzelnen Bauarbeiten, der tägliche Baufortschritt, die angelieferten Materialien usw. dokumentiert, wie auch der Zustand der Baustelle insgesamt und deren äußere Bedingungen.

Die Dokumentation kann bei späteren Streitigkeiten mit den Vertragspartnern hilfreich sein. Die Führung des Bautagebuchs gehört zu den Grundleistungen eines Architekten, der damit aber auch einen Bauingenieur oder Baupolier beauftragen kann.

Für genehmigungspflichtige Bauten ergibt sich der notwendige Inhalt aus DIN 1045. Eine Verpflichtung zur Führung des Bautagebuches besteht bei privaten Bauvorhaben nicht.

Bautenstandsbericht

Der Bautenstandsbericht eines Immobiliensachverständigen erfüllt gleichzeitig zwei wesentliche Aufgaben im Rahmen des Baucontrollings: Zum einen enthält er wichtige Informationen über den tatsächlichen Fortgang und Stand ausgeführter Bauarbeiten, zum anderen überprüft er die Einhaltung vorher abgegebener Kostenprognosen und -voranschläge. Ein qualifizierter Bautenstandsbericht ist häufig unabdingbare Voraussetzung für die bankseitige Freigabe von Kreditmitteln zur weiteren Baufinanzierung.

Bauträger

Bauträger führen in eigenem Namen, auf eigene Rechnung und auf eigenem Grundstück Baumaßnahmen durch, die sie am Markt an „Ersterwerber" im Rahmen eines Bauträgervertrages verkaufen. Sofern sich das Objekt beim Verkauf noch in der Bauphase befindet, geht der Bauträger eine Verpflichtung zur Fertigstellung nach Maßgabe der Baubeschreibung und der Bauzeichnungen ein. Der Bauträgervertrag mit dem Ersterwerber ist seiner Rechtsnatur nach ein Werkvertrag. Bedeutsame Folge hieraus sind werkvertragliche Sachmängelansprüche, die erst nach 5 Jahren ab Abnahme verjähren.

Die auf neuerdings 4 Jahre dimensionierte VOB-Mangelhaftung scheidet innerhalb dieser Rechtsbeziehung zwischen Bauträger und Erwerber faktisch aus. Der Bauträger bedarf als gewerbsmäßiger Bauherr einer Erlaubnis nach § 34c GewO und unterliegt zum Schutz der Vermögensinteressen der Erwerber speziellen Vorschriften der Makler- und Bauträgerverordnung.

Vom Generalunternehmer und Generalübernehmer unterscheidet sich der Bauträger dadurch, dass er Bauherr ist und auf eigenem Grundstück baut. Generalunternehmer wie Generalübernehmer bauen dagegen auf dem Grundstück des Bauherrn. Sie übernehmen dadurch einen Teil des Bauherrenrisikos, dass sie – gleich wie der Bauträger – Festpreise garantieren. Weder Generalunternehmer noch Generalübernehmer unterliegen wegen Fehlens der gewerblichen Bauherreneigenschaft dem Vorschriftenbereich des § 34c GewO und der MaBV.

Siehe / Siehe auch: Generalunternehmer, Generalübernehmer

Bauträgervertrag
In einem Bauträgervertrag verpflichtet sich der Bauträger dem Erwerber des Bauträgerobjektes gegenüber zur Übertragung des Eigentums an dem erworbenen Grundstück und zur Herstellung des Bauwerkes. Im Vordergrund stehen nicht die kaufrechtlichen, sondern die werkvertragsrechtlichen Verpflichtungen. Neben den zivilrechtlichen Vorschriften des Werkvertragsrechts sind auch öffentlich rechtliche Vorschriften der MaBV zu beachten und in den Vertrag einzubeziehen. Ihr Sinn ist, die Vermögensinteressen der Erwerber von Bauträgerobjekten zu schützen.
Der Bauträger darf deshalb nach § 3 MaBV über Baugelder des Erwerbers nur verfügen, wenn
- der mit dem Erwerber abgeschlossene Vertrag rechtswirksam ist und vorbehaltene Rücktrittsrechte des Bauträgers nicht mehr bestehen,
- zugunsten des Erwerbers eine Auflassungsvormerkung im Grundbuch eingetragen ist, (bei Wohnungs- und Teileigentum muss deshalb die Teilung im Grundbuch vollzogen sein)
- etwaige Grundpfandgläubiger, die einen Grundstücksankaufskredit oder andere grundpfandrechtlich abgesicherte Vorfinanzierungsmittel zur Verfügung gestellt haben, eine unwiderrufliche Freistellungserklärung gegenüber dem Erwerber abgegeben haben und
- die Baugenehmigung erteilt ist oder – sofern sie nicht erforderlich ist – eine Bestätigung von der zuständigen Behörde vorgelegt wird, wonach die Voraussetzung für den Baubeginn gegeben ist.

Außerdem dürfen bestimmte Baufortschrittsraten nicht überschritten werden. Für den Abruf der Baufortschrittsraten werden Höchstbeträge genannt, die dem Bauträger jedoch einen gewissen Handlungsspielraum in der Zusammenstellung der Leistungen lassen, für die die Raten fällig gestellt werden.

BauVerfO
Abkürzung für: Bauverfahrensordnung

Bauvertrag
Siehe / Siehe auch: Werkvertrag, VOB-Vertrag

Bauvoranfrage
Will der Bauherr sicher gehen, dass seine Pläne über das Bauvorhaben auch tatsächlich genehmigt werden, kann er vorab beim örtlichen Bauamt einen Vorbescheid erwirken. Dazu muss er eine Bauvoranfrage stellen.
Diese ist wesentlich zeit- und kostengünstiger für den Bauherrn als das eigentliche Genehmigungsverfahren. Bei einem späteren Baugenehmigungsverfahren sind die im Vorbescheid von der Baubehörde entschiedenen Punkte für den Zeitraum von 3 Jahren verbindlich.

Bauvorantrag
Siehe / Siehe auch: Bauvoranfrage

Bauvorlagen
Bauvorlagen sind Unterlagen, die einem Bauantrag beigefügt werden müssen, um das Bauvorhaben genau darzustellen. Fast in allen Bundesländern verlangen die Behörden folgende Unterlagen:
Baubeschreibung mit
- Übersichtsplan (Maßstab 1:2000)
- Lageplan (Maßstab 1:500)
- Bauzeichnungen, Schnitten und Ansichten (Maßstab 1:100)
- Nachweis der Standsicherheit
- Nachweis der Einhaltung der Energieeinsparverordnung
- Angaben zum Schallschutz
- Darstellung zur Grundstücksentwässerung
- Berechnung des umbauten Raums
- Berechnung der Wohn- und Nutzfläche

Die Bauvorlagen sind auch einzureichen, wenn keine Genehmigung beantragt, sondern das Bauvorhaben im Rahmen eines der Verfahren durchgeführt werden soll, bei der die Planverfasser die Verantwortung für das Vorliegen aller gesetzlichen Bauvoraussetzungen übernimmt.
Rechtsgrundlage der Bauvorlagen sind die Bauvorlagenverordnungen der Bundesländer.
Siehe / Siehe auch: Baugenehmigung

Bauweise
Neben der dem Maß der baulichen Nutzung wird in Bebauungsplänen auch die Bauweise festgesetzt. Dabei wird unterschieden zwischen einer offenen und geschlossenen Bauweise. Die offene Bauweise ist dadurch gekennzeichnet, dass bei den Gebäuden seitliche Grenzabstände einzuhalten sind. Zur offenen Bauweise zählen neben Einzel-

und Doppelhäusern auch Hausgruppen bis maximal 50 m Länge. Garagen und Stellplätze können dabei in der Regel an die Grenze gebaut werden. Die geschlossene Bauweise kennt keine seitlichen Grenzabstände. Die Häuser werden zusammengebaut. Die Grenzwände sind als „Brandwände" bzw. „Gebäudeabschlusswände" zu errichten. Besondere Formen der geschlossenen Bauweise sind die Blockbebauung und die Kettenbauweise, bei der jeweils Einzelhäuser und Garagen wie an einer Kette aneinandergebaut sind.

Bauwerk

Bauwerk ist ein zivilrechtlicher Begriff des BGB, der auch Eingang in das Erbbaurecht gefunden hat. Die Herstellung, Änderung oder Beseitigung eines Bauwerkes wird in einem Werkvertrag geregelt. Der Begriff „Bauwerk" umfasst nicht nur bauliche Anlagen i.S.d. Bauordnungen der Bundesländer, sondern auch Anlagen des Tiefbaus (z.B. des Straßenbaus).

Bauwirtschaft

Bei der Bauwirtschaft handelt es sich um einen sehr vielschichtigen Wirtschaftszweig. Es wird unterschieden zwischen den Unternehmen der vorbereitenden Baustellenarbeiten (z.B. Abbruchunternehmen) und dem Hoch- und Tiefbau zuzuordnenden Unternehmen, die zusammen das Bauhauptgewerbe bilden. Die Unternehmen der Bauinstallation und des Ausbaus bilden die Gruppe des Ausbaugewerbes. Darüber hinaus gibt es noch Unternehmen, die Baumaschinen und -geräte mit Bedienungspersonal vermieten.

Im Bauhauptgewerbe, mit einer eher industriellen Produktionsstruktur und hohem Maschineneinsatz, dominieren mittelständische Firmen am Markt. Im mehr handwerklich geprägten Ausbaugewerbe sind es dagegen die kleineren Unternehmen; mehr als 90% der Firmen des Ausbaugewerbes haben weniger als 10 Beschäftigte. Die Zahl der Erwerbstätigen im Baugewerbe, die 1995 noch bei 3,2 Mio. gelegen hatte, ging bis 2005 auf 2,15 Mio. zurück. Davon waren gut 700.000 im Bauhauptgewerbe tätig, weitere rund 1,4 Mio. im Ausbaugewerbe.

Bei den Bausparten unterscheidet man im Hochbau zwischen den Bereichen Wohnungsbau sowie den Hochbauten für private (Industrie, Gewerbe) bzw. öffentliche Auftraggeber. Der Tiefbau zerfällt in die Sparten Tiefbau für private Auftraggeber, den Straßenbau sowie den Sonstigen öffentlichen Tiefbau (z.B. Kanalbau).

Der Anteil des Bruttoinlandsproduktes, der für Bauinvestitionen verwendet wird, lag 1991 bei 12,4% und erreichte 1994 mit 14,5% seinen Höchststand. Durch die anhaltende Baukrise ging dieser Wert bis 2005 auf 9,1% zurück, stabilisierte sich 2006 auf diesem Niveau. Die Bruttowertschöpfung des Baugewerbes lag 1994 bei 7,0% der gesamtwirtschaftlichen Bruttowertschöpfung. 2005 waren es noch 3,9%, dieser Wert gilt auch für 2006.

Die Bauinvestitionen erreichten 2005 ein Volumen von 202 Mrd. Euro. Davon entfielen 117 Mrd. Euro (58%) auf den Wohnungsbau, 59 Mrd. Euro (29%) auf den Wirtschaftsbau und 26 Mrd. Euro (13%) auf den Öffentlichen Bau. 2006 dürften die Bauinvestitionen nach vorläufigen Schätzungen auf 214 Mrd. Euro zugelegt haben.

Bauzeitende (Fondsobjekte)

Das vorgesehene Bauzeitende für die Immobilie eines geschlossenen Immobilienfonds ist von maßgeblicher Bedeutung für den Zeitpunkt der erstmaligen Mieteinnahmen und damit für den möglichen Ausschüttungsbeginn an die Fondsgesellschafter. Um hier unliebsame Überraschungen zu vermeiden, sollten für den Fall von Bauzeitüberschreitungen Vertragsstrafen in Höhe von mindestens den Mietausfällen und sonstigen finanziellen Nachteilen vereinbart sein.

Bauzeitenplan

Im Bauzeitenplan wird der zeitliche Ablauf des Bauvorhabens und der dabei ineinandergreifenden Bauleistungen der verschiedenen am Bau beteiligten Gewerke dargestellt. Darstellungsform ist meist ein auf einen Kalenderbogen projiziertes Balkendiagramm. Teilweise werden auch Liniendiagramme verwendet. Bei Großbauvorhaben bedient man sich für die Bauzeitplanung teilweise auch der „Netzplantechnik". Der Bauzeitenplan ist ein Steuerungs- und Kontrollinstrument bei der Koordination der am Bauprozess beteiligten Unternehmen. Aus ihm können unmittelbar die Fristen, bis zu denen eine Arbeit fertiggestellt sein soll, abgelesen werden. In der Regel sind ausreichende Pufferzeiten berücksichtigt. Bauzeitenpläne werden sowohl vom Architekten als auch den beteiligten bauausführenden Unternehmen erstellt.

Bauzeitzinsen
Bauzeitzinsen sind Schuldzinsen, die bei Bauvorhaben im Zusammenhang mit einer Vor- oder Zwischenfinanzierung vor der Bezugsfertigkeit des Objektes anfallen. Soll das Objekt vermietet werden, können die Zinsen vom Bauherrn als Werbungskosten abgezogen werden. Kalkulatorisch zählen sie zu den Baunebenkosten.
Siehe / Siehe auch: Baunebenkosten

BauZVO
Abkürzung für: Bauzulassungsverordnung

BAV
Abkürzung für: Bundesaufsichtsamt für das Versicherungswesen
Siehe / Siehe auch: Bundesanstalt für Finanzdienstleistungsaufsicht (BAFin)

BayGO
Abkürzung für: Bayrische Gemeindeordnung

BayObLG
Abkürzung für: Bayrisches Oberstes Landesgericht

BBA
Abkürzung für: Berlin-Brandenburgische Akademie der Wohnungswirtschaft e.V.

BBauBl
Abkürzung für: Bundesbaublatt

BBauG
Abkürzung für: Bundesbaugesetz

BBD
Abkürzung für: Bundesbaudirektion

BBergG
Abkürzung für: Bergbaugesetz

BBiG
Abkürzung für: Berufsbildungsgesetz

BBodSchG
Abkürzung für: Bundesbodenschutzgesetz
Siehe / Siehe auch: Bundesbodenschutzgesetz, Entwicklung ländlicher Räume, Gute fachliche Praxis

BBR
Abkürzung für: Besondere Bedingungen und Risikobeschreibungen für die Berufshaftpflichtversicherung von Architekten, Bauingenieuren und Beratenden Ingenieuren
Siehe / Siehe auch: Bundesamt für Bauwesen und Raumordnung (BBR)

BBU
Abkürzung für: Verband Berlin-Brandenburgischer Wohnungsunternehmen

Bd
Abkürzung für: durchschnittlicher, relativer Bodenwert in % im Verhältnis zur Grundstückstiefe

BDA
Abkürzung für: Bund Deutscher Architekten

BDB
Abkürzung für: Bund Deutscher Baumeister, Architekten und Ingenieure

BDF
Abkürzung für: Bundesverband Deutscher Fertigbau

BDIA
Abkürzung für: Bund Deutscher Innenarchitekten

BDLA
Abkürzung für: Bund Deutscher Landschaftsarchitekten

BDSG
Abkürzung für: Bundesdatenschutzgesetz

Bearbeitungsgebühr
Manche Vermieter verlangen für den Abschluss bzw. die Ausfertigung des Mietvertrages eine Bearbeitungs- oder Vertragsausfertigungsgebühr. Zur Zulässigkeit und zur Maximalhöhe dieser Gebühr urteilen die Gerichte sehr unterschiedlich. Generell gilt:
- Vertragsklauseln, nach denen – ohne einen konkreten Betrag zu nennen – einfach alle Ausgaben oder Kosten im Zusammenhang mit dem Vertragsabschluss auf den Mieter abgewälzt werden, sind zu unbestimmt und daher unwirksam.
- Ein Makler darf nach dem Wohnungsvermittlungsgesetz eine Courtage oder Provision

verlangen (maximal zwei Monatsmieten ohne Nebenkosten plus Mehrwertsteuer), aber keine zusätzliche Bearbeitungsgebühr.
* Ein Vermieter darf keine Maklerprovision verlangen.

Nach Ansicht einiger Gerichte darf der Vermieter vom Mieter eine Bearbeitungsgebühr verlangen, um Auslagen des Vermieters z.B. für Anzeigenschaltungen abzugelten, wenn kein Makler eingeschaltet war. Zur Höhe urteilen die Gerichte sehr unterschiedlich. 50 bis 75 Euro sind noch zulässig, 150 Euro nach Meinung der meisten Gerichte nicht mehr. Das Amtsgericht Bochum hielt eine Bearbeitungsgebühr von 300 DM für wirksam vereinbart; der Vermieter hatte tatsächlich Anzeigenkosten in dieser Höhe gehabt (Az. 66 C 531/97).

Eine überhöhte Bearbeitungsgebühr kann vom Mieter nachträglich zurückgefordert werden. Das Amtsgericht Hamburg erklärte Ende 2004 eine Vertragsausfertigungsgebühr von 152 Euro für unzulässig. Eine solche Gebühr sei eine versteckte Maklergebühr, die der Vermieter oder Verwalter laut Wohnungsvermittlungsgesetz nicht verlangen dürfe (Az.: 711 C 36/04).

Siehe / Siehe auch: Auszugsgebühr

Bebauungsplan

Durch den Bebauungsplan werden Baurechte für die Eigentümer der Grundstücke geschaffen, die im Geltungsbereich des Bebauungsplanes liegen. Der „qualifizierte" Bebauungsplan enthält mindestens Festsetzungen über Art und Maß der baulichen Nutzung, überbaubare Grundstücksflächen und die örtlichen Verkehrsflächen. Ein Bebauungsplan, der diesen Mindestfestsetzungen nicht entspricht, gilt als „einfacher" Bebauungsplan. Dieser enthält in der Regel nur die Festsetzung der Gebietsart und/oder von Baugrenzen bzw. Baulinien. Darüber hinaus richtet sich die Bebauung nach der Umgebung. Einfache Bebauungspläne setzen also einen bestimmten Bebauungsbestand voraus, der Orientierungsgrundlage bei Beurteilung der Zulässigkeit eines Bauvorhabens ist. § 9 Abs. (1) BauGB enthält 26 verschiedene Festsetzungsmöglichkeiten für einen Bebauungsplan bis hin zu Anpflanzungen mit Bäumen und Sträuchern. Den Bundesländern werden weitere Festsetzungsmöglichkeiten eingeräumt, deren Rechtsgrundlage Länderverordnungen sind. Ein Bebauungsplan gilt für einen genau abgegrenzten Teil des Gemeindegebietes.

Der Bebauungsplan besteht aus einem zeichnerischen Teil mit Erklärungen der verwendeten Planzeichen und einer „Begründung". Die Ziele, Zwecke und wesentlichen Auswirkungen des Bebauungsplanes sind dabei darzulegen. Im Hinblick darauf, dass manche Bebauungspläne in den schriftlichen Ausführungen bis zu 50 Seiten stark geworden sind, gibt es zunehmend Initiativen, die für „schlanke Bebauungspläne" plädieren.

Bebauungspläne sind jeweils mit den benachbarten Gemeinden abzustimmen. Dabei muss der Tatsache Rechnung getragen werden, dass Einrichtungen von benachbarten Gemeinden, die sich aus ihrer zentralörtlichen Funktion ergeben, nicht durch Vorhaben unterlaufen werden, die die Auswirkungen solcher Einrichtungen beeinträchtigen.

Der Bebauungsplan kommt, wie folgt zustande: Nach einem öffentlich bekannt zugebenden Aufstellungsbeschluss wird ein Vorentwurf mit den Bürgern (seit 2004 „Öffentlichkeit") und den Behörden und sonstigen Trägern öffentlicher Belange (TÖB) erörtert. Dabei sich ergebende Erkenntnisse werden erörtert und – wenn mehr dafür als dagegen spricht – im Entwurf des Bebauungsplanes berücksichtigt. Die Gemeinde beschließt dann, diesen Entwurf öffentlich auszulegen. Auch dieser Beschluss ist bekannt zu machen.

Den Bürgern, Fachbehörden und sonstigen Trägern öffentlicher Belange ist damit wieder eine Möglichkeit gegeben, Bedenken und Anregungen zu äußern, die in die Abwägung durch den Gemeinderat einfließen. Durch das Europarechtsanpassungsgesetz von 2004 wurde eine Umweltverträglichkeitsprüfung vorgeschrieben, die mögliche erhebliche Umweltauswirkungen ermittelt und bewertet. Das Ergebnis Fließt in einen Umweltbericht ein. Auch er ist Gegenstand der Abwägung.

Der Bebauungsplan wird schließlich durch Satzung beschlossen. Er tritt mit der Bekanntmachung in Kraft. Zur Beschleunigung des Planungsverfahrens hat es sich als zweckmäßig erwiesen, die Beteiligung der Öffentlichkeit dem Aufstellungsbeschluss vorzuziehen („vorgezogene Bürgerbeteiligung"). Es kann dann auf die Erörterung des unter Mitwirkung der Bürger zustande gekommenen Entwurfs verzichtet werden. Welche Bedenken und Anregungen der Öffentlichkeit und der Behörden berücksichtigt, teilweise berücksichtigt oder nicht berücksichtigt wurden, wird in einen Abwägungsbeschluss festgehalten. Der Beschleunigung dient auch die Beteiligung der Be-

hörden und der Träger öffentlicher Belange im so genannten Sternverfahren. Alle von der Planung berührten Institutionen werden unter Fristsetzung gleichzeitig zur Stellungnahme aufgefordert.
In bestimmten Ausnahmefällen ist eine Genehmigung des Bebauungsplanes erforderlich, nämlich immer dann, wenn ein Flächennutzungsplan zum Zeitpunkt der Bekanntmachung des Bebauungsplanes (noch) nicht vorliegt oder der Flächennutzungsplan parallel zur Aufstellung des Bebauungsplanes geändert werden muss. Dies ist immer dann der Fall, wenn die Vorgaben des Flächennutzungsplanes mit den Vorstellungen zum Bebauungsplan nicht übereinstimmen. Überwiegend kann jedoch davon ausgegangen werden, dass Flächennutzungspläne existieren und der Aufstellungsbeschluss über einen Bebauungsplan auf der Grundlage eines bestehenden Flächennutzungsplanes gefasst wird.
Siehe / Siehe auch: Bauleitplanung, Flächennutzungsplan (FNP), Grünordnungsplan, Landschaftsplan, Träger öffentlicher Belange / Behörden, Umweltbericht

Bedarfsbewertung

Bei der Bedarfsbewertung von Grundstücken handelt es sich um die Ermittlung des Grundbesitzwertes im Sinne des Bewertungsgesetzes zum Zwecke der Veranlagung zur Erbschaft- und Schenkungsteuer und in bestimmten Fällen zur Grunderwerbsteuer.
Siehe / Siehe auch: Grundbesitzwert, Erbschaft- und Schenkungsteuer

Beendigung eines Mietverhältnisses

Mietverhältnisse werden entweder durch Zeitablauf, Kündigung oder Mietaufhebungsvertrag beendigt.

Zeitablauf

Beim Wohnungsmietvertrag besteht seit 1.9.2001 keine Möglichkeit mehr, einen sog. „einfachen Zeitmietvertrag" zu vereinbaren. Er sah vor, dass dem Mieter das Recht auf Fortsetzung zustand, wenn der Vermieter kein berechtigtes Interesse geltend machen konnte. Dagegen gibt es nach wie vor den sog. „qualifizierten Zeitmietvertrag", bei dem schon bei Vertragsabschluss die Gründe für die vereinbarte Beendigung des Mietverhältnisses schriftlich dargelegt werden müssen.
Als Gründe kommen nur in Betracht: Eigenbedarf, die Absicht, die Mieträume zu beseitigen oder sie so wesentlich zu verändern bzw. instand zu setzen, dass die Maßnahmen durch die Fortsetzung des Mietverhältnisses erheblich erschwert würden. Schließlich kann auch noch eine vorgesehene anderweitige Vermietung an eine zur Dienstleistung verpflichtete Person als Grund für die Beendigung des Mietvertrages angeführt werden.
Auch beim Gewerberaummietvertrag endet der Zeitmietvertrag mit seinem Ablauf. Besteht zugunsten des Mieters eine Verlängerungsoption und wird sie entsprechend der Vereinbarung geltend gemacht, verlängert sich das Mietverhältnis um den für die Option maßgeblichen Zeitraum.

Kündigung

Die Beendigung des Mietverhältnisses durch Kündigung des Vermieters ist bei Wohnraum beschränkt auf Fälle, in denen ein berechtigtes Interesse vorliegt. Dies gilt auch im Fall des Todes des Mieters, es sei denn, der verstorbene Mieter war alleinstehend. Der Vermieter muss zum Zeitpunkt der Kündigung im Grundbuch als Eigentümer eingetragen sein, es sei denn, er ist Zwischenmieter.
Die ordentliche Kündigungsfrist des Wohnungsmieters beträgt 3 Kalendermonate, wobei die Kündigung spätestens am dritten Werktag des ersten Monats erfolgt sein muss. Eine längere Frist kann nicht vereinbart werden. Die Kündigung bedarf bei Wohnraum stets der Schriftform.
Ein Sonderkündigungsrecht für Mieter besteht beim preisfreien Wohnraum, wenn der Vermieter ein Mieterhöhungsverlangen zur ortsüblichen Vergleichsmiete stellt oder eine Mieterhöhung wegen baulicher Änderungen (Modernisierung) fordert. Innerhalb eines Zeitraumes von zwei Monaten nach Zugang der Erhöhungserklärung (Überlegungsfrist) kann der Mieter das Mietverhältnis außerordentlich zum Ablauf des übernächsten Monats kündigen. Die Mieterhöhung tritt bei Kündigung nicht in Kraft.
Lange umstritten war die Rechtslage bei so genannten Altmietverträgen, die vor der Mietrechtsreform und damit vor dem 1. September 2001 abgeschlossen worden sind. Der Bundesgerichtshof entschied dazu am 18.6.2003, dass mietvertraglich vereinbarte Kündigungsfristen im Sinne der alten Rechtslage (Kündigungsfrist für den Mieter bei Mietdauer von bis zu 5 Jahren – 3 Monate, bis zu 8 Jahren – 6 Monate, bis zu 10 Jahren – 9 Monate und bei über 10 Jahren – 1 Jahr) weiterhin Bestand

haben sollten (BGH, Az. VIII ZR 240, 324, 339 und 355/02).

Ab 1.6.2005 ist jedoch eine gesetzliche Neuregelung in Kraft. Danach gilt die dreimonatige Frist für Kündigungen durch den Mieter auch für Altmietverträge, in denen die bis 1.9.2001 gültigen gesetzlichen Kündigungsfristen formularmäßig vereinbart worden sind. Seit dem 1.6.2005 können diese Mieter also mit dreimonatiger Frist kündigen. Niedergelegt ist die Regelung in Artikel 229 § 3 Abs.10 des Einführungsgesetzes zum Bürgerlichen Gesetzbuch (EGBGB).

Für Vermieter von Wohnraum bei der ordentlichen Kündigung staffeln sich die Kündigungsfristen wie folgt: Drei Monate bei Mietverhältnissen bis 5 Jahre Dauer, sechs Monate bei Mietverhältnissen zwischen 5 und bis 8 Jahren Dauer, neun Monate bei Mietverhältnissen von über 8 Jahren Dauer. Diese Fristen sind zu Lasten des Mieters nicht abdingbar.Beim Gewerberaum gibt es keinerlei gesetzlichen Kündigungsschutz. Die gesetzliche Kündigungsfrist beträgt ein halbes Jahr (Kündigung spätestens am dritten Werktag eines Kalendervierteljahres zum Ablauf des nächsten Kalendervierteljahres). Die Frist ist abdingbar.

Im Übrigen besteht die Möglichkeit, das Kündigungsrecht der Mietvertragsparteien für eine bestimmte Zeit auszuschließen. Der BGH hat in seiner Entscheidung vom 6.4.2005, Az.: VIII ZR 27/04, die Vereinbarung eines Kündigungsverzichts durch einen Wohnungsmieter – auch im Wege einer Allgemeinen Geschäftsbedingung – jedoch auf vier Jahre beschränkt. Er lehnte sich dabei an die Bestimmung an, dass bei einem Staffelmietvertrag dem Mieter ein Kündigungsrecht zum Ablauf des 4. Jahres zustünde.

Bei Vorliegen eines wichtigen Grundes können beide Mietvertragsparteien auch außerordentlich fristlos kündigen. Ein solcher Grund liegt vor, wenn dem Kündigenden in der konkreten Situation, unter Berücksichtigung eines Verschuldens der Beteiligten und unter Abwägung ihrer jeweiligen Interessen eine Fortsetzung des Mietvertrages bis zum Ende der normalen Kündigungsfrist nicht zugemutet werden kann. Das Gesetz nennt Beispiele für wichtige Gründe, u.a. die Verweigerung des Gebrauchs der Mietsache durch den Vermieter und das Unterlassen der Mietzahlung an zwei aufeinander folgenden Terminen durch den Mieter.

- Mietaufhebungsvertrag

Die Mietaufhebungsvereinbarung ist angesichts der streng regulierten Kündigungsvorschriften bei Wohnraum ein beliebtes Mittel, um im Kompromisswege eine Beendigung des Mietverhältnisses zu erreichen. In der Regel werden in diesem Zusammenhang Ablösevereinbarungen zwischen Vermieter und Mieter getroffen. Der Mieter kann sich nach einer solchen Vereinbarung nicht mehr auf den Mieterschutz berufen.

Rückgabe der Mietsache

In tatsächlicher Hinsicht erfolgt die Beendigung des Mietverhältnisses nach Räumung durch Schlüsselübergabe vom Mieter an den Vermieter. Damit wird die Mietsache zurückgegeben. Der Mieter gibt seinen Besitz auf. Die Zurücknahme der Wohnung erfolgt in der Regel in Form der Abnahme. Dabei werden der Zustand im Hinblick auf die zuletzt durchgeführten Schönheitsreparaturen der Wohnung überprüft, sowie die Vollständigkeit des gemieteten Inventars, und die Stände der Wasser-, Strom-, Gasverbrauchs-, Wärme- und Warmwasserzähler festgestellt.

Dies und etwaige Schäden, die nicht auf normale Abnutzung zurückzuführen sind, werden im Abnahmeprotokoll festgehalten, das von den Vertragsparteien unterzeichnet wird. Das Abnahmeprotokoll dient damit als Grundlage der privaten Beweissicherung für die spätere Abrechnung der Mietkaution.

Siehe / Siehe auch: Berechtigtes Interesse, Betriebsbedarf, Eigenbedarf, Erleichterte Kündigung, Fristlose Kündigung des Mietverhältnisses

Befreiungen

Siehe / Siehe auch: Ausnahmen und Befreiungen (öffentliches Baurecht)

Begünstigtes Agrarland

Der Begriff des begünstigten Agrarlandes bezieht sich auf Flächen, die land- und forstwirtschaftlich genutzt werden, die sich aber darüber hinaus wegen ihrer Lage oder ihrer Nähe zu Siedlungsgebieten für eine andere Nutzung eignen. Voraussetzung ist, dass eine entsprechende Nachfrage besteht und auf absehbare Zeit die Entwicklung zu einem Bauerwartungsland ausgeschlossen ist. Es handelt sich also nicht um eine Vorstufe des Bauerwartungslandes.

Die Nutzung zu anderen als land- und forstwirtschaftlichen Zwecken ist nur dann bewertungsrelevant, wenn sie bei Verpachtung zu vergleichsweise höheren Erträgen oder beim Verkauf zu höheren Preisen führt. Die ist in der Regel der Fall bei der Nutzung z.B. als Golfplatz, Reiterhof, Baumschule usw. Die Nutzung als Biotop fällt dagegen nicht unter die Kategorie des begünstigten Agrarlandes.

Siehe / Siehe auch: Landwirtschaft

Behausungsziffer

Die Behausungsziffer gibt an, wie viele Bewohner durchschnittlich auf ein bewohntes Gebäude entfallen. Es handelte sich im 19. Jahrhundert um eine statistische Kennzahl, die Rückschlüsse auf den Wohnverdichtungsgrad einer Stadt, insbesondere aufgrund von Hausformen, Wohnweise und der Art der Bodenparzellierung ermöglichten. Die Behausungsziffern in den Großstädten erreichten um die Wende des 19. zum 20. Jahrhundert einen oberen Kulminationspunkt. Beispielhaft seien die Behausungsziffern des Jahres 1905 für verschiedene Städte angeführt, die der 2. Auflage des Handbuchs für Wohnungswesen von Rudolf Eberstadt (1910) entnommen sind.

Bremen spielt hier eine Ausnahmerolle. Die historischen Nachwirkungen zeigen sich bis heute in dem relativ niedrigen Grundstückspreisniveau der Stadt. Beim Vergleich mit ausländischen Städten gibt es zwei höchst unterschiedliche Gruppen von Städten. Hohe Behausungsziffern hatten Wien (50,74) Budapest (41,28) und Prag (40,92), also Städte, die im österreichischen Entwicklungseinfluss lagen. Dagegen waren die Behausungsziffern vor allem in England aber auch in den Niederlanden und Belgien sehr niedrig. London – die größte europäische Stadt damals wie heute – hatte eine Behausungsziffer von 7,89, Birmingham 4,79, Manchester 4,80, Leeds 4,37, Liverpool von 5,57, Antwerpen 8,49, Rotterdam 10,9, Amsterdam 13,4. Auch die amerikanischen Großstädte hatten geringe Behausungsziffern.

Vergleicht man die Situation von damals mit heute, dann ergibt sich auch für Deutschland eine erhebliche Ausdünnung hin zu einer niedrigeren Behausungsziffer. Sie betrug z.B. im Jahr 1999 in Berlin nur noch 11,56. In München betrug sie im gleichen Jahr nur noch 8,3. Einschränkend muss gesagt, dass wegen der Unterschiede der statistischen Erhebungen in den Ländern und teilweise auch zwischen den Städten eines Landes die Aussagekraft der Behausungsziffer relativiert werden muss. Immerhin aber kann eine gegenläufige Parallelität zwischen der Eigentumsquote von heute und den Behausungsziffern von damals festgestellt werden. Die statistischen Erhebungen von Behausungsziffern wurden, wie viele andere Erhebungen, nach dem 1. Weltkrieg gewissermaßen mit dem Auslaufen der historischen Schule der Nationalökonomie vielfach nicht mehr weiter geführt. Sie lassen sich allerdings auf der Grundlage von Basisdaten leicht errechnen.

Berlin 1905: 2.040.148 Einwohner,
77,54 Bewohner pro Gebäude
Charlottenburg 1905: 239.559 Einwohner
64,78 Bewohner pro Gebäude
Breslau 1905: 470.904 Einwohner
51,97 Bewohner pro Gebäude
Hamburg 1905: 802.793 Einwohner
36,81 Bewohner pro Gebäude
München 1905: 538.983 Einwohner
36,53 Bewohner pro Gebäude
Dresden 1905: 516.996 Einwohner
27,69 Bewohner pro Gebäude
Leipzig 1905: 503.672 Einwohner
27,64 Bewohner pro Gebäude
Hannover 1905: 250.024 Einwohner
20,98 Bewohner pro Gebäude
Dortmund 1905: 175.577 Einwohner
20,48 Bewohner pro Gebäude
Düsseldorf 1905: 253.274 Einwohner
20,09 Bewohner pro Gebäude
Frankfurt 1905: 334.987 Einwohner
18,75 Bewohner pro Gebäude
Köln 1905: 428.722 Einwohner
16,41 Bewohner pro Gebäude
Bremen 1905: 214.861 Einwohner
7,96 Bewohner pro Gebäude

Siehe / Siehe auch: Stadt

Behindertengerechte Umbauten

Die Anpassung einer Mietwohnung an die Bedürfnisse einer Behinderung des Mieters gehört zu den Mietermodernisierungen, für die grundsätzlich die Zustimmung des Vermieters erforderlich ist. Seit der Mietrechtsreform von 2001 haben sich die Verhältnisse für den Mieter verbessert (§ 554 a BGB): Vermieter sind nun verpflichtet, baulichen Veränderungen oder sonstigen Einrichtungen ihre Genehmigung zu erteilen, die für eine behindertengerechte Nutzung der Wohnung oder für eine

Erleichterung des Zugangs zur Wohnung nötig sind.

Allerdings gibt es auch hier Ausnahmefälle, in denen der Vermieter nicht mitspielen muss: Wenn nämlich sein Interesse an der Erhaltung des unveränderten Zustandes des Gebäudes – oder das anderer, nichtbehinderter Mieter – größer ist als das Interesse an behindertengerechter Nutzung. Hier ist also eine Interessenabwägung durchzuführen.

Dabei ist in Betracht zu ziehen, wie schwer und welcher Art die Behinderung ist, ob der Umbau notwendig oder sogar dringend ist, ob ein Rückbau durchführbar wäre und ob andere Mieter durch die Veränderungen am Gebäude Nachteile in Kauf nehmen müssen. Und: Der Vermieter kann seine Zustimmung davon abhängig machen, dass zuvor eine Kaution in Höhe der voraussichtlichen Kosten für den Rückbau gestellt wird. Bei Auszug des Mieters ist er berechtigt, den Rückbau der Umbauten zu verlangen.

Siehe / Siehe auch: Mietermodernisierung

Beiträge

Öffentliche Beiträge

Beiträge im öffentlich rechtlichen Sinne sind eine besondere Art von Abgaben. Kennzeichnend hierfür ist die Tatsache, dass für sie eine Gegenleistung gewährt wird. Dabei handelt es sich in der Regel um die Möglichkeit der Ausnutzung öffentlicher Einrichtungen oder besonderer Vorteile. Ob diese vom Bürger in Anspruch genommen werden, ist unerheblich. Immobilienwirtschaftlich relevant sind vor allem die Erschließungsbeiträge, die im BauGB geregelt sind.

Zivilrechtliche Beiträge

Es handelt sich um Leistungen, die das Mitglied einer Gesellschaft oder Gemeinschaft zur Finanzierung des Geschäftszwecks leistet. Immobilienwirtschaftlich bedeutsam sind insbesondere Beiträge nach dem WEG. §16 Abs. 2 WEG verpflichtet jeden Wohnungseigentümer gegenüber den Miteigentümern zur anteiligen Tragung der Lasten und Kosten. Dieser Beitragsanspruch ist unabhängig davon, ob die Wohnung genutzt wird oder leer steht. Die Höhe des Beitrages richtet sich nach dem in der Eigentümerversammlung beschlossenen Wirtschaftsplan der Eigentümergemeinschaft.

Siehe / Siehe auch: Erschließung - Erschließungsbeitrag

Beitrittserklärung

Die Abgabe einer Beitrittserklärung ist die Voraussetzung dafür, dass ein Anleger Anteile an einem geschlossenen Immobilienfonds erwirbt. In der Regel wird die Beitrittserklärung mittels eines entsprechenden Formulars abgegeben, das auch als Zeichnungsschein bezeichnet wird. Es ist üblicherweise dem Emissionsprospekt eines geschlossenen Fonds beigefügt oder beim Initiator und dessen Vertriebspartnern erhältlich. Der rechtswirksame Beitritt des Anlegers zum Fonds kommt erst mit der Annahme der Beitrittserklärung durch die Geschäftsführung der Fondsgesellschaft zustande. Sie wird dem Anleger durch eine gesonderte, schriftliche Annahmebestätigung mitgeteilt.

Siehe / Siehe auch: Immobilienfonds - Geschlossener Immobilienfonds

Bek

Abkürzung für: Bekanntmachung

Belastung

des Eigentümers einer selbstgenutzten Wohnung

Unter Belastung wir die Summe aller regelmäßig wiederkehrenden Ausgaben verstanden, die ein Eigentümer eines selbstgenutzten Hauses oder einer Eigentumswohnung zu tragen hat. Dazu zählen die monatlich, vierteljährlich, halbjährlich oder jährlich zur fristgerechten Bedienung des Darlehens anfallenden Zins- und Tilgungsbeträge. Hinzuzurechnen sind außerdem wiederholt anfallende Bewirtschaftungskosten (z.B. für die Verwaltung) sowie Betriebskosten (Gebäudeversicherung, Grundsteuer, Heizung, Wartung, Strom etc.). Die Belastung wird mit Hilfe einer Lastenberechnung ermittelt. Das Schema der Lastenberechnung kann der II. Berechnungsverordnung entnommen werden, das für den mit öffentlichen Mitteln nach dem II. WoBauG geförderten Wohnraum Geltung hatte.

des Eigentums an einem Grundstück

Im übertragenen Sinne wird von Belastung auch im Zusammenhang mit auf einem Grundstück ruhenden Grundpfandrechten und den in Abteilung II des Grundbuchs eingetragenen Lasten gesprochen. Hinzukommen die im Baulastenverzeichnis eingetragenen Baulasten.

Siehe / Siehe auch: Baulast, Betriebskosten, Grundbuch, Wirtschaftlichkeitsberechnung (Wohnungswirtschaft)

Belegprüfung

Allgemeines

Das Belegprinzip gehört zu den Grundsätzen ordnungsgemäßer Buchführung. Nach dem Belegprinzip muss jede Buchung auf einem Beleg beruhen, der den zu buchenden Geschäftsvorfall dokumentiert. Die Ordnungsgemäßheit der Belegbuchhaltung ist gegeben, wenn alle Geschäftsvorfälle lückenlos erfasst sind und die sie dokumentierenden Belege nach einem Ordnungsschema abgelegt sind. Die Belegablage muss eine vollständige Belegprüfung ermöglichen. Die Belegprüfung bezieht sich auf die sachliche und rechnerische Richtigkeit der Belege. Sie wird – je nach Zielsetzung – von internen oder externen Rechnungsprüfern, aber auch von Betriebsprüfern des Finanzamtes durchgeführt. Letztere verfügen heute über ein digitales Betriebsprüfungssystem, das es ermöglicht, in kurzer Zeit Schwachstellen und Lücken aufzuspüren, denen sich die Betriebsprüfer dann intensiv widmen können.

Belegprüfung im Rahmen der Wohnungseigentumsverwaltung

Vor der Beschlussfassung über die Jahresabrechnung in der Wohnungseigentümerversammlung soll der Verwaltungsbeirat, wenn ein solcher von der Gemeinschaft bestellt ist, die vom Verwalter jährlich vorzulegende Jahresgesamt- und Einzelabrechnung prüfen und vor der Beschlussfassung der Versammlung gegenüber den Wohnungseigentümern eine Stellungnahme abgeben.

Diese Prüfung durch den Verwaltungsbeirat soll neben der rechnerischen und sachlichen Überprüfung auch durch eine stichprobenartige Überprüfung der Rechnungsbelege erfolgen. Dabei ist zu prüfen, ob die durch Rechnungsbeleg ausgewiesenen Leistungen oder Lieferungen auch tatsächlich für die Gemeinschaft und nicht etwa für andere vom Verwalter ebenfalls verwaltete Gemeinschaften oder für einzelne Eigentümer erbracht worden sind. Anspruch auf Einsichtnahme in diese Belege hat auch jeder einzelne Wohnungseigentümer. Er kann auch die Anfertigung von Kopien dieser Belege gegen Kostenerstattung verlangen, nicht allerdings die Herausgabe der Originalbelege.

Siehe / Siehe auch: Einsichtsrecht (Wohnungseigentum), Jahresabrechnung (Wohnungseigentum), Verwaltungsbeirat, Betriebsprüfung

Belegungsbindung

Wohnungen, die mit öffentlichen Mitteln gefördert wurden, dürfen nach dem Wohnungsbindungsgesetz nur an berechtigte Mieter vermietet werden. Berechtigt sind vor allem solche Personen, die die im Zweiten Wohnungsbaugesetz festgelegten Einkommensgrenzen nicht oder nur unwesentlich überschreiten und über einen Wohnberechtigungsschein verfügen. Bei der Ermittlung des Gesamteinkommens wird auch das Einkommen der Angehörigen, die in die Wohnung mit einziehen, berücksichtigt.

Auch der nach dem Wohnraumsförderungsgesetz geförderte Wohnraum unterliegt neben einer Mietpreisbindung einer Belegungsbindung.

Siehe / Siehe auch: Sozialer Wohnungsbau, Wohnraumförderungsgesetz

Beleihung

Als Sicherheit für die Vergabe eines Immobilien-Darlehens dient das zu finanzierende Grundstück. Die maximale Kredithöhe richtet sich nach dem Beleihungswert und der Beleihungsgrenze des Objekts.

Der Beleihungswert ist nach § 16 des Pfandbriefgesetzes ein durch einen unabhängigen Gutachter festgesetzter Wert, „der sich im Rahmen einer vorsichtigen Bewertung der zukünftigen Verkäuflichkeit einer Immobilie und unter Berücksichtigung der langfristigen, nachhaltigen Merkmale des Objektes, der normalen regionalen Marktgegebenheiten sowie der derzeitigen und möglichen anderweitigen Nutzungen ergibt". Spekulative Elemente dürfen dabei nicht berücksichtigt werden. Er darf den „Marktwert" nicht übersteigen.

Die Ermittlung des Beleihungswerts soll auf der Grundlage der zurzeit in der Beratung befindlichen Beleihungswertverordnung ermittelt werden. Rechtsgrundlage für die Verordnung ist das Pfandbriefgesetz, das mit Inkrafttreten, das am 19.7.2005 in Kraft getreten ist und das frühere Hypothekenbankgesetz ersetzt hat. Nach § 14 PfandBG beträgt die Beleihungsgrenze für Hypotheken, die auf Pfandbriefbasis beruhen, 60% des Beleihungswertes.

Das Pfandbriefgesetz gilt für alle „Pfandbriefbanken" (bisher „Hypothekenbanken"). Dazu zählen

alle Banken, die mit dem Pfandbriefprivileg ausgestattet sind. Deshalb werden sich auch die Landesbanken hinsichtlich ihrer Objektbeleihungen nach diesen Vorschriften richten.
Bei Bauspardarlehen, deren dingliche Absicherung üblicherweise nachrangig erfolgt, liegt die Beleihungsgrenze bei 80% des Beleihungswertes. Die Versicherungsgesellschaften lehnen sich bei der Beleihung an die Beleihungsgrundsätze der Pfandbriefbanken an. Um die Forderung des Gläubigers dinglich abzusichern, wird das zu beleihende Objekt mit einer Grundschuld belastet, für die als Zweckbestimmung die Darlehenssicherung vereinbart ist. Darlehen von Realkreditinstituten, die die Beleihungsgrenze überschreiten, sind keine Realkredite, sondern „gedeckte" Personenkredite. Bei ihnen spielt die Bonitätsprüfung des Darlehensnehmers eine besondere Rolle.
Siehe / Siehe auch: Verkehrswert

Beleihungsunterlagen

Für seine Entscheidung über die Beleihung und deren Höhe benötigt der Kreditgeber verschiedene Unterlagen vom Kreditnehmer. Dies sind u.a. Grundbuchauszug, amtlicher Lageplan, Kaufvertrag, Fotos vom Objekt, Gesamtkostenaufstellung, bautechnische Unterlagen (Bau- und Lagepläne, Baubeschreibung), Flurkarte, Gebäude- und Feuerversicherungsnachweis, Grenz- und Erschließungsbescheinigung.

Beleihungswert
Siehe / Siehe auch: Beleihung

Bemessungsgrundlage

Die Bemessungsgrundlage stellt im Steuerrecht einen betragsmäßig bezifferbaren Ausgangswert für die Berechnung einer Steuer dar. So ist für die Ermittlung der Erbschaft- und Schenkungsteuer der sogenannte Grundbesitzwert einer Immobilie die Bemessungsgrundlage. Bei der steuerlichen AfA von Mietobjekten sind die Gebäudekosten die Bemessungsgrundlage, bei der Grunderwerbsteuer in der Regel der „Wert der Gegenleistung".

Benchmarking

Unter Benchmarking versteht man einen sich laufend anpassenden Prozess für die Ermittlung von Kennzahlen, um betriebliche Erfolge in ausgewählten Leistungsbereichen zählbar, vergleichbar bzw. auch bewertbar zu machen. Unternehmen gleicher oder unterschiedlicher Branchenzugehörigkeit versuchen im Rahmen des Know-how-Transfers über solche Zahlensysteme eine interne Vergleichbarkeit herzustellen.
Benchmarks sind dabei die Orientierungsgrößen für unternehmerische Zielüberlegungen. Benchmarks können auch Zahlen aus Betriebsvergleichen sein. In der Immobilienwirtschaft befindet sich die Entwicklung hin zum Benchmarking noch in den Anfängen.
Siehe / Siehe auch: Betriebsvergleich

BerechnungsVO
Abkürzung für: Berechnungsverordnung

Berechtigtes Interesse

Grundbucheinsicht

Wegen des Datenschutzes kann nicht jedermann das Grundbuch einsehen. Vielmehr wird ein berechtigtes Interesse vorausgesetzt (§ 12 GBO), das „dargelegt" werden muss. Ausgenommen hiervon sind Notare und Behörden, denen die Einsicht jederzeit gestattet ist. Das Einsichtsrecht bezieht sich auch auf die beim Grundbuch geführten Grundakte (§ 46 GBV). Wer Einsichtsrecht hat, kann auch eine Abschrift des Grundbuchs und der Urkunden aus den Grundakten verlangen. Einsichtsrecht haben auch Makler, sofern sie belegen können, dass sie vom Eigentümer einen Auftrag zum Verkauf des Objektes haben, für das Grundbucheinsicht verlangt wird. Es ist zweckmäßig, sich vom Auftraggeber eine gesonderte Vollmacht ausstellen zu lassen. Da durch Umlegungsmaßnahmen i.S. der Bodenordnung nach dem BauGB nach deren Abschluss bis zur Grundbuchberichtigung das Grundbuch unrichtig wird, kann bei berechtigtem Interesse auch Einblick in den Umlegungsplan genommen werden.

Kündigung eines Wohnungsmietvertrages

Die Beendigung eines Mietverhältnisses über Wohnraum seitens des Vermieters setzt stets ein berechtigtes Interesse voraus. Was berechtigte Interessen sind, ist im BGB abschließend geregelt. Hierzu zählen:
- Eine nicht unerhebliche schuldhafte Verletzung der Pflichten des Mieters
- Eigenbedarf für den Vermieter, die zu seinem Hausstand gehörenden Personen oder Familienangehörigen

- Behinderung einer angemessenen wirtschaftlichen Verwertung des Grundstücks, soweit dies zu erheblichen Nachteilen des Vermieters führt,
- Schaffung von Wohnraum zum Zwecke der Vermietung. Dabei bezieht sich das Kündigungsrecht auf nicht zum Wohnen bestimmte Nebenräume des Wohnungsmieters, z.B. Speicher im Dachgeschoss, wenn der Vermieter das Dachgeschoss ausbaut oder wenn er aufstocken will. Man spricht von Teilkündigung.

Als berechtigtes Interesse wird nur dasjenige anerkannt, das im Kündigungsschreiben enthalten ist. Wird der Eigenbedarf nur vorgespielt, macht sich der Vermieter gegenüber dem gekündigten Mieter schadensersatzpflichtig. Eine allgemeine Kündigungssperrfrist von 3 Jahren gilt für Mietverhältnisse über Wohnungen, die nach Überlassung an den Mieter in Wohneigentum umgewandelt wurden. In Gemeinden oder Gemeindeteilen, in denen die Versorgung der Bevölkerung mit Mietwohnungen zu angemessenen Bedingungen besonders gefährdet ist, erhöht sich die Kündigungssperrfrist bis auf 10 Jahre.

Diese Gebiete werden durch eine Rechtsverordnung des jeweiligen Bundeslandes mit einer Höchstgeltungsdauer von 10 Jahren bestimmt. Der Vermieter, der ein berechtigtes Interesse an der Kündigung hat, kann auch in diesem Sonderfall bereits nach Ablauf von 3 Jahren kündigen, wenn er dem Mieter Wohnraum vergleichbarer Art, Größe, Ausstattung, Beschaffenheit und Lage nachweist und die Umzugskosten des Mieters übernimmt. Eine vergleichbare Vorschrift gab es vor der Mietrechtsreform 2001 im „Sozialklauselgesetz", das außer Kraft gesetzt wurde.

Die Kündigungssperrfrist beginnt grundsätzlich an Tage der Umschreibung des Eigentums an der Wohnung im Grundbuch auf den Erwerber. Für Makler, die solche umgewandelten Eigentumswohnungen vermitteln, ist wichtig, dass sie sich erkundigen, ob das Mietverhältnis schon vor Umwandlung bestanden hat und ob sich die Wohnung in einem „Wohnungsmangellagegebiet" befindet.

Siehe / Siehe auch: Eigenbedarf, Betriebsbedarf, Erleichterte Kündigung

Bereitstellungszinsen

Kreditinstitute verlangen diese Finanzierungsnebenkosten, wenn das Darlehen nicht innerhalb einer bestimmten Frist abgerufen wird. Die Zeitspannen, wann die Bereitstellungszinsen fällig werden, variieren stark: Einige Kreditgeber verlangen sie bereits nach einem Monat, andere gedulden sich bis zu neun Monate. Da Bereitstellungszinsen nicht in die Effektivzinsberechnung eingehen, können sie besonders für Bauherren, die ihr Darlehen nach Baufortschritt abrufen, teuer werden.

Deshalb sollte der Finanzierer über Fälligkeit (möglichst spät nach Darlehenszusage) und Höhe dieser zusätzlichen Kosten, die ebenfalls mit 1 bis 4% vom Darlehen erheblich schwanken können, verhandeln.

BergArbWoBauG

Abkürzung für: Bergarbeiter-Wohnungsbaugesetz

BerlinFG

Abkürzung für: Berlinförderungsgesetz

Berufliche Bildung in der Immobilienwirtschaft

Siehe / Siehe auch: Aus- und Weiterbildung, Immobilienfachwirt, Fachkaufmann für die Verwaltung von Wohnungseigentum, Kaufmann/Kauffrau in der Grundstücks- und Wohnungswirtschaft (IHK), Studiengänge (immobilienwirtschaftliche)

Berufsausübung durch Mieter

Beruf oder Gewerbe dürfen in der Mietwohnung grundsätzlich nur mit Zustimmung des Vermieters ausgeübt werden. In bestimmten Fällen wird eine derartige Nutzung jedoch für zulässig angesehen, so dass der Vermieter seine Zustimmung nicht verweigern kann.

Dies gilt generell immer, wenn durch die Tätigkeit keine Belästigung der anderen Bewohner des Gebäudes (z.B. durch Lärm, Gestank, Kundenverkehr, Parkplatzprobleme) entstehen kann und die gemeinsam benutzten Teile des Hauses (Eingänge, Treppen, Fahrstühle) nicht beeinträchtigt werden.

Siehe / Siehe auch: Zweckentfremdung

Berufsbild des Verwalters / Wohnungseigentumsverwalter

Ein besonderes gesetzlich normiertes Berufsbild bzw. eine entsprechende Qualifizierung als Zugangsvoraussetzung für den Beruf des Hausverwalters oder des Wohnungseigentumsverwalters gibt es in Deutschland im Gegensatz zu anderen EU-Staaten (z.B. Frankreich) nicht. Als allgemeine Qualifikation wird jedoch die Ausbildung als „Kaufmann / Kauffrau der Grundstücks- und Wohnungswirtschaft" angesehen. Als berufsweiter- bzw. fortbildende Maßnahme kommt die vor den Industrie- und Handelskammern abzulegende Prüfung als „Immobilienfachwirt" oder die Qualifizierung als staatlich anerkannte / r „Fachkauffrau / Fachkaufmann für die Verwaltung von Wohnungseigentum" in Frage. Neben diesen staatlich anerkannten Qualifizierungen fordern die Berufsfachverbände der Immobilienmakler, Hausverwalter und WEG-Verwalter, wenn auch unterschiedlich, den Nachweis bestimmter Fachkenntnisse und beruflicher Erfahrungen.

Auch die WEG-Rechtsprechung hat in jüngster Zeit in einer Vielzahl von Entscheidungen bestimmte fachliche Qualifikationen, insbesondere auch hinsichtlich rechtlicher Kenntnisse, zum Maßstab bei Haftungsfragen des „gewerblichen Verwalters" gemacht. Zu den Informationspflichten des Verwalters gegenüber den Wohnungseigentümern bei bestimmten Entscheidungen zählt die Rechtsprechung bereits seit längerem die vorherige Aufklärung über tatsächliche und rechtliche Zweifelsfragen (BGH, Beschluss vom 21.12.1995, V ZB 4/94).

Umfangreiche Rechtskenntnisse setzt die Rechtsprechung im Übrigen inzwischen im Rahmen der sogenannten konstitutiven Beschlussfeststellung voraus (BGH, Beschluss vom 23.8.2001, V ZB 10/01). Dazu muss der WEG-Verwalter letztlich vor jeder Abstimmung über Beschlussanträge prüfen und feststellen, ob Anträge überhaupt einer Beschlussfassung zugänglich und welche Stimmverhältnisse (Mehrheitsbeschluss oder ein- / allstimmiger Beschluss) erforderlich sind.

Siehe / Siehe auch: Berufliche Bildung in der Immobilienwirtschaft

Berufsgenossenschaft

Die Genehmigung von Bauvorhaben wird automatisch der regional zuständigen Bauberufsgenossenschaft gemeldet. Gegen Zahlung eines Pflichtbeitrages ist der Bauherr – in allerdings relativ geringem Umfang – gegen Ansprüche Dritter versichert, die sich aus Unfällen auf der Baustelle ergeben können.

Berufsunfähigkeit des Pächters

Ein Pächter, der nach den Maßstäben der gesetzlichen Rentenversicherung berufsunfähig wird, hat ein besonderes Kündigungsrecht. Falls der Verpächter seine Zustimmung zur Überlassung der Pachtsache an jemand anderen („Unterverpachtung") nicht gibt, kann der Pächter „außerordentlich mit gesetzlicher Frist" kündigen. Das heißt: Kündigung nur zum Ende eines Pachtjahres mit halbjähriger Frist; Kündigung muss spätestens am dritten Werktag des halben Jahres erfolgen, mit dessen Ablauf der Pachtvertrag enden soll.

Siehe / Siehe auch: Pachtvertrag, Kündigungsfrist beim Pachtvertrag

Beschaffungsmarketing

Während sich der Begriff des Marketings in der Literatur in der Regel auf die Absatzmärkte bezieht, ist das Beschaffungsmarketing auf den Beschaffungsmarkt („Einkauf") ausgerichtet. Beschaffungsmarketing ist überall dort erforderlich, wo sich Käufer einem beschränkten Gütermarkt gegenübersehen und deshalb eine starke Nachfragekonkurrenz um diese Güter besteht. Dies ist in der Regel auf dem Immobilienmarkt der Fall. Hier wiederum hat sich das Beschaffungsmarketing besonders im Maklergeschäft entwickelt. Kernbestandteile des Beschaffungsmarketing sind die Akquisitionspolitik, die Preis- bzw. Konditionenpolitik und die Kommunikationspolitik. Zur Akquisitionspolitik zählen nicht nur die Methoden der Auftragsakquisition (aktive / passive Auftragsakquisition), sondern auch die Wege, die zur Ausgestaltung eines Auftrages eingeschlagen werden. Es gilt der Grundsatz, dass sich der Akquisitionserfolg (d.h. die Erreichung eines Vermarktungsauftrages zu marktrealistischen Bedingungen) umso sicherer einstellt, je früher der Geschäftskontakt zum möglichen Auftraggeber zustande kommt.

Unterschieden wird in diesem Zusammenhang zwischen aktuellen (d.h. am Gegenwartsmarkt agierenden) und potenziellen (zukünftigen) Auftraggebern. Potenzielle Marktteilnehmer zeichnen sich dadurch aus, dass aufgrund der gegenwärtigen Gegebenheiten eine bestimmte Wahrscheinlichkeit für den künftigen Entschluss eines Immobilieneigentümers spricht, seine Immobilien verkaufen zu wollen. Für den Makler ist es wichtig, schon vor diesem Entschluss eine persönliche Beziehung zum Immobilieneigentümer aufzubauen. Zu dieser Zeit kann der Makler durch seine Beratung den Weg des Eigentümers zum Markteintritt steuernd beeinflussen.

Beschaffungsmarkt

Der Beschaffungsmarkt bezieht sich aus der Perspektive von Unternehmen auf die Marktseite, in denen sie die Rolle des Kunden einnehmen. In Bezug auf Fremdkapital sind sie die Kunden von Kreditinstituten, in Bezug auf Ausrüstungs- bzw. Einrichtungsgegenstände Kunden des Handels, in Bezug auf benötigte Räume Kunden der Vermieter usw.. Die Unternehmen stehen dabei in der Regel im Mittelpunkt der Absatzbemühungen dieser Anbieter.Erscheinen in den Augen die umworbenen Unternehmen die Bemühungen dieser Anbieter unzureichend, kann das Unternehmen in der Regel problemlos auf Alternativangebote ausweichen. Der Beschaffungsmarkt ist relativ unproblematisch. Es gibt aber auch Märkte und Marktsituationen, bei denen sich der sonst umworbene Interessent für ein Produkt oder eine Dienstleistung um den Anbieter bemühen muss. In solchen Fällen wird der Beschaffungsmarkt Gegenstand des Einsatzes von Marketingstrategien des Unternehmens. Vor allem im Bereich des Immobilienmarktes sind solche Situationen regelmäßig gegeben. Anbieter von Immobilienobjekten, werden im Rahmen des Beschaffungsmarketings zu Kunden von Maklern, wie naturgemäß auch Interessenten für Objekte seine Kunden sind. Die Tatsache, dass Makler es sowohl auf der Nachfragerseite, als auch auf der Anbieterseite mit Kunden zu tun hat und seine Marketinganstrengungen beiden Marktseiten gelten muss, kennzeichnet in besonderer Weise das Maklergeschäft.

Siehe / Siehe auch: Absatzmarkt, Marketing

Bescheid

Schriftliche Form einer amtlichen Entscheidung von Verwaltungsbehörden. Übliche Bescheide sind zum Beispiel der Steuer- und Gebührenbescheide, aber auch der Bauvorbescheid = Bescheid über ein Bauvoranfrage. Es handelt sich hier um Verwaltungsakte, gegen die Widerspruch eingelegt werden kann. Die Beschreitung des Rechtsweges zum Verwaltungsgericht setzt voraus, dass einem Widerspruch nicht entsprochen wurde. Als Bescheid werden oft auch reine behördliche Auskünfte bezeichnet, die keine Verwaltungsakte sind.

Beschlagnahme

Siehe / Siehe auch: Zwangsvollstreckung

Beschleunigungsvergütung

Zusätzliche Zahlung für die vorzeitige Fertigstellung des Bauwerks. Die Beschleunigungsvergütung ist – vereinfacht ausgedrückt – das Gegenstück zur Vertragsstrafe. Bauherren können sie mit den Bauunternehmern frei vereinbaren, um einen früheren Abschluss der Bauarbeiten herbeizuführen.

Beschluss

Die Angelegenheiten der Wohnungseigentümer werden geregelt durch Gesetz, durch Vereinbarung (Teilungserklärung und Gemeinschaftsordnung) und durch Beschluss. Vereinbarungen sind erforderlich, wenn die Wohnungseigentümer ihr Verhältnis untereinander abweichend vom Gesetz regeln oder so getroffene Vereinbarungen ändern oder aufheben wollen (§ 10 Abs. 2 Satz 2 WEG). Geht es dagegen um Angelegenheiten des Gebrauchs (§ 15 WEG) oder der Verwaltung des gemeinschaftlichen Eigentums (§ 21 WEG), erfolgt die Regelung, wenn nicht das Gesetz oder entsprechende Vereinbarungen etwas anderes bestimmen, durch Beschluss der Wohnungseigentümer. Die durch Beschluss zu regelnden Angelegenheiten werden durch Beschlussfassung in der Wohnungseigentümerversammlung (§ 23 Abs. 1 WEG) oder außerhalb der Versammlung durch schriftliche Beschlussfassung geordnet (§ 23 Abs. 3 WEG). Angelegenheiten der ordnungsmäßigen Verwaltung werden durch mehrheitliche Beschlussfassung geregelt.

Neben der Bestellung und Abberufung des Verwalters (§ 26 Abs. 1 WEG) und der Beschlussfassung über die Jahresabrechnung und den Wirtschaftsplan gehören zu den Maßnahmen der ordnungsmäßigen, mit Mehrheit zu beschließenden Verwaltung (§ 21 Abs. 5 WEG) unter anderem die Aufstellung der Hausordnung, die ordnungsmäßige Instandhaltung und Instandsetzung, der Abschluss von Versicherungen für das gemeinschaftliche Eigentum, die Ansammlung einer angemessenen Instandhaltungsrückstellung und die Aufstellung eines Wirtschaftsplans.

Nach den neuen Bestimmungen des Wohnungseigentumsgesetzes können die Wohnungseigentümer auch über die Verteilung von Betriebskosten, Kosten der Instandhaltung und Instandsetzung und

über die Kosten von baulichen Veränderungen und Modernisierungsmaßnahmen mit einfacher bzw. mit qualifizierter Mehrheit beschließen (WEG § 16 Abs. 3 und 4 WEG).
Handelt es sich um Angelegenheiten, die über einen ordnungsmäßigen Gebrauch des Sonder- und Gemeinschaftseigentums oder die ordnungsmäßige Verwaltung hinausgehen, reicht ein Mehrheitsbeschluss nicht aus. Erforderlich ist die Zustimmung aller Eigentümer in der Form des ein- oder allstimmigen Beschlusses. Gemeint ist in beiden Fällen die Zustimmung aller im Grundbuch eingetragenen Eigentümer im Wege der Beschlussfassung. Hier gilt aber eine Besonderheit. Kommt in Angelegenheiten, die an sich einen ein- oder allstimmigen Beschluss erfordern, nur ein Mehrheitsbeschluss zustande, ist auch dieser Beschluss gültig und bindet alle Wohnungseigentümer – auch die, die nicht zugestimmt haben – wenn er nicht innerhalb Monatsfrist bei Gericht angefochten und durch rechtskräftiges Urteil für ungültig erklärt wird (§ 23 Abs. 4 WEG).
Siehe / Siehe auch: Beschlussanfechtung (Wohnungseigentum), Beschlussfähigkeit, Negativbeschluss, Wohnungseigentümerversammlung, Gesetzesändernder / vereinbarungsändernder Mehrheitsbeschluss, Gesetzeswidriger / vereinbarungswidriger Mehrheitsbeschluss

Beschluss-Sammlung

Die Änderung des Wohnungseigentumsgesetzes eröffnet durch die Erweiterung der Beschlusskompetenz auch die Möglichkeit insbesondere Änderungen der Kostenverteilung vorzunehmen und Regelungen über Zahlungspflichten zu treffen, die sich nicht aus dem Gesetz oder einer Vereinbarung ergeben. Dadurch wird der Verwalter verpflichtet, eine Beschluss-Sammlung über sämtliche Beschlüsse zu führen, um insbesondere auch Kaufinteressenten die Gelegenheit zu geben, sich über diese Beschlüsse zu informieren (§ 24 Abs. 7 WEG).
In die Beschluss-Sammlung sind neben den Beschlüssen in den Versammlungen auch sämtliche schriftlichen Beschlüsse sowie sämtliche gerichtlichen Entscheidungen aufzunehmen. Zu dokumentieren ist nur der Beschlusswortlaut, der allerdings auch den Gegenstand bzw. den Inhalt erkennen lassen muss.
Die Sammlung kann in schriftlicher und / oder elektronischer Form erfolgen. Laufende Nummerierung, Zeitpunkt und Ort der Versammlung sollen den lückenlosen Nachweis ermöglichen, der auch einem Kaufinteressenten durch Gewährung der Einsichtnahme ermöglicht werden muss. Die Beschluss-Sammlung ist vom Verwalter zu führen. Um die Bedeutung der Beschluss-Sammlung auch für eine als ordnungsmäßig anzusehende Verwaltung durch den Verwalter hervorzuheben, soll die nicht ordnungsmäßige Führung dieser Sammlung regelmäßig einen Grund darstellen, um den Verwalter aus wichtigem Grund abzuberufen (§ 26 Abs. 1 Satz 4 WEG)
Siehe / Siehe auch: Beschluss, Vereinbarung (nach WEG)

Beschlussanfechtung (Wohnungseigentum)

Beschlüsse der Wohnungseigentümer sind gemäß § 23 Abs. 4 WEG nur ungültig, wenn sie innerhalb Monatsfrist im Verfahren nach § 43 Abs. 1 Nr. 4 WEG beim zuständigen Amtsgericht angefochten und durch Urteil für ungültig erklärt wurden. Eine „Anfechtung" durch mündliche Erklärung in der Versammlung oder durch schriftliche Erklärung gegenüber dem Verwalter entfaltet keine Rechtswirkung. Die Anfechtungsfrist beginnt mit dem Datum der Beschlussfassung und Beschlussfeststellung durch den Versammlungsleiter (i.d.R. der Verwalter) in der Wohnungseigentümerversammlung und endet am gleichen Tage des Folgemonats (Beispiel: Datum der Beschlussfassung 15. Februar, Ende der Anfechtungsfrist 15. März). Fällt das Fristende auf einen Sonn- oder Feiertag, endet die Frist am nächstfolgenden Werktag.
Die Anfechtung hat schriftlich zu erfolgen, gegebenenfalls durch einen beauftragten Anwalt. Anfechtungsberechtigt ist jeder Wohnungseigentümer, einer besonderen Ermächtigung durch die übrigen Wohnungseigentümer bedarf es nicht. Auch der Verwalter ist anfechtungsberechtigt, sofern er von dem Beschluss rechtlich betroffen ist. Wird ein Beschlussantrag in der Versammlung von der Mehrheit der Wohnungseigentümer abgelehnt, kann auch ein solcher Negativbeschluss angefochten und mit dem Antrag auf Feststellung eines positiven Beschlussergebnisses verbunden werden (vgl. dazu BGH, Beschl. v. 19.9.2002, V ZB 30/02; 23.8.01, V ZB 10/01).
Ist ein Beschluss nichtig, weil den Wohnungseigentümern die Beschlusskompetenz fehlt oder weil der Beschluss gegen Rechtsvorschriften verstößt,

auf deren Einhaltung rechtswirksam nicht verzichtet werden kann, bedarf es nicht der Anfechtung. Vielmehr kann sich jeder Wohnungseigentümer jederzeit auf die Beschlussnichtigkeit berufen.

Siehe / Siehe auch: Beschluss, Beschlussfähigkeit, Beschlusskompetenz (Wohnungseigentümer), Wohnungseigentümerversammlung, Niederschrift (Wohnungseigentümerversammlung)

Beschlussfähigkeit

Damit eine Wohnungseigentümerversammlung rechtswirksame Beschlüsse fassen kann, muss sie beschlussfähig sein. Beschlussfähig ist eine Versammlung nur dann, wenn die anwesenden und vertretenen (erschienenen) stimmberechtigten Wohnungseigentümer mehr als die Hälfte der für sie im Grundbuch verzeichneten Miteigentumsanteile vertreten (§ 25 Abs. 3 WEG). Die Beschlussfähigkeit muss zu Beginn der Versammlung und im Zweifelsfalle wiederholt im Verlaufe der Versammlung, wenn einzelne Eigentümer die Versammlung schon verlassen haben sollten, festgestellt werden, und zwar gegebenenfalls zu jedem Beschlusspunkt (Tagesordnungspunkt). Sind einzelne Eigentümer nicht stimmberechtigt, sind deren Miteigentumsanteile nicht mitzuzählen.

Von dem sogenannten Quorum von „mehr als der Hälfte" der Miteigentumsanteile kann durch Vereinbarung, also auch in der Teilungserklärung oder der Gemeinschaftsordnung abgewichen werden. Ist eine Versammlung nicht beschlussfähig, hat der Verwalter eine neue Versammlung mit gleicher Tagesordnung einzuberufen, die unabhängig von der Höhe der vertretenen Miteigentumsanteile beschlussfähig ist.

Fasst eine Wohnungseigentümersammlung trotz Beschlussunfähigkeit dennoch entsprechende Beschlüsse, sind diese Beschlüsse wirksam, wenn sie nicht innerhalb Monatsfrist angefochten und durch das Gericht für ungültig erklärt werden. Die Beschlussfähigkeit ist durch eine Anwesenheitsliste festzustellen und gegebenenfalls nachzuweisen. In diese Liste haben sich alle anwesenden Eigentümer durch persönliche Unterschrift einzutragen. Zum Nachweis der Beschlussfähigkeit ist es erforderlich, dass in der Liste neben den Namen auch die Höhe der Miteigentumsanteile verzeichnet sind. Gehört eine Wohnung mehreren Eigentümern, sind sämtliche Eigentümer namentlich zu erfassen. Lassen sich einzelne Eigentümer vertreten, sind auch diese Vertreter, die ihre Vertretungsvollmacht nachweisen müssen, in die Anwesenheitsliste aufzunehmen.

Siehe / Siehe auch: Stimmrecht (Wohnungseigentümerversammlung), Wohnungseigentümerversammlung, Anwesenheitsliste (Wohnungseigentümerversammlung)

Beschlusskompetenz (Wohnungseigentümer)

Die Verwaltung des gemeinschaftlichen Eigentums obliegt allen Wohnungseigentümern gemeinschaftlich durch Beschlussfassung in der Wohnungseigentümerversammlung (§§ 21 Abs. 3, 23 Abs. 1 WEG). Dieser gemeinschaftlichen Verwaltung durch Beschluss unterliegen jedoch nur solche Angelegenheiten, für die das Gesetz oder eine Vereinbarung den Wohnungseigentümern ausdrücklich das Recht zur Beschlussfassung, die sogenannte Beschlusskompetenz, einräumt (BGH, Beschl. v. 20.9.2000, V ZB 58/99; 2.10.2003, V ZB 34 /03). Fehlt es an dieser ausdrücklichen Beschlusskompetenz, bedarf es stets einer Vereinbarung gemäß § 10 Abs. 1 WEG.

Ausdrücklich der Beschlusskompetenz zugewiesen sind Gebrauchsregelungen gemäß § 15 Abs. 2 WEG, die Entziehung des Wohnungseigentums gemäß § 18 Abs. 3 WEG, Angelegenheiten der ordnungsmäßigen Verwaltung gemäß § 21 Abs. 3 WEG, die Bestellung und Abberufung des Verwalters gemäß § 26 Abs. 1 WEG, die Beschlussfassung über den Wirtschaftsplan, die Jahresabrechnung und die Rechnungslegung gemäß § 28 Abs. 5 WEG sowie die Bestellung des Verwaltungsbeirates gemäß § 29 Abs. 1 WEG.

Nach den neuen Bestimmungen ist den Wohnungseigentümern auch eine Beschlusskompetenz zur Änderung der Kostenverteilung bei Betriebskosten, Verwaltungskosten und im konkreten Fall auch bei Instandhaltungs- und Instandsetzungskosten und bei Kosten für bauliche Veränderungen und Modernisierungsmaßnahmen eingeräumt. Eine Vereinbarung im Sinne von § 10 Abs. 2 Satz 2 WEG ist im Übrigen aber immer dann erforderlich, wenn die Wohnungseigentümer von einer abdingbaren Vorschrift des Wohnungseigentumsgesetzes oder von einer Regelung der Teilungserklärung bzw. der Gemeinschaftsordnung abweichen wollen, beispielsweise bei Einräumung eines Sondernutzungsrechts gemäß §§ 13 Abs. 2, 15 Abs. 1 WEG oder auch bei Änderungen des Stimmrechts (§ 25 Abs. 2 WEG).

Siehe / Siehe auch: Beschluss, Beschlussanfechtung (Wohnungseigentum), Wohnungseigentümerversammlung

Beschränkte persönliche Dienstbarkeit

Das Wesen der beschränkten persönlichen Dienstbarkeit besteht darin, dass es ein auf eine Person bezogenes Nutzungsrecht an einem Grundstück gewährt. Die Absicherung im Grundbuch erfolgt in Abteilung II. Die beschränkte persönliche Dienstbarkeit ist weder vererblich noch sonst übertragbar. Sie kann sich aber auf mehrere Personen beziehen. So kann z.b. ein Wohnungsrecht für Ehegatten bestellt werden. Am besten werden in einem solchen Fall zwei gleichrangige Dienstbarkeiten ins Grundbuch eingetragen. Die Dienstbarkeit kann nicht mit Leistungspflichten des Berechtigten verbunden werden, es sei denn, sie haben eine wirtschaftlich untergeordnete Bedeutung (z.B. Durchführung von Schönheitsreparaturen an der Wohnung durch die Wohnungsberechtigten, Zahlung der Strom-, Wasser-, Heizkosten). Beschränkte persönliche Dienstbarkeiten werden vielfach zugunsten von Versorgungsunternehmen eingetragen, die das belastete Grundstück zur Durchführung einer Leitung, Unterbringung einer Trafostation u.a. benutzen wollen.

Beschreibung der Mietsache

Im Mietvertrag muss der Mietgegenstand genau bezeichnet werden. Die Bezeichnung soll durch beschreibende Merkmale ergänzt werden. Durch die Beschreibung des Mietgegenstandes können insbesondere bei Gewerbeobjekten viele Probleme und Streitigkeiten von Anfang an vermieden werden. Sie ist wichtig für die Entscheidung, ob tatsächlich die geschuldete Mietsache überlassen worden ist und ob sie sich in einem für den vertragsgemäßen Gebrauch geeigneten Zustand befand. Die Definition des Mietgegenstandes ist wichtig für die Beurteilung,
- ob der Mieter von den Mieträumen einen vertragswidrigen Gebrauch macht,
- in welchem Umfang er unter Umständen anteilige Mietnebenkosten zu tragen hat,
- in welchem Umfang er zur Mitbenutzung von Gemeinschaftsflächen berechtigt ist,
- wer das Risiko öffentlich-rechtlicher Hindernisse für die vorgesehene Nutzung der gemieteten Räume trägt und
- in welchem Rahmen sich die Konkurrenzschutzverpflichtung des Vermieters bewegt.

Zur Beschreibung gehören Angaben über Lage und Größe der Mietflächen. Auf genaue Quadratmeter-Angaben muss besonders geachtet werden; bei überhöhten Angaben im Mietvertrag kann der Mieter einen Anspruch auf Mietminderung haben. Bei Handelsobjekten wird vielfach entsprechend der Planung des Mieters gebaut. Grundrisse und Ladenfunktionspläne, sowie Flächenberechnung, Bau und Leistungsbeschreibungen werden dann in der Regel als Anlagen Bestandteil des Mietvertrages. Dabei wird eine Regelung für den Fall getroffen, dass im Laufe der Baumaßnahme Änderungen erfolgen und somit die abschließend festgestellten Flächen über- oder unterschritten werden. Es ist ferner ausdrücklich festzulegen, welche Betriebsvorrichtungen bzw. welches Zubehör zur Mietsache gehört. Flächen oder Objekte (Abstell- und Lagerflächen, Ladezonen, Hofflächen, vor allem aber Pkw-Stellplätze), die außerhalb der Mieträume liegen und dem Mieter überlassen werden, sollten ebenfalls im Vertrag einzeln aufgeführt werden.

Insbesondere im Wohnraummietrecht kommt es immer wieder zu Streitigkeiten über den Wohnungszustand beim Auszug im Vergleich zu demjenigen beim Einzug. Oft taucht die Frage auf, ob bestimmte Einbauten schon beim Einzug vorhanden waren, ob Bodenbeläge beschädigt oder verfärbt, Fliesen gesprungen waren oder andersartige Mängel bereits vorgelegen haben. Für alle Beteiligten empfiehlt sich daher nicht nur die möglichst genaue Beschreibung der Mietsache im Mietvertrag selbst, sondern auch eine genaue Beschreibung des Zustands der Mietwohnung im Übergabeprotokoll beim Einzug und im Abnahmeprotokoll beim Auszug.

Besonders Vermieter müssen auf eine genaue Zustandsdokumentation achten, da nach Bescheinigung der ordnungsgemäßen Wohnungsrückgabe keine Ansprüche mehr gegen den Mieter geltend gemacht werden können.

Siehe / Siehe auch: Wohnungsabnahmeprotokoll

Beseitigungsanspruch (Bauliche Veränderungen)

Haben Wohnungseigentümer eine bauliche Veränderung im Sinne von § 22 Abs. 1 WEG ohne die im konkreten Fall erforderliche Zustimmung der von der Maßnahme beeinträchtigten Miteigentümer vorgenommen, kann jeder der nachteilig betroffenen Eigentümer auch ohne ermächtigende Beschlussfassung der Wohnungseigentümerversammlung die Beseitigung des rechtswidrigen und die Wiederherstellung des ursprünglichen ordnungsmäßigen Zustandes verlangen (§ 1004 Abs. 1 S. 1 BGB i.V.m. §§ 14 Nr. 1, 15 Abs. 3 WEG).

Dabei spielt es keine Rolle, ob und welche Kosten der betreffende Eigentümer für die Herstellung bereits aufgewendet hat und für die nachträgliche Beseitigung bzw. Wiederherstellung des ursprünglichen Zustandes noch aufwenden muss.

Nach bisheriger Rechtsprechung kann jedoch ein Beseitigungsanspruch verwirkt sein, wenn ein bestimmter Zeitraum seit Vornahme der baulichen Veränderung vergangen ist (Zeitmoment) und im Übrigen der rechtswidrig handelnde Eigentümer aufgrund des Verhaltens der Wohnungseigentümergemeinschaft davon ausgehen konnte, dass ein Beseitigungsanspruch nicht (mehr) geltend gemacht wird (Umstandsmoment). Das bedeutet aber, dass selbst nach einem langen Zeitraum von sogar zehn und mehr Jahren noch Beseitigungsansprüche geltend gemacht und durchgesetzt werden können, wenn der störende Eigentümer den Umständen nach damit rechnen musste, dass doch noch eine Beseitigung der baulichen Veränderung verlangt wird.

Nach der Änderung der Verjährungsvorschriften (§§ 194 ff. BGB) wird inzwischen aber die Auffassung vertreten, dass auch für Beseitigungsansprüche bei baulichen Veränderungen die Regelverjährungsfrist von drei Jahren greift. Der Lauf der Verjährungsfrist beginnt mit der Kenntniserlangung bzw. der fahrlässigen Nichtkenntniserlangung des Beseitigungsanspruchs. Spätestens tritt die Verjährung nach zehn Jahren ein.

Siehe / Siehe auch: Bauliche Veränderung (Wohnungseigentum), Verjährung, Verwirkung

Besenrein

Besenrein bedeutet, dass der Mieter beim Auszug die von ihm gemieteten Räume in gesäubertem Zustand übergeben muss. Gesäubert bedeutet dabei ausgeräumt und ausgefegt. Grobe Verschmutzungen sind zu beseitigen. Wenn nichts anderes vertraglich zwischen Vermieter und Mieter vereinbart wurde, ist er zu mehr – insbesondere zur Durchführung von Schönheitsreparaturen – nicht verpflichtet.

Auch Klauseln wie „der Mieter muss den ursprünglichen Zustand wiederherstellen", „die Räume müssen in bezugsfertigem Zustand zurückgegeben werden" oder „die Mietsache ist wie übernommen zurückzugeben" verpflichten nicht zu Schönheitsreparaturen, sondern allenfalls zur besenreinen Übergabe. Die Herstellung des ursprünglichen Zustandes erfordert allerdings zusätzlich den Rückbau von Einbauten oder vom Mieter vorgenommen Veränderungen der Wohnung. „Bezugsfertig" bedeutet nur, dass der neue Mieter jederzeit einziehen können muss. „Wie übernommen" bedeutet, dass die Wohnung sich im gleichen Zustand wie beim Einzug befinden muss.

Siehe / Siehe auch: Schönheitsreparaturen

Besichtigungsrecht des Vermieters

Der Vermieter hat – in Grenzen – das Recht zur Besichtigung einer vermieteten Wohnung.

Mit Abschluss des Mietvertrages hat der Mieter ein Recht auf deren ungestörte Nutzung.

Eine Besichtigung darf nur aus begründetem Anlass mit rechtzeitiger vorheriger Ankündigung (mindestens 24 Stunden) und in Anwesenheit des Mieters stattfinden.

Der Termin muss zu üblichen Tageszeiten vereinbart werden (werktags 10-13 Uhr und 15-18 Uhr, nicht Sonn- oder Feiertags, berufstätiger Mieter kann auf Samstags-Termin bestehen). Begleitpersonen des Vermieters (außer Handwerkern, Miet- und Kaufinteressenten) müssen keinen Zutritt zur Wohnung erhalten. Handwerker im Vermieterauftrag brauchen nur bei konkret vorhandenen Wohnungsmängeln in die Wohnung gelassen zu werden. Zu unterscheiden sind Mietverträge mit und ohne Besichtigungsklausel.

Mietvertrag mit Besichtigungsrecht: Der Mieter muss den Zutritt zur Wohnung erlauben, wenn:

- der Vermieter den Besuch 24 Stunden zuvor anmeldet.
- er einen konkreten Grund für die Besichtigung angibt (z.B. geplanter Verkauf der Wohnung, Mängelanzeige des Mieters, Besichtigung mit Mietinteressenten).
- Die Klausel ist nur wirksam, wenn das Zutrittsrecht von einer vorherigen Terminabsprache abhängig gemacht wird.

Wenn es keine solche Klausel gibt, gilt:

- Der Vermieter darf die Wohnung nur bei Gefahr oder in besonders dringenden Fällen betreten (z.B. Wasserrohrbruch in Abwesenheit

des Mieters). Er läuft sonst Gefahr, sich wegen Hausfriedensbruchs strafbar zu machen.
- Strafbar ist es in jedem Fall, sich gewaltsam Zutritt zur Wohnung zu verschaffen.

Eine Zutrittsverweigerung des Mieters ist kein Kündigungsgrund. Der Vermieter muss in solchen Fällen vor Gericht gehen. Er hat jedoch die Möglichkeit, eine einstweilige Verfügung auf Gewährung des Zutritts gegen den Mieter zu erwirken.

Auch ohne Besichtigungsklausel sehen die Gerichte eine Besichtigung zur Überprüfung des Zustandes des Mietobjektes alle ein bis zwei Jahre an einem Werktag als zulässig an (Landgericht Berlin, Urteil v. 24.11.2003, Az. 67 S 254/03).

Besitz

Besitz ist die tatsächliche Herrschaft einer Person über eine Sache – sei sie beweglich oder unbeweglich. So ist der Mieter Besitzer der von ihm gemieteten Wohnung. Man unterscheidet mittelbaren und unmittelbaren Besitz. Im Mietverhältnis übt der Mieter die unmittelbare Sachherrschaft über die Wohnung aus und ist insofern unmittelbarer Besitzer der Mietwohnung.

Als solcher ist er z.B. Inhaber des Hausrechtes. Mittelbarer Besitzer ist derjenige, der den Besitz nicht selbst ausübt, sondern durch einen anderen ausüben lässt. Man spricht hier von einem Besitzmittlungsverhältnis. Der Eigentümer der Wohnung übt die unmittelbare Sachherrschaft nicht selbst aus, sondern überlässt sie seinem Mieter. Als Vermieter ist er damit mittelbarer Besitzer. Das Hausrecht an der Wohnung kann er damit nicht mehr ausüben.

Der Eigentümer hat jedoch das verfassungsmäßig garantierte Recht, in jeder anderen Hinsicht über die Wohnung zu verfügen – z.B. durch Abriss, Verkauf oder Vermietung. Dabei sind allerdings die Einschränkungen des Mieterschutzes zu beachten.

Siehe / Siehe auch: Besucher, Hausrecht

Besitzeinweisung

Die Besitzeinweisung ist eine behördliche Anordnung, mit der dem Begünstigten der Besitz eines Grundstücks übertragen wird. Die Besitzeinweisung wird im Rahmen von Umlegungs- und Enteignungsverfahren durchgeführt. Mit der Besitzeinweisung findet der Besitzerwechsel statt.

Bei der Umlegung erfolgt die Besitzeinweisung mit der Bekanntmachung des Umlegungsplanes. Wenn es das Allgemeinwohl gebietet, kann die Besitzeinweisung vorzeitig, also schon vor Bekanntmachung des Umlegungsplanes erfolgen („vorzeitige Besitzeinweisung").

Auch im Rahmen des Enteignungsverfahrens ist eine vorzeitige Besitzeinweisung im Interesse des Gemeinwohls möglich, wenn etwa mit einem bestimmten Bauvorhaben unverzüglich begonnen werden muss.

Der begünstigte Antragsteller muss in der Regel Sicherheit leisten. Allerdings muss der Besitzeinweisung die für das Enteignungsverfahren vorgesehene mündliche Verhandlung vorausgehen. Die Anordnung über die Besitzeinweisung ist Voraussetzung für die Entschädigungsleistung durch den Begünstigten und die Grundbuchberichtigung.

Besitzmittlungsverhältnis

Siehe / Siehe auch: Besitz

Besondere Betriebseinrichtungen

Besondere Betriebseinrichtungen eines Wohngebäudes sind nach Anl. 1 zu § 5 der II. BV:
- Personen- und Lastenaufzüge
- Müllbeseitigungsanlagen
- Hausfernsprecher
- Uhrenanlagen
- gemeinschaftliche Wasch- und Badeeinrichtungen und dergleichen

Die Kosten für diese Einrichtungen zählen zu den Baukosten. Im Bewertungsverfahren und bei der Mietkalkulation gelten für besondere Betriebseinrichtungen wegen ihrer beschränkten Gesamtnutzungsdauer erhöhte Abschreibungssätze.

Siehe / Siehe auch: Gesamtkosten (eines Bauwerks), Zweite Berechnungsverordnung, II. BV

Besonderes Wohngebiet

Siehe / Siehe auch: Wohngebiete (nach BauNVO)

Best Value

Mit „Best Value" wird der Wert einer Immobilie bezeichnet, der am Immobilienmarkt beim Verkauf „bestenfalls" erzielbar wäre. Dabei wird vorausgesetzt, dass im Verkaufsfall für die Vermarktung unter Berücksichtigung der jeweiligen Marktverfassung ein der Objektart angemessener Zeitraum zur Verfügung steht. Bei der Ermittlung des Wertes sind Angebote nicht in Betracht zu ziehen, die einem ganz speziellen, ungewöhnlichen Erwerbsinteresse entspringen. Im Gegensatz zum Verkehrswert als „Wert für jedermann" (aus einer repräsentativen Zielgruppe für das Objekt), entspricht der „Best Value" somit dem Preis, der unter Zugrundelegung eines offenen Marktes in der Regel nur von einem der vielen Interessenten – dem in den Augen des Anbieters besten – bezahlt wird. Der „Best Value" ist mit dem „Market Value" – früher auch als "Open Market Value" bezeichnet – identisch. Die Begriffslogik führt zur Feststellung, dass der „Best Value" regelmäßig über dem Verkehrswert angesiedelt sein muss. Einschränkend muss jedoch gesagt werden, dass dem offenen Markt i.S.d. gewöhnlichen Geschäftsverkehrs unterschiedliche Informationsniveaus der Marktteilnehmer zugrunde liegen, die in der Regel dazu führen, dass der sich aus subjektiven Nutzenvorstellungen und subjektivem Verhandlungsgeschick der Marktparteien ergebende Preis in unterschiedlichem Ausmaß vom „objektiven" Verkehrswert abweicht.

Siehe / Siehe auch: Verkehrswert

Bestandsschutz

In Artikel 14 des Grundgesetzes wird das Recht auf Eigentum gewährleistet. Es handelt sich um eine Eigentumsbestandsgarantie. Besondere Bedeutung hat der Bestandsschutz im Immobilienrecht. Wurde Eigentum legal erworben, legal bebaut und legal genutzt, kann dieser Bestand durch Gesetz nicht mehr rückwirkend in Frage gestellt werden. Das Bundesverfassungsgericht hat sogar das Besitzrecht des Mieters an der gemieteten Wohnung als Eigentum i.S.d. § 14 GG bezeichnet. Es gibt jedoch keinen unbeschränkten Bestandsschutz. So kann der Eigentümer eines Grundstücks, das im Gebiet eines Bebauungsplans liegt, sein Baurecht verlieren, wenn er es nicht innerhalb von sieben Jahren nutzt. Wurde eine Baugenehmigung rechtswirksam erteilt, hat sie Bestand. Aber auch sie ist zeitlich begrenzt. Enteignung von Grundstücken ist aus Gründen des Wohls der Allgemeinheit – als Ultima Ratio – möglich, aber nur gegen eine Enteignungsentschädigung.

Bestellbau

Unter Bestellbau versteht man im Bauträgergeschäft die Durchführung eines Bauvorhabens, das vom Auftraggeber (Erwerber) beim Bauträger „bestellt" wird. Gegenstand des notariellen Bauträgervertrages sind auf der Grundlage des durch das Bauplanungsrecht und den vom Bauträger angestrebten Bautyp vorgegebenen Rahmens Vorgaben des Erwerbers. Sie können in der Planungsphase berücksichtigt werden. Voraussetzung für jeden Bestellbau ist also, dass der Bauträger mit dem Bau noch nicht begonnen hat. Bei einer Veräußerung von im Bau befindlichen Grundstücken durch den Bauträger spricht man von Vorratsbau. Der Bestellbau vermindert das Marktrisiko des Bauträgers und ermöglicht dem Erwerber noch einen entscheidenden Einfluss auf die Gestaltung des Hauses. Durch zusätzliche Vereinbarung von Abrechnungspreisen wird beim Bestellbau ein Teil des Bauherrenrisikos des Bauträgers auf den Erwerber verlagert. Sowohl für den Bestellbau als für den Vorratsbau gilt, dass eine nach Beurkundung des Bauträgervertrages getroffene Vereinbarung über eine Änderung der beschriebenen Bauleistung (z.B. die Vereinbarung eines zusätzlichen Sonderwunsches) der notariellen Beurkundung bedarf, es sei denn, der Erwerber ist im Grundbuch bereits als Eigentümer eingetragen.

Siehe / Siehe auch: Bauträger, Bauträgervertrag

Bestellung des Verwalters

Die Verwaltung des gemeinschaftlichen Eigentums obliegt den Wohnungseigentümern, dem Verwalter und dem Verwaltungsbeirat, sofern ein solcher bestellt wird (§ 20 Abs. 1 WEG). Die Wohnungseigentümer entscheiden, der Verwalter führt die Entscheidungen aus und der Verwaltungsbeirat unterstützt den Verwalter bei der Durchführung seiner Aufgaben. Die Bestellung des Verwalters ist allerdings nicht zwingend vorgeschrieben. Sie kann aber auch nicht ausgeschlossen werden (§ 20 Abs. 2 WEG). Das bedeutet, dass eine Wohnungseigentümergemeinschaft, wenn sie sich einig ist, auf die Bestellung eines gewerblich tätigen Verwalters verzichten und die Verwaltung in „Eigenregie" durchführen kann. Verlangt aber nur ein einzelner Eigentümer im Rahmen seines individuell durchsetzbaren Anspruchs auf ordnungsmäßige Verwaltung die Bestellung eines Verwalters, können sich die übrigen Eigentümer dieser Forderung nicht widersetzen. Kommt ein Beschluss über die Verwalterbestellung nicht zustande, kann die Bestellung durch das Gericht verlangt werden kann (§ 26 Abs. 3 WEG).

Im Regelfall erfolgt die Bestellung des Verwalters jedoch durch mehrheitliche Beschlussfassung in der Wohnungseigentümerversammlung. Sie darf auf maximal fünf Jahre vorgenommen werden, bei

Erstbestellung nach Begründung des Wohnungseigentums auf maximal drei Jahre (§ 26 Abs. 1 Satz 1 WEG). Wiederbestellung – und zwar dann auf maximal 5 Jahre - ist grundsätzlich möglich (§ 26 Abs. 2 WEG). Andere Beschränkungen sind nicht zulässig. So darf die Bestellung beispielsweise nicht von der Zustimmung Dritter abhängig gemacht werden. Auch ist eine Übertragung der Bestellung, beispielsweise auf den Verwaltungsbeirat, nicht zulässig.

Der Bestellungsbeschluss beinhaltet allerdings zunächst nur das Angebot an den bestellten Verwalter, zwischen ihm und der Wohnungseigentümergemeinschaft einen Vertrag zur Übernahme der Verwaltung des gemeinschaftlichen Eigentums abzuschließen. Das Vertragsverhältnis kommt in der Regel durch Abschluss eines schriftlichen Verwaltungsvertrages zustande. Aber auch ohne schriftlichen Vertrag begründet die Aufnahme der Verwaltertätigkeit – stillschweigend – das Zustandekommen eines Vertragsverhältnisses.

Die frühere Vorschrift über die Bestellung eines Notverwalters wurde durch die Gesetzesänderung vom 12. Dezember 2007 aufgehoben.

Siehe / Siehe auch: Abberufung (Wohnungseigentumsverwalter), Verwalter (WEG), Hausverwalter, Zwangsverwalter, Verwalterwechsel, Verwaltervertrag, Verwaltervergütung

Besucher

Das Hausrecht in einer Mietwohnung hat allein der Mieter. Der Vermieter darf daher nicht darüber bestimmen, ob der Mieter Besucher empfangen darf. Auch die Anzahl seiner Besucher bestimmt der Mieter selbst. Ein Besuchsverbot darf auch nicht im Mietvertrag verankert werden bzw. es wäre unwirksam.

Die Grenze ist allerdings zu ziehen, wenn es zu einer missbräuchlichen bzw. vertragswidrigen Nutzung der Wohnung kommt. Eine zu Wohnzwecken vermietete Wohnung darf nicht zu einem Gewerbebetrieb mit Kundenverkehr oder gar zum Ausübungsort von Prostitution werden. (Was nicht heißt, dass – auch häufige – Herrenbesuche bei einer allein lebenden Dame untersagt werden können. Sittliche Bedenken anderer Hausbewohner sind hier irrelevant). Auch Versammlungen verbotener Organisationen braucht der Vermieter nicht zu dulden.

Ein Hausverbot für einen bestimmten Besucher kann nur im Extremfall ausgeprochen werden, wenn dieser z.B. den Hausfrieden ständig stört, Straftaten begeht etc. In solchen Fällen kann der Vermieter den Mieter auch abmahnen, den betreffenden Besucher nicht mehr einzulassen. Bei Zuwiderhandlung ist eine Kündigung möglich.

Beton

Beton ist ein künstlich hergestelltes Steinmaterial. Zur Herstellung von Beton sind Zement, der als Bindemittel dient, sowie Zuschlagstoffe und Wasser erforderlich. Je nach gewünschter Konsistenz werden die einzelnen Bestandteile in unterschiedlichen Mischungsverhältnissen verwendet. Bei den Zuschlagstoffen sind feinere oder gröbere Körnungen möglich; in Frage kommen beispielsweise Sand, Kies, Splitt oder Kombinationen davon. Darüber hinaus können weitere Zusatzstoffe beigemengt werden, um bestimmte Materialeigenschaften zu erhalten oder zu verstärken.

Wichtigste Eigenschaft von Beton ist seine hohe Druckbeständigkeit. Auf Zug ist Beton dagegen nur gering belastbar. Aus diesem Grund werden Betonbauteile oft mit Stahlbewehrungen versehen, die die Zugkräfte aufnehmen können (Stahlbeton). Das Aushärten des Betons ist ein Prozess, der sich nach der Herstellung über mehrere Monate hinweg fortsetzt, so dass die endgültige Festigkeit des Materials nicht sofort, sondern erst zu einem späteren Zeitpunkt erreicht wird.

Für die Qualität von Beton existieren Normen; Qualitätsprüfungen werden in Baustofflabors durchgeführt. Erste Indizien für bestimmte Materialqualitäten lassen sich jedoch bereits mit bloßem Auge feststellen. So deutet ein gelblicher Farbton auf einen geringen Zement- bzw. einen höheren Sandanteil hin, während eine kräftige, gleichmäßige Graufärbung auf einen höheren Zementanteil hindeutet.

Ungleichmäßige Materialstrukturen – beispielsweise Ansammlungen von Blasen oder Stellen mit auffallend grobkörniger Konsistenz lassen vermuten, dass der Beton während des Herstellungsprozesses nur ungenügend oder ungleichmäßig verdichtet wurde.

Siehe / Siehe auch: Monierbauweise, Moniereisen, Spannbeton, Stahlbeton

Betreiberimmobilien

Bei Betreiberimmobilien handelt es sich um Immobilien, die speziell für die Nutzung durch eine bestimmte Art von Betrieben konzipiert sind. Sie werden vom Eigentümer in der Regel an einen einzigen Betreiber vermietet oder verpachtet, der sie in eigener Regie bewirtschaftet. Beispiele für Betreiberimmobilien sind Sportanlagen, Bäder, Freizeitparks, Kinos, Theater, Hotels, gastronomische Einrichtungen, Parkhäuser, Tankstellen, Kliniken, Rehabilitationseinrichtungen, Seniorenheime, Bahnhöfe oder Flughäfen.

Der mit einer Betreiberimmobilie erzielbare wirtschaftliche Erfolg hängt neben den auch für alle anderen Immobilien relevanten Einflussfaktoren maßgeblich von den Qualitäten des Betreibers und seines Konzepts ab. Ein spezifisches Problem ist die entweder nicht gegebene oder zumindest eingeschränkte Drittverwendungsfähigkeit von Betreiberimmobilien. Sie können bei Ausfall des Betreibers oder nach Auslaufen von Miet- oder Pachtverträgen meist nicht oder nur mit erheblichem Aufwand für andere Nutzungen umgewidmet werden.

Eigentümer von Betreiberimmobilien sollten deshalb Rückstellungen in ausreichender Höhe für gegebenenfalls notwendige Umbaumaßnahmen bilden. Zeichner von geschlossenen Immobilienfonds, die in Betreiberimmobilien investieren, sollten kritisch prüfen, ob vom Fondsinitiator entsprechende Rückstellungen gebildet werden.

Siehe / Siehe auch: Drittverwendungsfähigkeit

Betreutes Wohnen

Betreutes Wohnen ist eine Wohnform, die – besonders für Senioren – immer gebräuchlicher wird. Meist angeboten in speziellen Wohnanlagen, in denen jeder Bewohner eine eigene, komplett mit Küche und Bad ausgestattete Wohnung zur Verfügung hat. Je nach Bedarf und Gesundheit können oft Zusatzdienste und Pflege in Anspruch genommen werden.

Beim Bau sollten die speziellen Anforderungen altersgerechten Wohnens beachtet werden: Z.B. Barrierefreiheit, behindertengerechte Badezimmer und Küchen, Aufzüge, Notrufknöpfe in jedem Raum, Anschlüsse für medizinische Geräte im Schlafzimmer usw. In vielen Anlagen steht rund um die Uhr medizinisch ausgebildetes Personal bereit, um im Notfall oder Pflegefall helfen zu können. Angeboten werden oft auch Mahlzeiten im gemeinsamen Speiseraum auf Wunsch, Massagen oder medizinische Bäder im Haus, Einkaufsservice, Wäscheservice und andere Dienstleistungen.

Wichtig: „Betreutes Wohnen" ist kein gesetzlich geschützter Begriff. Es gibt daher eine Vielzahl von unterschiedlichen Angeboten, von denen einige wenig mit dem oben beschrieben Wohnkonzept zu tun haben. So machen Notrufknöpfe nur dann Sinn, wenn tatsächlich im Haus qualifiziertes Personal zur Verfügung steht. Auch mit der behindertengerechten Wohnungsaustattung und der Barrierefreiheit ist es oft nicht weit her. Daher muss sich der Interessent vor Abschluss eines Kauf- oder Mietvertrages über eine solche Wohnung sorgfältig informieren und Angebote vergleichen. Vertraglich wird meist neben Kauf- oder Mietvertrag ein Betreuungsvertrag abgeschlossen. Miete bzw. Kaufpreis liegen oft über dem ortsüblichen Niveau, was sich – in Grenzen – durch zusätzliche Serviceangebote im Haus rechtfertigen lässt. Einige wichtige Fragen:

Bei Kombinationen mehrer Anbieter:
- Wer ist Wohnungseigentümer?
- Wer ist für das Gebäude / Mängel / technische Probleme zuständig?
- Wer ist für die medizinische Versorgung verantwortlich?

Mietverträge sollten auf das Betreute Wohnen zugeschnitten sein. Das heißt zumindest:
- Ausschluss der Eigenbedarfskündigung
- Pflegebedürftigkeit kein Kündigungsgrund (sinnvoll soweit Pflege in der Anlage möglich ist)
- Sonderkündigungsrecht des Mieters, falls Umzug in Pflegeheim erforderlich.

Siehe / Siehe auch: Altengerechtes Wohnen, Barrierefreiheit

Betriebs- und Verwaltungskosten (Wohnungseigentum)

Änderungen der Lasten- und Kostenverteilung (§ 16 Abs. 2 WEG) konnten nach früherem Recht nur durch Vereinbarung der Wohnungseigentümer bzw. aufgrund einer entsprechenden Öffnungsklausel erfolgen. Dies hatte der BGH mit seiner Jahrhundertentscheidung vom 20.9.2000 (V ZB 55/98) entgegen der bis dahin geltenden Rechtsauffassung zum „Zitterbeschluss" bzw. zur Ersatzvereinbarung endgültig klar gestellt.

Um den Wohnungseigentümern in dieser Frage jedoch einen größeren Gestaltungsspielraum einzuräumen, räumt die jetzt geltende Regelung gemäß § 16 Abs. 3 WEG den Eigentümern grundsätzlich die Beschlusskompetenz ein, mit der Folge, dass durch einfachen Mehrheitsbeschluss die Verteilung der Betriebskosten im Sinne von § 556 Abs. 1 BGB geändert werden kann, und zwar sowohl hinsichtlich der Betriebskosten des Sondereigentums als auch des Gemeinschaftseigentums. Danach können die Wohnungseigentümer künftig frei entscheiden, ob sie eine verursacher- oder verbrauchsabhängige Abrechnung einführen oder ob sie davon absehen und nach einem anderen Maßstab abrechnen wollen. Von diesen gesetzlichen Bestimmungen können die Wohnungseigentümer auch durch eine Vereinbarung nicht abweichen (§ 16 Abs. 5 WEG).

Siehe / Siehe auch: Kostenverteilung, Öffnungsklausel

Betriebsbedarf

Auch ein Betrieb kann als Eigentümer und Vermieter einer Wohnung auftreten. Da ein Unternehmen nicht wie ein normaler Vermieter in eine Wohnung einziehen kann, ist hier keine Eigenbedarfskündigung möglich. Allerdings sind Fälle denkbar, in denen ein Unternehmen eine Wohnung auf dem freien Wohnungsmarkt angeboten hat, die es mittlerweile selbst – z.B. für einen neuen Mitarbeiter – benötigt. Hier kann als Kündigungsgrund der „Betriebsbedarf" herangezogen werden. Dies gilt, wenn:
- die Wohnung an einen bestimmten Betriebsangehörigen vermietet werden soll
- diese Vermietung aus betrieblichen und wirtschaftlichen Gründen notwendig erscheint.

Die Notwendigkeit ist immer dann gegeben, wenn man annehmen kann, dass der neue Mitarbeiter dem Betrieb förderlich sein wird. Insbesondere bei Werkswohnungen ist dieser Kündigungsgrund zulässig. Er kann aber auch herangezogen werden, wenn es sich nicht um eine Werkswohnung handelt. Auch bei Beendigung des Arbeitsverhältnisses des Mitarbeiter-Mieters ist eine Kündigung wegen Betriebsbedarfs möglich. Es gelten besondere Kündigungsfristen nach § 576 BGB. Eine solche Kündigung wird jedoch nach dem Amtsgericht Schöneberg (Urteil vom 18.3.1994, Az.: 19 C 346/93) nicht anerkannt, wenn
- das Arbeitsverhältnis des gekündigten Mieters nur nebenberuflich oder auf gelegentlicher Basis bestand (z.B. geringfügige Hauswartstätigkeit)
- zwischen der Beendigung des Arbeitsverhältnisses und des Mietvertrages mehrere Monate liegen (kein konkreter Betriebsbedarf).

Siehe / Siehe auch: Beendigung eines Mietverhältnisses, Betriebsrat, Eigenbedarf

Betriebskosten

Die Betriebskosten sind neben der „Grundmiete" diejenigen Bestandteile der Wohnungsmiete, die der Vermieter auf den Mieter umlegen darf. Es können auch Betriebskostenpauschalen vereinbart werden. Wird weder eine Umlage noch eine Pauschale vereinbart, sind diese mit der Mietzahlung abgegolten („Inklusivmiete"). Der Vermieter kann aber durch eine einseitige Erklärung dem Mieter gegenüber Betriebskosten, die in der Miete enthalten sind, bei entsprechender Senkung der Miete zum Anfang eines Jahres in Umlagen verwandeln. Das gleiche gilt für die Umwandlung von Pauschalen in Umlagen.
Verbrauchsunabhängige Betriebskosten sind „vorbehaltlich anderer Vorschriften" nach dem Anteil der Wohnfläche umzulegen. Betriebskosten, deren Höhe verbrauchs- oder verursachungsbedingt im Rahmen der Nutzung der Mieträume durch den Mieter entstehen, sind nach einem Maßstab umzulegen, der dem unterschiedlichen Verbrauch oder der unterschiedlichen Verursachung Rechnung trägt. Was im Einzelnen Betriebskosten sind, ergibt sich aus der Betriebskostenverordnung.
Nach Wohnfläche umlagefähig sind: Grundsteuer, Kosten der Straßenreinigung, der Müllentsorgung, des Aufzugbetriebes, der Hausreinigung und Ungezieferbekämpfung. Außerdem zählen hierzu die Kosten der Gartenpflege, der Außen-, Treppen- und Flurbeleuchtung, der Schornsteinreinigung, Prämien bestimmter Versicherungen (Wohngebäudeversicherung, Haftpflichtversicherung für Grundbesitzer usw.), Hausmeisterlöhne (mit Ausnahme von Lohnanteilen, die sich auf Reparaturarbeiten und die Verwaltung beziehen). In der Regel können auch noch Kosten des Betriebs einer Gemeinschaftsantennenanlage sowie bestimmte sonstige Betriebskosten (z.B. für Gemeinschaftseinrichtungen wie Sauna oder Schwimmbad) nach Wohnfläche umgelegt werden.
Verbrauchs- oder verursachungsbedingt sind Kosten der Wasserversorgung und (sofern daran gekoppelt) die Kosten der Entwässerung, die Heiz- und Warmwasserkosten sowie die Kosten einer Waschmaschine des Vermieters. Bei den „sonstigen Betriebskosten" muss analysiert werden, ob sie wohnflächen- oder verbrauchs- bzw. verursachungsbezogen abgerechnet werden können. Der

Vermieter kann nach der gesetzlichen Neuregelung einen vereinbarten Umlageschlüssel durch eine einseitige Erklärung dem Mieter gegenüber anpassen. Die Betriebskostenabrechnung muss dem Mieter künftig innerhalb von 12 Monaten nach dem Abrechnungszeitraum zugehen, sonst können etwaige Nachforderungen nicht mehr geltend gemacht werden. Für die Abrechnung der Heiz- und Warmwasserkosten gilt zusätzlich die Heizkostenverordnung. Das kontinuierliche Ansteigen der Betriebskosten führte zu der Bezeichnung „zweite Miete". Drastisch lässt sich dieses Ansteigen an folgenden Zahlen darstellen:

Entwicklung der Wohnnebenkosten
2006 gegenüber 2001 (Veränderungen in %)

Flüssige Brennstoffe	+53,6%
Gas	+30,2%
Strom	+23,6%
Wohnnebenkosten	+22,6%
Müllabfuhr	+10,5%
Abwasserentsorgung	+8,6%
Wasserversorgung	+8,5%
Lebenshaltungskosten	+7,9%
Feste Brennstoffe	+7,3%
Sonstige	+6,1%
Nettokaltmieten	+5,3%

Quellen: ifs Institut für Städtebau, Wohnungswitschaft und Bausparwesen e. V., Berlin, Statistisches Bundesamt

Siehe / Siehe auch: Werkvertrag, Heiz- und Warmwasserkosten, Nebenkosten (mietrechtliche)

Betriebskosten bei Leerstand
Die Betriebskosten einer leer stehenden Mietwohnung sind vom Vermieter zu tragen. Sie dürfen nicht auf die im Haus verbliebenen Mieter umgelegt werden. Dies gilt auch im Falle außergewöhnlich hoher Kosten. Das Amtsgericht Weißenfels entschied gegen einen Vermieter, der nach einem Wasserrohrbruch in einer unvermieteten Wohnung die zusätzlichen Kaltwasserkosten auf die übrigen Mieter umlegen wollte. Nach dem Gericht war hier keine Änderung des Umlageschlüssels zulässig (Az.: 1 C 127/03).
Siehe / Siehe auch: Leerstand

Betriebskostenverordnung
Welche der für eine Immobilie anfallenden laufenden Kosten als Betriebskosten angesehen und auf den Mieter umgelegt werden können, regelte lange Zeit ein Anhang der Zweiten Berechnungsverordnung. Seit 1.1.2004 wird dieses Thema von der Betriebskostenverordnung abgehandelt. Ausdrücklich keine Betriebskosten sind Verwaltungskosten, sowie Instandhaltungs- und Instandsetzungskosten. § 2 BetrKV enthält eine Auflistung der 17 anerkannten Betriebskostenarten, darunter die Grundsteuer, Kosten für Wasserversorgung und Entwässerung, Heizungskosten, Hauswartkosten usw.
Siehe / Siehe auch: Betriebskosten

Betriebspflicht
Grundsätzlich ist ein Vermieter / Betreiber eines Shoppingcenters gut beraten, mit den Mietern eine Betriebspflicht zu vereinbaren, damit der Umsatz nicht durch eine zu kurze wöchentliche Öffnungszeit des Ladenlokals geschmälert wird. Der Vermieter muss hierbei die Berechnungsgrundlage der Umsatzmiete genau kontrollieren können. Eine Betriebspflicht sollte auch aus marketing-strategischen Gründen grundsätzlich bei größeren Laden-Agglomerationen vereinbart werden, da es einen sehr schlechten, Käufer abschreckenden Eindruck macht, wenn z.B. in einem Shoppingcenter nur ein Teil der Läden geöffnet ist, während bei anderen schon die Rollgitter heruntergelassen sind. Insofern ist es notwendig, bereits im Gewerbemietvertrag die Betriebszeiten genau festzulegen.
Durch geschlossene Läden werden außerdem auch die übrigen, noch geöffneten Läden geschädigt, da die gesamte Kundenlauffrequenz leidet. Außerdem sollte das Sortiment abgegrenzt werden, und zwar so, dass es Kunden anzieht. D.h. eine Betriebspflicht bringt dem Shoppingcenter letztendlich nicht viel, wenn das Sortiment uninteressant ist.
Noch mehr Schaden entsteht für das Shoppingcenter, wenn der Ladenmieter sein Geschäft zeitweise ganz schließt, während der Mietvertrag noch läuft. Dadurch entsteht für Kunden und neue Mietinteressenten schnell ein negativer und abschreckender Eindruck. Um dies zu verhindern, kann im Mietvertrag eine Vertragsstrafe vereinbart werden.
Siehe / Siehe auch: Umsatzmiete

Betriebsprüfung

Gewerbebetriebe und Freiberufler müssen damit rechnen, dass das Finanzamt Überprüfungen vornimmt. Sie erfolgen bei Großbetrieben turnusmäßig und bei Mittelbetrieben häufiger als bei Klein- und Kleinstbetrieben. Der Prüfungszeitraum bezieht sich in der Regel auf die letzten drei Besteuerungszeiträume. Die Außenprüfung muss angemeldet werden. Sie kann auf Antrag des zu überprüfenden Betriebes auch in der Kanzlei des Steuerberaters durchgeführt werden. Bestimmte Regularien sind einzuhalten (Bereitstellung eines Arbeits-platzes für den Prüfer und Stellung einer Auskunftsperson, die dem Prüfer „zur Seite" steht). Wird im Prüfungsbericht eine Steuernachzahlung gefordert, kann über sie verhandelt werden. Möglicher Vorteil der Prüfung: Der Prüfer muss auch solche während des Prüfusverfahrens festgestellte Sachverhalte berücksichtigen, die zu einer steuerlichen Entlastung führen.

Betriebsrat

Werkmietwohnungen unterliegen dem Mitbestimmungsrecht des Betriebsrates bzw. des Personalrates beim öffentlichen Dienst (vgl. § 87 Abs.1 Nr.9 BetrVG, § 75 Abs. 2 Nr. 2 BPersVG). Dies bezieht sich auf die Vergabe der Wohnungen an Mitarbeiter, auf die Nutzungsbedingungen von an Mitarbeiter vermieteten Wohnungen und auf die Kündigung. Eine Werkmietwohnung darf vom Vermieter ohne Zustimmung des Betriebsrates nicht gekündigt werden – außer der Arbeitsvertrag wird ebenfalls gekündigt.

Siehe / Siehe auch: Betriebsbedarf, Mitbestimmung im Mietrecht, Werkmietwohnung

Betriebsübergabe

Betriebsübergabe landwirtschaftlicher Betriebe bei der Landpacht. Wenn ein Betrieb bei Durchführung der vorweggenommenen Erbfolge den Eigentümer wechselt, tritt der neue Landwirt anstelle des bisherigen in die bestehenden Pachtverträge von dazugepachteten Grundstücken bzw. Feldern ein. Er ist verpflichtet, den Verpächter sofort von der Betriebsübergabe zu benachrichtigen. Wenn eine ordnungsgemäße Bewirtschaftung der gepachteten Flächen durch den Übernehmer nicht gewährleistet ist, darf der Verpächter den Pachtvertrag außerordentlich mit gesetzlicher Frist kündigen (zum Ende eines Pachtjahres, spätestens am dritten Werktag des halben Jahres, mit dessen Ablauf der Pachtvertrag beendet sein soll).

Siehe / Siehe auch: Kündigungsfrist beim Pachtvertrag, Pachtvertrag

Betriebsveräußerung / -aufgabe

Wer seinen Betrieb aufgibt oder veräußert, kann einen Betrag von 45.000 Euro als Freibetrag auf den privaten Vermögenszuwachs bzw. Veräußerungsgewinn bei der Einkommensteuer geltend machen. Allerdings ermäßigt sich dieser Betrag im gleichen Ausmaß, in dem der Veräußerungsgewinn 136.000 Euro übersteigt. Er kann sich also bei entsprechend hohem Veräußerungsgewinn auf Null reduzieren.

Bis zu 5 Millionen Euro ist der Veräußerungsgewinn allerdings nur mit 56% des regulären Steuersatzes zu versteuern, mindestens aber mit 16%. Diese Vergünstigung kann der veräußernde Betriebsinhaber erst nach Erreichung des 55. Lebensjahres und auch nur einmal geltend machen. Mit dieser Regelung soll die Altersabsicherung des Unternehmers erleichtert werden.

Betriebsvergleich

Der Betriebsvergleich dient der Lieferung von Kennzahlen, die zuverlässige Aussagen über betriebliche Strukturen, Abläufe, Entwicklungen und Ergebnisse zulassen.

Es gibt zwei verschiedene Grundformen des Betriebsvergleiches, den betriebsinternen Vergleich und den zwischenbetrieblichen Vergleich. Jede der beiden Grundformen dient heute dem Controlling. In Deutschland werden für verschiedene Branchen des Groß- und Einzelhandels und des Dienstleistungsgewerbes vom Institut für Handelsforschung an der Universität Köln Betriebsvergleiche seit langer Zeit durchgeführt.

Seit 1975 finden im Auftrag des Ring Deutscher Makler an diesem Institut entsprechende Erhebungen bei den Mitgliedern des RDM statt. Erfasst werden Strukturdaten (Zahl der Betriebe, der jeweils beschäftigten Personen, der Bürofläche und eine Aufgliederung des Umsatzes nach Geschäftsbereichen), Nettoumsätze, Kosten und steuerliches und betriebswirtschaftliches Ergebnis.

Die Beteiligung liegt zwischen 300 und 350 Personen pro Jahr. Neben den Auswertungen, die die am Betriebsvergleich Beteiligten erhalten gibt es Zusammenfassungen für Gruppen, bei denen eine Sparte mit mehr als 50% am Umsatz dominiert (Sparten sind Kaufvertragsvermittlung,

Mietvertragsvermittlung und Hausverwaltung) sowie die Restgruppe, bei denen keine diese Sparten dominiert.
Eine Unterteilung erfolgt nach Personengrößenklassen. Eine Sonderauswertung sortiert nach Bundesländer, nach Ortsgrößenklassen, nach Personengrößenklassen und nach Umsatzgrößenklassen. Nach Verschmelzung des RDM mit dem VDM zum IVD wird diese Praxis fortgeführt.

Institut für Handelsforschung an der Universität zu Köln
Betriebsvergleichsergebnisse der Immobilienmakler für die Jahre 2005, 2004 und 2003

Vergleichspositionen	Gesamtdurchschnitt aller beteiligten IVD-Betriebe		
	Zum Vergleich		
	2005	2004	2003
A. Struktur			
Zahl der beschäftigten Personen	5,8	6,5	5,8
B. Umsatz und Personalleistung			
1. Umsatz* in Euro	414.719	431.961	356.159
2. Umsatzentwicklung (Vorjahr=100)	111	100	104
3. Prozentuale Aufgliederung der Umsätze			
a) Kaufvertrag über Grundstücke, Eigentumswohnungen, Grundstücksrechte	46	51	45
b) Miet- und Pachtverträge	13	11	12
c) Hausverwaltungen	29	27	31
d) Sonstige Umsätze	12	11	12
4. Umsatz* je beschäftigte Person in Euro	70.250	68.506	65.817
C. Aufgliederung der Kosten (Kosten in % des Umsatzes*)			
1. Personalkosten einschl. Unternehmerlohn	54,4	54,4	55,1
2. Raumkosten (einschl.Nebenkosten)	6,6	6,7	7,0
3. Gewerbesteuer	1,4	1,4	1,1
4. Reisekosten	0,7	0,4	0,7
5. Kraftfahrzeugkosten (ohne Abschreibungen und Personalkosten)	4,5	4,4	4,6
6. Porto- und Telekommunikationskosten)	2,7	2,7	3,0
7. Inseratekosten (Zeitungen und Internet)	8,3	9,4	8,2
8. Sonstige Werbekosten	1,4	1,3	1,7
9. Abschreibung auf Inventar, KFZ, Forderungen	3,1	3,2	3,9
10. Zinsen für Fremd und Eigenkapital	2,1	2,7	2,8
11. Allgemeine Bürokosten	3,3	3,6	3,5
12. Sonstige Verwaltungskosten	2,6	3,2	3,1
13. Alle übrigen Kosten	4,5	3,5	3,5
14. Gesamtkosten (Summe 1 bis 13)	95,6	96,9	98,2
D. Betriebswirtschaftliches Ergebnis** in % des Nettoumsatzes	4,4	3,1	1,8

Quelle: AIZ, Ausgabe 1/07, S. 49

Betriebsvermögen

Der Gesetzgeber unterscheidet im Steuerrecht zwischen Betriebsvermögen und Privatvermögen. Für Immobilieneigentümer ist vor allem wichtig, dass sie sich durchweg einer schärferen Besteuerung unterziehen, falls ihr Eigentum dem Betriebsvermögen zuzurechnen ist. Gegebenenfalls wird nämlich Gewerbesteuer fällig. Negativ ist auch, dass der Gesetzgeber für Immobilien im Betriebsvermögen keine Spekulationsfristen kennt. Dies bedeutet: Selbst wenn ein Haus oder eine Eigentumswohnung im Betriebsvermögen nach der Spekulationsfrist von zehn Jahren ab Erwerb wieder verkauft wird, muss der dabei erzielte Gewinn versteuert werden.

BetrKostUV

Abkürzung für: Betriebskostenumlagenverordnung Sie ist seit dem 11. Juni 1995 außer Kraft.

BetrVG

Abkürzung für: Betriebsverfassungsgesetz

BeurkG

Abkürzung für: Beurkundungsgesetz

Bevölkerungsbewegung

Die Bevölkerungsbewegung ist ein wesentlicher Bestimmungsgrund der Wohnungsnachfrage und einer der Bestimmungsgründe des Wohnungsangebots. Zu unterscheiden ist dabei zwischen der Wanderungsbewegung und der natürlichen Bevölkerungsbewegung.

Wanderungsbewegung

Nimmt die Bevölkerung bei konstanter Haushaltgröße zu, steigt die Nachfrage, nimmt sie ab, sinkt die Nachfrage. Unmittelbaren Einfluss auf die Wohnungsnachfrage hat dabei der Teil der Bevölkerungsbewegung, der auf Wanderungen zurückzuführen ist. Von ganz geringen Ausnahmen abgesehen, ist jeder von außerhalb der Grenzen eines Raumes zuwandernde Haushalt und jeder innerhalb der Grenzen des Raumes umziehende Haushalt Ausdruck einer befriedigten Wohnungsnachfrage. Bei Wanderungen innerhalb eines Ortes spricht man von „Umzügen". Es gilt allerdings nicht der Umkehrschluss. Nicht jeder fortziehende Haushalt ist Ausdruck eines entstehenden Wohnungsangebotes. Haushaltsgründungen, die sich aus der Teilung vorhandener Haushalte ergeben (Eheschließungen, Ehescheidungen), sind in der Regel nur auf der Nachfrageseite des Wohnungsmarktes aktiv.

Natürliche Bevölkerungsbewegung

Die natürliche Bevölkerungsbewegung, die sich aus den Geburten und Sterbefällen innerhalb eines Raumes ergeben, wirken sich nur teilweise unmittelbar auf den Wohnungsmarkt aus. Dies ist der Fall beim Tod von Einzelpersonen, die einen Einpersonenhaushalt geführt haben. Die frei gewordene Wohnung wird in der Regel am Wohnungsmarkt wieder angeboten. Dagegen führt die Geburt eines Kindes, wenn überhaupt, dann nur mittelbar zu einer Wohnungsnachfrage. Dies ist der Fall, wenn der aktuelle Wohnflächenbedarf durch die Haushaltsvergrößerung wächst. Dies wirkt sich dann entweder bereits im zeitlichen Vorlauf aus – wenn im Hinblick auf die Familienplanung bereits eine größere Wohnung gemietet oder gekauft wurde – oder mit zeitlicher Verzögerung, wenn der Bedarf nach mehr Wohnfläche erst akut wird.

Bevölkerungsstatistik

In Deutschland sinkt die Bevölkerung im Bereich der natürlichen Bevölkerungsbewegung seit Jahren. Trotz zunehmenden Durchschnittsalters sterben mehr Menschen als geboren werden. Die aus der natürlichen Bevölkerungsbewegung ausgehenden unmittelbaren Impulse auf die Wohnungswirtschaft sind deshalb relativ gering. Wesentlich größere Bedeutung haben dagegen Wanderungsbewegungen, die überwiegend auf wirtschaftliche Ursachen zurückzuführen ist.

Nachfolgend werden die Entwicklungen in Deutschland in den letzten 4 Jahren nach den Zahlen des Statistischen Bundesamtes dargestellt. Die Zahlen verstehen sich jeweils in Tausend. Bei den Wanderungen sind nur die Aus- und Einwanderungen berücksichtigt.

Bevölkerungsprognose

Neuere Bevölkerungsprognosen gehen davon aus, dass künftig europaweit die angestammte Bevölkerung abnimmt. Das Institut für Bevölkerungsforschung und Sozialpolitik an der Universität Bielefeld hat in einem vom Verband der Hypothekenbanken in Auftrag gegebenen Gutachten prognostiziert, dass die deutsche Bevölkerung bis 2050 von 82 auf 62 Millionen Menschen schrumpft. Nicht berücksichtigt dabei ist ein etwaiger positiver Wanderungssaldo. Die Bevölkerung der Europäischen Union würde unter der gleichen Voraussetzung von derzeit 380 Millionen um 73 Millionen auf 307 Millionen Menschen zurückgehen. Die relativ stärkste Abnahme ist für Spanien, gefolgt von Italien prognostiziert. Deutschland nimmt Platz 3 ein, während Frankreich sich mit einer Bevölkerungsabnahme von 4 Millionen auf 55 Millionen im Jahr 2050 noch relativ stabil zeigt.

Entwicklung der Bevölkerungszahlen

	1999	2000	2001	2002	2003	2004
Zuzüge:	874,0	841,2	879,2	842,5	769,0	780,2
Fortzüge:	672,0	674,0	606,5	623,3	626,4	697,6
Wanderungssaldo:	202,0	167,2	272,7	219,2	142,6	82,6
Geburten:	770,7	766,9	734,5	719,3	706,8	705,6
Sterbefälle:	846,3	838,8	828,5	841,7	854,0	818,4

Sterbeüberschuss:

| 75,6 | 71,8 | 94,0 | 122,4 | 147,2 | 112,6 |

alle Angaben in 1.000

Bevölkerungsprognose
Siehe / Siehe auch: Bevölkerungsbewegung

BewÄnG
Abkürzung für: Bewertungsänderungsgesetz

BewDV
Abkürzung für: Durchführungsverordnung zum Bewertungsgesetz

Beweislast (Beweismittel)
Die Partei eines Rechtsstreites, die bei Gericht einen Anspruch geltend macht, muss die Klage nicht nur durch Vortrag aller Tatsachen begründen, sondern diese Tatsachen – falls sie von der Gegenseite bestritten werden – auch beweisen. Erst danach ist die Gegenseite gehalten, gegebenenfalls den Gegenbeweis zu führen. So muss der Vermieter im Mieterhöhungsrechtsstreit beweisen, dass der ortsübliche Mietzins für vergleichbare Wohnungen tatsächlich um die begehrte Höhe gestiegen ist. Erst dann kann der Mieter versuchen, den Gegenbeweis anzutreten, dass z.B. die Vergleichswohnungen mit seiner Wohnung gar nicht zu vergleichen sind.
Auch ein Makler, der seinen Provisionsanspruch geltend macht, muss im Falle des Bestreitens beweisen, dass ihm diese Provision versprochen wurde und dass er die vereinbarte Vermittlungsleistung erbracht hat. Teilweise gibt es aber auch gesetzliche Beweislastregeln, die die Beweislast anders, als im Grundsatz dargestellt, verteilen.
Demjenigen, den die Beweislast trifft, stehen folgende Mittel zur Verfügung: Zeugen (dazu gehören auch Familienangehörige und sachverständige Zeugen), Sachverständige, Urkunden und richterlicher Augenschein.
Die Beweismittel müssen so gut sein, dass sie jeden vernünftigen Zweifel des Gerichtes an der Richtigkeit der behaupteten Tatsache ausräumen. Dann ist der Vollbeweis erbracht. Dieser ist zu unterscheiden von dem Indiz und der Glaubhaftmachung. Eine Ausnahme von den üblichen Beweislastregeln stellt die Beweislastumkehr dar. In einigen Fällen wird sie durch gesetzliche Regelungen vorgeschrieben. So wird z.b. nach § 476 BGB davon ausgegangen, dass Schäden, die innerhalb von sechs Monaten nach dem Gefahrübergang an einer gekauften Sache auftreten, schon vor dem Kauf bestanden haben. Kommt es also innerhalb dieser sechsmonatigen Frist zu einer Reklamation, muss nicht der Anspruchsteller (Käufer) sein Vorbringen beweisen, sondern der Verkäufer muss beweisen, dass die Sache bei Übergabe frei von Mängeln war.
Auch in der Rechtsprechung hat sich in einigen Bereichen eine Beweislastumkehr eingebürgert – z.B. bei der Arzthaftung oder bei der Produkthaftung. Eine gesetzliche Beweislastumkehr findet sich auch im Mietrecht: Nach § 543 Abs.4 BGB muss im Falle einer fristlosen Kündigung durch den Mieter wegen Nichtgewährung des Gebrauchs der Mietwohnung im Streitfall der Vermieter beweisen, dass er rechtzeitig den Gebrauch der Mietwohnung ermöglicht hat.

Beweissicherungs- und Feststellungsgesetz
Das Beweissicherungs- und Feststellungsgesetz, zuletzt geändert durch Art. 15 des Gesetzes vom 17.12.1990, ist mit Wirkung vom 31.7.1992 aufgehoben worden.
Zweck des Gesetzes war es, Vermögensschäden in der sowjetischen Besatzungszone Deutschlands und im Sowjetsektor von Berlin festzustellen oder durch ein besonderes Beweisverfahren Beweise über solche Schäden zu sichern. Die nach diesem Gesetz ermittelten Ersatzeinheitswerte von Grundstücken können bei Entschädigungsangelegenheiten auch heute noch Bedeutung haben.
Siehe / Siehe auch: BaROV, Entschädigungsgesetz

Bewertung von Immobilien (allgemein)
Bei Immobilien werden mehrere Wertbegriffe unterschieden. Der Verkehrswert ist der zum Bewertungsstichtag zu ermittelnde fiktive Preis, der im gewöhnlichen Geschäftsverkehr unter Außerachtlassung persönlicher oder ungewöhnlicher Umstände zu erzielen wäre. Dabei sind Grundstücksbeschaffenheit, rechtliche Gegebenheiten und die Lage auf dem Grundstücksmarkt zu berücksichtigen. Für die Ermittlung des Verkehrswertes einer Immobilie werden drei alternative Verfahren herangezogen, nämlich das Vergleichswert-, das

Sachwert- und das Ertragswertverfahren. Zu Zwecken der Beleihung wird der Beleihungswert ermittelt, der vom Verkehrswert abgeleitet werden kann. Neben dem Verkehrs- und Beleihungswert einer Immobilie spielen noch der Einheits- und der Grundbesitzwert eine Rolle.

Der Einheitswert ist weiterhin Bemessungsgrundlage für die Berechnung der Grundsteuer. Die Bewertung des Grundstücks erfolgt zum Hauptfeststellungszeitpunkt. Der Grundbesitzwert ist Bemessungsgrundlage für die Erbschaft- und Schenkungsteuer bei der Immobilienübertragung und in Sonderfällen auch für die Grunderwerbsteuer. Die Bewertung erfolgt zum Zeitpunkt des Erbanfalles.

Im Bereich der Versicherungen wird von Ersatzwert gesprochen. Dabei ist zu unterscheiden zwischen dem Ersatzwert als Neuwert (Wiederherstellungswert) und dem Ersatzwert als Zeitwert. Letzterer ist der um die Alterwertminderung verminderte Neuwert.

Siehe / Siehe auch: Verkehrswert, Grundbesitzwert, Beleihung, Einheitswert

Bewertungsgesetz

Das Bewertungsgesetz enthält die Vorschriften über die Bewertung von Vermögen aller Art für steuerliche Zwecke. Insbesondere sind dort die Vorschriften über die Ermittlung des Einheitswertes (maßgeblich für die Grundsteuer) und des Grundbesitzwertes (maßgeblich für die Erbschaft- und Schenkungsteuer) geregelt.

Bewertungsstichtag

Bausparen

Als Bewertungsstichtage gelten die Termine, zu denen Bausparkassen die für die Zuteilung relevanten Bewertungszahlen ermitteln. Bei den meisten Bausparkassen erfolgt dies zwei oder viermal jährlich. Einige wenige Bausparkassen ermitteln die Bewertungszahlen monatlich. Für Bausparer ist es vorteilhaft, wenn die Bausparkasse möglichst häufig im Jahr die Bewertungszahlen ermittelt.

Wertermittlung

Für die Ermittlung des Verkehrswertes ist die Bestimmung des Bewertungsstichtages von wesentlicher Bedeutung. Liegt er weit zurück, dürfen nur die damals vorhandenen Erkenntnisquellen für die Bewertung benutzt werden. Dies gilt z.B. auch für die zum Bewertungszeitpunkt geltende Gesetzeslage, soweit sie für die Bewertung relevant ist. Man denke dabei an unterschiedliche Fassungen der Baunutzungsverordnung oder der Mietrechts.

In bestimmten Fällen muss bei der Grundstückswertermittlung zwischen dem Bewertungsstichtag und dem „Zustandsstichtag" bzw. „Qualitätsstichtag" unterschieden werden. Wird am Bewertungsstichtag ein vor oder nach ihm liegender „Zustand" unterstellt, sind die Zustandsmerkmale zum Bewertungsstichtag irrelevant. Bei Bewertung von Grundstücken, die in einem Sanierungsgebiet liegen, ist z.B. der sanierungsunbeeinflusste Wert der in das Sanierungsgebiet einbezogenen Grundstücke zu ermitteln. Es wird so getan, als sei die Werterhöhung, die durch Bekanntwerden der Sanierungsabsicht im Allgemeinen entsteht, nicht gegeben. Es wird der Zustand vor Bekanntwerden der Sanierungsmaßnahme unterstellt. Bei Bewertung von erst in der Zukunft realisierten Projekten weicht der Bewertungsstichtag ebenfalls vom Zustandsstichtag ab. Der Zustands- / Qualitätsstichtag ist nicht kalendarisch zu definieren, sondern gilt allgemein als der Tag, an dem der definierte Zustand (die definierte Qualität) eintritt bzw. eingetreten ist. Dieser wird sodann als maßgeblich für den Bewertungsstichtag unterstellt.

Der Qualitätsstichtag kann auch bei Bewertungen im Zusammenhang mit einem Erbfall eine Rolle spielen, wenn nämlich festgestellt werden muss, welcher Wertanteil bei einer Immobilien als ein in die Ehe eingebrachtes Vorbehaltsgut auf den während der Ehe entstandenen Zugewinn entfällt.

Bewertungszahl (Bausparen)

Für jeden Zuteilungszeitraum wird von den Bausparkassen eine Bewertungszahl festgelegt. Sie zu erreichen ist Voraussetzung für die Zuteilung eines Bauspardarlehens. Nach dieser Bewertungszahl richtet sich die Reihenfolge der Zuteilung. Sie errechnet sich aus dem vorhandenen Sparguthaben und der dafür benötigten Ansparzeit (Geld-mal-Zeit-Prinzip).

Die Ermittlung der Bewertungszahl erfolgt zu den Bewertungsstichtagen. Die Bewertungszahl wird dem Bausparer jeweils auf dem Jahreskontoauszug mitgeteilt.

Siehe / Siehe auch: Bewertungsstichtag

BewG

Abkürzung für: Bewertungsgesetz

Bewirtschaftungskosten

Bewirtschaftungskosten sind regelmäßig und nachhaltig anfallende Kosten, die sich aus der laufenden Bewirtschaftung einer Immobilie ergeben. Hierzu zählen sowohl nach der II. BV als auch nach der WertV die Abschreibung, die Verwaltungs- und Instandhaltungskosten sowie das Mietausfallwagnis. Soweit Betriebskosten durch Umlagen auf die Mieter gedeckt werden, bleiben sie unberücksichtigt. Bewirtschaftungskosten sind Teil der laufenden Aufwendungen bei der Ermittlung der Kostenmiete. Die Ansätze für einzelne durchschnittliche Bewirtschaftungskosten dienen auch zur Ermittlung des Reinertrages im Zusammenhang mit der Ermittlung des Ertragswertes einer Immobilie. Die Bewirtschaftungskosten werden nach Anlage 3 der Wertermittlungsrichtlinien 2006 wie folgt angesetzt:

Die Verwaltungskosten betragen jährlich:
- je Wohnung und je Eigenheim bis 230 Euro
- bei Eigentumswohnungen bis 275 Euro
- bei Garagen bis 30 Euro

Instandhaltungskosten werden je Quadratmeter jährlich wie folgt angesetzt:
- Objekt 33 Jahre und älter 11,50 Euro
- Objekt zwischen 22 und 33 Jahre alt 9,00 Euro
- Objekt weniger als 22 Jahre alt 7,10 Euro
- Pro Garage oder Einstellplatz pauschal im Jahr 68,00 Euro

Durch Abschläge ist zu berücksichtigen, wenn Mieter Kleinreparaturen übernimmt. Zuschläge sind erforderlich, wenn Aufzug vorhanden ist und wenn der Vermieter die Schönheitsreparaturen ausführt.

Das Mietausfallwagnis berechnet sich aus Nettokaltmiete für:
- vermietete Wohn- und gemischte Objekte mit 2%
- Geschäftsgrundstücke mit 4%

Durch Interpolation können die Kalkulationssätze für Instandhaltungskosten dem jeweiligen Alter der Immobilien angepasst werden.

Bewirtschaftungskostenrelation

Die prozentualen Bewirtschaftungskosten eines geschlossenen Fondsprojektes sind definiert als das Verhältnis der Bewirtschaftungskosten ohne die Rückstellungen für Instandhaltungen und für das Mietausfallwagnis zu den Gesamteinnahmen des geschlossenen Fonds (Mieteinnahmen und Zinserträge aus der Liquiditätsreserve). Diese Bewertungskennziffer bringt zum Ausdruck, welcher prozentuale Anteil der Fondseinnahmen bereits für die laufende Bewirtschaftung des Fondsobjektes verloren geht.

Zu den Bewirtschaftungskosten gehören beispielsweise: Vergütungen für Komplementäre, Treuhänder, Steuerberater, Geschäftsführer und -besorger. Die Vergütungen sind tatsächlich von der Fondsgesellschaft zu verausgabende Kostenpositionen. Rücklagen für Instandhaltungen oder für das Mietausfallwagnis sind keine echten Bewirtschaftungskosten. Die aufgezählten Rücklagen werden zunächst nur vorsichtshalber als Sicherheitspolster zurückgestellt und damit dem unmittelbaren Ausschüttungspotential an die Anleger entzogen. Ein tatsächlicher Anfall dieser Kosten ist aber sowohl dem Grunde als auch der Höhe nach ungewiss. Bei der Ermittlung der Bewirtschaftungskostenrelation bleiben diese gedachten Aufwendungen daher zunächst außer Ansatz. Eine Bewirtschaftungskostenrelation von rund 8% sollte nicht überschritten sein. Bei einer Bewirtschaftungskostenrelation von unter 5% ist die Gefahr der Subventionierung gegeben. Zur endgültigen Beurteilung der Angemessenheit der Bewirtschaftungskostenrelation müssen aber auch die Nebenkostenregelung, die Mindestzeichnungssumme und die Anzahl der Objekte und Mieter berücksichtigt werden.

Hohe Mindestzeichnungssummen in Verbindung mit einer geringeren Anlegerzahl verursachen einen geringeren Kostenaufwand, wodurch eine Bewirtschaftungskostenrelation von unter fünf Prozent noch nicht unbedingt auf eine Subventionierung hindeuten muss. Ein großes Objekt mit nur einem Mieter verringert ebenfalls den Objektverwaltungsaufwand. Nicht vergessen werden darf bei diesen Überlegungen die Fremdkapitalquote. Bei einem hohen Fremdkapitalanteil, das ja nur einen geringen Arbeits- und damit Kostenaufwand produziert, wird die Bewirtschaftungskostenrelation ebenfalls entlastet.

Die durch das geringe, arbeitsintensive Eigenkapital verursachten Kosten verteilen sich auf die hohen Einnahmen des Gesamtfonds. Sollte aber unter Berücksichtigung der Einflussparameter eine Subventionierung wahrscheinlich sein, besteht die Gefahr, dass bei einem Konkurs der Verwaltungsgesellschaft, bzw. der Kündigung des Verwaltungsauftrages durch die Verwaltungsgesellschaft, ein neuer Verwalter gesucht werden muss, der die Verwaltung nur zu einem deutlich höheren Honorar übernimmt. Die Prognoserechnung würde durch die dadurch entstehende Kostenerhöhung in Mitleidenschaft gezogen werden.

Bewirtschaftungsphase

Im Lebenszyklus einer Immobilie ist die Bewirtschaftungsphase der Teil des Zyklus, während der die Immobilie wirtschaftlich genutzt werden kann. Ziel der Bewirtschaftung ist es in der Regel, einen Ertragsüberschuss über die Summe der Investitions- und Bewirtschaftungskosten zu erzielen. Dabei wird auf die zum Zeitpunkt des Investitionsbeginns diskontierten Beträge abgestellt. Bei einem geschlossenen Immobilienfonds handelt es sich um den Zeitraum zwischen dem Abschluss der Investitionsphase und der Auflösung des Fonds. Während der Bewirtschaftungsphase sollen mit dem betreffenden Investitionsobjekt bei planmäßigem Verlauf die prospektierten Erträge erwirtschaftet werden.

Siehe / Siehe auch: Investitionsphase, Immobilienfonds - Geschlossener Immobilienfonds

BewRGr

Abkürzung für: Bewertungsrichtlinien Grundvermögen

Beziehungsmarketing

Der Aufbau einer langfristigen Beziehung zum Kunden, das gesellschaftliche Engagement des Immobilienmaklers bzw. Immobilienunternehmens – wie z.B. in der Kommunalpolitik, in Verbänden oder Vereinen – also der gezielte Aufbau eines Beziehungsnetzwerkes zu Marketingzwecken wird als Beziehungsmarketing bezeichnet und ist bei Immobilienunternehmen von großer Bedeutung.

Neun von zehn Kunden geben ihre schlechten Erfahrungen in der Regel weiter, positive Erfahrungen hingegen werden jedoch nur von maximal zwei Kunden weitererzählt. Das macht deutlich, wie wichtig das Beziehungsmarketing bei der Akquisition ist. Der Aufbau und die Pflege der Kundenbeziehungen erfordert mehr Engagement als der Verkauf. Die Hauptaufgabe des Beziehungsmarketings liegt in der Zusammenarbeit zwischen den Anbietern. Die Anbieter und die Kunden werden als Partner mit gemeinsamen Interessen verstanden.

Das Kundenvertrauen wird als Basis langfristiger Geschäftsbeziehungen hervorgehoben. Besonders die passive Akquisition lebt von dem Beziehungsmarketing. Nur durch gute Erfahrungen, die von anderen Kunden weiter gegeben werden, kann ein Makler sein Angebot durch passive Akquisition erweitern. Zufriedene Kunden, der gute Ruf und das öffentliche Vertrauen eines Unternehmens sind von besonderer Bedeutung.

Bezirksschornsteinfegermeister

Nach § 3 des Schornsteinfegergesetzes wird der Bezirksschornsteinfegermeister von der zuständigen Verwaltungsbehörde für einen bestimmten Kehrbezirk bestellt. Er ist Gewerbetreibender und gehört dem Handwerk an. Im Rahmen der Feuerstättenschau, der Bauabnahme sowie von Tätigkeiten des Immissionsschutzes und der rationellen Verwendung von Energie übernimmt er als so genannter beliehener Unternehmer öffentliche Aufgaben. Ganz Deutschland ist in Kehrbezirke aufgeteilt. Wer überprüfungspflichtige Anlagen laut Kehr- und Überprüfungsverordnung betreibt (z.B. Schornsteine, Rauchableitungen, bestimmte Lüftungsanlagen) muss diese beim Bezirksschornsteinfegermeister anmelden und eine jährliche Überprüfung und ggf. auch Schornsteinreinigung dulden. Hauseigentümer müssen dem Schornsteinfeger Zutritt zum Gebäude gewähren, soweit dies für seine Arbeit erforderlich ist. Sie müssen ihm nach der auf Landesebene erlassenen Gebührenordnung eine Vergütung bezahlen.

Aufgrund eines von der Europäischen Kommission eingeleiteten Vertragsverletzungsverfahrens gegen die Bundesrepublik Deutschland werden sich die Regelungen über den Bezirksschornsteinfegermeister ändern. Zum 1.1.2008 sind umfassende Lockerungen des bisherigen Systems geplant, die den Marktzugang für EU-ausländische Handwerker und allgemein den Zugang zum Beruf und die Zulassung zum Bezirksschornsteinfeger erleichtern werden.

Siehe / Siehe auch: Bezirksschornsteinfegermeister, Kehr- und Überprüfungsverordnung, Schornsteinfegergesetz

BF

Abkürzung für: bebaute Fläche

BfA

Abkürzung für: Bundesversicherungsanstalt für Angestellte

BFH
Abkürzung für: Bundesfinanzhof

BfLR
Abkürzung für: Bundesforschungsanstalt für Landeskunde und Raumordnung

BfS
Abkürzung für Bundesamt für Strahlenschutz. Es erteilt Auskünfte und vertreibt Broschüren zu diversen Strahlenschutz Themen (Kernkraft, elektromagnetische Felder, Radonbelastung).
Internetadresse: www.bfs.de
Siehe / Siehe auch: Elektrosmog, Radon

BFW
Abkürzung für: Bundesfachverband Wohnungs- und Immobilienverwalter e.V. - Berlin

BGB
Abkürzung für: Bürgerliches Gesetzbuch

BGB-Vertrag (Baurecht)
Siehe / Siehe auch: Werkvertrag

BGBl
Abkürzung für: Bundesgesetzblatt

BGF
Abkürzung für: Brutto-Geschossfläche / Brutto-Grundfläche

BGH
Abkürzung für: Bundesgerichtshof

BGHSt
Abkürzung für: Entscheidungen des Bundesgerichtshofes in Strafsachen (Zeitschrift)

BGHZ
Abkürzung für: Entscheidungen des Bundesgerichtshofes in Zivilsachen

BHG
Abkürzung für: Bauherrengemeinschaft

BHKW
Abkürzung für: Blockheizkraftwerke
Siehe / Siehe auch: Blockheizung

BiBB
Abkürzung für: Bundesinstitut für Berufliche Bildung

Bieterverfahren
Der klassische Verkauf von Immobilien durch Vermittlung von Maklern erfolgt in der Regel dadurch, dass mit akquirierten Interessenten Einzelbesichtigungstermine vereinbart werden. Die Interessenten werden mit einem Preisangebot konfrontiert.
Nach der Besichtigung ergibt sich dann, ob ein Kaufinteresse besteht oder nicht. Das Bieterverfahren überlässt es dagegen dem Interessenten, ein Preisangebot zu unterbreiten.
Um zu einem guten Ergebnis zu kommen, organisiert der beauftragte Makler Besichtigungsveranstaltungen, auf denen zum gleichen Zeitpunkt mehrere Interessenten durch das Objekt geführt und Fragen von Interessenten beantwortet werden.
Ähnlich wie bei einer Auktion werden am Ende Angebote entgegengenommen und notiert. Im Gegensatz zur Auktion, bei der ein Notar die Beurkundung des Kaufvertrages zwischen den am meisten bietenden Interessenten und der Eigentümer vornimmt, ist Annahme des besten Angebots durch den Verkäufer unverbindlich. Der Makler bereitet die Beurkundung des Kaufvertrages in der Folgezeit vor und vereinbart mit den beiden Parteinen den Beurkundungstermin.

BImSchG
Abkürzung für: Bundesimmissionsschutzgesetz

BImSchV
Abkürzung für: Bundesimmissionsschutzverordnung

Bindungsfrist
(wohnungswirtschaftliche Begriffs-Verwendung beim Bausparvertrag)
Siehe / Siehe auch: Bausparvertrag

Binnenwanderungen
Unter Binnenwanderungen versteht man Wanderungen innerhalb eines Raumes. Die Bundesstatistik weist jährlich die Wanderungssalden der Wanderungsbewegung zwischen den Bundesländern aus. Die Richtungsbewegung dieser Wanderungssalden gilt im Allgemeinen als Indikator für die

Verschiebungen der immobilienwirtschaftlichen Raumgewichte zwischen den Bundesländern, soweit es sich um Flächenstaaten handelt. Deutlich wurde in den letzten fünfundzwanzig Jahren eine Wanderungsbewegung von Nord nach Süd, was hinsichtlich der Immobilienpreise zur Umkehrung des ursprünglichen Nord-Süd-Gefälles in den Nachkriegsjahren in ein Süd-Nord-Gefälle führte. Seit der Wiedervereinigung gibt es zusätzlich eine Wanderungsbewegung von Ost nach West. In der Zeit zwischen 1991 und 2001 betrug der Wanderungssaldo zu Lasten Ostdeutschlands 620.000 Personen. Der wanderungsbedingte Bevölkerungsverlust belief sich im Osten zwischen 5,7% (Thüringen) und 7,4% (Sachsen Anhalt). Im Jahr 2003 gab es im Osten noch binnenwanderungsbedingte Bevölkerungseinbußen in den Bundesländern Sachsen-Anhalt, Thüringen, Sachsen und Mecklenburg-Vorpommern von insgesamt 39.266 Personen. Berlin und Brandenburg legten dagegen leicht zu. Die Binnenwanderungen in Deutschland nach Altersgruppen (Zahl der wandernden Personen über die Gemeindegrenzen hinweg) ergibt sich aus folgendem Überblick:

Binnenwanderung in Deutschland
nach Altersgruppen

	unter 25 Jahre	25-65 Jahre	über 65 Jahre
2000	1.797.422	2.697.957	237.877
2001	1.825.547	2.690.877	238.285
2002	1.794.432	2.650.222	158.847
2003	1.742.198	2.593.217	239.548
2000-2003			
in Prozent	38,36%	56,95%	4,69%

BiRiLiG
Abkürzung für: Bilanzrichtliniengesetz

Bj
Abkürzung für: Baujahr

BK
Abkürzung für: Betriebskosten
Siehe / Siehe auch: Betriebskosten

BKleingG
Abkürzung für: Bundeskleingartengesetz
Siehe / Siehe auch: Kleingarten / Schrebergarten

BKR
Abkürzung für: Baukoordinierungsrichtlinie

BKZ
Abkürzung für: Baukostenzuschuss

Bl
Abkürzung für: Blatt

Blankodarlehen
Die Bausparkassen haben die Möglichkeit, kleinere Bauspardarlehen (i.d.R. bis 10.000 Euro) ohne Stellung von dinglichen Sicherheiten an den Bausparer auszubezahlen. Dies erspart das aufwendige Bestellen von Grundschulden. Unabdingbare Voraussetzung derartiger Darlehen ist jedoch die Bonität des Schuldners.

Bleirohre
In einigen Gegenden Deutschlands fließt Trinkwasser immer noch durch Bleirohre. Betroffen sind hauptsächlich Nord- und Ostdeutschland. Zum Beispiel in Berlin und Hamburg sind noch in großem Umfang Bleirohre in Betrieb. Sie wurden bis 1973 noch verbaut, da man der Meinung war, dass durch härteres Wasser verursachte Kalkablagerungen in den Leitungen eine Anreicherung des Wassers mit Blei verhinderten. Diese Annahme erwies sich als falsch.
Blei im Trinkwasser ist gesundheitsschädlich. Die ständige Aufnahme von Kleinstmengen beeinträchtigt Blutbildung, Intelligenzentwicklung und Nervensystem bei Ungeborenen, Säuglingen und Kleinkindern. Bei Erwachsenen wird Blei entweder ausgeschieden oder in den Knochen eingelagert, kann aber von dort in Zeiten erhöhter Stoffwechselfunktionen (z.B. Schwangerschaft) zurück ins Blut gelangen. Neben Kindern müssen junge oder schwangere Frauen vor einer Bleibelastung geschützt werden.
Bleirohre sind weicher als solche aus Kupfer oder verzinktem Stahl. Sie sind silbergrau und lassen sich mit einem Messer einritzen. Eine Untersuchung durch ein Labor kostet ab 50 Euro. Auch manche Wasserwerke und die Stiftung Warentest führen Untersuchungen durch.
Grenzwerte nach der Trinkwasserverordnung:
Derzeit gültig: 0,025 mg/l = 25 Mikrogramm / l
Ab 1.12.2013: 0,010 mg/l = 10 Mikrogramm / l.
Letzterer Grenzwert macht ab 2013 die Verwendung von Bleirohren unzulässig; bis zu diesem

Zeitpunkt muss daher in jedem Falle ein Austausch erfolgen. Hauseigentümer können dafür Fördermittel bei der KfW beantragen. Eine Filterung des Wassers mit handelsüblichen Wasserfiltern hilft nicht. Sichere Abhilfe ist nur durch Austausch der Rohre möglich.

Wird – z.b. durch eine Laboruntersuchung – eine erhöhte Bleikonzentration festgestellt, muss zunächst geprüft werden, welche Rohre betroffen sind. Nicht immer sind die Wasserleitungen innerhalb des Hauses schuld; bei Bleirohren vor dem Hauptwasserzähler sind die Versorgungsbetriebe für den Austausch zuständig. Für Rohre hinter dem Zähler ist der Hauseigentümer in der Pflicht. Eine Bleibelastung kann ihre Ursache auch darin haben, dass Blei lediglich an Verbindungsstellen von Rohren aus anderem Material verwendet wurde. Ein Notbehelf kann sein, das Leitungswasser vor der Verwendung für die Küche erst einmal ca. 2 Minuten laufen zu lassen. Das in der Leitung abgestandene stärker belastete Wasser kann für andere Zwecke (Blumengießen oder Putzen) gesammelt werden.

Bei starker Belastung ist für Nahrungszwecke grundsätzlich die Verwendung von kohlensäurefreiem Mineralwasser zu empfehlen. Für Babynahrung darf kein bleihaltiges Wasser verwendet werden. Nicht jede Bleibelastung gibt dem Mieter einen Anspruch auf Austausch der Leitungen. Ein Wohnungsmangel liegt vor, wenn der Grenzwert der Trinkwasserverordnung regelmäßig nicht unerheblich überschritten wird. Dann muss der Vermieter die Rohre austauschen lassen. So entschied das Landgericht Hamburg am 5.2.1991 (Az. 16 S 33/88). Bis zum Austausch ist eine Mietminderung berechtigt. Ist die Belastung allerdings so gering, dass der Mieter durch sekundenlanges Ablaufenlassen zu sauberem Wasser kommen kann, ist dies nicht der Fall.

Ist nach einem Ablaufenlassen von mehreren Sekunden Dauer noch eine Konzentration oberhalb des Grenzwertes messbar, ist eine 5%ige Mietminderung angemessen (Amtsgericht Hamburg, 23.8.1991, Az.: 43 b C 2777/86). Die zuweilen bereits auftauchenden Klauseln in Mietverträgen, nach denen Bleirohre oder sogar Gesundheitsschäden vom Mieter als mietvertragsgemäß anerkannt werden, dürften schlicht unwirksam sein. Eine vertragliche Einwilligung des Mieters in Gesundheitsschäden ist sittenwidrig.

Siehe / Siehe auch: Trinkwasserverordnung

BlGBW
Abkürzung für: Blätter für Grundstücks-, Bau- und Wohnrecht

Blind Pool
Beim Blind Pool handelt es sich um ein Beteiligungsmodell, bei dem zum Beteiligungszeitpunkt weder das Anlageobjekt, in das investiert werden soll, noch die Anlagesumme feststehen. Erst nach Schließung des Fonds nach Einzahlung des prospektierten Fondkapitals entscheidet das Fondsmanagement über die Anlage. Bis dahin können die verzinslich angelegten Einlagen mit vierteljährlicher Kündigungsfrist gekündigt werden. Scherzhaft wird ein Blind Pool als „Pool für Verrückte" bezeichnet.

Blitzschutzanlage
Mit Blitzschutzanlagen („Blitzableiter") soll Gebäudeschäden durch Blitzeinschläge vorgebeugt werden. Jährlich gehen in Deutschland immerhin etwa 2 Millionen Blitze nieder. In welchen Fällen Blitzschutzanlagen erforderlich sind, ergibt sich aus den Länderbauordnungen. So müssen nach der Bayerischen Bauordnung bauliche Anlagen eine Blitzschutzanlage erhalten, bei denen nach Lage; Bauart oder Nutzung Blitzeinschlag leicht eintreten oder zu schweren Folgen führen kann. Zu solchen Anlagen zählen Gebäude und Lagerstätten die die Umgebung wesentlich überragen (Hochhäuser, Türme) die besonders brand und explosionsgefährlich sind und solche, die aufgrund ihrer Nutzung zu größeren Menschansammlungen führen (Kirchen, Sporthallen, Kaufhäuser usw.

Zu unterscheiden ist zwischen zündenden und nicht zündenden Blitzschlägen. Zündende Blitzeinschläge führen, wenn sie nicht in die Erde abgeleitet werden zu Brandschäden. Nicht zündende Blitzschläge führen vor allem an elektrischen Geräten, Fernseher, Computer zu Schäden. Es handelt sich um Auswirkungen die aus einer Überspannung aufgrund eines entfernteren Blitzeinschlages resultieren. Blitzschutzanlagen sollten regelmäßig durch den TÜV oder andere Sachverständige überprüft werden.

Blk
Abkürzung für: Balkon

Blockheizkraftwerk

Bei Blockheizkraftwerken handelt es sich um Motoren, die mit Gas, Heizöl, Dieselöl, oder Pflanzenöl (Rapsöl) betrieben werden. Bei größeren Anlagen werden Gasturbinen eingesetzt. Die Stromerzeugung erfolgt über die an die Motore angeschlossenen Generatoren. Mit Hilfe der Kraft-Wärme-Kopplung wird auch die entstehende Motorwärme zur Warmwasseraufbereitung genutzt. Es können auf diese Weise Wirkungsgrade von 85% erreicht werden. Hauptsächlich werden Blockheizkraftwerke zur Versorgung kleinerer Wohnanlagen eingesetzt. Überschüssiger Strom kann in das öffentliche Netz eingespeist werden.

Blockheizung

Eine Blockheizung versorgt die Wohnungen mehrerer Gebäude / eines Gebäudeblocks mit Wärme. Wirtschaftlich gehören Gebäude und Heizanlage zusammen; meist kümmert sich der Vermieter um den Betrieb der Heizung und kauft den nötigen Brennstoff ein. Die Heizkosten und die Betriebs- und Wartungskosten der Anlage werden nach der Heizkostenverordnung auf die Mieter umgelegt. Es gibt jedoch auch vertragliche Konstruktionen, bei denen das Blockheizkraftwerk vom Vermieter an einen anderen Betreiber verpachtet worden ist. Auch hier erfolgt die Umlage auf die Mieter nach der Heizkostenverordnung.

Zu unterscheiden sind:
- Vereinbarung zwischen Vermieter und externem Betreiber: Vermieter ist weiter für Betrieb der Heizung und Heizkostenabrechnung verantwortlich. Kalkulierter Wärmepreis des Betreibers darf in Heizkostenabrechnung angesetzt werden.
- Vereinbarung zwischen Mieter und externem Betreiber: Nur der Betreiber ist für Wärmelieferung und Wartung der Anlage verantwortlich. Der kalkulierte Wärmepreis einschließlich Unternehmergewinn wird in der Heizkostenabrechnung angesetzt. Abrechnung durch Wärmelieferanten, nicht mehr durch Vermieter.

Auch bei laufenden Mietverhältnissen darf der Vermieter einen Wärmelieferungsvertrag mit einem externen Betreiber abschließen. Der erhöhte Wärmepreis darf aber nur nach entsprechender beidseitiger Änderung des Mietvertrages auf die Mieter umgelegt werden.

Siehe / Siehe auch: Blockheizkraftwerk, Direktlieferungsvertrag Heizwärme, Energieeinsparverordnung (EnEV), Etagenheizung, Heiz- und Warmwasserkosten, Sammelheizung

Blockrahmen

Der Blockrahmen ist ein bündig zur Wandfläche eingebauter Fenster- oder Türrahmen.

Siehe / Siehe auch: Leibung / Laibung, Türen, Türblatt / Türflügel, Türdichtung, Türfüllung, Türfutter / Türbekleidung, Türzarge, Zarge

Blower-Door-Test

Durch den Blower-Door-Test („Differenzdruck-Messverfahren") wird die Luftdichtheit von Gebäudehüllen gemessen. Luftdichte Gebäude dienen der Einsparung von Heizenergie. Luftdichtheit an den Wänden wird durch die so genannte Funktionsschicht hergestellt. Beim Mauerwerk handelt es sich um den Innenputz. Dabei dürfen keine Stellen ausgespart werden. Besonderes Augenmerk ist zu richten auf Fenster, die häufig mit Bauschaum montiert werden. Aber auch Kamine und der Übergang von der Giebelwand zur Dachkonstruktion sind Quellen für Luftdurchlässigkeit. Der Blower-Door-Test wird bei geschlossenen Türen und Fenstern mit Hilfe eines Ventilators durchgeführt, der die Raumluft nach außen bläst. Dadurch wird ein konstanter Unterdruck erzeugt, der zum Luftaustausch führt. Bei dieser Gelegenheit werden etwaige Lecks am Gebäude festgestellt, durch die die Luft entweicht. Es wird zugleich eine „Luftwechselzahl" ermittelt. Aus ihr ergibt sich, das Wievielfache des Raumluftinhaltes innerhalb einer Stunde ausgewechselt wird. Bei Gebäuden mit Lüftungsanlagen darf der Kennwert dieser Zahl nach der Energieeinsparungsverordnung 1,5 nicht überschreiten, bei Gebäuden ohne Lüftungsanlagen liegt der Grenzwert bei 3.

Siehe / Siehe auch: Energieeinsparverordnung (EnEV)

Blue Book

Im Bestreben, zu einer europäischen Vereinheitlichung der Immobilienbewertung in den Mitgliedsländern der EU zu gelangen, wurden von der TEGOVA (The European Group of Valuers' Associations), im Blue Book europäische Bewertungsstandards und Begriffsdefinitionen zusammengefasst. Es handelt sich um die „European Valuation Standards" (EVS). Sie sind 2003 in fünfter Auflage erschienen.Das Blue Book könnte man

mit großen Abstrichen mit den deutschen Wertermittlungsrichtlinien vergleichen, die allerdings auf einer gesetzlichen Grundlage der Wertermittlungsverordnung und der Verkehrswertdefinition des BauGB aufbaut, was bei European Valuation Standards nicht der Fall ist. Diese erlangen ihre Anerkennung durch eine entsprechende Verkehrsgeltung in den EU-Staaten.
Siehe / Siehe auch: TEGOVA (The European Group of Valuers' Associations)

Blueprinting

Blueprinting ist ein Verfahren, bei dem letztendlich die Kontakte des Kunden mit dem Unternehmen im Zeitablauf, d.h. sequentiell, abgebildet werden. Damit ergibt sich eine Line of Visibility; dies sind die Punkte, bei denen das Immobilienunternehmen jeweils von seinen Kunden wahrgenommen wird.

BM
Abkürzung für: Baumasse

BMBau
Abkürzung für: Bundesministerium für Raumordnung, Bauwesen und Städtebau

BMF
Abkürzung für: Bundesministerium für Finanzen

BMG
Abkürzung für:
Bemessungsgrundlage,
Bundesmietengesetz

BMietenG
Abkürzung für: Bundesmietengesetz

BMJ
Abkürzung für: Bundesminister für Justiz

BMWF
Abkürzung für: Bundesministerium für Wirtschaft und Finanzen

BMZ
Abkürzung für: Baumassenzahl

BNatSchG
Abkürzung für: Bundesnaturschutzgesetz

BNotO
Abkürzung für: Bundesnotarordnung

BO
Abkürzung für: Bauordnung

Boardinghouse
Beim Boardinghouse handelt es sich um eine Mischform zwischen Appartementhaus und Hotel. Insbesondere Gäste mit längerer Verweildauer sind Zielgruppe eines Boardinghouse, dessen Betreiber ein vielfältiges Angebot an Dienstleistungen wie Grundreinigungs- und Wäscheservice, Telefonzentrale und Einkaufsservice bieten. Auf kostenträchtige Einrichtungen wie Schwimmbad oder Restaurant wird meist verzichtet. Falls Langzeitgäste ausfallen, kann das Haus in den wachstumsträchtigen 2-Sterne-Hotelmarkt ausweichen. Ein Boardinghouse ist vielfach Anlageobjekt für institutionelle Investoren wie Versicherungen und Pensionskassen, aber auch für private Anleger im Rahmen geschlossener Immobilienfonds.
Siehe / Siehe auch: Immobilienfonds - Geschlossener Immobilienfonds

Bodenerhöhung

Künstliche Hügel, Terrassen, Dämme, Bodenaufschüttungen und / oder Erdwälle zu Einfriedungszwecken nicht nur vorübergehender Art, wie z.B. Aufschüttungen aus dem Aushub von Baugruben, bezeichnet man als Bodenerhöhungen.
Diese müssen so angelegt sein, dass Schädigungen der Nachbargrundstücke, z.B. durch Abrutschen des Bodens, ausgeschlossen sind. Der Grundstückseigentümer hat eine Sicherungspflicht, deren Verletzung einen Schadensersatzanspruch des Nachbarn nach sich zieht.

Bodenfunktionen (Bodenschutzgesetz)

Das Bodenschutzgesetz bezweckt die nachhaltige Sicherung oder Wiederherstellung der Funktionen des Bodens. Es sollen schädliche Bodenveränderungen abgewehrt, der Boden von Altlasten und Gewässerverunreinigungen befreit und Vorsorge gegen nachteilige Einwirkungen auf den Boden getroffen werden. Bei Einwirkungen auf den Boden sollen Beeinträchtigungen seiner natürlichen Funktionen sowie seiner Funktion als Archiv der Natur- und Kulturgeschichte soweit wie möglich vermieden werden. Unterschieden wird dabei zwischen den drei Hauptfunktionen:
- Natürliche Funktionen als Lebensgrundlage für Menschen Tiere und Pflanzen, als Bestandteil des Naturhaushalts und als Filtermechanismus zum Schutz des Grundwassers
- Funktionen als Archiv der Natur- und Kulturgeschichte
- Nutzungsfunktionen als Rohstofflagerstätte, Fläche für Siedlung und Erholung, Standort für die land- und forstwirtschaftliche Nutzung, Standort für sonstige wirtschaftliche und öffentliche Nutzungen, Verkehr, Ver- und Entsorgung.

Anliegen des Gesetzes ist es u.a., den beiden erstgenannten Funktionen gegenüber den wirtschaftlichen Nutzungsfunktionen einen gleichrangigen Stellenwert zu verleihen.
Siehe / Siehe auch: Altlasten, Bundesbodenschutzgesetz

Bodeninformationssysteme
Siehe / Siehe auch: Grundstücks- und Bodeninformationssystem

Bodenmanagement

Bodenmanagement ist Teil des Immobilienmanagements. Es umschreibt die Steuerungsprozesse, die darauf abzielen, im Rahmen des Gebotes des sparsamen und schonenden Umganges mit Grund und Boden vorhandenes Bauland für den vorgesehenen städtebaulichen Bedarf verfügbar zu machen und erforderlichen Baulandausweisungen vorzunehmen.
Zum Bodenmanagement gehören neben Aufstellung von Bebauungsplänen die amtlichen und freiwilligen Umlegungsmaßnahmen, die Durchführung der Erschließung, Maßnahmen der Bodensanierung und die Herstellung der infrastrukturellen Einrichtungen, die im Rahmen der künftigen Bodennutzung als Wohn- oder Gewerbestandorte erforderlich sind.
Im Vordergrund steht dabei im Sinne eines haushälterischen Bodenmanagements die Wiederverwendung alter aufgegebener Standorte (Recyclingflächen, Konversionsflächen) vor allem innerhalb alter Siedlungsgebiete. (Flächenressourcen-Management). Diese Flächen sollen bevorzugt einer neuen Standortnutzung zugeführt werden, bevor neues Bauland ausgewiesen wird.
Da den Gemeinden das „Produktionsmonopol" für Bauland zusteht, kommt es entscheidend darauf an, wie und in welchem Umfange seitens der Gemeindeverwaltungen Bereitschaft besteht, dem Siedlungsdruck gerecht zu werden. In der Regel werden Gewerbegebiete gerne ausgewiesen. Bei Wohnbaugebieten besteht dagegen oft vornehme Zurückhaltung.
Eine beliebte Strategie des gemeindlichen Bodenmanagements besteht darin, Flächen zu erwerben, die noch nicht Bauerwartungsland sind, später aber im Flächennutzungsplan als Bauflächen ausgewiesen werden. Dies ist dann die Grundlage für die Schaffung von Baurechten im Rahmen von Bebauungsplänen. Mit dem Verkauf an spätere Bauherrn und Investoren können „Planungsgewinne" ganz oder teilweise abgeschöpft werden. Soll billiges Bauland bereitgestellt werden, wird die Gemeinde auf die Abschöpfung von Planungsgewinnen verzichten.
Eine andere Strategie besteht darin, keine eigenen Haushaltmittel der Gemeinde einzusetzen und die Baulandproduktion (Beplanung, Erschließung, Zurverfügungstellung von Ausgleichsflächen) nach den Vorgaben der Gemeinde durch Einschaltung von Investoren im Rahmen von Vorhaben- und Erschließungsplänen abwickeln zu lassen. Auch Public-Private-Partnership Gesellschaften, an denen die Gemeinde beteiligt ist, können als Instrumente des Bodenmanagements genutzt werden.

Bodennutzung – geplante
Im Turnus von vier Jahren wird vom Statistischen Bundesamt die geplante Bodennutzung auf der Grundlage der Flächennutzungspläne erfasst. Sie gliedert sich in folgende Grundpositionen:
100 Bauflächen
200 Flächen für den Gemeinbedarf
300 Flächen für den überörtlichen Verkehr

400 Flächen für die Ver- und Entsorgung
500 Grünflächen
600 Flächen der Land- und Forstwirtschaft
700 Wasserflächen
800 Flächen für Abgrabungen und Aufschüttungen und
900 Sonstige Flächen

Wegen der verschiedenartigen Erhebungsgrundlagen ist diese Statistik mit der der tatsächlichen Bodennutzung nur beschränkt vergleichbar.
2001 betrugen die Wohnbauflächen in Deutschland nach dieser Statistik 1.278.935 ha (entspricht 3,6% der Fläche des Bundesgebietes). Die gemischten Bauflächen betrugen 69.200 ha (= 1,9% der Bundesfläche) und die Gewerbebauflächen (Gewerbegebiete und Industriegebiete) 511.258 ha, das sind 1,4% der Fläche des Bundesgebietes. Alle Bauflächen (Wohnbauflächen, Gewerbebauflächen, gemischte Bauflächen und Sonderbauflächen) umfassten 7,6% der Gesamtfläche.

Bodennutzung – tatsächliche

Bei den Katasterämtern, die alle Grundstücke ihres Katasterbezirks im Liegenschaftsbuch und der Liegenschaftskarte erfasst haben, wird die Art der Bodennutzung bundeseinheitlich mit den gleichen Begriffen bezeichnet. Diese Begriffe finden seit einigen Jahren auch Eingang in die Spalte „Wirtschaftsart" der Bestandsverzeichnisse der Grundbücher. Zu den Hauptnutzungsarten gehören:
• Gebäude- und Freiflächen
• Verkehrsflächen
• landwirtschaftliche Flächen
• Waldflächen
• Wasserflächen
• Betriebsflächen (unbebaute Abbauflächen)
• Erholungsflächen
• Flächen anderer Nutzung einschl. Unland

Das Statistische Bundesamt veröffentlicht in Abständen von vier Jahren die Flächennutzungsstruktur Deutschlands (siehe Zusammenstellung). Gebäude- und Freifläche zusammen mit Verkehrsfläche, Erholungsfläche und einem Teil der Betriebsfläche werden als „Siedlungs- und Verkehrsfläche" bezeichnet. Diese nahm im Jahr 2000 um 129 ha zu. Allerdings schwächt sich die Zunahme ab. So betrug der Zuwachs 1991 täglich 117 ha und im Jahre 2002 nur noch 105 ha pro Tag. Mit einem weiteren Schwund des Siedlungsflächenwachstums wird bei stagnierender oder gar abnehmender Bevölkerungszahl gerechnet.

Flächennutzungsstruktur Deutschlands. Gebäude- und Freifläche zusammen mit Verkehrsfläche, Erholungsfläche und einem Teil der Betriebsfläche werden als „Siedlungs- und Verkehrsfläche" bezeichnet. Diese nahm im Jahr 2000 um 129 ha zu. Allerdings schwächt sich die Zunahme ab. So betrug der Zuwachs 1991 täglich 117 ha und im Jahre 2005 nur noch 114 ha pro Tag. Mit einem weiteren Schwund des Siedlungsflächenwachstums wird bei stagnierender oder gar abnehmender Bevölkerungszahl gerechnet.

Bodenflächen nach Art der tatsächlichen Nutzung

Nutzungsart	1996* km²	%	2000* km²	%	2004* km²	%
Bodenfläche insgesamt	357.030	100	357.031	100	357.050	100
Gebäude und Freifläche	21.937	6,1	23.081	6,5	23.938	6,7
Betriebsfläche	2.541	0,7	2.528	0,7	2.518	0,7
darunter: Abbauland	1.894	0,5	1.796	0,5	1.764	0,5
Erholungsfläche	2.374	0,7	2.659	0,7	3.131	0,9
Verkehrsfläche	16.786	4,7	17.118	4,8	17.446	4,9
Landwirtschaftsfläche	193.075	54,1	191.028	53,5	189.324	53,0
Waldfläche	104.908	29,4	105.314	29,5	106.488	29,8
Wasserfläche	7.940	2,2	8.085	2,3	8.279	2,3
Flächen anderer Nutzung	7.497	2,1	7.219	2,0	5.925	1,7
darunter: Friedhof	335	0,1	350	0,1	352	0,1
Siedlungs- und Verkehrsfläche **	42.052	11,8	43.939	12,3	45.621	12,8

* Stichtag 31.12 des Vorjahres, ** Summe aus den Nutzungsarten: Gebäude- und Freifläche, Betriebsfläche (ohne Abbauland), Erholungsfläche, Verkehrsfläche, Friedhof. „Siedlungs- und Verkehrsfläche" und „versiegelte Fläche" können nicht gleichgesetzt werden, da in die Siedlungs- und Verkehrsfläche auch unbebaute und nicht versiegelte Flächen eingehen.

Quelle: Statistisches Bundesamt 2005

Bodenordnung

Unter Bodenordnung versteht man Maßnahmen der Umlegung im Zusammenhang mit der Erstellung eines Bebauungsplanes (Neuerschließungsumlegung) oder städtebaulichen Sanierungs- und

Entwicklungsmaßnahmen (Neuordnungsumlegung). Möglich ist auch eine Umlegung im Bereich der im Zusammenhang bebauter Ortsteile (Innenbereich). Zweck der Umlegung ist es, die Grundstücke nach den Vorgaben des Bebauungsplanes oder der geplanten Neuordnungsmaßnahme so zu ordnen, dass bebaubare Parzellen entstehen bzw. optimiert werden.

Die Umlegung kann von Amts wegen oder freiwillig durchgeführt werden. Im Umlegungsgebiet werden alle Grundstücke zunächst zu einer rechnerischen Gesamtmasse vereinigt (Umlegungsmasse). Nach Abzug der Erschließungsflächen verbleibt die Verteilungsmasse. Die Zuteilung der neu entstandenen Grundstücke erfolgt nach Maßgabe der Werte, die der jeweilige Grundstückseigentümer mit Einwurf seines Grundstücks beigetragen hat, oder nach Flächen. Die Verteilung soll so erfolgen, dass die erforderlichen Ausgleichszahlungen möglichst gering gehalten werden. Erfolgt die Verteilung nach Flächen, darf der Abzug von der Einwurfmasse für Erschließungsanlagen bei der Neuerschließungsumlegung 30% und bei der Neuordnungsumlegung 10% im amtlichen Verfahren nicht überschreiten. Findet eine Umlegung „Wert gegen Wert" statt, ist keine Begrenzung vorgesehen.

Mit Bekanntgabe des Umlegungsbeschlusses tritt eine Verfügungs- und Veränderungssperre in Kraft, die in den Grundbüchern der betroffenen Eigentümer durch Eintrag eines Umlegungsvermerks ihren Niederschlag findet. Der Verkauf von Grundstücken ist ebenso wie die Durchführung wertbeeinflussender Veränderungen genehmigungsbedürftig.

An die Stelle der früheren Grenzregelung trat im Zuge der Novellierung des Baugesetzbuches im Jahr 2004 das „vereinfachte Umlegungsverfahren" (§ 80 BauGB). Es kommt nur dann in Betracht, wenn nicht selbstständig bebaubare Grundstücke untereinander getauscht oder Grundstücke oder Grundstücksteile einander einseitig zugeteilt werden können.

Makler, die sich mit der Vermittlung von Baugrundstücken befassen, sollten sich im Zweifel vor Entgegennahme von Aufträgen vergewissern, wie weit der Stand des Umlegungsverfahrens gediehen ist, um nicht Grundstücke anzubieten, die noch zur „Einwurfmasse" zählen. Zuständig für die Umlegung ist die jeweilige Gemeinde, die einen Umlegungsausschuss bildet. Die Umlegung wird von der Gemeinde aber häufig übertragen auf die staatlichen Vermessungs- und Katasterämter, oder, wo Flurbereinigungsbehörden vorhanden sind, auch auf diese.

Literaturhinweis: Diedrich, Hartmut, „Baulandumlegung" München

Siehe / Siehe auch: Flächenmanagement, Freiwillige Umlegung

Bodenpunkt

Der Begriff taucht mit unterschiedlichem Inhalt im Vermessungswesen und im Pachtrecht auf.

Bei Vermessungen wird der Theodolit (Fernrohr mit Fadenkreuz auf Stativ) über einem Bodenpunkt aufgestellt. Bezugspunkte sind markierte andere Bodenpunkte oder Hochpunkte (unzugängliche Stellen), zwischen denen Strecken- und Winkelmessungen durchgeführt werden.

Bei der Landpacht gibt die Anzahl der Bodenpunkte die Ertragsfähigkeit von Acker- bzw. Grünland an. Mit Hilfe der Bodenpunkte lassen sich Vergleiche unter regional unterschiedlichen Bodenqualitäten hinsichtlich Kaufpreis und Pacht anstellen. Für das Bundesland Sachsen liegt die durchschnittliche Bodenpunktzahl z.B. bei 46.

Auch für die Höhe mancher Fördergelder (z.B. Flächenstilllegung bei Grünland) spielt die Bodenpunktzahl eine Rolle.

Siehe / Siehe auch: Flächenstilllegung

Bodenrichtwert

Bodenrichtwerte sind Wertkonstrukte, die unter Berücksichtigung der Entwicklungszustände (Bauland, Bauerwartungsland usw.) aus Grundstückskaufpreisen abgeleitet werden. Sie werden vom Gutachterausschuss für ein Gemeindegebiet ermittelt und veröffentlicht. Einem Bodenrichtwert liegt meist eine bestimmte bauliche Nutzungskennzahl (GFZ) zugrunde. Bei gleichwertiger Lage können aus Bodenrichtwerten Verkehrswerte von unbebauten Grundstücken oder Bodenwertanteile von bebauten Grundstücken auch dann abgeleitet werden, wenn die zugelassene bauliche Nutzungsintensität kleiner oder größer ist als diejenige, die dem Wert des ideellen Bezugsgrundstücks zugrunde liegt. Hilfsmittel hierbei sind Umrechnungskoeffizienten. Bodenrichtwerte werden von Gutachterausschüssen auf der Grundlage ihrer Kaufpreissammlung errechnet und in Bodenrichtwertkarten dargestellt. Der Bodenrichtwert ist eine bedeutsame Größe im Rahmen der Ermittlung von Verkehrswerten für bebaute und unbebaute Grundstücke.Er dient auch als Bemessungsgrundlage für die Ermittlung der Erbschaft- bzw. Schenkungsteuer, wenn ein unbebautes Grundstück übertragen wird. Als steuerrelevanter Wert werden dabei 80% des Bodenrichtwertes angesetzt. Ferner findet er Eingang in die Berechnung des (abschreibungsfähigen) Gebäudewertanteils bei Hausverkäufen, in dem vom Kaufpreis der sich am Bodenrichtwert orientierende Bodenwert abgezogen wird.

Siehe / Siehe auch: Bodenwert

Bodenrisiko

Bauherren und Eigentümer eines Grundstücks tragen grundsätzlich das Risiko für unvorhergesehene Boden- und Wasserverhältnisse des Grundstücks. Allerdings muss sich der mit der Planung beauftragte Architekt im Rahmen eines gesonderten Auftrags zur Baugrundbeurteilung aufgrund von Bodenproben ein verlässliches Bild über die Bodenbeschaffenheit machen. Informationen über die Bodenbeschaffenheit können sog. Baugrundkarten, hydrographischen Karten und dem Altlastenkataster entnommen werden. Im Altlastenkataster sind allerdings (noch) nicht alle mit Altlasten behaftete oder altlastenverdächtige Böden erfasst.

Siehe / Siehe auch: Altlastenkataster

Bodenschätzung

Die Bodenschätzung bezieht sich auf landwirtschaftliche Böden. Grundlage ist das Bodenschätzungsgesetz (BodSchätzG vom 16.10.1934). Nachgewiesen wird das Vorkommen der verschiedenen Böden, ihre genaue Kennzeichnung und Beschaffenheit sowie ihre Ertragsfähigkeit. Grundsätzlich wird zwischen Acker- und Grünlandboden unterschieden. Beim Ackerland spielen Bodenart (z.B. stark lehmiger Sand), Zustand des Bodens („Noten" 1 - 7), Entstehungsart (z.B. Verwitterungsböden) und Wertzahl, welche die Werteinstufung auf der Grundlage von Bodenart, Zustand und Entstehungsart wiedergibt, eine Rolle. Ähnlich wird bei der Ermittlung der Wertzahl von Grünland verfahren. Die Ergebnisse der Bodenschätzung werden in Bodenschätzkarten eingetragen, die bei den Liegenschaftsämtern geführt werden. Diese Ergebnisse sind Grundlage für die Bewertung land- und forstwirtschaftlichen Vermögens nach dem Bewertungsgesetz.

Bodenschutz

Der Umweltschutz ist in einer Fülle von Gesetzen geregelt. Er bezieht sich auf den Naturschutz, Tierschutz, Gewässerschutz, Immissionsschutz und Bodenschutz. Hinzu kommen umfangreiche Gesetze und Verordnungen zur Vermeidung, Verwertung und Beseitigung von Abfällen, zur Energieeinsparung und dem Schutz vor gefährlichen Stoffen.

Das Bodenschutzgesetz vom 17. März 1998 führte zu einer bundeseinheitlichen Regelung des Bodenschutzes mit nunmehr einheitlichen Begriffsbestimmungen zu Bodenfunktionen und die diese Funktionen beeinträchtigenden schädlichen Veränderungen, Altlasten und Verdachtsflächen.

Siehe / Siehe auch: Altlasten, Bodenfunktionen (Bodenschutzgesetz), Verdachtsflächen

Bodensonderung

Die Bodensonderung ist eines der wichtigsten Verfahren zur Regelung der Eigentumsverhältnisse an Grundstücken in den neuen Bundesländern. Sie beruht auf dem Bodensonderungsgesetz.

Anwendung bei:
- Bestimmung der Reichweite des Eigentums an unvermessenen Grundstücken bzw. „Anteilen am ungeteilten Hofraum"
- Bestimmung von Nutzungsrechten an Grundstücken nach DDR-Recht, über deren örtliche Lage und Reichweite Unsicherheit besteht
- Fälle, in denen für den Wohnungsbau in der DDR ohne Enteignung oder Entschädigung private Grundstücke verwendet wurden.

Die Sonderungsbehörde (Katasteramt oder Gemeinde) legt durch einen Sonderungsbescheid einen Sonderungsplan fest, aus dem die Reichweite der jeweiligen Rechte hervorgeht. Der Sonderungsplan besteht aus einer Grundstückskarte und einer Grundstücksliste und gilt bis zur Übernahme ins Liegenschaftskataster als amtliches Verzeichnis im Sinne der Grundbuchordnung. Bei der Erstellung der Karte werden vorhandene Karten, Pläne und Luftbilder verwendet und es wird weitgehend auf Vermessungen verzichtet – was das Verfahren schneller und billiger macht. Bei unvermessenem Eigentum werden die bestehenden Rechte nach Einigung der Eigentümer festgelegt. Kommt keine Einigung zustande, richten sich die Rechte nach dem jeweiligen Besitzstand laut Unterlagen.

Siehe / Siehe auch: Hofraumverordnung, Sonderungsplan

Bodensonderungsgesetz

Nach dem BoSoG vom 20.9.1993 kann für Grundstücke in den neuen Bundesländern durch einen per Sonderungsbescheid festgelegten Sonderungsplan die Reichweite von anderweitig nicht nachweisbaren Eigentumsrechten festgelegt werden. Dies ist z.B. bei unvermessenen Grundstücken, z.B. sog. Anteilen am ungeteilten Hofraum, notwendig.

Siehe / Siehe auch: Bodensonderung, Hofraumverordnung, Sonderungsplan, Ungeteilter Hofraum

Bodenübersichtskarten

Bodenübersichtskarten (BÜK) werden von den Geologischen Ämtern der Bundesländer in verschiedenen Maßstäben erstellt. Sie informieren unter Verwendung differenzierter Legenden zusammen mit tabellarischen Übersichten u.a. über Bodentypen, Bodenreliefe, Bodenarten, Bodenprofile usw.

Bodenuntersuchung

Siehe / Siehe auch: Bodenrisiko, Baugrunduntersuchung

Bodenversiegelung

Eine Bodenversiegelung liegt vor, wenn Teile der Erdoberfläche mit einer wasserundurchlässigen Schicht überdeckt werden. Dies geschieht vor allem beim Straßenbau und der Bebauung des Bodens mit Gebäuden. Der Versiegelungsgrad kann vermindert werden, wenn z.B. bei der Gestaltung von Parkplätzen und Garagenzufahrten am eigenen Haus wasserdurchlässiges Befestigungsmaterial verwendet wird, so dass ein Grasbewuchs in den nichtversiegelten Zwischenräumen noch möglich ist.

Um der unbegrenzten Bodenversiegelung entgegenzuwirken, wurde bei der Grundflächenzahl eine „Kappungsgrenze" eingeführt, die dazu führt, dass auch bei einer dichten Bebauung ein unversiegelter Rest von mindestens 20% verbleibt. Eine Ausnahme ist in Kerngebieten zulässig, bei der die Grundflächenzahl 1,0 (gleich 100%ige Versiegelung) betragen kann.

Siehe / Siehe auch: Grundflächenzahl (GRZ) - zulässige Grundfläche (GR), Kappungsgrenze

Bodenwert

Der Bodenwert ist der kapitalisierte Betrag der „Grundrente". Dabei ist zwischen der „absoluten" Bodenrente (Knappheitsrente) und den Differentialrenten, die sich aus der unterschiedlichen Lage, Qualität und möglichen Nutzungsintensität der Böden ergeben zu unterscheiden.Bodenwerte werden heute entweder mit Hilfe von Bodenrichtwerten (indirekte Bodenwertermittlung) oder von Preisen vergleichbarer Grundstücke (direkte Bodenwertermittlung) ermittelt.

Soweit diese Ausgangsgrößen von dem zu bewertenden Bodengrundstück abweichen, ist dies durch Zu- oder Abschläge oder durch Umrechnungskoeffizienten (bei unterschiedlicher Nutzungsintensität) und/oder Indexreihen (wenn die Preise der Vergleichsgrundstücke sich in unterschiedlichen Zeiten gebildet haben) zu berücksichtigen. Ebenso sind Bodenwertanteile bebauter Grundstücke im Rahmen der Bewertungsverfahren (Vergleichs-, Ertrags- und Sachwertverfahren) zu ermitteln. Die Ermittlung des Bodenwertes durch den direkten Vergleich mit Kaufpreisen anderer Bodengrundstücke setzt eine größere Zahl von vergleichbaren Bodengrundstücken voraus, damit Ausreißer leichter identifiziert und ausgeschieden werden können. Die Standardabweichung wird auf diese Weise verringert.

Siehe / Siehe auch: Grundrente (Bodenrente), Bodenrichtwert

Bodenwertanteil (Erbbaurecht)

Bedingt durch die Tatsache, dass die Bodenwerte in der Regel schneller steigen als die Barwerte der Erbbauzinsen (die nicht den jeweils aktuellen Bodenwerten angepasst werden können), fließt den Erbbauberechtigten mit zunehmender Laufzeit des Erbbaurechts ein Bodenwertanteil zu.

Bei Verkauf des Erbbaurechts bezahlt der Käufer in der Regel nicht nur das Gebäude, das auf dem Erbbaugrundstück steht, sondern auch diesen Bodenwertanteil.

Allerdings wird die Entwicklung des Bodenwertanteils durch Einflüsse gebremst, die sich als Nachteile für den Erbbauberechtigten im Vergleich zum normalen Hauseigentümer niederschlagen (Zustimmungserfordernisse des Grundstückseigentümers bei Veräußerung und Belastung, Gebäudeänderungen usw. Heimfallansprüche). Der Bodenwertanteil wird deshalb niedriger sein als die ermittelte Differenz zwischen dem Barwert des Erbbauzinses und dem Wert des unbelasteten Grundstücks. Dem wird bei der Bewertung des Bodenwertanteils durch einen Wertfaktor Rech-

nung getragen.
Dieser lag nach der in den WertR 2002 zum Ausdruck gebrachten Auffassung zwischen 0,3 (bei sehr starker Beeinträchtigung) und 0,9 (bei geringer Beeinträchtigung). Praktiker schätzen diese Wertfaktoren vielfach als zu hoch gegriffen ein. In den WertR 2006 sind diese Wertfaktoren nicht mehr enthalten.
Siehe / Siehe auch: Wertermittlungsrichtlinien (WertR 2006)

Bodenwertzahl

Die natürliche Ertragskraft des Bodens und damit der Bodenwert finden ihren Ausdruck in so genannten Bodenwertzahlen. Sie reichen von 1-100. Die Erfassung der Bodenqualität erfolgt mit Hilfe von Grablöchern. Die aus einem Grabloch gewonnene Erde wird nach ihrer Zusammensetzung analysiert. Der fruchtbarste Boden erhält die Bewertungszahl 100. Bodenwertzahlen finden Verwendung für die Besteuerung landwirtschaftlich genutzter Böden aber auch bei der Flurbereinigung (Tausch möglichst gleichwertiger Grundstücke). Bodenwertzahlen sind auch wichtige Orientierungsmaßstäbe bei der Bildung von Preisen für landwirtschaftliche Böden.

BörsG

Abkürzung für: Börsengesetz

Bonität

Unter Bonität versteht man die Kreditwürdigkeit eines Darlehensnehmers. Vor Darlehenszusage für ein Immobiliendarlehen werden nicht nur die Beleihungsunterlagen angefordert und geprüft („Beleihungsprüfung"). Die Zusage wird auch abhängig gemacht vom Ergebnis einer Kreditwürdigkeitsprüfung des Darlehensnehmers. Die Prüfung erstreckt sich auf Einkommens-, Vermögens- und Familienverhältnisse des Darlehensnehmers. Bei einem entsprechend guten Ergebnis kann sogar eine „Vollfinanzierung" gewährt werden. Mit Einführung der neuen Eigenkapitalvorschriften für Kreditinstitute durch Basel II kommt der Bonitätsprüfung der Firmenkunden der Bank eine besondere Bedeutung zu. Diese müssen sich einem „Rating" entweder durch das Kreditinstitut oder durch eine Ratingagentur unterziehen. Vom Ergebnis hängen die Konditionen ab, zu denen ein Kredit gewährt wird.
Siehe / Siehe auch: Basel II, Vollfinanzierung

BPersVG

Abkürzung für: Bundespersonalvertretungsgesetz

BPflV

Abkürzung für: Bundespflegeverordnung

Bpl

Abkürzung für: Bauplatz

Br

Abkürzung für: relativer Bodenwert in % im Verhältnis zur Frontbreite

BR

Abkürzung für: Bundesrat

BR-Drucks

Abkürzung für: Bundesratsdrucksache

BRAGO

Abkürzung für: Bundesrechtsanwaltsgebührenordnung

Brand Lands

Automobilhersteller versuchen der zunehmenden Erlebnisorientierung der Kunden bei der Gestaltung von Verkaufslokalitäten Rechnung zu tragen. Ein besonders weitgehender Ansatz sind hier die Brand Lands. Diese sind als ein vom Automobilhersteller betriebenes Marken spezifisches Erlebniszentrum zu verstehen, in dem neben der Darstellung des Unternehmens und seiner Produkte primär eine ganzheitliche Präsentation der Marke angestrebt wird. Ziel ist dabei eine direkte Kundenansprache.
Das Spektrum von Brand Lands ist sehr breit: Es reicht von den klassischen Kundenzentren der Herstellerwerke, zur Auslieferung von Fahrzeugen, über Kundenkontaktpunkte in innerstädtischen Lagen bis hin zu Erlebnisparks mit produktübergreifenden Themen-Arrangements." (Diez, W., 2000, Automobilmarketing)
Angesichts des Bestrebens der Automobilhersteller im Marketing neue Wege zu gehen und ihre Absatzkanalstruktur zu optimieren, dürfte sich dieser Objekttyp in der Wachstumsphase befinden. Diese wird allerdings dann sehr schnell in die Reife- und Sättigungsphase übergehen, wenn jeder der deutschen Automobilkonzerne über ein eigenes Brand Land verfügt, da speziell vor dem Hintergrund der damit verbundenen Kosten nicht

davon auszugehen ist, dass pro Konzern eine größere Anzahl dieser Brand Lands entstehen wird.

Brandabschnitt

Um im Brandfalle die Ausbreitung des Feuers zu verhindern oder zumindest zu erschweren, sind größere Gebäude durch Brandwände und Brandschutztüren in so genannte Brandabschnitte zu unterteilen. Der Abstand zwischen den Brandwänden darf dabei 40 Meter nicht überschreiten, woraus sich eine maximal zulässige Größe eines Brandabschnitts von 1.600 m^2 ergibt. Sind aus betrieblichen Gründen größere Brandabschnitte erforderlich, so sind diese in Brandbekämpfungsabschnitte zu unterteilen (vgl. DIN 4102).
Siehe / Siehe auch: Brandschutz, Brandwand

Branding

Brand oder Branding bezeichnete ursprünglich die Kennzeichnung von Viehherden. Das Zeichen des Besitzers wurde dem Vieh auf die Haut gebrannt, damit es unzweifelhaft zuzuordnen war. In der Wirtschaft bezieht sich der Begriff auf die Bildung einer Marke durch Unternehmenskommunikation mit Mitteln des Corporate Branding.
Die Marke umfasst den Namen, einen Ausdruck, ein Symbol oder eine Kombination von diesen. Durch Markenbildung soll das Produkt- oder Leistungsangebot eines Anbieters erkennbar und unverwechselbar sein, um sich von der Konkurrenz abzuheben. Man unterscheidet Herstellermarken, die vom Erzeuger vergeben werden, und Handelsmarken, die von Handelsunternehmen geprägt werden, sowie Generika, die lediglich unter der Produktbezeichnung angeboten werden.
In der Immobilienwirtschaft bedeutet Branding den Versuch durch Markenbildung Wettbewerbsvorteile zu erlangen. Das kann für ein bestimmtes Immobilienobjekt sein oder eine Produktreihe, zum Beispiel bei Fertighausherstellern.
Siehe / Siehe auch: Handelsmarken

Brandschutz

Zum Brandschutz gehören alle baulichen Maßnahmen, die getroffen werden, um die Ausbreitung von Feuer, Rauch und Strahlung zu verhindern. Regelungen finden sich in DIN 4102 (Brennbarkeitsklasse) und DIN 18230 (Lagerungsdichte, Abbrandfaktor und Heizwert). Verwendete Bauteile und Baustoffe müssen, was Brennbarkeit und Feuerwiderstandsdauer (DIN 4102 T. 1) anbelangt, im Interesse des Brandschutzes einer bestimmten Bauproduktklasse (Baustoffklasse) angehören.
Die Feuerwiderstandsklasse (F30-F180) bezeichnet die Feuerwiderstandsdauer (0-180 Minuten). In bestimmten Fällen sind Brandschutzfenster und Brandschutztüren vorzusehen. Bestimmte Gebäude sind mit Rettungswegen, Fluchtfenster, Nottreppen und -leitern auszustatten. Zum Brandschutz gehören auch Zufahrtsmöglichkeiten für Rettungs- und Feuerwehrfahrzeuge.
Jedes Jahr verzeichnen die Feuerwehren durchschnittlich 50.000 Brände allein in Privathaushalten. Besonders gefährdet sind:
- Altbauten mit veralteten Elektroanlagen und brennbaren Baumaterialien
- Häuserblocks aus den 50er und 60er-Jahren, in denen die einzelnen Wohnungen durch Versorgungsschächte verbunden sind (Wasser und Stromleitungen im gleichen Schacht – Kurzschlussgefahr, leichtere Ausbreitung des Feuers)

Für Rauchmelder haben erste Bundesländer eine Ausstattungspflicht eingeführt. Feuerlöscher sollten ca. alle zwei Jahre überprüft werden.
Nach der Rechtsprechung kann ein Vermieter das Mietverhältnis fristlos kündigen, wenn der Mieter trotz Abmahnung beharrlich größere Mengen brennbarer Stoffe im Mietobjekt einlagert (Landgericht Coburg, Az. 33 S 96/01 v. 7.9.2001, gewerbliches Mietobjekt).
Siehe / Siehe auch: Bauproduktklassen, Rauchmelder, Verband der Sachversicherer / VdS

Brandwand

Die Brandwand ist eine Wand, die im Brandfall die Ausbreitung des Feuers innerhalb eines Gebäudes oder das Übergreifen des Brandes auf angrenzende Gebäude verhindern soll. Bereits in historischen Bauordnungen galten für die Ausführung von Brandmauern spezielle Vorschriften bezüglich des Materials und der Wandstärke. Synonym verwendete Begriffe sind Brandmauer, Feuermauer oder Nachbarmauer.

BReg

Abkürzung für: Bundesregierung

BRI

Abkürzung für: Brutto-Rauminhalt

Briefkasten

Zur Gewährleistung des vertragsgemäßen Zustandes einer Mietwohnung gehört das Anbringen eines Briefkastens durch den Vermieter. Der Mieter muss wichtige Postsendungen jederzeit erhalten können. Dass der Briefkasten mit dem Namen des Mieters beschriftet werden darf, versteht sich von selbst. Der Mieter darf ein Schild mit dem Hinweis „Keine Werbung" am Briefkasten anbringen. Nach Ansicht einiger Gerichte stellt ein Briefkasten, in den keine Zeitschriften im DIN-A4 Format ohne Knick hineinpassen, einen Mangel dar. Eine Mietminderung um 0,5% ist dann gerechtfertigt (vgl. Landgericht Berlin, Urteil v. 11.5.1990, Az. 29 S 20/90).
Ist ein Briefkasten nicht mehr funktionsfähig (z.B. Blech verbogen, Klappe defekt, nach oben offen, so dass es hineinregnet) kann der Mieter nach Ansicht mehrerer Gerichte eine Mietminderung von 1% geltend machen – bis der Vermieter Abhilfe schafft (so das Oberlandesgericht Dresden, Az.: 1 U 696/96, Amtsgericht Mainz, Az. 8 C 98/96).
Siehe / Siehe auch: Unerwünschte Werbesendungen

BRS

Abkürzung für: Baurechtssammlung / Rechtsprechung des Bundesverwaltungsgerichts, der Oberverwaltungsgerichte der Länder und anderer Gerichte zum Bau- und Bodenrecht

Bruchsteinmauerwerk

Bruchsteinmauerwerk ist ein Natursteinmauerwerk, das aus mit Mörtel vermauerten Bruchsteinen besteht. Läufer- und Binderschichten folgen im Wechsel aufeinander. Jeweils nach 1,50 Metern Höhe muss ein Abgleich des Mauerwerks durch eine über die gesamte Mauerlänge durchgehende Lagerfläche erfolgen.
Die verwendeten Steine sind wenig bearbeitet, weisen aber in der Regel zumindest zwei weitgehend parallele Seiten auf. Die sich ergebenden Fugen sind relativ unregelmäßig und müssen voll mit Mörtel ausgefüllt werden. Heute wird Bruchsteinmauerwerk nur noch sehr selten im Hochbau eingesetzt, wird jedoch gern im Garten- und Landschaftsbau verwendet.
Siehe / Siehe auch: Quadermauerwerk, Schichtmauerwerk, Trockenmauerwerk, Zyklopenmauerwerk

Bruchteilseigentum

Das Eigentum an einem Grundstück kann mehreren Personen zustehen. Sofern nicht ausnahmsweise eine Gesamthandsgemeinschaft gegeben ist, steht das Miteigentum mehreren zu Bruchteilen zu, d.h. jedem Miteigentümer gehört ein bestimmter, ideeller (nicht realer) Anteil an dem Grundstück. Das Bruchteilseigentum entsteht durch Rechtsgeschäft oder kraft Gesetzes. Die Bruchteilsgemeinschaft kann nur in gegenseitigem Einvernehmen oder mittels Teilungsversteigerung aufgelöst werden.
Das Bruchteilseigentum wird teilweise zur Vermeidung der Konsequenzen der Umwandlung genutzt: Bei einer Umwandlung von Mietwohnungen in Eigentumswohnungen besteht für Mieter Kündigungsschutz innerhalb der Sperrfrist von drei Jahren. Wenn jedoch statt des Verkaufs der Wohnungen an Einzeleigentümer im Rahmen der Umwandlung Bruchteilseigentum begründet wird, greift diese Regelung nicht. Eine Eigenbedarfskündigung derjenigen Wohnung, an welcher der betreffende Eigentümer das Nutzungsrecht innehat, wäre möglich.
Anzuraten ist diese Konstruktion trotzdem nicht, da sie für den Wohnungseigentümer erhöhte finanzielle Risiken birgt: Auch bei der Finanzierung werden die Wohnungen nicht als getrennte Einheiten angesehen. Finanzielle Schwierigkeiten eines Eigentümers treffen daher alle Beteiligten. Schlimmstenfalls kann dies zur Versteigerung des Hauses führen.
Siehe / Siehe auch: Eigenbedarf, Umwandlung, Gesamthandsgemeinschaft

Brunnen

Brunnen bestehen aus Schächten, die von der Erdoberfläche bis zum Grundwasser hinabreichen. Zum Brunnenbau werden in der Regel Fertigschachtringe aus Beton verwendet. Man kann damit bei einem Durchmesser von 1,5 Metern Tiefen bis zu 10 Meter erreichen.
Mit Hilfe eines Stahlrohrs, das bis zur wasserführenden Schicht hinabgeführt wird, kann das Wasser nach oben gepumpt werden. Für die Anlage eines Brunnens ist eine wasserrechtliche Genehmigung erforderlich, die allerdings widerrufen werden kann. Sofern das Wasser als Trinkwasser verwendet wird, ist eine regelmäßige Qualitätskontrolle erforderlich.

Brutto-/Nettoflächen

Um die Unterscheidung von Berechnungen genauer zu definieren, wird oft der Zusatz „netto" oder „brutto" verwendet. Netto bezeichnet die lichte Raumfläche (Quadratmeter) oder den lichten Rauminhalt (Quadratmeter). Hierbei werden die aufsteigenden Bauteile wie Innen- und Außenwände, Stützen etc. nicht berücksichtigt. Die Summe aus den Bauteilen und dem lichten Raum (netto) ergibt dann brutto. Dies trifft bei der Berechnung der Grundflächen nach DIN 277 zu: Aus der Summe von Nettogrundfläche (NGF) und der so genannten Konstruktionsgrundfläche (KGF) ergibt sich die Bruttogrundfläche (BGF). Anders verhält es sich bei der Geschossfläche (GF) nach der Baunutzungsverordnung (§ 20 Ziffer 3 BauNVO). Die GF ist die Summe aller Vollgeschosse in ihren Außenmaßen. Die Geschossfläche ist ein benötigter Wert, nach dem die Geschossflächenzahl (GFZ) errechnet wird, die wiederum die Bebauungsdichte in einem Bebauungsplan angibt. Irrtümlicherweise wird gelegentlich der Begriff „Bruttogeschossfläche" verwendet. Da es sich bei der Geschossfläche grundsätzlich um die Summe aller Vollgeschosse inklusive der Konstruktionsbauteile und der baulichen Begrenzung handelt, ist eine Unterscheidung in netto und brutto überflüssig.

Siehe / Siehe auch: Bebauungsplan, Bruttogrundfläche (BGF) nach DIN 277, Flächennutzungsplan (FNP), Geschossflächenzahl (GFZ) - Geschossfläche (GF), Grundfläche nach DIN 277/1973/87, Konstruktionsgrundfläche (KGF), Nettogrundfläche (NGF)

Bruttogrundfläche (BGF) nach DIN 277

Siehe / Siehe auch: Grundfläche nach DIN 277/1973/87

Bruttomiete

Die Bruttomiete setzt sich aus dem eigentlichen Mietzins sowie den anfallenden Betriebskosten zusammen. Wird in einem Mietvertrag die Zahlung einer Bruttomiete vereinbart, so bedeutet dies für den Vermieter, dass er einen eventuellen Anstieg von Betriebskosten allein tragen muss, bis er eine Mieterhöhung durchsetzen kann.

Siehe / Siehe auch: Nettokaltmiete

Bruttorauminhalt

Bruttorauminhalt ist in DIN 277 aus 1973 und 1987 definiert. Es handelt sich um den Rauminhalt eines Baukörpers, der nach unten von der Unterfläche der konstruktiven Bauwerkssohle und im Übrigen von den äußeren Begrenzungsflächen des Bauwerks umschlossen wird.

Bei Berechnung des Bruttorauminhaltes eines Geschosses ist die Höhe maßgeblich, die sich aus dem Abstand zwischen der Oberfläche des Fußbodens und der Oberfläche des Fußbodens des darüberliegenden Geschosses ergibt. Bestimmte Bauwerksteile wie Mauervorsprünge, Außentreppen, Außenrampen und dergleichen bleiben unberücksichtigt. Die Faktoren zur Berechnung des Nettorauminhaltes sind einerseits die Nettogrundrissflächen (Bezeichnung aus der DIN 277 von 1973) bzw. Nettogrundfläche (Bezeichnung der DIN 277 von 1987) und die lichten Höhen der Räume andererseits.

Bruttorohbauland

Siehe / Siehe auch: Rohbauland

BSG

Abkürzung für: Bundessozialgericht

BSHG

Abkürzung für: Bundessozialhilfegesetz

BSpkG

Abkürzung für: Bausparkassengesetz

BStatG

Abkürzung für: Bundesstatistikgesetz

BStBl

Abkürzung für: Bundessteuerblatt

BSW

Abkürzung für: Beamten-Selbsthilfe-Werk

BT

Abkürzung für: Bundestag

BT-Drs.

Abkürzung für: Bundestags-Drucksache

Btx

Abkürzung für: Bildschirmtext

Bündelungsinitiative der Deutschen Immobilienwirtschaft

Der offizielle Name des Vereins lautet „Mit einer Stimme" – Bündelungsinitiative in der Deutschen Immobilienwirtschaft. Er hat seinen Sitz in Berlin und verfügt derzeit (Juli 2006) über 21 Mitgliedunternehmen aus dem Bereich offener und geschlossener Immobilienfonds, Immobilienaktiengesellschaften und Projektentwicklern. Nach eigenem Bekunden will er als Sprachrohr für die gesamte Immobilienwirtschaft agieren und die Anliegen der Einzelverbände unterstützen.
Näheres siehe: www.miteinerstimme.de
Siehe / Siehe auch: Maklerverbände

Bürgschaft

Eine Bürgschaft ist ein Vertrag zwischen Bürgen und dem Gläubiger eines Dritten. Bürgschaften von Angehörigen, Bekannten oder Geldinstituten dienen häufig der Absicherung der Baufinanzierung. Der Bürge haftet zusätzlich zum Kreditnehmer für die Rückzahlung der Schuld, wenn dieser zahlungsunfähig wird. Von selbstschuldnerischer Bürgschaft wird gesprochen, wenn die Einrede der Vorausklage im Bürgschaftsvertrag ausgeschlossen ist und der Bürge auf erstes Anfordern hin bezahlen muss.

Büro

Büros sind Räume, die den im Dienstleistungssektor Beschäftigten als Arbeitsplatz dienen. Zu unterscheiden sind Großraumbüros, Gruppenbüros, Zellenbüros und Kombibüros. Darüber hinaus gibt es Formen von so genannten nonterritorialen Büros, die sich dadurch auszeichnen, dass die Beschäftigten keinen dauerhaft zugewiesenen Arbeitsplatz besitzen (z.B. beim Desk-Sharing, bei dem sich mehrere Mitarbeiter einen Arbeitsplatz teilen.). Diese aus Skandinavien stammende Entwicklung verläuft in Richtung Business-Center.
Großraumbüros gehören weitgehend der Vergangenheit an. Allerdings sind sie wieder in Call-Center anzutreffen. Neuere Entwicklungen gehen in Richtung „Bürolandschaft" mit Pflanzkübeln, kleinen „Inseln", was aber zu zusätzlichem Flächenbedarf führt. Großraumbüros verfügen über mindestens 400 m² und höchstens 5.000 m² Bürofläche. Gewollt ist eine Förderung der Teamarbeit. Schwächen des Großraumbüros sind Lärmstörungen und klimatische Unzulänglichkeiten. Auch die Beleuchtung kann individuellen Bedürfnissen nicht angepasst werden. Konzentriertes Arbeiten wird erschwert. Man benötigt pro Arbeitsplatz mehr Fläche als beim Zellbüro. Je größer der Raum, desto breiter müssen die „Verkehrswege" sein. Der Flächenbedarf pro Bildschirmarbeitsplatz wird mit 15 m² kalkuliert. Die Investitionskosten sind relativ hoch.
Gruppenbüros sollen der Förderung der Kommunikation dienen. Sie umfassen zwischen 3 und 20 Arbeitsplätzen. Lärmstörungen lassen sich durch Raumgestaltung (Trennwände für bestimmte Zonen z.B. für Teambesprechungen, Gespräche mit Kunden) leichter bewältigen als bei den Großraumbüros. Dennoch wird konzentrierte Arbeit erschwert.
Zellbüros sind Büroeinheiten für ein oder zwei Personen. Es handelt sich um den vorherrschenden Bürotyp bei kleineren Flächeneinheiten in älteren Gebäuden. Zellbüros ermöglicht ungestörtes Arbeiten (bei zwei Arbeitsplätzen bereits problematisch), erschwert aber innerbetriebliche Kommunikation. Einen Bildschirmarbeitsplatz berechnet man mit 10 m². Nachteilig wirkt sich der geringe Bewegungsspielraum aus.
Kombibüros sind Einzelbüros („Arbeitskojen") in Verbindung mit Gemeinschaftsräumen. Die Nachteile von Großraum- und Zellbüros sollen durch diese Kombination ausgeglichen werden. Die Arbeitskojen liegen an der Fensterfront, die Gemeinschaftsräume innen – getrennt durch eine verglaste Wand. Gemeinschaftsräume können Besprechungsräume aber auch Multifunktionszonen für Kopiergeräte, Drucker, Telefaxgeräte sein. Akustische Störungen in den Arbeitskojen gibt es nicht. Tageslicht in Verbindung mit Sonnenschutzvorrichtungen wirken sich positiv aus.
Siehe / Siehe auch: Business Center

Bürobestuhlung

Legt ein Vermieter Wert darauf, dass in vermieteten Gewerberäumen bzw. Büros keine Bürodrehstühle mit Rollen verwendet werden, muss er dies individualvertraglich vereinbaren. Grundsätzlich dürfen Bürostühle mit Rollen verwendet werden, auch wenn sie das Parkett beschädigen. Das Amtsgericht Leipzig (Az. 167 C 12622/03) sah auch drei Millimeter tiefe Rillen im edlen Parkett nicht als Grund an, den Mietern das „Rollen" zu verbieten.
Siehe / Siehe auch: Gewerbemietvertrag

Bürogebäude

Gebäude, das überwiegend von Unternehmen der Dienstleistungsbranche oder der öffentlichen Verwaltung genutzt wird. Aufgrund der vergleichsweise einfachen Verwaltung ist die Büroimmobilie bei privaten und institutionellen Kapitalanlegern gleichermaßen beliebt.

Allerdings sind gerade in den letzten Jahren die Qualitätsansprüche an solche Objekte sehr stark gestiegen, was in älteren Gebäuden zu ansteigenden Leerstandsraten geführt hat. Die Renditen schwanken zwischen etwa 5% und maximal 9%.

Die Marktgängigkeit von Büroobjekten hängt nicht nur von der Raumflexibilität, dem Grad der Gebäudeautomation, dem Versorgungsstandard hinsichtlich der Kommunikationsleitungen, der verkehrsmäßigen Infrastruktur und der Abstellmöglichkeiten für Pkws ab, sondern auch von „weichen Lagefaktoren" („Adresse") und der großräumigen Lagestruktur. Die Streubreite der erzielbaren Mieten ist außerordentlich hoch.

Zur Flächenberechnung bei Büroobjekten wurde ein eigenes Regelwerk entwickelt.

Siehe / Siehe auch: Business Center, Flächendefinition (außerhalb DIN und II BV)

Büroserviceunternehmen

Büroserviceunternehmen bieten voll eingerichtete, funktionsfähige Büros zur zeitweisen Nutzung an. Im Angebot enthalten sind dabei in der Regel auch verschiedene Dienste (Dolmetscher-, Sekretariats-, Telefon-, Post-, Botendienste, Cateringservice und dergleichen. Büroserviceunternehmen unterhalten in der Regel ganze Business Center.

Siehe / Siehe auch: Business Center

BUKG

Abkürzung für: Bundesumzugskostengesetz

Bundesamt für Wirtschaft

Das Bundesamt für Wirtschaft ist eine Institution, die beim Bundesministerium für Wirtschaft angesiedelt ist. Seit 1.1.1999 ist das Bundesamt nach der „Preisklauselverordnung" zuständig für die Erteilung von Genehmigungen von Wertsicherungsklauseln. Das Bundesamt für Wirtschaft und Ausfuhrkontrolle hat seinen Sitz in Eschborn. Zum Thema Wertsicherungsklauseln in Miet- und Pachtverträgen ist auf der Internetseite des Amtes ein Merkblatt abrufbar. Internet: www.bafa.de

Bundesamt für zentrale Dienste und offene Vermögensfragen

In der zum 1.1.2006 ins Leben gerufenen neuen Behörde (Abkürzung: BADV) sind das Bundesamt zur Regelung offener Vermögensfragen (BARoV) und der Dienstleistungsbereich des Bundesamtes für Finanzen aufgegangen.

Aufgaben:
- Klärung offener Vermögensfragen
- Verwaltung des bundeseigenen Kunstbesitzes
- Personalleistungen und Personalnebenleistungen
- Familienleistungsausgleich

Dienstsitze bestehen in einer Reihe von Städten, darunter Berlin, Bonn, Chemnitz, Cottbus, Erfurt, Frankfurt / Oder.

Im Rahmen der Klärung offener Vermögensfragen ist das BADV auch für die einheitliche Durchführung des Vermögensgesetzes in Bund und Ländern sowie für Anträge auf Rückübertragung bzw. Entschädigung hinsichtlich zwischen 1933 und 1945 enteigneter Vermögenswerte zuständig. Ehemals volkseigenes DDR-Vermögen soll heutigen Eigentümern zugeordnet werden. Ziel der Neuorganisation der Behörde ist u.a. verbesserter Service.

Das Bundesamt für zentrale Dienste und offene Vermögensfragen hat seinen Sitz in Berlin.

Bundesamt für Bauwesen und Raumordnung (BBR)

Das Bundesamt für Bauwesen und Raumordnung ist dem Geschäftsbereich des Bundesministeriums für Verkehr, Bau- und Stadtentwicklung zugeordnet. Es entstand durch Fusion der Bundesbaudirektion (BBD) und der Bundesforschungsanstalt für Landeskunde und Raumordnung (BfLR). Seit 1.1.2004 wurden auch die Bundesbauämter I und II und die Oberfinanzdirektion Berlin dem BBR unterstellt.

Der Aufgabenbereich des BBR ist vielfältig. Bedeutsam ist der Forschungsbereich (Betrieb eines räumlichen Informationssystems das auch Prognosen für die künftige Raum- und Stadtentwicklung erstellt. Bedeutsam sind die jährlich erscheinenden Immobilienmarktberichte. Das BBR unterstützt und begleitet die Umsetzung bundesrechtlicher Regelungen des Städtebaus unter Berücksichtigung eines haushälterischen Bodenmanagements und begleitet innovative Modellvorhaben, die den Erfahrungshintergrund für die rechtliche Fortentwicklung im Bereich des Städtebaus darstellen.

Fördergrundlagen für Maßnahmen des Städtebaus und für eine effiziente Strukturpolitik im Kontext zu Entwicklungen innerhalb der Europäischen Union werden ebenfalls vom BBR erarbeitet. Ein weiterer Bereich bezieht sich auf die Umsetzung der Verkehrs- und Umweltpolitik, sowie die ständige Raum- und Stadtbeobachtung auf der Grundlage hierfür eigens generierter Informationssysteme.

Das BBR verfügt über einen wissenschaftlichen Dienst der zahlreiche Fachveröffentlichungen betreut und eine umfangreiche Fachbibliothek unterhält. Fachbezogen widmet sich das BBR dem Wohnen (Wohnungsmarkt, wohnungspolitische Analysen und Berichte, Kostenentwicklung) der Bautechnik und der Architektur. Von der früheren Bundsbaudirektion wurde der Aufgabenbereich der betreuenden Durchführung von Bundesbauten im Ausland übernommen. Das Bundesamt ist ferner zuständig für Bundesbauten in Berlin.

Bundesamt für offene Vermögensfragen

Siehe / Siehe auch: Bundesamt für zentrale Dienste und offene Vermögensfragen

Bundesanstalt für Finanzdienstleistungsaufsicht (BAFin)

Am 1.5.2002 ist das Bundesaufsichtsamt für das Kreditwesen mit den Bundesaufsichtsämtern für das Versicherungswesen und den Wertpapierhandel in der Bundesanstalt für Finanzdienstleistungsaufsicht (BAFin) verschmolzen worden. Das frühere Bundesaufsichtsamt für das Kreditwesen (BAKred) ist jetzt identisch mit dem Bereich Bankenaufsicht der neuen Bundesanstalt. Es hat die Aufsicht über Kreditinstitute, Finanzdienstleistungsinstitute, Finanzholdinggesellschaften und Finanzunternehmen in Deutschland. Diese Unternehmen werden nach dem Kreditwesengesetz über ihre Geschäftstätigkeit definiert. Wer im Einzelnen dazu zählt, kann via Internet www.bafin.de abgerufen werden.

Kreditinstitute sind Unternehmen, die gewerbsmäßig Bankgeschäfte betreiben. Hierzu gehören u.a. das Einlagegeschäft, das Kreditgeschäft, das Diskontgeschäft (Wechselgeschäft), der Handel mit Wertpapieren, Geldmarktpapieren, Devisen in eigenem Namen für fremde Rechnung, das Depotgeschäft, das Investmentgeschäft, die Übernahme von Bürgschaften, das Girogeschäft, das Emissionsgeschäft, das Geldkartengeschäft und das Netzgeldgeschäft. Finanzdienstleistungsinstitute sind Unternehmen, die Finanzdienstleistungen für andere gewerbsmäßig erbringen.

Hierzu gehören u.a. die Anlagevermittlung auf der Grundlage von Maklerverträgen, der Abschluss von Kaufverträgen über Finanzinstrumente (Wertpapiere Devisen und dergl.) in fremden Namen und für fremde Rechnung („Abschlussvermittlung"), die Finanzportfolioverwaltung, der Eigenhandel mit Finanzinstrumenten. Finanzholdinggesellschaften sind Unternehmen, deren Tochtergesellschaften Institute, also Banken und Finanzdienstleister sowie Finanzunternehmen sind. Finanzunternehmen sind im Gegensatz zu Kreditinstituten und Finanzdienstleistungsinstituten keine „Institute".

Deren Geschäfte bestehen u.a. im Erwerb von Beteiligungen und Geldforderungen, im Abschluss von Leasingverträgen, in der Ausgabe und Verwaltung von Kreditkarten, im Handel mit Wertpapieren und Devisen sowie in der Anlageberatung und im Geldmaklergeschäft. Die bedeutendste Gruppe sind die Kreditinstitute mit ca. 3.200 Banken. Daneben gibt es derzeit etwa 1.200 Finanzdienstleistungsinstitute. Am 1.7.2005 wurde der BAFin auch die Aufsicht über geschlossene Immobilienfonds übertragen. Auf diese Weise werden auf diesem Sektor nicht nur die Transparenz für Anleger vergrößert, sondern auch die Konstruktionselemente der neu aufzulegenden Fonds einer Überprüfung unterzogen. Die BAFin, Bereich Banken, ist als Aufsichtsbehörde auch zuständig für die Erteilung der Erlaubnis zum Geschäftsbetrieb.

Bundesanstalt für Immobilienaufgaben

Die am 1.1.2005 gegründete Bundesanstalt für Immobilienaufgaben hat unter anderem die Aufgaben der früheren Bundesvermögensverwaltung übernommen. Allerdings soll sich die Bundesanstalt nach eigenen Vorgaben zu einem modernen Immobiliendienstleister entwickeln. Im Mittelpunkt der neuen Strategie soll die Errichtung eines wert- und kostenoptimierten Einheitlichen Liegenschaftsmanagements (ELM) des Bundes stehen.

Zu den Aufgaben zählen
- Verwertung von Grundstücken, an die der Bund zur Erfüllung seiner Aufgaben nicht mehr gebunden ist
- Verwaltung des eigenen Portfolios sowie der

Dienstliegenschaften des Bundesfinanzministeriums
- Deckung des Grundstücks- und Raumbedarfs für Bundeszwecke
- Wahrnehmung der Bauherreneigenschaft des Bundes bei Neubauten
- Verschiedene Verwaltungsaufgaben, wie z.b. Wahrnehmung der Grundstücksinteressen der Gaststreitkräfte, Zahlung von Fluglärmentschädigungen, Entschädigungen nach dem Allgemeinen Kriegsfolgengesetz (AKG)
- Forstliche Bewirtschaftung und naturschutzfachliche Betreuung der Bundesliegenschaften

Die Bundesanstalt ist in mehrere Geschäftsbereiche gegliedert. Der große Geschäftsbereich Verkauf agiert nicht nur über die Zentrale in Bonn, sondern über 48 Nebenstellen (also vor Ort). Das Angebotsportfolio umfasste Anfang 2006 37.000 Liegenschaften sowie 60.000 Wohnungen der verschiedensten Art. Daneben gibt es weitere Geschäftsbereiche. Der Geschäftsbereich Facility Management kümmert sich um die Beschaffung notwendiger Immobilien, die Liegenschaftsbewirtschaftung, übernimmt Bauherrenaufgaben und unterhält einen Ausschreibungsservice. Im Geschäftsbereich Portfoliomanagement werden die Verkehrswerte der Immobilien ermittelt, die verkauft werden sollen. Im Geschäftsbereich Verwaltungsaufgaben werden unter anderem die Liegenschaften der ausländischen Streitkräfte verwaltet. Außerdem handelt es sich um eine Wohnungsvergabestelle für Bundesbedienstete.

Die Bundesforstverwaltung als weiterer großer Geschäftsbereich betreut und bewirtschaftet die Forstgebiete und die landwirtschaftlichen Flächen des Bundes auch unter ökologischen Aspekten und übernimmt die Wertermittlung für land- und forstwirtschaftliche Flächen. Immobilienangebote der Bundesanstalt können Interessierte durch eine Suchanfrage ermitteln.
Siehe auch: www.bundes-immobilien.de

Bundesarbeitsgemeinschaft der Deutschen Immobilienwirtschaft

Die Bundesarbeitsgemeinschaft der Deutschen Immobilienwirtschaft (BAG) wurde am 4.4.2003 gegründet. Sie besteht aus den nunmehr vier Spitzenverbänden der deutschen Wohnungs- und Immobilienwirtschaft:
- BFW Bundesverband Freier Immobilien- und Wohnungsunternehmen
- GdW Bundesverband deutscher Wohnungsunternehmen,
- Haus & Grund Deutschland
- IVD (früher RDM und VDM)

Außerordentliche Mitglieder sind der Dachverband Deutscher Immobilienverwalter DDIV und der Verband deutscher Hypothekenbanken VDH. Damit ist die Bundesarbeitsgemeinschaft der Deutschen Immobilienwirtschaft die größte Interessenvertretung der Branche in Deutschland. Sie umfasst sowohl privatwirtschaftliche, kommunale und genossenschaftliche Wohnungs- und Immobilienunternehmen, wie auch Einzeleigentümer, Projektentwickler, Bauträger, Makler und Immobilienfonds.

Ziel der BAG ist es, die politischen, rechtlichen und steuerlichen Rahmenbedingungen der deutschen Immobilienwirtschaft entsprechend ihrer herausragenden volkswirtschaftlichen Bedeutung zu verbessern. Die BAG koordiniert die interessenpolitische Arbeit der Spitzenverbände in Berlin und Brüssel, um in Fragen, die die Wohnungs- und Immobilienwirtschaft in ihrer Gesamtheit betreffen, einheitliche Stellungnahmen gegenüber der Politik abgeben zu können. Umgekehrt findet die Politik in der BAG den wichtigsten und immobilienwirtschaftlich bedeutendsten Ansprechpartner in allen Branchenangelegenheiten.

Geplant ist, auf Länderebene Landesarbeitsgemeinschaften der Deutschen Immobilienwirtschaft zu gründen.
Siehe / Siehe auch: Maklerverbände

Bundesarchitektenkammer

Die Bundesarchitektenkammer e. V. (BAK) vertritt die Interessen der deutschen Architekten aller Fachrichtungen gegenüber der Politik und der Öffentlichkeit sowohl auf nationaler als auch auf internationaler Ebene. Ihre Mitglieder sind die sechzehn Architektenkammern der einzelnen Bundesländer.
Siehe / Siehe auch: Architektenkammer

Bundesbodenschutzgesetz

Das Bundesbodenschutzgesetz (BBodSchG) gehört zum besonderen Umweltverwaltungsrecht, in dessen Regelungsbereich auch das Bundesnaturschutzgesetz, das Bundeswaldschutzgesetz und das Tierschutzgesetz gehören. Zweck des Gesetzes ist es, nachhaltig die Funktionen des Bodens zu sichern oder wiederherzustellen. Durch das Gesetz wird jeder Bürger, der auf den Boden einwirkt, verpflichtet, sich so zu verhalten, dass schädliche Bodenveränderungen nicht hervorgerufen werden. Grundstückseigentümer und Grundstücksbesitzer sind verpflichtet, Maßnahmen zur Abwehr drohender schädlicher Bodenveränderungen zu ergreifen.

Zum Regelungsbereich des Gesetzes gehört der Umgang mit Altlasten, das Gebot der Entsiegelung von dauerhaft nicht mehr genutzten Flächen, wobei die Detailregelungen und die Durchsetzung auf die Bundesländer übertragen wurden.

Die Vorsorgepflicht der Bodeneigentümer und der Inhaber der tatsächlichen Gewalt (z.B. Pächter) erstreckt sich auch auf den landwirtschaftlichen Nutzungsbereich, wobei hier die nachhaltige Sicherung der Bodenfruchtbarkeit und Leistungsfähigkeit des Bodens als natürliche Ressource im Fokus steht.

Siehe / Siehe auch: Altlasten, Altlastenkataster, Bodenfunktionen (Bodenschutzgesetz), Gute fachliche Praxis

Bundesverband der Deutschen Immobilienwirtschaft e.V.
Siehe / Siehe auch: Bündelungsinitiative der Deutschen Immobilienwirtschaft

Bundesverband öffentlich bestellter und vereidigter sowie qualifizierter Sachverständiger e.V. (b.v.s.)
Beim bvs handelt es sich um einen Dachverband der Sachverständigen, in dem etwa 4.000 Sachverständige aus 200 Fachbereichen sowie 12 Fachverbände organisiert sind. Der größte Teil der deutschen Immobiliensachverständigen, die in Landesverbände gegliedert sind, sind dort Mitglied. Näheres siehe unter: www.bvs-ev.de

Bung.
Abkürzung für: Bungalow

Bungalow

Eingeschossiges Einfamilien- oder Sommerhaus, das durch ein Flachdach gekennzeichnet ist.
Siehe / Siehe auch: Dachformen

Business Center
Das Business Center ist ein Bürokonzept, nach dem an Unternehmen jeder Branche und Größe für vertraglich zu definierende Zeiträume kurzfristig möblierte, voll ausgestattete Büroräume vermietet werden. Es bietet Büro-Dienstleistungen wie Sekretariatsservice, Nutzung von Bürotechnik und Videokonferenzräumen an.

Ein Teil der Dienstleistungen ist mit der Miete abgegolten. Andere sog. Wahlleistungen werden gesondert abgerechnet. Der Bundesverband Büro- und Service hat im November 1999 festgestellt, dass 1999 für Business Center 161.774 m^2 Flächen zur Verfügen standen, die sich auf 4.087 Büroeinheiten verteilten. Als Marktführer gilt die Regus Business Center Gruppe, die an 230 Standorten in 40 Ländern Business Center unterhält.

Bei einem Preisvergleich zwischen einer konventionellen Büronutzung und der Nutzung im Rahmen eines Business Centers zeigt sich, dass die Kostenersparnis um so größer ist, je kürzer die Mietdauer und je geringer die Zahl der benötigten Büroplätze ist.

Typische Nutzer sind Existenzgründer, temporäre Nutzer (Ausweichstandort, weil das eigene Bürohaus umgebaut wird), Handelsvertreter und internationale Nutzer. Business Center befinden sich überwiegend in den besten Lagen in Großstädten, vor allem in Landeshauptstädten. So gibt es in München 16 Standorte mit 642 Büroeinheiten, in Berlin 12 Center mit 516 Büroeinheiten und Hamburg 11 Center mit 350 Büroeinheiten. Eine Variante des Business Centers bildet das Office Center, das für bestimmte Kunden nach deren Anforderungsprofil, eingerichtet wird. Hier wird der Bürobedarf von Unternehmen für zeitlich begrenzte Projekte befriedigt. (Beispiel Siemens Real Estate Office Center am Flughafen München). Die Mindestlaufzeit des Mietvertrags liegt bei Office Centern bei drei Jahren.

Business Club

Der Business Club ist ein Bürokonzept, das unterschiedliche Funktionsbereiche miteinander kombiniert und daher multifunktional genutzt werden kann. Zur Ausstattung gehören beispielsweise ein durchgehend besetztes Sekretariat, Büroarbeitsplätze, Besprechungsräume und eine gemeinsam genutzte Infrastruktur wie Garderoben, Gepäckschließfächer, Postfächer, Materialdepots sowie die entsprechende Büro- und Kommunikationstechnik.

Business Improvement District (BID)

Ein Business Improvement District (BID) ist ein innerstädtischer Bereich, in dem Grundstückseigentümer zeitlich begrenzte Maßnahmen zur Verbesserung des Umfeldes und der Attraktivität des Bereiches finanzieren und durchführen. BIDs wurden in nordamerikanischen Innenstädten als Reaktion auf die wachsende Konkurrenz durch Einkaufszentren entwickelt. Das erste BID, Bloor West Village, wurde 1970 in Toronto (Kanada) eingerichtet und gilt heute als eine der BID-Erfolgsgeschichten.
In Deutschland wurde das erste BID im Februar 2005 in Hamburg-Bergedorf beantragt. Maßnahmen zur Umfeldverbesserung, z.B. Reinigung von Graffiti, Verbesserung der Sauberkeit oder Ersatz von Material sind typische Handlungsfelder eines BID. Aber auch Investitions- und Marketingmaßnahmen sind im Rahmen eines BID möglich. Ein BID ist ein Beispiel einer Öffentlich-Privaten Partnerschaft (PPP), in der öffentliche Rechtssetzungsbefugnis und private Initiative zusammen wirken.
Mit der Änderung des Baugesetzbuches trat am 1.1.2007 das Gesetz zur Erleichterung von Planungsvorhaben für die Innenentwicklung der Städte in Kraft. Mit dem neu eingefügten § 171f bietet es erstmals Regelungen für BIDs an, die auf dieser Basis die Stärkung bestimmter Innenstadtbereiche, Stadtteilzentren, Wohnquartiere oder Gewerbegebiete zum Ziel haben.

Siehe / Siehe auch: Baugesetzbuch (BauGB), Public Private Partnership (PPP)

Business-to-Business

Der Begriff Business-to-Business (B2B) bezeichnet Transaktionen, Leistungsaustausch und Vorgänge zwischen Geschäftspartnern sowohl innerhalb eines Unternehmens als auch zwischen verschiedenen Unternehmen. Je nach Markt tritt ein Unternehmen als Anbieter oder Nachfrager auf. Informationen, die an Geschäftspartner übermittelt werden, sind ein Teil der Transaktionen der Geschäftspartner. Diese können z.b. die Übersendung von Angeboten, Katalogen, Preislisten oder auch Einkäufe und Verkäufe sein. Im Zusammenhang mit dem Begriff Franchise bedeutet Business-to-Business, dass der Franchise-Geber seine Lizenz nicht an Existenzgründer vergibt, sondern sich als neue Franchise-Nehmer bereits am Markt bestehende Unternehmen wünscht.

Businessplan

Unter Businessplan versteht man den Geschäftsplan eines Unternehmens, in dem die Vorhaben, die Ziele und die Wege, um diese zu erreichen, aufgeführt und quantifiziert sind. Er ist somit die schriftliche Fixierung der Unternehmensplanung zur betriebswirtschaftlichen Absicherung von Chancen und Risiken bei einer Neugründung oder Unternehmenserweiterung. Neben den Daten aus der Marktforschung enthält er auch Informationen zum Wettbewerbsabgrenzung, Zielformulierungen für den Einsatz der einzelnen Produktionsfaktoren und klare Aussagen zur Strategie des Unternehmens in allen Einzelbereichen.

Bußgeld

Wer Ordnungsvorschriften verletzt und damit „ordnungswidrig" handelt, wird mit Bußgeld bedroht. Eine Ordnungswidrigkeit kann, muss aber nicht geahndet werden. Es handelt sich dabei nicht um eine Geldstrafe im strafrechtlichen Sinne. Vielmehr wird ein Bußgeld von der zuständigen Verwaltungsbehörde verhängt. In der Immobilienwirtschaft gibt es eine fast unüberschaubare Anzahl von Ordnungsvorschriften, die von Unternehmen und sonstigen Zugehörigen zu diesem Wirtschaftszweig zu befolgen sind. Es handelt sich vor allem um Vorschriften aus dem Bauordnungsrecht und dem Gewerberecht.

Buying Center
Im klassischen Wohnimmobilien-Bereich hat es der Makler meist mit Familien zu tun. Gewerbeimmobilien werden demgegenüber in den meisten Fällen nicht von einem einheitlichen Entscheidungsträger gekauft bzw. angemietet, sondern von einer ganzen Personengruppe, in der es durchaus unterschiedliche Gewichtungen und Interessen geben kann. Für die erfolgreiche Vermarktung von Immobilien ist es daher essentiell herauszufinden, wer in diesen Gruppen welche Funktion hat, bzw. welche formelle oder informelle Rolle er spielt. Ein Ansatz hierfür ist der sogenannte Buying Center-Ansatz, der sich gut auf die Immobilienwirtschaft übertragen lässt. Hierbei werden jeweils verschiedene Rollen differenziert. Und zwar: Benutzer, Einkäufer, Entscheidungsträger, Einflussagenten und Gatekeeper.

Bei Gewerbeimmobilien wird die Situation dadurch erschwert, dass ein Teil der Aktoren im Ausland sitzt. Bei den Start-Ups war dies etwa in den früheren Boom-Zeiten des Neuen Marktes in den unterschiedlichsten Konfigurationen zu beobachten. Nutzer und Einflussträger, letztere häufig Form der zukünftigen Geschäftsführer, waren in Deutschland vor Ort, während die Entscheider etwa in den USA weilten.

Wer bei Verkaufs- bzw. Vermietungsverhandlungen, in denen Personengruppen auftreten, nicht systematisch zwischen diesen fünf unterschiedlichen Aktoren im Buying Center unterscheidet und seine Verkaufsargumente nicht gruppengerecht formuliert, wird sich einer undurchsichtigen Vielzahl von Akteuren gegenübersehen, deren letztendliches Entscheidungsverhalten er nur sehr bedingt nachvollziehen kann. Daher ist es wichtig herauszufinden, wer im Aushandlungsprozess welche Funktion und damit verbunden auch welche weitergehenden Interessen hat.

BV
Abkürzung für: Berechnungsverordnung (wohnungswirtschafliche)
Von besonderer Bedeutung für die Wohnungswirtschaft ist die „Zweite Berechnungsverordnung", die die Berechnung verschiedener wichtiger Werte regelt.
Ferner: Abkürzung für: Bauvorschrift(en).
Siehe / Siehe auch: Betriebskostenverordnung, Zweite Berechnungsverordnung, II. BV

BVerfG
Abkürzung für: Bundesverfassungsgericht

BVerfGE
Abkürzung für: Amtliche Sammlung der Entscheidungen des Bundesverfassungsgerichts

BVerwG
Abkürzung für: Bundesverwaltungsgericht

BVG
Abkürzung für: Bundesversorgungsgesetz

BVI Bundesverband Investment und Asset Management e. V.
Der BVI Bundesverband Investment und Asset Management e. V. versteht sich als zentrale Interessenvertretung der Investmentbranche in Deutschland. Der Verband wurde 1970 unter dem Namen BVI Bundesverband Deutscher Investmentgesellschaften e. V. von sieben Unternehmen gegründet und zählt inzwischen mehr als 70 Kapitalanlagegesellschaften, darunter auch Anbieter von Offenen Immobilienfonds, zu seinen Mitgliedern. Seit 31.10.2002 führt der Verband den Namen BVI Bundesverband Investment und Asset Management e. V. Der BVI vertritt nach eigenen Angaben 99 Prozent des von deutschen Investment-Gesellschaften verwalteten Fondsvermögens. Er veröffentlicht regelmäßig Statistiken zu Publikumsfonds und Spezialfonds in Deutschland, unter anderem zur Entwicklung der Mittelzuflüsse und der Fondsvolumina.
Siehe / Siehe auch: Immobilienfonds - Offener Immobilienfonds

BVM
Abkürzung für: Bedingungen für die Versicherung gegen Mietverlust

BVO / BV
Abkürzung für: Berechnungsverordnung

BW / BaWa
Abkürzung für: Badewanne

BWfl
Abkürzung für: Bruttowohnfläche

bzb.
Abkürzung für: beziehbar

CAD
Abkürzung für: Computer Aided Design
Siehe / Siehe auch: Computer Aided Design (CAD)

Call Center
Call Center ist ein multifunktionales System, das eine interaktive Beziehungsebene per Telefon zwischen Kunden und Unternehmen schafft. Es gilt heute als Marketinginstrument der Zukunft. Call Center können als externe Dienstleister eingesetzt oder in den Betrieb implementiert werden. Die Einsatzbereiche sind vielfältig und reichen beispielsweise vom Direktmarketing, der Ermittlung spezieller Bezugsquellen, der Veranstaltungsorganisation über das Beschwerdemanagement bis hin zur telefonischen Rechtsauskunft. Die Technik besteht darin, ankommende Anrufe beim 24-Stunden durchgehend empfangsbereiten Call Center durch ein ACD-System (Automatic Call Distribution) nach bestimmten Kriterien an solche „Agenten" zu vermitteln, die über eine entsprechende fachliche Gesprächspartnerqualifikation verfügen. Die eingehenden Anrufe können auch mit einer Datenbank verknüpft werden (Computer Thelephone Integration Technologie), die den Agenten in die Lage versetzt, sich während des Telefongespräches sachbezogene Informationen anzeigen zu lassen. In Spitzenzeiten werden sprachgesteuerte Computersysteme eingesetzt, die eine automatische Anrufbeantwortung und -steuerung ermöglichen. Der Versuch, über ein Call Center Immobilien zu vertreiben, wird von der Metro Holding und der Deutschen Bau- und Bodenbank mit einigen EDV und Marketingspezialisten in Berlin unternommen. Die Immobilien Scout GmbH versendet die bei ihr von Privatanbietern Maklern, Verwaltern und Wohnungsunternehmen hereingegebenen Angebote (von Mietwohnungen bis zum Einfamilienhaus) an Interessenten, die sich dort melden. Die Anbieter zahlen für jedes ausgedruckte und versandte Exposé zwischen 2,50 und 15,- Euro.

Cap-Darlehen
Cap-Darlehen sind Darlehen mit variabler Verzinsung. Bei diesem Darlehen sind für eine bestimmte Laufzeit eine Ober- und eine Untergrenze des Zinssatzes im Voraus festgelegt. Da diese Grenzen nicht über- oder unterschritten werden, ist das Risiko, das üblicherweise mit einer variablen Verzinsung einhergeht, teilweise eingeschränkt.

Cap-Floor-Darlehen (Collar)
Eine Cap-Floor-Vereinbarung legt im Rahmen einer Immobilienfinanzierung einen Korridor fest, innerhalb der sich variable Darlehenzinsen bewegen können. Übersteigt der Zins die durch den Cap bezeichnete Obergrenze, übernimmt das Institut, mit dem die Vereinbarung getroffen wurde, den Differenzbetrag. Unterschreitet der Zinssatz die untere Grenze (Floor), dann muss der Differenzbetrag an das Institut abgeführt werden. Das Institut erhält zu Beginn der Vereinbarung eine einmalige Prämie, deren Höhe laufzeitabhängig ist. Da für das Institut das Risiko durch die Floor-Vereinbarung begrenzt ist, liegt sie unterhalb einer reinen Cap-Prämie.
Siehe / Siehe auch: Cap-Darlehen

Carport
Allseitig offener oder nur zum Teil geschlossener aber überdachter Kraftfahrzeugunterstellplatz. Für Fundamente und Konstruktion sind statische Nachweise erforderlich. Es gibt auch Fertigteilcarports oder als Bausatz zum Selbstbau lieferbare Carports.

Case Szenarios
Im Zusammenhang mit der Prüfung einer möglichen Unternehmensbeteiligung werden unterschiedliche Fallszenarien durchgespielt, wie die Entwicklung in der Zukunft aussehen kann: Ein pessimistisches Szenario für eine negative Entwicklung, ein optimistisches Szenario für die günstigste Entwicklung und ein „most likely Szenario" für die am wahrscheinlichsten gehaltene Entwicklung.

Cashflow
Cashflow ist die Kennzahl für die Bewertung von Unternehmen. Ausgangspunkt für die Ermittlung des Cashflow ist der Bilanzgewinn der Periode, auf die sich die Cashflow-Analyse bezieht, bereinigt durch den Saldo zwischen Auflösung und Zuführung bei den Rücklagen, plus Abschreibungen. Weiterhin sind die Zu- bzw. Abgänge bei Wertberichtigungen und Pensionsrückstellungen zu berücksichtigen. Bei der Analyse von Aktiengesellschaften werden als Cashflow-Kennzahlen einerseits der Quotient aus Cashflow und Anzahl der Aktien und andererseits der Quotient aus dem Kurs der Aktie und dem Cashflow pro Aktie herangezogen.

cbm
Abkürzung für: Kubikmeter

CD
Abkürzung für: Corporate Design
Siehe / Siehe auch: Corporate Design

CEI
Abkürzung für: Comité Européen d'Immobiliers

Center Management
Verwaltung von Centern, die insbesondere das professionelle Management des Centers und Marketing für dieses beinhaltet.
Siehe / Siehe auch: Center Manager

Center Manager
Kernaufgabe des Center Managers ist es, für ein zentral gesteuertes professionelles Management insbesondere bei Gewerbeparks, Einkaufs- oder Shoppingcenter zu sorgen. Der Center Manager verfügt über weitreichende Kompetenzen. Zu seinen Detailaufgaben gehören die technische Verwaltung, das kaufmännisch-wirtschaftliche Management der Immobilien sowie die Steuerung der wirtschaftlichen Entwicklung des Centers. Diese umfasst die Durchführung von Kundenanalysen, Herstellung und Pflege von Kontakten zu potentiellen Mietern, Aufbau und Leitung der Mieter- bzw. Werbegemeinschaft, Kontaktpflege zur regionalen Presse und Fachpresse sowie Motivation der Centermieter zur Erhöhung ihrer Betriebsergebnisse. Er ist zuständig für die Imagepflege des von ihm betreuten Centers.

CEPI
Abkürzung für: Conseil Européen des Professions Immobiliéres

Charta von Athen
1933 fand in Athen ein Architektenkongress mit Teilnehmern aus 20 Ländern statt, auf dem eine Resolution verabschiedet wurde, die später als Charta von Athen in die Geschichte des Städtebaus einging. Maßgeblich daran war der französische Architekt Le Corbusier beteiligt. Die Charta besteht aus drei Teilen. Im ersten wird die Bedeutung der Stadt hinsichtlich ihrer ökonomischen, sozialen, geographischen Aspekte erläutert und festgestellt, dass das „Maschinenzeitalter" ein jahrtausende altes Gleichgewicht zerstört habe.
Im 2. Teil werden Untersuchungsergebnisse von 33 Städten dargestellt und daraus Forderungen an den Städtebau begründet. Im 3. Teil werden die abschließenden Schlussfolgerungen gezogen. Ausgehend von der Erkenntnis, dass der Mensch der Maßstab für alle Größenbestimmungen im Plan der Stadt sein müsse, wurde die Vorstellung von der funktionalen Stadt entwickelt. Die Schlüssel zum Städtebau lägen in den vier Funktionen: Wohnen, Arbeiten, sich Erholen (Freizeit) und sich Bewegen (Verkehr). Ein großer Teil der Forderungen aus der Charta von Athen floss in der Folge in die städtische Siedlungspolitik ein.
Während nach der Charta eine räumliche Trennung von Wohnen und Arbeiten angestrebt wurde, wird heute einem Mit- und Nebeneinander im Interesse der Reduzierung des Verkehrsaufkommens das Wort geredet.

Chartered Surveyor
Ein Chartered Surveyor ist Mitglied der traditionsbewussten Royal Institution of Chartered Surveyors (RICS), eines staatlich anerkannten, weltweit tätigen Fachverbandes von Immobiliensachverständigen, der 1868 in London gegründet wurde. Mitglieder führen die Bezeichnungen MRICS (Member of the Royal Institution of Chartered Surveyors) und FRICS (Fellow of the Royal Institution of Chartered Surveyors).
Siehe / Siehe auch: Royal Institution of Chartered Surveyors (RICS)

Charts
Charts sind die für Analysen verwendeten graphischen Darstellungen. Charts werden insbesondere eingesetzt, um Verläufe darzustellen z.B. indizierte Branchenkennzahlen und Wertpapierentwicklungen. Aus typischen Verlaufsformen können Prognosen abgeleitet und visualisiert werden.

Checkliste
Mit Checklisten wird versucht, interessierten Anlegern eine einfache, erste Möglichkeit zu geben durch das Abhaken einiger zentraler Analysepunkte eine Fondsbeteiligung zu beurteilen. Da es sich bei geschlossenen Fonds jedoch um sehr komplexe und immer individuell gestaltete Konzeptionen handelt, ist eine solche Checkliste nur sehr eingeschränkt einsetzbar. Es können daher nie alle für die Beurteilung einer Beteiligung notwendigen Komponenten erfasst werden. Zudem ist auch um-

fangreiches Hintergrundwissen notwendig, um die Angemessenheit von Kennzahlen und die Haltbarkeit der rechtlichen, steuerlichen und wirtschaftlichen Aussagen beurteilen zu können.

Chiffre-Anzeigen

Chiffre-Anzeigen sind ein Immobilienangebotsinserat, das anstelle von Namen und Anschrift des Inserenten eine Chiffrenummer erhält. Der Leser des Inserats kann sich nur schriftlich über den Zeitungsverlag mit dem Aufgeber des Inserates in Verbindung setzen. Der Verlag ist verpflichtet, eingehende Schreiben von Interessenten an den Aufgeber des Inserates weiterzuleiten. Dies gilt auch für „allgemeine Anpreisungen" und Maklerschreiben. Maklern ist es aus Wettbewerbsgründen untersagt, Chiffreanzeigen aufzugeben.

CI

Abkürzung für: Corporate Identity
Siehe / Siehe auch: Corporate Identity

Clearinghaus

Funktion an der Terminbörse

Clearinghaus (clearing house) ist eine Stelle, an die die lizenzierten Clearing-Mitglieder eines Clearingsystems täglich ihre getätigten Transaktionen auf der Terminbörse melden. Das Clearinghaus übernimmt damit eine Transparenzfunktion für die Terminbörse. Es garantiert seinerseits die korrekte Erfüllung eines begründeten, aber noch nicht durchgeführten Termingeschäfts.

Clearinghaus im immobilienwirtschaftlichen Sinne

Bei Clearinghäusern handelt es sich um Aufenthaltseinrichtungen für Personen, deren Herkunft unklar ist. Die Aufgabe besteht in der Betreuung und Abklärung der Aufenthaltsrechte. So hat das SOS-Kinderdorf Clearinghäuser für minderjährige Flüchtlinge eingerichtet. Die Minderjährigen erhalten eine Grundversorgung, sozialpädagogische, medizinische und psychologisch Hilfe. Ziel ist es, sie fit für ein selbständig geführtes Leben zu machen. Unterstützt werden diese Vorhaben u.a. auch durch den Europäischen Flüchtlingsfonds. Seit einiger Zeit wird der Begriff Clearinghaus auch für Wohnobjekte in gemeindlicher Trägerschaft verwendet. In flexibel gestaltbaren Sozialwohnungen wird Personen, die akut wohnungslos geworden sind, auf die Schnelle aber keine geeignete Ersatzwohnung finden konnten, eine vorübergehende Unterkunft angeboten. Der Aufenthalt beschränkt sich auf den Zeitraum, bis auf dem Markt eine geeignete Wohnung gefunden wurde. Bei dem aufzunehmenden Personenkreis darf es sich nicht um Menschen handeln, die unter Alkohol- oder Drogenprobleme leiden, oder psychisch krank sind.

Clienting (auch Kunden- oder Customer-Service)

Die Kernüberlegung die hinter Clienting steht, ist folgende: Es ist einfacher, mit einem ehemaligen Kunden wieder eine Immobilientransaktion durchzuführen oder durch seine Empfehlung ein neues Geschäft vermittelt zu bekommen, als mühsam neue Kunden zu suchen. Clienting ist in hohem Maße kundenorientiert. Es geht darum, sich aktiv um die Interessen und Wünsche des Kunden zu kümmern. Es wird darauf verzichtet, ihm ein Objekt um jeden Preis verkaufen zu wollen. Clienting zielt auf langfristige Kundenbindung ab. Deshalb ist das Bestreben kennzeichnend, lieber zugunsten einer dauerhaften Kundenbeziehung auf ein Geschäft in der Gegenwart zu verzichten.

Computer Aided Design (CAD)

Unter CAD versteht man EDV-Programme u.a. für Architekten und Bauzeichner. CAD ist vielfältig vor allem in den Bereichen maßstabsgerechter Entwurfs- Genehmigungs- und Ausführungsplanung einsetzbar. Die Gebäude können zwei- und dreidimensional dargestellt werden. Den Bauteilen können Materialeigenschaften zugewiesen werden. Daraus lassen sich Raumbücher erstellen und Leistungsverzeichnisse generieren. Daneben besteht häufig die Möglichkeit, digitalisierte Papierpläne und Fotos zu bearbeiten, was vor allem bei Altobjekten von Vorteil ist.

Concierge

Das Wort Concierge stammt aus dem Französischen und bedeutet Hausmeister oder Portier, auf Englisch auch Doorman, weil am Eingang der Gebäude ein Bereich für den Concierge / Doorman eingerichtet ist. Das moderne Konzept des Doormans stammt aus den USA. Ursprünglich diente es in Deutschland in problematischen Wohnanlagen zur Überwachung von Fluren und Gängen, um Vandalismus entgegenzuwirken, zum Beispiel in Berlin Marzahn. Der Concierge-Service wurde von Projektentwicklern aufgegriffen, um eine Immobilie für bestimmte Zielgruppen interessant zu machen. Als 24-Stunden-Dienst erledigt er Bewohner-Wünsche, organisiert die Sicherheit und sorgt für Privatsphäre. Alle angebotenen Dienstleistungen werden vom Doorman-Desk bzw. Concierge-Desk organisiert. Postpakete können ebenso abgegeben werden wie per Internet bestellte Einkäufe von Lebensmitteln oder auch Lieferungen einer Reinigung. Weitere Dienstleistungen können z.B. Wohnungsreinigungen, Wäsche-Service, das Auffüllen des Kühlschrankes, Botendienste, Reparaturservice, Sekretariats- oder Butlerservice sein oder die Bereitstellung von modernen Kommunikationsmitteln. Die Kosten für die Inanspruchnahme der einzelnen Leistungen werden separat abgerechnet, Dienste für die Allgemeinheit, wie z.B. die Bewachung der Wohnanlagen, werden anteilig auf die Eigentümer umgelegt.

Contracting

Contracting ist eine besondere Form des Outsourcing. Man versteht darunter die vertraglichen Vereinbarungen zwischen Gebäudeeigentümer und einem Contractor – einem auf Energieeinkauf, Energieanlagen und dem Anlagenbetrieb spezialisiertes Unternehmen. Im dem Vertrag verpflichtet sich der Contractor, die Investitionskosten zu übernehmen, die im Zusammenhang mit der Herstellung, der Modernisierung, Sanierung oder dem Austausch der Energie- und Wasserversorgungsanlagen eines Gebäudes entstehen.

Er erwirbt an diesen ein dinglich abgesichertes Nutzungsrecht oder er pachtet diese Anlagen. Gleichzeitig übernimmt er den Reparaturdienst und stellt zudem einen Not- und Stördienst zur Verfügung. Er betreibt die Anlage und ist für die Energie- und Wärmeversorgung der Nutzer zuständig. Der Contractor erstellt unmittelbar gegenüber den Nutzern die Jahresabrechnung für die Heiz- und Warmwasserversorgung. Über den Energieverkauf refinanziert der Contractor seine Investitions- und Betriebskosten. Dabei nutzt er aufgrund seiner fachlichen Kompetenz die in der Anlage steckenden Energieeinsparungspotenziale ebenso aus wie die Preisvorteile, die ihm als Energiegroßabnehmer zufließen.

In der Praxis wird zwischen dem Anlagencontracting und dem Einsparcontracting unterschieden. Beim Anlagencontracting steht die mit dem Ziel der Effizienzsteigerung zu entwickelnde Konzeption der Energie- und Wärmeversorgungsanlagen eines Gebäudes im Vordergrund. Beim Einsparcontracting liegt das Hauptaugenmerk auf der Erschließung und Ausschöpfung aller Energieeinsparungspotenziale.

Für den Gebäudeeigentümer (dem „Contractnehmer") entstehen durch Contracting eine Reihe von Vorteilen:

- Entlastung von eigenen Investitionskosten und Instandhaltungskosten, den Verwaltungsarbeiten und der Verantwortung für die Anlagen,
- Einnahmen aus dem Verkauf des Nutzungsrechtes, bzw. Pachteinnahmen,
- Senkung der Energiekosten,
- Notdienst für die Nutzer.

Lange Zeit ungeklärt war die Frage, ob die Wärmelieferungskosten beim Contracting auf den Mieter umgelegt werden können, wenn im Mietvertrag hiefür keine Vereinbarung vorgesehen ist. Dies wurde mit Urteil des BGH vom 6.4.2005 verneint, wenn dem Mieter dadurch zusätzliche Kosten auferlegt werden und dieser deshalb nicht zustimmt, (VIII ZR 54/04). Es ist deshalb zu empfehlen, in Mietverträge künftig von vornherein entsprechende Klauseln aufzunehmen.

Controlling

Controlling steckt als Instrument zur Planung, Koordinierung und Steuerung von Leistungsprozessen in der Immobilienwirtschaft noch in den Anfängen, obwohl es viele Bereiche gibt, in denen schon seit langem Controlling unter anderem Namen praktiziert wird. Beispiele sind Projektsteuerung, Baustellenüberwachung usw.. Controlling kreiert betriebs- oder branchentypische Kennzahlensysteme. Diese stammen nicht nur aus dem Rechnungswesen, sondern aus allen betrieblichen Bereichen, vorwiegend aus solchen, hinter denen sich die größten Risiko- und Kostenpotenziale verbergen.

Controlling setzt eine betriebliche Zielsetzung voraus, wobei die Ziele quantifiziert werden müssen, damit gemessen werden kann, ob oder inwieweit sie erreicht wurden (Soll-Ist-Abweichungsanalysen). Im Bereich der Maklerbetriebe sind Kennzahlen der Erfolgsquotient pro Abteilung, Objektart, Außendienstmitarbeiter, sowie die Ergebnisse der Werbeerfolgskontrolle (Beitrag von Inseraten und Exposé und Internetpräsentationen zum Erfolg).

Aber auch die „Misserfolgsanalysen" können zu Ergebnissen führen, die Entscheidungsgrundlage für Verbesserungsmaßnahmen im betrieblichen Ablauf sein können. Gemessen werden können auch die Auswirkungen des Erfolgsprinzips und des Prinzips der Entscheidungsfreiheit des Auftraggebers, als unterschiedliche Ursachen für den „Nichterfolg". Zum Controlling gehört auch die Auswertung von Zahlen des RDM-Betriebsvergleiches und von Benchmarkingkonferenzen miteinander kooperierender (Makler-) Unternehmen.

Siehe / Siehe auch: Erfolgsprinzip (Maklergeschäft), Prinzip der Entscheidungsfreiheit des Auftraggebers (Maklergeschäft)

Coop-Housing

Unter Coop-Housing ist eine kooperative Form des Wohnens zu verstehen, wie es sich in Skandinavien und vor allem in Kanada eingebürgert hat. Dort leben 250.000 Personen in den insgesamt 2.200 Coops. Vergleichbar ist Coop-Housing mit einer genossenschaftlichen Art des Wohnens. Die Familien sind Miteigentümer des Hauses. Sie kommen für den Unterhalt gemeinsam auf und entscheiden – ähnlich wie eine Wohnungseigentümergemeinschaft – mit Stimmenmehrheit. Die Coopgemeinschaft lebt von der freiwilligen Mitarbeit der Bewohner. Größere Coops bilden für die verschiedenen Verwaltungsbereiche eigene Komitees. Jeder kann (und soll) sich dort einbringen, wo er am nützlichsten ist. Die Eigentümerstellung ist an die Mitgliedschaft gebunden, die mit Auszug aus der Wohnung zu Ende ist. Über die Vergabe der frei werdenden Wohnung entscheiden wiederum die Mitglieder. Die Coops bestehen im Schnitt aus 40-80 Wohneinheiten.

Corporate Communication

Kommunikationsarbeit von Unternehmen (CC)

Corporate Design

Corporate Design ist ein Element der Corporate Identity und umfasst die Bereiche Logo, Typographie und Farbe. Corporate Design trägt wesentlich zum Wiedererkennungswert eines Unternehmens in der Öffentlichkeit bei. Daher muss zum Beispiel das Logo sowohl in Schwarzweiß als auch in Farbe und in allen Größen seine positive Wirkung entfalten. Eine Hausfarbe, die zur Philosophie des Unternehmens passt (z.B. rot = aktiv) und sich in allen Drucksachen, Werbebannern etc. wiederfindet, setzt zusätzliche Akzente. Weitgehend unterschätzt wird die Bedeutung der Typographie, bei der etwa der Wahl der Schriftart (z.B. serifenlose Helvetica = sportlich-modern) oft nicht die notwendige Aufmerksamkeit geschenkt wird. Der Einsatz einer Werbeagentur ist zwar recht teuer, lohnt sich aber wegen der Grundsätzlichkeit der Entscheidung.

Siehe / Siehe auch: Corporate Identity, Corporate Real Estate Management (CREM)

Corporate Design-Manuals

Die CD-Manuals, auch Handbücher genannt, enthalten alle grundsätzlichen Bestandteile des Corporate Designs (CD) eines Unternehmens. In einem CD-Manual werden unter anderem die Unternehmensidee sowie das Unternehmenskonzept ausführlich dargelegt. Des Weiteren beinhalten die Manuals exakte Angaben zum Geschäftstyp, zur CD, zur Unternehmensphilosophie sowie exakte Anweisungen zur Erledigung von Aufgaben im Arbeitsprozess. Im Allgemeinen gliedern sich CD-Manuals in:

- Die Definition der Unternehmensphilosophie mit Beschreibung der Aufgabenfelder, die Dokumentation der Corporate Identity sowie die Darstellung der Unternehmensmethoden
- Die Gebrauchsanweisung mit einer Anleitung für den täglichen Geschäftsbetrieb, einer Anleitung für Allgemeines und einer Darstellung der Situation für die Mitarbeiter des Unternehmens.
- Die Verkaufs- und Vertriebsförderung durch das Marketing, die Werbung, die Verwaltung und technische Anleitungen
- Das Organisationsverzeichnis mit speziellen Anleitungen für die einzelnen aber speziellen Unternehmensbereiche (z.B. spezielle Anleitungen für die Immobilienwirtschaft)

Das Manual ist das Nachschlagewerk und gleichzeitig der Leitfaden mit detaillierten Arbeitsanweisungen für die Mitarbeiter. Beschrieben werden im Handbuch das Marketing-Konzept und dessen Umsetzung aber auch Hinweise zur Personalbeschaffung, zum Aufbau des Geschäftes, Organigramme, Richtlinien und Bestimmungen, Musterverträge und -formulare sowie Formblätter, Bestellformulare, usw.

Ein Manual trägt durch das Setzen von Standards dazu bei, den Erfolg eines Unternehmens zu sichern. Der Wiedererkennungswert eines

Unternehmens wird durch die einheitliche und konsequente Verwendung erhöht und gleichzeitig stellt es die Seriosität des Unternehmens dar.
Als Grundlage für die Erarbeitung eines Manuals ist eine verständlich strukturierte und detaillierte Gliederung die Voraussetzung. Die ausführlichen Informationen eines Manuals umfassen unter anderem: die Marktsituation, den Geschäftstyp, die Wettbewerbsvorteile, die verschiedenen Leistungen. Weiter können in den verschiedenen Manuals folgende Punkte beschrieben werden: das Unternehmens-Konzept, Gebrauchsanweisung für das Manual, die Darstellung des Marktes, das Kundenpotenzial, die Kundenstruktur sowie die Kundenanforderungen, das Marketing-Konzept, das Corporate Design und damit verbunden die Corporate Identity, die Werbung, die Kommunikation.
Von ganz besonderer Bedeutung sind die Manuals im Zusammenhang mit einem Franchise-Unternehmen.
Siehe / Siehe auch: Corporate Design, Corporate Identity, Corporate Real Estate Management (CREM)

Corporate Governance Kodex der deutschen Immobilienwirtschaft

Der Corporate Governance Kodex der deutschen Immobilienwirtschaft setzt auf den sogenannten „Cromme-Kodex", der von der Cromme-Kommission des Bundesjustizministeriums für Aktiengesellschaften verabschiedet wurde. Zusätzlich berücksichtigt werden die Besonderheiten der Immobilienwirtschaft.
Die „Initiative Corporate Governance Kodex der deutschen Immobilienwirtschaft" (z.Zt. etwa 50 Mitglieder) hat sich zum Ziel gesetzt, durch Herstellung erhöhter Professionalität und Transparenz die internationale Wettbewerbsfähigkeit der deutschen Immobilienwirtschaft zu stärken. Bei den Mitteln zur Erreichung dieses Zweckes stehen vor allem im Vordergrund aktuelle Immobilienbewertungen, Regelung von Interessenskonflikten und wachsende Fachqualifikation. Reagiert wird damit auf die Fehlentwicklungen von Aktiengesellschaften mit großem Immobilienbestand, die insbesondere dadurch entstanden sind, dass die Immobilien mit unrealistischen Werten in der Bilanz standen. Erhebliche Wertberichtigungen waren die Folge. Den Schaden trugen die Aktionäre.
Der Corporate Governance Kodex der deutschen Immobilienwirtschaft enthält Sollbestimmungen, die den sich ändernden Unternehmensbedingungen in regelmäßigen Abständen angepasst werden. Im Focus stehen dabei deutsche börsennotierte oder zur Börsennotierung vorgesehene Immobilienaktiengesellschaften. Die Anwendung wird aber auch anderen Unternehmen, die Immobiliengeschäfte betreiben, empfohlen.
Besonderer Wert wird auf die Qualifikation von Vorstand und Aufsichtsrat gelegt. Der Aufsichtsrat bzw. ein von ihm bestimmter Ausschuss soll mit der Bewertung der Immobilien befasst werden. Eine angestrebte grundlegende Änderung von Bewertungsverfahren wird von der Zustimmung durch den Aufsichtsrat abhängig gemacht. Der Geschäftsbericht soll die Marktwerte der unternehmenseigenen Immobilien enthalten.
Neben dem Kodex wurden 10 „Grundsätze ordnungsgemäßer und lauterer Geschäftsführung in der Immobilienwirtschaft" entwickelt. Einer dieser Grundsätze bezieht sich auf die Notwendigkeit der Einrichtung und Fortentwicklung eines Systems der Risikosteuerung.

Corporate Identity

Corporate Identity ist eine Unternehmensphilosophie. Sie umfasst die Elemente Corporate Communications (Kommunikation des Unternehmens), Corporate Behavior (einheitliche Ausrichtung des Verhaltens aller Unternehmenszugehörigen) und Corporate Design. Der Begriff Corporate Identity stammt aus den 60er Jahren und tauchte in Deutschland erstmals um 1978 auf. Ziel der Corporate Identity ist es, ein einheitliches Image in der Öffentlichkeit aufzubauen und so Vertrauen, Glaubwürdigkeit und Akzeptanz zu erzeugen. Corporate Identity eignet sich sowohl für Großunternehmen als auch für kleine Betriebe und hilft bei der Positionierung im Markt.
Für Makler, die in besonderer Weise Vertrauenspositionen zu ihren Auftraggebern aufbauen müssen, sollte die Bedeutung von Corporate Identity für ihr Unternehmen nicht unterschätzt werden.
Siehe / Siehe auch: Corporate Design-Manuals, Corporate Design

Corporate Real Estate Management (CREM)

Corporate Real Estate Management (unternehmerisches Immobilienmanagement) bezieht sich auf die Ökonomisierung betrieblicher Immobilien. Es geht dabei um die Ausschöpfung der ökonomischen Potenziale der unternehmerischen Liegenschaften. Dazu zählen die Entwicklung, Beschaffung, Betreuung und Verwertung aus dem Blickwinkel der Unternehmensstrategie. Corporate Real Estate Management spielt bei großen Unternehmen mit umfangreichen Liegenschaften eine zunehmende Rolle. Vielfach werden zum Zweck des CREM eigene Tochtergesellschaften gegründet, die Aufgaben aus dem Bereich des Facility Managements, Vermarktungs- und Projektentwicklungsaufgaben wahrnehmen und zunehmend auch Betreuungsleistungen für andere Immobilieneigentümer übernehmen.

Cost plus Fee-Vertrag

Beim Cost plus Fee-Vertrag handelt es sich um eine moderne erweiterte Art des Selbstkostenerstattungsvertrags im Zusammenhang mit der Vergabe von Bauleistungen. Der Grundgedanke besteht darin, dass für beide Vertragspartner (Unternehmer und Bauherr) Kostentransparenz auf der Grundlage eines definierten Leistungspakets entstehen soll. Dies geschieht dadurch, dass der Bauherr, ähnlich wie beim garantierten Maximalpreisvertrag (GMP) in die Planung und die kostenrelevanten Entscheidungen mit einbezogen wird. Auf die ermittelten Selbstkosten erhält der Unternehmer einen Zuschlag entweder in Form eines Prozentsatzes oder in Form eines Fixbetrages.
Siehe / Siehe auch: Garantierter Maximalpreisvertrag (GMP)

Cost-Average-Effekt

Mit dem Begriff Cost-Average-Effekt (Durchschnittskosteneffekt) wird das Phänomen beschrieben, dass ein Anleger der regelmäßig einen bestimmten, gleich bleibenden Betrag in einen Investmentfonds investiert, insgesamt einen günstigeren durchschnittlichen Preis je Fondsanteil bezahlt als beim regelmäßigen Kauf einer bestimmten Anzahl von Anteilen.
Der Effekt beruht darauf, dass bei gleich bleibenden Einzahlungen über einen längeren Zeitraum hinweg bei hohen Anteilspreisen relativ wenige und bei niedrigen Preisen relativ viele Fondsanteile erworben werden. Je länger die Dauer der Einzahlungen und je stärker die Schwankungen der Anteilspreise, desto stärker wirkt sich der Cost-Average-Effekt aus.
Während der Cost-Average-Effekt im Rahmen von Sparplänen (z.B. bei Aktienfonds, Rentenfonds, Offenen Immobilienfonds) eine Möglichkeit darstellt, Preisschwankungen vorteilhaft zu nutzen, kehrt sich der Effekt bei Entnahmeplänen um. Hier würden bei regelmäßigen Auszahlungen eines bestimmten Betrages zu hohen Rücknahmepreisen nur wenige, bei niedrigen Rücknahmepreisen dagegen viele Anteile verkauft. Die Vereinbarung von Entnahmeplänen mit festen Auszahlungsbeträgen ist daher unter diesem Aspekt für den Anleger nicht sinnvoll.

Cost-plus-incentive-fee-Vertrag

Ähnlich wie beim Garantierten Maximal-Preis-Vertrag handelt es sich beim Cost-plus-incentive-fee-Vertrag um ein anreizorientiertes Vertragskonzept, das als Vertrag zwischen Bauträger und Generalunternehmer angewandt werden kann. Ausgangspunkt ist die Überlegung, dass die asymmetrische Informationsverteilung zwischen diesen Vertragspartnern zur einseitigen Nutzung von Vorteilen durch den gut informierten Auftragnehmer führen kann. Der Generalunternehmer (oder sonstige Bauunternehmer) soll durch eine Gewinnbeteiligung belohnt werden, wenn die anvisierten „Zielkosten" nicht überschritten werden. Gemindert wird die Gewinnbeteiligung bei Terminüberschreitungen.

Courtage
Siehe / Siehe auch: Maklerprovision

CREM
Abkürzung für: Corporate Real Estate -Management

Cross Docking Center

Cross Docking Center gehören zu den Logistikimmobilien. Es handelt sich um Warenumschlagzentren, in denen ankommende Sendungen von verschiedenen Absendern eingehen und ohne Zwischenlagerung zu Sendungen für verschiedene Empfänger neu zusammengestellt werden. Da Cross Docking Center lediglich dem Warenumschlag, nicht aber der Lagerung dienen, werden sie auch als „bestandslose Umschlagpunkte" bezeichnet.
Beim Cross Docking im engeren Sinne sind die ankommenden Sendungen in der Regel bereits von den Lieferanten empfängerbezogen vorkommissioniert worden, so dass sie im Terminal des Cross

Docking Centers nur noch empfängerbezogenen Sendungen zusammengefasst werden müssen.
Beispielsweise könnten in einem Cross Docking Center Waren unterschiedlicher Hersteller von Käse, Schokolade und Kosmetikprodukten eintreffen, die bereits entsprechend den Bestellungen einzelner Supermärkte abgepackt sind. Aus diesen einzelnen Teillieferungen werden die Lieferungen für die Supermärkte zusammengestellt und an diese versandt.
Siehe / Siehe auch: Logistikimmobilien, Transshipment Center

Cross-Compliance

Unter dem Begriff „Cross-Compliance" fasst man verschiedene Vorschriften zusammen, die seit dem 1.1.2005 von Landwirten beachtet werden müssen, um Direktzahlungen zu erhalten. Die Regelungen betreffen z.b. die Wahrung von Grundanforderungen an die Betriebsführung hinsichtlich der Gesundheit von Mensch, Tieren und Pflanzen, die Erhaltung eines guten landwirtschaftlichen und ökologischen Flächenzustandes und die Erhaltung von Dauergrünland. Die Einhaltung der Vorschriften wird kontrolliert.
Im Rahmen von Vor-Ort-Kontrollen wird z.B. die Einhaltung von Vorschriften hinsichtlich der Tierkennzeichnung, über Klärschlamm, Vogelschutz oder Grundwasserreinhaltung überprüft.
Bei Verstößen gegen die festgelegten Verpflichtungen werden je nach Schwere, Ausmaß, Dauer und Häufigkeit des Verstoßes die Beihilfezahlungen an den Landwirt um bis zu 100% herabgesetzt. Dies kann sogar für mehrere Kalenderjahre erfolgen.
Für Behörden und Landwirte haben die Regelungen der Cross-Compliance eine erhebliche Mehrbelastung hinsichtlich des Verwaltungs- und Kontrollaufwandes mit sich gebracht. Landwirte sind umfangreichen zusätzlichen Dokumentationspflichten unterworfen.
Bei der Bewältigung der Anforderungen der Cross-Compliance helfen Broschüren, die von den Landwirtschaftskammern bereitgehalten werden.
Siehe / Siehe auch: Entwicklung ländlicher Räume, Flächenstilllegung

Cross-Selling

Die im Marketing eines Immobilienunternehmens wichtige Frage zur Produktpolitik lautet: „Welche Dienstleistung kann ich meinen Kunden noch anbieten?" Für den Makler gibt es etwa neben dem klassischen Einstiegsprodukt der Objektvermittlung die Möglichkeit als Cross-Selling-Potential dem Kunden Zusatzprodukte z.B. Versicherungen, Gutachten, Hausverwaltungstätigkeiten und u.U. sogar Bauträgeraktivitäten oder aber im Rahmen eines Trading-up über das ursprüngliche Einstiegsprodukt hinausgehende, wesentlich umfassendere Dienstleistungspakete anzubieten.

Crossmedia-Marketing

Crossmedia-Marketing ist eine Form der Immobilienvermarktung, die sich nicht auf ein Werbemedium, etwa Print-Werbung in Form von Anzeigen beschränkt, sondern andere Werbeschienen nutzt wie Internet-Marketing durch Einstellen der Objekteins Internet, Verkaufsschilder, Mailing etc. Durch den kombinierten Einsatz gelingt es, nicht immer wieder die gleichen Personen zu erreichen, sondern zusätzliche Zielpersonen.

CT
Abkürzung für: Courtage

Customer Recovery

Customer Recovery umfasst Maßnahmen zur Kundenrückgewinnung. In diesem Zusammenhang ist ein fünfstufiges Customer Recovery-Programm denkbar. Es beginnt bei der Identifikation verlorener Kunden, geht weiter auf die Analyse der Abwanderungsursachen ein, beschäftigt sich mit Problemlösungen der anschließenden Rückgewinnung und – ganz wichtig – der Nachbetreuung der zurück gewonnenen Kunden.

Customer-Service
Siehe / Siehe auch: Clienting (auch Kunden- oder Customer-Service)

Dach und Fach

Bei dem Begriff handelt es sich um eine alte Wendung, deren genauer Sinn vor allem wegen des mehrdeutigen Wortes „Fach" nicht leicht zu bestimmen ist. Etymologisch scheint das Wort mit „Fangen" zusammenzuhängen, was für Umfangen, Einfassung, Abgrenzung als ursprüngliche Bedeutung sprechen könnte. Als architektonischer Begriff bezeichnet es neben „Wand, Mauer, Abteilung in Häusern" auch das Fachwerksgebälk der Wände und sowohl die leeren Räume dazwischen als auch die Füllung. Eine Beschränkung auf Außenmauerwerk lässt sich nicht feststellen. Letztlich kann man unter „Dach und Fach" auch „Wohnung und Gebäude" verstehen, zumindest deren wesentliche Substanz. Anders als vielleicht zu der Zeit, aus der die Wendung stammt, gehören heute auch dazu Leitungssysteme, wenn sie unter Putz in der Wand verlegt sind. Generalisierend sollte man feststellen, dass zu den Arbeiten an Dach und Fach alle Verrichtungen zählen, die der Erhaltung der Gebäudesubstanz dienen.

Dachbegrünung

Dachbegrünungen sind schon seit langer Zeit in den skandinavischen Ländern üblich. In Deutschland gewinnen sie unter ökologischen Gesichtspunkten an Bedeutung. Zu unter-scheiden sind Dachbegrünungen nach der Intensität der Bepflanzung. Eine extensive Begrünung erfolgt durch Kräuter, Moose, Trockengräser und Rasen. Eine künstliche Bewässerung ist hier nicht erforderlich. Solche Dachbegrünungen werden dort vorgenommen, wo keine anderweitige Dachnutzung erfolgt. Eine andere Intensität der Dachbegründung ist die Anlage eines Dachgartens mit Stauden, Sträuchern und Bäumen. Eine solche Dachbegrünung erfordert in der Regel eine künstliche Bewässerung und bedarf einer entsprechenden Pflege. Für eine Dachbegrünung spricht die Rückgewinnung von Grünflächen, Speicherung des Regenwassers, Wärme- und Schalldämmung sowie Verbesserung des Mikroklimas durch erhöhte Luftfeuchtigkeit.

Dachflächenfenster

Das Dachflächenfenster wird zwischen die Sparren des Daches gesetzt, und ist somit ein günstiges und einfaches Verfahren, um die notwendige, natürliche Belüftung und Belichtung im Dachgeschoss zu gewährleisten. Es gibt sie in verschiedenen Ausführungen, die sich in ihrer Größe, ihrer Ausstattung und ihrem Öffnungsmechanismus unterscheiden. Ist das gewünschte Fenster größer als der Sparrenabstand, so wird der störenden Sparren gekürzt und seine Last von einem quer liegenden Balken, dem sogenannten Wechsel, aufgenommen. Im Zweifelsfall ist der Einbau von Dachflächenfenstern genehmigungspflichtig.
Siehe / Siehe auch: Fenster

Dachfonds

Dachfonds sind Fonds, die ihr Fondsvermögen in andere Zielfonds investieren.

Dachformen

Das Dach dient dem Schutz eines Gebäudes vor Witterungseinflüssen (Sonne, Regen, Schnee Hagel). Es bestimmt zudem dessen optischen und gestalterischen Gesamteindruck mit. Neben dem Flachdach kommen Satteldach, Walmdach, Zeltdach, Pultdach oder Sheddach als mögliche Dachformen in Frage. Das Satteldach ist die einfachste Dachform, da es relativ billig im Unterhalt ist und wenige Reparaturen erfordert.
Bei Dachneigungen unterscheidet man zwischen Flachdach bis max. 5° mäßig steiles Dach 5° bis 40° und Steildach über 40°.
Bildbeschreibung: 1 Flachdach, 2 Pultdach, 3 Satteldach, 4 Walmdach, 5 Krüppelwalmdach, 6 Mansardendach, 7 Kuppeldach, 8 Sheddach, 9 Zeltdach, 10 Kegeldach, 11 Bogendach

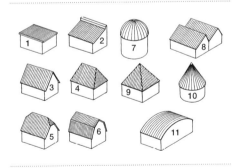

Siehe / Siehe auch: Bungalow, Reetdach

Dachgaube

Die Dachgaube ist ein Dachausbau, der mit einem Fenster ausgestattet ist und einer Erweiterung der Nutzung des Dachgeschosses dient. Es gibt eine große Zahl von Dachgaubenformen (Fledermausgaube in Bogenform, Schleppgaube, Giebelgaube, Fenstererker usw.). Ein nachträglicher Dachgaubenaufsatz bedarf der Genehmigung des zuständigen Bauordnungsamtes.

Dachgeschossausbau

Soweit das Baurecht den Dachgeschossausbau ermöglicht, ergeben sich hier Möglichkeiten, die Gesamtrentabilität eines Objektes zu verbessern. Allerdings muss in der Regel entweder ein Stellplatz zusätzlich zur Verfügung gestellt oder, wenn dies nicht möglich ist, gegenüber der Gemeinde „abgelöst" werden. Die Höhe der Ablöseforderung kann allerdings die Rentabilitätsvorteile wieder zunichte machen.
Siehe / Siehe auch: Stellplätze, Kinderzulage

Dachlawine

Als Dachlawine bezeichnet man Schnee, der von einem Hausdach herabrutscht und – schlimmstenfalls – Sachschäden z.B. an geparkten Autos oder Verletzungen von Personen verursacht.
Schadenersatzansprüche gegen den Eigentümer des Gebäudes bestehen, wenn diesem eine Sorgfaltspflichtverletzung nachzuweisen ist. In schneereichen Gegenden können z.B. Schneefang-Gitter vorgeschrieben sein, deren Nichtanbringung eine Pflichtverletzung darstellt. Bei konkreter Gefahr (z.B.: Lawine sammelt sich bereits sichtbar an) kann der Eigentümer verpflichtet sein, Warnschilder aufzustellen oder den Schnee vom Dach zu entfernen. Solange nur die allgemeine Gefahr einer Schneeansammlung besteht, muss jeder Passant auf seine eigene Sicherheit selbst achten. Der Abschluss einer Haftpflichtversicherung für Hausbesitzer kann hier vor unerwünschten Risiken schützen.
Siehe / Siehe auch: Verkehrssicherungspflicht

Dachterrasse

Bei einer Dachterrasse handelt es sich um eine vom obersten Stockwerk eines Wohn- oder Geschäftsgebäudes zugängliche Terrasse. In der Regel ist sie einer Wohnung oder einer gewerblichen Raumeinheit zugeordnet und findet deshalb in der Flächenberechnung Berücksichtigung. Nach der veralteten DIN 283 ist sie mit 25%, nach der Wohnflächenverordnung höchstens bis zur Hälfte anzurechnen.
Beim nachträglichen Einbau einer Dachterrasse sind zu beachten:
- die Lage haustechnischer Einrichtungen (z.B. Schornsteine, Fahrstuhlschächte)
- die Tragfähigkeit der bestehenden Deckenkonstruktion (Auslegung für das Gewicht einer Vielzahl von Personen, z.B. bei einer Party)
- ausreichende Wärmedämmungsmaßnahmen um eine Auskühlung der darunter liegenden Räume zu vermeiden.

Aufbau einer Dachterrasse:
- Auf der Decke der bestehenden Räume wird eine Wärmedämmung installiert.
- Auf der Dämmung ist ein so genannter Flachdachausbau anzubringen, der ein Eindringen von Wasser verhindert. Dabei wird entweder auf oder unter der Dämmung eine Dichtungsbahn aus Bitumen oder Kunststofffolie aufgebracht.
- Sowohl Bitumen-Schweißbahnen als auch Kunststofffolien müssen durch Bautenschutzmatten vor mechanischer Belastung geschützt werden. Auf die Bautenschutzmatten schließlich kommt der Terrassenbelag.

Dachterrassen sind nicht selten Quelle von Schadensbildungen. Folienabdichtungen können trotz der darauf aufgebrachten Beläge verspröden und werden wasserdurchlässig. Wenn das Gefälle zu gering ist oder die Entwässerungseinläufe zu hoch liegen kann Wasser nicht abfließen, was bei intensiver Nutzung auf Dauer durch sich bildende Humussäuren ebenfalls zu Leckage führen kann.
Siehe / Siehe auch: Umkehrdach

Dachtraufe

Die Dachtraufe, auch als Dachfuß bezeichnet, ist die Unterkante einer geneigten Dachfläche. Sie reicht über die Mauer hinaus, um das Dach hinunterlaufendes Regenwasser nicht ins Mauerwerk eindringen, sondern vor der Mauer abtropfen zu lassen. Heute ist die Dachtraufe üblicherweise mit einer Dachrinne versehen, um das Regenwasser zu sammeln und über Fallrohre nach unten abzuleiten.

Siehe / Siehe auch: Traufständiges Haus

Dachverband Deutscher Immobilienverwalter e.v. (DDIV)

Der Dachverband Deutscher Immobilienverwalter e.v. (DDIV) Ist der älteste und größte Verwalterverband in Deutschland. Er hat 11 eigenständige, regional tätige Verwalterverbände in Deutschland mit zurzeit 960 hauptberuflich tätigen Immobilienverwaltern bzw. Immobilienverwaltungsunternehmen. Die Mitglieder aller 16 Bundesländer werden von Landesverbänden betreut.
Anforderungen: Mitglieder müssen hauptberuflich und selbstständig die Geschäfte der treuhänderischen Immobilienverwaltung betreiben. Die Verbände sehen 300 bis 400 verwaltete Wohnungen pro Person als Existenzminimum an.
Kenndaten der Mitgliedsunternehmen:
- Verwaltete Einheiten: ca. 1.300.000
- Wert der Einheiten: ca. 120 Mrd. Euro
- Bewirtschaftungskostenumsatz p. a.: ca. 1,8 Mrd. Euro
- Instandhaltung, Modernisierung, Sanierung p. a.: ca. 2 Mrd. Euro
- Anzahl bewirtschafteter Wohn-/Nutzfläche: 78.000.000 Quadratmeter

DAI

Abkürzung für: Verband Deutscher Architekten und Ingenieurvereine

Damnen

Mehrzahl von Damnum
Siehe / Siehe auch: Disagio

Damnum

Siehe / Siehe auch: Disagio

Dampfsperre

Eine Dampfsperre verhindert das Eindringen von Wasser in Bauteile eines Gebäudes. Fehlt sie, kann es zu einem ungesunden Raumklima, höherem Energieverbrauch und Bauschäden wie Schimmelpilzbildung kommen. Die Feuchtigkeit wird im warmen Innenraum zu Wasserdampf, der sich an kalten Flächen niederschlägt.
Wasserdampf kann in Bauteile eindringen und in deren Innern kondensieren. Ohne ausreichende Trocknung sammelt sich immer mehr Feuchtigkeit an. Die in derartigen Fällen anzubringende Dampfsperre wird auf der „warmen" Seite der Dämmschicht der jeweiligen Wand angebracht. Sie besteht meist aus einer Alu- oder Kunststofffolie. Dringend anzuraten ist diese Maßnahme bei zusätzlichen Wärmedämmschichten auf der Zimmerseite von Betonwänden und bei einer Wärmedämmschicht, die sich innen in Räumen mit ständiger hoher Luftfeuchtigkeit befindet (Badezimmer).

Siehe / Siehe auch: Einschaliges Mauerwerk, Energieeinsparverordnung (EnEV), Kerndämmung, Umkehrdach, Zweischaliges Mauerwerk

Darlehen

Zu unterscheiden ist zwischen einem Gelddarlehen und einem Sachdarlehen. Durch den Sachdarlehensvertrag wird der Darlehensgeber verpflichtet, dem Darlehensnehmer eine einfache, vertretbare Sache zu überlassen. (§ 607 BGB). Der Darlehensnehmer ist zu Zahlung eines Entgelts hierfür verpflichtet und muss bei Fälligkeit die Sache gleicher Art, Güte und Menge zurückerstatten.
In der Praxis spielt jedoch nur der Darlehensvertrag eine Rolle, der die Überlassung von Geld zum Inhalt hat. Dieser Darlehensvertrag ist in der §§ 488 ff BGB geregelt. Inhalt des Darlehensvertrages ist die Verpflichtung des Darlehensnehmers zur Überlassung eines bestimmten Geldbetrages. Der Darlehensnehmer ist zur Zahlung des vereinbarten Zinses und zur Rückzahlung des Darlehens bei Fälligkeit verpflichtet.
Das Kündigungsrecht des Schuldners kann nicht ausgeschlossen oder – gegenüber den gesetzlichen Bestimmungen – erschwert werden. Kündigen kann der Schuldner ein Darlehen mit variablem Zinssatz jederzeit unter Einhaltung einer Dreimonatsfrist. Ist eine Zinsbindung vereinbart, kann der Schuldner das Darlehen unter Einhaltung einer Monatsfrist zum Ablauf der Zinsbindung kündigen. Wer kein Recht auf Sondertilgung ausdrücklich im Darlehensvertrag vereinbart hat, kann ein Festzinsdarlehen auf jeden

Fall nach zehn Jahren kündigen, auch wenn ein Festzins für mehr als zehn Jahre vereinbart worden ist. Bei einer Zinsbindung von 15 Jahren können also nach dem 10. Jahr jederzeit mit Sechsmonatsfrist beliebige Teile des Kredits zurückgezahlt oder sogar der gesamte Darlehensbetrag gekündigt und getilgt werden.

Für den Fall, dass der Darlehensschuldner sich vorzeitig aus dem Darlehensvertrag lösen will, berechnen Kreditinstitute eine Vorfälligkeitsentschädigung, die die Differenz zwischen dem entgangenen Zins für das Darlehen und den Zinsen ausgleicht, die sie aktuell bei Anlage der Darlehenssumme in Pfandbriefen, Kommunalobligationen oder sonstigen Anleihen öffentlich rechtlicher Schuldner erzielen würden. Da die Renditen von Pfandbriefen und öffentlichen Anleihen oft nicht übereinstimmen, muss die Bank nach einer neueren Entscheidung des BHG (7.11.2000) den für den Darlehensnehmer günstigeren Wiederanlagesatz der Schadensberechnung zugrunde legen. Das gleiche gilt für die „Nichtabnahmeentschädigung", wenn ein von der Bank geschuldetes Hypothekendarlehen vom Darlehensnehmer nicht abgenommen wird.

Die genauen Vereinbarungen zwischen Darlehensnehmer und -geber werden in einem Darlehensvertrag festgelegt. Dieser ist die rechtliche Grundlage für Finanzierungen jeder Art, u.a. auch einer Baufinanzierung. Anstelle von Darlehen wird auch häufig der Begriff Kredit verwendet. Für Verbraucherdarlehen gelten besondere Vorschriften, insbesondere die Schriftform und die Aufnahme bestimmter Vertragsinhalte in den Darlehensvertrag z.B. des „effektiven Jahreszinses".

Siehe / Siehe auch: Effektiver Jahreszins, Nichtabnahmeentschädigung, Vorfälligkeitsentschädigung

Darlehen – variable

Darlehen ohne Zinsfestschreibung. Die Zinshöhe wird den jeweiligen Verhältnissen auf dem Refinanzierungssektor angepasst. Der Abschluss eines variablen Immobiliendarlehens ist in Zeiten hoher Kapitalmarktrenditen sinnvoll, falls Aussicht auf Zinssenkung besteht. Die Kündigungsfrist durch den Schuldner beträgt nur drei Monate, so dass sich Darlehen mit variabler Verzinsung auch dann als Finanzierungsbaustein eignen, wenn der Bauherr Sondertilgungen vornehmen möchte.

Darlehensbewilligung

Nach positivem Ergebnis der Beleihungs- und Kreditwürdigkeits-prüfung erfolgt seitens des finanzierenden Kreditinstituts die Darlehensbewilligung. Das Bewilligungsschreiben enthält das Darlehensangebot. Wird vom Darlehensnehmer die beigelegte Einverständnis- oder Annahmeerklärung unterzeichnet und zurückgeschickt, kommt damit der Darlehensvertrag zustande.

Darlehensgeber

Ein Darlehensgeber leiht einer anderen Person oder Gesellschaft gegen entsprechende Sicherheiten, einen bestimmten Geldbetrag für eine bestimmte Laufzeit und gegen Bezahlung eines Zinses. Die Rückzahlung kann in regelmäßigen Raten (Tilgung) und in einem oder mehreren Teilbeträgen erfolgen. Die genaue Ausgestaltung der Darlehensmodalitäten ist im Darlehensvertrag verankert.

Siehe / Siehe auch: Darlehensnehmer

Darlehensgebühr (Bauspardarlehen)

Sobald die Bausparkasse das Bauspardarlehen zur Verfügung stellt, wird in der Regel eine Darlehensgebühr in Höhe von 2-3% der Darlehenssumme fällig. Sie wird dem Darlehen zugeschlagen, d.h. dem Darlehenskonto belastet und mit den vereinbarten Zins- und Tilgungsraten bezahlt. Manche Bausparkassen verzichten inzwischen vollkommen auf die Darlehensgebühr – hier lohnt sich ein Vergleich.

Siehe / Siehe auch: Bausparvertrag

Darlehenskosten

Unterteilen sich in laufend zu zahlende Zinsen sowie einmalige Kosten. Zu diesen zählen Darlehensgebühr, Bearbeitungskosten, Disagio, Schätzkosten, Bereitstellungszinsen, Teilauszahlungszuschläge und Kontoführungsgebühren, soweit sie vom Kreditgeber verlangt werden. Ein Teil der Darlehenskosten ist bei Berechnung des siehe effektiven Jahreszinses einzurechnen.

Siehe / Siehe auch: Effektiver Jahreszins

Darlehenskündigung

Siehe / Siehe auch: Darlehen

Darlehensnehmer

Der Darlehensnehmer leiht sich von einer Person oder Gesellschaft, in der Regel ein Kreditinstitut, gegen Bezahlung von Zinsen einen bestimmten Geldbetrag. Die Rückzahlung kann in regelmäßigen Raten (Tilgung) und in einem oder mehreren Teilbeträgen erfolgen. Die genaue Ausgestaltung der Darlehensmodalitäten ist im Darlehensvertrag verankert.

Siehe / Siehe auch: Darlehensgeber

Darlehenssicherung

Ein langfristiges Darlehen, wird regelmäßig durch eine Grundschuld betragsmäßig und bis zu einem bestimmten Zinssatz abgesichert. Die Grundschuld ist abstrakt. Deshalb muss durch eine Zweckbestimmungserklärung des Schuldners klar gestellt werden, dass die Grundschuld der Sicherung dieses bestimmten Darlehens und der sich daraus ergebenden Zinsforderungen dient.

Zusatzsicherungen können insbesondere dann erforderlich sein, wenn die Beleihungsgrenze des beliehenen Objektes überschritten wird. Hier bieten sich an: Bürgschaften von Banken, Arbeitgebern, Abtretung von Ansprüchen aus Kapital- und Risikolebensversicherungen sowie Bausparverträgen und schließlich die Verpfändung von Bankguthaben und Wertpapieren.

Siehe / Siehe auch: Bauspardarlehen, Bausparvertrag, Beleihung, Bürgschaft, Kapital-Lebensversicherung, Risiko-Lebensversicherung

Darlehenszusage

Die Darlehenszusage des Kreditinstituts führt zum Zustandekommen des Darlehensvertrages. Sie ist gleichzusetzen mit der Annahme eines Antrages auf Abschluss eines Vertrages. Sie basiert auf einem Darlehensantrag des potentiellen Darlehensnehmers. Die von einem Kreditinstitut allgemein angebotenen Darlehen sind selbst noch kein Angebot auf Abschluss eines Darlehensvertrages. Die Darlehenszusage für eine Objektbeleihung setzt eine Beleihungsprüfung des Objektes und eine Kreditwürdigkeitsprüfung des Darlehensnehmers voraus. Bei Personaldarlehen kommt es ausschließlich auf das Ergebnis der Kreditwürdigkeitsprüfung an.

Database Marketing

Database Marketing ist eine Form des Mailings, bei der das Adressmaterial noch um andere kundenspezifische Informationen erweitert wird. Ein solches Database Marketing greift auf Zusatzinformationen z.B. soziodemographische Daten, bisheriges Kaufverhalten, Hobbys, sonstige Kundeninteressen etc. zurück und ermöglicht somit einen noch genaueren Einsatz des Datenmaterials. Die meisten heute eingesetzten Mailingdateien können dem Bereich des Database Marketing zugerechnet werden.

Database Marketing wurde erst möglich, nachdem Anfang der 80er Jahre neue EDV-Techniken die Voraussetzungen schufen, große Mengen an Adressenmaterial und zusätzliche Informationen zu sammeln, die mit geringem Aufwand nach bestimmten Kriterien ausgewertet und weiter verdichtet werden können.

Datenschutz

Auch Vermieter und Hausverwaltungen unterliegen datenschutzrechtlichen Bestimmungen. § 28 Bundesdatenschutzgesetz (BDSG) schränkt die Art der zulässigerweise zu erhebenden Daten auf das ein, was zur Durchführung des mit dem Betreffenden bestehenden Vertragsverhältnisses erforderlich ist. Ein Vermieter darf daher z.B. keine Datensammlung über die politischen Ansichten seiner Mieter oder z.B. deren Gesundheitszustand aufbauen – genauso darf eine Krankenversicherung keine Informationen über Mietrückstände der Versicherten sammeln.

Ein wohnungswirtschaftliches Unternehmen, das mehr als vier Arbeitnehmer beschäftigt, muss einen Datenschutzbeauftragten bestellen. Dieser hat Schulungen zu veranstalten und sich darum zu kümmern, dass die Vorschriften des Bundesdatenschutzgesetzes eingehalten werden. Es muss sich dabei um jemanden handeln, der die erforderlichen Grundkenntnisse besitzt – in juristischer Hinsicht und im Hinblick auf die Bedienung der EDV. Er / Sie muss weisungsfrei arbeiten können und darf nicht mit dem Inhaber oder Geschäftsführer identisch sein.

Die Datenschutzregelungen müssen auf Anforderung hin jedem betroffenen Dritten (Wohnungseigentümer, Beiräte, Mieter) verfügbar gemacht werden. Die Personen, deren Daten gespeichert werden, haben u.a. Rechte auf:

- Benachrichtigung (bei erstmaliger Speicherung ohne Wissen des Betroffenen)
- Auskunft darüber, was gespeichert ist, zu welchem Zweck, woher die Daten kommen und wohin sie weitergemeldet werden
- Berichtigung falscher Angaben
- Löschung unzulässiger oder falscher Daten

- Löschung von Daten, deren Speicherung für den eigentlichen Zweck nicht mehr nötig ist
- Sperrung von Daten, deren Richtigkeit der Betreffende bestreitet, wenn sich nicht feststellen lässt, ob die Daten stimmen
- Sperrung, wenn die Löschung z.b. wegen einer gesetzlichen Aufbewahrungsfrist unmöglich ist.

Siehe / Siehe auch: Mieterselbstauskunft, Schufa-Selbstauskunft, Unzulässige Fragen

Datscha / Datsche

Unter dem Begriff Datscha (russisch), auch: Datsche, versteht man ein kleines Sommerhaus auf dem Lande. Der Begriff stammt aus den osteuropäischen Ländern. In Deutschland sind Datschen häufiger in den neuen Bundesländern zu finden (Mehrzahl: Datschen).

Die heute als „Erholungsgrundstücke" bezeichneten Objekte wurden in früheren Zeiten mittels spezieller Überlassungsverträge an ihre Bewohner vergeben. Die Rechtslage für diese Grundstücke richtet sich nun nach dem Schuldrechtsanpassungsgesetz. Seit 1.1.1995 ist auf derartige Verträge daher das Mietrecht bzw. Pachtrecht des Bürgerlichen Gesetzbuches anwendbar.

Eine der Folgen ist, dass das Grundstück, auf dem die Datscha steht, nicht gegen den Willen des Grundeigentümers gekauft werden kann. Vorkaufsrechte gibt es nur im Ausnahmefall einer Rückübertragung.

Für Datschen gelten während einer Übergangszeit (bis 4.10.2015) verschärfte Kündigungsschutzregeln. Erst ab diesem Termin ist die Kündigung nach den BGB-Vorschriften möglich.

Hatte ein Datschen-Nutzer am 3.10.1990 das 60. Lebensjahr vollendet, darf ihm nicht mehr gekündigt werden. Ausnahmen gibt es im Rahmen der Teilkündigung bei Grundstücken mit einer Fläche von über 1.000 Quadratmetern. Hier kann der Eigentümer eine Teilkündigung vornehmen, wenn der Nutzer zumindest 400 Quadratmeter behält. Auch der Nutzer kann die Teilkündigung aussprechen oder den Eigentümer dazu auffordern, dies zu tun.

Der Kündigungsschutz wird jedoch schrittweise gelockert. So darf der Eigentümer seit 1.1.2005 kündigen, wenn:

- er das Grundstück zum Bau eines Ein- oder Zweifamilienhauses als Wohnung für sich selbst oder seine Angehörigen benötigt
- er das Grundstück selbst für kleingärtnerische Zwecke, zur Erholung oder Freizeitgestaltung benötigt und ihm ein Verzicht auf die Kündigung aufgrund seiner berechtigten Interessen auch im Vergleich zu den Interessen des Nutzers nicht zumutbar ist.

Wer als Dauerbewohner in eine dafür geeignete Datscha eingezogen ist, kann einer Kündigung widersprechen, wenn der Auszug für ihn oder seine Familie eine unzumutbare Härte bedeuten würde (Sozialklausel). Dies gilt aber nur, wenn der Einzug auf Dauer und die Kündigung der Hauptwohnung vor dem 20.7.1993 erfolgt sind.

Siehe / Siehe auch: Sozialklausel

Daueraufnahme in Mietwohnung

Will ein Mieter auf Dauer eine andere Person in seine Wohnung aufnehmen, ist er dazu grundsätzlich berechtigt. Er ist jedoch dazu verpflichtet, dies dem Vermieter gegenüber anzuzeigen. Für den Vermieter kann dies z.B. dann von Bedeutung sein, wenn bei einzelnen Nebenkostenarten eine Umlage auf Basis der Personenzahl pro Wohnung erfolgt. Davon umfasst werden Familienmitglieder des Mieters, Ehepartner, minderjährige Kinder und Pflegekinder, Hausangestellte, Pflegepersonal. Natürlich ist die Aufnahmekapazität jeder Wohnung begrenzt. Der Vermieter darf eine Überbelegung untersagen.

Nichteheliche Lebensgefährten dürfen nur mit Erlaubnis des Vermieters einziehen. Der Mieter hat auf diese Erlaubnis jedoch einen Anspruch. Heute dürfte kaum ein Gericht im Ernstfalle einsehen, dass die Erlaubnis verweigert werden musste – es sei denn, objektive wichtige Gründe in der Person des Einzugswilligen stehen der Erlaubnis entgegen (z.B. Störungen des Hausfriedens in der Vergangenheit).

Von der dauerhaften Aufnahme in die Wohnung ist ein längerer Besuch abzugrenzen. Dauert ein Besuch länger als sechs Wochen, geht die Rechtsprechung von einem dauerhaften Mitbewohner aus. Für einen Besuch ist keine Erlaubnis des Vermieters erforderlich.

Siehe / Siehe auch: Untermiete

Dauerkleingarten

Kleingärten, die sich auf einer im Bebauungsplan als Kleingartenfläche ausgewiesenen Fläche befinden. Verträge über die Nutzung derartiger Kleingärten gelten auf unbestimmte Zeit und enden nicht durch Ablauf der Vertragsdauer. § 9 Abs.1 Nr.5 und 6 Bundeskleingartengesetz nennt Kündigungsgründe für Dauerkleingärten (z.b. Fläche soll einer im geänderten Bebauungsplan festgesetzten neuen Nutzung zugeführt werden). Nach § 14 Abs.1 BKleingG muss die Gemeinde bei Kündigung eines Dauerkleingartens Ersatzland bereitstellen. Wertunterschiede zwischen altem und neuen Land müssen jedoch ausgeglichen werden.

Siehe / Siehe auch: Kleingarten / Schrebergarten, Kleingartenpacht, Beendigung, Kleingarten, Pachtbetrag

Dauermietvertrag

Ein Dauermietvertrag ist dadurch gekennzeichnet, dass das ordentliche Kündigungsrecht des Vermieters ausgeschlossen ist. Dauermietverträge wurden seit 1953 von (früher gemeinnützigen) Wohnungsunternehmen abgeschlossen. Aber auch Wohnungsbaugenossenschaften bieten ihren Mitgliedern Dauermietverhältnisse an. Bei einem Verkauf der Wohnung muss der Käufer als künftiger Vermieter in diesen Mietvertrag eintreten. Der Dauermietvertrag bietet den Mietern einen optimalen vertraglichen Kündigungsschutz, der weit über den des gesetzlichen Mieterschutzes hinausgeht.

Dauernde Last (Einkommensteuer)

Dauernde Lasten sind wiederkehrende Leistungen, z.B. monatliche Versorgungsleistungen, die meist im Zusammenhang mit einer Schenkung von Vermögenswerten (z.B. Immobilien) als Gegenleistung vereinbart werden. Die Zahlung wird entsprechend den Bedürfnissen des Versorgungsempfängers in ihrer Höhe angepasst. Das besondere Merkmal einer Dauernden Last im Gegensatz zur Rente ist die unbestimmte Höhe.

Der von der Schenkung Begünstigte darf diese Dauernde Last in voller Höhe als Sonderausgaben im Rahmen der Einkommensteuer geltend machen. Der Schenker selbst muss die ihm zufließenden Zahlungen vollständig als Einnahme versteuern. Die Vereinbarung einer Dauernden Last lohnt immer dann, wenn der Versorgungsempfänger keine oder kaum andere steuerpflichtige Einkünfte hat und der Zahlende im Gegenzug zu den Hochbesteuerten gehört.

Der Steuervorteil wird allerdings nur gewährt, wenn die Erträge, die mit dem übertragenen Vermögen erzielt werden, höher sind als die gezahlte Dauernde Last. Gegenüber der Dauernden Last, ist eine Leibrente, die als Gegenleistung für die Veräußerung eines Grundstücks vereinbart wurde, vom Leibrentenempfänger nur mit ihrem Ertragsanteil zu versteuern.

Dauerwohnrecht

Als Alternative zum Wohnungs-/Teileigentum gemäß § 1 WEG enthält das Wohnungseigentumsgesetz Bestimmungen über das sogenannte Dauerwohnrecht. Es handelt sich hierbei um ein als Belastung eines Grundstücks eingetragenes Recht, eine bestimmte Wohnung in einem Gebäude zu bewohnen oder in anderer Weise zu benutzen (§ 31 Abs. 1 WEG). Um ein Dauernutzungsrecht handelt es sich bei dem Recht der Nutzung von Räumen, die nicht Wohnzwecken dienen (§ 31 Abs. 2 WEG).

Die Räume müssen wie beim Wohnungs- oder Teileigentum abgeschlossen sein (§ 3 Abs. 3 WEG). Der Inhaber kann sein Dauerwohn- / Nutzungsrecht verkaufen, vererben und vermieten §§ 33, 37 WEG). Die Vorschriften über die Pflichten des Wohnungseigentümers gemäß § 14 WEG sind entsprechend anzuwenden. Im Übrigen können Vereinbarungen getroffen werden u.a. über Art und Umfang der Nutzung, über die Instandhaltung und Instandsetzung, zur Lastentragung und zur Versicherung etc. (§ 33 Abs. 4 WEG).

Neben Veräußerungsbeschränkungen kann ein so genannter Heimfallanspruch vereinbart werden, wonach der Dauerwohnberechtigte verpflichtet ist, unter bestimmten Voraussetzungen sein Dauerwohnrecht auf den Grundstückseigentümer oder auf einen von ihm bezeichneten Dritten zu übertragen.

Nicht im Wohnungseigentumsgesetz geregelt ist ein auf eine Mietpartei bezogenes „Dauerwohnrecht", das auf der Grundlage eines Dauermietvertrages entsteht. Das Dauermietrecht schließt eine ordentliche Kündigung aus. Auch nach einem Verkauf der Wohnung ändert sich daran für den neuen Eigentümer nichts.

Siehe / Siehe auch: Dauermietvertrag, Heimfallanspruch

Dave

Dave steht für „Deutscher Anlage-Immobilienverbund" und ist ein Verbund aus inhabergeführten, regional orientierten Immobilien-Maklerfirmen, die durch Zusammenarbeit überregional Serviceleistungen rund um die Anlage Immobilie anbieten. Der Verbund hat sich auf mittlere und große Anlagekunden sowie vermögende Privatpersonen spezialisiert. Gründungsfirmen sind Hans Schütt Immobilien, Kiel, W. Johannes Wentzel Dr. Nfl. Consulting, Hamburg, Limbach Immobilien, Bonn, Oelschläger Immobilien, Düsseldorf, imakler, Harald Blumenauer, Bad Soden / Frankfurt a.M., Hildenbrandt Immobilien, Stuttgart, Rohrer Immobilien, München.

DB
Abkürzung für: Duschbad

dB
Abkürzung für: Dezibel

DBA
Abkürzung für: Doppelbesteuerungsabkommen
Siehe / Siehe auch: Doppelbesteuerungsabkommen

DBauBl
Abkürzung für: Deutsches Baublatt

DCF
Abkürzung für: Discounted Cashflow
Siehe / Siehe auch: Discounted-Cashflow-Verfahren

DCF-Verfahren
Siehe / Siehe auch: Discounted-Cashflow-Verfahren

DDI
Abkürzung für: Dachverband Deutscher Immobilienverwalter e.V.

Decisive Space
Decisive Space nennt man ein Chefbüro, das von den übrigen Büroarbeitsplätzen (in einem Großraumbüro) abgeteilt ist.
Siehe / Siehe auch: Großraumbüro

Demographie
Die Demographie beschreibt die Altersstruktur der männlichen und weiblichen Bewohner eines Landes. Die Darstellung erfolgt durch Aufschichtung der Altersklassen pro Altersjahr, beginnend mit den bis Einjährigen, endend mit den über 99-Jährigen.

Wegen seiner typischen Verlaufsform wurde früher von einer „Alterspyramide" gesprochen. Das statistische Bundesamt veröffentlicht im Internet unter www.destatis.de Grafiken des Altersaufbaus. Daraus ist die Veränderung der demographischen Entwicklung gut zu erkennen. Bedingt durch die höhere Lebenserwartung überwiegt der weibliche Anteil der Bevölkerung.
Die steigende Lebenserwartung führt bei Abnahme der Zahl der ins Erwerbsleben eintretenden Personen zu einer Erhöhung des sog. Altersquotienten, d.h. des Anteils der ins Rentenalter eintretenden Personen im Vergleich zu den erwerbstätigen Personen. Er betrug 1995 35 (auf 35 Rentner entfallen 100 Erwerbstätige). Er stieg nach Ermittlungen des Statistischen Bundesamtes im Jahr 1999 auf 41 und im Jahr 2001 auf 44 an. Nach Schätzungen des Statistischen Bundesamtes unter Zugrundelegung einer Nettozuwanderung von jährlich 200.000 Personen wird der Altersquotient 2030 bei 71 liegen.
Entgegengewirkt werden kann dieser Entwicklung durch eine sukzessive Erhöhung des Renteneintrittsalters und / oder Senkung des Eintrittsalters der Jugendlichen bzw. jungen Erwachsenen in das Erwerbsleben. Mittlerweile übertrifft bereits die Zahl der Rentner die Zahl der Kinder und Jugendlichen bis 18 Jahre.

Denkerzelle
Denkerzelle ist die Bezeichnung für einen einzelnen, abgeteilten Büroarbeitsplatz innerhalb eines Kombibüros. Hier sind die so genannten Denkerzellen meist um den zentralen Kommunikations- und Technikbereich herum angeordnet. Es handelt sich in der Regel um kleine Zellenbüros, die eine Rückzugsmöglichkeit für ungestörtes, konzentriertes Arbeiten bieten sollen.
Siehe / Siehe auch: Großraumbüro, Gruppenbüro, Kombibüro, Zellenbüro

Denkmalgeschützte Gebäude
Denkmalgeschütze Gebäude sind nicht nur schön und repräsentativ, sondern auch steuerlich interessant.

Steuerersparnis für Kapitalanleger
- Die Modernisierungskosten können acht Jahre lang mit jeweils neun und vier weitere Jahren lang mit jeweils sieben Prozent steuerlich geltend gemacht werden.

- Neben den Modernisierungskosten können auch die Anschaffungskosten von der Steuer abgesetzt werden: 40 Jahre lang 2,5% (bis Baujahr 1924); 50 Jahre lang 2% (ab Baujahr 1925)
- Objekte mit geringen Anschaffungs- aber hohen Modernisierungskosten sind für Anleger wegen der üppigen Modernisierungs-Abschreibung besonders interessant.

Steuerersparnis für Selbstnutzer

Auch wer ein Denkmalobjekt selbst bezieht, darf die Denkmal-typischen Modernisierungskosten Steuer sparend geltend machen, und zwar als sogenannte Sonderausgaben. Im Gegensatz zu Vermietern bzw. Kapitalanlegern dürfen diese Ausgaben jedoch nicht in voller Höhe, sondern lediglich zu neunzig Prozent mit dem Finanzamt abgerechnet werden. Und zwar über zehn Jahre mit jeweils neun Prozent. An den Anschaffungskosten der Gebäudesubstanz indes beteiligt sich das Finanzamt nicht über die Gebäude-Abschreibung (AfA).

Wichtig: Die Denkmalschutzimmobilie kaufen und gleich loslegen ist jedoch nicht empfehlenswert. Erst wenn die Bescheinigung vorliegt, kann mit der Sanierung begonnen werden. Denn erst dann fließen Steuergelder. Nicht immer steht das gesamte Gebäude als Einzeldenkmal unter Denkmalschutz, sondern lediglich die Fassade als Teil einer Gebäudegruppe. Dann können nur die Kosten von der Steuer abgesetzt werden, die das äußere Erscheinungsbild des Hauses betreffen.

Wer sich für eine Denkmalschutz-Immobilie interessiert, sollte aber nicht nur auf die Steuervorteile achten. Die Sanierung kann bisweilen teurer als der Kaufpreis werden. Günstige Schnäppchen sind bei alten schützenswerten Objekten meist rar gesät. In der individuellen Kalkulation sollten alle anfallenden Kosten erfasst werden, um nicht später finanziell ein böses Erwachen zu erleben.

Siehe / Siehe auch: Baudenkmal

Denkmalschutz

Da das Denkmalschutzrecht Landesrecht ist, gibt es keinen einheitlichen Begriff des Denkmals. Unterschieden wird häufig zwischen Baudenkmälern, bewegliche Denkmälern und Bodendenkmälern. Als Oberbegriff wird meist der des Kulturdenkmals verwendet.

Denkmäler werden zum Zweck der Inventarisierung in eine Denkmalliste oder ein Denkmalbuch eingetragen. Da allgemein ein öffentliches Interesse an der Erhaltung und Nutzung eines Denkmals unterstellt wird, führt dies zu einem Regelungsbedarf. Bauliche Maßnahmen an Baudenkmälern unterliegen ebenso der Erlaubnispflicht wie deren Beseitigung. Hinzu kommt, dass Eigentümer auch in zumutbarem Umfange zur Instandhaltung und Instandsetzung verpflichtet werden können.

Für Maßnahmen an Denkmälern werden öffentliche Zuwendungen bereitgestellt. Ein Rechtsanspruch auf sie besteht nicht. Steuerlich verringern Aufwendungen im Zusammenhang mit Baudenkmälern durch eine erhöhte AfA (acht Jahre lang je 9% und 4 Jahre lang je 7%) die Einkünfte aus Vermietung und Verpachtung. Bei zu eigenen Wohnzwecken genutzten Baudenkmälern können die entsprechenden Aufwendungen, beginnend im Jahr des Abschlusses der Baumaßnahme, 10 Jahre lang mit jeweils 9% wie Sonderausgaben geltend gemacht werden. Voraussetzung für die steuerliche Förderung ist jeweils eine Bescheinigung der Denkmalschutzbehörde.

Deponien

Deponien dienen der Abfallentsorgung im weitesten Sinne. Angestrebt wird, dass auf Deponien nur nicht mehr verwertbare oder nur vorbehandelte Abfälle mit geringem Emissionspotential abgelagert werden.

Man unterscheidet zwischen Werkdeponien, auf denen industrie- und gewerbespezifische Abfälle gelagert werden, Mineralstoffdeponien für Bauschutt und Bodenablagerungen, umfassende Siedlungsabfalldeponien für die Ablagerung von Hausmüll, hausmüllartiger Gewerbemüll, Bauschutt, Schlemme und Schlacken sowie Sonderabfalldeponien, auf denen schadstoffbehaftete Reststoffe gelagert werden.

Neu angelegte Deponien müssen nach unten durch ein Barrieresystem abgedichtet werden. Stillgelegte Deponien erhalten eine Oberflächenabdichtung. Rechtsgrundlage sind auf der Grundlage von EU-Richtlinien und Rahmenvorschriften des Bundes-Abfallwirtschaftsgesetzes vor allem Deponieverordnungen der Bundesländer. Ihre Zielrichtung geht in Richtung Abfallvermeidung, Schadstoffverminderung, stoffliche Abfallverwertung, Abfallbehandlung und letztlich Abfallablagerung. Im Vordergrund der Bemühungen steht der Gewässerschutz in den Bereichen von Grundwasser, Sickerwasser und Oberflächenwasser.

Depotbank

Die Bank, bei der ein Kunde ein Wertpapierkonto unterhält. Einmal im Jahr erstellt die Depotbank einen Auszug, aus dem die einzelnen Posten des Depots ersichtlich werden. Für diese Leistung und für die Aufbewahrung der Wertpapiere berechnet das Geldinstitut Depotgebühren.

Oft übernimmt die Hausbank die Funktion der Depotbank; in letzter Zeit nimmt jedoch der Marktanteil der kostengünstigen Discount- oder Direktbanken stetig zu.

Deregulierungsgesetz

Im Zusammenhang mit den Bemühungen um den Bürokratieabbau in verschiedensten Bereichen des Lebens wurde das „Gesetz zur Umsetzung von Vorschlägen zu Bürokratieabbau und Deregulierung aus den Regionen" (Deregulierungsgesetz) von Bundestag und Bundesrat beschlossen. Artikel 10 des Gesetzes befasst sich mit der Änderung der Makler- und Bauträgerverordnung.

Danach sind mit Inkrafttreten dieses Gesetzes am 1. Juli 2005 Maklerbetriebe von der Pflicht entbunden worden, Inserate und Prospekte in der Reihenfolge des Erscheinens bzw. ihrer Verwendung zu sammeln. Außerdem entfiel die jährliche Pflichtprüfung.

Siehe / Siehe auch: Makler- und Bauträgerverordnung (MaBV)

Derivates Marketing

Siehe / Siehe auch: Marketing

Desksharing

Desksharing ist ein Büro-Nutzungskonzept, das auf eine Zuordnung persönlicher Arbeitsplätze verzichtet. Stattdessen arbeiten die einzelnen Beschäftigten jeweils an einem gerade verfügbaren Schreibtisch. Die einzelnen Büroarbeitsplätze sind dabei nach einem einheitlichen Standard gestaltet und ausgestattet. Persönliche Unterlagen und Arbeitsmaterialien werden nicht an den Arbeitsplätzen aufbewahrt, sondern beispielsweise in Rollcontainern („Caddies"), die jeweils an den gerade genutzten Arbeitsplatz mitgenommen werden.

Siehe / Siehe auch: Kombibüro, Nonterritoriales Büro

Deutsche Immobilien Akademie (DIA)

Die Deutsche Immobilien Akademie – eine gemeinnützige GmbH – ist eine der größten überregionalen Weiterbildungsinstitute für die Immobilien- und Finanzwirtschaft in Deutschland. An ihr ist je zur Hälfte der RING DEUTSCHER MAKLER und die Verwaltungs- und Wirtschaftsakademie für den Regierungsbezirk Freiburg beteiligt. Sie ist als „Institut an der Universität Freiburg" mit deren wirtschaftswissenschaftlichen Fakultät verbunden.

In begrenzten Umfange können Studenten der Volkswirtschaftslehre der Universität kostenlos an den Studiengängen zum „Dipl. Vermögensmanager" zum „Dipl. Sachverständigen für die Bewertung von bebauten und unbebauten Grundstücken" sowie zum „Dipl. Immobilienwirt DIA" teilnehmen und sich fachlich weiterqualifizieren. Weiterhin dient die Einrichtung der fachlichen Weiterbildung der in der Immobilienbranche tätigen Führungskräfte. Die Studiengänge dauern 4-6 Semester. Zugangsvoraussetzung sind ein abgeschlossenes Studium in den Bereichen Betriebswirtschaft, Volkswirtschaft, Jurisprudenz oder Ingenieurwesen. Daneben können auch Personen mit immobilienwirtschaftlich orientierter Berufsausbildung und langjähriger Berufspraxis einen Kontaktstudiengang belegen. Bei den Dozenten handelt es sich um Professoren der Universität Freiburg, Basel und Konstanz, der Hochschule Nürtingen, sowie erfahrene Praktiker immobilienwirtschaftlicher Forschungseinrichtungen und Verbände.

Für Bewertungssachverständige wird seit 2006 zusätzlich ein Aufbaustudiengang für internationale Bewertung angeboten. Dieser Studiengang schafft die Zusatzqualifikation für die Vertiefungszertifizierung nach dem neuen Normativen Dokument (2005) der Trägergemeinschaft für Akkreditierung (TGA) und der internationalen Norm ISO 17024. Die akkreditierte Zertifizierungsstelle der DIA Consulting AG bietet eine entsprechende Zertifizierung an.

Die Lehrgänge finden in den Hörsälen der Freiburger Universität und in den Räumen des Hauses der Akademien der DIA in Freiburg statt. Auf der mittleren Ebene werden von der DIA Studiengänge angeboten, die zum Abschluss „Geprüfter Immobilienfachwirt IHK/geprüfte Immobilienfachwirtin IHK" führen. Hier gelten die Vorschriften der

„Verordnung über die Prüfung zum anerkannten Abschluss geprüfter Immobilienfachwirt/geprüfte Immobilienfachwirtin" vom 23.12.1998.
Die Weiterbildungsmaßnahmen erstrecken sich auf der unteren Ebene auf Zertifikatslehrgänge in den Bereichen Wohnungseigentumsverwalter, Makler, Sachverständige, Bauträger und Immobilien- und Finanzdienstleister. Die Durchführung dieser Lehrgänge liegt seit 2001 bei der DIA-Consulting AG. Außerdem wird dort ein Fernlehrgang als Vorbereitung auf die Prüfung zum Erwerb eines IHK-Immobilienzertifikats angeboten. Die Zertifikate gelten als Fachkundenachweis für die Mitgliedschaft im Immobilienverband Deutschland (IVD).
Die DIA unterstützt die immobilienwirtschaftliche Grundlagenforschung, betreut Diplom- und Doktorarbeiten der wirtschafts- und verhaltenswissenschaftlichen Fakultät. Sie unterhält in den Räumen der Universitätsbibliothek eine immobilienwirtschaftliche Spezialbibliothek und vergibt jährlich einen Forschungspreis in den Kategorien Dissertationen/Habilitationen und Diplomarbeiten.
Siehe / Siehe auch: DIA

Deutsche Immobilien Datenbank

Die Deutsche Immobilien Datenbank (DID) in Wiesbaden ermittelt unter anderem jedes Jahr den DIX Deutscher Immobilien Index, der die Marktperformance aller Bestandsgrundstücke von insgesamt 23 Großinvestoren in Deutschland abbildet. Dazu zählen institutionelle Anleger wie Versicherungen, Offene Immobilienfonds und Pensionskassen aber auch ausländische Investoren. Für die Performancemessung der eigenen Bestände, die sich zur Marktperformance aller Immobilienportfolios in Beziehung setzen lässt, liefern diese Investoren Millionen von Einzeldaten. Die DID-Kunden repräsentieren einen Bestand von gut 2000 Liegenschaften mit einem Verkehrswert von über 35 Mrd. Euro. Das sind nach DID-Aussage etwa 38 Prozent des relevanten, institutionell gehaltenen Immobilienvermögens in Deutschland.

Deutscher Aktienindex (DAX)

Beim DAX handelt es sich um eine Mischung der Kurse von 30 ausgewählten Aktiengesellschaften, die an der Frankfurter Wertpapierbörse notiert werden. Auswahlkriterien sind eine mindestens 3-jährige Zugehörigkeit zum amtlichen Handel, eine besondere Umsatzstärke, das Ergebnis der Börsenkapitalisierung, das Vorhandensein früherer Eröffnungskurse und eine gewisse Branchenrepräsentanz.
Die durch Börsenkapitalisierung ermittelten Unternehmenswerte der DAX-Unternehmen liegen derzeit zwischen 3 Mrd. EURO (TUI) und 56 Mrd. EURO (Deutsche Telekom)

Deutscher Immobilien Index – DIX

Ein nach dem Vorbild des DAX (Deutscher Aktienindex) konstruierter Indikator für die Wertentwicklung von Immobilien. Träger ist die Deutsche Immobiliendatenbank GmbH, an der die Investment Property Datenbank London zu 50% beteiligt ist.
Beim DIX sind Bestandsobjekte vorwiegend aus offenen Immobilienfonds und sonstigen institutionellen Anlegern einbezogen. Der DIX ist aber deshalb nicht mit dem DAX vergleichbar, weil die konstatierte Immobilienwertentwicklung sich nicht am Markt vollzieht, sondern Ergebnis der jährlich einmal vorgenommenen Messung von Erträgen und Aufwendungen und der im Ertragswertverfahren festgestellten Wertänderungen darstellt. Um die Werte zeitnaher zu dokumentieren ist vorgesehen, die Bewertung halbjährlich durchzuführen. Schwachstelle des DIX ist es, dass er nicht den Immobilienmarkt als Ganzes repräsentieren kann, weil der Hauptumsatzträger, nämlich der überwiegende Teil des Wohnimmobilienmarktes nur marginal im DIX vertreten ist. Außerdem sind nur Immobilien solcher Investoren vertreten, die freiwillig die entsprechenden Daten liefern.

Ausgewählte Ergebnisse in % pro Jahr

	2001	2002	2003	2004	2005
Total Return %					
Handel	4,3	3,6	4,2	2,9	4,1
Büro	5,8	4,3	2,4	0,5	-0,7
Wohnimmobilien	5,3	3,0	5,2	1,3	2,8
gemischt Handel / Büro	4,3	2,7	2,5	0,6	0,5
Andere Nutzungen	5,4	3,7	2,9	2,3	0,5
alle Bestandsgrundstücke	5,4	3,9	2,9	1,1	0,5
Netto-Cash-Flow-Rendite %					
Handel	5,7	5,7	5,5	5,5	5,7
Büro	5,3	5,3	5,0	4,8	4,5
Wohnimmobilien	4,3	4,3	4,3	4,3	4,3
gemischt Handel / Büro	4,6	4,4	4,3	3,9	4,2
Andere Nutzungen	5,7	5,5	5,0	4,5	4,7
alle Bestandsgrundstücke	5,2	5,2	5,0	4,7	4,6

Bruttoanfangsrendite %					
Handel	6,7	6,6	6,6	6,7	6,7
Büro	6,1	6,1	5,8	5,8	5,8
Wohnimmobilien	6,4	6,5	6,2	6,3	6,4
gemischt Handel / Büro	6,5	6,0	6,1	6,1	6,1
Andere Nutzungen	5,9	5,8	5,7	5,7	5,7
alle Bestandsgrundstücke	6,2	6,2	6,0	6,0	6,0
Immobilien und andere Kapitalanlagen - Total Return %					
alle Bestandsgrundstücke	5,4	3,9	2,9	1,1	0,5
Aktien (DAX)	-19,8	-43,9	37,1	7,3	27,1
Immobilien-AGs (E&G-DIMAX)	-2,3	-19,9	-3,2	8,3	38,4
Festverzinsliche Wertpapiere (REXP)	5,6	9,0	4,1	6,7	4,1
Inflationsrate	2,0	1,4	1,1	1,6	2,0
Inflationsbereinigter Total Return	3,5	2,6	2,1	-0,3	-1,5

Deutscher Immobilienaktien Index (DIMAX)

DIMAX ist der Deutsche Immobilienaktienindex, der vom Bankhaus Ellwanger & Geiger zusammengestellt wurde. In ihm sind die Aktien von 59 Gesellschaften (Stand 2006) registriert, deren Haupterträge sich aus der Entwicklung bzw. Bewirtschaftung von Immobilien ergeben. Zu den „Großen" zählen hier die WCM-Beteiligungs- und Grundbesitz AG, die IVG-Holding AG, die RSE-Grundbesitz AG und die Bayerische Immobilien AG. Der Begriff der Immobilien Aktiengesellschaft ist nicht definiert, so dass sich darunter z.B. auch Brauereien und Industrieunternehmen befinden, deren Bedeutung allerdings heute in ihrem immobilienwirtschaftlichen Engagement liegt.

Deutscher Städte- und Gemeindebund

Der Deutsche Städte- und Gemeindebund (DStGB) hat sich als kommunaler Spitzenverband das Ziel gesetzt, die Interessen kreisangehöriger Städte und Gemeinden in Deutschland und Europa zu vertreten. Dies geschieht durch Kontaktpflege bei Bundestag, Bundesrat, EU und weiteren Institutionen. Auch der permanente Erfahrungsaustausch zwischen den Mitgliedsverbänden spielt eine wichtige Rolle. Im DStGB sind auf freiwilliger Basis kommunale Verbände organisiert, die mehr als 12.500 deutsche Städte und Gemeinden repräsentieren. Der DStGB ist von Parteien unabhängig und erhält keine staatlichen Zuschüsse. Er entstand 1973 durch den Zusammenschluss verschiedener Verbände. Seit 1998 existiert die Hauptgeschäftsstelle des Verbandes in Berlin.

Siehe / Siehe auch: Deutscher Städtetag (DST), Nachbarschaftsverband

Deutscher Städtetag (DST)

Der Deutsche Städtetag ist mit 4.700 Städten und Gemeinden der größte kommunale Spitzenverband Deutschlands. Er repräsentiert 51 Millionen Einwohner. Daneben gibt es den Deutschen Städte und Gemeindebund und den Deutschen Landkreistag. Die drei Verbände haben als Dachorganisation die Bundesvereinigung der kommunalen Spitzenverbände gegründet. Beim Deutsche Städtetag handelt es sich um einen eingetragenen Verein. Die Mitgliedschaft der kreisfreien und kreisangehörigen Städte ist freiwillig. Er vertritt die Interessen der Städte gegenüber dem Bund und der europäischen Union. Der Deutsche Städtetag verfügt über 16 Landesverbände. Die aus 900 Delegierten bestehende Hauptversammlung, die alle zwei Jahre stattfindet, ist das oberste Organ des DST. Das 34-köpfige Präsidium tagt fünf Mal im Jahr. Im Hinblick auf die teils gewaltigen Schulden der Städte setzt sich der DST für die Erhaltung bzw. Wiederherstellung einer tragfähigen finanziellen Basis (insbesondere durch den Erhalt und Ausbau der Gewerbesteuer) ein. 2005 feierte der Deutsche Städtetag sein 100-jähriges Jubiläum. Näheres siehe: www.staedtetag.de

Deutscher Verband Chartered Surveyors (DVCS)

Der DVCS ist die deutsche Niederlassung der Royal Institution of Chartered Surveyors. Sie wurde 1993 in Frankfurt gegründet. Organisiert sind in diesem Verband deutsche Mitglieder der RICS, die nach Absolvierung eines fachbezogenen Studiums an einer bei RICS akkreditierten deutschen Hochschule oder Berufsakademie als Mitglied aufgenommen wurden.

Siehe / Siehe auch: Royal Institution of Chartered Surveyors (RICS)

Deutscher Verband für Wohnungswesen, Städtebau und Raumordnung e.V.

Der 1946 gegründete Verband ist eine Plattform für einen überparteilichen Erfahrungs- und Gedankenaustausch. Getragen wird er sowohl Persönlichkeiten aus der Wissenschaft, der Immobilienwirtschaft, der immobilienwirtschaftlichen Verbände, Unternehmen, Kreditinstitute, als auch von vielen Städten und Institutionen. Er führt selbst Projekte in den Bereichen Wirtschafts-, Immobilien- und Stadtentwicklung auf nationaler und europäischer Ebene durch und veranstaltet Symposien in den Bereichen Wohnungswesen, Städtebau und Raumordnung. Beim Deutschen Verband angesiedelt ist das Deutsche Seminar für Städtebau und Wirtschaft (DSSW), eine Initiative der deutschen Bundesregierung. Darüber hinaus begleitet er eine Reihe europäischer Projekte. Näheres siehe: www.deutscher-verband.org

Deutsches Institut für Normung (DIN)
Bei diesem Institut handelt es sich um einen eingetragenen Verein mit Sitz in Berlin. Es vertritt deutsche Normungsinteressen in Europa und weltweit und bringt sie mit den „Europa Normen" (EN) und den Normen der „International Organization for Standardization" (ISO) in Übereinstimmung. Wo solche Übereinstimmungen bestehen, finden sich bei der Normnummer nach DIN die Bezeichnungen EN ISO bzw. EN oder ISO. Grundsätzlich haben die internationalen bzw. europäischen Normen Vorrang vor einer nationalen Normung und gelten, wenn sie verabschiedet sind, auch als nationale Norm.

Das Institut befasst sich mit der Formulierung von Regeln und Definitionen vor allem im Bereich der Produktion, der Technik, die auf freiwilliger Basis angewendet werden. DIN-Normen bilden eine unerlässliche Verständigungsgrundlage im Geschäftsverkehr.

Jeder weiß heute, was DIN A4 für ein Papierformat ist. Neben VOB gibt DIN u.a. Regeln für das Bauwesen heraus. Alt bekannte DIN-Normen sind die DIN 276 1993 (Kosten im Hochbau), DIN 277 vom November 1950 (umbauter Raum) und Mai 1973 /Juli 1987 (Berechnung von Grundflächen und Rauminhalte) und die DIN 283 (Berechnung der Wohn- und Nutzflächen – außer Kraft gesetzt, aber dennoch angewendet). Auch die MF-B und MF-H und ist unter Mitwirkung des Instituts entstanden.

Siehe / Siehe auch: Flächendefinition (außerhalb DIN und II BV)

DFK
Abkürzung für: Digitale Flurkarte
Siehe / Siehe auch: Grundstücks- und Bodeninformationssystem

DG
Abkürzung für: Dachgeschoss

DH
Abkürzung für: Doppelhaus

DHH
Abkürzung für: Doppelhaushälfte

DIA
Abkürzung für: Deutsche Immobilien Akademie
Siehe / Siehe auch: Deutsche Immobilien Akademie (DIA)

DIA Consulting AG
Die DIA Consulting AG, Freiburg, ist eine Aktiengesellschaft, deren Aktionäre sich überwiegend aus Professoren der Universität Freiburg, sowie Dozenten und Professoren an der Deutschen Immobilien Akademie zusammensetzen. An der DIA Consulting AG ist auch der Bundesverband des RDM beteiligt.

Geschäftsbereiche sind,
- die Zertifizierung von Grundstückssachverständigen nach DIN EN 45013, akkreditiert bei TEGOVA unter TGA-ZP-09-00-73 - DIA-Zert) sowie von Vermögensmanagern der DIA und von Finanzwirten und Finanzökonomen
- die Bewertung von komplexen immobilienwirtschaftlichen Maßnahmen einschl. Investitionsrechnung, Prospektprüfung und -beratung bei Fondsprodukten
- Erstellung von Wertentwicklungsgutachten für Immobilien- und Finanzanlagen nach ökonometrischen Modellen, sowie
- Research mit den Schwerpunkten Immobilienmarktforschung, Finanzanalysen und Kapitalmarktmodelle
- Zertifikatslehrgänge (sowohl Präsenz- als auch Fernlehrgänge) zum Erwerb von Zertifikaten der IHK Südlicher Oberrhein.

Siehe / Siehe auch: Deutsche Immobilien Akademie (DIA), TEGOVA (The European Group of Valuers' Associations)

DIBt
Abkürzung für: Deutsches Institut für Bautechnik

Dienstbarkeit (Grundbuch)
Dienstbarkeiten sind Rechte Dritter zu Lasten eines Grundstückseigentümers. Es gibt drei Typen der Dienstbarkeiten: die Grunddienstbarkeit (z.b. Wegerechte, Überfahrtsrechte, Leitungsrechte), die beschränkte persönliche Dienstbarkeit (z.b. Wohnungsrecht) und den Nießbrauch. Dienstbarkeiten müssen als sogenannte dingliche Rechte ins Grundbuch eingetragen werden. Sie entstehen erst mit dieser Eintragung.
Siehe / Siehe auch: Grunddienstbarkeit, Nießbrauch (Wohnungseigentum), Grundbuch

Dienstleistungsmarketing
Im Vergleich mit dem Konsumgütermarketing hat das Dienstleistungs- oder Servicemarketing mit zwei Problemen zu kämpfen:
- Die Leistung des Anbieters ist nicht greifbar und muss daher möglichst klar und in ihren Vorzügen verdeutlicht werden.
- Der Kunde ist in einer Weise beteiligt, die etwa über den Kauf eines Produkts hinausgeht. Immobilienmakler, Finanzierer oder Hausverwalter müssen also ihren Kunden klar machen, dass sie ihnen Arbeit abnehmen und damit mehr Zeit zur Verfügung stellen. Schwierigkeiten bereitet beim Dienstleistungsmarketing die Vermittlung von Kompetenz bzw. Qualitätsstandards.

Dienstwohnung
Als Dienstwohnung bezeichnet man umgangssprachlich Wohnraum, der mit Rücksicht auf das Bestehen eines Dienstverhältnisses überlassen wird. Streng genommen ist mit dem Begriff „Dienstwohnung" (oder „Werkdienstwohnung") eine Wohnung gemeint, die Mitarbeitern des öffentlichen Dienstes als Inhaber bestimmter Posten ohne Mietvertrag aus dienstlichen Gründen vom Arbeitgeber zugewiesen wird.
Im Unterschied zu der im BGB geregelten Werkmietwohnung für Mitarbeiter von nichtstaatlichen Betrieben ist die Überlassung der Dienstwohnung unmittelbarer Bestandteil des Arbeitsvertrages. Ihre Überlassung wird als Teil der Vergütung angesehen. Teilweise kann sogar bei Überlassung einer Dienstwohnung ein Teil des Gehalts als Dienstwohnungsvergütung einbehalten werden.

Gesetzliche Grundlage für die Zuweisung einer Dienstwohnung an Bundesbeamte ist § 74 Bundesbeamtengesetz. Jeder öffentliche Arbeitgeber (Bundesländer; Gemeinden) hat eine eigene Regelung hinsichtlich der Dienstwohnungen. Berufsgruppen, bei denen die Zuweisung einer Dienstwohnung üblich ist, sind z.b.: Schulhausmeister, Pförtner, Heimleiter, Förster, Wasser- und Klärwerksmitarbeiter mit Bereitschaftsdienst.
Die Vorschriften über Dienstwohnungen sind auf Werkmietwohnungen privatwirtschaftlicher Unternehmen nicht anzuwenden, ebenso wenig gelten die Vorschriften des BGB-Mietrechts für Dienstwohnungen.
Siehe / Siehe auch: Beendigung eines Mietverhältnisses, DienstwohnungsVO, Werkmietwohnung, Widerspruchsrecht bei Werkmietwohnungen

DienstwohnungsVO
Abkürzung für: Dienstwohnungsverordnung
Siehe / Siehe auch: Dienstwohnung

Differenzdruck-Messverfahren
Siehe / Siehe auch: Blower-Door-Test

Digitale Signatur
Die Digitale Signatur ist eine elektronische Unterschrift unter einer Email, die Rechtsverbindlichkeit verleiht. Die elektronische Signatur muss nach § 126a BGB bei Willenerklärungen den Anforderungen des Signaturgesetzes genügen. Der Anschein der Echtheit einer in elektronischer Form vorliegenden Willenserklärung, der sich auf Grund der Prüfung nach dem Signaturgesetz ergibt, kann nach § 292a ZPO nur durch Tatsachen erschüttert werden, die ernstliche Zweifel daran begründen, dass die Erklärung mit dem Willen des Signaturschlüssel-Inhabers abgegeben worden ist.

Digitales Fernsehen
Die Einführung des digitalen Fernsehens soll die Qualität der Medienversorgung in Deutschland verbessern. Die Ausstattung von Wohngebäuden mit entsprechenden Anschlüssen ist ein nicht zu unterschätzendes Qualitätsmerkmal.
Versorgungsgrundlage mit DVB-C (Digital Video Broadcasting Cable), alternativ DVB-T (Digital Video Broadcasting Terrestrial) und DVB-S (Digital Video Broadcasting Satellite) sind europäische Standards des European Telecommunications

Standards-Institute. Für Wohnungsunternehmen, Wohnungseigentumsverwalter und Miethausverwalter stellt sich die Aufgabe, das Angebot der Kabelnetzbetreiber, aber auch der alternativen Empfangssysteme gegenüber den Wohnungseigentümern und Mietern so zu kommunizieren, dass Entscheidungen über die Einführung (bei Wohnungseigentümern durch Beschluss) aufgrund von alternativen Angeboten getroffen werden können.

Mit den Betreibergesellschaften bzw. Anbietern muss das für die Anlage (Größe, Lage, Umrüstungskosten bei der gegebenen Gebäudestruktur) optimale Leistungspaket ausgehandelt werden. Die bisherigen analogen Systeme sollen nach den Vorgaben der Bundesregierung bis 2010 abgeschaltet werden.

DIHK
Abkürzung für: Deutsche Industrie- und Handelskammer (vormals DIHT)

DIHT
Abkürzung für: Deutscher Industrie- und Handelstag

DIMAX
Abkürzung für: Deutscher Immobilienaktien Index
Siehe / Siehe auch: Deutscher Immobilienaktien Index (DIMAX)

DIN
Abkürzung für: Deutsches Institut für Norm
Siehe / Siehe auch: Deutsches Institut für Normung (DIN)

Dipl. Immobilienwirt DIA der Universität Freiburg
Offizielle, geschützte Bezeichnung für den Abschluss eines Studiengangs an der Deutschen Immobilien Akademie an der Universität Freiburg. Zugelassen zu dem 200 Stunden umfassenden Kontaktstudiengang sind Diplom Kaufleute und Diplom Volkswirte, Dipl. Ingenieure, Inhaber juristischer Staatsexamen oder in der Immobilienwirtschaft tätige Personen, die über einen Abschluss als Immobilienkaufmann bzw. Immobilienkauffrau, Fachwirt der Grundstücks- und Wohnungswirtschaft, Immobilienfachwirt, Immobilienwirt VWA verfügen.

Wer diese Voraussetzungen nicht erfüllt, kann durch einen Zugangstest nachweisen, dass er über die fachlichen Grundvoraussetzungen verfügt, die für das Studium erforderlich sind.

Direktanbieter / Direktnachfrager
Der Direktanbieter / Direktnachfrager ist vor dem Hintergrund der Produktpolitik des originären Marketings ein Hauptkonkurrent des Maklers. Man schätzt, dass der Anteil der Direktanbieter / Direktnachfrager beim Verkauf von Wohnimmobilien bei etwa 50% liegt. Dies zeigt: Nicht der Maklerkonkurrent ist das Hauptproblem, sondern die Direktanbieter / Direktnachfrager. In der Maklerpraxis wird dies oft noch nicht so gesehen, dadurch werden die Werbeaktivitäten vielfach falsch ausgerichtet.

Direktkommanditist
Als Direktkommanditisten werden bei geschlossenen Immobilienfonds diejenigen Anleger bezeichnet, die der Fondsgesellschaft direkt, d. h. ohne Einschaltung eines Treuhänders, beitreten. Sie werden namentlich ins Handelsregister eingetragen.
Siehe / Siehe auch: Immobilienfonds - Geschlossener Immobilienfonds

Direktlieferungsvertrag Heizwärme
Seit 1989 dürfen für alle Arten von Heizungen so genannte Direktlieferungsverträge abgeschlossen werden. Das bedeutet, dass zwischen Mieter und gewerblichem Wärmelieferanten ein direkter Vertrag zustande kommt. Der Vermieter ist dann für die Beheizung der Wohnung nicht mehr verantwortlich. Der gewerbliche Lieferant erstellt die Abrechnungen. Dem Mieter werden dabei nicht nur wie sonst üblich die Brennstoffkosten berechnet. Der kalkulierte Preis enthält auch Unternehmergewinn, Rücklagen für Instandsetzungen etc. Die Umstellung bestehender Mietverträge auf Direktlieferung von Wärme erfordert eine Änderung des Mietvertrages und somit die Zustimmung des Mieters. Wenn der Vermieter bestimmte Leistungen im Zusammenhang mit der Heizanlage künftig nicht mehr erbringt (z.B. Instandhaltung), hat der Mieter Anspruch auf Kürzung der Miete. Für Sozialwohnungen ist dies gesetzlich vorgeschrieben, es wird auf frei finanzierten Wohnraum entsprechend angewendet.
Siehe / Siehe auch: Blockheizung, Energieein-

sparverordnung (EnEV), Etagenheizung, Heiz- und Warmwasserkosten, Sammelheizung

Direktversicherer

Direktversicherer vertreiben ihre Versicherungsprodukte „direkt" ohne Einschaltung eines Außendienstes. Bei solchen Versicherungsunternehmen ist der Versicherungsschutz zwar preiswerter, als bei Versicherungen mit Außendienst. Dafür muss der Kunde auf eine Beratung verzichten.

Disagio

Als Disagio, Abgeld oder Damnum wird die Differenz zwischen der nominalen Darlehenssumme und einem niedrigeren Auszahlungsbetrag bezeichnet. Bei einem Disagio handelt es sich um eine Zinsvorauszahlung oder Kreditbearbeitungsgebühren.

Üblicherweise wird das Disagio oder Damnum in Prozent der Darlehenssumme angegeben. Ein Damnum von 5% bedeutet beispielsweise, dass von einem Darlehen nur 95% der nominalen Darlehenssumme ausgezahlt werden, aber 100% zurückzuzahlen sind.

Bei der Finanzierung selbst genutzter Immobilien lohnt sich die Vereinbarung eines Damnums im Darlehensvertrag in der Regel nicht, da die Darlehenszinsen hier nicht steuerlich absetzbar sind. Das Disagio kann daher in diesen Fällen keine steuerliche Wirkung entfalten. Werden dagegen vermietete Objekte mit einem Darlehen finanziert, kann das Damnum bei den Einkünften aus Vermietung und Verpachtung als Werbungskosten geltend gemacht werden.

Durch den sogenannten fünften Bauherrenerlass, veröffentlicht als Schreiben des Bundesministeriums der Finanzen vom 20. Oktober 2003, wird die Höhe des zum Zeitpunkt der Zahlung abzugsfähigen Damnums jedoch begrenzt. Als marktüblich und damit sofort abzugsfähig gilt ein Damnum nur noch dann, wenn es bei einem Darlehen mit mindestens fünfjähriger Zinsfestschreibung maximal 5% der Darlehenssumme beträgt.

Außerdem darf es nicht mehr als drei Monate vor der Auszahlung von mindestens 30% der Brutto-Darlehenssumme gezahlt werden. Andernfalls wird das Damnum den Anschaffungs- und Herstellungskosten zugerechnet und ist über die gesamte Nutzungsdauer hinweg abzuschreiben. Übersteigt das Damnum 5% der Darlehenssumme, so kann es nur noch dann steuerlich abgesetzt werden, wenn nachgewiesen wurde, dass es sich um ein Damnum in marktüblicher Höhe handelt. Betroffen von dieser Regelung sind Immobilienfonds ebenso wie Bauherren oder Erwerber. Wird das Darlehen vor Ablauf der Zinsbindungsdauer zurückgezahlt, so ist das Damnum noch nicht „verbraucht" und wird anteilig rückvergütet. Der rückvergütete Betrag unterliegt der Einkommensteuer.

Disagiosplitting

Aufteilung eines Disagios in einen ausgewiesenen Teil und eine Bearbeitungsgebühr. Der Vorteil dieser Berechnungsmethode für das Kreditinstitut: Während das Disagio lediglich auf die Zinsbindungsfrist (z.B. 10 Jahre) verteilt wird, kann die Bearbeitungsgebühr über die gesamte Kreditlaufzeit (zwischen 25-30 Jahre) verteilt werden. Im Ergebnis fällt der Effektivzins beim Splitting also deutlich niedriger aus. Die Kostenbelastung für den Bauherrn bleibt jedoch gleich hoch.

Discounted-Cashflow-Verfahren

Das Discounted-Cashflow-Verfahren ist bei der Bewertung von Immobilien eine Alternative zum Ertragswertverfahren nach der Wertermittlungsverordnung. Die künftigen Reinerträge werden hier – wie beim Ertragswertverfahren – auf den Bewertungszeitpunkt abgezinst. Allerdings wird dabei eine prognostizierte Reinertragsentwicklung innerhalb eines bestimmten zeitlichen Horizonts berücksichtigt.

Der Diskontierungszinssatz ist nicht der Liegenschaftszinssatz, sondern ein aus dem Markt für Anleihen abgeleiteter Zinssatz. Während beim Ertragswertverfahren versucht wird, zu einem „objektiven" Wert zu gelangen, liefert das Discounted-Cashflow-Verfahren eine Entscheidungsgrundlage für einen bestimmten Investor, der den Investitionszeitraum vorgibt.

Das Problem des Discounted-Cashflow-Verfahrens liegt in der Prognoseunsicherheit, die mit länger werdendem Investitionszeitraum erheblich zunimmt.

Diskontsatz (Basiszinssatz)

Als Diskontsatz bezeichnete man den Zinssatz, zu dem die Deutsche Bundesbank Wechsel von den Kreditinstituten bis 23.12.1998 angekauft hat. Durch Einführung des EURO wurde der Diskontsatz im Diskontsatz-Überleitungsgesetz für die Übergangszeit bis 31.12.2001 durch einen

Basiszinssatz der EZB ersetzt. Soweit auf den Diskontsatz in Verträgen Bezug genommen wird, gilt nunmehr der Basiszinssatz. Diese gesetzliche Änderung begründet keinen Anspruch auf Vertragskündigungen.
Siehe / Siehe auch: Basiszinssatz, Zahlungsverzug

Dividendenrendite

Die Dividendenrendite ist eine Kennzahl bei der Bewertung eines Aktieninvestments und kann daher auch als Vergleichsmaßstab für eine Anlageentscheidung gelten. Dabei wird die zuletzt gezahlte Dividende (einschließlich der gutgeschriebenen Körperschaftsteuer) einer Aktie ins Verhältnis zum aktuellen Kurs des Papiers gesetzt. Der errechnete Wert gibt Aufschluss darüber, welche Verzinsung des eingesetzten Kapitals das entsprechende Papier erwarten lässt.
Siehe / Siehe auch: Cashflow

DIW

Abkürzung für: Deutsches Institut für Wirtschaftsforschung

DIX

Abkürzung für: Deutscher Immobilienindex
Siehe / Siehe auch: Deutscher Immobilien Index - DIX

DMB

Abkürzung für: Deutscher Mieterbund e. V.

DNR

Abkürzung für: Dauernutzungsrecht
Siehe / Siehe auch: Dauermietvertrag, Dauerwohnrecht

Do.-Gge.

Abkürzung für: Doppelgarage

Doorman

Siehe / Siehe auch: Concierge

Doppelbesteuerungsabkommen

Deutschland hat mit zahlreichen Staaten Abkommen zur Vermeidung der Doppelbesteuerung – kurz als Doppelbesteuerungsabkommen (DBA) bezeichnet – geschlossen. Sie regeln die Besteuerung von Einkünften, die deutsche Steuerbürger in dem jeweiligen Staat beziehen, mit dem das Abkommen geschlossen wurde.

Die Regelungen der Abkommen differieren im Detail, doch lassen sich grundsätzlich zwei wichtige Verfahrensweisen unterscheiden, die in den Abkommen vereinbart sein können: die Freistellungs- und die Anrechnungsmethode. Im Bereich der Immobilieninvestitionen sind die DBA z.B. für Anleger relevant, die sich an geschlossenen Auslandsimmobilienfonds beteiligen oder ausländische Immobilien direkt erworben und vermietet haben. Je nachdem, um welches Land es sich handelt, können die betreffenden Anleger von niedrigeren Steuersätzen profitieren oder Steuerfreibeträge in Anspruch nehmen. Auch der steuerfreie Anteil an den Erträgen offener Immobilienfonds resultiert teilweise aus DBA-Regelungen.
Unter dem Strich profitieren Anleger mit Hauptwohnsitz in Deutschland, die im Ausland Immobilien erwerben von der geringeren Besteuerung und den Freibeträgen im jeweiligen Ausland. Die im Ausland erzielten Erträge, also direkte Mieteinnahmen oder Ausschüttungen geschlossener Immobilienfonds sind in Deutschland steuerfrei. Die Einkünfte unterliegen im Inland lediglich dem Progressionsvorbehalt. Progressionsvorbehalt bedeutet, dass die ausländischen Einkünfte lediglich zur Berechnung des Steuersatzes herangezogen werden. Der erhöhte Steuersatz ist nur auf die inländischen Einkünfte anzuwenden. Das hat zur Folge, dass Investoren, die sowieso schon den Spitzensteuersatz von derzeit 42% (plus Solidaritätszuschlag und ggf. Kirchensteuer) zahlen, tatsächlich durch die ausländischen Einkünfte keine Erhöhung der Steuer eintritt.
Siehe / Siehe auch: Anrechnungsmethode, Freistellungsmethode, Progressionsvorbehalt

Doppelhaus

Siehe / Siehe auch: Zweifamilienhaus, Einfamilienhaus

Doppelmakler

Siehe / Siehe auch: Makler

Doppeltes Marketing (Maklergeschäft)

Siehe / Siehe auch: Marketing

Doppelvermietung

Auch im Mietrecht gibt es – wenn auch seltener – das Problem der „Überbuchung": Ein Vermieter möchte auf Nummer sicher gehen und schließt mit zwei Mietinteressenten Verträge ab.

Die Rechtslage in einem solchen Fall ist eindeutig: Der Vermieter kann sich aussuchen, wen er am Ende einziehen lässt. Beide Mietverträge sind wirksam und gleichrangig. Allerdings sollten Vermieter sich trotzdem vor solchem Geschäftsgebaren hüten: Eine Doppelvermietung kann zu Schadenersatzansprüchen des verhinderten Mieters nach §§ 536 Abs.3, 536 a BGB führen.

Der Mieter muss natürlich für die Wohnung, die er wegen Vertragsabschluss mit einem anderen Mieter nicht beziehen kann, auch keine Miete bezahlen – er kann und sollte eine Mietminderung um 100% erklären. Dies gilt unabhängig davon, was im Kleingedruckten des Mietvertrages steht.

Dorf

Beim Dorf handelt es sich um eine landwirtschaftlich vorgeprägte politische Gemeinde bzw. einen landwirtschaftlich vorgeprägten Teil einer politischen Gemeinde. Bauplanungsrechtlich dient das Dorfgebiet vor allem land- und forstwirtschaftlichen Betrieben und dem Wohnen. Hinzu treten Kleinsiedlungen und landwirtschaftliche Nebenerwerbstellen.

Charakteristisch für ein Dorfgebiet sind aber auch Betriebe zur Verarbeitung und Sammlung land- und forstwirtschaftlicher Erzeugnisse, (Molkereien und Mühlen), Einzelhandelsbetriebe, Dorfwirtschaften, Handwerksbetriebe, Gartenbaubetriebe.

Es gibt unterschiedliche Siedlungsstrukturen. Das Reihendorf findet man entlang von Straßen und in Tälern. Es hat keine Seitenausläufer. Die Äcker bzw. Wiesen schließen an die Höfe an. Im Gegensatz zum Zeilendorf weist das oft sehr weit reichende Reihendorf Siedlungslücken auf und ähnelt einer Streusiedlung, mir der Einschränkung, dass sie in einer Richtung verläuft. Die strengste Form linear angelegter Dorfsiedlungen zeigt sich im Liniendorf mit seiner einheitlichen Bauweise. Im Gegensatz zum einreihig angelegten Zeilendorf sind Straßendörfer doppelzeilig angelegte Dörfer. Im Gegensatz dazu steht das Platzdorf, dessen Kennzeichen der zentral gelegene Dorfplatz mit der Kirche als Mittelpunkt ist. Ähnlich angelegt sind auch Haufendörfer, die sich aus einem Einzelhof über einen Weiler durch Zubauten oder Zusammenwachsen von zwei oder drei Weilern entwickelt hat und unregelmäßige Gebäudegrößen aufweist.

Die soziale Schichtung eines Dorfes hat sich im letzten Jahrhundert stark verändert. Von einer ausgeprägten Rangordnung der Bauern nach Hofgröße (vom Großbauern bis hinab zum Kleinhäusler) vor noch hundert Jahren entwickelte sich durch das Aussterben des Hofgesindes, die geringer gewordene Attraktivität bäuerlichen Erwerbslebens und dem Einzug hoch entwickelter Techniken eine individualistische Dorfgesellschaft mit weniger Reibungsflächen und einem ausgeprägten Gemeinsinn. Der Bauernanteil an der Bevölkerung hat sich zudem kontinuierlich verringert.

Dorfgebiet

Siehe / Siehe auch: Dorf

Drahtputzwand

Die Drahtputzwand ist eine Wandkonstruktion, die häufig bei leichten Trennwänden anzutreffen ist. Drahtputzwände bestehen typischerweise aus einem Traggerüst aus kreuzweise verlegtem Rundstahl mit einem daran befestigten Drahtgewebe, das als Putzträger dient. Eine der bekanntesten Arten der Drahtputzwand ist die Rabitzwand.

Siehe / Siehe auch: Rabitzwand, Scheidewand, Trennwand

Drainage

Drainage (Dränung) bezeichnet die Entwässerung von Bodenschichten durch ein meist in 80 bis 180 cm Tiefe verlegtes System von Rohren mit 4 bis 20 cm Durchmesser. Sie leiten das Sickerwasser in das Kanalsystem ein. Es handelt sich dabei um gelochte Betonrohre oder geschlitzte Kunststoff-Dränrohre. Dränleitungen müssen ein bestimmtes Gefälle haben und kontrollier- und spülbar sein.

Drehfenster, -flügel

Der Drehfensterflügel ist seitlich am Fensterrahmen angeschlagen. Beim Öffnen wird der Fensterflügel vertikal gedreht.

Siehe / Siehe auch: Drehkippfenster, -flügel, Fensterflügel, Kippfenster, -flügel

Drehkippfenster, -flügel

Bei einem Drehkippfenster werden zwei Öffnungsarten vereint: der Dreh- und der Kippmechanismus. Der Drehkippfensterflügel ist an drei Punkten am Fensterrahmen angeschlagen: unten an zwei und seitlich an einem Punkt. Diese drei Befestigungspunkte werden um den Schließme-

chanismus an der vierten Seite ergänzt, dem Fenstergriff. Durch die veränderte Stellung des Fenstergriffes lässt sich der Drehkippfensterflügel sowohl vertikal drehend oder von oben horizontal in den Raum kippend öffnen. Die gängigsten Isolierfenster sind Drehkippfenster.
Siehe / Siehe auch: Drehfenster, -flügel, Fensterflügel, Kippfenster, -flügel

Drehtür

Drehtüren werden gern in öffentlichen Gebäuden als Windschleuse eingesetzt. Vier kreuzförmige (oder zwei durchgängige, miteinander gekreuzte) Türblätter, verbunden mit einer mittleren Drehachse drehen sich in einem passgenauen, zylinderförmigen Bau. Die Türblätter riegeln die zwei gegenüberliegenden Durchgänge voneinander ab, so dass keine Zugluft in das Gebäude dringen kann.
Siehe / Siehe auch: Türen

Drei-Objekte-Grenze

Immobilienanleger, die innerhalb von fünf Jahren mehr als drei Immobilien ab dem Anschaffungszeitpunkt am offenen Markt verkaufen, werden als „gewerbliche Grundstückshändler" eingestuft, wenn ein enger zeitlicher Zusammenhang zwischen Errichtung, Erwerb oder einer etwaigen Modernisierung und dem Verkauf besteht. Wenn ein derartiger Zusammenhang nicht besteht, muss immer noch darauf geachtet werden, dass der Verkauf weiterer Objekte nach Ablauf der fünf Jahre bis zu insgesamt 10 Jahre zum Umschlag von der privaten Vermögensverwaltung in den gewerblichen Grundstückshandel führen kann.
Wichtig ist dabei die Frage, ob in einem solchen Fall der Schluss gezogen werden kann, dass zum Zeitpunkt des Erwerbs, der Errichtung oder Modernisierung die Veräußerungsabsicht bereits bestand. Die Beurteilung der Gewerblichkeit setzt allerdings nicht beim Erwerb, sondern bei der Veräußerung an. Allein der Erwerb führt nie zum gewerblichen Grundstückshandel.
Die fatale Folge eines Umschlages von der privaten Vermögensverwaltung in den gewerblichen Grundstückshandel ist die, dass die Verkaufserlöse einkommensteuerlich wie Einnahmen aus dem Gewerbebetrieb behandelt werden und darüber hinaus die erzielten Gewinne der Gewerbesteuer unterliegen. Zu den Objekten, die das Finanzamt berücksichtigt, zählen Häuser, Wohnungen und Grundstücke aber auch Garagen und Stellplätze sowie Miteigentumsanteile an Immobilien. Als Objekte gelten auch Beteiligungen an Grundstücksgesellschaften, wie z.B. geschlossenen Immobilienfonds. Voraussetzung hierfür ist jedoch, dass der Gesellschafter an der jeweiligen Fondsgesellschaft zu mindestens 10% beteiligt ist oder der Verkehrswert des Fondsanteils oder des Anteils an der veräußerten Fondsimmobilie (bei Veräußerungen durch die Fondsgesellschaft) bei einer Beteiligung von weniger als 10% mehr als 250.000 Euro beträgt.
Werden drei Objekte an einen Interessenten in einem Akt verkauft, ist damit die Drei-Objekte-Grenze bereits erreicht. Da die Materie für den Laien schwer durchschaubar ist, sollte vor jedem Verkauf eines dritten Objektes innerhalb des Fünfjahres-Zeitraumes ein versierter Steuerberater konsultiert werden.
Siehe / Siehe auch: Gewerblicher Grundstückshandel

Drempel

Außenwandhöhe eines Dachraumes zwischen oberster Geschossdecke und dem zur Vergrößerung des Dachraumes angehobenen Dach („Kniestock").

Drittverwendungsfähigkeit

Als Drittverwendungsfähigkeit wird die Eigenschaft einer Immobilie bezeichnet, nach Ausfall eines Mieters ohne größere Veränderungen von einem anderen Mieter genutzt werden zu können. Die Drittverwendungsfähigkeit hängt in starkem Maße mit der Nutzungsart zusammen. Je mehr eine Immobilie auf die spezifischen Bedürfnisse eines bestimmten Nutzers zugeschnitten ist, desto geringer ist normalerweise ihre Drittverwendungsfähigkeit. Büroimmobilien haben beispielsweise eine relativ große Drittverwendungsfähigkeit, weil sich frei werdende Flächen meist ohne weiteres oder mit relativ geringem Aufwand an andere Nutzer vermieten lassen. Dagegen sind Spezial- oder Betreiberimmobilien – wie etwa eine Schwimmhalle oder ein Seniorenheim – in der Regel nur bedingt drittverwendungsfähig.
Eine geringe Drittverwendungsfähigkeit ist mit Risiken verbunden, die zum einen aus Sicht eines Investors höhere Anforderungen an die Rendite begründen und zum anderen durch entsprechende Rückstellungen abgesichert werden sollten.
Siehe / Siehe auch: Betreiberimmobilien

DSB
Abkürzung für: Deutscher Siedlerbund e. V. Gesamtverband für Haus- und Wohneigentum

DSchG
Abkürzung für: Denkmalschutzgesetz

DST
Abkürzung für: Deutscher Städtetag
Siehe / Siehe auch: Deutscher Städtetag (DST)

DStR
Abkürzung für: Deutsches Steuerrecht

DT
Abkürzung für: Dachterrasse
Siehe / Siehe auch: Dachterrasse

Due Diligence
Ursprünglich war die Due Diligence eine aus der Unternehmenstransaktionspraxis (An- und Verkauf von Unternehmen) hervorgegangene Methode, die zuerst im angelsächsischen Raum und zunehmend auch in Deutschland auf andere Wirtschaftsbereiche, insbesondere bei Immobilientransaktionen adaptiert wurde. Dabei spielten grenzüberschreitende internationale Transaktionen und Investitionen, die zu einer Internationalisierung von Investmentmethoden führten, eine gewichtige Rolle. Sie ist ein modulares Analyseinstrument, in deren Prozess Informationen über die öffentlich-rechtlichen, privatrechtlichen, steuerrechtlichen, baulichen, gebäudetechnischen, umwelttechnischen und wirtschaftlichen Eigenschaften der betreffenden Immobilien eingeholt werden. Nach den Kriterien einer ordentlichen Geschäftsführung müssen unter Berücksichtigung des zeitlichen Rahmens, gewisser Informationspräferenzen und der Personal- und Opportunitätskosten gezielt diejenigen Informationen gesammelt werden, die nach Analyse und Abwägung der objektimmanenten Chancen und Risiken, der Stärken und Schwächen maßgeblich für eine Kaufpreisfindung notwendig sind. Sie bietet die Möglichkeit einer objektivierten Entscheidungsgrundlage. Die Due Diligence Real Estate erleichtert nicht nur die Kaufpreisverhandlungen mittels Analyse bestehender Probleme, Schließung von Informationslücken und Verminderung von Informationsasymmetrien, sie ist auch eine sehr gute Grundlage, um bestehende Risiken durch vertragliche Garantievereinbarungen abzusichern, den Transaktionsgegenstand durch die gestiegene Informationslage in die eigene Unternehmensgesellschaft einzugliedern sowie die Notwendigkeit postvertraglicher gerichtlicher Auseinandersetzungen zu minimieren.
Siehe / Siehe auch: Immobilienfonds

Duldung der Modernisierung (Mietrecht)
Plant der Vermieter eine erhebliche Modernisierung der Mietwohnung, muss er dies dem Mieter spätestens drei Monate vor Beginn der Arbeiten mitteilen. Die Mitteilung muss folgende Angaben enthalten:
- Art und Umfang der Maßnahme
- geplanter Beginn der Arbeiten
- voraussichtliche Dauer
- zu erwartende Mieterhöhung.

Der Mieter muss Modernisierungsmaßnahmen grundsätzlich dulden, hat aber ein Sonderkündigungsrecht: Er kann bis zum Ablauf des Monats, der auf den Zugang der Mitteilung folgt, außerordentlich zum Ablauf des nächsten Monats kündigen. Ausnahmsweise nicht dulden muss der Mieter Modernisierungsmaßnahmen, die für ihn selbst, seine Familie oder andere Haushaltsangehörige auch bei Berücksichtigung der Interessen von Vermieter und anderen Mietern eine unzumutbare Härte bedeuten würden. Dabei kommt es im Einzelfall auf die Art der Arbeiten, bauliche Folgen, frühere Investitionen des Mieters und auf die anstehende Mieterhöhung an.
Nicht beschweren kann der Mieter sich, wenn die Wohnung auf den allgemein üblichen Standard gebracht werden soll.
Siehe / Siehe auch: Mieterhöhung bei Modernisierung, Mietermodernisierung, Wohnwertverbesserungen (Mietrecht)

Durchlauferhitzer
Elektrisch betriebenes Gerät zur Wassererhitzung. Man unterscheidet hydraulisch und elektronisch gesteuerte Durchlauferhitzer. Es gibt Geräte für mehrere Abnahmestellen oder Kompaktgeräte für ein Waschbecken oder die Küchenspüle.
Da elektronische Durchlauferhitzer erheblich weniger Strom verbrauchen, empfiehlt sich ein Austausch von Altgeräten. In einigen Orten wird der Austausch sogar von den Stadtwerken finanziell bezuschusst. Der Durchlauferhitzer muss in einer Mietwohnung durch den Vermieter funktionsfä-

hig gehalten werden. Hat der Mieter allerdings das Gerät beschädigt und der Vermieter kann dies beweisen, trägt der Mieter die Reparatur – oder Ersatzkosten.

Etwaige Kosten für Reinigung und Wartung kann der Vermieter als Betriebskosten auf den Mieter umlegen. Eine pauschale Umlage (ohne konkrete Nennung und Begrenzung der Kosten) darf nach der Rechtsprechung im Mietvertrag nicht erfolgen (vgl. BGH WM 92, 355).
Siehe / Siehe auch: Betriebskosten

DVCS
Abkürzung für: Deutscher Verband Chartered Surveyors

DVGW
Abkürzung für: Deutsche Vereinigung des Gas- und Wasserfaches e.V. Technisch-wissenschaftlicher Verein, Bonn.

Die DVGW hat die Zielsetzung, das Gas- und Wasserfach technisch-wissenschaftlich zu fördern, und zwar unter besonderer Berücksichtigung von Sicherheit, Hygiene und Umweltschutz. Die DVGW hat die Zielsetzung, das Gas- und Wasserfach technisch-wissenschaftlich zu fördern, und zwar unter besonderer Berücksichtigung von Sicherheit, Hygiene und Umweltschutz. Der Gesetzgeber erlässt im Gas- und Wasserbereich allgemeine Schutz- und Sicherheitsziele, die dann von der DVGW durch Ausarbeitung technischer Regeln ausgestaltet werden.

Diese Regeln sind zwar keine Gesetze oder staatlichen Verordnungen, gehören aber zu den allgemein anerkannten Regeln der Technik, auf die z.B. die Durchführungsverordnungen zum Energiewirtschaftsgesetz verweisen. Damit müssen sie bei Installation und Betrieb von Anlagen der Gas- und Wasserinstallation beachtet werden. Die DVGW ist ferner an der europäischen (CEN) und internationalen (ISO) Normung und der Vereinheitlichung der technischen Regelwerke auf europäischer Ebene beteiligt.

Unter www.dvgw.de können Interessierte Einblick in ein aktuelles Regelwerksverzeichnis nehmen und technische Regelwerke bestellen.
Siehe / Siehe auch: TRGI, TRF, TRWI

DVO
Abkürzung für: Durchführungsverordnung

DWBer
Abkürzung für: Dauerwohnberechtigter
Siehe / Siehe auch: Dauerwohnrecht

DWE
Abkürzung für: Der Wohnungseigentümer
Vierteljährlich erscheinende Fachzeitschrift für Wohnungseigentümer mit Berichten und Beiträgen zu einzelnen WEG-Rechtsfragen, aktuellen WEG-Entscheidungen und anderen wichtigen Informationen für Wohnungseigentümer.

DWR
Abkürzung für: Dauerwohnrecht
Siehe / Siehe auch: Dauerwohnrecht

E-Hzg
Abkürzung für: Elektro- / Nachtstromspeicherheizung

e.G.
Abkürzung für: eingetragene Genossenschaft

e.V.
Abkürzung für: eingetragener Verein

EAV
Abkürzung für: Einheits-Architektenvertrag

EB
Abkürzung für: Erstbezug

EBK
Abkürzung für: Einbauküche

ebs-Immobilienakademie
Siehe / Siehe auch: IRE I BS Immobilienakademie

EDV
Abkürzung für: Elektronische Datenverarbeitung

EEG
Abkürzung für: Erneuerbare-Energien-Gesetz
Siehe / Siehe auch: Erneuerbare-Energien-Gesetz

Effektiver Jahreszins
Nach der Preisangabenverordnung sind Anbieter von Krediten verpflichtet, unaufgefordert neben den Darlehenskonditionen den „effektiven Jahreszins" bzw. – bei Darlehen, bei denen der Zinssatz nicht für die gesamte Laufzeit festgelegt ist – den „anfänglichen effektiven Jahreszins" sowie die Zinsbindungsdauer zu nennen. Der Zins ist auf zwei Stellen hinter dem Komma (mit Auf- bzw. Abrundung der dritten Stelle) anzugeben. Er besagt, wie viel ein Darlehen tatsächlich kostet. Beim Effektivzins müssen durch den Kredit entstandene Kosten wie Darlehens-/Bearbeitungsgebühr oder Disagio eingerechnet sein. Dadurch liegt der Effektivzins immer über dem Nominalzins. Die Berechnung des Effektivzinssatzes erfolgt über eine im Anhang der Verordnung dargestellte Formel. Der Effektivzins weist für den Bauherrn oder Käufer gewisse Mängel auf, da bestimmte Nebenkosten des Kredits (Schätzkosten, Bereitstellungszinsen, Teilauszahlungszuschläge, Kontoführungsgebühren) nicht bei seiner Berechnung berücksichtigt werden.Ebenso wenig fließen Kosten der Darlehensabsicherung (etwa für die Grundschuldbestellung) in die Berechnung ein. Dennoch ist er neben der Restschuldfeststellung nach dem Ende der Zinsbindung der beste Vergleichsmaßstab für Darlehensangebote der Banken oder Versicherungen.

Effizienzzuwachs (Maklergeschäft)
Bei Maklergeschäft gibt es ein Phänomen, das als „Gesetz des abnehmenden Effizienzzuwachses" bezeichnet werden könnte. Es kann nämlich empirisch festgestellt werden, dass trotz konstanter Bearbeitung eines Maklerauftrages der Effizienzzuwachs der Auftragsbearbeitung von einem bestimmten Zeitpunkt an sinkt. Dies kann verschiedene Ursachen haben. So kann der angesetzte Angebotspreis einem sinkenden Marktpreis hinterherhinken. Das für das Objekt geeignete Marktpotential erschöpft sich zunehmend. Die Preiselastizität des Objektanbieters ist der Verhandlungen zu gering. Der Erfolgsoptimismus von Makler und Auftraggeber in Bezug auf das angebotene Objekt sinkt usw.
Mittel gegen diese Erscheinung ist eine vernünftige Beschränkung der Auftragslaufzeit insbesondere bei Alleinaufträgen, die ja eine Verpflichtung zur sachgerechten Auftragsbearbeitung enthalten.

EFG
Abkürzung für: Entscheidungen der Finanzgerichte

EFH/1-FH
Abkürzung für: Einfamilienhaus

EG
Abkürzung für: Europäische Gemeinschaft

EGBGB
Abkürzung für: Einführungsgesetz zum Bürgerlichen Gesetzbuch

EheG
Abkürzung für: Ehegesetz

Ehescheidung im Mietrecht
Eine Scheidung hat gravierende Folgen – nicht nur für das Leben und die Finanzlage der Ehepartner, sondern auch für deren Wohnsituation.

Mit der Scheidung wird nicht automatisch ein Ehepartner aus dem Mietvertrag entlassen. Hier gilt nur, was im Vertrag steht – wer unterschrieben hat, muss Miete zahlen, egal ob er noch in der Wohnung wohnt. Und wenn der in der Wohnung verbliebene Partner nicht mehr zahlungsfähig ist, kann sich der Vermieter problemlos für die gesamte Miete an den geschiedenen und aus der Wohnung ausgezogenen Partner wenden – beide sind im Juristendeutsch „Gesamtschuldner".

Wer also die Ehe beendet, sollte auch den Mietvertrag kündigen; wenn möglich in Absprache mit dem Partner, damit überlegt werden kann, wer in der Wohnung bleibt – und damit der ehemals geliebte Partner am Ende nicht unter einer Brücke übernachten muss. Für Vermieter ist in diesem Zusammenhang wichtig, dass alle wichtigen Mitteilungen beiden Ehegatten mitgeteilt bzw. zugeschickt werden müssen. Kündigungen oder Mieterhöhungen müssen also an beide gehen, auch wenn einer nicht mehr in der Wohnung wohnt.

Wenn sich beide Ehepartner nicht darüber einigen können, wer in der Mietwohnung bleibt, kann das Gericht angerufen werden: Bei zerrütteter Ehe kann der Amtsrichter einem Ehepartner die Wohnung zuweisen.

Siehe / Siehe auch: Ehewohnung

Ehewohnung

Wird eine Mietwohnung von einem Ehepaar bewohnt, bezeichnet man sie als Ehewohnung. Für den Vermieter bedeutet dies, dass er im Trennungsfall den in der Wohnung verbleibenden Ehepartner – ggf. auf gerichtliche Anordnung - als Mieter in den Mietvertrag aufnehmen oder mit ihm / ihr einen Einzel-Mietvertrag unterzeichnen muss auch wenn er oder sie ursprünglich nicht mit unterschrieben hat. Dies regelt § 5 Hausratsverordnung.

Für nichteheliche Lebensgemeinschaften gilt diese Regelung jedoch nicht (auch wenn es sich bei dem Partner um den Ex-Ehemann handelt – so das Oberlandesgericht Hamm, 11.4.2005, Az.: 4 WF 86/05). Auf die eingetragene Lebenspartnerschaft sind die Regelungen über Wohnung und Hausrat in der Hausratsverordnung entsprechend anwendbar. Tritt der in der Wohnung verbleibende Ehepartner, der den Mietvertrag nicht mit unterschrieben hat, jahrelang gegenüber der Hausverwaltung wie ein Mieter auf (Mietzahlungen, Briefverkehr hinsichtlich Vertragsverlängerung etc.) und wird dies von der Vermieterseite auch stillschweigend akzeptiert, kommt es zu einem Vertragsbeitritt durch einverständliches Verhalten. Für den Mieter bedeutet dies allerdings auch, dass er beim Auszug die üblichen Mieterpflichten hat (Schönheitsreparaturen). Der Vermieter kann sich mit seinen Forderungen in diesem Fall an beide Ehepartner halten (BGH, 13.7.2005. Az.: VIII ZR 255/04).

Siehe / Siehe auch: Lebenspartner, Wohnungszuweisung, LPartG, Schönheitsreparaturen

EHI

Abkürzung für: Eurohandelsinstitut

Eichpflicht

Damit die Ergebnisse allen Messens, Wiegens, Zählens, also des quantitativen Erfassens von Größen vertrauenswürdig sind, muss eine Übereinstimmung bestehen, dass die hierfür eingesetzten Geräte bestimmten gleichen Regeln unter Zugrundelegung gleicher Messeinheiten funktionieren. Um dies zu gewährleisten, besteht eine Eichpflicht für alle Messgeräte. Gesetzliche Grundlage hierfür bietet das Eichgesetz, das in den verschiedenen Bereichen durch zahlreiche Verordnungen ergänzt wurde. Das Eichgesetz schützt einerseits den Verbraucher beim Erwerb messbarer Güter und Dienstleistungen und trägt andererseits auch zu einem lauteren Handelsverkehr bei.

In der Immobilienwirtschaft, insbesondere bei der Bewirtschaftung von Gebäuden werden vielfältig „geeichte" Erfassungsgeräte eingesetzt, z.B. Gas- und Stromzähler, Wasserzähler, Wärmeverbrauchszahler. Sie alle unterliegen der Eichpflicht. Hauseigentümer – und damit auch Hausverwalter – sind verpflichtet, ihre Zähler in bestimmten vorgeschriebenen zeitlichen Abständen nachzueichen. Bei Wohnungseigentumsverwaltern zählt dies zur „ordnungsgemäßen Verwaltung". Kaltwasserzähler sind z.B. alle 6 Jahre, Warmwasserzähler und Wärmemengenzähler alle 5 Jahre nachzueichen. Da es sich um zwingende Vorschriften handelt, können die Fristen auch nicht durch Beschluss verlängert werden.

Die Eichung erfolgt durch die Eichbehörde. Bei Wasserzählern kann anstatt der Eichung auch eine Beglaubigung durch eine staatlich anerkannte Prüfstelle durchgeführt werden Derartige Prüfstellen gibt es bei Versorgungsunternehmen und Zählerherstellern. Der jeweilige Eigentümer des Messgeräts muss sich selbst um die rechtzeitige

Eichung kümmern. Bei gemieteten Zählern übernimmt dies das Versorgungsunternehmen. Bei Zählern im Eigentum des Hauseigentümers muss dieser selbst rechtzeitig für Ausbau, Reinigung und Vorlage der Geräte bei der Prüfstelle sorgen (Bringpflicht).
Eine Alternative wäre der Einbau eines neuen geeichten Zählers durch eine Fachfirma oder ein Versorgungsunternehmen. Zuständige Stelle für die Zulassung von Mess- und anderen Erfassungsgeräten (z.B. Geräten die der Geschwindigkeitsmessung, der Schallmessung, Zeitmessung usw. dienen) ist die Physikalisch-Technische Bundesanstalt und Braunschweig und Berlin.
Siehe / Siehe auch: Betriebskosten

Eidesstattliche Versicherung

Erklärung eines Schuldners an Eides Statt vor Gericht, dass er zahlungsunfähig ist. Über seine Vermögensgegenstände wird ein Vermögensverzeichnis angelegt. In dieses werden unter anderem auch die entgeltlichen Veräußerungen der letzten zwei Jahre an nahestehende Personen und die unentgeltlichen Leistungen (ohne gebräuchliche Gelegenheitsgeschenke) der letzten 4 Jahre vor Stellung des Insolvenzantrages aufgenommen. Der Schuldner muss an Eides statt versichern, dass die in dem Verzeichnis aufgenommenen Gegenstände sein gesamtes Eigentum darstellen.
Eine falsche Eidesstattliche Versicherung wird bestraft. Die neue Insolvenzordnung sieht vor, dass bereits bei Beantragung des Insolvenzverfahrens der Schuldner eine Restschuldbefreiung beantragen kann, die ihm bei entsprechendem Wohlverhalten und Erfüllung der Auflagen nach Ablauf von 7 Jahren nach Beendigung des Verfahrens gewährt wird.

Eigenbedarf

Eigenbedarf ist der wohl bekannteste Kündigungsgrund. Der Vermieter muss heutzutage ein berechtigtes Interesse an der Kündigung haben, um seinen Mieter vor die Tür zu setzen. Bei Eigenbedarf ist ein solches Interesse gegeben. Genauer: Der Vermieter muss die Wohnung für sich, seine Familienangehörigen oder Mitglieder seines Haushalts (auch nichteheliche Lebenspartner oder Hausangestellte) benötigen.
Benötigen bedeutet, dass der Vermieter vernünftige und nachvollziehbare Gründe hat, warum er die Wohnung für sich bzw. seine Angehörigen nutzen will. Solche Gründe können z.B. berufsbedingt sein (Ortwechsel), gesundheitsbedingt (Aufnahme einer Pflegekraft), bedingt durch Änderungen der Lebenslage (neue Lebensgemeinschaft, Familienzuwachs, Scheidung). Auch wirtschaftliche Gründe können eine Rolle spielen (Arbeitsplatzverlust, bisherige Mietwohnung des Vermieters muss aufgegeben werden).
Die Wohnung muss für den Bedarf des Einzugswilligen geeignet sein. Ein überhöhter Wohnbedarf darf nicht geltend gemacht werden. Der Vermieter kann eine Ein-Zimmer-Studentenwohnung kündigen, weil seine Tochter in der betreffenden Stadt ihr Studium anfangen wird und die Wohnung braucht. Er kann aber kaum behaupten, mit seiner fünfköpfigen Familie dort selbst einziehen zu wollen. Ein alleinstehender Vermieter, der in einer Zwei-Zimmer-Wohnung wohnt, wird meist kaum Chancen haben, ein an eine Familie vermietetes 200-Quadratmeter-Einfamilienhaus zu kündigen. Falls er heiraten und eine Familie gründen möchte, sieht das natürlich anders aus.
Vorsicht: Vorgeschützte Begründungen können zu Schadenersatzansprüchen führen, wenn der Mieter im Nachhinein feststellt, dass keine Familiengründung stattgefunden hat und das Haus nur teurer vermietet wurde. Der Mieter kann Ersatz der Umzugskosten und ggf. einer Mietdifferenz verlangen. Seit der Mietrechtsreform vom September 2001 muss der Vermieter sein berechtigtes Interesse an einer Kündigung schriftlich darlegen, also erläutern. In den neuen Bundesländern gilt nach Art. 232 § 2 EGBGB (Einführungsgesetz zum Bürgerlichen Gesetzbuch) auch für vor dem Beitritt geschlossene Mietverträge das BGB. Eine Eigenbedarfskündigung ist damit möglich.
Fallstricke lauern bei Seniorenwohnungen im allseits beliebten „Betreuten Wohnen": Hier kommt es vor, dass Bauträger Objekte errichten, sich als Betreiber präsentieren und nach Vermietung den Verkauf an Einzeleigentümer betreiben. Diesen kann natürlich nach einigen Jahren einfallen, dass die eigene Mutter in der Seniorenwohnung ganz gut aufgehoben wäre – so wird der Ruhesitz zum Schleudersitz. Einzige Möglichkeit für den Mieter ist eine rechtzeitige schriftliche Vertragsergänzung mit dem Wohnungskäufer, nach der die Eigenbedarfskündigung ausgeschlossen ist.
Siehe / Siehe auch: Beendigung eines Mietverhältnisses, Berechtigtes Interesse, Betriebsbedarf, Wegfall des Eigenbedarfsgrundes

Eigenheimzulage

Die Eigenheimzulage war eine staatliche Förderung, mit der die Eigentumsquote in Deutschland erhöht werden sollte. Geld vom Staat erhielten vor allem die sogenannten Schwellenhaushalte, Familien mit Kindern und vergleichsweise geringem Einkommen. Die Förderung selbstgenutzten Wohneigentums, wozu neben der Eigenheimzulage auch die Kinderzulage gehört, wurde zum 1. Januar 2006 abgeschafft. Dies bedeutet: Wer nicht bis spätestens Silvester 2005 einen Bauantrag eingereicht oder aber einen notariellen Kaufvertrag unterschrieben hat, der erhält ab sofort keine Zulage mehr. Wichtig: Alle Altfälle, also Erwerbe von selbstgenutztem Wohneigentum vor dem 1. Januar 2006, sind von der Abschaffung der Eigenheimzulage nicht betroffen. Dies bedeutet: Jeweils zum 10. März eines Jahres erhalten Bauherren, sofern sie die rechtlichen Vorgaben erfüllen, maximal 1.250 Euro Grundförderung (= Eigenheimzulage) sowie 800 Euro Kinderzulage je Sprössling. Der Förderzeitraum beträgt insgesamt acht Jahre. Dies bedeutet: Eine vierköpfige Familie hat in der Spitze Anspruch auf insgesamt 22.800 Euro Geld vom Staat für die eigenen vier Wände. Sobald sämtliche „Altfälle" bei der Förderung selbstgenutzten Wohneigentums abgearbeitet sind, soll die Ersparnis für den Staat rund zehn Milliarden Euro jedes Jahr betragen.

Eigenkapital (Baufinanzierung)

Unter Eigenkapitel sind die vom Bauherrn angesparten liquiden Mittel zu verstehen, die zur Finanzierung beim Hausbau oder Hauskauf eingesetzt werden können. Als Eigenkapitalersatz gelten Darlehen von Verwandten, Arbeitgeberdarlehen und bestimmte öffentliche Mittel wie z.B. Familienzusatzdarlehen. Um ein Haus finanzieren zu können, erwartet die Bank meistens ein Eigenkapital von 20 bis 30%. Auch bereits vorhandenes unbelastetes Immobilieneigentum oder verpfändbare Wertpapiere können durch Beleihung bzw. Verpfändung eine Eigenkapitalfunktion in Bezug auf das zu finanzierende Objekt übernehmen. Das Eigenkapital wird auch als Risikokapital im Zusammenhang mit einer Finanzierung bezeichnet, weil es gegenüber dem abgesicherten Fremdkapital in aller Regel die letzte Rangstelle einnimmt. Das bedeutet, dass in den Eigenkapitalzinssatz eine relativ hohe Risikoquote einzukalkulieren ist.

Eigenkapitalfonds

Bei dieser Fondsvariante reichen die von den einzelnen Anlegern zu erbringenden Eigenkapitaleinlagen zur Finanzierung des gesamten Investitionsvolumens aus. Eine zusätzliche Fremdfinanzierung auf Fondsebene gibt es nicht. Aufgrund der fehlenden Zahlungsverpflichtungen aus Zins und Tilgung sind diese Fonds als sicherer zu betrachten, als ein Fonds mit Fremdkapitalanteil. Einnahmefälle, die oft für Zahlungsschwierigkeiten von Fonds verantwortlich sind, wirken sich bei Eigenkapitalfonds nur über ein Ausschüttungsreduzierung oder einen Ausschüttungsausfall aus. Die bei diesen Fonds auch anfallenden Verwaltungskosten müsste einige Zeit auch aus der Liquiditätsreserve bestreitbar sein.

Eigenkapitalquote

Die Eigenkapitalquote ist der Anteil des Eigenkapitals am Gesamtkapital. Bei der Eigenkapitalquote wird das Eigenkapital in Relation zur Gesamtinvestition gesetzt.Eine niedrige Eigenkapitalquote hat aufgrund des Leverage-Effektes ein hohes Risiko für den Anleger zur Folge. Das geringste Risikopotential aus dem Bereich der Innenfinanzierung beinhaltet der reine Eigenkapitalfonds, bei dem der Finanzierungsplan nur aus Eigenkapital der Anleger besteht.

Eigenleistungen

Finanzierung

Neben dem Eigenkapital kommen als Eigenleistungen bei der Finanzierung von Bauvorhaben eigene Sach- und Arbeitsleistungen („Muskelhypothek") des Bauherrn und seiner Angehörigen sowie die Einbringung des eigenen Baugrundstücks in Betracht. Eigenleistungen werden im Finanzierungsplan berücksichtigt. Der aus eigenen Arbeitsleistungen bestehende Finanzierungsbeitrag kann steuerlich nicht in Ansatz gebracht werden. Ist die Immobilie vermietet, dann kann der bei einer Renovierung entstandene Materialaufwand steuerlich zu den Werbungskosten hinzugerechnet werden.

Mängelbesitigung an Bauwerken

Bei diesen Eigenleistungen („Ersatzvornahme") handelt es sich um Aufwendungen des Bauherrn zur Beseitigung eines Baumangels. Für die Eigenleistung kann der Bauherr vom Bauhandwerker bzw. Bauunternehmer den Ersatz der Aufwendungen fordern, wenn dieser mit der Mangelbeseitigung in Verzug geraten ist. Beim VOB-Vertrag tritt der Verzug erst ein, wenn der Bauherr den Bauunternehmer zur Mängelbeseitigung unter Setzung einer angemessenen Frist auffordert, und die gesetzte Frist ergebnislos verstrichen ist. Siehe / Siehe auch: VOB-Vertrag

Eigenleistungsausfallversicherung

Der Privatbauherr, der die Finanzierung seines Hauses durch Erbringung von Eigenleistungen ergänzen will, kann sich für Fälle, in denen er unverschuldet arbeitslos wird oder durch Unfall, Krankheit oder Tod die Eigenleistungen nicht mehr erbringen kann, durch Abschluss einer Bauherrn-Eigenleistungsausfallversicherung absichern.

Eigentümergrundschuld

Jeder Grundstückseigentümer kann auf seinem Grundstück für sich selbst eine Grundschuld eintragen lassen. Dabei kann er aber nicht selbst die Zwangsvollstreckung in sein eigenes Grundstück betreiben und Zinsen nur dann verlangen, wenn ein anderer die Zwangsverwaltung betreibt. Sinn einer Eigentümergrundschuld ist z.B. deren Abtretung an eine Bank (Kreditsicherung). Dadurch wird der Darlehensgeber aus dem Grundbuch nicht erkennbar. Eine Eigentümergrundschuld entsteht automatisch auch dann, wenn ein Hypothekendarlehen zurück bezahlt wird. In der Regel vereinbaren Gläubiger von nachrangig im Grundbuch eingetragenen Grundpfandrechten mit dem Grundstückseigentümer eine Verpflichtung zur Löschung, was für diesen Gläubiger mit einer Rangverbesserung verbunden ist. Der Anspruch wird durch eine Löschungsvormerkung gesichert.

Eigentümerversammlung (Wohnungseigentum)

Siehe / Siehe auch: Wohnungseigentümerversammlung, Wiederholungsversammlung

Eigentum

Öffentlich rechtliche Position

Das Eigentum ist durch Artikel 14 des Grundgesetzes öffentlich rechtlich gewährleistet. In diesem Sinne bezieht sich das Eigentum nicht nur auf Sachen, sondern auch auf Forderungen und Rechte, z.B. Urheberrechte, unwiderrufliche Konzessionen und dergleichen. Zusätzlich gestützt wird die Eigentumsgarantie durch die Gewährleistung des Erbrechts. Inhalt und Schranken des Eigentums werden durch Gesetze bestimmt.

Der Entzug von Eigentum ist nur zum Wohl der Allgemeinheit, auf Grund eines Gesetzes und nur gegen Entschädigung zulässig. Innerhalb dieser durch Gesetz gezogenen Grenzen darf der Eigentümer mit seinem Eigentum nach Belieben verfahren, d.h. es benutzen, verbrauchen, belasten, veräußern. Das Grundgesetz schränkt jedoch das Eigentumsrecht noch durch das Sozialstaatsprinzip ein. „Eigentum verpflichtet"! Hieraus ergeben sich vor allem Einschränkungen im Wohnungsmietrecht und im Baurecht. Die Substanz des Eigentums darf durch Gesetze nicht angetastet werden. Daher verstoßen Steuern mit konfiskatorischem Charakter gegen das Grundgesetz. In einem gewissen Widerspruch zur Eigentumsgarantie steht im übrigen Artikel 15 des Grundgesetzes, nach dem die Sozialisierung von Grund und Boden, sowie Naturschätzen und Produktionsmitteln gegen Entschädigung möglich ist.

Zivilrechtliche Position

Zivilrechtlich bezieht sich das Eigentum nur auf bewegliche und unbewegliche Sachen, nicht aber auf Sachgesamtheiten wie z.B. einen Betrieb. Vom Besitz unterscheidet sich das Eigentum dadurch, dass dem Eigentümer die Sache rechtlich gehört, während der Besitzer lediglich die tatsächliche Herrschaft über den Gegenstand, der sich im Eigentum eines anderen befinden kann, ausübt. So ist der Mieter unmittelbarer Besitzer der von ihm angemieteten Räume. (Beim Eigentümer verbleibt der mittelbare Besitz.)

Unterschieden wird zwischen Alleineigentum (ausschließliches Verfügungsrecht durch den Alleineigentümer), Bruchteilseigentum (Verfügungsrecht bezieht sich nur auf den Bruchteil) und Gesamthandseigentum, (nur gemeinschaftliches Verfügungsrecht über das gemeinschaftliche Vermögen). Gesamthandseigentum ist bei einer BGB-Gesellschaft, bei einer Gütergemeinschaft zwischen Eheleuten und einer ungeteilten Erbengemeinschaft gegeben.

Volkswirtschaftliche Bedeutung

Breit gestreutes Eigentum gilt als gesellschaftlicher Stabilitätsfaktor und in Verbindung mit dem natürlichen Eigentümerinteresse an der Erhaltung eigener Vermögenswerte als volkswirtschaftliche Grundlage eigenverantwortlicher Alterssicherung. Verstärkt ins Bewusstsein tritt die Tatsache, dass in Ländern in denen der Eigentumserwerb einerseits durch staatliche Überreglementierung und andererseits durch fehlende Rechtssicherheit faktisch erheblich erschwert wird und die Verfügungsrechte des Eigentümers oftmals ausgehebelt sind, die wirtschaftliche Entwicklung außerordentlich beeinträchtigt ist. Dies zeigt sich vor allem in dem Übergangsstadium, in dem sich die Nachfolgestaaten der Sowjetunion befinden, wo Grund und Boden früher ausschließlich Volkseigentum war und der Umgang mit dem Privateigentum noch schwer fällt.

Aber auch illegale Slums z.B. in Rio de Janeiro sind oft nicht Folge sozialer Klassenunterschiede, sondern der fehlenden Möglichkeit, Grundeigentum zu erwerben. Auch in Entwicklungsländern verpufft häufig die gewährte Entwicklungshilfe wegen der Unklarheit der Bodeneigentumsverhältnisse.

Siehe / Siehe auch: Wohnungseigentum

Eigentumserwerb an Grundstücken

Der Eigentumserwerb an Grundstücken erfolgt in der Regel durch Eintragung des Erwerbers als Eigentümer in Abteilung I des Grundbuchs. In einigen Ausnahmefällen findet der Eigentumserwerb vor der Umschreibung im Grundbuch statt, z.B. beim Erwerb per Zuschlag im Zwangsversteigerungsverfahren oder beim Erwerb eines im Rahmen des Bodenordnungsverfahrens (Umlegung) zugeteilten neu entstandenen Grundstücks. Auch im Erbfall wird der jeweilige Erbe bzw. die Erbengemeinschaft mit Erteilung des Erbscheines Eigentümer. Der Erbschein genießt öffentlichen Glauben. Erbe bzw. Erbegemeinschaft können mit Aushändigung des Erbscheins über das Grundstück verfügen. Die Vorlage des Erbscheins ist auch Grundlage für die Eintragung des / der Erben im Grundbuch.

Eigentumsverhältnisse

Der Stand und die Gewissheit über die tatsächlichen Eigentumsverhältnisse spielt vor allem bei Objekten in den neuen Bundesländern eine große Rolle. Hierbei ist vorrangig auf die Eintragung des Verkäufers im Grundbuch zu achten. Eine abschließende Garantie gegen etwaige, spätere Rückübertragungsansprüche seitens eines Alteigentümers bietet aber auch das nicht. Daher sollte zumindest eine Bestätigung von dem zuständigen Amt für Vermögensfragen darüber eingeholt werden, dass für das betreffende Objekt kein derartiger Rückübertragungsantrag gestellt wurde.

Eigentumswohnung

Während man in der allgemeinen Umgangssprache regelmäßig von der „Eigentumswohnung" spricht und damit die im Einzeleigentum befindliche Wohnung in einem Mehrfamilienhaus meint, auch als „Eigenheim in der Etage" bezeichnet, verwendet das Wohnungseigentumsgesetz diesen Begriff nicht, sondern spricht ausschließlich vom Wohnungseigentum. Gemeint ist damit das Sondereigentum als Alleineigentum an einer Wohnung, verbunden mit einem Miteigentumsanteil am Gemeinschaftseigentum. Eine gesetzliche Definition für den Begriff „Eigentumswohnung" fand sich im früheren und inzwischen aufgehobenen Zweiten Wohnungsbaugesetz. Danach liegt der Unterschied in den Begriffen „Wohnungseigentum" und „Eigentumswohnung" darin, dass mit der Eigentumswohnung das „Objekt" und mit Wohnungseigentum der „rechtliche Inhalt" an diesem Objekt gemeint ist.

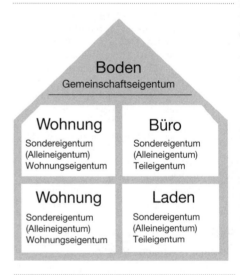

Siehe / Siehe auch: Sondereigentum, Gemeinschaftseigentum

EigZ
Abkürzung für: Eigenheimzulage

EigZulG
Abkürzung für: Eigenheimzulagengesetz

Einbauküche in der Mietwohnung
Ist eine Mietwohnung noch nicht mit einer Einbauküche ausgestattet, stellt ihr Einbau eine Verbesserung des Wohnwertes und damit eine Modernisierungsmaßnahme dar. Der Vermieter kann eine Mieterhöhung wegen Modernisierung vornehmen. Aber: Mieter sind nach der Rechtsprechung nicht verpflichtet, den Einbau einer neuen Standard-Einbauküche anstelle einer 20 Jahre alten, hochwertigeren Küche zu dulden (Landgericht Hamburg, 311 S 101/02). Generell stellt die Erneuerung einer vorhandenen Einbauküche keine Modernisierungsmaßnahme dar. Der Vermieter kann in diesem Fall keine Mieterhöhung wegen Modernisierung vornehmen. Grund: Der Gebrauchswert der Wohnung wird nicht maßgeblich erhöht.
Siehe / Siehe auch: Mieterhöhung bei Modernisierung

Einberufung der Wohnungseigentümerversammlung
Der Wohnungseigentumsverwalter ist verpflichtet, mindestens einmal im Jahr zu einer Wohnungseigentümerversammlung einzuladen und zwar unter Einhaltung einer Mindestfrist von einer Woche (§ 24 Abs. 1 und 4 WEG) und Beifügung der Tagesordnung. Darüber hinaus kann die Einberufung einer Versammlung auch von mindestens einem Viertel der Wohnungseigentümer (gerechnet nach Köpfen) unter Angabe des Zwecks und der Gründe verlangt werden. Diesem Verlangen kann sich der Verwalter nicht widersetzen (§ 24 Abs. 2 WEG). Fehlt ein Verwalter oder weigert er sich pflichtwidrig, kann die Wohnungseigentümerversammlung auch vom Vorsitzenden des Verwaltungsbeirates oder bei dessen Verhinderung von seinem Stellvertreter einberufen werden (§ 24 Abs. 3 WEG). Ein einzelner Wohnungseigentümer ist nur aufgrund gerichtlicher Ermächtigung befugt, eine Versammlung einzuberufen. Dies kann insbesondere dann der Fall sein, wenn der Verwalter sich weigert, eine Versammlung einzuberufen, ein Verwaltungsbeirat nicht bestellt ist und von den übrigen Eigentümern ein Anspruch nicht geltend gemacht wird.

Grundsätzlich gilt aber, dass auch Beschlüsse einer Wohnungseigentümerversammlung, die von einem Unbefugten (abberufener oder nicht mehr im Amt befindlicher Verwalter, nicht ermächtigter Wohnungseigentümer) einberufen wurde, nicht nichtig sind, sondern Rechtskraft erlangen, wenn sie nicht innerhalb Monatsfrist angefochten und durch das Gericht für ungültig erklärt werden.
Die Einladung ist gemäß § 24 Abs. 4 WEG in Textform vorzunehmen, setzt aber nicht mehr wie früher die eigenhändige Unterzeichnung durch den Verwalter voraus. Das bedeutet, dass sie in Kopie oder EDV-gefertigter oder anderer vervielfältigter Form erfolgen kann. Sie muss aber in jedem Fall Adressat und Absender enthalten. Die Einladung in Fax-Form oder auch als E-Mail ist dabei zwar grundsätzlich zulässig, setzt allerdings derzeit noch die Zustimmung aller Eigentümer voraus. Inhaltlich muss die Einladung den Termin und den Ort angeben und die Tagesordnung ausweisen.
Siehe / Siehe auch: Tagesordnung (Wohnungseigentümerversammlung), Textform, Wohnungseigentümerversammlung

Einbeziehungssatzung
Siehe / Siehe auch: Ergänzungs- oder Einbeziehungssatzung

Einf
Abkürzung für: Einführung

Einfacher Bebauungsplan
Siehe / Siehe auch: Bebauungsplan

Einfamilienhäuser als Kapitalanlage
Unter Langfristperspektiven betrachtet, rangiert das Eigenheim im Kapitalanlageranking an zweiter Stelle nach den Aktien. Dies ergibt sich aus einer Studie von GEWOS. Die Performancemessung erstreckt sich auf den Zeitraum zwischen 1970 und 2004. Danach warfen Aktien eine Durchschnittsrendite von 8,31% pro Jahr, Eigenheime von 7,38% ab, dicht gefolgt von Rentenpapieren mit 7,36%. Die Anlage in Gold rentierte sich im Durchschnitt pro Jahr mit 4,68%. Abgeschlagen sind Spareinlagen mit 4,31%.
Der Renditeberechnung bei den Einfamilienhäusern liegen kalkulatorische Mieten unter Zugrundelegung einer 120 Quadratmeter umfassenden Wohnfläche. Nicht berücksichtigt bei dieser Berechnung blieben gewährte Fördergelder wie Ei-

genheimzulage, andererseits aber auch nicht die Besteuerung von Zinserträgen. Würde man sie berücksichtigen, führte das tendenziell zu einer Erhöhung der Performance bei den Eigenheimen gegenüber Aktien.
Nach dem Wegfall der Eigenheimzulage entfällt dieser Aspekt ohnehin. Außerdem ist zu berücksichtigen, dass die Durchschnittsrendite bei Einfamilienhäusern höchst unterschiedlich ausfallen kann, je nach dem, ob sie sich in einer strukturschwachen oder in einer stark wachstumsorientierten Region befinden. Andererseits sollte nicht außer Betracht gelassen werden, dass sich die Entwicklung in den letzten Jahren nach unten abgeflacht hat.

Einfamilienhaus

Das Einfamilienhaus ist ein Haus, das eine Wohnung enthält. Es kommt in mehreren Gestaltungsformen vor. Der Typ des freistehenden Einfamilienhauses ist am beliebtesten. Daneben gibt es als Grundtypen das Doppelhaus (zwei aneinander gebaute Einfamilienhäuser) und das Reiheneinfamilienhaus als Reihenmittel- oder Reiheneckhaus. Das Atriumhaus ist durch einen geschlossenen Innenhof bzw. Innengarten gekennzeichnet.
Es handelt sich um eine besondere Form des Bungalows, der über kein Obergeschoss verfügt. Typische Dachformen des Bungalows und des Atriumhauses sind Flachdächer oder nur ganz leicht geneigte Dächer. Auf Qualitätsunterschiede weisen Begriffe wie Siedlungshaus (meist einenhalbstöckige freistehende Häuser mit großen Nutzgärten) oder „Villa" hin, wobei der Begriff der Villa als Domizil für einen betuchten Eigentümer sicher nicht in Vergleich gesetzt werden kann mit einer altrömischen Villa. „Landhäuser" sind in der Regel Einfamilienhäuser auf dem Lande, die in einer gewissen Distanz zur Stadt gelegen sind, aber im Gegensatz zu „Ferienhäusern" (die keine Einfamilienhäuser sein müssen) von freiheits- und naturliebenden Eigentümern oder Mietern ständig bewohnt werden. Nicht zum Typ der Einfamilienhäuser gehört das Wochenendhaus, das normalen Wohnansprüchen in der Regel nicht genügt.
Siehe / Siehe auch: Zweifamilienhaus, Doppelhaus

Einheimischenmodell

Mit Hilfe eines Einheimischenmodells will die Gemeinde den Baulandbedarf für die ortsansässige Bevölkerung sichern. Gesetzliche Grundlage ist § 11 Abs. 1 Nr. 2 BauGB. Die Gemeinde kann sich bei Konzeption und Verwirklichung eines Einheimischenmodells eines städtebaulichen Vertrages mit den Grundstückseigentümern bedienen. Solche Vereinbarungen werden in der Regel im Vorfeld der Bauleitplanung getroffen. Der Grundstückseigentümer wird verpflichtet, die späteren Baugrundstücke an „Einheimische", die bestimmte Merkmale erfüllen, zu veräußern.
Überwiegend aber erwirbt die Gemeinde selbst die Grundstücke zu Preisen unterhalb des Verkehrswertes, um sie dann in einem bestimmten Verfahren zu „vergeben". Es wird teilweise auch mit verbindlichen Ankaufsrechten der Gemeinde gearbeitet, die durch Auflassungsvormerkungen abgesichert sind. In den beiden letzten Fällen handelt es sich um zivilrechtliche Vertragsgestaltungen. Damit die Absichten der Gemeinde von den späteren Einheimischen nicht unterwandert werden, müssen sich diese verpflichten, innerhalb einer bestimmten Frist das Grundstück zu bebauen. Außerdem wird ein Veräußerungs- und Vermietungsverbot mit dem Einheimischen vereinbart. Bekannt geworden sind schon vor Einführung entsprechender Regelungen im BauGB zwei Einheimischenmodelle, nämlich das Weilheimer Modell und das Traunsteiner Modell.
Beim Weilheimer Modell wird die Aufstellung eines Bebauungsplanes von der Einräumung eines Ankaufrechts der Gemeinde abhängig gemacht. Die Gemeinde kann es innerhalb eines 10-Jahreszeitraums in dem Fall ausüben, dass der Grundstückseigentümer sein Grundstück an einen Dritten zu einem Preis veräußert, der über dem mit der Gemeinde vereinbarten Preis liegt. Das Traunstei-

ner Modell ist durch einen Genehmigungsvorbehalt der Gemeinde gekennzeichnet. Die Genehmigung kann bei Überschreitung einer bestimmten Preisgrenze verweigert werden.Mittlerweile gibt es eine Vielfalt von Konstruktionsformen des Einheimischenmodells.

Einheitspreisvertrag

Der Einheitspreisvertrag nach VOB ist die bevorzugte Preisvereinbarung zwischen Auftraggeber (Bauherr) und Auftragnehmer (Bauunternehmen). Vereinbart wird dabei der Preis pro Leistungseinheit für jede Leistungsposition. Die Leistungseinheit kann sich auf laufende Meter, Quadratmeter, Stückzahlen usw. beziehen.
Die Berechnung erfolgt nach folgender Formel: Einheitspreis x Menge = Positionspreis + MwSt.
Wenn die der Vereinbarung zugrunde gelegten Mengen nur in geringem Umfange von den tatsächlich erforderlichen Mengen abweichen (+/- 10%), ist die Forderung eines Differenzausgleiches nicht zulässig, da Einheitspreise Festpreise sind. Das bedeutet auch, dass etwaige Lohnerhöhungen oder Verteuerungen des Materials nicht zu einer Anpassung des vereinbarten Preises führen, es sei denn, dies ist durch eine Lohn- oder Materialgleitklausel vereinbart.
Siehe / Siehe auch: Pauschalpreisvertrag

Einheitswert

Der Einheitswert ist der steuerliche Wert von land- und forstwirtschaftlichem Vermögen, von Grundvermögen und von Betriebsvermögen. Die Einheitsbewertung von Grundvermögen wurde letztmals zu den Wertverhältnissen des 1. Januar 1964 (Hauptfeststellungszeitpunkt) durchgeführt. Für Grundstücke in den neuen Bundesländern gelten die Einheitswerte vom 1. Januar 1935 (erster Hauptfeststellungszeitpunkt).
Für vor 1991 entstandene Mietwohngrundstücke und Einfamilienhäuser in den neuen Bundesländern gilt als Ersatzbemessungsgrundlage die Wohn- und Nutzfläche.
Das Bewertungsgesetz unterscheidet zwischen unbebauten und bebauten Grundstücken. Unbebaute Grundstücke werden nach dem gemeinen Wert bewertet (§ 9 BewG). Bei den bebauten Grundstücken wird zwischen sechs Arten unterschieden, nämlich:

- Mietwohngrundstücke (mehr als 80% der Fläche sind Wohnflächen),
- Geschäftsgrundstücke (mehr 80% der Flächen sind gewerblich genutzt),
- gemischt genutzte Grundstücke, deren Flächen teils Wohnzwecken und teils gewerblichen / öffentlichen Zwecken dienen ohne Wohn- oder Geschäftsgrundstücke zu sein,
- Einfamilienhäuser,
- Zweifamilienhäuser und
- sonstige bebaute Grundstücke.

Die Ermittlung des Einheitswertes der bebauten Grundstücke erfolgt über das Ertragswertverfahren. Zugrunde gelegt werden Jahresrohmieten einschließlich Betriebskosten, bei selbst genutzten Räumen werden entsprechende Mietwerte angesetzt. Die Vervielfältiger mit dem die Jahresrohmieten multipliziert werden, sind den Anlagen 3-8 des Bewertungsgesetzes zu entnehmen. Unterschieden wird dabei zwischen unterschiedlichen Bauausführungen, Altersgruppen und Gemeindegrößenklassen.
Das Sachwertverfahren (eine Ausnahme) wird bei den „sonstigen bebauten Grundstücken" und bei bebauten Grundstücken angewandt, deren Merkmale nicht hinreichend durch eine Grundstücksbeschreibung mit der Vervielfältigertabelle des Bewertungsgesetzes erfasst werden können.
In Fällen, in denen der durch das Ertragswertverfahren ermittelte Einheitswert unter dem gemeinen Wert des unbebauten Grundstücks liegt, gilt als Mindestwert der Wert des Baugrundstücks, gegebenenfalls abzüglich Abbruchkosten. Der Einheitswert ist der Ausgangswert für die Grundsteuer. Beim Verschenken und Vererben von Immobilien wird seit 1.1.1996 nicht mehr der Einheitswert, sondern der so genannte „Grundbesitzwert" als Bemessungsgrundlage herangezogen.
Siehe / Siehe auch: Bedarfsbewertung, Gemeiner Wert, Grundbesitzwert

Einkaufsfaktor für Immobilien

Der Einkaufsfaktor gibt an, wie vielen Jahresnettomieten der Kaufpreis einer Immobilie entspricht. Er wird errechnet, indem der Kaufpreis (zuzüglich Erwerbsnebenkosten) durch die anfängliche Netto-Jahresmiete geteilt wird. Ein niedriger Einkaufsfaktor deutet auch eine vergleichsweise preisgünstige Immobilie hin; ein hoher Einkaufsfaktor bedeutet dagegen, dass die Immobilie relativ teuer ist. Der Vergleich mehrerer Objekte allein anhand des Einkaufsfaktors ist jedoch wenig aussagekräftig, sofern nicht wesentliche Einflussfak-

toren für den Wert von Immobilien wie Lage oder Gebäudequalität und das Verhältnis der Mieten zur aktuellen Marktmiete mit berücksichtigt werden. So liegen in besonders gefragten Lagen die Einkaufsfaktoren generell höher, während sie in einfacheren Lagen niedriger sind.
Siehe / Siehe auch: Einkaufsfaktor für den Fonds, Einkaufsfaktor für den Zeichner, Verkaufsfaktor

Einkaufsfaktor für den Fonds

Der Einkaufsfaktor einer Immobilie für die Fondsgesellschaft errechnet sich aus dem Verhältnis der gesamten Anschaffungskosten bestehend aus Kaufpreis und Erwerbsnebenkosten im Verhältnis zu der anfänglichen Jahresmiete. Gerade bei Gewerbeimmobilien wird dieses Ertragswertverfahren angewandt. Diese Kennziffer bringt zum Ausdruck, ob das betreffende Objekt günstig oder teuer erworben wurde. Hierzu ist allerdings ein Vergleich mit der entsprechenden Kennziffer vergleichbarer Immobilien beispielsweise nach Nutzungsart, Größe, Region, Standort. unter Beachtung der Angemessenheit der Mietansätze vorzunehmen. Die alleinige Betrachtung der isolierten Kennzahl ist nur wenig aufschlussreich.
Siehe / Siehe auch: Einkaufsfaktor für Immobilien, Einkaufsfaktor für den Zeichner

Einkaufsfaktor für den Zeichner

Der Einkaufsfaktor der Immobilie für den Zeichner / Fondsgesellschafter stellt eine gewisse Weiterentwicklung des Einkaufsfaktors für den Fonds dar. Während der Einkaufsfaktor der Immobilie für den Fonds nur auf den reinen Objektkaufpreis inklusive der Nebenkosten abstellt, errechnet sich der Einkaufsfaktor der Immobilie für den Zeichner aus der Relation der Gesamtinvestition (ohne eine eventuell gebildete Liquiditätsreserve) zu der erwarteten Jahresmiete. Die Einbeziehung der sonstigen Fondskosten wie Kosten für Konzeption, Garantien, Kapitalvermittlung in die Gesamtinvestition führt – im Gegensatz zu der reinen Kaufpreisbetrachtung im Rahmen des Einkaufsfaktors für den Fonds – zu einem mehr oder minder stark ausgeprägten Anstieg dieser Kennziffer.
Dies trägt zutreffend dem Umstand Rechnung, dass der Fonds als solcher zunächst lediglich den Kaufpreis für die Immobilie zu entrichten hat, während der dahinter stehende Gesellschafter zusätzlich auch die gesamten Fondskosten zu finanzieren hat.

Siehe / Siehe auch: Einkaufsfaktor für den Fonds, Einkaufsfaktor für Immobilien

Einkaufszentrum

Ein Einkaufszentrum besteht aus mehreren Einzelhandelsbetrieben in einem Gebäudekomplex, der auf der Grundlage einer einheitlichen Planung errichtet wurde und durch einen vom Investor eingesetzten Centermanager verwaltet wird. Es dient dem Verkauf von Lebensmitteln und Waren des täglichen Bedarfs. Das Bauplanungsrecht ermöglicht die Begrenzung der Verkaufsflächen für bestimmte Warengruppen, z.B. Haushaltgeräte, Geräte der Unterhaltungselektronik usw. Einkaufszentren sind nach der BauNVO nur in Kerngebieten und in Sondergebieten zulässig. Ähnliches gilt in der Regel für einen großflächigen Einzelhandelsbetrieb. Dessen Mindestverkaufsfläche liegt hier bei 700 Quadratmeter.

Einkommensteuergesetz (EStG)

Das Einkommensteuergesetz (EStG) bietet mit der Einkommensteuer-Durchführungsverordnung (EstDV) die Rechtsgrundlage für die Besteuerung von Einkommen. Das EStG unterscheidet sieben Einkunftsarten. Die Einkunftsquellen sind Gewinneinkünfte (Land- und Forstwirtschaft, Gewerbebetrieb, selbständige Arbeit) und Überschusseinkünfte (nichtselbständige Arbeit, Kapitalvermögen, Vermietung und Verpachtung sowie sonstige Einkünfte). Berücksichtigt werden zu-

nächst – soweit zutreffend – der Altersentlastungsbetrag und die an das Ausland bezahlten Steuern im Rahmen bestehender Doppelbesteuerungsabkommen. Die Addition der Einkünfte aus den sieben Einkunftsarten führt zum Gesamtbetrag der Einkünfte. Hiervon werden Sonderausgaben und Ausgaben aufgrund von außergewöhnlichen Belastungen abgezogen. Unter weiterer Berücksichtigung von etwaigen Kinderfreibeträgen, eines etwaigen Haushaltsfreibetrages gelangt man dann zum zu versteuernden Einkommen. Personenunternehmen, die Einkünfte aus Gewerbebetrieb erzielen, werden zusätzlich dadurch entlastet, dass bei ihnen ein Anteil der bezahlten Gewerbesteuer in Höhe des 1,8-Fachen des Gewerbesteuermessbetrages auf die zu bezahlende Einkommensteuer angerechnet wird. Der Rest kann – wie bisher – im Rahmen der Betriebsausgaben geltend gemacht werden. Die Einkommensteuertarife wurden durch das Steuerreformgesetz vom 14. Juli 2000 neu gestaltet. Die für 2003 geplante Verringerung des Eingang- und Höchststeuersatzes wurde später auf 1. Januar 2004 verschoben. Durch das Haushaltssicherungsgesetz vom Dezember 2003 ergibt sich eine weitere Änderung. Der Solidarzuschlag bleibt weiter bestehen. Durch das Steueränderungsgesetz 2007 wird ein Zuschlag zur Einkommensteuer eingeführt.
Ab einem zu versteuernden Einkommen in Höhe von 250.000 Euro bzw. bei Zusammenveranlagung von Ehegatten ab 500.000 Euro wird von 2007 an ein Zuschlag zur Einkommensteuer in Höhe von drei Prozentpunkten erhoben, so dass sich der Spitzensteuersatz auf 45% (zzgl. Solidaritätszuschlag und gegebenenfalls Kirchensteuer) erhöht. Für Gewinneinkünfte, also Einkünfte aus Gewerbebetrieb, aus Land- und Forstwirtschaft und aus selbständiger Tätigkeit (vor allem Freiberufler), wird bis zum Inkrafttreten der Unternehmensteuerreform (voraussichtlich 1.1.2008) ein Entlastungsbetrag gewährt, mit der Folge, dass für diese Einkünfte im Ergebnis keine Erhöhung der Steuerbelastung eintritt.
Die wichtigsten Tarifreformschritte:

Die wichtigsten Einzelheiten:

	1.1.2000	1.1.2001	1.1.2004	1.1.2005
Der Grundfreibetrag steigt von 13.000 DM auf	13.499 DM = 6.902 €	14.093 = 7.206 €	7.664 €	7.664 €
Der Eingangssteuersatz sinkt von 23,9% (1999) auf	22,9%	19,9%	16%	15%
Der Höchststeuersatz sinkt von 53% (1998) auf	51%	48,5%	45%	42%

Der Solidarzuschlag bleibt bestehen.

Einkünfte aus Vermietung und Verpachtung

„Einkünfte aus Vermietung und Verpachtung" (Anlage V zur Einkommensteuererklärung) ist eine der insgesamt sieben Einkunftsarten, die das Einkommensteuergesetz kennt. Es handelt sich um Überschusseinkünfte, die sich aus der Saldierung von Einnahmen und Werbungskosten ergeben und die aus Grundstücken, Gebäuden, Wohnungen und anderen Immobilien (z.B. Anteilen an geschlossenen Immobilienfonds) stammen, soweit sie nicht Bestandteil des Betriebsvermögens sind.
Siehe / Siehe auch: Immobilienfonds - Geschlossener Immobilienfonds

Einkünfteerzielungsabsicht beim Vermieter

Die Absicht, mit einer Tätigkeit dauerhaft Einkünfte zu erzielen. Das Vorliegen der Einkünfteerzielungsabsicht ist die Grundvoraussetzung dafür, dass der Vermieter die mit der Vermietung verbundenen Aufwendungen oder auch Verluste steuerlich geltend machen kann.
Bei einer auf Dauer angelegten Vermietungstätigkeit gehen Finanzgerichte und Finanzämter grundsätzlich ohne besondere Prüfung davon aus, dass eine Einkünfteerzielungsabsicht besteht. Problematisch wird es, wenn besondere Umstände vorliegen, die dies in Frage stellen.
Solche Umstände können sein:
- Verbilligte Vermietung (z.B. an Angehörige)
- Befristete Vermietung oder kurzfristig angelegte Fremdfinanzierung
- Vorübergehende Vermietung wegen Beteiligung an Mietkauf- oder Bauherrenmodellen (Ausnahme: Überschuss während der Beteiligungszeit)
- Vermietung besonders aufwändig gestalteter Wohnobjekte (BFH, Urteil vom 6.10.2004, Az. IX R 30/03)

Nach einem Urteil des Bundesfinanzhofes ist grundsätzlich auch vom Vorliegen der Einkünfteerzielungsabsicht auszugehen, wenn zu Beginn der Vermietungsphase besonders hohe Verluste anfallen, weil der Eigentümer alle Anschaffungs- und Herstellungskosten für das Mietobjekt komplett fremdfinanziert hat und die Tilgung durch gleichzeitig abgschlossene Lebensversicherungsverträge erfolgt (Urteil vom 19.4.2005, Az. IX R 10/04). Das Gericht sah auch die Tatsache, dass es sich im Streitfall um eine denkmalgeschützte Windmühle handelte, nicht als Indiz für das Vorliegen einer Liebhaberei an. Schließlich war das Objekt bereits regulär vermietet.

Gegen eine Einkünfteerzielungsabsicht spricht nach dem Urteil jedoch eine Finanzierungsvereinbarung, nach der bei Ablösung des Darlehens eine Übertragung des Vermietungsobjekts stattfindet, so dass der bisherige Vermieter dann keine Vermietungsgewinne mehr erwirtschaften kann.

Einläufige Treppe
Siehe / Siehe auch: Treppenlauf

Einlage, unverzinsliche (Bausparvertrag)
Einige Bausparkassen bieten Tarife an, bei denen anstelle einer Abschlussgebühr eine Einlage auf ein unverzinsliches Sonderkonto einbezahlt wird. Diese Einlage wird
- bei Verzicht auf das Bauspardarlehen an den Bausparer zurückbezahlt, oder
- bei Darlehensauszahlung von der Bausparkasse vereinnahmt.

Diese Verfahrensweise ist besonders für Bausparer interessant, die bei Abschluss noch nicht genau wissen, ob sie den Vertrag zum Bauen verwenden werden.

Einlagensicherungsfonds
Der Einlagensicherungsfonds ist ein bankeninternes Sicherungssystem der deutschen Privatbanken, mit dem das Geld der Kunden vor einem möglichen Vermögensverfall der Bank geschützt wird. Der in den 70er Jahren vom Bundesverband Deutscher Banken geschaffene Fonds, haftet jedem Kunden gegenüber mit maximal 30% des Eigenkapitals des jeweiligen Geldinstituts.

Die Mittel für den Fonds werden von den beteiligten Privatbanken nach Maßgabe ihrer Größe aufgebracht. Maßgeblich ist dabei das Eigenkapital, das im letzten veröffentlichten Jahresabschluss der Bank ausgewiesen ist. Der Schutz umfasst alle Sicht-, Termin- und Spareinlagen und auf den Namen lautende Sparbriefe. Inhaberpapiere sind nicht geschützt. Für Wertpapierdepots – also auch für Anteile an offenen Immobilienfonds – ist der Einlagensicherungsfonds nicht notwendig, da diese Titel auch bei einer Insolvenz im Eigentum des Anlegers bleiben.

Ein weiteres gesetzliches Sicherungssystem ist seit 1998 die „Entschädigungseinrichtung deutscher Banken GmbH" mit einer Sicherungsgrenze von höchstens 20.000 Euro und einem Selbstbehalt von 10%. Der Einlagensicherungsfonds übernimmt subsidiär die darüber hinaus gehende Sicherung.
Siehe / Siehe auch: Immobilienfonds - Offener Immobilienfonds

Einliegerwohnung

Einliegerwohnung ist die Bezeichnung für vermietete Wohnungen in Eigenheimen, besonders in Dach- oder Kellergeschossen.

Steuerlich

Für die Einliegerwohnung gelten die steuerlichen Bestimmungen für vermietetes Wohneigentum, wenn bestimmte Voraussetzungen erfüllt sind. Das Finanzamt erkennt die Räumlichkeiten nur als Wohnung an, wenn es sich um mehrere Räume handelt, die das Führen eines selbstständigen Haushalts ermöglichen.

Die Räume müssen demnach baulich abgeschlossen sein, einen eigenen Zugang haben und über notwendige Nebenräume, wie mindestens einen Raum mit Kochgelegenheit, ein Bad oder eine Dusche und eine Toilette verfügen. Eine Einliegerwohnung setzt voraus, dass es nur zwei Wohnungen im Haus gibt und dass die zweite Wohnung vom Vermieter bewohnt wird. Bewertungsrechtlich ist eine Einliegerwohnung dann Bestandteil eines Zweifamilienhauses.

Mietrechtlich

Für die Kündigung des Mietvertrages gelten einige Besonderheiten. Der Vermieter kann den Mietvertrag für die Einliegerwohnung mit der gängigen dreimonatigen Frist kündigen, wenn er dies auf einen gesetzlich zulässigen Kündigungsgrund stützt (z.B. Eigenbedarf), der ihm ein berechtigtes Interesse an einer Vertragsbeendigung gibt.
Zusätzlich hat er aber auch die Möglichkeit, ohne einen solchen Grund zu kündigen. Die Kündigungsfrist verlängert sich dann auf insgesamt sechs Monate. Im Kündigungsschreiben ist anzugeben, dass es sich um eine Kündigung ohne Vorliegen eines berechtigten Interesses handelt, die eben wegen des besonderen Mietverhältnisses (Zweifamilienhaus, Vermieter bewohnt die andere Wohnung) zulässig ist. Diese Kündigungsregeln können nicht zum Nachteil des Mieters vertraglich geändert werden.
Siehe / Siehe auch: Beendigung eines Mietverhältnisses, Eigenbedarf

Einschaliges Mauerwerk

Das einschalige Mauerwerk ist ein Mauerwerk, bei dem nur eine Schicht Mauersteine verwendet wird. Bei Innenwänden ist die Verwendung aller Steinarten in beliebiger Wanddicke möglich. Für Außenwände empfiehlt sich jedoch die Verwendung frostbeständiger Steine.
Eine Mauerschicht besteht mindestens aus zwei gleich hohen Steinreihen. Dazwischen gibt es eine 2 cm breite Längsfuge, die schichtweise versetzt angebracht wird. Die durchgehende Fuge wird mit Mörtel ausgegossen und dient dem Schutz vor Schlagregen. Meist kommen großformatige Steine aus Ton, Leichtbeton oder Gasbeton zum Einsatz. In diesen Materialien sind Luftbläschen eingeschlossen, was zu einer Verbesserung der Wärmedämmungseigenschaften führt.
Die Wand kann auf der Außenseite durch einen Außenputz vor Wettereinflüssen geschützt werden. Innen und außen können zusätzliche Dämmschichten aufgebracht werden. Seit Einführung der Energieeinsparverordnung sind ungedämmte Außenwände nicht mehr üblich.
Siehe / Siehe auch: Zweischaliges Mauerwerk

Einsichtsrecht (Wohnungseigentum)

Jedem Wohnungseigentümer steht grundsätzlich das Recht zu, Einsicht zu nehmen in sämtliche Verwaltungsunterlagen, insbesondere in die Abrechnungsunterlagen und – insoweit besteht auch das gesetzlich verbriefte Recht – in die Niederschriften über die Beschlüsse der Wohnungseigentümer (§ 24 Abs. 6 WEG) und auch in die Beschluss-Sammlungen (§ 24 Abs. 7 WEG. Nichtwohnungseigentümern steht ein solches Recht nur dann zu, wenn sie von einem Eigentümer hierzu bevollmächtigt sind. Dies gilt insbesondere für Kaufinteressenten. Diesem Einsichtsrecht stehen datenschutzrechtliche Bestimmungen nicht entgegen. Das Einsichtsrecht ist regelmäßig am Ort der WEG-Verwaltung, also im Büro des bestellten Verwalters, wahrzunehmen, allerdings im Rahmen der üblichen Bürozeiten und entsprechender Absprache mit dem Verwalter. Ein Anspruch auf Herausgabe von Originalen der Verwaltungs- oder Abrechnungsunterlagen besteht nicht, wohl aber ein Anspruch auf Anfertigung und Aushändigung von Kopien gegen Kostenerstattung (in der Regel etwa 0,50 Euro pro Kopie).
Siehe / Siehe auch: Beschluss-Sammlung, Jahresabrechnung (Wohnungseigentum)

Einstweilige Verfügung / Eilverfahren

Justitia braucht für ihre Entscheidungen oft viel Zeit. Gerade im Mietrecht kommt es immer wieder vor, dass der Betroffene diese Zeit nicht hat. Beispiel: Der Vermieter möchte dringende Reparaturen an den elektrischen Leitungen durchführen lassen, der Mieter lässt den Monteur nicht in die Wohnung. In solchen Fällen kann der Mieter mit Hilfe einer einstweiligen Verfügung dazu gezwungen werden, dem Vermieter – bzw. seinem Monteur – Zugang zu gewähren.
Voraussetzungen der einstweiligen Verfügung:
- Es besteht ein Rechtsanspruch des Antragstellers.
- Es ist zu befürchten, dass dieser Anspruch durch bevorstehende Veränderungen vereitelt wird.
- Der Antragsteller muss die beiden ersten Voraussetzungen glaubhaft machen.

Die Voraussetzungen sind z.B. erfüllt, wenn durch eine für das Gebäude bestehende Gefahr schwere Schäden oder Werteinbußen zu befürchten sind, die nur durch ein sofortiges Einschreiten verhindert werden können. Bei einer Brandgefahr wegen Leitungsschäden wäre dies der Fall. Eine Räumung kann auf diese Weise allerdings nicht erzwungen werden – es sei denn in Fällen verbotener Eigenmacht („Hausbesetzung") oder bei Gefahr für Leib und Leben der Bewohner. Die gesetzliche Regelung findet sich in den §§ 935 ff. der Zivilprozessordnung.

Siehe / Siehe auch: Wettbewerbsrecht

Einwendungsfrist für Betriebskostenabrechnung

Nach Erhalt der jährlichen Betriebskostenabrechnung hat der Mieter eine Einwendungsfrist von 12 Monaten. Innerhalb dieses Zeitraums kann er noch Einwände gegen die Abrechnung geltend machen, danach nicht mehr (§ 556 Abs.3 BGB). Diese Ausschlussfrist bedeutet jedoch nicht, dass der Mieter mit der Nachzahlung grundsätzlich ein Jahr warten darf. Für die Prüfung der Abrechnung wird üblicherweise ein Zeitraum von vier Wochen als akzeptabel angesehen. Bestehen keine Einwendungen gegen die Abrechnung, hat der Mieter den Nachzahlungsbetrag nach Ablauf dieses Zeitraumes zu entrichten.

Ist die Abrechnung einmal akzeptiert, können vom Mieter keine Korrekturen für offensichtliche und von ihm selbst erkennbare Fehler mehr gefordert werden (so die Gerichte, z.B. OLG Hamburg WM 91, 598; AG Ludwigshafen, WM 91, 504).

Siehe / Siehe auch: Betriebskosten

Einwertungsgewinne

Als Einwertungsgewinn wird die Differenz zwischen dem von Sachverständigen für eine bestimmte Immobilie bei ihrer Aufnahme in einen Offenen Immobilienfonds ermittelten Wert und einem niedrigeren von der Fondsgesellschaft gezahlten Kaufpreis bezeichnet. Kritiker verweisen darauf, dass es in der Regel eher zu Einwertungsverlusten kommen müsse, weil Kaufpreis und Verkehrswert sich nur geringfügig unterschieden und vom Verkehrswert die Erwerbsnebenkosten abzuziehen seien.

Einwirkung

Siehe / Siehe auch: Immission

Einzelabrechnung (Wohnungseigentum)

Jeder Wohnungseigentümer erhält zusammen mit der Gesamtjahresabrechnung eine Einzelabrechnung, die alle anteilig auf ihn entfallenden Einnahmen und Ausgaben für die Verwaltung des gemeinschaftlichen Eigentums ausweist.

Dazu gehört auch der Ausweis der anteilig gezahlten Zinsen auf den anteiligen Betrag an der Instandhaltungsrückstellung, die der Wohnungseigentümer im Rahmen seiner jährlichen Einkommensteuererklärung ebenso wie andere Zinseinnahmen anzugeben hat. Mit der Neuregelung zu § 35a EStG sind auch die anteilig auf den einzelnen Eigentümer entfallenden haushaltsnahen Dienstleistungen und Handwerkerleistungen auszuweisen. Aus der Einzelabrechnung ergibt sich der insgesamt zu leistende anteilige Beitrag als Saldo der anteiligen Einnahmen und Ausgaben. Abzüglich der bereits geleisteten Hausgeldvorauszahlungen ergeben sich Nachzahlungen oder aber auch Erstattungsbeträge, wenn die Vorauszahlungen höher ausgefallen waren als die tatsächlichen Ausgaben.

Über die Einzelabrechnung hat die Wohnungseigentümergemeinschaft ebenso durch Mehrheitsbeschluss abzustimmen wie über die Gesamtabrechnung. Ohne eine Beschlussfassung entsteht keine Zahlungsverpflichtung. Aus der Verpflichtung, über die Gesamtabrechnung und sämtliche Einzelabrechnungen zu beschließen, ergibt sich auch das Recht, in die Abrechnungen aller übrigen Miteigentümer Einsicht zunehmen. Dies auch aus dem Grunde, um feststellen zu können, ob alle Miteigentümer ihren Zahlungsverpflichtungen nachgekommen sind.

Siehe / Siehe auch: Belegprüfung, Einsichtsrecht (Wohnungseigentum), Gesamtschuldnerische Haftung (Wohnungseigentümer), Jahresabrechnung (Wohnungseigentum)

Einzelrechtsnachfolge

Der Einzelrechtsnachfolger erwirbt das Eigentumsrecht an einer einzelnen Sache, z.B. einer Immobilie und wird in Bezug auf diese Sache Rechtsnachfolger des Erblassers bzw. Schenkers. Er tritt in alle Rechte und Verpflichtungen seines Vorgängers ein.So kann er z.B. bei einer Immobilie die lineare Abschreibung des Rechtsvorgängers weiterführen, muss andererseits am Tage des Erbanfalls noch nicht bezahlte öffentliche Abgaben übernehmen.

Einzelwirtschaftsplan

Der Verwalter ist gemäß § 28 Abs. 1 WEG verpflichtet, jeweils für ein Kalenderjahr einen Wirtschaftsplan aufzustellen, über den die Wohnungseigentümer in der Wohnungseigentümerversammlung gemäß § 28 Abs. 5 WEG mit Mehrheit beschließen. Ohne Beschlussfassung ist kein Wohnungseigentümer verpflichtet, die gemäß Wirtschaftsplan beschlossenen Vorschüsse (Hausgeldvorauszahlungen) an den Verwalter zu zahlen. Der nach § 28 Abs. 1 WEG vorzulegende Wirtschaftsplan umfasst den Gesamtwirtschaftsplan mit den insgesamt zu erwartenden Einnahmen und Ausgaben bei der Verwaltung des gemeinschaftlichen Eigentums.
Zu den unverzichtbaren Bestandteilen des Wirtschaftsplans im Sinne der Vorschrift des § 28 Abs. 1 WEG gehören jedoch neben dem Gesamtwirtschaftsplan auch die Einzelwirtschaftspläne, aus denen sich die jeweiligen Hausgeldvorauszahlungen für jeden einzelnen Wohnungseigentümer ergeben. Auch über diese Einzelwirtschaftspläne hat die Wohnungseigentümerversammlung mit Mehrheit zu entscheiden. Die Genehmigung eines Wirtschaftsplanes ohne Beschlussfassung auch über die Einzelwirtschaftspläne ist auf Anfechtung hin durch das Gericht für ungültig zu erklären (BGH, Beschl. vom 2.6.2005, V ZB 32/05). Erfolgt allerdings keine Anfechtung, ergibt sich die Zahlungsverpflichtung aus dem Gesamtwirtschaftsplan.
Der Verwalter ist im Übrigen verpflichtet, die Einzelwirtschaftspläne für alle Eigentümer der Gemeinschaft vor der Beschlussfassung in der Versammlung allgemein zur Einsichtnahme zur Verfügung zu stellen. Datenschutzrechtliche Bestimmungen stehen dieser Einsichtnahme nicht entgegen.
Siehe / Siehe auch: Wirtschaftsplan

Einzugsermächtigung (Mietvertrag)

Häufig wird vereinbart, dass der Mieter dem Vermieter eine Einzugsermächtigung erteilt, damit Miete und Nebenkosten nicht einzeln überwiesen werden müssen. Eine solche Vereinbarung ist nur wirksam, wenn sie im Mietvertrag niedergelegt wird. Ferner muss für den Mieter die Höhe der Geldbeträge absehbar sein; es muss sich um regelmäßige Zahlungen handeln.
Einzugsermächtigungen, die ohne mietvertragliche Vereinbarung gegeben wurden, kann der Mieter jederzeit widerrufen. Ansonsten ist dies nur bei Vorliegen eines wichtigen Grundes möglich. Dies ist z.B. der Fall, wenn der Vermieter trotz schriftlicher Mietminderung aufgrund von Wohnungsmängeln weiter die volle Miete einzieht.
Eine Einzugsermächtigung wird beendet, indem der Kontoinhaber dem Vertragspartner einen schriftlichen Widerruf zukommen lässt. Beachtet dieser den Widerruf nicht und zieht weiter ein, gibt es zwei Möglichkeiten:
- Widerspruch beim Geldinstitut (solange Zahlung noch nicht vom Kontoinhaber genehmigt, innerhalb von sechs Wochen meist unproblematisch).
- Antrag auf einstweilige Verfügung gegen den Zahlungsempfänger beim zuständigen Amtsgericht.

Einzugsermächtigung (Wohnungseigentum)

Zur Erleichterung des Zahlungs- und Rechnungsverkehrs in der Wohnungseigentümergemeinschaft empfiehlt es sich, im Rahmen der Beschlussfassung über den Wirtschaftsplan gleichzeitig durch mehrheitliche Beschlussfassung zu regeln, dass jeder Wohnungseigentümer dem Verwalter eine Einzugsermächtigung für die gemäß Wirtschaftsplan beschlossenen monatlichen Hausgeldvorauszahlungen zu erteilen hat.
Ob es zulässig ist, für die Nichtteilnahme am Lastschriftverfahren den insoweit betroffenen Wohnungseigentümern durch mehrheitliche Beschlussfassung eine gesonderte Gebühr in Rechnung zu stellen, ist in der Rechtsprechung umstritten. Nach den neuen Bestimmungen des Wohnungseigentumsgesetzes können die Wohnungseigentümer jedoch gemäß § 21 Abs. 7 WEG durch mehrheitliche Beschlussfassung Kostenregelungen für einen besonderen Verwaltungsaufwand – und insoweit auch die Kosten für den zusätzlichen Aufwand bei Nichtteilnahme am Lastschrifteinzugsverfahren – treffen.
Siehe / Siehe auch: Wirtschaftsplan

Eisenskelettbauweise

Die Eisenskelettbauweise ist eine Bauweise, bei der alle tragenden Elemente aus Eisen hergestellt sind. Die Gefache können ausgefüllt sein, beispielsweise mit Ziegelmauerwerk oder Glas. Eines der bekanntesten Beispiele für einen Eisenskelettbau ist der Eiffelturm in Paris. In Eisenskelettbauweise wurden Gebäude unterschiedlichster

Art wie Ladenpassagen, Galerien, Kaufhäuser, Bibliotheken oder Bürohäuser errichtet.

EK

Abkürzung für: Eigenkapital

Elektrosmog

Elektrosmog ist ein Begriff der sich aus den Wörtern Elektro und Smog zusammensetzt. Er bezeichnet ganz allgemein die durch elektrische Geräte, Leitungen und Sender erzeugte elektromagnetischen Strahlungen und Felder. Diese messbaren Felder werden von allen Elektrogeräten erzeugt und besonders stark von Hochspannungsleitungen, Transformatoren oder Mobilfunk-Sendeantennen.
Elektrosmog steht unter dem Verdacht, verschiedene Gesundheitsschäden zu verursachen oder zu fördern (Herzrhythmusstörungen, hormonelle Erkrankungen, Schlafstörungen, Krebs usw.). Obwohl gesicherte Erkenntnisse dazu noch nicht vorliegen, enthält die 26. Bundesimmissionsschutzverordnung Grenzwerte der höchstzulässigen elektromagnetischen Belastung. Die Grenzwerte sind allerdings in der Kritik, da sie erst relativ hohe Werte als schädlich ansehen, bei denen eine Erwärmung menschlicher Körperzellen stattfindet.
Mietrecht: Als Mangel, der eine Mietminderung rechtfertigt, wird Elektrosmog meist nur bei Überschreitung der Grenzwerte angesehen.
Solange die Elektrosmogbelastung in einer Wohnung nicht das Maß der normalen Hintergrundbelastung durch elektrische Geräte überschreitet, wird kaum ein Gericht dem Mieter eine Mietminderung zugestehen. Bei der Aufstellung mehrerer Antennen kann dies anders aussehen: Allein wegen der ständigen Angst vor möglichen Gesundheitsschäden hielt ein Münchner Gericht bei einer Familie, die direkt unter einer Mobilfunk-Sendeanlage mit sechs Antennen wohnte, eine Mietminderung um 20% für gerechtfertigt (AG München, WM 99, 111). Der Bundesgerichtshof hat am 15.3.2006 jedoch entschieden, dass ein Dachgeschossmieter – auch als Träger eines Herzschrittmachers – keinen Anspruch auf Unterlassung gegen seinen Vermieter hat, der das Hausdach als Standort für eine Mobilfunkantenne vermieten will (Az. VIII ZR 74/05). Voraussetzung war auch hier, dass die Grenzwerte nicht überschritten wurden.
Siehe / Siehe auch: Mietminderung, Sachmangel (im Mietrecht)

Elementarschadenversicherung

Die Elementarschadenversicherung gewährt zu den durch die Wohngebäudeversicherung abgedeckten Schäden durch Feuer, Sturm, Hagel zusätzlichen Versicherungsschutz vor den Folgen von Naturereignissen wie Erdbeben, Erdrutsch, Lawinen, Hochwasser usw. Dieser Schutz ist in der normalen Wohngebäudeversicherung nicht enthalten und muss deshalb zusätzlich vereinbart und bezahlt werden. Als problematisch erweist sich der Versicherungsschutz gegen Überschwemmungen bei Wohngebäuden, die in gefährdeten Zonen, so genannten E 3-Zonen liegen, die nach Postleitgebieten geordnet sind. Wohnhäuser in E 3 Zonen sind nicht oder nur sehr schwer versicherbar, Wohnhäuser in E 2 Zonen können nur gegen eine erhöhte Versicherungsprämie gegen Hochwasser versichert werden. E-1 Zonen sind nicht hochwassergefährdet, so dass jederzeit Versicherungsschutz gewährt wird. Welche Postleitbereiche in E 3 und E 2 Zonen liegen, kann vom Bund der Versicherte (E-Mail: gruppenvers@bundderversicherten.de) abgerufen werden. Die E 3-Zonen liegen vor allem im südöstlichen Baden-Württemberg und im Raum Altenburg-Gera-Klingenthal.

ELW

Abkürzung für: Einliegerwohnung

Emerging Markets

Unter diesem Begriff sind Schwellenländer zu verstehen. Also Länder, die bereits erhebliche Entwicklungsfortschritte erzielt haben und sich durch eine hohe Wachstumsdynamik auszeichnen. Als Beispiele können Korea, Taiwan und Malaysia in Südostasien; Brasilien, Chile, Mexiko in Lateinamerika, sowie einige Länder in Mittel- und Osteuropa gelten.

Empirica

Empirica ist ein 1990 gegründetes wirtschafts- und sozialwissenschaftliches Beratungsunternehmen mit Niederlassungen in Berlin, Bonn und Leipzig. Tätigkeitsfelder sind nach eigener Darstellung:
- **Wirtschaftsforschung und Wirtschaftspolitik**
  Demographischer Wandel
  Evaluationen (Förderbudgets, Infrastrukturprojekte)
- **Vermögensbildung und Konsumforschung**

Altersvorsorge
Sozialberichterstattung
- **Wohnungsmärkte und Wohnungspolitik**
Wohnungsmarktanalysen
Stadtumbaukonzepte
- **Risikoanalysen und Immobilienfinanzierung**
Kreditrisikoanalysen
Bank- und Bausparkassenberatung
- **Standortgutachten und Nutzungskonzepte**
Büromarkt, Einzelhandel
Auslandsimmobilien
- **Regional- und Stadtentwicklung**
Evaluation von Flächennutzungsplänen
Erarbeitung von Stadtentwicklungsstrategien
- **Soziale Stadt und überforderte Nachbarschaften**
Programmbegleitung
Qualitative Marktforschung
- **Seniorenimmobilien und neue Wohnformen für Ältere**
Standortbewertung
Konkurrenzanalysen

Zu den Auftraggebern zählen internationale Organisationen, Bundes- und Länderministerien, Groß- und Mittelstädte und Unternehmen aus der Kredit- und Immobilienwirtschaft.
Näheres siehe: www.empirica-institut.de

Endreinigung

Der Begriff wird in unterschiedlichem Zusammenhang für abschließende Reinigungsarbeiten verwendet.

Endreinigung bei Mietwohnungen

Enthält der Mietvertrag keine Schönheitsreparaturen-Klausel, sondern nur die Regelung „Wohnung ist besenrein zu übergeben" muss der Mieter (nach Entfernung aller eigenen Gegenstände, Möbel, Sperrmüll, Abfall, Werkzeug etc.) die Wohnung grob säubern, d.h. ausfegen, wischen und größere Verschmutzungen beseitigen. Eine professionelle Reinigung auf Hochglanz kann hier nicht gefordert werden. Fachgerechte Ausführung ist jedoch bei Schönheitsreparaturen gefragt, die mit Malerarbeiten einhergehen.

Endreinigung bei Ferienwohnungen

Wer eine Ferienwohnung mietet, muss diese unmittelbar vor dem Auszug endreinigen. Diese Pflicht wird meist im Mietvertrag verankert. Wichtig: Hat der Mieter laut Vertrag die Kosten der Endreinigung zu tragen, ohne dass er die Möglichkeit hat, diese selbst durchzuführen, muss die Endreinigung im Gesamtpreis der Ferienwohnung eingeschlossen sein (BGH, 6.6.1991, Az. I ZR 291/89). Die Kosten für die Endreinigung richten sich nach der Wohnungs- bzw. Hausgröße. Sie bewegen sich meist zwischen 25 und 100 Euro.

Führt der Mieter absprachewidrig keine Endreinigung durch, kann der Vermieter ihm diese in Rechnung stellen und die Kosten gegebenenfalls von einer hinterlegten Kaution abziehen. Die vom Mieter mit der Miete bezahlte Endreinigung durch die Vermieterseite umfasst laut Vertrag oft nur das Säubern von Möbeln, Bodenbelägen, Fenstern, Sanitäranlagen und Küchengeräten – aber nicht tägliche Routinearbeiten wie Geschirrspülen, Aufräumen, Säubern des Gartengrills. Diese muss der Mieter am letzten Urlaubstag trotz bezahlter Endreinigung selbst durchführen.

Endreinigung bei Neubauten

Auch ein Neubau muss vor Bezug gereinigt werden. Hierfür existieren Spezialfirmen, die eine Reinigung in mehreren Schritten anbieten. Zuletzt erfolgt eine Endreinigung, die die Spuren der Bauarbeiten gründlich beseitigt.

Siehe / Siehe auch: Baureinigung, Schönheitsreparaturen

EnEG

Abkürzung für: Gesetz zur Einsparung von Energie in Gebäuden

Energieausweis

Unter einem Energieausweis / Energiepass versteht man ein auf ein Gebäude bezogenes Dokument, aus dem sich Rückschlüsse auf den Energieverbrauch bzw. die Energieeffizienz dieses Gebäudes ziehen lassen. Der Energieausweis soll für Immobilienkäufer und Mieter eine Vergleichsbasis schaffen und Anreize zur energetischen Sanierung von Gebäuden bieten.

Verspätete Einführung

Nach der europäischen Energieeffizienzrichtlinie hätten alle EU-Mitgliedsstaaten bis Anfang 2006 für alle Gebäude Energieausweise einführen müssen. In Deutschland erfolgt die Umsetzung verspätet: Die zuständigen Ministerien haben erst im

Oktober 2006 Einigung über die Einführung des Energieausweises für bereits bestehende Gebäude erzielt. Für Neubauten sind Energieausweise seit 1995 vorgeschrieben.

Rechtliche Grundlage

Das EnEG (Energieeinsparungsgesetz) ermächtigt die Bundesregierung, mit Zustimmung des Bundesrates im Wege einer Rechtsverordnung Inhalt und Verwendung von Energieausweisen für Gebäude festzulegen. Diese Regelungen finden sich in der EnEV (Energieeinsparverordnung). Die Energieausweise für bestehende Gebäude werden im Rahmen einer Neufassung der EnEV eingeführt. Stand von Ende 2006 ist, dass der fertig gestellte Referentenentwurf der Verordnung noch von Fachverbänden und Landesregierungen kommentiert werden kann.
Der Entwurf muss dann Bundeskabinett und Bundesrat passieren. Die Verordnung tritt nach ihrer Veröffentlichung im Bundesgesetzblatt oder Bundesanzeiger in Kraft. Mit dem Abschluss des Verordnungsgebungsverfahrens ist im Sommer 2007 zu rechnen. Eingeführt werden soll der Energieausweis zum 1.1.2008. Rechtssicherheit besteht erst mit endgültiger Verabschiedung der EnEV; vor dem 1.1.2008 ist kein Energieausweis für Bestandsgebäude erforderlich.

Wer benötigt einen Energieausweis?

Einen Energieausweis braucht künftig, wer seine Immobilie (Wohn- und Nichtwohngebäude) vermieten oder verkaufen will: Der Ausweis ist Miet- und Kaufinteressenten vorzulegen. Selbstnutzende Eigentümer benötigen ihn nicht – zumindest solange derartige Schritte nicht anstehen.

Verbrauchsbasiert und bedarfsbasiert

Es wird zwei Arten von Energieausweisen geben: Den verbrauchsbasierten und den bedarfsbasierten. Der verbrauchsbasierte Ausweis wird auf der Basis des Verbrauchs der aktuellen Bewohner erstellt. Er kann gleichzeitig mit einer Jahres-Heizkostenabrechnung relativ kostengünstig angefertigt werden. Sein Nachteil ist jedoch, dass er keine Bewertung des vom Bauzustand des Gebäudes abhängigen Wärmeverlustes erlaubt: Hat der Mieter sparsam geheizt, sind die Werte günstig. Mangelhafte Dämmungsmaßnahmen oder Heizanlagen bleiben unerwähnt. Aufwändiger ist die Erstellung des bedarfsbasierten Energieausweises. Dieser bewertet den Primärenergiebedarf des Gebäudes. Dazu werden die Wärmedurchgangswerte der verwendeten Baumaterialien herangezogen sowie die bestehende Anlagentechnik hinsichtlich Heizung, Warmwasserversorgung und Lüftung analysiert, um den Wärmebedarf unabhängig vom jeweiligen Nutzer zu ermitteln. Sind kostengünstige Verbesserungen der Energieeffizienz des Gebäudes möglich, muss der Aussteller Modernisierungsempfehlungen abgeben.

Wer braucht welchen Ausweis?

Eigentümer / Vermieter von Gebäuden mit bis zu vier Wohnungen, deren Bauantrag vor dem 1.11.1977 gestellt wurde, benötigen einen bedarfsorientierten Pass. Wer sein Haus mit Hilfe staatlicher Fördergelder sanieren will, benötigt ebenfalls den bedarfsorientierten Ausweis. Entsprach das Gebäude bereits bei Fertigstellung den Vorgaben der Wärmeschutzverordnung vom 11.8.1977 oder wurde es später durch Modernisierung auf deren Stand gebracht, besteht Wahlfreiheit zwischen bedarfs- und verbrauchsorientiertem Ausweis. Dies gilt auch für Gebäude mit Bauantragstellung ab 1.11.1977 und generell für solche mit mehr als vier Wohnungen.

Aussteller

Nach der neuen EnEV werden verschiedene Berufsgruppen mit bestimmten Qualifikationen berechtigt sein, Energieausweise auszustellen. Z.B.: Speziell qualifizierte Architekten und Bauingenieure, Handwerksmeister, Schornsteinfeger.

Kosten

Bundesbauminister Wolfgang Tiefensee zufolge soll der bedarfsorientierte Energieausweis ca. 80 bis 120 Euro, der verbrauchsorientierte ca. 40 bis 60 Euro kosten. Eigentümerverbände rechnen jedoch mit erheblich höheren Kosten speziell für den bedarfsorientierten Ausweis. Eine aufwändige Begehung des Gebäudes durch Experten wird nicht vorgeschrieben sein. Es soll ausreichen, dass der Eigentümer dem Experten Angaben und Nachweise zum Gebäudezustand zur Verfügung stellt.

Geltungsdauer

Beide Versionen des Energieausweises werden eine Gültigkeitsdauer von zehn Jahren haben. Nach energetischen Sanierungsmaßnahmen empfiehlt sich jedoch eine Neuausstellung, um die vorteilhafteren Werte korrekt abzubilden und sie in der Vermarktung der Immobilie nutzen zu können. Bei bestimmten Änderungen am Gebäude wird eine Neuaustellung vorgeschrieben sein.

Energieausweis – schon vor 2008?

Die deutsche Energie-Agentur GmbH (dena) – deren Gesellschafter die Bundesrepublik Deutschland und die KfW sind – hat im Rahmen der Marktvorbereitung zwischen November 2003 und Dezember 2004 einen bundesweiten Feldversuch durchgeführt, bei dem ca. 400 Aussteller über 4.100 Energiepässe ausgefertigt haben. Bis zur Einführung des verbindlichen Energieausweises für Bestandsgebäude ermöglicht die dena im Rahmen einer Marktvorbereitungskampagne bundesweit die freiwillige Ausstellung von Energieausweisen. Diese sollen auch nach Einführung des verbindlichen Energiepasses gültig bleiben (zehn Jahre ab Ausstellung). Rechtssicherheit besteht diesbezüglich allerdings erst ab Inkrafttreten der neuen EnEV. Nähere Informationen und Anschriften der mit der dena kooperierenden Pass-Aussteller sind auf der Internetseite: www.gebaeudeenergiepass.de erhältlich. Es ist darauf hinzuweisen, dass derzeit auch weniger seriöse Anbieter die Unsicherheit von Hauseigentümern ausnutzen, um Energiepässe auszustellen, deren Übereinstimmung mit den gesetzlichen Vorgaben fragwürdig ist.

Energieeffizienz-Richtlinie

Die Energieeinsparverordnung (EnEV) zwingt Hauseigentümer zur Modernisierung veralteter Heizanlagen und zu bestimmten Maßnahmen der Wärmedämmung. Die Umrüstung muss bis 31.12.2006 erfolgt sein.
Die europäische Energieeffizienzrichtlinie sollte bis zum 4.1.2006 in deutsches Recht umgesetzt werden. Dieser Termin wurde nicht eingehalten. Die Umsetzung wird dazu führen, dass die bisher geltende EnEV 2004 durch eine überarbeitete Version der Verordnung (EnEV 2006) abgelöst wird. Die EU-Richtlinie hat zum Ziel, die Gesamtenergieeffizienz von Gebäuden zu verbessern, wobei lokale Bedingungen (wie das örtliche Klima) mit einbezogen werden.
Es werden darin z.B. Kriterien für die gesamtheitliche Beurteilung der Energieeffizienz eines Gebäudes festgelegt. Bei größeren Renovierungen bestehender Gebäude müssen bestimmte Mindestanforderungen an die Energieeffizienz beachtet werden.
Siehe / Siehe auch: Energieeinsparverordnung (EnEV)

Energieeinsparungsgesetz

Das Energieeinsparungsgesetz enthält Vorschriften über energieinsparenden Wärmeverbrauch bei Neubauten und bestehenden Gebäuden. Das wichtigste an diesem Gesetz sind die Ermächtigungen der Bundesregierung zum Erlass von Verordnungen, in denen vorgeschrieben wird, welchen Anforderungen die Beschaffenheit und die Ausführung der heizungs- und raumlufttechnischen Anlagen, der Brauchwasseranlagen sowie der Betrieb dieser Anlagen genügen muss.
Das Energieeinsparungsgesetz vollzieht die EU-Richtlinie 2002/91 (Energieeffizienzrichtlinie). Dies führte zu einer vom Bundesrat bereits abgesegneten 2. Änderung des Energieeinsparungsgesetzes. Allerdings konnten die hierauf basierende Anpassung der Energieeinsparverordnung in dieser verkürzten Legislaturperiode nicht mehr vorgenommen werden. Mittlerweile liegt der Regierungsentwurf der neuen Regierung vor und befindet sich in der Diskussion.
Die Ausweise sollen Miet- und Kaufinteressenten Vergleichsmöglichkeiten in Sachen Energieverbrauch. Außerdem soll der Energiepass (auch als Energieausweis bzw. Energiebedarfsausweis bezeichnet) zur Modernisierung alter Heizanlagen anregen zum Austausch von Fenstern und Maßnahmen der Gebäudedämmung ermuntern. Unterstützt werden soll die Durchführung der energetischen Gebäudemodernisierung durch ein auf 1,4 Mrd Euro ausgelegtes Förderprogramm.
Umstritten ist nach wie vor, ob der Ausweis für Altbauten auf der Grundlage des tatsächlichen Verbrauchs oder des errechneten Bedarfs ausgestellt werden soll. Während der Verbrauch heute schon erfasst wird, würde die Bedarfserrechnung zu einem erheblichen Kostenaufwand führen. Der BFW rechnet im Schnitt mit 600 Euro pro Gebäude. Da die Beschaffung eines Gebäude-Energiepasses Pflicht ist, soll auf den Hauseigentümer, der sich weigert, ihn anzuschaffen, ein Bußgeld bis zu 15.000 Euro warten.
Siehe / Siehe auch: Energieeffizienz-Richtlinie, Energieeinsparverordnung (EnEV)

Energieeinsparverordnung (EnEV)
Siehe / Siehe auch: Energieausweis, Niedrigenergiehaus

Energieverbrauch
Der Energieverbrauch der deutschen Haushalte teilte sich nach einer Erhebung des Verbandes der Elektrizitätswirtschaft (VDEW) im Jahr 2003 wie folgt auf:
- Heizung: 53%
- Pkw: 30%
- Warmwasser: 8%
- Hausgeräte: 8%
  (davon 1% für Kommunikation und Information)
- Beleuchtung: 1%

Die Anteilsverhältnisse dürften sich im Jahr 2005 wegen der gestiegenen Heizölpreise nicht unerheblich ändern.

Enteignung
Das Eigentum an einer Sache oder einem Grundstück ist ein Grundrecht, begründet in Art. 14 GG. Eine Enteignung ist nur zum Wohle der Allgemeinheit aufgrund einer gesetzlichen Basis möglich. Zur Verwirklichung eines Bebauungsplanes, zur Realisierung der städtebaulichen Ordnung oder zum Bau wichtiger Infrastrukturprojekte hat der Gesetzgeber die Möglichkeit zur Enteignung vorgesehen.Nach § 85 BauGB kann nur enteignet werden, um ein Grundstück entsprechend den Festsetzungen des Bebauungsplanes zu nutzen oder eine solche Nutzung vorzubereiten. Nach dem BauGB ist es außerdem möglich, unbebaute oder geringfügig bebaute Grundstücke, die nicht im Bereich eines Bebauungsplanes, aber im Zusammenhang bebauter Ortsteile belegen sind, einer baulichen Nutzung zuzuführen oder Baulücken zu schließen. Bevor einem Grundstückseigentümer das Eigentum entzogen wird, muss die Gemeinde nachweisen, dass sie sich ernsthaft um den Erwerb des Grundstückes bemüht hat. Das Verfahren der Enteignung wird durch die höhere Verwaltungsbehörde als Enteignungsbehörde durchgeführt.
Die Enteignungsbehörde entscheidet nach einer mündlichen Verhandlung und Anhörung des Gutachterausschusses, wenn keine Einigung der Beteiligten zustande kommt. Der Enteignungsbeschluss wird begründet und mit Rechtsmittelbelehrung zugestellt. Entschädigt wird der enteignete Eigentümer grundsätzlich in Geld auf Basis des Verkehrswertes des Grundstückes. Auf Antrag kann die Entschädigung in Land erfolgen, wenn Ersatzland zu beschaffen oder vorhanden ist und der Eigentümer zur Sicherung seiner beruflichen Existenz darauf angewiesen ist. Weitere Rechtsgrundlagen zum Enteignungsrecht im Bundesrecht finden sich z.b. im Landbeschaffungsgesetz, Bundesfernstraßengesetz, Bundesbahngesetz, Bundesnaturschutzgesetz etc.

Entlüftungsgitter
Bei einer Eigentumswohnung stellt der Einbau eines Entlüftungsgitters in einen hierzu geschaffenen Durchbruch einer Außenwand oder der Einbau einer Entlüftungsanlage in das Küchenfenster eine bauliche Veränderung dar, die wegen der Verschlechterung des optischen Gesamteindruckes in der Regel der Zustimmung aller Wohnungseigentümer bedarf. Die Zustimmung kann entbehrlich sein, wenn die Beeinträchtigung geringfügig ist, z.B. wegen ihrer unauffälligen Lage.

Entschädigungsgesetz
Auch: Gesetz über die Entschädigung nach dem Gesetz über die Regelung offener Vermögensfragen, kurz: EntschG.
Es Regelt die Höhe und Voraussetzungen der Entschädigung, die für unrechtmäßig oder entschädigungslos enteignete Vermögenswerte einschließlich Grundstücke oder Häuser auf dem Gebiet der früheren DDR zu leisten ist. Die Entschädigung wird gezahlt, wenn die Rückübertragung nicht möglich ist oder sich der Berechtigte an ihrer Stelle für eine Entschädigung entschieden hat. Es wird jedoch nicht einfach eine Geldsumme überwiesen: Die Entschädigung findet durch die Zuteilung übertragbarer Schuldverschreibungen des Entschädigungsfonds statt, die ab 1.1.2004 mit 6% p.a. verzinst werden.
Fällig werden die Zinsen pro Jahr nachträglich, das erste Mal am 1.1.2005. Ab 1.1.2004 werden die Schuldverschreibungen in fünf gleichen Jahresraten durch Auslosung getilgt. Entschädigungsansprüche, die nach dem 31.12.2003 festgesetzt wurden, werden durch Geldleistung erfüllt. Die Bemessungsgrundlage der Entschädigung richtet sich bei Grundstücken, Gebäudeeigentum und land- und forstwirtschaftlichem Vermögen nach dem vor der Schädigung zuletzt festgestellten Einheitswert (z.B. bei Mietwohngrundstücken mit mehr als zwei Wohnungen das 4,8-fache des

früheren Einheitswertes, bei unbebauten Grundstücken das 20fache). Ist dieser Wert unbekannt, kann ggf. der nach dem (früheren) Beweissicherungs- und Feststellungsgesetz ermittelte Ersatzeinheitswert verwendet werden. Diesen übermittelt die Ausgleichsverwaltung an die zuständige Behörde. Wurde auch dieser Wert nicht ermittelt oder sind zwischen dem Bewertungszeitpunkt und der Schädigung Veränderungen der Verhältnisse des Grundstücks eingetreten, deren Berücksichtigung zu einer Abweichung um mehr als ein Fünftel (mindestens 1.000 Deutsche Mark) führt, kann ein Hilfswert ermittelt werden (nach dem Reichsbewertungsgesetz von 1934 in der Fassung des Bewertungsgesetzes der DDR von 1970).
Zuständige Behörde ist das jeweilige Amt oder Landesamt zur Regelung offener Vermögensfragen. Als übergeordnete Bundesbehörde existiert das Bundesamt für zentrale Dienste und offene Vermögensfragen, Berlin.
Die Zahlung von Entschädigungen hängt von der Beachtung bestimmter Antragsfristen ab. Nähere Informationen unter www.badv.bund.de.
Siehe / Siehe auch: BADV, Beweissicherungs- und Feststellungsgesetz

EntschG

Abkürzung für: Entschädigungsgesetz
Siehe / Siehe auch: Entschädigungsgesetz

Entsiegelungsgebot

Das neue Bodenschutzgesetz enthält eine Ermächtigung für die Bundesregierung, nach Anhörung der „beteiligten Kreise" eine Rechtsverordnung über die Entsiegelung nicht mehr genutzter Flächen erlassen zu können. Darin kann die Verpflichtung des Bodeneigentümers näher geregelt werden, „bei dauerhaft nicht mehr genutzten Flächen, deren Versiegelung im Widerspruch zu planungsrechtlichen Festsetzungen steht, den Boden in seiner Leistungsfähigkeit, soweit wie möglich und zumutbar zu erhalten oder wiederherzustellen". Dieses Entsiegelungsgebot geht über dasjenige des BauGB (siehe Rückbau- und Entsiegelungsgebot) hinaus, bei dem das Vorhandensein von Missständen oder Mängeln vorausgesetzt wird, die durch Modernisierungs- und Instandsetzungsmaßnahmen nicht mehr behoben werden können.
Siehe / Siehe auch: Rückbau- und Entsiegelungsgebot

Entwicklung ländlicher Räume

Das Programm zur Entwicklung ländlicher Räume ist eines der finanziell bedeutendsten Förderprogramme der EU. So wurden z.B. dem Bundesland Hamburg für den Zeitraum 2000 bis 2006 140 Mio. Euro an EU-Mitteln zur Verfügung gestellt, die in agrarumweltpolitische Maßnahmen und Küstenschutzprojekte investiert werden. Die Förderschwerpunkte reichen von Investitionen in landwirtschaftliche
Betriebe über Ausgleichszahlungen in Natura-2000-Gebieten bis hin zum ökologischen Landbau. Die Mittelverwendung ist in den Bundesländern unterschiedlich. So haben einige Länder Förderprogramme zur Entwicklung ländlicher Räume aufgelegt, in die neben EU-Mitteln auch Gelder von Land und Bund fließen. Die „nachhaltige Entwicklung" des ländlichen Raumes ist Hauptziel dieser Förderprogramme. So können z.B. mit dem niedersächsischen Programm „Entwicklung typischer Landschaften und der ländlichen Räume" (ETLR) auch Maßnahmen zur Erhaltung des Orts- und Landschaftsbildes gefördert werden – oder Schritte zur Förderung des ländlichen Tourismus. Land- und forstwirtschaftliche Produktion sollen bei derartigen Programmen meist mit außerlandwirtschaftlichen Erwerbszweigen vernetzt werden. Das Landwirtschaftsministerium von Mecklenburg Vorpommern nennt für sein Programm zur Entwicklung ländlicher Räume als Anspruchsberechtigte:
Landkreise, Kommunen, Gemeindeverbände, Teilnehmergemeinschaften, deren Zusammenschlüsse nach Landwirtschaftsanpassungs- und Flurbereinigungsgesetz (öffentliche Träger) und natürliche und juristische Personen und Personengemeinschaften des Privatrechts (private Träger).

Entwicklungsmaßnahme, städtebauliche

Städtebauliche Entwicklungsmaßnahmen beziehen sich auf die erstmalige Entwicklung eines Ortes oder von Ortsteilen oder auf ihre Entwicklung im Rahmen eines neuen städtebaulichen Konzeptes. Ein solches Konzept kann vorsehen, dass neue Siedlungseinheiten entwickelt und Ortsteile zusammengelegt oder ergänzt werden. Die Gemeinde legt in einer Entwicklungssatzung das Teilgebiet der Gemeinde förmlich fest, in dem die Entwicklungs-maßnahme durchgeführt werden soll. Das Verfahren läuft ähnlich ab wie bei der

städtebaulichen Sanierung. Auch hier können immobilienwirtschaftliche Unternehmen als Träger der Maßnahme eingesetzt werden. Für Entwicklungsträger gelten die gleichen Qualifikationsanforderungen wie für Sanierungsträger.
Siehe / Siehe auch: Sanierung, Sanierungsträger

Entwicklungssatzung
Die Gemeinde kann durch Verabschiedung einer Entwicklungssatzung bebaute Bereiche im Außenbereich als im Zusammenhang bebaute Ortsteile festlegen und ihnen damit einen Innenbereichsstatus verleihen. Voraussetzung ist, dass Siedlungsansätze vorhanden sind und die Flächen im Flächennutzungsplan als Bauflächen dargestellt sind. Diese Satzung, die zum Typus der Innenbereichssatzungen gehört, ermöglicht damit Eigentümern von unbebauten Grundstücken die Bebauung nach den Vorschriften des § 34 BauGB. Das Grundstück muss allerdings erschlossen sein bzw. die Erschließung muss zumindest gesichert sein.
Siehe / Siehe auch: Entwicklungsmaßnahme, städtebauliche

Entwurfsplanung
Die Entwurfsplanung ist die 3. Leistungsphase nach § 15 der HOAI (Honorarordnung für Architekten und Ingenieure). Sie wird mit 11% (Gebäude), 15% (Freianlagen), 14% (raumbildende Ausbauten) bewertet, bemessen am gesamten Honorar der Architekten und Ingenieure. Der mit dem Bauvorhaben beauftragte Architekt erörtert mit dem Bauherren den Vorentwurf und setzt sie in aussagekräftige Entwurfszeichnungen um. Diese Entwürfe werden optimiert im Maßstab 1:100 dem Bauherren vorgelegt. Gefällt der Entwurf, wird er zu Bauzeichnungen umgearbeitet und zur Genehmigung eingereicht. Werden mehrere Entwürfe vom Bauherren gefordert, so tritt § 20 der HOAI in Kraft, nach der ein Architekt oder Ingenieur dem Auftraggeber für jede weitere umfassende Entwurfsplanung nach grundsätzlich verschiedenen Anforderungen ein höheres Honorar in Rechnung stellt.
Siehe / Siehe auch: Architekt, Entwurfszeichnungen, HOAI, Leistungsphasen, Vorplanung

Entwurfszeichnungen
Die Entwurfszeichnungen sind die optimierten Vorschläge des Architekten auf die vorherige Vorplanung eines Bauherren. Sie werden im Maßstab 1:100 gezeichnet. Üblicherweise werden nach einigen geringfügigen Änderungswünschen des Bauherren die Bauantragszeichnungen erstellt.
Siehe / Siehe auch: Bauantrag, Bauantragszeichnungen, Entwurfsplanung, Vorplanung

Entziehung (Wohnungseigentum)
Unter bestimmten Voraussetzungen können die Wohnungseigentümer bei schweren Pflichtverletzungen von dem störenden Eigentümer die Veräußerung des Wohnungseigentums verlangen. Dieses Entziehungsrecht fällt gemäß § 18 Abs. 1 Satz 2 WEG () als gemeinschaftsbezogenes Recht in die Ausübungsbefugnisse der teilrechtsfähigen Wohnungseigentümergemeinschaft im Sinne des § 10 Abs. 6 Satz 3 WEG (neu) und obliegt nicht mehr den Wohnungseigentümern in ihrer Gesamtheit. Mit dieser Regelung sollen bestehende Zweifel in der geltenden Fassung ausgeschlossen werden. Über das Verlangen beschließen die Wohnungseigentümer mit Mehrheit. Erforderlich ist eine Mehrheit von mehr als der Hälfte der stimmberechtigten Wohnungseigentümer.

EOP-Methode
Abkürzung für: „an der Ertragskraft orientierte Pachtwertfindung".
Es ist eine Bewertungsmethode zur Ermittlung von angemessenen Pachtwerten, u.a. verwendet bei Streitigkeiten über Pachterhöhungen oder zur Klärung, ob zwischen Pachtzins und Pachtwert des Objektes ein Missverhältnis besteht, dass den Vertrag unwirksam machen könnte. Die Methode ist umstritten. Seit einem Urteil des Bundesgerichtshofes vom 28.4.1999 (Az. XII ZR 150/97) wird sie als ungeeignet zur Bewertung der Gaststättenpacht angesehen.
Im damaligen Urteil wies der BGH darauf hin, dass die EOP-Methode ausdrücklich dafür vorgesehen sei, den Pachtwert ertragsorientiert anhand der Gebrauchsvorteile für den Pächter zu bestimmen. Es werde von statistischen Durchschnittswerten ausgegangen, die fachspezifisch, aber pauschal korrigiert würden. Anhand dieser Daten stelle man fest, bei welchem Pachtzins ein durchschnittlicher Pächter unter Einbeziehung aller Unkosten und eines angemessenen Gewinns eine Gaststätte rentabel betreiben könne. Eine solche Berechnung eigne sich ggf. dafür, Anhaltspunkte für einen zukünftigen Pächter oder für die bei einer finanzierenden Bank stattfindende Wirtschaft-

lichkeitsbetrachtung zu liefern. Der tatsächlich zu erzielende Marktpreis orientiere sich jedoch an Angebot und Nachfrage. Der BGH kritisierte auch, dass die EOP-Methode die gesetzlich vorgesehene Risikoverteilung zwischen Pächter und Verpächter zu Lasten des Verpächters verschieben könne. Sie biete dem Pächter die Möglichkeit, sich bei einer groben Fehlkalkulation vom Vertrag zu lösen – unabhängig davon, ob die Pacht marktgerecht sei. Die ortsübliche Pacht sei wie eine Vergleichsmiete durch Gegenüberstellung vergleichbarer Objekte am Ort zu ermitteln. Auf Erfahrungswerten basierende Methoden könnten nur als Ausnahme in Frage kommen, wenn keine Vergleichsmöglichkeiten existierten.

Siehe / Siehe auch: Pachtvertrag, Vergleichsmiete, ortsübliche (Wohnungsmiete)

Erbbaugrundbuch

Mit Bestellung eines Erbbaurechts an einem Grundstück muss für dieses Recht ein eigenes Grundbuch – das Erbbaugrundbuch – eingerichtet werden. Es ist ebenso aufgebaut wie das Grundbuch für Grundstücke. Auf dem Deckblatt steht in Klammer das Wort Erbbaugrundbuch. Ins Bestandsverzeichnis wird ebenfalls die Bezeichnung Erbbaurecht und das belastete Grundstück, der Inhalt des Erbbaurechts einschließlich etwaiger Zustimmungserfordernisse für Belastungen, Veräußerungen und dergleichen durch den Grundstückseigentümer, sowie der Eigentümer des belasteten Grundstücks eingetragen. Abteilung I enthält den Inhaber des Erbbaurechts. Die Eintragungen in den übrigen Abteilungen entsprechen denen des Grundbuchs für Grundstücke.

Siehe / Siehe auch: Erbbaurecht, Erbbauzinsen

Erbbaurecht

Das Erbbaurecht verleiht dem Berechtigten das Recht, auf oder unter fremdem Grundstück ein „Bauwerk" zu haben. Dieses ist wesentlicher Bestandteil des Erbbaurechts. Eine Zerstörung des Gebäudes hat auf das Erbbaurecht keinen Einfluss. Das Bauwerk ist Eigentum des Erbbauberechtigten. Im Normalfall wird es an einem unbebauten Grundstück begründet. Der Berechtigte wird im Erbbauvertrag zur Errichtung eines in seiner Nutzungsart bestimmten Gebäudes verpflichtet. Weitere Pflichten können sich beziehen auf die Instandhaltung, Versicherung, Tragung der öffentlichen Lasten, Wiederaufbau bei Zerstörung, Heimfallanspruch des Erbbaurechtgebers bei Vertragsverletzung, Laufzeit, Erbbauzins, Vorrecht des Erbbauberechtigten bei Erneuerung des Erbbaurechts nach Ablauf, eine etwaige Verpflichtung des Erbbaurechtgebers zum Verkauf des Grundstücks an den Erbbauberechtigten usw. Das Erbbaurecht kann auch an einem bebauten Grundstück begründet werden. Auf diese Weise erfolgt eine eigentumsrechtliche Trennung zwischen dem Grund und Boden und dem Gebäude. Außerdem ist die Begründung von Eigentümererbbaurechten möglich. In einem solchen Fall sind Erbbaurechtsgeber und Berechtigter identisch. Von dieser Möglichkeit wird häufig Gebrauch gemacht, um im Zuge der Durchführung eines Bauvorhabens eine einheitliche Verkaufsgrundlage für die zu errichtenden Hauseinheiten vorzubereiten.

Das Erbbaurecht war früher ein Instrument zur Versorgung einkommensschwacher Bevölkerungskreise mit Wohneigentum. Der Vorteil bestand darin, die Kosten für das Baugrundstück nicht aufbringen zu müssen. In neuerer Zeit wird das Erbbaurecht auch im Gewerbeimmobilienbereich eingesetzt. Der vereinbarte Erbbauzins liegt hier in der Regel über dem Wohnzwecken dienenden Erbbaurechten. Das Erbbaurecht kann auch unentgeltlich vergeben werden. Wird aber ein Erbbauzins vereinbart, erfolgt die Absicherung über eine Reallast, die in Abteilung II des Erbbaugrundbuchs eingetragen wird.

Das Erbbaurecht selbst kann im Grundbuch des Erbbaurechtgebers nur an 1. Rangstelle eingetragen werden.

Siehe / Siehe auch: Erbbaugrundbuch, Erbbauzinsen, Heimfallanspruch

ErbbauVO

Abkürzung für: Verordnung über des Erbbaurecht

Erbbauzinsen

Erbbauzinsen sind die im Erbbauvertrag vereinbarte Gegenleistung des Erbbauberechtigten für das Recht, das Grundstück des Erbbaurechtsgebers baulich nutzen zu können. Der Erbbauzins wird im Grundbuch durch Eintragung einer Reallast („Erbbauzinsreallast") abgesichert.

Der Erbbauzins errechnet sich aus dem Wert des Baugrundstücks zum Zeitpunkt der Begründung des Erbbaurechts. Einer Umfrage des Deutschen Städtetages von 1993 bei den Gutachterausschüssen zufolge betrug der Erbbauzinssatz im Schnitt für Einfamilienhäuser 4,04%, bei Geschoßhäusern 4,33% und im Gewerbe 5,95%. Erbbauzinserhöhungen aufgrund einer Wertsicherungsklausel können ebenfalls in die Reallast mit einbezogen werden. (Früher konnten Ansprüche auf Erbbauzinserhöhungen nur über eine weitere Vormerkung zur Eintragung einer Reallast abgesichert werden). Dient das Erbbaurecht Wohnzwecken, müssen zwischen den Erhöhungen des Erbbauzinses jeweils mindestens drei Jahre verstreichen. Die Erhöhung darf auch nicht „unbillig" sein. Sie wäre es, wenn sie über die Änderung der allgemeinen wirtschaftlichen Verhältnisse hinausginge. Maßstab für diese Änderung ist nach der Rechtsprechung einerseits die Änderungsrate beim Preisindex für die Lebenshaltung (heute als Verbraucherpreisindex bezeichnet) und andererseits die Änderung der Löhne bzw. Gehälter der Industriearbeiter und der Angestellten.

Aus den beiden prozentualen Änderungsraten ist ein Mittelwert zu bilden Wertsicherungsklauseln sind nach der Preisklauselverordnung genehmigungsfrei, wenn der Erbbauvertrag auf mindestens 30 Jahre abgeschlossen wird. Erbbauzinsen gehören wie Darlehensgebühren, Bausparkassendarlehenszinsen oder Bürgschaftsgebühren zu den Werbungskosten, die das Finanzamt anerkennt, sofern der Erbbauberechtigte aus seinem Erbbaurecht Einkünfte aus Vermietung und Verpachtung erzielt. Erhöhen sich Erbbauzinsen, können sie allerdings im freifinanzierten Wohnungsbau nicht auf Mieter umgelegt werden.

Siehe / Siehe auch: Erbbaugrundbuch, Erbbaurecht

ErbbR
Siehe / Siehe auch: Erbbaurecht

Erbe und Grundbuch
Bei Tod des im Grundbuch eingetragenen Eigentümers wird das Grundbuch unrichtig. Der Erbe muss einen Antrag auf Berichtigung stellen. Grundsätzlich muss der Erbe dazu einen Erbschein oder ein bedenkenfreies notarielles Testament vorlegen.Besteht eine Erbengemeinschaft, die sich noch nicht aufgeteilt hat, so werden diese Erben in ungeteilter Erbengemeinschaft („zur gesamten Hand") als Eigentümer eingetragen. Eine Aufteilung in Bruchteilseigentum muss besonders beantragt werden.

Erbpacht
Erbpacht ist ein dingliches Recht aus der Zeit vor 1900, das weder in das BGB noch in die Grundbuchordnung übernommen, sondern durch das Einführungsgesetz zum BGB dem landesrechtlichen Regelungsbereich zugeteilt wurde.Die Erbpacht bedeutete eine dauernde Trennung zwischen Eigentum und dem Recht der Bodennutzung durch den Pächter. Das Nutzungsrecht war vererblich und veräußerlich. An den Eigentümer mussten jährlich bestimmte Leistungen (Natural- oder Geldpacht) entrichtet werden. Hinzu kam eine Abgabe aus Anlass der Übertragung der Erbpacht an einen Erwerber oder Erben.

Zum Zeitpunkt des Inkrafttretens des BGB am 1.1.1900 gab es noch in Mecklenburg-Schwerin, Braunschweig, Lippe-Schaumburg und in Thüringen Erbpachtverhältnisse. In Preußen wurden sie schon 1850 durch die zwingende Einführung der Ablösbarkeit der aus der Erbpacht resultierenden Grundlasten bedeutungslos. Erbpachtverträge spielen heute keine Rolle mehr. Der Begriff wird jedoch umgangssprachlich nach wie vor auch für das Erbbaurecht verwendet, was zu Missverständnissen führen kann. Geblieben ist im BGB die rein schuldrechtliche Regelung des Pachtvertrages, der jedoch keine bauliche Nutzung des Pachtgrundstücks vorsieht.

Siehe / Siehe auch: Erbbaurecht, Pachtvertrag

Erbschaft- und Schenkungsteuer
Die Erbschaft- und Schenkungsteuer ist eine Steuer, die bei der Übertragung (Schenkung oder Erbschaft) von Vermögen vom Begünstigten (Erbe oder Beschenkter) zu zahlen ist. Die Höhe der Steuer hängt einerseits bei Vererbung bzw. Schenkung von Grundstücken von dessen „Grundbesitzwert" ab, beim sonstigen Vermögen vom gemeinen Wert, andererseits vom verwandtschaftlichen Grad zwischen Erblasser und Erben. Grundsätzlich gilt: Je geringer der steuerpflichtige Erwerb und je enger der Verwandtschaftsgrad, desto niedriger der Steuersatz (in Prozent des steuerpflichtigen Erwerbs) und somit die Steuerschuld.

Siehe / Siehe auch: Bedarfsbewertung

ErbSt
Abkürzung für: Erbschaftsteuer

ErbStG
Abkürzung für: Erbschaftsteuergesetz

Erfolgsanalysen für Objektangebotsanzeigen

Einer der wesentlichen Erfolgsfaktoren im Immobilienvertrieb ist die Objektwerbung. Gleichzeitig handelt es sich bei Maklern um den bedeutendsten Kostenblock im Rahmen der Auftragsbearbeitungskosten. Aber auch für Bauträger ist es wichtig, den Erfolgsbeitrag der Anzeigen ständig zu beobachten und zu messen. Dabei geht es zunächst darum, die sich auf ein Inserat meldenden Interessenten bestimmten Reaktionsgruppen zuzuordnen. Wer sich auf eine Anzeige als Interessent meldet ist – im schlimmsten Fall – kein Kunde. Er kommt also auch nicht als „Karteikunde" für andere Objekte aus dem Angebotsprogramm in Frage. Die zweite Reaktionsgruppe besteht in Interessenten, die bereits bekannt und vorgemerkt sind, für das Objekt aber nicht in Frage kommen. Wenn diese Gruppe nicht unbedeutend ist, stellt sich die Frage, ob die Zielgruppenausrichtung der Angebotsanzeige falsch war.

Als dritte Reaktionsgruppe kommen Personen in Frage, die bereits bekannt bzw. vorgemerkt sind und die für das angebotene Objekt auch in Frage kommen. Bei dieser Gruppe stellt sich die Frage, warum ihr das Objekt nicht schon vor Aufgabe der Anzeige angeboten worden ist. Bei der vierten Reaktionsgruppe handelt es sich um neue Interessenten, die zwar nicht für das angebotene Objekt in Frage kommen, aber doch für andere Objekte aus dem Angebotssortiment. Dieser Kunde zählt also zu den potentiellen Abschlusspartnern.

Die fünfte Reaktionsgruppe ist die interessanteste, weil sie aus möglichen Abschlusspartnern für das angebotene Objekt besteht. Hierauf müssen sich die Verhandlungsbemühungen konzentrieren.

Erfolgsfaktoren (Immobilien)

Erfolgsfaktoren sind strategische Faktoren, welche ein erfolgreiches Unternehmen von weniger erfolgreichen Unternehmen unterscheidet. Zu diesen Faktoren zählen sowohl der Standort einer Immobilie als auch bei einzelhandelsgenutzten Immobilien die Gestaltung des Verkaufsraums / Schaufensters oder das Kundenbewusstsein des jeweiligen Unternehmens. Ebenso zählen zu den Erfolgsfaktoren die Kundenorientierung und der darauf abgestimmte Kundenservice und die Immobilie selbst. Die Erfolgsfaktoren der Immobilie liegen in der ansprechenden Straßenfront, welche die Passanten zum Einkaufen einlädt. Zum anderen die Erdgeschosslage mit einem stufenlosen Zugang in den Verkaufsraum, der einen Zutritt mühelos macht und auch für gehbehinderte Kunden keine Barriere darstellt. Auch der ideale Zuschnitt der Verkaufsfläche mit im Verhältnis angemessenen Nebenflächen in Nicht-Erdgeschosslagen und das Verhältnis, wie bereits angesprochen, von Ladengröße und Frontbreite. Weitere Erfolgsfaktoren einer Immobilie sind das gute Umfeld der Immobilie, z.B. 1a-Lage oder Konkurrenzsituation, gleichmäßige Kundenfrequenz und Parkmöglichkeiten.

Das bedeutet im Einzelnen, dass schmale, lange Läden weniger vorteilhaft sind als großräumige, möglichst rechteckige Läden mit einer Schaufensterfront von mindestens fünf laufenden Metern. Hier ist zu beachten, dass die Front das Wertvollste jeder Ladeneinheit darstellt. Die Standortentscheidung ist eine der langfristigsten Entscheidungen des Einzelhandelsunternehmens. Da sich in den letzten zwei Jahrzehnten die Einzelhandelslandschaft grundlegend verändert hat, entstanden großflächige Verkaufsstätten, der Grad der Filialisierung stieg.

Zur Erfolgswahrscheinlichkeit einer einzelhandelsgenutzten Immobilie ist eine präzise Untersuchung des Standortes unumgänglich. Wichtige Punkte bei der Untersuchung sind das Standortumfeld, die baurechtliche Situation, die Nachfragesituation und die Bevölkerungsstruktur, die Konkurrenzsituation und die bauliche Konzeption der Immobilie. Diese Faktoren sind alle bezogen auf die Immobilie. Bei der Nachfragesituation und der Konkurrenzsituation ist gemeint: Welche Immobilien werden zurzeit am Markt besonders nachgefragt und wie sieht das Angebot aus? Generell sind für die Standortwahl folgende Kriterien von besonderer Bedeutung: Hohe Bevölkerungsdichte im Einzugsgebiet, gute überregionale Verkehrsanbindung, gute Erreichbarkeit des Standortes, hohe Verkehrsfrequenzen, Käuferverhalten im Einzugsgebiet, hoher Anteil an Familien mit Kindern, Frequentierte, gut sichtbare Lage, hohes Kaufkraftniveau im Einzugsgebiet.

Zu unterscheiden sind innerbetriebliche und außerbetriebliche Erfolgsfaktoren. Zu den innerbetrieblichen Erfolgsfaktoren gehört natürlich hauptsächlich das Marketing, doch auch die Unternehmensstrategie mit der Festlegung der Betriebsgröße, der Finanzierung, der Beschaffung, des Personals, der Organisation und Führung, aber

auch der Service und die Ladengestaltung zählen zu den innerbetrieblichen Erfolgsfaktoren. Die außerbetrieblichen Erfolgsfaktoren teilen sich auf in die Wettbewerbssituation, die Nachfrage, d.h. Marktsituation, und die Wahl des Standortes. Es ist zu beachten, dass sich die innerbetrieblichen und die außerbetrieblichen Faktoren gegenseitig beeinflussen können, da interne Faktoren beispielsweise durch die Kunden wahrgenommen und durch die Beurteilung durch den Kunden zu externen Faktoren werden. Die internen Faktoren werden auch durch die Wettbewerbssituation beeinflusst. Ist der Wettbewerb an einem Standort besonders groß, können Innovationen oder Marketingstrategien für eine bessere Kundenbindung sorgen.
Siehe / Siehe auch: Zoning

Erfolgsprinzip (Maklergeschäft)

Das Erfolgsprinzip besagt, dass zugunsten des Maklers nur dann ein Provisionsanspruch entsteht, wenn durch seine Maklertätigkeit ein Vertrag wirksam zustande kommt. Gelingt dies dem Makler nicht, hat er keinen Anspruch auf Vergütung oder Aufwendungsersatz. Abgemildert werden können die Auswirkungen dieses Prinzip dadurch, dass mit dem Auftraggeber ausdrücklich ein Aufwendungsersatz für den Nichterfolgsfall vereinbart wird. Das Erfolgsprinzip gilt auch bei Vereinbarung von Alleinaufträgen und ist jedenfalls im Rahmen von Vertragsformularen nicht abdingbar. Die Wirkungsweise des Erfolgsprinzips führt dazu, dass der Makler aus eigenem Interesse nur Aufträge zu Angebotsbedingungen übernehmen sollte, die am Markt auch durchsetzbar sind.
Siehe / Siehe auch: Prinzipien des Maklergeschäfts

Erfolgsquote (Maklergeschäft)

Die Erfolgsquote im Maklergeschäft gibt an, wie groß der Anteil der durch den Makler erfolgreich zum Abschluss gebrachten Aufträge gemessen an allen von ihm bearbeiteten Aufträgen ist. Sie wird im Wege einer Erfolgsanalyse ermittelt. Es kann sich dabei um eine Totalanlayse oder um eine Partialanalyse handeln. Gegenstand der Totalanalyse sind alle in einem bestimmten Zeitraum bearbeiteten Makleraufträge. Bei der Partialanalyse werden nur bestimmte Segmente (z.B. alle Alleinaufträge, alle Aufträge die sich auf Mietwohnungen beziehen, alle Aufträge im Bereich der Wohnimmobilien, alle Aufträge mit einem Auftragvolumen von bis zu 500.000 Euro usw.) der Analyse unterworfen. Aus den gewonnenen Erkenntnissen ergeben sich für das Maklerunternehmen Umsteuerungsmöglichkeiten. (Einschränkung auf der Geschäftstätigkeit mit niedriger Erfolgsquote, Stärkung der Geschäftsbereiche mit hoher Erfolgsquote.)

Ergänzungs- oder Einbeziehungssatzung

Schon früher hatten die Gemeinden die Möglichkeit, mit Hilfe einer Abrundungssatzung Teile des Außenbereiches in den unbeplanten Innenbereich einzubeziehen und damit ohne Bebauungsplan Baurecht zu schaffen. Allerdings mussten die zusätzlich gewonnenen Flächen ausschließlich der Wohnbebauung dienen. Seit 1.1.1998 ist diese Restriktion fortgefallen. So können seither auch Außenbereichsflächen, die an Gewerbegebiete angrenzen und damit eine entsprechende Vorprägung gegeben ist, in den Innenbereich einbezogen werden. Sind die Flächen im Flächennutzungsplan als Bauflächen ausgewiesen und wird durch die Einbeziehung dieser Flächen eine Begradigung der Grenzen zwischen Innen- und Außenbereich bzw. eine Vereinfachung der Flächenstruktur an den Rändern des Innenbereichs erreicht, dann gilt Innenbereichsrecht auch für die einbezogenen Flächen. Eine Genehmigung ist dann für die Satzung nicht erforderlich. Man spricht hier auch von einer Erweiterungssatzung. Ist die Satzung nicht aus einem Flächennutzungsplan entwickelt worden, bedarf sie der Genehmigung. In einer solchen Satzung können dann auch die Baugebietsart und einzelne Maße der baulichen Nutzung wie in einem Bebauungsplan festgesetzt werden.

Erhaltungsaufwand (Einkommensteuer – Vermietung und Verpachtung)

Im Gegensatz zum Herstellungsaufwand wird durch Erhaltungsmaßnahmen lediglich Vorhandenes ersetzt oder verbessert (z.B. alte Holzfenster durch Fenster mit Kunststoffrahmen). Vermieter dürfen den Erhaltungsaufwand grundsätzlich sofort in voller Höhe als Werbungskosten bei ihren Einkünften aus Vermietung und Verpachtung steuermindernd absetzen. Einschränkungen gibt es hinsichtlich des so genannten anschaffungsnahen Erhaltungsaufwandes: Das Steueränderungsgesetz 2003 schrieb eine frühere Verwaltungsauffassung gesetzlich fest. Es entstand die derzeit gültige Fassung des § 6 Abs.1 Nr.1 a EStG, nach der Aufwendungen (ohne Mehrwertsteuer) zur Instandsetzung und Modernisierung eines Gebäudes als Herstellungskosten anzusehen sind, wenn sie innerhalb von drei Jahren nach Anschaffung 15% der Anschaffungskosten übersteigen. Die Vorschrift gilt nicht für Aufwendungen aufgrund üblicher jährlich wiederkehrender Erhaltungsarbeiten oder für Aufwendungen für Erweiterungen gemäß § 255 Abs.2 S.1 HGB. Diese sind bei der Berechnung der 15 % Grenze herauszurechnen. Herstellungsaufwand für Gebäude ist grundsätzlich nach § 7 EStG mit 2% jährlich über die übliche Nutzungsdauer von 50 Jahren abzuschreiben. Nach den Einkommenssteuer-Richtlinien 2003 ist es allerdings auf Antrag möglich, dass Herstellungsaufwand nicht nach § 7 EStG abgeschrieben, sondern als sofort abziehbarer Erhaltungsaufwand qualifiziert wird – allerdings nur bis zu einer Obergrenze von 2.100 Euro (Rechnungsbetrag ohne Mehrwertsteuer) für die einzelne Baumaßnahme.

Hauseigentümer können nach § 82 b EStDV (Einkommensteuer-Durchführungsverordnung) größere Erhaltungsaufwendungen bei Wohngebäuden gleichmäßig auf zwei bis fünf Jahre verteilen. Diese Regelung gilt für Aufwendungen, die nach dem 31.12.2003 angefallen sind. Der Bundesfinanzhof hat sich 2001 und 2003 in zwei Grundsatzentscheidungen zu den anschaffungsnahen Aufwendungen geäußert. Dabei wird auf die Kriterien des § 255 HGB zurückgegriffen. Zu den Anschaffungskosten zählen danach auch solche Aufwendungen, die nach dem Erwerb geleistet werden, um das Gebäude erst bestimmungsgemäß nutzen zu können. Wurde das Gebäude vor Veräußerung bereits genutzt, hängt die sofortige Abzugsfähigkeit von Aufwendungen davon ab, ob der Standard durch die Gesamtheit aller Maßnahmen angehoben (also z.B. von einem einfachen zu einem mittleren Wohnwert) wird oder ob durch die durchgeführten Maßnahmen lediglich der „betriebsbereite Zustand" erhalten bzw. abgesichert werden soll (BFH vom 12.9.2001, Az. IX R 39/97 und IX R 52/00). Führen die Maßnahmen zu einer wesentlichen Verbesserung der Immobilie, ist von Herstellungsaufwand auszugehen.

Siehe / Siehe auch: Anschaffungsnaher Aufwand

Erhaltungssatzung

Die Gemeinden können durch Satzung Gebiete bezeichnen, deren städtebauliche Eigenart und Gestalt erhalten werden sollen. Eine solche Satzung wird als Erhaltungssatzung bezeichnet. Derartige Gebiete unterliegen einer Veränderungssperre. Rückbau, Änderung der baulichen Anlagen und deren Nutzung bedürfen damit der Genehmigung. Durch Rechtsverordnung der Landesregierungen kann bestimmt werden, dass auch die Begründung von Wohnungseigentum i.S.d. WEG an bestehenden Gebäuden („Umwandlung") der Genehmigung bedarf.

Die gesetzliche Regelung dazu findet sich in § 172 Baugesetzbuch. Die Änderung oder der Abbruch einer baulichen Anlage im Geltungsbereich einer Erhaltungssatzung ohne spezielle Genehmigung stellt nach § 213 Abs.1 Nr.4 BauGB eine Ordnungswidrigkeit dar. Nach § 213 Abs.2 BauGB kann diese mit einer Geldbuße bis zu 25.000 Euro geahndet werden. So musste der Eigentümer eines Mehrfamilienhauses in Wiesbaden eine Geldbuße von 1.300 Euro zahlen, weil er eine frei gewordene Mietwohnung im Geltungsgebiet der Erhaltungssatzung ohne Genehmigung umgebaut und damit verändert hatte. Unter Umbau verstand das mit der Sache befasste Gericht alle Instandsetzungs- und Modernisierungsarbeiten, die über eine bloße Reparatur hinausgehen. Im vorliegenden Fall waren es Grundrissveränderungen, Vergrößerung der Küche, neue Fliesen, Modernisierung der Heizanlage (Oberlandesgericht Frankfurt, Beschluss vom 17.3.2003, Az. 2s OWi 382/2002).

Eine besondere Art der Erhaltungssatzung ist die „Milieuschutzsatzung", die der Erhaltung der Zusammensetzung der Wohnbevölkerung dient. Hierfür gelten zusätzliche Regelungen.

Siehe / Siehe auch: Sanierung, Sanierungsträger, Milieuschutzsatzung

Erlaubnis

Siehe / Siehe auch: Gewerbeerlaubnis

Erleichterte Kündigung

Nach § 573 a BGB kann der Vermieter die so genannte „erleichterte Kündigung" erklären, wenn er selbst mit in dem Gebäude wohnt und dieses nicht mehr als zwei Wohnungen aufweist. Hier muss der Vermieter nicht wie sonst ein berechtigtes Interesse (z.B. Eigenbedarf) an der Kündigung nachweisen. Allerdings verlängert sich die Kündigungsfrist um weitere drei Monate. Die erleichterte Kündigung ist auch möglich, wenn der Vermieter Wohnraum innerhalb seiner eigenen Wohnung vermietet hat. Das Kündigungsschreiben muss ausdrücklich darauf hinweisen, dass eine erleichterte Kündigung unter den genannten Voraussetzungen durchgeführt werden soll.

Siehe / Siehe auch: Beendigung eines Mietverhältnisses, Berechtigtes Interesse

Erneuerbare Energie

Kennzeichen der erneuerbaren oder regenerativen Energie ist die Tatsache, dass sie keine Rohstoffquellen benötigt, die in Energie umgewandelt werden können. Die erneuerbare Energie steht unbegrenzt zur Verfügung. Hierzu zählen die Solarenergie, die Windenergie, die Wasserkraft, die Biomasse und die Geothermie, welche die Erdwärme nutzt. Im Jahr 2005 entfielen nach Angaben des Verbandes der Elektrizitätswirtschaft – VDEW – e.V bereits 11% der gesamten Stromerzeugung auf erneuerbare Energie, darunter 5% auf Windenergieanlagen, 4% auf Wasserkraftwerke und die restlichen 2% auf die sonstige erneuerbare Energie (Solarenergie, Biomasse und Geothermie).

Erneuerbare-Energien-Gesetz

Manchmal wird es auch als Energie-Einspeise-Gesetz bezeichnet. Offiziell: Gesetz zur Neuregelung des Rechts der Erneuerbaren Energien im Strombereich. In Kraft seit 1.8.2004.

Geregelt werden die rechtlichen Rahmenbedingungen für Anlagen zur Stromerzeugung mit Hilfe erneuerbarer Energien wie Solarenergie, Windenergie, Biomasse, Geothermie, Wasserkraft. Das Gesetz legt für diese Energieformen Mindest-Einspeisungspreise fest, zu denen die Stromversorger die erzeugte Energie in ihr Stromnetz übernehmen müssen.

Siehe / Siehe auch: Offshore-Windenergieanlagen, Windpark

Ersatzdienstleistungen

Dies sind alle Faktoren, die die bisherige Dienstleistung ganz oder teilweise ersetzen können. Als denkbare Substitute für den Einsatz von Maklern sind insbesondere Internet-Systeme bzw. -Immobilienbörsen vorstellbar. In derartigen Börsen, die über das Internet verfügbar gemacht werden, können Immobilienangebote / -gesuche von Anbietern / Nachfragern – ähnlich wie in einer Zeitung – eingestellt werden. Dies scheint z.B. Privatleuten die maklerlose Direktvermarktung zu erleichtern. Angesichts der Komplexität des Gutes Immobilie sind derartige Ersatzdienstleistungen jedoch nur sehr bedingt geeignet, die qualifizierten Maklerdienstleistungen überflüssig zu machen. Hierbei ließe sich darüber diskutieren, ob Internet-Systeme bzw. Immobilienbörsen wirklich Ersatzdienstleistungen sind, oder ob es sich – soweit sie nicht von Maklern selbst genutzt werden – lediglich um weitergehende Instrumente für Direktbieter / Direktnachfrager handelt.

Siehe / Siehe auch: Direktanbieter / Direktnachfrager

Ersatzmaßnahme (für Ausgleich)

Für die durch Baumaßnahmen verursachte Bodenversiegelung müssen nach § 1a Baugesetzbuch in den Bauleitplänen Flächen ausgewiesen werden, die zum Ausgleich für den Eingriff an die Natur zurückgegeben werden sollen. Damit soll im Bereich des Bauplanungsrechts den Zielen des Bundesnaturschutzgesetzes entsprochen werden. Danach sind die Funktionen des Naturhaushalts zu schützen und bei Beeinträchtigungen (z.B. durch Bodenversiegelungen) wiederherzustellen und u.a. die Vielfalt, Eigenart, Schönheit und der Erholungswert der Natur zu sichern. (§ 1 Bundesnaturschutzgesetz).

Der Ausgleich zielt also auf die Wiederherstellung der beeinträchtigten Funktionen des Naturhaushaltes ab. Der beste Ausgleich für eine Bodenversiegelung ist eine Entsiegelung im gleichen Ausmaß an anderer Stelle. Dies ist allerdings meist nicht möglich. Wenn durch Maßnahmen im örtlichen Nahbereich die erfolgte Beeinträchtigung des Bodens nicht oder nicht ganz ausgeglichen werden kann, kommen Ersatzmaßnahmen in Betracht. Sie unterscheiden sich von direkten Ausgleichsmaßnahmen dadurch, dass der funktionale, örtliche und zeitliche Bezug zwischen der Bodenversiegelung und der erforderlichen Kompensation gelockert wird.

Die Ersatzmaßnahmen sollen für einen gleichwertigen Ersatz für die Beeinträchtigungen sorgen. Werden landschaftliche Freiräume beeinträchtigt, sollten sie an anderer Stelle gestärkt werden. Werden Arten- und Lebensgemeinschaften zerstört, sollte Vorsorge für ein neues Biotop getroffen werden. Wird das Landschaftsbild beeinträchtigt, sind Maßnahmen zur „landschaftsästhetischen

Aufwertung" zu treffen. Soweit Eingriffe nicht kompensierbar sind, können nach den Landesnaturschutzgesetzen die Vorhabenträger, die wegen der Bebauung von Flächen Verursacher der Beeinträchtigung sind, zu Ausgleichszahlungen verpflichtet werden.
Siehe / Siehe auch: Ausgleichsflächen

Ersatzwert (Versicherungen)

Beim Ersatzwert handelt es sich um einen Terminus aus der Versicherungswirtschaft. Definiert wird er als Wert beweglicher oder unbeweglicher Sachen, die im Zeitpunkt des Schadenseintritts versichert sind.Unterschieden wird dabei zwischen dem Neuwert und dem Zeitwert. Wurde im Versicherungsvertrag bei Eintritt des Schadens der Ersatz des Zeitwerts vereinbart, wird der Neuwert abzüglich der Wertminderung durch den Gebrauch und die technische Überalterung ganz (bei Totalschaden) oder teilweise (bei Partialschaden) ersetzt. Der Neuwert eines Gebäudes entspricht dem Neubauwert, der auf den Basiswerten von 1914 beruht und durch Multiplikation mit der aktuellen Richtzahl ermittelt wird (Gleitende Neuwertversicherung). Bei einer Überversicherung, erhält der Versicherungsnehmer im Schadensfall nur den Ersatzwert. Im Fall einer Unterversicherung wird nur eine um das prozentuale Verhältnis zwischen Ersatzwert und Versicherungssumme geminderte Versicherungssumme bezahlt.
Siehe / Siehe auch: Gebäudeversicherung, Gleitende Neuwertversicherung

Ersatzwohnraum

Die so genannte Sozialklausel (§ 574 BGB) legt fest, dass der Mieter in begründeten Härtefällen einer Kündigung durch den Vermieter widersprechen darf. Die Beendigung des Mietvertrages muss dabei für den Mieter, seine Familie oder einen anderen Haushaltsangehörigen eine Härte darstellen, die auch unter Berücksichtigung der berechtigten Interessen des Vermieters an der Kündigung nicht mehr zu rechtfertigen ist. Die Regelung gilt nicht bei berechtigter fristloser Kündigung.
Eine solche Härte liegt nach dem Gesetz auch vor, wenn angemessener Ersatzwohnraum zu zumutbaren Bedingungen nicht verfügbar ist. Über die Frage, was „angemessener Ersatzwohnraum" ist, wird oft prozessiert. Dabei sind auf jeden Fall die wirtschaftlichen und persönlichen Verhältnisse des Mieters einzubeziehen (Einkommen, Familiengröße). Der Ersatzwohnraum muss nicht die gleiche Qualität und Größe haben wie die bisherige Wohnung. Eine gewisse Verschlechterung ist in Kauf zu nehmen.
Eine menschenwürdige Unterbringung muss gewährleistet sein. Die Obdachlosenunterkunft ist nicht angemessen. Faustregel: Für jedem Erwachsenen und je zwei Kinder muss es je ein Wohn- oder Schlafzimmer geben. Zwei Kinder verschiedenen Geschlechts können bis zum 8. Lebensjahr im gleichen Zimmer untergebracht sein, Kinder gleichen Geschlechts bis zum 18. Lebensjahr.
Siehe / Siehe auch: Sozialklausel, Sozialklauselgesetz

erschl.

Abkürzung für: erschlossen

Erschließung - Erschließungsbeitrag

Mit Erschließung wird die Herstellung von Erschließungsanlagen bezeichnet, die eine Voraussetzung für die Bebauung von Grundstücken sind. Die Erschließung ist Aufgabe der Gemeinde. Geregelt wird die Durchführung der Erschließung durch eine Satzung. Erschließungsanlagen i.S.d. BauGB sind u.a. die öffentlichen, zum Anbau bestimmten Straßen, Wege, Plätze, sowie Sammelstraßen innerhalb der Baugebietes, Parkflächen und Grünanlagen. Nach Landesrecht gehören auch Anlagen der Versorgung mit Wasser, Strom, Gas, Anlagen der Entsorgung und Entwässerung zur Erschließung.
Regelungen hierzu finden sich in den Kommunalabgabegesetzen der Bundesländer. Die Versorgungs- und Entsorgungsanlagen werden jeweils bis zur Grundstücksgrenze der „Anlieger" gelegt. Damit gebaut werden kann, muss die Erschließung des Grundstücks stets gesichert sein. Die der Gemeinde entstehenden Kosten für die Erschließungsanlagen kann sie – soweit sie erforderlich sind – bis zur Höhe von 90% als Erschließungsbeitrag an die Grundstückseigentümer weiterberechnen. Maßstäbe für die Verteilung der Erschließungskosten können Art und Maß der baulichen oder sonstigen Nutzung, die Grundstücksflächen und die Grundstücksbreite der Erschließungsanlage (Straßenfront) sein. Die Beitragspflicht besteht für Grundstücke, die bebaut werden dürfen, selbst wenn mit dem Bau noch nicht begonnen ist, die Erschließungsanlagen aber fertiggestellt sind. Für die Instandhaltung der Erschließungsanlagen sind

ebenfalls die Gemeinden zuständig.
Siehe / Siehe auch: Erschließungsvertrag, Ausgleichsflächen, Flächenmanagement

Erschließungsvertrag

Die Erschließungslast liegt nach dem Baugesetzbuch bei den Gemeinden. Durch einen Erschließungsvertrag kann die Gemeinde die Herstellung der Erschließungsanlagen für ein Baugebiet auf ein Unternehmen („Erschließungsträger") übertragen. Beim Erschließungs-vertrag handelt es sich um einen städtebaulichen Vertrag. Der Erschließungsträger kann sich darin verpflichten, die Erschließungskosten ganz zu übernehmen. Der Erschließungsträger kann dabei auch zusätzliche Leistungen übernehmen, die allerdings in einem Zusammenhang mit der Erschließung stehen müssen (Beispiel: Bau einer Grundschule, wenn durch Bebauung des Erschließungsgebietes ein Bedarf für eine solche Schule entsteht.). Der Erschließungsvertrag muss schriftlich abgeschlossen werden. Wenn – was überwiegend der Fall ist – der Erschließungsträger Grundstücke erwerben oder veräußern muss, ist die notarielle Beurkundungsform nach § 311b BGB vorgeschrieben.Ist ein von der Gemeinde beschlossener qualifizierter Bebauungsplan rechtskräftig geworden und lehnt sie das zumutbare Angebot eines Erschließungsträgers zur Durchführung der Erschließung ab, ist sie verpflichtet, die Erschließung selbst durchzuführen.
Siehe / Siehe auch: Ausgleichsflächen, Folgekostenverträge, Städtebaulicher Vertrag

Erstattung von Umzugskosten

Zwischen Vermieter und Mieter bzw. Vormieter und Nachmieter kann vereinbart werden, dass der scheidende Mieter eine Umzugskostenbeihilfe erhält. Diese ist als eine Abstandszahlung zu betrachten, die dazu dient, den Auszug des Altmieters aus der Wohnung zu erleichtern bzw. zu beschleunigen. Anders als die Abstandszahlung im Allgemeinen ist die Umzugskostenbeihilfe noch immer zulässig. Allerdings ist sie Vereinbarungssache, ein Anspruch darauf besteht nicht.
Siehe / Siehe auch: Abstandszahlung, Umzugskosten, Umzugskostenpauschale

Erster Spatenstich

Der erste Spatenstich markiert traditionell den Beginn eines Bauprojekts und des Aushebens der Baugrube. Mit einem symbolischen Akt, dem Aufbrechen der Erdoberfläche mittels eines Spatens, wird die Absicht des Bauherrn bekräftigt, an der betreffenden Stelle ein bestimmtes Bauwerk zu errichten. Zugleich dankt der Bauherr bei dieser Gelegenheit üblicherweise all jenen, die dazu beigetragen haben, das Projekt bis zur Baureife zu führen. Der erste Spatenstich ist in der Regel das erste Ereignis, mit dem ein neues Projekt im Bewusstsein einer breiteren Öffentlichkeit etabliert wird. Häufig, insbesondere bei kleineren Projekten, wird der erste Spatenstich auch zusammen mit der Grundsteinlegung gefeiert.
Siehe / Siehe auch: Baufeste, Baustellenmarketing, Grundsteinlegung, Richtfest

Ersttermin (Zwangsversteigerung)

Bei einem Ersttermin in Zwangsversteigerungs-Verfahren liegen als geringstes Gebot 50%, auf Antrag des Gläubigers 70% des Verkehrswertes zugrunde. Werden diese Mindesthöhen im Termin nicht erreicht, muss der Rechtspfleger den Zuschlag versagen.

Ertragswert

Die Definition des Ertragswerts lässt sich aus den Vorschriften über das Ertragswertverfahren in der WertV ableiten. Danach handelt es sich um die Summe aus Bodenwert und Gebäudeertragswert. Der Ertragswert wird wie folgt ermittelt:
Zunächst wird der Bodenwert durch Preisvergleiche oder mit Hilfe von Richtwerten ermittelt. Daneben werden vom nachhaltig erzielbaren Rohertrag die Bewirtschaftungskosten mit Ausnahme der Abschreibung und der umlegbaren Betriebskosten abgezogen. Von dem so ermittelten Reinertrag wird der auf den Bodenwert entfallende Liegenschaftszins in Abzug gebracht. Der verbleibende Betrag wird unter Berücksichtigung der Restnutzungsdauer (Abschreibungskomponente) mit einem sich aus dem Liegenschaftszinssatz ergebenden Multiplikator kapitalisiert. Der Multiplikator kann der Vervielfältigertabelle der WertV entnommen werden. Stellt sich bei diesem Verfahren heraus, dass vom Reinertrag nach Abzug des Bodenverzinsungsbetrages kein positiver Betrag für die Verzinsung des Gebäudes übrig bleibt, mündet das Ertragswertverfahren in das sogenannte Liquidationsverfahren. Bei ihm werden vom Bodenwert die Freilegungskosten abgezogen. Dabei werden auch etwaige vertragliche Bindungen und sonsti-

ge Umstände berücksichtigt, die einer sofortigen Freilegung entgegenstehen. Bei langen Restnutzungsdauern kann auf die Aufspaltung zwischen dem Boden- und Gebäudeertragsanteil verzichtet werden.

Überschlägig kann der Ertragswert auch durch Multiplikation des Rohertrages mit einem marktüblichen Multiplikator ermittelt werden („Maklermethode"). Nach einem vereinfachten Ertragswertverfahren, das im Bewertungsgesetz geregelt ist, wird in der Regel auch der für die Erbschaft- und Schenkungsteuer wichtige Grundbesitzwert (der den früheren „Einheitswert" ersetzt) ermittelt.

Siehe / Siehe auch: Erbschaft- und Schenkungsteuer, Alterswertminderung, Gesamtnutzungsdauer von Gebäuden (Wertermittlung)

Ertragswertverfahren
Siehe / Siehe auch: Ertragswert

Erwerberhaftung (Erwerb von Wohnungseigentum)
Grundsätzlich haftet der Erwerber / Käufer einer Eigentumswohnung nicht für Hausgeldvorauszahlungen oder Sonderumlagen, die zu einem Zeitpunkt rechtswirksam beschlossen und fällig gestellt wurden, als der Veräußerer noch als Eigentümer im Grundbuch eingetragen war. Insoweit haftet der Erwerber für Zahlungspflichten gegenüber der Wohnungseigentümergemeinschaft erst ab Eintragung als Eigentümer in das Grundbuch.

Zahlungspflichten, die im Kaufvertrag vereinbart werden – „Lasten- und Kostentragung mit Besitzübergang" – begründen eine Verpflichtung nur im Verhältnis Verkäufer-Käufer. Es kann allerdings eine Vereinbarung bzw. eine entsprechende Regelung in der Teilungserklärung bzw. der Gemeinschaftsordnung getroffen werden, wonach der Erwerber grundsätzlich für alle rechtswirksam beschlossenen, aber nicht geleisteten Zahlungen (Zahlungsrückstände) des Veräußerers/Voreigentümers haftet. Diese Vereinbarung gilt allerdings nicht bei Erwerb in der Zwangsversteigerung, da in diesen Fällen der Erwerb grundsätzlich lasten- und kostenfrei erfolgt.

Siehe / Siehe auch: Hausgeld, Kostenverteilung

Erwerbsnebenkosten beim Grundstückskauf
Siehe / Siehe auch: Grunderwerbsnebenkosten

ESCS
Abkürzung für: European Society of Chartered Surveyors

ESt
Abkürzung für: Einkommensteuer

EStDV
Abkürzung für: Einkommensteuer-Durchführungsverordnung

EStG
Abkürzung für: Einkommensteuergesetz
Siehe / Siehe auch: Einkommensteuergesetz (EStG)

EStH
Abkürzung für: Einkommensteuerhinweise

EStR
Abkürzung für: Einkommensteuerrichtlinien

Estrich
In Räumen über dem Bodenunterbau aufgetragene Schicht aus Zement, Gips oder Gussasphalt. Er bildet die Trägerschicht für Parkett, Fliesen und Teppichböden. Eine zusätzliche Wärme- und Schalldämmung kann durch sogenannten schwimmenden Estrich erreicht werden, der mit Dämmstoffen aus Faserplatten unterlegt wird.

Etagenheizung
Eine Etagenheizung erwärmt die Räume einer einzelnen Wohnung bzw. einer Etage. Meist ist sie mit Gas betrieben. Das Heizgerät ist üblicherweise auf der gleichen Etage platziert wie die beheizte Wohnung. Die Abgase gelangen durch einen Abluftkanal in der Gebäudewand nach draußen. Warmwasser wird ebenfalls über die Etagenheizung erwärmt. Die bei Zentralheizungen gültigen Regeln über die verbrauchsabhängige Heizkostenberechnung (Umlage auf alle Mieter, z.B. Aufteilung 70% Verbrauch, 30% nach Quadratmetern der Wohnung) gelten hier nicht, da jeder Mieter nur seinen eigenen Verbrauch bezahlt. Der Mieter kann nach eigenem Bedarf die Heizung an- oder abstellen. Reinigung und Wartung der Heizung muss der Mieter über die Betriebskosten bezahlen, wenn dies im Mietvertrag so vereinbart wurde. Reparaturen sind nicht umlagefähig. Die Heizungsart einer Wohnung gehört zu den Aus-

stattungsmerkmalen, die bei der Beantragung von Wohngeld und bei Mieterhöhungen relevant werden. Eine Etagenheizung wird dabei wie eine Sammelheizung bewertet.
Die Entwicklung der Heiztechnik hat in den letzten Jahren erhebliche Fortschritte gemacht. Etagenheizungen, die älter als 15-20 Jahre sind, können nur volle Leistung oder überhaupt keine erbringen. Dies führt zu vielen Starts des Brenners mit kurzer Brenndauer und hohem Verbrauch.
Neue Geräte verfügen über eine Steuerelektronik, die die Heizleistung dem tatsächlichen Bedarf anpasst und somit Energie und Kosten spart.
Siehe / Siehe auch: Energieeinsparverordnung (EnEV), Heiz- und Warmwasserkosten, Sammelheizung

Etg.
Abkürzung für: Etage

ETLR
Abkürzung für: Entwicklung typischer Landschaften und der ländlichen Räume – Förderprogramm in Niedersachsen.
Siehe / Siehe auch: Entwicklung ländlicher Räume

ETV
Abkürzung für: Eigentümerversammlung
Siehe / Siehe auch: Wohnungseigentümerversammlung

ETW / Etw
Abkürzung für: Eigentumswohnung
Siehe / Siehe auch: Eigentumswohnung

EU
Abkürzung für: Europäische Union

EU-Vermittlerrichtlinie
Siehe / Siehe auch: Vermittler-Richtlinie

EuGH
Abkürzung für: Europäischer Gerichtshof

EUR
Abkürzung für: Euro

EUREK
Siehe / Siehe auch: Europäisches Raumentwicklungskonzept EUREK

Euribor
Der Euribor (European Interbank Offered Rate) ist ein Zinsderivat, das zur kurzfristigen Immobilienfinanzierung eingesetzt wird. Erhältlich ist der Euribor bei fast allen deutschen Banken. Die Laufzeit beträgt zwischen einem und sechs Monaten, interessant ist der günstige Zinssatz vor allem in einem volkswirtschaftlichen Klima mit tendenziell fallenden Leitzinsen. Der Zinssatz des Euribor wird täglich ermittelt und in den Wirtschaftsteilen der Tageszeitungen und auf Moneyline Telerate, einem Börseninformationsdienst, veröffentlicht. Banken verlangen für Kredite auf Basis des Euribor einen Aufschlag von 0,5 bis 2 Prozentpunkte.

Eurokredit
Dies sind Kredite, die Banken am sog. Euromarkt aufnehmen und an ihre Kunden weiterleiten. Häufig sind diese Kredite besonders zinsgünstig; die Zinsen können jedoch maximal für zwölf Monate festgeschrieben werden. Danach werden die Zinssätze an die neuen Gegebenheiten angepasst. Für Immobilienbesitzer, die mit gleich bleibenden oder fallenden Zinsen rechnen, ist dies eine interessante Zwischenfinanzierungsalternative.

Europa Norm (EN)
Europa Normen werden vom Europäischen Komitee für Normung (Comité Européen de Normalisation) erlassen. Es wurde 1961 gegründet. Dem Komitee gehören 28 Mitgliedsorganisationen an. Das deutsche Mitglied ist das Institut für Normung (DIN) e.V.
Siehe / Siehe auch: Deutsches Institut für Normung (DIN)

Europäische Immobilien Akademie e.V. (EIA)
Die Europäische Immobilien Akademie ist als eingetragener Verein eine staatlich anerkannte so genannte Ergänzungsschule, die von Mitgliedern des früheren VDM in Saarbrücken gegründet und vom VDM finanziert wurde. Zwischen der EIA und dem Nachfolgeverband IVD gibt es jedoch keine Verbindung mehr. Irrtümlich wurde einige Zeit die EIA für eine Akademie des IVD gehalten. Es werden schulinterne Abschlüsse zum Immobilienwirt (Dipl. EIA), Immobilienbetriebswirt (EIA), Facility Manager (EIA) und Gutachter (EIA) angeboten. Dozenten sollen nach eigenen Angaben u.a. Immobilienmakler, Hausverwalter, Geschäfts-

führer von Bauträgergesellschaften, Mitarbeiter von Banken und Bausparkassen sein.

Europäische Wirtschaftliche Interessenvereinigung

Auch: EWIV. Eine Gesellschaftsform, mit deren Einführung die grenzüberschreitende Zusammenarbeit in Europa gefördert werden sollte. Sie geht auf eine EWG-Verordnung von 1985 zurück. Grundidee war, auf möglichst unkomplizierte Weise eine Kooperation verschiedener Partner aus unterschiedlichen EU-Staaten in einem rechtlichen Rahmen zu ermöglichen, der dem einer Personengesellschaft ähnelt. Gesellschafter einer EWIV können andere Gesellschaften sein, ebenso aber auch Organisationsformen des öffentlichen Rechts oder natürlichen Personen, die gewerbliche, kaufmännische, freiberufliche, handwerkliche oder landwirtschaftliche Tätigkeiten in der EU ausüben. Wichtige Bedingung: Die Gesellschaft muss aus mindestens zwei Mitgliedern aus verschiedenen Mitgliedstaaten bestehen.

Der Zweck der EWIV soll sein, durch gegenseitigen Austausch von Informationen und Ressourcen eine effektivere wirtschaftliche Tätigkeit ihrer Mitglieder zu ermöglichen. Mit Hilfe der EWIV können z.B. zwei Gesellschaften aus verschiedenen Mitgliedsstaaten auf relativ einfache Weise eine gemeinsame Handlungsplattform gründen, ohne ihre eigene Identität zu verlieren. Eine EWIV darf keine eigenen wirtschaftlichen Zwecke verfolgen oder Gewinne für sich selbst erwirtschaften. Die EWIV gilt als Handelsgesellschaft im Sinne des HGB.

Ihre Gründung erfordert einen Gesellschaftsvertrag und die Eintragung in den Registern der jeweiligen Staaten. Die rechtliche Handlungsfähigkeit der EWIV ist von den Regelungen der einzelnen Mitgliedstaaten abhängig. In Deutschland sind nach dem EWIV-Ausführungsgesetz die Vorschriften über die offene Handelsgesellschaft entsprechend anzuwenden. Es gilt damit § 124 HGB, wodurch die EWIV Rechtsfähigkeit im Sinne einer Gesamthandsgemeinschaft erlangt.

Alle Mitglieder der EWIV haften gesamtschuldnerisch und unbegrenzt mit ihrem Vermögen für die Verbindlichkeiten der Vereinigung. Die Haftung der Mitglieder ist jedoch subsidiär, d.h. auf die Mitglieder kann erst dann Regress genommen werden, wenn die EWIV nach Aufforderung nicht fristgerecht gezahlt hat. Ein Pflichtkapital muss nicht gestellt werden. Die Vertretung nach außen übernehmen ein oder mehrere durch Beschluss oder Gesellschaftsvertrag dazu bestellte Geschäftsführer. Wichtige Rechtsgrundlage ist das EWIV-Ausführungsgesetz (EWIVAG) mit Wirkung vom 1.1.1989.

Siehe / Siehe auch: EWIVVO

Europäischer Installationsbus (EIB)

Der Europäische Installationsbus ist eines der standardisierten Installationssysteme der Gebäudesystemtechnik, das von der Europäischen Union festgelegt wurde. Er dient der automatischen Steuerung von hausinternen und hausexternen Geräten und Anlagen nach bestimmten Regeln. Er wird eingesetzt sowohl bei Wohnbauten, als auch bei Zweckbauten. Der EIB verbindet mit einem „UTP-Kabel" alle Sensoren (Bewegungsmelder, Temperaturfühler, Brandmelder, Windstärkemesser, Lichtmesser und dergl.) und Aktoren Schalter und Motore eines Gebäudes miteinander. Die EIB Verkabelung kann unterschiedliche Strukturen haben. Insgesamt kann ein System 15 Bereiche und 15 Linien mit jeweils 256 Stationen umfassen. Die Nutzung von Gebäudesystemtechniken ermöglicht in Zeiten der Abwesenheit automatische Regulierungen, z.B. Abschalten von Beleuchtungen, Herablassen der Jalousien, Senken der Raumtemperaturen, automatisches Lüften usw. Möglich werden auch Steuerungen über das Telefon bzw. das Handy. Wer sich über die Funktionsweise von EIB ein Bild machen will, kann dies vor Ort in einem der zahlreichen Musterhäuser tun.
www.eib-home.de

Siehe / Siehe auch: Gebäudesystemtechnik

Europäisches Raumentwicklungskonzept EUREK

Das europäische Raumentwicklungskonzept zielt innerhalb der Länder der europäischen Union auf die Entwicklung bzw. Stärkung eines ausgewogenen polyzentrischen städtischen Gefüges im Raum der Europäischen Union ab. Es soll eine neue Art der Stadt-Land-Beziehung bewirken.Stadt- und Landbewohner sollen innerhalb der EU einen gleichrangigen Zugang zu den etablierten Wissenszentren erhalten. Gleichzeitig wird die Erhaltung von Natur und kulturellem Erbe angestrebt. Im Rahmen des 1999 verabschiedeten Konzepts wurde für den Siebenjahreszeitraum 2000-2006 ein Strukturfonds zur Finanzierung regionsübergreifender und für regionale Programme bereitgestellt. Die Ausgaben umfassen 1/3 des EU-Haushaltes. Zielgebiete für den Einsatz der Mittel sind solche mit Entwicklungsrückstand und solche mit Strukturproblemen. Zu den Gebieten mit Entwicklungsrückstand zählt u.a. Ostdeutschland. Aus dem Bereich der regionalen Programme werden im 7-Jahreszeitraum 17,3 Mrd. EURO via Bund nach Ostdeutschland transferiert. Zu den Gebieten mit Strukturproblemen gehören auch Teile der westlichen Bundesländer. Ein weiteres Ziel besteht in der Förderung der nationalen Bildungs-, Ausbildungs- und Beschäftigungspolitiken und -systeme.

Ferner werden Projekte zur Stärkung von Grenzregionen (Deutschland / Polen, Deutschland / Tschechien usw.) unterstützt.

Eventualeinberufung

Siehe / Siehe auch: Wiederholungsversammlung

Eventualeinladung

Siehe / Siehe auch: Wiederholungsversammlung, Wohnungseigentümerversammlung, Zitterbeschluss (Wohnungseigentümerversammlung)

EW

Abkürzung für: Einheitswert

EW

Abkürzung für: Eigentumswohnung
Siehe / Siehe auch: Eigentumswohnung

EWG

Abkürzung für: Europäische Wirtschaftsgemeinschaft

EWiR

Abkürzung für: Entscheidungen zum Wirtschaftsrecht

EWIV

Abkürzung für: Europäische Wirtschaftliche Interessenvereinigung
Siehe / Siehe auch: Europäische Wirtschaftliche Interessenvereinigung

EWIVAG

Abkürzung: EWIV-Ausführungsgesetz
Siehe / Siehe auch: Europäische Wirtschaftliche Interessenvereinigung

EWIVVO

Abkürzung für: Verordnung über die Schaffung einer Europäischen wirtschaftlichen Interessenvereinigung
Siehe / Siehe auch: Europäische Wirtschaftliche Interessenvereinigung

Expo Real

Expo Real ist die seit 1998 zuerst im MOC und später in der neuen Messe in München stattfindende internationale Fachmesse für Gewerbeimmobilien und Projekte. Neben Projektentwicklern, Immobilien Consultants und Maklern nehmen Wirtschaftsregionen, Städte, Facility Manager, Banken, Immobilienfonds, Versicherungen, Architekten, Bauträger, Liegenschaftsverwaltungen, sowie auch Unternehmen aus dem Bereich des Corporate Real Estate Managements aus dem In- und Ausland teil. Naturgemäß gehörten zu den Ausstellern auch Fachpresse, Verbände und Institutionen der beruflichen Aus- und Fortbildung. Der Erfolg der Messe übertraf alle ursprünglichen Erwartungen.

Die Zahl der Aussteller stieg von 146 (1998) auf 1.638 (2006). Die Zahl der Fachbesucher stieg von 2.528 (1998) auf rund 21.000 im Jahr 2006. Aus dem Ausland waren 2006 Aussteller aus 40 Ländern vertreten.

Entwicklung der Ausstellerzahlen

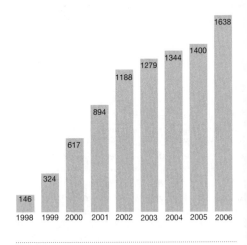

Entwicklung der Besucherzahlen

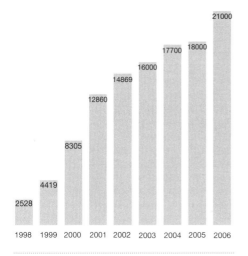

Siehe / Siehe auch: Corporate Real Estate Management (CREM), Immobilienfond

Exposé

Das Exposé ist die Beschreibung eines Objektes, das von einem Makler angeboten wird. Es unterscheidet sich vom Prospekt dadurch, das sich die Exposéinformationen auf ein bestehendes Objekt beziehen, das der Besichtigungskontrolle unterworfen ist, während ein Prospekt ein Vorhaben beschreibt, das erst durchgeführt wird. Das Exposé erfüllt folgende Funktionen:

- Mit seiner Hilfe erfüllt der Makler die ihm durch die MaBV auferlegte Informationspflicht gegenüber Kauf- und Mietinteressenten.
- Die Information der Interessenten erzeugt ein Mindestmass an Markttransparenz.
- Darüber hinaus wird das Exposé als Mittel der Objektwerbung und vielfach auch als Mittel der Firmenwerbung eingesetzt.

Eine Vorschrift über Aufbau und Form des Exposés existiert nicht. Im allg. enthält es eine Lagebeschreibung, eine Grundstücks- und Gebäudebeschreibung, eine Darstellung der Wert- und Nutzungsdaten sowie die Objektangebotsdaten. Ob in das Exposé auch die Provisionsbedingungen des Maklers aufgenommen werden sollen, ist lediglich im Hinblick auf die Informationsfunktion des Exposés zu bejahen. Eine rechtliche Bedeutung kommt einem solchen Provisionshinweis nicht zu, da das Exposé als faktisches Objektangebot und nicht als Angebot zum Abschluss eines Maklervertrags aufgefasst wird. Unterschieden wird zwischen Kurz- und Langexposés. Kurzexposés dienen im allg. der Information anderer Makler im Rahmen von Gemeinschaftsgeschäften und einer Vorabinformation von Interessenten. Langexposés enthalten alle Daten, für die im Allgemeinen auf Kundenseite ein Informationsinteresse besteht. Soweit das Exposé die Funktion eines Mittels der Objektwerbung erfüllt, gilt der Grundsatz, dass es „Spiegelbild der Wirklichkeit" sein soll und die Daten besonders herauszustellen sind, die für die Zielgruppe von besonderem Interesse sind. Der Makler haftet für die Richtigkeit der Angaben im Exposé, wenn er nicht zum Ausdruck bringt, dass es sich bei den Angaben im Exposé um Angaben des Eigentümers bzw. Dritter handelt. Ein Haftungsausschluss für eigene Angaben des Maklers ist nicht möglich.

Eine besondere Bedeutung gewann das Exposé im Rahmen der Objektpräsentation im Internet und in den Immobilienportalen. Vor allem erhält das Exposé durch die Möglichkeit, die Objektbeschreibung durch viele Bilder zu unterstützen, einen erhöhten Informationswert. Die Markttransparenz wird durch vorgegebene Suchraster im Vergleich zu den Immobilienteilen der Tageszeitung wesentlich erhöht.

Siehe / Siehe auch: Objekt, Informationspflicht des Maklers

Externe Effekte

Bei externen Effekten handelt es sich um wertbeeinflussende Einwirkungen auf Grundstücke eines größeren oder kleineren Gebietes, die nicht über einen Marktpreis ausgeglichen werden. Die Effekte können positiv sein. Beispiel: Der Verkehr durch einen Stadtteil wird über ein neues Tunnelsystem unter der Erde abgeleitet. Die wesentlich verringerte Lärmimmission führt zu einem Wertzuwachs, ohne dass die Gemeinde von den begünstigten Bewohnern dafür einen Preis verlangen könnte. Ebenso sind negative externe Effekte denkbar. In der Nähe eine Gemeinde wird ein Sportflughafen errichtet, dessen Betrieb starken Fluglärm mit sich bringt. Die Immobilienpreise sinken wegen dieser Beeinträchtigung. Der Flughafenbetreiber muss für diese Beeinträchtigung finanziell nicht aufkommen.Die Werteinflüsse können teilweise enorm sein, wenn es sich um großräumige Entwicklungen handelt wie z.B. bei einer Beendigung des Braunkohleabbaus in einer Region in Verbindung mit einer Rekultivierung der entstandenen „Mondlandschaft".Literaturhinweis: Sailer in „Spezielle Betriebswirtschaftslehre der Immobilienwirtschaft, Hamburg 2006

Extremwertbereinigung für Mietspiegel

Die Extremwertbereinigung für Mietspiegel ist ein Statistisches Verfahren. Um bei der Erstellung eines Mietspiegels zuverlässige Daten zu ermitteln, müssen Extremwerte (z.B. niedrige Gefälligkeitsmieten oder einzelne überhöhte Mieten) ausgefiltert werden. Dazu findet eine Extremwertbereinigung statt – z.B. durch Kappung von je 5% oder je 10% an beiden Enden der Mietpreisskala.
Siehe / Siehe auch: Mietdatenbank, Mietspiegel

ExWoSt

Abkürzung für: Experimenteller Wohnungs- und Städtebau

F+E Abt.
Abkürzung für: Forschungs- und Entwicklungsabteilung

F-Plan
Abkürzung für: Flächennutzungsplan

Fachkaufmann für die Verwaltung von Wohnungseigentum
Im Rahmen der beruflichen Fortbildung besteht für Wohnungseigentumsverwalter die Möglichkeit, einen Lehrgang zu absolvieren, der zum IHK-Abschluss des Fachkaufmanns für die Wohnungseigentumsverwaltung führt. Der Lehrgang umfasst in der Regel 420 Stunden und vermittelt nach dem vom DIHK verabschiedeten Stoffplan die
- Verwaltungsgrundlagen,
- allgemeine Rechtsgrundlagen und
- spezielle Grundlagen des Wohnungseigentumsrechts,
- Fertigkeiten in der Anwendung von fachorientierten EDV-Programmen, sowie
- betriebs- und volkswirtschaftliche Basiskenntnisse.

Kurse werden von den Verbänden und institutionellen Lehrgangsträgern, etwa dem Europäischen Bildungszentrum der Wohnungs- und Immobilienwirtschaft in Bochum, sowie von einigen Industrie- und Handelskammern angeboten.

Siehe / Siehe auch: Aus- und Weiterbildung, Immobilienfachwirt, Kaufmann/Kauffrau in der Grundstücks- und Wohnungswirtschaft (IHK), Studiengänge (immobilienwirtschaftliche), Immobilienkaufmann / Immobilienkauffrau

Fachwerkbau
Der Fachwerkbau ist eine Konstruktion, die auf einem tragenden Gerüst aus untereinander verbundenen, vertikal, horizontal oder schräg angeordneten Hölzern basiert. Die Zwischenräume (Gefache) werden mit Staken, Lehm, Ziegeln oder Bruchsteinen geschlossen.

Siehe / Siehe auch: Massivbauweise, Skelettbauweise

Fachwerkhaus
Ein Fachwerkhaus besteht aus einer Holzbalkenkonstruktion für die tragenden Wände, wobei die Holzbalken vertikal horizontal und zur Versteifung diagonal miteinander verbunden werden. Die Räume dazwischen sind mit Lehm, Schwemmsteinen oder Ziegelsteinen ausgefüllt. Fachwerkhäuser spielten in früherer Zeit sowohl bei Bauernhöfen in Dörfern als in den Städten als Bürgerhäuser eine große Rolle. Einer Mode folgend wurden vor allem im 16. und 17. Jahrhundert die Fachwerke, soweit sie verputzt waren, bloß gelegt und mit Schnitzereien und Bemalungen verziert. Im 18. und 19. Jahrhundert wurde ein Teil der Fachwerke wegen der erhöhten Brandgefahr wieder verputzt.

Fachwerkhäuser sind vor allem in Deutschland (wohl wegen seines hohen Bestandes an Eichenwäldern), Frankreich, Belgien England und in einigen Ländern Osteuropas anzutreffen. Alte Fachwerkhäuser stehen heute in der Regel unter Denkmalschutz. Eine moderne Art des Fachwerkhauses ist heute das Haus in Ständerbauweise, die ebenfalls auf einer Balkenkonstruktion beruht. Es werden aber auch von Fertighausfirmen neue Fachwerkhäuser nach dem alten Stil angeboten.

Facility Management (FM)
Facility Management ist nach der Definition der GEFMA (German Facility Management Association – Deutscher Verband für Facility Management e.V.) ein unternehmerischer Prozess, der durch die Integration von Planung, Kontrolle und Bewirtschaftung bei Gebäuden, Anlagen und Einrichtungen (facilities) und unter Berücksichtigung von Arbeitsplatz und Arbeitsumfeld eine verbesserte Nutzungsflexibilität, Arbeitsproduktivität und Kapitalrentabilität zum Ziel hat.

Die IFMA Deutschland (International Facility Management Association Deutschland) sieht die Aufgabe des FM darin, Geschäftsprozess, Mensch und Arbeitsplatz an einem Ort zusammenzuführen. Soweit sich FM ausschließlich auf Gebäude bzw. Immobilien bezieht, hat sich hierfür der

Begriff des Gebäude Managements eingebürgert. Begriffsdefinitionen und Leistungsbeschreibungen des Gebäude Managements fanden sich ursprünglich in der VDMA 24196 und sind im Jahre 2000 in ihren wesentlichen Teilen als DIN 32736 in den Normenkatalog des Deutschen Instituts für Normen (DIN) übernommen worden. Dem Facility Management liegt die Erkenntnis zugrunde, dass die Bewirtschaftungskosten eines Gebäudes, die im Laufe seiner Nutzungsdauer entstehen, die ursprünglichen Herstellungskosten oft um das Mehrfache übersteigen.

Das bedeutet, dass bereits bei der Planung vorzusehen ist, die späteren nutzungsbedingten Bewirtschaftungskosten so steuerbar zu machen, dass sie in ein optimales Verhältnis zu den Herstellungskosten gebracht werden können.

Zur Betrachtung stehen dann nicht nur isoliert die Herstellungskosten an, sondern die Summe aus den Herstellungskosten und den auf den Herstellungszeitpunkt diskontierten Bewirtschaftungskosten. Diese Philosophie ist im Hinblick auf die langen Gesamtnutzungsdauern von Gebäuden sehr spekulativ.

In der Praxis zielt Facility Management darauf ab, dem Nutzer einer Immobilie durch Fernhalten jeglicher „Beschäftigungsnotwendigkeiten" mit dem Gebäude, seinen Anlagen und Einrichtungen zu ermöglichen, sich auf sein Kerngeschäft voll zu konzentrieren. Bereit- und vorgehalten wird vom Facility Manager ein kaufmännisches, technisches und infrastrukturelles Organisationspotential, das in der Lage ist, alle Leistungen zu erbringen, die erforderlich sind, dieses Organisationsspektrum bedarfsgerecht zu den richtigen Zeitpunkten an den richtigen Orten zu aktivieren. In der DIN 32736 wird das Flächenmanagement zusätzlich berücksichtigt.

Gebäude und Einrichtungen werden bereits im Planungsstadium mit Hilfe eines CAD-Programms entwickelt und bilden einen Teil der Informationsbasis für die spätere Bewirtschaftungsphase. Dies gilt insbesondere für die Bereiche Verwaltung, Instandhaltungs- und Wartungsmaßnahmen, Überwachung der Gebäudeleittechnik und Gebäudeautomation, für die hausinterne Kommunikationstechnik und das Flächenmanagement. Das Gebäude kann in allen Einzelheiten auf dem Bildschirm abgebildet werden. Die Flächen können nach unterschiedlichen Gesichtspunkten (z.B. differenziert nach dem Flächenraster der DIN 277, nach Zustandsmerkmalen, Instandhaltungsplanphasen und anderen Flächeneigenschaften), visualisiert werden.

Im Bereich der Bewirtschaftung gilt es, alle Kosteneinsparungspotentiale insbesondere im Bereich der Energiekosten ohne Beeinträchtigung der Leistungsfähigkeit der energiegespeisten Anlagen auszuschöpfen (Energiemanagement). Im infrastrukturellen Bereich werden nutzerorientierte zentrale Dienste angeboten z.b. Kopierdienste, Konferenzorganisation, Sicherheitsdienste. Als Studiengegenstand wird FM u.a. an der Technischen Universität in München und der Technischen Universität in Dresden angeboten. Darüber hinaus gibt es 16 Fachhochschulen, die Studiengänge im Bereich des Facility Management anbieten.

Siehe / Siehe auch: GEFMA - Deutscher Verband für Facility Management e.V., IFMA Deutschland, Gebäudemanagement, Lebenszykluskosten

Factory Outlet Center (FOC)

Bei Factory Outlet Centers, handelt es sich um großflächige Verkaufszentren von Fabriken, die in Konkurrenz zum Einzelhandel dem Endverbraucher ihre Produkte direkt anbieten. Die Idee stammt aus den USA, das über etwa 260 FOC's verfügt. Deren Umsatzanteil am Einzelhandel beträgt dort ca. 2%.

Ein FOC führt verschiedene Markenartikelhersteller mit ihrem Angebot unter einem Dach zusammen. Die Tendenz scheint in Amerika allerdings eher rückläufig zu sein. (Weniger FOC's aber mit mehr Fläche). Verschiedene FOC's, die nicht das erwartete Ergebnis brachten, wurden in sog. Value Center bzw. Hybrid Center umgewandelt, bei denen der größere Teil der Flächen von Unterhaltungseinrichtungen, Gastronomiebetrieben u.dergl. belegt werden, wobei der Flächenanteil der Outlet Stores unter 50% sinkt. Factory Outlet Center sind auch in Europa verbreitet, vor allem in Großbritannien, Frankreich und Spanien. Derzeit soll es in Europa 85 Factory-Outlet-Centers geben.

Die Vertriebsmethode der FOC's ist in Deutschland umstritten. Es werden u.a. eine „Verödung der Innenstädte" durch Auskonkurrieren des Einzelfachhandels, damit verbundene Arbeitsplatzverluste und eine Erhöhung des Verkehrsaufkommens befürchtet. In Fachkreisen werden Zweifel ganz anderer Art geäußert. Man verweist dabei auf die Schieflage mancher FOC's in Amerika. Es wird befürchtet, dass es speziell in Deutschland kaum gelingen dürfte, Hersteller renommierter Marken für FOC's zu interessieren, was deren Anziehungskraft verringere.

Andererseits gibt es überwiegend kleinere Gemeinden, die sich von einem FOC ein hohes Gewerbesteueraufkommen versprechen. Die Entwicklung der FOC's verläuft in Deutschland allerdings zögerlich. Die Tatsache, dass unter dem Begriff „Factory-Outlet-Center" auch oft ganz normale Fabrikverkäufe („Factory Outlet") subsummiert werden, die keineswegs den Charakter eines „Einkaufszentrums" im Sinne der Baunutzungsverordnung haben, trägt zur Verwirrung bei. Immerhin sind rund 600 Hersteller mit Verkaufsflächen in „Factory Outlet" im weitesten Sinne vertreten. Die meisten gehören zur Modebranche, gefolgt von „Essen & Trinken" (vom Schokoladenhersteller bis zur Weinbrennerei), sowie „Haus & Wohnen". Vertreten sind auch die Branchen, die man unter Freizeit & Hobby, Sport, Spiel- und Geschenkartikel subsumieren kann.

Zu den FOC's im engeren Sinne zählen das im brandenburgischen Wustermark, bei Berlin gelegene („B5") mit 10.300 Quadratmeter Verkaufsfläche, ein FOC für Designer-Waren auf dem ehemaligen Stützpunkt der amerikanischen Airforce in Zweibrücken mit 50 Läden und 14.500 Quadratmeter Fläche. Auch in Ingolstadt (Ingolstadt Village), sowie in Metzingen und Wertheim (beide in Baden-Württemberg) gibt es FOC's im engeren Sinne. Daneben gibt es viele weitere Outlets ohne den spezifischen Centercharakter. Beliebte Standorte sind Flughäfen. Einige geplante größere FOC's kamen mangels Betreiber oder wegen zeitraubender Rechtsstreitigkeiten nicht zur Ausführung.

Voraussetzung für die Errichtung eines „Hersteller-Direktverkaufszentrums" ist der Ausweis von Sonderbauflächen im Flächennutzungsplan einer Gemeinde. Große Factory Outlet Centers werden an solchen Standorten – vorwiegend in kleineren Städten – angesiedelt, in deren Einzugsbereich sich mehrere Millionen Einwohner befinden. Wert wird auf einen nahen, wenn möglich direkten Autobahnanschluss gelegt. Kalkuliert wird bei größeren Vorhaben mit bis zu 3 Millionen Besuchern im Jahr. Der Radius des Einzugsbereiches kann bis zu 150 km betragen. Die Gesamtverkaufsfläche liegt zwischen 6.000 und 20.000 Quadratmeter. Sie teilt sich auf in „Läden" mit Flächen zwischen etwa 50 und 200 Quadratmeter. Das Angebotssortiment wird von den beteiligten Fabriken bestimmt. Es ist von der Breite her vergleichbar mit dem Sortiment eines Shopping Centers. Neben hochwertigen Vorsaisonwaren kann es sich auch um Produktionsüberhänge, Zweite-Wahl-Waren, Musterkollektionen, Vorjahres- oder Auslaufmodelle handeln. Gastronomie ist stets mit einbezogen. Die Planungsziele hinsichtlich des Jahresumsatzes liegen im Schnitt zwischen 3.000 und 5.000 Euro je Quadratmeter.

Siehe / Siehe auch: Shopping Center

Fälligkeit

Die Fälligkeit bezieht sich allgemein auf den Zeitpunkt, zu dem ein Vertragspartner die von ihm geschuldete Leistung zu erbringen hat. Die Fälligkeit ist im Bauvertragsrecht unterschiedlich geregelt. So wird der Werklohn der Handwerker und Bauunternehmer nach BGB-Vertrag mit der Abnahme der Bauleistung fällig. Sowohl nach BGB-Werkvertrag (§ 632 a) als auch bei einem VOB-Vertrag § 16 VOB/B) kann der Vertragspartner gegebenenfalls Abschlagszahlungen für abrechenbare Leistungsabschnitte verlangen. Nach VOB sind diese Zahlungen innerhalb von 18 Tagen nach Zugang der Leistungsaufstellung fällig. Die Schlusszahlung muss binnen zweier Monate, nachdem eine nachprüfbare Rechnung vorgelegt wurde, beglichen werden.

Das Architektenhonorar setzt ebenfalls die abnahmefähige Erbringung der Leistung und die Vorlage einer prüffähigen Schlussrechnung voraus. Im Mietrecht wird in der Regel eine Vorfälligkeit hinsichtlich der Mietzahlungen vereinbart (Fälligkeit am Monatsanfang). Dem entspricht beim Wohnungsmietvertrag mittlerweile auch die gesetzliche Vorschrift.

Beim Makler wird der Provisionsanspruch fällig, sobald er entstanden ist.

Fahrräder

Ein Mietvertrag regelt meist nicht ausdrücklich, wo Fahrräder des Mieters abzustellen sind. Allerdings finden sich in vielen Hausordnungen Regelungen zu diesem Thema. In vielen Wohnanlagen existiert ein gemeinschaftlich genutzter Fahrradkeller. Ist dies nicht der Fall, muss der Mieter seinen Keller nutzen. Solange eine anderweitige Abstellmöglichkeit besteht, ist die Benutzung der Wohnung als Fahrradabstellplatz unzulässig. Ein besonders wertvolles Rennrad darf nach dem Amtsgericht Münster in die Wohnung mitgenommen oder im eigenen Keller des Mieters untergestellt werden, obwohl die Hausordnung ausschließlich den Fahrradkeller als Abstellplatz anordnet (AG Münster, WM 94, 198). Als Kündigungsgrund reicht ein unzulässiges Abstellen von Fahrrädern in der Regel nicht aus.

Das Abstellen von Fahrrädern auf dem Hof einer Wohnanlage darf nach einem Urteil des Amtsgerichts Berlin-Schöneberg (Az. 19 C 532/98) nicht ohne weiteres per Hausordnung vom Vermieter verboten oder mit Gebühren belegt werden. Im Einzelfall hängt dies vom Platzangebot des Hofes ab. Wenn Zugänge, Einfahrten oder gar Zufahrtswege für die Feuerwehr zugestellt werden, werden die Interessen des Radlers zurückstehen müssen.
Siehe / Siehe auch: Hausordnung

Fairer Wert (fair value)

Der faire Wert entstammt dem Bereich der International Accounting Standards (IAS) und bezeichnet den „Betrag, gegen den eine Immobilie zwischen einem aufgeklärten, erwerbsbereiten Käufer und einem aufgeklärten, veräußerungswilligen Verkäufer im gewöhnlichen Geschäftsverkehr ausgetauscht werden kann." Der faire Wert entspricht somit dem Verkehrswert.
Siehe / Siehe auch: International Financial Reporting Standards (IFRS)

Faktische Wohnungseigentümergemeinschaft

Von einer faktischen Wohnungseigentümergemeinschaft spricht man, wenn sich die Rechtsstellung der werdenden Wohnungseigentümer der von Wohnungseigentümern weitgehend angenähert hat und sich die werdenden Wohnungseigentümer in die Gemeinschaft tatsächlich eingegliedert haben, der Eigentumserwerb aber noch nicht vollendet ist. Eine faktische Wohnungseigentümergemeinschaft besteht bei einer Vorratsteilung nach § 8 WEG in der Zeit zwischen Errichtung der Teilungserklärung und der Eintragung des ersten Erwerbers im Grundbuch als Wohnungseigentümer, also im Gründungsstadium einer Eigentümergemeinschaft.

Die Voraussetzungen für eine faktische Eigentümergemeinschaft sind:
- der unmittelbare oder mittelbare Besitz des Wohnungseigentümers an der Wohnung, die bewohnbar sein muss
- der Abschluss eines schuldrechtlichen Erwerbvertrages
- die dingliche Sicherung des Erwerbers durch Eintragung einer Vormerkung

Der faktische Wohnungseigentümer kann schon vor Eintragung im Grundbuch
- sein Stimmrecht in der Eigentümerversammlung ausüben
- er hat Wohngeldzahlungen zu leisten
- baulichen Veränderungen zustimmen oder die Beseitigung nicht genehmigter baulicher Änderungen verlangen und gerichtlich durchsetzen
- Beschlüsse anfechten

Die faktische Wohnungseigentümergemeinschaft endet durch die Eintragung des ersten Erwerbers als Eigentümer im Grundbuch. Die zu diesem Zeitpunkt bereits existierende Rechtsstellung der faktischen Wohnungseigentümer bleibt für diese bestehen.

Fallenstellerparagraph

Als Fallenstellerparagraphen bezeichnete die Branche den § 2b des Einkommensteuergesetzes. Er wurde im Zuge des Steuerentlastungsgesetzes auf Initiative des damaligen Finanzministers Oskar Lafontaine 1999 in das Gesetz eingefügt. Mittlerweile ist § 2b EStG rückwirkend durch § 15 b EStG (Verlustverrechnungsbeschränkung) ersetzt worden.
Siehe / Siehe auch: Verlustverrechnungsbeschränkung

Fangnetz / Balkon

Mieter dürfen am Balkon der Mietwohnung ein Fangnetz anbringen, damit Katzen oder andere Haustiere nicht entwischen bzw. abstürzen können. Dies entschied das Amtsgericht Köln (Az. 222 C 227/01). Das Gericht hatte zuvor im Rahmen eines Ortstermins festgestellt, dass das Fangnetz an Ständern hing, die mit der Balkonbrüstung nur verschraubt waren, sich also ohne Schwierigkeiten wieder vollkommen entfernen ließen. Auch war das Netz von außen kaum zu sehen und daher keine optische Beeinträchtigung der Fassade. Da weder eine dauerhafte Veränderung der Mietsache noch eine optische Beeinträchtigung stattgefunden hatte, wies das Gericht die Klage des Vermieters gegen die Katzen-Auffang-Installation ab.
Siehe / Siehe auch: Balkon

FAQ
Abkürzung für: Frequently Asked Questions

Farming
Farming ist eine spezifische Marketing-Vorgehensweise, die speziell in Amerika Verwendung findet. Im Rahmen des Farming wird eine bestimmte Personengruppe oder aber – und dies ist auch häufiger der Fall – ein bestimmter Stadt- oder Ortsteil abgegrenzt und marketingtechnisch besonders intensiv bearbeitet. Je nach Strategie und Spezialisierung des Unternehmens kann die Farm aber auch großflächig definiert und extensiv „bewirtschaftet" werden.

Fassade

Außenfront einer Immobilie an der Straßenseite. Der Fassade kommt insofern eine besondere Bedeutung zu, als sie dem Betrachter den ersten Eindruck vom Gebäude vermittelt und von den Mietern oder Eigentümern häufig zur Unternehmensdarstellung genutzt wird. Zudem hat die Fassade eine klimatechnische Funktion. Manche Häuser verfügen über eine zweite Fassade („Schauseite") an der Gartenseite. An Fassadenelementen lässt sich in der Regel der Baustil ablesen.

Fehlbelegung
Eine „Sozialwohnung" – d.h. eine preisgebundene Wohnung kann nur bezogen werden, wenn der Mieter einen Wohnberechtigungsschein vorlegt. Diesen erhält er vom Sozialamt, wenn er eine entsprechende Bedürftigkeit nachweisen kann. Wenn jedoch die finanziellen Verhältnisse sich verbessern, wieder Arbeit gefunden wird etc., sind oft die Voraussetzungen für eine Wohnberechtigung nicht mehr gegeben. Der Mieter genießt nun unberechtigterweise die Vorteile einer subventionierten Miete, die unter der ortsüblichen Miete liegt.

Um dem entgegenzuwirken, haben einige Bundesländer für bestimmte Städte eine Fehlbelegungsabgabe eingeführt. Diese hat mittlerweile einen neuen Namen erhalten und heißt nun „Ausgleichszahlung für Sozialwohnungen". Die Abgabe wird fällig, wenn die maßgebliche Einkommensgrenze des Mieters um mehr als 20% überschritten ist. In einigen Bundesländern ist der Prozentsatz geringer. Die Ausgleichszahlung beträgt zwischen 0,35 und 3,50 Euro je Quadratmeter. Die genaue Höhe hängt u.a. von weiteren Ausnahmeregelungen ab, von Höchstbeträgen für bestimmte Wohnungen und von der Anzahl der darin lebenden Personen. Zur Feststellung, ob die Voraussetzungen für eine Wohnberechtigung noch gegeben sind, finden in den jeweiligen Städten regelmäßige Überprüfungen statt. So werden z.B. in Köln Mieter / Mieterinnen von Sozialwohnungen alle drei Jahre auf ihre Wohn- und Einkommensverhältnisse überprüft. Die Prüfung besteht im Zusenden eines Formulars, dass der Betreffende auszufüllen hat.
Siehe / Siehe auch: Ausgleichszahlung für Sozialwohnungen

Feinstaub
Seit Bekanntwerden der hohen Feinstaubemissionen in einigen deutschen Großstädten wird die Frage diskutiert, wie Feinstaub reduziert werden kann. Er gilt als gesundheitsschädlich, weil die Filterwirkung des Nasen-Rachenraumes nicht ausreicht, um die Feinstaubpartikel zu absorbieren. Feinstaub gerät damit unmittelbar in die Lunge und wird dort nicht mit der erforderlichen Schnelligkeit entfernt. Die Folge sind Atemwegs- und Herzkreislauferkrankungen.

Die Mitgliedstaaten der Europäischen Union wurden mit der 1980 beschlossenen Richtlinie 80/779/EWG verpflichtet, dafür Sorge zu tragen. dass ab 1. April 1983 bestimmte Grenzwerte nicht überschritten werden. Hinzu kam 1991 die Verpflichtung, in bestimmter Dichte Messeinrichtungen zu installieren und über Messergebnisse die zuständigen Behörden zu informieren. Ab 2010 werden erhöhte Anforderungen gelten. Der Feinstaub hat natürliche wie vom Menschen verursachten Quel-

len. Zu den natürlich Quellen zählen u.a. Pollen, durch Erosion von Gesteinen ausgelöster Feinstaub der durch Winde verteilt wird, Saharastaub sowie durch die Land- und Forstwirtschaft entstehende Staubpartikel.
Die menschlichen Ursachenquellen befinden sich u.a. in der Industrie, in den Privathaushalten, im Straßenverkehr einschließlich Dieselruß, Reifenabrieb und Abrieb in den Bremsbelägen, den Kraft- und Fernheizwerken. In den Wintermonaten entsteht Feinstaub auch durch Zerreibung von Splitt, der (anstelle von Salz) zur Dämpfung der Rutschgefahr bei Glatteis und Schneeglätte auf den Straßen aufgetragen wird.
Die öffentliche Aufmerksamkeit, die diesem Problem zuteil wurde, dürfte dafür sorgen, dass besonders feinstaubbelastete Gebiete, über die ja informiert werden muss, Wertbeeinträchtigungen erfahren.

Feldgeschworene

Im Freistaat Bayern wirken ortsansässige Bürger als Feldgeschworene ehrenamtlich bei der Vermessung und Abmarkung von Ländereien durch die Vermessungsbehörden mit. Sie setzen z.B. Grenzsteine höher oder tiefer oder wechseln beschädigte Grenzsteine aus. Mit dem Einverständnis der beteiligten Grundeigentümer erledigen sie auch weitere behördliche Aufgaben im Zusammenhang mit der Abmarkung und tragen zur Lösung von Streitigkeiten bei. Sie werden auf Lebenszeit vom Gemeinderat gewählt. Ihre Wahl, Abberufung und Aufgaben sind in Landesvorschriften geregelt (z.B. Bayerisches Abmarkungsgesetz, Bayerische Feldgeschworenenverordnung).
Historisch entwickelte sich das Feldgeschworenenwesen in den fränkischen Teilen Bayerns im Mittelalter. Hier wurden Liegenschaftsbücher geführt und die verschiedenen Grundstücke durch Grenzsteine oder -säulen gekennzeichnet. Die Feldgeschworenen unterlegten diese Markierungen mit einem geheimen Zeichen (sog. Siebenerzeichen, Siebenergeheimnis), um ein eigenmächtiges Versetzen der Steine zu unterbinden.
Die früher teilweise übliche Bezeichnung der Feldgeschworenen als „Siebener" geht darauf zurück, dass ursprünglich in jeder Gemeinde eine Gruppe von sieben Personen mit diesem Amt betraut wurde.
Heute geht man von einer Mindestzahl von vier Personen aus. Weitere Bezeichnungen für das Amt eines Feldgeschworenen waren Feldrichter, Feldscheider, Steinsetzer oder Untergänger.
Siehe / Siehe auch: Abmarkung

Feldrichter
Siehe / Siehe auch: Feldgeschworene

Feldscheider
Siehe / Siehe auch: Feldgeschworene

Feng Shui
Feng Shui kommt aus dem Chinesischen und heißt wörtlich übersetzt: „Wind – Wasser". Es handelt sich um eine Lebenseinstellung, die darauf abzielt, im Interesse von Wohlbefinden, Leistungsfähigkeit, beruflichen Erfolg, Glück und geistige Frische ein harmonisches Verhältnis zur konkreten Umwelt herzustellen. Dies erstreckt sich vor allem auch auf den Bereich des Wohnens und beginnt mit der Auswahl des Baugrundstücks, der Wohnraumgestaltung und geht bis zur Einrichtung der Räume. In Massing (Niederbayern) wurde ein ganzer Bebauungsplan aus der Perspektive des Feng Shui entwickelt. Kennzeichnend dafür ist das Fehlen von schnurgeraden Straßenzügen, eine Ausrichtung der Häuser mit einer Blickrichtung dorthin wo das Auge ruhen kann. Die Gärten haben Brunnen, breitblättrige Pflanzen. Die Wohnungen selbst sind eher spärlich möbliert.

Fenster
Fenster sind Wandöffnungen, die der Belichtung und der Belüftung eines Raumes dienen. Das aus dem Althochdeutschen stammende Wort Fenster kommt ursprünglich von dem lateinischen fenestra. Aus dem römischen Reich sind auch die ersten, uns heute geläufigen Fenster, bestehend aus Fensterrahmen mit Festverglasung oder einem beweglichen Fensterglasflügel bekannt. Die bis dahin üblichen Fenster waren lediglich ein Loch in der Wand, so groß wie die Wandkonstruktion dies zuließ. Noch lange verschlossen unsere Vorfahren ihre Fenster mit einem Holzladen, denn Glasfenster waren ein Luxus, der sich erst allmählich durchsetzte. Noch bis in das 19. Jahrhundert bestand die übliche Verglasung aus Glasstücken in einer Bleifassung. Inzwischen haben sich durch moderne Technologien die Fertigung und die belastbarere Zusammensetzung und damit der Einsatzbereich von Glas stetig verändert. In Kombination mit Skelettsystemen sind verglaste Außenwände bis

hin zu einer gesamten Außenhaut aus Glas möglich. Heute muss das Fenster neben Belichtung und Belüftung weitere Funktionen übernehmen. Zugluft, Wasser oder Feuchtigkeit sollte an keiner Stelle eindringen können. Ebenso müssen Fenster den gesetzlichen Anforderungen an Wärmedämmung, Brand- und Schallschutz entsprechen.
Siehe / Siehe auch: Brandschutz, Fenstergewände, Fensterglas, Fensterleibung, Fensterrahmen, Fenstertür, Leibung / Laibung, Skelettbauweise

Fenster- und Lichtrecht
Das Fensterrecht regelt, ob und wie Grundstückseigentümer in oder an der Außenwand eines Gebäudes Fenster anlegen dürfen, sowie die Voraussetzungen, unter denen Fenster, Türen und zum Betreten bestimmte Bauteile (Balkone, Terrassen) angebracht werden dürfen. Das Lichtrecht schützt bestehende Fenster gegen Eingriffe durch den Nachbarn. Geregelt wird die Befugnis des Grundstückseigentümers, dem Nachbarn die Verbauung im Bereich des Lichteinfalls zu verbieten. Geregelt ist das Fenster- und Lichtrecht in den privatrechtlichen Rechtsvorschriften der Nachbarschaftsgesetze der Bundesländer.
Siehe / Siehe auch: Außenwand (eines Gebäudes)

Fensterbank
Die Fensterbank bildet den unteren horizontalen Abschluss eines Fensterausschnittes. Es gibt eine innere Fensterbank, auch Fensterbrett genannt, und eine äußere, auch Sohlbank genannt. Das Material der Sohlbank orientiert sich an der Gestaltung und am Gebäude. Im Mauerwerk ist sie oft gemauert. An den Anschlusspunkten zur Wand und zum Fensterrahmen wird die Sohlbank von einem Abdeckblech aus Aluminium, Zink oder Blei geschützt. Vor Feuchtigkeit schützen innen liegende Abdichtungen aus Kunststoff.
Siehe / Siehe auch: Abdichtungen, Fenster, Fensterbrüstung, Fensterrahmen, Mauerwerk, Sohlbank

Fensterbrüstung
Die Fensterbrüstung ist das Wandstück unterhalb des Fensters und wird mit der Fensterbank nach oben hin geschlossen.
Siehe / Siehe auch: Fenster, Fensterbank

Fensterflügel
Der Fensterflügel ist der bewegliche Teil eines Fensters und wird mit Fensterbeschlägen am Fensterrahmen angeschlagen. Fensterflügel lassen sich auf die unterschiedlichste Art öffnen: Dreh-, Kipp- oder Drehkippfenster, Schwingfenster an einer mittleren, horizontalen Achse schwingend, Klappfenster, die sich oft nach außen öffnen lassen, horizontale oder vertikale Schiebefenster, die auf Schienen oder Rillen laufen und Lamellenfenster, deren Öffnung mehrere schmale, horizontale Gläser schließt. Fensterflügel werden aus Holz, Aluminium, Stahl oder Kunststoff hergestellt. Auch eine Kombination aus diesen Materialen ist möglich.
Siehe / Siehe auch: Fenster

Fenstergewände
Fenstergewände sind die seitlichen Begrenzungen im inneren Mauerausschnitt. Sie bilden zusammen mit dem oberen Fenstersturz und der unteren Fensterbank den Rahmen in der Wandschnittfläche, in den das eigentliche Fenster eingesetzt wird.
Siehe / Siehe auch: Fenster, Fensterbank, Fenstersturz, Leibung / Laibung

Fensterglas
Als Fensterglas wird das gezogene Tafelglas für Bauzwecke bezeichnet. Obwohl schon die Römer Glasstücke in ihre Fenster einsetzten, wurde das Gießverfahren von Glasplatten erst im 17. Jahrhundert erfunden.
Siehe / Siehe auch: Fenster, Fensterflügel, Fensterrahmen, Festfenster

Fensterkitt
Mit Fensterkitt wird die Fensterscheibe im Fensterflügel oder Fensterrahmen (Festverglasung) stabilisiert. Der Kitt wird glatt verstrichen und härtet aus, so dass die eingesetzte Scheibe in ihrer Position gehalten wird.
Siehe / Siehe auch: Fensterflügel, Fensterrahmen, Glasleiste

Fensterleibung
Siehe / Siehe auch: Leibung / Laibung

Fensterrahmen
Ein Fensterrahmen ist der fest an der Leibung der Wand befestigte Rahmen eines Fensters. Er besteht aus zwei vertikalen Pfosten und zwei horizontalen

Riegeln. In ihn wird der bewegliche Fensterflügel oder das festverglaste Fenster eingesetzt. Fensterrahmen werden aus Holz, Aluminium, Stahl oder Kunststoff hergestellt. Ebenso ist eine Kombination aus den Materialen möglich.
Siehe / Siehe auch: Fenster, Fensterflügel, Festfenster, Leibung / Laibung, Zarge

Fenstersturz

Der Fenstersturz ist der Balken in der Wandebene über der Fensteröffnung. Er soll die Lasten aus den über ihn liegenden Gebäudekonstruktionen wie den Wänden, den Decken oder dem Dach aufnehmen. Im Mauerwerksbau handelt es sich heute in der Regel um einen vorgefertigten Sturz aus Stahlbeton. Im Stahlskelettbau oder Fachwerkbau besteht er aus Stahl oder Holz.
Siehe / Siehe auch: Fachwerkbau, Fenster, Mauerwerk, Stahlbeton

Fenstertür

Einer Fenstertür oder einem französischen Fenster fehlt die Fensterbrüstung. Es handelt sich hierbei um ein Fensterflügelpaar, das als Tür genutzt wird. Vorwiegend führt sie zu einem Balkon oder einer Terrasse.
Siehe / Siehe auch: Balkon, Fenster, Fensterbrüstung, Fensterflügel, Festfenster, Terrasse

Ferienhöfe

Ferienhöfe sind Bauernhöfe, die Städtern, vor allem Familien mit Kindern, einen Urlaub auf dem Lande ermöglichen. Teilweise werden die Bauernhöfe komplett, teilweise werden einzelne Wohnungen oder Zimmer im Hof oder in anliegenden Gästehäusern vermietet. Es gibt vielfältige Erlebnisangebote, vom Pony- und Pferdereiten, über das Ritterturnier, bis hin zu Kutschfahrten, Trampolinspringen, Traktorfahrten und Übernachten im Heu. Haus- und Nutztiere stehen meist im Mittelpunkt. Überwiegend können auch eigene Haustiere nach Absprache mitgebracht werden. Angeboten wird auch die Mitarbeit im Hof.
Fahrräder werden für Ausflüge zur Verfügung gestellt. Etwa 1/3 der Höfe bietet Reitmöglichkeiten an. Eine für Jäger attraktive Besonderheit bieten Höfe mit eigener Jagd. Qualitätsstandards mit dem DLG-Gütezeichen „Urlaub auf dem Bauernhof" und „Urlaub auf dem Lande" werden zwischen 2 und 5 Sterne gekennzeichnet.

Ferienparkbetriebsrecht

Ein Ferienparkbetriebsrecht, nach dem eine Eigentumswohnung nur als Ferienwohnung bewirtschaftet und einem wechselnden Personenkreis zur Erholung zur Verfügung gestellt werden darf und nach dem nur dem Berechtigten (z.B. der Gemeinde) die Verwaltung und Vermietung der Wohnung, die Wärmeversorgung und der Betrieb einer Kabelfernseh- und einer Telefonanlage obliegen, kann Inhalt einer beschränkten persönlichen Dienstbarkeit sein (BGH, 14.3.2003, Az. V ZR 304/02).
Das Recht kann somit im Grundbuch eingetragen werden und verhindert, dass der Eigentümer die Wohnung selbst nutzen kann. Käufer müssen darauf achten, dass ihnen das Wohneigentum lastenfrei übertragen wird. Wird die Lastenfreiheit im notariellen Vertrag hinsichtlich einer derartigen Dienstbarkeit ausdrücklich ausgeschlossen, besteht die Dienstbarkeit weiter. Eine Eigennutzung oder eigene Verwaltung der Wohnung kann dann nicht erfolgen.
Siehe / Siehe auch: Ferienwohnung, Ferienwohnung, mangelhafte, Teilzeit-Wohnrechtevertrag

Ferienwohnung

Bei den Ferienwohnungen handelt es sich entweder um vom Eigentümer kurzzeitig genutzte Wohnungen in einem Feriengebiet oder um Wohnungen, die an Feriengäste während der Urlaubszeit vermietet werden. Im Falle der Vermietung liegen Einkünfte aus Vermietung und Verpachtung vor. Sofern das Finanzamt davon zu überzeugen ist, dass keine „Liebhaberei" vorliegt, können die Kosten für eine Ferienwohnung steuerlich geltend gemacht werden. Unproblematisch liegt eine „Überschusserzielungsabsicht" und damit keine Liebhaberei immer dann vor, wenn die Ferienwohnung ausschließlich an wechselnde zahlende Gäste vermietet wird und der Eigentümer nie selbst dort übernachtet. Als Nachweis dieser Tatsachen hat es sich eingebürgert, einem in diesem Bereich tätigen Makler oder einer Agentur für Ferienwohnungen die Vermittlung zu übertragen und im Vertrag die Eigennutzung auszuschließen.

Bei ausschließlicher Fremdvermietung sind auch die während der Leerstandszeiten anfallenden Kosten absetzbar. Wird die Wohnung sowohl zur Vermietung als auch privat genutzt, erfolgt eine Aufteilung der Werbungskosten auf den jeweiligen Nutzungszeitraum. Die Finanzämter fordern dann allerdings eine langfristige Vermietungsprognose (30 Jahre) bei der sich unter Einbeziehung der Kosten ein Überschuss aus Fremdvermietung ergeben muss (Bundesfinanzhof, IX R 87/00, 6.1.2001). In vielen Gemeinden, mittlerweile nicht nur in touristisch besonders interessanten Gegenden, verlangen die Gemeinden von Eigentümern von Ferienwohnungen Zweitwohnungssteuer. Bei einer an wechselnde Gäste vermieteten Ferienwohnung kann die Zweitwohnungssteuer von der Einkommensteuer im Rahmen der Werbungskosten abgesetzt werden (Bundesfinanzhof, Urteil IX R 58/01).

Wird die Ferienwohnung hotelmäßig vermietet (ständig besetzte Rezeption, hotelartige Ausstattung, Vermittlung über Ferienhausagentur etc.), können auch Einkünfte aus Gewerbebetrieb und damit Gewerbesteuerpflicht vorliegen. Bei der kurzfristigen Vermietung an ständig wechselnde Feriengäste besteht Umsatzsteuerpflicht. Vorteil: Der Vermieter kann Vorsteuerbeträge aus den Anschaffungs- bzw. Werbungskosten beim Finanzamt geltend machen.

Keine Umsatzsteuerpflicht besteht bei Unterschreitung der Kleinunternehmergrenze (Umsatz zuzüglich der darauf entfallenden Steuer hat im vorangegangenen Kalenderjahr 17.500 Euro nicht überstiegen und wird im laufenden Kalenderjahr 50.000 Euro voraussichtlich nicht übersteigen). Achtung: In diese Beträge werden alle unternehmerischen Einkünfte des Unternehmers eingerechnet – egal aus welcher Quelle. Auf die Kleinunternehmerregelung kann freiwillig verzichtet werden. Der Verzicht ist für fünf Jahre bindend und gilt für alle unternehmerischen Einkünfte.

Siehe / Siehe auch: Ferienwohnung, mangelhafte, Teilzeit-Wohnrechtevertrag, Zweitwohnungssteuer

Ferienwohnung, mangelhafte

Ist eine Ferienwohnung mangelhaft, kann dies den Mieter nach dem BGB-Mietrecht zur fristlosen Kündigung und gegebenenfalls zu einer Mietminderung berechtigen. So entschied das Amtsgericht Cham bereits 1998, dass eine Urlauberin nach den Mietrechtsvorschriften zur fristlosen Kündigung und zur vorzeitigen Abreise berechtigt gewesen sei, nachdem sie eine ruhige Ferienwohnung für Ferien auf dem Bauernhof gemietet hatte und Räumlichkeiten an einer viel befahrenen Schnellstraße vorfand.

Das Gericht betonte in diesem Zusammenhang, dass die Ausstattung einer Ferienwohnung sich auch im Preis niederschlagen müsse. 70 bis 80 DM pro Tag für sperrmüllartig möblierte Räume seien deutlich zu viel (AG Cham, Az. 7 C 005/97). Die Mieterin hatte nur die tatsächlich in der Wohnung verbrachten zwei Tage bezahlt; das Gericht sah hier zusätzlich zu den gezahlten 160 DM keinen Anspruch auf weitere Beträge etwa für eine Endreinigung. Wird eine Ferienwohnung im Rahmen eines Pauschalreisevertrages gebucht, kann der Urlauber im Falle von Mängeln Ansprüche nach dem Reiserecht geltend machen – z.B. Schadenersatz wegen eines Reisemangels.

Siehe / Siehe auch: Ferienwohnung, Teilzeit-Wohnrechtevertrag

Fernlehrgänge (immobilienwirtschaftliche)

Von verschiedenen Institutionen werden Fernlehrgänge im Bereich der Immobilienwirtschaft angeboten. Im Vordergrund stehen dabei solche Lehrgänge, die auf einen Abschluss im Bereich der beruflichen Fortbildung („geprüfter Immobilienfachwirt IHK") vorbereiten. Ein solcher Lehrgang muss vom Bundesinstitut für Berufsbildung (BiBB) in Bonn genehmigt werden.

Soweit ein Fernlehrgang lediglich auf einen Abschluss vorbereitet, der vom Lehrgangsträger selbst definiert wird, ist Zulassungsstelle die Staatliche Zentralstelle für Fernunterricht (ZfU). Die Zulassung wird im Interesse des Schutzes der Lehrgangsteilnehmer nur dann erteilt, wenn der Lehrgang fachlich, didaktisch und vom Umfang so gestaltet ist, dass die vom Lehrgangsveranstalter festgelegten Lehrgangsziele auch erreicht werden können. Zu achten ist vom Interessenten aber trotzdem darauf, dass Abschlussbezeichnungen von privaten Fernlehrgangsveranstaltern, die ähnlich lauten, wie die durch Rechtsverordnung geregelten Abschlüsse, in keiner Weise mit deren Inhalten übereinstimmen und deren Bedeutung entsprechen müssen.

Einen, die Berufsausbildung zum Immobilienkaufmann / zur Immobilienkauffrau begleitenden Fernlehrgang bietet das Europäische Bildungszentrum der Wohnungs- und Immobilienwirtschaft des GdW in Bochum mit einer Dauer von 2 Jahren an. Einen Fernlehrgang „Immobilienwirtschaft" mit einem IHK Zertifikat bietet die DIA Consulting AG in Freiburg an. Der Umfang beträgt 10 Lehrbriefe. Eine flexible Zeitplanung ist möglich.

Fernwärme

Fernwärme wird von zentralen Heizkraftwerken erzeugt und per Rohrsystem zum Verbraucher geliefert. Früher war für Mieter und Vermieter die Unterscheidung zwischen Fernwärme und Zentralheizung von Bedeutung, da die Fernwärme nicht nach der Heizkostenverordnung, sondern nach den AVB Fernwärme (Allgemeine Versorgungsbedingungen) abgerechnet wurde. Diese berücksichtigen nur den Verbrauch, aber keinen festen Kostenanteil.

Seit 1.3.1989 wird auch die Fernwärme nach der Heizkostenverordnung abgerechnet. Der Verbrauch ist bei Mietwohnungen nicht mehr mit den zuvor üblichen Wassermengenzählern, sondern mit Heizkostenverteilern zu ermitteln. Vor dem 30.9.1989 eingebaute Wassermengenzähler dürfen weiterverwendet werden.

Nach heutiger Rechtsprechung stellt der Austausch einer Gasetagenheizung gegen einen Fernwärmeanschluss keine Modernisierungsmaßnahme dar, weil er nicht zur Verbesserung des Wohnwerts führt. Da man bei Fernwärme z.T. sogar von höheren Heizkosten ausgeht, kann ein Vermieter aufgrund des Fernwärmeanschlusses keine Mieterhöhung wegen Modernisierung durchführen. (LG Hamburg, Urt. vom 8.1.2002, Az.316 S 136/01)

Fertighaus

Das Fertighaus besteht aus normierten Einzelteilen, die nach persönlicher Entscheidung des Käufers innerhalb eines bestimmten Rahmens zu einem Ganzen kombiniert werden. Für den Bau eines Fertighauses werden vorgefertigte Bauteile verwendet.

Entwicklung des Fertigbaus in Deutschland

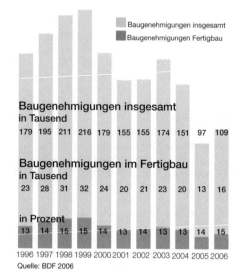

Baugenehmigungen insgesamt
in Tausend
179 195 211 216 179 155 155 174 151 97 109

Baugenehmigungen im Fertigbau
in Tausend
23 28 31 32 24 20 21 23 20 13 16

in Prozent
13 14 15 15 14 13 14 13 13 14 15

1996 1997 1998 1999 2000 2001 2002 2003 2004 2005 2006
Quelle: BDF 2006

Der Kauf eines Fertighauses bietet dem Käufer einige Vorteile:
- sichere Kalkulationsgrundlage, die auf Festpreisgarantien beruht,
- relative Terminsicherheit, da die Einzelteile vorproduziert und in verhältnismäßig kurzer Zeit aufgestellt werden können,
- Auswahl zwischen verschiedenen Haustypen wie etwa zwischen einem Ausbauhaus und einem schlüsselfertig hergestellten Haus,
- Reduzierbarkeit der Baukosten durch Eigenleistungen bei einem Ausbauhaus.

Beim Vertrag über ein Fertighaus handelt es sich um einen Werkvertrag, der den Kauf eines Fertighauses zum Gegenstand hat. Der Fertighausvertrag bedarf nur dann keiner notariellen Beurkundung wenn die Lieferung des Hauses nicht in einem rechtlichen Zusammenhang mit dem Baugrundstückserwerb steht.

Eine Grunderwerbsteuerpflicht für den Erwerb des Fertighauses besteht auch dann, wenn Grundstück und Haus in getrennten Verträgen erworben

werden und zwischen beiden Erwerbsvorgängen ein wirtschaftlicher Zusammenhang gegeben ist. Beim Fertighausvertrieb gibt es keine Standardverträge. Die Vereinbarungen fallen unterschiedlich aus. Ein kundenfreundlicher Kaufvertrag kennt keinerlei Vorauszahlungen, hält Ratenzahlungen und Bauleistungsstand in einem vernünftigen Leistungsgleichgewicht, bietet eine Bank- oder Fertigstellungsgarantie, nennt klare Fertigstellungstermine. Die Mängelhaftung entspricht dem Werkvertragsrecht des BGB.
Siehe / Siehe auch: Werkvertrag

Fertigstellungstermin

Dem Fertigstellungstermin einer Immobilie kommt bzw. kam eine besondere Bedeutung zu. Und zwar bei vermieteten Objekten im Hinblick auf die Gebäudeabschreibung, die AfA, und bei selbstgenutztem Wohneigentum hinsichtlich der früheren Eigenheim- und Kinderzulage, die mit Stichtag 1. Januar 2006 abgeschafft wurde. Um die optimale Gebäude-AfA (= höchstmögliche Steuerersparnis) zu nutzen, muss das Objekt im Jahr der Fertigstellung angeschafft worden sein. Vergleichbares galt bei der Förderung selbstgenutzten Wohneigentums.

Wenn nämlich dieses im Jahr der Anschaffung nicht auch bezogen wurde, sprach der Volksmund von der sogenannten Neujahrsfalle. Dies bedeutete, dass der Eigenheimer eines von acht Jahren staatliche Förderung verlor. Der Anschaffungszeitpunkt ist in diesem Falle der Tag des Besitzübergangs. Fertig gestellt ist eine Wohnung dann, wenn sie nach Abschluss der wesentlichen Bauarbeiten bewohnbar ist. Ob sie bereits durch die Baubehörde abgenommen ist, ist steuerlich unerheblich. Zieht der Eigentümer bereits in das Haus ein, bevor wichtige Arbeiten abgeschlossen sind, so gilt das Objekt als nicht fertig gestellt. Solche wichtigen Arbeiten sind z.B. Türen oder Fenster, sanitäre Einrichtungen oder der Anschluss an die Versorgungsleitungen.

Es muss die Möglichkeit zum Anschluss einer Küche bestehen. Geringfügige Restarbeiten schließen die Bezugsfertigkeit nicht aus. Unerheblich ist in diesem Zusammenhang auch, ob die Abgeschlossenheitsbescheinigung bei Eigentumswohnungen schon vorliegt und ob die Teilungserklärung schon abgegeben ist. Durch das Zurückhalten solcher Maßnahmen lässt sich die steuerlich bedeutsame Fertigstellung einer Wohnung nicht hinauszögern.

Festbetragsdarlehen

Beim Festbetragsdarlehen handelt es sich um ein Darlehen, das am Ende der vereinbarten Laufzeit in einer Summe z.B. aus einer fälligen Lebensversicherung, dem zugeteilten Bausparvertrag oder anderen Mitteln zurückgezahlt wird. Während der Darlehenslaufzeit zahlt der Kreditnehmer nur Zinsen.

Festfenster

Ein Festfenster oder festverglastes Fenster lässt sich nicht zur Belüftung öffnen. Es dient der Belichtung. Als Flügel oder als Glasscheibe wird es unbeweglich in den Fensterrahmen eingesetzt.
Siehe / Siehe auch: Fenster, Fensterflügel, Fensterglas, Fensterrahmen

Festpreis

Der Festpreis ist ein vertraglich vereinbarter Preis für ein endgültig fertiggestelltes Objekt. Wurde ein Festpreis vereinbart, darf der Bauträger in der Regel keinerlei zusätzlichen Forderungen an den Käufer stellen. Eine Festpreisabsprache in einem Vertrag kann dadurch modifiziert werden, dass bestimmte Bereiche ausgenommen werden z.B. erwartete Erschließungsbeiträge, deren Höhe noch nicht feststeht.

Festzinshypothek

Festzinshypotheken sind Darlehen, bei denen eine Festschreibung des Zinssatzes für einen bestimmten Zeitraum vereinbart ist. Für den Darlehensnehmer hat eine Festzinshypothek den Vorteil, dass sie bezüglich der Finanzierung und der damit verbundenen Kosten eine hohe langfristige Planungssicherheit bietet.

Das Zinsänderungsrisiko ist im Vergleich zu Gleitzinsdarlehen geringer, da der Darlehensnehmer für die Dauer der Zinsfestschreibung gegen einen Anstieg der Zinsen abgesichert ist. Sinken die Zinsen jedoch in der Zeit zwischen dem Abschluss des Darlehensvertrages und dem Ende der Zinsfestschreibung, so profitiert der Darlehensnehmer davon nicht.
Siehe / Siehe auch: Darlehen, Gleitzinsdarlehen, Zinsänderungsrisiko

Feuchtigkeit / Feuchte Wände

Feuchte oder gar schimmelige Wände in der Mietwohnung stellen einen Mangel dar, der zu Ansprüchen des Mieters auf Mietminderung oder

Schadenersatz (z.B. für Feuchtigkeitsschäden an Möbeln) führen kann. Entscheidend ist, wodurch die Feuchtigkeit verursacht wurde. Fehlerhafte Isolierungen, undichte Fenster oder ein undichtes Dach sind Mängel, für deren Folgen der Vermieter einzustehen hat. Falls Feuchtigkeit oder Schimmel durch unzureichendes Lüften oder Heizen entstanden sind, besteht kein Anspruch auf Mietminderung. Dann kann ggf. der Mieter auf Beseitigung entstandener Schäden in Anspruch genommen werden.

Die Frage, wer verantwortlich ist, ist oft nur schwer zu beantworten. So können z.B. Feuchtigkeitsschäden durch die Bildung von Kondenswasser sowohl auf Baumängeln als auch auf unzureichendem Lüften und Heizen beruhen. Im Streitfall ist oft ein Sachverständigengutachten erforderlich. Wenn der Vermieter auf Zahlung des geminderten Betrages der Miete klagt, muss er beweisen können, dass kein Baumangel, sondern das Lüftungs- und Heizverhalten des Mieters zu den Schäden geführt hat.

Bei Feststellung von Feuchtigkeitsschäden hat der Mieter die Pflicht, diese dem Vermieter zu melden. Unterlässt er dies und entstehen dadurch weitere Schäden, verliert er seinen Anspruch auf Mietminderung und wird selbst schadenersatzpflichtig.

Siehe / Siehe auch: Anzeigepflicht, Sachmangel (im Mietrecht)

Feuerversicherung (Brandversicherung)

Bereits der Rohbau kann durch eine Feuerversicherung gegen etwaige Brandschäden versichert werden. Nach Fertigstellung kann die Feuerversicherung in eine verbundene Gebäudeversicherung einbezogen werden. Mit dieser Police sind dann nicht nur Schäden durch Brand, Blitzschlag, Explosion und Flugzeugabsturz abgedeckt, sondern auch Sturm- und Hagelschäden sowie Schäden durch austretendes Leitungswasser. Eine Feuerversicherung sollte jeder Gebäudeeigentümer abschließen.

Bei Vertragsabschluss sollte darauf geachtet werden, dass außer dem eigentlichen Brandschaden am Gebäude auch die Kosten abgedeckt sind, die durch das Abräumen und fachgerechte Entsorgen von Brandschutt und Gebäuderesten entstehen. Hier muss nach heutiger Rechtslage eine fachgerechte Entsorgung durch Spezialbetriebe erfolgen, die ggf. eine Trennung des Brandschutts nach verschiedenen Arten von Sonderabfall erfordert. Die hierfür entstehenden Kosten können erheblich sein.

Bei einer Eigentumswohnanlage gehört der Abschluss einer Feuerversicherung zur „ordnungsmäßigen Verwaltung", die von jedem einzelnen Eigentümer verlangt werden kann. Versichert sind sowohl Schäden am Gemeinschaftseigentum, als auch Schäden am Sondereigentum. Schäden am Hausrat müssen allerdings durch eine eigene Hausratversicherung abgedeckt werden.

Siehe / Siehe auch: Feuerwehreinsatz, Kosten, Hausratversicherung

Feuerversicherungssumme 1914

Bei Abschluss einer Feuerversicherung (in Bayern Brandversicherung) wird der versicherte Gebäudewert grundsätzlich zu Herstellungskosten des Jahres 1914 ermittelt („Stammsumme"). Das Jahr 1914 fungiert dabei als Basisjahr für die Entwicklung eines Baukostenindex des Statistischen Bundesamtes, dem die jeweils aktuelle „Teuerungszahl" (ein Multiplikator) entspricht.Stammsumme x Teuerungszahl ergibt den Neuwert, der bei Schadenseintritt (Brand, Schäden durch Löschwasser usw.) der Berechnung der auszuzahlenden Versicherungssumme zugrunde zulegen ist.

Feuerwehreinsatz, Kosten

Feuerwehreinsätze können in bestimmten Fällen zur Erhebung von Gebühren oder zu Kostenerstattungsansprüchen führen. Wann dies der Fall ist, regeln Landesgesetze. Die Gebührenhöhe ergibt sich aus den jeweiligen Gemeindesatzungen. So schreibt z.B. das baden-württembergische Feuerwehrgesetz vor, dass Hilfeleistungen der Feuerwehr bei Bränden und öffentlichen Notständen sowie zur Rettung von Mensch und Tier aus lebensbedrohlicher Lage unentgeltlich erfolgen müssen. Wird jedoch die Feuerwehr bei anderen Notlagen helfend tätig, können durch den Träger der Feuerwehr Gebühren erhoben werden. Eine Hilfeleistung für Mensch und Tier liegt z.B. nicht vor, wenn nach dem Kenntnisstand zum Zeitpunkt der Alarmierung keine einzelnen Menschen oder Tiere in irgendeiner Form gefährdet waren. Diese Grundsätze hat der Verwaltungsgerichtshof Baden-Württemberg in einem Urteil ausgeführt, in dem die Freiwillige Feuerwehr wegen eines Wasserschadens in einer verschlossenen Wohnung eines Mehrfamilienhauses alarmiert worden war.

Ausgerückt waren ein Rüstwagen, ein Tanklöschfahrzeug und ein Vorrüstwagen mit insgesamt zwölf Mann Besatzung. Es stellte sich heraus, dass ein aus der Badewanne gerutschter Waschmaschinenschlauch etwa 80 Liter Wasser auf den Fußboden gepumpt hatte. Die Feuerwehr saugte das Wasser auf und schickte dem Wohnungseigentümer eine Rechnung über 648 DM. Berechnet wurden eine Arbeitsstunde für acht Personen und die Kosten für zwei Fahrzeuge. Die Klage des Wohnungseigentümers blieb erfolglos, da es hier nicht um die Rettung von Personen oder Tieren, sondern nur um den Schutz privaten Eigentums gegangen sei (VGH Baden-Württemberg, Az.: 1 S 397/01, Urt. vom 20.3.2003).
Auch in anderen Fällen werden Kosten für Feuerwehreinsätze geltend gemacht – z.B. wenn die Gefahr oder der Schaden vorsätzlich oder grob fahrlässig verursacht worden sind. Auch wer „wider besseres Wissen" oder „infolge grob fahrlässiger Unkenntnis der Tatsachen" die Feuerwehr ruft, muss zahlen.
Siehe / Siehe auch: Feuerversicherung (Brandversicherung)

FFH-Gebiet
Siehe / Siehe auch: Flora-Fauna-Habitat-Richtlinie, Natura 2000-Gebiet

FFH-Richtlinie
Flora-Fauna-Habitat-Richtlinie, genauer: „Richtlinie zur Erhaltung der natürlichen Lebensräume sowie der wild lebenden Tiere und Pflanzen", Richtlinie 92/43/EWG vom 21.5.1992, Abl. Nr. L 206, S.7.
Siehe / Siehe auch: Flora-Fauna-Habitat-Richtlinie, Natura 2000-Gebiet

FG
Abkürzung für: Finanzgericht

fG/FG
Abkürzung für: freiwillige Gerichtsbarkeit

FGG
Abkürzung für: Gesetz über die Angelegenheiten der freiwilligen Gerichtsbarkeit

FGO
Abkürzung für: Finanzgerichtshof

FGPrax
Abkürzung für: Praxis der Freiwilligen Gerichtsbarkeit

FH
Abkürzung für: Firsthöhe

FIABCI Internationaler Verband der Immobilienberufe
FIABCI ist das französische Akronym für Internationaler Verband der Immobilienberufe. Der Verband hat seinen Sitz in Paris und verfügt über ein weltweites Netz mit Berufsangehörigen aus allen Immobiliensparten.
FIABCI ist in 60 Ländern präsent. Der Verband umfasst 3.200 ordentliche Mitglieder (Einzelmitglieder und Firmen), ca. 20 akademische Mitglieder und 100 nationale Berufsverbände, die 1,5 Millionen Immobilienfachleute vertreten. FIABCI hat Landesdelegationen in 47 Ländern. FIABCI ist eine Organisation, die weltweit Tausende von Berufsangehörigen aus allen Bereichen des Immobiliengewerbes verbindet. Der FIABCI Prix d'Excellence wird jährlich für die weltweit herausragenden Immobilienprojekte vergeben.
Die FIABCI vertritt die Immobilienfachleute weltweit bei den Vereinten Nationen durch ihren konsultativen Status Kategorie II und gilt in New York und Genf als „Stimme des Eigentums". Auch bei HABITAT-Konferenzen wurde die FIABCI zur gestaltenden Mitarbeit eingeladen und deren Arbeit besonders gewürdigt. Mehr Informationen finden Sie unter www.fiabci.de.

Fiktive Abnahme
Der Auftraggeber eines Bauwerks ist nach dessen Fertigstellung grundsätzlich zur Abnahme gegenüber dem Unternehmer verpflichtet. Sie erfolgt in der Regel förmlich.
Sowohl das BGB also auch die VOB kennen daneben auch die fiktive Abnahme. Nach § 640 BGB gilt das Bauwerk als abgenommen, wenn der Auftraggeber die Abnahme innerhalb der vom Unternehmer gesetzten angemessenen Frist verweigert. (Mängelansprüche bleiben dennoch bestehen).
Wurde VOB B dem Bauvertrag zugrunde gelegt und dabei auf eine förmliche Abnahme verzichtet, muss der Auftraggeber innerhalb von 12 Tagen nach Fertigstellungsmitteilung die Abnahme verlangen. Unterlässt er dies, gilt das Bauwerk nach Ablauf dieser Frist als abgenommen. Benutzt er

das nicht abgenommene Bauwerk, kann er nur noch innerhalb von 6 Tagen Baumängel geltend machen.

Siehe / Siehe auch: Bauabnahme, Stillschweigende Abnahme, VOB-Vertrag

Filtertheorie

Die 1949 von dem Amerikaner Ratcliff entwickelte Filtertheorie erklärt, wie unter weitgehend marktwirtschaftlichen Bedingungen neu entstehende Wohnquartiere auf Dauer dafür sorgen, dass einkommensschwächere Haushalte ihren Wohnbedarf befriedigen können. Es handelt sich um ein Mietpreisphänomen.

Mit zunehmender Alterung scheiden diese Quartiere wegen der (relativen) Abnahme des Wohnnutzens aus dem Markt für hochpreisige Wohnanlagen aus und überlassen die betroffenen Wohnungen einer einkommensschwächeren Mieterschicht.

Mit weiterer Wohnwertverschlechterung machen nach Ablauf einer weiteren Wohnperiode dieser Mieter noch ärmeren Mietern Platz. Dieser Prozess setzt sich solange fort, bis die Häuser abbruchreif sind und nach Abbruch ein neues „Wohnquartier" entsteht. Man hat diesen Prozess als „Filtering down Prozess" bezeichnet.

Es kann jedoch auch zu entgegengesetzten Erscheinungen kommen („Filtering up"). Alte Stadtteile werden plötzlich von Investoren entdeckt. Sie führen nach dem Erwerb Modernisierungen („Luxussanierungen") durch und verleihen dem Wohnquartier ein neues Image. Die bisherigen Mieter, die sich den neu entstandenen sehr guten Wohnwert nicht leisten können, müssen einer neuen einkommensstarken Mieterschicht weichen. Solche Erscheinungen haben in Deutschland dazu geführt, dass im Baugesetzbuch den Gemeinden durch das Instrument der sog. „Milieuschutzsatzung" – einer besonderen Art der Erhaltungssatzung – durch Eingriffsmöglichkeiten (Genehmigungsvorbehalte für Modernisierungsmaßnahmen, gemeindliches Vorkaufsrecht) die Mieterverdrängung unterbunden wird.

Negativauswirkungen von Milieuschutzsatzungen können jedoch darin bestehen, dass auf Dauer die Altersstruktur in den geschützten Wohnquartieren sich nach oben verschiebt und die Voralterung zu einer Ghettobildung führt.

Siehe / Siehe auch: Sickertheorie, Erhaltungssatzung

Finanzdienstleister

Der Begriff des Finanzdienstleisters ist nicht gesetzlich geschützt. Es können sich also alle Gewerbetreibende so bezeichnen, die etwas mit Finanzierung, Vermögensanlagen oder Vermögensverwaltung zu tun haben. In der Praxis wird oft unterschieden zwischen echten Finanzdienstleistern (Kapitalanlage- und Beteiligungsgesellschaften, Finanzdienstleistungsinstituten sowie Versicherungsgesellschaften) und unechten Finanzdienstleistern. Letztere sind Vermittler.

Der Kontrolle der Bundesanstalt für Finanzdienstleistungsaufsicht unterliegen zurzeit etwa 775 Finanzdienstleistungsinstitute im engeren Sinne. Die Definition solcher Finanzdienstleistungsinstitute ergibt sich aus § 1 Abs. 1a des Kreditwesengesetzes. Danach sind Finanzdienstleistungsinstitute Unternehmen, die Finanzdienstleistungen für andere gewerbsmäßig oder in einem Umfang erbringen, der einen in kaufmännischer Weise eingerichteten Geschäftsbetrieb erfordert, und die keine Kreditinstitute sind.

Finanzdienstleistungen sind:
- die Vermittlung von Geschäften über die Anschaffung und die Veräußerung von Finanzinstrumenten oder deren Nachweis (Anlagevermittlung),
- die Anschaffung und die Veräußerung von Finanzinstrumenten im fremden Namen für fremde Rechnung (Abschlussvermittlung),
- die Verwaltung einzelner in Finanzinstrumenten angelegter Vermögen für andere mit Entscheidungsspielraum (Finanzportfolioverwaltung),
- die Anschaffung und die Veräußerung von Finanzinstrumenten im Wege des Eigenhandels für andere (Eigenhandel),
- die Vermittlung von Einlagengeschäften mit Unternehmen mit Sitz außerhalb des Europäischen Wirtschaftsraums (Drittstaateneinlagenvermittlung),
- die Besorgung von Zahlungsaufträgen (Finanztransfergeschäft),
- der Handel mit Sorten (Sortengeschäft) und
- Ausgabe und Verwaltung von Kreditkarten und Reiseschecks (Kreditkartengeschäft), es sei denn, der Kartenemittent ist auch der Erbringer der dem Zahlungsvorgang zugrunde liegenden Leistung.

Eine fachliche Qualifikation im Bereich der Finanzdienstleistung wird durch Industrie- und Handelskammern, aber auch durch private Bildungsträger angestrebt. Auf der Ebene der beruflichen Fortbildung gibt es die IHK-Abschlüsse Fachberater/Fachberaterin in Finanzdienstleistung. Darauf setzt der Fachwirt / Fachwirtin für Finanzberatung auf. Auch der Studiengang „Vermögensmanagement" an der Deutschen Immobilien Akademie an der Universität Freiburg gehört in die Kategorie von Fortbildungsmaßnahmen, die auf dem Sektor der Finanzdienstleistung qualifizieren.

Siehe / Siehe auch: Bundesanstalt für Finanzdienstleistungsaufsicht (BAFin), Deutsche Immobilien Akademie (DIA)

Finanzierungskosten (Kapitalkosten)

Zu den Finanzierungskosten gehören Zinsen, Bearbeitungsgebühren, Disagio, Vermittlungsprovisionen des finanzierenden Kreditinstituts, Zuteilungsgebühren, Grundschuldbestellungskosten beim Notar und Grundbuchamt, Bereitstellungszinsen.

Kostenwirksam sind auch vorschüssige Zins- und Tilgungsverrechnungen. Bei Bauspardarlehen ist nur der Teil der Abschlussgebühr für den Bausparvertrag einzubeziehen, der auf die Darlehenssumme entfällt.

Nicht alle Finanzierungskosten fließen in die Berechnung des effektiven Jahreszinses ein. Ausgenommen sind in der Regel Kosten, deren Zahlung nicht gegenüber dem finanzierenden Institut sondern gegenüber Dritten erfolgt, z.B. Kosten des Notars, des Grundbuchamts, und institutsunabhängiger Finanzierungsberater. Ist das Darlehen zwingend mit dem Abschluss einer Risikolebensversicherung verbunden, ist die Versicherungsprämie aber wieder Bestandteil des effektiven Jahreszinses.

Finanzierungsplan

Der Finanzierungsplan besteht in der Zusammenstellung aller Kosten (Gesamtkosten) einer Investition (z.B. Baumaßnahme), der Gegenüberstellung der dafür bereitzustellenden Eigen- und Fremdmittel sowie dem sich hieraus ergebenden jährlichen/monatlichen Kapitaldienst (Belastung aus dem Kapitaldienst).

Moderne Finanzierungspläne geben auch einen Überblick über die voraussichtliche Entwicklung der Darlehensstände während der ganzen Finanzierungsphase und die sich hieraus ergebenden Belastungsverschiebungen.

Finanzmarktförderungsgesetze

Die Finanzmarktförderungengesetze beziehen sich auf die Stärkung des Finanzplatzes Deutschland, insbesondere auf rechtliche Regelungen der Börsen, den Anlegerschutz, das Investmentrecht (auch offene Immobilienfonds), Unterbindung der Geldwäsche usw.

Das vierte Finanzmarktförderungsgesetz hat zu Änderungen beim Gesetz über Kapitalanlagegesellschaften geführt, die auch offene Immobilienfonds betreffen. Das KAGG wurde zusammen mit dem Auslandsinvestmentgesetz (AuslInvestmG) im neuen Investmentgesetz (InvG) von 1.1.2004 zusammengefasst.

Vorher galt schon, dass zum Sondervermögen neben Mietwohngrundstücken, Geschäftsgrundstücken und gemischt genutzten Grundstücken auch Grundstücke im Zustand der Bebauung Baugrundstücke und Erbbaurechte gehören können. Unter strengen Voraussetzungen sind auch die Beteiligungen an einer Grundstücksgesellschaft möglich. Der Wert des einzelnen Grundstücks darf zum Zeitpunkt des Erwerbs 15% des Gesamten Sondervermögens nicht übersteigen.

Neu ist, dass zum Sondervermögen auch außerhalb der Europäischen Union liegende Immobilien gehören dürfen, soweit diese Vermögensanteile 30% des Wertes des gesamten Sondervermögens nicht überschreitet. Damit soll das Währungsrisiko begrenzt werden. Voraussetzung für den Erwerb ist die Bewertung durch den Sachverständigenausschuss.

Siehe / Siehe auch: Immobilienfonds - Offener Immobilienfonds

Finders Fee

Ziel von Immobilienunternehmen ist vielfach der Aufbau eines Netzes aktiver und passiver Kontaktmittler. Hierbei wird für Tipps im Bereich Akquisition / Verkauf teilweise eine Finders Fee, d.h. Tippgeberprovison (häufig 10% der Provision des Maklers) bezahlt.

FinMin

Abkürzung für: Finanzministerium

Firma

Firma ist der Name, unter dem ein Kaufmann ein Handelsgewerbe betreibt. Handelsgewerbe ist jeder Gewerbebetrieb, also z.B. auch der Betrieb eines Maklers, Hausverwalters Baubetreuers usw..

Allerdings gilt auch heute, dass Voraussetzung für eine Firmierung die Eintragung ins Handelsregister ist. Seit der Reform des Handelsgesetzbuches haben Gewerbetreibende mehr Möglichkeiten zur Gestaltung ihrer Firma. Die Firma eines Einzelunternehmens muss nicht mehr – wie bisher – eine Namensfirma sein. Es kann auch eine Firmenbezeichnung gewählt werden, die die Unternehmensphilosophie zum Ausdruck bringt, z.B. „Kompetent-Immobilien", „Ihr Wohnungsmakler" usw.. Allerdings gilt nach wie vor, dass die Firma nicht irreführend sein darf. Dies wäre dann der Fall, wenn sich aus ihr eine Bedeutungsgeltung ergeben würde, die faktisch jeder Grundlage entbehrt.

Die Bedeutung der Firma besteht darin, dass sie geschützt ist. Kein anderer darf eine Firma mit gleicher Bezeichnung führen. Der positive Bekanntheitsgrad einer Firma durch Firmenwerbung und Öffentlichkeitsarbeit steigert den „Firmenwert", was bei einem Verkauf der Firma zu Buche schlägt.

Siehe / Siehe auch: Firmenwerbung

Firmenwerbung

Bei der Firmenwerbung steht nicht ein Produkt (oder ein „Objekt"), sondern die Firma im Vordergrund der Werbeaktivitäten. Firmenwerbung ist Vertrauenswerbung. In der Firmenwerbung kann die Firmenphilosophie zum Ausdruck gebracht werden. Durch Firmenwerbung soll der Bekanntheitsgrad der Firma gesteigert werden mit dem Ziel, zusätzliche potentielle Geschäftspartner bzw. Kunden anzusprechen.

Wer nicht bekannt ist, wird auch nicht angesprochen. Firmenwerbung dient deshalb auch der Absicherung der künftigen Geschäftstätigkeit. Oft wird Firmenwerbung mit Produktwerbung kombiniert. Im Immobiliengeschäft besteht die Kombination aus Firmen- und Objektwerbung.

Fitnessclub

Noch in der Wachstumsphase befinden sich derzeit Fitnessclubs. Im Fitnessbereich gibt es hierbei insbesondere zwei Konzeptionen:
- Die klassischen Fitnessclubs in Flachbauten und zumeist auf der Grünen Wiese angesiedelt, die häufig eher im unteren oder mittleren Preissegment sind sowie
- eher exklusive Anlagen im gehobenen oder sogar Hochpreissegment in edlen Innenstadtlagen.

Diese Fitnessclubs sind so konzipiert, dass Büroangestellte sie etwa in der Mittagspause nutzen können. Teilweise sind derartige Clubs in den oberen, weil frequenzärmeren und damit mietgünstigeren Stockwerken von Shopping Centern angesiedelt. Beispiele sind das Europa Center in Berlin oder die Post Galerie in Karlsruhe.

FKP

Abkürzung für: Gesetz zur Umsetzung des föderalen Konsolidierungsprogrammes

Flachdachdämmung

Siehe / Siehe auch: Umkehrdach

Flächendefinition (außerhalb DIN und II BV)

Die Gesellschaft für immobilienwirtschaftliche Forschung e.V. (gif) hat unter Beteiligung des DIN Normenausschusses Flächendefinitionen für Büroraum („MF-B") und Handelsraum („MF-H") entwickelt, die dem Praxisbedarf gerecht werden sollen.

Sie wendete dabei weitgehend die Terminologie und das Grundgerüst der DIN 277 1973/87 für Grundflächen an und ergänzt sie dadurch, dass bestimmte Flächenteile in die „Mietfläche für Büroraum" bzw. „Mietfläche für Handelsraum" zusammengefasst wurden. Die Anwendungen sind nicht verbindlich.

Zu den DIN-Definitionen Bruttogrundfläche, Nettogrundfläche, Konstruktionsfläche, Nutzfläche, Funktionsfläche, Konstruktionsfläche siehe: Grundfläche nach DIN 277/1973, 1987

MF-B

Die Mietfläche für Büroraum besteht nach der MF-B bei der
- Haupt- und Nebennutzfläche in: Bürofläche und Nebennutzflächen wie Sanitärräume, Archivräume, Putzräume, Garderobe, Teeküchen – zuzüglich folgender Teile der
- Verkehrsflächen: Innen liegende Flure und Gänge, Erschließungsflure, Eingangshalle, Empfangsbereich, Aufzugsvorräume, wobei einige Flächen anteilsmäßig berücksichtigt werden.

MF-H

Die Mietfläche für Handelsraum besteht nach der MF-H bei der

- Haupt- und Nebennutzfläche u.a. in: Verkaufs-, Ausstellungs-, Lager / Archiv- und Büroräumen sowie in einer Anzahl weiterer spezieller Flächen mit exklusivem Nutzungsrecht
- Funktionsflächen u.a. in: Ver- und Entsorgungsflächen, Aufzugsmaschinenräume und dergleichen
- Verkehrsflächen: innen liegende Flure und Gänge, Zugangs- und Anlieferflächen, Rolltreppen/Rollsteige usw.
- Luftgeschossflächen wie Deckenöffnungen, Treppenaugen

Flächen mit gemeinschaftlichem Nutzungsrecht fallen nicht darunter.

Hinzuweisen ist darauf, dass für Wohnungen, die mit öffentlichen Mitteln nach dem Wohnraumförderungsgesetz gefördert werden, nunmehr die Wohnflächenverordnung gilt.

Siehe / Siehe auch: Grundfläche nach DIN 277/1973/87, Wohnfläche

Flächenmanagement

Der Begriff des Flächenmanagements wird sowohl im Rahmen des Gebäudemanagements als auch im Rahmen der Baulandproduktion verwendet.

Flächenmanagement als Teil des Gebäudemanagements

Das Flächenmanagement (FLM) im Rahmen des Gebäudemanagements umfasst das Management der verfügbaren Gebäudeflächen in den Bereichen
- eines nutzerorientierten Flächenmanagements (Nutzungsplanung, räumliche Organisation von Arbeitsprozessen und Arbeitsplätzen, Wegebeziehungen, Nutzungsoptimierung, flexible Arbeitsplatzbelegung, Einbeziehung ergonomischer Aspekte und Aspekte der Arbeitsplatzsicherheit und des Umweltschutzes usw.)
- eines anlageorientierten Flächenmanagements (flächen- und raumbezogene Analysen von baulichen Anlagen, Baukonstruktion, Netzanschlüsse, Raumklima, Gewährleistung eines bestimmten Maßes an Anlagenflexibilität usw.)
- eines serviceorientierten Flächenmanagements (Zeitmanagement von Raumbelegungen, Catering-Logistik, medien- und konferenztechnischer Service, flächen- und raumbezogene Reinigungs- und Sicherheitsleistungen) sowie
- der Dokumentation.

Häufig werden auch noch immobilienwirtschaftliche Aspekte angeführt (Gliederung der Flächen in vermietbare Einheiten, Belegungsberatung, Leerstandsüberwachung, Flächen-monitoring in Form der Darstellung der aktuellen Flächennutzungssituation auf dem „Monitor" als Basis für das Berichtswesen, Vermietung und Beendigung von Mietverhältnissen). Bezeichnet wird dieser Bereich als Immobilienwirtschaftliches Flächenmanagement.

Flächenmanagement im Rahmen der Baulandproduktion

Die Hoheit für Bauleitplanung, Erschließung, Bodenordnung und Durchführung städtebaulicher Maßnahmen liegt bei den Gemeinden. Die Durchführung dieser Maßnahmen in eigener Regie (Verwaltungshandeln) kann im Rahmen städtebaulicher Verträge auf Unternehmen übertragen oder im Rahmen von PPP-Gesellschaften gemeinsam mit Unternehmen bewerkstelligt werden. Die im Zusammenhang mit der unternehmerischen Durchführung dieser Maßnahmen entstehenden Managementfunktionen werden dem hier so bezeichneten Flächenmanagement zugeordnet.

Siehe / Siehe auch: Bauleitplanung, Bodenordnung, Erschließung - Erschließungsbeitrag, Public Private Partnership (PPP), Städtebaulicher Vertrag

Flächennutzungsplan (FNP)

Der Flächennutzungsplan ist der „vorbereitende Bebauungsplan". Er bezieht sich auf das ganze Gemeindegebiet und stellt neben der tatsächlich gegebenen die beabsichtigte Bodennutzung einer Gemeinde dar. Er enthält keine verbindlichen „Festsetzungen" wie der Bebauungsplan. Dargestellt werden können sowohl Bauflächen (allgemeine Art der Nutzung) als auch Baugebiete (besondere Art der baulichen Nutzung).

Darüber hinaus werden die Flächen für den örtlichen und überörtlichen Verkehr, Einrichtungen des Gemeinbedarfs, Flächen für Versorgungsanlagen und Abwasserbeseitigung, Grünflächen, Parkanlagen, land- und forstwirtschaftliche Flächen usw. dargestellt. Manche Flächennutzungspläne enthalten auch Maße der baulichen Nutzung, die allerdings keinen verbindlichen Festsetzungs- sondern ebenfalls nur Darstellungscharakter haben. Zu den Flächennutzungsplänen gehört auch ein Erläuterungsbericht. Flächennutzungspläne haben – im Gegensatz zu Bebauungsplänen – nicht den Charakter einer Satzung. Rechtsansprüche kann der Bürger hieraus nicht ableiten. Flächennutzungspläne müssen jedoch genehmigt werden. Die Genehmigung kann nur aus Rechtsgründen versagt werden.

Werden Flächennutzungspläne erstellt oder geändert, sind die Öffentlichkeit und die betroffenen Behörden frühzeitig zu hören. Vor Änderung des BauGB am 20.10.2004 sprach man von Bürgerbeteiligung und Beteiligung der Träger öffentliche Belange (TÖB). Heute wird von Beteiligung der Öffentlichkeit und von Behördenbeteiligung sowie der Beteiligung sonstiger Träger öffentlicher Belange gesprochen.

Zu den Behörden, die gehört werden müssen gehören z.b. Fachbehörden, Gewerbeämter, Industrie- und Handelskammern. Das bedeutet, dass bereits der nach einem Aufstellungsbeschluss angefertigte Vorentwurf zur Diskussion mit der Bürgerschaft gestellt wird. Ein Bebauungsplan ist aus den Vorgaben des Flächennutzungsplanes zu entwickeln. Sollen dort Festsetzungen getroffen werden, die nicht den Vorgaben entsprechen, ist zuvor oder gleichzeitig der Flächennutzungsplan zu ändern. Außerdem ist er den Zielen der Raumordnung (insbesondere den Zielen des Regionalplanes) anzupassen.

Der FNP muss von der oberen Verwaltungsbehörde genehmigt werden. Ihm ist eine Begründung beizufügen, in der die Abwägungsentscheidungen begründet werden. (Vor Änderung des BauGB genügte eine Erläuterung.) Zu den Abwägungsgrundlagen gehört unabdingbar ein auf einer Umweltprüfung basierender Umweltbericht. Um erforderlichen Entwicklungsnotwendigkeiten gerecht zu werden, muss die gemeinde spätestens 15 Jahre nach seiner erstmaligen oder erneuten Aufstellung überprüft werden und – sofern erforderlich – geändert, ergänzt oder neu aufgestellt werden.

Flächennutzungspläne haben auch für Makler und Bauträger einen hohen Informationswert. In vielen Städten und Gemeinden kann er käuflich erworben werden. In den Stadtstaaten Berlin, Bremen und Hamburg sind Flächennutzungspläne auch gleichzeitig Regionalpläne.

Siehe / Siehe auch: Art der baulichen Nutzung, Träger öffentlicher Belange / Behörden, Regionalplan, Flächenmanagement, Landschaftsplan, Grünordnungsplan, Bebauungsplan

Flächenrecycling

Unter Flächenrecycling ist der Umwandlungsprozess von Flächen zu verstehen, der eine neue bauliche Nutzung von früher anders genutzten und überwiegend erschlossenen, vom bisherigen Nutzer aber aufgegebenen Flächen zum Ziel hat. Durch Flächenrecycling werden somit neue Bauflächen an aufgegebenen Standorten produziert. Diesem Aufgabenbereich widmen sich vielfach Projektentwicklungsgesellschaften.

Die Probleme des Flächenrecyclings liegen im Bereich der Altlasten. Vielfach handelt es sich um sog. Altstandorte, an denen früher mit umweltgefährdenden Stoffen umgegangen wurde, was zu Bodenverunreinigungen führte. Objekte für Flächenrecycling befinden sich häufig in zentralen Lagen von Städten mit alten Industrien, die durch Standortverlagerungen der früher dort produzierenden Unternehmen entstanden sind. In anderen Fällen geht es beim Flächenrecycling um die Umnutzung sog. Konversionsflächen, also Flächen, die vorher militärischen Zwecken dienten, für die überwiegend der Bund als Anbieter auftritt.

Siehe / Siehe auch: Altlasten

Flächenstilllegung

Mit der Flächenstilllegung soll erreicht werden, dass landwirtschaftlich genutzte Flächen zugunsten des Naturschutzes nicht mehr bewirtschaftet werden, so dass sich Pflanzen und Tiere dort ungestört ansiedeln können. Ein weiterer beabsichtigter Nutzen liegt in der Vermeidung landwirtschaftlicher Überproduktion in der EU. Die 2003 beschlossene Agrarreform der EU wurde in Deutschland im Jahr 2005 umgesetzt. Dabei wurden auch die Regelungen zur Flächenstilllegung geändert.

Grundsätzlich unterscheidet man:
- Obligatorische Flächenstilllegung
- Ökonomische Flächenstilllegung
- Ökologische Flächenstilllegung

Seit 2005 gelten in Deutschland obligatorische Flächenstilllegungssätze, die sich in jedem Bundesland unterscheiden. Anders als zuvor bezieht sich der Flächenstilllegungsatz auf die komplette Ackerfläche des jeweiligen landwirtschaftlichen

Betriebes; insbesondere auf Flächen, auf denen Zuckerrüben, Obst und Gemüse sowie Ackerfutter angebaut werden. Ausgeschlossen sind jedoch Flächen, die 2003 für Dauerkulturen, nicht landwirtschaftliche Zwecke oder Dauergrünland verwendet worden sind. Kleinerzeuger und Ökolandwirte sind von der Stilllegungsverpflichtung befreit. Die Mindeststilllegungsfläche beträgt 0,1 ha und muss mindestens 10 m breit sein. Die Bundesländer können diese Werte jedoch auf bis zu 0,05 ha Mindestgröße und bis zu fünf Meter Mindestbreite verringern.

Beispiele für Stilllegungssätze:
- Bayern 8,17%
- Hessen 8,81%
- Niedersachsen 7,57%
- Thüringen 9,00%.

Die obligatorische Stilllegung muss in Höhe der dem einzelnen Betrieb zugeteilten Zahlungsansprüche bei Stilllegung vorgenommen werden. Eine Flächenstilllegung kann jedoch auch aus ökonomischen Gründen erfolgen. Eine Ausgleichszahlung ist dann über die Regelungen der Direktzahlungen-Verpflichtungsverordnung möglich.
Eine ökologische Flächenstilllegung kann im Rahmen von verschiedenen Agrarumweltprogrammen freiwillig stattfinden. Der Landwirt kann sich verpflichten, eine Fläche mehrjährig zu Umweltschutzzwecken stillzulegen oder auch umweltfreundliche Anbauverfahren anzuwenden. Eine Förderung erfolgt hier über Ausgleichszulagen bzw. im Rahmen von Kulturlandschafts-, Vertragsnaturschutz-, oder Landschaftspflegeprogrammen durch Bund und Länder. So können z.B. Anbauflächen im Rahmen eines Vertrages zwischen dem Grundeigentümer und der zuständigen Naturschutzbehörde mehrjährig stillgelegt werden.
Siehe / Siehe auch: Bodenpunkt, Cross-Compliance, Entwicklung ländlicher Räume, Flora-Fauna-Habitat-Richtlinie, Natura 2000-Gebiet

Flächentechnik
Flächentechnik ist ein Begriff aus der Anzeigenwerbung und eine interessante Möglichkeit auf überfüllten Immobilienseiten aufzufallen. Hierbei verteilt das Immobilienunternehmen nach einem exakt vorgegebenen Muster mehrere Anzeigen auf einer bzw. mehreren aufeinander folgenden Immobilienseiten.

Flächenumsatz
Flächenumsatz ist die Summe der Grundstücksflächen, die auf dem Immobilienmarkt in einem bestimmten Zeitraum und in einem bestimmten geographischen Raum umgesetzt wurden. Über Flächenumsätze berichten in ihren Marktberichten häufig die Gutachterausschüsse.

Flora-Fauna-Habitat-Richtlinie
Eigentlich: „Richtlinie zur Erhaltung der natürlichen Lebensräume sowie der wild lebenden Tiere und Pflanzen", Richtlinie 92/43/EWG vom 21.5.1992. Die EG-Richtlinie weist sogenante FFH-Gebiete aus, das sind Gebiete mit besonderem Schutz für Tier- und Pflanzenwelt. Anhang I der Richtlinie enthält verschiedene Typen natürlicher Lebensräume (Habitate), Anhang II Tier und Pflanzenarten „von gemeinschaftlichem Interesse". Im Rahmen des europäischen Schutzgebietsnetzes „Natura 2000" muss die Bundesrepublik Deutschland solche Schutzgebiete ausweisen. Die wirtschaftliche Nutzung kann darin eingeschränkt sein; Ausgleichszahlungen sind zumindest bei „unzumutbaren" Einbußen (z.B. in forstwirtschaftlichen Gebieten) möglich.
Siehe / Siehe auch: Entwicklung ländlicher Räume, Natura 2000-Gebiet, Vogelschutzgebiet

FISt
Abkürzung für: Flurstück
Siehe / Siehe auch: Flurstück

FIStNr.
Abkürzung für: Flurstücknummer

Flur
Flur ist ein abgegrenzter Teil der Erdoberfläche, unter dem im Liegenschaftsbuch die zugehörigen Flurstücke in aufsteigender Nummernfolge aufgeführt sind. Mehrere Flure bilden eine Gemarkung.Gemarkung (Vermessungsbezirke) wie Flure haben auch eine namentliche Bezeichnung. Die Bezeichnung der Flurstücke erfolgt auf der Grundlage der Nutzungsart des Nutzungsartenverzeichnisses, das für alle Bundesländer aus Gründen einheitlicher statistischer Erfassung für gleiche Nutzung gleiche Begriffe verwendet. Im Grundbuch wird die Flurstücksbezeichnung unter der Spalte „Wirtschaftsart" eingetragen.
Siehe / Siehe auch: Bodennutzung - geplante, Flurstück

Flurbereinigung

Neuordnung landwirtschaftlicher Flächen zum Zweck der Verbesserung der Produktions- und Arbeitsbedingungen sowie zur Förderung der allgemeinen Landeskultur und Landesentwicklung. Grundlage ist das Flurbereinigungsgesetz.
Siehe / Siehe auch: Bodenordnung

Flurbezirke

Die Flurbezirke beruhen auf Unterteilungen einer Gemarkung. Jeder Flurbezirk teilt sich in mit Nummern versehene Flure und diese wieder in Flurstücke auf. Gemarkungen können aber auch unmittelbar aus einer Anzahl von Fluren bestehen.

Flurkarte

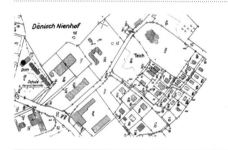

Lässt sich das Kartenbild einer ganzen Gemarkung nicht auf einer Gemarkungskarte darstellen, wird diese auf mehrere Blätter aufgeteilt, die als Flurkarte bezeichnet werden.
Siehe / Siehe auch: Grundstücks- und Bodeninformationssystem

Flurstück

Ein Flurstück ist der Teil einer Flur, der von Linien eingeschlossen und im Kataster mit besonderer Nummer aufgeführt ist. Ein Flurstück darf nicht Flächen aus verschiedenen Grundstücken umfassen. Mehrere Flurstücke können jedoch im Grundbuch ein „Grundstück" bilden. Das Zuflurstück ist eine Teilfläche, die aus einem Flurstück herausgemessen und mit einem anderen verschmolzen wurde. Abtrennung und Verschmelzung werden unmittelbar hintereinander ins Grundbuch eingetragen. (Bestandteilszuschreibung)
Siehe / Siehe auch: Gemarkung

FNPL

Abkürzung für: Flächennutzungsplan

FödG

Abkürzung für: Fördergebietsgesetz

Förmliche Bauabnahme

Siehe / Siehe auch: Bauabnahme

Fogging

Siehe / Siehe auch: Schwarze Wohnungen

Fokussierung

Der Begriff Fokussierung bezieht sich im Immobilienmarketing auf die gezielte Ausrichtung der Werbung auf bestimmte Marktsegmente bzw. Zielgruppen.

Folgegeschäft (Maklerrecht)

Kommt zwischen den von einem Makler zusammengeführten Vertragsparteien nicht nur das ursprünglich beabsichtigte, sondern später noch ein weiteres Geschäft zustande, spricht man von einem Folgegeschäft. Mangels direktem Ursachenzusammenhang zwischen der Maklertätigkeit und dem Abschluss des Folgegeschäftes entsteht hierfür kein Provisionsanspruch zugunsten des Maklers. Etwas anderes gilt, wenn der Nachweis des Maklers das zweite Geschäft bereits mitumfasst hat. Eine von dieser gesetzlichen Ausgangslage abweichende vertragliche Vereinbarung, die auch eine Provisionspflicht für das Folgegeschäft vorsieht, ist nur wirksam, wenn sie individuell ausgehandelt wird.

Folgekostenverträge

Im Rahmen eines städtebaulichen Vertrages kann sich ein Projektentwickler bzw. Investor der Gemeinde gegenüber verpflichten, für ein Siedlungs- oder anderes Bauvorhaben, neben den gesamten Erschließungskosten auch Kosten für erforderlich werdende städtebauliche Maßnahmen bzw. Einrichtungen zu übernehmen, die sonst der Gemeinde entstünden.

Diese müssen allerdings unmittelbar Voraussetzung oder Folge des geplanten Vorhabens sein.

Hierzu kann beispielsweise die Errichtung einer Volksschule oder Kindertagesstätte zählen, kaum aber die Kosten für den Bau eines gemeindlichen Gymnasiums.

Gesetzliche Grundlage ist §11 Abs. 3 BauGB.

Besteht aber aufgrund des planungsrechtlichen Entwicklungszustandes ohnehin Anspruch auf Genehmigung der Baumaßnahme, ist eine Folgekostenvereinbarung unzulässig.

Solche Verträge werden deshalb meist im Zusammenhang mit einem Vorhaben- und Erschließungsplan oder mit einem Erschließungsträger getroffen.

Siehe / Siehe auch: Erschließungsvertrag, Städtebaulicher Vertrag, Vorhaben- und Erschließungsplan

Folgeobjekt (staatliche Förderung)

Dies ist ein Begriff aus dem Bereich der staatlichen Förderung selbstgenutzten Wohneigentums. Wer innerhalb des achtjährigen Förderzeitraums (Eigenheimzulagengesetz) seine selbstgenutzte Immobilie verkauft, der kann die bis dahin nicht abgerufenen Förderbeträge beim Erwerb eines Folgeobjektes beanspruchen. Für dieses Folgeobjekt beträgt der Förderzeitraum erneut acht Jahre, allerdings abzüglich jener Jahre, für die der Eigentümer bereits Förderung für das Erstobjekt bekommen hat.

Wichtig: Zum 1. Januar 2006 wurde die staatliche Förderung selbstgenutzten Wohneigentums (Eigenheimzulage und Kinderzulage) abgeschafft. Geld aus der Gemeinschaftskasse gibt es nur noch für die sogenannten Altfälle.

Also für jene Eigentümer, die vor dem 1. Januar 2006 selbstgenutztes Wohneigentum erworben haben. Somit muss bis einschließlich Silvester 2005 ein Bauantrag eingereicht oder ein notarieller Kaufvertrag unterschrieben worden sein.

Fondsanteil

Ein Fondsanteil ist der kleinste Teil des Fondsvermögens, über den ein Anteilschein ausgestellt ist.

Fondsinitiator

Siehe / Siehe auch: Initiator, Immobilienfonds - Geschlossener Immobilienfonds

Fondszeichner

Siehe / Siehe auch: Zeichner, Immobilienfonds - Geschlossener Immobilienfonds

Food-Courts

Food Courts sind großflächige Gastronomie-Einrichtungen, die zumeist im Zusammenhang mit Großbüro-Komplexen und / oder großen Einzelhandels- bzw. unter Umständen auch sonstigen Spezialimmobilien vorzufinden sind und zwar dort wiederum im Untergeschoss, dem Parterre oder auch im Obergeschoss. Letzteres hat den Vorteil, dass es dort Tageslicht gibt. Teilweise ist auch ein Teil der mit Food-Courts verbundenen Sitzplätze im Freien.

Das Konzept der Food-Courts ist folgendermaßen: Es gibt eine Vielzahl unterschiedlicher kleiner Gastronomiebetriebe mit Thekenlängen von fünf bis zehn Metern, hinter den Theken werden die diversen Speisen präsentiert und teilweise vor den Augen der Kunden zubereitet. Der Kunde hat die Auswahl zwischen den Angeboten der unterschiedlichen eigenständigen Stände, die in starkem Wettbewerb miteinander stehen, was letztendlich sehr positiv für die Qualität ist. Das Preisniveau der Speisen in diesen Gastronomie-Objekten befindet sich im mittleren bis hin zum etwas gehobenen Segment und liegt zumeist unter den Preisen traditioneller Gastronomie-Einrichtungen wie etwa Speiselokale und über klassischen Kantinen, mit denen sie teilweise in Konkurrenz stehen. Die Food-Courts ermöglichen ihren Kunden ihre Mahlzeit in kurzer Zeit in ansprechendem Ambiente zu sich zu nehmen.

Formularmietvertrag

Formularmietverträge sind standardisierte rechtliche Mietvertragsformulare, die Haus- und Grundbesitzervereine, immobilienwirtschaftliche Verbände, aber auch verschiedene Verlage zur Verfügung stellen. Es handelt sich um Allgemeine Geschäftsbedingungen und deshalb unterliegen sie der Inhaltskontrolle durch die Gerichte. Selbstverständlich kann jedoch ein Vertrag zwischen Vermieter und Mieter auch individuell ausgehandelt werden. In vielen Fällen werden Formularmietverträge auch durch individuell vereinbarte Regelungen zwischen den Vertragspartnern ergänzt. Individuell können eine Vielzahl von Regelungen getroffen werden, die nach der Rechtsprechung im Formularmietvertrag nicht wirksam vereinbart werden können.Lässt die Auslegung einer Klausel im Mietvertrag in Form einer Allgemeinen Geschäftsbedingung verschiedene Deutungen zu, gilt immer die für den Vertragspartner des Verwenders günstigste Interpretation (§ 305c Abs. 2 BGB). Der Mustermietvertrag des Bundesjustizministeriums ist mittlerweile veraltet und spielt keine Rolle mehr. Den Mietverträgen des Richard Boorberg Verlages wird dagegen eine Schrittmacherfunktion zugesprochen. Bei der Verwendung von Mietvertragsmustern muss immer darauf geachtet werden, dass diese auf neuestem Stand sind. Aktuelle Muster berücksichtigen die neueste Rechtsprechung zum Mietrecht.

Forschungsverband für Immobilien-, Hypotheken- und Baurecht e.V.

Der 1968 von Mitgliedern des RDM gegründete Forschungsverband für Immobilien Hypotheken- und Baurecht mit Sitz in Berlin hat sich die Aufgabe gestellt, Forschungsaufträge auf dem Gebiet des Immobilien-, Hypotheken- und Baurechts an staatliche und private Institutionen zu vergeben. Kooperationspartner ist der IVD-Bundesverband. Vergeben wurden bisher 14 Forschungsaufträge vorwiegend an Universitätsinstitute.

Außerdem hat der Forschungsverband der Deutschen Immobilien Akademie an der Universität Freiburg Mittel zum Ausbau der institutseigenen einer Fachbibliothek zur Verfügung gestellt.Die Mitgliedschaft können an Forschungsvorhaben interessierte natürliche und juristische Personen erwerben sowie – zu ermäßigten Beiträgen – Studenten und Junioren.Näheres siehe unter: www.forschungsverband.de/

Forwarddarlehen

In Niedrigzins-Phasen bieten Sonderformen wie Forward-, Volltilger- oder Konstantdarlehen gute Chancen zur langfristigen Sicherung günstiger Konditionen. Forwarddarlehen werden häufig kurz vor Auslauf der Zinsfestschreibung einer Hypothek zur Sicherung aktuell günstiger Zinsen für eine zukünftige Umschuldung genutzt. Der Kunde sichert sich die niedrigen Zinssätze, indem er einen geringen Aufschlag auf die aktuell gültigen Konditionen von ca. 0,02 bis 0,03 Prozentpunkten für jeden Monat bezahlt – bis das bestehende Darlehen umgeschuldet wird. Ein Forwarddarlehen lohnt sich, wenn die Zinsen für Baugeld inklusive Aufschlag für das Forwarddarlehen günstiger sind als die Zinsen bei Ablauf der Zinsbindungsfrist für das ursprüngliche Darlehen. Wichtiger Vorteil gegenüber der Kündigung einer Baufinanzierung mit hoher Zinsbelastung: Der Kunde muss keine Vorfälligkeitsentschädigung zahlen, die oft den Vorteil der günstigeren Zinsen in der Anschlussfinanzierung wieder auffrisst.

Fraktales Büro

Das fraktale Büro ist ein Bürokonzept, das auf der Selbstorganisation einzelner Einheiten beruht. Von einzelnen Personen oder von Personengruppen gebildete Büroeinheiten arbeiten dabei weitgehend selbständig und handeln unternehmerisch.

Franchise-Paket

Das Franchise-Paket stellt die Systemidee in schriftlicher Form dar, führt die Grundlagen, Ziele und Umsetzung auf und beschreibt die Organisationshilfen. Des Weiteren gehört zum Franchise-Paket die Offenlegung der Pflichten, Rechte, Vorteile und Nachteile der Systempartner. Das Franchise-Paket besteht aus dem Leistungsgegenstand, das sind die gegenseitig vereinbarten Leistungen wie z.B. das Marketing des Franchise-Gebers und die Zahlung von Gebühren des Franchise-Nehmers, aus dem Franchise-Vertrag und dem Franchise-Handbuch (CD- oder CI-Manual). Diese drei Bestandteile bilden das Franchise-Konzept.

Siehe / Siehe auch: Franchising

Franchising

Unter Franchising versteht man ein Vertriebssystem, bei dem sich ein Unternehmen (Franchisegeber) anderer selbständiger Unternehmen als Vertriebspartner (Franchisenehmer) bedient. Die Idee stammt vermutlich aus Frankreich. Die ersten modernen Franchisesysteme findet man in den USA – z.B. den Nähmaschinenanbieter Singer mit seinem Vertriebsmodell aus dem Jahr 1860. Es gibt weltweit derzeit rund 12.000 Franchisegeber (in Deutschland rund 850, Tendenz stark steigend) und 800.000 Franchisenehmer. Der Begriff Franchise dient als Bezeichnung einer Unternehmensform, der Begriff Franchising ist die Bezeichnung der unternehmerischen Tätigkeit mit Hilfe des Systems.

Franchisenehmer sollen als Existenzgründer eine um ein Vielfaches größere Überlebenschance haben als Existenzgründer ohne die professionelle Wegbereitung durch die Franchisegeber.

Die Franchisenehmer – oft Existenzgründer – übernehmen das Corporate Design und das Vertriebskonzept des Franchisegebers, wodurch der Eindruck eines großen Unternehmens entsteht. Unterstützt werden die Franchisenehmer vom Franchisegeber durch verkaufsfördernde Maßnahmen, PR, zur Verfügungsstellung von Arbeitsgrundlagen. Gegen Gebühr gibt es ein Seminarangebot, das die Franchisenehmer für ihren Beruf fit macht.

Im Immobilienbereich sind in Deutschland mehrere Franchisegruppen entstanden. Aktiv sind RE/MAX, Engel & Völkers, Dahler & Co., ERA Deutschland, Ackon, 3A Blumnauer, immobilienbörse, Volksmakler, offedia, Town & Country Massivhäuser.

Die Franchisenehmer bezahlen an den Franchisegeber eine einmalige Abschlussgebühr zwischen 1.000 und 30.000 Euro (in Ausnahmefällen auch mehr). Sie werden am Provisionsumsatz mit etwa 8% bis 10% beteiligt. Um die höheren Kosten des Franchisebetriebes im Vergleich mit einem anderen Immobilienmakler auszugleichen, muss der Franchisenehmer etwa 15 bis 20% mehr umsetzen.

Eine oft enge Beziehung im organisatorischen Geschäftsablauf und eine starke faktische wie rechtliche Abhängigkeit der Franchisenehmer vom Franchisegeber führte im Bereich des Franchising in der Vergangenheit zu Problemen mit einer unterstellten Scheinselbständigkeit (Beispiel Eismann).

Viele Franchisenehmer haben sich zum Deutschen Franchise Nehmer Verband e.V. (DFV e.V.) zusammengeschlossen.

Siehe / Siehe auch: Franchise-Paket

Französischer Balkon

Ein französischer Balkon ist ein Geländer vor einem bodengleichen Fenster (französisches Fenster), um einen Absturz aus der Höhe zu verhindern.

Siehe / Siehe auch: Balkon, Französisches Fenster, Geländer

Französisches Fenster

Siehe / Siehe auch: Fenstertür

Freibetrag / Freigrenze (Steuersystem)

Beide, Freibetrag und Freigrenze, sind Fachbegriffe aus dem Steuerrecht. Beim Freibetrag handelt es sich um einen Betrag, der von einer steuerlichen Bemessungsgrundlage abgezogen werden darf. Zu den wichtigsten Freibeträgen im Einkommensteuergesetz zählen der Arbeitnehmer-Pauschbetrag, der Kinderfreibetrag und auch der Sparerfreibetrag bei den Einkünften aus Kapitalvermögen. Auf der Lohnsteuerkarte können Freibeträge für verschiedene Belastungen eingetragen werden. So lassen sich die laufenden Lohnsteuervorauszahlungen vermindern.

Bei der Freigrenze hingegen handelt es sich um einen Betrag, bis zu dem keine steuerliche Belastung entsteht. Beim Überschreiten der Freigrenze wird allerdings auf den Gesamtbetrag Steuer fällig. Eine Freigrenze wird im Gegensatz zu einem Freibetrag nicht von der Bemessungsgrundlage abgezogen.

Beispiel: Zu den bekanntesten Freigrenzen zählt wohl jene bei den so genannten Spekulationsgewinnen. Sobald ein Anleger innerhalb der zwölfmonatigen Spekulationsfrist ein Wertpapier erwirbt und wieder mit Gewinn verkauft, kann er eine steuerliche Freigrenze von 512 Euro im Jahr nutzen. Bedeutung: Erreicht die Summe der Spekulationsgewinne in einem Kalenderjahr nicht diese Freigrenze, dann sind jene Gewinne steuerfrei. Falls aber die Freigrenze von 512 Euro erreicht wird, sind die Gewinne voll steuerpflichtig.

Freijahre

Der Begriff Freijahre wird in unterschiedlichen Zusammenhängen verwendet. Bei indexierten Mietverträgen wird damit der Zeitraum bezeichnet, innerhalb dessen der Vermieter auf eine Anpassung der Miete an die Indexentwicklung verzichtet. Bei festverzinslichen Wertpapieren sind Freijahre diejenigen Jahre, in denen keine Tilgung des Anleihebetrages stattfindet.

Siehe / Siehe auch: Indexklausel und Indexmietvertrag

Freilegungskosten

In den Fällen, in denen ein bebautes Grundstück wirtschaftlich nicht mehr nutzbar ist, entstehen zur anderweitigen Nutzbarmachung des Bodens Freilegungskosten. Es handelt sich im Wesentlichen um die Kosten des Abbruchs der Gebäude einschließlich der Fundamente, Demontage von Teilen, die verschrottet werden müssen sowie die Kosten der Entsorgung von Bauschutt. Hinzu kommen etwaige Kosten der Planierung und einer etwa erforderlichen Bodensanierung. Insbesondere bei vorhandenen Altlasten können die Freilegungskosten wegen der Entsorgung auf Sonderdeponien erhebliche Ausmaße annehmen. Es empfiehlt sich deshalb, vor dem Erwerb von altlastenverdächtigen Abbruchobjekten Bodengutachten anfertigen zu lassen.

Freisitz

Unter Freisitz versteht man eine mit Bodenplatten befestigte Freianlage zur ebenen Erde, die vom Haus unmittelbar zugänglich ist. Der Teil des Freisitzes, der (z.B. durch einen darüber liegenden Balkon oder eine Loggia) überdeckt ist, kann in die Wohnflächenberechnung bis zu 50%, in der Regel zu 25% einbezogen werden.

Im Gegensatz zum Freisitz liegt eine Terrasse erhöht über der natürlichen Erdoberfläche (Beispiel Dachterrasse).

Siehe / Siehe auch: Terrasse

Freistellungsauftrag

Jeder private Kapitalanleger kann den Sparerfreibetrag für Kapitaleinkünfte (hauptsächlich Zinsen und Dividenden) plus Werbungskostenpauschale direkt nutzen, indem er seinem Kreditinstitut einen Freistellungsauftrag erteilt. Zusätzlich kann jeder eine Werbungskostenpauschale von 51 Euro pro Jahr nutzen, und zwar ohne die Ausgaben einzeln nachweisen zu müssen. Der Sparerfreibetrag wurde zum 1. Januar 2004 auf 1.370 Euro pro Jahr und Person verringert.

Mit dem Steueränderungsgesetz 2007 erfolgt eine weitere Absenkung. Der Sparer-Freibetrag wird von 1.370 Euro für Ledige bzw. 2.740 Euro für zusammenveranlagte Ehegatten auf 750 Euro für Ledige bzw. 1.500 Euro für zusammenveranlagte Ehegatten ab dem Veranlagungszeitraum 2007 abgesenkt (§ 20 Abs. 4 EStG). Die Werbungskostenpauschale von 51 Euro bleibt unverändert.

Um den mit der notwendigen Anpassung der Freistellungsaufträge verbundenen Aufwand für die Steuerpflichtigen wie für die Kreditwirtschaft zu beschränken und unnötige Veranlagungsfälle zu vermeiden, wird durch § 52 Abs. 55f EStG zugelassen, dass die Kreditwirtschaft die Freistellungsbeträge in entsprechend reduzierter Höhe weiterhin berücksichtigen kann, auch wenn kein neuer Freistellungsauftrag vorliegt. Die Reduzierung ist bei jedem Freistellungsauftrag auf den Prozentsatz vorzunehmen, auf den der bisherige Sparer-Freibetrag einschließlich Werbungskosten-Pauschbetrag verringert wird, das sind 56,37 v. H. Die Erteilung eines neuen Freistellungsauftrags ist nur dann erforderlich, wenn der Steuerpflichtige das reduzierte Freistellungsvolumen – unter Beachtung der neuen Freistellungsgrenze – ändern möchte. Hat der Steuerpflichtige bzw. haben die steuerpflichtigen Ehegatten bereits heute einen Freistellungsauftrag erteilt, der die neuen Grenzen vollständig berücksichtigt, kann dieser unverändert weiter berücksichtigt werden.

Freistellungserklärung

Im Zusammenhang mit der Bauabzugsteuer kann der Bauleistende eine Freistellungserklärung gem. § 48b Abs. 1 S. EStG beim zuständigen Finanzamt beantragen. Durch diese Erklärung entfällt die Pflicht zum Einbehalt der Bauabzugsteuer.

Siehe / Siehe auch: Bauabzugsteuer, Bauträgervertrag, Freistellungsvereinbarung

Freistellungsmethode

Wurde in einem Doppelbesteuerungsabkommen die Besteuerung nach der Freistellungsmethode vereinbart, so unterliegen die mit Immobilienanlagen erzielten Einkünfte nur der Besteuerung im „Belegenheitsland", d. h. in dem Land, in dem sich die betreffende Immobilie befindet. In Deutschland sind diese Einkünfte steuerfrei, unterliegen allerdings regelmäßig dem so genannten Progressionsvorbehalt.

Siehe / Siehe auch: Anrechnungsmethode, Doppelbesteuerungsabkommen, Progressionsvorbehalt

Freistellungsvereinbarung

Im notariellen Grundstückskaufvertrag

Ist unklar, ob im Falle eines Kaufvertragsabschlusses über ein Grundstück eine Maklerprovision bezahlt werden muss, und will eine der beiden Parteien den Vertrag nur abschließen, wenn sie sicher sein kann, keine Provision zahlen zu müssen, dann kann in solchen Fällen die andere Vertragspartei im Kaufvertrag eine Freistellungsverpflichtung übernehmen. Es handelt sich um die Übernahme des Zahlungsrisikos.

Es gibt aber auch Fälle, bei denen klar ist, dass der Verkäufer zur Zahlung der Maklerprovision verpflichtet ist. Übernimmt der Käufer im notariellen Kaufvertrag dann die Provisionszahlungspflicht des Verkäufers, wird der Provisionsbetrag Preisbestandteil und unterliegt der Grunderwerbsteuer. Der Käufer stellt dann in der Regel den Verkäufer auch von der Zahlungspflicht frei.

Das Einverständnis beider Kaufvertragsparteien vorausgesetzt, kann der Makler auch die sich aus einem Maklervertrag ergebende Provisionszahlungspflicht des Käufers (oder Verkäufers) über eine sogenannte Maklerklausel im notariellen Kaufvertrag absichern lassen. Dabei verpflichtet sich der Käufer dem Verkäufer gegenüber zur Zahlung der Maklerprovision. Diese Konstruktion wird meist dann gewählt, wenn zugunsten eines Dritten ein Vorkaufsrecht besteht. Wird von ihm Gebrauch gemacht, muss der Vorkaufsberechtigte auch die Provision übernehmen, denn sie ist Kaufvertragsbestandteil. Fehlt eine solche Provisionsklausel, geht der Makler in einem solchen Fall leer aus, da in der Regel zwischen dem Makler und dem Vorkaufsberechtigten kein Maklervertrag besteht. Der Anspruch auf eine Verkäuferprovision wird durch Ausübung des Vorkaufsrechts nicht berührt.

Als maklervertragliche Vereinbarung

Auch innerhalb eines Maklervertrages kann eine Freistellung von der Verpflichtung zur Zahlung einer Maklerprovision vereinbart werden. Dabei wird der Makler zur Freistellung verpflichtet. Solche Fälle treten auf, wenn unklar ist, ob einem zweiten Makler bei Zustandekommen eines Vertrages ebenfalls Provision zusteht. Dies ist dann der Fall, wenn der Auftraggeber gleichzeitig oder nacheinander zwei Maklern einen Auftrag mit Provisionsversprechen erteilt hat und beide zum Zustandekommen des beabsichtigten Vertrages beigetragen haben.

Tritt dieser Fall ein und hat sich ein Makler zur Freistellung verpflichtet, geht dieser leer aus, wenn der andere Makler seinen Anspruch mit Erfolg durchsetzen kann. Vor solchen Freistellungsverpflichtungen muss gewarnt werden, zumal das Risiko einer doppelten Provisionszahlung durch den Auftraggeber vom Makler kaum eingeschätzt werden kann. Dem Makler kann nicht zugemutet werden, gravierende Fehler im gesetzlichen Maklerrecht auszubügeln.

Ein Ausweg besteht darin, dass sich die beiden Makler, denen vermutlich ein Provisionsanspruch zusteht, nachträglich auf ein Gemeinschaftsgeschäft einigen oder, dass sich eine Freistellung auf einen Teil der Provision beschränkt.

Grundsätzlich ist der Makler verpflichtet, den Auftraggeber auf die Gefahr einer doppelten Provisionszahlung hinzuweisen, wenn sie für ihn offenkundig wird. Ihn trifft aber keine Nachforschungspflicht, um festzustellen, ob eine solche Gefahr besteht.

Siehe / Siehe auch: Freistellungserklärung

Freitreppen

Freitreppen befinden sich im Außenbereich und sind nicht überdacht. Mit ihnen werden Höhenunterschiede im Terrain und am Gebäudesockel überwunden. Die gängigste Freitreppe ist die Hauseingangstreppe. Sie wird häufig aus Stahlbetonplatten mit oder ohne Fußrost und Stufen vorgefertigt und angeliefert. Gelegentlich werden sie gemauert oder vor Ort aus Beton gegossen und mit einem Belag aus frostsicheren Natursteinplatten oder Keramikfliesen versehen.

Im Gegensatz zu heutigen Hauseingangstreppen sind die Freitreppen alterwürdiger Häuser sehr aufwändig gestaltet. Der Aufstieg einer repräsentativen Freitreppe ist bedachtsam und erhaben. Das hängt mit dem niedrigen Steigungsverhältnis zusammen. Der Auftritt ist länger und die Stufenhöhe ist weniger hoch als im Innenbereich. Ein bekanntes Beispiel ist das Schloss Sanssouci aus dem Deutschen Rokoko, deren großzügige Freitreppen über sechs Terrassen zum eingeschossigem Prunkhaus empor führen.

Als Aufgang mancher repräsentativer Gebäude dient lediglich eine kurzläufige Treppe, zu der eine prunkvolle, mit Kutschen zu befahrene Rampe in das Hochparterre führt. Auch heute noch hat die Freitreppe ein niedrigeres Steigungsverhältnis. Das mag an dem größeren Raumangebot im Freien liegen.

Wie bei allen Außentreppen sollte bei der Materialwahl auf Witterungsbeständigkeit geachtet werden. Der Belag sollte rutschfest sein. Die einzelnen Stufen sollten eine leichte Neigung aufweisen, damit Wasser abfließen kann und sich bei stehendem Wasser im Winter kein Eis bilden kann.

Siehe / Siehe auch: Gebäudetreppen, Rampe, Steigungsverhältnis

Freiwillige Gerichtsbarkeit
Die freiwillige Gerichtsbarkeit bildet den Gegensatz zur streitigen Gerichtsbarkeit (z.B. Zivilprozess). Die freiwillige Gerichtsbarkeit bezeichnet man auch als vorsorgende Rechtspflege. Ihr Wesen besteht in der Sicherung und Gestaltung von Rechtsverhältnissen und Rechtsbeziehungen.

Bis zur Änderung der verfahrensrechtlichen Vorschriften des Wohnungseigentumsgesetzes waren Streitigkeiten nach dem Wohnungseigentumsgesetz im Verfahren der freiwilligen Gerichtsbarkeit zu führen.

Mit dem Inkrafttreten der neuen Bestimmungen des Wohnungseigentumsgesetzes sind wohnungseigentumsrechtliche Streitigkeiten nach § 43 WEG n.F. im Verfahren nach der Zivilprozessordnung zu führen.

Siehe / Siehe auch: Amtsgericht, Wohnungseigentumsverfahren, Beschlussanfechtung (Wohnungseigentum)

Freiwillige Umlegung
Im Gegensatz zur amtlichen Umlegung erfolgt die freiwillige Umlegung im Rahmen eines städtebaulichen Vertrages. Alle beteiligten Eigentümer müssen mitwirken und sich einigen. In der Regel wird ein Verfahrensträger eingeschaltet. Die beteiligten Bodeneigentümer übertragen das Eigentum an ihrem einzuwerfenden Grundstück entweder an eine Gesellschaft Bürgerlichen Rechts, an der sie beteiligt sind, oder an den Verfahrensträger als Treuhänder. Der Verteilungsschlüssel für die Zuteilungsmasse wird im Vertrag festgelegt. Der Verfahrensträger ist für die einzelnen Verfahrensschritte zuständig. Er sorgt am Ende für die Anlage der neuen Grundbücher und die Übertragung des Eigentums an die Zuteilungsberechtigten. Der Vorteil der freiwilligen Umlegung liegt in der schnelleren Durchführung.

Die Gemeinde ist bei einer Flächenumlegung nicht an die 30% Grenze gebunden. Sie kann im Verhandlungswege meist einen größeren Flächenanteil für Erschließungsanlagen, aber auch für Ausgleichsflächen von der Umlegungsfläche durchsetzen. Andererseits müssen bei der freiwilligen Umlegung zahlreiche Kauf- bzw. Tauschverträge vor dem Notar abgeschlossen werden, was Notarkosten und Grunderwerbsteuer erzeugt. Im amtlichen Verfahren entfällt dies.

Siehe / Siehe auch: Bodenordnung

Freizeitimmobilie
Spezialimmobilie, die ausschließlich zur Nutzung für Freizeitbeschäftigungen errichtet wurde z.B. Erlebnisbad, Ferienpark (Center Parc), Vergnügungspark, Filmpark.

Siehe / Siehe auch: Spezialimmobilien

Freizeitpark
Unter Freizeitparks versteht man großflächige Parks mit vielen Einrichtungen, die der Erholung, Freizeitgestaltung, der Bildung und dem Vergnügen dienen. Der bekannteste Parkt ist wohl der Walt Disney Park in Florida mit seinen 122 km² (etwa der Größe Liechtensteins). Hier gibt es vier große Themenparks, 3 Wasserparks, Hotels und Gaststätten, Golfplätze usw. In Frankreich ist der „Grand Parc Puy du Fou" in Les Epesses in der Vende besonders bekannt (das galloramanische Stadion, Nachbau des Kolloseums in Rom). In Deutschland sind Freizeitparks überwiegend themenbezogen und / oder landschaftsbezogen ausgerichtet. In vielen Fällen überwiegen Parks für Kinder und Jugendliche mit Spielplätzen, Rutschbahnen, Achterbahnen, Kleineisenbahnen, Karussells, Abenteuerspielplätzen, einem Gang durch die Märchenwelt usw. In Deutschland gibt es derzeit 80 Freizeitparks. Besonders bekannt ist Deutschlands größter Freizeitpark, der Europa Park in Rust (Südbaden) mit der längsten Achterbahn und 3,7 Mio Besuchern im Jahr 2005. Zu den Top-Ten der deutschen Freizeitparks gehören daneben die Autostadt Wolfsburg, Movie Park bei Kichhellen (Bottrop) NRW, der Heidepark in der Lüneburger Heide (bei Soltau), das Phantasialand in Brühl bei Köln, der Hansapark an der Ostsee nähe Lübeck, der Holiday Park in der Pfalz bei Hassloch, der Vogelpark bei Walsrode und der Serengeti Park bei Hodenhagen – ein Safari-Park. In Günzburg (Bayern) entstand der Freizeitpark „Legoland" der britischen Merlin Entertainments Gruppe, die bisher drei solcher Parks im Ausland errichtet hat. Der Eröffnung fand im Mai 2002 statt. Es wurde mit einer Reichweite zwischen Stuttgart und München gerechnet, die 20 Millionen Menschen umfasst. Die jährliche Besucherzahl wurde mit 1,3 Mio angegeben. Die Investition pro Besucher im Jahr wird mit 75 Euro veranschlagt.

Fremdenverkehrsabgabe
Der Gesetzgeber erlaubt als Kur- und Erholungsort anerkannten Gemeinden die Erhebung einer

Fremdenverkehrsabgabe. Diese soll einen Teil der Aufwendungen decken, die durch die Herstellung, Verwaltung und Unterhaltung der zu Kur- und Erholungszwecken dienenden öffentlichen Einrichtungen sowie insbesondere durch die Fremdenverkehrswerbung entstehen.
Die Einzelheiten regeln die Gemeinden selbst per Satzung. Die Fremdenverkehrsabgabe muss üblicherweise jährlich entrichtet werden und wird nur im Gemeindegebiet erhoben. Die Einnahmen aus der Abgabe sind zweckgebunden und dürfen nicht für anderweitige gemeindliche Aufgaben verwendet werden.
Abgabepflichtig sind alle selbstständigen Personen oder Unternehmen, die aus dem Fremdenverkehr unmittelbare oder mittelbare wirtschaftliche Vorteile ziehen. Die Betreffenden müssen nicht ortsansässig sein, es genügen meist eine Betriebstätte oder die Durchführung der überwiegenden Geschäftstätigkeit auf dem Gemeindegebiet.
Nutznießer unmittelbarer Vorteile ist dabei jeder, der mit Feriengästen entgeltliche Geschäfte tätigt; Nutznießer mittelbarer Vorteile ist jeder, der wiederum mit den unmittelbaren Nutznießern Geschäfte macht.
Siehe / Siehe auch: Zweitwohnungssteuer

Fremdenverkehrsgebiet
Fremdenverkehrsgebiete sind Orte, die wirtschaftlich in erster Linie durch Fremdenverkehr geprägt sind. Hierzu zählen auch Kurorte. Zur Sicherstellung der Fremdenverkehrsfunktion wurde ein städtebauliches Instrumentarium entwickelt, das den Zuzug zu diesen – in der Regel höchst attraktiven – Orten einschränken soll. Instrumente sind die Zweitwohnungssteuer und der Genehmigungsvorbehalt für die Errichtung von Wohnungseigentumsanlagen zur Begründung von Zweitwohnsitzen. Die Genehmigungspflicht kann von der Gemeinde in einer Satzung beschlossen werden. Sie kann aber auch in Bebauungsplänen festgesetzt werden.
Siehe / Siehe auch: Zweitwohnungssteuer

Fremdkapital
Sammelbegriff für Finanzierungsmittel, die der Darlehensnehmer von einem Kreditinstitut, einer Bausparkasse oder einem Lebensversicherungsunternehmen ausleiht. Bei Immobiliendarlehen richtet sich das Ausmaß der Beleihung einerseits nach dem Beleihungswert des Objektes und andererseits nach der Bonität des Darlehensnehmers. Durch Bürgschaften kann die Versorgung mit Fremdkapital erweitert werden. Nicht zum Fremdkapital zählen Bausparguthaben und Eigenleistungen in Form einer „Muskelhypothek" sowie in Anspruch genommene Barzahlungsskonti und Rabatte, soweit sie in der Baukalkulation nicht ausgewiesen sind.
Siehe / Siehe auch: Muskelhypothek

Fremdwährungsdarlehen
In unterschiedlichen Ländern sind von den Kreditnehmern unterschiedliche Zinsen zu bezahlen. Besonders die Schweiz und Japan haben bereits seit Jahren ein Zinsniveau, das deutlich unter dem in Deutschland liegt; diesem Zinsvorteil steht jedoch ein Währungsrisiko gegenüber. Es muss deshalb sehr sorgfältig abgewogen werden, ob die Finanzierung durch ein solches Darlehen Vorteile bieten kann.
Einige Fremdwährungsdarlehen (z.B. Darlehen auf Basis des Dollars und des Schweizer Franken) können in deutschen Grundbüchern in der jeweiligen fremden Währung abgesichert werden.

Frequenzimmobilien
Frequenzimmobilien sind immobilienwirtschaftliche Objekttypen die sich durch besonders hohe Besucherströme auszeichnen. Die Ursachen für diese Besucherströme können entweder natürlich sein, d.h. aus bestimmten vorhandenen Funktionen einer Immobilie resultieren (z.B. Bahnhof, Flughafen mit einer automatisch gegebenen hohen Lauffrequenz) oder auf der spezifischen Konzeption oder Attraktivität (z.B. ein neues Objekt, das als Urban Entertainment Center ausgelegt ist) basieren. Im zweiten Fall handelt es sich eher um eine künstlich geschaffene Lauffrequenz, im ersten Fall um eine – etwa aus der Lage an einem Flughafen – weitgehend natürlich gewachsene Frequenz. Grundlegendes Merkmal bei Frequenzimmobilien ist, dass sie Menschenmassen und Unterhaltung, Information oder Freizeitaktivitäten bieten.
Daher kann eine Vielzahl unterschiedlicher Immobilien-Objekttypen den Frequenzimmobilien zugeordnet werden, wie etwa Bahnhöfe, Einkaufszentren, Ladenpassagen, Flughäfen oder auch Urban Entertainment Center. Ein weiteres Beispiel von Frequenzimmobilien sind die Arenen, die nach dem Muster amerikanischer Super Domes in Deutschland konzipiert werden.

FRI

Abkürzung für: Fédération Romande d'Immobiliers

FRICS

Abkürzung für: Fellows of the Royal Institution of Chartered Surveyors

Siehe / Siehe auch: Chartered Surveyor

Fristlose Kündigung des Mietverhältnisses

Mieter und Vermieter sind bei Vorliegen eines wichtigen Grundes berechtigt, das Mietverhältnis außerordentlich ohne Frist zu kündigen. Ein wichtiger Grund liegt nach dem Gesetz vor, wenn unter Berücksichtigung des Einzelfalles, eines möglichen Verschuldens einer Vertragspartei und unter Abwägung der Interessen beider Vertragspartner dem Kündigenden die Fortsetzung des Mietverhältnisses bis zum Ablauf der regulären Kündigungsfrist nicht zumutbar ist.

Um dies zu konkretisieren nennt der Gesetzgeber einige – nicht abschließende – Beispiele. Für den Mieter ist die teilweise oder komplette Nichtgewährung oder Entziehung der Gebrauchsmöglichkeit an der Mietsache ein wichtiger Grund. Nicht auf diesen Grund berufen kann er sich allerdings, wenn er bei Vertragsabschluss davon gewusst hat, dass die Mietwohnung nicht rechtzeitig verfügbar sein würde.

Aus Vermietersicht ist eine erhebliche Gefährdung der Mietsache durch Vernachlässigung von Sorgfaltspflichten oder auch die unbefugte Überlassung an dritte Personen ein wichtiger Kündigungsgrund. Die fristlose Kündigung durch den Vermieter ist insbesondere möglich, wenn der Mieter mit der Mietzahlung in Verzug kommt – mindestens für zwei nacheinander liegende Zahlungstermine mit der Zahlung der ganzen oder eines großen Teils der Miete bzw. in einem längeren Zeitraum mit einer Summe, die insgesamt zwei Monatsmieten erreicht.

Wird jedoch die Miete im letzten Moment dann doch bezahlt, ist eine Kündigung wegen Zahlungsverzuges ausgeschlossen. Der Mieter kann seine Schuld auch durch Aufrechnung mit Forderungen gegen den Vermieter tilgen. Soll dem Mieter wegen Verletzung mietvertraglicher Pflichten fristlos gekündigt werden, muss zunächst die Einhaltung dieser Pflichten angemahnt werden. Erst nach erfolglosem Verstreichen einer Frist bzw. erfolgloser Abmahnung darf der Vermieter zur Kündigung schreiten.

Fristsetzung und Abmahnung sparen kann er sich nur, wenn beide im konkreten Fall offensichtlich erfolglos sein werden oder wenn ganz besondere Gründe auch bei Abwägung der beiderseitigen Interessen eine sofortige Kündigung rechtfertigen. Auch der Verzug mit der Mietzahlung kann ohne besondere Abmahnung als Grund zur fristlosen Kündigung dienen.

Betont werden muss, dass eine außerordentliche Kündigung wegen Verletzung vertraglicher Pflichten immer auf erheblichen Pflichtverletzungen beruhen muss. Auch Verstöße gegen die Hausordnung können zur Kündigung führen, wenn sie erheblich waren (z.B. zu ernsthaften Beschwerden anderer Mieter geführt haben) und wiederholt stattgefunden haben.

Nach einem Urteil des Landgerichts Bielefeld (Az. 22 S 240/01) ist auch die wochenlange „Überflutung" des Vermieters mit ungerechtfertigten Mängelrügen ein Grund zur fristlosen Kündigung (hier: 174 Schreiben in 14 Wochen, bis zu 12 Briefe pro Woche).

Siehe / Siehe auch: Aufrechnung, Beendigung eines Mietverhältnisses

Früher erster Termin (mündliche Verhandlung im Rechtsstreit)

Bei einfachen und eiligen Rechtsstreitigkeiten kann das Gericht nach Kenntnis von Klage und Klageerwiderung schnellstmöglich einen Verhandlungstermin anberaumen, um den Rechtsstreit schnell zu erledigen. Häufig wird der frühe erste Termin auch dazu benutzt, mit den Parteien des Rechtsstreites eine vergleichsweise Regelung zu erreichen.

Frustrationsschaden

Das ist ein Schaden, der durch das Nutzloswerden von getätigten Aufwendungen entsteht. Seit der Schuldrechtsreform von 2001 kann ein Gläubiger, wenn sein Schuldner die vereinbarte Leistung schuldhaft nicht erbracht hat, wahlweise Schadensersatz statt der Leistung oder Ersatz seiner Aufwendungen verlangen. Die gesetzliche Regelung findet sich in §§ 284 und 311a Abs.2 BGB. Der Frustrationsschaden, also der Wert sinnlos gewordener Aufwendungen, kann sogar bei Fehlen einer Gegenleistung des Gläubigers gefordert werden. Übertragen auf das Mietrecht heißt das: wenn der

Vermieter den Mieter an der Nutzung der Mietwohnung hindert, weil er es sich z.B. nach Vertragsschluss spontan anders überlegt hat, kann der Mieter die Kosten von nutzlos getätigten Aufwendungen (z.B. für bereits veranlasste Einbauten in der Wohnung wie Einbauküche oder Laminatverlegung) ersetzt verlangen – nach ihrem Zeitwert. Und zwar auch dann, wenn keine Miete gezahlt wurde.
Dies gilt auch während des laufenden Mietverhältnisses, wenn die Nutzung der Wohnung für den Mieter aufgrund von Verletzungen der vertraglichen Pflichten des Vermieters endgültig unmöglich wird.

Fungibilität

Wertpapiere, insbesondere Investmentzertifikate, sind fungibel – also austauschbar – weil jeder Anteil die gleichen Rechte auf sich vereint. Das gilt zumindest solange, wie Nennwert und Stückelung gleich sind und es sich um Inhaberpapiere handelt. Fungibilität ist eine Grundvoraussetzung für den Handel an Börsen. Das Maß der Fungibilität eines Wertpapiers oder einer Ware wird durch das Maß ihrer Vertretbarkeit bestimmt.

Funkantenne bei Mietwohnungen

Die Aufstellung oder Anbringung einer Kurzwellen- oder CB-Funkantenne durch Mieter bedarf der Erlaubnis des Vermieters. Zum normalen vertragsgemäßen Gebrauch der Mietsache gehört die Installation derartiger großer Antennen nicht mehr; je nach Gerätegröße und Art der Installation kann auch eine bauliche Veränderung des Gebäudes vorliegen, die in jedem Fall zustimmungsbedürftig ist.
Der Vermieter darf die Aufstellung der Antenne jedoch nicht pauschal verweigern. Erlauben muss er sie, wenn sie sicher installiert ist, optisch unauffällig ist, den gesetzlichen Vorschriften für derartige Anlagen entspricht, der TV-und Radioempfang der Nachbarn nicht beeinträchtigt wird und der Mieter für die Antenne eine Haftpflichtversicherung abgeschlossen hat. Letzteres ist wichtig, da es bei Herabfallen der Antenne zu erheblichen Sach- und Personenschäden kommen kann.
Siehe / Siehe auch: Parabolantenne

Funktionsfläche

Siehe / Siehe auch: Grundfläche nach DIN 277/1973/87

Fußb.-Hzg.

Abkürzung für: Fußbodenheizung

Fußgängerzone

Bei der Fußgängerzone handelt es sich um eine autofreie Zone in der Innenstadt. Soweit keine entsprechende Ausschilderung oder Markierung gegeben ist, sind diese Zonen auch für den Fahrradverkehr gesperrt. In der Regel handelt es sich um Geschäftskernlagen. Der Wert dieser Lagen wird entscheidend von der Dichte des öffentlichen Verkehrssystems, insbesondere im Bereich der U- und S-Bahnen und Straßenbahnen aber auch durch die Nähe von Zentralbahnhöfen beeinflusst. Je dichter dieses Verkehrsnetz, desto höher die Passantenfrequenz. Ein weiteres Kriterium für die Versorgung dieser Zonen mit Publikum ist das um den Stadtkern angelegte Parkleitsystem, das auch PKW-Nutzern leichten Zugang zu den zentralen Lagen verschafft. Autofreie Zonen erhöhen im Übrigen auch die Lebensqualität der Bewohner dieser Zentren.

FWI – Führungsakademie der Wohnungs- und Immobilienwirtschaft

Die Führungsakademie der Wohnungs- und Immobilienwirtschaft besteht seit 1992 in Bochum. Sie wird getragen vom GdW Bundesverband deutscher Wohnungsunternehmen e.V., seinen Gliederungsverbänden und Mitgliedsunternehmen. Sie wurde 1997 in das Europäische Bildungs-, Forschungs- und Informationszentrum der Wohnungs- und Immobilienwirtschaft – einer Stiftung – eingegliedert.
Das Studienangebot gliedert sich in drei Stufen:
- 1. Stufe Immobilienwirt GdW (2 Semester)
- 2. Stufe FWI Diplom (2 Semester)

- 3. Stufe BA Immobilienmanagement in Zusammenarbeit mit der FH Gelsenkirchen (2 Semester)

Wer das FWI-Diplom erwirbt, kann sich auch um eine Mitgliedschaft bei den RICS bewerben. Die FWI veranstaltet ferner Kompaktstudienkurse zu bestimmten Themenbereichen. Anschrift der FWI: Führungsakademie der Wohnungs- und Immobilienwirtschaft im Europäischen Bildungs-Forschungs- und Informationszentrum, Springerorumallee 20, 44795 Bochum

FWW

Abkürzung für: „Die freie Wohnungswirtschaft" (Fach-Zeitschrift)

g-Wert
Abkürzung für: beschreibt, wieviel Energie (z. B. Sonneneinstrahlung) durch eine Fensterscheibe fließen kann

GA
Abkürzung für: Gutachterausschuss

GABl
Abkürzung für: Gemeinsames Arbeitsblatt

GAH
Abkürzung für: Gasaußenwandheizer

Garage
Eine Garage ist der Abstellraum für Kraftfahrzeuge. Sie muss den bauordnungsrechtlichen Vorschriften der Garagenverordnung des jeweiligen Bundeslandes entsprechen. Unterschieden wird zwischen offenen, mit unmittelbarer verschließbarer Öffnung ins Freie, und geschlossenen Garagen. Im Bauordnungsrecht wird auch unterschieden zwischen Kleingaragen bis 100 m² Nutzfläche, Mittelgaragen über 100 bis 1.000 m² Nutzfläche und Großgaragen mit einer Nutzfläche über 1.000 m². Duplexgaragen sind Garagen, bei denen durch eine Aufzugsvorrichtung eine PKW-Unterbringung auf zwei Ebenen ermöglicht wird. Garagen werden bei der Ermittlung von Geschossflächenzahlen und Baumassenzahlen nicht angerechnet, sofern sich aus dem Bebauungsplan nichts anderes ergibt.

Im Rahmen der zulässigen Grundfläche gehören Garagen zu den baulichen Anlagen, die in dem höchstens 50% betragenden Überschreitungsbereich errichtet werden können. Besondere Überschreitungen der zulässigen Grundfläche durch Garagen sind in § 21a (3) BauNVO geregelt. Ebenso in der BauNVO geregelt ist die Zahl der zulässigen Garagen in den verschiedenen Baugebieten (§ 12 BauNVO). Für Grenzgaragen gelten bauordnungsrechtliche Bestimmungen. Im Allgemeinen gilt, dass sie bis 8 m (teilweise bis 9 m) lang und bis 3 m breit sein dürfen.

Garagen-Mietvertrag
Das Mieten einer Garage kann im Rahmen des Wohnungs-Mietvertrages oder durch einen eigenen Garagen-Mietvertrag stattfinden. Grundsätzlich kann die Kündigung eines Mietobjekts nicht nur auf einen Teil desselben beschränkt werden. Wenn die Garage also im Rahmen des Wohnungsmietvertrages gemietet wurde, ist keine separate Kündigung möglich. In einigen Fällen haben Gerichte sogar dann ein einheitliches Mietverhältnis angenommen, wenn es für Wohnung und Garage separate Mietverträge mit unterschiedlichen Kündigungsfristen gab, aber die Miete für beides als einheitlicher Betrag überwiesen wurde und alle Garagen einer Wohnanlage an die Mieter vermietet waren. Wollen sich die Vertragspartner die Möglichkeit einer separaten Kündigung offen halten, sollte der Garagenmietvertrag die ausdrückliche Regelung enthalten, dass er unabhängig vom Wohnungsmietvertrag gekündigt werden kann.

Garantierter Maximalpreisvertrag (GMP)
Unter dem Begriff „Garantierter Maximalpreisvertrag" (GMV) (englisch „guaranted maximum price") versteht man eine neue Art einer Baupreisvereinbarung zwischen Auftraggeber (Bauherrn) und Auftragnehmer (Generalunternehmer). Diese Vereinbarungspraxis stammt aus Amerika. Mit ihr soll verhindert werden, dass Bauunternehmer nach Abschluss eines Bauvertrages für im Vertrag ursprünglich nicht vorgesehene oder vergessene, aber notwendige Leistungen zusätzliche Nachforderungen stellen.

Nach dem Werkvertragsrecht kann der Auftraggeber hierfür vom Bauherrn eine angemessene Vergütung verlangen. Die Konfliktsituation entsteht meist dadurch, dass Bauunternehmer äußerst knapp, nicht selten unterhalb der Selbstkosten kalkulieren, um den Zuschlag zu erhalten. Sie sind darauf angewiesen, Vereinbarungslücken für solche Nachforderungen zu nutzen, um das Ergebnis aufzubessern. Der GMP-Vertrag ist am besten noch mit einem Pauschalpreisvertrag zu vergleichen, der mit einem Generalunternehmen oder Generalübernehmer abgeschlossen wird.Das neue Preissystem beruht auf der Grundlage der Einbeziehung der Bauunternehmen in die Planungsphase, die damit ihr Know-how einbringen. Der Auftraggeber bezahlt höchstens den garantierten Maximalpreis. Ergibt sich am Ende durch tatsächliche Einsparungen ein Preis, der unterhalb des Maximalpreises angesiedelt ist, teilen sich Auftraggeber und Bauunternehmer diese Differenz. Das Teilungsverhältnis wird im Vertrag vereinbart. Es gibt verschiedene Varianten des GMP.In einem Fall wird nach der Leistungsphase 2 (Vorplanung) das Projekt unter Vorgabe eines Budgets ausgeschrieben. Mit den sich meldenden Unternehmen werden Verhandlungen geführt. Mit einem dieser Unternehmen wird schließlich der garantierte Maximalpreisvertrag geschlossen. Die Projektentwicklung und Ausführungsplanung wird gemeinsam durchgeführt und nach Bauausführung wird abgerechnet. Die Differenz zwischen Budget und den tatsächlich angefallenen Kosten werden nach einem vereinbarten Schlüssel geteilt. Die zweite Variante unterscheidet sich von der ersten dadurch, dass kein Budget vorgegeben, sondern eine Ausschreibung im Wettbewerb durchgeführt wird. Es sind die Wettbewerber, die einen garantierten Maximalpreis anbieten. Das weitere Procedere entspricht dem des vorher beschriebenen „Budget-Modells".

Daneben gibt es zweistufige Modelle, bei denen der in Aussicht genommene GMP-Partner schon zur Grundlagenermittlung als Berater auf Honorarbasis miteingeschaltet wird. Nach Abschluss der Planungsphase (1. Stufe) wird der GMP-Vertrag geschlossen, womit die 2. Stufe beginnt.Der Verteilungsschlüssel für die Differenz zwischen Maximalpreis und tatsächlich entstandene kosten liegt zwischen 50 zu 50 und 80 zu 20 zugunsten des Auftraggebers. Bei öffentlichen Auftraggebern können GMP-Verträge nur dann zum Zuge kommen, wenn vergaberechtlichen Bestimmungen der VOB Teil A sowie kartellrechtliche Bestimmungen dem nicht entgegenstehen.Garantierte Maximalpreisverträge setzen ein besondere Maß an Vertrauen zwischen Auftraggeber und Auftragnehmer voraus (Prinzip der gläsernen Taschen bei der Abrechnung). Auftraggeber und Auftragnehmer wirken wie Kooperationspartner zusammen um die angepeilten Kostenziele, die zeitlichen Ziele und Qualitätsziele zu erreichen.

Siehe / Siehe auch: Cost plus Fee-Vertrag, Generalunternehmer, Generalübernehmer, Maximalpreisvertrag

Gart

Abkürzung für: Garten

Gartenstadt

Die Gartenstadt ist eine Erfindung des Engländers Ebenezer Howard. Er wollte mit der Gartenstadt den miserablen Wohnverhältnissen der Industriearbeiter entgegenwirken. Sie war bedingt durch das im Zuge der Industrialisierung sich einstellende rasante Wachstum der Großstädte. Howard stellte sich an die Spitze einer Bewegung, die in der „Garden-City-Association", später „Town and Country Planning Association" ihr organisatorisches Rückgrat fand. Kombiniert werden sollten die Vorteile der Stadt mit denen des Landes. Heraus kam ein theoretisches Konstrukt. Eine Zentralstadt wird – von landwirtschaftlich genutzten Flächen getrennt – umgeben von mehreren Tochterstädten, die miteinander durch eine Eisenbahnlinie verbunden sind. Die Stadtstruktur zeichnet sich durch konzentrische Kreise aus. Im Zentrum sollte der Stadtpark liegen.

Darum sollten sich die hoch frequentierten öffentlichen Gebäude gruppieren. Diese werden außen wiederum eingesäumt von Grünanlagen, an die sich die Wohnhäuser mit einer Mindestbodenfläche anschließen sollten. Die erste Gartenstadt in England wurde 1903 realisiert (Gartenstadt Letchworth).

Die Idee der Gartenstadt konnte sich in der von Howard konzipierten Form nicht durchsetzen. Sie führte aber doch zu einem Bewusstseinswandel und gewann auf diese Weise erheblichen Einfluss. Zu vermerken ist, dass schon vor Howard der Deutsche Theodor Fritsch ähnliche Vorstellungen von einer Gartenstadt vertreten hat. In Deutschland knüpfte die Gartenstadtbewegung allerdings an Howard an. Gegründet wurde 1902 die Deutsche Gartenstadt-Gesellschaft (DGG). Allerdings wurden dann keine Gartenstädte nach dem Muster von Howard realisiert. Vielmehr ging es darum Einfamilienhaussiedlungen mit großen Grundstücksflächen und starker Durchgrünung an den Stadträndern („Gartenvorstädte") zu errichten. Sie waren als eigenständige Siedlungen für 5.000-15.000 Bewohner gedacht.

Beispiele mit Gründungsjahr:
- Margarethenhöhe in Essen (1906 gestiftet von Margarethe Krupp)
- Rüppurr in Karlsruhe (1907),
- Gartenstadt Marga in Brieske Brandenburg (1907),
- Gartenstadt Hellerau in Dresden (1909),
- Gartenstadt Nürnberg (1908)
- Gartenstadt Luginsland in Stuttgart (1911),
- Gartenstadt Staaken in Berlin-Spandau (1914).

Um Gartenstädte zu verwirklichen, wurden überwiegend Baugenossenschaften gegründet. Unterstützt wurden sie teilweise von den Gemeinden und von Industrieunternehmen. Mittlerweile wird der Begriff der Gartenstadt für viele Ansiedlungen mit offener und durchgrünter Bauweise verwendet.Gartenstädte gibt es auch in vielen anderen Ländern insbesondere aus der englischen Einflusssphäre (Australien, Neuseeland, USA, Kanada, aber auch in den Niederlanden (Amsterdam), Belgien und in der Schweiz. Einem ganz anderen Kulturkreis entstammen die chinesischen Gartenstädte.

Seit 1997 wird jährlich einmal in fünf Kategorien (A-E aufsteigend nach Bevölkerungszahl) vom internationalen Verband für Park- und Gartenanlagen und Gesundheit die Auszeichnung „Internationale Gartenstadt" verliehen. Dabei hat China die Nase vorn. Bisher haben sieben chinesische Städte den Ehrentitel „internationale Gartenstadt" erhalten: Suzhou, Shenzhen, Guangzhou, Xiamen, Hangzhou, Quanzhou und Puyang.

Gartenzwerge

Geschmäcker sind verschieden. Wiederholt haben sich Gerichte mit dem Phänomen des Gartenzwerges beschäftigen müssen. Herauskristallisiert haben sich folgende Unterscheidungen:
- Standardgartenzwerg (mit Gartengerät bzw. Angel): Die Aufstellung berührt nach dem OLG Hamburg (20.4.1988, Az. 2 W 7/87) Menschen in ihren Gefühlen; Gartenzwerge können „ideologisch überfrachtet" sein. Da es viele Menschen gäbe, die sie für unästhetisch hielten, seien sie im Zweifelsfall zu entfernen.
- Frustzwerg (mit heruntergelassener Hose oder ausgestrecktem Mittelfinger Richtung Nachbargrundstück): Nach dem Amtsgericht Grünstadt (Az. 2 a C 334/93) geschieht dabei nichts anderes, als wenn der Nachbar sich selbst hinstellen würde, um entsprechende ehrverletzende oder beleidigende Gesten zu machen – er nutzt nur einen tönernen Stellvertreter.
- Exhibitionistischer Gartenzwerg (nackt oder mit geöffnetem Mantel): Vor Gericht (Amtsgericht Essen, Az. 19 II 35/99) ebenfalls unwillkommen – insbesondere bei Anbringung über dem gemeinsamen Innenhof einer WEG-Wohnanlage.

Hat der Kläger ehrverletzende Zwerge über drei Jahre geduldet, bestehen vor Gericht schlechte Chancen („Frustzwerg", Landgericht Hildesheim, Az. 7 S 364/99), deren Entfernung durchzusetzen.
Siehe / Siehe auch: Ästhetische Immissionen

GarVO
Abkürzung für: Garagenverordnung

GastBauVO
Abkürzung für: Gaststättenbauverordnung

GaststG
Abkürzung für: Gaststättengesetz

GB
Abkürzung für: Grundbuch

GBA
Abkürzung für: Grundbuchamt

GBl
Abkürzung für: Gesetzblatt

GBO
Abkürzung für: Grundbuchordnung
Siehe / Siehe auch: Grundbuchordnung

GbR
Abkürzung für: Gesellschaft bürgerlichen Rechts

GBV
Abkürzung: Grundbuchverfügung
Siehe / Siehe auch: Grundbuchverfügung

GBVerf
Abkürzung für: Allgemeine Verfügung über die Einrichtung und Führung von Grundbüchern
Siehe / Siehe auch: Grundbuchverfügung

GBVfg
Abkürzung für: Grundbuchverfügung
Siehe / Siehe auch: Grundbuchverfügung

GdW Bundesverband deutscher Wohnungs- und Immobilienunternehmen

Der GdW ist der Interessenverband der deutschen Wohnungsunternehmen und Wohnungsbaugesellschaften. Die historischen Wurzeln des GdW gehen zurück auf die Entwicklung des Genossenschaftsgedankens um die Wende der 19. zum 20. Jahrhunderts, die Heimstättenbewegung und die gesetzliche Normierung der Wohnungsgemeinnützigkeit. Aus der Vereinigung des 1924 in Erfurt gegründeten Hauptverbandes deutsche Baugenossenschaften e.V. mit dem Reichverband der Heimstätten entstand 1938 der „Reichsverband der deutschen gemeinnützigen Wohnungsunternehmen e.V.". In der Nachkriegszeit wurde zuerst in der britischen Besatzungszone der „Gesamtverband gemeinnütziger Wohnungsunternehmen" gegründet, dem sich 1949 die in der amerikanischen und französischen Besatzungszone gegründeten Verbände anschlossen. Die Bundesvereinigung deutscher Heimstätten wurde 1955 außerordentliches Mitglied. 1990 erfolgte die Aufhebung der Wohnungsgemeinnützigkeit, was auch zu einer Neuorientierung des Verbandes führte. Er nannte sich ab 1996 „GdW Bundesverband deutscher Wohnungsunternehmen". Ab 2005 wurde der lange Zeit obsolete Immobilienbegriff in den Namen mit einbezogen („GdW Bundesverband deutscher Wohnungs- und Immobilienunternehmen e.V.").

Der GdW, der heute seinen Sitz in Berlin hat, verfügt mit seinen 14 Mitgliedsverbänden aus den einzelnen Bundesländern über 3.200 Mitgliedsunternehmen, die 6,5 Millionen Wohnungen bewirtschaften, in denen rund 15 Millionen Menschen wohnen.

GE
Abkürzung für: Gewerbeeinheit

Gebäude
Nach dem Bauordnungsrecht sind Gebäude „selbständig benutzbare, überdachte bauliche Anlagen, die von Menschen betreten werden können und geeignet sind, dem Schutz von Mensch und Tier zu dienen". Dabei kommt es auf die Umschließung durch Wände nicht an. Die Überdachung allein ist ausreichend. Gebäude müssen jedoch eine selbständige baukörperhafte Begrenzung aufweisen und für sich benutzbar sein.Als einzelnes Gebäude gilt jedes freistehende Gebäude oder bei zusammenhängender Bebauung, (Doppel-, Gruppen- und Reihenhäuser), jedes Gebäude, das durch eine vom Dach bis zum Keller reichende Brandmauer von anderen Gebäuden getrennt ist, einen eigenen Zugang bzw. ein eigenes Treppenhaus und ein eigenes Ver- und Entsorgungssystem besitzt. Der Höhe nach werden bauordnungsrechtlich folgende Gebäudeklassen unterschieden:
- Gebäude geringer Höhe (Fußboden des obersten oberirdischen Geschosses liegt unter 7 m oberhalb der natürlichen oder festgelegten Geländeoberfläche),
- Gebäude mittlerer Höhe (Fußboden des obersten siehe Geschosses liegt zwischen 7 und 22 m) und
- Hochhaus (darüber hinausgehende Gebäude).

In der Statistik wird nach der Art der Gebäudenutzung unterschieden zwischen Wohn- und Nichtwohngebäuden. Wohngebäude dienen dem Wohnen. Nichtwohngebäude dienen überwiegend Nichtwohnzwecken. Zu den Nichtwohngebäuden zählen Anstaltsgebäude, Büro- und Verwaltungsgebäude, nichtlandwirtschaftliche Betriebsgebäude, landwirtschaftliche Betriebsgebäude und „sonstige Nichtwohngebäude". Unter „sonstige Nichtwohngebäude" werden Universitäts- und Hochschulgebäude, Gebäude von Sportanlagen, Theater, Kirchen und Kulturhallen nachgewiesen. Unterscheidungsmerkmale gibt es auch hinsichtlich des Gebäudealters. So wird von Altbau gesprochen bei Gebäuden die bis 1949 fertig gestellt wurden, von Neubauten bei Baufertigstellungsjahren danach.Im sachenrechtlichen Sinne sind Gebäude wesentliche Bestandteile von Grundstücken oder Erbbaurechten. In Ausnahmefällen können Gebäude auch „Scheinbestandteile" sein. Die ist etwa der Fall, wenn auf einem Grundstück aufgrund einer Vereinbarung mit dem Grundstückseigentümer vom Pächter dieses Grundstücks für die Dauer des Pachtverhältnisses (also „vorübergehend") ein Gebäude errichtet wurde. (Beispiele: Speditionsgebäude auf ehemaligem Reichsbahngelände, Kantinengebäude für Bauarbeiter auf einer Großbaustelle). In den östlichen Bundesländern wurde zur Zeit der DDR ein eigenständiges Gebäudeeigentum begründet. Die Überführung in das Sachenrechtssystem der Bundesrepublik erfolgte nach dem Sachenrechtsbereinigungsgesetz entweder durch eine Erbbaurechtslösung oder durch ein Bodenankaufsrecht mit Kontraktionszwang. Aus Gründen der Rechtssicherheit wurden auch reine Gebäudegrundbücher angelegt."

Siehe / Siehe auch: Hochhaus, Vollgeschoss

Gebäudeenergiepass
Der Gebäudeenergiepass wurde zum 4. Januar 2006 in allen EU-Staaten verpflichtend mit der Europäischen Richtlinie über die Gesamtenergieeffizienz von Gebäuden eingeführt. Auf Verlangen muss jeder Vermieter oder Verkäufer einer Immobilie dem Interessenten einen Gebäudeenergiepass

vorlegen. Inhalt des Gebäudeenergiepasses ist die energetische Beurteilung von Gebäuden, nach einem einheitlichen Standard. Zur Bewertung des energetischen Zustandes werden Gebäude in Energieeffizienzklassen von A bis I eingeteilt. Damit soll eine Vergleichbarkeit von Immobilien für Mieter und Erwerber geschaffen werden. Man unterscheidet zwischen dem einfachen und dem erweiterten Gebäudeenergiepass. Im erweiterten Gebäudeenergiepass werden zusätzlich Vorschläge zur Sanierung gemacht und die Energieeinsparung nach ausgeführter Sanierung ausgewiesen.
Siehe / Siehe auch: Energieausweis

Gebäudemanagement

Unter Gebäudemanagement versteht man den immobilienwirtschaftlichen Teil des Facility Managements, der sich auf die kosten- und funktionsoptimale Entwicklung und Nutzung von Gebäuden (Liegenschaften) bezieht. Eingeteilt wird das Gebäudemanagement in die Bereiche technisches, infrastrukturelles und kaufmännisches Gebäudemanagement. Ergänzend wurde das Flächenmanagement, das in allen drei Leistungsbereichen Verankerungspunkte hat, berücksichtigt. Die Begriffe und Leistungen des Gebäudemanagements, die früher im Regelwerk der VDMA 24196 definiert waren, sind im August 2000 in die DIN 32736 übergeleitet worden.
Siehe / Siehe auch: Facility Management (FM)

Gebäudesanierung
Siehe / Siehe auch: Sanierung

Gebäudesystemtechnik

Im Rahmen der Gebäudeautomation werden heute zunehmend technische Steuerungseinrichtungen für verschiedene Funktionen in ein Gebäude implementiert. Beispiele:
Eine sich auf Witterungseinflüsse einstellende Heizung und Lüftung, Sonnenschutzanlagen die entsprechend dem Sonnenstand geöffnet oder geschlossen werden, automatisches Einfahren von Markisen bei Wind und Regen, automatische Rollladen- und Vorhangsteuerung, automatisches Schließen von Heizkörperventilen bei Öffnen der Fenster, automatisches Senken der Raumwärme beim Verlassen und Abschließen der Räume, automatische Türöffnungen und dergleichen.
Siehe / Siehe auch: Europäischer Installationsbus (EIB)

Gebäudetreppen

Eine Treppe wird benötigt, um die Höhenunterschiede von Ebenen zu überwinden. Die ersten bekannten Treppenfunde gab es im Neolithikum. Es handelt sich hierbei um Baumstämme mit stufenartigen Einkerbungen. In der Siedlung Catal Hüyük (heutige Türkei) bestiegen mit Hilfe solcher Baumleitern die jungsteinzeitlichen Menschen ihre unterirdischen Räume. Die aktuelle Definition einer Treppe (in Österreich: Stiege) ist eine regelmäßige Folge von mindestens drei Stufen. Um die verschiedenen Arten zu unterscheiden, werden Treppen nach Konstruktion, Laufrichtung, Grundrissform, Lage (Außen- oder Innentreppe) und Material (Holz, Holzwerkstoff, Stahl, Stahlbeton, Betonwerkstein oder Naturstein, Naturwerkstein) unterschieden.
Im Wesentlichen besteht die Treppe aus den tragenden Elementen, wie Laufplatte, Wangen oder Holmen, den Stufen und dem sichernden und abschließenden Geländer mit Handlauf. Bei der Grundrissform wird in ein- oder mehrläufige Treppen und in gewendelte oder gerade Treppen unterschieden. Die gängigsten Treppen im Geschossbau sind heute die Stahlbetontreppen, die Stahl- und die Holztreppe. Wegen ihrer vielseitigen Formungsmöglichkeit und des hohen Feuerwiderstandes ist die Stahlbetontreppe die am häufigsten eingesetzte Massivtreppe. Die tragende Laufplatte stützt die darauf betonierten Stufen. Bei einer leichteren Treppenkonstruktion wie die Stahl- und Holztreppe werden die Einzelteile von Schweißnähten oder Schrauben zusammen montiert.
Um eine bundeseinheitliche Berücksichtigung von Sicherheit und Definition von Treppen zu gewährleisten, sind die Hauptmaße von Gebäudetreppen in der DIN 18065 und die Treppenbegriffe in der DIN 18064 festgelegt. Die Bauordnungen der Bundesländer geben weitere Forderungen an Konstruktion, Bemaßung und Baustoffe vor.
Siehe / Siehe auch: Freitreppen, Lichte Höhe / Lichtes Maß, Notwendige Treppe, Rampe, Steigungsverhältnis, Treppenkonstruktion, Treppenlauf

Gebäudeversicherung

Eine Gebäudeversicherung ist eine Sachversicherung, die sich auf einzelne Gefahrenbereiche bezieht. Umfassenden Versicherungsschutz bietet die „verbundene Wohngebäudeversicherung". Sie deckt Schäden ab, die durch Brand, Blitzschlag,

Explosion, Flugzeugabsturz (Zweig Feuerversicherung), ferner Schäden die durch bestimmungswidrige auslaufendes Leitungswasser, Rohrbruch und Frost entstehen (Zweig Leitungswasserversicherung). Hinzukommen Schäden durch Sturmeinwirkung (ab Windstärke 8) und Hagelschäden. Grundsätzlich werden auch die Kosten für Aufräumen der Schadenstätte und die Abbruchkosten, sowie ein etwaiger Mietausfall ersetzt. Einbezogen werden kann auch ein Versicherungsschutz gegen Elementarschäden (Schäden durch Überschwemmung, Erdrutsch, Erdbeben) und Glasschäden. Der bei Eintritt des Versicherungsfalls von der Versicherung zu leistende Ersatz kann sich auf den Zeit- oder den Neubauwert beziehen. Da die Versicherungsprämien der verschiedenen Versicherungsgesellschaften teilweise sehr stark von einander abweichen, ist es ratsam, einen Versicherungsmakler mit der Suche nach den besten Tarifen zu beauftragen und den Versicherungsvertrag über ihn abzuschließen.

Siehe / Siehe auch: All-Risk-Versicherung, Elementarschadenversicherung

Gebot, geringstes (Zwangsversteigerungsverfahren)

Ein vom Rechtspfleger festgesetzter Mindestpreis, den der Bieter bei der Versteigerung einer Immobilie nicht unterschreiten darf, weil er sonst in einem Ersttermin keine Aussicht darauf hat, dass ihm die Immobilie zugeschlagen wird. In einem Wiederholungs- oder Zweittermin liegt das geringste Gebot bei den aufgelaufenen Kosten des Verfahrens und umfasst gegebenenfalls die vom Voreigentümer noch nicht gezahlten Grundsteuern.

GebOZS

Abkürzung für: Gebührenordnung für Zeugen und Sachverständige

Gebrauchsabnahme

Abnahme eines fertiggestellten Bauwerkes durch die Baubehörde. Sie muss vom Bauherrn beantragt werden. Ergibt die Gebrauchsabnahme, dass das Bauwerk mit dem genehmigten Baugesuch übereinstimmt, wird der Schlussabnahmeschein erteilt, der zur Nutzung des Bauwerks berechtigt.

Gebrauchsgewährung (Mietrecht)

Die Gewährung des Gebrauchs an der Mietsache ist die Hauptpflicht des Vermieters. Die Mietsache muss sich bei der Übergabe in einem zum vertragsgemäßem Gebrauch geeigneten Zustand befinden und während der Mietzeit vom Vermieter in diesem Zustand gehalten werden. Im Regelfall setzt der Gebrauch voraus, dass dem Mieter der unmittelbare Besitz eingeräumt wird. Dies geschieht normalerweise durch Übergabe der Schlüssel.
Die Nichtgewährung des Gebrauchs durch den Vermieter hat folgende Konsequenzen:
- Der Mieter kann die Miete auf Null mindern (§ 536 BGB).
- Der Mieter darf den Mietvertrag fristlos außerordentlich kündigen (§ 543 BGB).
- Ggf. kommen Schadenersatzansprüche in Betracht (z.B. § 536a BGB).

Siehe / Siehe auch: Fristlose Kündigung des Mietverhältnisses

Gebühren

Gebühren sind öffentlich rechtliche Abgaben für die Leistung einer Körperschaft des öffentlichen Rechts, die dem Gebührenschuldner gegenüber erbracht wurde. Sie kann in einmaligen oder wiederkehrenden Geldforderungen bestehen. Beispiele für Gebühren, die Hauseigentümer zahlen müssen, sind Straßenreinigungsgebühren, Abwassergebühren, Abfallbeseitigungsgebühren und dergleichen.
Von Gebühren spricht man auch, wenn es sich dabei um „Preise" für Leistungen handelt, die in einer „Gebührenordnung" (Beispiel Rechtsanwalts- und Notargebühren) festgelegt sind. Aber auch Maklerprovisionen werden häufig als Maklergebühren bezeichnet, was auf die ursprünglich amtliche Stellung des Maklers hinweist.

Gefälligkeitsmiete

Unter „Gefälligkeitsmiete" versteht man die Vereinbarung einer Miete, die erkennbar unterhalb der ortsüblichen Vergleichsmiete angesiedelt ist. Allein diese Vereinbarung schließt die Möglichkeit nicht aus, vom Mieter die Zustimmung zur Erhöhung der Miete zu verlangen, soweit dabei die Kappungsgrenze nicht überschritten wird. Bei Gefälligkeitsmieten im Rahmen eines Werkmietvertrages, bei dem zwischen Lohn- und Mietvereinbarung ein innerer Zusammenhang besteht, muss bei einer Mieterhöhung der Abstand zwischen ursprünglich vereinbarter und tatsächlicher Vergleichsmiete proportional gewahrt bleiben, wenn dies dem Vertragsabschlusswillen der Parteien entnommen werden kann. Gefälligkeitsmieten können aber auch steuerliche Auswirkungen haben. Vermietet z.B. ein Hauseigentümer eine ihm gehörende Wohnung an einen ihm Nahestehen z.B. seinen Sohn oder seine Tochter zu einer Vorzugsmiete, die unter 56% (bis 31.12.2003: 50%) der ortsüblichen Marktmiete liegt, dann kann er nur den entsprechenden Anteil an Werbungskosten geltend machen.

Damit soll verhindert werden, dass dem Vermieter die Vermietung zu Wohnraum zur Gefälligkeitsmiete zu verlustbringenden Gestaltungen gegenüber dem Fiskus nutzt. Der Bundesfinanzhof hatte am 5.11.2002 diese Regelung mit Urteil dahingehend korrigiert, als er die 50%-Grenze in Frage gestellt hat. Entscheidend sei, ob eine Einkünfteerzielungsabsicht noch bejaht werden könne. Betrage die vereinbarte Miete weniger als 75% der Marktmiete, sei die Einkünfteerzielungsabsicht anhand einer Überschussprognose zu prüfen. Ist sie negativ, dann müssen die Werbungskosten aufgespalten werden. Abzugsfähig sind dann nur die auf den entgeltlichen Mietteil entfallenden Werbungskosten.

GEFMA - Deutscher Verband für Facility Management e.V.

Die GEMA (German Facility Management Association) bezeichnet sich als Forum für Anwender, Anbieter, Investoren, Berater und Wissenschaftler aus dem Bereich des Facility Management. Der Verband wurde 1989 gegründet und zählt derzeit etwa 300 Mitgliedsunternehmen einschl. städtischer und staatlicher Stellen. Die GEFMA konzentriert ihre Aktivitäten darauf, eine effiziente und an den Bedürfnissen der Menschen ausgerichtete Bewirtschaftung von Facilities in privaten Unternehmen und in der öffentlichen Verwaltung zu fördern. Die GEFMA ist seit 1996 dabei, Richtlinien zu entwickeln, die sich auf Definition, Struktur und Beschreibung von FM sowie auf Leistungsbilder von Einzelleistungen beziehen (Richt- linien der Reihe 100 ff). Andere Richtlinien beziehen sich auf Kosten, Kostenrechnung, Kostengliederung und Kostenerfassung, Benchmarking, EDV-Aspekte, Hinweise für Ausschreibung und Vertragsgestaltung bei Fremdvergaben von Dienstleistungen, Beschreibung der Berufsbilder, der Aus- und Weiterbildung im Bereich des FM, sowie Qualitätsaspekte. Die bereits verabschiedeten Richtlinien können bei der GEFMA erworben werden.

GEG
Abkürzung für: geregeltes eingeschränktes Gewerbegebiet

Gegensprechanlage
Gegensprechanlagen sind in Mehrfamilienhäusern üblich. Bei Modernisierungen werden sie oft nachträglich installiert. Ihr Einbau gilt als Wohnwertsteigerung, so dass der Vermieter 11% der Einbaukosten jährlich auf die Miete aufschlagen kann. Dies gilt jedoch nicht für manche technisch nicht ausgereiften Modelle, die nicht mithörsicher sind. Hier werden Grundrechte des Mieters verletzt; dieser muss den Einbau daher nicht dulden.
Siehe / Siehe auch: Mieterhöhung bei Modernisierung

GEH
Abkürzung für: Gasetagenheizung

Gehwegreinigungspflicht für Mieter
Siehe / Siehe auch: Schneeräumpflicht für Mieter

Geislinger Konvention
Ein Bereich des Risikomanagements ist das Betriebskostenmanagement. Dem Thema widmet sich die Geislinger Konvention. Sie ist eine bundesweite verbandsübergreifende Vereinbarung über die Inhalte und die Struktur der für ein Betriebskosten-Benchmarking verwendeten Daten. Erarbeitet wurde die Geislinger Konvention von einer Arbeitsgruppe, bestehend aus Vertretern von Verbänden, Wohnungsunternehmen und wohnungswirtschaftlichen Dienstleistern unter Federführung von Prof. Hansjörg Bach (von der Hochschule Nürtingen / Studiengang Immobilienwirtschaft). Sie soll sowohl die Anforderungen des unternehmensbezogenen als auch des unternehmensübergreifenden Benchmarkings berücksichtigen. Grundlage ist der Betriebskostenkatalog der Betriebskostenverordnung und eine einheitliche DV-gestützte Buchungsstruktur der Betriebskosten. Die Betriebskosten werden mit Gebäudestrukturdaten korreliert, um damit den Besonderheiten der Wohnobjekte gerecht zu werden. Es besteht die Hoffnung, dass die Wohnungsunternehmen sich dieser Konvention anschließen, um zu einer Vergrößerung des branchenspezifischen Datenmaterials zu gelangen. Die Kenntnis der repräsentativen Betriebskostenstruktur ist Ausgangspunkt für die Möglichkeit, Betriebskosten zu steuern und

damit Einfluss auf die Entwicklung der „2. Miete" zu nehmen.
Siehe / Siehe auch: Benchmarking, Betriebskostenverordnung

Geländer

Ein Geländer ist der nach unten sichernde Abschluss eines Höhenunterschiedes. Höhenunterschiede treten im Außen- und im Innenbereich z.B. bei Aussichtsplattformen, Brücken, Schiffen, Balkonen und Treppen auf. Baurechtlich erforderlich ist das Geländer bei einer Anzahl von 3 Stufen. An der Stufenvorderkante gemessen, muss es mindestens eine Höhe von 90 cm erreichen. Ab einer Treppenabsturzhöhe von 12 m und mehr, muss ein Geländer mindestens 110 cm betragen. Zur Sicherheit von Kleinkindern sind das Überklettern von Geländern und das Durchstecken des Kopfes zwischen den Bauteilen konstruktiv auszuschließen. Der Abstand zwischen den Geländerstäben darf nicht mehr als 12 cm betragen.
Die tragenden Elemente eines Geländers sind Pfosten oder Stäbe, die vertikal in einem bestimmten Abstand zueinander angeordnet werden. Verwendet werden sowohl massive aus Beton und Stein oder filigrane Pfosten, z.B. aus Holz, Kunststoffen oder Stahl. Diese Pfosten werden verbunden mit vertikalen oder horizontalen Geländerstäben oder erhalten flächige Geländerelemente aus unterschiedlichen Materialien wie z.B. Draht, Glas, Bleche etc. Der Handlauf bildet den oberen Abschluss eines Geländers.
Normalerweise muss die Dimensionen der Geländerteile statisch errechnet werden. Üblicherweise werden sie aber ohne statischen Nachweis nach Erfahrungswerten von Treppenbauern (z.B. Bauschlossern) angefertigt. Nur bei alten Geländern ist eine gewisse Vorsicht geboten, und sie sollten, wie auch bei Brückengeländern üblich, überprüft werden.
Siehe / Siehe auch: Balkon, Handlauf, Stufe, Gebäudetreppen

Gelder, gemeinschaftliche (Wohnungseigentumsverwaltung)

Siehe / Siehe auch: Gemeinschaftskonto (Wohnungseigentümergemeinschaft)

Geldwäschegesetz (GwG)

Im Zuge der Terrorismusbekämpfung sollen illegale Finanzströme „ausgetrocknet" werden. Dem dient das Geldwäschegesetz (Gesetz über das Aufspüren von Gewinnen aus schweren Straftaten). Unternehmen bestimmter Branchen (Banken, Versicherungsgesellschaften, Versicherungsmakler, Immobilienmakler, Vermögensverwalter, Versteigerer aber auch bestimmte freiberufliche Gruppen (Rechtsanwälte, Notare, Steuerberater) werden verpflichtet, die Personalien der geldanlegenden Kunden (Anlagebetrag mindestens 15.000 Euro) zu „identifizieren".
Die Daten müssen sechs Jahre aufbewahrt werden. Verdächtige Geschäfte sind der Polizei oder der Staatsanwaltschaft zu melden, wovon aber die Betroffenen nicht verständigt werden dürfen. Im Gegenzug wird der meldenden Person eine Freistellung von der Verantwortung zugesichert, es sei denn, sie hat grob fahrlässig oder vorsätzlich gehandelt (§ 12 GwG). Identifizieren im Sinne dieses Gesetzes ist das Feststellen des Namens aufgrund eines Personalausweises oder Reisepasses sowie des Geburtsdatums und der Anschrift, soweit sie darin enthalten sind, und das Feststellen von Art, Nummer und ausstellender Behörde des amtlichen Ausweises.

Geldwäschebekämpfungsgesetz

Sinn des Geldwäschebekämpfungsgesetzes ist das „Aufspüren von Gewinnen aus schweren Straftaten, insbesondere auch solcher Transaktionen, die der Finanzierung des Terrorismus dienen". Durch Artikel 1 des Geldwäschebekämpfungsgesetzes vom 8.8.2002 wurde das „Geldwäschegesetz" (GwG) erheblich verschärft.
Siehe / Siehe auch: Anzeigepflicht, Geldwäschegesetz (GwG)

Gelegenheitsgesellschaft

Gelegenheitsgesellschaften entstehen durch den Zusammenschluss mehrerer Unternehmen mit dem Ziel, ein oder mehrere bestimmte Geschäfte auf gemeinsame Rechnung vorzunehmen. In der Regel handelt es sich um Gesellschaften bürgerlichen Rechts. Typische Gelegenheitsgesellschaften sind die insbesondere im Baugewerbe häufig anzutreffenden Arbeitsgemeinschaften, die als Außengesellschaften auftreten, oder Konsortien, beispielsweise von Banken, die lediglich als Innengesellschaften fungieren. Gelegenheitsgesellschaften werden vor allem gebildet, wenn die gemeinsam vorzunehmenden Geschäfte die Kapazitäten eines einzelnen Unternehmens überfordern würden oder

wenn Auftragnehmer bzw. Auftraggeber daran interessiert sind, die mit einem bestimmten Auftrag verbundenen Risiken nicht einem Unternehmen allein aufzubürden, sondern auf mehrere Unternehmen zu verteilen.
Siehe / Siehe auch: Arbeitsgemeinschaft, Konsortium

Gemarkung
Das Gebiet einer Gemeinde wird durch die Gesamtheit der Flurstücke, die zu der Gemeinde gehören, festgelegt. Überwiegend besteht das Gemeindegebiet aus mehreren Gemarkungen. Eine Gemarkung kann aber auch Teile von mehreren Gemeindegebieten umfassen.Für die Nummerierung wird eine geschlossene Gruppe von Flurstücken jeweils zu einem Nummerierungsbezirk zusammengefasst. Der Nummerierungsbezirk für die Flurstücke im Kataster ist identisch mit einer Gemarkung.Die Gemarkungen werden nach ihrer geografischen Lage benannt. Als Benennung wird möglichst der Name einer Gemeinde, eines Gemeinde- / Stadtteils oder eines gemeindefreien Gebiets verwendet. Sind derartige Möglichkeiten nicht gegeben, so wird die Benennung aus einer für die betreffende Örtlichkeit gebräuchlichen geografischen Bezeichnung abgeleitet.

gemE
Abkürzung für: gemeinschaftliches Eigentum

GemE
Abkürzung für: Gemeinschaftseigentum

Gemeinbedarfsflächen
Als Gemeinbedarfsflächen werden solche Flächen bezeichnet, die in einem Bebauungsplan zur baulichen Nutzung für Einrichtungen vorgesehen sind, die den Gemeinbedarf decken – z.B. Kindergärten, Schulen, Kirchen, Sportanlagen. Nicht dazu zählen Erschließungsanlagen (Straßen, Fußweg, Plätze). Die Art des Gemeinbedarfs muss im Bebauungsplan bezeichnet werden. Dies geschieht im Bebauungsplan durch Verwendung entsprechender Planzeichen. Wird eine Bodenfläche, die sich im Privateigentum befindet, als Gemeinbedarfsfläche ausgewiesen, kann sie zum Vollzug des Bebauungsplanes enteignet werden, wenn sich der Eigentümer weigert, die Fläche an die Gemeinde zu verkaufen oder sie für den vorgesehenen Nutzungszweck zur Verfügung zu stellen.

Auf Gemeinbedarfsflächen dürfen wertsteigernde Änderungen vorhandener baulicher Anlagen nur durchgeführt werden, wenn der Bedarfs- und Erschließungsträger dem zustimmt und der Eigentümer auf Ersatz der Werterhöhung schriftlich verzichtet.

Gemeindeschlüssel
Der amtliche Gemeindeschlüssel (AGS) ist eine Folge von Zahlen zur Bezeichnung einer Gemeinde. Gepflegt wird der Gemeindeschlüssel von den statistischen Landesämtern. Der Gemeindeschlüssel wird aus acht Zahlen zusammengesetzt.
Beispiel:
01061004 Altenmoor in Schleswig-Holstein
Die ersten beiden Ziffern bezeichnen das Bundesland: 01 = Schleswig Holstein
weitere Bundesländer:
01 Schleswig-Holstein
02 Freie und Hansestadt Hamburg
03 Niedersachsen
04 Freie Hansestadt Bremen
05 Nordrhein-Westfalen
06 Hessen
07 Rheinland-Pfalz
08 Baden-Württemberg
09 Bayern
10 Saarland
11 Berlin
12 Brandenburg
13 Mecklenburg-Vorpommern
14 Sachsen
15 Sachsen-Anhalt
16 Thüringen
Die dritte Stelle bezeichnet den Regierungsbezirk. Hat ein Bundesland keine Regierungsbezirke, steht an Stelle 3 eine 0. An Stelle 4 und 5 steht das Kennzeichen für den Landkreis oder die kreisfreie Stadt. 61 = Landkreis Steinburg. Die Stellen 6 bis 8 bezeichnen die Gemeinde. 004 = Altenmoor

Gemeiner Wert
Der Begriff des gemeinen Werts wird im Bewertungsgesetz definiert (§ 9 BewG). Danach wird der gemeine Wert durch den Preis bestimmt, der im gewöhnlichen Geschäftsverkehr nach der Beschaffenheit eines Wirtschaftsgutes bei einer Veräußerung zu erzielen wäre. Dabei sind mit Ausnahme von ungewöhnlichen oder persönlichen Verhältnissen alle Umstände zu berücksichtigen, die den Preis beeinflussen. Diese Definition ent-

spricht im Ergebnis der Definition des Verkehrswertes nach § 194 BauGB. Der gemeine Wert wird u.a. für unbebaute Grundstücke ermittelt. Für bebaute Grundstücke gelten besondere Bewertungsverfahren, die zum „Einheitswert" führen.
Siehe / Siehe auch: Gewöhnlicher Geschäftsverkehr (Wertermittlung), Verkehrswert

Gemeinschaft

Die Gemeinschaft bzw. Gemeinschaft nach Bruchteilen ist ein Begriff aus dem Bürgerlichen Gesetzbuch (vgl. §§ 741 ff.). Die dort niedergelegten Vorschriften finden Anwendung in allen Fällen, in denen ein Recht mehreren Berechtigten gemeinsam zusteht. Auch eine Wohnungseigentümergemeinschaft ist eine Gemeinschaft in diesem Sinne. Für eine Wohnungseigentümergemeinschaft gelten jedoch zusätzlich die speziellen Regelungen. des WEG. Es gibt noch andere Gemeinschaften, auf die diese Vorschriften zutreffen – z.B. die Erbengemeinschaft. Auch wenn mehrere Personen z.b. gemeinsam ein Pferd für Rennen oder Eigennutzung erwerben, entsteht eine Gemeinschaft.
Eine der zentralen Regelungen (§ 744 BGB) lautet: Die Verwaltung des gemeinschaftlichen Gegenstandes steht allen gemeinschaftlich zu.
Siehe / Siehe auch: Gemeinschaftsordnung, Vermietergemeinschaft, Wohngemeinschaft

Gemeinschaftseigentum

Zum gemeinschaftlichen Eigentum zählen neben dem Grundstück (§ 1 Abs. 5 WEG) alle übrigen Teile, Anlagen und Einrichtungen des Gebäudes, die nicht im Sondereigentum oder im Eigentum eines Dritten stehen. Dabei handelt es sich um vor allem um Dach-, Boden- oder Kellerräume. Zum Gemeinschaftseigentum gehören ferner alle übrigen Gebäudeteile, die dem Bestand und der Sicherheit des Gebäudes dienen, sowie alle Anlagen und Einrichtungen, die dem gemeinschaftlichen Gebrauch aller Wohnungseigentümer dienen (§ 5 Abs. 2 WEG).
Zu ersteren zählen alle konstruktiven Gebäudebestandteile wie Dach, Außenwand, Fenster, Haus- und Wohnungstüren, tragende Wände, Decken und Böden, auch wenn sie sich im Bereich des Sondereigentums befinden. Zu letzteren gehören Treppenhaus, Aufzüge, Zentralheizungs- und Warmwasserversorgungsanlagen, zentrale Installations- und Ver- bzw. Entsorgungseinrichtungen.
Für die Instandhaltung und Instandsetzung des gemeinschaftlichen Eigentums sind alle Wohnungseigentümer gemeinschaftlich verpflichtet und haben gemäß § 16 Abs. 2 WEG die entsprechenden anteiligen Kosten nach Miteigentumsanteilen zu tragen, wenn nicht im konkreten Fall gemäß § 16 Abs. 4 WEG eine abweichende Kostenverteilung beschlossen wurde.
Siehe / Siehe auch: Sondereigentum, Kostenverteilung

Gemeinschaftsgeschäft

Gemeinschaftsgeschäfte bei Maklern gibt es in drei verschiedenen Ausgestaltungsformen. Die erste besteht darin, dass ein Auftraggeber zwei Maklern zusammen einen Auftrag erteilt, die sich dann im Falle eines Vertragsabschlusses unabhängig vom Einzelbeitrag jedes einzelnen zum Abschluss der Provision teilen (sog. „Hamburger Gemeinschaftsgeschäft"). Die zweite Art des Gemeinschaftsgeschäftes besteht darin, dass ein Makler von sich aus einen Untermakler einschaltet, der vor Ort die Bearbeitung übernimmt. Auch er partizipiert auf jeden Fall an den Provisionsansprüchen, die der Hauptmakler geltend macht. Die dritte Art des Gemeinschaftsgeschäftes, die in der Praxis weitaus überwiegt, besteht darin, dass der Makler des Objektauftraggebers mit dem Makler des Interessentenauftraggebers zusammenarbeitet und beide auf einen Abschluss hinwirken. Auch hier wird entweder die Gesamtprovision geteilt oder jeder der beiden Makler erhält von seinem jeweiligen Auftraggeber die Provision.
Für diese Art von Geschäften gibt es keine gesetzlichen Regelungen. Die Art der Provisionsteilung und andere Vorgaben findet man in den „Geschäftsgebräuchen für Gemeinschaftsgeschäfte" (GfG) der zwei großen Maklerverbände RDM und VDM, die seit 2005 zum Immobilienverband Deutschland (IVD) verschmolzen sind.

Gemeinschaftskonto (Wohnungseigentümergemeinschaft)

Der Verwalter von Wohnungseigentumsanlagen ist nach dem WEG verpflichtet, gemeinschaftliche Gelder getrennt von seinem Vermögen zu verwalten. Die Geldverwaltung erfolgt deshalb auf einem Gemeinschaftskonto, das auf den Namen der Wohnungseigentümergemeinschaft lautet. Lediglich aus postalischen Gründen werden in der Kontenbezeichnung der Name oder die Firma des Verwalters und seine Anschrift genannt. Das Gemeinschaftskonto ist ein „offenes Fremdgeldkonto" oder ein „offenes Treuhandkonto". Das Konto steht nur für den Geldverkehr der Wohnungseigentümergemeinschaft zur Verfügung.

Gemeinschaftsordnung

Das Wohnungseigentumsgesetz gestattet es den Wohnungseigentümern, ihr Verhältnis untereinander in der Weise rechtlich zu gestalten, dass sie vom Wohnungseigentumsgesetz abweichende Regelungen treffen, sofern nicht das Gesetz selbst etwas anderes bestimmt (§ 10 Abs. 2 Satz 2 WEG). Erforderlich ist hierzu eine Vereinbarung, also eine Regelung, die die Zustimmung aller im Grundbuch eingetragenen Wohnungseigentümer erforderlich macht. Damit diese Regelung auch im Falle des Eigentümerwechsels gegenüber dem neuen Eigentümer gilt, bedarf die Vereinbarung als so genannter Inhalt des Sondereigentums – im Gegensatz zum Gegenstand des Sondereigentums – der Eintragung in das Grundbuch (§ 10 Abs. 3 WEG; § 5 WEG). Unterbleibt die Eintragung, gilt die Vereinbarung als so genannte schuldrechtliche Vereinbarung zwar unter denjenigen, die sie getroffen haben, bei Eintritt eines neuen Eigentümers verliert sie jedoch ihre Wirkung nicht nur gegenüber dem neu in die Gemeinschaft eintretenden, sondern auch gegenüber den bisherigen Wohnungseigentümern.

Von der Möglichkeit, vom Gesetz abweichende Regelungen in der Form der Vereinbarung zu treffen, wird meist bereits bei der Begründung von Wohnungseigentum Gebrauch gemacht. Vom Gesetz abweichende Vereinbarungen sind jedoch nur zulässig bei den sogenannten abdingbaren gesetzlichen Bestimmungen. Bestimmt das Gesetz selbst, dass von der betreffenden Bestimmung nicht abgewichen werden kann, beispielsweise bei der Verwalterbestellung auf höchstens fünf Jahre bzw. 3 Jahre bei erstmaliger Bestellung nach Begründung des Wohnungseigentums (§ 26 Abs. 1 WEG), ist auch eine Vereinbarung unzulässig. So ist auch eine Zuordnung der Fenster zum Sondereigentum, wie sie vielfach in Teilungserklärungen bzw. Gemeinschaftsordnungen vorgenommen worden war, unwirksam (§ 5 WEG).

Die im Regelfall zunächst vom teilenden Eigentümer einseitig getroffenen Vereinbarungen werden in der Gemeinschaftsordnung festgelegt, die teilweise, allerdings fälschlich, auch als Miteigentumsordnung bezeichnet wird. Sie ist meist Bestandteil der Teilungserklärung, wobei die Teilungserklärung in engerem Sinne ausschließlich die rein sachenrechtlichen Regelungen enthält (Abgrenzung und Zuordnung von Sonder- / Gemeinschaftseigentum, Festlegung der Miteigentumsanteile). Regelungen in der Gemeinschaftsordnung, die die rechtlichen Beziehungen der Wohnungseigentümer untereinander zum Inhalt haben, stehen insoweit den Vereinbarungen gleich.

Änderungen der Gemeinschaftsordnung bedürfen stets einer erneuten Vereinbarung, ein Mehrheitsbeschluss ist als vereinbarungsändernder Mehrheitsbeschluss nichtig. Eine Ausnahme gilt nur für den Fall, dass die Vereinbarung einer „Öffnungsklausel" die Abänderbarkeit der Gemeinschaftsordnung durch mehrheitliche Beschlussfassung ausdrücklich regelt. Unter bestimmten Voraussetzungen – grobe Unbilligkeit der bestehenden Regelung – hat die herrschende Rechtsprechung darüber hinaus grundsätzlich auch einen gerichtlich durchsetzbaren Anspruch auf Änderung einer Vereinbarung anerkannt, insoweit also auch auf Änderung einer Gemeinschaftsordnung bzw. einzelner Regelungen, beispielsweise die Änderung eines nicht sachgerechten Verteilungsschlüssels. Nach den neuen Bestimmungen des Wohnungseigentumsgesetzes ist jedem Wohnungseigentümer ein gesetzlicher Anspruch eingeräumt, eine vom Gesetz abweichende Vereinbarung oder die Anpassung einer Vereinbarung zu verlangen, soweit ein Festhalten an der geltenden Regelung aus schwerwiegenden Gründen unter Berücksichtigung aller Umstände des Einzelfalles, insbesondere der Rechte und Interessen der anderen Wohnungseigentümer, unbillig erscheint (§ 10 Abs. 2 Satz 3 WEG).

Siehe / Siehe auch: Öffnungsklausel, Teilungserklärung, Vereinbarung (nach WEG), Verteilungsschlüssel (Wohnungseigentum)

GemO
Abkürzung für: Gemeinschaftsordnung

Genehmigungsfreies Bauen
Siehe / Siehe auch: Baugenehmigung

Genehmigungsplanung
Die Genehmigungsplanung ist die 4. Leistungsphase nach § 15 der HOAI (Honorarordnung für Architekten und Ingenieure). Sie wird mit 6% (Gebäude, Freianlagen), 2% (raumbildende Aus-

bauten) bewertet, bemessen am gesamten Honorar der Architekten und Ingenieure.In dieser Planungsphase geht es um die vom Bauherren beauftragte Auseinandersetzung über das Bauvorhaben mit dem Amt. Der Architekt übernimmt diese Aufgabe und erstellt die erforderlichen Unterlagen und Zeichnungen für den Bauantrag.
Siehe / Siehe auch: Bauantrag, Entwurfsplanung, HOAI, Leistungsphasen

Generalmietvertrag

Bei einem Generalmietvertrag vermietet der Eigentümer – teils auch der Bauträger – ein komplettes Objekt an einen Generalmieter. Dieser nutzt das Gebäude nicht selbst, sondern vermietet die einzelnen Wohnungen bzw. Gewerbeeinheiten des Gesamtobjektes wiederum an die Endmieter. Dies wird als Zwischenvermietung oder Weitervermietung bezeichnet. Generalmietverträge haben auch Bedeutung für Immobilienfonds.

Der Fonds tritt dabei als Käufer des Objekts auf, hat nur einen Mieter als Vertragspartner und kann mit Vollvermietung und gesicherten Mieteinkünften werben. Risiken für die Anleger können dahingehend bestehen, dass der Zwischenmieter eben doch keine Vollvermietung erzielt oder dass aus anderen Gründen Umsatzeinbußen auftauchen, so dass das gesamte Projekt schließlich unrentabel wird. Mietminderungen des Hauptmieters gegen den Eigentümer sind bei entsprechender Vertragslage nicht ausgeschlossen. Wie bei einer Mietgarantie sollten Anleger auch beim Generalmietvertrag die Höhe der Generalmiete mit der Marktmiete vergleichen. Generalmietverträge werden auch von unseriösen Anbietern genutzt – um den Eindruck höherer Erträge zu erwecken, als in Wahrheit vorhanden. Das Objekt und gegebenenfalls auch die Fondsanteile können damit zu einem überhöhten Preis veräußert werden.
Siehe / Siehe auch: Gewerbliche Weitervermietung

Generalübernehmer

Im Baugeschäft ist Generalübernehmer, wer die Vorbereitung und Durchführung eines Bauvorhabens ganz (oder teilweise) in eigenem Namen und auf eigene Rechnung, aber auf dem Grundstück des Bauherrn organisiert.Er selbst erbringt keine Bauleistungen, sondern schaltet hierfür ausschließlich Subunternehmer ein. Erbringt der Generalübernehmer aber Planungsleistungen, spricht man auch von einem Totalübernehmer.
Siehe / Siehe auch: Generalunternehmer, Garantierter Maximalpreisvertrag (GMP)

Generalunternehmer

Ein Generalunternehmer ist in der Regel ein Bauunternehmen, das gegenüber dem Bauherrn als einziger Vertragspartner bei der Durchführung eines Bauvorhabens auftritt. Für vom ihm nicht selbst erbrachten Bauleistungen schaltet er auf eigene Rechnung Subunternehmer ein. Dabei übernimmt er durch Vereinbarung eines Festpreises einen nicht unerheblichen Teil des Bauherrenrisikos.
Siehe / Siehe auch: Generalübernehmer, Garantierter Maximalpreisvertrag (GMP)

GenG

Abkürzung für: Genossenschaftsgesetz

Genossenschaft

Siehe / Siehe auch: Wohnungsgenossenschaft

Genossenschaftsförderung

Diese war ein Bestandteil der staatlichen Förderung selbstgenutzten Wohneigentums, allgemein auch als Eigenheim- und Kinderzulage bekannt. Da sich der Staat mit Stichtag 1. Januar 2006 aus der Förderung selbstgenutzten Wohneigentums völlig zurückgezogen hat, entfällt auch die Genossenschaftsförderung. Und zwar, wenn der Steuerzahler nach Silvester 2005 einer begünstigten Wohnungsbaugenossenschaft beigetreten ist. Für alle Altfälle gilt:
Die Genossenschaftsförderung läuft so lange weiter, bis der achtjährige Förderzeitraum beendet ist. Im Einzelnen bedeutet dies: Seit 1. Januar 2004 erhalten „Genossen" drei Prozent jährliche Zulage auf maximal 40.000 Euro Genossenschaftsanteil (= 1.200 Euro). Und das über acht Jahre, so dass sich die Höchstförderung auf 9.600 Euro beläuft. Zudem besteht Anspruch auf 250 Euro Kinderzulage jährlich, so dass sich je Sprössling eine Finanzspritze von insgesamt 2.000 Euro ergibt. Die Zulage wurde bei einem Beitritt zur Genossenschaft nach dem 31.12.2003 nur gewährt, sofern der Anspruchsberechtigte spätestens im letzten Förderjahr, also dem achten Jahr nach Beginn, mit der Nutzung der Genossenschaftswohnung zu eigenen Wohnzwecken begonnen hat.

GenRegVO
Abkürzung für: Genossenschaftsregisterverordnung

Gentrifizierung
Von engl. „Gentrification", abgeleitet von „gentry" (= Oberschicht, Adel). Mit dem Begriff ist der Vorgang der sozialen Aufwertung von weniger angesehenen Wohngebieten gemeint. Die Sanierung, Modernisierung und Umwandlung von Miet- in Eigentumswohnungen führen zur Verdrängung der weniger betuchten und Ansiedlung einer finanziell besser gestellten Bevölkerungsgruppe.
Siehe / Siehe auch: Umwandlung

Geographisches Informationssystem (GIS)
Unter einem geographischen Informationssystem („Geoinformationssystem") versteht man ein rechnergestütztes System, mit dem vermessungstechnische Daten der Erdoberfläche digital erfasst und bearbeitet werden können. Es handelt sich um die Grundlage für unterschiedliche Verwendungsmöglichkeiten z.B. Herstellung von Landkarten, Orts- und Stadtplänen, Verkehrsplänen, Liegenschaftskarten, Flächennutzungsplänen. Je nach Verwendungszweck gibt es unterschiedlichen Spezialanwendungen für geologische, hydrologische, umweltschutzbezogene, archäologische Zwecke. Erzeugt werden können zwei und dreidimensional erscheinende Flächenabbildungen.
Für die Lagedarstellung von Immobilien können Lagepläne nach unterschiedlichen Gesichtspunkten generiert werden, z.B. Objektlagepläne auch als Luftbild sowie Anfahrt- und Wegebeschreibungen, Darstellungen standortrelevanter Entfernungen und dergleichen. Gutachterausschüsse können Bodenrichtwerte auf Bodenrichtwertkarten farblich darstellen, ebenso Preisniveaus mit Hilfe von Raumindices z.B. des RDM-Preisspiegels.

Geordnete / ungeordnete Vermögensverhältnisse
Für eine Vielzahl von Berufen und Gewerbetreibenden sind geordnete Vermögensverhältnis Zulassungs- bzw. Erlaubnisvoraussetzung. Definiert wird, wer in ungeordneten Vermögensverhältnissen lebt. Wer nicht von dem dabei geltenden Merkmalsraster erfasst wird, lebt in geordneten Vermögensverhältnissen. Ein Vermögensnachweis ist also nicht erforderlich.

In ungeordneten Vermögensverhältnissen lebt, über wessen Vermögen das Insolvenzverfahren eröffnet oder die Eröffnung des Verfahrens mangels Masse abgewiesen wurde. Gleiches gilt für Personen, die in das beim Vollstreckungsgericht geführte Schuldnerverzeichnis eingetragen sind. Wer zu dem Termin zur Abgabe der eidesstattlichen Versicherung nicht erscheint, gegen den ergeht Haftbefehl. Das genügt bereits zum Eintrag in das Schuldnerverzeichnis. Die Höchstdauer einer angeordneten Haft beträgt 6 Monate. Die Rechtsgrundlage über die eidesstattliche Versicherung und die Haft finden sich in §§ 899-915h ZPO.
Siehe / Siehe auch: Gewerbeerlaubnis, Insolvenz

Gerichtskasse
Nach der Justizbeitreibungsordnung werden dem Bund und den Ländern zustehende Kosten wie Gerichtskosten, Gerichtsvollzieherkosten, Justizverwaltungsabgaben, Patentamtskosten usw. durch Vollstreckungsbehörden beigetrieben. Bei diesen handelt es sich um die Beitreibungsstellen der obersten Bundesgerichte, die gesetzlich besonders genannten Behörden und im Übrigen die Gerichtskassen, an deren Stelle aber auch andere Behörden bestimmen können, z.B. Amts-, Staats-, Landeskassen.

Gerichtskosten
Bei einem Prozess fallen Gerichtskosten an, deren Höhe sich nach dem GKG (Gerichtskostengesetz) richtet. Die Beträge sind vom Streitwert abhängig und deutlich geringer als die nach der BRAGO bzw. dem RVG zu berechnenden Rechtsanwaltsgebühren. § 34 GKG regelt in einer Tabelle die Höhe einer „vollen Gebühr".
Bei einem Streitwert bis 300 Euro beträgt diese 25 Euro. Sie erhöht sich z.B. bei einem Streitwert bis 1.500 Euro für jeden angefangenen Betrag von weiteren 300 Euro um 10 Euro. In Anlage 1 des Gesetzes finden sich weitere Tabellen für die verschiedenen vom Gericht erbrachten Dienstleistungen. So kostet ein Verfahren über den Antrag auf Erlass eines Mahnbescheids eine halbe Gebühr, ein allgemeines Prozessverfahren erster Instanz drei volle Gebühren.
Siehe / Siehe auch: ZSEG, BRAGO

Gerichtsstand
Der Gerichtsstand bezieht sich auf die örtliche Zuständigkeit eines Gerichts für Rechtsstreitigkeiten.

Er wird normalerweise durch den Wohnsitz/Geschäftssitz bestimmt. Vom Gesetz abweichende Gerichtsstandsregelungen sind unter Kaufleuten möglich. Im Geschäftsverkehr mit Geschäftspartnern in der Europäischen Union gilt allgemein als Gerichtsstand der Sitz des Schuldners. Wird von einem ausländischen Unternehmen oder Bürger der Europäischen Union eine Forderung gegen ein Unternehmen oder gegen einen Bürger aus einem anderen EU-Mitgliedsstaat gerichtlich geltend gemacht, orientiert sich also der Gerichtsstand am der Wohnsitz der Partei, die verklagt werden soll. Gibt es einen Erfüllungsanspruch aus einem Vertrag, ist der Gerichtsstand des Erfüllungsortes zuständig, der ja nicht identisch mit dem Wohnsitz sein muss. Besondere europäische Vorschriften gibt es noch zum Unterhaltsgerichtstand, zum Deliktsgerichtstand, Gerichtsstand von Niederlassungen und dergleichen.

German Council of Shopping Centers e.V. (GCSC)
Der GCSC ist der deutsche Interessenverband von Unternehmen aus den Bereichen Handelsimmobilien, Handel, Entertainment, der Kreditwirtschaft, dem Marketing, insbesondere dem Management von Einkaufscentern, Galerien, Passagen, Fachmarktzentren Bahnhöfen und dergl. Auch Spezialisten aus der Einrichtungs- und Design-Branche, der auf Handelsimmobilien spezialisierten Makler und Werbeagenturen gehören zu den Mitgliedern. Der GCSC veranstaltet einmal im Jahr einen Handelskongress. In Deutschland gehören rund 500 Mitglieder dem GCSC an. Der europäische Dachverband mit ca. 2000 Mitgliedern hat seinen Sitz in London. Der International Council of Shopping Centers (ICSC) mit Sitz in New York zählt 38.000 Mitglieder.

Gesamtbaufinanzierung
Gesamtbaufinanzierung wird auch als Finanzierung aus einer Hand bezeichnet. Hierbei muss der Bauherr für verschiedene Finanzierungsbausteine (Bausparvertrag, Bankhypothek usw.) nur noch mit einem Institut verhandeln. Kosten für die Eintragung ins Grundbuch, Schätzkosten usw. fallen damit nur einmal an.In ihr Gesamtbaufinanzierungsangebot beziehen Geschäftsbanken neben eigene, oft kurzfristige Finanzierungsmittel, langfristige Realkredite über Töchter (Realkreditinstitute), Bauspardarlehen über verbundene Bauspar-kassen und / oder Lebensversicherungs-Darlehen von kooperierenden Versicherungsunternehmen mit ein. Die Gesamtbaufinanzierung ist zwar komfortabler, aber meistens auch teurer, als die vom Bauherrn selbst zusammengestellte Finanzierung.

Gesamteinkommen (Wohngeld)
Das Gesamteinkommen ist ein Begriff aus dem Wohngeldgesetz. Seine Berechnung dient der Feststellung, ob Anspruch auf Wohngeld besteht. Es wird ermittelt als Summe der Jahreseinkommen der zum Haushalt gehörenden Familienmitglieder abzüglich der Frei- und Abzugsbeträge nach dem Wohngeldgesetz (WoGG). Als monatliches Gesamteinkommen bezeichnet das Gesetz 1/12 des Gesamteinkommens.
Siehe / Siehe auch: Jahreseinkommen (Wohngeld), Wohngeld

Gesamthandsgemeinschaft
Im Gegensatz zur Bruchteilsgemeinschaft kann bei der Gesamthandsgemeinschaft kein Miteigentümer über seinen Anteil verfügen. Jedem Miteigentümer gehört das Ganze, ist aber beschränkt durch die Miteigentumsrechte der jeweils anderen. Zu den Gesamthandsgemeinschaften zählen die Erbengemeinschaften, die Personengesellschaften (oHG, BGB-Gesellschaft) aber auch die ehelichen Gütergemeinschaften. Befinden sich Grundstücke im Eigentum einer Erbengemeinschaft, kann jeder Miterbe jederzeit einen Antrag auf Teilungsversteigerung stellen. Bei einer Personengesellschaft ist Voraussetzung dafür die Beendigung des Gesellschaftsverhältnisses. Dies gilt auch für eine Bruchteilsgemeinschaft. Allerdings gibt es hier noch den Ausweg, dass jeder Miteigentümer seinen Anteil, der ja in einem Bruchteil ausgewiesen ist, auch veräußern kann. Der Erwerber tritt dann in die Bruchteilsgemeinschaft ein.Erbengemeinschaften ist wegen dieser größeren Flexibilität zu raten, ihre Gesamthandsgemeinschaft in eine Bruchteilsgemeinschaft umzuwandeln.
Siehe / Siehe auch: Bruchteilseigentum

Gesamtkosten (eines Bauwerks)
Zur systematischen Ermittlung der Gesamtkosten eines Bauwerkes gibt es zwei Regelwerke, nämlich die DIN 276 und die II. BV. Letztere war früher ein verpflichtendes Kalkulationsraster für Baumaßnahmen im Rahmen des mit öffentlichen Mitteln geförderten Wohnungsbaues. Seit Aufhe-

bung der II. BV durch das Wohnraumförderungsgesetz handelt es sich um ein Regelwerk, das ähnlich wie die DIN 276 der Verständigung dient.

DIN 276

Die DIN 276 gilt für die Ermittlung und die Gliederung von Kosten im Hochbau und erfasst alle Kosten zur Herstellung, zum Umbau und zur Modernisierung der Bauwerke und die damit zusammenhängenden Aufwendungen (Investitionskosten). Die Kostenermittlung erfolgt auf den vier Stufen Kostenschätzung, Kostenberechnung, Kostenanschlag und Kostenfeststellung. Die letzte Fassung stammt aus 1993 (DIN 276 – 1993 – 06). Die Norm definiert Begriffe und legt Unterscheidungsmerkmale zum Zweck des Vergleichs von Kostenangeboten fest. Voraussetzung für die Kostenermittlung ist die Bauplanung. Die Rubrizierung erfolgt einem Ordnungszahlensystem.

Dabei werden die Kosten in folgende Obergruppen eingeteilt:
- 100 Grundstück
- 200 Herrichten und Erschließen
- 300 Bauwerk - Baukonstruktionen
- 400 Bauwerk - Technische Anlagen
- 500 Außenanlagen
- 600 Ausstattung und Kunstwerke
- 700 Baunebenkosten

Die Untergruppierung erfolgt auf zwei Ebenen, auf der ersten Ebene, z.B. bei der Obergruppe 100 nach:
- 110 Grundstückswert
- 120 Grundstücksnebenkosten
- 130 Freimachen

und beispielsweise bei Grundstücksnebenkosten auf der Ebene der zweiten Untergruppe nach:
- 121 Vermessungsgebühren
- 122 Gerichtsgebühren
- 123 Notariatsgebühren
- 124 Maklerprovisionen
- 125 Grunderwerbssteuer
- 126 Wertermittlungen, Untersuchungen
- 127 Genehmigungsgebühren
- 128 Bodenordnung, Grenzregulierung
- 129 Grundstücksnebenkosten, sonstiges

II. BV

Die Gesamtkosten eines Gebäudes nach der II. BV gliedern sich in Kosten des Baugrundstücks und Baukosten. Zu den Kosten des Baugrundstücks zählen im Wesentlichen der Verkehrswert des Grundstücks oder ein darunter liegender Kaufpreis, Erwerbs-(neben-)kosten, Erschließungskosten und Kosten der Bodenordnung (Umlegung, Grenzregelung). Die Baukosten gliedern sich in Kosten der Gebäude und Außenanlagen, Baunebenkosten und Kosten besonderer Betriebseinrichtungen, des Gerätes und sonstiger Wirtschaftsausstattungen.

Siehe / Siehe auch: Baunebenkosten, Besondere Betriebseinrichtungen

Gesamtnutzungsdauer von Gebäuden (Wertermittlung)

Bauinvestitionen basieren gegenüber Ausrüstungsinvestitionen auf einem langen Zeithorizont. Die Einschätzung der wirtschaftlichen Gesamtnutzungsdauer hat sich indes gegenüber früheren Einschätzungen deutlich verringert. Eine Beurteilung der Gesamtnutzungsdauer eines Immobilienobjektes wird im Zusammenhang mit seiner Bewertung im Sachwertverfahren benötigt. Sie hängt einerseits ab von der technischen Nutzungsdauer. Andererseits kommt es auch auf die wirtschaftliche Nutzungsdauer an, die oft zu einem geringeren Ansatz der Gesamtnutzungsdauer führt. Bei der Ermittlung der Gesamtnutzungsdauer wird ein unveränderter Gebäudezustand unterstellt, also ein durch laufende Instandhaltungsmaßnahmen konstanter Zustand. Werden Modernisierungsmaßnahmen an dem Gebäude durchgeführt, die zu einer Anpassung des Objektes an einen neuzeitlichen Nutzungsstandard führt, wird dem dadurch Rechnung getragen, dass ein vorgezogenes fiktives Baujahr angenommen wird, das dem geänderten Zustand entspricht. Die Gesamtnutzungsdauer minus (fiktives) Alter zum Zeitpunkt der Wertermittlung führt zur Restnutzungsdauer, die beim Ertragswertverfahren für den zu wählenden Vervielfältiger in Verbindung mit dem Liegenschaftszinssatz eine maßgebliche Größe ist.

Während laufend durchgeführte Instandhaltungsmaßnahmen die Restnutzugsdauer nicht beeinflussen, führen Modernisierungsmaßnahmen jeweils zu einer neu zu definierenden Restnutzungsdauer. Das Alter des Gebäudes ist bei der Ermittlung von Sachwerten im Kontext zur Gesamtnutzungsdauer der Ausgangspunkt für Ermittlung der Alterswertminderung. Betrachtet man die durchschnittliche Gesamtnutzungsdauer unter den dargestellten Aspekten, werden heute für Wohnhäuser – je nach Qualitätsstandard zwischen 50 bis max. 100 Jahren angenommen, für Verwaltungs- und Bürogebäude 50 bis 80 Jahre, für Gewerbe- und Industriegebäude 40 bis 60 Jahre für Baumärkte und Einkaufszentren 30 bis 40 Jahre und für Logistikimmobilien 20 bis 30 Jahre. Die Entwicklung der Gesamtnutzungsdauern von Gebäuden muss immer betrachtet werden vor dem Hintergrund der jeweiligen regionalen Entwicklung. In Schrumpfungsgebieten werden sich die durchschnittlichen Gesamtnutzungsdauern tendenziell wohl noch weiter verringern.

Siehe / Siehe auch: Liegenschaftszinssatz, Alterswertminderung

Gesamtrechtsnachfolge

Als Gesamtrechtsnachfolge wird der Übergang eines Vermögens mit allen Rechten und Pflichten auf den Gesamtnachfolger bezeichnet. Gesamtrechtsnachfolger sind beispielsweise die Erben. Sie werden Eigentümer des Vermögens des Erblassers. Gehört zum Vermögen auch ein Grundstück, muss das unrichtig gewordene Grundstück berichtigt werden. Der Gesamtrechtsnachfolger kann die steuerliche Abschreibung des Rechtsvorgängers fortführen. Wird eine Kapitalgesellschaft z.b. eine GmbH in eine andere Kapitalgesellschaft z.b. AG umgewandelt, findet auch hier eine Gesamtrechtsnachfolge statt.

Gesamtschuldnerische Haftung (Wohnungseigentümer)

Da die Wohnungseigentümergemeinschaft kein selbständiges Rechtssubjekt ist, also weder als natürliche noch als juristische Person handeln kann, galt nach bisheriger Rechtsauffassung für Wohnungseigentümer der Grundsatz der gesamtschuldnerischen Haftung. Das bedeutete, dass die Wohnungseigentümer gegenüber Dritten, die für die Gemeinschaft Lieferungen oder Leistungen erbrachten, als Gesamtschuldner hafteten. Jeder einzelne Wohnungseigentümer konnte von einem Gläubiger in voller Höhe der erbrachten Leistung in Anspruch genommen werden, hatte allerdings im Verhältnis gegenüber den übrigen Wohnungseigentümern einen Anspruch auf anteilige Erstattung. Mit dieser Rechtsauffassung hatte der BGH in einer Grundsatzentscheidung gebrochen (BGH, Beschluss vom 2.6.2005, V ZB 32/05). Nach dieser Rechtsprechung und der jetzt geltenden neuen Gesetzgebung ist die Wohnungseigentümergemeinschaft rechtsfähig, soweit sie bei der Verwaltung des gemeinschaftlichen Eigentums am Rechtsverkehr teilnimmt (§ 10 Abs. 6 WEG). Das bedeutet, dass der einzelne Wohnungseigentümer aus Verträgen, die die Gemeinschaft – in der Regel durch den Verwalter – mit Dritten abschließt, nicht mehr gesamtschuldnerisch in Anspruch genommen werden kann. Es haftet grundsätzlich die teilrechtsfähige Gemeinschaft mit ihrem Verwaltungsvermögen (§ 10 Abs. 7 WEG). Ein Heizöllieferant kann also die Bezahlung seiner Rechnung nicht mehr – wie früher – von einem einzelnen Wohnungseigentümer verlangen, wenn die Gemeinschaftskasse leer ist. Den Zahlungsanspruch kann er, wegen der jetzt gesetzlich geregelten Teilrechtsfähigkeit, nur gegen die Wohnungseigentümergemeinschaft, nicht mehr gegen den einzelnen Wohnungseigentümer geltend machen. Eine Ausnahme gilt nur für den Fall, dass sich die einzelnen Wohnungseigentümer klar und eindeutig persönlich zur Zahlung verpflichtet haben. Allerdings hat der Gläubiger, so auch der Heizölhändler, bei Illiquidität der Gemeinschaft einen Pfändungsanspruch in das Verwaltungsvermögen der Wohnungseigentümer. Verfügt also die Gemeinschaft beispielsweise über eine entsprechende Instandhaltungsrückstellung, kann der Heizöllieferant im Wege der Pfändung seine Ansprüche aus den Mitteln der Instandhaltungsrückstellung befriedigen.

Siehe / Siehe auch: Rechtsfähigkeit (Wohnungseigentümergemeinschaft), Haftung (Wohnungseigentümer)

Geschäftsordnung (Wohnungseigentümergemeinschaft)

In Wohnungseigentümergemeinschaften ist es den Eigentümern überlassen, ob sie sich eine generelle Geschäftsordnung geben, um ordnungsmäßige Handlungs- und Verfahrensabläufe bei der gemeinschaftlichen Verwaltung und in Wohnungseigentümerversammlung zu gewährleisten. Eine solche Geschäftsordnung kann bereits in der Gemeinschaftsordnung vereinbart oder später mit Mehrheit beschlossen werden. Dabei geht es hauptsächlich um Regelungen über einen verfahrensmäßig geordneten Ablauf der Wohnungseigentümerversammlungen. Die Änderung bedarf wie die Aufstellung einer vereinbarten oder mehrheitlich beschlossenen allgemeinen Geschäftsordnung gemäß § 23 Abs. 2 WEG der vorherigen Ankündigung in der Teilungserklärung. Nicht angekündigte Änderungsbeschlüsse sind anfechtbar, weil die Ankündigung von Beschlüssen gemäß § 23 Abs. 2 WEG Voraussetzung ist zu deren Gültigkeit. Gemäß § 23 Abs. 4 WEG würde im Falle der Anfechtung die Ungültigerklärung erfolgen.

Existiert keine allgemeine Geschäftsordnung, können in der Wohnungseigentümerversammlung von jedem Wohnungseigentümer jederzeit Anträge zur Geschäftsordnung gestellt werden, ohne dass diese spontanen Anträge der vorherigen Ankündigung in der Tagesordnung bedürfen. Dies ergibt sich allerdings allein bereits aus der Tatsache, dass sie sich meist erst aus dem Verlauf der Versammlung ergeben und insofern auch nicht vorhersehbar sind. Diese Spontan-Anträge erstrecken sich allerdings ausschließlich auf die Regelung konkreter Verfahrensabläufe in bzw. während der Versammlung. Der Versammlungsleiter muss über sämtliche gestellten Geschäftsordnungsanträge abstimmen lassen. Im Übrigen kann er jederzeit die Wohnungseigentümerversammlung über Geschäftsordnungsmaßnahmen entscheiden lassen. Geschäftsordnungsanträge gehen grundsätzlich den nach der Tagesordnung vorgesehenen Sachanträgen vor, sind also unabhängig und losgelöst von der jeweiligen Tagesordnung zu behandeln. Die Rechtswirkung von Beschlüssen über konkrete Geschäftsordnungsanträge in einer Versammlung entfällt ausnahmslos mit Ablauf der jeweiligen Versammlung. Das bedeutet, dass auch fehlerhafte Geschäftsordnungsbeschlüsse oder Verstöße gegen eine beschlossene Geschäftsordnung nicht der Anfechtbarkeit unterliegen.

Etwas anderes gilt nur für den Fall, dass im Rahmen eines allgemeinen Geschäftsordnungsantrages eine Regelung getroffen werden soll, die generell für alle folgenden Versammlungen gelten soll. Beschlüsse über eine solche Geschäftsordnung mit zukunftswirkenden Regelungen sind grundsätzlich entsprechend § 23 Abs. 4 WEG anfechtbar. Die Nichtanfechtbarkeit von konkreten Geschäftsordnungsbeschlüssen hindert aber nicht die Anfechtung von Beschlüssen, die infolge fehlerhafter Geschäftsordnungsbeschlüsse nicht rechtmäßig zustande gekommen sind. Dass bedeutet, dass ein Wohnungseigentümer, der einen Geschäftsordnungsbeschluss für rechtswidrig hält, zwar nicht diesen rechtsbeeinträchtigenden Beschluss anfechten kann, wohl aber den Beschluss, der dem Geschäftsordnungsbeschluss als Sachbeschluss folgt. Voraussetzung zur Ungültigerklärung dieser „Folge-Beschlüsse" ist allerdings die Kausalitätsvermutung. Das ist dann der Fall, wenn der fehlerhafte Geschäftsordnungsbeschluss im Ergebnis für die nachfolgenden Beschlüsse ursächlich geworden ist und sich insoweit materiell ausgewirkt hat.

Siehe / Siehe auch: Beschlussanfechtung (Wohnungseigentum), Rederecht (Wohnungseigentümerversammlung), Redezeit (Wohnungseigentümerversammlung)

Geschäftsveräußerung im Ganzen (Gewerbeimmobilie)

Eine Geschäftsveräußerung im Ganzen liegt nach § 1 Abs. 1a UStG vor, wenn ein Unternehmen oder ein im Unternehmen gesondert geführter Betrieb im Ganzen entgeltlich oder unentgeltlich übereignet oder in eine Gesellschaft eingebracht wird. Der erwerbende Unternehmer tritt dann an die Stelle des Veräußerers. Dies ist z.B. der Fall, wenn eine verpachtete oder gewerblich vermietete Immobilie veräußert wird und der Erwerber in die bestehenden Verträge eintritt. Solche Geschäfte unterliegen nicht der Umsatzsteuer. Vorsicht: Unter Umständen haftet der Erwerber des Objektes auch für alle umsatzsteuerlichen Forderungen aus der Vergangenheit.

Geschäftsräume

Beim Mietverhältnis über Geschäftsräume kommt der Gewerbemietvertrag zur Anwendung. Die gesetzlichen Bestimmungen über Mietverträge können in diesem Bereich weitgehend vertraglich ausgeschlossen werden, so dass im Ergebnis kein Mieterschutz existiert. Besonders wichtig sind die genaue Vereinbarung des Geschäftszweckes und der Abgleich mit dem Vertrag. So müssen die Geschäftsräume für den angestrebten Zweck geeignet sein. Der Vermieter haftet für diese Eignung, kann seine Haftung jedoch vertraglich ausschließen. Je nach Vertrag kann eine Veränderung der Geschäftstätigkeit des Mieters / ein Wechsel der Nutzungsart unzulässig sein. Der Vertragsinhalt ist genau zu prüfen. Formularverträge sind nur von geringem Nutzen, da es keinen Standardmietvertrag gibt, der auf alle unterschiedlichen gewerblichen Nutzungsverhältnisse abgestimmt wäre. Gewerbemietverhältnisse werden oft von darauf spezialisierten Maklern vermittelt.

Siehe / Siehe auch: Gewerbemietvertrag, Gewerbemietvertrag, Betriebskosten, Gewerbemietvertrag, Kündigung

Geschoss
Siehe / Siehe auch: Vollgeschoss

Geschossflächenzahl (GFZ) - Geschossfläche (GF)
Die Geschossflächenzahl ist eine von mehreren Festsetzungen zur Bestimmung des Maßes der baulichen Nutzung im Rahmen eines Bebauungsplanes. Sie stellt ein Verhältnis zwischen der Summe der Geschossflächen eines Gebäudes und der Größe des Baugrundstücks her. Beträgt sie etwa 1,2, dann bedeutet dies, dass auf einem 1.000 Quadratmeter großen Grundstück 1.200 Quadratmeter Geschossfläche (GF) errichtet werden können. Die Geschossfläche berechnet sich nach den Außenmaßen der Geschosse.
Die GFZ streut je nach Baugebietsart zwischen 0,4 (Kleinsiedlungsgebiet) und 3,0 (Kerngebiet). Als Planzeichen im Bebauungsplan wird die GFZ als zulässiges Höchstmaß wie folgt dargestellt:

Andere Darstellungsform:

GFZ 1,2

Alternativ zur GFZ kann auch die GF = Geschossfläche in einer absoluten Zahl (z.B. 1.200) festgesetzt werden. Geschossflächenzahlen können auch im Flächennutzungsplan Eingang finden.

Gesellschaft für Immobilienwirtschaftliche Forschung e.V. (gif)
Bei der 1993 gegründeten Gesellschaft für Immobilienwirtschaftliche Forschung e.V. (gif) handelt es sich um einen Zusammenschluss von Praktikern und Theoretikern der Immobilienwirtschaft. Ziel der Gesellschaft ist der Aufbau eines Netzwerkes von Marktteilnehmern und das Angebot eines Informations- und Diskussionsforums. Lehre und Forschung auf dem Gebiet der Immobilienökonomie sollen unterstützt werden. Die rund 600 Mitglieder befassen sich im Rahmen von Arbeitskreisen mit verschiedenen immobilienwirtschaftlichen Problemstellungen (z.B. Flächendefinitionen, Marktwertanalysen und -ermittlungen, Risikomanagement, Flächenrecycling usw. Dort ausgearbeitete Richtlinien und Empfehlungen können von der Geschäftsstelle der gif bezogen werden. Satzung und Unterlagen zum Erwerb der Mitgliedschaft können unter www.gif-ev.de herunter geladen werden.

Gesetz gegen den unlauteren Wettbewerb
Siehe / Siehe auch: Wettbewerbsrecht

Gesetz über Kapitalanlagegesellschaften
Das 1957 in Kraft getretene Gesetz über Kapitalanlagegesellschaften (KAGG) enthielt organisations-, aufsichts-, vertriebs- und steuerrechtliche Regelungen bezüglich der deutschen Investmentgesellschaften. Es bildete damit eine wesentliche Rechtsgrundlage für die Aktivitäten aller Publikums- und Spezialfonds in Deutschland und betraf sowohl Wertpapier- als auch Grundstückssondervermögen. Vorrangiges Anliegen des Gesetzes war der Schutz der Fondsanleger. So wurden die Fondsgesellschaften zur Einhaltung bestimmter Anlagegrundsätze – beispielsweise der Risikostreuung – verpflichtet. Das KAGG war zuletzt durch das vierte Finanzmarktförderungsgesetz geändert worden und galt bis zum 31. Dezember 2003. Mit dem Inkrafttreten des Investmentmodernisierungsgesetzes am 1. Januar 2004 wurde das KAGG durch die Vorschriften des Investmentgesetzes und des Investmentsteuergesetzes ersetzt.

Gesetzesändernder / vereinbarungsändernder Mehrheitsbeschluss
Gesetzes- bzw. vereinbarungsändernde Mehrheitsbeschlüsse beinhalten Regelungen, durch die von den abdingbaren gesetzlichen Bestimmungen bzw. von Vereinbarungen oder ihnen gleichstehenden Regelungen der Teilungserklärung oder der Gemeinschaftsordnung abgewichen wird bzw. durch die diese Regelungen geändert oder aufgehoben werden (BGH, Beschl. v. 20.9.2000, V ZB 58/99).
Diese gesetzes- oder vereinbarungsändernden Mehrheitsbeschlüsse sind wegen fehlender Beschlusskompetenz der Wohnungseigentümer nichtig. Wenn also das Wohnungseigentumsgesetz den Eigentümern nicht ausdrücklich das Recht zur Beschlussfassung in den zu entscheidenden Angelegenheiten einräumt, sind sie auch nicht berechtigt, entsprechende Beschlüsse zu fassen. So reicht beispielsweise ein Mehrheitsbeschluss

nicht aus, um das nach § 25 Abs. 2 WEG geregelte Kopfstimmrecht in ein Stimmrecht nach dem Objektprinzip – jede Sondereigentumseinheit gewährt ein Stimmrecht – durch Mehrheitsbeschluss zu ändern. Erforderlich für eine solche Regelung ist vielmehr eine Vereinbarung, also die Zustimmung aller Eigentümer und die Eintragung dieser Vereinbarung in das Grundbuch. Ist eine solche Vereinbarung getroffen, darf auch diese Regelung wiederum nur durch eine neue Vereinbarung geändert werden. Beschließt die Wohnungseigentümergemeinschaft dennoch eine Änderung des Stimmrechts nur durch mehrheitliche Beschlussfassung, ist dieser Beschluss wegen fehlender Beschlusskompetenz (Beschlussunzeständigkeit) nichtig. Es bedarf keiner Anfechtung, weil nur Beschlüsse anfechtbar sind und bei Nichtigkeit Beschlüsse nicht existent sind.

Eine Ausnahme gilt allerdings für die Fälle, in denen die Teilungserklärung oder die Gemeinschaftsordnung eine Bestimmung enthält, die es den Wohnungseigentümern ausdrücklich gestattet, von bestimmten gesetzlichen Bestimmungen oder entsprechend abweichend getroffenen Vereinbarung durch Mehrheitsbeschluss abzuweichen. Man spricht in diesen Fällen von sogenannten Öffnungsklauseln. Nachträglich können solche Öffnungsklauseln wiederum nur durch Vereinbarungen im Sinne von § 10 Abs. 2 Satz 2 WEG, also nur mit Zustimmung aller Eigentümer und Eintragung in das Grundbuch, eingeführt werden.

Siehe / Siehe auch: Abdingbarkeit (Wohnungseigentum), Beschluss, Beschlusskompetenz (Wohnungseigentümer), Gesetzeswidriger / vereinbarungswidriger Mehrheitsbeschluss, Mehrheitsbeschluss, Öffnungsklausel, Vereinbarung (nach WEG), Gesetzesersetzender / vereinbarungsersetzender Mehrheitsbeschluss

Gesetzesersetzender / vereinbarungsersetzender Mehrheitsbeschluss

Bei einem vereinbarungsersetzenden Mehrheitsbeschluss handelt es sich um einen Beschluss in Angelegenheiten, die
- den Rahmen des ordnungsmäßigen Gebrauchs im Sinne des § 15 Abs. 2 WEG
- der ordnungsmäßigen Verwaltung im Sinne des § 21 Abs. 3 WEG oder
- der ordnungsmäßigen Instandhaltung und Instandsetzung im Sinne des § 22 Abs. 1 WEG

überschreiten und zu deren Regelung deshalb eine Vereinbarung oder ein einstimmiger Beschluss erforderlich ist.

In diesem Fall ersetzt aber ein unangefochtener (Nur-)Mehrheitsbeschluss die an sich erforderliche Vereinbarung oder den einstimmigen Beschluss (BGH, Beschl. vom 20.9.2000, V ZB 58/99).

Die Rechtswirksamkeit dieser vereinbarungsersetzenden Mehrheitsbeschlüsse ergibt sich daraus, dass es sich bei den genannten Regelungen um Angelegenheiten handelt, für die das Gesetz den Wohnungseigentümern ausdrücklich die Möglichkeit einer Mehrheitsentscheidung im Rahmen „ordnungsmäßiger Maßnahmen" einräumt, die Beschlusskompetenz damit ausdrücklich vorgegeben ist. Im Rahmen dieser ordnungsmäßigen Maßnahmen reicht ein Mehrheitsbeschluss aus, wenn eine gesetzliche Regelung oder eine Vereinbarung nicht entgegensteht (§§ 15 Abs. 2, 21 Abs. 3 WEG).

Handelt es sich um Maßnahmen, die über den ordnungsmäßigen Rahmen hinausgehen, ist grundsätzlich ein einstimmiger Beschluss erforderlich. Da den Wohnungseigentümern aber für beide Fällen die Beschlusskompetenz eingeräumt ist, gilt grundsätzlich die Bestimmung des § 23 Abs. 4 WEG, wonach ein Beschluss nur dann ungültig ist, wenn er innerhalb Monatsfrist angefochten und durch das Gericht für ungültig erklärt wird. Damit gilt, dass für Gebrauchs-, Verwaltungs- und Instandhaltungs- bzw. Instandsetzungsmaßnahmen oder bauliche Veränderungen an der bisherigen Rechtsprechung festzuhalten ist, wonach in diesen Angelegenheiten bestandskräftige (= nicht angefochtene und nicht für ungültig erklärte) Mehrheitsbeschlüsse (Ersatzvereinbarung bzw. Zitterbeschlüsse) gültig sind, auch wenn der Regelungsgegenstand mangels „Ordnungsmäßigkeit" an sich eine Vereinbarung im Sinne von § 10 Abs. 1 Satz 2 WEG oder einen einstimmigen Beschluss erforderlich gemacht hätte. Vereinbarungsersetzende Mehrheitsbeschlüsse sind daher nicht nichtig, sondern – nur – anfechtbar.

Von besonderer Bedeutung für die Praxis ist die Tatsache, dass für die Aufhebung solcher vereinbarungsersetzenden Mehrheitsbeschlüsse ein einfacher Mehrheitsbeschluss als Beschluss im Rahmen ordnungsmäßiger Verwaltung dann wiederum ausreicht, wenn mit dieser Beschlussfassung die ursprünglich geltende Regelung wiederhergestellt wird (OLG Karlsruhe, Beschluss vom 31.5.2000, 11 Wx 96/00). Nach dieser jetzt herrschenden Rechtsauffassung ist auch ein (nur) mit Mehrheit beschlossenes generelles Tierhaltungsverbot wirksam und bindet alle Wohnungseigentümer, im Falle des Eigentümerwechsels auch den neuen Eigentümer, wenn der Beschluss nicht angefochten und für ungültig erklärt wird. Voraussetzung für eine mehrheitliche Beschlussfassung ist allerdings, dass keine entgegenstehende Tierhaltungsregelung in der Teilungserklärung oder der Gemeinschaftsordnung enthalten ist.

Im Übrigen kann das nur mehrheitlich beschlossene Tierhaltungsverbot jederzeit durch mehrheitliche Beschlussfassung als Maßnahme ordnungsmäßiger Gebrauchsregelung wieder aufgehoben werden.

Siehe / Siehe auch: Tierhaltung in Wohnungen, Vereinbarung (nach WEG), Gesetzesändernder / vereinbarungsändernder Mehrheitsbeschluss, Gesetzeswidriger / vereinbarungswidriger Mehrheitsbeschluss

Gesetzeswidriger / vereinbarungswidriger Mehrheitsbeschluss

Von einem gesetzes- oder vereinbarungswidrigen Mehrheitsbeschluss ist dann zu sprechen, wenn mit diesem Beschluss abdingbare gesetzliche Regelungen bzw. Vereinbarungen oder ihnen gleichstehende Regelungen in der Teilungserklärung nicht dauerhaft abgeändert, sondern im konkreten Einzelfall nur fehlerhaft angewendet werden. Diese nur fehlerhaften Beschlüsse sind nicht nichtig, sondern – nur – anfechtbar (BGH, Beschluss vom 20. September 2000, V ZB 58/99).

Beschließt danach eine Wohnungseigentümergemeinschaft einen Wirtschaftsplan oder eine Jahresabrechnung, die einen Verteilungsschlüssel enthält, der von der gesetzlichen oder der in der Teilungserklärung vereinbarten Kostenverteilung oder einem gemäß § 16 Abs. 3 WEG mehrheitlich beschlossenen Verteilungsschlüssel abweicht, wird dieser Beschluss bestandskräftig, wenn er nicht innerhalb Monatsfrist angefochten und für ungültig erklärt wird. Für den Wirtschaftsplan und die Jahresabrechnung ist den Wohnungseigentümern gemäß § 28 Abs. 5 WEG ausdrücklich die Beschlusskompetenz eingeräumt. Damit haben die Wohnungseigentümer auch das Recht und die Möglichkeit, jeweils im konkreten Fall, aber auch nur beschränkt auf diesen Fall, vom eigentlich vorgeschriebenen Verteilungsschlüssel abzuweichen.

Eine dauerhafte und damit eine auch für künftige Abrechnungen geltende Änderung des Verteilungsschlüssels erfolgt damit nicht. Die Beschlusskompetenz gemäß § 28 Abs. 5 WEG erstreckt sich nur auf den Wirtschaftsplan bzw. die Jahresabrechnung und die nur in diesem Rahmen vorzunehmende konkrete einmalige gesetzes- oder vereinbarungswidrige Anwendung eines abweichenden Verteilungsschlüssels. Gleiches gilt für die Bestellung des Verwaltungsbeirates. Über seine Bestellung beschließen die Wohnungseigentümer mit Stimmenmehrheit, d.h. das Gesetz weist den Wohnungseigentümern ausdrücklich die Beschlusskompetenz zu. Bestellen nun die Wohnungseigentümer im konkreten Fall abweichend von der gesetzlichen Regelung nicht drei Wohnungseigentümer, sondern fünf Beiratsmitglieder, und zwar drei Wohnungseigentümer und zwei Mieter, dann wird auch ein solcher Beschluss bestandskräftig, wenn er nicht innerhalb Monatsfrist angefochten und durch das Gericht für ungültig erklärt wird. Im Falle einer Anfechtung muss das Gericht allerdings diesen Beschluss wegen Verstoßes gegen die gesetzliche Bestimmung als gesetzeswidrigen Mehrheitsbeschluss für ungültig erklären.

Siehe / Siehe auch: Beschluss, Jahresabrechnung (Wohnungseigentum), Gesetzesändernder / vereinbarungsändernder Mehrheitsbeschluss, Mehrheitsbeschluss, Vereinbarung (nach WEG), Verteilungsschlüssel (Wohnungseigentum), Verwaltungsbeirat, Wirtschaftsplan

GesR

Abkürzung für: Gesellschaftsrecht

GewA

Abkürzung für: Gewerbearchiv

Gewährleistung (Bauwerksvertrag / Grundstückskaufvertrag)

Innerhalb der Verjährungsfrist für werkvertragliche Mängelansprüche (früher „Gewährleistung") ist der Vertragspartner des Bauherrn (z.B. Handwerker) verpflichtet, auftretende Baumängel kostenlos zu beseitigen. Die regelmäßige Verjährungsfrist beträgt bei Bauwerken entweder fünf Jahre beim BGB-Vertrag oder vier Jahre beim VOB-Vertrag, gerechnet vor der Bauabnahme. Die verkürzte Gewährleistung nach VOB 2002 kann nur vereinbart werden, wenn auch das übri-

ge Regelwerk der VOB im wesentlichen Bauvertragsbestandteil wird. Mängel, die in das Abnahmeprotokoll aufgenommen wurden, begründen die Pflicht zur Nacherfüllung und gehören nicht zu den Baumängelansprüchen. Beim Grundstückskaufvertrag verjähren die Mängelansprüche in zwei Jahren. Die Frist beginnt mit Übergabe (Besitzübergang). In der Regel wird vom Verkäufer jedoch die Geltendmachung solcher Ansprüche durch den Käufer ausgeschlossen. Hiergegen bestehen keine rechtlichen Bedenken.
Siehe / Siehe auch: VOB-Vertrag

Gewaltschutzgesetz

Das Gewaltschutzgesetz, auch „Gesetz zur Verbesserung des zivilrechtlichen Schutzes bei Gewalttaten und Nachstellungen sowie zur Erleichterung der Überlassung der Ehewohnung bei Trennung" genannt, ist in Kraft seit 1.1.2002.
§ 1 regelt ganz allgemein mögliche Maßnahmen zum Schutz vor Gewalt und Nachstellungen. Diese setzen nicht voraus, dass Täter und Opfer in einer gemeinsamen Wohnung wohnen. Zumindest bei Wiederholungstaten im Bereich Körperverletzung, Bedrohung, Freiheitsberaubung, „Stalking" etc. kann das zuständige Gericht befristete Schutzanordnungen aussprechen, nach denen der Täter z.B. die Wohnung, den Umkreis der Wohnung oder andere regelmäßige Aufenthaltsorte des Opfers nicht mehr betreten darf oder von jeder – auch telefonischen – Kontaktaufnahme abzusehen hat.
§ 2 behandelt die Überlassung einer bisher gemeinsam genutzten Wohnung an das Opfer. Grundsatz: Wer schlägt, muss gehen. Wer geschlagen wird, darf bleiben. Opfer von Gewalt, Verletzung an der Gesundheit oder Freiheitsberaubung, die mit dem Täter in einem gemeinsamen Haushalt leben, können beim örtlichen Amtsgericht – notfalls über einen Eilantrag oder per einstweilige Verfügung – die Zuweisung der Wohnung zur alleinigen Nutzung beantragen. Eine Ehe zwischen den Beteiligten ist nicht Voraussetzung für diesen Anspruch. Dauerhaft kann eine Wohnung nur zugewiesen werden, wenn das Opfer Alleinnutzungsberechtigter ist, also einzige/r Mieter/in oder Eigentümer/in. Haben beide Rechte an der Wohnung, kommt nur eine zeitlich begrenzte Zuweisung in Frage. Ist nur der Täter / die Täterin nutzungsberechtigt, darf die Zuweisung an das Opfer für bis zu sechs Monate erfolgen. Eine gerichtliche Verlängerung um weitere sechs Monate ist möglich, wenn das Opfer keine andere angemessene Wohnung findet. Während der Zuweisung darf der Täter die Nutzung der Wohnung durch das Opfer in keiner Weise beeinträchtigen. Das Gewaltschutzgesetz ist so ausgelegt, dass eine Schutzanordnung schnell und einfach zu erwirken ist. Es enthält eine eigene Strafandrohung: Wer einer gerichtlichen Anordnung nach diesem Gesetz zuwiderhandelt, wird mit Freiheitsstrafe bis zu einem Jahr oder Geldstrafe bestraft.
Im Zuge der Einführung dieses Gesetzes wurde auch § 1361 b des Bürgerlichen Gesetzbuches angepasst. Danach kann bei einer Trennung von Ehepartnern ein Ehepartner vom anderen die Überlassung der Ehewohnung zur alleinigen Nutzung verlangen, wenn dies notwendig ist, um eine unbillige Härte für sie / ihn oder für im Haushalt lebende Kinder zu vermeiden. Vor Einführung des Gewaltschutzgesetzes war für ein solches Verlangen die Gefahr einer „schweren" und nicht nur einer „unbilligen" Härte notwendig. Für eingetragene Lebenspartnerschaften gibt es eine entsprechende Regelung im Lebenspartnerschaftsgesetz. Nach Einführung des Gewaltschutzgesetzes haben die meisten Bundesländer ihre Polizeigesetze abgeändert.
Die Polizei hat seitdem die ausdrückliche Befugnis, den Gewalttäter sofort aus der Wohnung zu verweisen. Damit wurde die so genannte Schutzlücke bis zum Erlass einer Schutzanordnung durch das Zivilgericht geschlossen. Die gerichtliche Zuweisung der Wohnung ändert nichts an den mietrechtlichen Vertragsverhältnissen. Das bedeutet:

- Jeder, der im Mietvertrag als Mieter genannt ist, kann als Gesamtschuldner zur Zahlung der Miete herangezogen werden.
- Der Mietvertrag besteht weiter, auch wenn einer der Mieter oder der einzige Mieter die Wohnung verlassen muss.
- Der Täter wird nicht von seiner Pflicht zur Mietzahlung befreit.
- Zwischen zwei Mietern bestehen interne Ausgleichsansprüche.
- Besonderheit: Der / Die der Wohnung verwiesene Täter/in kann vom Opfer einen Mietausgleich verlangen. Die Höhe orientiert sich an der Miete, aber auch an der Situation und Zahlungsfähigkeit des Opfers.

Verschiedene Broschüren zum Thema „häusliche Gewalt" können beim Bundesfamilienministerium heruntergeladen werden: www.bmfsfj.de.

Gewerbeerlaubnis

Die Gewerbeordnung sieht für eine Reihe von Gewerbebetrieben als Voraussetzung für den Beginn des Betriebes eine besondere Genehmigung vor. Dazu zählt die Erlaubnis, die einer (natürlichen oder juristischen) Person für die Ausübung des Gewerbes erteilt werden muss. Wem die Erlaubnis erteilt ist, muss bestimmte Gewerbeausübungsregeln beachten. Die Erlaubnis wird erteilt, wenn die jeweils vorgeschriebenen Voraussetzungen erfüllt sind.

Bei Maklern, wirtschaftlichen Baubetreuern, Bauträgern und Anlagevermittlern wird nach 34c GewO vorausgesetzt, dass sie die für deren Betrieb erforderliche Zuverlässigkeit besitzen und sich in geordneten Vermögensverhältnissen befinden.

Die für den Betrieb erforderliche Zuverlässigkeit besitzt insbesondere nicht, wer in den letzten fünf Jahren wegen eines Vermögensdeliktes oder eines Verbrechens rechtskräftig verurteilt wurde. Aber auch wiederholte Verstöße gegen gewerberechtliche Ordnungsvorschriften (z.B. gegen die MaBV) sind ein Indiz für Unzuverlässigkeit.

In ungeordneten Vermögensverhältnissen befindet sich, über wessen Vermögen das Insolvenzverfahren eröffnet oder die Eröffnung mangels Masse abgewiesen wurde, wer eine eidesstattliche Versicherung über seine Vermögensverhältnisse ableisten musste oder gegen wen bei Verweigerung dieser Versicherung Haftbefehl ergangen ist. (In beiden Fällen erfolgt ein Eintrag in das Schuldnerverzeichnis.) Bei einer juristischen Person wird die erforderliche Zuverlässigkeit an der Person des Geschäftsführers bzw. Vorstandes geprüft, das Vorliegen geordneter Vermögensverhältnisse an der juristischen Person selbst.

Wem eine Erlaubnis nach § 34c erteilt wurde, muss die Vorschriften der Makler- und Bauträgerverordnung beachten. Bei Versteigerern, auch Grundstücksversteigerern gelten nach § 34b GewO dieselben Erlaubnisvoraussetzungen wie in den Fällen des § 34c. Versteigerer können zusätzlich den Antrag auf öffentlichen Bestellung und Vereidigung stellen, wobei dann ein Sachkundenachweis erbracht werden muss. Für Versteigerer gilt die Versteigererverordnung.

Siehe / Siehe auch: Auktion (Immobilien), Baubetreuung, Bauträger, Geordnete / ungeordnete Vermögensverhältnisse, Insolvenz, Makler

Gewerbeimmobilien

Gewerbeimmobilie ist ein umfassender Begriff für Immobilien, die nicht der wohnungswirtschaftlichen Nutzung dienen. Hierzu gehören etwa Büro- und Verwaltungsgebäude, Kaufhäuser, Einkaufszentren, Lagerhäuser, Ärztehäuser (obwohl Ärzte keine Gewerbetreibenden sind) Freizeitbäder und dergleichen.

Siehe / Siehe auch: Spezialimmobilien

Gewerbemietvertrag

Gewerbemietverträge sind Mietverträge über gewerblich genutzte Räume aller Art. Der Gewerbemietvertrag unterscheidet sich vom Wohnungsmietvertrag hauptsächlich dadurch, dass er kaum gesetzlichen Beschränkungen unterliegt.

Viele gesetzliche Regelungen des Mietrechts, insbesondere Regelungen des Mieterschutzes, können bei Gewerbemietverträgen ausgeschlossen oder abgeändert werden. Wegen des hohen Gestaltungsspielraumes sind Formularmietverträge im gewerblichen Bereich nur eingeschränkt nutzbar. Eine gründliche Prüfung des Vertragsinhaltes – ggf. durch einen Anwalt – ist für beide Vertragspartner zu empfehlen. Nicht zur Anwendung kommen u.a. die gesetzlichen Regelungen über:

- Kündigungsschutz
- Kündigungsfristen für Wohnräume
- Miethöhe (Obergrenze erst beim Mietwucher)

- Räumungsschutz
- Sozialklausel / Widerspruch gegen Kündigung wegen Härtefall.

Vertraglich geregelt werden sollten folgende Punkte:
- Mietobjekt
- Mietzweck
- Mietdauer
- Mietzins
- Kaution
- Kündigungsfrist
- Mietanpassung
- Konkurrenzschutz
- Nebenkosten
- Konsequenzen bei Mängeln der Mietsache
- Wer ist für Schönheitsreparaturen, Instandhaltung und Instandsetzung verantwortlich

Und, je nach Gewerbe:
- Liste von Inventargegenständen, die Mieter ggf. nach Vertragsende ersetzen muss
- Recht auf Außenwerbung
- PKW-Stellplätze
- Recht zur Untervermietung
- Recht zur Aufnahme weiterer Mieter (weitere Gesellschafter)
- Hausordnung (darf der geplanten Nutzung nicht entgegenstehen, z.B. hinsichtlich Untersagung lärmerzeugender Tätigkeiten, Kundenverkehr)

Eine Mieterhöhung kann nur vorgenommen werden, soweit dies im Mietvertrag ausdrücklich vereinbart ist.

Kaution: Anders als beim Wohnungsmietvertrag ist eine Vereinbarung von mehr als drei Monatsmieten Kaution zulässig.

Für Instandhaltung, Instandsetzung und Schönheitsreparaturen ist grundsätzlich der Vermieter verantwortlich. Kosten dafür können jedoch komplett auf den Mieter abgewälzt werden. Dies gilt auch für Reparaturen.

Die Vereinbarung einer Höchstgrenze im Mietvertrag ist sinnvoll. Eine Mietminderung wegen Mängeln des Mietobjektes kann – anders als im Wohnraummietrecht – vertraglich ausgeschlossen werden. Wird sie nicht ausgeschlossen, gilt die gesetzliche Regelung.

Siehe / Siehe auch: Geschäftsräume, Gewerbemietvertrag, Betriebskosten, Gewerbemietvertrag, Kündigung, Mietwucher, Umsatzsteuer (bei Vermietung)

Gewerbemietvertrag, Betriebskosten

Soll der gewerbliche Mieter die Nebenkosten tragen, muss dies ausdrücklich vertraglich geregelt werden. Sollen nicht verbrauchsabhängige Nebenkosten wie Grundsteuer und Versicherungen umgelegt werden, muss dies ebenfalls im Vertrag vereinbart sein. Eine Betriebskostenerhöhung kann nur stattfinden, wenn dies im Mietvertrag festgelegt ist.

Siehe / Siehe auch: Geschäftsräume, Gewerbemietvertrag, Kündigung, Umsatzsteuer (bei Vermietung)

Gewerbemietvertrag, Kündigung

Gewerbemietverträge werden oft befristet abgeschlossen. Vertragslaufzeiten von drei, fünf oder zehn Jahren sind keine Seltenheit.

Die bei Wohnungsmietverträgen bestehenden Mieterschutzregeln gelten im Gewerberaummietrecht nicht. Bei unbefristeten Verträgen gilt für die ordentliche Kündigung die Frist des § 580a Abs.2 BGB. Danach muss die Kündigung spätestens am 3. Werktag eines Kalendervierteljahres zum Ablauf des nächsten Kalendervierteljahres stattfinden (z.B.: Kündigung spätestens am 3. Werktag des Januar zum 30. Juni).

Bei befristeten und unbefristeten Verträgen ist eine außerordentliche fristlose Kündigung bei Vorliegen eines „wichtigen Grundes" möglich, der eine Fortsetzung des Vertrages unzumutbar macht (z.B. Vermieter: Zahlungsverzug, vertragswidriger Gebrauch, z.B. Mieter: Nichtgewährung des Gebrauchs, Gesundheitsgefährdung). Keine „wichtigen Gründe" sind die Absicht des Mieters, den Betrieb einzustellen oder wirtschaftliche Probleme. Für derartige Fälle kann allerdings eine Vertragsklausel aufgenommen werden, nach der der Mieter z.B. bei Umsatzrückgang ein Sonderkündigungsrecht hat.

Dies kann auch für den Vermieter von Vorteil sein, da keine längerfristigen Mietrückstände auflaufen und das Objekt ggf. an ein erfolgreicheres Unternehmen weitervermietet werden kann. Eine außerordentliche Kündigung mit gesetzlicher Frist (§ 580a Abs.2 BGB) ist besonders bei befristeten Verträgen von Bedeutung. Sie ist in folgenden Fällen möglich:
- Kündigung durch Erben bei Tod des Mieters
- Vermieter verweigert grundlos Erlaubnis zur Untervermietung (vertraglich ausschließbar)
- Kündigung des Insolvenzverwalters bei

Insolvenz des Mieters
- Modernisierung der Miträume
- Nichtbeachtung der Schriftform des Vertrages (§ 550 BGB)
- Mietvertrag mit Vertragsdauer über 30 Jahre, nach Ablauf von 30 Jahren kündbar.

Eine weitere Beendigungsmöglichkeit stellt der Aufhebungsvertrag dar.

Siehe / Siehe auch: Beendigung eines Mietverhältnisses, Geschäftsräume, Gewerbemietvertrag

Gewerbeparks

Gewerbeparks sind Gewerbegebiete, bei denen die Objekte nach einem einheitlichen Nutzungskonzept errichtet und unter einheitlichem Management verwaltet werden. Dabei stehen den Nutzflächen Grünanlagen – üblicherweise ein Viertel der Gesamtanlage – gegenüber, um den Grundgedanken einer „Parkanlage" zu unterstreichen. Die Einnahmen entstehen aus Mieteinnahmen und eventuellen Gewinnen der Betreibergesellschaft aus Gebühren. Die im Vergleich zu einzelnen Gewerbeimmobilien etwas höheren Erträge werden durch die Verwaltungskosten meist nahezu ausgeglichen.

Gewerbezentralregister

Das Gewerbezentralregister wird seit dem 1.1.2007 beim Bundesamt der Justiz geführt. In das Gewerbezentralregister werden rechtkräftig gewordene Bußgeldbescheide wegen einer gewerblichen Ordnungswidrigkeit eingetragen, wenn das Bußgeld mindestens 200 Euro beträgt. Außerdem werden verwaltungsrechtliche Entscheidungen eingetragen, die für die Beurteilung der Zuverlässigkeit eines Gewerbetreibenden bedeutsam sind, z.B. Gewerbeuntersagungen.

Eintragungen im Gewerbezentralregister sind in Verbindung mit den Bußgeldakten für die Entscheidung über Anträge auf Zulassung zu einem Gewerbe ebenso von Bedeutung wie für einen etwaigen Widerruf einer erteilten Gewerbeerlaubnis.

Eine Eintragung wird nach Ablauf von drei Jahren getilgt, wenn das Bußgeld nicht mehr als 300 Euro betrug. In den anderen Fällen nach Ablauf von fünf Jahren. Auszüge aus dem Gewerbezentralregister müssen bei Beantragung von Gewerbeerlaubnissen, also auch von Erlaubnissen nach § 34 c GewO für Makler, Anlagevermittler, Bauträger und Baubetreuer vorgelegt werden.

Siehe / Siehe auch: Gewerbeerlaubnis

Gewerbliche Weitervermietung

In manchen Mietverträgen ist vorgesehen, dass der Mieter die Wohnung gewerblich einem Dritten weitervermieten soll, der dann darin wohnt. Dieser Zustand wird als gewerbliche Weiter- oder Zwischenvermietung bezeichnet. Diese erfordert ein geschäftsmäßiges Tätigwerden des Hauptmieters, nicht zuletzt auch zum Zwecke der Gewinnerzielung. Die speziellen BGB-Vorschriften über die Wohnraummiete sind auf den Vertrag zwischen Eigentümer und Zwischenmieter dabei nicht anzuwenden, es gelten die Regeln des Gewerbemietvertrages. Die Mietverträge des Zwischenmieters mit den Endnutzern unterliegen bei Wohnraummietverhältnissen dem BGB-Wohnraummietrecht. Werden Geschäftsräume vermietet, unterliegen auch die Verträge mit den Endnutzern dem Gewerberaummietrecht.

Nach einem Urteil des Bundesgerichtshofes sind Mängel des Mietobjektes, die die Wohntauglichkeit einschränken, nicht nur im Verhältnis des Zwischenmieters zum Bewohner relevant, sondern auch im Verhältnis des Eigentümers zum Zwischenmieter. Dies kann zu Mietminderungsansprüchen des gewerblichen Zwischenmieters führen. Voraussetzung ist das Vorliegen erheblicher Mängel. Dieses wird von der Größenordnung des gewerblichen Zwischenmietverhältnisses abhängig gemacht. Im Übrigen gilt ein Fehler, der leicht erkennbar und mit geringen Kosten zu beseitigen ist, als unerheblich (BGH, Az. XII ZR 251/02, Urteil vom 30.6.2004). Eine Mietminderung wegen Mängeln kann im Gewerbemietvertrag allerdings ausgeschlossen werden.

§ 565 BGB sieht vor, dass bei Vertragsende der Vermieter in Rechte und Pflichten des Mietverhältnisses zwischen dem Zwischenmieter und dem Bewohner eintritt. Falls der Vermieter sich dazu entschließt, sich einen neuen Zwischenmieter zu suchen und diesem die gewerbliche Weitervermietung zu gestatten, ist dieser der neue Vertragspartner des Bewohners.

Die für die Veräußerung von Wohnraum geltenden Vorschriften über die Mietkaution, Vorausverfügungen und Vereinbarungen über die Miete und die Aufrechnung durch den Mieter gelten auch bei der gewerblichen Weitervermietung. Wenn der Vermieter dem Bewohner fälschlicherweise mitteilt, dass sein Vertragspartner gewechselt hat, so muss er dies gegen sich gelten lassen – und hat gegebenenfalls keinen Mietzahlungsanspruch mehr.

Siehe / Siehe auch: Generalmietvertrag, Gewerbemietvertrag, Vorausverfügung über Miete

Gewerbliche Zwischenvermietung
Siehe / Siehe auch: Gewerbliche Weitervermietung

Gewerblicher Grundstückshandel
Gewerblicher Grundstückshandel liegt dann vor, wenn über Grundstücke im Rahmen eines Gewerbebetriebes verfügt wird. Dabei spielen vor allem Kauf und Verkauf eine Rolle. Ein Gewerbebetrieb ist durch Gewinnerzielungsabsicht, selbständige, nachhaltige Tätigkeit und Teilnahme am Geschäftsverkehr gekennzeichnet. Liegt gewerblicher Grundstückshandel vor, unterliegen die erzielten Gewinne sowohl der Einkommen- als auch der Gewerbesteuer. Auch private Immobilienanleger werden als Gewerbebetrieb eingestuft, wenn sie bei ihren Immobilientransaktionen die Drei-Objekt-Grenze überschreiten. Sie ist aber nicht die ausschließliche Beurteilungsgrundlage. Der BFH hat im Urteil vom 18.9.2002 (X R 183/96) auf weitere Merkmale verwiesen, die, wenn sie gegeben sind, für einen gewerblichen Grundstückshandel sprechen, z.B. kurzfristige Projektfinanzierung, Dokumentation der Veräußerungsabsicht während der Bauphase, Schließung von Vorverträgen. Liegen solche Merkmale vor, kann auch bei Unterschreiten der „Drei-Objekte-Grenze" gewerblicher Grundstückshandel angenommen werden.
Siehe / Siehe auch: Drei-Objekte-Grenze, Private Vermögensverwaltung

Gewerk

Das Baugewerbe besteht nach der amtlichen Statistik aus insgesamt 22 Gewerken (Bauleistungsbereiche) des Bauhaupt- und Ausbaugewerbes. Die Mehrzahl der Gewerke gehört zum Hochbau. Es handelt sich im Wesentlichen um
- Rohbauarbeiten (Erdarbeiten, Beton- und Stahlbetonarbeiten, Mauerarbeiten etc.);
- weiterführende Rohbauarbeiten (Zimmerer- und Holzbauarbeiten, Dachdeckungsarbeiten, Klempnerarbeiten etc.); Ausbauarbeiten (Putz-, Estrich-, Schreiner-, Verglasungs-, Anstrich- und Tapezierarbeiten etc.);
- Technischer Ausbau (Sanitär-, Heizungs-, Lüftungs-, Elektroinstallation etc.);
- Außenanlagen und Einrichtung (Sicherheitseinrichtungen, Möblierung, Bepflanzung etc.).

Genaue Leistungsbeschreibungen der verschiedenen Einzelbereiche der Gewerke können dem „Standardleistungsbuch (StLB)" entnommen werden. Teilleistungen in einem Gewerk werden auch als Baulose bezeichnet.

GewO
Abkürzung für: Gewerbeordnung

Gewöhnlicher Geschäftsverkehr (Wertermittlung)
Der Verkehrswert eines Grundstücks ist nach der Verkehrswertdefinition des §194 BauGB aus Preisen abzuleiten, die sich im gewöhnlichen Geschäftsverkehr gebildet haben. Den gewöhnlichen Geschäftsverkehr kennzeichnen insbesondere folgende Kriterien:
- die Offenheit des Marktes (der Marktzugang darf nicht durch Vorschriften oder Eingriffe beschränkt sein)
- die Freiheit der Marktteilnehmer, sich für oder gegen eine Grundstückstransaktion entscheiden zu können. (Sie dürfen nicht unter einem zeitlichen, oder wirtschaftlichen Druck oder gar einem rechtlichen Zwang bei ihrer Entscheidung stehen)
- die Möglichkeit, sich Zugang zu Informationsquellen zu verschaffen, die für die Rationalisierung einer Entscheidung erforderlich sind.

Der Verkehrswert ist identisch mit dem Begriff Marktwert. Ein gewöhnlicher Geschäftsverkehr in diesem Sinne wird auch bei der Ermittlung des „Market Value" unterstellt. Vorausgesetzt werden

hier explizit – was selbstverständlich ist – das Vorhandensein von Marktparteien in Form mindestens eines kaufwilligen Käufers und eines verkaufswilligen Verkäufers, die mit Sachkenntnis, Umsicht und ohne Zwang handeln.
Der gewöhnliche Geschäftsverkehr ist konkret durch bestimmte Phänomene gekennzeichnet. Auf der Anbieterseite erfolgt der Markzugang durch ein offenes oder chiffriertes Anbieten der Objekte in Zeitungen und anderen „Werbeträgern" oder in Informationsmedien wie das Internet, durch Einschaltung von Maklern zur Interessentensuche oder eine sonstige gezielte Teilnahme am Geschäftsverkehr. Ähnlich verhalten sich im „gewöhnlichen Geschäftsverkehr" die „Interessenten".
Bei Bestandsimmobilien wird die Grundentscheidung der Interessenten in erster Linie vom Ergebnis einer oder mehrerer durchgeführter Objektbesichtigungen abhängig gemacht. Pläne und Exposés werden unterstützend eingesetzt. Die endgültige Entscheidung kommt schließlich in aller Regel nach einem Prozess des Aushandelns der Erwerbsbedingungen zustande. Am Ende wird entweder von einem Kauf Abstand genommen oder das Objekt wird „gekauft wie besichtigt".
Ähnlich verhält es sich bei Bauträgerangeboten. Auch hier wird zuerst eine Besichtigung - wenn auch nur der Baustelle und Lage – durchgeführt. Eine größere Bedeutung haben Baubeschreibungen mit den darin eingeräumten Möglichkeiten, Sonderwünsche geltend machen zu können. Allerdings kalkulieren Bauträger – anders als die Anbieter von Bestandsimmobilien – „Festpreise", von denen sie glauben, dass sie sie am Markt durchsetzen können. Nur in Ausnahmefällen stehen diese Preise zur Verhandlungsdisposition. Bei offenen Immobilienfonds als Nachfrager nach Objekten wird die Objektbesichtigung in der Regel auf Sachverständige delegiert, die eine Bewertung des Objektes vornehmen, bevor die Ankaufsentscheidung getroffen wird.
Während der Verkehrswert bzw. der Marktwert durch den „Preis" bestimmt wird, der im Verkaufsfall zu erzielen wäre, prädestiniert im Immobilienverkehr zwischen institutionellen Anlagern wie offenen Immobilienfonds in gewissem Umfange der von den Sachverständigen geschätzte Wert den Preis. Institutionelle Anleger benötigen zur Absicherung ihrer Entscheidung Verkehrswertgutachten. Damit wird „der Preis wird durch den Wert bestimmt". In der Regel kann davon ausgegangen werden, dass Kaufvertragsabschlüsse am Immobilienmarkt, bei denen Interessenten ihre Kaufentscheidung weder auf der Grundlage von Objektbesichtigungen noch auf der Grundlage eingehender Objektinformationen treffen, nicht dem gewöhnlichen Geschäftsverkehr zuzurechnen sind. (Beispiel: Erwerb von „Steuervorteilen" mit Hilfe eines Immobilienprojektes, was früher häufig der Fall war).
Siehe / Siehe auch: Verkehrswert

GewSt
Abkürzung für: Gewerbesteuer

GewStDV
Abkürzung für: Gewerbesteuer-Durchführungsverordnung

GewStG
Abkürzung für: Gewebesteuergesetz

GewStR
Abkürzung für: Gewerbesteuer-Richtlinie

GF
Abkürzung für: Geschossfläche

GfG
Abkürzung für: Geschäftsgebräuche für Gemeinschaftsgeschäfte

GfK
Abkürzung für: Gesellschaft für Konsum-, Markt- und Absatzförderung

Gfl
Abkürzung für: Gewerbefläche

GFZ
Abkürzung für: Geschossflächenzahl

GG
Abkürzung für: Grundgesetz

Gge.
Abkürzung für: Garage

GhVO
Abkürzung für: Geschäftshausverordnung

Giebel
Als Giebel im engeren Sinne wird der seitliche Abschluss eines Satteldaches (Giebeldreieck) bezeichnet. Im weiteren Sinne meint der Begriff den rechtwinklig zur Firstlinie stehenden Querabschluss eines Hauses.
Siehe / Siehe auch: Giebelständiges Haus

Giebelständiges Haus
Ein giebelständiges Haus ist ein Haus, dessen Giebel der Straße zugewandt ist, so dass die Firstlinie rechtwinklig zur Straße verläuft.
Siehe / Siehe auch: Giebel, Traufständiges Haus

gif
Abkürzung für: Gesellschaft für immobilienwirtschaftliche Forschung e.V.

GKG
Abkürzung für: Gerichtskostengesetz

Glasbaustein
Der Glasbaustein ist ein hohler, aus zwei Hälften zusammengesetzter, lichtdurchlässiger Stein aus Glas. Er wird im Pressverfahren in verschiedenen Formen, Farben und Abmessungen hergestellt. Durch die hohe Eigentragfähigkeit des Glasbausteines wird er als nichttragende Raumbegrenzung oder zum Schließen auch großer Fensteröffnung genutzt. Der Glasbaustein wird entweder in Trockenbaumontage mit Steckverbindungen zusammengesetzt, oder mit Zementmörtel gemauert und verfugt. Die Ausbildung der Mörtelfugen kann unbewehrt oder bei großen Wandflächen bewehrt sein. Der Luftraum im Inneren des Glasbausteines verschafft ihm gute Schall- und Wärmedämmeigenschaften. Er ist widerstandsfähig gegen Feuer, einbruchhemmend, schlag- und stoßfest. Die Oberfläche des Steines ist undurchsichtig, klar oder strukturiert. Durch die Strukturierung wird das Licht gebrochen, so dass eine interessante Lichtstreuung oder Lichtlenkung erzielt werden kann. Unterschiedliche Innen- oder Außenbeschichtungen verleihen dem Hohlstein z.B. eine Farbigkeit oder einen Sonnenschutz.

Glasdachziegel / Glasziegel
Glasdachziegel oder Glasziegel sind Pressglassteine, die es passend zu fast jeder Dachziegelform gibt. Um unbewohnte Dachgeschosse zu beleuchten, werden statt des Dachziegels oder Betondachsteins ein Glasdachziegel eingesetzt. Eine entsprechende Einlage oder Innenbeschichtung des Glasdachziegels erhöht den Wärmeschutz.

Glasfalz
Der Glasfalz ist die Aussparung in einem Fensterflügel oder Fensterrahmen (Festverglasung), in den die Glasscheibe eingelegt wird. Zur Wetterseite hin ist er geschlossen, so bietet der Fensterrahmen keine Schwachpunkte in Form von Fugen. Die Aussparung ist dem Rauminneren zugewandt. Hier wird die Glasleiste an die Scheibe gelegt und in die Aussparung gedrückt, um die Fensterscheibe im Rahmen zu fixieren.
Siehe / Siehe auch: Fensterflügel, Fensterrahmen, Glasleiste

Glasfaser
Glasfaser ist ein aus Glasschmelze gewonnenes fadenförmiges Material. Es wird in Form von z.B. Glaswolle, Glasfaserplatten oder Glasfasermatten als Dämmstoff gegen Wärme, Kälte oder Schall eingesetzt. Er ist widerstandsfähig gegen chemische und mechanische Einflüsse, schadstoffarm und unverrottbar. Es ist hochelastisch und damit dimensionsbeständig. Glasfaser brennt nicht, kann aber schmelzen. Die Glasfaser wird zur Armierung von Kunststoffen und zur Überbrückung von Rissen im Mauerwerk eingesetzt. Kabel aus Glasfaser finden wegen ihrer hohen Übertragungsrate, großen Reichweite und geringer Störempfindlichkeit z.B. in der Datenübertragung Einsatz.
Siehe / Siehe auch: Glasfasergewebe, Glaswatte / Glaswolle

Glasfasergewebe
Glasfasergewebe sind ineinander verwebte Glasfasern, die im Handel in unterschiedlichen Webarten und Anfertigungen erhältlich sind. Es gilt als ideales Material, um zuverlässig geringfügige Bauschäden wie Risse in Wand und Decke zu kaschieren. Nachträglich kann die Kaschierung wie eine Tapete mit Latex- oder Dispersionsfarbe im gewünschten Farbton gestrichen werden. Auf Papier aufgetragenes Glasfasergewebe wird als Glasfasertapete bezeichnet.
Siehe / Siehe auch: Glasfaser

Glasleiste
Die Glasleiste stabilisiert die eingesetzte Fensterglasscheibe im Glasfalz. Von innen wird die Glas-

leiste an die Scheibe gelegt und in den Glasfalz gedrückt. Die profilierte oder glatte Glasleiste besteht aus Holz, Kunststoff oder Metall. Nicht nur in früheren Zeiten wurde statt einer Glasleiste Fensterkitt verwendet.
Siehe / Siehe auch: Glasfalz

Glasmosaik
Glasmosaike bestehen aus gepressten oder gewalzten Glasblättchen. Mit ihren glänzend farbigen oder opaken Oberflächen schmücken sie Innenwände oder Fußböden z.B. in Nassräumen.
Siehe / Siehe auch: Glasur

Glasur
Glasur ist eine glänzende, durchsichtige Beschichtung, die zumeist auf keramische Gebrauchsware getragen wird. Hier wird unterschieden in Erdglasur auf Glasbasis, z.b. auf Hartporzellan, Bleihaltige oder Bleiglasur auf Glasbasis, z.B. auf Steingut, Emailglasur auf Glasbasis auf kunstkeramischen Waren und Salzglasur auf Kochsalzbasis, z.B. auf Steinzeug. Keramische Bauteile wie Fliesen, Dach- oder Mauerziegel erhalten durch eine Glasur Wasserdichtigkeit, Langlebigkeit und zusätzlich eine farbige, glänzende Oberfläche.

Glaswarze
Der Begriff Glaswarze bezeichnet die häufig gewordene modische Erweiterung eines Hauses um einen Wintergarten und unterstellt etwas böse, dass diese Anbauten krank, hässlich und unnötig wirken.
Siehe / Siehe auch: Känguruhsiedlung, Heidihaus

Glaswatte / Glaswolle
Als Glaswatte oder Glaswolle wird der dünne, gewellte Faden der Glasfaser bezeichnet, der auf einer Trägerbahn genäht ist oder als locker zusammengefasste Matte verwendet wird. Glaswatte und Glaswolle finden als Wärme- und Schalldämmung oder als Zusatz zu Putz (Glasfaserputz) Verwendung.
Siehe / Siehe auch: Glasfaser

Gleitende Neuwertversicherung
Da viele Hauseigentümer mit der Zeit ihre Immobilie modernisieren oder erweitern und dadurch das Objekt im Wert steigt, empfiehlt es sich, bei der Wohngebäudeversicherung eine gleitende Neuwertversicherung abzuschließen. Damit ist sichergestellt, dass die Versicherungssumme mit dem Wert des Hauses ansteigt und Risiken besser abgesichert sind.
Siehe / Siehe auch: Verbundene Wohngebäudeversicherung

Gleitklausel im Bauwerkvertrag
Mit Hilfe einer Gleitklausel kann der Bauunternehmer bzw. Handwerker Änderungen im Tariflohnsystem oder andere Kostenänderungen durch eine Anpassung der Baukosten auf den Bauherrn abwälzen, soweit dies in den Vergabeunterlagen vorbehalten wurde. Ihrem Wesen nach ist diese Klausel eine Kostenelementklausel, die keiner Genehmigung bedarf. Bezugsgrundlage für eine Änderung kann auch ein Baupreisindex sein. Ihrem Wesen nach ist eine solche Klausel eine Kostenelementklausel, die nach § 1 Nr. 3 der Preisklauselverordnung keiner Genehmigung bedarf.
Siehe / Siehe auch: Wertsicherungsklausel

Gleitklausel im Mietvertrag
Mit einer Gleitklausel wird schon bei Abschluss eines Mietvertrages eine spätere Mieterhöhung festgelegt. Diese tritt unter bestimmten Voraussetzungen in Kraft. So kann bei der Indexmiete der Mietzins der Höhe nach an eine Steigerung des Lebenshaltungskosten-Index angepasst werden. Die Gleitklausel ist zu unterscheiden von der Vereinbarung einer Staffelmiete, bei der der genaue Erhöhungsbetrag und -zeitpunkt im Mietvertrag festgelegt sind. Bei freifinanziertem Wohnraum darf eine Gleitklausel nur im Rahmen der Indexmiete nach § 557 b BGB vereinbart werden.
Bei öffentlich finanziertem Wohnraum können Gleitklauseln frei vereinbart werden. Zulässig sind z.B. Gleitklauseln, nach denen die „jeweils gesetzlich zulässige Miete" als vereinbart gilt. Zusätzliche Nebenkostenerhöhungen per Gleitklausel sind nicht wirksam. Bei Miet- und Pachtverträgen über Gewerberäume sind Gleitklauseln nur dann ohne Genehmigung des Bundesamtes für Wirtschaft und Ausfuhrkontrolle zulässig, wenn sie die Kriterien des § 4 PrKV (Preisklauselverordnung) erfüllen. U.a. muss der Vermieter / Verpächter für mindestens zehn Jahre auf das Recht zur ordentlichen Kündigung verzichten oder der Mieter / Pächter muss das Recht haben, die Vertragsdauer auf mindestens zehn Jahre auszudehnen.
Siehe / Siehe auch: Mieterhöhung, Preisklauselverordnung, Wertsicherungsklausel

Gleitzinsdarlehen

Gleitzinsdarlehen sind Darlehen, bei denen der Darlehensgeber den Zinssatz jederzeit einseitig ändern kann. Der anfangs zu zahlende Zinssatz gilt nur bis auf weiteres und ist insofern also variabel. Darlehensnehmer, die ein Gleitzinsdarlehen aufnehmen, sollten sich des damit verbundenen Zinsänderungsrisikos bewusst sein und dieses bei ihren Planungen und Entscheidungen hinreichend berücksichtigen.
Siehe / Siehe auch: Umschuldung, Zinsänderungsrisiko

GmbH

Abkürzung für: Gesellschaft mit beschränkter Haftung

GmbHG

Abkürzung für: Gesetz betreffend die Gesellschaft mit beschränkter Haftung

GMZ

Abkürzung für: Grundmietzeit

GO

Abkürzung für: Gemeinschaftsordnung im Sinne des Wohnungseigentumsgesetzes
Abkürzung für: Gemeindeordnung

GoA

Abkürzung für: Geschäftsführung ohne Auftrag

GOA

Abkürzung für: Gebührenordnung für Architekten

Golfanlagen

In der Vergangenheit gab es einen Boom an Golfanlagen, der ein gut konzipiertes Projekt angesichts der großen Nachfrage schon fast zum Selbstläufer werden ließ. Inzwischen kam es zu einer Verschiebung von einer Boom-Situation hin zu einer sukzessiven Marktsättigung, wobei es sicherlich noch Gebiete mit einem entsprechenden Bedarf gibt. Allerdings: In einer Reihe von Regionen gibt es bereits ein Überangebot und einige Golfanlagen haben Probleme.
Grund hierfür ist neben dem vermehrten Angebot an Golfanlagen auch die wirtschaftliche Situation, die teilweise potentielle Interessenten zwingt, an Freizeitvergnügen zu sparen. Gleichzeitig wird der erhebliche Landschaftsverbrauch speziell auch von Umweltschützern kritisch gesehen.

GR

Abkürzung für:
- Grundfläche
- Gewerblicher Rechtschutz und Urheberrecht

Graffiti, Entfernung

Die Entfernung von Graffiti an Hauswänden kann bei Mietobjekten nicht auf den Mieter umgelegt werden. Zwar sind die Kosten für Gebäudereinigung umlagefähig (§ 2 Nr.9 BetrKV). Graffiti werden jedoch normalerweise nicht regelmäßig angebracht. Ihre Beseitigung ist daher keine regelmäßig wiederkehrende laufende Aufwendung – nicht einmal dann, wenn die „Künstler" nach der Entfernung ihr Werk jedes Mal sofort erneuern. Es ist Sache des Eigentümers, die durch Dritte verunstaltete Mietsache wieder in ihren Normalzustand zu versetzen.
Siehe / Siehe auch: Betriebskosten

Grdgr

Abkürzung für: Grundstücksgröße

Grdst

Abkürzung für: Grundstück

GrdstVG

Abkürzung für: Grundstücksverkehrsgesetz

Grenzabstand

Siehe / Siehe auch: Abstandsfläche

Grenzbaum

Ein Baum, der von Beginn an oder im Laufe der Zeit durch sein Wachstum die Grundstücksgrenze zum Nachbargrundstück überschreitet ist ein Grenzbaum. Maßgeblich für diese Feststellung ist die Stelle des Baumes, an der er aus dem Boden tritt. Der Baum, der in der Regel wesentlicher Bestandteil des Grundstücks ist, wird zum Bestandteil zweier Grundstücke. Daraus ergibt sich, dass beide Grundstücksnachbarn Miteigentümer des Grenzbaumes sind. Auf die Wurzelverzweigung kommt es nicht an.
Da sich viele Bäume bereits oberhalb der Bodenoberfläche nach unten in das Wurzelwerk verzweigen, ist ein eindeutige Bestimmung, ob es sich um einen Grenzbaum handelt oft schwierig. Wurzel-

anläufe sollen im Gegensatz zu Wurzelausläufen noch zum „Stammfuß", auf den der Stamm aufsetzt, gerechnet werden. So jedenfalls das OLG München (Urteil vom 10.6.1992 AgrarR 1994, 27). Dabei kommt es nicht darauf an, ob der Baum durch die Grenzlinie hälftig oder nur marginal durchschnitten wird. Bei der strittig werdenden Frage, ob es sich um einen Grenzbaum handelt oder um den Baum nur eines der beiden Nachbarn entscheidet in Streitfragen ein Vermessungssachverständiger. Für Grenzbäume gilt § 923 BGB. Danach gehören jedem der beiden Grundstücksnachbarn etwaige Früchte des Baumes aber auch der gefällte Baum zur Hälfte.

Die Vorschriften sind auch für Sträucher anzuwenden. „Jeder der Nachbarn kann die Beseitigung des Baumes verlangen. Die Kosten der Beseitigung fallen den Nachbarn zu gleichen Teilen zur Last. Der Nachbar, der die Beseitigung verlangt, hat jedoch die Kosten allein zu tragen, wenn der andere auf sein Recht an dem Baume verzichtet; er erwirbt in diesem Falle mit der Trennung das Alleineigentum. Der Anspruch auf die Beseitigung ist ausgeschlossen, wenn der Baum als Grenzzeichen dient und den Umständen nach nicht durch ein anderes zweckmäßiges Grenzzeichen ersetzt werden kann" so Abs. 2. Zwar muss der Eigentümer, will er einen Grenzbaum beseitigen, die Zustimmung des anderen Nachbarn einholen.

Wird sie nicht erteilt, kann auf Zustimmung geklagt werden. Wird ein Grenzbaum ohne Zustimmung des anderen Nachbarn gefällt, besteht nur dann Aussicht, mit einer Schadensersatzklage durchzudringen, wenn die Zustimmung hätte verweigert werden können. Dies ist in der Regel aber nicht der Fall. Soweit die zivilrechtlichen Grundlagen. Öffentlich rechtlich, d.h. durch eine Baumschutzverordnung, kann allerdings die Ausübung des Rechts auf Beseitigung genehmigungsbedürftig sein. Wird die Genehmigung versagt, muss der Baum stehen bleiben. Wird der Baum dennoch gefällt, handelt es sich um eine mit Bußgeld bewehrte Ordnungswidrigkeit. Ein zivilrechtlicher Schadensersatzanspruch zu Gunsten des Nachbarn leitet sich daraus nicht ab.

Baumschutzverordnungen gibt es allerdings nicht in allen Gemeinden. Aus der Bestimmung eines Baumes als Grenzbaum ergeben sich einige notwendige Verhaltensweisen, denn beide Nachbarn sind für den Grenzbaum gleichermaßen verantwortlich. Ist der Baum sanierungsbedürftig, haben beide Grundstücksnachbarn die Kosten der erforderlichen Sanierung zu tragen. Die Grundstücknachbarn haben die Standfestigkeit des Baumes zu überwachen. Fällt der Baum etwa auf das Dach des Hauses eines der Nachbarn, muss auch der andere Nachbar einen Teil des Schadens ausgleichen, wenn er nicht vorsorglich auf sein Eigentumsrecht verzichtet hat. Die Verkehrssicherungspflicht trifft beide Nachbarn gemeinsam.

Siehe / Siehe auch: Baumkataster

Grenzregelung

Siehe / Siehe auch: Bodenordnung

Grenzstein

Als Grenzstein wird ein steinernes Grenzzeichen bezeichnet.

Siehe / Siehe auch: Grenzzeichen

Grenzsteuersatz

Der Steuertarif nennt je nach Einkommenshöhe den Grenzsteuersatz. Er liegt zwischen dem Eingangssteuersatz (von 2005 an = 15% – beginnend mit einer Überschreitung des Grundfreibetrages von 7.664 / 15.329 Euro für Ledige bzw. Verheiratete – und dem Spitzensteuersatz, von 2005 an in der „oberen Proportionalstufe" ab 52.152 / 104.304 Euro (Ledige / Verheiratete) einheitlich 42%. Der Grenzsteuersatz gibt an, wie hoch der letzte verdiente Euro steuerlich belastet wird. Die durchschnittliche Steuerbelastung fällt jedoch immer geringer aus. Der Spitzensteuersatz ist der höchstmögliche Grenzsteuersatz.

Grenzzeichen

Grenzzeichen dienen zur Markierung von Staats-, Grundstücks- oder anderen Grenzen im Gelände. Üblich sind beispielsweise Grenzsteine oder Grenzpfähle, früher wurden Grenzzeichen teilweise auch in die Rinde von Bäumen geschnitzt. Hinsichtlich ihres Materials und ihrer Ausführung sollten Grenzzeichen so beschaffen sein, dass sie eine möglichst hohe Widerstandsfähigkeit gegen unbeabsichtigte Lageveränderungen, Witterungseinflüsse und mechanische Beanspruchungen aufweisen.

Grenzzeichen wurden bereits sehr früh verwendet. Ihre bedeutende Rolle im Rechtsverkehr wird an entsprechenden Regelungen in historischen Rechtstexten deutlich. So enthielt bereits der im 13. Jahrhundert entstandene Sachsenspiegel Strafbestimmungen für das Entfernen oder Verändern von Grenzzeichen. Das Spektrum der in unterschiedlichen Rechtsordnungen angedrohten Strafmaßnahmen reichte von Geldstrafen über Stockschläge bis hin zum Landesverweis. Die häufig zitierte Strafbestimmung, der zufolge ein Grenzsteinfrevler bis zum Hals eingegraben werden und ihm danach der Kopf mit einem Pflug abgetrennt werden sollte, ist hingegen mit hoher Wahrscheinlichkeit nicht in der Praxis angewandt worden. Heute bedroht § 274 Abs. 1 (3) des Strafgesetzbuches denjenigen mit einer Freiheitsstrafe bis zu fünf Jahren oder mit Geldstrafe, der „einen Grenzstein oder ein anderes zur Bezeichnung einer Grenze oder eines Wasserstandes bestimmtes Merkmal in der Absicht, einem anderen Nachteil zuzufügen, wegnimmt, vernichtet, unkenntlich macht, verrückt oder fälschlich setzt".

Siehe / Siehe auch: Abmarkung, Feldgeschworene, Grenzstein

GrESt
Abkürzung für: Grunderwerbsteuer

GrEStDV
Abkürzung für: Durchführungsverordnung zum Grunderwerbssteuergesetz

GrEStEigWoG
Abkürzung für: Bundesgesetz zur Grunderwerbssteuerbefreiung

GrEStG
Abkürzung für: Grunderwerbsteuergesetz

GRG
Abkürzung für: Gesundheitsreformgesetz

Grillen
Häufiger Streitpunkt zwischen Nachbarn und Mietvertragsparteien ist das sommerliche Grillen. Sowohl Eigentümer als auch Mieter von benachbarten Wohnungen oder Häusern können sich nämlich mit Hilfe zivilrechtlicher Nachbarschutzvorschriften gegen störende Grillgerüche und Rauchschwaden zur Wehr setzen. Einschlägige Regelungen enthalten auch die Immissionsschutzgesetze der Bundesländer. Es kommt aber auf den Einzelfall an. Bei nur geringfügiger Belästigung muss der Nachbar Grillgerüche tolerieren. Eine Rolle spielt oft, wie im Einzelnen gegrillt wird.

Nach Ansicht der meisten Gerichte gehen von einem Elektrogrill weniger Beeinträchtigungen aus als von einem Holzkohlegrill; das Grillgut sollte in Alufolie verpackt werden.
Zur Anzahl der generell zulässigen Grillfeste pro Jahr ist die Rechtsprechung uneinheitlich. Beispiele:
- Amtsgericht Bonn: Zwischen April und September einmal im Monat, nur mit Anmeldung bei den Nachbarn 48 Stunden vorher (Az. 6 C 545/96).
- Landgericht Stuttgart: Drei Mal im Jahr (Az. 10 T 359/96).
- Bayerisches Oberstes Landesgericht: Fünf Mal im Jahr (2 Z BR 6/99).

Eine Mietvertragsklausel, die das Grillen auf dem Balkon ganz verbietet, ist zulässig (Landgericht Essen, Az.: 10 S 438/01).

Siehe / Siehe auch: Ästhetische Immissionen

GRMG
Abkürzung für: Geschäftsraummietengesetz

Großraumbüro
Ein Großraumbüro ist ein Büroraum, in dem 20 oder mehr Personen arbeiten und der bis zu mehreren hundert Quadratmetern Fläche umfassen kann. Als Vorteile dieses Bürotyps gelten die Förderung von Kommunikation und Teamarbeit, als Nachteile werden hoher Lärmpegel, akustische und visuelle Ablenkung, fehlende Rückzugsmöglichkeiten für konzentriertes Arbeiten und ein hohes Maß an sozialer Kontrolle genannt.

Siehe / Siehe auch: Gruppenbüro, Kombibüro, Zellenbüro

Großflächige Einzelhandelsbetriebe
Unter einem großflächigen Einzelhandelsbetrieb wird ein Betrieb verstanden, der Waren ausschließlich an Letztverbraucher verkauft. Die Großflächigkeit beginnt bei etwa 700 Quadratmeter Verkaufsfläche. Solche Betriebe (z.B. Verbrauchermärkte, Baumärkte, Fachmärkte, aber auch Warenhäuser) sind nur im beplanten oder unbeplanten Kerngebiet oder in für sie eigens ausgewiesenen Sondergebieten zulässig. Mehrere selbstständige (nicht großflächige) Einzelhandelsbetriebe können als ein großflächiger Einzelhandelsbetrieb angesehen werden, wenn diese Betriebe ein einheitliches Nutzungskonzept haben, bei dem die Betriebe wechselseitig von

einander profitieren. Es spricht nach § 11 Abs. 3 BauNVO die Vermutung für „schädliche Umwelteinwirkungen" solcher Betriebe, wenn sie (nach § 11 Abs. 3 BauNVO) eine Geschossfläche von ca. 1.200 Quadratmeter haben. Ihre Zulässigkeit setzt voraus, dass die sich aus der Vermutung ergebenden Bedenken ausgeräumt werden und die Betriebe sich nach Größe und Einzugsbereich in das zentralörtliche Versorgungssystem noch einfügen und die Funktionsfähigkeit der Stadtzentren nicht beeinträchtigen. Bei einer Größenordnung von etwa 5.000 Quadratmeter Geschossfläche ist eine zusätzliche Umweltverträglichkeitsprüfung erforderlich. Bei der Konzeption von großflächigen Einzelhandelsbetrieben ist die Standortanalyse von besonderer Bedeutung. Dabei sind neben ökonomischen Faktoren insbesondere auch soziodemographische Faktoren zu erkunden und zu interpretieren, nämlich die Anzahl der Haushalte, ihre soziale Stellung, das Haushaltseinkommen, die Altersstruktur der Haushaltmitglieder, die Konsumgewohnheiten und nicht zuletzt die für den Warenkonsum verfügbare Kaufkraft, die das mögliche Umsatzvolumen bestimmt sowie die Wettbewerber, die am Umsatz partizipieren."
Siehe / Siehe auch: STOMA

GrSt
Abkürzung für: Grundsteuer

GrStG
Abkürzung für: Grundsteuergesetz

Grüne Lunge
Dichte Siedlungsgebiete benötigen zur Luftreinigung und Produktion von Sauerstoff sog. grüne Lungen. Das sind Parks und Wälder die den Staub aus der Luft filtern. Messungen haben ergeben, dass 1 ha Buchenwald jährlich rund 70 t und 1 ha Fichtenwald etwa 30 t Staub aus der Luft herausfiltern können. Die Durchgrünung der Städte sorgt zusätzlich für Sauerstoff.

Grünordnungsplan
Auf der Grundlage von Darstellungen in Landschaftsplänen können Gemeinden als Bestandteil von oder im Zusammenhang mit Bebauungsplänen und für Innenbereichsflächen eine Grünordnungssatzung erlassen, die einerseits der Erhaltung naturräumlicher Flächen dient und andererseits Teilgebiete festlegt, die Anpflanzungen meist mit einheimischen Bäumen und Sträuchern vorsieht. Die Festsetzungen reichen von der genauen Bestimmung von Baumarten über die Begrünung von Vorgärten, Dächern und Fassaden bis hin zur Verwendung umweltverträglicher Lampen bei der Straßenbeleuchtung. Die begrünten bzw. zu begrünenden Flächen werden sowohl zeichnerisch festgehalten als auch in Textform festgesetzt. Erreicht werden soll eine Begrenzung der Belastung des Naturhaushaltes und der Beeinträchtigung des Landschaftsbildes. Das Plangebiet kann auch über die Baugebiete hinausreichen. Der Grünordnungsplan bezieht sich sowohl auf öffentliche Grünflächen, als auch auf private Grundstücksflächen, für die eine bestimmte Bepflanzung (in der Regel mit einheimischen Bäumen und Sträuchern) vorgesehen ist. Von besonderer Bedeutung sind im Hinblick auf Überschwemmungsgefahren durch frei in die Flüsse abfließendes Regenwasser die Festsetzungen von Wasserrückhaltebecken und Versickerflächen.
Siehe / Siehe auch: Bebauungsplan, Flächennutzungsplan (FNP), Landschaftsplan

Grundbesitzwert
Der Grundbesitzwert ist ein Steuerwert, der nach den §§ 139 und 145-150 BewG zu ermitteln ist. Die Grundbesitzwerte sind gesondert für die Erbschaftsteuer festzustellen (Bedarfsbewertung). Bei unbebauten Grundstücken beträgt der Grundbesitzwert 80% der Bodenrichtwerte, die vom Gutachterausschuss zu ermitteln und dem Finanzamt mitzuteilen sind. Bei bebauten Grundstücken ist das 12,5-fache der Jahresnettomiete anzusetzen, wobei auf den Durchschnitt der letzten 3 Jahre vor Bewertung abzustellen ist. Bei selbst genutzten Gebäuden ist die übliche Miete anzusetzen. Als Wertminderung wegen Alters ist für jedes Jahr 0,5% abzusetzen, höchstens jedoch 25%. Bei Ein- und Zweifamilienhäusern ist ein Zuschlag von 20% zu dem Wert vorzunehmen, der nach dem oben dargestellten Verfahren ermittelt wurde. Ist der Wert des Grundstücks im unbebauten Zustand höher als der Wert des bebauten Grundstücks, dann ist der Wert des unbebauten Grundstücks anzusetzen. Der Grundbesitzwert ist als Bemessungsgrundlage von Bedeutung für die Erbschaft- und Schenkungsteuer und in bestimmten Ausnahmefällen für die Grunderwerbsteuer.
Siehe / Siehe auch: Bedarfsbewertung, Erbschaft- und Schenkungsteuer

Grundbuch

Beim Grundbuch handelt es sich um ein öffentliches Register der im Grundbuchbezirk gelegenen Grundstücke und den mit ihnen verbundenen Rechten (Bestandsverzeichnis). Es dient der Dokumentation der Eigentumsverhältnisse (Abteilung I), der auf den Grundstücken ruhenden Lasten und Beschränkungen (Abteilung II) und der auf ihnen ruhenden Grundpfandrechte (Abteilung III). Für jedes „Grundstück" i.S.d. Grundbuchrechts wird ein Grundbuchblatt angelegt, das sich in die oben beschriebenen Abteilungen gliedert (Grundbuch organisiert als Realfolium).
Es kann aber auch für einen Eigentümer, der über mehrere Grundstücke verfügt ein Grundbuchblatt angelegt werden (sog. Personalfolium), solange die Übersichtlichkeit nicht darunter leidet. Nicht alle Grundstücke sind „buchungspflichtig". Zu den buchungsfreien Grundstücken zählen Grundstücke der Gebietskörperschaften (Bund, Länder, Gemeinden) sowie Grundstücke der Kirchen und Klöster. Ferner sind Grundstücke, die im Hinblick auf andere Grundstücke nur eine dienende Funktion haben, zum Beispiel Wege, die von Eigentümern mehrerer Grundstücke benutzt werden, nicht buchungspflichtig.
Das Bestandsverzeichnis enthält die Grundstücksdaten des Liegenschaftskatasters wobei häufig Flurstücke unter jeweils einer eigenen Nummer geführt werden. Durch „Zuschreibung" können aber unter einer laufenden Nummer zwei oder mehrere Flurstücke geführt werden. Darüber hinaus können „subjektiv dingliche" Rechte des jeweiligen Eigentümers eingetragen werden, z.B. das Wegerecht an einem anderen Grundstück. Ebenso werden hier Miteigentumsanteile an einem anderen Grundstück eingetragen (z.B. an gemeinsamen Zuwegen in einer Reihenhaussiedlung), das dann selbst im Grundbuch nicht erfasst ist. Abteilung I kann unrichtig werden, wenn der eingetragene Eigentümer stirbt. Der Erbe muss die Grundbuchberichtigung beantragen.
Zu den Lasten zählen Grunddienstbarkeiten, beschränkte persönliche Dienstbarkeiten, Nießbrauch, Reallasten und das Erbbaurecht. Beschränkungen sind solche, die das Verfügungsrecht des Eigentümers beschränken etwa bei Eröffnung des Insolvenzverfahrens über das Vermögen des Eigentümers. Eine Reihe von eintragungsfähigen Vermerken können ebenfalls auf Beschränkungen hinweisen, etwa der Umlegungs- und der Sanierungsvermerk. Grundpfandrechte beziehen sich auf Grundschulden, Hypotheken und Rentenschulden. Hypotheken kommen nur noch selten vor, Rentenschulden fast gar nicht. Sofern ein Grundstück „auf Rentenbasis" verkauft wird, dient als Absicherungsmittel nicht die „Rentenschuld", sondern die Reallast.
Neben dem Grundbuch für Grundstücke gibt es das Erbbaugrundbuch, das Wohnungs- und Teileigentumsgrundbuch sowie das Wohnungserbbaugrundbuch, (bzw. Teileigentumserbbaugrundbuch) und das Berggrundbuch, das dem Nachweis des Bergwerkeigentums dient (einem Recht des Aufsuchens und der Gewinnung von Bodenschätzen). Erbbau- und Berggrundbücher sind Grundbücher für grundstücksgleiche Rechte. Alle Grundbucharten haben die gleiche Einteilungsstruktur. Im Bestandsverzeichnis des Erbbaugrundbuchs ist anstelle des Grundstücks das Erbbaurecht, beim Wohnungsgrundbuch / Teileigentumsgrundbuch der Miteigentumsanteil am gemeinschaftlichen Eigentum, das Grundstück und das dazugehörende Sondereigentumsrecht und dessen Beschränkungen durch die anderen Wohnungsgrundbücher eingetragen.
Zu Sicherung des in der ehemaligen DDR entstandenen Gebäudeeigentums und Nutzungsrechts wurde das Institut des Gebäudegrundbuchs eingerichtet, das dem Erbbaugrundbuch nachgebildet ist. Das Gebäudeeigentum selbst wird im Grundbuch des Grundstücks, auf dem das Gebäude steht, als Belastung eingetragen. Einsicht in das Grundbuch kann jeder nehmen, der ein berechtigtes Interesse darlegt (etwa auch der Makler, der einen schriftlichen Makler-Verkaufsauftrag vorlegen kann). Das Einsichtsrecht bezieht sich auch auf die Grundakte, in denen die Dokumente enthalten sind, die zu den Eintragungen im Grundbuch gehören (z.B. notarieller Kaufvertrag). Durch Einführung des automatisierten Abrufverfahrens im Rahmen der Datenfernübertragung können mit Genehmigung der Länderjustizverwaltungen Gerichte, Behörden, Notare öffentlich bestellte Vermessungsingenieure und an dem Grundstück dinglich berechtigte Kreditinstitute sich auf einfachem Wege Grundbuchabschriften besorgen.

Siehe / Siehe auch: Grunddienstbarkeit, Beschränkte persönliche Dienstbarkeit, Nießbrauch (Wohnungseigentum), Reallast, Erbbaurecht, Erbbaugrundbuch, Wohnungs- und Teileigentumsgrundbuch, Wohnungserbbaugrundbuch

Grundbuchamt

Das Grundbuchamt ist eine Behörde der freiwilligen Gerichtsbarkeit, die die Grundbücher führt. Sie ist beim zuständigen Amtsgericht angesiedelt. In Baden Württemberg obliegt die Führung des Grundbuchs teilweise noch den „Bezirksnotaren". Grundlage für die Führung des Grundbuchs ist die Grundbuchordnung.

Grundbuchberichtigungszwang

Der Zwang zur Grundbuchberichtigung besteht für das Grundbuchamt nur dann, wenn die Eintragung des Eigentümers in der ersten Abteilung des Grundbuches durch Rechtsübergang außerhalb des Grundbuches falsch geworden ist, z.B. nach dem Tod des Eigentümers, der im Grundbuch steht. In solch einem Fall kann das Grundbuchamt den Erben durch Verfügung aufgeben, die Berichtigung zu beantragen.

Grundbuchordnung

Die Grundbuchordnung regelt den Inhalt und die Führung des Grundbuches sowie die Tätigkeit der Grundbuchämter. Das 1897 entstandene Gesetz wurde zuletzt am 26.5.1994 neu gefasst und seitdem bereits wieder geändert. Nach der Grundbuchordnung kann das Grundbuch gebunden oder als Loseblattsammlung geführt werden. Jedem Grundstück ist ein Grundbuchblatt zuzuteilen; über mehrere Grundstücke des gleichen Eigentümers im gleichen Grundbuchbezirk kann ein gemeinschaftliches Grundbuchblatt geführt werden.

Die Bundesländer sind durch § 126 GBO dazu ermächtigt, eigene Rechtsverordnungen zu erlassen, nach denen die Grundbücher als reine EDV-Dateien geführt werden können. Die GBO enthält verschiedene Regelungen zur Führung „maschineller" Grundbücher. Eine ergänzende Regelung zur GBO ist die Grundbuchverfügung (GBV).

Siehe / Siehe auch: Grundbuchverfügung

Grundbuchverfügung

Die Grundbuchverfügung (GBV) ist eine Verordnung zur Durchführung der Grundbuchordnung (GBO). Die 1995 erlassene bundesweit gültige Regelung definiert u.a. den Begriff der Grundbuchbezirke und legt äußere Form und Aufbau des Grundbuches fest. Nach § 4 der GBV besteht jedes Grundbuchblatt aus der Aufschrift, dem Bestandsverzeichnis und drei Abteilungen. Der oder die Eigentümer werden neben anderen Angaben in der ersten Abteilung eingetragen. Die Belastungen des Grundstücks mit Ausnahme von Hypotheken, Grundschulden und Rentenschulden, einschließlich der sich auf diese Belastungen beziehenden Vormerkungen und Widersprüche, sowie Beschränkungen des Verfügungsrechts des Eigentümers, sowie das Eigentum betreffende Vormerkungen und Widersprüche finden sich in der zweiten Abteilung.

In der dritten Abteilung werden u.a. Hypotheken, Grundschulden und Rentenschulden einschließlich der sich auf diese Rechte beziehenden Vormerkungen und Widersprüche vermerkt.

Siehe / Siehe auch: Grundbuch, Grundbuchordnung

Grunddienstbarkeit

Die Grunddienstbarkeit ist das dingliche Absicherungsmittel eines Rechts an einem Grundstück („dienendes Grundstück"), das dem jeweiligen Eigentümer eines anderen Grundstücks („herrschendes Grundstück") zusteht. Das Recht kann ein beschränktes Nutzungsrecht des jeweiligen Eigentümers des herrschenden Grundstücks sein (z.B. Geh- und Fahrtrecht) oder eine Duldungspflicht des jeweiligen Eigentümers des belasteten Grundstücks (z.B. Duldung einer Grenzbebauung) oder der Ausschluss eines Rechts des jeweiligen Eigentümers des belasteten Grundstücks (z.B. des Betriebs eines bestimmten Gewerbes). Die Grunddienstbarkeit kann ohne Zustimmung des Berechtigten nicht gelöscht werden und muss von einem Grundstückserwerber übernommen werden. In der Regel besteht sie „ewig", wenn nicht eine zeitliche Beschränkung vorgesehen ist. Ein mit einer Grunddienstbarkeit belastetes Grundstück bedeutet eine mehr oder weniger starke Beeinträchtigung und ist bei der Ermittlung des Verkehrswertes wertmindernd zu berücksichtigen.

Siehe / Siehe auch: Verkehrswert

Grunderwerbsnebenkosten

Beim Grundstückserwerb hat der Grundstückserwerber neben dem Kaufpreis Erwerbsnebenkosten in seine Kalkulation mit einzubeziehen. Man spricht auch von Transaktionskosten.
Im Einzelnen zählen dazu

- Notarkosten für die Beurkundung des Grundstückskaufvertrages. Grundlage für deren Berechnung ist die Kostenordnung. Kosten, die für die Beurkundung von Grundpfandrechten

entstehen, zählen nicht zu den Grunderwerbskosten, sondern zu den Kosten der Kaufpreisfinanzierung.
- Kosten, die durch die Eintragung und Löschung von Auflassungsvormerkungen im Grundbuch entstehen und die Kosten der Eigentumsumschreibung.
- die Grunderwerbsteuer nach dem GrEStG, die sich auf den Kaufpreis für das Grundstück (ohne Zubehör) beziehen. Einbezogen wird auch der Wert der vom Käufer übernommenen sonstigen Leistungen und der dem Verkäufer vorbehaltenen Nutzungen. Der Grunderwerbsteuersatz beträgt derzeit 3,5%, in Berlin 4,5%. Übernimmt der Erwerber eine vom Verkäufer geschuldete Maklerprovision, unterliegt auch diese der Grunderwerbsteuer.
- die Maklerprovision, die der Erwerber zu bezahlen hat. In der Regel beträgt sie 3% des Kaufpreises zuzüglich Umsatzsteuer, in einigen Bundesländern auch 5% plus MwSt.).
- Kosten die im Zusammenhang mit einer erforderlich werdenden Grundstücksvermessung, wenn sie vertraglich vom Käufer übernommen werden.

Alle Erwerbsnebenkosten zusammen genommen können bis zu 9% betragen. Streng genommen müssten auch alle „Suchkosten" und die für die Objektsuche aufgewendete Zeit zu den Grunderwerbsnebenkosten zählen.
Nicht zu den Grunderwerbsnebenkosten zählen Erschließungsbeiträge, Kosten von Baugrunduntersuchungen oder Kosten, die im Zusammenhang mit der Bodenordnung entstehen.
Siehe / Siehe auch: Grunderwerbsteuer, Grundstück, Zubehör, Erschließung - Erschließungsbeitrag, Bodenordnung, Neue Ökonomie

Grunderwerbsteuer

Die Grunderwerbsteuer ist eine besondere Umsatzsteuer auf Grundstücksumsätze. Erfasst werden Umsatzvorgänge aller Art. Es gibt jedoch Ausnahmen von der Besteuerung, z.B. unentgeltliche Grundstücksüberlassungen und das Vererben von Grundstücken. Bemessungsgrundlage ist regelmäßig der „Wert der Gegenleistung" und nur in wenigen Ausnahmefällen des „Wert des Grundstücks", der dann nach den gleichen Vorschriften berechnet wird, wie der für die Erbschaft- und Schenkungsteuer relevante Grundbesitzwert.

Grundstücksverkäufe unterliegen nicht der Umsatzsteuer. Es kann jedoch zur Umsatzsteuer optiert werden. Dann unterliegt die Umsatzsteuer selbst nicht der Grunderwerbsteuer. Der Wert der Gegenleistung ist beim Kaufvertrag der Kaufpreis einschließlich aller dem Verkäufer vorbehaltenen Nutzungen (z.B. weiteres unentgeltliches Wohnungsrecht) und vom Erwerber über den Kaufpreis hinaus zu erbringenden weiteren Leistungen (z.B. Übernahme einer vom Verkäufer geschuldeten Maklergebühr). Die vom Käufer anteilig übernommene Instandhaltungsrücklage gehört nicht zur Bemessungsgrundlage zur Grunderwerbsteuer. Tipp: Es lohnt sich eventuell eine Aufteilung des Kaufpreises im Kaufvertrag. Beim Tauschvertrag ist es der Wert der Tauschleistung. Werden zwei Grundstücke getauscht, handelt es sich um zwei Grunderwerbsvorgänge. Weitere grunderwerbsteuerpflichtige Erwerbsvorgänge sind das Meistgebot im Zwangsversteigerungsverfahren, die Vergabe eines Erbbaurechts, die Enteignung von Grundstücken und jede weitere Erwerbsart, die wirtschaftlich einem Grundstücksumsatz gleichkommt. Dazu zählt vor allem die Einräumung von faktischen Verfügungsrechten über Grundstücke, ohne dass damit im rechtlichen Sinne ein Erwerbsvorgang verbunden ist.
Grunderwerbsteuer fällt auch an, wenn in bestimmtem Umfang Anteile an einer Personengesellschaft, zu deren Vermögen inländische Grundstücke gehören, veräußert werden. Innerhalb eines Zeitraums von 5 Jahren müssen dabei mindestens 95% der Gesellschaftsanteile veräußert worden sein. Behält der ursprüngliche Gesellschafter 5,01% über die 5 Jahre hinaus, greift die Vorschrift nicht. Diese ist für Veräußerungsfälle nach dem 31.12.1996 anzuwenden. Die früher für Grundbesitz haltende Gesellschaften (juristische Personen) geltende Regel, dass sich die Gesellschaftsanteile vollständig in der Hand des Erwerbers vereinigen müssen, wurde mit Wirkung zum 1.1.2000 dahin verschärft, dass es auch hier genügt, wenn mindestens 95% sich in der Hand des Erwerbers oder in der Hand von herrschenden und abhängigen Unternehmen bzw. Personen allein vereinigen würden. In solchen Fällen ist nicht der Wert der Gegenleistung, sondern der Wert des Grundstücks (Grundbesitzwert und nicht mehr Einheitswert!) Bemessungsgrundlage. Die Grunderwerbsteuer beträgt bisher einheitlich in der Bundesrepublik 3,5%. Im Rahmen der Föderalismusreform wur-

de durch Änderung des Grundgesetzes die Hoheit zur Festsetzung des Steuersatzes auf die einzelnen Länder übertragen, so dass die Einheitlichkeit aufgegeben worden ist. Der für die Grunderwerbsteuer maßgebliche Grundstücksbegriff entspricht der bürgerlich rechtlichen Grundstücksdefinition. Ein mitveräußertes Zubehör unterliegt deshalb nicht der Grunderwerbsteuer. Allerdings ist im Kaufvertrag ein entsprechender Antrag an das Finanzamt zu stellen und der Wert des Zubehörs zu beziffern. Das gleiche gilt für alle mitveräußerten beweglichen Gegenstände, die nicht Zubehör sind. Verkäufer und Käufer sind hinsichtlich der Grunderwerbsteuer dem Finanzamt gegenüber Gesamtschuldner. In der Kaufvertragsurkunde wird aber in der Regel bestimmt, dass der Käufer die Grunderwerbsteuer zu zahlen hat.

Wird ein Erwerbsvorgang rückgängig gemacht (z.B. Rücktritt von einem Kaufvertrag) wird auf Antrag eine bereits bezahlte Grunderwerbsteuer zurückerstattet. Ausgenommen von der Besteuerung sind unter Anderem Erwerbsvorgänge, die der Erbschaft- und Schenkungsteuer unterliegen, Erwerbsvorgänge zwischen Verwandten 1. Grades und deren Ehegatten, Erwerbsvorgängen zwischen Ehegatten, auch wenn sie geschieden sind und der Erwerb der Vermögensauseinandersetzung dient. Grunderwerbsteuer fällt auch dann nicht an, wenn der Wert der Gegenleistung 2.500 Euro nicht übersteigt.

Siehe / Siehe auch: Grundbesitzwert, Einheitswert, Wohnungsrecht

Grundfläche nach DIN 277/1973/87

Die Norm wird angewendet für Bauwerke (nicht zu verwechseln mit der Grundfläche der BauNVO). Ausgegangen wird von der Bruttogrundfläche (BGF) = die Summe der Grundflächen aller Grundrissebenen ohne nicht nutzbare Dachflächen. Die Konstruktionsfläche bezeichnet den Teil der BGF, der durch „aufgehende Bauteile" (Wände, Pfeiler usw.) überdeckt ist. Die Nettogrundfläche ist der Flächenrest, der verbleibt, wenn von der BGF die KGF abgezogen wird. Die Nutzfläche (die sich noch in Haupt- und Nebennutzflächen aufteilt) ist der Teil der NGF, der der Zweckbestimmung des Bauwerkes dient. Die Funktionsfläche stellt den Teil der NGF dar, der der Unterbringung zentraler betriebstechnischer Anlagen dient (z.B. Heizraum). Die Verkehrsfläche dient dem Zugang zu den Räumen und dem Verkehr innerhalb des Bauwerkes einschl. Fluchtwege. Hieran anknüpfend wurden speziell für Büroflächen und für Handelsflächen Richtlinien entwickelt, die die Terminologie der DIN 277 – Grundflächen und Rauminhalte – weitgehend übernimmt.

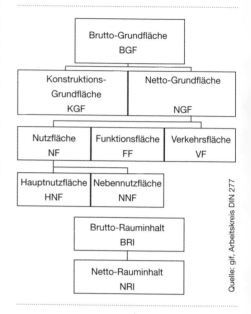

Siehe / Siehe auch: Flächendefinition (außerhalb DIN und II BV)

Grundflächenzahl (GRZ) - zulässige Grundfläche (GR)

Die Grundflächenzahl ist das Maß der baulichen Nutzung, auf das bei Festsetzungen im Bebauungsplan nicht verzichtet werden kann. Die Grundflächenzahl gibt an, wie viel m² Grundfläche eines Baugrundstücks mit baulichen Anlagen überdeckt werden darf. Beträgt sie etwa 0,4, dann besagt dies, dass von einem 1.000 m² großen Grundstück 400 m² überbaut werden dürfen. Für Garagen und Nebenanlagen einschließlich Zufahrten dürften noch weitere 50% der 400m² „baulich" genutzt werden. Die durch bauliche Anlagen versiegelte Bodenfläche beträgt in diesem Fall 600 m². Im Interesse der Vermeidung einer zu starken Bodenversiegelung gibt es eine Kappungsgrenze, die bei 80% liegt. Wenn in dem genannten Beispiel eine GRZ von 0,7 festgesetzt wäre, dann müssen mindestens 20% des Baugrundstücks von baulichen

Anlagen freigehalten werden. Für Garagen und Nebenanlagen stünden dann nur noch 100 m² zur Verfügung. Die Gemeinde ist bei Festsetzung der GRZ an baugebietsabhängige Höchstmaße gebunden. Sie schwanken zwischen 0,2 für Kleinsiedlungs- und Wochenendhausgebieten und 1,0 in Kerngebieten. Bei reinen und allgemeinen Wohngebieten beträgt das Höchstmaß 0,4, bei besonderen Wohngebieten sowie Dorf- und Mischgebieten 0,6 und bei Gewerbe- und Industriegebieten schließlich 0,8. Von der zulässigen Grundfläche ist die „überbaubare Grundstücksfläche" zu unterscheiden. Siehe hierzu das Stichwort „Baufenster". Die Grundflächenzahl wird im Bebauungsplan als Planungssymbol einfach als Dezimalbruch dargestellt: 0,4. Andere Darstellungsform: GRZ 0,4. Alternativ zur GRZ kann auch die zulässige Grundfläche (GR) in einer absoluten Zahl dargestellt werden, z.B. GR = 400.
Siehe / Siehe auch: Bodenversiegelung

Grundlagenermittlung

Die Grundlagenermittlung ist die 1. Leistungsphase nach § 15 der HOAI (Honorarordnung für Architekten und Ingenieure), die mit 3% des gesamten Honorars bewertet wird. Der beauftragte Architekt kümmert sich um die erforderlichen Unterlagen und ermittelt die Wünsche des Bauherrn, um die Bauaufgabe in ihrer Gesamtheit erfassen zu können.Informationen des Katasteramtes oder Vorgaben des Bebauungsplanes müssen eingeholt werden. Ist dieser Prozess abgeschlossen, wird ein Vorentwurf entwickelt, und mit der Vorplanung tritt die zweite Leistungsphase der HOAI ein.
Siehe / Siehe auch: Bebauungsplan, Entwurfsplanung, Leistungsphasen, Vorplanung

GrundMV

Abkürzung für: Grundmietenverordnung

Grundpfandrecht

Grundpfandrechte ist der Oberbegriff für dingliche Verwertungsrechte an einem Grundstück. Gesetzlich geregelt in den §§ 1113-1203 BGB. Dazu gehören:
- Hypothek (ein Grundstück wird in der Weise belastet, dass an den, zu dessen Gunsten die Belastung erfolgt, eine bestimmte Geldsumme zur Befriedigung wegen einer ihm zustehenden Forderung aus dem Grundstück zu zahlen ist)
- Grundschuld (ein Grundstück wird in der Weise belastet, dass an den, zu dessen Gunsten die Belastung erfolgt, eine bestimmte Geldsumme aus dem Grundstück zu zahlen ist)
- Rentenschuld (Grundschuld, bei der in regelmäßigen Intervallen eine bestimmte Geldsumme aus dem Grundstück zu zahlen ist).

Ihr Zweck besteht in der Sicherung von Krediten. Der Gläubiger kann den geschuldeten Betrag notfalls im Wege der Zwangsversteigerung aus dem Grundstück zurückbekommen. Inhaber von Grundpfandrechten besitzen dabei eine bevorzugte Stellung. Die Praxis bevorzugt heute die Grundschuld und nicht mehr die Hypothek. Allerdings sind die Rechtsvorschriften zur Hypothek auf die Grundschuld anzuwenden.
Alle Grundpfandrechte
- sind dingliche Verwertungsrechte
- belasten das Grundstück unabhängig von dessen Eigentümer
- sind nur mit Grundbucheintragung wirksam
- unterliegen den Grundsätzen über den Rang der Rechte.

Siehe / Siehe auch: Grundschuld, Hypothek, Rentenschuld

Grundpreis

Nach der Preisangabenverordnung (PangV) ist neben dem Endpreis seit 1. Sept. 2000 beim Anbieten von Waren der Grundpreis anzugeben. Es handelt sich dabei um den Preis für eine bestimmte Mengeneinheit nämlich für 1 Kilogramm, 1 Liter, 1 Kubikmeter, 1 Meter oder 1 Quadratmeter. Die Pflicht gilt auch dann, wenn mit Waren unter Angabe von Preisen geworben wird. Obwohl auch Grundstücke nach der PangV unter den Warenbegriff fallen, ist nach Einschätzung des Bundeswirtschaftsministeriums diese Vorschrift auf Immobilien nicht anzuwenden.

Grundrente (Bodenrente)

Als Grundrente bezeichnet man den Ertrag des Produktionsfaktors Boden. Die Grundrententheorie geht davon aus, dass der Bodenertrag ein Residuum darstellt, das sich ergibt, wenn von dem Gesamtertrag der Produkte eines Unternehmens der Arbeitslohn, Kapitalzins, die Risikoprämie und der Lohn für den Unternehmer abgezogen wird. Die Grundrententheorie, die von David Ricardo (1772–1823) entwickelt wurde, bezog sich ursprünglich ausschließlich auf landwirtschaftlich genutzte Böden. Der Preis für landwirtschaftliche Produkte bestimmt sich danach durch das Produktionsergebnis, das auf dem Boden erzielt wird, der gerade noch erforderlich ist, damit die Nachfrage nach diesen Produkten (z.b. Getreide) befriedigt wird. Diesem „Grenzboden" fließt keine Grundrente mehr zu. Noch schlechtere Böden werden nicht mehr bewirtschaftet. Bei Böden, die aber im Vergleich zum Grenzboden eine bessere Lage, eine bessere Bodenqualität oder Vorteile bei einer besseren Nutzungsintensität aufweisen, entsteht in unterschiedlich hohem Maße eine Grundrente, die dem Bodeneigentümer zufließt. Böden mit unterschiedlicher Lagegunst führen zu unterschiedlichen Bewirtschaftungsvorteilen, die sich als „Lagebodenrente" niederschlagen. Ähnliches gilt für Böden mit unterschiedlicher Qualität (natürliche Ertragskraft) und Vorteile die sich durch unterschiedliche Intensität der Bewirtschaftung ergeben. Sofern in einer Volkswirtschaft mehr Böden benötigt würden, als vorhanden sind, um mit den erzeugten Produkten die Nachfrage zu befriedigen, würde auch dem Grenzboden eine Rente zufließen, die als absolute Bodenrente (Knappheitsrente) bezeichnet wird. Einer, der deutschen Vertreter der Grundrententheorie, der besonders den Teilbereich der Lagebodenrenten in ein theoretisches Modell gekleidet hat, war Heinrich von Thünen (1783-1850).

Das Prinzip der Grundrententheorie wurde später auf den städtisch genutzten Boden übertragen (u.a. von Friedrich von Wieser (1851-1926). Die besondere Knappheit des städtischen Baubodens führt bereits zu Beginn der Baulandproduktion zu einer absoluten Bodenrente. Unterschiede in der Lage und dem zulässigen Maß der Nutzung führen darüber hinaus zu einer Differenzierung dieser Rente. Je besser die Lage und je höher das Nutzungsmaß, desto größer die Vorteile, die der Boden dem Eigentümer gewährt. Allerdings handelt es sich nicht um Differentialrenten, sondern um objektindividuelle „Aufgelder", die wegen der zunehmenden Knappheit besser werdender Lagen und besser nutzbarer Grundstücke Hauseigentümern zufließen, ohne dass dem Investitionskosten gegenüberstünden. Die qualitative Komponente („Qualitätsbodenrente") schlägt sich positiv im zunehmenden Entwicklungszustand des Bodens (Bauerwartungsland – Rohbauland – Baugrundstück) nieder, wobei allerdings ein Teil dieser Rente in Form von Erschließungsbeiträgen an die Gemeinde abgeführt wird. Andererseits können qualitative Beeinträchtigungen des Baubodens zu einer Reduktion oder gar Eliminierung der Bodenrente führen. Es handelt sich um Böden, die besondere Zusatzinvestitionen im Hinblick auf das zu errichtenden Gebäude erfordern. Beispielhaft seien folgende Fallgestaltungen angeführt:

- Kosten für besondere Fundierungsmaßnahmen, weil der Boden eine geringe Konsistenz aufweist, (z.B. bei Wallaufschüttungen)
- Erhöhte Kosten bei der Sicherung des Kellergeschosses gegen Grundwassereintritt, weil ein hoher Grundwasserpegel gegeben ist,
- Kosten für die Bodensanierung, wenn Altlasten festgestellt werden usw.

Die Grundrententheorie rief in der Vergangenheit vielfältige Kritik am Bodeneigentum hervor. Die Grundrenten gelten als „unverdientes Einkommen", das durch entsprechende Ausgestaltung von Steuern (Wertzuwachssteuer, Grundrentenabgabe, Grundsteuer, usw.) dem Staat zufließen soll.

Dem steht die Erkenntnis gegenüber, dass in den sozialistischen Ländern, in denen das Eigentum an Grund und Boden ausschließlich oder teilweise zum „Eigentum des Volkes" erklärt wurde, ein rascher Verfall der volkswirtschaftlichen Immobiliensubstanz wegen des völligen Fehlens eines privaten Eigentumsinteresses einsetzte. So wurden etwa in der früheren DDR die Mieten (als Ausdruck „kapitalistischen Eigentums") eingefroren und damit die Ausschöpfung von Grundrenten für die Erhaltung der Gebäude unterbunden. Die Grundrententheorie gilt heute noch als eine bisher unwiderlegte Erklärungsgrundlage für die Bodenpreisbildung.

Grundriss

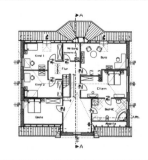

Der Grundriss ist das wichtigste Element der Bauzeichnung, die sich auf die Darstellung eines Geschosses bezieht. Maßstab ist in der Regel 1:100. Daneben gehören zur Bauzeichnung Schnitte (mit Treppenhaus), Ansichten und Lageskizzen.

Grundsätze und Richtlinien für Wettbewerbe auf den Gebieten der Raumplanung, des Städtebaus und des Bauwesens (GRW)

Die Grundsätze und Richtlinien für Wettbewerbe auf den Gebieten der Raumplanung, des Städtebaus und des Bauwesens (GRW) regeln die Durchführung von Architektenwettbewerben, Kombinierten Wettbewerben und Investorenwettbewerben. Zurzeit gelten die GRW 1995 in der Fassung vom 22.12.2003. Für die Einhaltung der GRW und Fragen, die in diesem Zusammenhang bei Wettbewerbsverfahren auftreten können, sind die Wettbewerbsreferenten der jeweiligen Architektenkammern zuständig. Wettbewerbsverfahren nach GRW sind mit ihnen abzustimmen.

Siehe / Siehe auch: Architektenwettbewerb, Kombinierter Wettbewerb, Investorenwettbewerb

Grundschuld

Die Grundschuld ist das heute bei weitem häufigste dingliche Absicherungsmittel für Immobiliendarlehen. Überwiegend handelt es sich dabei um Buchgrundschulden. Ihrem Charakter nach ist die Grundschuld eine Sicherungsgrundschuld. Dabei steht als Sicherungszweck ein Darlehen im Vordergrund. Abgesichert werden aber könnte auch die Erbringung einer Leistung durch den Schuldner. Die Grundschuld muss allerdings betragsmäßig beziffert werden. In einer Zweckbestimmungserklärung gegenüber dem Gläubiger muss der Eigentümer klarstellen, welchen Sicherungszweck die Grundschuld erfüllen soll.

Die Grundschuld gewährt dem jeweiligen Gläubiger das Recht der „Befriedigung aus dem Grundstück". Das kann geschehen durch Beschlagnahme von Mieten, durch Zwangsverwaltung oder Zwangsversteigerung. Die Befriedigung erfolgt jedoch lediglich „aus" dem Grundstück. Das heißt, dass der Gläubiger gegen den Schuldner keinen direkten Leistungsanspruch hat, sondern nur das Grundstück dafür haftet, dass die Forderungen gegen den Schuldner aus den Erträgen des Grundstückes oder aus dessen Verwertung beglichen werden. Will der Schuldner eine derartige Verwertung seines Grundstückes vermeiden, muss er die Forderungen aus seinem sonstigen Vermögen begleichen. Der Hauptunterschied zwischen Grundschuld und Hypothek besteht darin, dass die Grundschuld vom Bestand einer schuldrechtlichen Forderung unabhängig (abstrakt) ist. Einer eingetragenen Grundschuld muss nicht einmal eine Forderung zugrunde liegen. So kann sich z.B. der Eigentümer eines Grundstückes durch erstrangige Eintragung einer Eigentümergrundschuld Rangstelle und Kreditschaffungsmöglichkeiten sichern. Eine im Grundbuch eingetragene Grundschuld kann auch wiederholt für Darlehen verwendet werden. Grundschulden können auch in bestimmten ausländischen Währungseinheiten (Dollar, englische Pfund, Schweizer Franken) und natürlich auch in Euro eingetragen werden.

Grundsteinlegung

Die Grundsteinlegung findet in der Regel statt, wenn das Ausheben der Baugrube beendet ist und die eigentlichen Bauarbeiten beginnen. Am Vermauern des Grundsteines beteiligen sich Vertreter des Bauherrn, des öffentlichen Lebens sowie der am Bau beteiligten Gewerke mit symbolischen Hammerschlägen und guten Wünschen für den erfolgreichen Fortgang des Projekts. Die Grundsteinlegung spielt meist eine zentrale Rolle innerhalb des Baustellenmarketings.

In den Grundstein wird meist eine so genannte Grundsteinkapsel eingelassen, die mit Zeitzeugnissen aus der Bauzeit gefüllt wird. Dazu zählen neben Urkunden, Plänen und anderen Dokumenten, die sich auf das Projekt beziehen, auch Tageszeitungen oder Münzen. Häufig wird in der Nähe des Grundsteines oder an einer anderen markanten Stelle des neuen Gebäudes eine Tafel oder Plakette angebracht, deren Inschrift an das Datum der Grundsteinlegung und der daran Beteiligten erinnert. Insbesondere bei kleineren Projekten wird die Grundsteinlegung oft auch zusammen mit dem ersten Spatenstich gefeiert.

Siehe / Siehe auch: Baufeste, Baustellenmarketing, Erster Spatenstich, Richtfest

Grundsteuer

Die Grundsteuer ist eine dauernde Gemeindeabgabe auf Grundbesitz. Die Ermittlung der Grundsteuer erfolgt in einem dreistufigen Verfahren. In der ersten Stufe wird der Einheitswert des Grundbesitzes festgestellt. Dieser wird mit der Grundsteuermesszahl multipliziert. Auf der Grundlage des so berechneten Steuermessbetrags bestimmt die Gemeinde durch eine Satzung, mit welchem Hundertsatz (Hebesatz) sie die Grundsteuer festsetzt. Aufgrund dieses Verfahrens kann die Grundsteuer je nach Wohngemeinde für vergleichbare Objekte unterschiedlich hoch ausfallen.

Beispiel für eine Grundsteuerfestsetzung:

Einheitswert für eine Eigentumswohnung = 50.000 Euro
Grundsteuermessbetrag (3,5 Promille von 50.000 Euro) = 175 Euro
Hebesatz = 310%
Grundsteuer (Berechnung: 175 Euro x 310%) = 542,50 Euro

Diese so ermittelte Grundsteuer wird dem jeweiligen Grundstückseigentümer von Seiten der Gemeinde jährlich in Rechnung gestellt. Die Grundsteuer ist, mit Ausnahme von Kleinbeträgen, vierteljährlich fällig.
Ist der Ertrag, ausgehend vom „normalen Rohertrag", um mehr als 20% gemindert wird die Steuerschuld auf Antrag um 80% der auf die Minderung entfallenden Steuer ermäßigt. Die Ermäßigung kommt nur in Betracht, wenn die Ertragsminderung nicht vom Steuerschuldner zu vertreten ist. Laut Auffassung der Verwaltungsgerichte gilt diese Erlassmöglichkeit jedoch nicht für strukturellen Leerstand. Der Erlass ist auf Antrag zu gewähren. Die Antragsfrist bis zum 31.3. des jeweiligen Folgejahres ist zubeachten.
Zur Zeit werden Pläne zur Umgestaltung der derzeitigen Grundsteuer vom bisherigen Typ einer ertragsorientierten Grundsteuer in den Typ einer wertsubstanzorientierten Grundsteuer diskutiert.

Es gibt drei verschiedene Versionen für eine neue Grundsteuer

- Beschränkung der Grundsteuer auf den reinen Bodenwert (Bodenwertsteuer). Die Grundsteuerlast verschiebt sich dann bei bebauten Grundstücken von Grundstücken mit niedrigem Bodenwertanteil (bisher hoch belastet) auf Grundstücke mit hohem Bodenwertanteil (bisher niedrig belastet). Basis für die Berechnung wären die Bodenrichtwerte der Gutachterausschüsse.
- Vom Deutschen Städtetag favorisiert: Grundsteuer auf den Bodenwert auf der Grundlage der Bodenrichtwerte zuzüglich pauschalierter Gebäudewertsteuer (z.B. Pauschalansatz pro Quadratmeter Wohnfläche).
- Grundsteuer auf einer vom Wert der Grundstücke unabhängigen Bemessungsgrundlage. Z.B. Grundstücksfläche bei unbebauten Grundstücken, Wohn- / Nutzfläche bei bebauten Grundstücken. Diese Flächen werden mit jeweils unterschiedlichen Grundsteuerzahlen multipliziert.

Siehe / Siehe auch: Grundsteuermesszahl

Grundsteuermesszahl

Die Grundsteuermesszahl dient der Berechnung des Grundsteuermessbetrags. Dieser ist durch Anwendung eines Tausendsatzes (Steuermesszahl) auf den Einheitswert oder des nach dem Bewertungsgesetz maßgebenden Wertes zu ermitteln. Sie richtet sich nach der Grundstücksart. Nach dem Grundsteuergesetz sind folgende Werte anzusetzen:

- Betriebe der Land- und Forstwirtschaft: 6 Promille
- Bebaute und unbebaute Grundstücke allgemein: 3,5 Promille, davon ausgenommen
- Einfamilienhäuser bis 38.346,89 Euro Einheitswert: 2,6 Promille
- Einfamilienhäuser für den Teil des Einheitswerts, der über 38.346,89 Euro hinausgeht: 3,5 Promille
- Zweifamilienhäuser: 3,1 Promille

Grundstück

Unter einem Grundstück versteht man im Rechtssinne einen abgegrenzten Teil der Erdoberfläche, der im Grundbuch eine Stelle (Grundbuchblatt)

hat oder im Falle von buchungsfreien Grundstücken haben könnte. Es kann aus einem oder mehreren Flurstücken bestehen. Nicht das Grundbuch, sondern das Liegenschaftskataster ist nach der Grundbuchordnung das amtliche Grundstücksverzeichnis. Veränderungen im Grundstücksbestand werden nach einer entsprechenden Berichtigung des Katasters vom Grundbuch übernommen. Die Nutzungsart ist für die rechtliche Definition des Grundstücks nicht relevant.

Im immobilienwirtschaftlichen Sinne handelt es sich bei Grundstücken dagegen um Standorte für Haushalte, Betriebe und Bauwerke öffentlich rechtlicher Körperschaften. Wesentliche Bestandteile eines Grundstücks sind alle mit ihm festverbundenen Sachen, insbesondere Gebäude, sowie Erzeugnisse des Grundstücks, solange sie mit dem Boden zusammenhängen (§ 94 BGB). Eine Ausnahme bildet das siehe Erbbaurecht. Dieses zählt zu den „grundstücksgleichen" Rechten. Wesentliche Bestandteile eines Gebäudes – und damit des Grundstücks – sind alle damit festverbundenen Einrichtungen bei deren Entfernung das Gebäude beschädigt oder in seinem Wesen verändert würde. Wurde vom Mieter eines Grundstücks aufgrund einer Vereinbarung mit dem Grundstückseigentümer für die Dauer der Mietzeit ein Gebäude darauf errichtet oder hat ein Bauunternehmer auf dem Baugrundstück des Bauherrn eine winterfeste Bauhütte errichtet, handelt es sich um einen sog. „Scheinbestandteil" (§ 95 BGB). Unterscheidungskriterium für die Beurteilung, ob ein wesentlicher oder ein Scheinbestandteil vorliegt ist die Antwort auf die Frage, ob die feste Verbindung mit dem Boden auf Dauer oder nur vorübergehend gewollt ist.

Dies ergibt sich oft aus Verträgen. Wird ein Grundstück verkauft, gilt im Zweifel das Zubehör als mitverkauft. Beim Zubehör handelt es sich um bewegliche Sachen, die ohne Bestandteil der Hauptsache zu sein, dem wirtschaftlichen Zweck der Hauptsache dienen (§ 96 BGB). Beispiel Mülltonne (wenn sie dem Hauseigentümer gehört), Heizöl im Tank. Bei landwirtschaftlichen Objekten gehört zum Zubehör auch das „lebende und tote Inventar". Was im Einzelnen als Zubehör gilt, richtet sich nach der örtlichen Verkehrsanschauung. Es müssen darüber im Bundesgebiet also keine einheitlichen Auffassungen bestehen. Für den auf den Wert des Zubehörs entfallenden Kaufpreisteil muss keine siehe Grunderwerbsteuer bezahlt werden. Voraussetzung ist, dass das Zubehör im Kaufvertrag bezeichnet und wertmäßig beziffert und auch ein entsprechender Antrag gestellt wird.
Siehe / Siehe auch: Grundbuch, Flurstück, Erbbaurecht, Teilgrundstück

Grundstücks- und Bodeninformationssystem

Bei vielen Liegenschaftsämtern werden moderne Grundstücks- und Bodeninformationssysteme benutzt. Ein solches System besteht z.B. aus einem „Automatisierten Grundbuch- und Liegenschaftsbuchverfahren" (AGLB) und Digitalen Flurkarten (DFK). Das AGLB-System ist so aufgebaut, dass Änderungen im Grundstücksbestand, die sich beim Vermessungsamt ergeben auf das Bestandsverzeichnis des zuständigen Grundbuchs durch elektronischen Datenaustausch ebenso automatisch „durchschlagen" wie Änderungen der Eigentumsverhältnisse im Grundbuch auf das Eigentümerverzeichnis bei den Vermessungs- bzw. Katasterämtern. Am Tage werden die Änderungen bei beiden Ämtern erfasst und während der Nacht findet der automatische Austausch statt.

Dadurch verfügen beide Ämter jeweils am Morgen über einen identischen Datenbestand. Die Digitale Flurkarte enthält parzellenscharfe Darstellungen der Flurstücke und Gebäude. Die Inhalte werden auf verschiedenen Ebenen gespeichert die den unterschiedlichen Anwendungszwecken dienen z.B. Darstellung der Ver- und Entsorgungseinrichtungen (Kanal, Wasserleitungen, Straßenbeleuchtung), Bebauungspläne usw. Digitale Ortskarten umfassen ein ganzes Gemeindegebiet. Reproduktionen können in verschiedenen Maßstäben hergestellt werden. Standardmaße sind 1:100 für größere Bauvorhaben, 1:1.000 für Lageplan, 1:5.000 für Bebauungsplan, 1:25.000 (und je nach Gebietsumfang andere Maßstäbe) für Flächennutzungsplan.

Grundstückshandel

Bestimmendes Merkmal des Grundstückshandels sind Kauf- und Verkaufstransaktionen mit Gewinnerzielungsabsicht. Im Gegensatz zum Grundstücksmakler, der nicht selbst Marktpartei ist, erwirbt der Grundstückshändler Immobilien, um sie günstiger Gelegenheit wieder zu veräußern. Der Grundstückshandel spielte eine erhebliche Rolle in der Zeit zwischen 1870 und 1910. Wegen der hohen Transaktionskosten und den relativ gering gewordenen Wertsteigerungspotenzial spielt der Grundstückshandel heute kaum mehr eine Rolle.

Grundstückskaufvertrag

In einem Grundstückskaufvertrag verpflichtet sich der Verkäufer, das Eigentum am Grundstück lastenfrei auf den Käufer zu übertragen, sofern Lasten nicht ausdrücklich übernommen werden. Der Käufer verpflichtet sich im Gegenzug, den vereinbarten Kaufpreis zu bezahlen. Der Grundstückskaufvertrag besteht in der Regel aus einem Verpflichtungsgeschäft, einem Erfüllungsgeschäft und einer Reihe von deklaratorischen Inhalten (Hinweise durch den Notar). Das Verpflichtungsgeschäft enthält neben den oben bereits erwähnten Inhalten Regelungen über

- Kaufpreisfälligkeiten,
- Voraussetzungen für die Kaufpreiszahlung,
- Unterwerfung unter die Zwangsvollstreckung bei Nichtzahlung des Kaufpreises,
- Auflassungsvormerkung,
- Besitzübergang
- Mängelhaftung des Verkäufers (wird meist vertraglich ausgeschlossen),
- Zusicherung von Eigenschaften,
- etwaige Übernahme von Lasten oder Grundpfandrechten,
- Tragung der Erwerbsnebenkosten,
- Provisionsklausel,
- Mitwirkung des Verkäufers bei einer etwa erforderlichen Grundpfandrechtsbestellung zur Finanzierung sowie
- etwaige Rücktrittsvorbehalte.

Das Erfüllungsgeschäft besteht in der Erklärung der Auflassung mit Stellung des entsprechenden Antrags an das Grundbuchamt.

Gemäß § 311b BGB bedürfen alle Verträge, durch welche eine Partei zur Übertragung oder zum Erwerb von Eigentum an Grundstücken verpflichtet werden, der notariellen Beurkundung. Wird mit dem Grundstück auch Inventar verkauft, muss dies mit beurkundet werden. Das Formerfordernis erstreckt sich auf alle Nebenabsprachen, die mit der Grundstücksveräußerung in Zusammenhang stehen. Der notariellen Beurkundungsform unterliegen auch spätere Ergänzungsabreden, es sei denn, der Erwerber ist bereits im Grundbuch eingetragen. So können bei einem Bauträgervertrag Änderungen etwa im Bauvolumen formfrei abgesprochen werden, wenn der Erwerber bereits im Grundbuch eingetragen ist. Bei Beurkundung eines Kaufvertrages zu anderen als tatsächlich vereinbarten Bedingungen (z.B. niedrigerer Kaufpreis) handelt es sich um ein unwirksames Scheingeschäft. Erfolgt dennoch eine Umschreibung im Grundbuch, wird im Interesse des öffentlichen Glaubens des Grundbuchs der Formfehler wieder geheilt.

Grundstücksmarkt

Siehe / Siehe auch: Immobilienmarkt

Grundstücksmiete

Das Mietrecht des Bürgerlichen Gesetzbuches differenziert zwischen Mietverträgen über Wohnräume, Gewerbeobjekte, Grundstücke und bewegliche Sachen. Die anzuwendenden Vorschriften überschneiden sich zum Teil. Auf Mietverträge über Grundstücke sind nicht automatisch alle Regelungen des Wohnungsmietrechts anzuwenden. Nach § 578 BGB sind auf Grundstücke verschiedene mietrechtliche Regelungen entsprechend anwendbar, so zum Beispiel die Vorschriften über:

- Form des Mietvertrages
- Vermieterpfandrecht
- Kauf bricht nicht Miete
- Kaution
- Aufrechnung durch Mieter
- Belastung durch Vermieter.

Grundstückssicherung

Im Rahmen der Entwicklung eines Immobilienprojektes ist es meist erforderlich, die Zugriffsmöglichkeit auf das Grundstück, auf dem das Projekt verwirklicht werden soll, während der Planungsphase bis zum Zeitpunkt einer Entscheidung für das Projekt zu sichern. Dies ist auf verschiedene Weise und mit unterschiedlichen Wirkungen möglich. Überwiegend wird ein befristeter Optionsvertrag geschlossen, der dem Investor ein Ankaufsrecht, verbunden mit einer Auflassungsvormerkung sichert. Die Frist kann durch eine Verlängerungsklausel hinausgeschoben werden. Eine alternative Vertragsgestaltung kann darin bestehen, dass ein Kaufvertrag geschlossen wird, der zugunsten des Investors einen Rücktrittsvorbehalt für den Fall enthält, dass sich die Nichtdurchführbarkeit des Projektes herausstellt. Das Rücktrittsrecht erlischt nach einer bestimmten zu vereinbarenden Frist, wenn nicht auch hier zugunsten des Investors eine Fristverlängerungsmöglichkeit eingeräumt wird. Der Investor kann sich aber auch ein befristetes Kaufangebot vom Eigentümer geben lassen, das die vorgesehenen Kaufvertragsbedingungen enthält. Auch in diesem Fall liegt die Entscheidung für die Annahme des Kaufangebots beim Investor. Oft wird für den Nichtannahmefall eine Abstandszahlung vereinbart.

Eine weitere Variante besteht darin, einen Kaufvertrag mit aufschiebender oder auflösender Bedingung zu schließen. Unter längerfristigen Aspekten kann sich auch die Eintragung eines Vorkaufsrechts im Grundbuch als nützliches Sicherungsinstrument erweisen, vor allem, wenn der Grundstückseigentümer latente Verkaufsneigungen hat. Allerdings liegt die Entscheidungsmacht aus-schließlich beim Verkäufer, was den Planungshorizont des Investors erheblich einschränkt. Ein ausschließlich schuldrechtliches Vorkaufsrecht wäre nur in Verbindung mit einer Auflassungsvormerkung sinnvoll.In allen Fällen der Grundstückssicherung gilt es, die Kostenfolge zu beachten, zumal das Risiko des Nichterwerbs kaum vom Grundstückseigentümer getragen wird.

Sofern der Grundstückseigentümer als Mitinvestor in Frage kommt, kann die Grundstücks-sicherung auch über gesellschaftsvertragliche Regelungen erfolgen.

Grundstücksversteigerer
Siehe / Siehe auch: Auktion (Immobilien)

Grundwasser
Unter Grundwasser versteht man das gesamte unterirdische Wasser, egal wo und in welcher Form es sich befindet, ob es fließt oder nicht. Ein hoher Grundwasserstand verteuert nicht selten das Bauen. In solchen Fällen muss der Beton für das Kellerfundament eine besondere Qualität aufweisen („Weißbeton"). Grundwasser entsteht durch Versickerung von Niederschlägen und Ansammlung in Nischen und Hohlräumen unter der Erdoberfläche. Grundwasser wird zur Trinkwasserversorgung eines Gebietes durch Bohrbrunnen in Wasserschutzgebieten, aber auch durch Erfassung an den Quellen gewonnen.

Gruppenbüro
Ein Gruppenbüro ist ein Büroraum mittlerer Größe, der etwa drei bis 25 Büroarbeitsplätze bietet. Gruppenbüros entstanden erstmalig Anfang der 1980er Jahre. Ziel war es, mit diesem Bürotyp die Vorteile von Zellenbüros und Großraumbüros miteinander zu kombinieren und ihre Nachteile weitestgehend zu reduzieren. Als Vorteile eines Gruppenbüros gelten intensive Kommunikation und Kooperation der Beschäftigten, die Nachteile sind denen eines Großraumbüros vergleichbar: hoher Lärmpegel, akustische und visuelle Ablenkung, fehlende Rückzugsmöglichkeiten für konzentriertes Arbeiten und ein hohes Maß an sozialer Kontrolle. Gruppenbüros müssen nicht generell eigenständige Räume sein, sondern können auch innerhalb von Großraumbüros durch Raumteiler oder Trennwände abgeteilt werden.

Siehe / Siehe auch: Großraumbüro, Kombibüro, Zellenbüro

GRUR
Abkürzung für: Gewerblicher Rechtsschutz und Urheberrecht

GRW
Abkürzung für: Grundsätze und Richtlinien für Wettbewerbe auf den Gebieten der Raumplanung, des Städtebaus und des Bauwesens

GRZ
Abkürzung für: Grundflächenzahl

GS
Abkürzung für: Grundstück

GSB
Abkürzung für: Gesetz über die Sicherung der Bauforderungen

GStG
Abkürzung für: Grundsteuergesetz

Gütergemeinschaft
Bei einer ehelichen Gütergemeinschaft, die durch einen Ehevertrag vereinbart werden kann, wird das Eigentum jedes Ehepartners zum Gesamthandseigentum der Gemeinschaft. Soweit Grundeigentum vorhanden ist, muss das Grundbuch entsprechend berichtigt werden. Darüber können dann – ähnlich wie bei einer ungeteilten Erbengemeinschaft – nur noch beide Ehepartner gemeinsam verfügen.

Gutachter
Gutachter sind Sachverständige, deren kennzeichnende Merkmale eine besondere Sachkunde auf

einem Gebiet und Unabhängigkeit sind. Als Gutachter werden auch Personen bezeichnet, die für Gerichte Gutachten erstellen. Im Bankensektor bezieht sich der Begriff des Gutachters auf jene Personen, die nach der Beleihungswertverordnung Beleihungswerte feststellen. In der Immobilienwirtschaft findet sich der Begriff des Gutachters in § 192 BauGB. Er ist ehrenamtliches Mitglied eines Gutachterausschusses und muss nicht als Sachverständiger öffentlich bestellt oder zertifiziert sein. Als Gutachter kann nicht bestellt werden, wer hauptamtlich mit der Verwaltung von Grundstücken einer Gebietskörperschaft im räumlichen Zuständigkeitsbereich des Gutachterausschusses tätig ist. Für die Ermittlung der Bodenrichtwerte ist ein Bediensteter der zuständigen Finanzbehörde mit Erfahrung in der steuerlichen Bewertung von Grundstücken einzubeziehen.

Die Berufung von Gutachtern in die Gutachterausschüsse erfolgt auf der Grundlage von Gutachterausschussverordnungen der Bundesländer. Als Gutachter werden in Gutachterausschüsse überwiegend durch die Bezirksregierungen Fachleute und Sachverständige aus den Bereichen Bau- und Immobilienwirtschaft, Architektur, Bankwesen, Land- und Forstwirtschaft und dem Vermessungswesen berufen.

Siehe / Siehe auch: Gutachterausschuss, Sachverständiger für die Bewertung von Grundstücken

Gutachterausschuss

Auf Landkreis – teilweise auch auf Gemeindeebene sind nach den Vorschriften des Baugesetzbuches Gutachterausschüsse gebildet worden. Jeder Gutachterausschuss besteht aus jeweils einem Vorsitzenden und ehrenamtlichen Gutachtern, wobei für die Ermittlung der Bodenrichtwerte ein Bediensteter der zuständigen Finanzbehörde vorzusehen ist. Die Mitglieder des Gutachterausschusses dürfen allerdings nicht hauptberuflich mit der Verwaltung von Grundstücken einer Gemeinde befasst sein, für deren Bereich der Gutachterausschuss gebildet ist.

Die Aufgaben des Gutachterausschusses beschränken sich nicht auf die Ermittlung von Verkehrswerten im Zusammenhang mit Maßnahmen des Baugesetzbuches. Der Ausschuss kann auch von Gerichten oder Privatpersonen mit der Erstellung eines Verkehrswertgutachtens beauftragt werden. Weitere Aufgaben sind die Führung einer Kaufpreissammlung, die Ermittlung von Bodenrichtwerten auf der Grundlage der Kaufpreissammlung, die Ermittlung von Liegenschaftszinsen und Umrechnungskoeffizienten. Die Geschäftsstelle des Gutachterausschusses ist in der Regel beim jeweiligen Kataster- oder Vermessungsamt angesiedelt. Die Anschrift des Gutachterausschusses ist bei der jeweiligen Gemeinde oder beim Landratsamt zu erfahren.Die Gutachter werden auf vier Jahre bestellt. In den letzten Jahren werden vermehrt auch erfahrene Makler vor allem in großstädtische Gutachterausschüsse berufen. Die Berufung solcher Makler gilt heute als besonderes Qualitätsmerkmal des Ausschusses.

Siehe / Siehe auch: Gutachter, Sachverständiger für die Bewertung von Grundstücken

Gute fachliche Praxis

Dieser Begriff stammt aus dem Bundesbodenschutzgesetz. § 17 regelt die Einhaltung der „Guten fachlichen Praxis" in der Landwirtschaft. Als allgemeiner Grundsatz wird dabei auf die „nachhaltige Sicherung der Bodenfruchtbarkeit und Leistungsfähigkeit des Bodens als natürliche Ressource" verwiesen.Enthalten sind u.a. Regelungen, die Bodenverdichtungen und -abtragungen verhindern sollen. Das Gesetz sieht vor, dass Landwirte sich bei Beratungsstellen über die „Gute landwirtschaftliche Praxis" informieren können, damit dem Bodenschutz genüge getan wird. Hoheitliche Zwangsmaßnahmen sieht die Regelung nicht vor.

Siehe / Siehe auch: Bundesbodenschutzgesetz

Guthabenzins (Bausparvertrag)

Als Guthabenzins wird der Zins bezeichnet, mit dem die von den Bausparern angesammelten Guthaben bei den Bausparkassen verzinst werden. Der Zinssatz beträgt je nach Tarif zwischen 2 und 3%. Je höher der Guthabenzins, umso höher fällt auch der Darlehenszins für das spätere Bauspardarlehen aus.

Die Differenz zwischen Guthaben- und Darlehenszins beträgt in der Regel 2%. Guthabenzinsen aus Bausparverträgen sind Kapitalerträge und unterliegen der Kapitalertragsteuer. Wird der Bausparvertrag etwa im Rahmen der Zwischenfinanzierung bereits für ein Immobilienobjekt verwendet, sind die Guthabenzinsen nicht den Einkünften aus Kapitalerträgen, sondern denen aus Vermietung und Verpachtung zuzuordnen.

GuV
Abkürzung für: Gewinn- und Verlustrechnung

GV
Abkürzung für: Generalversammlung

GVBl
Abkürzung für: Gesetz- und Verordnungsblatt

GVG
Abkürzung für: Gerichtsverfassungsgesetz

GVO
Abkürzung für: Grundstücksverkehrsordnung

GWB
Abkürzung für: Gesetz gegen Wettbewerbsbeschränkungen

GWEG
Abkürzung für: Gesellschaft nach den Wohnungseigentumsgesetz

GWW
Abkürzung für: Gemeinnütziges Wohnungswesen

H, h
Abkürzung für: Höhe

h.L
Abkürzung für: herrschende Lehre

h.M
Abkürzung für: herrschende Meinung

Ha, ha
Abkürzung für: Hektar

HABITAT
Eine erste HABITAT (I) Konferenz der UNO fand bereits 1976 in Vancouver statt. Sie hatte die Einrichtung eines UNO-Zentrums für menschliche Siedlungen (UNCHS) in Nairobi zur Folge. Unter der Bezeichnung HABITAT II wurde von den Vereinten Nationen 1996 in Istanbul eine weitere Weltkonferenz durchgeführt, die sich in Zusammenhang mit dem Übervölkerungsproblem vor allem dem Fragenbereich der menschlichen Siedlungen widmete.

Dabei ging es um zwei Themenschwerpunkte:
- der angemessenen menschenwürdigen Grundversorgung der Weltbevölkerung mit Wohnraum sowie Versorgungs- und Infrastruktureinrichtungen für die Bereiche Wasser, Strom, Straßen, Schulen und Einrichtungen des Gesundheitswesens,
- der nachhaltigen umweltverträglichen Siedlungsentwicklung in einer zur Verstädterung strebenden Welt

In dem nach der Erklärung von Istanbul anzustrebenden Ziel werden Umwelt und Ökonomie auf eine gleiche Ebene gestellt. Es geht um die wirtschaftliche und soziale Entwicklung und den Umweltschutz als sich gegenseitig bedingende und verstärkende Komponenten nachhaltiger Entwicklung. Eine Absichtserklärung geht dahin, dass die Staaten alle Maßnahmen ergreifen sollen, um allen Menschen eine passende Unterkunft zu akzeptablen Preisen zu ermöglichen. Auf ein Individualrecht auf Wohnung konnte man sich nicht einigen. Deutschland war auf HABITAT II unter der Federführung des Bundesministeriums für Raumordnung, Bauwesen und Städtebau, mit Bundestagsabgeordneten und Vertretern aus den Bundesländern, Gemeinden, Fachverbänden, Unternehmen und Nichtregierungsorganisationen (NRO) vertreten.

Hintergrund der Bemühungen der UNO ist die Tatsache, dass nach einer Studie der Vereinten Nationen bereits 600 Millionen Menschen in Slums an den Rändern von Großstädten leben. Es wird damit gerechnet, dass bis zum Jahr 2025 zwei Drittel aller Menschen in Städten leben. Von den derzeit 33 Megastädten (Städte mit über 8 Millionen Einwohnern) befinden sich 27 in den Entwicklungsländern.

Siehe / Siehe auch: Urban 21

Haftung (Wohnungseigentümer)
Mit der Einführung der Rechtsfähigkeit der Wohnungseigentümergemeinschaft sind auch die haftungsrechtlichen Bestimmungen des Wohnungseigentumsgesetzes grundsätzlich geändert.

Gemäß § 10 Abs. 8 WEG haften die Wohnungseigentümer im Außenverhältnis, also beispielsweise gegenüber dem Heizöllieferanten, nicht als Gesamtschuldner, sondern nur noch anteilig in Höhe ihres Miteigentumsanteils. In Höhe dieses Anteils kann jedoch ein Wohnungseigentümer von Gläubigern der Gemeinschaft in Anspruch genommen werden.

Neu gegenüber der vom BGH vertretenen Auffassung ist jedoch die jetzt geltende Regelung insoweit, als der Wohnungseigentümer auch im Innenverhältnis gegenüber der Gemeinschaft ebenfalls nur in Höhe seines Miteigentumsanteils haftet. Ungeachtet dessen haftet allerdings nach bisher vertretener Auffassung der einzelne Wohnungseigentümer nach wie vor für die Verbindlichkeiten der Gemeinschaft dann in voller Höhe, wenn alle übrigen Wohnungseigentümer zahlungsfähig sind.

Siehe / Siehe auch: Gesamtschuldnerische Haftung (Wohnungseigentümer), Rechtsfähigkeit (Wohnungseigentümergemeinschaft)

Halbeinkünfteverfahren
Im Zuge der Steuerreform des Jahres 2000 wurde das Halbeinkünfteverfahren eingeführt. Der Gesetzgeber senkte ab 1.1.2001 den Körperschaftsteuersatz auf 25%. Dafür entfällt eine Anrechnung der von einem Unternehmen bezahlten Körperschaftsteuer auf die Ausschüttungen (= Dividenden) an die Anteilseigner (= in der Regel Aktionäre) und seit dem Jahr 2002 müssen Gesellschafter nur noch die Hälfte der ihnen überwiesenen Dividenden versteuern. Dabei ist zudem der noch nicht ausgeschöpfte Teil des so

genannten Sparerfreibetrags zu berücksichtigen. Außerdem gilt das Halbeinkünfteverfahren auch bei der Besteuerung von Spekulationsgewinnen. Bei Wertpapieren sind diese Spekulationsgewinne steuerpflichtig, sofern zwischen Kauf und Verkauf höchstens zwölf Monate liegen und der gesamte Spekulationsgewinn im Kalenderjahr mindestens 512 Euro übersteigt.

Halbjahresbericht
Der Halbjahresbericht ist eine im Wechsel mit dem Rechenschaftsbericht halbjährig erscheinende Publikation mit Angaben zur Geschäfts- und Fondsentwicklung bei offenen Immobilienfonds.

Halbs
Abkürzung für: Halbsatz

HamBauFreiO
Abkürzung für: Hamburger Baufreistellungsverordnung

HamBauO
Abkürzung für: Hamburger Bauordnung

Hammerschlags- und Leiterrecht
Das Hammerschlagsrecht beinhaltet die Befugnis, für Bau- oder Instandsetzungsarbeiten am eigenen Haus vorübergehend das Nachbargrundstück zu betreten, um von dort aus Werkzeug besser einsetzen zu können.
Das verwandte Leiterrecht berechtigt zum Aufstellen einer Leiter bzw. eines Gerüstes. Diese Rechte sind in den Gesetzen der meisten Bundesländer verankert (Ausnahmen: Bayern, Bremen). Voraussetzung ist, dass die Arbeiten ohne das Betreten des Nachbargrundstücks nicht zweckmäßig oder zu vertretbaren Kosten durchgeführt werden können.
Die Unannehmlichkeiten für den Nachbarn dürfen nicht außer Verhältnis zum Vorteil des Grundstückseigentümers stehen. Auch müssen ausreichende Vorkehrungen getroffen werden, um den Nachbarn vor allzu großen Nachteilen und Belästigungen zu schützen. Öffentlich-rechtliche Vorschriften dürfen nicht verletzt werden (vgl. § 24 Nachbarrechtsgesetz NRW).
Das Hammerschlags- und Leiterrecht ist so schonend wie möglich auszuüben. Zur Unzeit (z.B. nachts, sonntags) dürfen keine Arbeiten vorgenommen werden.

Handelsimmobilien
Handelsimmobilie ist der umfassende Begriff für alle Gebäude oder Gebäudekomplexe, die überwiegend und primär dem Handel dienen. Hierzu zählen Kaufhäuser ebenso wie Shopping-Center, Einkaufszentren, Fachhandelsmärkte, Discounter bis hin zu Miniläden. Unterscheidungsmerkmale ergeben sich hinsichtlich der Standorte (vom innerstädtischen Kaufhaus bis hin zum Shopping Center an der Peripherie einer Großstadt. Die Lage ist entscheidend für die langfristigen Entwicklungsperspektiven.
Die Renditen bewegen sich etwa zwischen 4,0% in Ia-Innenstadtlagen bis 8% an Stadtrandlagen. Die Tendenz der städtischen Einzelhandelsimmobilien in wachstumsorientierten Metropolregionen geht hin zu einer Aufwertung der Ia-Lagen und einer Abwertung von Ib-Lagen. Verursacht wird diese Entwicklung der Konzentration vor allem durch die zunehmende Konkurrenz der Discounter und Fachmärkte, aber auch der Factory-Outlet-Centers an den Verkehrsachsen außerhalb der Städte. Deutschland ist gekennzeichnet durch einen hohen Besatz an Einzelhandelsflächen.
In Deutschland nimmt die Zahl klassischer Kaufhäuser ab, während Fachmärkte, Filialbetriebe und Einkaufscenter auf dem Vormarsch sind. Ein leichter Abwärtstrend ist auch beim Einzelfachhandel zu verzeichnen. Für sicherheitsorientierte Kapitalanleger sind – aufgrund des geringeren Risikos – vor allem Mischimmobilien interessant, die Wohnungen und Ladenlokale enthalten.
Siehe / Siehe auch: Shopping Center

Handelsmarken
Handelsmarken sind ein Versuch von Handelsunternehmen, im Machtkampf mit den Herstellern und klassischen Markenartiklern, die Marktstellung zu verbessern. Insofern haben derartige Handelsmarken, als Gegenstück der klassischen Herstellermarken, in den letzten Jahren stark an Bedeutung gewonnen. Eigentümer der Marken und Markenrechte ist hierbei das Handelsunternehmen, das entsprechende Produkte auf Basis genauer Vorgaben und Qualitätsspezifiaktionen und -kontrollen produzieren lässt bzw. zukauft und anschließend unter eigener Marke anbietet.

Handelsregister
Beim Handelsregister handelt es sich um ein beim Amtsgericht geführtes Verzeichnis der Vollkauf-

leute eines Amtsgerichtsbezirks. In Abteilung A werden Einzelunternehmen und Personenhandelsgesellschaften eingetragen, in Abteilung B juristische Personen.

Das Handelsregister ist ein Organ der freiwilligen Gerichtsbarkeit. Eintragungen und Änderungen erfolgen in der Regel auf Antrag, der öffentlich beglaubigt sein muss. Jede Eintragung wird im Bundesanzeiger und einer hierfür geeigneten Tageszeitung veröffentlicht.

Die Eintragung dient u.a. dem Nachweis der Vollkaufmannseigenschaft, der Eigentumsverhältnisse und Vertretungsbefugnisse (z.B. Prokura). Das Handelsregister kann von jedermann eingesehen werden.

Handelsvertreter

„Handelsvertreter ist, wer als selbstständiger Gewerbetreibender ständig damit betraut ist, für einen anderen Unternehmer Geschäfte zu vermitteln oder in dessen Namen abzuschließen" (§ 84 HGB). Handelsvertreter haben in der Immobilienwirtschaft als selbstständige Vertriebsorgane für Bauträger und – häufiger noch – bei Maklern als sogenannte „freie Mitarbeiter" große Bedeutung. Vom Makler unterscheidet sich der Handelsvertreter dadurch, dass er ständig für einen „Auftraggeber" (Unternehmer) Verträge vermittelt, während der Makler für wechselnde Auftraggeber tätig wird. Vom angestellten Außendienstmitarbeiter unterscheidet er sich dadurch, dass er „selbstständig" ist, als Handelsvertreter eines Maklers also eine Erlaubnis nach § 34c GewO benötigt.

Besonders wichtig ist dabei die Beachtung der Selbstständigkeit, dessen Hauptmerkmale in der völlig freien Bestimmung der Arbeitszeit und der Gestaltung der Tätigkeit bestehen. Handelsvertreter arbeiten stets auf der Grundlage des eigenen unternehmerischen Risikos. Sind diese Merkmale nicht gegeben, handelt es sich nicht mehr um einen Handelsvertreter, sondern um einen Angestellten. Diese Abgrenzung wurde in der Vergangenheit oft zu wenig beachtet.

Wer heute als Handelsvertreter aufgrund von Dienstanweisungen arbeitnehmertypische Beschäftigungen ausübt oder keine unternehmerische Tätigkeit entfaltet, gilt nach den am 1.1.1999 in Kraft getretenen Änderungen des Sozialgesetzbuches als „scheinselbständig" mit den entsprechenden sozial-, arbeits- und steuerrechtlichen Folgen. Eine Beurteilung, ob eine Scheinselbstständigkeit oder eine Handelsvertretereigenschaft vorliegt, erfolgt nicht nur auf der Grundlage des abgeschlossenen Vertrages, sondern anhand der tatsächlichen gegebenen Verhältnisse. Auf Handelsvertreter sind zwar die Vorschriften des Sozialgesetzbuches zur Scheinselbständigkeit nicht anzuwenden. Dies gilt jedoch nur, wenn die für den Handelsvertreter in § 84 HGB dargestellten Merkmale auch tatsächlich zutreffen.

Handelsvertreter müssen sich jedoch seit 1.4.1999 in der Regel als „arbeitnehmerähnliche Selbständige" behandeln lassen mit der Folge, dass sie selbst sozialversicherungspflichtig werden und Beiträge an die Bundesversicherungsanstalt abführen müssen. Der Regelbeitrag beträgt im Jahr 2006 in Westdeutschland 477,75 Euro im Monat, im Osten 402,68 Euro. Existenzgründer zahlen in den ersten drei Jahren nur die Hälfte. Ob Krankenversicherungspflicht besteht, hängt wie beim Angestellten von der Höhe des Jahresarbeitsentgeltes ab.

Handelsvertreter von Maklern haben eine doppelte Aufgabe: Sie akquirieren Makleraufträge für das vertretene Maklerunternehmen (insoweit sind sie „Abschlussvertreter" im Hinblick auf die hereingeholten, also von ihnen „abgeschlossenen" Maklerverträge) und / oder sie vermitteln Verträge zwischen den Kunden des vertretenen Maklerunternehmens. Insoweit sind sie selbst Makler, die allerdings im Namen des vertretenen Maklerunternehmens handeln.

Die Provisionsbeteiligungsansprüche des Handelsvertreters knüpfen damit entweder an den zustande gekommenen Vertragsabschluss über ein von ihm akquiriertes Objekt an, oder unmittelbar an den durch ihn bewirkten Vertragsabschluss. Vielfach wird die Beteiligungsprovision auch aufgespalten in eine „Akquisitionsprovision" und eine „Abschlussprovision". In diesem Fall kann der Handelsvertreter beide Provisionsteile verdienen.

Siehe / Siehe auch: Scheinselbstständigkeit, Arbeitnehmerähnliche Selbstständige

Handlauf

Der Handlauf ist zumeist in Höhe der Körpermitte horizontal an einer Wand oder oberhalb eines Geländers befestigt. Im optimalen Fall passt er sich griffig und schmeichelnd der gekrümmten Hand an. Er vermittelt Sicherheit auf Treppen, Fußgängerbrücken, Balkonen oder anderen erhöhten Plattformen im Außen- und Innenbereich. Üblich sind Stangen oder Rohre aus Holz oder Stahl. Im

Außenbereich begnügt man sich oft mit einem zwischen Pfosten gespannten Tau oder Stahlseil.
Siehe / Siehe auch: Balkon, Gebäudetreppen

Handlungsbevollmächtigter

Handlungsbevollmächtigt ist derjenige, der die Vertretungsbefugnis für die Durchführung aller betriebstypischen Geschäfte hat. Ohne eine spezielle Vollmacht / Urkunde gehört dazu aber nicht der An- und Verkauf von Liegenschaften, selbst wenn es sich um ein Unternehmen handelt, bei dem dies zu den typischen Geschäftsbereichen zählt. Der nächst höhere Rang bei der Vertretungsbefugnis ist der des Prokuristen.

Dieser kann auch nicht zum Handelsgewerbe gehörende Geschäfte für sein Unternehmen abschließen.

Handwerksauktion

Die Handwerksauktion ist eine relativ neue Form der Geschäftsanbahnung über das Internet. Ähnlich wie bei den bekannten Warenauktionen werden Handwerkeraufträge versteigert. Will z.B. ein Hauseigentümer Fliesen verlegen oder das Dach neu eindecken lassen, kann er den Auftrag dafür auf einer entsprechenden Versteigerungs-Seite veröffentlichen. Er kann dort meist genaue Angaben machen und Bilder beifügen.

Der Auftraggeber muss ein Startgebot nennen (das sich meist im Bereich des marktüblichen Preises für derartige Arbeiten bewegen muss). Die Handwerksbetriebe können dieses Angebot unterbieten. Diese Rückwärts-Versteigerung läuft über einen festen Zeitraum, oft einen Monat. Den Zuschlag erhält der billigste Bieter. Oft sollen Preisreduzierungen um ca. 20% erzielt werden.

Teilweise ist jedoch als Alternative auch eine „Ausschreibung" vorgesehen, bei der sich der Auftraggeber am Ende aus einer Liste den Handwerker auch unter Qualitätsgesichtspunkten aussuchen kann. Die Internetbörsen nehmen als Bieter nur Handwerksbetriebe mit Gewerbenachweis auf.

Eine Garantie für Qualität stellt dies jedoch nicht dar. Die Teilnehmer erteilen sich nach erledigtem Auftrag eine öffentlich einsehbare Bewertung. Bei einigen Auktionsanbietern kann in verschiedensten Kategorien gesteigert werden – z.B. auch um den neuen Anstrich für die Segelyacht oder die Vermietung von Soundanlagen für Veranstaltungen.

HansOLG

Abkürzung für: Hanseatisches Oberlandesgericht Hamburg

Hartz-IV und Miete

Für Bezieher des Arbeitslosengeldes II (ab 1.1.2005) richtet sich die Kostenübernahme für Unterkunft (Miete) und Heizung nach § 22 des Zweiten Sozialgesetzbuches (SGB II). Leistungen für Unterkunft und Heizung werden dabei in Höhe der tatsächlichen Aufwendungen erbracht „soweit diese angemessen sind."

Mietkaution und Umzugskosten gelten als Wohnungsbeschaffungskosten, die bei vorheriger Zusicherung durch die Kommune übernommen werden können. Diese Zusicherung soll die Gemeinde erteilen, wenn ihre Behörde selbst den Umzug veranlasst hat oder dieser aus anderen Gründen notwendig ist und wenn ohne Zusicherung in absehbarer Zeit keine Wohnmöglichkeit besteht. Ist eine zweckentsprechende Verwendung der Zahlungen der Behörde durch den Hilfsbedürftigen selbst nicht gewährleistet, zahlt die Behörde direkt an den Vermieter.

Droht Wohnungslosigkeit und damit Chancenlosigkeit auf dem Arbeitsmarkt, kann (nicht: muss) die Kommune Mietschulden als Darlehen übernehmen.

Siehe / Siehe auch: Angemessene Miete

Haus- und Grundstücksbesitzer-Haftpflichtversicherung

Grundstücks- und Gebäudebesitzer haben eine allgemeine Verkehrssicherungspflicht (§ 836 BGB). Danach müssen sie dafür Sorge tragen, dass der Zustand ihres Grundstücks nicht Gefahren in sich birgt, durch die Dritte verletzt oder getötet werden oder eine Sache (z.B. ein PKW) beschädigt wird. Haftungsfälle entstehen z.B. durch Ablösung von Teilen eines Gebäudes oder durch den Einsturz eines Gebäudes. Während bei Eigentümern von selbstgenutzten Einfamilienhäusern und Eigentumswohnungen die normale Privat-Haftpflichtversicherung in solchen Fällen die Haftung übernimmt, müssen Vermieter eine Haus- und Grundbesitzer-Haftpflichtversicherung abschließen, damit sie kein unnötiges finanzielles Risiko eingehen. Dies gilt auch, obwohl sie nicht „Besitzer", sondern Eigentümer sind. Sie sind nämlich mietrechtlich zur Gebäudeinstandhaltung verpflichtet und gelangen deshalb als hierfür Verantwortliche in den Haftungsbereich. Bei Wohnungseigentum haftet jeweils die Wohnungseigentümergemeinschaft. Der Abschluss einer Versicherung gegen Haus- und Grundbesitzerhaftpflicht gehört nach §21 (5) Nr.3 WEG zur ordnungsgemäßen Verwaltung.

Hausboot

Hausboote sind Wasserfahrzeuge, die zum längerfristigen Bewohnen gedacht sind. Da ihr Hauptzweck das Wohnen ist, sind sie nicht in Hinblick auf schnelles Vorankommen ausgelegt. In verschiedenen europäischen Städten – u.a. Amsterdam und London – sind Hausboote als dauerhafte Wohndomizile nicht unüblich. Zum Teil handelt es sich um ausgebaute Binnenfrachtschiffe oder Rümpfe alter Flachboden-Segelschiffe. In Hamburg liegen derzeit 40 Hausboote.

Eine Vielzahl von Anbietern offeriert Hausboote für den Bootsurlaub in diversen europäischen Ländern. Diese Fahrzeuge sind durchaus auch als Transportmittel ausgelegt und ausreichend motorisiert, um auf Binnengewässern einen geruhsamen Flussurlaub zu verbringen. Wer einen solchen Urlaub plant, sollte sich allerdings gründlich auf dem Boot einweisen lassen. Für einige Gewässer ist ein Sportbootführerschein erforderlich. In Deutschland gibt es verschiedene Binnengewässer, auf denen dies nicht der Fall ist.

Das Hausboot wird mittlerweile als Wohnkonzept wieder entdeckt. So bieten einige Hersteller bereits komfortable schwimmende Häuser an, die auf Pontons gelagert sind und kaum noch Ähnlichkeit mit Wasserfahrzeugen besitzen. Diese heißen dann z.B. „Floating Home" oder „Aquahaus". Wie Sportboote können sie an alle Versorgungsleitungen an Land angeschlossen werden. In mehreren Bundesländern bestehen Projekte zur Ansiedlung von „Floating Homes". Das bau- bzw. wasserrechtliche Genehmigungsverfahren bereitet jedoch teilweise noch immer Probleme.

Hausfriedensbruch

Hausfriedensbruch ist eine Straftat im Sinne des Strafgesetzbuches (§ 123). Strafbar macht sich, wer in Wohnung oder befriedetes Besitztum eines anderen (d.h. jeden von der Umgebung abgegrenzten Raum) oder in zum öffentlichen Dienst oder Verkehr bestimmte abgeschlossene Räume widerrechtlich eindringt die Aufforderung des Hausrechtsinhabers, die Räume zu verlassen, ignoriert und bleibt. Strafandrohung: Freiheitsstrafe bis zu einem Jahr oder Geldstrafe. Die Tat wird nur auf Strafantrag des Opfers hin verfolgt. Gewalttätige Menschenmengen, die dieses Delikt begehen, riskieren eine Strafe bis zu zwei Jahren – wegen schweren Hausfriedensbruchs.

In der Mietwohnung ist der Mieter Inhaber des Hausrechts. Er bestimmt, wen er einlässt. Ansonsten hat das Hausrecht der die Wohnung bewohnende Eigentümer inne, bei Behörden der Dienststellenleiter. Auch eine bereits in die Wohnung eingelassene Person muss diese auf Aufforderung des Hausrechtsinhabers verlassen, um sich nicht strafbar zu machen.

Der Vermieter hat in gewissen Grenzen das Recht, die Mietwohnung zu besichtigen oder sie mit Miet- und Kaufinteressenten oder Handwerkern zu betreten. Ein gewaltsames Erzwingen dieses Rechts gegen den Willen des Bewohners stellt einen Hausfriedensbruch dar.

Siehe / Siehe auch: Besichtigungsrecht des Vermieters, Hausrecht

Hausgeld
Siehe / Siehe auch: Kostenverteilung, Wohngeld

Haushalt
Siehe / Siehe auch: Privathaushalt

Haushaltsnahe Dienstleistungen

Nach § 35a Abs.2 EStG können die Kosten für haushaltsnahe Dienstleistungen zu 20%, maximal bis zu 600 Euro von der Einkommensteuer abgezogen werden. Dies gilt auch für die Inanspruchnahme von Handwerkerleistungen für Schönheitsreparaturen und sonstiger Reparaturen in einem inländischen Haushalt des Steuerpflichtigen. Diese Dienstleistungen müssen allgemein haushaltsnahe Tätigkeiten betreffen, die gewöhnlich durch Mitglieder des privaten Haushalts erledigt werden und in regelmäßigen (kürzeren) Abständen anfallen. Ab 2006 ist bei Inanspruchnahme von Handwerkerleistungen eine Zusatzförderung von 20% der Aufwendungen – höchstens jedoch 600 Euro – eingeführt worden. Dazu gehören handwerkliche Tätigkeiten, die im Haushalt des Steuerpflichtigen für Renovierung. Erhaltung und Modernisierung rund um die Wohnung erbracht werden.

Die Regelung gilt sowohl für Mieter als auch für Eigentümer, solange es um die Wohnung geht, in der der Steuerpflichtige seinen Haushalt betreibt.

Absatzfähig sind nur die Arbeitskosten, was eine nach Arbeits- und Materialkosten aufgeschlüsselte Rechnung erfordert. Rechnung und entsprechender Kontoauszug sind als Belege beim Finanzamt einzureichen.
Siehe / Siehe auch: Einkünfte aus Vermietung und Verpachtung, Erhaltungsaufwand (Einkommensteuer - Vermietung und Verpachtung), Leerstand

Haushüter / Homesitter
Haushüter sind Personen, die während der Abwesenheit der Bewohner ein Eigenheim gegen Bezahlung bewohnen und „behüten". Diese Dienstleistung hat sich in den letzten Jahren so stark etabliert, dass es bereits einen Verband Deutscher Haushüter-Agenturen e.V. (VDHA) gibt. Haushüter (meist Senioren) verhindern durch ihre Anwesenheit Einbrüche, betreuen Haustiere, Pflanzen und Gärten und verständigen ggf. den Installateur oder – schlimmstenfalls – die Feuerwehr. Die Preise liegen bei 40-50 Euro am Tag. Der Haushüter wird meist über eine Agentur vermittelt, die ihn verpflichtet, das zu beschützende Anwesen nur wenige Stunden am Tag unbeaufsichtigt zu lassen.
Siehe / Siehe auch: Verband Deutscher Haushüter-Agenturen e.V. / VDHA

Hausmeister (Hauswart)
Der Hausmeister ist die Person, die haupt- oder nebenberuflich in Mehrfamilienhäusern oder Wohnanlagen regelmäßig anfallende Arbeiten gegen Bezahlung erledigt. Dazu gehören z. B. die Hausreinigung, das Reinigen, Räumen, Schneefegen und Streuen der Gehwege vor und auf dem Grundstück sowie der Zugänge und Zufahrten, die Bedienung der Zentralheizung und die Erledigung kleinerer Reparaturen.
Außerdem hat der Hausmeister für die Einhaltung der Hausordnung durch die Hausbewohner zu sorgen. Der Hausmeister ist Arbeitnehmer, so dass dem Eigentümer – vertreten durch den Verwalter – alle Arbeitgeberpflichten treffen (Abführung von Versicherungsbeiträgen, Abschluss einer Versicherung bei der Berufsgenossenschaft, Einbehalt und Abführung der Lohnsteuer).
Die Vergütung, die der Hausmeister erhält, ist Teil der umlegbaren Betriebskosten. Erweitert sich der Aufgabenbereich des Hausmeisters auf Bereiche, die der Verwaltung oder der Instandhaltung zuzuordnen sind, kann der auf diese Arbeiten entfallende Teil der Hausmeistervergütung nicht auf die Mieter umgelegt werden. Bei Wohnungseigentumsanlagen wird der Hausmeister von der Wohnungseigentümergemeinschaft, vertreten durch den Verwalter, angestellt. Der Hausmeister unterliegt der Weisungsbefugnis des Verwalters, nicht aber derjenigen eines einzelnen Eigentümers.

Hausnummer
Hausnummern dienen als Orientierungshilfe im modernen Stadtleben und sorgen dafür, dass Besucher, Polizei, Feuerwehr, Post oder Finanzamt jedermann erreichen können.
Aus einer Studie des Berliner Kulturhistorikers Markus Krajewski geht hervor, dass in Europa Ende des achtzehnten Jahrhundert erstmals Straßen und Immobilien vollständig erfasst wurden. Zuvor gaben die Bewohner ihren Häusern lediglich Namen, wie „Brotlaube", „Zum schwarzen Adler" oder „Lindwurm". Natürlich kamen Namen doppelt vor, mit Folgen, die sich jeder denken kann. Wer in alten Zeiten und dunklen Gassen ein Haus ohne Nummer und Straßenname suchte, wird sich so gefühlt haben, wie heute ein Europäer in einer japanischen Stadt.
Der Kaiserin Maria Theresia ist es zu verdanken, dass die Häuser Nummern erhalten haben. Ursprünglich als Maßnahme zur Verbrechensbekämpfung geplant, wollte man schon 1753 gegen den Widerstand der Bewohner die Nummerierung der Häuser einführen. Jedoch erst Heiligabend 1770 setzte die Kaiserin unter Androhung von Strafe die sogenannten „Konskriptsionsnummern" durch.
Eine Kommission wanderte durch Wien und vergab der Reihe nach die Nummern, die einfach mit schwarzer, in Wien mit roter Farbe auf die Wände oder Türen geschrieben wurden. Die Nummerierung begann beim ersten Haus am Ort, der Hofburg, und endete beim letzten Haus auf dem Weg der Kommission. Das erste veröffentlichte Häuserverzeichnis gab 1343 Häuser an. Der Hintergedanke war vor allem, die Rekrutierung der k.u.k.-Armee und die Steuereintreibung zu erleichtern. Weil die Stadt weiter wuchs, geriet die Zahlenreihe bald in Unordnung. 1795 und 1821 mussten Häuser umnummeriert werden.
Der Zusatz Numero, No., Nro. oder cis für tschechisch cisli sollte die Verwechslung mit Jahreszahlen für das Baujahr verhindern. 1862 wurde

ein zusätzliches Adressierungssystem notwendig, das die Straßen einbezog. Am ersten und letzten Haus jeder Gasse sollte jetzt auch die Gassenbezeichnung stehen. Es dauerte noch fast hundert Jahre, bis 1862 das heute gebräuchliche Nummerierungssystem eingeführt wurde: Die Häuser jeder Straße werden seither meist stadtauswärts aufsteigend nummeriert, rechts die geraden Zahlen, links die ungeraden. Ausnahmen gibt es bei Plätzen, die im Uhr- oder Gegenuhrzeigersinn durchnummeriert sind oder Straßen, die nur einseitig bebaut sind, dort tragen die Häuser häufig ungerade Nummern.

Eine Besonderheit bietet die ostfriesische Insel Baltrum mit ihren ca. 500 Einwohnern. Dort gibt es wie im alten Wien auch heute keine Straßennamen, sondern eine fortlaufende Nummerierung der Häuser nach ihrem Alter: je niedriger die Hausnummer, desto älter das Haus.

Siehe / Siehe auch: Straßennamen

Hausordnung

Die Hausordnung enthält objektbezogene Regeln für ein gedeihliches Zusammenleben der Bewohner und steckt die Grenzen für die Benutzung der gemeinschaftlichen Räume und Anlagen durch Bewohner und Gäste der Bewohner ab. Typische Regelungsinhalte sind
- Einhaltung von Ruhezeiten,
- Verbot der Belästigung der Nachbarn durch überlauten Empfang von Fernseh- und Rundfunksendungen sowie durch Musizieren (maßgeblich ist die „Zimmerlautstärke"),
- Entsorgung des Abfalls in die hierfür vorgesehenen Behälter,
- Einhaltung der Benutzungsregelungen von Waschmaschinen und sonstigen gemeinschaftlich benutzbaren Geräten,
- etwaige Reinigungs- und Streupflichten,
- Einhaltung von Sicherheitsvorschriften (keine Lagerung von feuergefährlichen und leicht entzündbaren Stoffen im Keller oder auf dem Dachboden),
- Regelungen der Haustierhaltung,
- ausreichende Lüftung und Heizung der Mieträume,
- pflegliche Behandlung der Fußböden usw.

Verletzt der Mieter die ihm aus der Hausordnung erwachsenden Pflichten trotz Abmahnung, kann dies ein Grund für die ordentliche Kündigung sein (wiederholte Störung der Nachtruhe, erhebliche Beeinträchtigung der Bewohner durch unkontrollierte Hundeshaltung usw.)

Hausratsverordnung

Die Hausratsverordnung (Verordnung zur Behandlung der Ehewohnung und des Hausrats) ist eine gesetzliche Vorschrift auf Bundesebene, die für den Fall einer Trennung von Ehepartnern regelt, was mit deren Hausrat und der gemeinsamen Wohnung zu geschehen hat.

Nach der Hausratsverordnung kann das Amtsgericht einem der beiden Ehepartner die Ehewohnung zur Alleinbenutzung zuweisen. Den gemeinsamen Hausrat hat der Richter „gerecht und zweckmäßig" aufzuteilen. Für Gegenstände im Alleineigentum eines Ehegatten gibt es besondere Regelungen. Auch die Rechte von Gläubigern der Ehepartner für Schulden, die mit dem Hausrat zusammenhängen, werden in der HausratsVO geregelt.

Siehe / Siehe auch: Ehewohnung, Ehescheidung im Mietrecht

HausratsVO

Abkürzung für: Hausratsverordnung

Hausratversicherung

Die Hausratversicherung bietet Versicherungsschutz für die Wohnungseinrichtung und sonstige in der Wohnung aufbewahrte Wertgegenstände. Der Versicherer zahlt immer dann den Wiederbeschaffungswert, wenn das Hab und Gut in den eigenen vier Wänden durch Brand, Blitzschlag, Sturm, Hagel und Explosion oder auslaufendes Leitungswasser beschädigt oder durch Einbrecher gestohlen wurde (Einbruchdiebstahl, Raub, nicht aber einfacher Diebstahl, was unverschlossenen Zugang zum Hausinneren voraussetzt). Voraussetzt wird stets eine ausreichende Versicherungssumme. Beläuft sie sich auf 700 Euro pro Quadratmeter bei Verträgen nach den Vertragsbedingungen von 1992 (VHB 92), ist eine Unterversicherung ausgeschlossen, es sei denn, die Versicherungssumme übersteigt 150.000 Euro und der „Wertsachenanteil" übersteigt 30% der Versicherungssumme. Der Wertsachenanteil besteht aus Bargeld bis 1.500 Euro, Urkunden (z.B. Sparbücher bis 3.000 Euro) Schmuck, Edelsteine, Briefmarkensammlung usw. bis 20.000 Euro. Im Schadensfall prüft der Versicherer bei den dargestellten Voraussetzungen nicht nach, ob der

Hausrat in angemessener Höhe versichert war. Nicht inbegriffen in der Hausratversicherung sind Haushaltsglasschäden. Sie müssen gegebenenfalls zusätzlich versichert werden.

Hausrecht

Hausrecht ist das Recht, über den Aufenthalt in einem umgrenzten Raum zu bestimmen, d.h. Personen den Zutritt zu erlauben oder zu verbieten. In einer Mietwohnung ist Inhaber des Hausrechts der Mieter. In einer Behörde übt das Hausrecht der Behördenleiter aus.

Der Vermieter hat nicht das Recht, generell darüber zu entscheiden, wer Zutritt zur Wohnung des Mieters erhält. Besuche sind (zumindest in einem Zeitrahmen bis zu sechs Wochen) zulässig. Vertragliche Regelungen über zeitliche Einschränkungen („Herrenbesuche nur bis 22 Uhr") sind schlicht unwirksam.

Der Vermieter kann einschreiten, wenn Besucher des Mieters gegen die Hausordnung verstoßen oder sonst den Hausfrieden stören. Er kann dann den Mieter auffordern bzw. abmahnen, diese Besucher nicht mehr einzulassen. Der Mieter haftet für Schäden, die seine Besucher in Wohnung oder Haus anrichten. Juristisch muss er sich das Verhalten seiner Besucher wie sein eigenes Verhalten zurechnen lassen.

Siehe / Siehe auch: Hausordnung

Hausschwamm

Echter Hausschwamm ist ein Pilz, der im feuchten Holz (ab 30% Feuchtigkeitsgehalt) bei einer Temperatur zwischen 3° und 26° entsteht und sich ausbreitet. Vorausbedingung für das Entstehen sind Bauschäden, durch die sich Feuchtigkeit bilden kann. Häufige Ursachen sind aufsteigende Feuchtigkeit im Mauerwerk, Einbau von nassen Baumaterialien mit der Folge mangelnder Austrocknung, undichte Wasserleitungen, verstopfte Regenwasserabflüsse, undichte Dächer. Da der Hausschwamm gegen Witterungseinflüssen empfindlich ist, verbreitet er sich besonders an geschützten Stelle (unter einem Holzboden, hinter einer Dielenwand usw.).

Dadurch wird er oft spät entdeckt. Sein Myzel durchdringt auch das Mauerwerk. Das vom Hausschwamm befallene Holz wird am Ende pulverisiert. Neben dem echten Hausschwamm gibt es weitere Arten (gelbrandiger Hausschwamm, brauner Kellerschwamm und weißer Porenschwamm).

Hausschwamm gefährdet nicht nur die Bausubstanz, sondern ist auch gesundheitsschädlich. Er kann nach einer sorgfältigen Analyse des Befalls und der Ursachen nur durch eine grundlegende Sanierung durch eine Fachfirma restlos beseitigt werden.

Haustiere

Das Halten von Haustieren in der Wohnung ist für Mieter grundsätzlich nur nach Genehmigung durch den Vermieter gestattet. Ein generelles Verbot von Haustieren in einem Formularmietvertrag ist nach Auffassung des BGH aus 1993 nicht zulässig. Einem Mieter kann das Halten von Haustieren nicht verboten werden, wenn dadurch die vertragsgemäße Nutzung nicht beeinträchtigt wird. In der Urteilsbegründung von 1993 führte der BGH aus, dass beispielsweise Hamster, Zwergkaninchen oder Aquarien nicht den „vertragsgemäßen Gebrauch" beeinträchtigen. Durch eine Vielzahl von Urteilen hat sich folgende Rechtsauffassung durchgesetzt: Grundsätzlich wird zwischen Tieren unterschieden, die ein Mieter in der Wohnung als Haustier halten darf, ohne vom Vermieter eine Zustimmung einzuholen und denen, die genehmigt werden müssen.

Genehmigungsfrei sind insbesondere kleinere Tiere, wenn von ihnen keine Geruchs- oder Lärmbelästigung ausgeht (z.B. Meerschweinchen, Zwergkaninchen, Hamster). Hunde und Katzen gelten nicht als Kleintiere; will ein Mieter ein solches Tier anschaffen, muss er sich an die Hausordnung und den Mietvertrag halten. Einen kleinen Hund oder eine Katze kann ein Vermieter nur mit einer stichhaltigen Begründung ablehnen. Eine willkürliche oder fadenscheinige Begründung würde vor Gericht nicht standhalten. Die Gestattung der Haltung eines Haustieres kann zu jedem Zeitpunkt widerrufen werden, wenn sich das Tier als störend für die Nachbarschaft herausstellt. Akzeptiert ein Mieter das nicht, kann der Vermieter das Mietverhältnis fristlos kündigen und ein Räumungsurteil gegen den Mieter erwirken. In Eigentumswohnungen ist das Halten von Haustieren ebenfalls nur zulässig, wenn andere Bewohner dadurch nicht gestört werden. Grundsätzlich regelt die Hausordnung einer Eigentümergemeinschaft das Recht zur Haltung von Haustieren. Ob in einer Hausordnung das Recht zur Haltung von Haustieren grundsätzlich untersagt werden kann, ist juristisch nicht eindeutig geklärt.

Haustrennwand

Zwischen aneinander gebauten Gebäuden (Doppelhäusern, Reihenhäusern, Kettenhäusern) muss eine Haustrennwand eingefügt werden, die vertikal vom Fundament bis zum Dachraum durchgängig ist. Sie besteht aus einer Mineralfaserdämmplatte und füllt den Zwischenraum zwischen den Außenwänden der Anbauseiten der Gebäude aus. Die Haustrennwand dient vor allem der Unterbindung der Schallfortpflanzung zwischen den Häusern. Sie muss auch als Brandwand ausgebildet sein.

Hausverbot

Das Hausverbot ist ein Zutrittsverbot hinsichtlich der Räumlichkeiten, für die derjenige, der es ausspricht, das Hausrecht besitzt. Bei Mietwohnungen besitzt das Hausrecht der Mieter; bezüglich der Gemeinschaftsräume wie Flure und Treppenhäuser des Gebäudes jedoch der Eigentümer bzw. die Eigentümergemeinschaft oder in Vertretung derselben der Hausverwalter. Ausgesprochen werden kann ein Hausverbot nur dann, wenn eine Person den Hausfrieden nachhaltig stört – z.B. durch wiederholte Ruhestörungen, Beschädigungen in Flur und Treppenhaus, Straftaten. Weigert sich die betreffende Person, das Hausverbot zu beachten, kann die Polizei gerufen werden.

Generelle Hausverbote gegen bestimmte Personengruppen sind schwer zu begründen. So erklärte das Amtsgericht Meldorf ein Hausverbot für Mitarbeiter des örtlichen Mietervereins für unzulässig. Der Mieter hatte diese im Zusammenhang mit einer Beratung in einem Streit um Lärmbelästigungen und den Objektzustand um Besichtigung gebeten (Az. 80 C 1631/03).

Siehe / Siehe auch: Hausrecht

Hausverwalter

Der Hausverwalter ist Betreuer des Hauseigentümers in allen, das Hausgrundstück betreffenden Angelegenheiten (daher der neuere Begriff des Objektbetreuers). Bei den Leistungsbereichen ist nach dem Boorberg-Standard zu unterscheiden zwischen

- regulären Leistungen (Grundleistungen), die der Verwalter ohne gesonderte Absprache mit dem Hauseigentümer erbringt
- zustimmungsabhängigen Leistungen und
- besonderen Verwaltungsleistungen

Die unter 1. und 2. zu erbringenden Leistungen sind durch die vereinbarte Hausverwaltergebühr abgedeckt. Für die besonderen Leistungen kann der Verwalter zusätzliche Gebühren verlangen.

Zum regulären Leistungsbereich zählen auf dem kaufmännischen Sektor das Vermietungsmanagement und die Pflege der Mietverhältnisse, das objektbezogene Rechnungswesen mit Zahlungsverkehr, das Versicherungswesen, die Beschäftigung und Überwachung der Hilfskräfte und die Ansammlung und Verwaltung einer Instandhaltungsrücklage.

Zum technischen Leistungsbereich gehören die Inspektion, Wartung, Instandsetzung und Instandhaltung, die Abnahme der Handwerkerleistungen, sowie die sachliche Rechnungsprüfung. Zustimmungsabhängig ist in der Regel die Durchführung von Mieterhöhungsverfahren, die sich nicht unmittelbar aus den Mietverträgen ergeben und die Durchführung von Instandhaltungsmaßnahmen ab einem zu bestimmenden Volumen.

Gegen gesonderte Gebühr werden vom Hausverwalter u.a. die Feststellung der Einkünfte aus Vermietung und Verpachtung, die Erstellung einer Wirtschaftlichkeitsberechnung, die Vorbereitung Überwachung und Finanzierung von Um- und Ausbauten Modernisierungen und großen Instandhaltungsmaßnahmen übernommen. Die Verwaltergebühr wird in der Regel als Prozentsatz der Mieteinnahmen vereinbart (Schwankungsbereich zwischen 2,5% und 8% je nach Größe und Mietniveau).

Siehe / Siehe auch: Hausverwaltervertrag, Verwalter (WEG)

Hausverwalterverbände

- Bundesfachverband Wohnungs- und Immobilienverwalter Berlin e.V. (BFW), Schiffbauerdamm 8, 10117 Berlin, Telefon: 030/308729-17, Fax: 030/308729-19
- Dachverband Deutscher Immobilienverwalter e.V., Mohrenstr. 33 10117 Berlin, Telefon: 30/3009679-0, Telefax: 30/3009679-21 Email:, DDIV@Immobilienverwalter.de
- Immobilienverband Deutschland IVD Bundesverband für Immobilienberater, Makler, Verwalter und Sachverständige e. V. – vor dem RDM und VDM

Siehe / Siehe auch: Maklerverbände

Hausverwaltervertrag

Der Hausverwaltervertrag regelt das Vertragsverhältnis zwischen Gebäudeeigentümer und Miethausverwalter. Im Gegensatz zum Verwaltervertrag nach WEG gibt es bei der Miethausverwaltung keinen gesetzlich definierten Leistungskatalog. Gesetzliche Grundlage für das Vertragsverhältnis können sowohl die Vorschriften sein, die sich aus dem Dienstvertragsrecht in Verbindung mit den Vorschriften über die entgeltliche Geschäftsbesorgung (Auftragsrecht) ergeben als auch werkvertragliche Vorschriften.

Denkbar wäre z.B., dass der Hausverwalter in Bezug auf durchgreifende Sanierungsmaßnahmen an Gebäuden als Generalübernehmer fungiert, der die Sanierungsleistungen in eigenem Namen und gegen Festpreis für den Hauseigentümer erbringt und sich dabei einiger Subunternehmer bedient. Überwiegend werden von Hausverwaltern jedoch keine Leistungen vereinbart, die erfolgsabhängig zu vergüten sind.Geht man von einem dienstleistungsorientierten Auftragsrecht aus, gelten folgende gesetzlichen Rahmenvorschriften für das Vertragsverhältnis:

Der Hausverwalter hat einen Anspruch auf Vergütung auch dann, wenn eine solche nicht ausdrücklich im Vertrag vereinbart ist. In der Regel gilt sie dann als stillschweigend vereinbart. In einem solchen Fall ist die „übliche" Vergütung als vereinbart anzusehen.

Die Vergütung ist nach Ablauf der vereinbarten Zeitabschnitte zu bezahlen (also keine Vorauszahlung). Die Leistungspflicht des Hausverwalters ist eine „höchstpersönliche". Sie kann insgesamt nicht auf Dritte übertragen werden. Das bedeutet nicht, dass sich der Miethausverwalter nicht eines Hilfspersonals bedienen darf.

Für das Vertragsverhältnis kann eine bestimmte Laufzeit vereinbart werden. Im Rahmen Allgemeiner Geschäftsbedingungen (AGB) kann keine Laufzeit wirksam vereinbart werden, die über zwei Jahre beträgt. Die Verlängerungsklausel bei Nichtkündigung darf nicht zu einer Verlängerung von jeweils mehr als einem Jahr führen und die Kündigungsfrist darf nicht länger als ein Vierteljahr betragen.

Wird keine bestimmte Laufzeit vereinbart, richtet sich die Kündigung nach der Bemessung der Vergütung. Bei monatlicher Vergütung kann spätestens am 15ten eines Monats zum Ablauf dieses Monats gekündigt werden. (In der Praxis werden kaum Hausverwalterverträge ohne Laufzeitbestimmung abgeschlossen)

Stirbt der Auftraggeber (Hauseigentümer), führt dies nicht zur Beendigung des Verwaltervertrages. Der Erbe kann jedoch – wenn im Vertrag nichts anderes vereinbart ist – kündigen. Stirbt der Hausverwalter, führt dies zur Beendigung des Verwaltervertrages. Bei Vertragsbeendigung hat der Hausverwalter alle das Verwaltungsobjekt betreffende Unterlagen zurückzugeben.

Der Hausverwalter ist zur Rechnungslegung (nach den vereinbarten Zeiträumen und jeweils am Ende des Vertragsverhältnisses) verpflichtet. Da der Hausverwalter im Rahmen seiner Tätigkeit über Vermögenswerte des Eigentümers verfügt, besteht die Rechnungslegung auch in einer belegten Einnahme-Überschussrechnung.

Der Hausverwalter ist in allen, das Verwaltungsobjekt betreffenden Angelegenheiten der Stellvertreter des Hauseigentümers. Zum Nachweis seiner Vertretungsbefugnis empfiehlt sich nicht nur im Vertrag, sondern auch gesondert eine Hausverwaltervollmacht auszustellen.

Der Hausverwalter ist auch im Rahmen seiner Verwaltungstätigkeit zur Rechtsberatung gegenüber dem Hauseigentümer befugt. Es empfiehlt sich auch eine Regelung über die Verjährung von wechselseitigen Schadensersatzansprüchen in den Vertrag aufzunehmen. Zu den Vereinbarungen über Leistungen und Vergütung des Hausverwalters finden Sie weitere Informationen unter dem Stichwort Hausverwalter.

Siehe / Siehe auch: Hausverwalter, Verwalter (WEG), Zwangsverwalter, Verwalterwechsel

HB
Abkürzung für: Handelsbilanz

HBauO
Abkürzung für: Hamburger Bauordnung

HBG
Abkürzung für: Hypothekenbankgesetz

Heidihaus
Der Begriff Heidihaus wurde zuerst von namhaften niederländischen Architekten provozierend für Wohnhäuser verwendet (vgl. SuperDutsch, Neue niederländische Architektur, von Bart Lootsma, DVA München), die heute überwiegend in den Neubaugebieten der Vorstädte gebaut werden und sich in Größe und Stil ähneln. Gemeint sind Häuser, die allseits beliebte Stilmerkmale enthalten, z.B. Sprossenfenster, Erker, Krüppelwalmdach,

Alm-Loggien, Friesengiebel usw. und keine eigenständige, charakteristische Architektur aufweisen.

Siehe / Siehe auch: Känguruhsiedlung, Glaswarze

Heim-Mindestbauverordnung

Die Heim-Mindestbauverordnung von 1978 regelt die baulichen Mindestanforderungen für Altenheime, Altenwohnheime und Pflegeheime für Volljährige. Ihre Vorschriften gelten für Heime nach der Definition des Heimgesetzes, die in der Regel mindestens sechs Personen aufnehmen.

Beispiele für Regelungen dieser Verordnung sind:
- Wohn- und Pflegeplätze müssen unmittelbar von einem Flur aus erreichbar sein.
- Flure innerhalb eines Geschosses dürfen nicht durch Stufen unterbrochen werden.
- Flure und Treppen müssen beidseitig feste Handläufe aufweisen.
- Ein ausreichend dimensionierter Aufzug darf nicht fehlen.
- Fußbodenbeläge müssen rutschfest sein.
- Treppenhäuser und Flure müssen über eine Nachtbeleuchtung verfügen.
- Räume zur Unterbringung von Pflegepatienten sind mit einer Rufanlage an jedem Bett auszustatten
- Behindertengerechte Sanitäranlagen sind Pflicht. Alle Räume müssen angemessen beheizbar sein.

Siehe / Siehe auch: Altengerechtes Wohnen, Altenheim, Altenheimvertrag, Betreutes Wohnen, Heimgesetz

Heimfallanspruch

Erbbaurecht

In Erbbauverträgen werden Heimfallansprüche vereinbart. Sie beziehen sich in der Regel auf Fälle des grob vertragswidrigen Verhaltens des Erbbauberechtigten (etwa Nichtzahlung des vereinbarten Erbbauzinses über einen längeren Zeitraum). Der „Heimfall" wird durch Übertragung des Erbbaurechts auf den Erbbaurechtsgeber bewirkt. Es entsteht dann ein „Eigentümererbbaurecht". Die Übertragung bedarf der notariellen Beurkundungsform. Im Erbbauvertrag kann aber auch geregelt sein, dass der Heimfall zu einer Übertragung des Erbbaurechts an einen Dritten führen soll.

Macht der Grundstückseigentümer von seinem Heimfallanspruch Gebrauch, ist an den Erbbauberechtigten zur Abgeltung des Restwerts des Erbbaurechts eine „angemessene" Vergütung zu bezahlen.

Darüber kann bereits im Erbbauvertrag eine Vereinbarung getroffen werden. Dient das Erbbaurecht den Wohnbedürfnissen minderbemittelter Bevölkerungskreise, muss die Vergütung mindestens 2/3 des Verkehrswertes des Erbbaurechts betragen. Im Allgemeinen wird davon ausgegangen, dass zu den minderbemittelten Bevölkerungskreisen jene zählen, die Anspruch auf Förderung nach dem Wohnraumförderungsgesetz haben.

Dauerwohnrecht

Nach § 36 WEG kann auch als Inhalt eines eigentumsähnlichen Dauerwohnrechts ein Heimfallanspruch zwischen dem Berechtigten und dem Eigentümer vereinbart werden, wenn bestimmte, im Vertrag genannte Voraussetzungen, zum Beispiel auch Pflichtverletzungen durch den Berechtigten, eintreten.

Hierzu gehören auch Regelungen über eine Entschädigung an den Berechtigten, wenn vom Heimfallanspruch Gebrauch gemacht wird.

HeimG

Abkürzung für: Gesetz über Altenheime, Altenwohnheime und Pflegeheime für Volljährige

Siehe / Siehe auch: Heimgesetz

Heimgesetz

Das Heimgesetz (HeimG) regelt die rechtlichen Verhältnisse in Altenheimen – d.h. Wohnen und Pflege, die in einem Altenheimvertrag zusammengefasst werden. Das Gesetz gilt für alle Heime – also entgeltlich betriebene Einrichtungen, in denen ältere, pflegebedürftige oder auch behinderte Volljährige aufgenommen werden, um sie zu pflegen und zu betreuen, ihnen Wohnraum zur Verfügung zu stellen, und deren Bestand von Anzahl und Wechsel der Bewohner unabhängig ist.

Nicht unter das Heimgesetz fallen Verträge, bei denen ein Vermieter den Mietern lediglich die Möglichkeit gibt, bestimmte Betreuungsleistungen, z.B. Notrufdienste, in Anspruch zu nehmen oder Dienst – und Pflegeleistungen anderer Anbieter vermittelt.

Damit gilt das HeimG nicht für die meisten Versionen des Betreuten Wohnens. Für Kurzzeitheime und stationäre Hospize gelten seine Vorschriften nur eingeschränkt. Das HeimG verfolgt den

Zweck, die Interessen der Bewohner zu wahren und ihre Selbstständigkeit und Selbstbestimmung soweit möglich zu schützen. Es schreibt den Inhalt von Heimverträgen vor. Heime, die dem HeimG unterliegen, müssen bei der zuständigen kommunalen Behörde (Heimaufsicht) registriert sein und werden von dieser überwacht.
Siehe / Siehe auch: Altenheimvertrag, Betreutes Wohnen, HeimG

HeimMindBauVO
Abkürzung für: Heim-Mindestbauverordnung.
Siehe / Siehe auch: Altenheim, Altengerechtes Wohnen, Heim-Mindestbauverordnung

Heimstätte
Grundgedanke der Heimstätten war es, Familien mit niedrigem Einkommen ein krisensicheres Eigenheim zu ermöglichen. Verwirklicht wurde der Gedanke im Reichsheimstättengesetz von 1920. Der Schutz bestand vor allem in einem beschränkten Vollstreckungsschutz. Im Grundbuch wurde ein Reichsheimstättenvermerk eingetragen. 1993 wurde das Reichsheimstättengesetz aufgehoben. Die hiervon ausgehenden Schutzwirkungen traten mit Ablauf des Jahres 1998 außer Kraft.

Heiz- und Warmwasserkosten
Heizkosten und Warmwasserkosten zählen zu den Betriebskosten, die der Vermieter auf den Mieter umlegen darf.
Die Verordnung über die verbrauchsabhängige Abrechnung der Heiz- und Warmwasserkosten (Heizkostenverordnung) schreibt zwingend vor, dass 50% bis 70% der Heizungs- und Warmwasserkosten nach Verbrauch zu verteilen sind. Der restliche Anteil wird nach Wohn- und Nutzfläche oder umbautem Raum umgelegt. Es kann sich dabei auch nur um die beheizbare Wohnfläche oder den beheizbaren umbauten Raum handeln.
Zu den Heizkosten zählen bei einer zentralen Heizanlage nach der Betriebskostenverordnung neben den Kosten der Brennstoffe (Heizöl, Erdgas usw.) die Kosten des Betriebsstromes, der Bedienung, der Überwachung und Pflege der Anlage, der Überprüfung der Betriebsbereitschaft und Betriebssicherheit, der Reinigung des Heizraumes, der Messungen nach dem Bundesimmissionsschutzgesetz und – soweit zutreffend – die Kosten der Anmietung. Zu den Kosten des Warmwassers zählen die Wasserkosten, sofern sie nicht unter dem Wasserverbrauch erfasst sind, die Kosten der Erwärmung, soweit diese nicht unter den Heizkosten erfasst sind, die Kosten der Reinigung und Wartung der Warmwassergeräte, u.a. auch die Beseitigung von Verbrennungs- und Verkalkungsrückständen sowie die Kosten der regelmäßigen Überprüfung der Betriebsbereitschaft und Betriebssicherheit.
Zum Zweck der Senkung der Heiz- und Warmwasserkosten sollte überprüft werden, ob eine veraltete Heizanlage nicht durch eine neue mit höheren Brennwerten ausgetauscht werden müsste. Erdgas- oder Ölheizkessel, die vor dem 1. Oktober 1978 installiert wurden, müssen ohnehin nach der Energieeinsparverordnung bis spätestens 31. Dezember 2006 erneuert werden. Eine Fristverlängerung bis 31. Dezember 2008 gibt es für Anlagen, die nach dem 1. November 1996 einen neuen Brenner erhalten haben.

HeizAnlV
Abkürzung für: Heizanlagenverordnung

HeizBetrV
Abkürzung für: Heizungsbetriebs-Verordnung

Heizkörper
Heizkörper sind Bauelemente, die zum Beheizen von Räumen dienen und zu diesem Zweck erzeugte Wärme abgeben. Die Abgabe der Heizwärme erfolgt durch Konvektion und Abstrahlung. Um einen optimalen bauphysikalischen Wirkungsgrad zu erzielen, werden Heizkörper in der Regel unter Fenstern montiert.
Die unterschiedlichen Arten von Heizkörpern werden nach Form und Funktionsprinzip unterschieden, verbreitet sind insbesondere Plattenheizkörper, Konvektoren oder Gliederheizkörper (Radiatoren). Darüber hinaus gibt es weitere Formen von Heizkörpern wie Handtuchradiatoren, Rohrheizkörper, Rippenrohrheizkörper oder Sockelleistenheizkörper.
Siehe / Siehe auch: Radiator

HeizKV
Abkürzung für: Heizkostenverordnung

HeizKVO
Abkürzung für: Heizkostenabrechnungsverordnung

Herabfallende Dachplatten

Entstehen durch herabfallende lockere Dachplatten Schäden an Sachen oder Personen, haftet der Gebäudeeigentümer wegen Verletzung seiner Verkehrssicherungspflicht. Die Gerichte vermuten in solchen Fällen zugunsten des Geschädigten, dass die Platten nicht ordnungsgemäß befestigt waren. Nach einem Urteil des Oberlandesgerichts Köln (12 U 112/03) sind auch Sturmböen bei einem Gewitter keine Rechtfertigung für einen Hauseigentümer. Zumindest solange sich die Windstärke im Rahmen dessen hält, womit bei Stürmen in der jeweiligen Gegend gerechnet werden muss, hat er zu zahlen.

Wenn das Dach an einen viel besuchten Parkplatz grenzt, muss häufiger kontrolliert werden. Eine Überprüfung alle zwei Jahre reicht nicht aus. Auch das Alter des Daches kann dabei eine Rolle spielen.

Siehe / Siehe auch: Verkehrssicherungspflicht

Herstellermarken

Siehe / Siehe auch: Handelsmarken

Herstellungskosten

im einkommensteuerlichen Sinne

Zu den Herstellungskosten eines Gebäudes im einkommensteuerlichen Sinne zählen im Rahmen der Bauerstellung alle Kosten, die nicht Anschaffungskosten für Grund und Boden einschließlich Erschließungsbeiträge sind.

Die Summe der Herstellungskosten ist Grundlage für die AfA. Für alle nach Fertigstellung des Gebäudes entstehenden („nachträglichen") Herstellungskosten können ggf. höhere AfA-Sätze geltend gemacht werden, soweit diese der voraussichtlichen Restnutzungsdauer entsprechen. Dies gilt z.B. für eine Modernisierungsmaßnahme in einem Altbau, deren Kosten nicht als Erhaltungsaufwand unmittelbar abgesetzt werden können, bzw. die nicht als nachträgliche Herstellungskosten des Altgebäudes gelten.

beim Sachwertverfahren

Die Herstellungskosten setzen sich zusammen aus den Baukosten und den Baunebenkosten. Die Baukosten werden beim Sachwertverfahren zunächst ermittelt auf der Bezugsgrundlage eines Quadratmeters der Bruttogrundfläche oder eines Kubikmeters des Bruttorauminhalts. Beim Kostenansatz handelt es sich um Erfahrungswerte. Sie differieren nach Nutzungsart und Bauqualität. Multipliziert man den Kostenansatz, mit der Zahl der Quadratmeter Bruttogrundfläche bzw. der Kubikmeter des Bruttorauminhalts, erhält man den Herstellungswert.

Die Baunebenkosten werden in einem prozentualen Pauschalansatz hinzugerechnet. Da sich die Erfahrungssätze auf ein bestimmtes Basisjahr beziehen (1913, 1995, 2000) muss der Herstellungswert mit Hilfe des Baupreisindex des Statistischen Bundesamtes auf das Jahr bzw. den Monat, zu dem die Bewertung erfolgen soll, umgerechnet werden.

Siehe / Siehe auch: AfA, Absetzung für Abnutzung (AfA), Sachwert

Herstellungswert

Siehe / Siehe auch: Herstellungskosten

HGB

Abkürzung für: Handelsgesetzbuch

HGrG

Abkürzung für: Haushaltsgrundsätzegesetz

HGZ

Abkürzung für: Handels- und Gaststättenzählung

HH

Abkürzung für: HinterhausAbkürzung für: Hochhaus

Hinterlegung der Miete

Es gibt Fälle, in denen der Adressat der Mietzahlung aus Mietersicht unklar ist (Eigentümerwechsel, Insolvenz, Tod des Vermieters usw.). Es soll auch schon vorgekommen sein, dass die Annahme der Zahlung verweigert wurde.

Da all dies den Mieter nicht von seiner Zahlungspflicht befreit, kann er seinen Verpflichtungen auch durch Hinterlegung der Miete bei der Hinterlegungsstelle des örtlichen Amtsgerichts nachkommen.

Der Mieter vermeidet so das Risiko der Zahlung an einen nicht berechtigten Empfänger. Die Miete gilt als gezahlt. Der Vermieter kann sie unter Nachweis seiner Vermietereigenschaft vom Amtsgericht erhalten, muss aber etwaige Kosten der Hinterlegung übernehmen.

Historismus

Unter Historismus werden die Baustile des späten 19. Jahrhunderts bezeichnet, die Stilelemente früherer Epochen, insbesondere der Romanik und Gotik („Neuromanik", „Neugotik"), der Renaissance („Neurenaissance") bis hin zum Neubarock übernommen haben.

Der Historismus versteht sich als Abkehr von der rationalistischen Aufklärung und basierte auf romantischen Weltvorstellungen, verbunden mit einer Verklärung des Mittelalters. So wurden Häuser mit Türmchen versehen. Gleichzeitig sollte ein Gegengewicht zur Industriekultur geschaffen werden.

Dem Geist des Historismus entsprang auch die sowjetische Architektur in der Stalinära, die allerdings nur auf reine Außenwirkung bedacht war. Siehe hierzu „Zuckerbäckerstil". Auch in Amerika wurden viele alte Stilelemente aus dem alten Europa übernommen, die an vergangene Zeiten erinnern. Abgelöst wurde der Historismus in der Zeit zwischen 1900 und 1920 vom Jugendstil. Es war nicht nur ein Baustil. Vielmehr erfasste der Jugendstil viele Bereiche des Lebens und hielt auch Einzug in die industrielle Produktion.

HK

Abkürzung für: Heizkosten

HKV

Abkürzung für: Heizkostenvorschuss

HO

Abkürzung für: Handelsorganisation

HOAI

Abkürzung für: Honorarordnung für Architekten und Ingenieure
Siehe / Siehe auch: Honorarordnung für Architekten und Ingenieure (HOAI)

Hochbau

Hochbau umfasst die Gestaltung, Planung, Erstellung und Koordination überirdischer Bauwerke, z.B. Kirchen, Wohnhäuser und Industriebauten. Haupt verantwortlich ist der Architekt, der abhängig vom Umfang des Gebäudes weitere Ingenieure und Fachkräfte hinzuzieht. Das Gegenteil des Hochbaus ist der Tiefbau.
Siehe / Siehe auch: Tiefbau

Hochhaus

Hochhäuser sind nach deutschem Verständnis Gebäude, bei denen der Fußboden mindestens eines Aufenthaltsraumes mehr als 22 m über der Geländeoberfläche liegt. Diese Definitionen finden sich in Hochhausverordnungen bzw. in den Bauordnungen der Bundesländer. Die Vorschriften dienen vor allem den besonderen Anforderungen an den Brandschutz, von der Feuerwehrzufahrt über das feuerbeständige Material von tragenden Wänden und Decken, bis hin zu Feuerlöscheinrichtungen und deren Wartung. Das Bauen in eine unbegrenzte Höhe wurde seit der Erfindung des Fahrstuhls 1852 durch Elisha Graves Otis möglich. Die ersten Hochhäuser, die man auch als „Wolkenkratzer" bezeichnete, entstanden in der Vereinigten Staaten. Hier die zunehmenden Höhensteigerungen:

- 1913 Woolworth Building in New York mit 214 m
- 1930 Chrysler Building in New York mit 319 m,
- 1931 Empire State Building New York mit 381 m,
- 1972 die Zwillingstürme das World Trade Center mit 417 m – das am 11.9.2001 nach einer Attacke von Terroristen einstürzte
- 1974 Sears Tower in Chicago mit 442 m,
- 1997 Petronas Towers in Kuala Lumpur mit 452 m
- 2004 Taipei 101 in Taopei (Taiwan) mit 508 m.

Die höchsten Gebäude in Deutschland befinden sich Frankfurt (Commerzbank mit 259 m, Messeturm 257 m, Westendstr. 1 mit 208 m). In Moskau steht das höchste europäische Gebäude, nämlich

der Triumph-Palace mit 264 m. Geplant sind weitere Wolkenkratzer in Dubai, New York, Busan, Shanghai und Hong Kong. In Dubai wird eine Höhe von 705 m angestrebt.
Siehe / Siehe auch: Gebäude

Hochwasser

Hochwasser entsteht, wenn die Niederschlagsmenge (bzw. die Menge der Schneeschmelze) nicht mehr vom Boden aufgenommen werden kann und das abfließende Wasser die Abflusskapazitäten der Bäche und Flüsse überschreitet. Die Abflussmenge wird in Kubikmeter pro Sekunde über die Fließgeschwindigkeit gemessen. Der Hochwasserstand wird an Pegelmessstellen meist mit Hilfe eines Schwimmerpegels gemessen. Die Pegelbewegungen (Bewegung der Schwimmkörper) werden in der Regel automatisch aufgezeichnet. Hochwasser entsteht ferner in Küstengebieten durch Sturmfluten.

Hochwasserschäden entstehen vor allem durch Überflutungen, Deichbrüche und Zerstörungen durch mitgeführte Baumstämme und andere vom Hochwasser mitgerissene und den Abfluss blockierende Gegenstände sowie durch Unterspülungen von Brückenpfeilern. Die Maßnahmen zum vorbeugenden Schutz vor Hochwasser bestehen in der Anlage von Rückhaltebecken, Uferdämmen, Talsperren, Flutmulden (Ersatzflussbette) und Polder. Vor allem ist darauf zu achten, dass in hochwassergefährdeten Gebieten keine Bauflächen in den Flächennutzungsplänen ausgewiesen werden. Hochwasserschäden sind Vermögens- und Nutzungsausfallschäden.

Gegen Hochwasserschäden kann sich ein Hauseigentümer versichern lassen. Allerdings lehnen Versicherungsgesellschaften in extrem hochwassergefährdeten Lagen den Abschluss von Versicherungsverträgen häufig ab. Das Hochwasserrisiko führt in solchen Fällen zu hohen Wertabschlägen. Vorbeugender Hochwasserschutz findet zunehmend seinen Niederschlag in Regionalplänen, in denen Überschwemmungsbereiche und vorzusehende Überschwemmungsflächen dargestellt werden. Damit wird Einfluss auf die Bauleitplanung der Gemeinden genommen.
Siehe / Siehe auch: Polder

HöfeO

Abkürzung für: Höfeordnung

Höfeordnung

Die Höfeordnung ist eine gesetzliche Regelung in den Bundesländern Schleswig-Holstein, Hamburg, Nordrhein-Westfalen und Niedersachsen. Für landwirtschaftliche Betriebe in diesen Bundesländern, die Höfe nach der Definition der Höfeordnung sind, gelten besondere erbrechtliche Regelungen. Dadurch soll verhindert werden, dass land- und forstwirtschaftliche Betriebe im Erbfall in kleine und kleinste unwirtschaftliche Einheiten zersplittert werden. Nach der Höfeordnung erbt nur eine Person – der „Hoferbe".
Die Höfeordnung regelt auch die Abfindungen für die leer ausgegangenen Geschwister – allerdings sind diese Abfindungen sehr niedrig, da es keinen Sinn macht, den Hoferben durch hohe Zahlungsbelastungen gleich in den finanziellen Ruin zu befördern.
Siehe / Siehe auch: Landwirtschaftsgericht

HöfeVfo

Abkürzung für: Verfahrensordnung für Höfesachen

Höhe der baulichen Anlagen

Im Bebauungsplan wird häufig die Höhe der baulichen Anlagen (H) festgesetzt. Es handelt sich um ein Maß der baulichen Nutzung. Dabei ist zu unterscheiden zwischen der Firsthöhe – FH (z.B. 12,4 m über Gehweg), der Traufhöhe (TH) (z.B. 60,2 m über NN), und der Höhe zur Dachoberkante – OK (z.B. 120,2 m über NN). Die Höhe kann als Höchstmaß oder zwingend vorgeschrieben werden. Die Höhe der baulichen Anlage ist immer dann festzusetzen, wenn ohne ihre Festsetzung das Orts- und Landschaftsbild beeinträchtigt würde. Allerdings kann auch an die Stelle der Höhenfestsetzung die Zahl der Vollgeschosse treten. Als unterer Bezugspunkt kommen neben der mittleren Höhe des Meeresspiegels (NN = Normal-Null) auch Bezugspunkte in Frage, die vom Grundstückseigentümer nicht beeinflusst werden können, z.B. die Höhenlage einer Verkehrsanlage (Weg, Straße).
Siehe / Siehe auch: Maße der baulichen Nutzung

Höhenlinien

Um die Topographie eines Geländes darzustellen, bedient man sich der Höhenlinienkarten. In ihr sind in der Regel im Höhenabstand von 5 m die Höhenlinien eingezeichnet. Sie basieren in

Deutschland auf dem unteren Bezugspunkt, der „Normal Null" – mittlerer Meeresspiegel nach dem Pegel von Amsterdam. Von diesem Pegelstand aus wurden an verschiedenen Stellen in Deutschland Höhenfestpunkte durch Präzisionshöhenmessungen durchgeführt, von denen wiederum Höhenmaße abgeleitet werden können.

Der Meeresspiegel erhöht sich im Jahresschnitt um 2 mm. Die Höhenmessungen können mit Hilfe eines Nivelliergerätes millimetergenau durchgeführt werden. Höhenangaben über N.N. werden auch zur Festsetzung der unteren Bezugspunkte der Höhenfestsetzungen von Gebäuden in Bebauungsplänen verwendet.

Siehe / Siehe auch: Höhe der baulichen Anlagen

Hof

Nach der Höfeordnung ist ein Hof eine land- oder forstwirtschaftliche Besitzung mit einer zu ihrer Bewirtschaftung geeigneten Hofstelle, die einen bestimmten Wirtschaftswert hat. Die Höfeordnung gilt nur für die Bundesländer Hamburg, Niedersachsen, Schleswig-Holstein und Nordrhein-Westfalen. Die Höfeordnung regelt das Erbrecht bei Höfen. (Weitere vergleichbare landesrechtliche Hoferbenregelungen gibt es in Baden-Württemberg, Hessen, Bremen und Rheinland-Pfalz). Der Hof befindet sich entweder im Alleineigentum des Hofeigentümers oder im gemeinschaftlichen Eigentum der Ehegatten (Ehegattenhof). Der Hof fällt im Erbfall als Teil der Erbschaft nur einem Erben (Hoferben) zu. Bei Ehegatten ist der jeweils überlebende Ehegatte Erbe. Sie können aber gemeinsam einen Dritten als Erben bestimmen. Die Höfeordnung sieht natürlich auch Regelungen über die Abfindung der Miterben durch den Hoferben vor. Die Besitzung verliert die Hofeigenschaft, wenn die Eigentumsformen (Alleineigentum oder Ehegattenhof) nicht mehr besteht. Im Grundbuch wird ein Hofvermerk eingetragen. Mit Aufhebung des „Reichserbhofgesetzes" durch das Kontrollratsgesetz Nr. 43 wurde das Höfeordnungsrecht mit dem Stand vom 1.1.1933 wieder eingeführt. Die heute geltende Fassung der Höfeordnung stammt vom 26. Juli 1976.

Hofraumverordnung

Die Hofraumverordnung vom 24.9.1993 behandelt die grundbuchmäßige Behandlung von „ungetrennten Hofräumen", das sind nicht vermessene, nicht katastermäßig erfasste Grundstücke in den neuen Bundesländern, die z.T. mangels konkreter Angaben im Grundbuch nicht als Grundstück gelten.

Die Verordnung stellt die formale Grundbuchfähigkeit der Anteile an ungetrennten Hofräumen wieder her, so dass Eintragung, Belastung und Verkauf möglich werden. Nach der Hofraumverordnung kann eine Eintragung im Grundbuch, die sich auf einen bereits dort eingetragenen Anteil am ungetrennten Hofraum bezieht, nicht mit der Begründung abgelehnt werden, dass rechtlich gar kein Grundstück existiere. Nach § 1 Abs.1 der HofV wird das übliche Kataster durch die alten preußischen Gebäudesteuerbücher ersetzt. Damit sind die Grundstücke nach einem amtlichen Verzeichnis festgelegt.

Falls jedoch – wie oft vorgekommen – die Gebäudesteuerbücher nicht mehr existieren, kann auch der letzte Einheitswertbescheid verwendet werden. Falls es keinen gibt, kann auch dieser durch Ersatzbescheinigungen ersetzt werden (Grundsteuerbescheid, Grunderwerbssteuerbescheid, kommunaler Abwassergebührenbescheid). Sobald die erforderlichen Angaben bzw. Ersatzangaben im Grundbuch eingetragen sind, wird der „Anteil am ungetrennten Hofraum" zum Grundstück im Rechtssinne. Probleme hinsichtlich der unsicheren Lage und Fläche der Grundstücke regelt das Bodensonderungsgesetz.

Siehe / Siehe auch: Bodensonderung, Bodensonderungsgesetz, Sonderungsplan, Ungeteilter Hofraum

Home Office

Ein Home Office bietet die Möglichkeit, der Berufstätigkeit nicht in einem Bürogebäude der Firma auf herkömmliche, sondern über entsprechende Kommunikations- und Datenübertragseinrichtungen zu Hause nachzugehen.

Der verstärkte Einsatz von Home Offices könnte die Nachfrage nach Büroflächen – zumindest theoretisch – deutlich reduzieren. Zudem ergäben sich erhebliche Auswirkungen auf die Gestaltung von Wohneinheiten die entsprechende Office-Komponenten beherbergen sollen. Bis jetzt spielt das „Home Office" allerdings erst eine sehr untergeordnete Bedeutung; es wurde noch nicht in großem Umfang marktrelevant. Im Unterschied zum Office at Home gilt das Home Office nicht als Betriebsstätte.

Siehe / Siehe auch: Office at Home

Homepage

Die Homepage, auch Website, ist ein eigener Auftritt des Immobilienunternehmens im Internet. Die Homepage wirkt wie eine Mischung aus Schaufenster, Laden, Firmenprospekt und Anzeige. Die beste Homepage bringt nicht viel, wenn es nicht gelingt, eine möglichst große Zahl qualifizierter potentieller, aber auch aktueller Kunden auf diese Seite hinzuführen. Insofern ist es wichtig, dass die eigene Homepage in möglichst vielen Suchmaschinen präsent und vor allem bei den relevanten Suchbegriffen (z.B. „Immobilien", „Immobilienverwaltung", „Mietwohnungen", WEG-Verwalter) immer möglichst weit vorne in den Ergebnislisten auftaucht. Nach § 6 TDG gibt es die Pflicht, mit einem Verweis auf das Impressum der Homepage hinzuweisen.
Siehe / Siehe auch: Impressum (Pflichtangaben auf der Homepage)

Honorarordnung für Architekten und Ingenieure (HOAI)

Die Honorarordnung für Architekten und Ingenieure und ist eine Rechtsverordnung, die ihre Rechtsgrundlage im Gesetz zur Regelung von Ingenieur- und Architektenleistungen hat. Nach ihr erfolgt die Berechnung der Entgelte für die Leistungen der Architekten und Ingenieure (Auftragnehmer) soweit sie durch die Leistungsbilder und andere Bestimmungen der Verordnung erfasst sind.
Es handelt sich um insgesamt 13 Leistungsbereiche, wobei die „Leistungen bei Gebäuden, Freianlagen und raumbildenden Ausbauten" im Vordergrund stehen. Die Honorartafel sieht 5 Zonen vor, die in aufsteigender Reihenfolge den unterschiedlichen Anforderungen an die zu erbringende Leistung entsprechen. Die Honorare staffeln sich außerdem mit zunehmenden Kosten der Gesamtleistung in 18 Staffeln nach oben.
Schließlich wird jede der neun Leistungsphasen, die zusammengenommen die Gesamtleistung bilden, noch einmal gewichtet (z.B. Objektüberwachung 31%, Ausführungsplanung 25%, Entwurfsplanung 11%). Neben den Grundleistungen kann sich der Architekt noch zu weiteren besonderen Leistungen verpflichten, für die er ebenfalls ein Honorar erhält, das frei vereinbart werden kann.
Siehe / Siehe auch: Architektenleistungen

HP
Abkürzung für: Hochpaterre

HRA
Abkürzung für: Handelsregister Abteilung A (Einzelfirmen, KG, OHG, GmbH&Co KG)

HRB
Abkürzung für: Handelsregister Abteilung B (AG, GmbH)

HRR
Abkürzung für: Höchstrichterliche Rechtsprechung

Hrsg
Abkürzung für: Herausgeber

HRVO
Abkürzung für: Hausratsverordnung

Hs.
Abkürzung für: Haus

Human Relations

Human Relations (zwischenmenschliche Beziehungen) in Betrieben und anderen Institutionen waren schon seit den 30er Jahren Forschungsgegenstand. Die so genannten Hawthorne-Experimente ergaben, dass die Leistungen der Mitarbeiter alleine schon dadurch steigen, dass man sich mit ihnen befasst. Außerdem wurde bald danach entdeckt, dass diese Mitarbeiterzufriedenheit in bestimmten Bereichen sich in Kundenzufriedenheit ummünzen lässt. Seitdem wurden Fragen des positiven Betriebsklimas immer wieder thematisiert, das durch die systematische Förderung zwischenmenschlicher Beziehungen in den Betrieben verbessert werden kann. In den 50er Jahren wurde die Human Relations Betrachtung erweitert um den Aspekt der Notwendigkeit, im Betrieb ein Forum von Mitarbeitern zu sehen, deren Streben nach Selbstverwirklichung Anerkennung findet. Dies war die Basis für die Entwicklung des Human-Ressourcen-Ansatzes, der sich heute mit der Nutzbarmachung aller geistigen und mentalen Potenziale der Mitarbeiter befasst.

Siehe / Siehe auch: Human Resources

Human Resources

Im Dienstleistungsbereich sind die Human Resources die wichtigsten Erfolgsfaktoren eines Unternehmens. Man versteht darunter die geistigen Potenziale der Mitarbeiter, die für die Entwicklung eines Unternehmens von entscheidender Bedeutung sind.

Aus dem Konzept der Balanced Scorecard wurde zu diesem Zweck die „Human-Resources-Scorecard" (HR-Scorecard) entwickelt, in der speziell für die Mitarbeiter Finanz-, Prozess- und Mitarbeiterinnovationsziele formuliert werden. Der Beitrag der Personalentwicklung soll mit Hilfe der Quantifizierung dieser Ziele in Soll-Istvergleichen messbar gemacht werden. Unter anderem werden Kosten gezielter Personalentwicklung den Steigerungsraten ihrer Leistungswerte gegenübergestellt. Daraus abzuleiten ist eine motivierende Beteiligung der Mitarbeiter am Markterfolg. Die Verwirklichung der Ziele der HR-Scorecard legt zudem die Grundlage für eine langfristige Solidarität zwischen Führung und Mitarbeiter.

Da die Immobilienwirtschaft sehr stark dienstleistungsvorgeprägt ist, spielen die Human Resources hier eine besondere Rolle. Betriebswirtschaftlich richtig umgesetzt, steigert die Leistungswertentwicklung der Mitarbeiter eines Unternehmens zwangsläufig die Umsätze.

Die Einstellung des Unternehmens zu seinen Mitarbeitern kommt heute in vielen Unternehmensleitbildern zum Ausdruck.

Siehe / Siehe auch: Human Relations, Balanced Scorecard

Hurdle Rate

Unter einer Hurdle Rate versteht man eine Basisvergütung der Investoren. Erst nach Auszahlung dieser Basisvergütung erhält die Managementgesellschaft eine Gewinnbeteiligung.

HWK

Abkürzung für: Handwerkskammer

HypBankG

Abkürzung für: Hypothekenbankgesetz

Hypothek

Die Hypothek ist ein heute kaum mehr vorkommendes Grundpfandrecht, das im BGB ausführlich geregelt ist. Geschätzt wird, dass lediglich 3 % aller Grundpfandrechte noch Hypotheken sind. Die Kenntnis der Regelungen ist deshalb wichtig, weil sie zum großen Teil auch für die heute überwiegend verwendete Grundschuld gelten.

Im Gegensatz zur Grundschuld ist die Hypothek mit einer Forderung verbunden und damit streng „akzessorisch". Dabei steht die Forderung im Vordergrund. Sie ist das „Accessoire", ohne das die Hypothek nicht entstehen kann. Hypotheken- und Forderungsgläubiger müssen identische Personen sein.

Wird eine Hypothek bestellt, fertigt das Grundbuchamt – falls dies nicht ausgeschlossen wird – einen Hypothekenbrief aus. Dies gilt auch für die Grundschuld. In dem Fall erwirbt der Gläubiger die Hypothek erst mit Übergabe des Briefes durch den Eigentümer oder – wie dies überwiegend vereinbart wird – durch das Grundbuchamt. Der Schuldner kann der Geltendmachung der Hypothek widersprechen, wenn der Brief nicht vorgelegt wird. Heute wird in der Regel der Erteilung eines Briefes (auch bei der Grundschuld) ausgeschlossen.

Damit ist die Buchhypothek (Buchgrundschuld) der Regelfall. Die Vorteile des Hypothekenbriefes hat man darin gesehen, dass er in einem schriftlichen Vertrag als Sicherheit an Dritte abgetreten werden konnte, ohne dass dies zu Änderungen im Grundbuch führt. Da heute Privatpersonen als Hypothekengläubiger keine Rolle mehr spielen, hat dieser Vorteil des Briefes weitgehend keine Bedeutung.

Der Normalfall der Hypothek ist die Verkehrshypothek. Es gibt jedoch viele weitere Ausgestaltungsformen. Hierzu zählen die Sicherungshypothek mit den Unterformen der Arresthypothek, der Bauhandwerkersicherungshypothek, der Höchstbetragshypothek und die Zwangshypothek.

Diese kann für mehrere Forderungen verschiedener Gläubiger bestellt werden. Sie ist immer eine Buchhypothek. Solange die Forderung noch nicht endgültig festgestellt ist, gilt die Höchstbetragshypothek als vorläufige Eigentümergrundschuld. Bei der Arresthypothek wird der Geldbetrag als Höchstbetrag eingetragen, durch dessen Hinterlegung die Vollziehung des Arrestes gehemmt wird. Bei der Zwangshypothek handelt es sich um eine Sicherungshypothek. Grundsätzlich muss aber jede Hypothek vom Eigentümer bewilligt werden. Diese Bewilligung wird bei der Zwangshypothek ersetzt durch einen vollstreckbaren zugestellten Schuldtitel.
Wenn einmal ein Grundstück mit einer Hypothek belastet ist, muss es auch die Möglichkeit geben, diese Hypothek wieder zu löschen. Grundsätzlich würde eine formlose Erklärung des Gläubigers zur Löschung der Hypothek ausreichen. Die Grundbuchordnung verlangt aber, dass diese Erklärung des Gläubigers zumindest notariell beglaubigt ist und dass der Grundstückseigentümer ebenfalls in beglaubigter Form der Löschung zustimmt. Ist die Hypothek, z.B. von einem Dritten gepfändet, so muss auch noch dieser in beglaubigter Form der Löschung zustimmen. Gibt es keine besondere Vereinbarung, wer die Kosten der Löschung tragen soll, so sind diese vom Eigentümer zu tragen.
Siehe / Siehe auch: Grundschuld

Hypothekenzins

Bei einer echten Hypothek ist der Hypothekenzins identisch mit dem vereinbarten Darlehenszins. Heute versteht man in der Praxis unter Hypothekenzins den Zins, der für ein langfristiges, durch eine Grundschuld abgesichertes Darlehen bezahlt wird.Der in die Grundschuldurkunde aufgenommene Zinssatz liegt weit darüber, weil er lediglich den Absicherungsrahmen für einen veränderlichen Darlehenszins darstellt.

i.d.F.
Abkürzung für: in der Fassung

i.d.S.
Abkürzung für: in diesem Sinne

i.H.v
Abkürzung für: in Höhe von

i.M.
Abkürzung für: im Monat

i.R.v
Abkürzung für: im Rahmen von

i.S.d
Abkürzung für: im Sinne des/der

i.V
Abkürzung für: in Verbindung

i.w.S.
Abkürzung für: im weiteren Sinne

i.Z.m.
Abkürzung für: im Zusammenhang mit

IAS
Abkürzung für: International Accounting Standards
Siehe / Siehe auch: International Accounting Standards (IAS), International Financial Reporting Standards (IFRS)

IBA
Abkürzung für: Internationale Bauausstellung

Identifizierungspflicht
Makler müssen ebenso wie Notare die Kunden identifizieren, von denen sie Bargeld, Wertpapiere oder Edelmetalle im Wert von über 15.000 Euro annehmen. Dabei kann es sich beim Makler auch um Provisionszahlungen handeln.
Die Identifizierung geschieht dadurch, dass er sich Einblick in den Personalausweis oder Reisepass des Kunden verschafft und daraus Vor- und Geburtsname, Geburtsdatum, Geburtsort, Staatangehörigkeit und – soweit hieraus feststellbar – die Anschrift aufzeichnet oder eine Kopie anfertigt.
Er muss den Kunden auch fragen, ob er in eigenem oder in fremden Namen handelt.

Drängt sich dem Makler der Verdacht auf, dass mit dem Geschäft Geldwäsche verbunden ist, muss er dies der Staatsanwaltschaft und der Zentralstelle für Verdachtsanzeigen beim Bundeskriminalamt melden. Für dieses Handeln ist er per Gesetz von jeder Verantwortung freigestellt.

IDV
Abkürzung für: Individualverkehr

IdW
Abkürzung für: Institut der Wirtschaftsprüfer
Siehe / Siehe auch: Institut der Wirtschaftsprüfer

IDW S 4
IDW S 4 ist die Kurzbezeichnung für den vom Institut der Wirtschaftsprüfer in Deutschland e. V. (IDW) erarbeiteten Standard „Grundsätze ordnungsmäßiger Beurteilung von Verkaufsprospekten über öffentlich angebotene Vermögensanlagen".
Er ist die maßgebliche Grundlage für die Erstellung von Prospektprüfungsgutachten durch Wirtschaftsprüfer und enthält einen Katalog von Anforderungen an die inhaltliche Gestaltung der Prospekte von Beteiligungsangeboten, so unter anderem auch für geschlossene Immobilienfonds.
Siehe / Siehe auch: Institut der Wirtschaftsprüfer

IfG
Abkürzung für: Institut für Gewerbezentren

IfH
Abkürzung für: Institut für Handelsforschung

IFMA Deutschland
Neben der GEFMA ist die IFMA (International Facility Management Association), mit Sitz in Berlin, Interessenvertreter der Facility Manager. Der Deutsche Verband der IFMA wurde 1998 gegründet und zählt mittlerweile über ca. 200 Mitglieder. Hinzu kommen Studenten, die ebenfalls gegen einen geringen Beitrag Mitglied werden können. Weltweit verfügt die IFMA über 15.000 Einzelmitglieder (72% Professionals, 25% Assoziierte und der Rest Studenten).
Näheres unter: www.ifma-deutschland.de
Siehe / Siehe auch: GEFMA - Deutscher Verband für Facility Management e.V.

IFRS
Abkürzung für: International Financial Reporting Standards
Siehe / Siehe auch: International Accounting Standards (IAS)

IfS
Abkürzung für: Institut für Sozialdienste

IG
Abkürzung für: Interessengemeinschaft

IGA
Abkürzung für: Internationale Gartenausstellung

IGB
Abkürzung für: Internationaler Genossenschaftsbund

IHK
Abkürzung für: Industrie- und Handelskammer

II.BV
Abkürzung für: 2. Berechnungsverordnung
Siehe / Siehe auch: Zweite Berechnungsverordnung, II. BV

Image
Kunden schreiben einem Unternehmen ein Image (Bild) zu. Dieses umfasst ein ganzes Bündel von Erwartungen, die der einzelne Kunde einem Produkt, einer Dienstleistung oder eben einer Firma gegenüber hat. Der Begriff stammt aus der Werbepsychologie. Imagewerbung war in der lange mit einem schlechten Ruf behafteten Immobilienbranche von besonderer Bedeutung, tritt aber mit der Verbesserung des Image in den Hintergrund.
Siehe / Siehe auch: Maklerimage

Imageanzeigen
Imageanzeigen werden der Firmenwerbung des Maklerunternehmens zugerechnet. Sie versuchen, den Bekanntheitsgrad und das spezifische Profil des Maklerunternehmens in der Öffentlichkeit oder bei speziellen Zielgruppen zu verbessern. Sie haben eine große Breitenwirkung und richten sich an die verschiedensten Zielgruppen. Imageanzeigen kommt insbesondere im Hinblick auf die passive Auftragsakquisition eine große Bedeutung zu.

Immission
Als Immission werden schädliche Umwelteinwirkungen bezeichnet, „die nach Art und Ausmaß oder Dauer geeignet sind, Gefahren, erhebliche Nachteile oder erhebliche Belästigungen für die Allgemeinheit oder die Nachbarschaft herbeizuführen" (§ 3 Bundesimmissionsschutzgesetz). Dazu zählen die von einer Anlage ausgehenden Luftverunreinigungen, Geräusche, Erschütterungen, Licht, Wärme, Strahlen und ähnliche Erscheinungen. Luftverunreinigungen ergeben sich durch Gase, Dämpfe, Gerüche, Rauch und Ruß. Durch vielfältige Vorkehrungen insbesondere Genehmigungserfordernisse, werden schädlichen Umwelteinwirkungen ausgeschlossen oder begrenzt. Die Reichweite, die der Gesetzgeber dem Immissionsschutz zumisst, kann daraus abgeleitet werden, dass auf dieser Gesetzesgrundlage relativ viele Verordnungen erlassen wurden.
Auch im Rahmen des privaten Nachbarrechts bestehen Abwehransprüche gegen unzumutbare Beeinträchtigungen durch Immissionen der genannten Art. Der Eigentümer kann Immissionen aber nicht verbieten, wenn die Einwirkung die Benutzung seines Grundstücks nicht oder nur unwesentlich beeinträchtigt oder wenn die die Immission bewirkende Anlage genehmigt ist. Als unwesentliche Beeinträchtigung gilt stets das Nichtüberschreiten von Grenzwerten, die in Gesetzen oder Verordnungen festgeschrieben sind. Soweit sich Grenzwerte aus VDI-Richtlinien ergeben, sind die Gerichte hieran zwar nicht gebunden. Diese Richtlinien gelten jedoch als Orientierungsrahmen für eine Beurteilung. Auf der Grundlage des Bundesimmissionsschutzgesetzes (BImSchG) wurde von der Bundesregierung zum Schutz der Bevölkerung auch eine Verordnung über elektromagnetische Felder verabschiedet. Darin werden Grenzwerte für den „Elektrosmog" festgelegt, der durch den zunehmenden Ausbau des Mobilfunks entsteht.
Siehe / Siehe auch: Elektrosmog, Lärmkarten

Immissionsschutz
Siehe / Siehe auch: Immission

Immobilie
Alternative Bezeichnung für Grundstück im umfassenden Sinne.
Siehe / Siehe auch: Grundstück

Immobilie – herrenlos

Eine Immobilie – wie auch bewegliche Sachen – wird herrenlos, wenn der Eigentümer sein Eigentum daran aufgibt, ohne dieses auf eine andere Person zu übertragen. Soll in ein derartiges Grundstück die Zwangsvollstreckung betrieben werden, so bestellt das zuständige Vollstreckungsgericht auf Antrag des Gläubigers einen Vertreter zur Wahrnehmung der sich aus dem Eigentum ergebenden Rechte und Verpflichtungen im Zwangsvollstreckungsverfahren. Dieser Vertreter nimmt dann alle Rechte des Eigentümers wahr und soll wie ein sorgsamer Eigentümer handeln.

Immobilien-Index

Siehe / Siehe auch: DIMAX, Deutscher Immobilien Index - DIX, Raumindex

Immobilien-Leasingfonds

Sonderform eines geschlossenen Immobilienfonds, bei dem die Beteiligungsgesellschaft mit dem bei ihr angelegten Kapital eine Immobilie erwirbt und diese an einen Mieter verleast. Die Überlassungsdauer liegt üblicherweise bei 20 Jahren.

Der Vorteil für den Anleger: Nach Ablauf der Beteiligungsdauer werden die Anteile zu einem bereits beim Erwerb festgelegten Preis zurückgenommen. Damit können Investoren zwar nicht von der Wertsteigerung einer Immobilie profitieren, dafür aber mit den bereits fixierten Ausschüttungen aus Mieteinnahmen rechnen. Unterschieden werden:

- Vermögensverwaltende Immobilien-Leasingfonds, bei denen die Ausschüttungen als Einkünfte aus Vermietung und Verpachtung behandelt werden und – vor allem in der verlustträchtigen Bauphase – gegen die Einkommensteuer aufgerechnet werden können.
- Gewerbliche Immobilien-Leasingfonds, bei denen der Anleger Kommanditist einer Gesellschaft mit beschränkter Haftung wurde. Diese Variante wurde besonders für die Vermögensübertragung per Schenkung oder im Erbschaftsfall entwickelt, da für die Bewertung des Objektes der 1,4-fache Einheitswert abzüglich Verbindlichkeiten angesetzt wird. Da nunmehr der Grundbesitzwert für solche Übertragungen maßgeblich ist, hat diese Konstruktion an Attraktivität eingebüßt.

Immobilien-Marketing

Strategisches Maßnahmenpaket zur Vermarktung von Immobilien. Das traditionelle Marketing ist auf den Absatz von Konsumgütern ausgerichtet. Im Rahmen des Dienstleistungsmarketings hat das speziell auf die Akquisition und den Vertrieb von Immobilien ausgerichtete Immobilienmarketing sowie Serviceprodukte aus angrenzenden Bereichen (z.B. Finanzierung) eine eigenständige Rolle eingenommen. So wird z.B. an Universitäten und Fachhochschulen, in den DIA-Studiengängen zum Dipl.-Immobilienwirt der Bereich Immobilienmarketing in eigenen Veranstaltungen gelehrt. Sie vermitteln neben Grundlagen des Marketings auch Kenntnisse über Marktziele, Möglichkeiten der Marktforschung, Marktstrategien, produktpolitische Entscheidungen, Preis- und Konditionenpolitik sowie Entscheidungen aus den Bereichen Werbung und Vertrieb.

Immobilien-Research

Datensammlung, Beobachtung und Analyse von Immobilien, Immobilienmärkten und deren Rahmenbedingungen. Immobilien-Research produziert Entscheidungsgrundlagen für immobilienwirtschaftliche Aktivitäten jeglicher Art.

Immobilien-Spezialfonds

Die Immobilien-Spezialfonds gehören zu den offenen Immobilienfonds. Im Unterschied zu den normalen Publikumsfonds ist bei Immobilien-Spezialfonds die Zahl der Anleger auf zehn juristische Personen begrenzt. Bei diesen Personen handelt es sich um Unternehmen mit umfangreichem Immobilienbesitz, vorwiegend um Versicherungen, Pensionsfonds, Stiftungen usw. die mit dem Einbringen ihres Sondervermögens in einen solchen Fonds ihre „Immobilienquote" innerhalb ihres Anlagespektrums erreichen. Andere Anleger (z.B. Industrieunternehmen, Banken) können auch eigene Immobilien in solchen Fonds unterbringen. Die Verwaltung obliegt wie beim Publikumsfonds einer Kapitalanlagegesellschaft.

Immobilienaktien

Als Immobilienaktien bezeichnet man Anteile an Aktiengesellschaften, deren Kerngeschäft in der Entwicklung, der Bewirtschaftung, dem Bau oder dem Vertrieb von Immobilien besteht. Es handelt sich um börsennotierte Bauunternehmen, Finanzierer, Entwicklungsgesellschaften oder Immobilienholdings. Kennzeichnend für diejenigen Immobilienaktiengesellschaften, die Eingang in den DIMAX gefunden haben, ist ein Geschäftsfeld, das mindestens zu 75% aus Immobiliengeschäften besteht. Hierzu zählen Vermietung und Verpachtung, Immobilienverwaltung, Immobilienhandel, Projektentwicklung und Immobilienberatung.

Siehe / Siehe auch: Deutscher Immobilienaktien Index (DIMAX), Immobilienaktiengesellschaften, Real Estate Investment Trust (REIT)

Immobilienaktiengesellschaften

Immobilienaktiengesellschaften sind Unternehmen, deren Unternehmenszweck entweder in der Bewirtschaftung eigener Immobilien (Bestandshalter), der Projektentwicklung oder als Erbringer von Leistungen im Bereich des Facility- bzw. Portfolio Management im Rahmen eines eigenen Unternehmensverbundes oder für fremde Unternehmen besteht. Sie entstanden teils durch Ausgliederung des Immobilienbestandes großer Unternehmen mit völlig anderem Unternehmenszweck (verarbeitende Industrien, Bergbau, Brauereien, Bahn und Post) oder durch einen Akt der Emanzipation ehemals großer gemeinnütziger Wohnungsgesellschaften in gewinnorientierte Unternehmen durch den Gang zur Börse. Neugründungen sind selten. Noch nicht im Blickfeld befinden sich in Deutschland (im Gegensatz etwa zu Holland) Immobilienaktiengesellschaften, die aus der Umwandlung von offenen oder geschlossenen Immobilienfonds entstanden sind.

Die bei Immobilienaktiengesellschaften nicht abschließend gelöste Frage bezieht sich darauf, wie die oft zutage tretende Wertediskrepanz zwischen dem realen Immobilienvermögen (Summe der Verkehrswerte des Immobilienbestandes) und dem sich aus dem Kurs-Cashflow-Verhältnis ergebenden Werten, zu erklären, bzw. zu überbrücken ist. Für diejenigen Immobilienaktiengesellschaften, die sich in den ruhigeren Gewässern reiner Bestandshalter bewegen, dürfte das Problem durch Einbeziehung der Verkehrswerte der Immobilien in die Unternehmensbewertung im Rahmen des Net Asset Value (NAV) gelöst werden können. Dieses Bewertungsverfahren wurde für die Bewertung der Real Estate Investment Trusts (REITs) entwickelt.

Siehe / Siehe auch: Immobilienaktien, Immobilienfonds - Offener Immobilienfonds, Real Estate Investment Trust (REIT)

Immobilienberatung

Zunehmend bezeichnen sich Maklerfirmen als Immobilienberater. Damit geben sie zu erkennen, dass Vermittlungsleistungen durch Beratungskompetenz unterstützt wird. Allerdings erweitern sich damit auch Leistungsumfang und Haftungsrisiko. Einen Makler, der sich auf Immobilienvermittlung beschränkt, treffen keine Nachforschungspflichten, um den Auftraggeber über Risiken und Chancen umfassend aufklären zu können.

Bezeichnet sich ein Makler aber als Berater oder erscheint er in den Augen des Kunden als Berater, sind fundierte Kenntnisse in den Bereichen, in denen er berät, unabdingbar. Sind sie nicht gegeben, muss er sie sich verschaffen. Eine Beratung muss umfassend sein, also auch objektiv jene Probleme ansprechen, die gegen einen Geschäftsabschluss sprechen. Ein Verschweigen solcher Probleme führt zu Schadensersatzpflichten, wenn für den Auftraggeber daraus ein Schaden entsteht.

Der Beratung sind aber auch Grenzen gesetzt. So bleibt eine steuerliche oder rechtliche Beratung grundsätzlich Steuerberatern und Rechtsanwälten vorbehalten. Beratungsleistungen von Maklern sind in der vereinbarten Provision enthalten. Es gibt allerdings auch Makler, die eine Beratung gegen gesondertes Honorar anbieten. Nicht selten werden Beratungsleitungen auf eine Tochtergesellschaft („Immobilien-Consulting") ausgelagert. Diese Unternehmen sind keine Maklerunternehmen mehr, selbst wenn Maklerleistungen als Nebenleistungen mit angeboten werden. Die Honorierung der Beratungsleistung erfolgt dann meist ähnlich wie bei Wirtschaftprüfern in Form von Tagessätzen.

Siehe / Siehe auch: Leistungsarten (Maklerbetriebe), Aufklärungspflichten (Maklergeschäft)

Immobilienbörsen

Mit Immobilienbörsen wird der formelle Zusammenschluss von Immobilienmaklern bezeichnet, deren Zweck darin besteht, zusätzliche Geschäftsabschlüsse dadurch zu erreichen, dass regelmäßig zwischen beteiligten Maklern ein Objekt- bzw. Interessentenaustausch stattfindet. Sie fördern auf diese Weise das siehe Gemeinschaftsgeschäft unter Maklern. Teilweise blicken solche Immobilienbörsen auf eine lange Tradition zurück. In Hamburg besteht sie seit 150 Jahren. Immobilienbörsen sind in der Regel eingetragene Vereine. In Frankfurt ist sie eine Einrichtung der dortigen

Industrie- und Handelskammer. Seit dem Einzug der modernen Informations- und Kommunikationstechniken übernahmen die Immobilienbörsen die Funktion von Objektdatenbanken, die zum einen für Gemeinschaftsgeschäfte innerhalb der Maklerschaft organisiert wurden – wichtiger sind sie aber als Angebotsplattform für Nachfrager und stehen damit in Konkurrenz zur Anzeige in der Tageszeitung.

Siehe / Siehe auch: Gemeinschaftsgeschäft, IMMONET - RDM IMMONET, Immobilienportale

Immobiliendiskussion.de – ID

Bei der ID handelt es sich es um das wohl größte im Internet betriebene Diskussionsforum für gewerblich in der Immobilienwirtschaft tätige Unternehmen, das im Frühjahr 2000 als reine Mailingliste gegründet wurde, jetzt aber als Bulletin-Board betrieben wird.

Diese Kommunikationsplattform dient zum kollegialen fachlichen Austausch seiner Teilnehmer und bietet diesen neben verschiedenen Diskussionsforen mit branchenspezifischen Themenstellungen auch eine Kooperationsbörse zur Anbahnung von Gemeinschaftsgeschäften. Die Teilnahme an den Diskussionsforen ist kostenlos, für die Nutzung von Mehrwertdiensten werden zukünftig voraussichtlich Gebühren erhoben. Anmelden kann man sich direkt auf der Internetseite www.immobiliendiskussion.de in der linken Spalte unter „Anmeldung".

Immobilienentwicklung

Unter Immobilienwicklung ist auf der Grundlage von konkreten Entwicklungszielen die Gesamtheit aller Maßnahmen zu verstehen, die von unbebauten Flächen oder Abbruchobjekten zu wohnwirtschaftlich oder gewerblich nutzbaren Immobilienobjekten führt. Immobilienentwicklung umfasst die städtebauliche Planung, Umlegung, Erschließung und Bebauung des zu entwickelnden Gebietes. In Deutschland können städtebauliche Entwicklungsmaßnahmen von Gemeinden auch nach den Regelungen des Baugesetzbuches durchgeführt werden. Dabei wird zwischen einer erstmaligen Entwicklung und einer Neuentwicklung im Rahmen einer Neuordnung eines bestimmten Gemeindegebietes unterschieden. Das zu entwickelnde Gebiet wird durch eine Entwicklungssatzung festgelegt. Für das Entwicklungsgebiet sind Bebauungspläne aufzustellen. Die Gemeinde erwirbt die Grundstücke und finanziert mit der aus der Entwicklung resultierenden Erhöhung des Bodenwertes die Entwicklungsmaßnahme. Sofern die Gemeinde die Grundstücke nicht erwirbt, kann sie von den betroffenen Grundstückseigentümern eine Ausgleichszahlung in Höhe der entwicklungsbedingten Bodenwerterhöhung verlangen. Die Gemeinde ist verpflichtet, nach Durchführung der Entwicklungsmaßnahme die neu entstandenen Grundstücke wieder an die früheren Grundstückseigentümer zu verkaufen. Zur Durchführung der Entwicklungsmaßnahme kann auch im Rahmen eines städtebaulichen Vertrages ein Entwicklungsträger eingeschaltet werden.

Immobilienfachwirt

Die am 1.1.1999 in Kraft getretene Verordnung über die Prüfung zum anerkannten Abschluss Geprüfter Immobilienfachwirt IHK bzw. Geprüfte Immobilienfachwirtin IHK ist die Nachfolgeregelung der Fortbildungsregelungen der Industrie- und Handelskammern zum Fachwirt in der Grundstücks- und Wohnungswirtschaft.

Nunmehr einheitliche Zulassungsvoraussetzung für die Prüfung ist

- eine erfolgreich abgeschlossene Ausbildung zum Kaufmann in der Grundstücks- und Wohnungswirtschaft oder als Immobilienkaufmann IHK / Immobilienkauffrau IHK und mindestens 2 Jahre Berufspraxis
- eine erfolgreich abgeschlossene andere kaufmännische Ausbildung und mindestens 3 Jahre Berufspraxis oder
- eine mindestens sechsjährige Berufspraxis in der Immobilienwirtschaft.

Schriftlich geprüft wird in den grundlegenden Qualifikationen Betriebs- und Volkswirtschaft, Management, Kommunikation und Personalwirtschaft, sowie Recht in der Immobilienwirtschaft einerseits und in den handlungsspezifischen Qualifikationen Objektmanagement, Projektentwicklung und -realisierung sowie Grundstücksverkehr andererseits.

Bei der mündlichen Prüfung hat der Prüfling Wahlfreiheit zwischen Aufgaben aus zwei alternativen Praxisszenen, die er aus den oben genannten Prüfungsbereichen mit Ausnahme Betriebs- und Volkswirtschaft sowie Recht entnehmen kann. Hierzu muss er nach 30 Minuten Vorbereitungszeit die von ihm gefundenen Lösungsansätze vortragen. Die neu konzipierte Fortbildungsmaßnahme baut konsequent auf den Kenntnisstand eines gelernten Kaufmanns in der Grundstücks- und Wohnungswirtschaft auf. Zu unterscheiden ist der Immobilienfachwirt vom Dipl. Immobilienwirt (DIA). Im Jahr 2004 haben 1.124 Personen an der Immobilienfachwirteprüfung teilgenommen. Bestanden haben die Prüfung 63,5 Prozent. Nach Ablegung einer Wiederholungsprüfung betrug die Erfolgsquote 82,7 Prozent. Der Anteil der Frauen bei der Prüfung überwog mit 54,8 Prozent. Für eine Prüfung zum Fachwirt in der Grundstücks- und Wohnungswirtschaft haben sich im Jahr 2004 nur noch 53 Prüfungsteilnehmer entschieden.

Siehe / Siehe auch: Kaufmann/Kauffrau in der Grundstücks- und Wohnungswirtschaft (IHK), Dipl. Immobilienwirt DIA der Universität Freiburg, Europäische Immobilien Akademie e.V. (EIA), Aus- und Weiterbildung, Fachkaufmann für die Verwaltung von Wohnungseigentum, Studiengänge (immobilienwirtschaftliche), Immobilienkaufmann / Immobilienkauffrau, Dipl. Immobilienwirt DIA der Universität Freiburg

Immobilienfonds

Siehe / Siehe auch: Immobilienfonds - Offener Immobilienfonds, Immobilienfonds - Geschlossener Immobilienfonds

Immobilienfonds – Geschlossener Immobilienfonds

Geschlossene Immobilienfonds stellen das Finanzvermögen einer Gesellschaft dar, deren Initiatoren dieses Vermögen zur Entwicklung oder zum Erwerb einer oder mehrerer bestimmter Immobilien vollständig verwendet. Interessierte Investoren kaufen Anteile an dem Fonds, bis die für das Objekt benötigte festgelegte Finanzierungssumme erreicht wird. Dann wird der Fonds „geschlossen". Die jeweiligen Beteiligungszertifikate können in der Regel nicht mehr zurückgegeben werden. Ein Verkauf der Beteiligung setzt voraus, dass ein Interessent dafür auf dem so genannten Zweitmarkt gefunden wird. Zweck geschlossener Immobilienfonds kann entweder die Nutzung von Steuervorteilen oder aber die Gewinnerzielung durch Mieteinnahmen und Wertsteigerungen sein. Der Anleger wird steuerlich und wirtschaftlich wie ein direkter Immobilieneigentümer behandelt. Die Rechtskonstruktion des Fonds ist entweder eine Kommanditgesellschaft (wobei die im Handelsregister vermerkten Kommanditisten die Anteilseigner sind und der im Grundbuch eingetragene Komplementär in der Regel keine Anteile hält) oder eine Gesellschaft des bürgerlichen Rechts, für die ein Treuhänder im Grundbuch eingetragen ist. Seit Inkrafttreten des Steueranpassungsgesetzes 1999, 2000, 2002 haben steuerorientierte geschlossene Immobilienfonds ihre steuerliche Attraktivität eingebüßt. Mit Inkrafttreten des so genannten 5. Bauherrenerlasses zum 1. Januar 2004 wurden die Steuerspar-Möglichkeiten bei einer Beteiligung an geschlossenen Immobilienfonds weiter begrenzt. Wer nach dem 31.12.2003 Anteile an einem geschlossenen Immobilienfonds gezeichnet hat, durfte die Erwerbsnebenkosten nicht mehr im Erstjahr in voller Höhe steuersparend geltend machen, sondern musste sie auf die voraussichtliche Nutzungsdauer verteilen. Seit dem 10. November 2005 gehören geschlossene Fonds, die überwiegend auf die Erzielung steuerlicher Vorteile auf Seiten des Investors zielen, ganz der Vergangenheit an.

Wer ab diesem Tag eine Fondsbeteiligung zeichnete, kann die üblichen Anfangsverluste nicht mehr mit seinem restlichen Einkommen Steuer sparend verrechnen, sondern allein mit den künftigen Erträgen aus dieser Fondsbeteiligung. Die Gesetzesänderung zielte weniger auf geschlossene Immobilien- und Schiffsfonds, sondern in der Hauptsache auf eindeutig steuerinduzierte Beteiligungen, also Medien- und Windpark- sowie so genannte Wertpapierhandelsfonds. Initiatoren von Immobilienfonds, die ausschließlich die Erwirtschaftung von langfristigen Renditen im Auge hatten, haben auch heute noch durchaus Erfolg. Im Focus der neuerer Fondskonzeptionen stehen daneben Objekte, bei denen bewusst auf niedrige Risiken gesetzt wird. Damit soll dem Sicherheitsbedürfnis der Anleger Rechnung getragen werden. Ins besondere Blickfeld geraten aber auch ausländische Liegenschaften vor allem in den Niederlanden, Frankreich und den USA.

Eine Änderung ergab sich für geschlossene Fonds seit 1. Juli 2005 durch das Anlegerverbesserungsschutzgesetz vom 28. Oktober 2004. Es führt zu ihrer Einbeziehung in den Anwendungsbereich des Verkaufsprospektgesetzes. Bevor ein Verkaufsprospekt der Öffentlichkeit zugänglich gemacht wird, muss er der Bundesanstalt für Finanzdienstleistungen (BaFin) übermittelt werden. Diese muss die Veröffentlichung gestatten. Sie überprüft den Prospekt allerdings nur auf Vollständigkeit und formale Richtigkeit. Eine Bewertung des Fonds selbst erfolgt durch die BaFin nicht. Die BaFin kann den Vertrieb von Fondsanteilen untersagen, wenn kein Prospekt veröffentlicht wurde oder der Prospekt unvollständig ist. Mit dieser Unterstellung der Prospektierung geschlossener Fonds unter die BaFin ist ein erster Schritt geschlossener Fonds vom grauen in den regulierten Kapitalmarkt getan.

Siehe / Siehe auch: Bankenhaftung bei geschlossenen Immobilienfonds, Immobilienfonds - Offener Immobilienfonds, Fallenstellerparagraph, Zweitmarkt

Immobilienfonds – Offener Immobilienfonds

Offene Immobilienfonds sind im Gegensatz zu geschlossenen Immobilienfonds nicht als Immobilieninvestment, sondern als Wertpapieranlage zu betrachten: Eine Kapitalanlagegesellschaft erwirbt aus dem eingezahlten Sondervermögen Immobilien und veräußert diese auch wieder Die Rendite ergibt sich aus der Wertsteigerung der Immobilien und den Mieteinnahmen. Anleger können jederzeit Anteile an einem solchen Fonds erwerben und diese bei Bedarf an die Investmentgesellschaft zurückgeben. Der offene Fonds ist weder in der Zahl der Objekte, noch in der Höhe des Fondsvolumens oder der Zahl der Anleger begrenzt. Die meisten Fonds bieten Stückelungen schon ab Summen unter 50 Euro an. Der Verkauf der Anteile ist banktäglich gemäß den in vielen Zeitungen veröffentlichten Rücknahmekursen möglich.

Damit stehen die Initiatoren offener Immobilienfonds miteinander im Wettbewerb, da die Wertentwicklung der Anteile über das Interesse der Anleger und somit über Mittelzu- oder -abflüsse entscheidet. Über Jahre und Jahrzehnte galten offene Immobilienfonds als Horte der Stabilität und als sehr sicheres Investment – auch für Kleinsparer. Doch der Ruf ist mittlerweile arg lädiert. Zurückzuführen ist dies auf die Tatsache, dass offene Immobilienfonds seit dem Jahr 2004 offenbar erhebliche Probleme haben, die deren Rentabilität drückten. Dabei handelte es sich, wie bei einer sehr großen Fondsgesellschaft, zum einen um hausgemachten Stress. Weitaus gravierender für die gesamte Branche war aber die Tatsache, dass die meisten Offenen Immobilienfonds offenbar zu spät die Zeichen der Zeit erkannten und erst mit erheblichem Verzug die in ihren Portfolios nötigen Wertberichtigungen vornahmen. Die Notwendigkeit nachhaltiger Wertberichtigungen zeichnete sich schon seit Jahren ab. Grund: Offene Immobilienfonds investieren hauptsächlich in Gewerbe- und Büroobjekte. Und sofern sie dies in Deutschland tun bzw. taten, werden die Wertansätze dieser Immobilien durch die schlechte Konjunktur bei uns beeinflusst.

Das führt zu steigenden Leerständen und erodierenden Mieten, die zwangsläufig zu einer Niedrigerbewertung der Objekte führen. Kritisch anzumerken ist, dass die Fondsgesellschaften die erforderlichen Wertberichtigungen zu lange hinaus gezögert haben, so dass offenbar ein enormer Vertrauensverlust bei Privatanlegern entstanden ist. Mittlerweile haben die im Bundesverband Investment und Assetmanagement e.V. (BVI) zusammengeschlossenen Kapitalanlagegesellschaften, die offene Immobilienfonds auflegen, mit der Umsetzung eines Maßnahmepaketes begonnen, das bestimmte Konstruktionsfehler beheben und die Transparenz der Fonds steigern soll. Transparenz soll durch Veröffentlichung der Verkehrswerte und der Mieteinnahmen jedes einzelnen im Sondervermögen gehaltenen Objekts in den Jahresberichten hergestellt werden.

Siehe / Siehe auch: Anlagevorschriften, Immobilienfonds - Geschlossener Immobilienfonds

Immobilienkaufmann / Immobilienkauffrau

Die Berufsausbildung erfolgt in Deutschland im dualen System. Es gilt weltweit als vorbildliches, nicht akademisches Ausbildungssystem. Darin liegt einer der Gründe, warum ein nicht unbeachtlicher Teil der Abiturienten die berufliche Erstausbildung der akademischen Ausbildung vorzieht. Im Jahr 2004 ließen sich im Bereich Industrie und Handel allein 64.000 Abiturienten nach dem dualen System beruflich ausbilden.

Das duale Ausbildungssystem zeichnet sich dadurch aus, dass die betriebliche Ausbildung durch den Fachkundeunterricht an der Berufsschule ergänzt wird. Vorausgesetzt wird für jede Ausbildung, dass das Ausbildungsunternehmen über einen Ausbilder verfügt, der die entsprechende Qualifikation nach der Ausbilder-Eignungsverordnung nachweisen kann. Die Ausbildereignungsqualifikation kann im Rahmen von Lehrgängen bei einer IHK oder einem sonstigen Lehrgangsträger, der hierfür qualifiziert ist, nach Ablegung einer entsprechenden Prüfung erworben werden. Gegenstand der Prüfung sind die arbeits- und berufspädagogischen Fähigkeiten für die Vermittlung von Ausbildungsinhalten. Dass der Ausbilder außerdem auch fachlich geeignet sein muss, versteht sich von selbst.

Der Ausbildungsbetrieb (Ausbildender) muss schließlich die betriebliche Zweckbasis haben, die erforderlich ist, um dem Auszubildenden alle geforderten Qualifikationen zu vermitteln. Ist das nicht der Fall, muss die Ausbildung im Verbund mit anderen Unternehmen erfolgen, die die fehlenden Tätigkeitsfelder im Ausbildungsbereich abdecken können. Bei einer solchen Verbundausbildung muss das Ausbildungsunternehmen, mit dem der Ausbildungsvertrag besteht, mindestens 50 Prozent der Ausbildungsinhalte selbst vermitteln. Die restliche Ausbildung kann auf das kooperierende Unternehmen delegiert werden.

In der Immobilienwirtschaft wird schon seit 1952 nach einem eigenen Berufsbild, das stark wohnungswirtschaftlich geprägt war, im dualen System ausgebildet. Die Ausbildung wurde mehrmals an die veränderten Verhältnisse angepasst. Die Letzte Novellierung des Ausbildungsberufsbildes Kaufmann bzw. Kauffrau in der Grundstücks- und Wohnungswirtschaft erfolgte 1996. Diese Ausbildung wird jetzt zum 1. August 2006 abgelöst von der Ausbildung zum Immobilienkaufmann (IHK) / zur Immobilienkauffrau (IHK).

Bei den Kaufleuten in der Grundstücks- und Wohnungswirtschaft lag der Abiturientenanteil mit an der Spitze. Er betrug 2004 58 Prozent aller Auszubildenden. Der Kaufmann in der Grundstücks- und Wohnungswirtschaft war einer von insgesamt 345 staatlich anerkannten Ausbildungsberufen. Er fasste den Ausbildungsbedarf von Maklern, Verwaltern, Bauträgern und Wohnungsunternehmern in einem Monoberufsbild zusammen. 2004 gab es nach der Ausbildungsstatistik im Bundesgebiet 5.417 immobilienwirtschaftliche Ausbildungsverhältnisse.

Die neue Verordnung über die Berufsausbildung zum Immobilienkaufmann / zur Immobilienkauffrau ersetzt den bisherigen Monoberuf durch eine zweiteilige Ausbildung. In den beiden ersten Ausbildungsjahren der 3-jährigen Ausbildung werden für alle Auszubildende gleiche Grundqualifikationen vermittelt. Sie beziehen sich auf den Ausbildungsbetrieb, den Bereich Organisation, Information und Kommunikation, den Bereich kaufmännische Steuerung und Kontrolle, sowie die Bereiche Marktorientierung (Marketing), Immobilienbewirtschaftung, Erwerb, Veräußerung und Vermittlung von Immobilien und Begleitung von Baumaßnahmen.

Im dritten Ausbildungsjahr kann der Auszubildende zwei von fünf vertiefenden Wahlqualifikationen wählen. Es handelt sich um die Wahlqualifikationseinheiten Steuerung und Kontrolle des Unternehmens, Gebäudemanagement, Maklergeschäfte, Bauprojektmanagement und Wohnungseigentumsverwaltung. Mit dieser Neuorientierung durch Setzung von alternativen Schwerpunkten erhofften sich die Initiatoren der neuen Verordnung eine Vergrößerung der Basis der Ausbildungsbetriebe.

Die (schriftliche) Zwischenprüfung findet wie bisher in der Mitte des zweiten Ausbildungsjahres statt. Die Abschlussprüfung besteht aus einer schriftlichen Prüfung in den Bereichen Immobilienwirtschaft, Kaufmännische Steuerung und Dokumentation sowie Wirtschafts- und Sozialkunde. Die mündliche Prüfung besteht aus einem Fachgespräch, wobei insbesondere die vom Auszubildenden gewählten Wahlqualifikationseinheiten im Mittelpunkt stehen. Unterstützt wird die Berufsausbildung durch den Berufsschulunterricht, der auf der Grundlage eines qualifizierten Rahmenlehrplanes erteilt wird.

Siehe / Siehe auch: Aus- und Weiterbildung, Immobilienfachwirt, Fachkaufmann für die Verwaltung von Wohnungseigentum, Kaufmann/ Kauffrau in der Grundstücks- und Wohnungswirtschaft (IHK), Studiengänge (immobilienwirtschaftliche)

Immobilienleasing

Langfristige Nutzungsüberlassung von Betriebs- und sonstigen gewerblichen Gebäuden im Rahmen eines Leasingvertrags. Leasinggeber sind darauf spezialisierte Gesellschaften. Der Nutzer, der als Leasingnehmer bezeichnet wird, hat aufgrund vertraglicher Vereinbarungen in der Regel die Möglichkeit, zu einem späteren Zeitpunkt das Eigentum an der Immobilie zu erwerben oder ein Anschlussmietverhältnis einzugehen. Immobilienleasing setzt die Bonität des Leasingnehmers und die Wiederverwertbarkeit der Immobilie voraus.

Immobilienmakler

Siehe / Siehe auch: Makler

Immobilienmanagement

Der Begriff Immobilienmanagement wird teilweise in einem engeren Sinne („Objektmanagement" oder „Objektbetreuung") gebraucht und umfasst die kaufmännische, technische und infrastrukturelle Verwaltung, die den optimalen Betrieb einer Immobilie sichert. Zum professionellen Immobilienmanagement in diesem engen Sinne gehört eine vorausschauende Planung mit dem Ziel einer langfristigen Wertschöpfung der verwalteten Immobilie. In einem weiteren, umfassenden Sinne bezieht sich Immobilienmanagement auf alle Abschnitte des Lebenszyklus einer Immobilie, umfasst alle Führungsmaßnahmen, die erforderlich sind, eine Immobilie zielorientiert zu entwickeln, zu bewirtschaften, zu verwerten und zu vermarkten. Dabei sind wirtschaftlich-finanzielle, steuerliche, rechtliche, technisch-architektonische, umweltspezifische und soziale Elemente bei der Planung und Ausführung der Leistungen sachgerecht miteinander zu verknüpfen.

Siehe / Siehe auch: Facility Management (FM)

Immobilienmarkt

Der Immobilienmarkt ist ein Markt der Standorte. Dabei ist der Nutzungsart nach im Wesentlichen zu unterscheiden zwischen Haushaltsstandorten und Betriebsstandorten. Demgemäß kann der Immobilienmarkt in die entsprechenden Teilmarktgruppen: Wohnungsmarkt und Markt für Immobilien zur betrieblichen Nutzung eingeteilt werden. Eine andere Teilmarktbildung ergibt sich im Hinblick auf unterschiedliche Entwicklungszustände von Immobilien.

Dabei steht der Markt von Immobilien in ihrer Funktion als potentielle Standorte (Baugrundstücke, Abbruchgrundstücke) dem Markt der aktuellen Standorte (nutzbare Wohnhäuser, Büros und dergleichen) gegenüber.

Eine weitere Marktdifferenzierung ergibt sich aus der Art der Verträge, mit denen marktrelevante Umsätze bewirkt werden. (Mietmarkt, Kaufmarkt, Markt für Leasingobjekte, Markt für Gesellschaftsanteile, deren Gesellschaftszweck Immobilienanlagen sind.) Eine letzte Unterscheidung ist hinsichtlich der räumlichen Struktur der Immobilienmärkte zu treffen. Hier ist zu unterscheiden zwischen den lokalen, regionalen, überregionalen (nationalen und internationalen) Immobilienmärkten. Das wesentliche Unterscheidungskriterium ergibt sich aus den Konkurrenzstrukturen des Angebots. Beim lokalen Grundstücksmarkt treten nur Objektangebote in einem eng begrenzten Raum (z.B. Ladenlokale in 1a-Lagen) mit einander in Konkurrenz. Beim regionalen Immobilienmarkt treten nur Objektangebote innerhalb einer Region in eine Konkurrenzbeziehung zueinander. Der Wohnungsmarkt gehört überwiegend zum regionalen Markt.

Beim überregionalen Immobilienmarkt kann ein Objekt in Berlin mit einem anderen Objekt in München, und beim internationalen Immobilienmarkt ein Objekt in Mailand mit einem Objekt in Kopenhagen in Angebotskonkurrenz zueinander treten. Typische Güter, die auf dem überregionalen Immobilienmarkt gehandelt werden, sind Immobilienanlageobjekte. Aus dem dargestellten Einteilungsraster ergibt sich, dass es „den" Immobilienmarkt nicht gibt. Die Marktszene wird vielmehr von einer schier unüberschaubaren Anzahl von Teilmärkten geprägt. Allein beim Mietwohnungsmarkt sind wieder Wohnungsuntermärkte nach Größe (vom Appartement bis zum Einfamilienhaus, das zur Vermietung ansteht) Qualität und Lage zu unterscheiden.

Immobilienmesse

Ausstellung in der Immobilienwirtschaft mit dem Ziel, Branchenteilnehmer auf einer Plattform zusammenzubringen. Die bekanntesten internationalen Messen im Bereich der Gewerbeimmobilien sind die MIPIM in Cannes, Südfrankreich, die MIPIM Asia in Singapur und die MAPIC als Fachmesse für Handelsimmobilien, ebenfalls in Cannes. Im Oktober 1998 fand erstmals die Expo Real in München statt. Daneben findet mit Schwerpunkt Wohnimmobilien die „Immofair" zweimal im Jahr in München statt.

Siehe / Siehe auch: Expo Real

Immobilienportale

Immobilienportale gewinnen als Vertriebsweg für Immobilien via Internet eine zunehmende Bedeutung. Internetnutzer sind besonders interessante (weil entscheidungsfreudige) Geschäftspartner für Immobilienanbieter. Untersuchungen zufolge handelt es sich um einen überdurchschnittlich interessanten Personenkreis (44% haben Abitur oder studiert) mit relativ hohem Einkommen (ein Drittel verfügt über mehr als 3.000 Euro Monatseinkommen). 44% sind zwischen 30 und 50 Jahre alt.

Auf der Suche nach Wohnungen sind mittlerweile rund drei Viertel aller Umzugswilligen auch über das Internet unterwegs. Immobilienbörsen machen bereits seit geraumer Zeit der Tageszeitung als Informationsquelle den Rang streitig – fast monatlich neue Kooperationen (auch mit Zeitungsverlagen) weisen den Weg in die Vermittlungszukunft.

Immobilienscout 24 GmbH, Berlin

Gegründet 1999 als Internet-Startup. Marktführer was Nutzerzahlen und Objektdaten betrifft. Der Generalist unter den Anbietern setzt auf größtmögliche Reichweite und starke Kooperationen (T-Online, AOL, GdW, BFW,Wüstenrot). Der beliebteste Wohnimmobilienmarkt im Internet bei Nachfragern.

Immowelt AG, Nürnberg

Gegründet 1996. Hervorgegangen aus dem Softwareunternehmen Data Concept. Die hauseigene Software „Makler 2000" ermöglicht vielen Anbietern den einfachen Zugang zur Datenbank. Deshalb am beliebtesten auf der Anbieterseite. Gut visualisiertes und nutzerfreundliches Angebot mit vielen Serviceelementen und eigener Redaktion. Teilhaber Holtzbrinck-Verlag (25,1%), WAZ-Gruppe und Münchener Zeitungs-Verlag. Weitere Kooperationen bestehen mit Zeitungen wie dem Münchener Merkur, Spiegel online, Quelle Bausparkasse sowie der Versicherungsgruppe Debeka, meinestadt.de (13.500 Städte und Gemeinden) und dem internationalen Ferienimmobilien-Anbieter Interhomes.

Mit der Übernahme von ascado.de im November 2001 als einzige nennenswerte Spezialplattform für Gewerbeimmobilien weiter auf Expansion.

Immopool, Kassel

Gegründet 1996. Über die Muttergesellschaft Lagler Spezial-Software GmbH profitiert das Portal vom starken Traffic seiner Softwarekunden. Was Objekt- und Nutzerzahlen betrifft, liegt das Portal hinter Immobilienscout im Spitzenfeld.

Immonet GmbH, Berlin

Gegründet 2002. Der Ring Deutscher Makler (RDM), später IVD (der dann 2006 / 07 seine Anteile an Springer verkauft hat) und als Hauptgesellschafter der Axel Springer Verlag (74,9%) betreiben über eine technische Plattform die Portale immonet.de, rdm.de, propertygate.com sowie die der Tageszeitungen „Hamburger Abendblatt", „Berliner Morgenpost", „Bildzeitung" und die"Welt". Jüngste Kooperationen wurden mit der Ostseezeitung, Schweriner Volkszeitung und Nordkurier sowie der Hamburger Sparkasse und AOL ausgehandelt. Zu den großen Immonet-Partnern zählen ferner BHW, Web.de, Focus/MSN Microsoft sowie Bellevue.

Planet Home AG, München

Gegründet 2000. Ebenfalls nicht bei Null anfangen musste die 100%ige Tochter der Münchener HypoVereinsbank. Den Mehrwert für Nachfrager soll eine lückenlose Abbildung des Objektbestandes von 40 deutschen Städten per Video im Netz bringen. Neben Provisionserlösen verdient Planet Home über Vermittlungen von Immobilienfinanzierungen – nicht nur aus dem eigenen Hause – Geld. Hinzu kommt die persönliche Beratung durch mittlerweile 100 Makler an etwa 50 Standorten. Durch die im Jahr 2002 gestartete Kooperation mit der Vereins- und Westbank wächst das Immobilienvermittlungsgeschäft im Norden stetig hinzu.

Bellevue and more AG, Hamburg

Gegründet 2000. Hinter dem Portal houseandmore.de stehen zu je 50 Prozent die Tomorrow Focus AG und die Bausparkasse Schwäbisch Hall (im Verbund der Volks- und Raiffeisenbanken) als Betreiber. Die Vernetzung des Print- und Online-Bereiches hat einen großen Stellenwert. Das Hochglanz-Magazin Bellevue mit exklusiven Immobilien und das Magazin „house and more" der Bausparer wird in Hamburg gemeinsam mit dem online-Auftritt realisiert.

Siehe / Siehe auch: Immobilienbörsen, Internet

Immobilienportfolio

Beim Immobilienportfolio handelt es sich um eine Vermögensanlagestreuung in Immobilien. Dabei spielt für die Anlagenoptimierung eine große Rolle, auf eine richtige Mischung zwischen risikoreichen und ertragssicheren Immobilien zu achten. Neben Rendite und Sicherheit ist auch die Liquidität einer Immobilienanlage eine wichtige Eigenschaft im Rahmen des Immobilienportfolios. Ebenso kommt es auf eine ausgewogene räumliche Streuung der Objekte an. Auch für Immobilienanlagen gilt der Grundsatz: Mehr Risiko bedeutet mehr Gewinnchancen bzw. mehr Sicherheit geringere Gewinnchancen. Bei größeren Vermögen sollten aber nicht nur Immobilien, sondern auch am Kapitalmarkt gehandelte Papiere ins „Portefeuille".

Siehe / Siehe auch: Portfoliomanagement (Assetmanagement)

Immobilienuhr

Konstrukt des amerikanischen Immobilienunternehmens Jones Lang LaSalle. Sie trägt der Tatsache Rechnung, dass die Immobilienkonjunktur weltweit keinen einheitlichen Verlauf nimmt und auch innerhalb eines Landes verschiedene räumliche Entwicklungstendenzen zeitigt. In der einer Uhr nachempfundenen ziffernblattähnlichen Darstellung wird die Stellung der Entwicklungschancen der Objekte verschiedener immobilienwirtschaftlichen Zentren dargestellt. Im Quartal, das dem Zeitbereich zwischen 0 und 3 Uhr entspricht, entwickeln sich die Büromieten nach unten, zwischen „3 und 6 Uhr" streben sie dem Tiefpunkt entgegen, danach (zwischen „6 und 9 Uhr") kommt es zu zunehmenden Mietsteigerungen, anschließend (bis „12 Uhr") nehmen die Mietsteigerungen ab um dann mit dem konjunkturellen Reigen neu zu beginnen. Die „Uhr" darf allerdings nicht so interpretiert werden, dass alle Immobilienzentren quasi im gleichen Tempo um das Ziffernblatt kreisen, etwa wie der Minutenzeiger. Die wäre dann eher Astrologie.

Grafik: Die Uhr zeigt, wo sich die einzelnen Büromärkte nach Einschätzung von JLL im 2. Quartal 2006 innerhalb ihrer individuellen Mietpreis-Kreisläufe befinden. Die Positionen der Märkte beziehen sich auf deren Spitzenmieten.

Quelle: Jones Lang LaSalle, F.A.Z.-Grafik, Kaiser, DIE WELT, 4.8.06

Immobilienumsatz

Annäherungswerte über den Immobilienumsatz in Deutschland ergeben sich aus der Addition aller Immobilien-Transaktionen auf der Grundlage der Grunderwerbsteuereinnahmen. Gewisse Abweichungen zum tatsächlichen Immobilienumsatz ergeben sich dadurch, dass einerseits durch die Grunderwerbsteuer auch Vorgänge erfasst werden, die keine unmittelbaren Immobilienmarktvorgänge sind (z.b. Übertragung von Gesellschaftsanteilen grundbesitzhaltender Gesellschaften), andererseits aber Umsatzvorgänge und Teile von Umsätzen von der Grunderwerbsteuer nicht erfasst sind, die Marktvorgänge sind oder sein können.

Gesamtimmobilienumsatz

Jahr	in Euro
1990	76 Mrd.
1991	85 Mrd.
1992	120 Mrd.
1993	155 Mrd.
1994	150 Mrd.
1995	142 Mrd.
1996	160 Mrd.
1997	140 Mrd.
1998	150 Mrd.
1999	143 Mrd.
2000	128 Mrd.
2001	125 Mrd.
2002	128 Mrd.
2003	121 Mrd.
2004	110 Mrd.
2005	129 Mrd.
2006	138 Mrd.

(Quelle: GEWOS Hamburg)

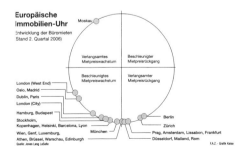

Immobilienverband

Siehe / Siehe auch: Maklerverbände, Immobilienverband Deutschland IVD Bundesverband der Immobilienberater, Makler, Verwalter und Sachverständigen e. V.

Immobilienverband Deutschland IVD Bundesverband der Immobilienberater, Makler, Verwalter und Sachverständigen e. V.

Der Immobilienverband Deutschland IVD Bundesverband der Immobilienberater, Makler,

Verwalter und Sachverständigen e. V. ist aus der Verschmelzung des Ring Deutscher Makler RDM und des Verband Deutscher Makler VDM entstanden. Im IVD gingen der Bundesverband des RDM und – von wenigen Ausnahmen abgesehen – die Bezirks- und Landesverbände, sowie der Bundesverband und die Landesverbände des VDM auf. Neben dem IVD Bundesverband entstanden Regionalverbände des IVD, die in der Regel mehrere Bundesländer umfassen. Folgende Regionalverbänden sind gebildet worden:
- IVD Berlin/Brandenburg mit Sitz in Berlin
- IVD Mitte mit Sitz in Frankfurt
- IVD Mitte-Ost mit Sitz in Leipzig
- IVD Nord mit Sitz in Hamburg
- IVD Nord-West mit Sitz in Hannover
- IVD Schleswig-Holstein mit Sitz in Kiel
- IVD Süd mit Sitz in München
- IVD West mit Sitz in Köln

Die Verschmelzung erfolgte durch Aufnahme der Altverbände in die jeweils vorher gegründeten IVD-Verbände nach den Vorschriften des Umwandlungsgesetzes. Die zahlreichen Altverbände auf Bezirks-, Landes-, und Bundesebene wurden in einen Bundes- und in 8 Regionalverbände überführt. Der IVD hat knapp 6.000 Mitglieder, diese sind jeweils Mitglied im Bundesverband und dem jeweiligen Regionalverband. Durch eine aktive Presse- und Öffentlichkeitsarbeit unterstützt der IVD das Ansehen der Angehörigen der dienstleistenden Berufe in der Immobilienwirtschaft. Im Internet unterhält der Verband unter der Adresse www.ivd.net eine eigene Immobilien-Datenbank mit den Angeboten der Verbandsmitglieder und eine Schwerpunktsuche nach den Spezialisierungen der IVD Mitglieder.

Das Portal im Internet dient dem berechtigten Verlangen der Verbraucher nach Information über den Immobilienerwerb, dessen Begleitbedingungen und den verschiedenen vertraglichen Konstellationen. Im Internet arbeitet der IVD mit der Immonet GmbH, eine der größten Immobilien-Datenbanken, zusammen. Immonet ist ein Gemeinschaftsunternehmen der Axel Springer AG und des IVD.

Als eine der auflagenstärksten Zeitschriften im Immobiliensektor gibt der IVD die „AIZ – Das Immobilienmagazin" heraus, ein spezialisiertes Informationsmedium für Entscheider in der Immobilienwirtschaft. Die Aus- und Weiterbildung in der Immobilienbranche ist dem IVD ein wichtiges – und zugleich in der Satzung des Verbandes verankertes – Anliegen. Der Verband arbeitet mit der Deutschen Immobilien Akademie (DIA) in Freiburg und mit der Europäischen Immobilien Akademie (EIA) in Saarbrücken auf diesem Gebiet zusammen. Auf beiden Akademien werden zusammen im Jahr etwa 1.500 Absolventen ausgebildet. Die DIA nimmt einen besonderen Status ein, weil sie neuerdings neben den klassischen Ausbildungsgängen ein Master-Studium als post-graduate Studium anbietet. IVD und DIA tragen damit den gestiegenen Anforderungen an qualifiziertes Personal in der Immobilienbranche Rechnung. Der seit Jahrzehnten durchgeführte Betriebsvergleich unter Immobilienmaklern und weiteren Mitgliedsunternehmen, der in Zusammenarbeit mit dem Institut für Handelsforschung an der Universität Köln erstellt wird, ist die einzige Datensammlung dieser Art in Deutschland. Das aufbereitete Datenmaterial gibt einen guten Überblick über die Struktur von Immobilien-Dienstleistungsunternehmen in Deutschland.

Der IVD bietet Maklern, Immobilienverwaltern, Sachverständigen, Bauträgern und anderen Berufsgruppen aus dem Immobilienbereich einen Verband für die berufsständische Vertretung ihrer Interessen gegenüber Politik, Verbrauchern und anderen Marktteilnehmern und ist damit wichtiger immobilienwirtschaftlicher Kompetenzträger. Der Bundesverband hat seinen Sitz in Berlin. Er ist eine nach Berufsbereichen gegliederte Organisation. Neben der ordentlichen Mitgliedschaft, die natürliche und juristische Personen erwerben können, sind u.a. auch Mitgliedschaften speziell für Existenzgründer, Junioren und Auszubildende / Studenten vorhanden. Außerdem wurden Fachreferate eingeführt, deren Mitglieder auch externe Kompetenzträger aus dem Immobilienbereich und Wissenschaftler sein können.

Lobby- und Öffentlichkeitsarbeit ist neben neuen Dienstleistungen für die Verbandsmitglieder eine wichtige Rolle für die Positionierung als einer der großen Spitzenverbände der Immobilienwirtschaft.

Näheres siehe: www.ivd.net
Siehe / Siehe auch: Maklerverbände

Immobilienverrentung

„Immobilien können „verrentet" werden. Der Grundgedanke besteht darin, dass in einem selbstgenutzten oder vermieteten Immobilienobjekt gebundene Vermögen zur Erzielung einer Leibrente im Alter einzusetzen. Die Entwicklung befindet sich in Deutschland noch in den Anfängen.

Zu unterscheiden ist zwischen einer direkten und einer indirekten Verrentung des Immobilienvermögens. Bei der direkten Verrentung wird das Eigentum an der Immobilie an einen Investor übertragen. Beim selbstgenutzten Immobilienobjekt wird dem Verkäufer – je nach Gestaltungswillen – ein unentgeltliches Wohnungsrecht oder ein Nießbrauchrecht (mit Instandhaltungsverpflichtung) – eingeräumt. Der über den kapitalisierten Wert eines solchen Rechts hinausgehende Anteil des Objektwertes wird durch eine monatliche Leibrentenzahlung an den Verkäufer ausgeglichen.

Die Dresdner Bauspar AG bezeichnet diese Art der Immobilienverrentung als „Immobilienverzehrplan". Sofern ein privater Erwerber eines Immobilienobjektes die Leistungen erbringen soll, kann dieser das Verrentungsrisiko durch eine Rückversicherung bei einer Versicherungsgesellschaft ganz oder teilweise ausschalten. Bei vermieteten Immobilien kommt nur eine Verrentung des Kaufpreises in Frage.

Eine rentenähnliche Gestaltungsform ist auch der reine Verkauf von lebenslangen Wohnungsrechten an neu errichteten Wohnhäusern. Stirbt der Berechtigte, kann der Hauseigentümer, z.B. ein Immobilienfonds, das Recht neu verkaufen. Der Erwerb von Wohnungsrechten führt zwar nicht zu Rentenzahlungen, aber zu Mietzahlungseinsparungen. Von einer indirekten Verrentung spricht man, wenn der bei einem normalen Immobilienverkauf erzielte Kaufpreis zum Abschluss einer privaten Rentenversicherung verwendet wird.

Verrentungsähnliche Gestaltungsformen liegen vor, wenn z.B. an einem bestehenden Immo-bilienobjekt Erbbaurecht begründet und nur das Gebäude verkauft wird. Der Verkäufer erzielt dann für den Grund und Boden, den er behält, für die Laufzeit des Erbbauvertrages eine Rente in Form des Erbbauzinses. Darüber hinaus kann er den für das Gebäude erzielten Kaufpreis unter Einschaltung einer Versicherungsgesellschaft wiederum verrenten. Verrentung von Immobilien ist in anderen europäischen Ländern z.B. in Großbritannien („home reversion") und Frankreich schon seit langem bekannt. Der Eigenheimer verkauft dort sein Haus zur Hälfte gegen bar und zur anderen Hälfte gegen eine von einer Versicherungsgesellschaft zu erbringende monatlichen Leibrente an einen Kapitalanleger oder Immobilienfonds. Ein Teil des Barerlöses wird verwendet, um das Haus in einem zeitgemäßen Zustand zu halten. Mit dem Tod des Berechtigten tritt der „Heimfall" des Nutzungsrechts an den Kapitalanleger ein. Auch in der Schweiz können Objekte an Banken gegen Rentenzahlung verkauft werden. In den USA hat sich die Form des Reverse Mortgage durchgesetzt."

Siehe / Siehe auch: Wohnungsrecht, Immobilienfonds, Reverse Mortgage

Immobilienwirt (Dipl. d. EIA)

Abschluss an der EIA des VDM
Siehe / Siehe auch: Europäische Immobilien Akademie e.V. (EIA)

IMMONET - RDM IMMONET

RDM IMMONET wurde als Immobilienportal des RDM gegründet und vom debis-Systemhaus entwickelt. Das Portal wurde im Mai 1998 offiziell für die Öffentlichkeit frei geschaltet. Seit 2002 ist der Axel-Springer Verlag an der IMMONET-GmbH beteiligt. Anfang Dezember 2006 waren über 600.000 Objekte im Angebot. Für die Öffentlichkeit zugänglich ist die Objektdatenbank mit allen aktuellen Objektangeboten sowie weitere Informationsseiten über Geld & Recht (Darlehenskonditionen, Leitsätze von Urteilen im Immobilienbereich), Marktdaten der RDM-Marktforschung, Seminare, Veranstaltungstermine, RDM usw.

Im Jahr 2000 wurde RDM-IMMONET unter der neuen Bezeichnung IMMONET in ein Gemeinschaftsunternehmen mit dem Axel Springer Verlag eingebracht Im Zusammenhang mit der Verschmelzung von RDM und VDM zum Immobilienverband Deutschland IVD Bundesverband der Immobilienberater, Makler, Verwalter und Sachverständigen e. V. wurde das Vertragsverhältnis mit dem Springer Verlag vom IVD fortgeführt. 2006/07 wurden die IVD-Anteile an den Springer Verlag verkauft.

Impressum (Pflichtangaben auf der Homepage)

Die Internetpräsenz von Immobilienfirmen unterliegt ab Frühjahr 2007 dem neuen Telemediengesetz TMG (früher Teledienstegesetz TDG). Dieses neue Gesetz setzt unter anderem die E-Commerce-Richtlinie der EU in deutsches Recht um. Der § 5 im TMG regelt jetzt, was auf der Website an

Pflichtangaben enthalten sein muss. Es sind weitgehend die gleichen Pflichtangaben über den Betreiber der Homepage wie sie das alte TDG gefordert hat. Damit wird vorrangig dem Verbraucherschutz gedient. Diese Pflichtangaben für Immobilienfirmen müssen vorhanden sein:
- Name und Anschrift, bei juristischen Personen zusätzlich der Vertretungsberechtigte (Angaben wie sie auch beim Briefbogen, Fax und E-Mail erforderlich sind)
- Angaben, die eine schnelle elektronische Kontaktaufnahme und unmittelbare Kommunikation ermöglichen, einschließlich der Adresse der elektronischen Post (Telefon- und Faxnummer, E-Mail-Adresse)
- Angaben zur zuständigen Aufsichtsbehörde, soweit der Teledienst im Rahmen einer Tätigkeit angeboten oder erbracht wird, die der behördlichen Zulassung bedarf (in der Regel die Genehmigungsbehörde der § 34c GewO Erlaubnis, nach einer Sitzverlegung das aktuelle Ordnungs- oder Gewerbeamt)
- Angaben zum Handelsregistergericht und die Registernummer (soweit eine Eintragung im Handelsregister vorliegt)
- Umsatzsteueridentifikationsnummer (falls vorhanden)

Diese Pflichtangaben fasst man am besten auf einer Seite zusammen, die über einen auf jeder Seite vorhandenem Button (gekennzeichnet mit Impressum / Wir über uns / Kontakt / Pflichtangaben § 6 TDG o.ä.) erreichbar ist.
Es ist nicht erforderlich, dass diese Angaben immer sichtbar sind. Der Leser muss sie lediglich ständig erreichen, leicht finden und gut lesen können. Ein Verstoß gegen diese so genannte Impressumspflicht stellt eine Ordnungswidrigkeit dar (Ordnungsgeldrahmen bis 50.000 Euro) und kann in bestimmten Fällen auch von Mitbewerbern abgemahnt werden. Nicht abmahnbar ist die fehlende Nennung der Aufsichtsbehörde, so das OLG Koblenz.
Siehe / Siehe auch: Homepage

Indexklausel und Indexmietvertrag

Gewerberaummietvertrag

Der Indexmietvertrag ist durch Mietvereinbarungen gekennzeichnet, in denen die weitere Entwicklung der Miete durch den Preis von anderen Gütern oder Leistungen bestimmt wird. Indexmietverträge sind im Gewerbemietrecht üblich. Die Vereinbarung einer Indexklausel mit automatischer Anpassung an die veränderte Bezugsgrundlage (sog. Gleitklausel) gilt nach der Preisklauselverordnung als genehmigt, wenn Bezugsgrundlage der Verbraucherpreisindex des Statistischen Bundesamtes bzw. eines statistischen Landesamtes oder ein Verbraucherpreisindex ist, der vom Statistischen Amt der Europäischen Gemeinschaft ermittelt wurde. Zweite Voraussetzung ist der Ausschluss des ordentlichen Kündigungsrechts des Vermieters auf die Dauer von zehn Jahren.
Dem steht das einseitige Mietvertragsverlängerungsrecht des Mieters bis zehn Jahre gleich. Automatische Anpassung bedeutet, dass die Mieterhöhung vom Vermieter gegebenenfalls auch rückwirkend geltend gemacht werden kann, denn der Anspruch auf erhöhte Miete entsteht zu dem Zeitpunkt, zu dem sich die Bezugsgrundlage ändert. Im Zweifel kann vom zuständigen Bundesamt für Wirtschaft in Eschborn eine Negativbescheinigung eingeholt werden.

Wohnraummietvertrag

Seit dem 1. September 1993 kann eine Indexmiete auch für freifinanzierte Wohnungen vereinbart werden. Seit 1.9.2001 befinden sich die entsprechenden Vorschriften in § 557 b BGB. Die Indexmiete selbst muss schriftlich vereinbart werden. Die Mieterhöhungserklärung bedarf nur der „Textform", was nach (§ 126 b BGB) die Schriftform mit einschließt.
Die Mieterhöhung kann verlangt werden, wenn sich der Verbraucherpreisindex (früher der Preisindex aller privaten Haushalte) nach den Feststellungen des Statistischen Bundesamtes um einen zu vereinbarenden Prozentsatz ändert. Eine Indexvereinbarung, die eine stärkere prozentuale Erhöhung der Miete als die prozentuale Änderung des Preisindexes vorsieht, ist nicht wirksam. Die Miete muss nach jeder Erhöhungserklärung mindestens ein Jahr unverändert bleiben. Mieterhöhungen bis zur ortsüblichen Vergleichsmiete sind während der Laufzeit des Indexmietvertrages ausgeschlossen. Eine Genehmigung der Vereinbarung ist nicht erforderlich. Die Anpassung erfolgt beim Wohnungsmietvertrag nicht automatisch, sondern kann nur ab dem übernächsten Monat, der auf den Zugang der Mieterhöhungserklärung des Vermieters folgt, geltend gemacht werden.
Siehe / Siehe auch: Bundesamt für Wirtschaft

Indexmiete

Im Mietvertrag kann vereinbart werden, dass die Höhe der Miete durch den vom Statistischen Bundesamt ermittelten Preisindex für die Lebenshaltung aller deutschen Privathaushalte bestimmt wird. Indexmieten werden nur selten vereinbart. Läuft eine solche Vereinbarung, muss die Miete jeweils mindestens für ein Jahr gleich bleiben Erhöhungen der Betriebskosten und Mieterhöhungen bei Modernisierungen dürfen trotzdem vorgenommen werden. Eine Mieterhöhung bei Modernisierung darf während der Indexmiete allerdings nur stattfinden, wenn die baulichen Maßnahmen aufgrund von Umständen nötig geworden sind, für die der Vermieter nichts konnte. Will der Vermieter die Miete an den Preisindex anpassen, muss er dies durch Erklärung in Textform dem Mieter bekannt geben. Die Erklärung muss enthalten:
- Eingetretene Änderung des Preisindex
- jeweilige Miete oder
- Erhöhung in einem Geldbetrag.

Ab Beginn des übernächsten Monats nach Zugang der Erklärung muss die erhöhte Miete gezahlt werden. Diese in § 557 b BGB geregelten Maßgaben sind nicht durch Mietvertrag zum Nachteil des Mieters abänderbar.
Siehe / Siehe auch: Mieterhöhung, Mieterhöhungsverlangen, Modernisierung, Textform

Individualvereinbarung

Individualvereinbarungen sind im Einzelnen zwischen zwei Vertragspartnern frei ausgehandelte Vertragsinhalte. Sie unterscheiden sich von Allgemeinen Geschäftsbedingungen dadurch, dass beide Partner die gleiche Chance und die gleichrangige Verhandlungsposition bei der Einflussnahme auf den Inhalt des Vertrages haben.
Auch vorformulierte Vertragsbedingungen, die dem Augenschein nach Allgemeine Geschäftsbedingungen sind, können zu einer Individualvereinbarung werden, wenn sie von demjenigen Vertragspartner, der sie eingeführt hat, so deutlich zur Verhandlungsdisposition gestellt werden, dass der andere Vertragspartner seine Einflussnahmemöglichkeiten erkennt und von Ihnen Gebrauch machen kann. Da Makler, die vielfach auf der Basis von qualifizierten Alleinaufträgen arbeiten, zu deren Abschluss auf individuelle Absprachen angewiesen sind, gehört für sie das Verhandeln mit dem Auftraggeber auf einer gleichrangigen Ebene zur Vertragskultur. Individuell müssen z.B. ausgehandelt werden Verweisungs- und Hinzuziehungspflichten des Auftraggebers oder, falls der Makler ein Zwangsversteigerungsobjekt anbietet, die Vereinbarung einer Provision für den Fall des Zuschlags.

Indoor-Skipisten

Derzeit sind mehrere Ski-Domes fertig gestellt bzw. in Planung, wobei man u.U. einzelne dieser Indoor-Skipisten in großflächigen Ballungszentren in Nordrhein-Westfalen oder Norddeutschland wirtschaftlich betreiben könnte. Die Frage stellt sich nur, ob eine Massierung von zwei oder mehr derartigen Großeinrichtungen – teilweise sogar in einem 20-km-Radius – Sinn machen.
In Holland erfreuen sich – mangels klassischer Skigebiete – Indoor-Pisten einiger Beliebtheit. Hier wurden Müllhalden verkoffert und in Indoor-Skipisten verwandelt. Im Gegensatz zu den deutschen Anlagen werden die Anlagen dort vormittags zu Schulsportzwecken genutzt, was für die Amortisation der Indoor-Skipisten sehr hilfreich ist.
Gerade Menschen, die aus klassischen Skiregionen wie etwa Bayern oder der Schweiz kommen, mag der Gedanke an ein Indoor-Skivergnügen auf 300 bis 600 m langen Bahnen alles andere als eingängig erscheinen. Insofern kann man bei diesem Objekttyp eine relativ ungewisse Zukunft vermuten. Auch wenn jetzt noch einige Anlagen in Planung sind, stellt sich die Frage, wie lange die Wachstumsphase noch währt; auch muss vor einer Politik gewarnt werden, die in jeder Abraumhalde schon eine mögliche Skipiste sieht. Außerdem dürften die hohen Investitionssummen und das ökologisch relevante Thema „Energiebilanz" die Entwicklung Indoor-Skipisten etwas bremsen.
Eine Entwicklung, die sich hierbei abzeichnet, ist derzeit allerdings eine „Süd-Bewegung" der Skihallen vom Ruhrgebiet bzw. dem Berliner Raum in Richtung klassische Skigebiete in Form halboffener Anlagen. Indoor-Skipisten sollen in den angestammten Skigebieten mildere Winter kompensieren.

Informationsfreiheitsgesetze (IFG)

Was in anderen Ländern bereits seit langem selbstverständlich ist, wurde in Deutschland erst jetzt, wenn auch zögerlich, in Angriff genommen. Der Bürger soll – abgesehen von bestimmten Ausnahmen – unbeschränkt Informationen bei Landes- und Bundesbehörden abrufen können. Weltweit

gibt es in 50 Ländern Informationsfreiheitsgesetze, darunter in fast allen europäischen Ländern. Mit den Informationsfreiheitsgesetzen soll dem Öffentlichkeitsprinzip, dem die Behörden in demokratischen Staaten unterliegen, Rechnung getragen werden.
Auf der Ebene des Bundes ist am 1. Januar 2006 das Gesetz zur Regelung des Zugangs zu Informationen des Bundes (Informationsfreiheitsgesetz IFG) in Kraft getreten. In den Bundesländern Brandenburg, Berlin, Schleswig-Holstein und Nordrhein-Westfalen gab es bereits vorher schon Informationsfreiheitsgesetze. Hamburg zog am 1.4.2006 nach. In den übrigen Bundesländern befasst man sich noch damit.Die Behörde hat die Wahl zwischen Auskunftserteilung, Gewährung von Akteneinsicht oder sonstiger Übermittlung der erbetenen Informationen. Den zur Information verpflichteten Behörden gleich gestellt sind natürliche und juristische Privatpersonen, soweit sich eine Behörde dieser Personen zur Erfüllung ihrer öffentlich-rechtlichen Aufgaben bedient.

Da bei Behörden auch Informationen über Unternehmen gespeichert sind, bestand vielfach die Befürchtung, dass auch Geschäftsgeheimnisse solcher Unternehmen auf diesem Wege ausgespäht werden könnten. Im IFG des Bundes wurden Bestimmungen eingebaut, die personenbezogene Daten (§ 5), geistiges Eigentum und Betriebs- und Geschäftsgeheimnisse (§ 6) schützen. Wird jemandem ein Zugang zu einer bestimmten Information nicht gewährt, kann er sich an einen Bundesbeauftragten für die Informationsfreiheit wenden. Sofern es sich nicht um eine „einfache Information" handelt, kann der Bund für die Erteilung der Information Gebühren oder einen Auslagenersatz beanspruchen.

Informationspflicht des Maklers

Nach den Vorschriften der MaBV ist der Makler verpflichtet, seinen Auftraggeber (= Suchauftraggeber) einerseits über Maklervertragsinhalte und andererseits über bestimmte Merkmale der von ihm angebotenen Objekte schriftlich und in deutscher Sprache zu informieren. Informiert muss der Interessent spätestens dann sein, wenn er über das vom Makler angebotene Objekt mit dem Eigentümer in Verhandlungen eintreten will. Da der Makler seine Informationen in der Regel mit Hilfe von Exposés liefert, spricht man auch von „Exposézwang". Die Informationen müssen vollständig und inhaltlich richtig sein. Ein Verstoß gegen die Informationspflicht stellt eine Ordnungswidrigkeit dar und kann von der Gewerbebehörde mit Bußgeld geahndet werden. Allerdings besteht in der Praxis ein – über den in der Verordnung vorgeschriebenen Informationsumfang oft weit hinausgehendes – Informationsbedürfnis der Interessenten.
Siehe / Siehe auch: Exposé

Infrastruktur

Der Begriff Infrastruktur ist lateinischen Ursprungs und bedeutet „Unterbau ". Seit ca. 1960 wird dieser Begriff im Zusammenhang mit Raumplanung benutzt. Ursprünglich wurden mit Infrastruktur nur die dauerhaft im Boden verbauten Leitungssysteme und Kabel zur Ver-, Entsorgung und Kommunikation bezeichnet. Mit technischem Fortschritt zählen moderne Technologien, wie Funkantennen, IT-Netze, Fernsehen sowie grundlegende Einrichtungen zum Funktionieren einer Volkswirtschaft ebenfalls zur Infrastruktur. Die Planung und Herstellung von Infrastruktur ist eine hoheitliche Aufgabe des Staates, die aus Steuern und Anschlussbeiträgen finanziert wird.
Im Zuge der zunehmenden Etablierung der Zusammenarbeit mit privatwirtschaftlichen Unternehmen wird die Ausführung der Herstellung von Infrastruktur auch Privaten übertragen. Die rechtliche Grundlage der Zusammenarbeit kann eine ARGE oder ein städtebaulicher Vertrag sein.
Die Nutzung der öffentlichen Infrastruktur ist oftmals durch Gesetze verpflichtend (z.B. Müllentsorgung, Anschlusszwang bei Abwasser), ein Ausweichen auf alternative Anbieter unmöglich. Finanziert wird die Unterhaltung von Infrastruktur durch Nutzungsgebühren.

Als öffentliche Infrastruktur bezeichnet man
- Kommunikation
- Energieversorgung
- Ver- und Entsorgungseinrichtungen
- Verkehrswege
- Immobilien

Den Begriff soziale oder rechtliche Infrastruktur verwendet man für
- Rechtsordnung
- Verwaltung
- Krankenhäuser
- Polizei und Feuerwehr
- Bildungssystem

Siehe / Siehe auch: ARGE

Initiator
Als Initiator bzw. Fondsinitiator wird derjenige bezeichnet, der einen geschlossenen Immobilienfonds konzipiert, auflegt und am Markt anbietet.
Kompetenz und Seriosität eines Initiators entscheiden maßgeblich mit über die Ergebnisse, die ein Anleger mit einer Fondsbeteiligung erzielt. Anhaltspunkte zur Beurteilung von Fondsinitiatoren unter diesen Aspekten bieten die Leistungsbilanzen.
Siehe / Siehe auch: Leistungsbilanz, Immobilienfonds - Geschlossener Immobilienfonds

Innenbereich
Beim nicht beplanten Innenbereich handelt es sich bauplanungsrechtlich um einen im Wesentlichen bebauten Bereich einer Gemeinde, für den kein Bebauungsplan aufgestellt ist, in dem aber aufgrund der Umgebungsbebauung trotzdem ein Baurecht besteht. Die Bebauung richtet sich dabei nach den faktischen Baugrenzen und Baulinien und hinsichtlich des Maßes der baulichen Nutzung nach der faktischen, d.h. in der Umgebung verwirklichten GFZ sowie der Höhe der baulichen Anlage. Wird für eine Innenbereichsfläche ein Bebauungsplan aufgestellt (beplanter Innenbereich), sind dessen Festsetzungen maßgeblich.
Siehe / Siehe auch: Abgrenzungssatzung (Klarstellungssatzung), Entwicklungssatzung, Ergänzungs- oder Einbeziehungssatzung

Innenbereichssatzung
Siehe / Siehe auch: Abgrenzungssatzung (Klarstellungssatzung), Entwicklungssatzung, Ergänzungs- oder Einbeziehungssatzung

Innenfinanzierung
Der Begriff der Innenfinanzierung tritt in immobilienwirtschaftlichen Zusammenhängen mit zwei unterschiedlichen Bedeutungen auf. In einem allgemeinen betriebswirtschaftlichen Sinne bezeichnet er die Finanzierung eines Unternehmens, soweit sie auf selbst erwirtschaftetem Kapital beruht. Dafür kommen beispielsweise einbehaltene Gewinne (Gewinnthesaurierung, offene Selbstfinanzierung), Abschreibungen oder die Auflösung stiller Reserven (verdeckte oder stille Selbstfinanzierung) in Betracht.
Bei Geschlossenen Immobilienfonds wird unter einer Innenfinanzierung die Aufnahme von Fremdkapital auf der Ebene der Fondsgesellschaft verstanden, die für Zins und Tilgung aufkommen muss. Als Sicherheit für eine solche Finanzierung dient in der Regel ein Grundpfandrecht am Fondsobjekt.

Innenprovision
Unter Innenprovision versteht man die vom Objektauftraggeber an den Makler zu bezahlende Erfolgsprovision. Sie ist im Objektpreis enthalten und erscheint nach außen nicht als Erwerbsnebenkosten. Vor allem im Bereich des Vertriebs von Bauträgerobjekten wird mit Innenprovisionen gearbeitet. Ebenso legen auch andere professionelle Objektanbieter Wert darauf, dass der Erwerber nicht durch eine Außenprovision abgeschreckt wird.
In steuerlicher Hinsicht sind Innenprovisionen, die für die Mietvertragsvermittlung bezahlt werden, stets Werbungskosten. Innenprovisionen, die im Zusammenhang mit dem privaten Verkauf eines vermieteten Wohngrundstücks bezahlt werden, können steuerlich nur im Zusammenhang mit einem „privaten Veräußerungsgeschäft" gewinnmindernd berücksichtigt werden. Erfolgt ein Verkauf aus einem Betriebsvermögen, handelt es sich bei der Innenprovision um Betriebsausgaben.
Siehe / Siehe auch: Maklerprovision, Außenprovision, Privates Veräußerungsgeschäft

Innentreppe
Innentreppen liegen im Inneren eines Gebäudes. Sie müssen feuerhemmend oder feuerbeständig sein. Treppen mit einer feuerhemmenden Wirkung von 30 oder 60 Minuten (F 30 und F 60) dürfen in Gebäuden bis zu 2 Vollgeschossen eingesetzt werden (bei nicht brennbaren, tragenden Treppenelementen bis zu 5 Geschossen). Treppen ab 5 Vollgeschosse müssen eine Feuerbeständigkeit von 90 oder 120 Minuten (F 90 und F 120) nachweisen. Raumspartreppen und Leitern sind platzsparend, aber sehr steil und entsprechen nicht dem vorgegebenen Steigungsverhältnis.
Damit Treppen gefahrlos und bequem zu begehen sind, muss das Verhältnis zwischen Höhe und Tiefe der Stufen stimmen. Dieses Steigungsverhältnis orientiert sich an der durchschnittlichen Schrittmaßlänge des Menschen. Deshalb sind Raumspartreppen und Leitern nur eingeschränkt in Gebäuden zugelassen. Nach den Bestimmungen der Bauordnung muss zu jedem Aufenthaltsraum mindestens eine notwendige Treppe führen.

Bei Wohnhäusern bis zu zwei Wohnungen beträgt die nutzbare Treppenlaufbreite 80 bis 90 Zentimeter. Ab zwei Wohnungen mindestens einen Meter, in einzelnen Bundesländern 1,10 Meter. Mindestens zwei Meter betragen muss die lichte Treppendurchgangshöhe. Die Treppe ist in einem vertikalen Schacht untergebracht, dem sogenannten Treppenhaus.

Siehe / Siehe auch: Gebäudetreppen, Lichte Höhe / Lichtes Maß, Steigungsverhältnis, Treppenhaus und Hausflur

Insel

Juristisch ist die Insel ein Grundstück und wird nicht anders übertragen als ein ganz normales Stück Land. Ausnahme sind einige Länder, in denen Inseln juristisch einen Sonderstatus haben, d.h. in denen der Kauf von Inseln ausgeschlossen oder genehmigungspflichtig ist – wobei diese Beschränkungen dann häufig nur für Ausländer gelten. Auch sonst ist die Insel kein rechtsfreier Raum, d.h. es gilt z.B. das lokale Baurecht. Insel ist nicht gleich Insel. Der Käufer hat die Wahl zwischen vielen Regionen mit Unterschieden in Klima, Landschaft und soziologischem Umfeld. Bei der Vorauswahl sind einige Fakten zu prüfen: Sie beziehen sich auf Erdbeben, Hurrikane, das politische System, inseltypische Krankheiten, fehlende Versorgungsstandards (z.B. Strom, Lebensmittel und Trinkwasser).

Die Ansammlung von Süßwasser als Grundwasservorkommen ist ein wichtiger Beurteilungsfaktor. Aufgrund des leichteren spezifischen Gewichtes lagert sich Süßwasser über dem umgebenden Salzwasser ab. Gespeist wird das Vorkommen durch Regenwasser. Auf Dauer kann nicht mehr Süßwasser entnommen werden als durch Regenwasser hinzukommt. Häufig werden bebaute Inseln auch über Wasserleitungen vom Festland aus versorgt. Das regionale Preisniveau bestimmt auch die Preiskategorie der Inseln.

Der Preis hängt ab
- vom Erschließungsgrad,
- der Optik
- der Bodenbeschaffenheit und dem Bewuchs
- dem Klima
- einer etwa vorhandenen Besiedlung
- der Nähe und Erreichbarkeit von Hafen und Flughafen,
- dem Bekanntheitsgrad

Preise sind meist Liebhaberpreise. Feste Regeln, nach denen der Inselpreis bestimmt werden kann, gibt es nicht. Interessant sind festlandsnahe Inseln, für die ein Bootsshuttle eingerichtet werden kann oder die groß genug sind für die Anlage eines nicht störenden Flugplatzes. Sobald eine derartige Anlage steht, werden auch die umliegenden Privatinseln aufgewertet. Für den Investor ist bei Inseln der „richtige" Einkaufspreis entscheidend, dagegen weniger für den Nutzer, der sich das Inselvergnügen etwas kosten lässt. In der Praxis stehen für den Inselsuchenden, der sich auf eine bestimmte Region und einen gewissen Inseltyp festlegt, nur wenige Inseln zur Auswahl. Manchmal auch keine: So gibt es in der Nordsee – Großbritannien und Dänemark ausgenommen, keine Privatinseln.

Inserate

Siehe / Siehe auch: Anzeigen (Inserate)

Insolvenz

Das Insolvenzrecht ist durch die am 1.1.1999 in Kraft getretene Insolvenzordnung neu geregelt. Es löst u.a. die frühere Konkursordnung ab. Gründe für die Beantragung des Insolvenzverfahrens sind zunächst Überschuldung und Zahlungsunfähigkeit. Überschuldung ist gegeben, wenn die Schulden das Vermögen übersteigen. Während sich die Schulden ziemlich einfach beziffern lassen, war es oft umstritten, wie die Vermögensgegenstände des Unternehmens zu bewerten sind. Hier gibt es Neuerungen. Der Insolvenzgrund der Zahlungsunfähigkeit ist gegeben, wenn der Schuldner seine fälligen Zahlungspflichten nicht mehr erfüllen kann.

Neu ist der Tatbestand der „drohenden Zahlungsunfähigkeit". Er kann sich z.B. bereits ergeben durch Sperrung von Krediten, plötzlich geltend gemachte Steuerforderungen oder Schadenersatzansprüche, raschem Ertragsverfall ohne ausreichende Reserven oder durch Insolvenz eines wichtigen Abnehmers für die angebotenen Produkte.

Gekennzeichnet ist das neue Insolvenzrecht nicht nur durch eine neue Terminologie. Es zielt auch darauf ab, der bisher oft geübten Praxis, die Eröffnung des Konkurs- oder Vergleichs-verfahrens möglichst lange hinauszuziehen, entgegenzuwirken und dafür zu sorgen, dass durch geeignete Maßnahmen das Unternehmen erhalten bleibt. Mit Ausnahme der aufgrund von Sicherheiten bevorrechtigten Forderungen macht das Insolvenzrecht Schluss mit bisherigen Rangabstufungen.

Alle ungesicherten Gläubiger erhalten die gleiche Quote. Der bisher geltende Vorrang von Löhnen, Sozialversicherungsbeiträgen, Steuern und dergleichen entfällt.

Im Zentrum des Insolvenzverfahrens steht das Insolvenzplanverfahren, wozu auch ein Maßnahmenplan zur Sanierung oder Liquidation gehört. Plan-Bilanz, Plan- Verlust- und Gewinnrechnung und eine Plan-Liquiditätsrechnung sind dem Insolvenzplan beizufügen. Wenn das Gericht dem von Insolvenzverwalter (oder vom Schuldner) vorgelegten Insolvenzplan zustimmt, so wird er der Gläubigerversammlung zur Abstimmung vorgelegt. Dort kann er geändert werden. Die Gläubiger werden in bestimmte Gruppen eingeteilt, von der jede mit Mehrheit dem Plan zustimmen muss. Die Forderungssumme der zustimmenden Gläubiger muss mehr als 50% betragen.

Der Schuldner kann bei Einleitung oder während des Insolvenzverfahrens eine Restschuld-befreiung beantragen. Es wird dann ein sog. Restschuldbefreiungsverfahren einleitet, das dazu führt, dass der Schuldner nach Ablauf von sieben Jahren von seinen Restschulden befreit wird. Voraussetzung ist, dass der Schuldner seine gesamten pfändbaren Einnahmen aus einem Anstellungsverhältnis oder aus selbständiger Tätigkeit für sieben Jahre an einen vom Gericht zu bestimmenden Treuhänder abtritt. Weitere Voraussetzung ist, dass sämtliches übriges Vermögen des Schuldners verwertet wurde. Konkursordnung und Vergleichsordnung sind seit 1.1.1999 nicht mehr anzuwenden. Gerichtlichen Insolvenzverfahren können allerdings nach wie vor außergerichtliche Vergleichsverfahren vorangehen.

Insolvenz des Mieters

Seit Einführung der Insolvenzordnung am 1.1.1999 können auch Privatpersonen Insolvenz anmelden. Sind diese Personen Mieter, hat der Insolvenzantrag erhebliche Folgen für das Mietverhältnis.

Mit der Eröffnung des Insolvenzverfahrens ist der Mieter nicht mehr selbst Herr über die von ihm abgeschlossenen Verträge. Zuständig ist nun der Insolvenzverwalter, der dazu befugt ist, die gesamte Insolvenzmasse und alle damit zusammenhängenden Verträge des Schuldners zu verwalten und darüber zu verfügen. Seine Aufgabe ist es zunächst, die noch vorhandenen Vermögenswerte zusammenzuhalten und Ausgaben einzuschränken.

Miet- und Pachtverträge des Schuldners darf der Insolvenzverwalter im Rahmen eines Sonderkündigungsrechts mit gesetzlicher Frist kündigen, ohne dass es auf die vereinbarte Vertragsdauer ankäme. Handelt es sich allerdings um die Wohnung des Schuldners, darf der Verwalter den Vertrag nicht kündigen, sondern gegenüber dem Vermieter nur die so genannte Entlastungserklärung abgeben. Er erklärt damit, dass alle nach Ablauf einer dreimonatigen Frist fällig werdenden Forderungen nicht mehr innerhalb des Insolvenzverfahrens geltend gemacht werden können.

Die ersten drei Monatsmieten gehen also noch zu Lasten der Insolvenzmasse. Der Vermieter kann diese Forderungen nicht vom Mieter direkt einklagen. Alle späteren Monatsmieten muss der Vermieter außerhalb des Insolvenzverfahrens direkt gerichtlich geltend machen, was im Regelfall schwer fallen dürfte.

Der Vermieter hat allerdings die Möglichkeit, als Insolvenzgläubiger Schadenersatz für seine durch die vorzeitige Beendigung des Mietvertrages oder die sonstigen Folgen der Entlastungserklärung bedingten Ausfälle zu fordern. Sind mehrere Personen Mieter der Wohnung, müssen die anderen Mieter keine Kündigung befürchten, da der Insolvenzverwalter kein Sonderkündigungsrecht für den Mietvertrag des Schuldners ausüben kann.

Die Insolvenz des Mieters allein ist nach der Insolvenzordnung für den Vermieter kein gesetzlich anerkannter Kündigungsgrund mehr. Bezahlt der Mieter die Miete trotz Insolvenz weiter – z.B. unter Verwendung seines Pfändungsfreibetrages – kann der Vermieter nicht kündigen. Stellt der Mieter (nach Stellung des Insolvenzantrages) die Mietzahlungen ein, kann nach den gängigen Regeln des Bürgerlichen Gesetzbuches wegen Verzuges mit der Mietzahlung gekündigt werden. Zulässig sind auch weitere nach dem BGB gesetzlich zulässige Kündigungsgründe (z.B. Eigenbedarf). Es muss ein berechtigtes Interesse des Vermieters vorliegen, mit dem die Kündigung begründet wird. Es ist umstritten, wem gegenüber der Vermieter die Kündigung erklären muss. Sicherheitshalber sollte die Kündigung sowohl dem Mieter als auch dem Insolvenzverwalter zugestellt werden.

Nach dem Antrag auf Eröffnung des Insolvenzverfahrens ist eine Kündigung durch den Vermieter aus folgenden Gründen gesetzlich ausgeschlossen:

- Verzug mit der Mietzahlung in der Zeit vor dem Insolvenzantrag
- Verschlechterung der Vermögensverhältnisse des Schuldners.

Eine Besonderheit gilt, wenn der Insolvenzantrag bereits gestellt ist, die Mietwohnung aber noch nicht an den Mieter übergeben wurde. Der Insolvenzverwalter (an Stelle des Mieters) und der Vermieter können vom Vertrag zurücktreten. Jede Seite kann die andere dazu auffordern, innerhalb einer zweiwöchigen Frist mitzuteilen, ob ein Rücktritt beabsichtigt ist. Äußert sich die andere Seite innerhalb der Frist nicht, ist das Rücktrittsrecht für sie verfallen.

Siehe / Siehe auch: Beendigung eines Mietverhältnisses, Insolvenz des Vermieters, Insolvenz im Gewerberaummietrecht

Insolvenz des Vermieters

Bei Insolvenz des Vermieters bleibt der Mietvertrag bestehen. Der Mieter muss lediglich die Miete statt auf das Vermieter-Konto nun auf das des Insolvenzverwalters überweisen. Dieser muss dem Mieter über den Insolvenzfall informieren. Zahlt der Mieter weiter an den Vermieter, droht die Kündigung.

Da der insolvente Eigentümer keine Zahlungen mehr vornehmen kann und darf, ist der Insolvenzverwalter nun für notwendige Reparaturen, Instandhaltungsarbeiten, die Beseitigung von Wohnungsmängeln und auch für die Versorgung mit Strom, Heizenergie und Wasser zuständig. Er kann dem Mieter im Rahmen der mietrechtlichen Vorschriften kündigen. Ebenso kann er für leer stehende Wohnungen neue Mietverträge abschließen. Der Vermieter ist verpflichtet, die Kaution getrennt von seinem übrigen Vermögen (insolvenzsicher) aufzubewahren.

Findet keine Auszahlung der Kaution durch den Vermieter statt, kann der Mieter nach seinem Auszug vom Insolvenzverwalter die Auszahlung der Kaution verlangen. Der Insolvenzverwalter muss innerhalb der gesetzlich vorgegebenen Fristen auch die Nebenkostenabrechnung erstellen und mit dem Mieter abrechnen. Dabei hat er bestehende Vorauszahlungen zu berücksichtigen und muss ggf. ein Guthaben auszahlen. Wird die Mietwohnung zwangsversteigert, hat der neue Eigentümer ein Sonderkündigungsrecht. Er kann mit dreimonatiger Frist bei berechtigtem Interesse (z.B. Eigenbedarf) kündigen. Dies ist nur zulässig, wenn die Kündigung zum erstmöglichen Termin durchgeführt wird. Danach gelten die gesetzlichen Kündigungsregeln. Das Sonderkündigungsrecht ist hinfällig, wenn der Mieter die Miete oder sonstige Geldbeträge für den Bau oder die Instandsetzung der Wohnung im Voraus an den bisherigen Vermieter gezahlt hatte (vgl. § 57 c Zwangsversteigerungsgesetz - ZVG).

Siehe / Siehe auch: Insolvenz, Insolvenz des Mieters, Insolvenz im Gewerberaummietrecht, Sonderkündigungsrecht nach Zwangsversteigerung

Insolvenz im Gewerberaummietrecht

Grundsätzlich berechtigen weder die Insolvenz des Mieters noch die des Vermieters den anderen Teil zur Kündigung eines Miet- oder Pachtverhältnisses. Im Gewerberaummietrecht erhalten die speziellen insolvenzrechtlichen Kündigungsregelungen besondere Bedeutung, da der insolvente Mieter bzw. Pächter hier nicht den Schutz des Wohnungsmieters erfährt. So besitzt der Insolvenzverwalter des Mieters ein Sonderkündigungsrecht. Er kann den Vertrag mit gesetzlicher Frist ohne Begründung und unabhängig von der Vertragslaufzeit kündigen. Die gesetzliche Frist ergibt sich aus § 580 a BGB und beträgt für Geschäftsräume sechs Monate zum Quartalsende.

Bei Insolvenz des Vermieters kommt es häufig zum Verkauf des Mietobjekts. Veräußert der Insolvenzverwalter das Objekt, tritt der Erwerber in den Mietvertrag als neuer Vermieter ein. Auch er hat nun ein Sonderkündigungsrecht. Dieses erlaubt ihm, das Mietverhältnis mit gesetzlicher Frist zum erstzulässigen Termin zu kündigen.

Wird das Sonderkündigungsrecht des Erwerbers nicht zum erstzulässigen Termin ausgeübt, verfällt es. Die Kündigungsmöglichkeiten durch den Erwerber sind bei Zwangsversteigerung und Erwerb vom Insolvenzverwalter identisch. Beim Erwerb wird allerdings der Käufer erst mit Grundbucheintragung Eigentümer, während er bei der Zwangsversteigerung durch den Zuschlagsbeschluss Eigentum erwirbt.

Entsprechend früher kann und muss er auch sein Kündigungsrecht ausüben. Das Kündigungsrecht kann eingeschränkt sein, wenn durch den Mieter Mietvorauszahlungen oder Baukostenzuschüsse an den bisherigen Vermieter gezahlt worden waren. Gesetzliche Regelungen: § 57 a, 57 c ZVG (Zwangsvollstreckungsgesetz), § 111 InsO (Insolvenzordnung), § 566 BGB, § 580 a Abs. 2 BGB.

Siehe / Siehe auch: Insolvenz des Mieters, Insolvenz des Vermieters, Sonderkündigungsrecht nach Zwangsversteigerung

Insolvenzunfähigkeit (Wohnungseigentümergemeinschaft)

Die zunächst nach der BGH-Entscheidung zur Teilrechtsfähigkeit strittig diskutierte Frage der Insolvenzfähigkeit ist durch gesetzliche Regelung dahingehend entschieden, dass die Wohnungseigentümergemeinschaft nicht insolvenzfähig ist (§ 11 Abs. 3 WEG).
Siehe / Siehe auch: Rechtsfähigkeit (Wohnungseigentümergemeinschaft)

Instandhaltung / Instandsetzung (Mietrecht)

Unter Instandhaltung versteht man alle Maßnahmen, die dazu dienen, den ursprünglichen Zustand eines Objektes und aller Einrichtungen zum Zwecke des bestimmungsmäßigen Gebrauchs bzw. deren Funktionsfähigkeit zu erhalten. Hierzu zählen neben Maßnahmen, die altersbedingte Abnutzungserscheinungen beseitigen, auch Wartungsarbeiten. Instandhaltung hat vorbeugenden Charakter. Es soll verhindert werden, dass Instandsetzungsarbeiten erforderlich werden. Dabei geht es nach dem Motto: Wer instand hält, braucht nicht instand zu setzen. Instandhaltung wird oft auch als Oberbegriff verwendet, der „Instandsetzung" mit umfasst (so z.B. die II. BV.).

Im Mietrecht gehört die Instandhaltung zu den Hauptpflichten des Vermieters. Sie ist in § 535 Abs.1 BGB festgeschrieben. Die Mietwohnung muss gebrauchsfähig und in vertragsgemäßem Zustand gehalten werden. Der Vermieter muss verhindern, dass die Bewohnbarkeit durch Abnutzung oder Alterserscheinungen beeinträchtigt wird. Das bedeutet jedoch nicht, dass der Mieter nach einigen Jahren Ersatz des von ihm selbst durchgelaufenen Teppichbodens oder der schon beim Einzug überalterten Badewanne verlangen kann.

Die Instandhaltungspflicht schließt gemeinschaftlich genutzte Räume und Zugänge zur Mietwohnung ein. Der Vermieter eines Gebäudes muss also auch für Beleuchtung im Treppenhaus sorgen, das defekte Schloss der Außentür erneuern und dafür sorgen, dass die Heizanlage in Schuss gehalten wird. Auch mögliche Gefahren müssen beseitigt werden (lockeres Treppengeländer, marode Stromleitung).

Der Vermieter muss, um dieser Pflicht gerecht werden zu können, das Mietobjekt in gewissen Zeitabständen kontrollieren. Dies bedeutet natürlich keine Berechtigung, ständig Wohnungsbegehungen durchzuführen (das Betreten der Wohnung durch den Vermieter zum Zählerablesen und ähnlichen Zwecken ist einmal im Jahr üblich und zulässig). Das Haus selbst sollte jedoch öfter auf seinen Zustand hin kontrolliert werden.

Notwendige Erhaltungsmaßnahmen des Vermieters und dadurch verursachte gewisse Unannehmlichkeiten (z.b. kurzfristiges Abstellen von Wasser oder Strom) muss der Mieter dulden.

Mietrechtlich bedeutet Instandsetzung die Wiederherstellung des gebrauchsfähigen und vertragsgemäßen Zustands der Mietwohnung. Dies bedeutet, dass bestehende Schäden an der Wohnung in Ordnung gebracht werden müssen (Beispiel: Fenster sind bei starkem Wind aus dem Rahmen gefallen). Der Vermieter ist auch zur Instandsetzung aus dem Mietvertrag und nach § 535 BGB verpflichtet. Die Mietsache muss nicht nur in gebrauchsfähigem und vertragsgemäßem Zustand gehalten, sondern dieser muss im Notfall auch wieder hergestellt werden. Üblich geworden und auch zulässig ist es allerdings, die so genannten Kleinreparaturen bis zu einer bestimmten Kostenobergrenze vertraglich auf den Mieter abzuwälzen.

Siehe / Siehe auch: Instandhaltung / Instandsetzung (Wohnungseigentum), Kleinreparaturen (Wohnungsmietvertrag)

Instandhaltung / Instandsetzung (Wohnungseigentum)

Für die Instandhaltung und Instandsetzung des Sondereigentums ist der jeweilige Eigentümer verantwortlich. Er hat die Kosten in voller Höhe selbst zu tragen (§ 14 Nr. 1 WEG). Die Instandhaltung und Instandsetzung des Gemeinschaftseigentums obliegt den Wohnungseigentümern gemeinschaftlich. Im Rahmen ordnungsmäßiger Verwaltung beschließen die Wohnungseigentümer über „ordnungsmäßige" Maßnahmen der Instandhaltung und Instandsetzung hinsichtlich Art, Umfang und Durchführung durch mehrheitliche Beschlussfassung in der Wohnungseigentümerversammlung. Ordnungsmäßig ist eine Instandhaltungs- oder Instandsetzungsmaßnahme dann, wenn sie der Erhaltung oder der Wiederherstellung des ursprünglichen Zustandes der Anlage oder der Einrichtung des gemeinschaftlichen Eigentums dient. In bestimmten Fällen kann auch eine sogenannte modernisierende Instandsetzung mit Mehrheit beschlossen werden, wenn mit dieser Maßnahme eine technisch und wirtschaftlich sinnvollere Maßnahme durchgeführt wird. Geht eine Maßnahme über die ordnungsmäßige Instandhaltung und Instandsetzung hinaus, reicht ein Mehrheitsbeschluss nicht aus. Vielmehr bedarf eine solche Maßnahme der Zustimmung aller im Grundbuch eingetragenen Wohnungseigentümer. Kommt dennoch nur ein Mehrheitsbeschluss zustande, ist er wirksam und vom Verwalter durchzuführen, wenn er nicht innerhalb Monatsfrist angefochten und durch das Gericht für ungültig erklärt wird.

Die Kosten für die Durchführung von Instandhaltungs- und Instandsetzungsmaßnahmen sind von allen Eigentümern im Verhältnis ihres Miteigentumsanteils (§ 16 Abs. 2 WEG) zu tragen, wenn nicht eine abweichende Vereinbarung getroffen worden ist. Durch die jetzt erfolgte Änderung des Wohnungseigentumsgesetzes ist den Wohnungseigentümern jedoch die Möglichkeit eingeräumt, im konkreten Einzelfall die Kostenverteilung bei Maßnahmen zur Instandhaltung und Instandsetzung des gemeinschaftlichen Eigentums durch Mehrheitsbeschluss abweichend von § 16 Abs. 2 WEG – Verteilung nach Miteigentumsanteilen – zu regeln, wenn der abweichende Maßstab dem Gebrauch oder der Möglichkeit des Gebrauchs durch die Wohnungseigentümer Rechnung trägt. Der Beschluss bedarf allerdings einer Mehrheit von drei Viertel aller stimmberechtigten Eigentümer und mehr als der Hälfte der Miteigentumsanteile (§ 16 Abs. 4 WEG).

Siehe / Siehe auch: Bauliche Veränderung (Wohnungseigentum), Kleinreparaturen (Wohnungsmietvertrag), Verteilungsschlüssel (Wohnungseigentum), Kostenverteilung, Modernisierungsmaßnahmen (Wohnungseigentum)

Instandhaltungsrückstellung (Instandhaltungsrücklage)

Damit die Wohnungseigentümergemeinschaft bei notwendig werdenden Instandhaltungs- oder Instandsetzungsmaßnahmen auch über die notwendigen liquiden Finanzierungsmittel verfügen kann, gehört die Bildung einer angemessenen Instandhaltungsrückstellung zu den Maßnahmen, über die die Wohnungseigentümergemeinschaft mit einfacher Mehrheit in der Wohnungseigentümerversammlung beschließen kann (§ 21 Abs. 5 Nr. 4 WEG). Kommt eine mehrheitliche Entscheidung nicht zustande, aus welchen Gründen auch immer, kann jeder Wohnungseigentümer im Rahmen seines individuellen Anspruchs auf ordnungsmäßige Verwaltung die Bildung einer solchen Rückstellung verlangen und diesen Anspruch auch gerichtlich durchsetzen.

Was als „angemessen" anzusehen ist, wird durch das Gesetz nicht geregelt. Als Orientierungsmaßstab können jedoch für die Praxis die Instandhaltungspauschalen der II. Berechnungsverordnung dienen, die je nach Dauer seit Bezugsfertigkeit zwischen 7,10 Euro und 11,50 Euro pro Quadratmeter und Jahr liegen. Bei der Festlegung der Höhe der Beiträge zur Instandhaltungsrückstellung ist jedoch darauf zu achten, dass sich die anteilige Beitragsleistung der einzelnen Wohnungseigentümer zur Instandhaltungsrückstellung nach dem Verhältnis der Miteigentumsanteile richtet, wenn nicht eine abweichende Vereinbarung getroffen wird. Mit der Zuerkennung der Rechtsfähigkeit fällt die Instandhaltungsrückstellung in das Verwaltungsvermögen und unterliegt damit dem Pfändungsanspruch von Gläubigern der Wohnungseigentümergemeinschaft.

Steuerliche Behandlung der Beiträge zur Instandhaltungsrücklage

Auch bei Vermietungseinkünften gilt grundsätzlich das Abflussprinzip, d.h. dass Ausgaben mit der Zahlung steuerwirksam werden. Das gilt grundsätzlich auch für Erhaltungsaufwendungen (z.B. Wartungs- und Instandhaltungsaufwendungen an bestehenden Objekten). Zu diesen Grundsätzen bestehen jedoch zahlreiche wichtige Ausnahmen. So hat der Bundesfinanzhof jetzt bestätigt, dass Beiträge zu Instandhaltungsrücklagen, die nach dem Wohnungseigentumsgesetz an den Verwalter gezahlt werden, erst bei der (weiteren) Verausgabung für tatsächliche Erhaltungsmaßnahmen als Werbungskosten abziehbar sind (Beschluss vom 21.10.2005, AZ IX B 144/05).

Hinweis: Wird die Instandhaltungsrücklage für Herstellungskosten verwendet, so sind die Ausgaben nur über die Abschreibung steuerlich abziehbar.

Siehe / Siehe auch: Vereinbarung (nach WEG), Jahresabrechnung (Wohnungseigentum), Wirtschaftsplan, Rechtsfähigkeit (Wohnungseigentümergemeinschaft)

Instandsetzung

Siehe / Siehe auch: Instandhaltung / Instandsetzung (Wohnungseigentum)

Institut der Wirtschaftsprüfer

Das Institut der Wirtschaftsprüfer in Deutschland e. V. (IDW) ist ein eingetragener Verein mit Sitz in Düsseldorf. Die Mitgliedschaft steht den Wirtschaftsprüfern und Wirtschaftsprüfungsgesellschaften Deutschlands auf freiwilliger Basis offen. Organe des IDW sind der wenigstens alle zwei Jahre zusammentretende Wirtschaftsprüfertag, der Verwaltungsrat und der Vorstand. Zum Stichtag 1. Januar 2006 gehörten dem IDW nach eigenen Angaben insgesamt 12.098 ordentliche Mitglieder an, davon 11.104 Wirtschaftsprüfer und 994 Wirtschaftsprüfungsgesellschaften. Damit vertritt das Institut rund 88 Prozent aller deutschen Wirtschaftsprüfer.

Zu den Aufgaben und Zielen des IDW zählen die Interessenvertretung für den Wirtschaftsprüferberuf auf nationaler und internationaler Ebene, die Facharbeit zur Förderung der Tätigkeitsbereiche des Wirtschaftsprüfers, die Ausbildung des beruflichen Nachwuchses und die Fortbildung der Wirtschaftsprüfer sowie die Unterstützung der Mitglieder bei der Tagesarbeit.

Letzteres geschieht unter anderem durch die Erarbeitung und Veröffentlichung von Standards, Stellungnahmen und Hinweisen zu Prüfungs- und Rechnungslegungsthemen sowie verwandten Gebieten. Für die Immobilienwirtschaft ist insbesondere der Standard IDW S 4 von Bedeutung, der die inhaltlichen Anforderungen an die Prospekte geschlossener Immobilienfonds regelt.

Siehe / Siehe auch: IDW S 4

Institut für Wirtschaft und Gesellschaft

Das IWG BONN ist ein von Kurt Biedenkopf und Meinhard Miegel gegründetes privates, wissenschaftliches Forschungsinstitut. Es ist überparteilich, unabhängig und gemeinnützig.

Zu den Arbeitsschwerpunkten des Instituts gehören auch die Wohnungspolitik, der Städtebau und die Bauwirtschaft. U. a. untersuchte das Institut im Auftrag des RDM-nahen Forschungsverbandes für Immobilien-, Hypotheken- und Baurecht e.V. die Bedeutung des privaten Grundeigentums für die Gesamtwirtschaft.

Näheres siehe: www.iwg-bonn.de/

Institut für Wohnungsrecht und Wohnungswirtschaft an der Universität Köln

Das Institut für Wohnungsrecht und Wohnungswirtschaft in Köln wurde 1950 auf Initiative der Rechtswissenschaftlichen Fakultät der Universität zu Köln, mit dem Ziel gegründet, Fragen des Wohnungswesens wissenschaftlich zu analysieren und zugleich die Bereiche Wohnungswirtschaft und Wohnungsrecht in Lehre und Forschung an der Universität zu Köln zu verstärken. Zu den Forschungsgebieten gehören u.a.: der Bodenmarkt, das Mietrecht, steuerliche Fragen, die Wohnungsfinanzierung, das Immobilienmanagement, die Wohnungsbauförderung sowie wohnungspolitische Konzepte. Träger der Instituts ist die Gesellschaft für Wohnungsrecht und Wohnungswirtschaft e.V. Köln.

Näheres siehe: www.uni-koeln.de

Institut Wohnen und Umwelt GmbH (IWU)

Das Institut Wohnen und Umwelt GmbH (IWU) ist eine gemeinnützige Forschungseinrichtung des Landes Hessen und der Stadt Darmstadt. Gegenstand der Forschung des Instituts ist die Untersuchung der gegenwärtigen Formen des Wohnens und des Zusammenlebens mit dem Ziel einerseits der Verbesserung der Wohnsituation schwächerer Schichten der Bevölkerung und andererseits der sparsamen, umwelt- und sozialverträglichen Nutzung von Energie im Bereich der Wohnungswirtschaft. Finanziert wird das Institut vom Land Hessen. Das Institut ist durch seine „auf wissenschaftlicher Grundlage basierenden" Mietspiegelkonzepte bekannt geworden, die das Mietrecht beeinflusst haben (Einführung des so genannten „qualifizierten Mietspiegels").

Näheres siehe: www.iwu.de

Institutioneller Anleger

Institutionelle Anleger sind Unternehmen und Institutionen, die über Sondervermögen verfügen, das zu verwalten ist. Zu Ihnen zählen insbesondere offene Immobilienfonds, Versicherungen und Pensionskassen. Von der Ertragsentwicklung des Sondervermögens hängt bei Fonds die Höhe der Ausschüttungen und bei Versicherungsgesellschaften die Entwicklung der Gewinnbeteiligung der Versicherten ab.

Siehe / Siehe auch: Anleger

Interkommunales Gewerbegebiet

Wenn Kommunen bei der Schaffung neuer Gewerbegebiete über die eigenen Gemeindegrenzen hinaus zusammenarbeiten, spricht man von interkommunalen Gewerbegebieten. Inhalte der Zusammenarbeit können in den Aufgaben Planung, Vermarktung und Realisierung liegen. Durch die Zusammenarbeit beabsichtigt man, Mittel effektiver einsetzen zu können, vorhandene Flächen besser auszunutzen und juristische Restriktionen im Planungsrecht zu umgehen.

Oftmals sind kleine Gemeinden gar nicht in der Lage, ein Projekt wie die Schaffung von Gewerbegebieten aus eigener Kraft umzusetzen. Bei der Motivation zur Schaffung interkommunaler Gewerbegebiete spielt auch oftmals die Nähe zu Ballungszentren eine Rolle. Durch die Zusammenarbeit entschärfen kleinere Gemeinden Ihre Konkurrenzsituation um Arbeitsplätze, Steuereinnahmen und strukturelle Entwicklung. Die teilnehmenden Gemeinden bringen entweder eigene Flächen in das Gewerbegebiet ein oder lassen sich Kontingente an Flächen, die aus raumplanerischen Gründen zur Verfügung stehen, anrechnen. Die Ziele, die Gemeinden mit dieser Zusammenarbeit verfolgen, sind die Steigerung von Steuereinnahmen, Erträge aus dem Verkauf der Gewerbegrundstücke zu erzielen und Struktur und Entwicklung der Wirtschaftskraft der Region zu stärken. Unterschiedliche Hebesätze der teilnehmenden Gemeinden in einem interkommunalen Gewerbegebiet müssen durch Beschluss der Gemeindevertretungen in den gemeindlichen Satzungen harmonisiert werden.

Siehe / Siehe auch: Gewerbeparks

International Accounting Standards (IAS)

Siehe / Siehe auch: International Financial Reporting Standards (IFRS)

International Development Research Council (IDRC)

In den USA 1961 gegründeter Berufsverband von Corporate Real Estate Managern der Industrie, in dem auch unter gewissen Voraussetzungen Dienstleister Mitglied sein können. Mit dem IDRC Europe wurde 1991 ein entsprechender Verband für Europa ins Leben gerufen.

International Financial Reporting Standards (IFRS)

Eine EU-Verordnung aus dem Jahr 2002 schreibt vor, dass börsennotierte Unternehmen ab Geschäftsjahr 2005 zur Rechnungslegung nach dem IAS verpflichtet sind. Erreicht werden soll mehr Transparenz und Offenlegung von relevanten Details der Unternehmensabschlüsse im Interesse der Aktionäre. Der International Accounting Standards Board, der für die Konzeption und den Aufbau der Standards zuständig ist, setzt sich aus Angehörigen von Berufsgruppen aus verschiedenen Ländern zusammen, die mit Fragen der Rechnungslegung beschäftigt sind, insbesondere Wirtschaftsprüfer und Unternehmensvertreter.

Im Bereich der Immobilien wird dabei unterschieden zwischen solchen, die dem Umlaufvermögen zugehören (IAS 2 – Immobilien sind im Rahmen der normalen Geschäftstätigkeit zum Verkauf bestimmt), Immobilien, die dem Betriebsvermögen zugehören (IAS 16 – die Immobilien werden für betriebliche Zwecke benötigt) und Immobilien des Finanzanlagevermögens (IAS 4 – Immobilien dienen der Einkunftserzielung und Wertsteigerung). Von besonderem Interesse sind die Bestandsimmobilien zu Finanzanlagezwecken. Unternehmen können hierbei wählen zwischen dem Wertansatz nach Anschaffungs / Herstellungskosten (Cost-Model) oder dem „Fair Value". Dies kann auch der Verkehrswert i.S.d. § 194 BauGB sein, der im Wesentlichen dem Market Value entspricht.

Der Wertansatz soll dem im Verkaufsfall am wahrscheinlichsten erzielbaren Preis entsprechen. Transaktionskosten werden nicht berücksichtigt. An Wertermittlungsmethoden stehen folgende Alternativen zur Verfügung: Unmittelbare Ableitung des Fair Value aus aktuellen Vergleichspreisen, Preisanpassung auf der Grundlage von Vergleichsobjekten und diskontierte Erträge. Dies entspricht weitgehend dem deutschen Vergleichs- bzw. Ertragswertverfahren. Dominieren wird dabei wohl das Ertragswertverfahren. Die Konzernabschlüsse können bereits heute nah IAS (anstelle HGB) erfolgen. Auf die Unternehmen kommt mit Einführung der IAS ein großer Bewertungsbedarf zu. Je nach Wertschwankungen sind immerhin Neubewertungen im Turnus zwischen 1 und 5 Jahren erforderlich. Immobiliensachverständige tun gut daran, sich mit den Bewertungsregeln der IAS vertraut zu machen. Bei den International Financial Reporting Standards (IFRS) handelt es sich nicht etwa

um eine Umbenennung der IAS. Vielmehr wird die Bezeichnung angewandt auf die Standards, die ab 2001 entwickelt werden. Werden geringe Änderungen der IAS durchgeführt, bleibt es bei der alten Bezeichnung IAS. Sind sie aber substanzieller Natur, dann werden sie in IFRS umgetauft. Das Regelwerk als Ganzes aber läuft unter IFRS.
Siehe / Siehe auch: Fairer Wert (fair value)

Internet

Ein weltumfassendes System von Computer-Teilnetzen, das weitgehend jedermann zugänglich ist. Voraussetzung für die Nutzung ist ein Computer, der über Datenleitungen an das Internet angeschlossen ist. Derzeit hat das Internet etwa 70 Mio. Nutzer, wobei die Tendenz steigend ist. Unter kommerziellen Aspekten ist vor allem der Teilbereich World Wide Web interessant, bei dem Inhalte multimedial (Bild, Ton, Video) dargestellt werden können. Immobilien eignen sich aufgrund ihres hohen Erklärungsbedarfs besonders für den Vertrieb (bzw. die Kontaktanbahnung) über das Internet. IMMONET und IRIS
Siehe / Siehe auch: Immobilienportale

Internet-Präsenz

Internet-Präsenz ist die Bezeichnung für alle Seiten eines Internet-Auftrittes, also die Homepage eines Unternehmens mit allen Unterseiten (Informationen, Links, Angebote, E-Mail-Adresse, etc.)

Inventarübernahme zum Schätzwert

Bei Pachtverträgen wird z.T. eine Inventarübernahme zum Schätzwert vereinbart. Das bedeutet: Der Pächter eines Grundstücks übernimmt das vorhandene Inventar zum Schätzwert und verpflicht sich, bei Ende des Vertrages auch Inventar zurückzugeben, dass diesem Schätzwert entspricht. Unfälle oder zufällige Verschlechterungen des Inventars gehen also zu Lasten des Pächters. Allerdings darf er – soweit es einer vernünftigen Bewirtschaftung entspricht – über einzelne Inventargegenstände verfügen, diese also verkaufen.
Der Pächter ist verpflichtet, das Inventar in vernünftigem Zustand zu halten und abgenutzte Inventarstücke zu ersetzen. Was er als Ersatz anschafft, wird nicht sein Eigentum, sondern das des Verpächters. Am Ende der Pachtzeit wird der Wert der Inventargegenstände festgestellt. Wenn der Pächter Dinge angeschafft hat, die allzu wertvoll oder für eine sinnvolle Bewirtschaftung nicht nötig sind, kann der Verpächter deren Übernahme ablehnen. Diese werden dann Eigentum des Pächters. Ansonsten gilt: Wenn der Schätzwert des Inventars am Ende der Pachtzeit höher oder niedriger ist als zu Beginn, muss der Überhang in Geld ausgeglichen werden. Die Schätzwerte richten sich nach dem Preis der Gegenstände bei Ende des Pachtvertrages. Im Landpachtvertrag kann bestimmt werden, dass die Schätzung bei Beginn und Ende der Pachtdauer durch einen Schätzungsausschuss durchgeführt wird.
Siehe / Siehe auch: Kündigungsfrist beim Pachtvertrag, Pachtvertrag, Schätzungsausschuss bei Landpacht

Investitionsgrad

Der Investitionsgrad errechnet sich aus dem Fondsvermögen abzüglich der Barreserve. Dies ist der Anteil des Fondvermögens, der nicht in Immobilien angelegt ist. Ein offener Immobilienfonds ist gesetzlich verpflichtet ständig mindestens 51% seines Vermögens in Immobilien investiert zu haben.
Siehe / Siehe auch: Investitionsphase, Bewirtschaftungsphase

Investitionsphase

Als Investitionsphase wird bei einem geschlossenen Immobilienfonds der Zeitraum bezeichnet, innerhalb dessen die Investitionsentscheidung umgesetzt wird. Dies erfolgt durch den Kauf oder die Errichtung einer oder mehrerer Immobilien, mit der bzw. mit denen in der anschließenden Bewirtschaftungsphase Erträge erwirtschaftet werden sollen.
Siehe / Siehe auch: Bewirtschaftungsphase, Immobilienfonds - Geschlossener Immobilienfonds

Investitionsrechnung

Die Lehre von den Investitionsrechnungen ist seit den 60er Jahren fester Bestandteil der Allgemeinen Betriebswirtschaftslehre. Zu den Investitionsrechnungen zählen die (Wirtschaftlichkeitsrechnungen und die (Unternehmensbewertung. Investitionsrechnungen finden auch bei immobilienwirtschaftlichen Investitionen Anwendung. Investitionsrechnungen dienen der Unterstützung bzw. Rationalisierung von Investitionsentscheidungen. Allerdings muss darauf hingewiesen werden, dass alle derartigen Entscheidungsprozesse auch durch irrationale Faktoren getragen und von

nicht quantifizierbaren Risiken begleitet werden. Die Ergebnisse der Investitionsrechnungen dürfen deshalb nicht überschätzt werden. Je länger der Investitionshorizont, desto geringer die Zuverlässigkeit der Rechenergebnisse als Entscheidungsgrundlage. Dies gilt insbesondere im Bereich der Immobilienwirtschaft, die überwiegend durch Langfristentscheidungen geprägt ist.
Siehe / Siehe auch: Wirtschaftlichkeitsrechnung, Unternehmensbewertung

Investmentgesellschaft
Siehe / Siehe auch: Kapitalanlagegesellschaften

Investmentgesetz (InvG)
Das Investmentgesetz (InvG) regelt seit dem 1. Januar 2004 in 146 Paragraphen die Auflegung inländischer Investmentfonds, den öffentlichen Vertrieb ausländischer Fonds in Deutschland sowie die Möglichkeit der Errichtung ausländischer Zweigstellen. Es ersetzt sowohl Vorschriften des zuvor geltenden Gesetzes über Kapitalanlagegesellschaften (KAGG) als auch des Auslandinvestmentgesetzes (AuslInvestmG). Das InvG dient primär dem Anlegerschutz, vereinheitlich Auslandfonds betreffende Regelungen, bestimmt die Rechtsform der Kapitalanlagegesellschaften in ihrer Eigenschaft als Kreditinstitute, die Rechtverhältnis zwischen Gesellschaft, Anlegern und Investmentfonds sowie die Rolle, die die Depotbank dabei zu spielen hat.
Siehe / Siehe auch: Investmentmodernisierungsgesetz, Investmentsteuergesetz, Kapitalanlagegesellschaften

Investmentmodernisierungsgesetz
Mit dem am 1. Januar 2004 in Kraft getretenen Gesetz zur Modernisierung des Investmentwesens und zur Besteuerung von Investmentvermögen (Investmentmodernisierungsgesetz) wurde die für Investmentgesellschaften maßgebliche Gesetzgebung in Deutschland reformiert. Das Investmentmodernisierungsgesetz umfasst das Investmentgesetz (InvG), das Investmentsteuergesetz (InvStG) sowie eine Reihe von Änderungen anderer Rechtsvorschriften. Während zuvor die zentralen Rechtsvorschriften für Investmentfonds – das Gesetz über Kapitalanlagegesellschaften (KAGG) und das Auslandinvestmentgesetz (AuslInvestmG) – viermal durch Finanzmarktförderungsgesetze an aktuelle Erfordernisse angepasst worden waren, ersetzen die Regelungen des Investmentmodernisierungsgesetzes diese beiden Gesetze vollständig.
Siehe / Siehe auch: Investmentgesetz (InvG), Investmentsteuergesetz

Investmentsteuergesetz
Das Investmentsteuergesetz (InvStG) trat am 1.1. 2004 in Kraft, zuletzt geändert am 22.9.2005. Es regelt in 19 Paragraphen die Besteuerung inländischer und ausländischer Investmentfonds in Deutschland. Durch das Investmentsteuergesetz werden die bis Ende 2003 geltenden steuerlichen Vorschriften des Gesetzes über Kapitalanlagegesellschaften (KAGG) und des Auslandinvestmentgesetzes (AuslInvestmG) abgelöst. Neu ist unter anderem, dass steuerliche Benachteiligungen ausländischer Fonds beseitigt und die steuerneutrale Verschmelzung von Fonds ermöglicht werden.
Siehe / Siehe auch: Investmentmodernisierungsgesetz, Investmentgesetz (InvG)

Investorenwettbewerb
Wettbewerbsverfahren, mit dessen Hilfe unter mehreren Interessenten für eine zu veräußernde Liegenschaft derjenige Investor ausgewählt werden soll, der aus Sicht der Planungsbehörde das beste Konzept für das betreffende Objekt vorlegt. Entscheidende Kriterien können dabei beispielsweise städtebauliche Aspekte, Nutzungskonzepte oder auch spezielle Lösungen für den Umgang mit denkmalgeschützter Bausubstanz sein.
Siehe / Siehe auch: Architektenwettbewerb, Kombinierter Wettbewerb

InvorG
Abkürzung für: Gesetz über den Vorrang von Investitionen bei Rückübertragungsansprüchen (Investitionsvorranggesetz)

InvZulG
Abkürzung für: Investitionszulagengesetz

InWIS
Abkürzung für: Institut für Wohnungswesen, Immobilienwirtschaft, Stadt- und Regionalentwicklung an der Ruhr-Universität Bochum

IRB
Abkürzung für: Informationsverbundzentrum Raum und Bau der Fraunhofer-Gesellschaft, Stuttgart

IRE I BS Immobilienakademie
Aus der ebs Immobilienakademie, einer Institution für berufliche Weiterbildung in der Immobilienwirtschaft wurde im Oktober 2006 die IRE I BS Immobilien Akademie. Hauptsitz bleibt Östrich-Winkel. Ebenso bleiben die Standorte Berlin, München und Essen bestehen.
Absolventen der Immobilienwirtschaftlichen Studiengänge erhalten die Titel „Immobilienökonom IRE I BS". Die IRE I BS Immobilienakademie ist nunmehr angesiedelt unter dem Dach der IREBS International Real Estate Business School. Diese Gesellschaft ist über das ihr zugehörige „Institut für Immobilienwirtschaft" mit der wirtschaftswissenschaftlichen Fakultät der Universität Regensburg verbunden.

IRE I BS International Real Estate Business School
Unter dem Dach der IRE I BS wurden im Oktober 2006 die frühere ebs Immobilien Akademie – jetzt IRE I BS Immobilien Akademie und das Institut für Immobilienwirtschaft an der ebs vereinigt. Damit erfolgte eine Trennung von der ebs. Das Institut für Immobilienwirtschaft ist nunmehr Teil der wirtschaftswissenschaftlichen Fakultät der Universität Regenburg. Es stellt dort fünf Stiftungslehrstühle (auf Immobilienmanagement, Immobilienfinanzierung, Immobilien- und Regionalökonomie, Immobilien- und Stadtentwicklung sowie Immobilienrecht) und drei Honorarprofessuren. Nach einer Verlautbarung des Instituts in Regensburg soll damit „das international führende Institut für Immobilienwirtschaft" entstanden sein.
Siehe / Siehe auch: IRE I BS Immobilienakademie

IRR
Abkürzung für: Internal Rate of Return

ISDN
Abkürzung für: Integrated Services Digital Network

ISO
Siehe / Siehe auch: Zertifizierung

Isolierverglasung
Isolierverglasung dient der Wärmedämmung. Es gibt auch Isolierglasfenster, die speziell zur Schalldämmung ausgelegt sind und häufig in Wohnungen an viel befahrenen Straßen zum Einsatz kommen. Die Nachrüstung von Isolierfenstern in einer Mietwohnung kann eine Modernisierungsmaßnahme sein, die den Vermieter berechtigt, die Miete zu erhöhen. Ausreichend ist die Isolierverglasung sämtlicher Fenster auf der Straßenseite einer Wohnung. Der Austausch eines einzigen Fensters rechtfertigt keine Mieterhöhung. Wenn durch die Isolierfenster derart viel zusätzliches Lüften nötig wird, dass dadurch die eingesparte Wärme komplett wieder verloren geht, liegt keine Gebrauchswertverbesserung der Wohnung vor.
Der Mieter muss grundsätzlich den Einbau von Isolierfenstern dulden, da diese Maßnahme der Energieeinsparung dient und die Wohnung qualitativ verbessert. Nach der Rechtsprechung muss der Mieter es jedoch nicht hinnehmen, wenn Fenster mit einer um ein Drittel geringeren Fensterfläche eingebaut werden.
Siehe / Siehe auch: Modernisierung

IUFI
Abkürzung für: International Union of Housing Financing Institutions

IVD
Abkürzung für: Immobilienverband Deutschland IVD Bundesverband der Immobilienberater, Makler, Verwalter und Sachverständigen e. V.
Siehe / Siehe auch: Immobilienverband Deutschland IVD Bundesverband der Immobilienberater, Makler, Verwalter und Sachverständigen e. V., Maklerverbände

IVD-Preisspiegel
Siehe / Siehe auch: RDM-Preisspiegel (IVD-Preisspiegel)

IVW e.V.
Abkürzung für: Informationsgesellschaft zur Feststellung der Verbreitung von Werbeträgern

IVWSR
Abkürzung für: Internationaler Verband für Wohnungswesen, Städtebau und Raumordnung

IWC
Abkürzung für: Innentoilette

Jahresabrechnung (Wohnungseigentum)

Zu den wichtigsten Aufgaben des Verwalters einer Wohnungseigentümergemeinschaft gehört die Aufstellung einer Abrechnung über die tatsächlichen Einnahmen und Ausgaben im Rahmen der Verwaltung des gemeinschaftlichen Eigentums. Diese Abrechnung ist gesetzlich vorgeschrieben und vom Verwalter nach Ablauf eines Kalenderjahres vorzunehmen (§ 28 Abs. 3 WEG), und zwar in aller Regel spätestens bis zum Ablauf von sechs Monaten Ende des Abrechnungszeitraums.

Weil das Gesetz keinerlei Vorschriften über Form und Inhalt der Jahresabrechnung enthält, hat sich die Rechtsprechung umso intensiver mit zahlreichen Einzelfragen befassen müssen und dabei folgende wesentlichen Grundsätze und Grundforderungen an die Abrechnung festgelegt:

Die gesetzlich vorgeschriebene Abrechnung hat nur die tatsächlichen Einnahmen und Ausgaben während des jeweiligen Kalenderjahres auszuweisen. Sie ist keine Bilanz und keine Gewinn- und Verlustrechnung. Forderungen, Verbindlichkeiten und Rechnungsabgrenzungen gehören grundsätzlich nicht in die Abrechnung. Eine Ausnahme gilt für die Abrechnung der Heiz- und Warmwasserkosten sowie für die Instandhaltungsrückstellung. Letztere ist mit den Sollbeträgen aufzunehmen.

Die Abrechnung besteht aus der Gesamtabrechnung und den Einzelabrechnungen für jeden einzelnen Wohnungseigentümer, wobei die Verteilung der Einnahmen und Ausgaben auf die einzelnen Eigentümer nach dem gesetzlichen oder dem abweichend vereinbarten Verteilungsschlüssel vorzunehmen ist.

Die Gesamt- und die Einzelabrechnung muss vollständig, übersichtlich und für jeden einzelnen Eigentümer auch ohne Inanspruchnahme von sachverständigen Fachleuten nachvollziehbar sein. Inhaltlich sollte die Gliederung der Einzelpositionen jener im Wirtschaftsplan entsprechen, um auch eine Vergleichbarkeit der tatsächlichen mit den veranschlagten Einnahmen und Ausgaben zu gewährleisten.

Neben der Jahresabrechnung als reine Einnahmen- und Ausgabenrechnung sind in einem „Status" oder einer „Vermögensübersicht" die Forderungen und Verbindlichkeiten auszuweisen, ferner die Höhe der Instandhaltungsrückstellung sowie Angaben über die Kontenstände der für die Gemeinschaft geführten Konten jeweils zu Beginn und Ende des jeweiligen Kalenderjahres bzw. des abweichend vereinbarten Rechnungszeitraumes.

Die Beschlussfassung hat über die Gesamt- und Einzelabrechnungen zu erfolgen. Andernfalls werden keine rechtswirksamen Zahlungspflichten begründet.

Ist eine mehrheitlich beschlossene Abrechnung fehlerhaft weil sie beispielsweise verkehrte Verteilungsschlüssel enthält, bedarf sie dennoch der Anfechtung bei Gericht und der Ungültigerklärung. Es handelt sich insoweit um einen gesetzeswidrigen Mehrheitsbeschluss, der nicht nichtig, sondern nur anfechtbar ist. Erfolgt keine Anfechtung, ist auch die eine fehlerhafte, rechtswidrige, aber mehrheitlich beschlossene Abrechnung wirksam und verpflichtet jeden Eigentümer zur Zahlung eventuell noch zu leistender Fehlbeträge wegen zu niedriger Vorauszahlungen.

Die Prüfung erfolgt durch den Verwaltungsbeirat, wenn ein solcher von der Wohnungseigentümergemeinschaft gewählt wurde. Sie soll sich nicht nur auf die rein rechnerische, sondern auch die sachliche Richtigkeit erstrecken, so zum Beispiel auch auf die Richtigkeit der verwenden Verteilungsschlüssel. Ungeachtet der Prüfung der Abrechnung durch den Verwaltungsbeirat hat jeder Wohnungseigentümer das Recht, in die Abrechnungsunterlagen im Büro des Verwalters Einsicht zu nehmen, und zwar selbst noch nach erfolgter Beschlussfassung in der Wohnungseigentümerversammlung.

Die Nichtvorlage oder vorsätzlich verspätete Vorlage der Abrechnung kann eine vorzeitige Abberufung des Verwalters aus wichtigem Grund rechtfertigen.

Siehe / Siehe auch: Belegprüfung, Einsichtsrecht (Wohnungseigentum), Instandhaltungsrückstellung (Instandhaltungsrücklage), Verteilungsschlüssel (Wohnungseigentum), Verwaltungsbeirat, Wirtschaftsplan

Jahreseinkommen (Wohngeld)

Das Jahreseinkommen dient als Rechengröße zur Ermittlung der Anspruchsberechtigung auf Wohngeld. Das Wohngeldgesetz versteht unter Jahreseinkommen die Summe der positiven Einkünfte (im Sinne des Einkommensteuergesetzes) jedes Familienmitgliedes. Dabei findet kein Ausgleich mit negativen Einkünften aus anderen Einkunftsarten oder negativen Einkünften des mit dem Antragsteller zusammen veranlagten Ehegatten statt.

Ausdrücklich ins Jahreseinkommen einbezogen sind dabei unter anderem:
- Steuerfreie Versorgungsbezüge
- einkommensabhängige steuerfreie Versorgungsbezüge für Wehr- oder Zivildienstbeschädigte und Kriegsbeschädigte und -hinterbliebene
- Teile von Leibrenten, die den Ertragsanteil oder den besteuerten Anteil übersteigen
- Mutterschaftsgeld
- steuerfreie Krankentagegelder (die Aufzählung ist nicht abschließend, vgl. § 10 WoGG).

Siehe / Siehe auch: Gesamteinkommen (Wohngeld), Wohngeld

Jahresheizwärmebedarf

Der Jahresheizwärmebedarf eines Gebäudes ergibt sich aus dem Transmissionswärmebedarf, der durch den Wärmedurchgang der Außenteile eines Gebäudes verursacht wird und dem Lüftungswärmebedarf, der lüftungsbedingt durch den Austausch kalter Außenluft mit warmer Innenluft entsteht.

Hiervon werden die Wärmegewinne abgezogen, nämlich die internen Wärmegewinne, die sich aus verschiedenen Wärmequellen außerhalb der Heizung ergeben und die solaren Wärmegewinne, die sich aus der Sonneneinstrahlung durch Fenster und Außentüren mit Glasanteil ergeben. Nach der Wärmeschutzverordnung von 1995 durfte der Jahresheizwärmebedarf für Neubauten zwischen 50 und 100 kWh pro Quadratmeter der Wärme übertragenden Umfassungsflächen des Gebäudes betragen.

Das Ergebnis wird mit einem Teilbeheizungsfaktor multipliziert. Die Kennzahlen für den Heizwärmebedarf können sich auf das beheizte Bauwerksvolumen oder die Gebäudenutzfläche beziehen. (Der k-Wert gibt den Wärmestrom an, der in stationärem Zustand durch eine Wandfläche von 1 Quadratmeter fließt, wenn in den auf beiden Seiten anschließenden Räumen ein Temperaturunterschied von $1°\,C = 1K$ herrscht.)

Jahresnettomiete

Als Jahresnettomiete bezeichnet man die Miete pro Jahr, aus dem die Betriebs- und Heizkosten vollständig ausgegliedert sind. Diese Nettomiete wird auch Grundmiete oder Nettokaltmiete genannt.

Jahresreinertrag und Jahresrohertrag

Der Jahresreinertrag einer Immobilie ist die Differenz zwischen den gesamten Mieteinnahmen einschließlich Umlagen und sonstigen mit der Vermietung zusammenhängen Vergütungen und den Bewirtschaftungskosten. Zu den Bewirtschaftungskosten zählen auch kalkulatorische Bestandteile wie Abschreibung und Mietausfallwagnis. Der so berechnete Jahresreinertrag ist die Grundlage zur Ermittlung der Gesamtkapitalrentabilität. Der für die Ermittlung des Ertragswertes maßgebliche Jahresreinertrag unterliegt einer Nachhaltigkeitsüberprüfung sowohl auf der Ertrags- als auch auf der Aufwandsseite.

Vor allem auf der Aufwandsseite wird überwiegend mit pauschalen Erfahrungssätzen gerechnet, weil die im Jahre der Wertermittlung tatsächlich anfallenden Bewirtschaftungskosten meist nicht den langfristig entstehenden Kosten entspricht. So kann es in einem Jahr einen hohen Renovierungsaufwand geben, in einem andern gar keinen. Aber auch die bezahlten Mieten können aufgrund von vertraglichen Bindungen über oder unter den am Markt im Falle einer Wiedervermietung erzielbaren Mieten liegen.

Da bei der Ertragswertermittlung die Abschreibung durch Annahme einer bestimmten Restnutzungsdauer zusammen mit dem Liegenschaftszinssatz in den Vervielfältiger eingeht, bleibt sie beim Bewirtschaftungskostenabzug außer Betracht.

Siehe / Siehe auch: Bewirtschaftungskosten

JAVF

Abkürzung für: Jahrbuch der Absatz- und Verbrauchsforschung

JBl

Abkürzung für: Justizblatt

JM

Abkürzung für: Jahresmiete
Abkürzung für: Justizminister

JMBl

Abkürzung für: Justizministrialblatt

Joint Venture

Eine Form der Zusammenarbeit zwischen selbständig bleibenden Unternehmen zur Abwicklung eines gemeinsamen Geschäftes oder eines einmaligen Projektes. Diese Unternehmen unterhalten einen gemeinsamen Betrieb. Die Joint-Venture-Vereinbarung regelt die von jedem Partner aufzubringenden Kapitalien, das einzubringende Knowhow und die Gewinnverteilung.

JStG
Abkürzung für: Jahressteuergesetz

JurA
Abkürzung für: Juristische Analysen

JuS
Abkürzung für: Juristische Schulung

k-Wert
Abkürzung für: Wärmedurchgangskoeffizient. Der k-Wert als Maß für den Wärmedurchgang eines Bauteils wurde aufgrund Europäischer Normsetzung durch den U-Wert ersetzt. k-Wert und U-Wert sind nicht identisch.
Siehe / Siehe auch: U-Wert

K/Kt
Abkürzung für: Kaution

KaB
Abkürzung für: Kunst am Bau

KÄndG
Abkürzung für: Kleingartenänderungsgesetz

Känguruhsiedlung
Der Begriff Känguruhsiedlung wird umgangssprachlich für Neubausiedlungen verwendet, wenn der Sprecher andeuten möchte, dass deren Bewohner große Sprünge mit leerem Beutel machen.
Siehe / Siehe auch: Glaswarze, Heidihaus

Kaffeemühle
Kaffemühle ist die verschiedentlich anzutreffende Bezeichnung für bestimmte Gebäude mit quadratischem Grundriss und annähernd kubischer Form, die auf die Form mechanischer Kaffeemühlen anspielt. In Hamburg wird der Begriff beispielsweise für zweigeschossige Backstein-Wohnhäuser mit quadratischem Grundsriss aus den 1920er und 1930er Jahren verwendet.

KAGG
Abkürzung für: Gesetz über Kapitalanlagegesellschaften
Siehe / Siehe auch: Gesetz über Kapitalanlagegesellschaften

Kaltakquise
Unter Kaltakquise versteht man den Versuch von Immobilienunternehmen telefonisch mit einer Person, zu der es keine aktuellen Kontakte hat, ins Gespräch zu kommen.
Zu denken ist etwa an Bauträger, die potentiellen Interessenten Wohnungen anbieten oder an Makler, die auf Immobilieninserate von Privatpersonen reagieren. Die Anbahnung eines Immobiliengeschäfts per Kaltakquise ist eine schwierige Mission.

Kaltverdunstungsvorgabe
Trotz zunehmender Verbreitung von elektronischen Heizkostenverteilern sind viele Heizkörper noch mit so genannten „Verdunstungsröhrchen" ausgestattet, deren Inhalt je nach Heizungsnutzung verdampft.
Die Verbrauchsmessung auf Basis dieser Röhren ist relativ unzuverlässig. Viele Verdunster liefern lediglich Vergleichswerte; die Verdunstung findet selbstverständlich abhängig von der Raumtemperatur auch bei ausgeschalteter Heizung statt. Die Hersteller regieren darauf, indem sie die Röhrchen überfüllen. Die zusätzlich zur Korrektur der „Kaltverdunstung" eingefüllte Menge ist die Kaltverdunstungsvorgabe.
Siehe / Siehe auch: Betriebskosten

Kaltwasserzähler
Kaltwasserzähler sind für Mietwohnungen noch nicht überall obligatorisch. Die Ausstattungspflicht richtet sich nach den Bauordnungen der Bundesländer. So gibt es in Bayern keine Einbaupflicht, in Baden-Württemberg besteht eine Einbaupflicht für jede Wohnung, allerdings nicht bei Nutzungsänderungen, wenn der Einbau nur mit unverhältnismäßigem Aufwand möglich ist. In Schleswig-Holstein muss jede Neubauwohnung einen eigenen Wasserzähler bekommen. Für bestehende Gebäude gilt eine Nachrüstfrist bis 31. Dezember 2014.
Der Trend geht hin zur Einbaupflicht, da man sich von einer genaueren Verbrauchserfassung Wassereinsparungen erhofft. Für Mieter hat die genauere Erfassung den Vorteil, dass nicht der Single den Wasserverbrauch der benachbarten Großfamilie mitfinanzieren muss. Sofern in einer Wohnung schon Kaltwasserzähler eingebaut sind, ist der Vermieter auch zur Verbrauchserfassung mit Hilfe dieser Zähler verpflichtet.
Siehe / Siehe auch: Betriebskosten, Heiz- und Warmwasserkosten, Nebenkosten (mietrechtliche), Zählermiete

Kamera, digitale
Mit der digitalen Kamera fotografieren heißt Daten erzeugen. Gerade da, wo Fotomaterial für verschiedene Anwendungen vorliegen muss, bietet das digitale Fotografieren Vorteile. Die Daten stehen schnell zur Verfügung. Und sie sind mit wenigen Schritten den jeweiligen Vorgaben für Printerzeugnisse (wie z.B. Zeitungsanzeigen,

Exposés, Broschüren) und für das Internet (Immobilienbörsen, Immobiliendatenbanken, Online-Exposés) angepasst und aufbereitet.

Kap
Abkürzung für: Kapitel

Kapital-Lebensversicherung
Lebensversicherung, die nicht nur der Todesfallabsicherung, sondern auch der Geldanlage dient. Der Versicherer ist sowohl im Todesfall als auch im Erlebensfall des Versicherungsnehmers zur Leistung verpflichtet. Die Versicherung zahlt grundsätzlich die vereinbarte Versicherungssumme plus Überschussbeteiligung, die sich aus Zins-, Risiko- und Kostenüberschüssen zusammensetzt. Der Gesamtbetrag heißt Ablaufleistung. Die Abschlusskosten werden bei normalen Tarifen durch die ersten Beiträge getilgt.

Die Kapital-Lebensversicherung kann zur Rückzahlung eines Baudarlehens eingesetzt werden. Dabei tritt der Darlehensnehmer die Ansprüche aus der Kapital-Police an seinen Geldgeber ab. Die Baufinanzierung mit einer Kapitallebensversicherung ist in aller Regel allein beim Erwerb von Mietobjekten sinnvoll, da nur hier die Schuldzinsen als Werbungskosten bei den Einkünften aus Vermietung und Verpachtung steuermindernd geltend gemacht werden können.

Seit Beginn der Baisse an den internationalen Aktienmärkten im März des Jahres 2000 haben die in Deutschland tätigen Versicherungsgesellschaften die Überschussbeteiligung für ihre Kunden erheblich verringert. Dies ist zum einen darauf zurückzuführen, dass die Assekuranzen einen enormen Wertberichtigungsbedarf bei ihren Aktien-Portefeuilles hatten.

Aber auch die Verzinsung von Staatsanleihen und anderen Festverzinslichen Wertpapieren sank hauptsächlich aufgrund der Turbulenzen an den Aktienmärkten auf ein rekordverdächtig niedriges Niveau, so dass es den Versicherungsgesellschaften mitunter schwer fiel, ihren Kunden auch nur den garantierten Rechnungszins von 3,25 Prozent (bis Ende 2003) zu überweisen. Seit 1. Januar 2004 beträgt der Rechnungszins nur noch 2,75 Prozent. Und die Gesamtverzinsung von Kapital- und privaten Renten-Policen ist im Branchenschnitt auf vier bis fünf Prozent zurückgenommen worden. Früher lag sie bei deutlich über sechs Prozent oder sogar bei mehr als sieben Prozent.

Folge: Wer seine Immobilienfinanzierung über die Kombination aus endfälligen Darlehen und einer Lebensversicherung realisiert hat, wird aufgrund der drastisch reduzierten Überschüsse häufig Nachfinanzierungsbedarf haben. Die bei Vertragsabschluss hochgerechneten Ablaufleistungen werden oft deutlich unter den tatsächlichen Auszahlungen liegen.

Mittlerweile haben Kapital-Policen weitere Dämpfer erhalten. So wurden die Steuervorteile, die Kapital-Lebensversicherungen über Jahre und Jahrzehnte hatten, zum Jahreswechsel 2004 / 2005 weitgehend beseitigt. Konkret: Wer nach Silvester 2004 einen Versicherungsvertrag abgeschlossen hat, muss mindestens die Hälfte der in der späteren Ablaufleistung enthaltenen Überschüsse (= Gewinnanteile) versteuern. Altverträge hingegen lässt das Finanzamt weiterhin – Stichwort Vertrauensschutz – unbehelligt.

Zudem wird ab dem Jahr 2007, und zwar für dann neu abgeschlossene Kapital-Verträge, der Garantiezins erneut abgesenkt, von derzeit 2,75% auf dann nur noch 2,25%. Dieser Garantiezins gilt übrigens nicht für den gesamten, sondern nur für den Sparanteil des Beitrags. Mit der Folge, dass die garantierte Verzinsung auf die gesamten Einzahlungen deutlich niedriger ausfällt. Steuerlich möglicherweise interessanter sind indes private Rentenversicherungen in der sogenannten Verzehrphase, sobald der Versicherungsnehmer also seine Leistungen erhält.

Wurde doch mit dem Alterseinkünftegesetz, das ebenfalls seit dem 1. Januar 2005 gilt, der steuerpflichtige Ertragsanteil von privaten, in der Ansparphase staatlich nicht geförderten Rentenversicherungen, spürbar verringert.

Siehe / Siehe auch: Überschussbeteiligung / Lebensversicherung

Kapitalanlagegesellschaften
Kapitalanlagegesellschaften sind Investmentgesellschaften, die Geld von Anlegern in Wertpapiere, Grundstücke oder Beteiligungen investieren. Ziel der Kapitalanlagegesellschaften ist es, möglichst hohe Wertentwicklung des von ihnen verwalteten Sondervermögens zu erwirtschaften, um so dessen Ertrag zu maximieren.

Die Unternehmen partizipieren in Form von Transaktionsgebühren („Ausgabenaufschläge") und Verwaltungskosten am Umsatz. Zu den Kapitalanlagegesellschaften gehören auch jene, die offene Immobilienfonds betreuen. Die gesetzlichen Regelungen finden sich seit dem 1.1.2004 im Investmentgesetz, das das Kapitalanlagegesetz (KAGG) abgelöst hat.

Kapitalanlagegesellschaften können verschiedene Fondstypen verwalten: Bei den Wertpapierfonds unterscheidet man zwischen Aktienfonds, Rentenfonds und gemischte Fonds, deren Sondervermögen sowohl aus Aktien also auch aus Rentenpapieren bestehen. AS-Fonds (AS = Altersvorsorge Sondervermögen) konzentrieren sich meist auf eine Mischung von Aktien und Immobilien. Das Sondervermögen von Dachfonds besteht in Anteilen unterschiedlicher Investmentfonds. Fonds können mit „Garantien" ausgestattet sein, die sich auf eine Mindestrendite oder auf die Rückzahlung des investieren Kapitals gemessen am Preis der am Tage der Auflegung des Fonds zu bezahlen war. Geldmarktfonds stützen sich auf kurzfristige Geldmarktanlagen (z.B. Festgelder, kurzlaufende festverzinsliche Wertpapiere, Sparanlagen). Mit besonderen Risiken sind Hedgefonds behaftet die am Terminmarkt agieren. Indexfonds achten auf eine Mischung der Wertpapiere, die der Zusammensetzung eines bestimmten Index entspricht. Die Besonderheit von Laufzeitfonds besteht darin, dass für sie ein bestimmter Endtermin für die Fälligkeit des Fonds gilt. Auch offene Immobilienfonds gehören zu den Investmentfonds. Das von Kapitalanlagegesellschaften verwaltete Vermögen ist von 129 Milliarden im Jahr 1990 auf 1003 Milliarden Euro im Jahr 2004 angestiegen (siehe Monatsbericht der Deutschen Bundesbank März 2004).

Siehe / Siehe auch: Immobilienfonds - Offener Immobilienfonds, Immobilienfonds - Geschlossener Immobilienfonds

Kapitalertragsteuer

Die Kapitalertragsteuer ist eine besondere Erhebungsart der Einkommensteuer. Sie wird vom Schuldner (Bank, Sparkasse, Fondsgesellschaft usw.) direkt an das Finanzamt abgeführt. Bei Zinseinkünften wird von Zinsabschlagsteuer gesprochen. Die Höhe schwankt zwischen 20% und 35%. Bei Aktiendividenden, GmbH Anteilen und Genossenschaftsanteilen sind es 20%. Ebenso bei Genussscheinen als Dividendenpapier. Bei Wandelanleihen, Gewinnobligationen, stillen Beteiligungen, Zinsen auf Sparanteilen bei kurz laufenden Lebensversicherungen sind es 25%. Bei Schuldverschreibungen der Öffentlichen Hand und von Banken, Pfandbriefen, Sparbuch, Festgeldanlagen, Sparverträgen u.a. sind es 30% und schließlich bei Tafelgeschäften 35% (wenn die Einlösung des Zinsscheins am Bankschalter erfolgt).

Die Verrechnung findet im Rahmen der Veranlagung zur Einkommensteuer statt. Bei niedrigem Steuersatz kann es zu einer Erstattung einbehaltener Beträge kommen. Der Steuerabzug an der Quelle kann gegebenenfalls vermieden werden, sobald der Sparer respektive Anleger seinem Konto- oder Depot führenden Institut einen so genannten Freistellungsauftrag vorgelegt hat. Das Freistellungsvolumen beträgt seit dem 1.1.2004 exakt 1.421 Euro für Alleinstehende und doppelt so viel, nämlich 2.842 Euro für gemeinsam zur Einkommensteuer veranlagte Eheleute.

Das Freistellungsvolumen ergibt sich aus dem Sparerfreibetrag von 1.370 Euro pro Jahr und Person sowie einer Werbungskostenpauschale in Höhe von 51 Euro – erneut jährlich und je Person. Achtung: Ab dem Jahr 2007 wird der Sparerfreibetrag erneut gesenkt werden, und zwar auf nur noch 750 Euro pro Jahr und Person – mit der Folge, dass Privatanleger weniger Kapitaleinkünfte steuerfrei vereinnahmen dürfen als zuvor.

Die Tatsache, dass bei Kapitalgesellschaften die auszuschüttende Dividende bereits über die Körperschaftsteuer (mit 25%) belastet wird, führt dazu, dass beim Aktionär bzw. Gesellschafter zum Ausgleich nur noch die Hälfte der Ausschüttungen einer 20%igen Kapitalertragsteuer unterliegt. Man spricht deswegen auch vom so genannten Halbeinkünfteverfahren.

Kapitalkosten (Baufinanzierung)

Unter den anlässlich der Finanzierung von Bauvorhaben entstehenden Kapitalkosten sind wohl die Fremd- wie auch die Eigenkapitalkosten zu subsumieren. Fremdkapitalkosten sind die Zinsleistungen für die aufgenommenen Endfinanzierungsmittel. Bauzeitzinsen gehören zu den Baunebenkosten und zählen nicht zu den Kapitalkosten. Diese Zinsen sind, weil es sich um pagatorische Kosten handelt, Bestandteil der Liquiditätsrechnung der Investition.

Bei der Kalkulation der Wirtschaftlichkeit des Bauvorhabens sind darüber hinaus die kalkulatorischen Kapitalkosten, nämlich die Eigenkapitalverzinsung zu berücksichtigen. Sie können gemessen werden an den Einbussen, die dadurch entstehen, dass das investierte Kapital nicht anderweitig Ertrag bringend eingesetzt wurde („Opportunitätskosten").

Eine andere Möglichkeit des Ansatzes für den Eigenkapitalzins ergibt sich durch Investitionsrechnungen, bei denen ein Eigenkapitalzinssatz als vorgegebene Mindestgröße fungiert. Nach der Wirtschaftlichkeitsberechnung des früheren nach dem II WoBauG mit öffentlichen Mitteln geförderten Wohnungsbau war ein Eigenkapitalzins von 4% für den Teil der Gesamtkosten des Bauvorhabens anzusetzen, der 15% nicht überstieg. Für das darüber hinaus erforderliches Eigenkapital durfte ein Zinssatz von 6,5% angesetzt werden.

Bei der Finanzierungsabwägung spielt auch der sog. „Leverageeffekt" eine Rolle. Ergibt sich aus den kalkulierten Reinerträgen eine Eigenkapitalverzinsung, die über dem Zinssatz für Fremddarlehen liegt, führt ein zunehmender Fremdfinanzierungsanteil zu einer zunehmend höheren Verzinsung des (geringer werdenden) Eigenkapitalanteils.

Kappungsgrenze

In verschiedenen Bereichen sind so genannte Kappungsgrenzen vorgeschrieben. Mit ihrer Hilfe soll die Veränderung wiederkehrender Zahlungen in der Regel nach oben, teilweise auch nach unten, begrenzt werden. Kappungsgrenzen gelten z.B. bei der Budgetierung von Haushalten für öffentliche Einrichtungen (Universitäten, Krankenhäuser usw.). Im Bereich der Immobilienwirtschaft spielen sie in zwei Bereichen eine Rolle.

Mietrecht

Im Mietrecht bezeichnet die Kappungsgrenze bei nicht preisgebundenen Wohnungen das obere Limit, bis zu dem der Vermieter seine bisherige Miete an die ortsübliche Vergleichsmiete heranführen darf.

Die Kappungsgrenze liegt seit 1.9.2001 bei 20%. Das bedeutet, dass jeweils in einem Zeitraum von drei Jahren die Miete höchstens um 20% erhöht werden darf, selbst wenn dadurch der Wert der ortsüblichen Vergleichsmiete noch lange nicht erreicht werden würde. Vor der Mietrechtsreform lag die Kappungsgrenze noch bei 30%. Die Kappungsgrenze ist auch bei einer freien Mieterhöhungsvereinbarung zu beachten (z.B. bei Gewerbemietverträgen).

Bauplanungsrecht

Bei einer bestimmten festgesetzten Grundflächenzahl darf die zulässige Grundfläche bis zu 50% mit der Errichtung von Nebenanlagen, Garagen, Zufahrten und dergleichen überschritten werden. Diese Überschreitungsmöglichkeit kann jedoch bei einer entsprechend hohen Ausgangs-GRZ durch eine Obergrenze der GRZ von 0,8 „gekappt" werden. Beispiel GRZ 0,6 + 50% hieraus = 0,3 wäre 0,9. Über 0,8 hinaus darf aber der Boden nicht mit baulichen Anlagen versiegelt werden. Lediglich in Kerngebieten ist noch eine GRZ von 1,0 zulässig.

Siehe / Siehe auch: Vergleichsmiete, ortsübliche (Wohnungsmiete), Grundflächenzahl (GRZ) - zulässige Grundfläche (GR), Mieterhöhung

KapSt

Abkürzung für: Kapitalertragsteuer

Kataster

Siehe / Siehe auch: Liegenschaftskataster

Katasterbücher

Katasterbücher sind Teil des Katasters.
Das Katasterbuch setzt sich zusammen aus

- dem Flurbuch (Verzeichnis der Flurstücke in der Reihenfolge der Nummerierung)
- dem Liegenschaftsbuch (Verzeichnis der Grundstücke eines Gemeindebezirks)
- dem Eigentümerverzeichnis und
- dem alphabetischen Namensverzeichnis, das zum Auffinden der Grundstücke eines Eigentümers dient.

Das automatische Liegenschaftsbuch (ALB) oder das (AGLB) wird elektronisch geführt.
Siehe / Siehe auch: Grundstücks- und Bodeninformationssystem

Katasterkarten (Flurkarten)

Katasterkarten enthalten die zeichnerischen Darstellungen der Flure und Flurstücke mit Grenzverläufen und Grenzsteinen in einer Gemarkung. Die Katasterkarten werden heute überwiegende elektronisch geführt (ALK = Automatisierte Liegenschaftskarte, bzw. DFK = digitalisierte Flurkarte). Der Vorteil: Sie sind maßstabsunabhängig und blattschnittfrei. Katasterkarten stellen die Ausgangsbasis für verschiedene Verwendungszwecke dar. (Lageplane, Leitungspläne, Bebauungspläne,

Flächennutzungspläne, Erfassung von Altlasten und Altlastenverdachtsflächen usw.)

Kaufmann/Kauffrau in der Grundstücks- und Wohnungswirtschaft (IHK)
Siehe / Siehe auch: Aus- und Weiterbildung, Immobilienfachwirt, Fachkaufmann für die Verwaltung von Wohnungseigentum, Studiengänge (immobilienwirtschaftliche), Immobilienkaufmann / Immobilienkauffrau

Kaufnebenkosten
Siehe / Siehe auch: Grunderwerbsnebenkosten

Kaufvertrag
Siehe / Siehe auch: Grundstückskaufvertrag

Kaution
Siehe / Siehe auch: Mietkaution

Kaution per Wertpapier
Ist in einem Mietvertrag die Form der fälligen Kaution nicht eindeutig geregelt – unter Umständen nur die Höhe – so kann der Mieter diese auch per Hinterlegung von Wertpapieren leisten. Das Landgericht Berlin (Az. 64 S 454/96) bejahte diese Möglichkeit, machte aber die Einschränkung, dass es sich hierbei um mündelsichere Wertpapiere (z.B. Pfandbriefe) handeln müsse.

KB
Abkürzung für: Kachelbad

KDB
Abkürzung für: Küche, Diele, Bad

Kehr- und Überprüfungsverordnung
Die auf Landesebene erlassenen Kehr- und Überprüfungsverordnungen (KÜVO) regeln, welche Anlagen vom Bezirksschornsteinfeger regelmäßig zu überprüfen sind und in welchen Intervallen dies zu erfolgen hat. Meist ist eine Überprüfung einmal jährlich vorgesehen; es gibt jedoch auch Anlagen, die zwei Mal im Jahr zu überprüfen sind. In gewissen Fällen ist auch eine mit der Prüfung einhergehende Reinigung z.B. des Schornsteines oder Abgasrohres vorgesehen. Teilweise wird dies von der Erforderlichkeit der Reinigung abhängig gemacht (z.B. Kehr- und Überprüfungsverordnung Mecklenburg-Vorpommern vom 14.12.1999). Im Rahmen der Abgaswegüberprüfung ist in der Regel eine Kohlenmonoxidmessung vorgeschrieben.
Siehe / Siehe auch: Bezirksschornsteinfegermeister, Schornsteinfegergesetz

Kehrwoche
Bei der Kehrwoche soll es sich Gerüchten zufolge um eine Erfindung aus Schwaben handeln. Der Begriff bezeichnet die Pflicht des Mieters, bestimmte Bereiche von Treppenhaus bzw. Flur des Gebäudes zu säubern. Dies wird in manchen Mietverträgen geregelt. Die Reinigungspflichten werden meist zwischen mehreren sich abwechselnden Mietern aufgeteilt. Auch das Schneeräumen oder Kehren auf dem Gehweg vorm Haus bzw. der Zufahrt können vertraglich dem Mieter auferlegt werden.
In Mehrfamilienhäusern regelt die Hausordnung oft genauer, wie und wann die entsprechenden Tätigkeiten durchzuführen sind. Wenn die Kehrwoche immer wieder und auch nach Aufforderung und Fristsetzung ignoriert wird, kann ein wichtiger Grund zur fristlosen Kündigung vorliegen.
In vielen Hausordnungen wird zwischen kleiner und großer Kehrwoche unterschieden. Mit der kleinen Kehrwoche wechseln sich bei größeren Häusern wöchentlich die Mieter einer Etage ab. Geputzt werden meist der Treppenabsatz vor der Wohnungseingangstür, die Treppe abwärts bis zum Absatz des darunter liegenden Stockwerks sowie das Treppengeländer und das Treppenhausfenster mit Fenstersims.
Erdgeschossmieter müssen die Fläche vor ihrer Wohnungstür bis zur Haustür, die Haustür selbst, das Podest davor und z.T. die Briefkästen auf Hochglanz bringen. Die große Kehrwoche betrifft die einzelnen Mietparteien seltener, da sie alle Parteien des Hauses einbezieht. Gereinigt werden dabei Kellertreppe, Kellergänge, Kellerfenster, Treppengeländer sowie Gemeinschaftsräume (z.B. Waschküche und Trockenraum). In den entsprechenden Gegenden Deutschlands finden sich bereits spezialisierte Reinigungsdienste, die Mietern die kleine und große Kehrwoche abnehmen.
Siehe / Siehe auch: Beendigung eines Mietverhältnisses, Hausordnung

Kennzahlen
Unter Kennzahl versteht man im Controlling in Zahlen verdichtete Informationsgrößen. Sie sind das Ergebnis einer Reihe von miteinander kom-

binierten Informationen und eine Entscheidungsgrundlage für die Bestimmung von Unternehmenszielen, für die Steuerung von Leistungsprozessen und deren Kontrolle. Grundsätzlich wird zwischen absoluten und relativen Kennzahlen unterschieden. Absolute Kennzahlen sind etwa Umsatzzahlen, deren Entwicklung betrachtet wird. Relative Kennzahlen setzen mindestens zwei Größen miteinander in Beziehung, z.b. die Erfolgsquote im Maklergeschäft.

Durch Aufbau von Kennzahlensystemen können komplexe Zusammenhänge leichter erfasst werden. So kann beispielsweise ermittelt werden, ob der Umsatzrückgang auf Marktursachen oder Ursachen im Unternehmen selbst zurückzuführen ist. Auch Werbeaktivitäten (Ermittlung von Reaktionsgruppen auf Anzeigenwerbung) lassen sich in Kennzahlen fassen.

Kennzahlen spielen darüber hinaus eine große Rolle im Benchmarking. Benchmarks werden in der Regel in Kennzahlen ausgedrückt. So handelt es sich z.b. bei der „Geislinger Konvention" um ein Benchmarkprojekt, bei dem die einzelnen Betriebkosten der Wohngebäude der daran beteiligten Unternehmen miteinander verglichen werden. Dies deckt betriebliche Schwachstellen auf, so dass gezielt für Abhilfe gesorgt werden kann.

Ein weiterer wichtiger Bereich, in denen Kennzahlen ermittelt werden, ist die Bewirtschaftung von Immobilien. Durch Kennzahlen, vor allem im Bereich der Betriebskosten, lassen sich ihre Schwachstellen ausmachen.

Die Ermittlung von Branchenkennzahlen in der Immobilienwirtschaft steckt noch in den Anfängen. Eine der Ausnahmen bildet in diesem Zusammenhang der RDM Betriebsvergleich, der seit 2005 als „IVD-Betriebsvergleich" fortgesetzt wird.

Siehe / Siehe auch: Betriebsvergleich, Reaktionsgruppen / Controlling der Werbeaktivitäten, Geislinger Konvention

keq-Wert

Abkürzung für: Kennziffer für die Energiebilanz; Dämmeigenschaften, auch durch passive Sonnennutzung, werden berücksichtigt.

Kerndämmung

Die Kerndämmung ist eine innerhalb eines zweischaligen Mauerwerks eingebrachte Dämmschicht. Diese befindet sich zwischen der tragenden Wand und der so genannten Vorsatzschale aus Klinkerbausteinen als Wetterschutz.In älteren Gebäuden wurde das Mauerwerk oft zweischalig ohne Wärmedämmung ausgeführt. Zwischen Innen- und Außenwand wurden mehrere Zentimeter freigelassen. Dieser Zwischenraum kann zur Dämmung durch in die Außenmauer gebohrte Löcher nachträglich mit Dämmstoff aufgefüllt werden.

Siehe / Siehe auch: Zweischaliges Mauerwerk

Kernprodukt

Letztlich können in Anlehnung an Jung (Jung, H. 1999, Allgemeine Betriebswirtschaftslehre) drei Bestandteile einer Immobilie differenziert werden: das Kernprodukt, das formale Produkt und das erweiterte Produkt:

- Kernvorteil eines Produktes ist die damit verbundene zentrale Problemlösungsfunktion. Im Falle einer Immobilie ist es das sprichwörtliche Dach über dem Kopf, die Möglichkeit hierin einer Bürotätigkeit nachzugehen, Güter zu produzieren, zu lagern oder Waren zu verkaufen.
- Das formale Produkt geht hier deutlich weiter und umfasst ebenfalls physische Komponenten. Im Bereich Immobilienwirtschaft sind dies der Mikro- und Makrostandort, das Image des Objektes, die Qualität und bestimmte Objekteigenschaften (z.B. große Terrasse, Südausrichtung, etc.). Letztendlich umfasst dann „das erweiterte Produkt die Gesamtheit aller Vorteile, die der Käufer mit dem Erwerb des formalen Produktes erhält oder erfährt" (Jung, H).
- Das erweiterte Produkt umfaßt zusätzlich noch Serviceleistungen wie etwa Verwalterdienstleistung, Vermietungsservice des Maklerunternehmens, Kundenbetreuung oder evtl. ein Relocationservice.

Siehe / Siehe auch: Relocation

KESt

Abkürzung für: Kapitalertragsteuer

KfH

Abkürzung für: Kammer für Handelssachen

KfW

Abkürzung für: Kreditanstalt für Wiederaufbau
Siehe / Siehe auch: Kreditanstalt für Wiederaufbau / KfW-Mittelstandbank

KfZ
Abkürzung für: Kraftfahrzeug

KG
Abkürzung für: Kommanditgesellschaft

KG / kg
Abkürzung für: KellergeschossAbkürzung für: KammergerichtAbkürzung für: Kilogramm

KGaA
Abkürzung für: Kommanditgesellschaft auf Aktien

KGJ
Abkürzung für: Jahrbuch für Entscheidungen des Kammergerichts

KGO
Abkürzung für: Kleingarten- und Pachtlandordnung

KGV
Abkürzung für: Kurs Gewinn Verhältnis

Khaprakäfer
Der Khaprakäfer ist ein aus Indien stammender Getreideschädling, der zuweilen auch Wohnungen befällt. Der Khaprakäfer ist 2-3 mm lang, oval, überwiegend schwarz gefärbt und hat auf dem Rücken hellgraue Querbinden. Seine Larven sind gelbbraun.
Khaprakäfer selbst können bis zu 12 Monate ohne Nahrung auskommen. Sie legen ihre Eier (bis zu 60 pro Käfer) an geeigneten Nahrungsmitteln ab, die dann von den Larven gefressen werden. Im Haushalt können alle Getreideprodukte, z.B. Nudeln, Brot, Mehl, aber auch Malz, Trockenmilch, Nüsse und manche Gewürze von den Käfern befallen werden.
Der Befall einer Wohnung mit Khaprakäfern kann den Mieter zur Mietminderung berechtigen. Das Amtsgericht Aachen (80 C 569/97) gestand einer Mieterin sogar eine Mietminderung von 100% zu, da ihre Wohnung von Vertragsbeginn an durch extremen Käferbefall unbewohnbar war. Zusätzlich wurde ihr auch Schadenersatz zugesprochen: Der Vermieter hatte auf das bekannte Problem nicht hingewiesen und die Wohnung vor der Vermietung mit einem sowohl gesundheitsschädlichen als auch nutzlosen Holzwurm-Mittel behandelt.

Geeignete Maßnahmen gegen den Käfer sind zunächst einmal die Entsorgung aller befallen Lebensmittel, die gründliche Säuberung und anschließende Trocknung aller Schränke und das Säubern von Ritzen mit der Fugendüse des Staubsaugers. Neue Vorräte müssen in geschlossenen Behältern untergebracht werden. Die Säuberungsaktion sollte nach 14 Tagen wiederholt werden.
Bei starkem Befall muss mit für Wohnräume geeigneten Insektiziden aus dem Fachhandel gearbeitet werden, die jedoch nicht in Vorratsschränken oder in der Nähe von Lebensmitteln angewendet werden dürfen.
Siehe / Siehe auch: Ungeziefer

Kibbuz
Beim Kibbuz handelt es sich um eine ursprünglich ländliche israelische Siedlungsform, die sich dadurch auszeichnet, dass die Siedlung selbst und alle Produktionsmittel gemeinschaftliches Eigentum sind. Die Siedlung ist zuständig für die Befriedigung der wirtschaftlichen sozialen und kulturellen Bedürfnisse ihrer Mitglieder. Das Leben im Kibbuz richtet sich nach bestimmten Prinzipien. Hierzu gehören: gemeinschaftliche Produktion und Konsumtion. Es gilt das Prinzip der „Selbstarbeit".
Ein Kibbuz ist ein geschlossener Arbeitsmarkt, die Arbeitskräfte stehen der Gemeinschaft zur Verfügung, jeder leistet nach seinen Fähigkeiten und erhält nach seinen Bedürfnissen einen Lohn (Absage an den leistungsbezogenen Lohn). Der Kibbuz ist ein sich selbst verwaltetes Kollektiv und ist nach demokratischen Ordnungsprinzipien verfasst. Die ca. 270 Kibbuzim mit ca. 130.000 Einwohnern stellen für Israel mittlerweile einen nicht unbedeutenden Wirtschaftsfaktor in den Bereichen Landwirtschaft, Industrie und Handwerk dar. Der erste Kibbuz entstand 1909. Gegenüber dem Kibbuz unterliegen die Mitglieder eines Moschaw weniger Regeln. Es handelt sich um Genossenschaftssiedlungen auf staatlichem Grund, die ihre in Eigenarbeit produzierten Güter gemeinschaftliche vermarkten. Auch der Einkauf erfolgt auf genossenschaftlicher Basis.

Kinder in der Mietwohnung
Kinder dürfen in einer Mietwohnung spielen, solange dies nicht zu einer Störung anderer Hausbewohner führt, die in der Hausordnung festgelegten Ruhezeiten beachtet werden. Normale

Kindergeräusche – etwa Schreien und Weinen eines Kleinkinds oder Geräusche spielender Kinder – sind vom Nachbarn hinzunehmen. Nur wenn die Lärmbelästigung „mutwillige" Form annimmt (z.b. tägliches lang anhaltendes Trampolinspringen auf dem Bett oder dauerndes Hämmern auf den Fußboden) können andere Mieter Unterlassung fordern.

Diese Grundsätze gelten auch für das Verhalten von Kindern außerhalb der Wohnung in der Wohnanlage bzw. bei der Nutzung der Gemeinschaftseinrichtungen. Hier ist auf den Nutzungszweck der jeweiligen Räume abzustellen. Treppenhäuser und Kellerräume dürfen nicht zum Fahrradfahren und Rollschuhlaufen zweckentfremdet werden.

Immer wieder für Streit sorgt die Nutzung von Außenanlagen. Handelt es sich nur um kleine Ziergärten, kann die Nutzung zum Spielen untersagt werden. Auf größeren gemeinschaftlichen Grundstücksflächen dürfen Kinder sich jedoch austoben – auch mit ihren Freunden. Mieter dürfen hier auch Schaukeln und Sandkästen aufbauen (vgl. z.B. Amtsgericht Kerpen, ZMR 2002, 924).

Voraussetzung: Es findet im Rahmen der mietvertragsgemäßen Nutzung statt. Verbietet der Mietvertrag ausdrücklich die Nutzung größerer Grünflächen für Kinderspiele, haben sich die Mieter daran zu halten.

Beschließt der Vermieter, einen Sandkasten aufstellen zu lassen, können Mieter nicht dessen Beseitigung fordern. Auf einem Kinderspielplatz ist Lärm erlaubt. Nachbarn müssen dies hinnehmen (vgl. BGH, WM 93, 277). Wird ein Innenhof oder eine Rasenfläche in einer Wohnanlage gewohnheitsmäßig und mietvertragsgemäß zum Spielen benutzt, können andere Mieter nicht wegen des dabei erzeugten Lärms die Miete mindern. Für Neubauten von Wohnanlagen sehen verschiedene Landesbauordnungen eine Pflicht des Bauherrn vor, für ausreichende Spielmöglichkeiten bzw. Spielplätze für Kinder zu sorgen.

Nach einem Urteil des Bundesgerichtshofes (Az.: VIII ZR 244/02) darf ein Vermieter einen Nachmieter nicht allein deshalb ablehnen, weil dieser ein Kind hat und sich eine Mieterin früher einmal über Kinderlärm beschwert hatte.

Siehe / Siehe auch: Kinderwagen

Kinderwagen

Kinderwagen dürfen vorübergehend im Hausflur abgestellt werden. Dies entschied das Oberlandesgericht Hamm am 3.7.2001 (Az. 15 W 444/00). Nachts muss der Kinderwagen jedoch in einen Abstellraum gebracht werden.

Im konkreten Fall waren im Hausflur nur noch 45 cm Platz zum Vorbeigehen neben den abgestellten Kinderwagen geblieben. Der Fahrstuhl führte nicht bis in den Keller. Das Gericht entschied, dass es für Eltern von Kleinkindern unzumutbar sei, den Kinderwagen nach jeder Benutzung in den Keller zu tragen oder in die Wohnung zu bringen. Bei tagelanger Nichtbenutzung oder über Nacht müssten die Kinderwagen allerdings in einen geeigneten Abstellraum gestellt werden.

Siehe / Siehe auch: Kinder in der Mietwohnung

Kinderzulage

Diese gehörte, neben der allgemein bekannten Eigenheimzulage, zur staatlichen Förderung selbstgenutzten Wohneigentums. Sie wurde mit Stichtag 1. Januar 2006 ersatzlos gestrichen. Dies bedeutet: Wer nach Silvester 2005 einen Bauantrag gestellt oder einen notariellen Kaufvertrag unterschrieben hat, der bekommt kein Geld mehr vom Staat für die eigenen vier Wände. Die Einbuße kann bei einer vierköpfigen Familie alles in allem bis 22.800 Euro betragen. Wichtig: Für alle sogenannten Altfälle gilt Vertrauensschutz. Dies bedeutet: Wurde der Bauantrag vor dem 1.1.2006 gestellt oder wurde der notarielle Kaufvertrag vor diesem Stichtag unterschrieben, besteht Anspruch auf Förderung, sofern die gesetzlichen Vorgaben (vor allem Einhaltung der Einkommensgrenzen) erfüllt waren. Diese Förderung ergibt sich aus acht Jahre lang jährlich bis 1.250 Euro Eigenheimzulage und 800 Euro Kinderzulage je Sprössling.

Siehe / Siehe auch: Eigenheimzulage

Kippfenster, -flügel

Der Kippfensterflügel ist unten am Fensterrahmen angeschlagen. Beim Öffnen eines Kippfenster wird der Fensterflügel von oben horizontal in den Raum gekippt.

Siehe / Siehe auch: Drehfenster, -flügel, Drehkippfenster, -flügel, Fensterflügel

Klage

Mit Klage ist in den meisten Fällen die Klageschrift des Klägers gemeint. Diese muss einen konkreten Antrag enthalten, der auf ein Tun oder Unterlassen des Anspruchsgegners gerichtet ist. Die Klageschrift muss weiterhin eine Begründung für den Antrag und eventuell das Angebot notwendiger Beweismittel enthalten.

Klageerwiderung

Auf eine Klage wird in der Regel mit einer Klageerwiderung reagiert. Dabei geht es darum, alles anzuführen, was den Rechtsstandpunkt des Klägers entkräftet. Beantragt wird, wenn sich der Beklagte im Recht fühlt, die kostenpflichtige Abweisung der Klage. Dazu muss ebenfalls eine mit Beweisangeboten versehene Begründung abgegeben werden. Reagiert der Beklagte nicht fristgerecht, obwohl er sich im Recht fühlt, droht ein Versäumnisurteil. Das Gericht unterliegt der sog. Parteimaxime. Das bedeutet, dass das Gericht nur über die Umstände urteilt, die ihm von beiden Parteien vorgetragen werden. Von sich aus ermittelt das Zivilgericht nicht.

Klarstellungssatzung

Siehe / Siehe auch: Abgrenzungssatzung (Klarstellungssatzung)

Kleinbetragsregelung (Erhaltungsaufwand)

Die Kleinbetragsregelung gilt für Vermieter, die Renovierungs-und Bauarbeiten an ihrem Objekt durchführen lassen. Liegen die Kosten einer einzelnen Baumaßnahme insgesamt nicht höher als 4.000 Euro (Rechnungsbetrag ohne Umsatzsteuer), handelt es sich um „sofort abziehbaren Erhaltungsaufwand", den der Vermieter im selben Jahr steuermindernd als Werbungskosten bei seinen Einkünften aus Vermietung und Verpachtung gegenrechnen kann.
Bis 31.12.2003 lag diese Grenze bei 2.100 Euro. Festgelegt ist diese Kleinbetragsregelung in der Einkommenssteuerrichtlinie 2003 (R 157 Abs.2 Satz 2). Übersteigen die Ausgaben der Renovierungsarbeiten die Grenze für die Kleinbetragsregelung, unterscheidet das Finanzamt nach den gängigen Regeln zwischen Herstellungs- und Erhaltungsaufwand.

Kleingarten / Schrebergarten

Über Kleingärten wird ein Pachtvertrag abgeschlossen. Im Unterschied zum Mietvertrag ist es damit zulässig, Erträge aus dem Pachtobjekt zu ziehen. Der Kleingärtner darf daher Obst und Gemüse anbauen und die Erträge behalten. Spezielle Regelungen für Kleingärten finden sich im Bundeskleingartengesetz (BKleingG). Dieses Gesetz schreibt fest, dass für die Überlassung von Kleingärten die speziellen Vorschriften des Bürgerlichen Gesetzbuches über die Pacht Anwendung finden.
Auch bei der Streitfrage, wo bei Dauernutzung die Nutzung als Kleingarten aufhört und die Nutzung als Wohnung anfängt, sind die Vorschriften des BKleingG entscheidend.
Kleingartenanlagen werden meist von Vereinen geführt. Der Nutzer muss daher zunächst in den Verein eintreten, einen Mitgliedsbeitrag entrichten und sich an die Vereinssatzung halten. Diese kann z.B. Vorschriften über die Nutzung von Gartenlauben, Ruhezeiten etc. enthalten.
Siehe / Siehe auch: Dauerkleingarten, Kleingartenpacht, Beendigung, Kleingarten, Pachtbetrag

Kleingarten, Pachtbetrag

Die Pacht richtet sich nach der Größe des Kleingartens. Sie wird als Festbetrag pro Quadratmeter und Jahr berechnet.
Nach dem Bundeskleingartengesetz ist die maximale Höhe der Pacht begrenzt. Sie darf höchstens das Vierfache der ortsüblichen Pacht im Obst- und Gemüseanbau betragen. Was ortsüblich ist, erfährt man beim Kleingartenverband des Ortes oder beim Gutachterausschuss der Gemeinde für die Ermittlung von Grundstückswerten.
Der Verpächter kann die Pacht auch anteilsmäßig auf Gemeinschaftseinrichtungen beziehen und z.B. zusätzliche Anteile für die Nutzungsmöglichkeit (nicht: tatsächliche Nutzung) von Toiletten, Parkplätzen und Wegen verlangen. Auch dies hat sich anteilsmäßig nach der Größe des Kleingartens zu richten.
Liegt der Pachtbetrag über der oben erwähnten Grenze, muss der Pächter nur den gesetzlichen Höchstbetrag bezahlen. Zu viel gezahlte Beträge können nachträglich als ungerechtfertigte Bereicherung zurückverlangt werden.
Entspricht die Pacht nicht der örtlichen Höchstpacht, kann der Verpächter sie bis zu dieser Grenze erhöhen. Die Anpassung muss dem Pächter in Textform mitgeteilt werden. Allerdings kann eine Anpassung nur stattfinden, wenn seit Vertragsabschluss oder seit der letzten Anpassung mindestens drei Jahre vergangen sind.
Wird die Pacht angepasst, hat der Pächter ein Sonderkündigungsrecht. Dieses muss bis zum 15. Werktag des Zahlungszeitraumes ausgeübt werden, ab dem die Erhöhung gelten soll.

Sinkt die ortsübliche Pacht im gewerbsmäßigen Obst- und Gemüseanbau, sinkt auch die Höchstgrenze der Kleingartenpacht. Zahlt der Pächter den Höchstbetrag, kann er eine entsprechende Korrektur nach unten verlangen.

Siehe / Siehe auch: Dauerkleingarten, Kleingarten / Schrebergarten, Kleingartenpacht, Beendigung

Kleingartenpacht, Beendigung

Die Kleingartenpacht kann auf folgende Arten enden:
- Vertragsablauf
- Aufhebungsvertrag
- Tod des Pächters
- Kündigung
- öffentliche Enteignung, Flurbereinigung, städtebauliche Umlegung.

Todesfall

Stirbt der Kleingärtner, endet der Kleingartenpachtvertrag nach dem Bundeskleingartengesetz mit dem Ablauf des Kalendermonats, der auf den Tod des Kleingärtners folgt. Haben Eheleute oder Lebenspartner den Vertrag gemeinschaftlich abgeschlossen, wird er beim Tode eines Ehegatten oder Lebenspartners mit dem überlebenden Partner fortgesetzt. Dieser kann jedoch durch eine Erklärung in Textform gegenüber dem Verpächter erklären, den Vertrag nicht fortsetzen zu wollen, was zum Ende des Vertrages entsprechend der genannten Todesfallregelung führt. Für die Kündigung gilt:
- Beide Seiten können kündigen.
- Auch Verträge mit ursprünglich vereinbarter längerer Laufzeit können vorzeitig beendet werden.
- Gekündigt werden muss schriftlich.
- Zu unterscheiden sind ordentliche und außerordentliche / fristlose Kündigung.

Kündigung durch Verpächter

Voraussetzungen der ordentlichen Kündigung:
- Pflichtverletzung des Pächters (z.B. Garten wird zweckentfremdet, unerlaubte Unterverpachtung, Garten völlig verwahrlost, ständige Pachtrückstände)
- Vorherige schriftliche Abmahnung, die der Pächter nicht beachtet.

Oder:
- Sanierung der Kleingartenanlage, z.B. durch Veränderung der Parzellengröße oder
- Eigenbedarf des Eigentümers oder
- Fläche soll anders genutzt werden

Unzulässig ist die Kündigung wegen Eigenbedarfs oder zur anderen wirtschaftlichen Verwertung bei einer Verpachtung auf bestimmte Zeit. Frist: Immer nur zum 30.11. jeden Jahres. Für einzelne Kündigungsgründe gelten unterschiedlich lange Fristen. Beispiel:
- Kündigung wegen unzulässiger Nutzung zum Wohnen: Kündigung spätestens am dritten Werktag des August zum 30.11.
- Kündigung wegen Neuordnung der Kleingartenanlage: spätestens am 3. Werktag des Februar zum 30.11.

Außerordentliche Kündigung

Nur wenn der Kleingärtner besonders schwere Pflichtverletzungen begangen hat und die Fortsetzung des Vertrages für den Verpächter dadurch unzumutbar wird. Liegt vor bei:
- Verzug mit der Zahlung der Pacht für mindestens ein Vierteljahr, wenn innerhalb von zwei Monaten nach schriftlicher Mahnung keine Zahlung erfolgt ist.
- Kleingärtner oder seine Gäste begehen andere schwere Pflichtverletzungen (Lärmbelästigung, Streit, Beleidigungen, schwere Verstöße gegen Satzung oder Gartenordnung etc.) und stören dadurch den Frieden der Anlage.
- Frist: Die außerordentliche Kündigung ist fristlos möglich.

Kündigung durch den Kleingärtner

Voraussetzungen und Fristen richten sich nach dem Pachtvertrag. Wenn darin keine Fristen festgelegt werden, gilt § 584 BGB. Danach besteht grundsätzlich eine Kündigungsfrist von einem halben Jahr. Es darf nur zum Ende des Pachtjahres gekündigt werden und spätestens am dritten Werktag des halben Jahres, mit dessen Ablauf der Pachtvertrag beendet sein soll.

Bei ordentlicher Kündigung eines Kleingartenpachtvertrages nach § 9 Abs. 1 Nr. 2 bis 6 Bundeskleingartengesetz kann der Pächter eine angemessene Entschädigung für die von ihm eingebrachten oder gegen Bezahlung übernommenen Anpflanzungen und Anlagen verlangen. Diese müssen jedoch für Kleingartenanlagen üblich sein. Der Verpächter muss diese Entschädigung bei einer Kündigung nach § 9 Abs. 1 Nr. 2 bis 4 bezahlen (Kündigungsgründe Neuordnung

der Kleingärten, Eigenbedarf, beabsichtigte andere wirtschaftliche Verwertung).
Liegt eine Kündigung nach § 9 Abs. 1 Nr. 5 oder 6 BKleingG vor (im Bebauungsplan festgesetzte andere Nutzung, Zuführung zu anderer Nutzung nach Planfeststellungsverfahren, Zweckbestimmungen des Landbeschaffungsgesetzes) ist derjenige entschädigungspflichtig, der die als Kleingarten genutzte Fläche in Anspruch nimmt. Fällig ist der Entschädigungsanspruch, wenn der Pachtvertrag beendet und der Kleingarten geräumt ist.
Siehe / Siehe auch: Dauerkleingarten, Kleingarten / Schrebergarten, Kleingarten, Pachtbetrag

Kleinreparaturen (Wohnungsmietvertrag)

In der Regel wird der Mieter im Mietvertrag dazu verpflichtet, geringfügige Schäden auf eigene Kosten zu beheben, die in der Mietwohnung entstehen (Schalter, Steckdosen, Wasserhähne, Ventile, Brauseköpfe, Spülkästen, Fensterriegel, Türgriffe, Schlösser).
Die Behebung eines Bagatellschadens darf den Mieter nach einem Urteil des Bundesgerichtshofs (Az. VIII ZR 129/91) nicht mehr als 75 Euro im Einzelfall und 150-200 Euro oder 8%-10% der Miete pro Jahr kosten. Auch 100 Euro pro Einzelfall wurden teilweise von Gerichten akzeptiert (z.B. Amtsgericht Braunschweig, Urt. v. 29.3.2005, Az. 116 C 196/05 GE).
In der Vertragsklausel muss außerdem der Höchstbetrag für Reparaturen genannt werden, bis zu dem der Mieter die Kosten innerhalb eines Jahres zu tragen hat. Bei den zu reparierenden Gegenständen muss es sich um Einrichtungen handeln, die der Mieter häufig benutzt und auf die er direkten Zugriff hat, die sich insofern also besonders leicht abnutzen. Reparaturen an zerbrochenen Glasscheiben, nicht zugänglichen Bauteilen oder gar Elektroleitungen in der Wand fallen nicht unter die Kleinreparaturenklausel.
Die 75 Euro sind dabei nicht als Selbstbeteiligung zu verstehen. Bei Rechnungsbeträgen über diesem Betrag handelt es sich nicht mehr um eine Kleinreparatur. Der Vermieter muss dann den Gesamtbetrag begleichen (so das Oberlandesgericht Düsseldorf, Az. 24 U 183/01).

Kleinsiedlungsgebiet
Siehe / Siehe auch: Wohngebiete (nach BauNVO)

Kleinunternehmer
Für die Umsatzsteuer als Kleinunternehmer gilt derjenige, dessen Umsatz im Vorjahr unter 17.500 Euro lag. Im laufenden Jahr darf der Umsatz voraussichtlich nicht höher als 50.000 Euro sein. Wer als Kleinunternehmer gilt, kann umsatzsteuerpflichtige Lieferungen und Leistungen vornehmen und braucht keine Umsatzsteuer an das Finanzamt abzuführen Er darf allerdings keine Umsatzsteuer ausweisen und hat auch keine Berechtigung zum Vorsteuerabzug.

Klöntür
Die Klöntür lässt sich in einen oberen und einen unteren Flügel teilen. Früher lehnten die Hausbewohner an dem geschlossenen, unteren Teil der Tür und plauderten (plattdeutsch: klönen) über das geöffnete, obere Element mit Passanten.
Siehe / Siehe auch: Türen

KM
Abkürzung für: Kaltmiete
Siehe / Siehe auch: Nettokaltmiete

km/h
Abkürzung für: Stundenkilometer

KMK
Abkürzung für: Kultusministerkonferenz

KO
Abkürzung für: Konkursordnung

Kombibüro
Das Kombibüro ist ein Bürotyp, bei dem Elemente von Großraumbüros und von Zellenbüros miteinander kombiniert werden. In der Regel bestehen sie aus einem zentral angeordneten Kommunikations- und Technikbereich und davon abgeteilten Einzelbüros („Denkerzellen"). Letztere werden zum Teil nach dem Prinzip des Desksharing genutzt.
Siehe / Siehe auch: Denkerzelle, Desksharing, Großraumbüro, Gruppenbüro, Zellenbüro

Kombinierter Wettbewerb
Wettbewerb, bei dem Planungs- und Bauleistungen zugleich ausgeschrieben werden. Ziel ist es, eine frühzeitige Kooperation von Planern und ausführenden Unternehmen zu erreichen und dadurch unnötige Kosten zu vermeiden.

Siehe / Siehe auch: Architektenwettbewerb, Investorenwettbewerb

Komf.
Abkürzung für: Komfort

Komm.
Abkürzung für: Kommentar

Kommunikationspolitik
Zu den klassischen Instrumenten der Kommunikationspolitik zählen Werbung und Öffentlichkeitsarbeit. Objektwerbung ist Werbung für das Objekt zur Erzielung des beabsichtigten Verkaufs- oder Vermietungserfolges und gehört damit zum derivaten Marketing. Bezogen auf den Auftraggeber steht die Festlegung eines Objektwerbeplanes im Vordergrund. Dabei sind sorgfältig die Werbeträger auszuwählen, der Inhalt der Werbeaussage zielgruppengerecht festzulegen und ein bestimmter Werbeetat einzuräumen.
Siehe / Siehe auch: Marketing

Kompostierung / Biomüll
Eigentümer von Eigenheimen mit Garten kompostieren oft ihren Biomüll zwecks späterer Verwendung als Dünger. Auch eine konsequente Mülltrennung mit Kompostierung aller biologischen Komponenten befreit jedoch nicht von der Pflicht zur Unterhaltung einer Restmülltonne und zur Bezahlung der entsprechenden Abfallgebühren. Die Gerichte argumentieren damit, dass auch bei größtmöglicher Sorgfalt Restabfälle nicht zu vermeiden sind (VG Koblenz, 30.8.2004, Az. 7 K 543/04).

Koni.
Abkürzung für: Kochnische

Konkurrenzschutz
Die Pflicht des Vermieters zur Gewährung des ungestörten vertragsgemäßen Gebrauchs von Flächen und Räumen zum Betrieb eines gewerblichen oder freiberuflichen Betriebes umfasst auch die Verpflichtung, Konkurrenz in anderen Räumen des Mietgrundstücks oder auf unmittelbaren Nachbargrundstücken – soweit sie dem Vermieter gehören – fernzuhalten.
Dieser vertragsimmanente Konkurrenzschutz erstreckt sich jedoch nicht auf jegliche vom Mieter im Rahmen seines Gewerbes angebotene Artikel oder Leistungen, sondern nur auf den Kern des Sortiments (Hauptartikel) oder der Leistungen. Wettbewerb an der Peripherie des Leistungsspektrums ist dem Mieter zuzumuten, sofern nicht die Parteien ausdrücklich die Ausweitung des Konkurrenzschutzes auf Nebenartikel vereinbart haben.
Bei Ladenlokalen ist, speziell wenn sie in Gewerbekomplexen angesiedelt sind, auf den Konkurrenzschutz zu achten. Dort, wo ein solcher Konkurrenzschutz besteht oder vertraglich eingeräumt wird, werden zunächst einmal die Ertragschancen des Mieters deutlich erhöht. Gleichzeitig – dies gilt speziell für Shopping-Center – besteht die Gefahr, dass angesichts des Konkurrenzschutzes unter den Mietern eines größeren Komplexes kein Wettbewerb mehr besteht, was zu höheren Preisen der angebotenen Waren, schlechtem Kundenservice und daraufhin auch zu einem sinkenden Publikumsinteresse führt. Außerdem erschwert es die Suche weiterer Mieter im Konkurrenzschutz-Bereich. Besteht allerdings kein Konkurrenzschutz, so ist die Gefahr eines überzogenen Wettbewerbs innerhalb des gleichen Gewerbeobjekts gegeben. Dies ist gerade dann, wenn Umsatzmieten vereinbart wurden, aus Vermietersicht ebenfalls problematisch, aber darüber hinaus auch wegen des Risikos eines Leerstandes. Insofern wird es sich vielfach anbieten, dieses Thema genau zu analysieren und u.U. einen Mittelweg zu gehen.
Siehe / Siehe auch: Konkurrenzverbot

Konkurrenzverbot
Die Vereinbarung von Konkurrenzverboten in der Teilungserklärung ist als Nutzungsbeschränkung möglich, soweit sie sachlich gerechtfertigt sind. Da jedoch die Wirksamkeitsgrenzen schwierig zu bestimmen sind, empfiehlt sich die Eintragung einer Unterlassungsdienstbarkeit als der sichere Weg.
Siehe / Siehe auch: Konkurrenzschutz

Konkurs
Siehe / Siehe auch: Insolvenz

Konsensprinzip
Siehe / Siehe auch: Antrag und Bewilligung (Grundbuch)

Konsortium
Konsortien sind Gelegenheitsgesellschaften, üblicherweise in der Rechtsform einer Gesellschaft

bürgerlichen Rechts. Es handelt sich um Unternehmensverbindungen auf vertraglicher Basis, die eingegangen werden, um bestimmte, vorab definierte Aufgaben zu lösen, nach deren Erfüllung sie wieder aufgelöst werden. Die Mitglieder des Konsortiums werden als Konsorten bezeichnet.
Sofern das Konsortium auch als Außengesellschaft in Erscheinung tritt, wird es gegenüber Dritten durch den von den Konsorten bestellten Konsortialführer vertreten, der zugleich auch das Konsortialkonto führt und die Verteilung des Konsortialergebnisses entsprechend dem Konsortialvertrag übernimmt.
Siehe / Siehe auch: Arbeitsgemeinschaft, Gelegenheitsgesellschaft

Konstruktionsgrundfläche (KGF)
Siehe / Siehe auch: Grundfläche nach DIN 277/1973/87

Konsumstandorte
Konsumstandorte sind Standorte, deren dauerhafter Zweck in der Befriedigung der konsumtiven Bedürfnisse der Standortnutzer besteht. Die konsumtiven Bedürfnisse der Standortnutzer (Essen, Trinken, Schlafen, Körperpflege, Lesen, Musikhören, Unterhaltung, Spielen, Ruhen usw.) bestimmen die typische Struktur der Konsumstandorte. Es handelt sich dabei um alle selbstgenutzten und gemieteten Wohnungen, Wochenendhäuser, Feriendomizile und dergleichen.
Die Standortwahl durch den Nutzer beruht auf der subjektiven Einschätzung des Konsumnutzens, den der Standort bietet. Während der Beitrag des Produktionsstandorts zum Produkt eine berechenbare Größe darstellt, ist der Konsumnutzen des Wohnens kalkulatorisch nicht erfassbar. Allerdings objektiviert er sich in dem Preis, bzw. der Miete, die der Wohnungskonsument zu zahlen bereit ist.
Siehe / Siehe auch: Produktionsstandorte, Lage

Kooperationsvertrag (Wohnraumsförderung)
Das Wohnraumförderungsgesetz sieht als eines der Förderinstrumente den so genannten Kooperationsvertrag vor. Wer über Wohnraum verfügt kann mit der für ihn zuständigen Gemeinde einen Vertrag schließen, nach dem er seinen Wohnraum einer Belegungs- und Preisbindung zugunsten eines Personenkreises unterwirft, der förderberechtigt im Sinne des Wohnraumförderungsgesetzes ist. Die Gemeinde gewährt in der Regel als Gegenleistung ein zinsloses oder zinsverbilligtes Darlehen oder einen Zuschuss etwa für die Durchführung von Modernisierungsmaßnahmen.
Im Rahmen von Kooperationsverträgen können aber auch andere Ziele verfolgt werden, etwa Verbesserung der Wohnumfeldes, Gewährleistung einer guten Mischung der Mieterstruktur, Überlassung von Räumen für Sozial- und Jugendarbeit. Leistung und Gegenleistung eines Kooperationsvertrages müssen angemessen und inhaltlich genau bestimmt sein.

Kopplungsgeschäft
Von Kopplungsgeschäft spricht man, wenn in einem Vertrag eine dem Inhalt des Vertrages artfremde Zusatzleistung vom Vertragspartner gefordert wird. Solche „angekoppelten" Vertragsleistungen sind nach den Vorschriften über Allgemeine Geschäftsbedingungen unwirksam, weil es sich um „Überraschungsklauseln" handelt. Die Wettbewerbsregeln des IVD enthalten Kopplungsverbote., ebenso das Wohnungsvermittlungsgesetz. Ein Makler kann einen Wohnungssuchenden in einem Vertrag, der die Provisionszahlung zum Inhalt hat, nicht gleichzeitig verpflichten, über ihn eine Hausratversicherung abzuschließen oder mit dem Umzug einen dem Makler bekannten Spediteur zu beauftragen. Unter das Kopplungsverbot fällt auch die im Zusammenhang mit einem Grundstückskauf verbundene Architektenbindung.
Siehe / Siehe auch: Architektenbindung

Korrelation
Die Korrelation misst die Beziehung, die die Wertentwicklungen zweier verschiedener Investitionen untereinander haben. Es ist somit eine Gradzahl, mit der sich zwei oder mehr unabhängige Anlagen in die gleiche Richtung in Reaktion auf ein vorgebenes Ereignis hinbewegen.
Wenn die Preise zweier Anlagen sich ständig in dieselbe Richtung mit gleichem Aufschlag bewegen, sind sie perfekt korreliert. Der Korrelations-Koeffizient (Messzahl) bewegt sich zwischen plus 1,0 für Investitionen, deren Wertentwicklung absolut gleich verläuft, und minus 1,0 für Investitionen, deren Wertentwicklung absolut gegensätzlich verläuft. Investitionen mit einer Korrelation von 0 haben keinerlei Übereinstimmung.
Wichtig ist die Korrelation im Hinblick auf das Vermögensportfolio. Portefeuilles, die Anlagen

mit geringer Korrelation kombinieren, bieten eine bessere Risikostreuung und ein vermindertes Risiko, ohne dabei den potentiellen Gesamtertrag des Portefeuilles zu verringern.
Siehe / Siehe auch: Portefeuille/Portfolio

Kostenanschlag (Baukosten)

Der Kostenanschlag fließt als Grundleistung des Architekten i.S.d. HOAI in das Architektenhonorar ein. Im Gegensatz dazu gilt allgemein, dass die Kostenanschläge von Handwerkern nur dann zu vergüten sind, wenn dies individuell vereinbart ist (§ 632 BGB). Nach der DIN 276 sind Grundlagen für einen Kostenanschlag die endgültigen Ausführungs- und Konstruktionszeichnungen des durchzuführenden Bauwerks, bautechnische Berechnungen (Standsicherheit, Wärmeschutz usw.) Mengenberechnungen und Baubeschreibungen. Bei der Erfassung der Kosten für den Kostenanschlag sind auch die bereits entstandenen Kosten zu berücksichtigen.
Kostenanschläge haben einen hohen Verbindlichkeitsgrad. Werden sie garantiert oder wird eine vereinbarte Baukostenobergrenze nicht eingehalten, ist eine Überschreitung nicht zulässig. Bei nicht garantierten Kostenanschlägen kann eine Überschreitung um 10% zu einem Haftungsfall werden. Allerdings gibt es keine für alle Fälle gültigen Toleranzgrenzen. Sie hängen stark vom Einzelfall ab. Voraussetzung ist ein Verschulden des Architekten. Steht die Überschreitung in einem Zusammenhang mit einer besseren Bauausführung als der zunächst geplanten, ist davon auszugehen, dass dem Bauherrn kein Schaden entstanden ist. Der rechtliche Begriff des Kostenanschlages entspricht dem gängigen Begriff des Kostenvoranschlages.

Kostenberechnung (Baukosten)

Die Kostenberechnung gehört zu den Grundleistungen eines Architekten. Während die Kostenschätzung auf einer Vorplanung beruht, setzt die Kostenberechnung bereits durchgearbeitete Planunterlagen (Entwurfszeichnungen) und teilweise auch Detailpläne voraus. Zusätzlich sind die aus Zeichnungen nicht zu entnehmenden Details zu erläutern, die in die Kostenberechnung einfließen. Die Kostenberechnung ist die letzte rationale Entscheidungsgrundlage darüber, ob das geplante Bauvorhaben durchgeführt werden soll oder nicht.

Kostenelementeklausel

Soll eine wiederkehrende Leistung (z.B. die monatliche Bezahlung der Vergütung für einen Hausverwalter) veränderten Kalkulationsgrundlagen des Betriebes angepasst werden, die durch steigende Gehälter entstehen, kann dem durch eine Kostenelementeklausel Rechnung getragen werden. Beispiel: Der Verwalter kann jeweils eine Anpassung der Hausverwaltervergütung um 2/3 des jeweiligen Erhöhungsprozentsatzes des Tarifgrundgehalts für kaufmännische Angestellte der Gehaltsgruppe K 3 verlangen. Bezieht sich ein Unternehmen bei einer Kostenelementeklausel auf Tarifgehälter oder Tariflöhne, die zwischen Arbeitgebern und Arbeitnehmern ausgehandelt werden, muss klar sein, dass die Angestellten nach dem Anstellungsvertrag auch der Tarifvertragsregelung unterliegen.

Kostenermittlung

Siehe / Siehe auch: Gesamtkosten (eines Bauwerks)

Kostenfeststellung (Baukosten)

Mit Hilfe der Kostenfeststellung wird der Nachweis der tatsächlich entstandenen Kosten erbracht. Es handelt sich um eine der Grundleistungen des Architekten. Grundlage sind die bereits auf sachliche und rechnerische Richtigkeit geprüften Abrechnungsbelege (insbesondere Schlussrechnungen) in Verbindung mit Abrechnungszeichnungen. Die Kostenfeststellung ist ein Instrument der Kostenkontrolle (Soll-Istvergleich zwischen Kostenanschlag und tatsächlich entstandenen Kosten).

Kostenmiete

Kostenmiete ist die Höchstmiete für preisgebundenen Wohnraum, der mit öffentlichen Mitteln auf der Grundlage des II. Wohnungsbaugesetzes gefördert wurden. Sie setzt sich aus den Kapital- und Bewirtschaftungskosten der Wohnanlage zusammen.
Zu den Kapitalkosten zählt auch eine Eigenkapitalverzinsung von 4%, bezogen auf 15% der Gesamtkosten, und 6% für den darüber hinausgehenden Anteil am Eigenkapital. Zu den Bewirtschaftungskosten zählen die Abschreibung, die Verwaltungs- und Instandhaltungskosten sowie das Miet- und Betriebskostenausfallwagnis. Hinzu kommen die Betriebskosten die neben der Miete auf die Mieter umgelegt werden. Darüber hinaus

kann der Vermieter auch Zuschläge zur Einzelmiete verlangen.
Die Ermittlung dieser Aufwendungen war Gegenstand einer Wirtschaftlichkeitsrechnung, mit der anschließend die Durchschnittsmiete ermittelt wurde. Je nach Ausstattung und Lage der einzelnen Wohnungen konnte die Einzelmiete von diesem Durchschnittswert abweichen.
Falls die Bewilligungsmiete unter der Kostenmiete lag, musste das Wohnungsunternehmen Aufwandsverzichte hinnehmen, wenn es das Bauvorhaben dennoch durchführen wollte. Meist wurde in solchen Fällen ganz oder teilweise auf die Eigenkapitalverzinsung verzichtet.
Beim neuen Förderungsrecht, nach dem Wohnraumförderungsgesetz, das am 1. Januar 2002 in Kraft trat, ist für die Wohnraumförderung nicht mehr die Kostenmiete maßgebend, sondern eine Miete, die zwischen der Förderungsstelle und dem Vermieter vereinbart wird. Sie liegt stets unterhalb der ortsüblichen Vergleichsmiete, die als Orientierungsgrundlage dient.
Siehe / Siehe auch: Bewirtschaftungskosten, Öffentliche Mittel, Wohnraumförderungsgesetz

Kostenschätzung (Baukosten)

Die Kostenschätzung gehört zu den Grundleistungen eines Architekten. Sie dient der überschlägigen Ermittlung der Gesamtkosten eines Bauvorhabens. Grundlage der Kostenschätzung ist eine Vorplanung und eine Feststellung der Inhalte oder Flächen, die eine Berechnung mit Hilfe von Pauschalsätzen ermöglicht.

Kostenverteilung

An den Lasten des gemeinschaftlichen Eigentums und an den Kosten der Instandhaltung, der Instandsetzung, der sonstigen Verwaltung und des gemeinschaftlichen Gebrauchs des gemeinschaftlichen Eigentums müssen sich alle Wohnungseigentümer beteiligen. Die Verteilung untereinander erfolgt nach dem Maßstab der für die einzelnen Wohnungseigentumseinheiten eingetragenen Miteigentumsanteile (§ 16 Abs. 2 WEG).
Die insoweit zu leistenden Zahlungen werden allgemein als Hausgeld bezeichnet. Um Verwechslungen mit dem staatlichen Wohngeld zu vermeiden, sollte dieser Begriff für die von den Wohnungseigentümern zu zahlenden Aufwendungen nicht verwendet werden. Von der gesetzlichen Kostenverteilungsregelung konnte bisher nur durch eine Vereinbarung im Sinne von § 10 Abs. 2 Satz 2 WEG abgewichen werden, sofern nicht andere gesetzliche Bestimmungen, wie beispielsweise die Heizkostenverordnung, eine andere Kostenverteilung vorschrieben. Eine weitere Ausnahme hatte die Rechtsprechung im Übrigen für die im Bereich des Sondereigentums dem einzelnen Eigentümer nach Verbrauch zuordnenden Kosten zugelassen. Dies galt für die verbrauchsabhängig zu ermittelnden Kaltwasserkosten sowie die auf der Wasserkostenabrechnung basierenden Abwassergebühren.
Nach der jetzt geltenden Änderung des Wohnungseigentumsgesetzes können die Wohnungseigentümer für die Betriebskosten des gemeinschaftlichen Eigentums und des Sondereigentums sowie für die Verwaltungskosten, zum Beispiel die Verwaltervergütung, durch einfachen Mehrheitsbeschluss eine abweichende Kostenverteilung nach Maßstäben beschließen, die sich am Verbrauchs- oder Verursacherprinzip orientieren (§ 16 Abs. 3 WEG).
Siehe / Siehe auch: Jahresabrechnung (Wohnungseigentum), Kostenverteilungsschlüssel, Kostenverteilung bei Instandhaltungs-, Instandsetzungs-, Modernisierungsmaßnahmen und baulichen Veränderungen

Kostenverteilung bei Instandhaltungs-, Instandsetzungs-, Modernisierungsmaßnahmen und baulichen Veränderungen

Zur Klarstellung der seit der BGH-Jahrhundertentscheidung noch umstrittenen Frage zur Wirksamkeit eines Mehrheitsbeschlusses über eine von § 16 Abs. 2 WEG abweichende Kostenverteilung bei Beschlüssen über konkrete Instandhaltung- und Instandsetzungsmaßnahmen des gemeinschaftlichen Eigentums lässt die jetzige gesetzliche Regelung ausdrücklich auch für diese Maßnahmen sowie für bauliche Veränderungen und Maßnahmen zur Modernisierung oder Anpassung an den Stand der Technik (§ 22 Abs. 1 Satz 1 und 2 WEG) eine abweichende Kostenverteilung durch mehrheitliche Beschlussfassung zu (§ 16 Abs. Satz 4) zu.
Für diese von der gesetzlichen Regelung abweichende Kostenverteilung bedarf es jedoch einer Mehrheit von drei Viertel aller stimmberechtigten Wohnungseigentümer und der Mehrheit von mehr als der Hälfte der Miteigentumsanteile. Der abweichende Maßstab muss dem Gebrauch oder

der Möglichkeit des Gebrauchs Rechnung tragen. Eine Kostenbefreiung derjenigen Wohnungseigentümer, die einer der Maßnahmen gemäß § 16 4 WEG nicht zugestimmt haben, ist ausdrücklich ausgeschlossen.
Siehe / Siehe auch: Bauliche Veränderung (Wohnungseigentum), Instandhaltung / Instandsetzung (Wohnungseigentum), Kostenverteilung

Kostenverteilungsschlüssel

Jeder Wohnungseigentümer ist den anderen Wohnungseigentümern gegenüber verpflichtet zu den Lasten des gemeinschaftlichen Eigentums sowie zu den Kosten der Instandhaltung, Instandsetzung, sonstigen Verwaltung und eines gemeinschaftlichen Gebrauchs des gemeinschaftlichen Eigentums beizutragen. Welchen Beitrag jeder Wohnungseigentümer zu leisten hat, richtet sich nach dem Kostenverteilungsschlüssel.
Gemäß § 16 Abs. 2 WEG ist der gesetzliche Kostenverteilungsschlüssel die Kostentragung im Verhältnis der Miteigentumsanteile. Da § 16 Abs. 2 WEG keine zwingende Vorschrift ist, kann in der Gemeinschaftsordnung ein Verteilungsschlüssel vereinbart werden, der den Besonderheiten der jeweiligen Wohnungseigentümergemeinschaft Rechnung trägt.

Kostenvoranschlag

Siehe / Siehe auch: Kostenanschlag (Baukosten)

KostO

Abkürzung für: Kostenordnung

KP

Abkürzung für: Kaufpreis

Kreditanstalt für Wiederaufbau / KfW-Mittelstandbank

Die KfW Bankengruppe ist eine Körperschaft öffentlichen Rechts. Zu ihr zählen die KfW Mittelstandsbank, die KfW Förderbank, die KfW IPEX-Bank, die KfW Entwicklungsbank sowie die Deutsche Entwicklungsgesellschaft (DEG). Für Immobilieneigentümer, ob nun Selbstnutzer oder Vermieter, ist vor allem die KfW Förderbank der richtige Ansprechpartner. Denn sie unterstützt mithilfe unterschiedlicher Programme Baumaßnahmen durch konkurrenzlos günstige und befristet tilgungsfreie Darlehen. Einen Überblick über aktuelle Programme und Konditionen erhalten Interessenten im Internet unter www.kfw-foerderbank.de.

Kreditinstitute

Siehe / Siehe auch: Kreditwesen

Kreditrahmen

Die Tabelle zeigt, wie hoch ein Darlehen bei einer 1%igen Tilgung, verschiedenen Zinssätzen und Monatsraten ist. (alle Angaben in Euro gerundet). Angenommen, es kann eine monatliche Rate von 1.600 Euro aufgebracht werden und es wird ein Darlehen zu einem Nominalzins von 7% (bei 1% Tilgung) vereinbart, dann ist eine Darlehenshöhe von 225.000 Euro „realistisch".

Kreditrahmen
bei 1% Tilgung, 100% Auszahlung
Freie Liquidität
pro Monat

▼EUR	6,5%	7,0%	7,5%	8,0%
400	64.000	60.000	56.500	53.000
500	80.000	75.000	70.500	66.500
600	96.000	90.000	84.500	80.000
700	112.000	105.000	99.000	93.000
800	128.000	120.000	113.000	106.000
900	144.000	135.000	127.000	120.000
1.000	160.000	150.000	141.000	133.000
1.100	176.000	165.000	155.000	146.500
1.200	192.000	180.000	169.000	160.000
1.300	208.000	195.000	183.500	173.000
1.400	224.000	210.000	198.000	186.500
1.500	240.000	225.000	212.000	200.000

Kreditwesen

Das Bankensystem ist insbesondere durch seine Fähigkeit zur Geldschöpfung in der Lage, die öffentliche Hand, die Wirtschaft und die Privathaushalte mit Kredit zu versorgen. Das Kreditwesen ist ein hochkomplexer Bereich, der risikolos nur funktioniert, wenn einerseits wirtschaftliche andererseits finanztechnische Regeln beachtet werden. Hierzu gehören auch die kommenden Regeln von Basel II. Für die Überwachung des Kreditwesens ist die Bundesanstalt für Finanzdienstleistungen (BAFin) zuständig.
Siehe / Siehe auch: Bundesanstalt für Finanzdienstleistungsaufsicht (BAFin), Basel II

KreisG / KrsG
Abkürzung für: Kreisgericht

Kriechkeller
Kriechkeller sind Räume, die wegen der niedrigen Decken aufrecht nicht begehbar sind. Sie kommen häufig in Altbauten vor. Kriechkeller können der Verlegung von Leitungen dienen.
Bei der Berechnung des Bruttorauminhalts werden Kriechkeller nicht berücksichtigt. Das gleiche gilt für Hohlräume in Gebäuden oberhalb des Kellergeschosses und für nicht nutzbare Dachflächen.
Siehe / Siehe auch: Bruttorauminhalt

KrW-/AbfG
Abkürzung für: Kreislaufwirtschafts- und Abfallgesetz

KrWG
Abkürzung für: Kreislaufwirtschaftsgesetz

KSchG
Abkürzung für: Kündigungsschutzgesetz

KSt
Abkürzung für: Körperschaftssteuer

KStG
Abkürzung für: Körperschaftsteuergesetz

KStR
Abkürzung für: Körperschaftssteuerrichtlinien

Kt./K
Abkürzung für: Kaution
Siehe / Siehe auch: Mietkaution

Kto.
Abkürzung für: Konto

KUB
Abkürzung für: Kommunal- und Unternehmensberatung

Kü
Abkürzung für: Küche

Kündigung
Durch die Kündigung wird ein vertraglich eingegangenes Dauerschuldverhältnis beendet. Der Zeitpunkt des Vertragsendes richtet sich nach den gesetzlichen bzw. vereinbarten Kündigungsfristen. Man unterscheidet – insbesondere im Mietrecht – die ordentliche bzw. fristgerechte und die außerordentliche bzw. fristlose Kündigung.
Siehe / Siehe auch: Berechtigtes Interesse, Darlehen, Beendigung eines Mietverhältnisses, Fristlose Kündigung des Mietverhältnisses

Kündigung einer Sozialwohnung
Dem Mieter einer Sozialwohnung bzw. von öffentlich geförderten Wohnräumen kann wie jedem anderen Mieter nur gekündigt werden, wenn der Vermieter ein berechtigtes Interesse an der Vertragsbeendigung hat. Welche Interessen berechtigt sind, regelt das Bürgerliche Gesetzbuch. Es gelten jedoch einige Besonderheiten:
Eigenbedarf kann nur geltend gemacht werden, wenn auch der Vermieter bzw. sein einzugswilliges Familienmitglied einen Wohnberechtigungsschein besitzt. Die Größe der gekündigten Wohnung darf die im Schein angegebene angemessene Wohnungsgröße nicht überschreiten.
Nach der Umwandlung einer Sozialmietwohnung in eine Eigentumswohnung darf der Käufer so lange nicht wegen Eigenbedarfs kündigen, wie die gekaufte Wohnung der Sozialbindung unterliegt. Auch bei vorzeitiger Rückzahlung der öffentlichen Gelder, mit denen der Bau der Wohnung finanziert wurde, kann diese Bindung bis zu 10 Jahre lang weiter bestehen. Maximal dauert die Bindung bis zum Ablauf des Kalenderjahres an, in dem die Darlehen nach den Tilgungsbedingungen vollständig zurückgezahlt wären.
Hat der Vermieter ohne es zu wissen an einen nicht Wohnberechtigten vermietet, kann er diesem jederzeit kündigen. In diesem Fall muss der Vermieter damit rechnen, von der zuständigen Behörde zur Vermietung an einen Berechtigten aufgefordert zu werden.
Verliert der Mieter während des Mietverhältnisses die Wohnberechtigung, weil sich z.B. seine finanziellen Verhältnisse verbessert haben, ergibt sich daraus kein Recht und auch keine Pflicht des Vermieters zur Kündigung. Der Mieter muss allerdings damit rechnen, von der Behörde zur Entrichtung einer Fehlbelegungsabgabe herangezogen zu werden.
Will der Vermieter eine Mieterhöhung gemäß § 10 Wohnungsbindungsgesetz durchführen, hat der Mieter ein Sonderkündigungsrecht. Er kann spätestens am dritten Werktag des Monats, in dem

die Erhöhung eintreten soll, zum Ende des darauf folgenden Monats kündigen. Die Mieterhöhung tritt dann für die verbleibende Zeit nicht in Kraft.

Siehe / Siehe auch: Fehlbelegung, Wohnberechtigungsschein, WoBindG

Kündigungsfrist beim Pachtvertrag

Für Pachtverträge über Grundstücke oder Rechte regelt § 584 BGB speziell, dass bei auf unbestimmte Zeit abgeschlossenen Verträgen die Kündigung nur zum Schluss eines Pachtjahres stattfinden kann. Die Kündigung muss spätestens am dritten Werktag des Halbjahres erfolgen, mit dessen Ablauf der Pachtvertrag beendet sein soll. Dies gilt auch für außerordentliche Kündigungen mit gesetzlicher Frist. Einige Kündigungsmöglichkeiten aus dem herkömmlichen Mietrecht sind bei der Pacht gesetzlich ausgeschlossen:
- die Kündigung des Mieters, weil der Vermieter grundlos die Untervermietung verweigert hat
- die außerordentliche Kündigung durch den Vermieter / Verpächter, wenn der Mieter / Pächter stirbt

Für die Kündigung eines Landpachtvertrages gelten jedoch einige Besonderheiten:
- Vertrag auf unbestimmte Zeit:
Jeder Vertragspartner kann spätestens am dritten Werktag eines Pachtjahrs für das Ende des nächsten Pachtjahres kündigen. Im Zweifelsfalle ist das Kalenderjahr auch das Pachtjahr. Kürzere Kündigungsfristen können vertraglich vereinbart werden
- Vorzeitige außerordentliche Kündigung mit gesetzlicher Frist:
Kündigung nur zum Ende eines Pachtjahres mit halbjähriger Frist; Kündigung muss spätestens am dritten Werktag des Halbjahres erfolgen, mit dessen Ablauf der Pachtvertrag enden soll (bei der Landpacht darf der Pächter z.B. außerordentlich mit gesetzlicher Frist kündigen, wenn er berufsunfähig geworden ist und der Verpächter die Überlassung an einen Dritten verweigert).
- Verträge mit Laufzeit über 30 Jahre:
Nach 30 Jahren kann jeder Vertragspartner den Pachtvertrag kündigen – spätestens am dritten Werktag eines Pachtjahres für den Schluss des nächsten
- Verträge auf Lebenszeit:
Keine Kündigung

- Tod des Pächters:
Seine Erben und der Verpächter können innerhalb eines Monats, nachdem sie vom Tod des Pächters erfahren haben, den Pachtvertrag kündigen – mit einer Frist von sechs Monaten zum Ende eines Kalendervierteljahres
- Fristlose Kündigung:
Auch der Pachtvertrag kann außerordentlich fristlos aus wichtigem Grund gekündigt werden. Hier gelten die wichtigen Gründe des Mietrechts, mit einer Ausnahme: Ein wichtiger Grund ist es auch, wenn die Pacht oder ein erheblicher Teil davon über mehr als drei Monate nicht bezahlt werden. Wenn die Pacht nach Zeitabschnitten von weniger als einem Jahr bemessen ist, kann erst gekündigt werden, wenn der Pächter für zwei aufeinander folgende Zahlungstermine mit der Zahlung in Verzug gekommen ist.

Die Kündigung ist schriftlich vorzunehmen.

Siehe / Siehe auch: Betriebsübergabe, Pachtvertrag

Kündigungsschreiben

Mieter dürfen ohne weitere Begründung das Mietverhältnis kündigen. Dies muss jedoch schriftlich passieren. Die Kündigung sollte zur Sicherheit per Einschreiben mit Rückschein abgeschickt werden. Eine mündliche Kündigung ist unwirksam.

Vermieter haben es schwerer: Ihr Kündigungsrecht ist nicht nur auf einige wenige Kündigungsgründe beschränkt, sondern diese Gründe müssen auch ausdrücklich im Kündigungsschreiben angegeben und so genau erläutert werden, dass sie in einem möglichen Gerichtsverfahren nachvollziehbar sind.

Beispiel: Bei einer Eigenbedarfskündigung genügt es nicht, als Kündigungsgrund „Eigenbedarf" anzugeben. Es muss auch mitgeteilt werden, wer in die Wohnung einziehen soll und warum. Beispiel: Die Tochter des Vermieters will in dieser Stadt ein Studium anfangen und braucht eine Einzimmerwohnung.

Auch beim Vermieter ist das Einschreiben mit Rückschein unbedingt zu empfehlen: Er muss vor Gericht gegebenenfalls nachweisen, dass er gekündigt hat.

Bei einer befristeten Kündigung muss der Vermieter den Mieter außerdem schriftlich darauf hinweisen, dass dieser das Recht hat, wegen eines Härtefalls der Kündigung zu widersprechen.

Obwohl dies nicht im Kündigungsschreiben geschehen muss, sondern nur rechtzeitig vor Ablauf der Widerspruchsfrist (zwei Monate vor Ende des Mietverhältnisses), ist der Hinweis im Kündigungsbrief zu empfehlen. Auch auf den notwendigen Inhalt und die Frist für den Widerspruch sollte der Vermieter hinweisen. Zwar ist er dazu nicht gesetzlich verpflichtet. Jedoch sagt das Gesetz (§ 574 b Abs.2 BGB), dass sich die Widerspruchsfrist verlängert, wenn der Vermieter den rechtzeitigen Hinweis zum Widerspruchsrecht unterlässt.

Bei der Absendung des Kündigungsschreibens ist darauf zu achten, dass nach einer Entscheidung des Bundesgerichtshofes (Urt. vom 27.4.2005, Az. VIII ZR 206/04) der Samstag als Werktag zu betrachten ist. § 193 BGB, der etwas anderes aussagt, gilt demnach bei Kündigungsschreiben nicht. Muss spätestens am dritten Werktag eines Monats zum Ablauf des übernächsten Monats gekündigt werden und fällt dieser dritte Tag auf einen Samstag, so muss das Schreiben am Samstag beim Empfänger sein – und nicht erst am Montag, wie es früher gehandhabt wurde.

Siehe / Siehe auch: Beendigung eines Mietverhältnisses, Berechtigtes Interesse, Kündigung

Kündigungssperrfrist

So bezeichnet man die Frist, die nach der Umwandlung einer Mietwohnung in eine Eigentumswohnung verstreichen muss, damit der neue Eigentümer den bisherigen Mietern ordentlich (z.B. wegen Eigenbedarfs) kündigen kann (§ 577a BGB). Die Frist gilt nur, wenn drei Voraussetzungen erfüllt sind:
- Mieter hat bereits vor Umwandlung in der Wohnung gewohnt
- Wohnung wird in Eigentumswohnung umgewandelt
- Wohnung wird nach Umwandlung verkauft.

Sie beträgt drei Jahre ab Verkauf der Wohnung. In Gebieten mit Wohnungsmangel können die Landesregierungen abweichende Sperrfristen festsetzen: Bis zu zehn Jahre. Bei öffentlich gefördertem Wohnraum bzw. Sozialwohnungen wird die Kündigungssperrfrist durch die Dauer der Sozialbindung der Wohnung definiert. Eine Eigenbedarfskündigung kann nicht stattfinden, solange die Sozialbindung der Wohnung noch besteht. Dies gilt auch nach Umwandlung und Verkauf. Auch bei vorzeitiger Rückzahlung der Fördermittel besteht die Sozialbindung noch bis zu zehn Jahre lang fort, maximal bis zum Ablauf des Kalenderjahres, in dem die Darlehen nach den Tilgungsbedingungen vollständig zurückgezahlt wären.

Siehe / Siehe auch: Beendigung eines Mietverhältnisses, Berechtigtes Interesse, Kündigungsschreiben, Kündigung einer Sozialwohnung, Umwandlung

Kündigungsverzicht

In einem Mietvertrag über Wohnraum kann vereinbart werden, dass beide Mietvertragsparteien für eine bestimmte Zeit auf die Inanspruchnahme Ihres Kündigungsrechts verzichten. Dies ist auch in Formularmietverträgen – also mittels Allgemeiner Geschäftsbedingungen – möglich.

Allerdings hat der BGH entschieden, dass ein Kündigungsverzicht des Mieters für mehr als vier Jahre wegen unangemessener Benachteiligung des Mieters unwirksam ist, so dass – ähnlich wie beim Staffelmietvertrag über Wohnraum – dem Mieter das Recht eingeräumt werden muss, das Mietverhältnis spätestens zum Ablauf des vierten Jahres nach Mietvertragsbeginn kündigen zu können.

Nach dem Bundesgerichtshof (Urteil vom 25.1.2006, Az.: VIII ZR 3/05) ist bei Vereinbarung eines unzulässigen längeren Kündigungsausschlusses die ganze Vertragsklausel und damit der gesamte Verzicht auf das Kündigungsrecht unwirksam. Es wird also nicht etwa der vereinbarte fünfjährige Kündigungsverzicht durch den zulässigen vierjährigen Verzicht ersetzt, sondern die Kündigung nach den gesetzlichen Fristen grundsätzlich wieder zugelassen. Der Mieter könnte also auch nach dem ersten Jahr schon mit gesetzlicher Frist kündigen.

Kündigen Mieter bei einem vereinbarten gegenseitigen Kündigungsverzicht für zwei Jahre verfrüht mit dreimonatiger Frist, kann der Vermieter zumindest bis zur Neuvermietung der Wohnung innerhalb der Zweijahresfrist seinen Mietausfall gegen die Mieter geltend machen (BGH, Urt. vom 30.6.2004, Az. VIII ZR 379/03).

Siehe / Siehe auch: Beendigung eines Mietverhältnisses

KÜVO

Abkürzung für: Kehr- und Überprüfungsverordnung.

Siehe / Siehe auch: Kehr- und Überprüfungsverordnung, Schornsteinfegergesetz

Kundenzeitschrift

Die Kundenzeitschrift ist ein herausragendes Medium zur Kundenkommunikation, das sich für die Immobilienbranche hervorragend eignet. Grund: Immobilien kosten (absolut) viel, daher besteht ein großer Informationsbedarf. Kundenzeitschriften werden auch deshalb gut angenommen, weil sie unaufdringlich sind und nicht als reine „Werbung" wahrgenommen werden; sie können weggelegt und bei Bedarf oder Interesse gelesen werden. Der Kontakt mit dem Kunden bleibt erhalten. Die Kundendatenbank kann bei Bedarf auf den neuesten Stand gebracht werden. Außerdem können inhaltliche Argumente dafür gebracht werden, dass der Kunde gerade das Angebot des Immobilienunternehmens XY wahrnehmen soll. Damit kann die traditionelle Werbung unterstützt werden.

Kurs / Gewinn-Verhältnis

Das Kurs/Gewinn-Verhältnis (KGV) ist die wichtigste Kennzahl bei der Bewertung eines Aktieninvestments und dient damit als Anhaltspunkt für den Vergleich verschiedener Kapitalanlagealternativen. Für die Berechnung wird der Aktienkurs durch den Gewinn pro Aktie geteilt. Das Ergebnis sagt aus, wie viel Jahre ein ebenso hoher Unternehmensgewinn ausgeschüttet werden müsste, um das eingesetzte Kapital zurückzubekommen. Je niedriger also das KGV ist, desto lohnender – zumindest im Grundsatz – ist die Anlage. Außer Acht gelassen werden dabei ein mögliches Gewinnwachstum in dem entsprechenden Unternehmen, Kursschwankungen und die sonstigen Risiken, die zu jedem Aktieninvestment gehören.

KWG

Abkürzung für: Gesetz über das Kreditwesen

kWh

Abkürzung für: Kilowattstunde

LAbfG
Abkürzung für: Landesabfallgesetz

Lärm, Belästigung durch
Wann Lärm zur Lärmbelästigung wird, richtet sich nach dem persönlichen Empfinden des Zuhörers. Eine Rolle spielen auch die Art des Lärms und die Tageszeit. Ruhezeiten sind nicht in bundeseinheitlichen Gesetzen, sondern in Verordnungen der Länder und Gemeinden geregelt – und können daher von Stadt zu Stadt unterschiedlich sein. Meist muss Ruhe, das bedeutet Zimmerlautstärke, herrschen zwischen:
- 22 Uhr und 7 Uhr
- 13 Uhr und 15 Uhr
- an Samstagen zwischen 19 Uhr und 8 Uhr sowie 13 Uhr und 15 Uhr
- an Sonn- und Feiertagen ganztägig.

Für Mieter sind meist Ruhezeiten in der Hausordnung geregelt. Der Mieter hat zu diesen Zeiten aber keinen Anspruch auf Grabesstille: Gewisse Geräusche dürfen je nach Bauzustand des Gebäudes auch bei Einhaltung der Zimmerlautstärke durch den Nachbarn zu hören sein. Insbesondere darf zu jeder Tages und Nachtzeit geduscht werden – dies gehört zu den normalen Wohngeräuschen.

Kinderlärm per Hausordnung oder Gericht zu untersagen, dürfte sich schwierig gestalten: Kinder sind nun mal Kinder – und das sehen auch die Gerichte so. Es gibt Ausnahmen: Zum Beispiel, wenn die Eltern ihr Kind den ganzen Tag lang vor sich hin schreien lassen, ohne sich darum zu kümmern. Auch Trampolinübungen auf dem Sofa müssen nicht hingenommen werden. Die Belästigung muss „mutwillig" erscheinen, um gerichtlich dagegen vorgehen zu können.

Verbreiteter Irrtum: Entgegen weit verbreiteter Meinung gibt es kein Recht darauf, einmal im Monat zu feiern. Auch bei gelegentlichen Festen müssen grundsätzlich die Ruhezeiten eingehalten werden. Vorheriges Fragen bei den Nachbarn schützt vor Streit. Musizieren darf von Hausordnung oder Mietvertrag nicht untersagt werden. Derartige Regelungen sind unwirksam. Gerichte haben aktiven Musikanten bis zu zwei Stunden Übungszeit am Tag genehmigt – außerhalb der Ruhezeiten.

Verschiedene bundesrechtliche Regelungen sollen den Lärmschutz in bestimmten Lebensbereichen durchsetzen. So existieren Lärmschutzverordnungen für Sportanlagen, Verkehrslärm, Maschinen und Geräte sowie Magnetschwebebahnen. Im Saarland existiert eine Verordnung zum Schutz vor Geräuschimmissionen bei Musikdarbietungen auf Volksfesten. Die 32. Bundesimmissionsschutz-Verordnung („Geräte- und Maschinen-Lärmschutzverordnung") vom 29.8.2002 setzt Grenzwerte für die Lärmemissionen von 57 verschiedenen Geräte- und Maschinenarten fest. Für Wohngebiete, Kur- bzw. Klinikbereiche und Gebiete für die Fremdenbeherbergung verbietet sie den Betrieb etlicher lärmerzeugender Geräte (darunter Rasenmäher, Laubsammler, Graskantenschneider, Kettensägen, diverse Baumaschinen) ganztägig an Sonn- und Feiertagen, an Werktagen zwischen 20 Uhr und 7 Uhr.

Bestimmte besonders laute Maschinen wie Laubsammler und Laubbläser dürfen nach der Verordnung in den genannten Gebieten auch an Werktagen zwischen 7 Uhr und 9 Uhr, zwischen 13 Uhr und 15 Uhr sowie zwischen 17 Uhr und 20 Uhr nicht betrieben werden. Ausnahme: Die Maschinen bzw. Geräte verfügen über ein EU-Umweltzeichen.

Siehe / Siehe auch: Hausordnung, Lärmbelästigung durch Garagentor, Lärmbelästigung, Gegenmaßnahmen

Lärmaktionspläne
Lärmaktionspläne stellen auf der Grundlage von Lärmkarten, in denen die Lärmimmissionen für bestimmte Gebiete dargestellt werden, einen Katalog von Maßnahmen dar, die zur Eindämmung der gemessenen Lärmimmissionen („Umgebungslärm") in Angriff genommen werden müssen. Die Kriterien für die Festlegung von Maßnahmen in Lärmaktionsplänen sowie Inhalt, Format und Bestimmungen zur Datenerhebung und Datenübermittlung sollen in Rechtsverordnungen festgelegt werden. Die Lärmaktionspläne sollen bis zum 18. Juli 2008 für die Gebiete mit hohem Umgebungslärm erstellt werden.

Lärmbelästigung durch Garagentor
In manchen Wohnanlagen befinden sich Garagen direkt unterhalb von Wohnungen oder Schlafzimmerfenstern. Wenn Mieter nachts durch lautes Schließen der Garagentore belästigt werden, können sie einen Anspruch auf Mietminderung haben (z.B. 10% nach LG Berlin, Az. 64 S 26/86). Eine gewisse Häufigkeit und Intensität der Lärmbelästigung ist allerdings Voraussetzung.

Siehe / Siehe auch: Garagen-Mietvertrag

Lärmbelästigung, Gegenmaßnahmen

Werden Mieter durch Lärm belästigt, richten sich die zu ergreifenden Maßnahmen danach, ob der Lärm aus dem Haus (von anderen Mietern) oder aber von draußen (also von fremden „Störern") kommt. Belästigt ein Mieter die anderen Hausbewohner durch unangemessene Lärmentwicklung, kann der Vermieter zunächst die Einhaltung der in der Hausordnung niedergelegten Ruhezeiten fordern. Wenn alle Aufforderungen nichts helfen, kann zu den Mitteln der Unterlassungsklage oder der Kündigung gegriffen werden. Störungen von außen kann der Vermieter ebenfalls juristisch begegnen: Nach §§ 903, 1004 Abs.1 BGB hat jeder, der durch störende Einwirkungen von außen belästigt wird, einen Anspruch auf Beseitigung bzw. Unterlassung der Störung. Dies gilt auch dann, wenn der Störer ein Gewerbebetrieb ist.

Der Mieter kann bei Belästigung durch Lärm darauf drängen, dass der Vermieter für Ruhe sorgt. Der vertragsgemäße Gebrauch der Wohnung umfasst auch das von fremdem Lärm ungestörte Nutzung. Wenn eine solche längerfristig nicht mehr möglich ist, kann der Mieter per Mietminderung Druck auf den Vermieter ausüben. Natürlich kann der Mieter auch selbst rechtliche Maßnahmen gegen den Störenfried ergreifen.

Er hat als „Besitzer" der Wohnung Anspruch auf Unterlassung störender äußerer Einwirkungen nach §§ 858 Abs.1, 862 Abs.1 BGB. Ins Leere gehen derartige Ansprüche allerdings dann, wenn es sich um Lärmbelästigungen handelt, die ortsüblich sind und die schon bei Einzug des Mieters existierten (Straßenlärm, Straßenbahntrasse, Einflugschneise zum Flughafen).

Siehe / Siehe auch: Beendigung eines Mietverhältnisses, Hausordnung, Lärm, Belästigung durch, Lärmbelästigung durch Garagentor

Lärmkarten

Nach § 47c des Bundesimmissionsschutzgesetzes (BImSchG) sind die beim Bund und den Bundesländern zuständigen Behörden verpflichtet, strategische „Lärmkarten" für Ballungsräume mit mehr als 250.000 Einwohnern sowie für Hauptverkehrsstraßen mit einem Verkehrsaufkommen von über 6 Millionen Kraftfahrzeugen pro Jahr, Haupteisenbahnstrecken mit über 60.000 Zügen pro Jahr und im Bereich der Großflughäfen zu erstellen. Aus diesen Lärmkarten soll der durch bestimmte Verfahren ermittelte „Umgebungslärm" eingetragen werden. Indikatoren für die Bewertung der Lärmbelastung sind ein „Nachtlärmindex" und ein „Tag-Abend-Nachtlärmindex". Lärmkarten sind getrennt nach Verursachergruppen (Straßenverkehr, Flugverkehr, Industrie usw.) zu erarbeiten. Die Lärmkarten müssen im Fünfjahresturnus überprüft und gegebenenfalls überarbeitet werden. In einem zweiten Schritt sollen bis 2012 für weitere Ballungsräume, Hauptverkehrsstraßen und Eisenbahnstrecken sowie Flughäfen Lärmkarten erstellt werden. Die Regelungen des BImSchG basieren auf der Richtlinie 2002/49/EG des Europäischen Parlaments.

Auf der Grundlage der Lärmkarten sind Lärmaktionspläne aufzustellen, in denen Maßnahmen zur Bewältigung der Lärmprobleme und Lärmauswirkungen vorgesehen werden. Die Lärmaktionspläne sind wie die Lärmkarten im Turnus von fünf Jahren zu aktualisieren. Lärmkarten und Lärmaktionspläne sind der Öffentlichkeit zugänglich zu machen.

LAG

Abkürzung für: Landesarbeitsgericht

LAG

Abkürzung für: Lastenausgleichsgesetz

Lage

Die Lage ist ein klassisches Qualitätskriterium für eine Immobilie. Zu unterscheiden sind die Makrolage und die Mikrolage, also das räumliche Umfeld in einem weiteren und in einem engeren Sinn. Die Makrolage eines Grundstücks kennzeichnet die Erreichbarkeiten der überregional bedeutsamen Zentren aus der Lageperspektive dieses Grundstücks und legt deshalb Wert auf eine Analyse der Entfernungen und Verkehrsverbindungen (Flughäfen, Autobahnen, Zugverbindungen) zu diesen Zentren.

Bei Beurteilung der Mikrolage spielen die kleinräumigen Erreichbarkeiten zwar auch eine Rolle. Je nach Nutzungsart sind für die Lageeinschätzung neben harten vor allem auch weiche Lagefaktoren bedeutsam. Harte Lagefaktoren sind quantifizierbar z.B. Entfernungen, deren Überwindung Kosten für Verkehrsmittel oder Gütertransport verursacht. Weiche Lagefaktoren sind auf subjektive Einschätzungen von Lagequalitäten zurückzuführen, z.B. Milieu der Umgebung eines Standortes. Auch wenn weiche Lagefaktoren aus sich heraus nicht quantifizierbar sind, kann ihnen doch ein erheblicher Anteil am Gesamtlagewert zukommen. Bei der Lageanalyse kann ein Zensurierungssystem weiterhelfen. Wenn es beispielsweise darum geht, die Lagequalität eines Einfamilienhauses zu bestimmen, können die verschiedenen grundlegenden Lagefaktoren gewichtet werden, wobei man sich an einem Lageoptimum orientiert: Kurzbeispiel:

Lageoptimum (Orientierungsvorgabe der Lagen für Einfamilienhäuser)

- Verkehrslage: 30
- Ortslage: 30
- Umgebung/Milieu: 40
- Gesamt = 100

Lageeinschätzung eines bestimmten Einfamilienhauses: (Vergleich zum Lageoptimum)

- Verkehrslage: 15
- Ortslage: 30
- Umgebung/Milieu: 20
- Gesamt = 65

Die Lage des Einfamilienhauses würde hier im Vergleich zum Optimum eine noch befriedigende mittlere Wohnlage sein. Nun kann man nach der Zielbaummethode die Orientierungsvorgabe noch weiter auffächern, in dem z.B. die Verkehrslage (Erreichbarkeit) in folgende Komponenten zerlegt wird:

- Nähe zu Schulen: 3
- Nähe zum Kindergarten: 5
- Nähe zu Einkaufsmöglichkeiten, (täglicher Bedarf): 6
- Nähe zu Sport- und Freizeiteinrichtungen: 3
- Nähe zur Kulturstätten: 2
- Nähe zu öffentlichen Verkehrsmitteln und deren Frequenz: 4
- Nähe zu Ärzten: 2
- Nähe zum Stadtzentrum: 5
- Gesamt = 30

Dies ist natürlich nur ein Beispiel. Wer sich mit Lageanalysen beruflich befassen muss, der müsste, bevor er solche leitbildhaften Orientierungsvorgaben für verschiedene Objektarten erstellt, die spezielle Raumstruktur erfassen. Man kann Lagespezifika eines Raumes nicht auf andere Räume übertragen. Hinzuweisen ist auch noch darauf, dass die Gewichtung zwischen harten und weichen Lagefaktoren von der Nutzung abhängt. So spielen die harten Lagefaktoren bei gewerblichen Immobilien (Produktionsstandorte) eine größere Rolle. Bei Konsumstandorten, also bei Wohnnutzung dominieren die weichen Lagefaktoren.

Die Lage beschreibt einen objektiven Sachverhalt einer Immobilie, für bestimmte Nutzergruppen. Im Gegensatz dazu beschreibt der „Standort" einen subjektiven Sachverhalt aus der Perspektive eines ganz bestimmten Nutzers.

Siehe / Siehe auch: Standort- und Marktanalyse, Zielbaummethode

Lageklassenmethode

Die „Lageklassenmethode" ist ein in der Schweiz gebräuchliches Verfahren zur Bewertung von Grund und Boden („Land"). Es wird wohl auch als Naegeli-Verfahren bezeichnet, weil Naegeli diese Methode in den 50er Jahren entwickelt hat. Die letzte Darstellung von Naegeli und Hungerbühler findet sich im „Handbuch des Liegenschaftsschätzers" (Zürich 1988). Die Lageklassenmethode ist vielfach Grundlage für die Ermittlung des Bodenwertanteils bebauter Grundstücke für steuerliche Zwecke (Steuerwerte).

In einigen Kantonen der Schweiz werden zwar Bodenrichtwerte auf der Grundlage von erzielten Preisen für Vergleichsgrundstücke zur Bewertung von „Land" herangezogen. In anderen Kantonen herrscht die Lagenklassenmethode vor. Wo Richtwerte fehlen, greift man ohnehin zur Lageklassenmethode. Diese geht von der durch Untersuchungen gestützten Annahme aus, dass Liegenschaften mit gleichen Lagemerkmalen ein annährend gleiches Verhältnis von Boden- zu Bauwert aufweisen. Bei Ermittlung der Lageklassen werden vor allem Lage, Nutzung und Bauqualität berücksichtigt. Durch Zuweisung des Grundstücks zu einer Lageklasse und Ermittlung des Bauwertes kann auf den Bodenwert geschlossen werden. In der Vollziehungsverordnung zum Steuergesetz von Luzern vom November 1994 wird z.B. bestimmt, dass der „Bodenwert in einem angemessenen Verhältnis zur Nutzung und zum Gesamtanlagewert des Grundstücks (Lageklassen) stehen soll".

Ermittelt wird zunächst der maßgebende Landbedarf – die nach den Bauvorschriften für den Baukörper notwendige Grundstücksfläche in Quadratmeter. Der Landbedarf wird in Raumeinheiten zum Ausdruck gebracht. Auch für die Ermittlung der Raumeinheiten gibt es ein bestimmtes Verfahren. Für eine ermittelte Anzahl von Raumeinheiten ist mit anderen Worten ein bestimmter Landbedarf gegeben. Den wertbildenden Merkmalen eines Grundstücks (z.B. Nutzungsintensität, Verkehrsrelation zur Großstadt, Wohnsituation usw.) werden bestimmte Werte zugemessen. Die Merkmalszahlen werden addiert. Man erhält so die provisorische Lageklassenzahl. Die Summe wird, falls erforderlich und bei der Quantifizierung eines Merkmals noch nicht berücksichtigt, mit Hilfe von Steigerungs- oder Reduktionsfaktoren korrigiert. Die Korrektur ist durch einen zulässigen Abweichungskorridor begrenzt. (Beispiel für Steigerungsfaktoren: Besonders attraktive Wohnlage bei Einfamilienhäusern, besonders hohe Passantenfrequenz bei Geschäftsgrundstücken, Beispiel für Reduktionsfaktoren: besondere Immissionsbelastungen, schlechte Grundstücksform). Jeder Lageklasse (z.B. 1-8) entspricht ein Prozentsatz, der sich auf den Neuwert eines Gebäudes bezieht. Der Bodenwert des sog. maßgeblichen Landbedarfs wird durch Multiplikation des Prozentsatzes mit diesem Neuwert ermittelt.

Da der maßgebliche Landbedarf mit der tatsächlichen Bodenfläche in der Regel nicht übereinstimmt, müssen auch die Werte der Mehrflächen ermittelt werden. Dabei wird wiederum unterschieden zwischen solchen Mehrflächen, die sich im Umgriff des Gebäudes befinden und wegen der Form und Größe keine weitere Bebauung zulassen, Mehrflächen, die abgetrennt und als Bauplätze einer baulichen Nutzung zugeführt werden können und schließlich nicht zu bewertende Mehrflächen (Verkehrsflächen, die auch anderen Grundstücken dienen, Gewässer, unkultiviertes Land). Für die Bewertung der Mehrflächen (zu Steuerzwecken) stehen auch hier wieder eigene Regelwerke zur Verfügung.

Lageplan

Der Lageplan gehört zu den Bauvorlagen und Beleihungsunterlagen. Soweit der Lageplan Bestandteil einer Bauvorlage ist, muss er bestimmte, in den Bauvorlagenverordnungen der Bundesländer bezeichnete Darstellungen enthalten. Sie sind länderunterschiedlich geregelt. In der Regel zählen hierzu der Maßstab (in der Regel 1:500) die Lage des Grundstücks zur Himmelsrichtung, die Bezeichnung des Grundstücks (Gemeinde, Straße, Hausnummer, Grundbuch, Gemarkung, Flur, Flurstück), Flächeninhalt und katastermäßige Grenzen des zu bebauenden Grundstücks und der Umgebungsgrundstücke, der vorhandene Gebäudebestand sowie im Liegenschaftsbuch enthaltene Hinweise auf Baulasten. In einigen Bundesländern wird unterschieden zwischen dem einfachen und dem qualifizierten Lageplan. Der einfache Lageplan enthält die oben dargestellten Angaben. Der qualifizierte Lageplan, der vor allem bei Grenzbebauungen benötigt wird, enthält außerdem noch Grenzlängen und Abstandsmaße und stellt den aktuellen Bebauungszustand der Nachbargrundstücke dar.

Siehe / Siehe auch: Bebauungsplan

Landesbauordnung

In den Landesbauordnungen der Bundesländer ist das jeweils geltende Bauordnungsrecht kodifiziert. Inhaltlich stimmen sie nur teilweise überein. Vor allem im Bereich des genehmigungsfreien Bauens ist „Bewegung" in die Landesbauordnungen gekommen. Jede Landesbauordnung wird begleitet von einer Reihe von Nebengesetzen und Verordnungen, die dem Bauordnungsrecht zugehören.

Siehe / Siehe auch: Bauordnungsrecht

Landesplanung

Unter Landesplanung versteht man den Teil der Raumplanung, der auf der Grundlage des Raumordnungsgesetzes den Bundesländern als Aufgabe zugewiesen ist. Rechtliche Grundlage sind die Landesplanungsgesetze der Bundesländer. Instrumente sind die Landesentwicklungsprogramme und auf der Ebene der Planungsregionen die Regionalpläne bzw. regionalen Raumordnungspläne und die Raumordnungsverfahren. Die Bauleitplanung ist mit den Regionalplänen durch die Vorschrift im BauGB verzahnt. (Die Bauleitpläne sind den Zielen der Raumordnung anzupassen.)

Landschaftsplan

Das Bundesnaturschutzgesetz schreibt vor, dass die Gemeinden auf der Grundlage der Landschaftsprogramme der Bundesländer und der für die Regionen daraus entwickelten Landschaftsrahmenpläne sog. Landschaftspläne aufstellen müssen. Ein Landschaftsplan enthält einerseits Darstellungen einer Bestandsaufnahme des gegebenen Zustands von Natur und Landschaft und ihre Bewertung, andererseits die Darstellung des angestrebten Zustandes und der zur Erreichung dieses Zustandes erforderlichen Maßnahmen.

Darstellungen des Landschaftsplanes können auf der Grundlage von Länderbestimmungen in die Bauleitplanung aufgenommen werden. Wie aus Flächennutzungsplänen Bebauungsplane entwickelt werden, sind Landschaftspläne Grundlage auch für Grünordnungspläne.
Siehe / Siehe auch: Bebauungsplan, Flächennutzungsplan (FNP), Grünordnungsplan

Landwirtschaft

Landwirtschaft i.S.d. Baugesetzbuches ist der Ackerbau, die Wiesen- und Weidewirtschaft, die „Pensionstierhaltung" auf überwiegend eigener Futtergrundlage, die gartenbauliche Erzeugung, der Erwerbsobstbau, der Weinbau, die berufsmäßige Imkerei und die berufsmäßige Binnenfischerei. (§ 201 BauGB). Die Landwirtschaft repräsentiert im Wesentlichen zwei Zweige der Urproduktion, nämlich die Viehzucht und den Anbau von Pflanzen. Zunehmende Beachtung findet dieser Wirtschaftszweig als potenzieller Lieferant erneuerbarer Energien (Strom- und Wärmeerzeugung durch Biomasse, Biogas und Biodiesel als Kfz-Treibstoff).
Siehe / Siehe auch: Landwirtschaftlicher Betrieb

Landwirtschaftliche Produktionsgenossenschaft

Landwirtschaftliche Produktionsgenossenschaften (LPG) wurden in der DDR seit 1952 auf Betreiben der SED im Rahmen ihrer Kampagnen zur Kollektivierung der Landwirtschaft gegründet.
Bei den LPG des Typs I brachten die Genossen zunächst nur ihre landwirtschaftlichen Nutzflächen in die Genossenschaft ein, während Vieh, Maschinen und Geräte in Privatbesitz verbleiben. Später folgten Kampagnen zur Bildung von LPG des Typ II (zusätzliche Einbringung von Grünland, Wald und Maschinen) und des Typs III. Letztere beließen lediglich die häusliche Vieh- und Gartenwirtschaft in privater Hand und konnten gegen Ende der 1950er Jahre erst mit erheblichem Druck durchgesetzt werden.
Der Einigungsvertrag von 1990 sah die Aufhebung des Gesetzes über die LPG zum 31. Dezember 1991 vor, doch in vielen Fällen kam es lediglich zur Umwandlung in Genossenschaften nach bundesdeutschem Recht.

Landwirtschaftlicher Betrieb

Bei landwirtschaftlichen Betrieben kann zwischen verschiedenen Betriebsformen unterschieden werden. In Gegenden mit durchschnittlich schlechteren Böden herrschen Betriebe vor, deren Haupterzeugnisse aus der Viehhaltung gewonnen werden, in Gegenden mit durchschnittlich besseren Böden überwiegen Höfe, die sich stärker dem Anbau von Pflanzen (Getreide, Kartoffel, Zuckerrüben, Erbsen, Bohnen u.dergl.) widmen. Zu den landwirtschaftlichen Betrieben zählen auch Gartenbaubetriebe, Geflügelhaltungsbetriebe, Fischereibetriebe und Dauerkulturbetriebe wie Weinbaubetriebe und Obstanbaubetriebe.
Zu unterscheiden ist zwischen Haupterwerbsbetrieben sowie Klein- und Nebenerwerbsbetrieben. Von einem Haupterwerbsbetrieb wird dann gesprochen, wenn das Betriebsleiterehepaar zu mehr als 50% der gesamten Arbeitszeit im landwirtschaftlichen Betrieb tätig ist. Teilweise wird bei der Definition auch auf das Einkommen abgestellt. Im Schnitt resultiert bei den Klein- und Nebenerwerbbetrieben das Einkommen aus dem außerlandwirtschaftlichen Bereich, meist aus unselbständiger Tätigkeit.
Die Zahl der landwirtschaftlichen Betriebe sinkt kontinuierlich. Zwischen 1999 und 2004 ist die Zahl aller landwirtschaftlichen Betriebe um 10,5% von 470.000 auf 403.000 zurückgegangen. Die Landwirtschaftsfläche ging dagegen nur um ein halbes Prozent zurück. Von den landwirtschaftlichen Betrieben widmen sich knapp 30% ausschließlich dem Pflanzenanbau. Der Anteil der Betriebe mit Viehhaltung sinkt stärker als der Anteil der übrigen landwirtschaftlichen Betriebe. Ausgeglichen wird dies durch eine stärkere Konzentration. Die Viehstückzahl pro Betrieb steigt. 48% der landwirtschaftlich genutzten Fläche dient dem Getreideanbau. Die Ertragsintensität pro Hektar hat sich seit 50 Jahren verdreifacht. In den letzten Jahren allerdings sank klimatisch bedingt der Ertrag. Der Anteil der ökologisch geführten landwirtschaftlichen Betriebe hat leicht steigende Tendenz und beträgt zurzeit etwa 3,3% aller landwirtschaftlichen Betriebe. Der Anteil der Pachtflächen weist eine steigende Tendenz auf. Er liegt derzeit bereits bei 63% der agrarisch genutzten Gesamtfläche. Der steigende Pachtflächenanteil resultiert im Wesentlichen aus der Aufgabe der Eigenbewirtschaftung durch die kleineren Betriebe. Die Eigentümer verkauften die Flächen nicht,

sondern verpachteten sie. Die durchschnittliche landwirtschaftliche Fläche pro Betrieb lag 2004 bei 40,5 ha. Die Zahl der Betriebe bis 75 ha sinkt beständig, über 75 ha steigt sie. Im Jahr 2002 betrug der Durchschnittswert pro ha Fläche landwirtschaftlicher Nutzung in den alten Bundesländern 16.966 Euro, in den neuen Bundesländern nur 4.014 Euro. (Die Zahlen beruhen auf den Agrarbericht des Bundesregierung – Bundestagsdrucksache 15/4801) und Informationen des Bayerischen Landwirtschaftsministeriums)

Grössenverhältnisse 2005:

Größe des Betriebes	Anzahl der Betriebe
unter 2ha	30.600 Betriebe
2-10 ha	123.500 Betriebe
10-20 ha	73.400 Betriebe
20-30 ha	38.300 Betriebe
30-40 ha	30.400 Betriebe
40-50 ha	22.400 Betriebe
50-75 ha	35.800 Betriebe
75-100 ha	19.500 Betriebe
100-200 ha	20.300 Betriebe
200-500 ha	6.000 Betriebe
mehr als 500 ha	1.800 Betriebe

Landwirtschaftsgericht

Das Landwirtschaftsgericht ist eine Abteilung bzw. ein Senat des jeweiligen örtlichen Amtsgerichts. Es besteht aus einem Berufsrichter als Vorsitzendem und zwei Landwirten als ehrenamtlichen Richtern. Es ist zuständig für:
- Anträge auf Erteilung von Hoffolgezeugnissen
- Anträge auf Erteilung eines Erbscheines, wenn ein Hof nach der Höfeordnung zum Nachlass gehört
- Genehmigung von Hofübergabeverträgen
- Streitigkeiten, die mit der Anwendung der Höfeordnung zusammenhängen (Abfindungen, Altenteil)
- Streitigkeiten bei Abschluss und Abwicklung von Landpachtverträgen
- Gerichtsentscheidung bei Versagung einer Grundstücksverkehrsgenehmigung oder ihrer Erteilung unter Auflagen und Bedingungen.

Bei der Landpacht kann das Landwirtschaftsgericht unter Auflagen die vom Verpächter verweigerte Erlaubnis zur Änderung der bisherigen Nutzung (z.B. Beendigung der landwirtschaftlichen Nutzung) durch eine gerichtliche Erlaubnis ersetzen. Wenn es zur vorzeitigen Kündigung eines Landpachtvertrages kommt, kann das Landwirtschaftsgericht auf Antrag eines der Beteiligten Anordnungen über die Abwicklung des Vertrages treffen. Bei teilweiser Kündigung kann es z.b. die Höhe der Pacht für den Teil des Landes festlegen, der noch verpachtet bleibt. Der Inhalt von gerichtlichen Anordnungen gilt dann als Vertragsinhalt.
Siehe / Siehe auch: Höfeordnung, Pachtvertrag

Lasten
Siehe / Siehe auch: Kostenverteilung

Lastenzuschuss

Der Lastenzuschuss für Haus- oder Wohnungseigentümer entspricht dem Mietzuschuss für Mieter. Beide Zuschüsse sind Wohngeld. Die Höhe des Zuschusses richtet sich nach der monatlichen Belastung durch den Kapitaldienst (Zins und Tilgung).
Hinzugerechnet werden Instandhaltungskosten (15 Euro pro m^2 i.J.), tatsächlich bezahlte Verwaltergebühren sowie die Grundsteuer. Der Lastenzuschuss wird auf Antrag von der zuständigen Behörde der jeweiligen Stadt oder Gemeinde bewilligt.
Siehe / Siehe auch: Wohngeld

Latenter Leerstand

Als latenter Leerstand werden Flächen bezeichnet, die zwar noch vermietet sind, vom Mieter jedoch nicht mehr genutzt und in der Regel zur Untervermietung angeboten werden.
Anders als bei unvermieteten Flächen („normaler" Leerstand) entstehen dem Eigentümer einer Immobilie durch latenten Leerstand zunächst noch keine wirtschaftlichen Nachteile, da er ja unabhängig von Nutzungsintensität und Flächenbedarf seines Mieters für die Dauer der Mietvertragslaufzeit Anspruch auf den Mietzins hat.
Bei Investitionsentscheidungen, Standortanalysen o. ä. sollte der latente Leerstand jedoch stets – soweit möglich und bekannt – berücksichtigt werden, weil sich darin ein über den „normalen" Leerstand hinaus gehender Angebotsüberhang ausdrückt. Dieser wirkt sich belastend auf die Mietpreisentwicklung aus.
Siehe / Siehe auch: Leerstand

Laube

Laube ist die Bezeichnung für eine seitlich offene Halle beziehungsweise für die einem Platz oder einer Straße zugewandte offene Vorhalle eines Gebäudes. Lauben dienten vom Mittelalter bis etwa ins 18. Jahrhundert hinein zum Abhalten von Märkten, Versammlungen oder Gerichtsverhandlungen („Gerichtslaube").

Darüber hinaus werden kleine, meist leicht gebaute und seitlich offene Schutzhäuser in Gärten, und in weiteren Sinne auch kleinere geschlossene Gartenhäuschen, als Lauben (Gartenlauben) bezeichnet. Der Begriff wird auch für dreiseitig umschlossene Freisitze von Stockwerkswohnungen verwendet, doch ist hierfür die Bezeichnung Loggia – das italienische Pendant für Laube – üblicher.

Siehe / Siehe auch: Laubengang, Loggia

Laubengang

Laubengang nennt man den offenen, überdachten Außengang eines Mehrfamilienhauses, der den Zugang zu den Wohnungen auf einer oder mehreren Etagen ermöglicht. Er hat einem Zugang vom Treppenhaus. Laubengänge sind anfänglich wohl in Burgen, Klöstern sowie auch Erholungseinrichtungen als Wandelgänge gebaut worden. Sie verbinden verschiedene Gebäude oder Gebäudeteile und bieten den Benutzern Schutz vor Wettereinflüssen. Besonders in den 60er-Jahren finden sich in größeren Mehrfamilienhausanlagen diese Erschließungswege innerhalb eines Geschosses für die einzelnen Wohnungen wieder. Daraus resultierenden zwei völlig unterschiedliche Seitenansichten der Häuser.

Nur relativ wenige Architekten haben dies für interessante Lösungen zu nutzen gewusst. Neuerdings gewinnen Laubengänge aus sozialökologischen Gründen wieder an Bedeutung. Um den Wärmeverlust des Gebäudes nach außen auf ein Minimum zu reduzieren, werden Flure aus dem Volumen des Kernhauses ausgelagert. Die thermische Hülle wird luft- und winddicht ausgeführt, während der Laubengang offen davor liegt und einen geschützten Raum für Begegnungen bietet.

LBO
Abkürzung für: Landesbauordnung

LBS
Abkürzung für: Landesbausparkasse

LDWV
Abkürzung für: Landesdienstwohnungsvorschriften

Lebenspartner, Wohnungszuweisung

Im Falle der Trennung von eingetragenen Lebenspartnern sieht das Gesetz über eingetragene Lebenspartnerschaften (LPartG) vor, dass der fortziehende Partner auf Verlangen dem anderen die bis dahin gemeinsame Wohnung oder zumindest einen Teil derselben zur Alleinbenutzung überlässt – allerdings nur soweit dies auch bei Berücksichtigung der Belange des Fortziehenden nötig ist, um „eine unnötige Härte zu vermeiden." Ein solcher Härtefall kann sich z.B. ergeben, wenn im Haushalt Kinder leben.

Dies gilt grundsätzlich nicht nur bei Mietwohnungen, sondern auch bei Eigentumswohnungen oder anderen Wohnrechten (z.B. Erbbaurecht, Nießbrauch). Die Belange des Rechteinhabers sind in diesen Fällen jedoch besonders zu berücksichtigen. Eine gerichtliche Zuweisung zur Alleinnutzung wird hier nur zur Vermeidung besonderer Härtefälle stattfinden.

Hat ein Lebenspartner den anderen bedroht oder vorsätzlich am Körper, der Gesundheit oder in der Freiheit verletzt und besteht Wiederholungsgefahr, hat der in seinen Rechten Verletzte grundsätzlich Anspruch auf Überlassung der gesamten Wohnung.

Derjenige Partner, der die Wohnung verlassen musste, kann eine angemessene Nutzungsvergütung verlangen. Zieht ein Partner aus, um getrennt zu leben und gibt keine ernsthaften Rückkehrab-

sichten zu erkennen, wird sechs Monate nach seinem Auszug von Gesetzes wegen vermutet, dass er dem anderen das alleinige Nutzungsrecht an der Wohnung überlassen hat.
Diese Ansprüche bestehen zwischen den Lebenspartnern und können gerichtlich geltend gemacht werden.
Da eingetragene Lebenspartner Ehepartnern in Wohnungsangelegenheiten gleichgestellt sind, ist der Vermieter im Falle einer entsprechenden gerichtlichen Wohnungszuweisung dazu verpflichtet, den in der Wohnung verbliebenen Partner in den Mietvertrag aufzunehmen (falls er vorher nicht mit unterschrieben hatte) bzw. mit ihm einen Einzel-Mietvertrag abzuschließen (wenn der andere Partner endgültig auszieht).
Siehe / Siehe auch: Ehewohnung, Gewaltschutzgesetz, Hausratsverordnung, LPartG

Lebensversicherung

Die Lebensversicherung ist ein Instrument der privaten Altersvorsorge und – alternativ – der Versorgung der nach Eintritt des Todesfalls hinterbliebenen Angehörigen. Wer eine Lebensversicherung abschließt, bezahlt an den Versicherer in regelmäßigen Abständen so genannte Lebensversicherungsprämien. Diese werden von der Versicherungsgesellschaft nach Abzug der Vermittlungs- und der Bearbeitungskosten gewinnbringend angelegt.
Daraus ergibt sich im Versicherungsfall nicht nur ein Anspruch auf den Versicherungsbetrag, sondern auch auf die Beteiligung an dem erwirtschafteten Überschuss. Die Versicherungssumme samt Überschussbeteiligung wird beim Tod des Versicherten an die im Vertrag genannten Personen oder den bzw. die Erben des Versicherten ausbezahlt, spätestens aber an den Versicherten zu dem im Versicherungsvertrag bestimmten Termin.
Bei der Lebensversicherung wird zwischen der Kapitallebensversicherung oder der Risikolebensversicherung unterschieden. Bei der Risikolebensversicherung wird eine Auszahlung der Versicherungssumme nur dann gewährt, wenn die Versicherte innerhalb der im Versicherungsvertrag vereinbarten Zeit stirbt. Eine besondere Art der Vorsorge mit Hilfe einer Versicherung ist die private Rentenversicherung.
Siehe / Siehe auch: Kapital-Lebensversicherung, Risiko-Lebensversicherung, Rentenversicherung, private

Lebenszykluskosten

Im Rahmen der ganzheitlichen und den ganzen Lebenszyklus einer Immobilieninvestition übergreifenden Betrachtungsweise beim Gebäudemanagement spielt der Aspekt der Lebenszykluskosten eine entscheidende Rolle. Parallel zur Baukostenplanung und der Baunutzungsplanung werden die entstehenden Kosten erfasst. Nachdem die Baufolgekosten eines Gebäudes während der Nutzungsphase die ursprünglichen Investitionskosten um ein Vielfaches übersteigen, ist es erforderlich, dies schon bei Investitionsplanung zu berücksichtigen.
Höhere Bauinvestitionskosten während der Bauphase, können dazu beitragen die Baufolgekosten während der Nutzungsphase im Vergleich zur Baukostensteigerung überproportional zu senken. Ziel des sog. Life-Cycle-Costing ist es, durch Planung, Steuerung und Kontrolle der gesamten Kosten eines Gebäudes über dessen gesamten Lebenszyklus zu minimieren.

Leerstand

Leerstand bezeichnet nicht vermietete, aber unmittelbar beziehbare Flächen in Neubauten und Bestandsobjekten.
Aufwendungen für das Objekt können steuerlich nur dann berücksichtigt werden, wenn die Immobilie vermietet werden soll. Steht das Objekt vor dem Verkauf leer, können die Kosten grundsätzlich mangels Weitervermietungsabsicht steuerlich nicht berücksichtigt werden. Unter Umständen kann der längerfristige Leerstand einer Wohnung von den Wohnungsämtern als Zweckentfremdung von Wohnraum angesehen werden. In einem solchen Fall drohen dem Vermieter Bußgelder.
Seit 2003 ist es möglich, die Aufwendungen für Handwerkerleistungen bei Modernisierungs-, Renovierungs- oder Erhaltungsmaßnahmen einer selbst genutzten Wohnimmobilie bis zu einer Höhe von 20% der gesamten Handwerkerkosten, höchstens 600 Euro, steuerlich geltend zu machen. Das Finanzgericht Niedersachsen (Urt. v. 9.11.2005, Az. 3 K 343/05) hat entschieden, dass dies auch für Arbeiten gilt, die während eines zeitweiligen Leerstands der Immobilie durchgeführt wurden. In dem entschiedenen Fall hatte sich die Eigentümerin eines Einfamilienhauses ein ganzes Jahr lang krankheitsbedingt in einem Pflegeheim aufhalten müssen und in der Zwischenzeit ihr Wohnhaus neu ausmalen lassen.

Der Bundesfinanzhof als höchste Instanz in Steuersachen hat sich zu diesem Thema jedoch noch nicht geäußert.

Stehen in einem Mehrfamilienhaus einzelne Mietwohnungen leer, kann der Vermieter nicht einseitig den Umlageschlüssel für die Betriebskosten so abändern, dass die Anteile der leeren Wohnungen auf die verbliebenen Mieter umgelegt werden. Dies entschied der Bundesgerichtshof (Urt. vom 31.5.2006, Az. VIII ZR 159/05).
Siehe / Siehe auch: Latenter Leerstand, Zweckentfremdung

Leerstandsquote

Die Leerstandsquote ist eine wohnungswirtschaftliche Kennzahl. Sie bezeichnet die Anzahl leer stehender Wohneinheiten bezogen auf den gesamten Wohnungsbestand in Prozent. Gezählt werden nur marktbedingte Leerstände von mindestens drei Monaten.
Siehe / Siehe auch: Mietrückstandsquote

LEG

Abkürzung für: Landesentwicklungsgesellschaft

Leibgeding

Unter Leibgeding (auch Altenteil) versteht man wiederkehrende, vertraglich abgesicherte Geld- oder Naturalleistungen an einen Berechtigten. In der Regel sind diese Leistungen noch mit einem unentgeltlichen Wohnungsrecht verbunden.

Solche Vereinbarungen werden in der Regel im Zusammenhang mit der altersbedingten Übertragung des Eigentums an einem landwirtschaftlichen Hof auf einen der späteren Erben getroffen. Dieser (meist der älteste Sohn) verpflichtet sich zu lebenslangen Unterhaltsleistungen, der Gewährung von Unterkunft und nicht selten auch der Pflege in alten und kranken Tagen.

Die Absicherung des Leibgedings im Grundbuch erfolgt hinsichtlich der laufenden Leistungen über eine Reallast und hinsichtlich des Wohnungsrechts über eine beschränkte persönliche Dienstbarkeit.

Leibrente (Verkauf einer Immobilie auf Rentenbasis)

Die Leibrente wird im Gegensatz zu einer Zeitrente nicht zeitlich befristet, sondern bis zum Tod des Rentenberechtigten bezahlt. Es gibt auch Gestaltungsformen, wonach die Zahlung nach dem Tode an einen Erben für eine befristete Zeit weiterläuft.

Wird eine Immobilie „auf Rentenbasis" verkauft, dann ist zu beachten, dass der Rentenanspruch im Grundbuch als Reallast möglichst an erster Rangstelle abgesichert wird. Außerdem werden solche Leibrenten mit Hilfe einer Wertsicherungsklausel gegen den Geldwertschwund abgesichert. Diese Klausel muss vom siehe Bundesamt für Wirtschaft genehmigt werden. Die Höhe der Rente kann auf der Grundlage einer Rententabelle ermittelt werden, wobei es Wahlmöglichkeiten zwischen verschiedenen Zinsen gibt. Üblicherweise wird eine Tabelle zugrunde gelegt, die auf einem Zinssatz von 5,5% beruht.

Eine alternative Möglichkeit für den Käufer besteht darin, dass er anstelle einer Direktverrentung des Kaufpreises den entsprechenden Kapitalbetrag über eine Lebensversicherungsgesellschaft verrenten lässt. Wird eine Immobilie gegen eine Leibrente verkauft, darf der Zahlende die Versorgungsleistung mit ihrem Ertragsanteil, als Sonderausgaben steuermindernd geltend machen, während der Zahlungsempfänger sie mit ihrem Ertragsanteil versteuern muss. Der Ertragsanteil hängt ab vom Alter des Rentenberechtigten bei Beginn der Rentenzahlung. Je älter der Rentenempfänger bei der ersten Zahlung, desto niedriger der steuerpflichtige Anteil. Im Gegensatz dazu richtet sich der steuerpflichtige Ertragsanteil bei sogenannten abgekürzten Leibrenten, die zeitlich befristet sind, grundsätzlich nach der Rentendauer.
Siehe / Siehe auch: Bundesamt für Wirtschaft, Lebensversicherung

Leibung / Laibung

Die Leibung ist die innere Schnittfläche einer Wandöffnung. Dabei kann es sich um die Begrenzungsfläche eines Bogens oder die vertikale Seite von Fenster- oder Türöffnung in der Wandebene handeln.

Leihe

Der Begriff „Leihe" wird im Bürgerlichen Gesetzbuch verwendet für die unentgeltliche Überlassung einer Sache zum Gebrauch für eine bestimmte oder nicht bestimmte Zeit. Der Unterschied zur Miete liegt also in der Unentgeltlichkeit. Falls der Verleiher dem Entleiher arglistig irgendwelche Fehler oder Mängel an der verliehenen Sache verschweigt, haftet er für alle dem Entleiher entstandenen Schäden. Die Leihe kann im Rahmen eines formlosen Vertrages vereinbart werden, der z.B. geschlossen wird, wenn ein Wohnungseigentümer einem Verwandten für eine Zeit lang ein Zimmer zur Verfügung stellt – oder ein Nachbar sich den Rasenmäher ausleiht. Der Entleiher ist in diesem Fall verpflichtet, das geliehene Objekt nach Ablauf der vereinbarten Zeit wieder zurück zu geben.

Der Eigentümer hat einen Anspruch auf Herausgabe, der gerichtlich geltend gemacht werden kann. Fallen für die Erhaltung der ausgeliehenen Sache üblicherweise Kosten an, hat diese der Entleiher zu tragen. Im Falle lebender „Sachen" gilt dies auch für die Futterkosten.Hat der Entleiher die Leihsache mit einer zusätzlichen Einrichtung versehen (z.B. einen Fernseher in das Zimmer gestellt) darf er diese Sache auch wieder entfernen.

Eine Leihvereinbarung kann vor Ende der abgesprochenen Zeit vom Verleiher gekündigt werden wenn
- er aufgrund unvorhersehbarer Umstände den Gegenstand braucht,
- der Entleiher vertragswidrigen Gebrauch davon macht (unerlaubte Überlassung an Dritte, Gefährdung des Gegenstandes durch Vernachlässigung der nötigen Sorgfalt),
- beim Tod des Entleihers.

Ansprüche von Verleiher und Entleiher verjähren innerhalb einer kurzen sechsmonatigen Frist. Die gesetzliche Regelung findet sich in §§ 598 ff. BGB.

Leistungen, vermögenswirksame

Seit Anfang der 60er Jahre praktizierte Form der Vermögensbildung für Arbeitnehmer. Die – abgekürzt – VL werden tariflich, also von Arbeitgeber- und Gewerkschaftsseite, oder per Arbeitsvertrag vereinbart und vom Arbeitgeber gezahlt. Abhängig von den jeweiligen tarifvertraglichen Vereinbarungen, demnach von der Branche, gibt es VL in unterschiedlicher Höhe. Als immer noch recht knauserig gilt dabei der öffentliche Dienst in Ost und in West.

Deutlich mehr VL gibt es zum Beispiel in der Metallbranche.Sobald der Arbeitnehmer seine Vermögenswirksamen Leistungen in die vom Gesetzgeber vorgesehenen Anlageformen investiert, besteht ggf. Anspruch auf staatliche Förderung, nämlich über die sogenannte Arbeitnehmersparzulage. Die geförderten Anlageformen sind das Bausparen und das Beteiligungssparen, wozu in der Regel Aktienfonds zählen. Bei Bausparverträ-

gen besteht möglicherweise zusätzlich Anspruch auf eine weitere staatliche Förderung, nämlich die sogenannte Wohnungsbauprämie.

Gleichwohl ist ein doppelter Zuschuss für ein und dieselbe Bausparrate nicht möglich. Arbeitnehmersparzulage und Wohnungsbauprämie können Anleger nur dadurch nutzen, dass sie zum einen ihre Vermögenswirksamen Leistungen in einen Bausparvertrag investieren und dafür Arbeitnehmersparzulage erhalten. Anderseits mit eigenem Geld einen weiteren Bausparvertrag abschließen oder den alten VL-Vertrag aufstocken.

Wichtig: Die staatliche Förderung kommt nur dann in Betracht, wenn der Arbeitnehmer bestimmte Einkommensgrenzen nicht überschreitet.

Leistungsarten (Maklerbetriebe)

Makler sind Dienstleiter. Die von ihnen zu erbringenden Leistungen sind im BGB als „Nachweis" von Vertragsabschlussgelegenheiten und „Vermittlung" von Verträgen definiert. Diese Leistungen sind unmittelbar ertragsorientiert, weil sie direkte Voraussetzungen für das Entstehen eines Provisionsanspruches sind.

Das Geschäft der Makler wäre allerdings heute kaum denkbar, wenn sie darüber hinaus nicht noch weitere Nebenleistungen erbrächten, die in der Fachliteratur als mittelbar erfolgsorientiert bezeichnet werden. Zur Erbringung dieser Leistungen besteht zwar keine Verpflichtung. Da sie aber den Eintritt des Erfolges im Maklergeschäft (Erfolgsprinzip) absichern und beschleunigen, sind sie unverzichtbar. Es handelt sich bei diesen Nebenleistungen um Beratung, Betreuung und Service. Außerdem treten häufig noch Bewertungsleistungen hinzu.

Die Beratung bezieht sich auf den Markt und wird auch als Preisberatung bezeichnet. Die Beratung kann sich ferner auf das Objekt selbst beziehen. Dies setzt eine eingehende Objektanalyse in den Bereichen Standort, Haustechnik, Rentabilität, Rechtsverhältnisse und dergl. voraus. Eine von einem Maklervertrag unabhängige Rechts- und Steuerberatung als eigenständiger Leistungsbereich ist dem Makler grundsätzlich nicht gestattet. Hinweise auf rechtlich oder steuerlich relevante Sachverhalte (z.B. notarielle Beurkundungspflicht von Nebenabsprachen im Zusammenhang mit einem Grundstückskaufvertrag oder Hinweise über die Höhe der Grunderwerbsteuer, Behandlung des Zubehörs und dergleichen) darf der Makler geben.

Er kommt damit nicht mit dem Rechtsberatungs- oder dem Steuerberatungsgesetz in Konflikt.
In Fällen, in denen der Auftraggeber erkenntlich beratungsbedürftig ist, besteht eine Beratungspflicht als Nebenpflicht aus dem Maklervertrag.
Die Betreuung bezieht vor allem auf Besorgungsleistungen im Zusammenhang mit Vertragsabschlüssen (Besorgung von Unterlagen, Betreuung bei der Finanzierung, Klärung von Baurechtsfragen bei den zuständigen Ämtern usw.).
Der Service ist eine eher selbstverständliche Nebenleistung. Hier ist vor allem zu denken an die Besichtigungsorganisation, Vorbereitung der notariellen Beurkundung und die Herstellung von Kontakten zu wichtigen Stellen und Unternehmen (Spediteur für den Umzug, Handwerker für erforderliche Reparaturen).
Auf Nebenleistungen des Maklers besteht von Seiten des Auftraggebers kein Rechtsanspruch. Sie werden auch grundsätzlich nicht zusätzlich vergütet. Der hierfür erforderliche Zeitaufwand ist mit der Erfolgsprovision abgegolten. Überschreiten solche Nebenleistungen jedoch den üblichen Rahmen (beispielsweise Vorbereitung der Aufteilung eines Miethauses in Eigentumswohnungen als Voraussetzung für die Verkaufsvermittlung), kann hierfür eine eigene (vom Maklervertrag unabhängige) Vergütung vereinbart werden.
Siehe / Siehe auch: Erfolgsprinzip (Maklergeschäft), Immobilienberatung, Nachweis im Maklergeschäft

Leistungsbeschreibung (Bauleistungen)

Die Leistungsbeschreibung ist neben dem Leistungsverzeichnis eine Grundlage der Vergabe von Leistungen. Sie enthält eine detaillierte Beschreibung der auszuführenden Bauleistungen unter Zugrundelegung der DIN-Normen der VOB Teil C. Zu den weiteren Unterlagen zählen auch Pläne und Skizzen zur Leistungsbeschreibung. Auf der Grundlage der Leistungsbeschreibung werden die zu vergebenden Arbeiten ausgeschrieben. Die einzelnen Angebote der Handwerker und Unternehmer werden auf diese Weise vergleichbar und der Bauherr kann feststellen, welcher Handwerker in den einzelnen Gewerken die optimalen Konditionen bietet.
Siehe / Siehe auch: Ausschreibung

Leistungsbilanz

Leistungsbilanzen geben Auskunft darüber, wie sich die bislang von einem bestimmten Initiator platzierten Beteiligungsangebote – beispielsweise geschlossene Immobilienfonds – bisher im Vergleich zu den bei der Emission vorgelegten Prognosen entwickelt haben. Sie beinhalten im Wesentlichen einen Soll-Ist-Vergleich der Prognosen in den Fondsprospekten mit den tatsächlich erzielten Ergebnissen; hinzu kommen bestimmte Informationen über das Unternehmen und andere ergänzende Angaben.
Um die Seriosität und Aussagekraft von Leistungsbilanzen zu gewährleisten, müssen sie hinsichtlich ihres Inhaltes und ihrer Gliederungsstruktur bestimmten Anforderungen genügen, beispielsweise dem Leistungsbilanzstandard des Verbandes Geschlossene Fonds (VGF).
Siehe / Siehe auch: Immobilienfonds - Geschlossener Immobilienfonds, Verband Geschlossene Fonds e. V. (VGF)

Leistungsmatrix (Maklergeschäft)

Unter Leistungsmatrix versteht man im Maklergeschäft die Zusammenstellung der im Rahmen der Sachzielkonzeption vorgesehenen Leistungsarten und ihre Zuordnungen zu den Leistungsbereichen (Marktsegmenten). Je nach Leistungsbereich können Leistungsarten variieren. Kann es z.B. bei der Leistungsart Vermittlung bei Gewerbeverträgen wichtig sein, Vermittlungsfortschritte für den Leistungsnachweis zu dokumentieren, wird im Bereich der Wohnraumvermittlung darauf verzichtet werde können. Hier spielt eher die Methode der getrennten Verhandlungsführung im Vordergrund, die unmittelbar zu einem Mietvertragsabschluß führt. Zu den unverzichtbaren Leistungsarten zählen Nachweis und Vermittlung. Zur Absicherung und Beschleunigung des Erfolgseintritts können Beratungs- und Bewertungsleistungen, sowie Betreuungs- und Serviceleistungen innerhalb der Leistungsarten inhaltlich bestimmt werden.
Die betriebliche Umsetzung der Leistungsmatrix setzt voraus, dass in einer parallelen Anforderungsmatrix die für die Leistungserbringung erforderlichen betrieblichen Anforderungen darstellt (Sollmatrix) werden. Eine Istanalyse ergibt, ob und inwieweit der Maklerbetrieb den gestellten Anforderungen gerecht werden kann.
Siehe / Siehe auch: Leistungsarten (Maklerbetriebe)

Leistungsphasen

Leistungsphasen sind in 9 Gruppen im § 15 der HOAI (Honorarordnung für Architekten und Ingenieure) eingeteilt. Um eine angemessene Honorarforderung zu gewährleisten, wird die standardmäßige Abfolge aller zu erwartenden Aufgaben eines Bauvorhabens erfasst und in ihrer Arbeitsintensität festgelegt. Im § 15 Abs. 1 wird die Bewertung der Grundleistungen in % des Gesamthonorars festgelegt. Da sich die Arbeit von Architekten und Ingenieuren, Landschaftsplaner und Innenarchitekten unterscheidet, werden sie in unterschiedliche Bewertungsgruppen zusammengefasst (Gebäude, Freianlagen, raumbildende Ausbauten). Die Leistungsphasen sind:

- Grundlagenermittlung
- Vorplanung
- Entwurfsplanung
- Genehmigungsplanung
- Ausführungsplanung
- Vorbereitung bei der Vergabe
- Mitwirkung bei der Vergabe
- Objektüberwachung
- Objektbetreuung und Dokumentation

Siehe / Siehe auch: Ausführungsplanung, Entwurfsplanung, Genehmigungsplanung, Grundlagenermittlung, HOAI, Mitwirkung bei der Vergabe, Objektüberwachung, Vorplanung

Leistungsverweigerungsrecht (Baurecht)

Dem Bauherrn steht gegenüber einem Bauunternehmer oder Bauhandwerker ein Leistungsverweigerungsrecht nach § 320 BGB zu, solange die vom Unternehmer erbrachte Bauleistung Mängel aufweist. Dieses Recht gilt sinngemäß auch bei VOB Vertrag. Der Bauherr gerät mit der Verweigerung der Zahlung der Vergütung auch nicht in Verzug.

Leistungsvorbehaltsklausel

Eine Leistungsvorbehaltsklausel ist eine Wertsicherungsklausel, bei der zwar die Anpassung einer wiederkehrenden Leistung an eine veränderte Bezugsgröße (in der Regel Verbraucherpreisindex) vereinbart wurde, die Bestimmung der Änderungsrate aber unbestimmt bleibt und zum gegebenen Zeitpunkt nach Billigkeitsgrundsätzen erfolgen soll. In der Regel wird dabei vereinbart, dass die Neubestimmung der Leistung durch einen Sachverständigen erfolgen soll, zumindest für den Fall, dass beim Nachverhandeln keine Einigung erzielt wird.

Muster: „Ändert sich der Verbraucherpreisindex auf der Basis des Jahres 2000 = 100 des Statistischen Bundesamtes, ab Abschluss des Vertrages um mehr als 10%, kann jede der Parteien eine Anpassung der Miete verlangen. Die Neubestimmung der Miete soll von einem von der IHK zu benennenden Sachverständigen erfolgen." Die Leistungsvorbehaltsklausel gehört nach § 1 der Preisklauselverordnung zu den genehmigungsfreien Klauseln. Leistungsvorbehaltsklauseln sind häufig in Gewerberaummietverträgen zu finden.

Leitbilder

Leitbilder sind ein wichtiger Baustein in der Corporate Identity von Unternehmen. Sie haben eine Motivations-, Legitimations- und Orientierungsfunktion. Gleichzeitig ist ein Leitbild auch für die Mitarbeiter über die reine Motivationsfunktion hinaus eine wichtige Orientierung und besitzt eine handlungsleitende Funktion. Leitbilder könnten ein wichtiger Weg sein, das Selbstverständnis von Immobilienunternehmen zu hinterfragen und diese hin zu einem Dienstleistungsbetriebe moderner Prägung fortzuentwickeln. Ein Leitbild ist also kein Luxus, den sich einige große Immobilienunternehmen leisten können.

Ein Leitbild kann hinsichtlich seiner Zielgruppen grundsätzlich zwei verschiedene Ausrichtungen haben.

- Es kann mehr nach außen, d.h. in Richtung Anwohner, Kunden, breite Öffentlichkeit, Umweltschutzgruppen etc. angelegt sein. Im Bereich Immobilienwirtschaft wird ein nach außen gerichtetes Leitbild zweckmäßiger Weise vor allem an Kunden, wie auch die breite Öffentlichkeit adressiert sein. Indem es etwa eine klare Spezialisierung des Maklers deutlich macht, kann es auch eine akquisitionsunterstützende Funktion übernehmen.
- Darüber hinaus kann ein Leitbild aber auch primär nach innen, d.h. in Richtung eigene Mitarbeiter gerichtet sein.

Leitzinsen

Leitzinssätze sind Zinsbedingungen, die eine Zentralbank festsetzt. Die Festsetzungen dienen durch ihre Leitfunktion der Geldmengenregulierung mit dem Hauptziel der Erhaltung der Geldwertstabilität (Vermeidung von Inflation und Deflation). Zuständig für die Leitzinsfestlegung im Euro-Raum ist das Direktorium der europäischen Zentralbank (EZB) zusammen mit den Präsidenten der derzeit zwölf Zentralbanken der Staaten, die den Euro eingeführt haben. Beide Gremien zusammen bilden den EZB-Rat. Zu ihrem geldpolitischen Instrumentarium gehört die Festsetzung der Zinssätze für

- die Einlagefazilität, (Möglichkeit der Banken zur kurzfristigen Einlage nicht benötigter Gelder bei der EZB, im August 2006 lag der Zinssatz z. B. bei 2%),
- die Spitzenrefinanzierungsfazilität, (Möglichkeit der Zentralbanken, sich kurzfristig Gelder von der EZB gegen Verpfändung notenbankfähiger Wertpapiere zu beschaffen, im August 2006 lag der Zinssatz bei 4%)
- die Hauptrefinanzierung, (Zinssatz, durch den der wesentliche Einfluss auf die der Wirtschaft zufließenden Geldmenge ausgeübt wird, im August 2006 lag er bei 3%)

Die Einlage- und die Spitzenfazilität sind liquiditätspolitische Instrumente. Die Zinssätze der Einlage- und der Spitzenrefinanzierungsfazilität bilden den Zinskanal, innerhalb dessen sich der längerfristige Geldmarktzins bewegt. Der Hauptrefinanzierungszinssatz, der die längerfristige Geldvergabe steuert, ist der weitaus wichtigste Leitzins. Er vor allem steht im Fokus der Öffentlichkeit, wenn über die Geldpolitik der EZB berichtet wird. Die wiederholte Änderung dieses Leitzinses in einer Richtung wirkt sich unmittelbar auf die Zinssätze für Spareinlagen und für kurzfristige Zwischen- und Vorfinanzierungsaktionen in der Immobilienwirtschaft aus und schlägt in der Regel mit Zeitverzögerung auch auf die Zinsen für langfristige Kredite durch. Der Hauptrefinanzierungszinssatz ist auch die Bezugsgröße für den deutschen Basiszinssatz. Die prozentuale Änderung des Hauptrefinanzierungszinssatzes innerhalb einer Jahreshälfte ist bestimmend für die Änderung des Basiszinssatzes, der jeweils zum 1. Januar und zum 1. Juli eines Jahres von der Deutschen Bundesbank veröffentlicht wird.
Siehe / Siehe auch: Basiszinssatz

Letter of Intent
Siehe / Siehe auch: Vorvertrag

Leverage-Effekt
Als Leverage-Effekt wird die Hebelwirkung der Fremdkapitalkosten auf die Eigenkapitalrentabilität bezeichnet. Kann Fremdkapital zu einem Zins aufgenommen werden, der niedriger ist, als die mit einem Investment erwirtschaftete Verzinsung des eingesetzten Kapitals, so erhöht sich die Verzinsung des eingesetzten Eigenkapitals durch die Aufnahme von Fremdkapital. Umgekehrt verringert sich die Eigenkapitalrentabilität durch Aufnahme von Fremdkapital, wenn die Gesamtkapitalrentabilität niedriger ist als der Fremdkapitalzins. Im Zusammenhang mit Optionsgeschäften meint der Begriff Leverage-Effekt die überproportional starke Reaktion des Optionspreises auf Kursänderungen des Underlyings. Mathematisch ausgedrückt, ergibt sich der Hebel einer Option, indem der aktuelle Kurs des Basiswertes mit dem Bezugsverhältnis multipliziert und das Ergebnis durch den Optionspreis geteilt wird.

lfm
Abkürzung für: Laufmeter

LFW
Abkürzung für: Landesverband Freier Wohnungsunternehmer

LG
Abkürzung für: Landgericht

Lg.
Abkürzung für: Lage

LHO
Abkürzung für: Leistungs- und Honorarordnung der Ingenieure

LHV
Abkürzung für: Leistungs- und Honorarverzeichnis der Garten- und Landschaftsarchitekten

Lichte Höhe / Lichtes Maß
Lichte Höhe nennt man den freien – im Licht befindlichen – Raum zwischen der Oberkante des Fußbodens und der Unterkante der Raumdecke. Der Begriff wird verwendet, um Mindestanforderungen an Wohn- und Arbeitsräume zu definieren. Bei Balkendecken ist die Lichte Höhe der Raum zwischen der Oberkante des Fußbodens und der Unterkante des Deckenbalkens.

Die aktuelle Arbeitsstättenverordnung vom 12.8.2004 setzt ausdrücklich keine Zahlenangabe für die Lichte Höhe fest. Die Regelung sagt nur aus, dass die Lichte Höhe in Abhängigkeit von der Größe der Grundfläche so ausreichend zu bemessen ist, dass die Beschäftigten ohne Beeinträchtigung ihrer Sicherheit, ihrer Gesundheit oder ihres Wohlbefindens ihrer Arbeit nachgehen können.

Die Vorgängerregelung enthielt konkrete Zahlenvorgaben, z.B. musste die Lichte Höhe bei einer Grundfläche bis 50 Quadratmeter mind. 2,50 m betragen. Bei über 2000 Quadratmeter war eine Lichte Höhe von mind. 3,25 m vorgeschrieben. Der verwandte Begriff Lichtes Maß (auch: Lichte, Lichtmaß) bezeichnet den innen gemessenen, nutzbaren Abstand zwischen zwei Bauteilen bzw. zwischen den Begrenzungen einer Öffnung.

Liebhaberei

Liebhaberei ist ein Fachbegriff zur Bezeichnung eines bestimmten steuerlichen Sachverhaltes. Als Liebhaberei werden von der Finanzverwaltung solche Tätigkeiten eines Steuerpflichtigen eingestuft, bei denen eine Gewinnerzielungsabsicht fehlt. Kosten, die dem Steuerpflichtigen im Zusammenhang mit einer solchen Tätigkeit entstehen, werden der allgemeinen Lebensführung zugerechnet und sind daher aus versteuertem Einkommen zu bestreiten. Sie können steuerlich nicht als Betriebsausgaben oder Werbungskosten geltend gemacht werden.

Fallen im Zusammenhang mit einer bestimmten Tätigkeit vorübergehend Verluste an, so rechtfertigt dies allein noch nicht die Annahme von Liebhaberei, wenn diese Tätigkeit auf Dauer betrachtet zu positiven Einkünften führen kann. Auch ein unternehmerisches Engagement, das nach Anlaufverlusten wieder beendet wird, ist nicht zwangsläufig als Liebhaberei zu werten. Entscheidend für die Beurteilung ist, ob und innerhalb welches Zeitraumes die Erzielung eines Totalüberschusses der künftigen Gewinne über die entstandenen Verluste wahrscheinlich ist.

Für die Beurteilung der Liebhaberei-Problematik durch die Finanzverwaltung im Zusammenhang mit Einkünften aus Vermietung und Verpachtung ist derzeit das Schreiben des Bundesministeriums der Finanzen an die Obersten Finanzbehörden der Länder vom 8. Oktober 2004 (sogenannter „Liebhaberei-Erlass") maßgeblich. Es ersetzte die zuvor relevanten BMF-Schreiben vom 23. Juli 1992, vom 29. Juli 2003, vom 15. August 2003 sowie vom 20. November 2003.

Für die Annahme einer Einkunftserzielungsabsicht ist es demnach erforderlich, dass es sich um eine auf Dauer angelegte Vermietungstätigkeit handelt und dass nicht besondere Umstände oder Beweisanzeichen gegen das Vorliegen einer Einkunftserzielungsabsicht sprechen oder aber besondere Arten der Nutzung für sich allein Beweisanzeichen für eine private Veranlassung sind, die nicht mit der Erzielung von Einkünften zusammenhängt. Sprechen Beweisanzeichen gegen das Vorliegen einer Einkunftserzielungsabsicht, so ist zu prüfen, ob ein Totalüberschuss erzielbar ist (sogenannte Überschussprognose). Der Prognosezeitraum umfasst dabei einen Zeitraum von 30 Jahren, sofern nicht von einer zeitlich befristeten Vermietung auszugehen ist.

Liebhaberobjekte

Als Liebhaberobjekte werden Immobilien bezeichnet, die besondere Merkmale aufweisen, bei denen der Verkehr annimmt, dass es Interessenten gibt, die deshalb eine besondere Affinität und damit Wertschätzung zu diesem Objekt verbinden könnte. Solche Merkmale können ein größerer Teich auf dem Grundstück sein, eine denkmalgeschützte Fassade, ein weiter, freier Ausblick auf eine reizvolle Landschaft oder Ähnliches. Die im Erwerbsfall von „Liebhabern" bezahlten Objektpreise sind in der Regel Ausreißer, die wegen der Ungewöhnlichkeit der Interessenten-Objektbeziehung als Referenzpreise für eine generelle Markteinschätzung ungeeignet sind. Nicht selten versuchen Verkäufer von gewöhnlichen Immobilien, ihr Objekt als „Liebhaberobjekt" anzubieten, obwohl hierfür die Grundlagen oder das Interessentenpotenzial fehlen. Solche Mühen sind regelmäßig vergeblich.

Liegenschaften

Unter Liegenschaften sind bei Offenen Immobilienfonds die Immobilien zu verstehen, in die investiert wurde.

Liegenschaftskarte

Siehe / Siehe auch: Liegenschaftskataster, Katasterbücher, Katasterkarten (Flurkarten)

Liegenschaftskataster

Das Liegenschaftskataster ist nach § 2 der Grundbuchordnung (GO) das amtliche Verzeichnis der Grundstücke. Es wird bei den Katasterämtern geführt. Das Liegenschaftskataster besteht aus den Katasterbüchern und Katasterkarten. Sie werden überwiegend in automatisierter Form geführt (ALB und ALK). Buchungseinheit des Liegenschaftskatasters ist das Flurstück. Die im Liegenschaftsbuch aufgenommenen Eigentümer erhält das Liegenschaftsamt vom Grundbuch.

Das Liegenschaftskataster enthält im Gegensatz zu den Bestandsverzeichnissen der Grundbücher alle Grundstücke einschließlich Erbbaurecht und Wohnungseigentum des Katasterbezirks. Dies gilt auch für Grundstücke, die nicht im Grundbuch eingetragen sind. Einblick in das Liegenschaftskataster hat jedermann. Für die Einsicht in personenbezogene Daten (Eigentumsverhältnisse) muss wie beim Grundbuch ein berechtigtes Interesse dargelegt werden.

Siehe / Siehe auch: Katasterbücher, Katasterkarten (Flurkarten)

Liegenschaftszinssatz

Der Liegenschaftszinssatz ist der Zinssatz, mit dem der Verkehrswert von Liegenschaften im Durchschnitt marktüblich verzinst wird. Es handelt sich um einen zentralen Faktor der Wertermittlung einer Immobilie im Ertragswertverfahren. Er ist nicht zu verwechseln mit einem normalen Anlagezinssatz. Die Höhe des Liegenschaftszinssatzes bestimmt sich nach der Art und Lage des Objektes. Mit ihm wird zunächst der Bodenwert eines bebauten Grundstücks verzinst. Außerdem geht er zusammen mit der Restnutzungsdauer in den Vervielfältiger (einem „Rentenbarwertfaktor") ein. Die Multiplikation des Vervielfältigers mit dem auf das Gebäude treffenden Reinertrag ergibt den Gebäudeertragswert. Der Liegenschaftszinssatz kann in der Regel bei den Gutachterausschüssen erfragt werden. Auch Makler können auf der Grundlage der von ihnen vermittelten Kaufverträge über Mietobjekte Liegenschaftszinssätze zuverlässig ermitteln.

Life-Cycle-Costing

Siehe / Siehe auch: Lebenszykluskosten

Life-Style-Technik

Life-Style-Technik ist eine Verkaufstechnik, bei der der zukünftige Lebensstil des potentiellen Käufers bzw. Mieters der Immobilie positiv dargestellt wird. Auf diese Weise kann der Leser den positiven Zustand, der nach dem Erwerb der Immobilie eintritt, mit den Unzulänglichkeiten seines derzeitigen Lebensstils vergleichen.

LImSchG

Abkürzung für: Landesimmissionsschutzgesetz

Line of Visibility

Dies sind in der Wertschöpfungskette des Unternehmens die Punkte, bei denen das Immobilienunternehmen jeweils von seinen Kunden – in welcher Form auch immer – wahrgenommen wird.

Liquidationswert (Immobilienbewertung)

In der Immobilienbewertung versteht man unter dem Liquidationswert einen Wert, der sich bei Anwendung des Ertragswertverfahrens dadurch ergibt, dass der Reinertrag ausschließlich durch die Bodenwertverzinsung absorbiert wird und auf das Gebäude deshalb kein Ertragsanteil mehr entfällt. Der Bodenwert ist um die Abbruchkosten zu mindern. Sollte ein Abbruch zum Bewertungsstichtag z.B. wegen einer vertraglichen Nutzungsvereinbarung nicht möglich sein, ist dies ebenfalls zu berücksichtigen, wobei der auf die Dauer der Nutzung entfallende kapitalisierte Betrag hinzuaddiert werden muss.

Liquidität

Unter der Liquidität versteht man Zahlungsfähigkeit. Zur Aufrechterhaltung dieser Zahlungsfähigkeit müssen Mittel bereitstehen, über die sofort verfügt werden kann. Tritt wegen des Mangels an Liquidität ein Zustand der Zahlungsunfähigkeit ein, muss Insolvenz angemeldet werden. Schon bei drohender Zahlungsunfähigkeit kann auf Antrag des Betroffenen Insolvenz beantragt werden. Der Liquiditätsgrad ist neben der Rentabilität eine wichtige Unternehmenskennzahl. Man unterscheidet unterschiedliche Liquiditätsgrade (Verhältnisse von Barmitteln, kurzfristigen Forderungen oder dem Umlaufvermögen zu den entsprechenden kurzfristigen Verbindlichkeiten). Überliquidität vermindert die Rentabilität.

Bei Fonds besteht die Liquidität in frei verfügbare Mittel im Rahmen des Fondsvermögens.

Die Immobilienfondsgesellschaften dürfen maximal 49% des Sondervermögens liquide halten. Da manche Gesellschaften in der Vergangenheit bis dicht an diese Grenze gestoßen sind (Grund: mangelnde Auswahl an geeigneten Objekten), gab es zeitweilig sogar einen Vertriebsstop.

Liquiditätsreserve

Geschlossene Immobilienfonds sollten aus Gründen der kaufmännischen Vorsicht mit einer Liquiditätsreserve ausgestattet sein. Sie dient dem Ziel, eventuelle Instandhaltungs- und Revitalisierungskosten oder auch Mietausfälle und andere unvorhergesehene Aufwendungen tragen zu können, ohne dass dadurch sofort die prognostizierten Ausschüttungen in Frage gestellt werden. Aus der Prognoserechnung sollten die Höhe und die angestrebte Entwicklung der Liquiditätsreserve erkennbar sein.
Siehe / Siehe auch: Immobilienfonds - Geschlossener Immobilienfonds

lit.
Abkürzung für: Buchstabe (litera)

Lit.
Abkürzung für: Literatur

LKR
Abkürzung für: Lieferkoordinierungsrichtlinie

LKV
Abkürzung für: Landes- und Kommunalverwaltung

LM
Abkürzung für: Leichtmauermörtel

Löschung
Löschung ist die Beseitigung einer Eintragung im Grundbuch. Die erledigte Eintragung wird jedoch nicht aus dem Grundbuch entfernt, sondern rot unterstrichen oder durchgestrichen. Unter der Spalte „Löschungen" wird anschließend ein spezieller Löschungsvermerk eingetragen. Damit soll auch später noch erkennbar sein, wann sich welche Eintragungen erledigt haben. Im Zweifel kommt es nicht auf die Rötung, sondern auf die Eintragung des Vermerks an. Die Löschung muss von demjenigen bewilligt werden, dessen Recht davon berührt wird.

Löschungsanspruch

Dem nachrangigen Grundschuld- oder Hypothekengläubiger steht gegenüber dem Grundstückseigentümer ein Anspruch auf Löschung vorrangig eingetragener Grundpfandrechte zu, wenn sich diese durch Darlehensrückzahlung in Eigentümergrundschulden verwandeln. Der Anspruch kann durch Eintragung einer Löschungsvormerkung im Grundbuch abgesichert werden. Will der Eigentümer die Eigentümergrundschuld jedoch für weitere Beleihungen nutzen, muss er den Löschungsanspruch im Einvernehmen mit dem Gläubiger ausschließen.

Loft

Nach Langenscheidt: Zur Wohnung (und / oder Arbeitsplatz) umgestaltete ehemalige Fabriketage. Sie zeichnet sich durch weitläufige, meist hohe und lichtoffene Raumgestaltung und großzügigen, individuellen Grundrissen fernab des Alltäglichen aus. Die Geburt des Loft-Living fand in den USA statt. In den späten 40er Jahren waren Künstler auf der Suche nach günstigen großen Atelier- und Wohnmöglichkeiten. Einer der Trendsetter der Loft-Bewegung war Andy Warhol (1928-1987). Sein Loft, die sogenannte „Factory" in Manhattan war in den 60er Jahren Kunsttreff, wie auch Atelier, Bühne und Wohnung. Seit dieser Zeit werden in vielen amerikanischen und europäischen Metropolen brachliegende Fabrikhallen in Wohnquartiere mit besonderem Charme umgenutzt. Lofts verbreiten sich zunehmend in Europa, z.b. in London (Docklands), Amsterdam, Paris. Sie hielten aber auch Deutschland Einzug. Man findet sie heute vor allem in Berlin (z.B. Paul Lincke Höfe. Steinhof an der Planke – eine ursprüngliche Nudelfabrik, das Königliche Leihamt), Hamburg (alte Speicherstadt), Köln (Stollwerck Fabrik) und Frankfurt. Die Größen der einzelnen Lofts bewegen sich in Deutschland zwischen 50 und 500 Quadratmeter Wohn- oder Nutzfläche – je nach Nutzungsart – bei Quadratmeter-Preisen zwischen 1.500 und 3.000 Euro.

Loggia

Aus dem Italienischen: laubia = Laube.Gemeint ist ein offener, überdachter Freiraum innerhalb der Bauflucht eines Hauses (ein Balkon ragt im Gegensatz dazu über die Bauflucthlinie hinaus).

Logistikimmobilien

Logistikimmobilien sind Grundstücke, Gebäude und andere bauliche Anlagen, die der Lagerung, dem Transport oder dem Umschlag von Gütern dienen. Dazu zählen beispielsweise Warenlager für Industrie und Handel, Luftfrachtzentren, Verteilzentren, Cross Docking Centers und Transshipment Centers. Für Immobilieninvestoren, die sich im Bereich Gewerbeimmobilien engagieren, stellen Logistikimmobilien eine wichtige Investmentalternative zu Büros, Shopping-Centern und Hotels dar. Häufig werden mit Logistikimmobilien höhere Renditen erzielt als mit Immobilien anderer Nutzungsarten. Die Nutzungsdauer der Objekte ist im Bereich Logistik allerdings oft wesentlich kürzer, zudem sind in der Regel kaum Wertsteigerungen zu erwarten.
Ein wesentlicher Einflussfaktor für den Wert von Logistikimmobilien ist neben dem Standort und der Qualität des Gebäudes die Drittverwendungsfähigkeit.
Siehe / Siehe auch: Drittverwendungsfähigkeit, Cross Docking Center, Transshipment Center

LPachtG
Abkürzung für: Landpachtgesetz

LPachtVG
Abkürzung für: Landpachtverkehrsgesetz

LPartG
Gesetz über die eingetragene Lebenspartnerschaft vom 16.2.2001. Regelt die Begründung und die gegenseitigen Pflichten in einer eingetragenen Lebenspartnerschaft zwischen zwei Personen gleichen Geschlechts und stellt diese teilweise der Ehe gleich. So sind die Regelungen der Hausratsverordnung über die Aufteilung von Wohnung und Hausrat bei Trennung von Ehepaaren auch auf Lebenspartnerschaften anwendbar.
Siehe / Siehe auch: Ehewohnung, Ehescheidung im Mietrecht, Lebenspartner, Wohnungszuweisung

LPG
Abkürzung für: landwirtschaftliche Produktionsgenossenschaft

Ls
Abkürzung für: Leitsatz

LSt
Abkürzung für: Lohnsteuer

LStDV
Abkürzung für: Lohnsteuerdurchführungsverordnung

LStR
Abkürzung für: Lohnsteuerrichtlinien

Lücke-Plan / Lücke-Gesetz
Auch: „Gesetz über den Abbau der Wohnungszwangswirtschaft und ein soziales Miet- und Wohnrecht"; in Kraft getreten 1960. Das vom damaligen Bundesbauminister Paul Lücke (CDU) initiierte Gesetz bewirkte die schrittweise Abschaffung der Mietpreisbindung für Altbauwohnungen.
Siehe / Siehe auch: Mietpreisbindung

Lüftungsanlage
Siehe / Siehe auch: Abluftanlage

Luftmakler
Als Luftmakler werden Zwischenpersonen bezeichnet, die eingeschaltet werden, um aus zustande kommenden Verträgen Provisionsbeträge abzuzweigen, die dann zwischen dieser Person und demjenigen, der sie ins Spiel gebracht hat, aufgeteilt werden. Das Charakteristische ist, dass es sich bei dieser Person nicht um einen tatsächlichen Makler handelt. Es gibt verschiedene Konstruktionen: Ein mit dem An- und Verkauf betrauter Angestellter einer Kapitalanlagegesellschaft lässt seiner Ehefrau oder Lebensgefährtin ein Maklerbüro gründen, das zum gegebenen Zeitpunkt eingeschaltet wird, um Maklerdienste vorzutäuschen. Eine andere Konstruktionsform besteht darin, dass eine Gesellschaft gegründet wird, an der der Angestellte als stiller Gesellschafter beteiligt ist.
In jedem Fall liegt eine strafbare Handlung vor. Für tatsächliche Makler entsteht das Problem, dass durch die Berichterstattung über solche Fälle ihr Ruf ebenfalls in Mitleidenschaft gezogen wird.
Siehe / Siehe auch: Pseudomakler

LUKG
Abkürzung für: Landesumzugskostengesetz

LV
Abkürzung für: Lebensversicherung
Abkürzung für: Leistungsverhältnis
Abkürzung für: Landesverfügung
Siehe / Siehe auch: Lebensversicherung

LVA
Abkürzung für: Landesversicherungsanstalt für Arbeiter

lx
Abkürzung für: Lux, Lichteinheit

Lz
Abkürzung für: Liegenschaftszins

LZB
Abkürzung für: Landeszentralbank

m.abl.Anm.
Abkürzung für: mit ablehnender Anmerkung

m.w.N.
Abkürzung für: mit weiteren Nennungen
Abkürzung für: mit weiteren Nachweisen

m2
Abkürzung für: Quadratmeter

m3
Abkürzung für: Kubikmeter

MABl
Abkürzung für: Ministerialamtsblatt

MaBV
Abkürzung für: Makler- und Bauträger-Verordnung, auch: MaBVO
Siehe / Siehe auch: Makler- und Bauträgerverordnung (MaBV)

MÄG
Abkürzung für: Drittes Gesetz zur Änderung mietrechtlicher Vorschriften (vom 21.12.1967). Geändert wurden folgende Vorschriften des Bürgerlichen Gesetzbuches: §§ 556 a Abs.1-3, 5 und 6, 556 c, 557 Abs. 1, 564 a.
Fundstelle: Bundesgesetzblatt I, S.1248.

Mängel (-beseitigung, -protokoll, -rüge)
Mängel an den Bauausführungen, die nicht mit den Plänen des Bauherrn oder mit Baurichtlinien übereinstimmen, aus denen sich die Regeln der Baukunst ergeben, muss der bauausführende Handwerker bzw. Unternehmer innerhalb der Verjährungsfrist für seinen Vertragspartner kostenlos beseitigen.
Mängel, die der Bauherr an seiner Immobilie feststellt, sollten dem Vertragspartner unverzüglich schriftlich mitgeteilt werden. Werden sie bereits bei der Bauabnahme entdeckt, müssen sie in einem Protokoll festgehalten werden, da sonst Nacherfüllungsansprüche nicht mehr geltend gemacht werden können. Ratsam ist es, darin einen Termin für die Beseitigung der Mängel zu setzen. Das Protokoll wird anschließend vom Bauherrn und dem Vertragspartner unterzeichnet.
Siehe / Siehe auch: Rechtsmangel (Mietverhältnis), Sachmangel (im Mietrecht)

Magnet
Siehe / Siehe auch: Anchor

Mahnverfahren, gerichtliches
Jede Geldforderung in inländischer Währung z.B. Miete, Betriebskosten, Immobilienkaufpreis, Hypothekenforderung kann nicht nur im Rahmen eines Rechtsstreites, sondern auch im Rahmen des gerichtlichen Mahnverfahrens geltend gemacht werden. Dadurch soll – wenn der Schuldner die Forderung nicht ernsthaft bestreitet, sie aber entweder nicht erfüllen kann oder will – dem Gläubiger über die Geldforderung schnell und einfach ohne mündliche Verhandlung ein Vollstreckungstitel verschafft werden. Zuständig für das Mahnverfahren sind ausschließlich die Amtsgerichte. Dort kann der Gläubiger (Antragsteller), ohne darlegen zu müssen, inwieweit er überhaupt anspruchsberechtigt ist, den Erlass eines Mahnbescheides beantragen. Das Gericht prüft lediglich, ob die gesetzlich vorgeschriebenen Formalismen eingehalten sind, nicht aber, ob der geltend gemachte Anspruch zu Recht besteht. Legt der Schuldner (Antragsgegner) gegen den Antrag keinen Widerspruch ein, so ergeht ein Vollstreckungsbescheid, der die Wirkung eines Versäumnisurteiles hat. Aufgrund dieser Wirkung hat der Antragsgegner die Möglichkeit, gegen den Vollstreckungsbescheid Einspruch einzulegen. Tut er dies nicht, wird der Vollstreckungsbescheid und damit die Forderung rechtskräftig.

Mailing
Mailings sind ein wichtiges Instrument, um das Interesse potentieller Käufer zu finden, aber auch um den Bekanntheitsgrad und das Image des Unternehmens zu verbessern. Sie dienen neben der Schaltung von Anzeigen auch der Auftragsbeschaffung und sind die zielgerichtete Anwendung von Serienbriefen, die an bestimmte Haushalte in bestimmten Gebieten verteilt werden. Interessant ist das Mailing, da es eine hohe Präzision zur Erreichung der spezifischen Zielgruppe bietet und sowohl zur Auftragsbeschaffung als auch zu Vertriebszwecken eingesetzt werden kann. Auch kleine Zielgruppen können durch ein Mailing treffsicher angesprochen werden, so dass ein Mailing sehr viel persönlicher ist als andere Art der Kontaktaufnahme zu der Zielgruppe, ausgenommen der direkt persönliche Kontakt. In der Immobilienwirtschaft gibt es vier Formen des

Mailings: Vorstellungsmailing, Kontaktmailing, Akquisitionsmailing und Verkaufsmailing. Mailings sollen nicht den Eindruck einer Werbe- oder Verkaufsmaßnahme erwecken, sondern Vorteile und Nutzen für die Zielperson hervorheben. Das Anschreiben soll wie ein individueller Brief wirken und nicht wie eine Massen-Aussendung.

Mais.-Whg.
Abkürzung für: Maisonette-Wohnung
Siehe / Siehe auch: Maisonette

Maisonette
Maisonette (Maison = Haus) bezeichnet eine auf zwei Stockwerke verteilte Wohnung, deren Etagen mit einer internen Treppe verbunden sind. Häufig ist bei Maisonetten die Mansarde in den Wohnbereich mit einbezogen.

Makler
Makler sind Gewerbetreibende, die Verträge vermitteln. Zu unterscheiden ist zwischen Zivilmaklern und Handelsmaklern. Handelsmakler befassen sich nur mit der Vermittlung von Verträgen über Gegenstände, die im Rahmen des Handelsverkehrs eine Rolle spielen (Waren, Wertpapiere, Versicherungen, Güterbeförderungen, Schiffsmiete). Ihr Recht ist in den §§ 93-104 HGB geregelt. Zivilmakler befassen sich mit Verträgen, deren Regelung im BGB angesiedelt ist (Mietverträge, Kaufverträge über Grundstücke, Darlehensverträge).
Für sie gelten die Vorschriften der §§ 652-654 BGB. Zivilmakler können – im Gegensatz zum Handelsmakler – schon dann einen Provisionsanspruch erwerben, wenn es infolge ihres Nachweises einer Vertragsgelegenheit zu einem Vertragsabschluss kommt. Voraussetzungen für den Provisionsanspruch sind ein Provisionsversprechen dessen, der zahlen soll, eine Maklertätigkeit (Nachweis oder Vertragsvermittlung), Zustandekommen des mit der Maklereinschaltung beabsichtigten Vertrages (Kaufvertrag, Mietvertrag) und ein Ursachenzusammenhang zwischen der Maklertätigkeit und dem Zustandekommen des beabsichtigten Vertrages.
Beim Vermittlungsmakler kann ein Provisionsanspruch auch dann entstehen, wenn der abgeschlossene Vertrag vom ursprünglich beabsichtigten abweicht. Voraussetzung aber ist, dass dieses Abweichen auf die Vermittlungsbemühungen des Maklers zurückzuführen ist. Das Problem des zivilen Maklerrechts besteht darin, dass einerseits der Makler nicht verpflichtet, sondern nur berechtigt ist, für den Auftraggeber tätig zu werden, andererseits der Auftraggeber nicht verpflichtet ist, erbrachte Maklerleistungen „abzunehmen". Er kann jederzeit den erteilten Auftrag widerrufen, andere Makler zusätzlich einschalten, die Objektangebotsbedingungen beliebig ändern usw..
Das entzieht dem Makler die Möglichkeit, seinen Kosten- und Zeiteinsatz vernünftig zu kalkulieren. Makler weichen deshalb in der Regel auf die Vereinbarung von Alleinaufträgen aus. Wird ein Makler für beide Parteien provisionspflichtig tätig, spricht man von einem Doppelmakler.
Während der Makler allgemein die Interessen seines Auftraggebers zu vertreten hat, muss er im Fall der Doppeltätigkeit bei der Vermittlung eine neutrale Position beziehen.
Verletzt er die Neutralitätspflicht, verwirkt er seinen Provisionsanspruch gegenüber demjenigen der beiden Auftraggeber, der benachteiligt wurde. Wer das Gewerbe eines Immobilien-, Wohn- und Gewerberaummaklers betreiben will, muss hierfür eine Erlaubnis nach § 34c der Gewerbeordnung (GewO) beantragen. Die Erlaubnis wird nur erteilt, wenn der Antragsteller die für den Betrieb erforderliche Zuverlässigkeit besitzt und sich in geordneten Vermögensverhältnissen befindet.
Siehe / Siehe auch: Alleinauftrag, Gewerbeerlaubnis, Neutralitätsprinzip (Maklergeschäft), Ursächlichkeit

Makler / Untermakler
In einer Sonderform des Gemeinschaftsgeschäftes kann sich der Makler eines Untermaklers bedienen. Dabei beauftragt er einen weiteren Makler mit der Abwicklung eines Geschäfts. Voraussetzung ist ein Maklervertrag zwischen Hauptmakler und Auftraggeber sowie zwischen Haupt- und Untermakler.
Siehe / Siehe auch: Gemeinschaftsgeschäft

Makler als Erfüllungsgehilfe des Auftraggebers
Nach neueren Entscheidungen des Bundesgerichtshofes ist der Makler dann ein Erfüllungsgehilfe des Auftraggebers, wenn er über die „klassischen" Tätigkeiten (Nachweis und Vermittlung) hinaus Aufgaben übernimmt, die typischerweise Sache des Auftraggebers selbst wären. Je enger

die Pflichtenstruktur zwischen dem Auftraggeber und dem Makler z.B. im Rahmen eines qualifizierten Alleinauftrages ist, desto größer die Wahrscheinlichkeit, dass der Makler in die Rolle des Erfüllungsgehilfen schlüpft. Ist der Makler im Vorfeld des Verkaufes z.B. als Erfüllungsgehilfe der Verkäuferpartei anzusehen, muss diese sich die Fehler seines Maklers zurechnen lassen. Der Käufer kann damit den Verkäufer etwa auf Schadensersatz wegen der vom Makler unterlassenen Aufklärung oder falschen Information verklagen. Allerdings wird der Makler damit nicht entlastet, denn der Auftraggeber wird in einem solchen Fall den Makler in Regress nehmen.

Makler als Verwalter
Siehe / Siehe auch: Verwalter als Makler

Makler- und Bauträgerverordnung (MaBV)
Die MaBV regelt als Verbraucherschutzverordnung die Beziehungen zwischen den Auftraggebern einerseits und Maklern, Kapitalanlagevermittlern, Bauträgern und Baubetreuern andererseits. Im Mittelpunkt steht der Schutz des Vermögens der Auftraggeber.

Die MaBV enthält Sicherungsvorschriften bei Verwendung von Geldern der Auftraggeber, Informations- und Aufzeichnungsvorschriften, Vorschriften über die Sammlung und Aufbewahrung von Prospekten sowie Vorschriften über Pflichtprüfung, Prüfung aus besonderem Anlass und behördliche Nachschau. Rechtsgrundlage für diese Berufsausübungsregelung ist die Verordnungsermächtigung nach § 34 c der Gewerbeordnung. Auftraggeber im Sinne der MaBV ist beim Maklergeschäft stets nur der Objektsuchende.

Zugunsten der Maklerbetriebe wurde durch das Deregulierungsgesetz ab 1. Juli 2005 die Vorschrift über die Sammlung von Inseraten und die jährliche Pflichtprüfung abgeschafft. Das bedeutet, dass Betriebe, die über eine Erlaubnis für die Maklertätigkeit verfügen, im Jahr 2005 keinen Prüfungsbericht bei der zuständigen Behörde mehr abliefern müssen, auch wenn er sich auf das Geschäftsjahr 2004 bezieht.

Für die übrigen Gewerbetreibenden gelten die Vorschriften über die Inseratesammlung und die jährliche Pflichtprüfung nach wie vor.
Siehe / Siehe auch: Deregulierungsgesetz

Maklerimage
Immobilienmakler waren in einigen besonderen Zeitabschnitten im vergangenen Jahrhundert vor allem in Deutschland in der Öffentlichkeit oft heftiger Kritik ausgesetzt. Zu Beginn des 20. Jahrhunderts wurden sie einbezogen in die entstehende Kapitalismuskritik, vor allem durch Übertragung des Negativimages der untergehenden Bodenspekulation in der Zeit vor dem 1. Weltkrieg auf die Makler. Diese entwickelten sich gegenüber dem Boden- und Häuserhandel als neue alternative immobilienwirtschaftliche Vermarktungsform. Es entstand eine geschichtlich bedingte negative Imagevorbelastung der Maklertätigkeit aus dem Irrtum heraus, Makler würden ebenso wie vorher die Händler Herr des Preisgeschehens am Markt sein und im eigenen Provisionsinteresse die Preise nach oben treiben. Dass dies im Hinblick auf die Wirksamkeit des Erfolgsprinzips und des Prinzips der Entscheidungsfreiheit des Auftraggebers im Maklergeschäft gar nicht möglich ist, wurde damals noch nicht erkannt.

Dies Vorurteil ist allerdings auch heute nicht ganz ausgestorben. Dies lässt sich daran erkennen, dass immer dann, wenn ein „Skandal" in der Immobilienwirtschaft öffentliches Interesse erregt – z.B. die Schneiderpleite – das Negativimage des Maklers als zurecht bestätigt gilt. Dabei waren Makler weder im Schneiderfall noch an den anderen wirklich großen Immobilienskandalen der Nachkriegszeit beteiligt. Der sozial besonders empfindliche Geschäftssektor der Wohnungsvermittlung blieb in dieser Anfangszeit – aus heutiger Sicht erstaunlich – von der Kritik weitgehend verschont.

Dies rührt daher, dass vor dem 1. Weltkrieg die Provision für die Vermittlung von Mietverträgen von den Vermietern getragen wurde und Makler sich um den Bereich der Vermietung von sogenannten „Kleinwohnungen" nicht kümmerten. Ihre Geschäftspartner zählten durchgehend zu denen, die der sozialen Oberschicht angehörten.

Zu Beginn der Nazizeit wurde am Maklergewerbe eine grundsätzliche Kritik geübt, die allerdings stark antisemitische Züge trug und an die Systemkritiker der aus der Frankfurter Schule entstammenden Szene der 68er Studenten mit den organisierten Hausbesetzungen erinnert. Dabei wurden Makler mit Hausbesitzern, Haussanierern und Umwandlern in einen Topf geworfen wurden.

Vor allem gegen Ende der 60er / Anfang der 70er Jahre wurden Makler das Ziel einer politisch gesteuerten Diffamierungskampagne. Sie ging nicht nur von den „Systemkritikern" aus, sondern auch von ideologisch weniger festgelegten Politikerkreisen, die das linke Agitationsfeld nicht den „Jungsozialisten" alleine überlassen wollten. Zu erinnern ist dabei an das Berufsverbot für Makler, das 1973 auf dem SPD-Parteitag in Hannover beschlossen wurde. An Demonstrationen gegen Makler auf Deutschen Maklertagen, an den Wahlkampf des Münchner SPD-Oberbürgermeisterkandidaten Georg Kronawitter gegen die Makler, der auch innerhalb der SPD zu Irritationen führte, bis hin zur Einführung von kommunalen Wohnungsvermittlungsstellen mit dem Ziel, dem privaten Maklergewerbe die Existenzgrundlage zu entziehen. Makler wurden schlicht mit Wohnungsvermittler identifiziert und diese als „Parasiten" gebrandmarkt – eine durch Agitationspropaganda (Agitprop) gelenkte Terminologie, die ihren Ursprung im sog. Parasitengesetz vom Mai 1961 in der damaligen Sowjetunion hatte. Von den annähernd 100 kommunalen Wohnungsvermittlungsstellen existiert heute keine mehr. Sie scheiterten als reine „Nachweisbüros" alle an Ineffizienz.

Für Kritik am Maklergewerbe gab es stets einer Reihe tiefer liegender Ursachen, deren Wirkungszusammenhänge allerdings nur ungenügend erforscht sind. Als sicher kann gelten, dass der Maklerbegriff selbst Negativassoziationen hervorruft (Makler – Makel, Mäkler = mäkeln). Kennzeichnend dafür ist, dass in Ländern, in denen Makler völlig gleichartige Berufsfunktionen und eine von Erfolgsprovisionen abhängenden Maklertätigkeit ausüben, offensichtlich wegen ihrer anderen Berufsbezeichnung kein Imageproblem haben.

Schon am Anfang des 20. Jahrhundert gab es wohl aus diesen Gründen bei Maklerverbänden Bestrebungen, das Wort Makler durch eine andere Berufsbezeichnung zu ersetzen. So wurde dort bereits vor dem 1. Weltkrieg erwogen, den Begriff des Maklers durch den Begriff des „Sensalen" zu ersetzen. In den 50er und 60er Jahren bezeichneten sich viele, die das Maklergewerbe ausübten, nicht als Makler, sondern als Betriebs- oder Unternehmensberater. Bei den makelnden Kreditinstituten ist mittlerweile der Begriff des Immobilienberaters zur Standardbezeichnung für Makler geworden. Eine weitere Ursache der langfristigen negativen Determination des Maklerimages beruhte in den (aus Sicht von Auftraggebern und Öffentlichkeit) überhöhten Provisionen, die Makler für ihre Leistungen fordern. Da aber die an Immobiliengeschäften Interessierten stets die Wahl haben, die originäre Maklerleistungen der Markterschließung selbst zu übernehmen, anstatt von Maklern „einzukaufen" und es in vielen Fällen deshalb nicht tun, weil für sie die eigenen Recherchen teurer wären, reduziert sich dieses Imageproblem auf die Schwierigkeit, Maklerleistungen transparent zu machen und die aus der Natur der Sache heraus „latent prekäre Beziehungsebene" zwischen Makler und Auftraggeber in eine Vertrauensbeziehung umzuwandeln. Hierauf zielt eine Untersuchung von Bonus und Pauk über den „Immobilienmakler in der Dienstleistungsgesellschaft" aus der Sichtweise der Institutionenökonomik ab.

Die Untersuchung von Falk („Das Image der deutschen Immobilienwirtschaft" 1995) reduziert dagegen das Imageproblem des Maklers auf einen angeblich geringen Ausbildungsgrad der Makler. Die Schrift ist deshalb fragwürdig, weil sie das Produkt einer Untersuchung der Ansichten potentieller „Imagemitbewerber" ist und der dabei postulierte geringe Ausbildungsgrad von Maklern lediglich hypothetisch unterstellt wird. Maklerausbildung wird seit Jahren nicht nur im Rahmen des anspruchsvollen Ausbildungsberufes des Kaufmanns in der Grundstücks- und Wohnungswirtschaft (heutige Bezeichnung „Immobilienkaufmann / Immobilienkauffrau) betrieben, sondern an einer ganzen Reihe von Fachhochschulen, Universitäten (ebs) und universitätsnahen Instituten wie z.B. der Deutschen Immobilien Akademie an der Universität Freiburg. Deren Ergebnisse lassen sich durchaus mit dem Berufsbildungsstandard der Maklerausbildung im Ausland messen.

Der im letzten Jahrzehnt eingetretene positive Imagewandel ist sicher auch auf die Anhebung der beruflichen Qualifikation der Makler zurückzuführen, im politischen Raum aber auch auf die Ernüchterungen, die nach dem Fall der Mauer bei einem dann möglich gewordenen realen „Systemvergleich" eintrat und zwangsläufig zu neuen Bekenntnissen für die Marktwirtschaft führten. Schließlich haben Makler ihre Marktkompetenz auch im Rahmen ihrer Öffentlichkeitsarbeit wirksamer als in Zeiten einer Ghettoisierung des Berufsstandes vertreten können.

Siehe / Siehe auch: Erfolgsprinzip (Maklergeschäft), Prinzip der Entscheidungsfreiheit des Auftraggebers (Maklergeschäft), Wohnung

Maklerkooperation

In allen Phasen des Immobilienmarktes – nicht nur in schlechten Zeiten – empfiehlt es sich für Makler bei ihrer Absatzwegepolitik zusammenzurücken und verstärkt Gemeinschaftsgeschäfte abzuschließen. Eine besonders interessante Form sind in zunehmendem Maße Immobilienbörsen und Maklerverbünde. Diese formen aus einer Vielzahl leistungsfähiger aber individualistischer Makler-Kollegen eine schlagkräftige Gemeinschaft, die jedem Mitglied Wettbewerbsvorteile bringt.

Der entscheidende Vorteil für Objektanbieter ist, dass ihre Immobilie von einem an der Immobilienbörse beteiligten Makler in dessen Angebot aufgenommen wird. Anschließend wird die Immobilie – soweit gewünscht – über die gemeinsame Datenbank auch von den übrigen Maklern der Immobilienbörse mit angeboten.

Hierdurch entstehen keine zusätzlichen Kosten. Einziger Ansprechpartner des Verkäufers bzw. Vermieters bleibt der von ihm persönlich beauftragte Makler. Dieser steuert auch die Aktivitäten der übrigen Makler der Immobilienbörse, die die Immobilien mit anbieten. Inseriert wird die Immobilie nur durch diesen Makler. Die übrigen Börsen-Makler bringen z.B. die bei ihnen vorgemerkten Interessenten ein. Diese breite Vertriebsbasis schlägt sich positiv in der Erfolgswahrscheinlichkeit bzw. der Vermarktungsdauer und dem erzielten Objektpreis nieder.

Speziell für potentielle Käufer und Mieter bieten Immobilienbörsen insbesondere durch ihre hohe regionale Marktkompetenz erhebliche Vorteile, die sich bei der Vermarktung von Objekten auszahlen: Kauf- und Mietinteressenten müssen nicht mühsam die Immobilienteile der Zeitungen wälzen oder zu einer Vielzahl von Maklern gehen, um einen guten Marktüberblick zu bekommen. Vielmehr können sie bei einem einzigen Makler das gesamte Angebot der übrigen Makler der Immobilienbörse abrufen. Die Nutzung dieser Absatzwege durch den Makler schafft für seine Kunden schnell ein hohes Maß an Markttransparenz, spart viel Zeit und Mühen und eröffnet eine interessante Absatzschiene.

Bei der Akquise ist Maklerkooperation ebenfalls höchst vorteilhaft. Die verschiedenen Formen der Maklerkooperation und die daraus erwachsenden Gemeinschaftsgeschäfte sind als eine Alternative oder Ergänzung zum Aufbau eines eigenen Außendienstmitarbeiterstammes zu betrachten. Das breit gefächerte und in zahllose Teilmärkte aufgesplittete Immobilienangebot fordert eine Absatzschiene über Netzwerk und Datenbank geradezu heraus.

Maklermethode

Bei der Maklermethode handelt es sich um eine international gepflegte Bewertungsmethode, die den Wert von Renditeobjekten mit Hilfe eines Multiplikators bezogen auf die Jahresnettokaltmiete zum Ausdruck bringt. Der sich aus dem Multiplikator ergebende Preis für ein Objekt resultiert aus der aktuellen Verzinsung des eingesetzten Kapitels einerseits und Erwartungen über die künftige Ertragsentwicklung dieses Objektes in der Zukunft andererseits. Die Höhe der Multiplikatoren schwankt je nach Art, Lage und Raumbezogenheit des Objektes.

Die Erwartungen auf den in Frage kommenden Teilmärkten können sich beziehen auf

- nicht ausgeschöpfte Mietreserven, die dem künftigen Erwerber Ertragssteigerungsmöglichkeiten einräumen, sowie Ertragsreserven, die durch Umwidmungen in der Nutzung des Objektes realisiert werden können
- externe Werterhöhungspotenziale, die auf zu erwartende Lageverbesserungen beruhen. Sie können eintreten als Folge von Änderungen der verkehrsmäßigen Infrastruktur, des Siedlungswachstums an den Rändern oder der Schrumpfung des Siedlungsraumes infolge eines längerfristig negativen Wanderungssaldos oder durch erwartete öffentliche Investitionen
- langfristige Veränderungen der Wirtschaftsstruktur des Raumes, in dem sich die Immobilie befindet,
- konjunkturell unterstützte, raumbezogene Entwicklungen, die sich auf das Einkommensniveau aber auch die Entwicklung der Arbeitslosigkeit am Ort auswirken.

Neben den raumbezogenen Einflüssen auf die Multiplikatoren wirken sich regelmäßig alters- und nutzungsartbedingte Einflüsse aus. Dabei gilt, dass unterschiedliche Niveaus der Multiplikatoren für Objekte gleicher Nutzungsart auf unterschiedliche Restnutzungsdauern zurückzuführen sind. Je länger die Restnutzungsdauer, desto niedriger der Multiplikator. Unterschiedliche Multiplikatoren zwischen Objekten unterschiedlicher Nutzungsart sind auf unterschiedliche Ertrags- und Kostenrisiken zurückzuführen. Je höher das Ertragsrisiko, desto höher der Multiplikator. Daneben spielen Entwicklungen auf den alternativen Anlagemärkten (Kapitalmarkt) eine nicht unerhebliche Rolle. Die verschiedenen, den Multiplikator bestimmenden Einflusskräfte können sich gegenseitig verstärken aber auch aufheben.

In der nachfolgenden Grafik ist als Beispiel die Entwicklung der Multiplikatoren in den bayerischen Städten (ohne Kleinstädte) in der Zeit zwischen 1996 und 2006 dargestellt. Quelle ist das Marktforschungsinstitut des RDM Bayern in München.

Entwicklung der bayerischen Wohnhausmultiplikatoren

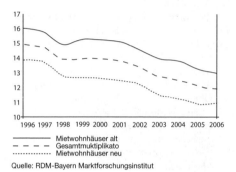

Quelle: RDM-Bayern Marktforschungsinstitut

Maklerprovision

Die Maklerprovision, auch als Courtage oder Maklergebühr bezeichnet, ist die Vergütung für die erfolgreiche Tätigkeit des Maklers. Der Anspruch entsteht ausschließlich dann, wenn der mit der Einschaltung des Maklers erstrebte Erfolg eintritt. Die Höhe ist nach dem Willen des Gesetzgebers völlig unabhängig davon, welcher Sach- und Zeitaufwand beim Makler entsteht. Die Provision wird frei vereinbart und kann bei der Kaufvertragsvermittlung bis zu 6% des Kaufpreises zuzüglich Mehrwertsteuer betragen. Welchen Anteil davon Verkäufer und Käufer übernehmen, ist von Bundesland zu Bundesland unterschiedlich. In manchen Bundesländern wird die Zahllast ganz auf den Käufer abgewälzt. Soweit der Objektanbieter zur Provisionszahlung verpflichtet wird, spricht man von einer Innenprovision. Zahlt dagegen der Käufer bzw. Mieter Maklerprovision, spricht man von Außenprovision. Besteht ein Provisionsanspruch, fehlt es aber an einer Vereinbarung über deren Höhe, ist die „übliche" Maklerprovision als vereinbart anzusehen. Eine erfolgsunabhängige Provision kann in Allgemeinen Geschäftsbedingungen nicht vereinbart werden. Das deutsche Maklerrecht geht von der Fallgestaltung aus, dass eine der beiden Parteien, zwischen denen der Makler vermittelt, Auftraggeber ist. Welcher das ist – Objektanbieter oder Objektsuchender – bleibt offen. Das Gesetz erweist sich in diesem Punkte als lückenhaft. Denn so kann jede der beiden Vertragsparteien davon ausgehen, dass der jeweils andere Vertragspartner Auftraggeber des Maklers ist. Das Fehlen eines eindeutigen Provisionssystems ist Quelle für viele Rechtsstreitigkeiten, wie sie in anderen Branchen völlig unbekannt sind. Solche Rechtsstreitigkeiten sind z.B. auch im Maklergeschäft der Niederlande oder in Großbritannien nicht denkbar.

Vorschriften über Provisionshöhen gibt es mit einer Ausnahme keine. Nur bei der Wohnungsvermittlung ist die Provision nach oben begrenzt. Sie darf nach dem Gesetzeswortlaut höchstens zwei Monatsmieten betragen zuzüglich Mehrwertsteuer, aber „ohne Nebenkosten, über die gesondert abzurechnen ist". Das bedeutet, dass nicht stets die Nettokaltmiete die Provisionsberechnungsgrundlage ist. Vielmehr können Nebenkostenbestandteile, die im Mietvertrag nicht separat als abzurechnende Umlagen ausgewiesen werden, in die Provisionsberechnung einbezogen werden. Dem Makler bleibt in solchen Fällen erspart, nachforschen zu müssen, wie hoch die Nebenkostenbestandteile sind, die in die Miete einbezogen wurden. Ein Wohnungsmieter, der mehr als die zwei Monatsmieten bezahlt hat, kann den überhöhten Teil zurückfordern. Außerdem handelt der Makler ordnungswidrig und muss zusätzlich mit Bußgeld rechnen.

Siehe / Siehe auch: Innenprovision, Außenprovision, Wohnungsvermittlungsgesetz

Maklerverbände

Maklerverbände sind ein Zusammenschluss von Maklern in einer Berufsorganisation. Ursprünglich waren Makler als „halbamtliche" oder vereidigte Dienstleister in das Zunftwesen einbezogen. Es gab vielfach Maklermonopole. Mit Einzug der Gewerbefreiheit – 1866 trat die sie begründende Gewerbeordnung in Kraft – wurden aus Maklern

Gewerbetreibende. Als solche gewannen sie ab 1890 zunehmend an Bedeutung. Makler schlossen sich zu Ortvereinen zusammen.Der „Berliner Maklerverein" von 1878 zählt zu den ältesten dieser Art. In Hamburg entstand 1897 der „Verein Hamburger Hausmakler". Es folgten Vereinsgründungen in Nürnberg (1902), Leipzig und Breslau (1905), Königsberg und Kassel (1906). 1908 wurde der Verein „Münchner Immobilien- und Hypothekenmakler" gegründet, wovon sich 1910 der „Verband zur Förderung des süddeutschen Immobilien- und Hypothekenverkehrs" abspaltete. Der erste Maklerverband der bereits überregional auf Deutschland fokussiert war, entstand bereits 1893 in Frankfurt.

Es war der Verein deutscher Immobilienmakler, der den vergeblichen Versuch unternahm, ein eigenes Maklergesetz anstelle der für das BGB vorgesehenen Regelungen durchzusetzen. Die in den verschiedenen Städten und Bezirken Deutschlands entstandenen Maklervereine schlossen sich 1924 in Köln zum Reichsverband Deutscher Makler zusammen. 1933 wurden die Verbände gleichgeschaltet und in ein Fachgruppensystem überführt. Diese Periode ging 1945 zu Ende. Anknüpfend an den vormaligen Reichsverband Deutscher Makler wurde im Jahr 1949 in Frankfurt der Ring Deutscher Makler (RDM) neu gegründet. 1964 entstand in Konkurrenz zum RDM der „Verband Deutscher Makler" (VDM). 2005 erfolgte die Verschmelzung der beiden Verbände.

Der neue Verband nennt sich seitdem Immobilienverband Deutschland IVD Bundesverband der Immobilienberater, Makler, Verwalter und Sachverständigen e. V. Der IVD hat heute ca. 5.000 Mitglieder. Durch den Namen sollte das mittlerweile breiter gewordene Berufsfeld der Verbandsmitglieder zum Ausdruck gebracht werden. Über diese Namensgebung kam es zu Auseinandersetzungen mit anderen immobilienwirtschaftlichen Verbänden.

Allerdings haben nicht alle RDM-Mitgliedverbände dem Zusammenschluss zugestimmt, so dass es neben dem IVD Bundesverband und den Regionalverbänden heute nach wie vor RDM Verbände gibt, nämlich RDM-Berlin-Brandenburg, RDM-Sachsen, RDM Sachsen-Anhalt, RDM-Saarland und aus dem Bereich der früheren RDM-Bezirksverbände RDM-Düsseldorf, RDM-Essen, RDM-Münster und RDM-Bremerhaven. Die RDM-Verbände verfügen über ca. 650 Mitglieder. Der IVD hat die Beteiligungen, die RDM und VDM früher eingegangen waren (Deutsche Immobilien Akademie an der Universität Freiburg, IMMONET GmbH, Marktforschungsinstitut des RDM Bayern) übernommen. Voraussetzung für die Mitgliedschaft bei beiden Verbänden ist der Nachweis der für die Berufsausübung erforderlichen Fachkenntnisse. Im Januar 2003 wurde in Frankfurt a.M. ein weiterer immobilienwirtschaftlicher Verband aus der Taufe gehoben, nämlich der „Bundesverband der Deutschen Immobilienwirtschaft e.V.". Der Name erregte bei den etablierten Verbänden Anstoß, so dass er sich einen neuen Namen gab: „Mit einer Stimme – Bündelungsinitiative in der deutschen Immobilienwirtschaft".

Als Pendant zu dieser Bündelungsinitiative wurde die „Bundesarbeitsgemeinschaft der Deutschen Immobilienwirtschaft" ins Leben gerufen, der neben den Berufsverbänden auch der Haus- und Grundeigentümerverband angehört.

Siehe / Siehe auch: Bundesarbeitsgemeinschaft der Deutschen Immobilienwirtschaft

Maklervertrag

Immobilienmakler

Der Maklervertrag ist im Bürgerlichen Gesetzbuch geregelt. Nach dem gesetzlichen Leitbild handelt es sich um einen einseitigen Vertrag, bei dem derjenige zur Provisionszahlung verpflichtet wird, der eine Provision für den Fall versprochen hat, dass er durch Inanspruchnahme von Nachweis- oder Vermittlungsdiensten eines Maklers zu einem Vertragsabschluss gelangt. Der Makler selbst wird nicht verpflichtet, sondern nur berechtigt, für den Auftraggeber tätig zu werden.

Der Vertrag ist jederzeit widerruflich. Im Maklervertrag ist die Höhe der Maklerprovision zu regeln. Besteht zwar Klarheit darüber, dass der Auftraggeber eine Provision bezahlen soll, wurde aber deren Höhe nicht festgelegt, schuldet der Auftraggeber im Erfolgsfall die übliche Provision. Eine Provision gilt als stillschweigend vereinbart, wenn die dem Makler übertragene Leistung nur gegen eine Provision zu erwarten ist.

Davon kann immer nur dann ausgegangen werden, wenn der Auftraggeber bei der Geschäftsanbahnung die Initiative ergreift und sich an einen gewerbsmäßig tätigen Makler mit der Aufforderung wendet, für ihn maklerisch tätig zu werden. Im Maklervertrag kann ein Aufwendungsersatz vereinbart werden. Da das Maklervertragsrecht des BGB abdingbar ist, können vom Gesetz abweichende Vereinbarungen getroffen werden. Hierzu zählt der Alleinauftrag. Allerdings ist dabei zu beachten, dass der Vereinbarungsspielraum im Rahmen vorformulierter Verträge durch die Vorschriften über AGB erheblich eingeschränkt ist.

Wohnungsvermittler

Der Maklervertrag des Wohnungsvermittlers ist im Wohnungsvermittlungsgesetz geregelt. Im Gegensatz zum disponiblen Maklerrecht des BGB enthält das Wohnungsvermittlungsgesetz weitgehend zwingende Vorschriften von denen vertraglich nicht abgewichen werden kann. So entsteht auf der Grundlage eines Provisionsversprechens ein Provisionsanspruch immer nur dann, wenn der Makler nachweisend oder vermittelnd tätig war und diese Tätigkeit zu einem Mietvertrag über Wohnraum geführt hat. Eine Provision kann nicht vereinbart werden, wenn der Makler selbst Eigentümer, Vermieter, Verwalter oder Mieter der angebotenen Wohnung ist. Das gleiche gilt, wenn der Makler mit dem Eigentümer, Vermieter oder Verwalter wirtschaftlich oder rechtlich verflochten ist. Vorauszahlungen auf Provisionen sind verboten. Vom Mieter kann auch bei Vorliegen der übrigen Voraussetzungen keine Provision verlangt werden, wenn es sich bei der vermittelten Wohnung um preisgebundenen Wohnraum handelt, die mit öffentlichen Mitteln gefördert ist.

Darlehensvermittler

Der Vertrag, in dem sich der Darlehensvermittler vom Darlehensnehmer eine Provision versprechen lässt, darf inhaltlich nicht mit dem Darlehensvertrag oder dem Darlehensantrag verbunden sein. Der Darlehenvermittler muss dabei offen legen, wenn er vom Kreditinstitut ebenfalls eine Vergütung oder einen Bonus erhält. Der Provisionsanspruch wird nicht – wie bei den anderen Maklerverträgen – bereits fällig mit dem Zustandekommen des vermittelten Vertrages, sondern erst mit der Auszahlung des Darlehens.

Außerdem darf bezüglich dieses Darlehensvertrages kein Widerrufsrecht des Darlehensnehmers mehr bestehen. Für den Maklervertrag ist Schriftform erforderlich. Die Besonderheiten des Vertrages sind in den §§ 655a ff BGB geregelt.
Siehe / Siehe auch: Alleinauftrag, Makler, Wohnungsvermittlung

Makrolage
Siehe / Siehe auch: Lage

Mansarde

Die Mansarde bezeichnet Wohnräume im Dachgeschoss, benannt nach dem französischen Baumeister J. Hardouin-Mansart. Ihr Ursprung liegt im 17. Jahrhundert, wo Mansardenwohnungen nur als vorübergehende oder behelfsmäßige Wohnungen galten, z.B. für Studenten. Typisch für diese Art von Wohnung sind meist schräge Wände und kleinere Fenster. Als Wohnung anerkannt wird eine Mansardenwohnung jedoch nur mit ordnungsgemäßem Ausbau und der entsprechenden Installation. Ebenfalls wichtig sind ausreichende Heizungsmöglichkeiten.

Besonderheiten ergeben sich bei der Berechnung der Wohnfläche. Anders als bei Wohnungen mit geraden Wänden, werden hier, gemäß zweiter Berechnungsverordnung, Flächen mit einer Höhe von weniger als einen Meter nicht berücksichtigt und Flächen mit einer Höhe zwischen einem und weniger als zwei Meter nur zur Hälfte angerechnet.
Siehe / Siehe auch: Dachgeschossausbau, Wohnfläche

MAPIC

Abkürzung für: Marché international professionel de l'implantation commerciale et de la distribution. MAPIC ist eine internationale Messe für Einzelhandelsimmobilien. Sie findet jährlich im November in Cannes in Südfrankreich statt. Zum Aussteller gehören Einzelhändler sowie Eigentümer und Entwickler Architekten, Designer von Einzelhandelsimmobilien (Einkaufszentren, Leasinggesellschaften, Flughäfen, Bahnhöfe) Das Besucherpublikum setzt sich aus Einzelhändlern, Investoren, Verbänden, Ladenketten usw. zusammen.
Siehe / Siehe auch: MIPIM

Marketing

Unter Marketing sind alle Maßnahmen zu verstehen, die darauf ausgerichtet sind, die Leistungen des Unternehmens am Kundennutzen auszurichten. Das Unternehmen wird gewissermaßen „vom Markt her" geführt. Die zur Verfügung stehenden klassischen Marketinginstrumente beziehen sich auf die Gestaltung der Produkte und Leistungen, der Preise, der Absatzwege und der Kommunikation. Für Makler und Bauträger bedeutet „Produktpolitik" eine Objektsegmentierung, die sich auf die ins Auge gefassten Zielgruppen konzentriert. Beim Bauträger bezieht sich die Preispolitik auf die Preisgestaltung (siehe Festpreise, Abrechnungspreise, Zahlung der Raten usw.). Beim Makler kommt neben der „Preisberatungspolitik" noch die eigene Provisionspolitik (Innenprovision, Provisionsteilung, Außenprovision, Provisionsdifferenzierung usw.) ins Spiel.

Die Politik der Absatzwege beim Bauträger hat auch die Entscheidung zum Inhalt, ob ein Makler einbezogen oder ein Direktvertrieb vorgezogen wird. Makler können ausschließlich auf das Sologeschäft aber auch auf Gemeinschaftsgeschäfte, Börsen und Maklerverbünde zur Absatzförderung setzen. Auch jede innerbetriebliche Verkaufsförderungsmaßnahme bis hin zur Verkaufsschulung kommt hier ins Spiel. Die Kommunikationspolitik spielt im Immobiliengeschäfts eine hervorragende Rolle. Man versteht darunter zielgruppenausgerichtete Werbemaßnahmen und PR-Aktivitäten. Makler arbeiten mit einem doppelten Marketing, d.h. es gibt zwei unterschiedliche Marketing-Stoßrichtungen:

1. das eigene (originäre) Marketing des Maklers für seine Leistungen,
2. das derivate Marketing für die Kunden eines Maklerunternehmens. Hier erfüllt der Makler eine Stellvertreterfunktion für den Kunden, bzw. Auftraggeber.

Beide Marketingrichtungen müssen jeweils konsolidiert, bzw. aufeinander abgestimmt werden.
Siehe / Siehe auch: Festpreis

Marketingmix

Grundsätzlich lässt sich der Marketing-Mix als alles das definieren, „was das Unternehmen veranlassen kann, um die Nachfrage nach seinem Produkt zu beeinflussen" (Kotler, et. al 2003, Grundlagen des Marketing). Der Marketing-Mix ist Kernbestandteil des Marketing und lässt sich wiederum klassischer Weise in vier Bereiche, teilweise wird auch von Submix-Feldern gesprochen, aufteilen:
- Angebotspolitik (Produktpolitik)
- Preispolitik
- Absatzwege-Politik (Vertriebspolitik)
- Kommunikationspolitik

Im angelsächsischen Raum wird in diesem Zusammenhang auch häufig von den „vier P's" gesprochen und zwar „price" für Preispolitik, „product" für Produktpolitik, „promotion" als Kommunikationspolitik und schließlich „place" als Absatzwegepolitik. Der isolierte oder unkoordinierte Einsatz der oben beschriebenen Marketinginstrumente kann dazu führen, dass sich die Wirkungen beeinträchtigen, gegenseitig aufheben oder gar negativ beeinflussen. Deshalb ist es Aufgabe eines planvollen Marketing-Mix von Maklerunternehmen, die Marketinginstrumente so miteinander zu kombinieren und aufeinander abzustimmen, dass ein widerspruchsfreies Marketingkonzept entsteht. Der Einsatz der Marketinginstrumente im Rahmen des Marketing-Mix erfordert also ein integriertes, sachlich und zeitlich aufeinander abgestimmtes Programm. Das bedeutet, dass nicht nur der Sachbezug, sondern auch der Zeitbezug hergestellt werden muss. Marketingziele sind Ziele, die man innerhalb eines bestimmten Zeitraums erreichen will. Normalerweise sind sie langfristig abgesteckt, wobei Ziele der Vermarktung eines Objektes natürlich eher kurz- bis mittelfristiger Natur sind. Deshalb spricht man auch von Strategien, von langfristigen Grundsatzentscheidungen, in die allgemeine Handlungsanweisungen einbezogen sind.
Siehe / Siehe auch: Akquisitionsstrategien

Markstein

Markstein ist eine historische Bezeichnung für Grenzstein.
Siehe / Siehe auch: Grenzstein, Grenzzeichen

Marktanalyse

Die Marktanalyse betrachtet den Markt zu einem bestimmten Zeitpunkt. Ermittelt werden die Faktoren, die einen bestimmten Markt kennzeichnen. Dies geschieht einmalig oder in bestimmten Intervallen. Die Marktanalyse stellt die Struktur und die Beschaffenheit eines Marktes dar und gibt Auskunft über lokale, regionale und überregionale Teilmärkte inklusive der aktuellen Angebots- und Nachfragesituation.
Zwingender Bestandteil jeder Analyse ist die Untersuchung der Wettbewerbssituation. Zur Analyse gehören neben den genannten auch folgende Faktoren: demographische Faktoren (z.B. Stand der Haushalte, Aufbau der Alterspyramide), wirtschaftliche Faktoren (Höhe des verfügbaren Einkommens, Höhe des Kapitalmarktzinses), Infrastruktur (Städtebau, Verkehr), Konkurrenz-

verhältnisse, Steuer- und Subventionspolitik, rechtliche Rahmenbedingungen, öffentliche Förderungsmodelle sowie die Objektbewertung bei Standortanalysen.

Marktanpassungsfaktor - Wertermittlung

Zu den Aufgaben der Gutachterausschüsse gehört es, Marktanpassungsfaktoren zu ermitteln, die sich aus der Differenz von errechneten Sachwerten und bereinigten Kaufpreisen ergeben. Die Sachwerte werden unter Zuordnung der verkauften Immobilien aus dem Gebäudetypenkatalog nach NHK 1995 / 2000 ermittelt, wobei bestimmte Kosten etwa für Außenanlagen mit pauschalen Prozentsätzen angesetzt werden. Eine Besichtung der zu bewertenden Objekte findet in der Regel nicht statt. Die ermittelten Marktanpassungsfaktoren, die positiv oder negativ sein können, ergeben sich aus der Formel:
Kaufpreis : Sachwert = Marktanpassungsfaktor
Der Sachverständige kann den Marktanpassungsfaktor bei der Ermittlung des Verkehrswertes eines „Sachwertobjektes" allerdings nicht ungeprüft übernehmen. Er muss vielmehr die besonderen Merkmale des Bewertungsobjektes berücksichtigen und den Anpassungsfaktor gegebenenfalls korrigieren.

Marktberichte (Immobilienmarkt)

Marktberichte zum Immobilienmarkt werden von Immobilienfirmen, Verbänden und Gutachterausschüssen veröffentlicht. Die Untersuchungen können sich auf einzelne Segmente und räumliche Teilmärkte beziehen (z.B. der Büromarkt in Stuttgart, der Markt für Einzelhandelsflächen in Deutschland). Neben einer Beschreibung des aktuellen Preisniveaus der wichtigsten Trends und einer Skizzierung der Entwicklung des Marktes enthalten viele Marktberichte auch eine Prognose der weiteren Marktentwicklung.
Verbände verfügen teilweise über eigene Marktforschungseinrichtungen, wie z.B. das Marktforschungsinstitut des RDM Bayern in München (heute „IVD-Institut – Gesellschaft für Immobilienmarktforschung und Berufsbildung mbH")Immobilienmarktberichte tragen wesentlich zur Transparenz des Immobilienmarktes bei. Für Marktberichte der Gutachterausschüsse wurden von der Gesellschaft für immobilienwirtschaftliche Forschung (gif) „Empfehlungen zu Aufbau und Inhalt von Grundstücksmarktberichten" vorgelegt. Zu einer Vereinheitlichung der Marktberichte haben sie allerdings bisher nicht beigetragen.

Markteinflussfaktoren - Marktdeterminanten

Markteinflussfaktoren sind Faktoren, die von außen auf Angebot und Nachfrage einwirken. Beim Immobilienmarkt sind es z.b. Kapitalmarktzinsen, Änderungen steuerliche Rahmenbedingungen, Einführung oder Streichung von Fördermitteln, Moden, usw. Nicht zu den Markteinflussfaktoren zählen die Marktdeterminanten. Das sind die langfristigen Bestimmungsgründe für Angebot und Nachfrage, wie etwa die Baulandproduktion durch die Gemeinden, Entwicklungen innerhalb des Bauhandwerkes, der Baustoffe usw., auf der Angebotsseite, sowie auf der Nachfrageseite Wanderungsbewegungen, Bevölkerungsentwicklung (z.B. Verschiebungen im Generationengefüge), Entwicklung der Haushalte als Nachfrageeinheiten, sowie vor allem auch die Einkommens-/Kaufkraftentwicklung. Marktdeterminanten bestimmen Trends, Einflussfaktoren Abweichungen von Trends. Daneben spielen für die Beurteilung der Marktentwicklung noch die sog. Indikatoren eine Rolle, wie etwa die Entwicklung der Baugenehmigungszahlen, der Bausparverträge, der Erbmassen usw. Aus ihnen lassen sich Schlussfolgerungen für die künftige Marktentwicklung ziehen.

Marktforschung

Marktforschung ist das Bemühen eines Unternehmens, wichtige Erkenntnisse zu gewinnen, die für die Erreichung der Unternehmensziele notwendig sind. Gegenstand der Marktforschung sind neben den einzelnen Märkten die Markteinflussfaktoren, d.h. Faktoren die den Markt von außen beeinflussen. Zu diesen zählen ökonomische, rechtliche sowie soziale Rahmenbedingungen. Im Zusammenhang der Marktforschung kommen die Marktanalyse, die Marktbeobachtung und die Marktprognose zum Einsatz.
Siehe / Siehe auch: Markteinflussfaktoren - Marktdeterminanten

Marktsegmentierung

Mit Hilfe sorgfältiger Marktforschung kann ein Gesamtmarkt in einzelne Betätigungsfelder unterteilt werden. Diese Segmente unterscheiden sich zum Beispiel nach soziodemographischen Merkmalen (Geschlecht, Alter, Einkommen, Beruf), geographischen Merkmalen (Wohnort), mikrogeographischen Merkmalen (Ortsteil, Straße) oder psychographischen Merkmalen (Einstellungen, Meinungen, Motive). Für Werbemaßnahmen ist es unerläßlich, die Zielgruppe einzugrenzen, also zu segmentieren.

Markttransparenz

Die Verfügbarkeit von relevanten Marktinformationen bestimmt den Grad der Transparenz eines Marktes. Je mehr Marktinformationen zur Verfügung stehen bzw. zu eruieren sind, desto transparenter stellt sich der Markt dar. Eine vollkommene Markttransparenz, die eine Bedingung eines vollkommenen Marktes ist, liegt vor, wenn alle Marktteilnehmer umfassenden Zugriff zu sämtlichen Informationen haben.
Der Immobilienmarkt ist aufgrund der Eigenschaften des Wirtschaftsgutes Immobilie (eingeschränkte Substituierbarkeit, lange Produktionsdauer, Standortgebundenheit etc.) ein heterogener Markt, der ein Mangel an Informationen (Immobilienarten, Angebot und Nachfrage, Preise, Verhalten der Marktteilnehmer etc.) zur Folge hat. Dies führt zu Entscheidungssituationen unter Unsicherheit.
Siehe / Siehe auch: Such- und Informationskosten

Maße der baulichen Nutzung

Zu den Maßen der baulichen Nutzung zählen die
- GRZ (Grundflächenzahl) oder GR
  = zulässige Grundfläche,
- GFZ (Geschossflächenzahl) oder GF
  = Geschossfläche,
- H (Höhe der baulichen Anlagen),
- Z (Zahl der Vollgeschosse) sowie die
- BMZ (Baumassenzahl) oder BM
  = Baumasse.

In einem Bebauungsplan muss stets die GRZ bzw. GR festgesetzt werden, sowie entweder H oder Z, wenn das Landschaftsbild erhalten bleiben soll. Im Flächennutzungsplan können GFZ oder BMZ und H dargestellt werden.
Siehe / Siehe auch: Baumassenzahl (BMZ)
- Baumasse (BM), Bebauungsplan, Flächennutzungsplan (FNP), Geschossflächenzahl (GFZ)
- Geschossfläche (GF), Grundflächenzahl (GRZ)
- zulässige Grundfläche (GR), Höhe der baulichen Anlagen, Vollgeschoss

Massivbauweise

Die Massivbauweise ist eine Bauweise, bei der Gebäude aus ein- oder zweischaligem Mauerwerk errichtet werden. Als Material für das Mauerwerk kommen Backstein oder Naturstein in Frage.
Siehe / Siehe auch: Fachwerkbau, Skelettbauweise

MaßnG

Abkürzung für: Maßnahmegesetz

Maßstab

Der Maßstab zeigt das Größenverhältnis, in dem etwas proportional zeichnerisch dargestellt wird. Im Maßstab 1:1000 wird das Original in der Zeichnung 1000fach verkleinert dargestellt. So entspricht ein Zentimeter in der Zeichnung zehn Meter in der Realität. Trotzdem wird zur Verdeutlichung ein Detail durchaus im Maßstab 1:1 dargestellt. Die Zeichnung ist in diesem Fall so groß wie das Objekt in der Realität.
Siehe / Siehe auch: Ausführungszeichnungen, Entwurfszeichnungen, Lageplan

Mauerwerk

Man unterscheidet verschiedene Arten von Mauerwerk:
Sichtmauerwerk bleibt nach einer Seite unverputzt und ohne Wärmedämmung, es sei denn, es handelt sich um ein Element des zweischaligen Mauerwerks. Für die nach außen gewendete Sichtmauer müssen frostsichere Steinen verwendet werden. Die Steine werden mit Gießmörtel hohlraumfrei

verfugt. Verputztes Mauerwerk mit Innendämmung ist unter den einschaligen Mauerwerken eine bauphysikalisch weniger gute Lösung, was die nach der Energieeinsparverordnung vorgeschriebene Wärmedämmung betrifft. Sie ist billiger als die Außendämmung, jedoch nicht so effektiv. Mauerwerk mit Außendämmung gibt es in mehreren Varianten. Die so genannte Vorhangfassade zeichnet sich dadurch aus, dass über der außen angebrachten Wärmedämmschicht eine auf Holzlatten befestigte Fassadenbekleidung angebracht ist. Das Wärmeverbundsystem (WDVS) besteht einschließlich der Dämmschicht aus drei oder mehreren Schichten. Auf die Dämmschicht wird zur physikalischen Stärkung eine Armierungsschicht aufgetragen. Zum Zweck des Wetterschutzes wird darauf eine Schlussbeschichtung angebracht.

Eine Alternative zum Wärmeverbundsystem bietet die Plattenverkleidung eines nach außen wärmegedämmten Mauerwerkes. Neben den hier beschriebenen einschaligen Mauerwerken gibt es auch noch das zweischalige Mauerwerk.

Die Errichtung von Wohn- und gewerblich genutzten Gebäuden ohne Wärmedämmung ist heute wegen der den Niedrigenergiehausstandard anstrebenden Energieeinsparverordnung kaum mehr möglich.

Siehe / Siehe auch: Energieeinsparverordnung (EnEV), Einschaliges Mauerwerk, Quadermauerwerk, Zweischaliges Mauerwerk

Maximalpreisvertrag

Siehe / Siehe auch: Garantierter Maximalpreisvertrag (GMP)

MB

Abkürzung für: Musterbedingungen

mbH

Abkürzung für: mit beschränkter Haftung

MBO

Abkürzung für: Musterbauordnung

MBöBk

Abkürzung für: Musterbedingungenen für öffentlich-rechtliche Bausparkassen

MBpBk

Abkürzung für: Musterbedingungen für private Bausparkassen

MdB

Abkürzung für: Mitglied des Bundestages

ME

Abkürzung für: Mieteinnahme

MEA/MEs-Anteil

Abkürzung für: Miteigentumsanteil

Media-Planung

Die Auswahl der geeigneten Werbemaßnahmen oder Medien erfolgt mit Hilfe der Media-Planung. Dabei werden zunächst die Marketingziele definiert, etwa der geplante Umsatz oder der angestrebte Marktanteil. Danach werden die Werbeziele festgelegt, wobei die Präferenzen zum Beispiel auf dem Bekanntheitsgrad oder dem eigenen Unternehmensimage liegen können.

Schließlich werden die Mediaziele im Hinblick auf die zu erreichende Zielgruppe oder die Häufigkeit, mit der die Angehörigen des Zielmarktes das Plakat, die Zeitung oder den Hörfunksender tatsächlich nutzen, beschrieben. Zeitungsverlage stellen als Informationsgrundlage in der Regel Mediamappen zur Verfügung.

Aus ihnen ergeben sich das Verbreitungsgebiet und die quantitative Reichweite (Zahl der Leser im Vergleich zur Bewohnerzahl im Verbreitungsgebiet), häufig sogar auch die qualitative Reichweite (Zahl der Leser, die einer bestimmten Zielgruppe angehören). Die Zeitungsanzeige ist nach wie vor eine wichtige Informationsquelle für Immobilienkunden.

Darum sollte im Interesse der Minimierung der Streuverluste die Mediaplanung stets auf der Grundlage der Mediamappen der Zeitungsverlage erfolgen. Manche Zeitungsverlage machen ihren Anzeigenteil auch im Internet zugänglich. Hinzu kommt die Planung der Immobilienangebote direkt im Internet entweder auf der eigenen Homepage oder durch Nutzung der Immobilienportale, die mit der eigenen Homepage verlinkt werden können.

Auch hier ist nicht nur auf die jeweils für die gesamte Bundesrepublik veröffentlichte Besucherfrequenz der Immobilienportale zu achten, sondern auch zu hinterfragen, wie die Angebots- und Besucherfrequenz innerhalb speziell des Marktraumes beschaffen ist, auf dem die Immobilien erfolgreich angeboten werden können.

MEer
Abkürzung für: Miteigentümer

Mehrfamilienhaus

Beim Mehrfamilienhaus handelt es sich um ein Wohnhaus mit mindestens drei abgeschlossenen Wohneinheiten. Es kann sich um ein Mietwohnhaus oder um ein Haus mit Eigentumswohnungen handeln. Bei der Planung eines Mehrfamilienhauses sollte heute von vornherein die Aufteilung des Gebäudes in Wohnungseigentum vorgesehen werden. Für die so entstehenden Eigentumswohnungen lässt sich eine sinnvolle Finanzierungs- und Steuerstrategie entwickeln, besonders wenn eine der Wohnungen durch den Bauherren oder Käufer wohnlich oder – sofern zulässig – gewerblich (als Büro) selbst genutzt werden soll.

Mehrgenerationenhaus
Dieser Begriff bezeichnet ein Wohnkonzept, bei dem mehrere Generationen unter einem Dach leben – und die jeweiligen Teile des Hauses architektonisch auf ihre jeweiligen Bedürfnisse zugeschnitten sind. Das reicht vom kindgerechten Spielzimmer mit pflegeleichtem Bodenbelag bis zum barrierefreien Wohnungsteil für die ältere Generation. Mit der Planung von Mehrgenerationenhäusern soll eine natürliche altersmäßige Durchmischung von Wohngebieten erzielt werden.

Mehrhausanlage (Wohnungseigentum)
Eine Mehrhausanlage ist eine aus mehreren oftmals gleichartigen Gebäuden bestehende Wohnungseigentumsanlage, die einer Wohnungseigentümer-Gemeinschaft gehört. Oftmals bestehen bei den Eigentümern hausspezifische Interessen. Die Begründung des Wohnungseigentums im Rahmen einer Mehrhausanlage sollte fachmännisch korrekt erfolgen und den Eigentümern in der Gemeinschaftsordnung ein Höchstmaß an individuellen Gestaltungsmöglichkeiten bieten.

Mehrheitsbeschluss
Angelegenheiten, über die die Wohnungseigentümer im Rahmen der ihnen durch Gesetz oder Vereinbarung übertragenen Beschlusskompetenz entscheiden können, werden gemäß § 23 Abs. 1 WEG durch Beschlussfassung in der § 25 Abs. 3 WEG beschlussfähigen Wohnungseigentümerversammlung geordnet.

Handelt es sich dabei um Angelegenheiten einer ordnungsmäßigen Verwaltung, entscheiden die Wohnungseigentümer gemäß § 21 Abs. 3 WEG durch Stimmenmehrheit. Als Stimmenmehrheit gilt dabei das Verhältnis der JA-Stimmen zu den NEIN-Stimmen, wobei es für das Zustandekommen eines Beschlusses ausschließlich darauf ankommt, dass mehr JA-Stimmen als NEIN-Stimmen abgegeben werden. Stimmenthaltungen werden bei der Feststellung des Abstimmungsergebnisses nicht berücksichtigt, sofern nicht eine abweichende Vereinbarung getroffen wurde (vgl. dazu auch BGH, Beschl. v. 8.12.1988, V ZB 3/88). Bei Stimmengleichheit (gleiche Anzahl von JA- und NEIN-Stimmen) ist ein Beschluss nicht zustande gekommen. Durch Vereinbarung kann auch geregelt werden, dass für bestimmte Verwaltungsangelegenheiten ein qualifizierter Mehrheitsbeschluss erforderlich ist, beispielsweise eine Zwei-Drittel- oder Dreiviertel-Mehrheit der erschiene-

nen und vertretungsberechtigten Eigentümer oder eine entsprechende Mehrheit bezogen auf alle im Grundbuch eingetragenen Wohnungseigentümer.
Ein relativer Mehrheitsbeschluss – auch als Minderheitsbeschluss bezeichnet – liegt dann vor, wenn zu einer Beschlussfassung die Mehrheit der abgegebenen Stimmen erforderlich ist, diese Mehrheit aber nicht erreicht wird. Ein solcher Fall liegt vor, wenn zu einem bestimmten Antrag über mehrere Alternativen, wie beispielsweise bei der Verwalterwahl, die erforderliche Mehrheit von mehr als der Hälfte der abgegebenen Stimmen für keine der Alternativen erreicht wird. Wird allerdings ein relativer Mehrheitsbeschluss nicht angefochten, ist auch dieser Beschluss wirksam.
Siehe / Siehe auch: Beschluss, Negativbeschluss

Meistbietender

Der Meistbietende hat im Versteigerungsverfahren das höchste Gebot abgegeben. Damit hat er jedoch noch nicht automatisch den Zuschlag erhalten. Liegt das Gebot unterhalb der festgesetzten Grenzen, bedarf es der Zustimmung des betreibenden Gläubigers – ansonsten wird es abgewiesen. Sind die Versteigerungsbedingungen erfüllt, besteht bei Abgabe des Meistgebotes ein Anspruch auf den Zuschlag. Mit diesem hat der Ersteigerer die Immobilie erstanden und ist – obwohl noch ohne grundbuchliche Eintragung – der neue Eigentümer.

Meistgebot

Meistgebot ist das höchste bei einer (Zwangs-) Versteigerung abgegebene Gebot. Der Meistbietende erhält den Zuschlag und wird dadurch zum Zuschlagsberechtigten (gesetzlich geregelt in § 81 ZVG, Gesetz über Zwangsversteigerung und Zwangsvollstreckung).
Siehe / Siehe auch: Sonderkündigungsrecht nach Zwangsversteigerung, Zwangsversteigerung

Meldepflicht

Bundeseinheitliche Regelungen über die Verpflichtung, den Meldebehörden den Zu- oder Wegzug einer natürlichen Person in eine Wohnung (aus einer Wohnung) zu melden. Meldepflichtig ist derjenige, der zu- bzw. wegzieht. Auskunft über gemeldete Personen dürfen die Meldebehörden Dritten nur über Vor- und Familienname, akademische Grade und Anschrift von Personen erteilen. (Darüber hinausgehende Ausnahmen bei Nachweis eines berechtigten Interesses).

Merkantiler Minderwert

Siehe / Siehe auch: Minderwert, merkantiler (Wertermittlung)

Messermiete

Unter Messermiete ist das Entgelt für die eingebaute Messeinrichtung (Strom, Wasser, Gas), die auch das Entgelt für die Verrechnung und das Inkasso enthält, zu verstehen. Der Begriff wird in Mietverträgen schon lange nicht mehr verwendet, da die Strom-, Wasser- und Gaskosten (Tarife) sich aufteilen in eine Grundgebühr und verbrauchsabhängige Kosten. Die Grundgebühr enthält heute auch die Kosten, die früher mit der Messermiete abgegolten wurde – soweit sie noch entstehen.

Metropolregionen

Nach einer Definition des Bundesministeriums für Verkehr, Bau und Stadtentwicklung handelt es sich bei einer Metropolregion um „hochverdichtete Agglomerationsräume mit mindestens 1 Mio. Einwohner, die sich – gemessen an ökonomischen Kriterien wie Wettbewerbsfähigkeit, Wertschöpfung, Wirtschaftskraft und Einkommen – besonders dynamisch entwickeln und international gleichzeitig besonders herausgehoben und eingebunden sind."
Sie strahlen als europäische Metropolregionen mit ihren Funktionen im internationalen Maßstab über die nationalen Grenzen hinweg. In Deutschland zählen hierzu nach dem Beschluss der Ministerkonferenz für Raumordnung vom 3.6.1997: Berlin mit dem brandenburgischem Umland, Hamburg, München, Stuttgart, Region Rhein-Main mit Frankfurt als Zentrum, Rhein-Ruhr mit Köln, Düsseldorf mit den Ruhrstädten Duisburg-Dortmund-Essen, das Dreieck Halle-Leipzig-Dresden. Die 32. Ministerkonferenz hat nach Prüfung der entsprechenden Anträge im Mai 2005 beschlossen, folgende weiteren Verflechtungsräume als Metropolregion auszuweisen: Nürnberg-Erlangen-Fürth, Hannover-Braunschweig-Göttingen, Bremen-Oldenburg sowie den Rhein-Neckarraum.

Mezzanine-Darlehen

Von einem Mezzanine-Darlehen wird im Rahmen der Immobilienfinanzierung gesprochen, wenn das gewährte Darlehen wegen Überschreiten der Beleihungsgrenze durch Grundpfandrechte nicht mehr vollständig abgesichert werden kann. Es müssen dann zusätzliche Sicherheiten geboten werden, wie Verpfändung von anderen Vermögenswerten oder Bürgschaften durch Dritte. Ein besonderer Wert wird auf die Bonität des Darlehnnehmers gelegt. Hier bleibt der Fremdkapitalcharakter jedoch erhalten. Im Rahmen einer Projektfinanzierung kann mit dem finanzierenden Kreditinstitut auch eine Gewinnbeteiligung vereinbart werden, wofür im Gegenzug niedrigere Darlehenszinsen gefordert werden. Bei der Unternehmensfinanzierung kann das von Kreditinstituten zur Verfügung gestellte Mezzaninekapital bei einer entsprechenden Gestaltung wegen seines Beteiligungscharakters als Eigenkapital ausgewiesen werden. Es handelt sich um eine speziell für mittelständische Unternehmen attraktiver Finanzierungsform.

MF-B
Siehe / Siehe auch: Flächendefinition (außerhalb DIN und II BV)

MF-H
Siehe / Siehe auch: Flächendefinition (außerhalb DIN und II BV)

MFH
Abkürzung für: Mehrfamilienhaus

MHG
Abkürzung für: Miethöhegesetz

MHRG
Abkürzung für: Gesetz zur Regelung der Miethöhe

MI
Abkürzung für: Mischgebiet

Mietaufhebungsvertrag
Neben der einseitigen Möglichkeit der Beendigung eines Mietverhältnisses durch Kündigung kann ein Mietverhältnis auch durch Vertrag aufgehoben werden. Dieser Mietaufhebungsvertrag kann von Mieter- oder Vermieterseite angeregt werden. Er eröffnet dem Vertragspartner die Möglichkeit, ohne Rücksicht auf mietvertragliche oder gesetzliche Bestimmungen und ohne Respektierung von Kündigungsvoraussetzungen und -fristen, die „Partnerschaft Mietverhältnis" zu beenden. Der Mietaufhebungsvertrag unterliegt keinem Formzwang – auch nicht bei Wohnraummietverhältnissen. Aus Beweisgründen ist eine schriftliche Vereinbarung mit ausdrücklicher Benennung des Auszugstermins jedoch dringend zu empfehlen. In vielen Fällen wird von Vermieterseite eine Abfindung für den schnellen Auszug des Mieters angeboten. Zieht der Mieter nicht termingerecht aus, verliert er meist seinen Anspruch auf die Abfindung. Dies soll allerdings laut dem Landgericht Nürnberg-Fürth (NJW-RR 93, 81) anders sein, wenn der Vermieter keinerlei Kündigungsgrund hatte: Der Mieter kann zwar die Abfindung fordern, ist dem Vermieter aber schadenersatzpflichtig (in Höhe der Miete, die für den Zeitraum zwischen vereinbartem Vertragsende und Auszug angefallen wäre). Der Vermieter kann ferner vom Aufhebungsvertrag zurücktreten, dann wird der vor dem Aufhebungsvertrag bestehende Zustand wiederhergestellt (keine Abfindung, Mietvertrag bleibt bestehen).
Siehe / Siehe auch: Beendigung eines Mietverhältnisses

Mietausfallwagnis
Das Mietausfallwagnis ist eine kalkulatorische Größe, die dazu dient, das Risiko einer Ertragsminderung durch Mietminderung, uneinbringliche Forderungen und zeitweiligen Leerstand zu berücksichtigen. Da eine Mietsicherheit im preisgebundenen Wohnraum für Mietzahlungen nicht verlangt werden kann, ist das Mietausfallwagnis Bestandteil der Kostenmiete. Es gibt dem Vermieter die Möglichkeit, Rücklagen für Ausfälle zu bilden und kann mit 2 im Hundert der Jahresmiete angesetzt werden.
Allerdings liegt es in den östlichen Bundesländern zum Teil weit darüber. Ermittlungen des GdW zufolge soll es Wohnungsunternehmen geben, bei denen die Leerstandsquote mit dem entsprechenden Mietausfall bis zu 30% geht. Für Geschäftsgrundstücke beträgt der Erfahrungswert 3%-4% des Rohertrages, bei Spezialimmobilien oft noch höher. Der Kalkulationssatz für das Mietausfallwagnis umfasst neben dem Leerstands- und Mietminderungsrisiko auch die uneinbringlichen Kosten eines Räumungs- oder Mietforderungsprozesses gegen den Mieter.
Beim Ansatz des Mietausfallwagnisses im Rahmen der Ertragswertermittlung werden nur die Ertragminderung berücksichtigt, die durch Mie-

tausfälle bei bestehenden Mietverhältnissen und den Kosten etwaiger gerichtlicher Maßnahmen zur Beitreibung entstehen, sowie die durch übliche Leerstandszwischenzeiten bei Mieterwechsel bedingten Ausfälle. Struktur- und konjunkturbedingte Ausfälle schlagen sich im Rahmen der Nachhaltigkeitsprüfung der Mieterträge durch entsprechend verringerte Ansätze nieder.
Siehe / Siehe auch: Spezialimmobilien

Mietbeihilfe

Auf Antrag unterstützt der Staat Wehrpflichtige und Zivildienstleistende hinsichtlich der Wohnkosten während des Dienstverhältnisses. Wichtige Voraussetzung ist, dass das Mietverhältnis bei Beginn der Dienstzeit bereits mindestens seit sechs Monaten bestanden hat, oder dass dringender Bedarf besteht (vgl. Verwaltungsgericht Koblenz, Urteil vom 17.1.2006, 7 K 1129/05). Dringender Bedarf liegt vor, wenn für den Abschluss des Mietvertrages zwingende Gründe vorliegen, denen sich der Antragsteller nicht entziehen kann – z.b. das Fehlen eines Zivildienstplatzes in der Nähe des bisherigen Wohnortes.

Die Mietbeihilfe wird in Höhe der vollen Miete gewährt – allerdings nur bis zur Obergrenze von 298,59 Euro. Eine Mietbeihilfe in Höhe von 70% der Miete (Obergrenze 209,12 Euro) kann auch gewährt werden, wenn die sechsmonatige Frist nicht beachtet wurde. Voraussetzung ist dann, dass das Mietverhältnis zumindest überhaupt zu irgendeinem Zeitpunkt vor Antritt des Dienstes begonnen hat. Rechtsgrundlage ist das Unterhaltssicherungsgesetz (USG). Der Antrag kann beim Einwohneramt des Wohnortes gestellt werden.

Einige Aussagen der Rechtsprechung:
- Mietbeihilfe wird nur für Wohnraum gewährt, der zum Wohnen geeignet ist. Nötig sind dazu: Ein Wohnraum, ein Raum zum Kochen, sanitäre Einrichtungen (ggf. Mitbenutzung) – Bundesverwaltungsgericht, Beschluss vom 8.11.1995, Az. 8 B 78/95.
- Wegen regelmäßiger Besuche der anderenorts wohnenden Freundin, die keine Mietbeteiligung zahlt, darf die Mietbeihilfe nicht reduziert werden – Verwaltungsgericht Ansbach, Urteil v 5.11.1986, Az. AN 17 K 86.01269.
- Bewohnt der Leistungsempfänger ein Zimmer einer Wohnung per Untermietvertrag allein und darf Küche, Bad etc. mitbenutzen, stellt dies keine Mitbenutzung der ganzen Wohnung dar, die zur anteiligen Aufrechnung der Miete führen könnte – Bundesverwaltungsgericht, Urteil vom 12.3.1993, Az. 8 C 31/92.
- Hat das Mietverhältnis gleichzeitig mit dem Zivildienst begonnen und wurde der Dienstort aus freien Stücken ausgesucht, wobei der Dienst auch am Heimatort hätte abgeleistet werden können, gibt es keine Mietbeihilfe – Verwaltungsgericht Koblenz, Urteil vom 17.1.2006, Az. 7 K 1129/05.KO.

Siehe / Siehe auch: Unterhaltssicherungsgesetz

Mietdatenbank

Die Mietdatenbank ist eine zur Ermittlung der örtlichen Vergleichsmiete fortlaufend geführte Sammlung von Mieten, die von der Gemeinde oder von Interessenvertretern der Vermieter und Mieter gemeinsam geführt und anerkannt wird (§ 558e BGB – nach Inkrafttreten der Mietrechtsreform). Eine Auskunft aus der Mietdatenbank kann zur Begründung eines Mieterhöhungsverlangens hinsichtlich einer Mieterhöhung zur ortsüblichen Vergleichsmiete herangezogen werden. Der Vorteil von Mietdatenbanken besteht in ihrer jeweiligen Aktualität. Sie werden fortlaufend mit neuen Daten gefüttert. Mietdaten, die älter als vier Jahre werden, werden ausgesondert.

Bisher gibt es in Deutschland nur die Mietdatenbank in Hannover, die vom „Verein zur Ermittlung und Auskunftserteilung über die örtlichen Vergleichsmieten e.V. (MEA)" betrieben wird. Die Datenbank enthält 14.000 Vergleichswohnungen. Interessenten werden jeweils drei „passende" Mieten genannt. Die Inanspruchnahme der MEA kostet eine geringe Gebühr und erfordert das Ausfüllen eines Mietkatasterbogens, mit dem der Auskunftsuchende die Datenbank um die Angaben seiner Wohnung ergänzt. Der MEA gehören der Mieterverein, Haus & Grund Hannover, die Landeshauptstadt, der RDM sowie der Verband der Wohnungsverwalter an.

Siehe / Siehe auch: Mietspiegel

Miete

Die Miete ist der Preis für eine vertragsgemäße Nutzung von „Sachen" (Mietsache) insbesondere Räumen (z.B. Haus, Wohnung, Werkstatträume). Die Miete in weiterem Sinne umfasst die „Grundmiete", den Betrag für Betriebskosten und Zuschläge. Beim preisgebundenen Wohnraum, sind die Betriebskosten stets durch Vorauszahlungen (mit jährlicher Abrechnung) umzulegen, beim freifinanzierten Wohnungsbau können die Betriebskosten als Vorauszahlung oder als Pauschale vereinbart werden. In welchem Turnus die Miete zu zahlen ist (monatlich, viertel-/halbjährlich oder jährlich), vereinbaren die Mietparteien im Mietvertrag. Bei Wohnraum kann der Vermieter die Zustimmung zur „Gebrauchsüberlassung an Dritte" von einer angemessenen Erhöhung der Miete abhängig machen (Untermietzuschläge), wenn ihm dies anders nicht zuzumuten wäre. Bei Gewerberaum sind die Bedingungen für Mietzuschläge frei aushandelbar.

Entwicklung der Wohnungsmieten, Lebenserhaltungskosten und Baupreise in Deutschland von 2000 bis 2005
Index (200 – 100)

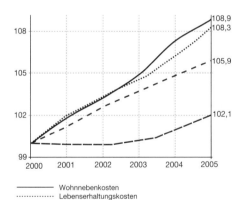

——— Wohnnebenkosten
·········· Lebenserhaltungskosten
– – – Mieten insgesamt
— — — Baupreise
Quelle: www.baulinks.com

Mieter-Mix

Bei Gewerbe-Objekten spricht man im Zusammenhang mit gemischt genutzten Objekten wie Shopping Center von Mieter-Mix. Dabei gilt es, eine gute Mischung bzw. Zusammensetzung von Dienstleistungen und Geschäften sowie kleinen Läden zu erreichen, da ein guter Mieter-Mix – neben dem eigentlichen Konzept – entscheidend für den Erfolg des Centers bzw. des Gewerbe-Objektes ist. Erstrebenswert ist ein Mieter-Mix, der vor allem Kaufkraft aber auch qualifizierte Laufkundschaft in ein Objekt bringt. Wichtig sind in diesem Zusammenhang die Synergie-Effekte zwischen den einzelnen Mietern bzw. Betreibern. Erreicht wird ein guter Mieter-Mix durch eine enge Zusammenarbeit zwischen Center-Manager, Eigentümer, Initiatoren, Betreiber und Gewerberaummakler.

Mietergemeinschaft

Mietergemeinschaft ist ein Begriff aus der früheren DDR. Nicht zu verwechseln mit ähnlich bezeichneten Mietervereinen, der Wohngemeinschaft (WG) oder der Gemeinschaft nach dem Bürgerlichen Gesetzbuch.
Nach § 97 Abs.2 Zivilgesetzbuch der DDR hatten Mieter im Rahmen der Mietergemeinschaft die Pflicht, bei Instandhaltung, Pflege, Verschönerung und Modernisierung ihrer Wohnhäuser mitzuwirken. Das Zivilgesetzbuch enthielt noch weitere Pflichten der Mieter im Rahmen der Mietergemeinschaft sowie Regelungen zum Verhältnis der Mieter untereinander und zum Verhältnis der Mietergemeinschaft gegenüber Außenstehenden.
Umstritten ist, ob Vereinbarungen einer Mietergemeinschaft nach der Wiedervereinigung noch wirksam sind. Nach dem Einigungsvertrag bleiben zivilrechtliche Verträge von vor dem 3.10.1990 grundsätzlich bestehen. Das früher geltende DDR-Recht ist auf vertragliche Schuldverhältnisse z.T. noch anwendbar. Ob ein Vertrag, der eine Mietergemeinschaft betrifft, noch gilt, ist jeweils im Einzelfall durch anwaltliche Beratung zu klären.
Siehe / Siehe auch: Gemeinschaft, Wohngemeinschaft

Mieterhöhung

Unter Mieterhöhung versteht man die Neufestsetzung einer Miete, die über der bisher bezahlten Miete liegt. Dies kann durch einvernehmliche Vertragsänderung, durch einseitige Erklärung, durch Änderungskündigung oder durch das gesetzlich geregelte Mieterhöhungsverlangen erfolgen.
Auf welche Weise eine Mieterhöhung stattfinden kann, richtet sich nach den vertraglichen Vereinbarungen, nach der Art des Mietverhältnisses und den jeweils zutreffenden Vorschriften. Die Erhöhung der Miete im Wege der Änderungskündigung ist nur bei Mietverhältnissen möglich, die sich nicht auf Wohnungen beziehen.
Nach § 558 BGB kann der Vermieter die Zustimmung zu einer Mieterhöhung bis zur ortsüblichen Vergleichsmiete verlangen, wenn die Miethöhe bei

Inkrafttreten der Erhöhung seit 15 Monaten unverändert geblieben ist. Das Mieterhöhungsverlangen darf frühestens ein Jahr nach der vorangehenden Mieterhöhung vorgebracht werden. Ferner darf der Vermieter die Kappungsgrenze nicht überschreiten. Das bedeutet: Er darf die Miete innerhalb von drei Jahren nicht um über 20% erhöhen. Mieterhöhungen aufgrund einer Modernisierung und Betriebskostenerhöhungen werden bei den oben genannten Fristen und der Kappungsgrenze nicht berücksichtigt. Es gelten außerdem besondere Vorschriften über die Staffelmiete, Indexmiete, die einseitige Mieterhöhung bei Modernisierungen sowie über Betriebskostenumlagen.

Siehe / Siehe auch: Indexmiete, Mieterhöhungsverlangen, Mietrechtsreform 2001, Modernisierung, Sonderkündigungsrecht bei Mieterhöhung, Staffelmiete / Staffelmietvertrag

Mieterhöhung bei Modernisierung

Unter Modernisierungsmaßnahmen versteht man bauliche Maßnahmen, bei denen eine Wohnwert- bzw. Gebrauchswertverbesserung der Mieträume stattfindet, durch die nachhaltige Energieeinsparungen ermöglicht werden oder neuer Wohnraum geschaffen wird. Vermieter können bei frei finanziertem Wohnraum nach Abschluss der Arbeiten die Miete um jährlich 11% der für die Modernisierung angefallenen Kosten erhöhen.

Voraussetzungen:
- Der Gebrauchswert der Wohnung wurde erheblich gesteigert oder
- die allgemeinen Wohnverhältnisse haben sich dauerhaft verbessert oder
- Die Modernisierung zieht nachhaltige Einsparungen von Energie bzw. Wasser nach sich.

Formalien:
Die Mieterhöhung muss in Textform erfolgen. Der Mieter muss daraus zweifelsfrei folgende Angaben entnehmen können:
- den nachvollziehbar errechneten Betrag der Erhöhung
- die gesamten für die Modernisierung angefallenen Kosten
- die Aufschlüsselung der Kosten für die einzelnen Baumaßnahmen
- Aufschlüsselung der Kosten von Modernisierung und Instandsetzung / Instandhaltung
- den Verteilerschlüssel, falls mehrere Wohnungen modernisiert wurden.

Bei einem Zahlenwerk ohne Erklärung hat der Mieter das Recht, die entsprechenden Unterlagen einzusehen.

Zu den umlagefähigen Kosten der Modernisierung gehören nicht:
- Zinsen für Kredite
- Verwaltungskosten
- Erschließungskosten für Straßenbaumaßnahmen
- Mietausfälle durch zeitweise unbewohnbare Wohnungen / Mietminderungen
- Ansprüche des Mieters, die im Rahmen der Arbeiten entstanden sind (z.B. Hotelkosten).

Staatliche Fördergelder muss der Vermieter aus den Modernisierungskosten herausrechnen.

Die erhöhte Miete wird erst mit dem Anfang des dritten Monats nach Zugang der Erhöhungserklärung fällig. Aus den drei Monaten werden sechs, wenn der Vermieter dem Mieter bei der ersten Ankündigung der Modernisierung die Mieterhöhung verschwiegen hat oder wenn die Mieterhöhung mehr als 10% höher ist als angekündigt.

Bei der Mieterhöhung wegen Modernisierung hat der Mieter ein Sonderkündigungsrecht: Er kann bis zum Ablauf des zweiten Monats nach dem Zugang der Erhöhungserklärung den Mietvertrag außerordentlich zum Ablauf des übernächsten Monats kündigen. Die Erhöhung tritt dann nicht in Kraft; gegenteilige Vereinbarungen sind nichtig.

Siehe / Siehe auch: Duldung der Modernisierung (Mietrecht), Mietermodernisierung, Wohnwertverbesserungen (Mietrecht)

Mieterhöhungsverlangen

Das Verlangen des Vermieters von Wohnraum nach einer Mieterhöhung unterliegt bestimmten inhaltlichen und formalen Regeln. Das Mieterhöhungsverlangen ist demnach „in Textform" geltend zu machen und zu begründen. Ferner muss die bisherige Grundmiete (Miete ohne Betriebskosten und Erhöhungen wegen baulicher Veränderungen) zum Zeitpunkt des Erhöhungsverlangens ein Jahr und bis zum Inkrafttreten der Erhöhung 15 Monate unverändert geblieben sein.

Das Mieterhöhungsverlangen muss die Höhe des neu verlangten Mietpreises, also den Endbetrag und den Erhöhungsbetrag enthalten. Zur Begründung kann Bezug genommen werden auf einen Mietspiegel, eine Auskunft aus einer Mietendatenbank, das Gutachten eines öffentlich bestellten und vereidigten Sachverständigen oder auf die

Entgelte von drei vergleichbaren Wohnungen. Das vorrangige Begründungsmittel ist der sogenannte qualifizierte Mietspiegel, der nach anerkannten wissenschaftlichen Grundsätzen erstellt und von der Gemeinde anerkannt werden muss. Es gilt eine gesetzliche (widerlegbare) Vermutung für dessen Richtigkeit.

Falls ein qualifizierter Mietspiegel existiert, der Angaben für die Mietwohnung enthält, muss der Vermieter diese Angaben im Mieterhöhungsverlangen mitteilen – und zwar auch dann, wenn die Mieterhöhung nicht mit dem qualifizierten Mietspiegel begründet wird. Unterlässt er dies, ist die Mieterhöhung unwirksam.

Als Alternative zum qualifizierten Mietspiegel bleibt der „einfache" Mietspiegel, der von der Gemeinde oder von den Interessenverbänden der Mieter und Vermieter einvernehmlich erstellt wird. Für die Gemeinden besteht allerdings keine Pflicht, einen Mietspiegel zu erstellen. Die verlangte neue Miete darf die ortsübliche Vergleichsmiete nicht übersteigen und nicht mehr als 20% der bisher bezahlten Miete betragen (Kappungsgrenze). Dem Mieterhöhungsverlangen kann der Mieter innerhalb von zwei Kalendermonaten nach Erhalt des Vermieterschreibens zustimmen.

Tut er dies nicht, so muss der Vermieter zur Durchsetzung seines Verlangens Klage erheben, und zwar innerhalb von nunmehr drei weiteren Monaten.

Der Mieter kann auch teilweise zustimmen. Er muss dann den von ihm anerkannten Erhöhungsbetrag ab Beginn des dritten Monats nach Zugang des Erhöhungsverlangens bezahlen. Dem Vermieter bleibt aber die Möglichkeit, auf Zustimmung in Höhe des Differenzbetrages zu klagen.

Siehe / Siehe auch: Kappungsgrenze, Mietspiegel, Mieterhöhung, Textform

Mieterhöhung bei Sozialwohnung

Bei einer Wohnung des preisgebundenen Wohnraums ist eine Mieterhöhung nur über § 10 Wohnungsbindungsgesetz möglich. Voraussetzung: Die bisherige Miete liegt unter dem Maximalbetrag, der nach dem Wohnungsbindungsgesetz zulässig ist. Die Miete kann bis zu dieser Grenze erhöht werden. Erklärt der Vermieter die Mieterhöhung, ist vom ersten Tag des auf die Erklärung folgenden Monats an das erhöhte Entgelt zu zahlen. Mieterhöhungen, die nach dem 15. eines Monats abgegeben werden, werden am Monatsersten des übernächsten Monats wirksam. Beruht die Erklärung auf einer rückwirkenden Erhöhung der Betriebskosten, kann sie auch rückwirkend gelten. Sie wirkt dann auf den Zeitpunkt zurück, an dem die Betriebskosten erhöht wurden. Maximal kann die Rückwirkung bis zum Beginn des der Erklärung vorausgehenden Kalenderjahres zurückreichen. Der Vermieter muss jedoch die Erklärung innerhalb von drei Monaten nach Kenntnisnahme von der Betriebskostenerhöhung abgeben.

Vermieter und Mieter können wirksam vereinbaren, dass eine Mieterhöhung ausgeschlossen ist.

Siehe / Siehe auch: Fehlbelegung, Kostenmiete, Wohnberechtigungsschein, WoBindG

Mietermodernisierung

Seit 1981 können Mieter nach § 2 WoPG (Wohnungsbau-Prämiengesetz) Bausparmittel prämien- bzw. steuerbegünstigt für Baumaßnahmen einsetzen, die der Modernisierung der Mietwohnung dienen. Sobald eine Maßnahme über den vertragsgemäßen Gebrauch der Wohnung hinausgeht und einen wesentlichen Eingriff in deren Beschaffenheit oder Bausubstanz darstellt, ist dazu die ausdrückliche Genehmigung des Vermieters erforderlich. Als wesentlich kann dabei alles gelten, was nach Ende des Mietverhältnisses nicht ohne großen Aufwand wieder entfernt werden könnte.

Beispiele: Ersatz alter Fliesen im Bad durch moderne, Ersatz des Linoleumbodens durch Parkett, Einbau einer Einbauküche, Einbau neuer Waschbecken, Kabelanschluss einrichten, Installation einer Parabolantenne.

Oft ist bereits im Mietvertrag festgelegt, dass jede derartige Maßnahme der Zustimmung des Vermieters bedarf. Bestimmte, geringfügige Maßnahmen gehören jedoch zum vertragsgemäßen Gebrauch der Wohnung, sodass der Vermieter die Genehmigung nicht verweigern kann. Beispiele: Installation einer Markise, Verlegung der Telefonanschlussdose. Auch bei genehmigungspflichtigen Umbauten kann der Vermieter seine Zustimmung nicht verweigern, wenn:

- durch die Maßnahme erst die Wohnung bewohnbar wird (Verlegung einer Wasserleitung, Einbau einer Heizung)
- es sich auf Grund des technischen Fortschritts um eine Selbstverständlichkeit handelt (Kohle-Einzelofen wird gegen modernes Heizsystem, z.B. Nachtspeicherofen, ausgetauscht)

- der Mieter behindert ist und daher ein berechtigtes Interesse an dem Umbau hat (z.B. behindertengerechte Sanitäranlagen, Beseitigung von Türschwellen wegen Rollstuhl)

Für den korrekten Ablauf einer solchen Maßnahme sollte unbedingt ein Vertrag zwischen Mieter und Vermieter geschlossen werden, der folgende Punkte regelt:

- Welche bauliche Maßnahme soll im Einzelnen durchgeführt werden
- Zustimmung des Vermieters zu dieser Maßnahme
- ggf. Gegenleistung des Vermieters für Werterhöhung seines Eigentums
- Abschluss einer Haftpflichtversicherung durch den Mieter für etwaige Schäden, die beim Umbau entstehen.

Siehe / Siehe auch: Behindertengerechte Umbauten

Mieterprivatisierung

Mieterprivatisierung ist der Begriff für eine umfassende, systematische Umwandlung von Mietswohnungen in Eigentumswohnungen zum Zwecke der Veräußerung. Ziel ist es, die Wohnungen in der Mieterschaft, die ein gesetzliches Vorkaufsrecht und ein erweiterten Kündigungsschutz besitzen, zu verkaufen. Oftmals sind solche Veräußerungen mit zusätzlichen sozialen Absicherungen der Mieter verbunden. Kommt ein Verkauf an Mieter nicht zustande, werden die Wohnungen üblicherweise an Dritte zur Eigennutzung (bei Leerstand) oder als Kapitalanlage verkauft.

Mieterselbstauskunft

Es liegt im Interesse des Vermieters, möglichst viel über seinen zukünftigen Mieter zu erfahren. Über die Frage, wie weit man dabei gehen darf, entsteht regelmäßig Streit.

Empfehlenswert ist es, den Mietinteressenten eine Selbstauskunft in Formularform ausfüllen zu lassen. Dies hat nichts mit der Selbstauskunft bei der Schufa zu tun – diese kann der Mieter selbst über seine bei der Schufa gespeicherten Kreditwürdigkeitsdaten einholen.

Übliche Fragen und zulässige Fragen bei der Selbstauskunft sind:

- Name und bisherige Adresse
- Geburtsdatum und Ort
- ausgeübter Beruf
- Netto-Monatseinkommen
- Anschrift des Arbeitgebers
- Seit wann dort beschäftigt
- Eidesstattliche Versicherung / Offenbarungseid abgegeben?
- Läuft eine Lohnpfändung oder ein Mietforderungsverfahren?
- Anzahl der zum Haushalt gehörenden Personen
- Anzahl der Kinder
- Werden Haustiere gehalten (welche)

Das Selbstauskunftsformular kann am heimischen PC erstellt oder auch an geeigneter Stelle aus dem Internet heruntergeladen werden. Es sollte vom Mietinteressenten unterschrieben werden. Vor der Unterschrift sollte die Zusicherung eingefügt werden, dass die Angaben wahrheitsgemäß sind und dass bei Falschangaben eine fristlose Kündigung des Mietvertrages erfolgen kann.

Von selbst muss der Mieter Auskunft geben:
- wenn er die Miete nur durch Zahlungen des Sozialamtes aufbringen kann
- wenn er eine eidesstattliche Versicherung abgegeben hat.

Gibt der Mieter zu diesen Themen eine falsche Auskunft, berechtigt dies den Vermieter allerdings nicht immer zur Kündigung des Mietvertrages. Die Gerichte berücksichtigen dabei, ob sich die Falschauskunft tatsächlich auf das Mietverhältnis ausgewirkt hat. So entschied das Landgericht Wiesbaden zugunsten eines Mieters, der in der Selbstauskunft fälschlicherweise angegeben hatte, keine eidesstattliche Versicherung abgegeben zu haben. Da der Mieter unabhängig von seinem länger zurückliegenden Offenbarungseid nun wieder solvent war und seine Miete von Anfang an termingerecht gezahlt hatte, sah das Gericht keinen Grund zur Anfechtung des Mietvertrages (Az. 2 S 112/03).

Siehe / Siehe auch: Anfechtung des Mietvertrages, Unzulässige Fragen

Mietervereine

Mietervereine sind Interessenvertretung der Mieter und ein Pendant zu den Haus- und Grundbesitzervereinen. Die örtlichen Mietervereine wirken bei der Erstellung des Mietspiegels mit und erteilen Mitgliedern Rechtsberatung in allen Mietangelegenheiten. Die Dachorganisation der Mietervereine ist der Deutsche Mieterbund e.V. in Berlin, in dem im Rahmen von 15 Landesverbänden etwa

330 örtliche Mietervereine organisiert sind. Die Mieterorganisation beschäftigt etwa 1.300 hauptamtliche Mitarbeiter.
Homepage: www.mieterbund.de

Mieterzeitung

Mieterzeitungen sind ein ideales Kommunikationsinstrument zwischen Wohnungsunternehmen bzw. Verwaltern und Mietern. Wichtig dabei ist, dass Informationen kommuniziert werden, die die Informationsinteressen der Mieter allgemein befriedigen. Darüber hinaus handelt es sich um ein Medium, mit dem besondere Maßnahmen (Modernisierung, Instandsetzungsmaßnahmen) aber auch Ereignisse (Mieterfest) angekündigt und Serviceangebote z.B. Essen auf Rädern dargestellt werden können. Mieterzeitungen erzeugen eine zusätzliche Bindungswirkung der Mieter an „ihr" Haus.

Mietkauf

Beim Mietkauf handelt es sich um eine vertragliche Vereinbarung mit dem Vermieter, die dem Mieter das Recht einräumt, das gemietete Objekt unter Anrechnung der eines Teils der gezahlten Miete auf den im Mietvertrag bestimmten Kaufpreis innerhalb oder nach Ablauf einer bestimmten Zeit zu erwerben. Solche Mietkaufverträge bedürfen zu ihrer Wirksamkeit der notariellen Beurkundungsform. Das Ankaufsrecht wird durch eine Auflassungsvormerkung im Grundbuch abgesichert. Sofern der Mieter zum Ankauf verpflichtet werden soll, handelt es sich nicht mehr um einen Mietvertrag sondern um einen Grundstückskaufvertrag. In solchen Fällen geht das Eigentum auf den Käufer erst über, wenn die letzte Rate bezahlt ist. Der Verkäufer übernimmt die Finanzierung, der Käufer im Rahmen der „Mietrate" deren Verzinsung und Tilgung sowie die Bewirtschaftungskosten. Da nicht alle Angebote seriös sind, sollten sie sorgfältig geprüft werden.

Mietkaution

Bei der Mietkaution handelt es sich um eine Sicherheitsleistung, die der Vermieter vom Mieter zu Beginn des Mietverhältnisses verlangen kann. Die Kaution ist sowohl im freifinanzierten als auch im öffentlich geförderten Wohnungsbau (hier aber nicht als Absicherung gegen Mietausfall) zulässig. Sie darf höchstens drei Monatsmieten (Grundmiete ohne Betriebskosten) betragen. Die Kaution kann vom Mieter in drei gleichen Monatsraten geleistet werden. Der erste Teilbetrag wird zu Beginn des Mietverhältnisses fällig. Bei der Verwaltung der Kaution muss der Vermieter bestimmte Regeln beachten. Sie ist – wenn diese Anlageform gewählt wird – auf einem gesonderten Konto, für das der Vermieter die üblichen Sparzinsen für Guthaben mit dreimonatiger Kündigungsfrist erhält, anzulegen. In jedem Fall muss die Kaution getrennt vom übrigen Vermögen des Vermieters angelegt werden, um vor dem Insolvenzrisiko geschützt zu sein. Die Guthabenzinsen für die Kaution unterliegen der Zinsabschlagsteuer. Den Kautionsbetrag einschließlich der Zinsen erhält der Mieter bei seinem Auszug zurück, vorausgesetzt, er hat alle Verpflichtungen aus dem Mietverhältnis erfüllt. Die Mietvertragsparteien können nach den ab 1.9.2001 geltenden Vorschriften jedoch auch eine andere ertragbringende Anlageform für die Mietkaution wählen.

Als Form der Mietsicherheit kommt auch die Bankbürgschaft in Betracht, die aber nur dann sinnvoll ist, wenn es sich um eine selbstschuldnerische Bankbürgschaft handelt. Im gewerblichen Immobilienbereich gibt es keine Beschränkungen hinsichtlich der Mietkaution. Bei Filialunternehmen wird an Stelle von Kaution oder Bankbürgschaft oft auch eine „Patronatserklärung" von der Konzernmutter abgegeben, die die Wirkung einer Bürgschaft entfaltet. Der Mieter hat nicht das Recht, die Kaution gegen Ende seines Mietverhältnisses „abzuwohnen" oder damit gegen Mietforderungen aufzurechnen.

Wann die Kaution spätestens zurückgezahlt werden muss, ist bei den Gerichten umstritten. Dem Vermieter wird hier eine „Überlegungsfrist" eingeräumt. Der Maximalzeitraum liegt bei sechs Monaten; manche Gerichte halten jedoch auch nur zwei bis drei Monate Wartezeit nach dem Auszug des Mieters für zulässig.

Mietminderung

Der Vermieter ist verpflichtet, dem Mieter die Miete räume in einem zum vertragsgemäßen Gebrauch geeigneten Zustand zu überlassen und sie während der gesamten Mietzeit in diesem Zustand zu erhalten. Wenn den Mieträumen eine zugesicherte Eigenschaft fehlt oder sie mit einem Mangel – auch Rechtsmangel – behaftet sind, ist der Mieter für die Zeit, während der die Gebrauchstauglichkeit der Räume durch den Mangel ganz aufgehoben ist, von der Entrichtung der Miete völlig befreit. Für die Zeit, während der die Tauglichkeit lediglich eingeschränkt ist, ist er zur Entrichtung einer entsprechend der Beeinträchtigung geminderten (gekürzten) Miete berechtigt. Rechtsmangel bedeutet, dass jemand anders seine Rechte an der Wohnung geltend macht – z.B. wenn die Wohnung doppelt vermietet wurde und ein anderer Mieter schneller einzieht und sich auf seinen Mietvertrag beruft. Eine nur unerhebliche Minderung der Tauglichkeit führt zu keinen Minderungsansprüchen des Mieters. Die Höhe der Mietminderung ist im Streitfall vom Richter zu bemessen und hängt insbesondere von der Schwere des Mangels und dem Grad und der Dauer der Minderung der Tauglichkeit zum vertragsgemäßen Gebrauch ab, wobei eine Gesamtschau anzustellen ist. Dabei kann und hat sich der Richter gegebenenfalls der Hilfe eines Sachverständigen zu bedienen, um Art und Umfang der streitigen Mängel festzustellen.

Der Mieter kann keine Mietminderung geltend machen, wenn er bei Vertragsschluss den Wohnungsmangel bereits gekannt hat – es sei denn, er behält sich eine Mietminderung wegen dieses Mangels ausdrücklich vor. Am 6.4.2005 hat der Bundesgerichtshof (Az. XII ZR 225/03) entschieden, dass die Mietminderung immer auf Grundlage der Bruttomiete berechnet wird (also der Miete einschließlich der Nebenkosten). Dies gilt bei der Nebenkostenvorauszahlung wie auch bei einer Nebenkostenpauschale.

Mieter dürfen die Minderung nicht zu hoch ansetzen – sonst droht die fristlose Kündigung wegen Zahlungsverzuges. Das Landgericht Berlin bestätigte die Wirksamkeit einer solchen Kündigung in einem Fall, bei dem eine Mieterin wegen diverser Mängel ihre Miete um 37% gemindert hatte. Das Gericht wertete die Minderung in Anbetracht der Mängel als nicht angemessen, wodurch ein ungerechtfertigter Zahlungsverzug in Höhe von mehr als zwei Monatsmieten zustande kam (Az. 65 S 35/05).

Siehe / Siehe auch: Rechtsmangel (Mietverhältnis), Sachmangel (im Mietrecht)

Mietnomaden

Unter Mietnomaden versteht man umgangssprachlich Personen, die Mietverträge von Anfang an in der Absicht abschließen, keine oder allenfalls die erste Miete zu bezahlen, einige Zeit „umsonst" zu wohnen und sich schließlich „aus dem Staub" zu machen, um den Vorgang in einer neuen Wohnung zu wiederholen. Der Vermieter findet dann oft nur noch eine leere Wohnung vor – im schlechtesten Fall auch zurückgelassenen Müll oder Schäden. Das „Mietnomadentum" wurde in Presse- und TV-Berichten oft beschrieben, kommt jedoch tatsächlich nicht so häufig vor, wie es nach der Berichterstattung der Fall zu sein scheint.

Das Verhalten von Mietnomaden kann einen strafbaren Betrug nach § 263 StGB darstellen. So entschied zumindest das Amtsgericht Berlin-Tiergarten. Eine Mieterin hatte in dem Wissen, dass sie keine Miete zahlen konnte, eine Wohnung gemietet. Sie hatte in der Selbstauskunft bei der Frage nach Mietschulden aus früheren Mietverhältnissen gelogen. Als sie nicht zahlte und ihre Lüge aufgedeckt wurde, erhob der Vermieter Räumungsklage und stellte Strafanzeige. Die Frau wurde zu sechs Monaten Haft auf Bewährung verurteilt (Urteil vom 22.6.2005, Az.: (260 Ds) 61 Js 1479/05 (326/05)).

Siehe / Siehe auch: Beendigung eines Mietverhältnisses, Räumungsfrist, Räumung (Mietwohnung)

Mietoption

Die Mietoption ist das einem Vertragspartner – meist dem Mieter – eingeräumte Recht, durch einseitige Erklärung einen Mietvertrag zustande kommen zu lassen. Die Erklärung muss innerhalb einer bestimmten Frist erfolgen. Der andere Vertragspartner ist von Anfang an vertraglich gebunden und kann auf das Zustandekommen des Vertrages keinen Einfluss mehr nehmen. Wenn der Berechtigte seine Option nicht ausübt, wird der Mietvertrag unwirksam bzw. kommt nicht zustande. Eine Vereinbarung über eine Mietoption bedarf keiner bestimmten Form – nur dann, wenn die Mietdauer über einem Jahr liegen soll. In diesem Fall muss die Option schriftlich vereinbart werden. Dies gilt auch, wenn dadurch das Recht entsteht, durch einseitige Erklärung den Mietvertrag über ein Jahr hinaus zu verlängern. In der Praxis werden Mietoptionsvereinbarungen meist zur Verlängerung von Verträgen genutzt.

Siehe / Siehe auch: Anmietrecht, Mietvorvertrag, Vormietrecht

Mietpool, Risiken

Mietpoolverträge sind in Verruf geraten, da sie teilweise erhebliche Risiken für die Eigentümer und Vermieter der Mietwohnungen mit sich bringen. So werden sie oft im Rahmen komplizierter Steuersparmodelle verwendet, bei denen ohne Eigenkapital Eigentumswohnungen erworben und vermietet werden. Zu Lasten des Mietpools gehen meist auch z.b. Reparatur- und Instandhaltungskosten, Instandhaltungsrücklagen und Verwaltungsgebühren.

Diese Kosten können die ausgeschütteten Beträge erheblich reduzieren. Teilweise werden vom Eigentümer dann Nachschusszahlungen gefordert, die im Anlagemodell nicht einkalkuliert und bei der laufenden finanziellen Belastung nicht berücksichtigt sind. In manchem Fall hat der Vertrieb durch zwischengeschaltete Vermittler stattgefunden, die schnell selbst in Insolvenz gerieten. Die finanzierenden Banken sind bei vielen Anlagekonzepten nur Vertragspartner des Darlehensvertrages und damit kaum erfolgversprechende Klagegegner bei Mängeln der Immobilie oder Scheitern des Mietpoolvertrages.

Weitere häufige Kritikpunkte derartiger Anlagemodelle sind:
- Für den Kunden unsichtbare Innenprovisionen des Vertriebs in erheblicher Höhe zu hoch angesetzter Wert der Immobilie
- Unvermietbarkeit wegen schlechtem Zustand / schlechter Lage
- geringer Einfluss des Eigentümers auf Verwaltung / Vermietung
- Mietpoolausschüttung zu Anfang absichtlich zu hoch angesetzt, um Kunden zu werben.

Der Bundesgerichtshof hat in jüngerer Zeit zwei Urteile zum Mietpool gefällt:

Urteil vom 14.1.2005 (Az. V ZR 260/03)
Wenn der Käufer auf Empfehlung des beratenden Vertriebsmitarbeiters einen Mietpoolvertrag abschließt, durch den die am Mietpool Beteiligten die gemeinsame Verwaltung und Instandhaltung des jeweiligen Sondereigentums übernehmen, muss der Beratende bei der Berechnung des Eigenaufwands auch das damit verbundene Kostenrisiko, etwa in Form einer angemessenen Instandhaltungsrücklage, berücksichtigen. Er verletzt seine Beratungspflichten, wenn er ein unzutreffendes, zu positives Bild der Ertragserwartung der Immobilie gibt.

Urteil vom 13.10.2006 (Az.: V ZR 66/06)
Schließt der Käufer einer Eigentumswohnung auf Empfehlung des ihn beratenden Verkäufers einen Mietpoolvertrag ab, muss der Verkäufer bei der Berechnung des Eigenaufwandes des Käufers auch das Risiko der Vermietung fremder Wohnungen berücksichtigen. Dies kann durch Abschläge bei den Einnahmen oder Zuschläge bei den monatlichen Belastungen erfolgen.

In beiden Urteilen wurde das stillschweigende Zustandekommen eines Beratungsvertrages bejaht. Dafür genügt es nach dem BGH, dass sich als Ergebnis eines die Vorteile des Erwerbs hervorhebenden Verkaufsgesprächs eine Empfehlung zum Vertragsabschluss feststellen lässt (Az. V ZR 260/03). Mit einem Beratungsvertrag sind Aufklärungspflichten verbunden, die hier verletzt wurden. Nicht jeder Mietpoolvertrag ist unseriös. Es empfiehlt sich jedoch bei solchen Konstruktionen eine besonders sorgfältige Prüfung, welche unbedingt eine persönliche Besichtigung der zu erwerbenden Immobilie einschließen muss.

Siehe / Siehe auch: Mietpoolvertrag

Mietpoolvertrag

Ein Mietpoolvertrag wird von allen Wohnungseigentümern einer Wohnanlage mit dem Ziel abgeschlossen, das Mietausfallrisiko zu minimieren. Grundkonzept ist, dass alle Mieteinnahmen in einen gemeinsamen „Topf" fließen. Die Vermieter erhalten dann nach einem bestimmten Verteilungsschlüssel – z.B. Quadratmeter der Wohnungen, Eigentumsanteile – ihre Anteile am Mietertrag. Stehen einzelne Wohnungen leer, trägt nicht mehr der einzelne Eigentümer, sondern die Gemeinschaft, der „Mietpool" das Risiko und der insgesamt zu verteilende Betrag verringert sich entsprechend.

Es sind unterschiedliche Ausgestaltungen möglich. Der Mietpoolvertrag kann als Teil eines Finanzierungskonzeptes zwischen den Eigentümern geschlossen werden. Die Verwaltung des Objektes einschließlich des Mietpools wird darin einem entsprechenden Verwaltungsbetrieb übertragen, bei dem es sich oft um eine Tochterfirma anderer an Verkauf oder Vermittlung der Immobilie beteiligter Firmen handelt. Manche Mietpools sind in Form einer eigenen Gesellschaft organisiert, der die Eigentümer als Gesellschafter beitreten. In diesem Fall handelt es sich beim Mietpoolvertrag gleichzeitig um den Gesellschaftsvertrag.

Siehe / Siehe auch: Mietpool, Risiken

Mietpreisbindung

Eine Mietpreisbindung ist vorgeschrieben in allen Fällen, in denen Mietwohnungen mit öffentlichen

Mitteln gefördert wurden. Verlangt werden darf nur die „Bewilligungsmiete". Liegt die nach der II. Berechnungsverordnung ermittelte Kostenmiete über der Bewilligungsmiete, muss der Investor (in der Regel ein Wohnungsunternehmen) bei den kalkulatorischen Aufwendungen (z.B. Eigenkapitalverzinsung) „Aufwendungsverzichte" hinnehmen.Für Wohnraum, der nach dem 1.1.2002 (in einigen Bundesländern nach dem 1.1.2003) gefördert wurde bzw. wird, gelten die Vorschriften des Wohnraumförderungsgesetzes. Auch hier ist die Folge der Förderung eine Mietpreisbindung. Sie stellt aber nicht auf die Kostenmiete, sondern auf eine zu vereinbarende Miete ab, die stets unter der ortsüblichen Vergleichsmiete angesiedelt ist.

Siehe / Siehe auch: Kostenmiete, Wirtschaftsstrafgesetz

Mietpreisüberhöhung

Mietpreisüberhöhung ist ein Begriff aus dem Wirtschaftsstrafgesetz. Nach § 5 WiStG handelt ein Vermieter ordnungswidrig, der unter Nutzung eines geringen Angebots vorsätzlich oder leichtfertig für die Vermietung von Räumen oder damit zusammenhängende Nebenleistungen unangemessen hohe Entgelte verlangt. Man kann davon ausgehen, dass ein geringes Angebot dann nicht vorliegt, wenn die Leerstandrate bei den vergleichbaren Wohnungen mehr als 2% beträgt. Der Verstoß gegen § 5 WiStG ist eine Ordnungswidrigkeit die mit einem Bußgeld bis zu 50.000 Euro geahndet werden kann.

Unangemessen hoch ist die Miete, wenn sie die ortsübliche Miete vergleichbarer Wohnungen (Vergleichsmiete) um mehr als 20% übersteigt. Die Vergleichsmiete kann z.B. durch einen Mietspiegel ermittelt werden. Bei Beurteilung der Vergleichbarkeit der Wohnungen sind folgende Merkmale zu berücksichtigen: Lage, Art, Größe, Ausstattung und Beschaffenheit. Auch das Baujahr kann ein wichtiges Vergleichskriterium bilden. Die Mietpreise der Vergleichswohnungen müssen sich in den letzten vier Jahren durch Vermietung oder Mietanpassung gebildet haben. Preisgebundene Wohnungen dürfen dabei nicht berücksichtigt werden. Sofern die verlangte Miete allerdings nur ausreicht, die laufenden Aufwendungen zu decken, kann die 20%-Grenze überschritten werden. Nachgewiesen werden kann dies mit Hilfe einer Wirtschaftlichkeitsberechnung. Wird jedoch die 50%-Grenze überschritten, kann Wucher vorliegen. Wucher ist ein Straftatbestand und setzt die Ausnutzung der Unerfahrenheit, einer Zwangslage, eines Mangel des Urteilsvermögens oder einer erheblichen Willensschwäche des Mieters voraus. Der Bundesgerichtshof hat entschieden, dass bei größeren Städten die Wohnungsknappheit bei vergleichbaren Wohnungen in der gesamten Stadt vorliegen muss, um Mietpreisüberhöhung anzunehmen – und nicht nur in dem Stadtteil, den der Mieter bevorzugt (BGH Az.: VIII ZR 44/04 vom 13.04.2005).

Siehe / Siehe auch: Kostenmiete, Mietpreisbindung, Mietwucher, Wirtschaftsstrafgesetz, Wohnungsmangel, Vergleichsmiete, ortsübliche (Wohnungsmiete)

MietRÄndG

Abkürzung für: Mietrechts-Änderungsgesetz

Mietrechtsreform 2001

Die am 1.9.2001 in Kraft getretenen Mietrechtsreform verfolgte das Ziel, den Mietvertragsparteien mehr Verhandlungsspielraum einzuräumen, das Mietrecht zu vereinfachen und durch Zusammenfassung verstreuter Vorschriften im BGB übersichtlicher, verständlicher und transparenter zu machen. In diesem Zusammenhang wurde das Miethöhegesetz aufgehoben. Dessen Vorschriften sind mit einigen Veränderungen im Wesentlichen in das BGB übernommen worden. Das neue Mietrecht im BGB enthält:

- Allgemeine Vorschriften über Mietverhältnisse (§§ 535-548)
- Mietverhältnisse über Wohnraum unterteilt in Allgemeine Vorschriften (§§ 549-555), Die Miete (§§ 556-561), Pfandrecht der Vermieters (§§ 562-562d), Wechsel der Mietvertragsparteien (§§ 563-567b), Beendigung des Mietverhältnisses (§§ 568-576b), Besonderheiten bei der Bildung von Wohneigentum an vermieteten Wohnungen (§§ 577-577a)
- Mietverhältnisse über andere Sachen (§§ 578-580a)
- Pachtvertrag (§§ 581-584b)
- Landpachtvertrag (§§ 585-597)

Wesentliche Änderungen gegenüber dem bisherigen Wohnungsmietrecht sind:
- Verkürzung der Kündigungsfrist für Mieter auf 3 Monate und für Vermieter auf 3-9 Monate (je nach Dauer des Mietverhältnisses),
- Vorrangstellung des „qualifizierten Mietspie-

gels" als Begründungsmittel für das Mieterhöhungsverlangen,
- Senkung der Kappungsgrenze von 30% auf 20%,
- Keine Umlage mehr für erhöhte Kapitalkosten
- Übergang des Mietverhältnisses auf Lebensgemeinschaftspartner
- Anspruch behinderter Mieter auf behindertengerechten Umbau der Wohnung mit der Rückbauverpflichtung der Mieters bei Beendigung des Mietverhältnisses
- Streichung des „einfachen Zeitmietvertrages"
- Fälligkeit der Miete am Monatsanfang
- Kündigungsrecht des Vermieters gegenüber dem Erben des allein stehenden Mieters
- Senkung der Anforderungen an die Ankündigung von Wohnungsmodernisierung gegenüber dem Mieter und Ausdehnung des Energieeinsparungstatbestandes im Rahmen der Modernisierung

Ungeregelt bleiben die streitträchtigen Bereiche Schönheitsreparaturen und Kleinreparaturen. Das Gesetz zur Neugliederung, Vereinfachung und Reform des Mietrechts, (Mietrechtsreformgesetz) wurde im BGBl. T. I, S. 1149 vom 19.06.01 veröffentlicht.

Siehe / Siehe auch: Mieterhöhungsverlangen, Mietspiegel, Kappungsgrenze, Zeitmietvertrag

Mietrückstandsquote

Die Mietrückstandsquote ist eine wohnungswirtschaftliche Kennzahl. Sie gibt den Anteil der Mietrückstände bezogen auf die Gesamtsumme der Mieteinnahmen in Prozent an.

Siehe / Siehe auch: Leerstandsquote

MietRVerbessG

Abkürzung für: Mietrechtsverbesserungsgesetz

Mietsicherheit

Siehe / Siehe auch: Mietkaution

Mietspiegel

Im BGB ist bestimmt, dass Gemeinden einen Mietspiegel erstellen sollen, wenn hierfür ein Bedürfnis besteht und dies mit vertretbarem Aufwand möglich ist. Eine Anpassung an geänderte Marktverhältnisse soll alle zwei Jahre erfolgen. Zweck des Mietspiegels ist es, Vermietern und Mietern von Wohnraum eine Information über die Höhe der Vergleichsmiete zu geben. Vermieter können ein Mieterhöhungsverlangen mit dem zutreffenden Mietspiegelmietsatz begründen, Mieter ein überhöhtes Mieterhöhungsverlangen damit abwehren. Vom einfachen Mietspiegel ist der „qualifizierte Mietspiegel" zu unterscheiden, der nach anerkannten wissenschaftlichen Grundsätzen erstellt wird. Er muss von der Gemeinde, für die der Mietspiegel erstellt wurde, ausdrücklich anerkannt sein. Dieser Mietspiegel ist alle vier Jahre neu zu erstellen. Beim qualifizierten Mietspiegel spricht eine gesetzliche Vermutung dafür, dass die darin enthaltenen Entgelte die ortsübliche Vergleichsmiete widerspiegeln.

Bei den Ermittlungen der Mieten, die zu Mietspiegeln führen, darf preisgebundener Wohnraum nicht berücksichtigt werden. Zu berücksichtigen sind dagegen Mieten, die innerhalb der letzten vier Jahre (ab Erhebung der Daten) vereinbart oder geändert wurden sind. Mietspiegel hatten früher als Begründungsmittel für das Erhöhungsverlangen im Rechtsstreit eine relativ geringe Bedeutung. Überwiegend haben sich die Vertragsparteien einvernehmlich auf eine neue Miethöhe geeinigt. Durch die Mietrechtsreform 2001 erhielt der qualifizierte Mietspiegel für die Begründung der Vergleichsmiete nun allerdings eine Vorrangstellung. Die Richtigkeitsvermutung kann nur mit einem Sachverständigengutachten widerlegt werden.

Für die Akzeptanz des Mietspiegels ist es wichtig, dass alle am Wohnungsmarkt Beteiligten an dessen Erstellung einvernehmlich teilgenommen haben. So wurde der Mietspiegel von Erfurt unter Beteiligung von Haus & Grund Erfurt, RDM, VDM, dem Vermieterbund Erfurt und dem Verband Thüringer Wohnungswirtschaft erstellt. In Deutschland gibt es nach Focus 316 Gemeinden mit über 20.000 Einwohnern, die über einen Mietspiegel verfügen.

Unter folgender Internetadresse finden Sie eine Sammlung aller Links zu Mietspiegeln in Deutschland: www.mietspiegeltabellen.de

Siehe / Siehe auch: Mietdatenbank

Mietüberhöhung

Siehe / Siehe auch: Mietpreisüberhöhung, Wirtschaftsstrafgesetz, Wohnungsmangel

Mietvertrag

Der Mietvertrag ist als eigener Schuldrechtstypus im BGB ausgiebig geregelt. Das spezielle

Wohnungsmietrecht ist in den §§ 549-577a mit zum großen Teil zwingenden Vorschriften zusammengefasst. Im Mietvertrag verpflichtet sich der Vermieter, dem Mieter den Gebrauch der Mietsache während der Mietzeit zu überlassen und der Mieter, die vereinbarte Miete zu bezahlen. Sie ist jeweils am Monatsanfang fällig. Allgemein gilt, dass ein Mietvertrag formlos abgeschlossen werden kann. Ist bei einem Wohnungsmietvertrag eine Laufzeit von über einem Jahr vorgesehen, bedarf er der Schriftform. Ein mit dieser Bedingung mündlich zustande gekommener Vertrag gilt als auf unbestimmte Zeit abgeschlossen. Zum Wesen des Mietvertrags gehört die Verpflichtung des Vermieters, die Mieträume in voll gebrauchsfähigem Zustand zu erhalten.

Hinsichtlich der Laufzeit des Mietvertrages gibt es eine Reihe von Gestaltungsmöglichkeiten. (Mietvertrag mit unbestimmter Laufzeit, Zeitmietvertrag mit fester Laufzeit, Ausschluss des gegenseitigen Kündigungsrechts für eine bestimmte Zeit). Gewerberaummietverträge enthalten häufig Mietvertragsverlängerungsoptionen zu Gunsten des Mieters. Es können auch unterschiedliche Mietanpassungsmöglichkeiten vereinbart werden. (Anpassung jeweils an die Vergleichsmiete, Staffelmiete, Indexmiete, Betriebskostenanpassungen).

Soweit der Mieter Mieträume mit Einrichtungsgegenständen versehen hat, kann er sie bei Beendigung des Mietverhältnisses wegnehmen. Soweit sie nicht unter Vollstreckungsschutz fallen, steht dem Vermieter ein Pfandrecht an diesen Gegenständen zum Ausgleich von Mietforderungen zu. Der Mieter haftet für Schäden an den Mieträumen, die nicht auf normale Abnutzung zurückzuführen sind. Der Tod des Vermieters berührt das Mietverhältnis nicht. Bei Tod des Mieters können sowohl der Vermieter als auch der Erbe das Mietverhältnis mit gesetzlicher Frist kündigen. Beim Wohnungsmietvertrag treten der Ehegatte oder Lebenspartner und Familienangehörige sowie andere Personen, soweit sie mit dem verstorbenen Mieter einen gemeinsamen Haushalt führten, in das Mietverhältnis ein. Kauf bricht Miete nicht. Die Vermieterstellung erlangt der Käufer eines vermieteten Objektes mit seiner Eintragung ins Grundbuch.

Siehe / Siehe auch: Indexmiete, Mieterhöhung, Staffelmiete / Staffelmietvertrag, Zeitmietvertrag

Mietvertrag und Vorkaufsrecht
Siehe / Siehe auch: Vorkaufsrecht

Mietvorvertrag
Der Vorvertrag ist nicht ausdrücklich im Gesetz geregelt. Man leitet seine Zulässigkeit aus der so genannten Vertragsautonomie ab. Vorverträge sind Verträge, in denen sich die Vertragspartner verpflichten, später einen Hauptvertrag abzuschließen. Auch im Mietrecht kommt es in gewissen Fällen zu einem Vorvertrag. Sinnvoll ist dies, wenn sich die Vertragspartner im Prinzip einig sind, aber noch einige abschließende Punkte ausgehandelt werden müssen – oder wenn rechtliche oder tatsächliche Gründe einem sofortigen Abschluss des Hauptvertrages entgegenstehen.

Gestattet der Mieter dem Vermieter, vor dem Beginn der Laufzeit des eigentlichen Mietvertrages Miete abzubuchen, gilt dies als Abschluss eines Vorvertrages. Der Vorvertrag muss nicht schriftlich abgefasst werden. Dies ist jedoch dringend zu empfehlen. Er sollte Details enthalten zum Mietobjekt, zum Mietzins und zum Vertragszweck (z.B. Gewerberaummiete). Mietvorverträge werden insbesondere im Rahmen des Projektmanagements abgeschlossen, um die Vermietung des zu errichtenden Gebäudes zu sichern. Ein Vorvertrag muss ein solches Maß an Bestimmtheit oder Bestimmbarkeit und Vollständigkeit haben, dass im Streitfall der Inhalt des Vertrages richterlich festgestellt werden kann. Im Mietvorvertrag verpflichten sich die Parteien, vor Bezugsfertigkeit einen endgültigen Mietvertrag mit allen üblichen Regelungsinhalten abzuschließen.

Sind die zuvor festgestellten Hindernisse beseitigt und die letzten Unstimmigkeiten geklärt, sind beide Vertragspartner zum Abschluss des Mietvertrages verpflichtet. Andernfalls ist dies nicht der Fall. Legt z.B. der Vermieter einen Mietvertrag mit einer gegenüber dem Vorvertrag stark erhöhten Miete vor oder verlangt der Gewerbemieter die Einbeziehung einer bisher nicht vorgesehenen und für den Vermieter inakzeptablen Nutzung, kann ein Vertragsrücktritt vorgenommen werden (vgl. Oberlandesgericht Koblenz, Az. 10 U 1238/96). Problematisch wird es, wenn einer der Vertragspartner trotz beseitigter Hindernisse und fertig ausgehandelter Einzelheiten vom Vertrag Abstand nehmen möchte. Er ist zum Abschluss des Mietvertrages verpflichtet. Daher bleibt ihm nur die Möglichkeit der Kündigung des Mietvertrages nach den gesetzlichen und vertraglichen Vorgaben. Dabei muss jedoch während der Kündigungsfrist die vereinbarte Miete entrichtet werden.

Erfüllt einer der Vertragspartner seine Verpflichtungen aus dem Vorvertrag nicht, kann er auf Schadensersatz oder ggf. auch auf den Abschluss eines Mietvertrages zu den vorher vereinbarten Konditionen verklagt werden. Das Landgericht Coburg verurteilte eine Mieterin zum Schadenersatz in Höhe von drei Kaltmieten, die kurz vor Mietvertragsbeginn den Vorvertrag fristlos gekündigt hatte.
Grund war das Fehlen eines Starkstromanschlusses in der Küche gewesen. Das Gericht hielt eine Vertragsbeendigung ohne vorherige erfolglose Aufforderung zur Installation des Anschlusses für unzulässig (Az. 33 S 16/04).
Eine Alternative zum Vorvertrag kann eine Widerrufsklausel bieten. Dabei wird ein normaler Mietvertrag abgeschlossen, der für eine begrenzte Zeit unter bestimmten Bedingungen ausdrücklich einen Rücktritt vom Vertrag zulässt.
Siehe / Siehe auch: Beendigung eines Mietverhältnisses

Mietwucher

Mietwucher ist ein Straftatbestand, der gegeben ist, wenn Leistung und Gegenleistung in einem auffälligen Missverhältnis zu einander stehen (§ 291 StGB, früher § 302a StGB). Vorausgesetzt wird dabei die Ausnutzung einer Zwangslage, der Unerfahrenheit, des Mangels an Urteilsvermögen oder einer erheblichen Willensschwäche des Mieters durch den Vermieter. Bei Wohnraum ist Mietwucher gegeben, wenn die Miete die ortsübliche Vergleichsmiete um 50% überschreitet.
Strafrahmen: Im Normalfall Freiheitsstrafe bis zu drei Jahren oder Geldstrafe.
Im besonders schweren Fall (d.h. z.B. wenn der Mieter durch den Wucher in wirtschaftliche Not gerät, gewerbsmäßige Begehung) Freiheitsstrafe von sechs Monaten bis zu zehn Jahren.
Zivilrechtlich hat das Vorliegen von Mietwucher die Folge, dass die Mietvertragsklausel über die Höhe der Miete unwirksam wird. Der Vertrag selbst bleibt jedoch bestehen. Der Mieter muss nur noch die ortsübliche Vergleichsmiete bezahlen. Er hat gegen den Vermieter einen Rückzahlungsanspruch auf die Differenz des tatsächlich gezahlten Betrages zur ortsüblichen Vergleichsmiete aus ungerechtfertigter Bereicherung.
Siehe / Siehe auch: Mietpreisüberhöhung, Ungerechtfertigte Bereicherung

Mietzahlung

Neben der Höhe ist die Fälligkeit der Miete zu vereinbaren. Seit 1.9.2001 ist sie am Anfang des Monats fällig. Dies entspricht der schon bisher vereinbarten Fälligkeitsregel. Üblicherweise wird für die Zahlungen heute innerhalb des Mietvertrages ein Abbuchungsauftrag vom Mieter erteilt. Mietzahlungen summieren sich im Laufe der Jahre zu einem erheblichen Betrag, wie aus nachfolgender Übersicht deutlich wird: Was bezahlt der Mieter innerhalb von 30 Jahren bei einer angenommenen Mietsteigerung von 2% im Jahr? Angegeben ist jeweils die Ausgangsmiete pro Monat.

Mietzahlungen in den nächsten Jahren

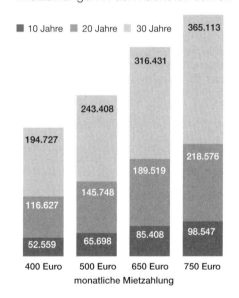

MIfH

Abkürzung für: Mitteilungen des Instituts für Handelsforschung

Mikrolage

Siehe / Siehe auch: Lage

Milieuschutzsatzung

Die Milieuschutzsatzung soll unerwünschte Veränderungen der Einwohnerstruktur eines Wohnviertels durch massenhaften Wegzug der bisherigen Bevölkerung verhindern. Sie ist eine Variante

der Erhaltungssatzung und ist in § 172 Abs.1 Satz 1 Nr.2 Baugesetzbuch geregelt. Festgelegt werden können verschiedene Auflagen, z.b.:
- Genehmigungspflicht für Umbauten, Modernisierungen etc.
- Einschränkungen für die Umwandlung von Miet- in Eigentumswohnungen
- zeitlich begrenzte Mietobergrenzen für modernisierte Wohnungen.

Eine Genehmigung kann u.a. davon abhängig gemacht werden, dass der Eigentümer des Hauses sich verpflichtet, die durch Begründung von Wohnungseigentum entstandenen Eigentumswohnungen innerhalb von 7 Jahren nur an Mieter zu veräußern. Damit soll einer Verdrängung der ursprünglich ansässigen Bevölkerung entgegengewirkt werden. Die Genehmigungspflicht kann ins Grundbuch eingetragen werden.

Wie generell bei der Erhaltungssatzung können auch bei der Milieuschutzsatzung z.b. bei ungenehmigten Modernisierungen Geldbußen fällig werden. So weist das Sozialreferat der Stadt München in seiner Internetpräsenz auf die Existenz von allein 18 Erhaltungssatzungen in München hin, mit denen der Zweck verfolgt werde, die ortsansässige Bevölkerung vor Verdrängung zu schützen. Alle Modernisierungsmaßnahmen, die zu einem überdurchschnittlichen Standard der Wohnungen in den betreffenden Gebieten führten, würden nicht genehmigt. Verstöße seien bußgeldbewehrt.

Siehe / Siehe auch: Erhaltungssatzung, Sanierung, Sanierungsträger

Min

Abkürzung für: Ministerium

Minderheitenquorum

Der Verwalter hat eine Wohnungseigentümerversammlung durchzuführen, wenn dies schriftlich unter Angabe des Zwecks und der Gründe von mehr als einem Viertel der Wohnungseigentümer verlangt wird. Das Quorum errechnet sich grundsätzlich nach der Zahl der Wohnungseigentümer (Kopfprinzip), nicht nach der Größe der Miteigentumsanteile.

Minderjährige Mieter

Im Normalfall kann ein unter 18-Jähriger einen rechtsgültigen Mietvertrag nur mit vorheriger Zustimmung seiner gesetzlichen Vertreter (z.B. der Eltern) abschließen. In folgenden Fällen ist die Zustimmung nicht erforderlich:
- Der nötige Geldbetrag bzw. sein Arbeitseinkommen wurde ihm von seinen gesetzlichen Vertretern zur freien Verfügung überlassen (z.b. bei Schülern, die in anderem Ort als dem Wohnort eine Schule besuchen). Die Art der Wohnung und die Höhe der Miete müssen jedoch zum überlassenen Betrag in einem vernünftigen Verhältnis stehen.
- Der Minderjährige hat mit Erlaubnis des gesetzlichen Vertreters in einem anderen Ort eine Arbeitsstelle angenommen.
- Der gesetzliche Vertreter hat dem Minderjährigen mit Genehmigung des Vormundschaftsgerichtes erlaubt, eine eigene selbstständige Tätigkeit auszuüben. Der Minderjährige darf ohne weitere Zustimmung Mietverträge in Zusammenhang mit seinem Geschäftsbetrieb abschließen.

Minderwert, merkantiler (Wertermittlung)

Ein merkantiler Minderwert wird in der Verkehrswertermittlung unterstellt, wenn bei einem Grundstück ein erheblicher Bauschaden behoben wurde. Die Teilnehmer am gewöhnlichen Geschäftsverkehr befürchten nämlich, dass sich Schäden, auch wenn sie beseitigt sind, noch nachteilig auswirken können. Ein Beispiel hierfür ist der Minderwert nach einer Schwammbeseitigung. Dies gilt auch dann, wenn die Befürchtung objektiv unbegründet ist. Ein Restmisstrauen bleibt.

Dieser merkantile oder auch psychologische Minderwert lässt sich mathematisch nicht exakt ermitteln, sondern ist im Wege der Schätzung zu bestimmen. Dabei kann davon ausgegangen werden, dass der Abschlag für den merkantilen Minderwert umso kleiner wird, je länger das Ereignis zurückliegt, das ihn begründet hat.

Neben dem „merkantilen" Minderwert können Umstände gegeben sein, die ebenfalls zu einer gewissen Distanzierung der Nachfrage vom Objekt und damit zu einem Minderwert führen. Wird beispielsweise eine Wohnung mit einem in ihr verbundenen Verbrechen in Beziehung gebracht, kann dies zu einem teilweisen Nachfrageausfall führen, obwohl die Wohnungsqualität objektiv nicht vermindert ist. Nicht zu verwechseln mit dem merkantilen Minderwert sind tatsächliche Wertbeeinträchtigungen. Wird etwa eine kontaminierte Bodenfläche saniert, verbleibt im Toleranzbereich ein zulässiger Rest an Verunreinigung, von dem nicht mehr befürchtet wird, dass von ihm gesundheitliche Schäden ausgehen. Trotzdem ist auch hier ein Minderwert zu unterstellen.

Mindestansparung

Vor der Zuteilung des Vertrags muss der Bausparer einen Mindestbetrag ansparen. Der beträgt je nach Bauspartarif 30 bis 50 % der Bausparsumme.

Mindestgebot

Siehe / Siehe auch: Gebot, geringstes (Zwangsversteigerungsverfahren)

Mindestwert

Der Mindestwert spielt bei der Ermittlung von Einheitswerten und Grundbesitzwerten eine Rolle. Rechtsgrundlage ist in beiden Fällen das Bewertungsgesetz. Bei der Feststellung des Einheitswerts darf der für ein bebautes Grundstück anzusetzende Wert nicht geringer sein als der Wert, mit dem der Grund und Boden ohne Bebauung bewertet werden müsste (§ 77 BewG). Ist er geringer, muss der höhere Mindestwert als Bemessungsgrundlage angesetzt werden. Von diesem Mindestwert können allerdings die Kosten des Abbruchs der Gebäude abgezogen werden, wenn ein Abbruch des Gebäudes oder von Gebäudeteilen erforderlich ist.

Ähnliches gilt für die sog. „Bedarfsbewertung", die im Zusammenhang mit der Veranlagung zur Erbschaft- und Schenkungsteuer vorzunehmen ist und zum sog. „Grundbesitzwert" führt. Auch hier darf bei bebauten Grundstücken der anzusetzende Wert nicht geringer sein als der, der sich bei einer Bewertung allein des Grund und Bodens ergäbe (§ 146 Abs. 6 BewG). Allerdings ist dem Grundstückseigentümer die Möglichkeit des Nachweises eines etwa niedrigeren Wertes eingeräumt. Der Nachweis kann durch ein Sachverständigengutachten geführt werden. Das Finanzamt selbst orientiert sich an dem zutreffenden Bodenrichtwert des Gutachterausschusses und zieht hiervon 20 % ab. Für die Ermittlung des Grundbesitzwertes gelten die Wertverhältnisse zum 1. Januar 1996. Die Regelungen gelten – nach einer ersten Hinausschiebung des Verfallsdatums vom 31.12.2001 – bis 31. 12. 2006.

Siehe / Siehe auch: Einheitswert, Grundbesitzwert, Bewertungsgesetz, Erbschaft- und Schenkungsteuer, Bodenrichtwert

MIPIM

Abkürzung für: Marché International des Professionnels de l'Immobilier.

MIPIM ist die älteste internationale Fachmesse der Immobilienwirtschaft, die alljährlich im März in Cannes, Südfrankreich, stattfindet. Im Jahr 2006 nahmen 17.641 Personen an der Ausstellung teil, darunter 2.051 Aussteller aus 74 Ländern. 4.660 Endkunden (Banken, institutionelle Investoren, Immobilienberater Projektentwickler usw.) sowie eine Vielzahl von städtischen und regionalen Behörden, Hotelketten, Anwälte, Sachverständige, Planer, Immobilienverwalter usw. Thematischer Schwerpunkt war 2006 die Hotel- und Tourismusbranche. Die MIPIM ist neben der EXPO REAL die zweite bedeutende europäische Immobilienausstellung.

Siehe / Siehe auch: MAPIC

Mischgebiet

Weist der Bebauungsplan ein Gebiet als Mischgebiet (MI) aus, dürfen dort nicht nur Wohngebäude errichtet werden, sondern auch Gewerbebetriebe ansiedelt werden, die das Wohnen nicht wesentlich stören. Allgemein zulässig sind dabei u.a. Geschäfts- und Bürogebäude, Einzelhandelsbetriebe, Gastwirtschaften, Einrichtungen für die Verwaltung, für kirchliche und kulturelle Zwecke aber auch Tankstellen. Besondere Typen eines Mischgebietes sind das Kerngebiet (MK) des Stadtkerns und das Dorfgebiet (MD).

Mischmietverhältnis

Ein Mischmietverhältnis liegt vor, wenn in räumlichem Zusammenhang stehende Geschäfts- und Wohnräume an eine Mietpartei vermietet werden. Dabei ist zu prüfen, ob auf sie die gesetzlichen Bestimmungen des Geschäftsraummietrechts oder Wohnraummietrechts anwendbar sind. Da der Grundsatz der Einheitlichkeit des Mietverhältnisses gewahrt werden muss, unterliegt auch das Mischmietverhältnis immer entweder den Vorschriften des Wohnungsmietrechtes oder denen des Gewerbemietrechtes.

Die vertragliche Vereinbarung eines Wohnungsmietverhältnisses ist in der Regel vor Gericht unproblematisch, da der Mieter hier stärkeren Schutz durch das Wohnraummietrecht des BGB genießt. Maßgeblich dafür, welches Recht gilt, ist in erster Linie der Vertragsinhalt bzw. der zwischen den Parteien vereinbarte Vertragszweck. Im Zweifels-

fall können die Flächenproportionen des Mietobjekts (lediglich) als Indiz dafür dienen, ob es sich um ein Wohn- oder Gewerbeobjekt handelt. Überwiegt der Wohnraumanteil, gelten die gesetzlichen Regelungen des Wohnungsmietrechts, überwiegt der Gewerberaum, dann gilt Gewerbemietrecht. Erwirtschaftet der Mieter in den Mieträumen seinen Lebensunterhalt, ist in der Regel unabhängig von der Flächenverteilung von einer Geltung des Gewerberaummietrechtes auszugehen. Hat der Mieter aber z.B. eine alte Werkhalle in eine Wohnung mit Künstleratelier umgebaut, wohnt dort mit Frau und Kind und erzielt durch künstlerisches Wirken keine hauptberuflichen Einkünfte, ist das Wohnraummietrecht anwendbar (Landgericht Berlin, 26.2.2002, Az. 25 O 78/02).
Siehe / Siehe auch: Gewerbemietvertrag, Mischnutzung

Mischnutzung

Bei einer Mischnutzung sind in einer Anlage sowohl vermietete Wohnungen als auch Gewerberäume (Läden, Büros) vorhanden. Die Betriebskosten müssen getrennt umgelegt werden. Meist werden die Betriebskosten für die gewerbliche Nutzung ermittelt und von den Gesamtkosten abgezogen. Die verbleibenden Betriebskosten werden dann nach dem mit den Mietern vereinbarten Umlageschlüssel auf die einzelnen Mietwohnungen aufgeteilt. Auf diesen Vorwegabzug kann nur dann verzichtet werden, wenn durch den Gewerbebetrieb keine gesonderten Betriebskosten entstehen oder diese den Kosten bei der Wohnnutzung entsprechen. Geringfügige Mehrbelastungen sind nach einem Urteil des Landgerichts Braunschweig (ZMR 2003, 114) den Mietern jedenfalls zumutbar. Der Bundesgerichtshof bestätigte mit Urteil vom 8.3.2006, dass kein Vorwegabzug der Betriebskosten der Gewerbeflächen erfolgen müsse, wenn durch diese Flächen keine erheblichen Mehrkosten anfielen. Auch habe ein Wohnungsmieter in dem gemischt genutzten Gebäude keinen Anspruch auf Zusendung von Kopien aller Abrechnungs- und Betriebskostenbelege. Eine Einsichtnahme im Büro des Vermieters reiche aus – zumindest wenn dieses sich in der gleichen Stadt befände (BGH, Az. VIII ZR 78/05).
Siehe / Siehe auch: Betriebskosten

Missbrauch (Abmahnbefugnis)
Siehe / Siehe auch: Wettbewerbsrecht

Mitbestimmung im Mietrecht
Siehe / Siehe auch: Betriebsrat

MitE
Abkürzung für: Miteigentum

„Mit einer Stimme"
Siehe / Siehe auch: Bündelungsinitiative in der Deutschen Immobilienwirtschaft

Miteigentumsanteil

Nach der gesetzlichen Regelung ist jedes Wohnungs- oder Teileigentum untrennbar mit einem Miteigentumsanteil am gemeinschaftlichen Eigentum verbunden (§ 1 Abs. 2 und 3 WEG). Das Sondereigentum kann ohne den zugehörigen Miteigentumsanteil weder veräußert noch belastet werden. Die Rechte an dem Miteigentumsanteil, erstrecken sich auf das zugehörige Sondereigentum (§ 6 WEG). Die Festlegung und die Größe bzw. Höhe des Miteigentumsanteils, die üblicherweise in 100-stel, 1.000-stel oder auch 10.000stel-Anteilen ausgedrückt werden, ist gesetzlich nicht geregelt, sondern vielmehr in das Ermessen und Belieben des- oder derjenigen gestellt, die das Wohnungseigentum begründen.
Meist erfolgt die Festlegung der Miteigentumsanteile im Verhältnis der Wohn- bzw. Nutzflächen, so dass in diesen Fällen eine kleine Wohnung über einen niedrigen und eine große Wohnung über einen hohen Miteigentumsanteil verfügt. Da ein bestimmtes Wert- oder Größenverhältnis für die Festlegung der Miteigentumsanteile nicht vorgeschrieben ist, können einzelne Wohnungseigentümer untereinander die Miteigentumsanteile ändern, ohne dass damit auch das Sondereigentum verändert wird.
Eine allgemeine Änderung der Miteigentumsanteile erfordert jedoch die Zustimmung bzw. Mitwirkung aller Eigentümer. Der Größe der Miteigentumsanteile kommt deshalb besondere Bedeutung zu, weil sie der gesetzlich Maßstab der Lasten- und Kostenverteilung unter den Wohnungseigentümern ist (§ 16 Abs. 2 WEG). Ebenso können die Miteigentumsanteile zur Bemessung der Stimmrechte anstelle des gesetzlich vorgesehenen Kopfprinzips (§ 25 Abs. 2 WEG) herangezogen werden.
Siehe / Siehe auch: Stimmrecht (Wohnungseigentümerversammlung), Vereinbarung (nach WEG), Kostenverteilung

Mitteilungspflichten des Vermieters

Der Vermieter hat dem Mieter gegenüber folgende Mitteilungspflichten:
Modernisierungsmaßnahmen müssen drei Monate vor Arbeitsbeginn in Textform angekündigt werden. Aus der Mitteilung müssen Art und voraussichtlicher Umfang der Maßnahme, absehbare Dauer und die zu erwartende Mieterhöhung hervorgehen. Unterlassen der Mitteilung bewirkt, dass der Mieter die Maßnahme nicht hinnehmen muss. Wenn ein vor dem 1.9.2001 geschlossener Zeitmietvertrag ausläuft, muss der Vermieter drei Monate vorher mitteilen, ob es bei der ursprünglich beabsichtigten anderweitigen Verwendung des Wohnraums bleibt. Unterlassen oder Verspätung der Mitteilung bewirken, dass der Mieter die Verlängerung des Mietverhältnisses um den jeweiligen Zeitraum fordern kann.
Bei einem nach dem 1.9.2001 geschlossenen qualifizierten Zeitmietvertrag kann der Mieter frühestens vier Monate vor Ablauf der Mietzeit verlangen, dass der Vermieter ihm innerhalb eines Monats Mitteilung darüber macht, ob der Befristungsgrund noch besteht. Bei verspäteter Mitteilung kann der Mieter eine Vertragsverlängerung fordern. Beim ersten Verkauf einer in Eigentum umgewandelten Mietwohnung hat der Mieter ein Vorkaufsrecht. Dieses Recht besteht bei frei finanziertem und öffentlich gefördertem Wohnraum. Da der Mieter dieses Recht ohne Kenntnis vom Inhalt des Kaufvertrages nicht ausüben kann, muss der Vermieter ihn über diesen informieren und auf sein Vorkaufsrecht hinweisen.
Sofern der Mieter nach Vertragsende nicht aus der Wohnung auszieht, muss der Vermieter innerhalb von zwei Wochen der stillschweigenden Verlängerung des Mietverhältnisses widersprechen. Die Frist beginnt für den Vermieter mit dem Zeitpunkt, zu dem er von der Fortsetzung der Nutzung erfährt. Ohne den Widerspruch des Vermieters setzt sich das Mietverhältnis zu den bestehenden Konditionen fort – allerdings nur, wenn die stillschweigende Verlängerung nicht schon vertraglich ausgeschlossen wurde.
Der zuständigen Behörde muss der Vermieter schriftlich Mitteilung machen, wenn er eine belegungsgebundene oder mietpreisgebundene Wohnung verkauft oder in eine Eigentumswohnung umwandelt. Ein Unterlassen der Mitteilung kann mit einer hohen Geldbuße bestraft werden.
Siehe / Siehe auch: Anzeigepflicht, Modernisierung, Stillschweigende Verlängerung, Textform, Umwandlung, Zeitmietvertrag

Mittelbare Grundstücksschenkung

Finanzspritzen von Angehörigen sind beim Kauf einer Immobilie eine willkommene Hilfe. Wenn jedoch der Freibetrag für Schenkungen überschritten wird, droht der Fiskus mit schnellem Zugriff. Ein Ausweg ist hier die sogenannte mittelbare Grundstücksschenkung.
Beispiel: Gertrud Wagner will den Hausbau ihres Enkels mit einer großzügigen Schenkung fördern. Steuerfrei kann sie ihm innerhalb von zehn Jahren 51.200 Euro zukommen lassen. Schenken die Eltern, bleiben je Elternteil 205.000 Euro unversteuert. Wenn der Geldbetrag jedoch die Freigrenzen übersteigt, sollten beide Parteien den Weg zum Notar antreten. In einer Vereinbarung kann dann festgelegt werden, dass die Schenkung allein für den Hausbau oder -kauf verwendet wird. Die Begünstigten erhalten mit dieser Regelung also kein Geld, sondern eine Immobilie. Das Finanzamt geht in diesem Fall leer aus.
Der Steuervorteil: Der Fiskus bemisst Grundbesitz nur mit rund zwei Dritteln des Verkehrswertes. Vorsicht ist allerdings bei folgenden Fallstricken geboten: Finanziert der Bauherr den Immobilienkauf zunächst aus eigener Kraft, und übernehmen die Verwandten später Zins- und Tilgungsleistungen, so greift die beschriebene Steuerregelung nicht, da es sich in diesem Fall um eine Bargeld- und nicht um eine Immobilienschenkung handelt. Baufamilien, die ihr Domizil ausschließlich mit geschenktem Geld errichten, haben zudem keinen Anspruch auf die Eigenheimförderung.

Mittelbarer Besitz

Der Mittelbare Besitz ist ein Begriff des Bürgerlichen Gesetzbuches. Er bezeichnet ein Rechtsverhältnis, das eine Person zeitlich begrenzt zum Besitz berechtigt oder verpflichtet. Eine solche Konstellation bezeichnet man auch als Besitzmittlungsverhältnis.
Beispiele dafür sind z.B. Miete, Pacht oder die Pfandbestellung.Bei einem Mietvertrag ist der Vermieter mittelbarer Besitzer, der Mieter unmittelbarer Besitzer (da er selbst in der Wohnung wohnt). Die gesetzliche Regelung findet sich in § 868 BGB.

Mitwirkung bei der Vergabe

Die Mitwirkung bei der Vergabe ist die 7. Leistungsphase nach dem § 15 der HOAI (Honorarordnung für Architekten und Ingenieure). Sie wird mit 4% (Gebäude), 3% (Freianlagen, raumbildende Ausbauten) bewertet, bemessen am gesamten Honorar der Architekten und Ingenieure. Die ermittelten Leistungsverzeichnisse werden ausgeschrieben. Eintreffende Angebote werden geprüft und eventuell verhandelt. Aufträge werden vergeben.

Siehe / Siehe auch: Ausschreibung, HOAI, Leistungsphasen, Vorbereitung bei der Vergabe

Mitwohnzentrale

Mitwohnzentralen vermitteln Wohnraum auf Zeit. Hier finden Studenten ein WG Zimmer oder Berufstätige eine möblierte Zweitunterkunft am Arbeitsort. Mittlerweile gibt es in vielen deutschen Städten Mitwohnzentralen, die verschiedenartige Wohnungen anbieten. Mitwohnzentralen müssen sich wie alle anderen Wohnungsvermittler an das Wohnungsvermittlungsgesetz halten. D.h. sie dürfen nur Gebühren bzw. Provisionen für ihre Tätigkeit verlangen, die in einem Bruchteil oder Vielfachen einer Monatsmiete ohne Nebenkosten angegeben werden können. Nicht gefordert werden dürfen phantasievoll ausgedachte Pauschalen, Einschreibgebühren oder Aufwandsentschädigungen. Der Maximalbetrag darf bei zwei Monatsmieten ohne Nebenkosten liegen. Eine Gebühr darf erst anfallen, wenn tatsächlich eine erfolgreiche Vermittlung durch die Zentrale stattgefunden hat. Meist orientiert sich die vereinbarte Provision bei Mitwohnzentralen außer an der Höhe der Miete auch an der geplanten Dauer des Mietverhältnisses. Während die Vermittlung eines Zimmers für ein halbes Jahr günstig sein kann, können für die Vermittlung eines unbefristeten Mietvertrages die gleichen Kosten entstehen wie bei einem Makler. Die Aufnahme in eine Interessentenkartei für einen Monatsbeitrag ohne Garantie, dass jemals eine freie Wohnung nachgewiesen wird, verstößt gegen das Wohnungsvermittlungsgesetz.

Siehe / Siehe auch: Wohnungsvermittlungsgesetz

MIV

Abkürzung für: Motorisierter Individualverkehr

MKRO

Abkürzung für: Ministerkonferenz für Raumordnung

MM

Abkürzung für: Monatsmiete

Modellwohnung

Es existieren zumindest drei gängige Bedeutungen für diesen Begriff:

- Wohnung, in der der Wohnungsprostitution nachgegangen wird. Die Verwendung des Begriffes in Wohnungsanzeigen spricht dafür, dass dies im konkreten Fall mit Zustimmung des Vermieters stattfindet. Eine stark überhöhte Miete darf auch für derartige Wohnungen nicht verlangt werden. Der Vermieter riskiert hier nicht nur, eine Ordnungswidrigkeit (Mietpreisüberhöhung) oder einen strafbaren Mietwucher zu begehen. Zusätzlich ist auch eine Strafbarkeit wegen Zuhälterei (Ausbeutung von Prostituierten) möglich.
- Nicht bewohnte, aber voll eingerichtete Wohnung, die nicht dem Zweck des Wohnens dient, sondern gewissermaßen nur die Kulisse darstellt – etwa für die Präsentation von Waren verschiedenster Art (z.B. Möbel, Bücher, Haushaltsgeräte). Sie kann temporär errichtet werden – z.B. auf einer Messe oder in Verkaufsräumen.
- Musterwohnung im Immobilienvertrieb, die Kauf- oder Mietinteressenten vorgeführt werden kann. Sowohl eingerichtete als auch leer stehende Wohnungen werden dafür verwendet.

Schließlich kann der Begriff „Modellwohnung" auch z.B. für ein in verkleinertem Maßstab angefertigtes Modell einer Wohnung verwendet werden. Eine Lübecker Ganztagsschule hat eine so genannte Modellwohnung einschließlich Wohnküche, Bastelraum, Ruhezone und Sanitärbereich für die Freizeitgestaltung der Schüler geschaffen.

Siehe / Siehe auch: Prostitution in Mietwohnung

ModEnG

Abkürzung für: Gesetz zur Förderung der Modernisierung von Wohnungen und Maßnahmen zur Einsparung von Heizenergie

Modernisierende Instandsetzung

Siehe / Siehe auch: Modernisierungsmaßnahmen (Wohnungseigentum)

Modernisierung

Unter Modernisierung versteht man die Gesamtheit aller baulichen Maßnahmen, die den Gebrauchswert einer Immobilie nachhaltig erhöhen, und speziell bei Wohnungen die allgemeinen Wohnverhältnisse auf Dauer verbessern oder nachhaltige Einsparung von Energie und Wasser bewirken (§ 559 BGB). Davon abzugrenzen sind Instandhaltungsmaßnahmen, die der Erhaltung des ursprünglichen Zustandes dienen und Instandsetzungsmaßnahmen, durch die der ursprüngliche Zustand nach Schadensbeseitigung wiederhergestellt wird. Behoben werden dabei Bauschäden, die infolge von Beschädigungen, Abnutzung, Alterung oder Witterungseinflüssen entstanden sind. Die Modernisierung einer Mietwohnung setzt voraus, dass der Vermieter dem Mieter die geplanten Maßnahmen spätestens drei Monate vor Beginn der Arbeiten „in Textform" ankündigt. Nach Abschluss der Arbeiten kann der Vermieter bei freifinanzierten Wohnungen eine höhere Miete verlangen. Dabei stehen ihm folgende Möglichkeiten offen:

- Er erhöht die Jahresmiete höchstens um bis zu 11% der reinen Modernisierungsaufwendungen ohne begleitende Instandsetzungsaufwendungen (sog. Wertverbesserungszuschlag).
- Er erhöht die Miete auf die ortsübliche Vergleichsmiete für modernisierte Wohnungen.

Im Fall einer Modernisierung hat der Mieter ein Sonderkündigungsrecht, das er zum Ablauf des 2. Monates nach Erhalt der Modernisierungsankündigung geltend machen kann.Bei mit öffentlichen Mitteln nach dem II. WoBauG geförderten Wohnungen kann mit Hilfe einer Teilwirtschaftlichkeitsberechnung eine neue Kostenmiete berechnet und verlangt werden. Die gilt nicht mehr für Wohnungen, bei denen öffentliche Mittel nach dem Wohnraumförderungsgesetz nach dem 1.1.2002 bewilligt wurden bzw. werden. Hier wird auf vereinbarte Mieten abgestellt. Für Vermieter ist die Unterscheidung zwischen Herstellungs- bzw. Erhaltungsaufwand für die Art der steuerlichen Absetzbarkeit entscheidend. Darüber hinaus stellt der Bund über die Kreditanstalt für Wiederaufbau (KfW Förderbank) zinsverbilligte Kredite vor allem im Bereich der energieeinsparenden Maßnahmen bereit. Auch die Bundesländer und manche Städte und Gemeinden stellen hierfür Mittel bereit. Über die zuständige Stelle informiert das örtliche Bauamt.

Siehe / Siehe auch: Instandhaltung / Instandsetzung (Mietrecht), Kreditanstalt für Wiederaufbau / KfW-Mittelstandbank, Wohnraumförderungsgesetz

Modernisierungsmaßnahmen (Wohnungseigentum)

Nach der früheren Regelung gemäß § 22 Abs. 1 WEG waren bauliche Anpassungsmaßnahmen, auch Neuerungen und Anpassungen an veränderte Standards und geänderte Komfortansprüche (u.a. Anbringung von Markisen, Ersatz der Gemeinschaftsantennen durch Breitbandkabelanschluss, Änderung von Bodenbelägen und Wandanstrichen oder Verkleidungen in gemeinschaftlichen Räumen wie dem Treppenhaus etc.) als sogenannte bauliche Veränderungen in der Mehrzahl der Fälle nur mit Zustimmung aller Eigentümer möglich. Die von der Rechtsprechung als mehrheitsfähig anerkannten modernisierenden Instandsetzungen knüpfen einschränkend grundsätzlich daran an, dass eine Instandsetzung ohnehin oder in Kürze notwendig sein muss.
Um hier den Wohnungseigentümern einen größeren Entscheidungsspielraum zu schaffen, können die Wohnungseigentümer nunmehr mit qualifizierter Mehrheit Maßnahmen zur Modernisierung und zur Anpassung der Wohnanlage an den Stand er Technik beschließen können, selbst wenn eine Instandsetzungsbedürftigkeit noch nicht gegeben ist. Voraussetzung hierfür ist ein qualifizierter Mehrheitsbeschluss von Dreiviertel aller Eigentümer, berechnet nach der Mehrheit der Köpfe, und zusätzlich mehr als die Hälfte der von ihnen repräsentierten Miteigentumsanteile.
Die Neuregelung gemäß § 22 Abs. 2 WEG) erfasst alle Maßnahmen, die über die Instandhaltung und die (auch modernisierende) Instandsetzung hinausgehen und zur nachhaltigen Erhöhung des Gebrauchswertes, der dauerhaften Verbesserung der Wohnverhältnisse oder der Einsparung von Energie und Wasser und zur Anpassung an den Stand der Technik geboten sind. Auch der Einbau eines Aufzuges wird durch die Neuregelung erfasst. Abgestellt wird auf den Begriff der Modernisierung im Sinne des § 559 Abs. 1 BGB.
Einem einzelnen Eigentümer wird ein Anspruch auf Modernisierungsmaßnahmen, anders als bei Instandhaltungs- und Instandsetzungsmaßnahmen, nicht eingeräumt, es sei denn, die von ihm

geplante Maßnahme beeinträchtigt keinen der übrigen Eigentümer. Das gilt auch für Maßnahmen für einen barrierefreien Zugang (Rollstuhlrampe, Schräglift im Treppenhaus). Für modernisierende Instandsetzungsmaßnahmen verbleibt es allerdings hinsichtlich des individuellen Anspruchs und hinsichtlich des einfachen Mehrheitserfordernisses bei der bisherigen Rechtsauffassung (§ 22 Abs. 3 WEG).
Siehe / Siehe auch: Instandhaltung / Instandsetzung (Wohnungseigentum), Kostenverteilung

ModR
Abkürzung für: Modernisierungsrichtlinie

Möblierter Wohnraum
Wohnraum, den der Vermieter ganz oder überwiegend mit Einrichtungsgegenständen ausgestattet hat. Der Vermieter muss nach dem Mietvertrag zur Möblierung verpflichtet sein. Auf die tatsächliche Möblierung kommt es nicht an. Für möblierten Wohnraum gelten vom allgemeinen Wohnraummietrecht abweichende Vorschriften, wenn er als Teil der vom Vermieter selbst bewohnten Wohnung vermietet und nicht zum dauernden Gebrauch an den Mieter mit seiner Familie oder anderen Personen überlassen ist, mit denen der Mieter einen gemeinsamen Haushalt führt.
Die Abweichungen bestehen in folgendem:
- abgekürzte Kündigungsfristen (spätestens am 15. eines Monats zum Ablauf des gleichen Monats)
- fehlender Kündigungsschutz, (das Widerspruchsrecht des Mieters gegen die Kündigung ist ausgeschlossen)
- Nichtanwendbarkeit der Vorschriften über die Mieterhöhung (z.B. kein Sonderkündigungsrecht des Mieters bei Mieterhöhung, § 561 BGB).
- Nichtanwendbarkeit der Regeln über den Mieterschutz bei Umwandlung der Mietwohnung in Eigentumswohnung

Siehe / Siehe auch: Beendigung eines Mietverhältnisses, Umwandlung

Monierbauweise
Monierbauweise ist die Bezeichnung für eine Stahlbetonbauweise, die auf ihren Erfinder, den Gärtner Joseph Monier (1823-1906) anspielt. Monier hatte bei der Herstellung von Blumenkästen aus Beton erstmals Eisenstäbe in das Material eingebracht, um die Belastbarkeit seiner Produkte zu erhöhen. Noch heute werden die im Stahlbeton enthaltenen Stahlbewehrungen teilweise auch als Moniereisen bezeichnet.
Siehe / Siehe auch: Beton, Moniereisen, Stahlbeton

Moniereisen
Moniereisen ist die Bezeichnung für in Beton eingegossene Stahlstäbe bzw. aus solchen gefertigte Geflechte. Die Bezeichnung erinnert an deren Erfinder Joseph Monier.
Siehe / Siehe auch: Beton, Monierbauweise, Stahlbeton

Monitoring
Beim Monitoring handelt es sich um eine organisierte Beobachtung einer Entwicklung die entweder durch eine bestimmte Maßnahme angestoßen wird oder die sich aufgrund gesetzter Rahmenbedingungen entfaltet. Monitoring gibt es in vielen Bereichen. In der Immobilienwirtschaft ist z.B. den Gemeinden, die Flächennutzungspläne ausweisen, durch die letzte Novellierung des BauGB auferlegt worden, sie spätestens nach 15 Jahren den neuen Entwicklungserkenntnissen entsprechend anzupassen. Dies setzt eine ständige systematische Beobachtung der Entwicklung der Gemeinde voraus.
Auch die in Umweltprüfungen festgestellten Umweltveränderungen, beruhen auf Ergebnissen eines Monitoring. Es gibt Stadtbeobachtungssysteme, etwa das Monitoring Soziale Stadtentwicklung des Berliner Senats. Dessen Ergebnisse werden in periodischen Berichten festgehalten.

MPVerfVO
Abkürzung für: Meisterprüfungsverfahrensverordnung
Siehe / Siehe auch: Anforderungen in der Meisterprüfung

MRK
Abkürzung für: Menschenrechtskonventionen

MRVG
Abkürzung für: Gesetz zur Verbesserung des Mietrechts und zur Begrenzung des Mietanstiegs sowie zur Regelung von Ingenieur- und Architektenleistungen

MSchG
Abkürzung für: Mieterschutzgesetz

mtl.
Abkürzung für: monatlich

MuBo
Abkürzung für: Musterbauordnung

MÜG
Abkürzung für: Mietenüberleitungsgesetz

Münch-Komm
Abkürzung für: Münchner Kommentar zum Bürgerlichen Gesetzbuch

Multiplexkino
Dabei handelt es sich um Kinozentren bzw. -komplexe, die über eine ganze Reihe einzelner Kino-Säle für eine mindestens vierstellige Besucherzahl verfügen und die ergänzt werden durch Gastronomie und evtl. weitere Freizeitangebote.
In den 90er Jahren schossen derartige Lichtspiel-Großbetriebsform, im Gefolge eines ähnlichen Booms in den USA, wie Pilze aus den Boden – obwohl vielerorts schon klar war, dass nicht nur ein, zwei sondern noch mehr konkurrierende Betreiber sich den nicht beliebig erweiterbaren Kuchen untereinander aufteilen müssten. Inzwischen ist in diesem Bereich ein weitestgehender Investitionsstop eingetreten und Multiplex-Kinos bzw. deren Betreiber haben bzw. werden zunehmend wirtschaftliche Schwierigkeiten bekommen. Es handelt sich hier um eine Entwicklung, die vergleichbar ist mit der Entwicklung vor ca. 25 Jahren, als jede Gemeinde eine eigene Tennisanlage oder ein Schwimmbad anschaffen wollte und vielfach das Nachfragepotenzial und vor allem die laufenden Betriebskosten völlig unterschätzt hatte.
Nach Jahren heftiger Zuwächse hat dieser Objekttyp inzwischen die Wachstums- und Reifephase hinter sich gelassen und befindet sich in der Sättigungsphase; in einigen Regionen hat die heftige Angebotsausweitung der vergangenen Jahre sogar schon die Degenerationsphase eingeläutet. Es stellt sich bei einer Reihe dieser Anlagen die Frage, ob sie angesichts der deutlichen Überkapazität von Kinos und Freizeiteinrichtungen am Markt bestehen können.
Auf jeden Fall kommt es hier zu Umschichtungen zu Lasten traditioneller, alteingesessener Stadt- bzw. Vorstadtkinos; diese befinden sich vielfach in der Degenerationsphase bzw. versuchen dieser Entwicklung durch neue Konzepte (z.B. als anspruchsvolle Programmkinos) entgegenzusteuern.

Planungskennzahlen:

Investition zwischen 12 und 20 Mio. Euro; (Cinedom Köln rund 65 Mio. Euro)
Investition je Sitzplatz ca. 7.500 Euro; inkl. Grundstück: 8.500 Euro
Nettonutzfläche zwischen. 2,2 und 2,5 m² je Sitzplatz
Auslastungsquoten zwischen 25-35 %; (Maxx in München fast 50 %)
Umsatz je Gast: 7,50 bis 9,- Euro
15.000 Besuche je Vollzeitarbeitsplatz
Umsatzverträgliche Mieten zwischen 11,- und 20,- Euro je nach Standortqualität

Muskelhypothek
Muskelhypothek ist der volkstümliche Ausdruck für die Eigenleistung des Bauherrn und seiner unentgeltlich helfenden Verwandten und Freunde. Die Muskelhypothek senkt den Fremdkapitalbedarf. Sie wird bei der Kapitalermittlung von Banken als Eigenkapital anerkannt, sollte allerdings nicht zu hoch eingeschätzt werden.
Siehe / Siehe auch: Fremdkapital

MV
Abkürzung für: Mietvertrag
Abkürzung für: Mietverhältnis

n.F.
Abkürzung für: neue Fassung

n.h.M.
Abkürzung für: nach herrschender Meinung

n.v.
Abkürzung für: nicht veröffentlicht

NABau
Abkürzung für: Normenausschüsse Bauwesen

Nach-Kauf-Marketing

Siehe / Siehe auch: After-Sales-Service

Nachbarrecht

Zu unterscheiden ist zwischen zivilrechtlichen Vorschriften des Nachbarrechts (§§ 906-924 BGB) und öffentlich rechtlichen Vorschriften – insbesondere das sog. Baunachbarrecht.Ziviles Nachbarrecht:Die zivilrechtlichen Regelungen beziehen sich auf den Schutz der Nachbarn vor störenden Geräuschen und Gerüchen, dem Überhang von Zweigen und dem Überfall von Früchten, gefahrdrohende Anlagen und Einrichtungen sowie auf das Notwegerechte und Rechtsansprüche die beim Überbau entstehen. Es verleiht dem benachteiligten Nachbarn Abwehransprüche. Einwirkungen („Immissionen") von geringfügiger Natur müssen hingenommen werden. Das zivile Nachbarrecht ist geprägt durch eine große Anzahl von Einzelfallentscheidungen nach dem Grundsatz von Treu- und Glauben unter Würdigung des sog. nachbarlichen Gemeinschaftsverhältnisses. Die Vorschriften des BGB sind über das BGB-Einführungsgesetz mit landesrechtlichen Vorschriften zum Nachbarrecht verzahnt. Den zivilrechtlichen Vorschriften des Nachbarrechts gemein ist, dass sie Ansprüche der Nachbarn untereinander begründen. Öffentlich rechtliches Nachbarrecht: Regelungen der Landesbauordnungen (Baunachbarrecht) der einzelnen Bundesländer gehören, soweit sie „nachbarschützend" sind, zum öffentlich rechtlichen Nachbarrecht. Das gleiche gilt auch von entsprechenden bauordnungsrechtlichen Bestimmungen. Dabei ist wegen der divergierenden Rechtsprechung nicht immer klar, ob Voraussetzung für das Entstehen von Abwehransprüchen des betroffenen Nachbarn eine tatsächliche (spürbare) Beeinträchtigung des Nachbarn ist.

Bei nachbarschützenden Festsetzungen in einem Bebauungsplan (Baulinien, Baugrenzen) muss in der Regel eine tatsächliche Beeinträchtigung nicht nachgewiesen werden. Allerdings dienen nicht alle Festsetzungen (z.B. Geschossflächenzahlen) dem Nachbarschutz. Nachbarschützend sind zum Teil auch Festsetzungen der Art baulicher Nutzung im Bebauungsplan. Öffentliches Nachbarrecht begründet nicht – wie zivilrechtliches – Ansprüche gegen andere Nachbarn, sondern Ansprüche gegen Behörden.Teilweise nachbarrechtlichen Charakter hat im Bereich des öffentlichen Rechts auch das Bundesimmissionsschutzgesetz, das vor allem die besondere Genehmigungspflicht der Errichtung und des Betriebes von Anlagen zum Gegenstand hat, deren „Emissionen" die Allgemeinheit oder die Nachbarn stärker beeinträchtigen könnten. Beispiele: Heizkraftwerke, automatische Waschstraßen, Lackieranlagen, Anlagen zum Halten und zur Aufzucht von Geflügel oder zum Halten von Schweinen ab einer bestimmten Größenordnung und vieles mehr.
Siehe / Siehe auch: Bauordnungsrecht, Immission, Überbau

Nachbarschaftsausschuss

Der Nachbarschaftsausschuss ist eine in verschiedenen Bundesländern übliche Sonderform der kommunalen Arbeitsgemeinschaft. Er berät über Angelegenheiten, die mehrere angrenzende Gemeinden oder Landkreise betreffen. Der Nachbarschaftsausschuss besitzt keine Durchführungskompetenz.
Siehe / Siehe auch: Nachbarschaftsbereich, Nachbarschaftsverband

Nachbarschaftsbereich

In Baden-Württemberg bilden die Städte und Gemeinden eines Nachbarschaftsbereiches den Nachbarschaftsverband. Man unterscheidet dabei zwischen Kernstädten (die den Kern des Nachbarschaftsbereiches bilden) und weiteren Städten und Gemeinden (Umlandgemeinden). Die Einteilung stammt aus dem Nachbarschaftsverbandsgesetz von 1974.
In Rheinland-Pfalz stellt der Nachbarschaftsbereich eine spezielle Art der kommunalen Arbeitsgemeinschaft dar. Er soll eine bessere Koordination der beteiligten Gemeinden ermöglichen. Durchführungskompetenzen besitzt der Nachbarschaftsbereich nicht.

Der Begriff taucht auch im Sozialgesetzbuch (SGB IX) auf. Hier geht es um die unentgeltliche Beförderung von Schwerbehinderten in öffentlichen Verkehrsmitteln – insbesondere in solchen, die der „Beförderung von Personen im Orts- oder Nachbarschaftsbereich" dienen.

Der Nachbarschaftsbereich ist dabei „der Raum zwischen benachbarten Gemeinden, die, ohne aneinander angrenzen zu müssen, durch einen stetigen, mehr als einmal am Tag durchgeführten Verkehr wirtschaftlich und verkehrsmäßig verbunden sind" (§ 147 Abs.1 SGB IX). Auch das Personenbeförderungsgesetz kennt den Begriff „Nachbarschaftsbereich" – im Zusammenhang mit der Definition der Straßenbahn.

Siehe / Siehe auch: Nachbarschaftsausschuss, Nachbarschaftsverband

Nachbarschaftshilfe

Nachbarschaftshilfe ist die unbezahlte Hilfe bei Arbeiten (meist im Bereich von Haus, Garten oder Wohnung) für einen Nachbarn.

Als Entlohnung für den Helfer dürfen ein Imbiss, eine Kiste Bier oder ein kleines Geschenk dienen – und die Kosten für diese Gegenleistungen können sogar steuerlich geltend gemacht werden: Arbeiten, die der Erhaltung des Gebäudes oder der Wohnung dienen, können als Werbungskosten im Jahr des Kostenanfalls abgezogen werden. Kosten für Arbeiten, die zum „Herstellungsaufwand" zu rechnen sind (Eigenheimbau), werden grundsätzlich über die Restnutzungsdauer des Gebäudes abgeschrieben.

Der Zoll unterscheidet auf seiner Homepage (www.zoll-stoppt-schwarzarbeit.de) die Selbsthilfe (Beispiel: Fußballspieler hilft bei Renovierung des Vereinsheims), die Gefälligkeit (Beispiel: Automechaniker kommt zufällig an Pannenfahrzeug vorbei und macht es unentgeltlich wieder flott) und die Nachbarschaftshilfe (Beispiel: Nachbarn pflegen gegenseitig ihren Garten, wenn der andere in Urlaub ist). Nicht als Schwarzarbeit werden Hilfeleistungen durch Angehörige und Lebenspartner, Nachbarschaftshilfe oder Gefälligkeiten behandelt, wenn die Tätigkeiten nicht nachhaltig auf Gewinn ausgerichtet sind.

Das bedeutet: Im Vordergrund des Tätigwerdens muss die Hilfe für den Nachbarn stehen und nicht die Bezahlung. Mäht also der Nachbarsjunge für ein paar Euro den Rasen, ist keine Bestrafung wegen Schwarzarbeit zu befürchten.

Sobald die Gewinnerzielung im Vordergrund steht, handelt es sich jedoch um Schwarzarbeit, die für Auftraggeber und Auftragnehmer zu Strafen, Bußgeldern und ggf. zu Nachzahlungen von Sozialversicherungsbeiträgen führen kann. Im Bereich auch kleinerer Baustellen muss mit Kontrollen gerechnet werden.

Siehe / Siehe auch: Abschreibung

Nachbarschaftsverband

In Baden-Württemberg existieren seit 1976 Nachbarschaftsverbände als Körperschaften des öffentlichen Rechtes. Mitglieder sind die zum Nachbarschaftsbereich gehörenden Städte und Gemeinden. Rechtsgrundlage ist das Vierte Gesetz zur Verwaltungsreform (Nachbarschaftsverbandsgesetz).

Aufgabe der Verbände ist es, unter Berücksichtigung der Ziele der Raumordnung und Landesplanung eine geordnete Weiterentwicklung des Nachbarschaftsbereiches zu ermöglichen. Dabei soll unter den Mitgliedern ein Interessenausgleich stattfinden.

Der Nachbarschaftsverband ist Träger der vorbereitenden Bauleitplanung und ist bei der verbindlichen Bauleitplanung als Träger öffentlicher Belange zu beteiligen. Seine Organe sind die Verbandsversammlung und der Verbandsvorsitzende.

Siehe / Siehe auch: Nachbarschaftsausschuss, Nachbarschaftsbereich

Nachbesserung

Siehe / Siehe auch: Nacherfüllung

Nacherfüllung

Nacherfüllung kann entweder in einer Nachbesserung bestehen, bei der die Mängel an erbrachten Leistungen vom Auftragnehmer (Unternehmer, Handwerker) beseitigt werden. Die Alternative hierzu ist Erbringung einer neuen, mängelfreien Leistung. Der in Anspruch genommene Unternehmer kann zwischen diesen beiden Arten der „Nacherfüllung" wählen. Dies gilt auch für Mängel an Bauleistungen, die bei Abnahme festgestellt werden.

Das BGB-Werkvertragsrecht entspricht hier auch dem Recht nach VOB 2002. Gerät der Unternehmer (Bauhandwerker) mit der angemahnten Nacherfüllung in Verzug, kann nach den geltenden Regelung des Schuldrechts der Bauherr die „Selbstvornahme" auf Kosten des Unternehmers durch einen anderen Unternehmer ohne vorhergehende

Nachfristsetzung veranlassen. Eine Minderung der Vergütung als Alternative zur Nacherfüllung muss vom Auftraggeber erklärt werden.

Dies setzt aber voraus, dass die Mangelbeseitigung für den Auftraggeber unzumutbar ist oder nur mit einem unverhältnismäßig hohen Aufwand möglich wäre und deshalb vom Auftragnehmer verweigert wird. Die Minderung kann bis zu 100% des Werklohnes gehen. Ein Rücktrittsrecht nach BGB hat bei einem Bauwerk keine Bedeutung und ist in der VOB auch nicht vorgesehen.

nachf.
Abkürzung für: nachfolgend

Nachhaltige Sanierung im Bestand
Siehe / Siehe auch: Sanierung

Nachhaltigkeit
Der Begriff der Nachhaltigkeit wurde 1987 durch die Brundtland-Kommission für Umwelt und Entwicklung geprägt und wurde zur wesentlichen Beurteilungsgrundlage politischer Programme und Entscheidungen besonders im Bereich des Umweltschutzes. Der Grundgedanke: „Nachhaltige Entwicklung ist Entwicklung, die die Bedürfnisse der Gegenwart befriedigt, ohne zu riskieren, dass künftige Generationen ihre eigenen Bedürfnisse nicht befriedigen können" (Zitat aus dem Kommissionsbericht). Man spricht von einem Nachhaltigkeitsdreieck, wonach Maßnahmen ökologisch unbedenklich, ökonomisch effizient und sozial gerecht sein sollen.

Nachmieter
Mieter, die vor Ende der regulären Mietzeit ausziehen wollen, können einen Nachmieter benennen, der an ihrer Stelle die restliche Zeit das Mietverhältnis fortsetzt.

Voraussetzung ist allerdings, dass der Mietvertrag eine sog. Nachmieterklausel enthält. Ohne eine solche Vereinbarung braucht der Vermieter den Mieter grundsätzlich nicht vorzeitig aus dem Mietverhältnis zu entlassen.

Ausnahmsweise kann der Mieter jedoch ein Recht darauf haben, gegen Nachmieterstellung aus dem Mietvertrag entlassen zu werden, wenn er ein berechtigtes Interesse an der vorzeitigen Beendigung des Mietvertrages nachweist. Dies ist von der Rechtsprechung zugelassen worden für

- Zeitmietverträge sowie für
- Mietverträge mit einer Kündigungsfrist von über 6 Monaten.

Für alle seit der Mietrechtsreform abgeschlossenen unbefristeten Mietverträge gilt grundsätzlich eine Kündigungsfrist von 3 Monaten, sodass dieser Sonderfall nur noch selten eintreten kann. Ein berechtigtes Interesse wurde von Gerichten in folgenden Fällen angenommen:

- Mieter benötigt aus familiären Gründen (Heirat / Kinder) größere Wohnung
- Mieter muss beruflich in andere Stadt umziehen
- Mieter muss aus gesundheitlichen- / Altersgründen in Altenheim oder Pflegeeinrichtung ziehen
- Ähnlich schwerwiegende Gründe, die ein weiteres Bewohnen der bisherigen Wohnung unzumutbar machen – insbesondere gesundheitliche Gründe.

Kein berechtigtes Interesse besteht, wenn der Mieter den Grund selbst herbeigeführt hat, um umziehen zu können oder wenn er die Wohnung nicht mehr bezahlen kann.

Siehe / Siehe auch: Nachmieter, Ablehnung, Nachmieterklausel

Nachmieter, Ablehnung
In den (Ausnahme-)Fällen, in denen der Mieter durch Stellung eines Nachmieters aus dem Mietvertrag entlassen werden kann, muss der Vermieter nicht jeden Nachmieter akzeptieren. Der Nachmieter muss geeignet sein. Das heißt:

- Er muss einen Mietvertrag zu den bisherigen Bedingungen akzeptieren
- Er muss finanziell fähig sein, Miete und Nebenkosten zu bezahlen.

Der Vermieter darf den Nachmieter ablehnen, wenn es dafür wichtige Gründe hinsichtlich der Person oder der Zahlungsfähigkeit des Nachmieters gibt.

Wichtige Gründe hinsichtlich der Person liegen bei bloßer persönlicher Abneigung nicht vor. Eine subjektive negative Einstellung des Vermieters gegenüber bestimmten Mietergruppen – z.B. allein erziehende Mieter mit Kind, Ausländer – ist unbeachtlich (vgl. BGH, Az.: VIII ZR 244/02).

Der Vermieter hat eine angemessene Überlegungsfrist für seine Entscheidung. Diese kann bis zu drei Monaten betragen (vgl. LG Gießen, WM 97, 264).

Siehe / Siehe auch: Nachmieter, Nachmieterklausel

Nachmieterklausel

Man unterscheidet die echte und die unechte Nachmieterklausel.

- Echte Nachmieterklausel: Der ausscheidende Mieter hat einen Anspruch darauf, dass der Vermieter den Nachmieter akzeptiert. Das gilt nicht, wenn wichtige sachliche Gründe in der Person oder hinsichtlich der Finanzlage des Nachmieters dagegen sprechen.
- Unechte Nachmieterklausel: Dem Mieter wird lediglich das Ausscheiden aus dem Mietverhältnis ermöglicht. Ob der Vermieter mit dem angebotenen Nachmieter einen Vertrag abschließt oder nicht, ist seine eigene Entscheidung. Meist sieht die Klausel die Benennung von mindestens drei wirtschaftlich und persönlich zuverlässigen Nachmietern vor. Akzeptiert der Vermieter keinen der drei, ohne einen wichtigen sachlichen Grund zu nennen, muss er den Mieter aus dem Vertrag entlassen.

Welche Klausel im Einzelfall vereinbart wurde, muss im Zweifel durch Vertragsauslegung ermittelt werden.

Siehe / Siehe auch: Nachmieter, Nachmieter, Ablehnung

Nachschusspflicht

Unter Nachschusspflicht versteht man die Pflicht eines Gesellschafters, der Gesellschaft im Bedarfsfall über seinen ursprünglichen Gesellschaftsanteil hinaus Geld zur Verfügung zu stellen. Die Nachschusspflicht beruht auf Gesetz, Satzung oder Gesellschaftsvertrag.

Die Nachschusspflicht kann Gesellschafter einer GmbH (§§ 26-28 GmbHG) genau so treffen wie die Genossen einer eingetragenen Genossenschaft (eG) oder die Mitglieder einer bergrechtlichen Gewerkschaft (hier wird sie „Zubuße" genannt). Die im GmbH-Gesetz geregelte Nachschusspflicht des Gesellschafters kann als betraglich beschränkte oder unbeschränkte Nachschusspflicht vereinbart werden.

Siehe / Siehe auch: Wohnungsgenossenschaft

Nachstellige Finanzierung

Die nachstellige Finanzierung ist eine Finanzierungsvariante unter Verwendung von Finanzmitteln, die durch nachrangig (also nicht an erster Stelle) im Grundbuch eingetragene Grundpfandrechte (Hypothek, Grundschuld) besichert werden. Einige Bundesländer gewähren zur Förderung des Wohnungswesens Dauerbürgschaften für nachstellige Darlehen. Die Bürgschaftsgewährung ist an den Zweck der Finanzierung geknüpft. Das Darlehen muss z.B. in Sachsen-Anhalt mindestens 5.000 Euro betragen, zur Finanzierung der Gesamtkosten bestimmt sein, als Tilgungsdarlehen zu marktüblichen Konditionen vereinbart und außerhalb der Beleihungsgrenze für erststellige Darlehen am Baugrundstück dinglich gesichert sein.

Siehe / Siehe auch: Bürgschaft, Grundpfandrecht

Nachtragsvereinbarung

Wird ein langfristiger Mietvertrag durch eine Zusatzvereinbarung nachträglich geändert, so genügt es zur Wahrung der gesetzlichen Schriftform des gesamten Vertragswerks, wenn eine Nachtragsurkunde auf den ursprünglichen Vertrag Bezug nimmt und zum Ausdruck bringt, es solle unter Einbeziehung des Nachtrags bei dem verbleiben, was früher bereits formgültig vereinbart war.

Siehe / Siehe auch: Schriftformerfordernis eines Vertrages (Mietvertrag)

Nachtspeicherofen

Viele Wohnungen werden mit Nachtspeicheröfen beheizt. Dabei handelt es sich um ein elektrisches Heizsystem, dessen Kosten üblicherweise nicht über den Vermieter als Betriebskosten auf den Mieter umgelegt werden. Stattdessen zahlt der Mieter seine Heizkosten als Stromkosten meist direkt an den Stromversorger.

Ins Gerede gekommen sind Nachtspeicheröfen wegen der damit verbundenen Asbestbelastung. Bei Wärmedämmungen und Isoliermaterial der älteren Geräte wurde Asbest verwendet. Wenn Asbestfasern in die Luft gelangen, sind auch geringste Mengen gefährlich. Unproblematisch sind Geräte ab Baujahr 1977, bei denen der krebserzeugende Stoff nicht mehr verwendet wurde.

Klärung, ob ein Nachtspeicherofen asbesthaltige Fasern an die Umgebungsluft abgibt, kann ein Gutachten bringen (Kosten für Staubuntersuchung ab 75 Euro, Raumluftmessung ca. ab 700 Euro). Das Gerät darf nur durch Fachpersonal geöffnet werden, da sonst Gesundheitsgefahren bestehen können. Wenn aus Alter und Bauart des Nachtspeicherofens hervorgeht, dass dieser Asbest enthält, kann der Mieter der Wohnung das Bauaufsichtsamt einschalten. Die Behörde kann die Anordnung treffen, dass die Notwendigkeit einer Sanierung durch ein (vom Eigentümer bezahltes) Sachverständigengutachten geprüft wird und dass anschließend ggf. ein Austausch des Heizsystems stattfindet.

Wenn feststeht, dass in der Wohnung Asbestfasern freigesetzt werden, kann der Mieter vom Vermieter den Austausch des Nachtspeicherofens fordern. Bis zum Austausch kann eine Mietminderung von 50% vorgenommen werden.

Siehe / Siehe auch: Mietminderung, Sachmangel (im Mietrecht)

Nachw
Abkürzung für: Nachweise

Nachweis im Maklergeschäft
Die Maklerdienstleistungen bestehen hauptsächlich in der Information über konkrete aktuelle Vertragsmöglichkeiten am Markt (= Nachweis), im aktiven Vermitteln von Verträgen zwischen dem Verkäufer und potentiellen Käufern und letztlich in der Beratung der Auftraggeber. Das BGB beschreibt die Informationsleistung eines Maklers mit „Nachweis von Vertragsabschlussgelegenheiten". Die Informationen gehen in der Praxis jedoch weit darüber hinaus. Es wird von zwei Arten des Nachweises gesprochen, dem Objektnachweis und dem Interessentennachweis. Bei dem Objektnachweis wird einem Interessenten ein miet- oder kaufbares Objekt genannt. Dies geschieht unter Nennung der genauen Objektanschrift und des Vermieters bzw. Verkäufers.

Handelt es sich jedoch um einen Interessentennachweis, so wird dem Verkäufer bzw. Vermieter (Objektanbieter) ein aktueller Interessent mit Namen und Anschrift genannt. Der Nachweis setzt voraus, dass sowohl der Objektanbieter, d.h. der Verkäufer, als auch der Interessent, d.h. der Objektnachfrager, tatsächlich am Markt vorhanden ist. Ein Makler, der seinen Provisionsanspruch durch einen Nachweis begründet, wird am Markt als „Nachweismakler" bezeichnet.

Siehe / Siehe auch: Leistungsarten (Maklerbetriebe), Makler, Maklervertrag

NAREIT
Abkürzung für: National Association of Real Estate Investment Trusts

Die National Association of Real Estate Investment Trusts iste ein Branchenverband der Real Estate Investment Trusts in den USA. Die NAREIT sammelt u. a. statistische Daten zur Entwicklung der Branche sowie einzelner REITs und erarbeitet Definitionen für bestimmte branchentypische Kennzahlen.

Siehe / Siehe auch: REIT, Real Estate Investment Trust (REIT)

Nationalpark
Ein Nationalpark ist ein klar abgegrenztes, ausgedehntes Gebiet, das durch besondere Maßnahmen vor menschlichen Eingriffen und vor Umweltverschmutzung bewahrt wird. Es handelt sich dabei um Gebiete, die besondere natürliche Eigenarten oder Naturschätze aufweisen. Nationalparks werden im Auftrag der jeweiligen Regierung verwaltet. In ihnen verbinden sich zwei Zweckbestimmungen: Die Bewahrung der Natur und die Schaffung von Erholungsgebieten für den Menschen. Der erste deutsche Nationalpark war der 1970 errichtete Nationalpark Bayerischer Wald. Inzwischen bestehen in Deutschland 15 Nationalparks. Rechtlich gesehen stellen sie eine Möglichkeit des gebietsbezogenen Naturschutzes nach dem Bundesnaturschutzgesetz dar. Nach § 24 BNatSchG sollen sie dem großräumigen Schutz von Gebieten mit besonderer Eigenart dienen. Nationalparks müssen bei der Bauleitplanung berücksichtigt und nachrichtlich in Bebauungsplänen verzeichnet werden. Sie sind verbindlich festgelegt und können nicht im Rahmen einer Abwägung aus Allgemeinwohlgesichtspunkten aufgehoben werden.

In Nationalparks sind alle Tätigkeiten, Eingriffe oder Vorhaben verboten, die dem Schutzzweck widersprechen. Allerdings sind Nationalparks oft in verschiedene Schutzzonen aufgeteilt, in denen je nach Schutzintensität eine genehmigte wirtschaftliche Nutzung stattfinden kann.

Siehe / Siehe auch: Natura 2000-Gebiet, Naturschutzgebiet

Natura 2000-Gebiet
Ein Natura 2000-Gebiet ist ein zusammenhängendes ökologisches Netzwerk von Schutzgebieten, zu dessen Ausweisung sich die Staaten der EU in der Flora-Fauna-Habitat-Richtlinie verpflichtet haben. Ziel ist die Erhaltung der ökologischen Vielfalt in Europa. Das ökologische Netzwerk besteht aus zwei Arten von Schutzgebieten:

- Vogelschutzgebiete nach der EU-Vogelschutz-Richtlinie
- FFH-Gebiete nach der EU-Richtlinie zur Erhaltung der natürlichen Lebensräume sowie der wild lebenden Tiere und Pflanzen.

Jeder Mitgliedsstaat muss auf seinem Gebiet entsprechende Schutzgebiete ausweisen. Nutzungseinschränkungen im Sinne einer naturschutzgerechten Bewirtschaftung sind möglich, insbesondere darf keine Verschlechterung für das Gebiet zugelassen werden, z.b. durch intensivere Landwirtschaft, Freizeitprojekte, Baumaßnahmen. Für Bauprojekte, die im öffentlichen Interesse liegen und die nicht anderswo durchgeführt werden können (z.B. Straßen) kann es Ausnahmen geben. Oft können bestehende landwirtschaftliche Nutzungen fortgesetzt werden, sofern sich ihre Intensität nicht ändert und die Erhaltungsziele des betreffenden Gebiets dadurch nicht beeinträchtigt werden. Genaueres regeln die Naturschutzgesetze der Länder.

Wirtschaftliche Einbußen der Landeigentümer bzw. Pächter können nach dem jeweiligen Recht der Bundesländer durch Ausgleichszahlungen gemildert werden. Darüber hinaus hält die EU Fördermittel für Umweltprojekte in den Natura 2000-Gebieten bereit.

Siehe / Siehe auch: Entwicklung ländlicher Räume, Flora-Fauna-Habitat-Richtlinie, Vogelschutzgebiet

Naturschutzgebiet

Naturschutzgebiete dienen dem Schutz von Natur (Lebensräume für wild wachsenden Pflanzen und Tieren) und der Erhaltung der Landschaft. In Naturschutzgebieten darf nicht gebaut werden. Auch die Durchführung von Wegen und Straßen ist untersagt. Selbst das Betreten kann eingeschränkt werden. Im Deutschland sind etwa 2% seiner Fläche als Naturschutzgebiete ausgewiesen.

Siehe / Siehe auch: Nationalpark

NB

Abkürzung für: Neubau (seit 1.1.1949)

NBL

Abkürzung für: Neue Bundesländer

ND

Abkürzung für: Nutzungsdauer

Nebenanlage – nach Baunutzungsverordnung

Unter einer Nebenanlage i.S.d. § 14 BauNVO versteht man Anlagen und Einrichtungen von untergeordneter Bedeutung, z.B. für die Tierhaltung, aber auch für die Versorgung der Baugebiete mit Elektrizität, Gas, Wärme. Auch fernmeldetechnische Anlagen und Anlagen für erneuerbare Energien zählen zu en Nebenanlagen. Sie können auch ohne besondere Festsetzung in einem Bebauungsplan errichtet werden. Allerdings gibt es Grenzen, die für alle Anlagen gelten: Sie können im Einzelfall unzulässig sein, wenn Sie nach Zahl, Lage, Umfang oder Zweckbestimmung der Eigenart des jeweiligen Baugebietes widersprechen oder wenn Störungen davon ausgehen, die mit der Eigenart des Baugebietes nicht in Einklang zu bringen sind. Bei Ermittlung der zulässigen Grundfläche können Flächen für Nebenanlagen (wie auch für Garagen, Stellplätze und ihre Zufahrten) zusätzlich hinzugerechnet werden. Sie dürfen aber 50% der für die Hauptanlage (Gebäude) zur Verfügung stehenden Fläche nicht überschreiten.

Siehe / Siehe auch: Grundflächenzahl (GRZ) - zulässige Grundfläche (GR)

Nebenerwerbstelle (landwirtschaftliche)

Landwirtschaftliche Nebenerwerbstellen sind Betriebe, die durch ihre Bewirtschaftung in mehr oder weniger großem Umfange zum Lebensunterhalt des Eigentümers (oder Pächters) beitragen. Im Zuge der betrieblichen Konzentration rutschen viele Vollerwerbsbetriebe (vor allem in ungünstigen Lagen, z.B. in Mittelgebirgen) auf das Niveau von Nebenerwerbstellen herab. Kennzeichnend hierfür ist die Tatsache, dass die Einkünfte der Eigentümer bzw. Pächter überwiegend aus außerlandwirtschaftlicher Tätigkeit bezogen werden.

Nebenkosten (mietrechtliche)

Eine gesetzliche Definition des Begriffs Nebenkosten besteht nicht. In der Mietrechtsliteratur werden vor allem zu den Nebenkosten gerechnet:
- die Betriebskosten nach der Betriebskostenverordnung (früher II. BV),
- Vergütungen etwa für die Überlassung einer Gartennutzung oder eines Stellplatzes,
- Zuschläge (Untermietzuschläge, Zuschläge für teilgewerbliche Nutzung von Wohnräumen)

Werden im Zusammenhang mit Mietverträgen für die Mieter Leistungen der persönlichen Versorgung und Betreuung erbracht, sollten hierüber eigene Vergütungsvereinbarungen getroffen werden. Im Zweifelsfall gelten sie sonst mit der Miete als abgegolten. Die Betrachtung der Nebenkosten wird im Zusammenhang mit dem Vordringen des Facility Managements und der damit zusammenhängenden „infrastrukturellen" Leistungen an Bedeutung gewinnen.
Siehe / Siehe auch: Baunebenkosten, Facility Management (FM), Grunderwerbsnebenkosten

Nebenleistungen (Kredit)

Alle zusätzlichen Zahlungsverpflichtungen des Kreditnehmers, die neben Zins- und Tilgungsvereinbarungen anfallen. Dazu zählen u.a. Bearbeitungsgebühren, Bereitstellungszinsen, Bürgschaftsgebühren, Kosten für Bautenstandsüberwachung, Schätzkosten, Vorfälligkeitsentschädigung.

Negativattest (Zweckentfremdung)

In Bundesländern, in denen eine Verordnung über die Zweckentfremdung von Wohnraum gilt, kann die zuständige Behörde ein Negativattest erteilen, in dem bescheinigt wird, dass keine Zweckentfremdung vorliegt.

Voraussetzungen (hier nach der bayerischen Zweckentfremdungsverordnung):
- Im Sinne des Gesetzes handelt es sich nicht um Wohnraum
- Es liegt keine Zweckentfremdung vor.
- Es besteht ausdrücklich Genehmigungsfreiheit.
- Der Wohnraum ist nicht erhaltungswürdig (Instandsetzung oder Instandhaltung würden innerhalb von zehn Jahren einen Aufwand erfordern, der nur geringfügig günstiger als ein Neubau wäre).

Siehe / Siehe auch: Zweckentfremdung, Zweckentfremdungsgenehmigung

Negativattest / Negativbescheinigung (Vorkaufsrecht der Gemeinden)

Nicht in allen Verkaufsfällen hat die Gemeinde ein Vorkaufsrecht nach den Bestimmungen des Baugesetzbuches. Die Gemeinde kann zur Klärung im Vorfeld eines Verkaufsgeschäftes in diesen Fällen aufgefordert werden, durch ein Negativattest zu bescheinigen, dass ihr ein Vorkaufsrecht nicht zusteht. Dies ist nicht zu verwechseln mit einer Erklärung, dass von einem gegebenen Vorkaufsrecht nicht Gebrauch gemacht wird.

Negativbeschluss

Bei einem Negativbeschluss handelt es sich um einen Beschluss, mit dem ein Beschlussantrag in der Wohnungseigentümerversammlung mehrheitlich abgelehnt worden ist. Entgegen früherer Rechtsauffassung ist ein solcher Negativbeschluss anfechtbar und kann mit dem Feststellungsantrag verbunden werden, dass ein positiver Beschluss zustande gekommen ist (BGH, Beschl. vom 23.8.2001, V ZB 10/01). Ein solcher Negativbeschluss kann beispielsweise dadurch zustande kommen, dass wegen falscher Wertung der Stimmenthaltungen als NEIN-Stimmen diese zusammen mit den tatsächlich abgegebenen NEIN-Stimmen die JA-Stimmen überwiegen und deshalb ein Beschluss als abgelehnt festgestellt wird. Bei richtiger Stimmenwertung – Nichtberücksichtigung der Stimmenthaltungen – wäre die Zahl der abgegebenen JA-Stimmen größer als die der NEIN-Stimmen, so dass der Beschluss als angenommen hätte festgestellt werden müssen. In einem solchen Fall würde die Anfechtung dazu führen, dass der Negativbeschluss für ungültig erklärt wird und aufgrund des gleichzeitig gestellten Antrages die gerichtliche Feststellung mit dem positiven Ergebnis erfolgt, dass der Beschluss mehrheitlich angenommen wurde.
Siehe / Siehe auch: Beschluss, Beschlussanfechtung (Wohnungseigentum), Mehrheitsbeschluss

Negativer Wert

Regelmäßig haben Immobilien einen positiven Wert. Sie sind verkäuflich und man erzielt dabei einen Preis. Denkbar sind aber Fälle, in denen ein Wert negativ wird.
Wenn beispielsweise die Abbruch- und Freilegungskosten eines nicht mehr nutzbaren Gebäudes oder die Kosten der Beseitigung von Altlasten den Bodenwert überschreiten, liegt ein negativer Wert vor. Es ist auch denkbar, dass nicht ablösbare Lasten, die auf dem Grundstück ruhen, in ihrer kapitalisierten Form den Wert des Grundstücks übersteigen. Allerdings handelt es sich nicht um einen Verkehrswert, da es für Immobilien mit negativen Werten keinen Markt gibt und daher auch kein Preis erzielt werden kann. Das Eigentum an einem solchen Grundstück kann jedoch durch Er-

klärung gegenüber dem Grundbuchamt aufgegeben werden. Der Verzicht wird in das Grundbuch eingetragen. Im Blue Book wird der negative Wert definiert als Wert, der für den Eigentümer eines Grundstücks eine rechtliche und damit auch wirtschaftliche Verbindlichkeit darstellt.
Siehe / Siehe auch: Blue Book

Negativerklärung (Bauspargeschäft)
In der Negativerklärung (Negativklausel) wird die Verpflichtung des Schuldners zum Ausdruck gebracht, bis zur Tilgung seiner Schulden keinerlei Verbindlichkeiten einzugehen, die vorrangig abgesichert werden. Ähnlich verfahren Bausparkassen. Sie haben die Möglichkeit, kleinere Bauspardarlehen (bis zu 10.000 Euro) ohne Stellung von Sicherheiten an den Bausparer auszubezahlen. Dieser verpflichtet sich dann, während der Laufzeit des Bausparvertrages auf seiner Immobilie keine weitere Grundschuld eintragen zu lassen (die vorrangig zu bedienen wäre). Diese Verfahrensweise ist kostengünstig und einfach in der Abwicklung.

Net Asset Value (NAV)
Der Net Asset Value ist eine in den USA entstandene Methode der Bewertung von Immobilien-Aktiengesellschaften oder Aktiengesellschaften mit hohen Immobilienbeständen. Unternehmen werden in der Regel nach dem DCF-Verfahren bewertet. Bei Immobilien Aktiengesellschaften ergeben sich hier Probleme, die vor allem daraus resultieren, dass Abschreibungen oft mit der Realität (Wertzuwachs statt Wertverzehr) nicht übereinstimmen. Bei der Bewertung nach dem Net Asset Value wird dieser Tatsache Rechnung getragen. Sie setzt eine periodische Bewertung des Immobilienbestandes durch externe Sachverständige voraus.
Der Net Asset Value stellt sich somit als Summe der aus den Ertragswerten abgeleiteten Verkehrswerte der Immobilien zuzüglich des Wertes des sonstigen Vermögens abzüglich der Verbindlichkeiten dar. Der Wert wird vom Analysten durch Zu-/Abschläge korrigiert. Sie ergeben sich aus einer Reihe von zu bewertenden Kriterien, nämlich der Qualität der Unternehmenstransparenz, der Qualität des Managements, der Beschränkung auf die Kernkompetenz, dem Zugang von neuem Kapital usw.
Siehe / Siehe auch: Immobilienaktiengesellschaften, Real Estate Investment Trust (REIT)

Nettoanfangsrendite
Der Begriff wird unterschiedlich interpretiert. Überwiegend werden unter Nettoanfangsrendite im Immobilienbereich die Nettomieteinnahmen des ersten Jahres ausgedrückt in Prozenten des Objektpreises einschließlich Erwerbsnebenkosten verstanden. Es handelt sich annähernd um den reziproken Wert des Multiplikators, bei dem allerdings die Erwerbsnebenkosten unberücksichtigt bleiben. Andere bereinigen die „Nettomieten" vorher von Verwaltungs- und Instandhaltungskosten sowie von nicht umlegbaren Betriebskosten.

Nettogrundfläche (NGF)
Siehe / Siehe auch: Grundfläche nach DIN 277/1973/87

Nettokaltmiete
Bei der Nettokaltmiete handelt es sich um die Miete, die keine umlagefähigen Betriebskosten – also auch keine Heiz- und Warmwasserkosten – enthält. Sie wird auch „Nettomiete" genannt und häufig mit der „Grundmiete" gleichgesetzt. Im Rahmen der Ertragswertermittlung für das Mietobjekt wird die Nettokaltmiete oft als ansetzbare Miete verwendet.

Nettorohbauland
Siehe / Siehe auch: Rohbauland

Neubaumietenverordnung
Die Verordnung über die Ermittlung der zulässigen Miete für preisgebundene Wohnungen von 1970 wird auch als Neubaumietenverordnung bezeichnet (abgekürzt NMV 1970, NMV 70).
Die Verordnung ist eine der Rechtsgrundlagen für den nach dem II. Wohnungsbaugesetz geförderten Wohnungsbau. Sie war anzuwenden für die bis 31.12.2001 mit öffentlichen Mitteln geförderten Wohnungen und wirkt hinsichtlich der Vorschriften über die künftigen Veränderungen im Kostenmietgefüge fort, solange diese Wohnungen als öffentlich gefördert gelten. Sie enthält Bestimmungen über die Ermittlung der Kostenmiete und der Vergleichsmiete (im Sinne des Wohnungsbindungsgesetzes), ihre Erhöhung und Senkung infolge der Erhöhung bzw. Senkung der laufenden Aufwendungen oder wegen baulicher Änderungen, ihre Änderungen auf der Grundlage der Änderung sonstiger Bezugsgrößen und dergl. Weitere Vorschriften beziehen sich auf Zuschläge und Ver-

gütungen, die neben der Einzelmiete beim öffentlich geförderten Wohnungsbau zulässig sind.
Siehe / Siehe auch: Kostenmiete, Mieterhöhung bei Sozialwohnung, WoBindG

Neue Ökonomie

Unter der „Neuen Ökonomie" wird keine neue volkswirtschaftliche Lehrmeinung über Wirtschaftsprozesse und -strukturen verstanden. Vielmehr tritt eine neue Sichtweise des wirtschaftlichen Geschehens in den Vordergrund, die sich aus der zunehmenden Möglichkeit der schnellen Beschaffung und Verarbeitung von Informationen bei geringer werdenden Informationskosten ergibt. Dies führt zu zunehmend kürzeren Reaktionsdauern und schnelleren Reaktionsmöglichkeiten der am Wirtschaftsprozess Beteiligten auf von außen kommende Einflüsse. Grundsätzlich führt dies dazu, dass bestimmte traditionelle Haltungen (z.B. das sich Stützen auf eigene Erfahrungen) und Handlungsweisen (Nutzen von „Entscheidungen aus dem Bauch") an Bedeutung verlieren.

Die neue Wissensgesellschaft führt zunehmend zur Beschleunigung und Rationalisierung von Entscheidungsprozessen. Das Verlassen von Erfahrungsplattformen fördert zunehmend Innovation. Die neue Ökonomie, auch als „Netzwerkökonomie", „Internet-Ökonomie", „Wissensökonomie" bezeichnet, verwischt zwangsläufig alte Grenzziehungen, fixierte Standortvorstellungen und verleiht den Wettbewerbswirkungen eine zusätzliche zeitliche Dimension. Die Halbwertzeit von Wissen wird dabei geringer.

Geltendes Wissen, das heute abrufbar ist, kann morgen schon obsolet sein. Darum gilt es, das Wissen jetzt und nicht später auf den Markt zu bringen. Mit jedem zusätzlichen Informationsproduzenten, der im Internet auftritt und jedem zusätzlichen Nutzer wächst der Gesamtnutzen, der sich daraus für die Volkswirtschaft ergibt. Es handelt sich um eine umgekehrte Erscheinung dessen, was früher als das Gesetz des abnehmenden Ertragszuwachses bezeichnet wird. Der richtige Umgang mit Wissen und den daraus entstehenden Potentialen gibt heute kleineren Einheiten zunehmend mehr Chancen als großen, in Strukturen festgezurrten Unternehmen.

Auch die Immobilienwirtschaft wird von der Neuen Ökonomie erfasst. Zunehmend präsentieren sich Immobilienunternehmen im Internet. Die Zahl der Immobiliendatenbanken wächst. Der ökonomische Zwang zur Konzentration auf wenige Datenbanken, die den Markt repräsentieren, nimmt aber ebenfalls zu. Die Wohnlandschaft ändert sich. Die Zeit, in der es eine Ausnahme ist, wenn ein Privathaushalt am weltweiten Netz nicht kommunikativ teilnimmt, wo die Grenze zwischen Wohn- und Arbeitsstätte als Konsum- und Produktionsstätte sich auflöst, wo Gymnasiasten die Homepages von Unternehmen gestalten und pflegen, scheint vor der Türe zu stehen.

Da das Wissen der Welt wesentlich leichter zugänglich und jederzeit abrufbar wird, dürfte sich der Zeiteinsatz zur Aneignung von Wissen in Form des Lernens künftig reduzieren. Dass damit mehr Freiraum für die Weisheit im Sinne des Nachdenkens über den Sinn des menschlichen Tuns bleibt, könnte als Chance der Neuen Ökonomie begriffen werden.

Die Entwicklungen dieser Zeit bei der Planung von Gebäuden von morgen zu antizipieren gehört unter den Perspektiven der Neuen Ökonomie zu den immobilienwirtschaftlichen Aufgaben von heute. Es kann davon ausgegangen werden, dass traditionelle Einteilungsschemata von Wohnungen sich ändern werden. Neben Wohn- und Schlafzimmer werden beispielsweise Räume treten, die man als „Kommunikationsräume" – Verbindungsräume zur Welt – bezeichnen könnte.

Der rasche Niedergang der „Start Up-Unternehmen", die im IT-Bereich wie Pilze aus dem Boden schossen, verführt nicht selten dazu, das Kapitel Neue Ökonomie als Seifenblase abzutun. Tatsächlich aber hat die Branche die Welt bereits erheblich verändert.

Neutralitätsprinzip (Maklergeschäft)

Das Selbstverständnis vieler deutscher Makler besteht darin, neutraler Vermittler zwischen den Parteien zu sein. Dieses (konservative) Selbstverständnis entspricht dem Ethos vom „ehrlichen Makler", das vor allem im späten Mittelalter und der beginnenden Neuzeit prägend war, als Makler noch auf ihr Amt vereidigt wurden. Bismarck hat sich dieser traditionellen Vorstellung bedient, als er seine Position 1878 auf dem Berliner Kongress beschrieb, wo es um einen Interessenausgleich zwischen den europäischen Großmächten und dem Osmanischen Reich im Balkankonflikt ging. Heute kommt das Neutralitätsprinzip dadurch zum Ausdruck, dass Makler mit beiden Vertragspartnern, die sie zusammenführen, Maklerverträge schließen und Provisionsvereinbarungen treffen. Die Provision stellt sich als auf die Parteien aufgeteilte Gesamtprovision dar, da die Leistung des neutralen Vermittlungsmaklers beiden Parteien in gleicher Weise zugute kommt. Diese Tätigkeit als „Doppelmakler" ist zwar – im Gegensatz zu Regelungen in manch anderen Ländern (z.b. Großbritannien, Niederlande) – nicht untersagt, führt in der Praxis jedoch zu Problemen. Da die maklervertraglichen Regelungen des BGB vom einseitig tätigen Makler ausgehen, muss die Rechtsposition für eine Doppeltätigkeit erst vertraglich hergestellt werden.

Allerdings führt dann jede wie auch immer geartete Bevorzugung einer Parteiposition, z.b. bei Preisverhandlungen wegen Verstoß gegen die Neutralitätspflicht zum Provisionsverlust gegenüber der benachteiligten Partei.

Siehe / Siehe auch: Prinzipien des Maklergeschäfts

NF/Nfl.
Abkürzung für: Nutzfläche

NGeb
Abkürzung für: Nebengebäude

NHRS
Abkürzung für: Normenausschüsse Heiz- und Raumlufttechnik

Nichtabnahmeentschädigung
Wird ein von einem Kreditinstitut gewährtes Darlehen vom Darlehensnehmer nicht abgerufen, kann das Kreditinstitut eine Nichtabnahmeentschädigung verlangen. Sie wird neben etwa vereinbarten Bereitstellungszinsen fällig.

Die Berechnung kann nach der sogenannten Aktiv-Aktiv-Methode als auch nach der Passiv-Aktiv-Methode erfolgen. Bei der Aktiv-Aktiv-Methode wird ein Vergleich gezogen zwischen den Darlehenszinsen, die der Darlehensschuldner hätte zahlen müssen und dem Zinsergebnis einer anderweitigen Ausleihung, des bereitgestellten Darlehensbetrages.

Bei der Passiv-Aktiv-Methode ist die Nichtabnahmeentschädigung die Differenz zwischen der vom Darlehnsnehmer tatsächlich zu zahlenden Zinsen und der Rendite aus der fiktiven Anlage des nicht abgenommenen Darlehensbetrags am Kapitalmarkt abzüglich eines Risikoabschlages (ca. 0,05-0,06%) und der Verwaltungskosten des Kreditinstituts.Komplizierter wird die Berechnung dann, wenn es sich um ein Tilgungsdarlehen handelt, weil dann bei der Differenzberechnung die zurückfließenden Tilgungsbeträge zu berücksichtigen sind. Die Berechnung der Nichtabnahmeentschädigung muss auf Angaben beruhen, die der Darlehensnehmer überprüfen kann.

Siehe / Siehe auch: Vorfälligkeitsentschädigung, Darlehen

Nichtveranlagungs-Bescheinigung
Die Nichtveranlagungs-Bescheinigung wird auf Antrag vom Finanzamt ausgestellt, wenn bestimmte Einkommensgrenzen pro Jahr nicht überschritten werden und keine Pflicht zur Abgabe einer Einkommensteuererklärung besteht. Die Folge davon ist, dass ein Sparer seine Zinsen und Dividenden ungeschmälert von Zinsabschlag und Kapitalertragsteuer kassieren darf. Normalerweise werden Erträge bestimmter Wertpapiere „an der Quelle" besteuert, was bedeutet, dass ihnen bei Auszahlung 25% bei Dividenden oder 30% bei Zinserträgen Kapitalertragsteuer abgezogen werden, die als Vorauszahlung auf die Einkommensteuer gelten.

Von den steuerlichen Vorteilen einer Nichtveranlagungs-Bescheinigung profitieren in der Hauptsache Rentner sowie Kinder ohne eigenes Erwerbseinkommen.

Niederschlagswasser
Die Wasserversorgungsunternehmen vieler Gemeinden erheben Gebühren für Niederschlagswasser. Darunter ist das Wasser zu verstehen, das als Regen auf die durch Bebauung versiegelten Flächen des Grundstücks fällt und dann durch die Kanalisation abgeleitet werden muss.

Meist bestehen für Regenwasser und Abwasser getrennte Kanäle, wobei den Gemeinden selbst auch Kosten für die „Entsorgung" des Regenwassers entstehen.

Für Hauseigentümer empfiehlt sich eine genaue Prüfung, ob im Gebührenbescheid die versiegelte Fläche korrekt angegeben ist. Sparen lässt sich hier durch Maßnahmen der Grundstücksgestaltung: Zufahrt nicht betonieren oder pflastern, sondern mit Kies belegen, Autostellplatz mit Gras bepflanzen, das durch ein befahrbares Stahlgitter wächst.

Siehe / Siehe auch: Betriebskosten

Niederschrift (Wohnungseigentümerversammlung)

Über die von den Wohnungseigentümern in der Versammlung gefassten Beschlüsse ist eine Niederschrift anzufertigen. Sie ist von dem Versammlungsvorsitzenden und einem der teilnehmenden Wohnungseigentümer sowie von dem Vorsitzenden des Verwaltungsbeirates oder seinem Stellvertreter – jedenfalls wenn ein Verwaltungsbeirat bestellt ist – zu unterschreiben (§ 24 Abs. 6 WEG).

Die Anfertigung der Niederschrift durch den Verwalter muss so rechtzeitig erfolgen, im Regelfall spätestens eine Woche vor Ablauf der einmonatigen Anfechtungsfrist (§ 23 Abs. 4 WEG), dass jeder Wohnungseigentümer von seinem Einsichtsrecht Gebrauch machen kann, um sich über die Inhalte der gefassten Beschlüsse zu informieren und gegebenenfalls danach zu entscheiden, ob er von seinem Beschlussanfechtungsrecht Gebrauch machen will oder nicht. Eine Verpflichtung des Verwalters zur Übersendung der Beschlussniederschrift besteht allerdings nicht. Im Verwaltungsvertrag kann jedoch eine Regelung getroffen werden, die den Verwalter verpflichtet, den Wohnungseigentümern die Niederschrift rechtzeitig vor Ablauf der Anfechtungsfrist zu übersenden.

Die Wirksamkeit der von den Wohnungseigentümern gefassten Beschlüsse hängt aber nicht von ihrer Aufnahme in die Niederschrift ist ab. Die Niederschrift ist insoweit nicht Voraussetzung für deren Gültigkeit. Vielmehr erlangen Beschlüsse der Wohnungseigentümer ihre Rechtswirkung mit der durch den Versammlungsvorsitzenden vorzunehmenden Feststellung des Beschlussergebnisses in der Wohnungseigentümerversammlung (konstitutive Beschlussfeststellung). Selbst die Feststellung eines falschen Ergebnisses aufgrund falscher Stimmenwertung (Wertung von Stimmenthaltung als NEIN-Stimmen) oder falscher Stimmenauszählung bewirkt nicht die Unwirksamkeit eines Beschlusses, vielmehr ist auch ein „falscher" Beschluss wirksam, wenn er nicht angefochten und durch das Gericht für ungültig erklärt wird.

Siehe / Siehe auch: Beschluss, Wohnungseigentümerversammlung, Beschluss-Sammlung

Niedrigenergiehaus

Das Niedrig-Energiehaus zeichnet sich vor allem dadurch aus, dass Wärmeverluste durch Verwendung wärmedämmender Baumaterialien vermieden werden. Die spart Energiekosten. Durch Energieeinsparung wird die CO_2-Emission verringert. Neben dem Niedrigenergiehaus soll auch das sog. Passivhaus höchst energiesparend sein. Die Entwicklung ist noch im Fluss und derzeit noch intransparent. Ob das Energieeinsparpotenzial des Niedrigenergiehauses aber tatsächlich ausgeschöpft wird, hängt naturgemäß von den Nutzern des Hauses, insbesondere von ihrem Lüftungsverhalten ab.

Nutzer von Niedrigenergiehäusern können bis zu 40% Heizenergie einsparen im Vergleich zu Nutzern konventionell gebauter Häuser.

Um den Niedrigenergiehaus-Standard zu erreichen, bietet sich die Kombination mehrerer technischer Komponenten an. Hierzu zählen eine Gebäudeform mit einem optimalen Verhältnis von umbautem Raum zur Fläche der Außenwände, Wärmeschutz an Außenwänden, Dach und Kellerdecke, luftdichte Gebäudehülle (zu messen im Blower-Door-Messverfahren), Wohnungslüftung mit Wärmerückgewinnung, regelbare Heizwärmeverteilung. Hinzu kommen Anlagen, die den Verbrauch von Primärenergie senken etwa durch effiziente Heizanlagen mit hohem Wirkungsgrad und Solaranlagen (Sonnenkollektoren und Photovoltaik).

Siehe / Siehe auch: Blower-Door-Test, Energieeinsparverordnung (EnEV), Passivhaus

Nießbrauch (Wohnungseigentum)

Nießbrauch ist eine Form der Dienstbarkeit. Beim Nießbrauch wird ein Grundstück in der Weise belastet, dass derjenige, zu dessen Gunsten die Belastung erfolgt, berechtigt ist, entsprechende Nutzungen (z.B. Mietzahlungen) zu erhalten. Der Nießbrauch spaltet – vereinfacht ausgedrückt – das juristische Eigentum vom wirtschaftlichen Eigentum ab. Beim Nießbrauch an einer Immobilie hat der Nießbraucher die Pflicht, das Gebäude zu unterhalten, also die Kosten für Instandhaltungen, Steuern, Versicherungen usw. zu zahlen.

Er muss auch für Darlehenszinsen aus einer Beleihung des Objektes aufkommen. Allerdings kann auch vereinbart werden, dass der Eigentümer alle Bewirtschaftungs- und Kapitalkosten übernimmt (Bruttonießbrauch). Der Nießbrauch kann nicht nur bei Grundstücken oder beweglichen Sachen, sondern auch bei Vermögen, bei Rechten und an einer Erbschaft vereinbart werden. Der Nießbrauch ist ein nicht übertragbares und unvererbliches Recht.

Ein Nießbrauch kann sowohl dadurch zustande kommen, dass der Eigentümer das Eigentum am Grundstück einem Dritten überträgt und sich den Nießbrauch vorbehält (Vorbehaltsnießbrauch) oder dadurch, dass er einem Dritten den Nießbrauch am Grundstück einräumt und das Eigentum behält (Zuwendungsnießbrauch). Schließlich kann ein Eigentümer auch sein Testament so gestalten, dass der Erbe (z.b. sein Sohn) das Eigentum am Grundstück erhält und ein Dritter (z.b. sein Bruder) den Nießbrauch zugesprochen bekommt (Vermächtnisnießbrauch).

In steuerlicher Hinsicht muss beim Nießbrauch folgendes bedacht werden: Steht dem Zuwendungsnießbrauch eine Gegenleistung (Einmalzahlung) gegenüber, dann handelt es sich beim Eigentümer um Einnahmen aus Vermietung und Verpachtung, die er jedoch auf bis zu zehn Jahre verteilen kann.

Erzielt der Nießbraucher bei entgeltlicher Bestellung des Nießbrauchs Einnahmen, handelt es sich dann um Einkünfte aus Vermietung und Verpachtung, die er durch von ihm übernommene Bewirtschaftungs- und Kapitalkosten (Werbungskosten) schmälern kann. Verbleiben die Kosten beim Eigentümer, kann auch er sie als Werbungskosten absetzen. Die AfA für den Nießbrauch wird dem Nießbraucher zugesprochen, diejenige für das Gebäude dem Eigentümer. Beim Vorbehalts- und Vermächtnisnießbrauch entfallen diese Gestaltungsmöglichkeiten, da eine entgeltliche Bestellung nicht möglich ist.

Auch eine Eigentumswohnung kann mit einem Nießbrauch belastet sein. Damit stellt sich die Frage nach der Stellung des Nießbrauchers in der Wohnungseigentümergemeinschaft.

Nach herrschender Rechtsauffassung ändert die Belastung eines Wohnungseigentums mit einem Nießbrauch nicht die Rechtsstellung des im Grundbuch eingetragenen Wohnungseigentümers. Ihm stehen weiterhin alle Rechte gemäß Wohnungseigentumsgesetz zu (BGH, Beschluss vom 7.3.2002, V ZB 24/01).

Folglich ist der Nießbraucher weder zur Wohnungseigentümerversammlung einzuladen, noch steht ihm ein Teilnahmerecht bzw. Stimmrecht zu. Eine Ausnahme gilt für den Fall, dass der eingetragene Eigentümer ihn zur Vertretung bevollmächtigt, sofern nicht eine Vertretungsbeschränkung gemäß Teilungserklärung oder Gemeinschaftsordnung entgegensteht. Ebenfalls ist er nicht berechtigt, Beschlüsse der Wohnungseigentümer gerichtlich anzufechten.

Der Wohnungseigentümer kann jedoch gegenüber dem Nießbraucher verpflichtet sein, bei der Stimmabgabe in der Wohnungseigentümerversammlung dessen Interessen zu berücksichtigen oder auch nach dessen Weisung zu handeln. Auch eine Eigentumswohnung kann mit einem Nießbrauch belastet sein. Damit stellt sich die Frage nach der Stellung des Nießbrauchers in der Wohnungseigentümergemeinschaft. Nach herrschender Rechtsauffassung ändert die Belastung eines Wohnungseigentums mit einem Nießbrauch nicht die Rechtsstellung des im Grundbuch eingetragenen Wohnungseigentümers. Ihm stehen weiterhin alle Rechte gemäß Wohnungseigentumsgesetz zu (BGH, Beschluss vom 7.3.2002, V ZB 24/01).

Folglich ist der Nießbraucher weder zur Wohnungseigentümerversammlung einzuladen, noch steht ihm ein Teilnahmerecht bzw. Stimmrecht zu. Eine Ausnahme gilt für den Fall, dass der eingetragene Eigentümer ihn zur Vertretung bevollmächtigt, sofern nicht eine Vertretungsbeschränkung gemäß Teilungserklärung oder Gemeinschaftsordnung entgegensteht. Ebenfalls ist er nicht berechtigt, Beschlüsse der Wohnungseigentümer gerichtlich anzufechten. Der Wohnungseigentümer kann jedoch gegenüber dem Nießbraucher verpflichtet sein, bei der Stimmabgabe in der Wohnungseigentümerversammlung dessen Interessen zu berücksichtigen oder auch nach dessen Weisung zu handeln.

NJW

Abkürzung für: Neue Juristische Wochenschrift / Zeitschrift

NJW-RR

Abkürzung für: NJW-RechtsprechungsReport Zivilrecht / Zeitschrift

NK

Abkürzung für: Nebenkosten

NMV

Abkürzung für: Neubaumietenverordnung
Siehe / Siehe auch: Neubaumietenverordnung

NMV 70

Abkürzung für: Verordnung über die Ermittlung der zulässigen Miete für preisgebundene Wohnun-

gen von 1970 (= Neubaumietenverordnung).
Siehe / Siehe auch: Kostenmiete, Neubaumietenverordnung, Untermietzuschlag

Nominalschuld
Diese Darlehenssumme ist entscheidend für die Berechnung von Zinsen, Tilgung, Disagio und Bearbeitungsgebühr. Die Nominalschuld unterscheidet sich von dem tatsächlichen Auszahlungsbetrag, bei dem die Bearbeitungsgebühren oder das Disagio schon abgezogen wurden.

Nominalzins
Der Nominalzins bezieht sich auf den geschuldeten Kreditbetrag, ohne dass die Kreditnebenkosten dabei berücksichtigt werden. Er enthält also weder Bearbeitungsgebühren noch ein Disagio. Im Gegensatz dazu steht der Effektivzins, der diese Kosten mit berücksichtigt.
Der Nominalzins wird auch als Gegenbegriff zum Realzins verstanden. Im Nominalzins ist die Inflationsrate enthalten, während der Realzins der inflationsbereinigte Zins ist. Im Vergleich zum Nominalzins ist der Liegenschaftszins ein Realzins, weil dieser sich nicht auf einen inflationsabhängigen Geldbetrag bezieht, sondern auf ein ertragsfähiges, inflationsunabhängiges Grundstück.
Siehe / Siehe auch: Liegenschaftszinssatz

Non-Performing Loans
Eine einheitliche, allgemein anerkannte Definition für Non-Performing Loans existiert bislang nicht. Im engeren Sinne werden darunter ernsthaft ausfallgefährdete Kredite verstanden, die bereits zu drei oder mehr aufeinander folgenden Zahlungsterminen nicht mehr ordnungsgemäß bedient worden sind.
Im weiteren Sinne wird die Bezeichnung für Kredite verwendet, bei denen es zu Abweichungen vom Tilgungsplan gekommen ist. Sie werden auch als Subperforming Loans bezeichnet.Weitere, häufig synonym für Non-Performing Loans oder Subperforming Loans verwendete Begriffe sind Faule Kredite, Notleidende Kredite, Problemkredite, Distressed Loans, Defaulted Loans, Non-Core Loans.
Bei Non-Performing-Loans-Transaktionen werden Not leidende Darlehen an spezialisierte Abwickler wie Lone Star oder Goldmann Sachs veräußert, die sich aus diesem Geschäft überdurchschnittliche Renditen im zweistelligen Bereich erhoffen.

Im Gegensatz zu den USA, Japan und anderen europäischen Ländern (z. B. Italien) hat sich der deutsche Markt erst in den letzten Jahren dieses Themas angenommen.Der Veräußerer nimmt zwar Abschläge auf die Nominalkreditsumme hin, gleichwohl bieten sich ihm folgende Vorteile:
- Reduzierung der Eigenkapitalunterlegung (Basel II) und Einsetzung des freigesetzten Kapitals im profitableren Neugeschäft
- Kreditrisikominimierung (sog. Risk Transfer) und Verbesserung des Rating
- Einsparung von Personalkosten und sonstiger eingesetzter Ressourcen (Intensivbetreuungs- und Abwicklungsabteilungen)
- Bilanzbereinigung und Erhöhung der Transparenz

Non-Recourse-Finanzierung
Die Non-Recourse-Finanzierung ist eine regresslose Finanzierung, d. h. ohne Rückgriff. Es ist eine Variante der internationalen Projektfinanzierung, bei der die beteiligten Banken alle Risiken übernehmen und auf jeden Rückgriff auf die Projektträger verzichten.
Man versteht darunter eine Finanzierungen z.B. für Kapitalgesellschaften ohne persönliche Haftung der einzelnen Gesellschafter. Diese Finanzierungsvariante bietet sich beispielsweise für in- oder ausländische Beteiligungsgesellschaften an. Bei dieser Finanzierungsvariante beleihen Bankpartner Gewerbeimmobilien bis ca. 70% des Beleihungswertes bzw. wohnwirtschaftlich genutzte Immobilien bis ca. 80% des Beleihungswertes. Der Beleihungswert richtet sich vor allem nach dem sogenannten Ertragswert der Immobilie.

Nonterritoriales Büro
Das nonterritoriale Büro ist ein Büro ohne feste persönliche Arbeitsplätze. Die vorhandenen Arbeitsplätze werden von den Beschäftigten nach dem Prinzip des Desksharing genutzt.
Siehe / Siehe auch: Desk Sharing

Normalherstellungskosten 2000 (Immobilienbewertung)
Die „Normalherstellungskosten 2000" sind eine Anlage zur Wertermittlungsrichtlinie (WertR 2006) und dient als Berechnungsgrundlage bei der Ermittlung des Sachwertes eines Gebäudes auf der Bezugsbasis 2000. Sie löst die NHK 95 ab. Diese sollten bereits die Berechnungsgrundlage der Bau-

kosten des Jahres 1913, das vielfach als Basisjahr für die indizierte Baukostenentwicklung herangezogen wurde, ersetzen. Bei der NHK 2000 handelt es sich um ein Tabellenwerk mit 95 Gebäudetypen, wobei nach Objektart, Baualtersgruppe und Bauweise, Ausstattungsstandard usw. differenziert wird. Verbunden mit dieser Neueinführung ist eine „Systemänderung".

Während die bisherigen Baukostenindices auf den umbauten Raum abstellten, beziehen sich die Normalherstellungskosten auf die Brutto-Grundfläche (BGF) i.S.d. DIN 277 in der Fassung von 1987. Diese ist gegenüber dem Bruttorauminhalt (BRI), dessen Kosten in denn NHK 95 ebenfalls noch angegeben waren, nunmehr als ausschließliche Berechnungsgrundlage heranzuziehen. Lediglich für Objekttypen, bei denen die Bruttogrundfläche keinen sinnvollen Berechnungsbezug herstellt (z.B. Lagergebäude, Industriegebäude, Werkstätten) wurden die Kosten pro Kubikmeter Brutto-Rauminhalt angegeben.

Für Mehrfamilienwohnhäuser wurden zusätzlich Korrekturfaktoren für die Grundrissart (vom Einspänner = 1,05 bis zum Vierspänner = 0,95) und die Wohnungsgröße (von 50 m² BGF bzw. 35 m² Wfl. = 1,10 bis 135 m² BGF bzw. 100 m² Wfl = 0,85) vorgeschlagen.

Die Regionalfaktoren der NHK 1995 wurden nicht übernommen bzw. weiterentwickelt. Sie beziehen sich auf Unterschiede der Baukosten zwischen den Bundesländern einerseits und den Ortsgrößen andererseits. Die Gutachterausschüsse sind gefordert diese Regionalfaktoren für ihren Bereich weiterzuentwickeln.

Siehe / Siehe auch: Herstellungskosten, Sachwert

Normobjekt

Ein Normobjekt ist ein hinsichtlich Größe, Alter, Lageeigenschaften und Qualität genau definiertes Immobilienobjekt. Normobjekte haben keine wertbeeinträchtigenden Zustandsmerkmale z.B. Reparaturanstau. Da die am Immobilienmarkt gehandelten Realobjekte in der Regel nicht in das Definitionsraster eines Normobjektes passen, erfolgt Bewertung eines Normobjektes aus der Ableitung der am Immobilienmarkt für Realobjekte erzielten Preise über Zu- und Abschläge. Normobjekte haben im Rahmen der Immobilienmarktforschung Bedeutung für Zeitreihenanalysen der Immobilienpreise aber auch für die Erstellung von Raumindizes. Sie sind Grundlage des RDM-Preisspiegels.

Siehe / Siehe auch: Raumindex, RDM-Preisspiegel

Notar

Der Notar ist ein von der Justizverwaltung eines Bundeslandes nach dem Bedarfsprinzip bestellter Volljurist, der bestimmte Aufgaben im Rahmen der freiwilligen Gerichtsbarkeit und der Rechtspflege wahrzunehmen hat. Voraussetzung der Bestellung ist eine in der Regel dreijährige Anwärterzeit als Notarassessor. Bei Immobiliengeschäften ist die Mitwirkung des Notars vielfach erforderlich (notarielle Beurkundung).

Bei den Rechtsgeschäften, die vom Notar beurkundet werden, hat der Notar nach dem Beurkundungsgesetz eine besondere Belehrungspflicht. Er muss die Parteien über die rechtliche Tragweite des Vertrages aufklären, den die Parteien schließen wollen. Alle Beurkundungen die der Notar vornimmt, sind in zeitlicher Reihenfolge in ein gebundenes Register einzutragen (Urkundenrolle). Für seine Tätigkeit erhält der Notar Gebühren und Auslagen. Sie richten sich nach der Kostenordnung.

Zur Absicherung der finanziellen Abwicklung eines beurkundeten Geschäftes kann der Notar ein besonderes Konto (Notaranderkonto) zur Verfügung stellen, über das er treuhänderisch verfügt.

Notar-Anderkonto

Siehe / Siehe auch: Anderkonto

Notargehilfe / Notargehilfin

Nach der Beurkundung z.B. eines Grundstückskaufvertrages muss dieser Vertrag auch „vollzogen" werden. Es müssen Anträge an das Grundbuchamt gestellt werden, die Unbedenklichkeitsbescheinigung des Finanzamtes muss besorgt werden usw.. Dafür hat der Notar speziell ausgebildetes Personal, nämlich den/die Notargehilfen / in.

Notarielle Beurkundung

Bestimmte Verträge müssen vom Notar beurkundet werden, damit sie wirksam werden. Dies sind u.a. der Grundstückskaufvertrag, der Bauträgervertrag, die Bestellung eines Erbbaurechts sowie die Einräumung von Wohneigentum. Die Rolle des Notars besteht darin, den Vertragswillen der Parteien zu erforschen und zu formulieren. Er muss die Vertragsparteien über die rechtlichen Konsequenzen des Geschäfts belehren und ihre Erklärungen klar und eindeutig in der Urkunde wiedergeben. Mit seiner Unterschrift unter die Urkunde bestätigt er, dass der von ihm formulierte Vertragsinhalt dem Vertragswillen der Parteien entspricht.

Notarielle Urkunde

Die Urschrift einer notariellen Urkunde ist die Originalniederschrift einer notariell beurkundeten Willenserklärung und verbleibt in der Verwahrung des Notars. Die Ausfertigung vertritt die Urschrift im Rechtsverkehr. Damit kommt die Vorlegung der Ausfertigung der Vorlegung der Urschrift gleich.
Sie ist eine Abschrift der Urschrift mit der Überschrift „Ausfertigung" und dem zwingenden Vermerk, dass sie mit der Urschrift übereinstimmt. Besondere Bedeutung kommt der Ausfertigung bei Vollmachtsurkunden zu.
Bei der beglaubigten Abschrift handelt es sich um eine einfache Abschrift der Urschrift mit dem Vermerk des Notars, dass sie mit der Hauptschrift übereinstimmt. Dieser Beglaubigungsvermerk muss Ort und Tag der Ausstellung angeben und ist mit dem Siegel oder dem Stempel und der Unterschrift des Notars zu versehen. Der Besitz einer beglaubigten Abschrift ersetzt im Rechtsverkehr nicht den Besitz einer Ausfertigung.

Notverwalter

Siehe / Siehe auch: Bestellung des Verwalters, Verwalter (WEG)

Notwegerecht

Der Eigentümer eines Grundstückes, das keine direkte Anbindung an öffentliche Wege hat, kann von seinem Nachbarn verlangen, dessen Grundstück begehen zu dürfen, um sein Grundstück zu erreichen (§ 917 BGB). Dafür hat der „Notwegeberechtigte" jährlich im voraus eine Geldrente zu bezahlen. Das Recht auf Rente geht allen anderen Rechten an dem belasteten Grundstück vor, auch wenn es nicht im Grundbuch eingetragen wird. Sträubt sich der Grundstücksnachbar, so können Richtung und Umfang des Notweges durch ein Gerichtsurteil bestimmt werden.
Siehe / Siehe auch: Überbau

Notwendige Treppe

Eine notwendige Treppe ist ein Begriff aus dem Baurecht. Für die notwendige Treppe sind die Sicherheitsbestimmungen und die vorgegebenen Abmessungen der Landesbauordnungen (LBO) ausschlaggebend. Im Gegensatz dazu gibt es die nicht notwendige Treppe. Obwohl diese als Haupttreppe genutzt werden kann, ist sie als zusätzliche Treppe anderen Abmessungen der LBO unterworfen.
Siehe / Siehe auch: Landesbauordnung, Treppe

NPL

Abkürzung für: Non-Performing Loans
Siehe / Siehe auch: Non-Performing Loans

NRI

Abkürzung für: Netto-Rauminhalt

Nutzfl.

Abkürzung für: Nutzfläche

Nutzfläche (NF)

Siehe / Siehe auch: Grundfläche nach DIN 277/1973/87, WNFl., Wfl.-/Nfl.

Nutzflächenfaktor

Der Nutzflächenfaktor ist eine Bezugsgröße, die das Verhältnis von Nutzfläche zu Geschossfläche bezeichnet. Mit ihrer Hilfe lassen sich aus Geschossflächen überschlägig Nutzflächen bzw. Wohnflächen errechnen. Bei Bürogebäuden beträgt z.B. der Nutzflächenfaktor etwa 0,8 (1 m^2 Geschossfläche entspricht 0,8 m^2 Nutzfläche). Bei Wohngebäuden (Geschossbau) wird – baujahrsabhängig – von einem Faktor zwischen 0,72 (Gebäude mit Baujahr vor 1900) und 0,78 (neue Gebäude) ausgegangen.
Siehe / Siehe auch: Grundfläche nach DIN 277/1973/87, Geschossflächenzahl (GFZ) - Geschossfläche (GF)

Nutzungsänderung (Wohnungseigentum)

Die Nutzung des Wohnungseigentums zum Wohnen ist unproblematisch. Anders verhält es sich beim Teileigentum, für das in aller Regel in der Gemeinschaftsordnung die Nutzungsart bestimmt ist. Diese Nutzungsbeschränkung muss respektiert werden. Ausnahmen sind nur in einem sehr geringen, die übrigen Wohnungseigentümer nicht

wesentlich beeinträchtigenden Umfange möglich. Soll eine Nutzungsänderung erlaubt werden, ist dafür die Zustimmung aller Wohnungseigentümer erforderlich.
Siehe / Siehe auch: Zweckentfremdung

Nutzungsentschädigung
Wenn ein Mieter nach Beendigung des Mietverhältnisses eine Wohnung oder ein Haus noch weiter bewohnt, hat der Vermieter nach § 546a BGB für die Dauer dieser Nutzung Anspruch auf eine Entschädigung für die Vorenthaltung der Mietsache in Höhe der vereinbarten Miete oder der für vergleichbare Mietobjekte ortsüblichen Miete (BGH, Urt. vom 5.10.2005, Az. VIII ZR 57/05). Der Vermieter ist nicht gehindert, über die Nutzungsentschädigung hinaus Schadenersatzansprüche geltend zu machen. Eine Nutzungsentschädigung wird häufig auch in notariellen Grundstückskaufverträgen vereinbart für den Fall, dass der Verkäufer nach dem vereinbarten Besitzübergang auf den Käufer das verkaufte Grundstück noch eine bestimmte Zeit nutzen will. Ein Mietvertrag kommt dadurch nicht zustande.
Siehe / Siehe auch: Beendigung eines Mietverhältnisses, Nutzungsvertrag / Nutzungsrecht

Nutzungsgestaltung Mieträume
Dieser Begriff bezeichnet die vom Vermieter ausgesprochene Genehmigung zu Gunsten des Mieters, bestimmte Räume oder Gegenstände während der Laufzeit des Mietvertrages zu nutzen (z.B. Geräteschuppen, Rasenmäher, Trockenboden).

Nutzungsverhältnis
Zieht ein Mieter nach Beendigung des Mietvertrages nicht aus der Wohnung aus, gewährt das Bürgerliche Gesetzbuch dem Vermieter einen Anspruch auf eine Nutzungsentschädigung. Das Verhältnis von Mieter und Vermieter zwischen Vertragsende und Zwangsräumung wird auch als Nutzungsverhältnis bezeichnet.
Ein Nutzungsverhältnis kann auch dadurch entstehen, dass der Verkäufer einer Wohnung oder eines Hauses eine Übereinkunft mit dem Käufer trifft, nach der er noch einige Zeit nach Besitzübergang weiter in dem Objekt wohnen kann, ohne dass das Entstehen eines Mietverhältnisses von den Vertragsparteien gewollt ist.
Siehe / Siehe auch: Nutzungsentschädigung, Nutzungsvertrag / Nutzungsrecht

Nutzungsvertrag / Nutzungsrecht
Nutzungsverträge oder Nutzungsrechte entstammen dem Recht der ehemaligen DDR. Sie konnten entstehen durch:
- Verleihung
- Zuweisung
- Einräumung eines Mitbenutzungsrechtes
- einen Vertrag über Nutzung von Bodenflächen zur Erholung.

Geregelt war dies im Zivilgesetzbuch der DDR. Nutzungsverträge, mit denen von einer staatlichen oder öffentlichen Stelle ein Grundstück – ggf. mit Gebäude – gegen Zahlung eines Geldbetrages und Übernahme der öffentlichen Lasten überlassen wurde, bleiben nach der Wiedervereinigung wirksam. Nach Art. 232 § 4 Abs.1 EGBGB (Einführungsgesetz zum Bürgerlichen Gesetzbuch) gelten für Nutzungsverträge über Grundstücke zu Erholungszwecken weiterhin die Vorschriften des Zivilgesetzbuches der ehemaligen DDR. Es können jedoch per Rechtsverordnung neue Regelungen über eine angemessene Erhöhung der Nutzungsentgelte und im Erhöhungsfalle zulässige Sonderkündigungsrechte getroffen werden.
Eine solche Regelung wurde mit der Nutzungsentgeltverordnung von 1993 getroffen (neu gefasst 2002). Diese Verordnung ersetzt vor dem 3.10.1990 getroffene Entgeltvereinbarungen. Danach getroffene Vereinbarungen bleiben unberührt.
Die Verordnung gilt für Entgelte für die Nutzung von Bodenflächen auf Grund von Verträgen nach § 312 des Zivilgesetzbuches (ZGB) der DDR. Nicht jedoch für:
- Entgelte nach dem Bundeskleingartengesetz
- vor dem 3.10.1990 abgeschlossene unentgeltliche Nutzungsverhältnisse nach § 312 ZGB
- Überlassungsverträge.

Bei den Vereinbarungen, für die die Verordnung gilt, dürfen die Nutzungsentgelte schrittweise bis zum ortsüblichen Entgelt angehoben werden. Eine weitere wichtige Regelung findet sich in § 20 a Abs. 1 Schuldrechtsanpassungsgesetz. Unter anderem können Eigentümer vom Nutzer eines kleingärtnerisch genutzten Grundstücks außerhalb einer Kleingartenanlage oder eines Erholungs- oder Freizeitgrundstückes die Erstattung der nach Ablauf des 30.6.2001 für den genutzten Grundstücksteil bzw. das Grundstück anfallenden regelmäßig wiederkehrenden öffentlichen Lasten verlangen.

Im Klartext: Erstattung der Grundsteuer kann gefordert werden.

Siehe / Siehe auch: Kleingarten / Schrebergarten

Nutzungswert

Bei Büros kann auf Basis der Marktberichte des RDM-Bayern Marktforschungsinstitutes zwischen drei Nutzungswerten unterschieden werden. Bei Angaben von Büromieten wird hier auf die Berücksichtigung von Extremwerten verzichtet, da sie nicht repräsentativ sind. Die Nutzungswerte „einfach", „mittel" und „gut" werden durch Lagewerte (Adressen), nutzerbezogene Infrastruktur und Raumqualität bestimmt.

- Der einfache Nutzungswert wird vor allem durch Sekundärlagen des Objektes charakterisiert. Er erhebt vom Erscheinungsbild keinen Anspruch auf Repräsentation.
- Der mittlere Nutzungswert genügt durchschnittlichen Ansprüchen von Dienstleistungsbetrieben. Die Büros sind für Personal und Kunden gut erreichbar. Pkw-Stellplätze sind in ausreichender Zahl vorhanden.
- Beim guten Nutzungswert ist von einem Standard auszugehen, der durch ein repräsentatives Erscheinungsbild, durch eine den Ansprüchen des Managements entsprechende Infrastruktur einschließlich der Anforderungen an moderne Kommunikationsmöglichkeiten und durch ein den sozialen Betreuungsbedarf abdeckendes Raumangebot gekennzeichnet ist. Gute Verkehrsanbindung und Pkw-Abstellmöglichkeiten gehören dazu.

Nutzwertanalyse

Der Ausgangspunkt einer Nutzwertanalyse ist ein zu entwickelndes Grundstück, unbebaut oder bebaut, an einem für Projektentwicklung günstigen Standort. Es gibt jedoch noch keine Vorstellung über die neue, bevorstehende Nutzung. Vorab ist es wichtig, für möglichst viele Nutzungen die Eignung des vorhandenen Standortes zu prüfen, welche vergleichend dargestellt werden. Die Nutzwertanalyse prüft eine Vielzahl von Kriterien für die unterschiedlichen Nutzungsvorstellungen. Die verschiedenen Nutzungsideen werden durch die Verwendung eines Punktesystems in eine wertende Reihenfolge sortiert. Oberstes Ziel dieses Punktesystems ist es, die Entscheidung einzuengen, um eine zielgerichtete Entwicklung voranzubringen. Bewertungskriterien können sein:

- Verkehrsanbindung
- Nutzbarkeit der Bausubstanz
- Umfeld / Standort
- Marktsituation / Wirtschaftlichkeit.

Siehe / Siehe auch: Spiering - Marktwertverfahren

NVO

Abkürzung für: Neubaumietenverordnung
Siehe / Siehe auch: Neubaumietenverordnung

NWfl.

Abkürzung für: Nettowohnfläche

o.V.
Abkürzung für: ohne Verfasser / -angabe

OBG
Abkürzung für: Ordnungsbehördengesetz

Obhutspflicht
Der Mieter ist während der Laufzeit des Mietvertrages verpflichtet, die Mietsache pfleglich zu behandeln und nach Möglichkeit vor Schaden zu bewahren. So muss der Mieter bei Sturm und Regen die Fenster schließen und im Winter dafür sorgen, dass auch bei Abwesenheit eine gewisse Mindesttemperatur in der Wohnung herrscht. Regelmäßiges Lüften und moderates Heizen zur Vermeidung von Feuchtigkeit und Schimmelbildung können ebenfalls vom Mieter verlangt werden.

Zur Obhutspflicht gehört es auch, dem Vermieter unverzüglich entstandene Schäden anzuzeigen – insbesondere Schäden, die sich noch verschlimmern oder Folgeschäden verursachen können (z.B. Schimmel, feuchte Wände, undichter Keller, schadhafte Elektroleitungen). Die Obhutspflicht existiert ohne ausdrückliche vertragliche Vereinbarung. Kommt es zum Rechtsstreit, liegt die Beweislast beim Vermieter, da er es ist, der in der Regel die Verletzung der Obhutspflicht vorträgt.

Siehe / Siehe auch: Anzeigepflicht

Objekt
Objekte sind nach der Definition der HOAI „Gebäude, sonstige Bauwerke, Anlagen, Freianlagen und raumbildende Ausbauten" auf die sich Architektenleistungen beziehen. Gegenüber „vorhandenen Objekten" bezieht sich der Begriff der Neubauten und Neuanlagen in der HOAI auf „neu zu errichtende oder herzustellende Objekte". Im Maklergeschäft bezieht sich der Objektbegriff nach § 34c GewO auf „Grundstücke, grundstücksgleiche Rechte, gewerbliche Räume und Wohnräume", die Gegenstand der Vertragsvermittlung sind. Neubauten werden dort als „Bauvorhaben" bezeichnet. Im Maklergeschäft wird als Objekt der Gegenstand bezeichnet, auf den sich das Vermittlungsgeschäft bezieht.

Objektakquisition
Objektakquisition bezeichnet die Bemühungen, Objekte zu beschaffen. Dabei geht es darum, durch Einsatz der Instrumente des Beschaffungsmarketings zu einem, den Zielen des Unternehmens entsprechenden Akquisitionsergebnis zu gelangen. Bei Bauträgern und Projektentwicklern steht im Vordergrund die Beschaffung von Baugrundstücken oder von Bauerwartungsland, das in Verbindung mit einem städtebaulichen Vertrag zu Bauland entwickelt werden kann.

Ziel der Objektakquisition ist die Realisierung von Kaufbedingungen, die nach Beschaffung, Entwicklung und Bebauung des Grundstücks beim Wiederverkauf die kalkulierte Gewinnmarge sichert. Es gilt der Grundsatz: Im Einkauf liegt der Gewinn. Bauträger können sich zur Objektakquisition auch Makler bedienen. Diese erhalten dann einen genau umrissenen Suchauftrag.

Siehe / Siehe auch: Akquise

Objektanalyse
Die maklerische Objektanalyse dient einerseits der Zielgruppenfindung und damit der inhaltlichen Bestimmung der Werbebotschaften und andererseits der Preisfindung. Sie kann auch Grunddaten für eine Projektentwicklung liefern.

Die Objektanalyse umfasst die Lageanalyse, die Grundstücks- und Gebäudeanalyse, die Analyse der Rechtsverhältnisse und die Analyse der Wirtschaftlichkeit und Rentabilität. Im Rahmen der Lageanalyse werden die objektspezifischen Lagekriterien (harte und weiche Lagefaktoren, Makro- und Mikrolage) untersucht. Die Grundstücksanalyse befasst sich mit Grundstücksgröße, Form des Grundstücks, Topographie und Bodenverhältnisse, sowie mit den baulichen Nutzungsmöglichkeiten (Baurechtsreserven).

Die Gebäudeanalyse ermittelt Wohn- und Nutzflächen, Zahl und Anordnung der Räume, Alter und Modernisierungsgrad der baulichen Anlagen, Zustand, Ausstattung, Energieversorgung und der Energieeinsparung dienende Dämmmaterialien. Hinzu kommt die Erfassung und Bewertung der Außenanlagen sowie des Zubehörs.

Zum Zweck der Analyse der Rechtsverhältnisse werden die Grundbuchdaten, insbesondere Eintragungen in Abteilung II des Grundbuches, etwaige Baulasten, denkmalgeschützte Objektteile, Miet- und Pachtverhältnisse und dergleichen durchleuchtet. Sofern es sich um ein Anlageobjekt handelt, steht im Vordergrund die Analyse der Rendite. Je nach Art des Objektes können unterschiedliche Aspekte bei der Analyse im Vordergrund stehen, so dass es ein allgemeingültiges Analyseschema und eine allgemeingültige Gewichtung der Ana-

lysebereiche nicht gibt. Ergeben sich aus der Objektanalyse Hinweise für Umwidmungsmöglichkeiten, können Verwertungskonzepte erstellt und „Projektideen" entwickelt werden.
Siehe / Siehe auch: Lage

Objektbetreuung und Dokumentation

Die Objektbetreuung und Dokumentation ist die 9. Leistungsphase nach § 15 der HOAI (Honorarordnung für Architekten und Ingenieure), die mit 3% des gesamten Honorars bewertet wird. In dieser letzen Phase werden die Bauzeichnungen auf den aktuellen Stand gebracht und dem Bauherren übergeben.
Siehe / Siehe auch: HOAI, Leistungsphasen

Objektsuchanzeigen

Objektsuchanzeigen sind Anzeigen, die geschaltet werden, um Objektanbieter anzusprechen und um über diese Aufträge zu akquirieren. Es gilt hierbei zwischen Anzeigen zu unterscheiden, die der Makler für vorgemerkte Kunden schaltet und solchen Anzeigen, die ein Objekt akquirieren, um anschließend dafür einen Käufer oder Mieter zu suchen.

Objektüberwachung

Die Objektüberwachung ist die 8. Leistungsphase nach § 15 der HOAI (Honorarordnung für Architekten und Ingenieure). Sie wird mit 31% (Gebäude, raumbildende Ausbauten), 29% (Freianlagen) bewertet, bemessen am gesamten Honorar der Architekten und Ingenieure. Es ist die arbeitsintensivste und verantwortungsvollste Leistungsphase.
Die Objektleitung wird auch Bauüberwachung oder Bauleitung genannt und beinhaltet die Überwachung des Bauleiters der einzelnen Gewerke auf der Baustelle.
Der Bauleiter trägt die Verantwortung für alle Belange auf der Baustelle. Dies umfasst das Bauvorhaben mit den Normen und Bestimmungen und alle Gewerke inklusive der Arbeit der Handwerker vor Ort. Noch vor, aber spätestens nach Abschluss der Bautätigkeit werden Rechnungen überprüft und bezahlt, sowie auf sichtbare Mängel geprüft. Diese werden dann von den einzelnen verantwortlichen Gewerken beseitigt.
Siehe / Siehe auch: Bauleitung, HOAI, Leistungsphasen

Objektvorteil-Zielgruppen-Matrix

Objektvorteil-Zielgruppen-Matrix ist ein Hilfsmittel, um im Hinblick auf eine Zielgruppe einen möglichst wirkungsvollen USP (Unique Selling Proposition: der einzigartige, der Konkurrenz überlegene Wettbewerbsvorteil eines Produktes) herauszuarbeiten. Zielgruppen, die für die Immobilie relevant sind, werden in eine Spalte eingetragen. In der anderen Spalte werden denkbare Objekteigenschaften aufgelistet.

ÖbVI

Abkürzung für: Öffentlich bestellter Vermessungsingenieur
Der Öffentlich bestellte Vermessungsingenieur (ÖbVI) ist ein Organ des öffentlichen Vermessungswesens. Er ist laut Gesetzgebung befugt, an bestimmten Aufgaben der Landesvermessung mitzuwirken und zudem berechtigt, Katastervermessungen auszuführen. Zu seinen Aufgaben zählt, dass er Tatbestände, die durch vermessungstechnische Ermittlungen an Grund und Boden festgestellt werden, mit öffentlichem Glauben beurkundet (Grenzermittlungen, Grundstücksteilungen, Lagepläne etc.).

Ödland

Im Gegensatz zu dem nicht bewirtschaftbaren Unland versteht man unter Ödland ein Gelände, das durch Bodenverbesserungsmaßnahmen (Meliorationen) einer ökonomischen Nutzung zugeführt werden kann. Beispiel für Ödland sind Heide- und Moorgebiete. Da im Ödland seltene Tier- und Pflanzenarten ihr Zuhause finden, handelt es sich um wertvolle Gebiete im Sinne des Naturschutzes.
Siehe / Siehe auch: Unland

Öffentliche Lasten

Öffentliche Lasten, die auf einem Grundstück ruhen, werden nicht in das Grundbuch eingetragen. Die jeweils im Grundbuch eingetragenen Eigentümer sind Schuldner. Im Zwangsversteigerungsverfahren werden Schulden aus öffentlichen Lasten auf der Ebene der Rangklasse 3 befriedigt. Ansprüche aus dinglich abgesicherten Rechten Dritter erhalten demgegenüber nur die Rangklasse 4. Zu den öffentlichen Lasten zählen u.a. die Grundsteuer, Schornsteinfegergebühren, Kanalgebühren, Gebühren für die Straßenreinigung aber auch Erschließungsbeiträge.

Öffentliche Meinung
Siehe / Siehe auch: Öffentlichkeit

Öffentliche Mittel
Im Rahmen der staatlichen Wohnungspolitik wurden öffentliche Mittel als zinsverbilligte Baudarlehen von den Bundesländern nach den Vorschriften des II. Wohnungsbaugesetzes vergeben, um den Wohnungsbedarf einkommensschwacher Schichten der Bevölkerung abzusichern.
Zu den Finanzierungshilfen zählen neben den Baudarlehen auch Aufwendungsdarlehen und Aufwendungszuschüsse. Ein Rechtsanspruch auf Förderung besteht nicht. Das II. Wohnungsbaugesetz wurde zum 1. Januar 2002 aufgehoben und durch das Wohnraumförderungsgesetz ersetzt.
Siehe / Siehe auch: Aufwendungsdarlehen und Aufwendungszuschüsse

Öffentliche Private Partnerschaft (ÖPP)
Deutscher Begriff für PPP Public Private Partnership zur Vermeidung des Anglizismus.
Siehe / Siehe auch: Public Private Partnership (PPP)

Öffentliches Interesse
Beim „öffentlichen Interesse" handelt es sich um einen unbestimmten Rechtsbegriff der, soweit öffentliches Interesse nicht gesetzlich unterstellt wird, einen rechtlichen Beurteilungsspielraum zulässt. Vor allem im Bauplanungs- und Bauordnungsrecht spielt das öffentliche Interesse eine besondere Rolle. Privates Interesse kann öffentlichem Interesse entgegenstehen. In vielen Fällen muss für private Bauplanungen, Vorhaben und Nutzungen, um genehmigungsfähig zu sein, öffentliches Interesse gegeben sein. Privatinteresse und öffentliches Interesse können, was die Zielsetzung angeht, also auch deckungsgleich sein. Probleme entstehen wenn ein Vorhaben oder eine Nutzung öffentlichem Interesse widerspricht, insbesondere wenn das Wohl der Allgemeinheit auf dem Spiele steht. Hier muss zwischen den Gewichten des privaten und des öffentlichen Interesses abgewogen werden.
Die öffentliche Hand verfügt zur Durchsetzung des öffentlichen Interesses über ein vielfältiges Instrumentarium (von Genehmigungsvorbehalten über die Festsetzungen in Bebauungsplänen bis hin zur Enteignung). Voraussetzung für eine Enteignung ist stets, dass das Gemeinwohl das Privatinteresse überwiegt.

Öffentlichkeit
Öffentlichkeit in einem engeren Sinne entsteht durch Meinungsäußerungen von freien Personen, die außerhalb privater Räume verbreitet werden. Sie finden entweder in öffentlich zugänglichen Bereichen statt – in Hörsälen, Versammlungsräumen, auf Volksfesten usw. oder findet über Medien ihre Verbreitung (Presse, Funk, Fernsehen, Literatur, Internet). Aus dem Konglomerat dieser Meinungsäußerungen entsteht das, was vielfach als öffentliche Meinung bezeichnet wird. Die Freiheitsgrade dieser öffentlichen Meinung sind ein Kennzeichen des Zustandes einer Demokratie, die von der Meinungsfreiheit gespeist wird. Die Möglichkeit, dass in der Öffentlichkeit Irrtümer verbreitet werden, darf sie nicht einschränken. Dasselbe gilt für die Verbreitung von negativen Wertungen.
Für Medien, die Nachrichten oder Meinungen verbreiten, gibt es besondere Schranken. So hat sich die Deutsche Presse im Deutschen Presserat zu einer freiwilligen Selbstkontrolle verpfichtet. Hier gelten auch ethische Regeln (nicht alles, was erlaubt ist, ist auch ethisch vertretbar).
Als beispielhafte Regeln für den freien Journalismus gelten:
- Achtung vor der Wahrheit und Wahrung der Menschenwürde
- Gründliche und faire Recherche
- Klare Trennung von redaktionellem Text und Anzeigen
- Achtung von Privatleben und Intimsphäre
- Vermeidung unangemessen sensationeller Darstellung von Gewalt und Brutalität

Der Deutsche Presserat ist Beschwerdeinstanz in Fällen, in denen solche Regeln verletzt werden. Andere Schranken finden sich im Strafgesetzbuch (z.B. § 130 Volksverhetzung).
Bedenklich sind in einer Demokratie Quasiverbote, die unter dem Begriff der „political correctness" einzuordnen sind, insbesondere dann, wenn damit Kritik an Maßnahmen der jeweils regierenden Parteien tabuisiert oder an einer Mehrheitsmeinung unterbunden werden soll.
Auch Unternehmen, ganze Branchen und die Wirtschaft im Allgemeinen sind häufig Gegenstand von öffentlichen Meinungsäußerungen. Sie können deren Image positiv wie negativ beeinflussen. Dabei ist festzustellen, dass oft kleine Fehler

durch die Multiplikatorwirkung von Medien bei gleichzeitiger Unterdrückung der positiven Aspekte zu einer Verzerrung der Wahrnehmung in der Wirklichkeit führen. Die erzeugten Vorurteile, halten sich oft lange in der öffentlichen Meinung und führen zu Verallgemeinerungen (Ein tatsächlicher „Baulöwe" generiert eine Menge vermeintlicher Baulöwen.). Sozialempfindliche Wirtschaftsbereiche, etwa die Wohnungswirtschaft, sollten in besonderer Weise über Kontakte mit Medien (PR-Kontakte) dafür sorgen, dass solche Fehleinschätzungen vermieden werden.
Siehe / Siehe auch: Public Relations

Öffentlichkeitsarbeit

Die Öffentlichkeitsarbeit ist ein wichtiges Feld, das bisher von den meisten Immobilienverwaltern vernachlässigt wird. Die Pressearbeit ist komplementär zu anderen Werbeaktivitäten; sie kann diese ergänzen und unterstützen, aber nie völlig ersetzen. Durch gezielte Pressearbeit kann die Bekanntheit des jeweiligen Unternehmens, bzw. die bestimmter Objekte gefördert und das Image verbessert werden.
Siehe / Siehe auch: Marketing

Öffnungsklausel

Grundsätzlich können die Wohnungseigentümer abweichend von den Bestimmungen des Wohnungseigentumsgesetzes ihr Verhältnis untereinander gemäß § 10 Abs. 2 Satz 2 WEG durch Vereinbarung regeln. Diesen Vereinbarungen müssen alle im Grundbuch eingetragenen Wohnungseigentümer zustimmen. Damit sie im Falle eines Eigentümerwechsels auch gegenüber dem neuen Eigentümer (Sondernachfolger) gelten, bedürfen diese Vereinbarungen der Eintragung in das Grundbuch.
Grundsätzlich zulässig sind dabei auch Regelungen in einer Teilungserklärung bzw. einer Gemeinschaftsordnung, wonach spätere Änderungen der abdingbaren Bestimmungen des Wohnungseigentumsgesetzes bzw. abweichend getroffener Vereinbarungen durch mehrheitliche, gegebenenfalls auch qualifizierte Beschlussfassung zulässig sind. Die so getroffenen Regelungen werden als Öffnungsklausel bezeichnet. Diese Klauseln müssen allerdings hinreichend bestimmt sein, um Rechtswirkung entfalten zu können. Als Voraussetzung für entsprechende Änderungen aufgrund einer Öffnungsklausel müssen sachliche Gründe gegeben sein und im Übrigen darf kein Wohnungseigentümer im Falle einer solchen Änderung gegenüber dem früheren Rechtszustand unbillig benachteiligt werden (BGH, Beschl. vom 27.6.1985, VII ZB 21/84).
Siehe / Siehe auch: Beschluss, Vereinbarung (nach WEG)

Öko-Zulage

Bei der Öko-Zulage handelte es sich um zusätzliches Fördergeld nach dem Eigenheimzulagengesetz für ein Niedrigenergiehaus oder Ökoanlagen, die natürliche Ressourcen besser nutzen bzw. den Energiebedarf einschränken. Nach Abschaffung des Eigenheimzulagengesetzes wurde die Öko-Zulage für energetische Gebäudesanierungen teilweise kompensiert durch Aufstockung verbilligter KfW-Darlehen.
Siehe / Siehe auch: Niedrigenergiehaus, Kreditanstalt für Wiederaufbau / KfW-Mittelstandbank

ÖPNV

Abkürzung für: Öffentlicher Personennahverkehr

OFD

Abkürzung für: Oberfinanzdirektion

Offener Immobilienfonds

Siehe / Siehe auch: Immobilienfonds - Offener Immobilienfonds

Office at Home

Office at Home ist ein Büroarbeitsplatz eines Arbeitnehmers, der sich in seiner Privatwohnung befindet. Ein Office at Home gilt im Unterschied zum Home Office als Betriebsstätte und unterliegt daher den Arbeitsschutzvorschriften.
Siehe / Siehe auch: Home-office

Office Center

Siehe / Siehe auch: Business Center

Offshore-Windenergieanlagen

Offshore-Windenergieanlagen sind Windkraftanlagen, die innerhalb der 12-Seemeilen-Zone vor der Küste oder in bestimmten Seegebieten außerhalb davon (sogenannte Ausschließliche Wirtschaftszone) errichtet werden. Da an Land der Widerstand gegen die zunehmende Anzahl der stromerzeugenden Windräder wächst und höhere Stromausbeute durch stärkeren und kontinuier-

licheren Wind winkt, plant die Windenergiewirtschaft die Expansion auf das Meer.
Zuständige Genehmigungsbehörde ist das BSH (Bundesamt für Hydrografie und Seeschifffahrt in Hamburg). Deutschland ist gegenüber England und Dänemark in diesem Bereich bereits zum Nachzügler geworden, da hier weniger geeignete flache Küstengewässer vorhanden sind. Es muss daher auf tiefere Gewässer ausgewichen werden, die es wiederum erforderlich machen, weniger Windanlagen mit höherer Leistung zu installieren. Das Erneuerbare-Energien-Gesetz (EEG) regelt die Mindest-Einspeisungspreise für in derartigen Anlagen erzeugten Strom. Die Mindestpreise für Anlagen an Land wurden mittlerweile gesenkt, für Offshore-Anlagen wurden demgegenüber höhere Preise festgelegt.
Siehe / Siehe auch: EEG, SeeAnlV, Windpark, Windenergiefonds

OG
Abkürzung für: Obergeschoss

OH
Abkürzung für: Ofenheizung

oHG
Abkürzung für: offene Handelsgesellschaft

OLG
Abkürzung für: Oberlandesgericht

OLGZ
Abkürzung für: Entscheidungen der Oberlandesgerichte in Zivilsachen (Entscheidungssammlung)

Ombudsmann / Ombudsfrau
Ombudsmann und Ombudsfrau sind ein juristisch versierte neutrale Streitschlichter. Sie sind in vielen Bereichen institutionalisiert. So gibt es den Versicherungsombudsmann, einen Ombudsmann für den Online-Handel, den Ombudsmann im Bereich des Handwerks usw. Bei Rechtsstreitigkeiten mit einem privaten Kreditinstitut z.B. wegen einer strittigen Vorfälligkeitsentschädigung helfen ebenfalls Ombudsleute.
Die Schlichtungsstellen, die Ombudsleute beschäftigen, sind vielfach eingetragene Vereine. Die Inanspruchnahme einer solchen Schiedsstelle ist in der Regel kostenlos. Ombudsmänner und -frauen gibt es in vielen Ländern. Überwiegend sind sie auch Interessenvertreter von Bürgern gegenüber öffentlichen Dienststellen (z.B. in der Schweiz). In Österreich steht der Internet-Ombudsmann im Vordergrund. Eine Ombudsmannrolle spielt auch der „Europäische Bürgerbeauftragte" der sich aufgrund von Beschwerden mit Missständen in der Verwaltung von Organen und Einrichtungen der Europäischen Union (nicht aber nationalen, regionalen oder lokalen Behörden) befasst.

On-Site-Marketing
On-Site-Marketing beinhaltet die marketing-technisch professionelle Präsentation vor Ort, d.h. am Grundstück bzw. der Baustelle sowie die Themenbereiche Verkaufsbüro und Musterwohnungen. Darüber hinaus versucht das „On-Site-Marketing" des Bauträgers ein emotional ansprechendes Bild der Immobilie und vor allem auch deren Umfelds zu vermitteln, um damit die Verkaufsaktivitäten zu fördern. Hierbei ist es hilfreich, die Immobilie mit den Augen des potentiellen Käufers zu betrachten.

Open Market Value
Der verkehrsübliche Wert (Open Market Value) ist der beste Preis oder die beste Miete, die billigerweise für den Grundbesitz zum Zeitpunkt der Bewertung erwartet werden kann, wobei folgendes vorausgesetzt wird:
- eine Person, die zum Verkauf oder zur Vermietung bereit ist;
- ein angemessener Zeitraum, in dem über den Verkauf oder die Vermietung verhandelt werden kann, unter Berücksichtigung des Grundbesitzes und der Marktlage;
- ein gleichbleibender Wert während dieses Zeitraumes;
- das Angebot des Grundbesitzes auf dem offenen Markt;
- keine Berücksichtigung von höheren Preisen oder höheren Mieten, die ein Käufer oder Mieter mit einem besonderen Interesse bezahlen würde.

Opportunity Fonds
Siehe / Siehe auch: Real Estate Opportunity Fonds

Optionsrecht (Mietvertrag)
Das Optionsrecht gestattet dem Berechtigten, durch einseitige Erklärung ein Mietverhältnis zu begründen (Begründungsoption) oder ein beste-

hendes Mietverhältnis zu verlängern (Verlängerungsoption). Verlängerungsoption bedeutet, dass der Mieter vor Ablauf der vereinbarten Mietzeit durch einseitige Erklärung die Verlängerung der Mietzeit um einen weiteren Zeitraum herbeiführen kann. Die Verlängerungsoption muss vom Mieter ausdrücklich erklärt werden; das bloße Weiterzahlen der Miete genügt zur Ausübung der Option nicht. Die Erklärung über die Ausübung der Option muss dem Vermieter vor Ablauf der festen Mietzeit zugehen. Regelmäßig wird im Mietvertrag bestimmt sein, bis wann die Option spätestens ausgeübt sein muss. Ist die Mietzeit abgelaufen, ist die Ausübung des Optionsrechtes nicht mehr möglich.
Siehe / Siehe auch: Mietoption

Optionstarif (Bausparvertrag)
Bauspartarifvariante für Bausparer, die nicht wissen, ob und wann sie bauen möchten. Bei diesem Tarif kann der Sparer auch nach Abschluss noch entscheiden zwischen preisgünstigem Bauspardarlehen oder höherem Sparzins.

Ordnungsmäßige Verwaltung (Wohnungseigentumsrecht)
Jeder Wohnungseigentümer kann eine ordnungsmäßige Verwaltung des Gemeinschaftseigentums verlangen. Hierzu zählt nach dem WEG
- Aufstellung einer Hausordnung,
- ordnungsgemäße Instandhaltung und Instandsetzung des gemeinschaftlichen Eigentums,
- Abschluss einer Feuerversicherung des gemeinschaftlichen Eigentums zum Neuwert und einer Haushaftpflichtversicherung,
- Ansammlung einer angemessenen Instandhaltungsrückstellung,
- Aufstellung eines Wirtschaftsplanes
- Duldung aller Maßnahmen, die zur Herstellung einer Fernsprecheinrichtung, einer Rundfunkanlage oder eines Energieversorgungsanschlusses zugunsten eines Wohnungseigentümers erforderlich sind.

Diese Aufzählung im WEG ist nicht abschließend. Andererseits bedarf alles, was über die ordnungsmäßige Verwaltung hinausgeht, der Zustimmung aller Wohnungseigentümer. Probleme ergeben sich häufig bei der Frage, wo die Grenze zwischen einer Instandhaltung und einer – vom Grundsatz der ordnungsmäßigen Verwaltung nicht gedeckten – Modernisierung oder baulichen Veränderung verläuft. So ist bereits eine Balkonüberdachung oder Balkonverkleidung eine bauliche Veränderung. Ähnliches gilt für einen Außenmauerdurchbruch oder eine Umstellung der Heizanlage auf eine neue Energieart, obwohl noch kein Reparaturbedarf gegeben ist. Werden Beschlüsse dieser Art nicht allstimmig gefasst, besteht für jeden Wohnungseigentümer, der mit der Maßnahme nicht einverstanden ist, die Möglichkeit der Anfechtung bei Gericht.
Siehe / Siehe auch: Beschluss

Organisationsbeschluss
Als Organisationsbeschluss gelten zunächst mehrheitlich zu treffende Regelungen zur Gewährleistung einer ordnungsmäßigen Verwaltung des gemeinschaftlichen Eigentums, auch zur Regelung eines ordnungsmäßigen Ablaufs der Wohnungseigentümerversammlung. Diese Regelungen erfolgen zweckmäßigerweise in einer mehrheitlich zu beschließenden Geschäftsordnung.
Soweit in der Vergangenheit Organisationsbeschlüsse als „Zitterbeschlüsse" an sich erforderliche Vereinbarungen ersetzt haben, sind diese Beschlüsse nach der BGH-Jahrhundertentscheidung vom 20. September 2000 (Az. V ZB 58/99) nichtig.
Siehe / Siehe auch: Geschäftsordnung (Wohnungseigentümergemeinschaft), Gesetzesändernder / vereinbarungsändernder Mehrheitsbeschluss, Gesetzeswidriger / vereinbarungswidriger Mehrheitsbeschluss, Gesetzesersetzender / vereinbarungsersetzender Mehrheitsbeschluss, Zitterbeschluss (Wohnungseigentümerversammlung), Vereinbarung (nach WEG)

Originäres Marketing
Siehe / Siehe auch: Marketing

OT
Abkürzung für: Ortsteil

OVG
Abkürzung für: Oberverwaltungsgericht

OWi
Abkürzung für: Ordnungswidrigkeit

OWiG
Abkürzung für: Gesetz über Ordnungswidrigkeiten

p
Abkürzung für: Zinssatz

p.a.
Abkürzung für: per anno (im Jahr)

Pachtvertrag
Ein Pachtvertrag regelt die Überlassung von Grundstücken und Gebäuden mit dem im Vergleich zur Miete zusätzlichen Recht zur „Fruchtziehung". Das bedeutet, dass der Ertrag aus dem Grundstück (z.B. Kiesgrube) dem Pächter zusteht. Bei entsprechend ausgestatteten Gebäuden (z.B. Gasthäusern) steht der aus dem damit verbundenen Betrieb zu erzielende Ertrag ebenfalls dem Pächter zu. Die landwirtschaftliche Pacht umfasst auch das „lebende Inventar", d.h. das Nutzvieh. Das BGB enthält Grundregeln für Pachtverträge im Allgemeinen sowie Vorschriften speziell für den Landpachtvertrag.
Während für den allgemeinen Pachtvertrag die meisten Vorschriften des Mietrechts anwendbar sind, gibt es für die Landpacht spezielle Regelungen – besonders hinsichtlich der Kündigung. Weitere Besonderheiten gelten für die Jagdpacht, Fischereirechte und Kleingärten. Gepachtet werden können auch Rechte (z.B. Patente).
Pachtverträge werden i.d.R. langfristig geschlossen. Grundsätzlich ist die Schriftform zu empfehlen. Landpachtverträge mit einer Laufzeit von mehr als zwei Jahren, die nicht in Schriftform abgeschlossen werden, gelten für unbestimmte Zeit. Bei landwirtschaftlichen Pachtgrundstücken liegen die Vertragslaufzeiten teilweise bei 9 oder 18 Jahren.
Daraus ergeben sich Notwendigkeiten zur Anpassung der Pacht, die früher im Landpachtgesetz, jetzt im BGB geregelt sind (§ 585 ff. BGB). Ein Landpachtvertrag kann auch auf Lebenszeit des Pächters geschlossen werden. Ähnlich wie bei der Miete gilt der Grundsatz: Kauf bricht nicht Pacht. Die Vermittlung von Pachtverträgen im Bereich der Landwirtschaft ist Geschäftszweck darauf besonders spezialisierter Makler für Land- und Forstwirtschaften. Im Übrigen befassen sich mit der Vermittlung von Pachtverträgen auch Spezialmakler für Geschäftsbetriebe.
Siehe / Siehe auch: Inventarübernahme zum Schätzwert, Kündigungsfrist beim Pachtvertrag, Landwirtschaftsgericht, Pächterpfandrecht, Unterverpachtung, Verpächterpfandrecht

Pächterpfandrecht
Ein Grundstückspächter hat ein Pfandrecht an den mitgepachteten Inventargegenständen des Pachtgrundstückes zur Absicherung möglicher Forderungen gegen den Verpächter hinsichtlich des Inventars. Die Geltendmachung dieses Pfandrechts kann der Verpächter verhindern, indem er durch Geldzahlung im Wert einzelner Pfandgegenstände Sicherheit leistet.
Siehe / Siehe auch: Pachtvertrag, Verpächterpfandrecht

PAK
Abkürzung für: Polyzyklische aromatische Kohlenwasserstoffe, Rückstände unvollständiger Verbrennungsvorgänge. In alten Rohrleitungsanlagen können solche Rückstände das Trinkwasser belasten. In einigen Gegenden Deutschlands hat man in den 1960er Jahren Trinkwasserrohre mit Steinkohlenteer ausgekleidet (Rostschutz und Abdichtung). Dadurch konnten PAK ins Wasser gelangen. Die Trinkwasserverordnung sieht einen Grenzwert von 0,0001 mg/l Wasser vor. Höhere PAK-Konzentrationen gelten als krebserregend. Es besteht zusätzlich die Gefahr einer Beeinträchtigung der Fortpflanzungsfähigkeit und einer Fruchtschädigung.
Eine PAK-Belastung des Trinkwassers in einer Mietwohnung stellt einen Mangel dar, der den Mieter zur Mietminderung berechtigt. Auch in anderen Bereichen eines Gebäudes können PAK vorkommen: z.B. in bitumen- bzw. teerhaltigen Parkettklebern, in offenen Feuerstellen, in bitumenhaltigen Dichtungs- und Dachbahnen und im Bautenschutz in Bitumendichtungsmassen etc. In Innenräumen dürfen derartige teerhaltige Produkte nicht mehr verwendet werden. PAK werden auch über Zigarettenrauch oder zu stark geräucherte oder gebratene Speisen aufgenommen.
Siehe / Siehe auch: Mietminderung, PCB, PER

PangVO
Abkürzung für: Preisangabenverordnung
Siehe / Siehe auch: Preisangabenverordnung (PangV)

Parabolantenne
Eine Parabolantenne ist eine Empfangsantennenform für Frequenzen oberhalb 1 GHz. Sie ermöglichen bei richtiger Installation einen sehr guten Empfang von UKW- und Fernsehsendungen über

Satelliten. Da die hohen Frequenzen lichtähnliches Ausbreitungsverhalten zeigen, liegen die Zeitverzögerungen zwischen Sende- und Empfangsort im Bereich der Verzögerung nahe der Lichtgeschwindigkeit.

Im Zusammenhang mit der Installation von Parabolantennen bei Mietwohnungen kommt es immer wieder zu Rechtsstreitigkeiten. Inzwischen gilt als gesichert, dass der Mieter ein grundsätzliches Recht hat, eine Parabolantenne anzubringen. Dieses Recht wird durch Informationsfreiheit garantiert. Der Mieter kann sich jedoch nur dann darauf berufen, wenn die vermietete Wohnung nicht an das Breitbandkabel angeschlossen ist. Will der Mieter eine Parabolantenne installieren, muss er vom Vermieter die Erlaubnis einholen. Der muss zustimmen, wenn das Haus weder über eine Gemeinschafts-Parabolantenne noch über einen Kabelanschluss verfügt. Die Parabolantenne muss auch baurechtlich zulässig sein und fachmännisch an einem Ort installiert werden, an dem sie optisch am wenigsten stört. Die Kosten hierfür trägt der Mieter. (OLG Frankfurt 20 RE-Miet 1/91, WM 92, 458)

Trotz Kabelanschluss kann der Mieter ausnahmsweise die Erlaubnis zum Aufstellen einer Parabolantenne verlangen, wenn er hierfür ein besonderes Interesse nachweisen kann. Das ist bei einem ausländischen Mieter zu bejahen, der nur über eine Parabolantenne seine Heimatsender empfangen kann (OLG Karlsruhe 3 RE-Miet 2/93, WM 93, 525; BVerfG 1 BvR 16 187/92, WM 94, 251).

Parkett
Parkett ist ein hochwertiger Holzfußboden, der aus Parkettstäben (ringsum genutete Parketthölzer), Parkettriemen (Parketthölzer mit Nut und Feder an den entgegengesetzten Kantenflächen), Mosaikparkettlamellen (ohne Nut und Feder) oder Fertigparkettelementen bestehen kann. Aus Hartholz bestehendes Parkett (z.B. Eiche) hat eine besonders lange technische Lebensdauer.

Parterre
Das Parterre bezeichnet das Erdgeschoss. Im deutschsprachigen Raum hat sich aus dem frz. par terre (zu ebener Erde) ab dem 18. Jh. das Parterre abgeleitet. Ein halbes Geschoss höher liegt das Hochparterre, das vorwiegend über einem Souterrain liegt.
Siehe / Siehe auch: Souterrainwohnung

PartGG
Abkürzung für: Partnerschaftsgesellschaftsgesetz

Partnerschaftsgesellschaften
Seit 1994 ist es möglich, eine Partnerschaftsgesellschaft für Angehörige freier Berufe zu gründen. Grundlage ist das Partnerschaftsgesellschaftsgesetz. Es handelt sich um eine Art BGB-Gesellschaft, allerdings mit dem Unterschied, dass die Partnerschaftsgesellschaft in das Partnerschaftsregister eingetragen werden muss. Für Verbindlichkeiten der Partnerschaft haften die Gesellschaft mit ihrem Vermögen, darüber hinaus aber die Partner als Gesamtschuldner.

Im Gegensatz zur BGB Gesellschaft wird die Haftung für berufliche Fehler bei der Partnerschaftsgesellschaft neben der Haftung der Gesellschaft auf denjenigen Partner begrenzt, der mit der Bearbeitung eines Auftrages befasst war. Gewerbetreibende könne keine Partnerschaftsgesellschaft gründen oder sich an ihr beteiligen. Im Rahmen der Immobilienwirtschaft sind Partnerschaftsgesellschaften jedoch für Bewertungssachverständige interessant, sofern sie die Sachverständigentätigkeit hauptberuflich ausüben.

Parzellierung
Unter Parzellierung versteht man die Aufteilung eines Flurstücks in einzelne Teile (Parzellen). Sie wird von öffentlich bestellten Landvermessern und Vermessungsingenieuren der Vermessungsämter vorgenommen. Durch eine entsprechende

Erklärung des Eigentümers gegenüber dem Grundbuch werden die neu entstandenen Flurstücke als Grundstücke unter neuen laufenden Nummern im Bestandsverzeichnis des Grundbuchs eintragen und gleichzeitig von der Ursprungsfläche „abgeschrieben". Das unter einer laufenden Nummer eingetragene Flurstück wird sachenrechtlich als Grundstück bezeichnet. Denkbar ist auch die Eintragung zweier oder mehrerer Flurstücke unter einer laufenden Nummer. Es handelt sich dann um eine Zuschreibung einer Parzelle als Bestandteil eines anderen Grundstücks, sofern sie aneinandergrenzen.

Passive Auftragsakquisition (Maklergeschäft)

Unter passiver Auftragsakquisition versteht man eine Methode der Hereinholung von Aufträgen, bei der der Makler eine passive Rolle übernimmt. Durch Beziehungsmarketing (Aufbau eines Netzwerkes) und / oder Öffentlichkeitsarbeit versucht er eine Position des öffentlichen Vertrauens und der Bekanntheit zu gewinnen, die ihm zu einer Magnetwirkung verhelfen.

Der große Vorteil diese Methode besteht darin, dass die potentiellen Auftraggeber sich für ihn bereits entschieden haben, wenn sie mit ihm Kontakt aufnehmen und er deshalb keine Überzeugungsarbeit dahingehend leisten muss, sich als den richtigen Partner darzustellen.

Passivhaus

Im Gegensatz zum Niedrigenergiehaus, das durch eine entsprechende Wärmedämmung und durch Energieerzeugung über Solaranlagen Energieeinsparungspotenziale ausschöpft, kommt das Passivhaus mit einem Bruchteil der konventionellen Energiezufuhr zur Erwärmung des Hauses aus. Im Schnitt beträgt der Energieverbrauch des Passivhauses zwischen 12% und 15% des Energieverbrauchs eines konventionellen Hauses des Baustandards um 1990.

Grundgedanke des Passivhauses ist es, die ohnehin vorhandene Wärmeenergie optimal aufzufangen und zu nutzen. Zu dieser Wärmeenergie zählen u.a. Lampen, Fernsehgeräte und der „Wärmespeicher Mensch". In Verbindung mit einem besonderen Ent- und Belüftungssystem wird durch diese zusätzliche Energiequelle das konventionelle Lüften durch Öffnen der Fenster überflüssig. Eine Weiterentwicklung des Passivhauses zum „Plusenergiehaus" leistete der Architekt Rolf Disch. Er setzt konsequent alle Elemente der von der Natur angebotenen Möglichkeiten des Bauens ein (recyclingfähige Materialien, Nutzung von Abfällen für Kompost und Biogas, Nutzung von Regenwasser und Sonnenlicht).

Siehe / Siehe auch: Niedrigenergiehaus

Pauschale

Als Pauschalen werden Ansätze für Kosten bezeichnet, die nicht nach Kostenelementen aufgegliedert sind. Das gleiche gilt für Preise. Über pauschal vereinbarte Kosten (z.B. Betriebskosten im Mietvertrag) und Preisen wird nicht abgerechnet.

Siehe / Siehe auch: Pauschalpreisvertrag

Pauschalpreisvertrag

Alternativ zum Einheitspreisvertrag kann zwischen dem Bauherrn und der bauausführenden Firma ein Pauschalpreis für eine Bauleistung vereinbart werden. Regelungen hierfür finden sich in § 2 Nr. 4-7 VOB/B. Im Gegensatz zum Einheitspreisvertrag wird dabei auf ein Aufmaß zur Feststellung des Leistungsumfanges verzichtet.

Mehr- oder Minderleistungen werden nicht berücksichtigt. Ein Kalkulationsirrtum geht somit zu Lasten des Unternehmers. Nur in Ausnahmefällen, wenn ein außergewöhnliches Missverhältnis zwischen dem vereinbarten Preis und dem Leistungsumfang besteht, kann nach Treu und Glauben eine Preisanpassung in Frage kommen. Probleme können bei der Pauschalpreisvereinbarung entstehen, wenn die Leistung nicht ganz klar definiert ist.

Probleme entstehen auch, wenn wegen vorzeitiger Beendigung des Vertrages nur ein Teil der vereinbarten Leistungen erbracht wurde. Dann muss der Unternehmer die erbrachten Leistungen benennen und sie gegenüber dem nicht ausgeführten Teil abgrenzen und in ein Preisverhältnis transferieren. Werden nach Abschluss des Vertrages weitere Leistungen vereinbart, sind diese natürlich gesondert zu vergüten. Dies erfordert eine oft differenzierte „Nachtragskalkulation".

Siehe / Siehe auch: Einheitspreisvertrag

PC

Abkürzung für: Personalcomputer

PCB

Abkürzung für: Polychlorierte Biphenyle
Sie wurden früher häufig benutzt z.B. als Öle in

Transformatoren, Weichmacher in Dichtungsmassen, Farben, Lacken, Gummi, Flammschutzmittel in Deckenplatten, Imprägniermittel, Schalöl bei der Herstellung von Beton-Konstruktionen, Teppichkleber.
Seit den 1980er-Jahren ist die Verwendung von PCB in beiden Teilen Deutschlands verboten. PCB können aus Baustoffen in die Umgebungsluft entweichen und sich in anderen Materialien wieder anreichern. Beide Materialien stellen dann Schadstoffquellen dar. In hoher Konzentration wirken PCB giftig. Die Aufnahme geringer Konzentrationen über kürzere Zeiträume ist nach bisherigem Kenntnisstand unschädlich. Eine langfristige Aufnahme ist gefährlich. PCB sind als gesundheitsschädlich eingestuft. Mögliche Auswirkungen: Schädigung des Immunsystems, Fehlgeburten, Leberschäden, Krebs. Der größte Anteil der vom Menschen aufgenommenen PCB wird nicht über die Luft, sondern über die Nahrung aufgenommen. PCB sind fettlöslich und langlebig und können so (auch über die Luft) in die Nahrungskette gelangen. Aufgrund dieser Langlebigkeit und des häufigen Gebrauchs im Baubereich sind PCB schwer zu entfernen. Untersuchungen, ob in einem Gebäude PCB verwendet wurden, sind aufwändig.

Mietrechtlich kann man in Anlehnung an Gerichtsentscheidungen zur PCB-Belastung an Schulen (Verwaltungsgericht Wiesbaden Az. III 1G1011/91; III 1G398/91) von folgenden Grenzwerten ausgehen:
- 300 ng/m^2 = Wohnungsmangel / Mietminderung
- ab 1000 ng/m^2 = unbewohnbar / Mieter darf fristlos kündigen.

Siehe / Siehe auch: Beendigung eines Mietverhältnisses, Mietminderung, PAK, PER

Penthousewohnung

Ein Penthouse im ursprünglichen Sinne ist ein Haus auf dem Haus. Das untere Haus besitzt ein Flachdach, auf dem das Penthouse aufgesetzt ist. Unter einer Penthousewohnung versteht man eine großzügig bemessene und luxuriös ausgestattete Wohnung direkt unter dem Dach eines mehrstöckigen Wohnhauses, die mit einer Dachterrasse versehen ist. Penthousewohnungen verfügen teilweise auch über Schwimmbäder. Sie können als Maisonette konzipiert sein.

Siehe / Siehe auch: Maisonette

PER

Abkürzung für: Perchloräthylen.
Perchloräthylen, Trivialbezeichnung für Tetrachlorethen ist flüssig, flüchtig und farblos. Seine Dämpfe sind schwerer als Luft. Es gehört zu den Chlorkohlenwasserstoffen.
PER wurde früher häufig wegen seiner fettlösenden Wirkung als Lösungsmittel in Reinigungen eingesetzt und gilt als gesundheitsschädlich. Es ist krebserregend und kann Leber- und Nierenschäden hervorrufen. Es wird heute in der Metall- und Textilindustrie verwendet. Nach dem Bundesgesundheitsamt ist eine Belastung bis zum Grenzwert von 0,1 mg/Kubikmeter Raumluft unbedenklich. Bei höherer Belastung drohen Gesundheitsschäden. PER kann durch Türspalten und Fensterritzen in Wohnungen in der Umgebung von chemischen Reinigungen eindringen. Der Stoff ist fettlöslich und reichert sich daher in Nahrungsmitteln an. Bewohner eines durch eine benachbarte Textilreinigung belasteten Gebäudes können Anspruch auf Absenkung der Emissionen haben. Mieter haben gegenüber dem Vermieter Anspruch auf Einhaltung des Grenzwertes von 0,1 mg / Kubikmeter Luft. Wird dieser Wert überschritten, ist je nach Höhe der Überschreitung Mietminderung möglich.

Siehe / Siehe auch: Mietminderung, PAK, PCB

Performance

Performance („Leistung") zeigt die Wertentwicklung eines Investmentpapiers auf der Grundlage zweier Rücknahmepreise an, dem anfänglichen und dem am Ende einer Periode festzustellenden. Beträgt der Rücknahmepreis am Anfang 50 Euro und am Ende 55 Euro beträgt die Performance 10%. Die Rücknahmepreise werden dabei durch alle Ausschüttungen und Steuerabzüge bereinigt.

Pergola
Unter Pergola versteht man einen auf Säulen und Pfeilern ruhenden, nach oben offenen Laubengang. Eine Pergola bedarf in der Regel keiner bauordnungsrechtlichen Genehmigung.

Persönliche Verhinderung des Mieters
Ist ein Mieter aus persönlichen Gründen (Krankheit, berufliche Abwesenheit) gehindert, die Mietwohnung zu benutzen, entfällt deshalb nicht die Pflicht zur Mietzahlung. Ob die Verhinderungsgründe verschuldet oder unverschuldet eintreten, spielt keine Rolle.
Die gesetzliche Regelung (§ 537 BGB) schreibt jedoch vor, dass Vermieter sich auf ihre Mietforderungen den Wert ersparter Aufwendungen und der Vorteile anrechnen lassen müssen, die sie aus anderweitiger Verwendung des Mietobjekts erlangen. Ersparte Aufwendungen können z.B. im Wegfall von Instandhaltungs- und Wartungskosten oder nicht angefallenen Betriebskosten bestehen. Eine Pflicht des Vermieters, den verhinderten Mieter gegen Stellung eines Nachmieters aus dem Mietvertrag zu entlassen, besteht grundsätzlich nicht. Mietverträge können jedoch eine Nachmieterklausel enthalten, die die Benennung von Nachmietern ermöglicht.
Überlässt der Vermieter die Wohnung trotz bestehenden Mietvertrages mit dem Verhinderten einer anderen Person oder nutzt er sie selbst, muss der Mieter mangels Gebrauchsmöglichkeit für den jeweiligen Zeitraum keine Miete bezahlen. Ist der Mieter vorher selbst endgültig ausgezogen, muss er auch bei Überlassung an Dritte bis zum Vertragsende weiter Miete zahlen.
Vermietet der Eigentümer die Wohnung weiter, kann der Mieter sein Recht zur fristlosen Kündigung wegen Nichtgewährung des Gebrauchs nur dann nutzen, wenn seine Verhinderung inzwischen entfallen ist, z.B. wegen Genesung. Der Mieter muss ggf. auf die ordentliche fristgemäße Kündigung zurückgreifen.
Siehe / Siehe auch: Beendigung eines Mietverhältnisses, Nachmieter, Nachmieter, Ablehnung, Nachmieterklausel

Persönliches Erscheinen
Auch und gerade in Mietstreitigkeiten passiert es häufig, dass die Gerichte nicht nur die Anwälte der Parteien hören, sondern auch die Parteien persönlich befragen wollen. Dazu wird das Erscheinen zum Verhandlungstermin ausdrücklich angeordnet. Dieser Anordnung ist unbedingt Folge zu leisten, bzw. das Fernbleiben nachvollziehbar zu entschuldigen. Widrigenfalls kann ein empfindliches Ordnungsgeld festgelegt werden.

Personalisierung
Immobilienkunden wollen kein anonymes Massenobjekt von der Stange kaufen, sondern eine ganz spezielle Immobilie, zu der sie – und sei es über positive Assoziationen – möglichst rasch und leicht eine persönliche Beziehung aufbauen können. Insofern macht es Sinn, das Objekt so stark wie möglich zu personalisieren (z.B. das „Hans-Albers-Haus", „Schwanen-Haus", „Checkpoint Charlie Businesscenter", „Wohnen im Maler-Winkel" u.s.w.).

Pfandbrief
Pfandbriefe sind nach § 1 des im Jahr 2005 in Kraft getretenen Pfandbriefgesetzes Hypothekenpfandbriefe, Öffentliche Pfandbriefe und Schiffspfandbriefe. Hypothekenpfandbriefe sind Schuldverschreibungen auf der Grundlage erworbener Hypotheken (bzw. auf Grundschulden basierten Darlehen). Öffentliche Pfandbriefe sind Schuldverschreibungen auf der Grundlage erworbener Forderungen gegen staatliche Stellen, u.a. Kommunalschuldverschreibungen (Kommunalobligationen). Schiffspfandbriefe sind Schuldverschreibungen auf der Grundlage von auf Schiffen eingetragenen Hypotheken.
Nach dem Grundsatz der Deckungskongruenz muss der Gesamtbetrag der Pfandbriefe einer Gattung höchstens in Höhe des Nennwertes jederzeit durch Werte von mindestens gleicher Höhe und mindestens gleichem Zinsertrag gedeckt sein. Auf die vorschriftsmäßige Deckung hat ein von der Bundesanstalt für Finanzdienstleistungen bestellter Treuhänder zu achten. Hypothekenpfandbriefe werden zum großen Teil zur Finanzierung des Wohnungsbaus emittiert. Es können aber auch Beleihungen von Gewerbeimmobilien Grundlage für die Refinanzierung durch Pfandbriefe sein. Die Pfandbriefbanken müssen in Vierteljahresabständen einen Bericht veröffentlichen. Aus ihm ergeben sich u.a. der Betrag der im Umlauf befindlichen Pfandbriefe, Zinsbindungsfristen der ausgegebenen Darlehen, die Verteilung der Deckungsmassen (Darlehen) nach Höhengruppen,

nach Staaten, in denen die Grundstückssicherheiten liegen sowie nach Arten der beliehenen Objekte. Die Pfandbriefe gehören zu den „mündelsicheren" Wertpapieren und werden am Kapitalmarkt gehandelt.

Pfandbriefbanken

Pfandbriefbanken sind Kreditinstitute, die das Pfandbriefgeschäft betreiben. Sie bedürfen der schriftlichen Erlaubnis durch die Bundesanstalt für Finanzdienstleistungen. Nach § 2 PfandBG sind folgende Voraussetzungen für die Erlaubniserteilung zu beachten:
- Das Kreditinstitut muss über ein Kernkapital von mindestens 25 Millionen Euro verfügen.
- Das Kreditinstitut muss eine Erlaubnis für das Kredtgeschäft haben und dieses voraussichtlich betreiben.
- Das Kreditinstitut muss über geeignete Regelungen und Instrumente zur Steuerung, Überwachung und Kontrolle der Risiken für die Deckungsmassen und das darauf gründende Emissionsgeschäft verfügen.
- Aus dem der Bundesanstalt vorzulegenden Geschäftsplan des Kreditinstituts muss hervorgehen, dass das Kreditinstitut das Pfandbriefgeschäft regelmäßig und nachhaltig betreiben wird und dass ein dafür erforderlicher organisatorischer Aufbau vorhanden ist
- Der organisatorische Aufbau und die Ausstattung des Kreditinstituts müssen, abhängig von der Reichweite der Erlaubnis, künftigen Pfandbriefemissionen sowie dem Immobilienfinanzierungs-, Staatsfinanzierungs- oder Schiffsfinanzierungsgeschäft angemessen Rechnung tragen.

Für Pfandbriefbanken wird von der BaFin ein Treuhänder bestellt, der die Einhaltung der „Deckungskongruenz" überwacht. Er muss fachlich geeignet sein, was bei Wirtschaftsprüfern unterstellt wird. Nach Angaben der Deutschen Bundesbank belief sich das von deutschen Pfandbriefbanken in Umlauf gebrachte Volumen der Hypothekenpfandbriefe Anfang 2006 auf 160 Mrd. Euro. Die durchschnittliche Umlaufrendite betrug 3,4%.

Siehe / Siehe auch: Bundesanstalt für Finanzdienstleistungsaufsicht (BAFin), Pfandbrief

Pfandbriefgesetz (PfandBG)

Das am 19.7.2005 in Kraft getretene Pfandbriefgesetz löste das bis dahin geltende Hypothekenbankengesetz ab. Es regelt die Erlaubnispflicht für das Pfandbriefgeschäft, das sich auf Hypothekenpfandbriefe, Kommunalobligationen und Schiffshypothekenpfandbriefe beziehen kann. Neben Bestimmungen über die Aufsicht durch die BaFin werden die allgemeinen Vorschriften über die Pfandbriefemissionen, die besonderen Vorschriften über Deckungswerte (Beleihungswerte bei Immobilien), das Pfandbriefgeschäft geregelt. Außerdem finden sich im PfandBG Regelungen über Arreste und Zwangsvollstreckungen bei beliehenen Objekten und die Insolvenz von Darlehensnehmern.

Siehe / Siehe auch: Pfandbriefbanken

Pflanzgebot

Enthält ein Bebauungsplan Festsetzungen über die Bepflanzung von Grundstücken, kann die Gemeinde den Eigentümer durch Bescheid verpflichten, das Grundstück innerhalb einer bestimmten Frist zu bepflanzen.

Pflasterungen

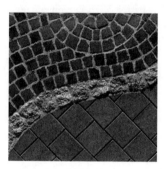

Die Pflasterung von Terrassen, Gartenwegen, Sitzplätzen oder Straßen ist eine Art der Befestigung der Oberfläche, die eine bessere Nutzung gewährleisten soll. Je nach Zweck stehen verschiedene Möglichkeiten zur Verfügung.
Man unterscheidet zwischen gebundenen Pflasterungen, von denen das Regenwasser in einen Kanal abgeleitet wird und wasserdurchlässigen Pflasterungen, durch die das Regenwasser versickert.
Bei der Berechnung der Gebühren für die kommunale Wasserentsorgung werden wasserdurchlässige Flächen nicht gezählt. In vielen Städten gibt es Förderprogramme zur Entsiegelung der Flächen.

Modellrechnungen zeigen, dass bei einer weiterhin ungebremsten Flächenumwandlung die Fläche der Bundesrepublik in 80 Jahren nur noch aus Siedlungs- und Verkehrsfläche bestehen würde (Quelle: BM-Umwelt). Die Bundesregierung hat sich u.a. deshalb zum Ziel gesetzt, bis zum Jahr 2020 die tägliche Umwandlung in Siedlungs- und Verkehrsfläche auf 30 ha zu reduzieren.

Es gibt eine große Zahl verschiedener Materialen und Methoden zur Pflasterung. Kosten und Zweck bestimmen neben dem Geschmack des Auftraggebers die Ausführung. Für die Haltbarkeit des Pflasters sind das Material und der Aufbau aus Untergrund, Unterbau und Oberbau entscheidend. Als Pflastersteine sind Natur- und Betonsteine verbreitet, die in Muster gelegt werden, z.B. als Fischgrät-, Diagonal-, Block-, Parkett-, Mittelstein- oder Läuferverband.

Pflegeverpflichtung

Nach dem Bundesnaturschutzgesetz können Eigentümer und Nutzungsberechtigte von Grundstücken im Siedlungsbereich zu einer angemessenen und zumutbaren Pflege des Grundstücks verpflichtet werden, wenn ohne diese Pflege Natur und Landschaft erheblich und nachhaltig beeinträchtigt werden. Eine nähere und weitergehende Ausgestaltung dieser Pflegeverpflichtung ist Sache der Bundesländer.

Pflegewohngeld

Pflegewohngeld ist nicht zu verwechseln mit dem Wohngeld nach dem Wohngeldgesetz. Mit dem Pflegewohngeld werden die Investitionskosten für stationäre Pflegeeinrichtungen gefördert. Es kann bis zur Höhe der gesamten Investitionskosten des Heimes gewährt werden. Das Pflegewohngeld wird gezahlt an die Träger der Einrichtungen. Die Berechnungsgrundlage ist die Anzahl derjenigen pflegebedürftigen Bewohner, deren Einkommen eine bestimmte Grenze nicht überschreitet. Vorteil für die betreffenden Bewohner: Die von ihnen zu tragenden Unterbringungskosten werden um den auf den jeweiligen Bewohner entfallenden Anteil der Förderung gekürzt.

Rein informatorisch erhalten die Bewohner einen Bescheid über das Pflegewohngeld, obwohl es nicht an sie selbst ausgezahlt wird. Das Pflegewohngeld gibt es nur in den Bundesländern Schleswig-Holstein, Hamburg, Niedersachsen und Nordrhein-Westfalen, sowie zunächst befristet bis 31.12.2007 in Mecklenburg-Vorpommern. Es wird nur für Bewohner vollstationärer Einrichtungen gewährt.

Siehe / Siehe auch: Altengerechtes Wohnen, Altenheimvertrag, Seniorenimmobilien, Wohngeld

Photovoltaik

Ein Mittel, Energie zu sparen, ist die Ausnutzung der Sonne für den hauseigenen Strombedarf mittels Photovoltaik-Anlagen. Das Wort Photovoltaik ist eine Zusammensetzung aus dem griechischen Wort für Licht und dem Namen des Physikers Alessandro Volta. Es bezeichnet die direkte Umwandlung von Sonnenlicht in elektrische Energie mittels Solarzellen. Der Umwandlungsvorgang beruht auf dem bereits 1839 von Alexander Bequerel entdeckten Photoeffekt. Vorteile: Photovoltaik-Anlagen sind genehmigungsfrei, solange sie nicht auf denkmalgeschützten Gebäuden installiert werden. Sie sollten 15 Prozent der Gesamtlast, für die der Dachstuhl ausgelegt ist, nicht überschreiten. Optimal sind sie zum Süden ausgerichtet mit einer Neigung von 30 Grad. Selbst bei Neigungen zwischen 10 bis 50 Grad und Südost bis Südwest werden noch 95 Prozent der maximalen Energieausbeute erzielt. Auch Holzschuppen oder Garagen eignen sich zur Installation.

Die Förderung kommt zum Umweltschon-Programm noch hinzu. 57,4 Cent je kWh (statt bisher 45,7 Cent) erhalten Sie für jede von Ihnen eingespeiste Kilowattstunde Solarstrom von ihrem Energieversorger bei gebäudeintegrierten Anlagen bis 30 kWp. Bei gebäudeintegrierten Anlagen mit mehr als 30 kWp Leistung erhalten Sie 54,6 Cent je kWh. (Fertigstellung der Anlage in 2004). Und das für 20 Jahre garantiert! Sie sind damit zugleich Kleingewerbe-Treibender in Sachen Strom und können die auf die Baukosten gezahlte Mehrwertsteuer vom Finanzamt zurückfordern. Außerdem gewähren regionale Stromanbieter individuelle Förderunterstützung. Im Rahmen des KfW-Programms zur CO2-Minderung wird zudem der Kauf von Photovoltaik-Anlagen mit günstigen Kreditzinsen gefördert, genauso wie die Verbesserung des Wärmeschutzes der Gebäudeaußenhülle und die Installation von Brennwert- oder Niedertemperaturheizanlagen.

Planfeststellungsverfahren

Ob raumbedeutsame Maßahmen (Maßnahmen von überörtlicher Bedeutung) zulässig oder nicht zulässig sind, wird in einem Planfeststellungsverfahren geklärt. Es kann sich dabei um Straßenbau, Verkehrsflughäfen, Mülldeponien, Schienenstränge usw. handeln.

Der Vorhabenträger reicht seine Pläne mit allen erforderlichen Unterlagen (detaillierte Beschreibung des Vorhabens, Umweltverträglichkeitsstudie, Begründung für die Notwendigkeit) bei der zuständigen Stelle (Planfeststellungsbehörde) ein. Diese fordert die in Frage kommenden Fachbehörden zur Stellungnahme auf. Die Pläne werden den betroffenen Gemeinden zur öffentlichen Auslegung zugeleitet. Diese Auslegung ist eine Woche vorher öffentlich bekannt zu machen. Die Auslegungsfrist beträgt einen Monat. Die Bevölkerung kann bis zwei Wochen nach Ende der Auslegungsfrist Bedenken gegen das geplante Vorhaben vorbringen und Anregungen äußern.

Daran schließt sich der Planfeststellungsbeschluss an, der auch den Einwendungsführern, deren Einwendungen nicht berücksichtigt wurden, zuzustellen ist. Diese haben dann die Möglichkeit der Anfechtungsklage. Bei der Planfeststellungsbehörde kann es sich – je nach Vorhaben – um ein Landratsamt, eine Bezirksregierung oder z.B auch das Eisenbahnbundesamt handeln.

Planungsverband

Zwei oder mehrere Gemeinden können sich zu einem Planungsverband zusammenschließen, um zu einem Ausgleich der verschiedenen Belange der Gemeinden bei der Bauleitplanung zu gelangen. Der Planungsverband tritt hinsichtlich der Bauleitplanung an die Stelle der im Verband zusammengeschlossenen Gemeinden.Benachbarte Gemeinden können aber auch – ohne sich zu einem Planungsverband zusammenzuschließen – einen gemeinsamen Flächennutzungsplan aufstellen.

Planzeichenverordnung

Gesetzliche Grundlage der Planzeichenverordnung ist das Baugesetzbuch. In ihr werden die Planzeichen einschließlich ihrer farblichen Gestaltung gekennzeichnet und dargestellt, die bei der Aufstellung von Bauleitplänen verwendet werden sollen. Planzeichen können verwendet werden für die Darstellung bzw. Festsetzung unter anderem der Art und des Maßes der baulichen Nutzung, von Bauweise, Baulinien und Baugrenzen, Flächen für den Gemeinbedarf und für Sport- und Spielanlagen, alle Arten von Verkehrsflächen und Verkehrszügen, Ver- und Entsorgungsanlagen, Grünanlagen, Wasserflächen, landwirtschaftliche Flächen, Wald usw. Mit Hilfe der Planzeichenverordnung sollen die zeichnerische Darstellungen und Festsetzungen in Bauleitplänen nach einem einheitlichen Schema lesbar gemacht werden. Im Übrigen werden in der den Bauleitplänen hinzugefügten Legenden die verwendeten Planzeichen noch einmal erklärt.

PlanzVO

Abkürzung für: Planzeichenverordnung

Plattenbauten

Mehrgeschossige Wohnbauten, die aus Großplatten in industrieller Bauweise erstellt werden. Die Errichtung von Plattenbauten war in den ehemaligen Ostblockländern weit verbreitet. In der früheren DDR wurde 1971 mit dem Bau von Wohnhäusern in Form von Plattenbauten begonnen. Die Entwicklung von Plattenbauten begann bereits 1956 in der damaligen Sowjetunion. Ihr voraus ging eine von Nikita S. Chruschtschow inszenierte Kampagne gegen den Zuckerbäckerstil der Stalinäre. Er ermunterte Architekten zu neuen Lösungen.

In der Sowjetunion wurden daraufhin ganze Siedlungskonstruktionen in gleichförmiger Weise in den verschiedenen Städten errichtet. Plattenbauten bestehen im Wesentlichen aus bereits vorgefertigten Bauelementen, die an der Baustelle montiert

wurden. Auf diese Weise konnte der Bauvorgang erheblich beschleunigt werden. Bauzeiten von 2 Monaten waren keine Seltenheit. Allerdings war die Bauqualität außerordentlich niedrig.
Siehe / Siehe auch: Zuckerbäckerstil

Platzierungsgarantie

Eine Platzierungsgarantie bei einem geschlossenen Immobilienfonds beinhaltet die Verpflichtung des Garanten, bis zu einem bestimmten Zeitpunkt die Differenz zwischen bis dahin eingeworbenen Eigenkapital und dem benötigten Eigenkapital aufzubringen. Dadurch soll gewährleistet werden, dass die Investition auch dann planmäßig getätigt werden kann, wenn bis zu dem betreffenden Zeitpunkt noch nicht das gesamte einzuwerbende Eigenkapital vorhanden ist.
Siehe / Siehe auch: Immobilienfonds - Geschlossener Immobilienfonds

Polder

Polder sind Gebiete, die heute dazu dienen, bei Hochwasser ähnlich wie Rückhaltebecken und Auenwälder Wassermassen zu binden und damit zu verhindern, dass sich die Hochwasserwelle zu stark aufbaut. Polder wurden früher auch zur Landgewinnung für Siedlungszwecke genutzt. Es entstanden auf diese Weise an der Nordseeküste in Schleswig-Holstein und Niedersachsen durch Eindeichung so genannte Kooge, auch Köge. Die gegenwärtig neu geschaffenen Polder dienen ausschließlich der Hochwasservorsorge.

Policendarlehen

Versicherungsunternehmen bieten häufig zinsgünstige Darlehen ohne Stellung besonderer Sicherheiten. Die Höhe dieser Darlehen orientiert sich an den vorhandenen Rückkaufswerten.

Portefeuille/Portfolio

Unter dem Portefeuille (franz.) oder Portfolio (engl.) versteht man die Zusammensetzung des Vermögens.

Portfolio-Analyse

Mit Hilfe der Portfolio-Analyse kann das Unternehmen bestimmte Geschäftsfeldbereiche in eine Matrix einordnen und dann für diese entsprechende Strategien erarbeiten. Hierfür ist zunächst ein Schema zur Abgrenzung der strategischen Geschäftsfelder notwendig.

Portfoliomanagement (Assetmanagement)

(immobilienwirtschaftlich) Beim Portfoliomanagement (auch: Assetmanagement / Investment Management) handelt es sich um ein aktiv planendes und steuerndes auf dauerhafte Gewinnoptimierung ausgerichtetes Management eines Vermögensbestandes. Gemessen wird der Erfolg des Managements an den Ergebnissen. Die Höhe der Rendite steht dabei in einem engen Verhältnis zur Risikobereitschaft. Die Grundlage des Portfoliomanagements bildet die Portfoliotheorie, die im Rahmen von Korrelationsanalysen Berechnungsmethoden für die Optimierung von Portfolios anbietet. Dabei kommt es auf das richtige Mischungsverhältnis bei der Vermögenszusammensetzung an. Prof. Markowitz hat für seinen Beitrag zur Portfoliotheorie den Wirtschaftsnobelpreis erhalten.
In den letzten Jahren wurden in Deutschland auch Immobilien Betrachtungs- und Handlungsgegenstand des Portfoliomanagements. Die einzelnen Immobilien werden analysiert und vorausschauend auf mittel- und langfristige Chancen und Risiken überprüft. Je nach Ergebnis werden bestimmte Immobilien behalten, optimiert oder verkauft und / oder durch weitere Objekte ergänzt.
Eine Streuung nach Anlageregionen und -arten wird in der Regel berücksichtigt, um die Anlagerisiken zu minimieren. Ein Portfolio, das sich ausschließlich aus einer Vermögensklasse zusammensetzt (z.B. Aktien), ist naturgemäß risikoempfindlicher als ein Portfolio mit einer noch breiteren Vermögensstreuung (neben Aktien, Immobilien, Rentenpapiere, Gold).
Ein Gesamtportfolio zeichnet sich jedoch dadurch aus, dass die Anlagemischung aus Kapitalmarktpapieren und Immobilien besteht. Man spricht von einem „multi asset portfolio". Die Einbeziehung der Immobilien setzt voraus, dass das Transparenzgefüge auf dem Immobilienmarkt ein nachvollziehbares Portfoliomanagement ermöglicht.
Siehe / Siehe auch: Performance

PoS

Abkürzung für: Point of Sale

Positive Vertragsverletzung

Die positive Vertragsverletzung (abgekürzt pVV, auch positive Forderungsverletzung, pFV) stellt eine Anspruchsgrundlage für Schadenersatzansprüche dar und ist eine rechtliche Konstruktion aus der Anfangszeit des Bürgerlichen Gesetzbuches. Sie wurde entwickelt, um schuldhafte Verletzungen vertraglicher (Neben-)Pflichten, die nicht von den gesetzlich geregelten Leistungsstörungen (Unmöglichkeit, Verzug, Gewährleistung für Mängel) erfasst werden, zu regeln. Sie war lange Zeit nicht gesetzlich geregelt und lediglich durch Gewohnheitsrecht und Rechtsprechung im deutschen Recht verankert. Mit der Schuldrechtsreform zum 1.1.2002 hat die pVV Eingang ins Bürgerliche Gesetzbuch gefunden, wobei der Begriff jedoch nicht auftaucht. Im Mietrecht ist sie auf Wohnungsmängel nicht anzuwenden, da diesbezüglich spezielle Vorschriften existieren. Bei schuldhafter Verletzung nicht anderweitig geregelter vertraglicher Nebenpflichten hat der Schädiger jedoch den entstandenen Schaden unter den Gesichtspunkten der neuen pVV-Regelung in § 241 Abs.2 BGB in Verbindung mit den Regelungen über die Leistungsstörungen (z.B. § 280 Abs.1 BGB) zu ersetzen. Beispiel: Schadenersatzanspruch Mieter gegen Vermieter wegen vorgeschobenem Eigenbedarf (BGH, Urteil vom 18.5. 2005-VIII ZR 368/ 03).

Post-Sale-Selling
Siehe / Siehe auch: After-Sales-Service

Postwurfsendung
Siehe / Siehe auch: Unerwünschte Werbesendungen

PPP
Abkürzung für: Public Private Partnership
Siehe / Siehe auch: Public Private Partnership (PPP)

PR
Abkürzung für: Public Relations/Öffentlichkeitsarbeit

PrAngV
Abkürzung für: Preisangabenverordnung
Siehe / Siehe auch: Preisangabenverordnung (PangV)

Preisangabenverordnung (PangV)
Die Preisangabenverordnung (Fassung vom 18. Oktober 2004) dient der Herstellung von Preisklarheit und Preiswahrheit. Soweit eine Pflicht zur Preisangabe besteht, muss sie dem angebotenen bzw. beworbenen Objekt bzw. der angebotenen Leistung leicht erkennbar zugeordnet werden.

Die Preisangabenverordnung (PangV) bestimmt im Einzelnen, dass beim Anbieten von Waren oder Leistungen gegenüber Letztverbrauchern Endpreise anzugeben sind. Endpreise sind Preise einschließlich einer etwaigen Umsatzsteuer oder sonstiger Preisbestandteile. Nicht zum Endpreis gehören Leistungen, die gegenüber Dritten im Zusammenhang mit einem Angebot erbracht werden müssen. (Beispiel: Wird ein Immobilienobjekt angeboten, gehören nicht zum Endpreis die Notargebühren oder etwaige Maklergebühren.). Der Begriff des Anbietens ist nicht zivilrechtlich zu verstehen. Anbieten ist nicht nur ein verbindliches Vertragsangebot, sondern auch jede Einladung an die Adressaten des Angebots, ihrerseits hierzu ein Kaufangebot zu unterbreiten. Typisch ist dies bei Angeboten in Schaufenstern. Von Angeboten im Sinne der PangV kann allerdings nur gesprochen werden, wenn sie inhaltlich so präzisiert werden, dass ein Kaufentschluss möglich ist.

Immobilienangebote im Anzeigenteil der Zeitung genügen diesen Anforderungen ebenso wenig wie Objektbeschreibungen in Exposés. Ein Kaufentschluss bei Bestandsimmobilien setzt regelmäßig eine Objektbesichtigung voraus. Objektinserate oder Exposés sind deshalb kein Angebot im Sinne der PangV, sondern lediglich eine Werbung. Allerdings ist darauf hinzuweisen, dass bei Mietwohnungen in Inseraten wegen einer anderen Vorschrift im Wohnungsvermittlungsgesetz die Mieten für jede einzelne Wohnung anzugeben sind.

In Exposés ist die Preisangabe aufgrund der Informationspflicht nach §11 MaBV geboten. Wird ansonsten mit Waren oder Leistungen nur geworben, besteht keine Preisangabepflicht. Nur dann, wenn in der Werbung ein Preisbestandteil genannt wird, z.B. Anzahlung, Eigenkapital, monatliche Belastung, Quadratmeter-Preise o.ä. ist auch der Endpreis anzugeben und zwar in hervorgehobener Form. Erlaubt ist es, darauf hinzuweisen, dass über einen angegebenen Preis verhandelt werden kann.

Mit Novellierung der PangV im August 2000 wurde zusätzlich eine Pflicht zur Grundpreisangabe eingeführt, soweit Waren in Fertigpackungen, offenen Packungen oder als Verkaufseinheiten ohne Umhüllung nach Gewicht, Volumen, Länge oder Fläche angeboten werden. Nach Auskunft des Bundeswirtschaftsministeriums fallen jedoch Immobilien nicht unter Waren, die als Verkaufseinheiten nach Fläche angeboten werden.

Bei Darlehensangeboten muss der effektive Jahreszins angegeben werden. Wenn eine Änderung der Zinskonditionen während der Laufzeit vorbehalten wurde – was bei Immobiliendarlehen üblich ist, muss sich die Berechnung des effektiven Jahreszinses auf den Zeitraum beziehen, in dem die Konditionen fest vereinbart sind; Bezeichnung dann: anfänglicher effektiver Jahreszins. Bei Immobiliendarlehen gehören weder die Maklerprovision noch die Kosten für die Grundschuldbestellung zu den Preisbestandteilen.

Verstöße gegen die PangV sind Ordnungswidrigkeiten mit der Folge, dass Bußgeld verhängt werden kann. Sie sind aber auch wettbewerbsrechtlich relevant und oft Gegenstand von Abmahnungen, auch wenn Abmahnvereine – im Gegensatz zu Mitbewerbern – hier wegen der Vorschrift über nicht abmahnungsfähige Bagatellverstöße nicht durchdringen.

Siehe / Siehe auch: Exposé, Wohnungsvermittlungsgesetz, Grundpreis, Abmahnung

Preisgestaltung

Zwei Preise sind für die Immobilienbranche von besonderer Bedeutung: die Preise für die jeweilige Dienstleistung und die Preise für das jeweilige Objekt. Bei der Wertermittlung von Immobilien wird der Makler üblicherweise auf seine Erfahrung und seine Datensammlung zurückgreifen. Bei den Preisen für die Verwaltungs- oder Vermittlungsleistung dagegen müssen in erster Linie die beiden folgenden Fragen beantwortet werden: Wie nimmt der Kunde meine Leistung wahr? Falls nötig, müssen mit Hilfe weiterer Marketinginstrumente das Image des Unternehmens oder die Kompetenz der Mitarbeiter besser dargestellt werden. Wie sehen die Preise meiner Konkurrenten aus? Ein Preisbrecher wird Preissenkungen der Mitbewerber hervorrufen, eine Firma mit „Mondpreisen" mangels Aufträgen verkümmern.

Preisklauselverordnung

Die am 1.1.1999 in Kraft getretene Preisklauselverordnung enthält als Ersatz für den außer Kraft gesetzten § 3 des Währungsgesetzes Ausnahmeregelungen für Preisklauseln (Wertsicherungsklauseln), die nicht vom allgemeinen Preisklauselverbot erfasst sind. Darunter fallen die schon vorher genehmigungsfreien Klauseln (Leistungsvorbehaltsklauseln, Spannungsklauseln, Kostenelementklauseln und Klauseln in Erbbauverträgen). Dargestellt sind in der Verordnung außerdem die Voraussetzungen für eine Genehmigung, die Genehmigungsfähigkeit bei langfristigen Zahlungen sowie die vertragsspezifischen Klauseln, die als genehmigt gelten. Als Genehmigungsbehörde wird in der Verordnung das Bundesamt für Wirtschaft in Eschborn bestimmt.

Siehe / Siehe auch: Bundesamt für Wirtschaft

Preislimitierendes Vorkaufsrecht

Siehe / Siehe auch: Vorkaufsrecht

Preispolitik

Ein Instrument, das im Rahmen des Marketingmix zur Verfügung steht, um die Marketingziele zu erreichen, ist die Preisgestaltung (Preispolitik). Grundsätzlich kommt den monatlichen Gebühren von Immobilienverwaltern, dem Stundensatz für Mitarbeiter eines FM-Unternehmens, den Immobilienpreisen eine Signalfunktion zu. Ebenso haben Preisänderungen eine Signalfunktion – dies umso mehr, wenn beispielsweise nach einigen Wochen vergeblichen Inserierens der Preis für eine Immobilie nach unten korrigiert werden muss oder wenn ein Gebäudemanagementunternehmen die Gebühren substantiell erhöht.

Angesichts der Bedeutung der Signalfunktion ist es in der Vermarktung wichtig, mit marktgerechten Preisen zu arbeiten. Hierbei ist auch zu bedenken, dass die Preis-Stetigkeit eines der wichtigsten Erkennungsmerkmale von Markenprodukten ist. Hieran sollte man sich bei der Vermarktung von Immobilien bzw. immobilienwirtschaftlichen Dienstleistungen jedweder Art orientieren; insofern verbieten sich auch Versuche, Objekte zunächst einmal mit „Mond-Preisen" anzubieten, um das Marktgeschehen auszutesten und sich dann allmählich an den marktgängigen Preis heranzutasten.

Immobilienunternehmen haben zumindest theoretisch eine wesentlich höhere Flexibilität als Anbieter in anderen Branchen wie etwa in der Automobilindustrie, wo ein einmal geforderter Preis in den entsprechenden Preislisten nur schwer korrigiert werden kann und wo Veränderungen vielfach eine sehr große Signalwirkung zukommt. Letzteres erkennt man auch daran, wir häufig bei anderen

Branchen in der Presse über derartige Preisänderungen berichtet wird.

In der Immobilienwirtschaft gibt es bei Bauträgern eine Preisdifferenzierung nach dem Verkaufszeitpunkt, wobei hier etwa ein Frühkauf-Bonus oder aber auch ein Rabatt gegen Ende des Vermarktungsprozesses bei Restantenwohnungen denkbar ist. In einzelnen Baumaßnahmen ist auch eine Preisdifferenzierung nach Abnehmergruppen denkbar. So können mit der Penthouse-Wohnung etwa Kunden des obersten Preissegments angesprochen werden, während vielleicht etwas weniger luxuriös ausgestattete Wohnung in den darunter liegenden Stockwerken sich eher an Personen des mittleren Segments wenden.

Bei der Preispolitik sind die Einflussmöglichkeiten der immobilienwirtschaftlichen Akteure sehr unterschiedlich. Ein Bauträger, Projektentwickler oder Developer ist in seiner Preispolitik zunächst einmal relativ frei. Der Entscheidungsspielraum wird allerdings durch die Grundstücks-, Bau- sowie Finanzierungskosten deutlich eingeschränkt. Unter Umständen machen auch Kapitalgeber hier Vorgaben. Ganz anders ist die Situation bei Maklerunternehmen. Die Flexibilität ist hier bezüglich der Objektverkaufspreise bzw. des Mietzinses primär durch die Bereitschaft des Eigentümers oder – vor allem, wenn es sich um Erbengemeinschaften handelt – der Eigentümer zu Preiszugeständnissen limitiert.

Siehe / Siehe auch: Marketingmix

Pretest

Test bei dem z.B. durch Imagetrackings bzw. auch durch sonstige Befragungen vor dem Einsatz eines Werbemittels eine umfassende Werbeerfolgskontrolle durchgeführt wird. Z.B. Test von verschiedenen Anzeigenmotiven bei einigen Testlesern, um das optimale Motiv für eine Anzeigenkampagne herauszufinden.

Preußische Kappe

Die Preußische Kappe ist ein flaches Tonnengewölbe. Wegen der geringen Pfeilhöhe dieses Gewölbetyps ist der horizontale Gewölbeschub größer als die vertikal wirkende Kraft. Stoßen zwei Gewölbekappen mit annähernd gleicher Spannweite und Belastung aneinander, so heben sich die Gewölbeschübe beider Kappen an dieser Stelle auf. Am Rand einer aus aneinander gereihten preußischen Kappen gebildeten Decke sind jedoch besondere Konstruktionen zur Aufnahme des Gewölbeschubes – beispielsweise Zuganker – erforderlich.

Preußische Kappen wurden seit etwa Mitte des 19. Jahrhunderts sehr häufig im Wohnungsbau aber auch bei Gewerbebauten verwendet. Im Vergleich zu anderen gewölbten Massivdecken ermöglichen sie wegen der flachen Wölbung der Tonnensegmente eine geringere Bauhöhe der Decken. Als Auflager der Preußischen Kappen dienen I-Träger, Eisenbahnschienen, Gurtbögen oder Wandmauerwerk.

Prinzip der Entscheidungsfreiheit des Auftraggebers (Maklergeschäft)

Das Prinzip der Entscheidungsfreiheit des Auftraggebers besagt, dass der Auftraggeber eines Maklers in seiner Entscheidung darüber, ob er das mit dem Maklervertrag angestrebte Geschäft tatsächlich durchführen will, frei bleibt. Erteilt der Auftraggeber einem Makler den Auftrag zur Vermittlung eines Kaufvertrages über ein Grundstück, kann er seine Verkaufsabsicht jederzeit aufgeben, die Angebotskonditionen jederzeit ändern, sich weigern mit herbeigeführten Vertragspartnern zu verhandeln usw. Weil er keine Abschlussverpflichtung hat, kann der Auftraggeber auch mehrere Makler gleichzeitig beschäftigen.

Die Auswirkungen dieses Prinzips führen dazu, dass der Makler ein sehr hohes Kosteneinsatzrisiko eingeht, das ihm verwehrt, einen Auftrag kosten- und zeitintensiv zu bearbeiten. Wenn die Wirksamkeit des Prinzips der Entscheidungsfreiheit auch nicht vertraglich außer Kraft gesetzt werden kann, so können – auch im Interesse des Auftraggebers – die Auswirkungen durch maklervertragliche Gestaltungen verringert werden.

Siehe / Siehe auch: Prinzipien des Maklergeschäfts, Alleinauftrag

Prinzip der Interessenidentität (Maklergeschäft)

Das Prinzip der Interessenidentität besagt, dass zwischen dem Auftraggeber eines Maklers, der ernsthaft ein Immobilienobjekt verkaufen will oder sucht und dem Makler eine Interessenidentität gegeben ist. Beide wollen, dass das angestrebte Geschäft zustande kommt – der Auftraggeber aus seiner originären Interessenlage heraus, der Makler, weil er nur auf diese Weise eine Provision erhält. Da in Deutschland der Marktzugang der

Makler in der Regel über die Objektakquisition erfolgt, muss hier vornehmlich auf die Identität der Interessen von Objektanbieter als Auftraggeber und dem Makler abgestellt werden. Der Makler kann – im auch Interesse seines Auftraggebers – Objekte nur zu marktgerechten Angebotsbedingungen akquirieren.

Darüber hinaus muss es ihm darum gehen, Maklervertragsbedingungen auszuhandeln, die jedes Konkurrenzverhältnis zwischen Auftraggeber und Makler und damit ein mögliches opportunistisches Verhalten der beiden Seiten ausschalten. Als Maklervertrag kommt hier nur der qualifizierte Alleinauftrag in Frage. Er ist die einzige Vertragsart, die es dem Makler erlaubt, am Markt offen zu agieren ohne befürchten zu müssen, dass der Auftraggeber einen Vertrag unter Umgehung des Maklers schließt.

Der qualifizierte Alleinauftrag liegt im Ergebnis somit auch im Interesse des Auftraggebers. Andererseits ist es dabei ausgeschlossen, Provisionsvereinbarungen mit der Interessentenseite zu treffen, da die ausschließliche Vertretung der Interessen des Auftraggebers sonst nicht mehr möglich ist.

Prinzipien des Maklergeschäfts

Das Maklergeschäft wird durch einige Prinzipien charakterisiert, deren Beachtung einen entscheidenden Einfluss auf den Provisionsanspruch hat. Das erste hier zu nennende Prinzip ist das sogenannte Erfolgsprinzip. Es besagt, dass der Makler nur dann einen Anspruch auf Provision erhält, wenn seine maklerische Tätigkeit von Erfolg gekrönt ist, d.h. wenn es ihm gelungen ist, zwischen den Parteien einen Vertrags zustande zubringen. Ob sich dieser Erfolg einstellt, ist beim Objektmakler in erster Linie eine Frage der Objektangebotsbedingungen, zu denen der Makler einen Auftrag übernimmt.

Gibt es auf dem Markt Interessenten, die bereit sind, zu diesen Bedingungen das Objekt zu erwerben bzw. zu mieten, dürfte die Herbeiführung eines Vertragsabschlusses keine Schwierigkeiten bereiten. Es liegt in der Hand des Maklers, für seinen Auftraggeber den Markt entsprechend zu erschließen. Objektangebotsbedingungen werden zwar vom Auftraggeber gestellt, der Makler hat jedoch die Möglichkeit durch Beratung und Bewertung auf deren Gestaltung Einfluss zu nehmen. Hat der Auftraggeber irreale Preisvorstellungen, wird der Makler auf den Auftrag verzichten. Er kann also durchaus die Auftragsakquisition vernünftig steuern.

Das zweite Prinzip, das der Makler mit seinen Rechtswirkungen gegen sich gelten lassen muss, ist das Prinzip der Entscheidungsfreiheit des Auftraggebers. Selbst wenn es dem Makler gelungen ist, für seinen Auftraggeber einen Interessenten herbeizubringen, der bereit ist, das angebotene Objekt zu den Bedingungen des Auftraggebers zu erwerben, bleibt dieser in seiner Entscheidung frei, ob er den beabsichtigten Vertrag schließen will oder nicht.

Daraus folgt, dass der Auftraggeber jederzeit beliebig viele Makler einschalten, die Objektangebotsbedingungen beliebig ändern, den erteilten Maklerauftrag jederzeit widerrufen wie auch ablehnen kann, mit bestimmten abschlussbereiten Interessenten überhaupt zu verhandeln usw.. Der Makler würde damit quasi „ins Blaue hinein" arbeiten, wenn er auf dieser Grundlage einen Auftrag annehmen würde. Die Negativauswirkungen, die Auftraggeber und Makler gleichermaßen betreffen, können durch vertragliche Absprachen, insbesondere durch Alleinaufträge begrenzt werden.

Für eine große Anzahl von Maklergeschäften ist ferner das Prinzip der Unabhängigkeit relevant. Makler und Auftraggeber müssen von einander unabhängig sein. Fehlt diese Unabhängigkeit und ist damit der Makler einer Vertragspartei zuzurechnen, verliert er seine Maklereigenschaft. Dies spielt dann keine Rolle, wenn der Makler eine Erfolgsprovision – ähnlich wie der Handelsvertreter – ausschließlich mit seinem Auftraggeber vereinbart.

In ähnlich eingeschränktem Umfange gilt in Deutschland das Neutralitätsprinzip, das in der Vorstellung vom „ehrlichen Makler" seinen Ausdruck findet. Vermittelt der Makler ein Vertragsergebnis im Auftrag beider Parteien, ist er bei seinen Vermittlungsbemühungen zu strenger Neutralität verpflichtet. Hat er dagegen nur zu einer der beiden Parteien eine Vertragsbeziehung, ist er nur diesem gegenüber zur Interessenwahrung verpflichtet.

Das letzte Prinzip des Maklergeschäfts ist das der „Interessenidentität" zwischen Auftraggeber und Makler. Das Hauptinteresse beider besteht darin, dass der Makler Erfolg hat. Der Auftraggeber hat damit sein Ziel erreicht und der Makler erhält nur dann einen Anspruch auf Provision. Beide wollen also dasselbe. Dass Vorstellungen über Angebotspreis und Maklervertragsbedingungen auseinander klaffen können, berührt diesen Kernsatz nicht. Die Herbeiführung des vom Auftraggeber gewünschten Erfolgs setzt vielmehr voraus, dass der Auftraggeber dem Makler auf der Grundlage realistischer Objektangebotsbedingungen eine Rechtsposition verschafft, die ihm wirtschaftlich ermöglicht, in den erteilten Auftrag so zu investieren, dass der Erfolg mit hoher Wahrscheinlichkeit eintritt.

Siehe / Siehe auch: Neutralitätsprinzip (Maklergeschäft), Erfolgsprinzip (Maklergeschäft), Prinzip der Entscheidungsfreiheit des Auftraggebers (Maklergeschäft)

Private Equity

Private-Equity-Fonds entstanden in den siebziger Jahren in den USA und Großbritannien. Durch den Einsatz von Eigenkapital (Equity) werden Unternehmen, die vorübergehend von der Börse genommen werden oder dort nicht notiert sind (Private), übernommen und umgebaut. Im weitesten Sinne handelt es sich um Risikokapital, vergleichbar mit dem so genannten Venture Capital für junge Unternehmen. Die Fonds werden voll haftende Anteilseigner beziehungsweise Mitgesellschafter. Sie erhalten so Mitsprache-Rechte und Einfluss auf das Management des Unternehmens. Nach vier bis acht Jahren wird das Unternehmen mit Gewinnen, die ein Vielfaches des ursprünglich getätigten Kapitaleinsatzes betragen, an die Börse gebracht, an ein anderes Unternehmen oder auch an andere Private-Equity-Fonds verkauft. Seit Mitte der neunziger Jahre sind Private-Equity-Fonds in Deutschland aktiv.

Der neu aufgelegte Fonds speist sich zunächst aus dem Kapital von Pensionsfonds, Banken oder Versicherungen und erwirbt damit die Mehrheit an einem Unternehmen, finanziert zu einem Drittel mit dem Eigenkapital des Fonds und zu zwei Dritteln über Bankkredite. Die Kredite werden aus den Erlösen der gekauften Unternehmen, dem Verkauf des Unternehmens oder aus dem Börsengang zurückgezahlt. Fondsinvestoren erwarten zwischen 20 und 40 Prozent Rendite pro Jahr. Kritiker bemängeln, dass die gekauften Unternehmen die für den Kauf gemachten Schulden größtenteils selbst bezahlen. Politiker bezeichneten solche Unternehmen gelegentlich auch als Heuschrecken. Befürworter sprechen beim Private-Equity-Sektor von „Eliteförderung von Unternehmen, in der nur die besten etwas zu suchen haben." Im positiven Fall wird das Management des gekauften Unternehmens am Umbau beteiligt und das Unternehmen erhält mit dieser Form der Beteiligungsfinanzierung eine neue Chance.

Siehe / Siehe auch: Real Estate Investment Trust (REIT)

Private Vermögensverwaltung

Wer sein Privatvermögen verwaltet, unterhält keinen Gewerbebetrieb. Er unterliegt weder der Gewerbesteuer, noch erzielt er Betriebseinnahmen. Dies gilt auch für die Verwaltung des eigenen Immobilieneigentums, selbst wenn es noch so umfangreich ist. Allerdings kann die private Vermögensverwaltung in einen „Gewerbebetrieb" umschlagen, wenn mit den Immobilien gehandelt wird und die Charakteristika eines Gewerbebetriebes erfüllt sind. Zu beachten ist, dass ein Umschlag von der privaten Vermögensverwaltung in einen Gewerbebetrieb erfolgen kann, wenn im Zusammenhang mit Immobilienverkäufen die 3-Objektgrenze innerhalb eines 5-Jahreszeitraumes nicht beachtet wird. Bei dieser Grenze sind nur solche Objekte schädlich, die innerhalb dieses Zeitraumes erworben, gebaut oder modernisiert wurden.

Private Vermögensvorsorge

Zum Ausgleich für das auf Dauer relative Sinken der Renten aus der Sozialversicherungskasse wird durch das Altersvermögensgesetz die Möglichkeit geboten, eine kapitalgestützte private Altersvorsorge zunächst auf freiwilliger Basis aufzubauen. Der Aufbau dieser privaten Zusatzrente wird vom Staat gefördert.

Der Arbeitnehmer kann danach in vier Schritten, von 2002 an bis zur Endausbaustufe im Jahr 2008, ein Altersvermögen durch entsprechende Einzahlungen aufbauen. Die Zahlungen erreichen im Jahre 2008 4% des Bruttogehalts des Arbeitnehmers bzw. höchsten der jeweiligen Beitragsbemessungsgrenze.

In diesen 4% sind staatliche Zuschüsse enthalten. Sie verdoppeln sich bei Verheirateten von 154 bzw. 308 Euro im Jahr und steigen pro Kind um jeweils weitere 185 Euro an. Wer dennoch nicht soviel sparen will oder kann, hat die Möglichkeit, auch unterhalb der 4% anzusparen. Er bekommt dann entsprechend weniger vom Staat. Alternativ besteht die Möglichkeit, die Zahlungen als Sonderausgaben bei der Einkommensteuer geltend zu machen. Dabei soll das Finanzamt verpflichtet werden, automatisch die für den Steuerzahler günstigere Version zu berücksichtigen. Die Beträge sind in der Ansparphase nicht zu versteuern. Im Gegenzug soll aber die spätere Zusatzrente in die Einkommensteuer einbezogen werden. Man spricht von einer nachgelagerten Versteuerung.

Die Anlageform für die geförderte private Vermögensvorsorge muss bestimmte Kriterien erfüllen, damit sie von der Bundesanstalt für Finanzdienstleistungsaufsicht (BAFin) ein Zertifikat erhält, das sie förderungsfähig macht. In Frage kommen vor allem Rentenversicherungsverträge mit Lebensversicherungsgesellschaften, Einzahlungen in Fonds, die bestimmte Garantien übernehmen, Pensionskassen, Einrichtungen der betrieblichen Altersvorsorge. Derzeit sind etwa 3.600 Finanzprodukte zertifiziert. Der erwartete Erfolg dieses neuen Altersvorsorgekonzeptes („Riesterrente") ist bisher nicht eingetreten.

Obwohl auch die Immobilie ein hervorragendes Instrument für die Alterssicherung ist, wurde sie nur höchst unvollkommen berücksichtigt.

Privates Veräußerungsgeschäft

Seit Inkrafttreten des Steuerentlastungsgesetzes am 1.1.1999 werden Spekulationsgeschäfte als „Private Veräußerungsgeschäfte" bezeichnet. Die Änderung in der Terminologie trägt der Tatsache Rechnung, dass durch die Ausweitung der sogenannten Spekulationsfrist von zwei auf zehn Jahren bei Grundstücken von einer „Spekulation" nicht mehr gesprochen werden kann.

Ein privates Veräußerungsgeschäft unterliegt also gem. § 23 EStG der Besteuerung, wenn es in den zeitlichen Grenzen des § 23 EStG getätigt wird. Ein etwaiger Verlust kann nur bis zur Höhe eines Gewinns aus Veräußerungsgeschäften im gleichen Jahr verrechnet werden.

Es ist jedoch ein (beschränkter) Verlustrücktrag (mit Verrechnung von Gewinnen aus Veräußerungsgeschäften des Vorjahres) und ein Verlustvortrag (Verrechnung von Gewinnen aus Veräußerungsgeschäften der folgenden Jahre) möglich. In der Praxis dürften diese Verrechnungsregelungen keine Bedeutung haben, da dies mehrere Veräußerungsgeschäfte voraussetzen und damit zu einem Gewerbebetrieb mit allen Konsequenzen führen würde. Wird auf einem Grundstück innerhalb der 10 Jahresfrist ein Gebäude errichtet, ausgebaut oder erweitert, ist dies bei Berechnung des Spekulationsgewinns zu berücksichtigen. Problematisch erscheint die Tatsache, dass die Zehnjahresfrist rückwirkend zu laufen beginnt. Der Bundesfinanzhof hatte in diesem Zusammenhang einen Unterschied zwischen einer echten Rückwirkung (verfassungsrechtlich bedenklich) und einer unechten Rückwirkung (auch im Lichte der Verfassung hinzunehmen) unterschieden. (Beschluss vom 5. März 2001 - IX B 90/00).

Der Fall führte zur Aussetzung der Vollziehung des Verwaltungsaktes (Festsetzung von Einkommensteuer und Solidaritätszuschlag) wegen schwerwiegender Zweifel an der Verfassungsmäßigkeit. Wenn in diesem Streitfall im Hauptsacheverfahren die Bedenken aufrechterhalten bleiben, wird sich das Bundesverfassungsgericht damit beschäftigen müssen.

Zur Schonung des eigen genutzten Wohnraums gilt allerdings, dass die zwischen Anschaffung und Veräußerung ausschließlich zu eigenen Wohnzwecken genutzten Gebäude bzw. Gebäudeteile nicht von der Steuer erfasst werden. Dabei reicht es aus, dass das Gebäude im Jahr der Veräußerung und in den zwei vorhergegangenen Jahren zu eigenen Wohnzwecken genutzt wird.

Hier kann es Abgrenzungsprobleme geben. Ein häusliches Arbeitszimmer dient z.B. nicht Wohnzwecken. Zu Wohnzwecken dient allerdings auch der hierfür erforderliche Anteil am Grundstück, nicht aber ein Garten oder weitere Grundstücksparzellen, die nicht unmittelbar der Wohnung zugerechnet werden können.

Geht ein Grundstück innerhalb der 10-Jahresfrist im Wege der Erbfolge auf den Erben über, ist für die Berechnung der 10-Jahresfrist der Erwerbszeitpunkt des Erblassers maßgeblich. Anschaffungs- und Veräußerungszeitpunkte sind die Tage des Abschlusses der notariellen Kaufverträge und nicht – wie sonst im Steuerrecht definiert – die Tage der Besitzübergänge. Hängt die Wirksamkeit des Vertrages von einer Genehmigung ab, ist der Tag der Genehmigung maßgeblich.

Siehe / Siehe auch: Private Vermögensverwaltung

Privathaushalt

Unter Privathaushalt versteht man die in einer Wohnung zusammenlebende Gruppe von Menschen mit gemeinsamer konsumtiver Zwecksetzung. Die Haushaltführung obliegt dem Haushaltvorstand.

Dies ist in der Regel diejenige Person, die für die Finanzierung des Haushaltes alleine oder überwiegend zuständig ist.

Der Privathaushalt wurde auch als „Familienhaushalt" bezeichnet – von Einfamilienhaushalt bis zum Dreigenerationenhaushalt. Heute gibt es mehrere Typen von Haushalten. So wird grundsätzlich unterschieden zwischen Ein- und Mehrpersonenhaushalten, bei den Mehrpersonenhaushalten zwischen Familien- und Nichtfamilienhaushalten. Insgesamt gab es 2004 in Deutschland 39.122.000 Haushalte, davon

- 37,2% 1-Personenhaushalte
- 34,1% 2-Personenhaushalten
- 13,8% 3-Personenhaushalten
- 10,8% 4-Personenhaushalten und
- 4,0% Haushalten mit 5 und mehr Personen.

22.350.000 Haushalte sind Familienhaushalte im weitesten Sinne (Eheleute und allein erziehende Väter und Mütter). 2.37.000 Haushalte bestehen aus nichtehelichen Lebensgemeinschaften. Neue Haushalte entstehen durch Haushaltsteilung (Haushaltsmitglied gründet eigenen Haushalt). Anlässe dazu sind Heiraten, Wegzug aus dem gemeinsamen Haushalt aus beruflichen oder anderen Gründen und zum Teil durch Ehescheidungen / Trennung von Lebensgefährten.

Haushalte hören auf zu existieren durch den Tod (beim Einpersonenhaushalt) oder durch Umzug in einen Kollektivhaushalt, z.B. in ein Pflegeheim ohne eigene Wohnungen, in eine „Kommune" oder durch Einweisung in eine Anstalt oder ein Gefängnis, sofern dadurch ein bestehender Haushalt aufgelöst wird.

Die Zahl der in Wohnungen lebenden Haushalte entspricht der Zahl der in der Vergangenheit insgesamt befriedigten Wohnungsnachfragen. Die Summe der innerhalb eines Gemeindegebietes umziehenden und in das Gemeindegebiet zuziehenden Haushalte in einem bestimmten Zeitraum entspricht der dort innerhalb dieses Zeitraums befriedigten Wohnungsnachfrage. Da statistisch nicht die wandernden Haushalte, sondern die wandernde Bevölkerung erfasst wird, muss von der wandernden Bevölkerungszahl auf wandernde Haushaltszahlen umgerechnet werden.

Privatklage

Die Privatklage ist ein besonderes Verfahren nach der Strafprozessordnung. Nicht zu verwechseln mit der Zivilklage. Die strafrechtliche Privatklage zielt auf Bestrafung des Täters ab, nicht auf Schadenersatz. § 374 StPO nennt verschiedene Delikte, bei denen das Opfer ohne vorherige Anrufung der Staatsanwaltschaft Privatklage erheben darf. Die wichtigsten sind: Beleidigung, Bedrohung, Hausfriedensbruch, Körperverletzung, Verletzung des Briefgeheimnisses, Sachbeschädigung.

Der Staat bzw. die Staatsanwaltschaft verfolgt diese Delikte als so genannte Antragsdelikte nur auf besonderen Strafantrag des Bürgers hin. Auch dann findet eine Strafverfolgung durch die Staatsanwaltschaft nur statt, wenn diese in öffentlichem Interesse ist (Beispiel: Sachbeschädigung: Ein Grafitti an einer Hauswand: Uninteressant außer für den Eigentümer. 5.000 Graffitis vom gleichen Urheber: Öffentliches Interesse).

Oft werden Ermittlungsverfahren in diesem Bereich wegen fehlendem öffentlichen Interesse an der Strafverfolgung eingestellt und das Opfer wird auf den Privatklageweg verwiesen. Das bedeutet: Das Opfer muss Privatklage beim Amtsgericht erheben, die Anklageseite selbst vertreten, selbst Beweise vorlegen. Die Staatsanwaltschaft wird in diesem Verfahren nicht aktiv. Ggf. verhängt der Richter eine Strafe nach dem Strafgesetzbuch.

Diese Regelung ist bundeseinheitlich (§ 374 StPO). Der Zivilrechtsweg kann mit dem Ziel einer Schadenersatzzahlung zusätzlich beschritten werden – sinnvollerweise nach Abschluss des strafrechtlichen Verfahrens, da dann die Sachlage geklärt ist. Generell muss bei den genanten Delikten eine Schlichtung bzw. ein „Sühneversuch" durchgeführt werden, bevor ein Gerichtsverfahren eingeleitet werden kann.

Siehe / Siehe auch: Schiedsverfahren / Streitschlichtung

Privatvermögen (Steuerrecht)

Privates Vermögen eines Steuerzahlers, das nicht betrieblichen Belangen dient und deshalb dem Betriebsvermögen auch nicht zugerechnet wird. Unter steuerlichen Gesichtspunkten hat Privatvermögen vor allem für Kapital- und Immobilienanleger Vorteile. Denn realisierte Gewinne beim Verkauf einer Immobilie bzw. Kursgewinne bei Aktien und festverzinslichen Wertpapieren im Privatvermögen sind außerhalb der Spekulationsfrist (bei Aktien und Rentenwerten 12 Monate, bei Immobilien 10 Jahre) steuerfrei.

Nach dem Steuerreformgesetz vom 14.7.2000 können private Anteilseigner an Kapitalgesell-

schaften ihre Beteiligungen nach Ablauf der Spekulationsfrist steuerfrei verkaufen, wenn sie nicht „wesentlich" beteiligt sind. Eine wesentliche Beteiligung wird ab dem Veranlagungszeitraum 2002 allerdings schon ab 1% (vorher 10%) angenommen. Bei steuerpflichtigen Veräußerungen gilt das Halbeinkünfteverfahren, d.h. Veräußerungsgewinne sind nur zur Hälfte zu versteuern.
Siehe / Siehe auch: Halbeinkünfteverfahren

Problem-Frequenz-Relevanz-Analyse
Sind auf die eine oder andere Weise Probleme oder Fehler festgestellt worden, so kann mit dieser Methode analysiert werden, wie häufig ein Problem auftritt und wie hoch dessen Relevanz in den Augen des Kunden ist. Fehler, die auftreten, werden in einer aus diesen beiden Achsen gebildeten Matrix positioniert. Auf diese Art und Weise kann sich das Immobilienunternehmen bewusst machen, welche Fehler überhaupt und wie oft auftreten und wie relevant diese für den Kunden sind.

ProdHaftG
Abkürzung für: Produkthaftungsgesetz

Produktionsstandorte
Unter Produktionsstandorten versteht man Standorte, die der Produktion in einem umfassenden volkswirtschaftlichen Sinne dienen. Es handelt sich also um Standorte, an denen Sach- und / oder Dienstleistungen für Dritte erzeugt werden. Hierzu zählen nicht nur die Standorte von Gewerbebetrieben, sondern auch von Freiberuflern wie Rechtsanwälte, Ärzte, Wirtschaftsprüfer aber auch Kreditinstituten, Hotels, Gastronomiebetriebe usw. Der Entscheidung eines Nutzers für einen Produktionsstandort beruht in der Regel auf einer Standortkalkulation, bei der der Standortbeitrag zum Endprodukt des Nutzers erfasst wird.
Siehe / Siehe auch: Konsumstandorte, Lage

Produktlebenszyklen
Produktlebenszyklen spiegeln die Zeit wieder, in der eine Immobilie in einer bestimmten Nutzungsform wirtschaftlich betrieben werden kann. Es ist wichtig immer im Auge zu haben, in welchem Lebenszyklus-Abschnitt sich die einzelnen Immobilien-Objekttypen befinden. Bei der Betrachtung von Produktlebenszyklen lässt sich zwischen Einführungs-, Wachstums-, Reife-, Sättigungs- und schließlich Degenerationsphase, in der die wirtschaftliche Nutzung zu Ende geht, unterscheiden.

Produktpolitik
Die Produktpolitik (andere branchenspezifische Bezeichnungen: Sortimentspolitik, Leistungspolitik und beim Makler Objekt- bzw. Angebotspolitik) bildet die Basis für alle anderen Entscheidungen im Marketing-Mix. Grundsätzlich umfasst die Produktpolitik „die Gesamtheit aller Entscheidungen, die das Marktleistungsangebot eines Unternehmens betreffen. Versteht man das Produkt als ein Bündel Nutzen stiftender Eigenschaften, so beinhaltet die Produktpolitik sowohl die Gestaltung von Sach- als auch von Dienstleistungen." (Diez, W. 2000, Automobilmarketing)

Prognoserechnung
Initiatoren geschlossener Fonds erstellen für ihre Emissionsprospekte Prognoserechnungen, die die erwartete künftige Ergebnisentwicklung der Fondsgesellschaft und die sich daraus ergebende Rendite für die Anleger darstellen. Prognostiziert werden z. B. Ausschüttungen, Liquiditätsentwicklung und steuerliches Ergebnis.
Siehe / Siehe auch: Fondsinitiator, Leistungsbilanz, Immobilienfonds - Geschlossener Immobilienfonds

Progressionsvorbehalt
Beim Progressionsvorbehalt handelt es sich um eine steuerrechtliche Regelung. Sie beinhaltet, dass bestimmte Einkünfte, z.B. Arbeitslosengeld oder ausländische Einkünfte, zwar nicht besteuert, aber dennoch zur Ermittlung des individuellen Durchschnittssteuersatzes herangezogen werden. Derartige Regelungen sind in vielen Doppelbesteuerungsabkommen vereinbart.
Siehe / Siehe auch: Doppelbesteuerungsabkommen, Freistellungsmethode

Projekt
Nach DIN 69901 kennzeichnet ein Projekt ein definiertes Projektziel, die Einmaligkeit (Erstmaligkeit) des Projektes, das besondere Risiko wegen fehlender Erfahrungsgrundlagen, eine projektspezifische Organisation und die zeitliche und sachliche Begrenzung. Im Bereich der Immobilienwirtschaft, in der Bauprojekte verwirklicht werden, hat die Projektentwicklung wegen der Individualität vieler Baumaßnahmen (z.B. Entwick-

lung von Spezialimmobilien in einem einmaligen Umfeld) eine besondere Bedeutung. Bauträger sind insoweit Projektentwickler, als sie innovative Produkte am Markt platzieren. Soweit Projekte zum Standard und damit wiederholt verwirklicht werden, verlieren sie ihren Projektcharakter.

Projektentwickler

Betreuer oder Unternehmer, der allein oder gemeinsam mit anderen für Untersuchungen, unternehmerischen Entscheidungen, Planungen und bauvorbereitende Maßnahmen zuständig ist, die erforderlich und zweckmäßig sind, um eines oder mehrere Grundstücke dem Projektziel entsprechend zu bebauen oder eine sonstige Nutzung vorzubereiten.

Der Projektentwickler hat sein Aufgabenfeld vornehmlich auf dem Gewerbeimmobilienmarkt. Die an ihn gestellten Anforderungen sind entsprechend seiner Aufgaben vielfältig. Er muss den Immobilienmarkt kennen, um Angebot und Nachfrage richtig einschätzen zu können. Er vereinigt Kapital, Arbeit und Know-how und muss die gesetzlichen Auflagen für das Bauvorhaben berücksichtigen. Kenntnisse des Bau- und Planungsrechts sind folglich notwendig. Von Vorteil sind weiterhin spezifische Kenntnisse im Immobilienrecht sowie über die steuerlichen Auswirkungen der geplanten Immobiliennutzung und unterschiedlicher Vertragsgestaltung.

Siehe / Siehe auch: Projektentwicklung

Projektentwicklung

Unter Projektentwicklung versteht man im Immobilienbereich die Konzeption und Erstellung meist größerer Immobilienprojekte. Aufgabe der Projektentwicklung ist es eine sinnvollen Kombination der Faktoren Standort, Kapital und Projektidee zu entwickeln und diese auch zu realisieren. Das Projektmanagement muss daher neben Standortuntersuchungen und einer Vielzahl von unternehmerischen Entscheidungen in Bezug auf Planungen und Bauvorbereitung auch die Durchführung eines oder mehrere Bauvorhaben gewährleisten. Im Fondsbereich sind Projektentwicklungen risikoreicher als Bestandsimmobilien. Der Bonität des Projektentwicklers und der Werthaltigkeit von Garantien kommt hier eine besondere Bedeutung zu.

Siehe / Siehe auch: Projektentwickler

Projektmanagement (immobilienwirtschaftlich)

Das Projektmanagement umfasst die Wahrnehmung aller Führungsaufgaben im Rahmen der Projektrealisierung, insbesondere die verantwortliche Projektleitung (nicht delegierbare Entscheidungsbefugnisse) und die Projektsteuerung. (Wahrnehmung delegierbarer Bauherrenfunktionen bei komplexen Baumaßnahmen). Nach anderer Auffassung versteht man unter Projektmanagement schlicht Projektentwicklung und Projektsteuerung.

Siehe / Siehe auch: Projektentwicklung, Projektsteuerung

Projektsteuerung

Die Projektsteuerung beschreibt einen besonderen Leistungsbereich im Zusammenhang mit der Entwicklung und Durchführung eines Bauprojektes. Es ist davon auszugehen, dass die Notwendigkeit des Einsatzes von Projektsteuerern mit zunehmender Komplexität wächst.

Dabei geht es vor allem darum, durch Informations-, Beratungs-, Koordinations-, und Kontrollleistungen eine termingerechte und kostensparende Abwicklung der Baumaßnahme sicher zu stellen. Projektsteuerungsaufgaben sind zwar originäre Aufgaben des Bauherrn. Sie können auf der Grundlage eines Projektsteuerungsvertrages einem Architekten oder einem Projektsteuerer übertragen werden. Der Projektsteuerer übernimmt dann für den Bauherrn Controllingfunktionen.

Der Projektsteuerer begleitet das Bauvorhaben beginnend mit der Projektvorbereitung über die Planung, die Ausführungsvorbereitung, die Ausführung bis hin zum Projektabschluss. Wichtig dabei ist, dass die Leistungen des Projektsteuerers hinreichend definiert und in Bezug auf das besondere Bauvorhaben konkretisiert sind.

Der Bauherr sollte hier durchaus die Notwendigkeit einzelner Leistungen kritisch hinterfragen. Honorare können nach der HOAI frei vereinbart werden. Wird kein Honorar vereinbart, gelten die Leistungen der Projektsteuerung zuzuordnen sind, mit dem Architektenhonorar als abgegolten. Überwiegend wird der Projektsteuerungsvertrag als Werkvertrag interpretiert.

Projektsteuerer sind im Deutschen Verband der Projektmanager (DVP) organisiert. Der Verband zählte im März 2006 163 Mitglieder und repräsentiert etwa 2.800 Fach- und Führungskräfte, die

im Bereich des Objektmanagements im Bauwesen tätig sind.
Siehe / Siehe auch: HOAI

Projektwerkstatt
Siehe / Siehe auch: Atmendes Büro

Prokurist
Grundsätzlich bezieht sich die Vertretungsvollmacht eines Prokuristen auf alle Rechtsgeschäfte, die der Betrieb eines Gewerbes mit sich bringt. Er kann sogar die Branche des Gewerbebetriebes ändern. Grundstücke veräussern oder belasten darf der Prokurist für den Gewerbebetrieb jedoch ohne zusätzliche Vollmacht ausdrücklich nicht. Dabei bezieht sich diese Immobiliarklausel nur auf Geschäfte, deren unmittelbarer Gegenstand das Grundstück ist. Keiner besonderen Ermächtigung bedarf der Prokurist, wenn die Geschäfte, die er durchführen soll, nur mittelbar ein Grundstück betreffen, wie z.B. eine Verfügung über ein schon bestehendes Pfandrecht. Die Immobiliarklausel betrifft auch nicht den Erwerb von Grundstücken.

Prospekt
Im Prospekt wird ein Vorhaben beschrieben, das in der Zukunft durchgeführt werden soll. Da es sich also nicht um bestehende Objekte handelt, die beschrieben werden sollen und der Besichtigungskontrolle unterliegen, sondern um Projekte, die erst in Angriff genommen werden, gibt es für Prospekte erhöhte Anforderungen an die Prospektinhalte.
Im Immobilienbereich werden Prospekte vor allem für Bauvorhaben erstellt, mit denen Anleger angesprochen werden sollen. Der Prospektinhalt soll so dimensioniert sein, dass er dem Informationsbedarf des Anlegers Rechnung trägt. Zwar besteht zumindest im Bereich des sogenannten grauen Kapitalmarktes keine Prospektpflicht. Wenn aber Angaben im Prospekt gemacht werden, müssen sie so vollständig sein, dass kein unzutreffender Erwartungshorizont beim Anlegerpublikum entsteht. Dies gilt sowohl für Tatsachenangaben wie für Werturteile und Prognosen.
Prospekte sollten von einem Wirtschaftsprüfer überprüft werden. Er stellt dann fest, ob der Prospekt die für die Entscheidung des Kapitalanlegers wesentlichen und nachprüfbaren Angaben vollständig und richtig enthält.
Siehe / Siehe auch: Prospekthaftung

Prospekthaftung
Die Prospekthaftung bezieht sich auf Prospektangaben bei bestimmten Kapitalanlagen und bei Baumodellen. Haftbar gemacht werden können Initiatoren, Gründer und Gestalter einer Kapitalanlagegesellschaft. Diese müssen den Interessenten in den Verkaufsunterlagen über alle wichtigen Daten der Anlage informieren und ihn so in die Lage versetzen, das Risiko einer Investition richtig einschätzen zu können. Dazu zählt, dass alle wirtschaftlichen und insbesondere rechtlichen Verhältnisse des Investments offengelegt werden. Darüber hinaus dürfen auch die aktuelle Steuergesetzgebung sowie die Verwaltungspraxis nicht außer Acht gelassen werden.
Für die Information gelten die Grundsätze der Prospektwahrheit und der Prospektklarheit. Das heißt: Die gemachten Angaben müssen vollständig und richtig sein. Wer einen finanziellen Schaden durch falsche oder fehlende Angaben des Prospektherausgebers erleidet, wird so gestellt, als hätte er überhaupt keinen Vertrag mit ihm abgeschlossen; vorausgesetzt, die Schadenersatzansprüche sind noch nicht verjährt. Die Verjährungsfrist für Verkaufsprospekte beträgt nach § 127 Investment-Gesetz regelmäßig ein Jahr ab Kenntnis und wird auf 3 Jahre ab Veröffentlichung des Prospektes begrenzt.
Siehe / Siehe auch: Prospekt

Prostitution in Mietwohnung
Die Ausübung der Prostitution in einer Mietwohnung muss vom Vermieter nicht geduldet werden. Das Oberlandesgericht Frankfurt a. M. hat dies am 7.6.2004 in einem Urteil bestätigt (Az. 20 W 59/03). Im konkreten Fall war die gewerbliche Nutzung der Mietwohnung vertraglich ausgeschlossen worden. Das Gericht betonte, dass die häufigen „Kundenbesuche" in der Wohnung eine erhebliche Belastung der Hausgemeinschaft mit sich brächten. In einem solchen Fall sei die Kündigung des Mietvertrages gerechtfertigt; konkrete Beeinträchtigungen der anderen Hausbewohner müssten nicht nachgewiesen werden.
Andere Mieter im Haus können bei Ausübung der Prostitution 10% bis 30% Mietminderung geltend machen (z.B. 22% nach Amtsgericht Regensburg, 20.6.1990, Az. 3 C 1121/90 und 3 C 1146/90, WM 1990, S. 386). Seit 2001 ist die Ausübung der Prostitution nicht mehr generell sittenwidrig. Das Prostitutionsgesetz schreibt u.a. vor, dass für

sexuelle Handlungen rechtswirksam ein Entgelt vereinbart werden kann. Dies ändert jedoch nichts daran, dass sich andere Hausbewohner ggf. belästigt fühlen können. In einem Wohnhaus kann die Prostitutionsausübung daher – insbesondere bei Untersagung gewerblicher Betätigung im Mietvertrag – einen Kündigungsgrund darstellen.

Trotz der genannten gesetzlichen Liberalisierung wird die Ausbeutung einer Prostituierten weiterhin als Zuhälterei mit empfindlichen Freiheitsstrafen geahndet. Die Vermietung einer Wohnung zu einem stark überhöhten Mietzins, der nur durch eine derartige Nutzung von der Mieterin erwirtschaftet werden kann, wird regelmäßig als „Ausbeutung" anzusehen sein. Zivilrechtlich gesehen wäre in diesem Fall der Mietvertrag nichtig.

Siehe / Siehe auch: Beendigung eines Mietverhältnisses, Modellwohnung

prov.-fr.
Abkürzung für: provisionsfrei

Provisionsanspruch
Siehe / Siehe auch: Maklerprovision

Provisionsklausel in notariellen Kaufverträgen
Siehe / Siehe auch: Vertrag zu Gunsten Dritter (Provisionsabsicherung)

Provisionsoptimum
Im Maklergeschäft kommt es nicht nur auf die vereinbarte Provisionshöhe und die Maklervertragsbedingungen an. Wesentlich sind auch die Angebotsbedingungen, mit denen der Makler das zu veräußernde Objekt am Markt platziert. Zu hohe Preisansätze verlängern die Verkaufsbemühungen und erhöhen damit die Auftragsbearbeitungskosten progressiv. Zu niedrige Objektangebotsbedingungen sind in der Regel gegenüber dem Verkäufer nicht durchsetzbar.

Das Provisionsoptimum stellt sich als die Größe dar, bei der die Provisionseinnahme abzüglich der Auftragsbearbeitungskosten das Maximum erreicht. Dies ist nicht identisch mit der erzielbaren Maximalprovision.

Prüffähige Honorarschlussrechnung
Die Vergütung des Architekten wird fällig, wenn er seine Leistungen vollständig erbracht hat und dem Bauherrn eine prüffähige Honorarschlussrechnung zur Verfügung stellt. Diese liegt vor, wenn die Rechnung aufgeschlüsselt und gegliedert ist. Der Bauherr muss ohne Schwierigkeiten erkennen können, ob die Rechnung sachlich und rechnerisch richtig ist.

PRV
Abkürzung für: Prüfungsrichtlinienverordnung

Pseudobeschluss
Siehe / Siehe auch: Zitterbeschluss (Wohnungseigentümerversammlung)

Pseudomakler
Im Bereich des Versicherungsgeschäfts gibt es Fälle, in denen sich Versicherungsvertreter als Versicherungsmakler bezeichnen. Während der Versicherungsmakler aus der Vielzahl der Angebote verschiedener Versicherungsgesellschaften das für den Kunden geeignetste heraussucht und zum Abschluss bringt (er vertritt die Interessen der Kunden gegenüber der Gesellschaft), ist der Pseudomakler für wenige Gesellschaften (aus meist unterschiedlichen Versicherungszweigen) tätig. Er kann wegen dieser Einschränkung Angebote nicht selektieren, sondern handelt wie ein Versicherungsvertreter.

Schließt der Kunde des Pseudomaklers einen Versicherungsvertrag zu Bedingungen ab, die ihn im Vergleich zu vorhandenen Angeboten anderer Versicherungsgesellschaften benachteiligen, haftet der Pseudomakler wie ein echter Versicherungsmakler.

Psychisch kranker Mieter
Ist der Mieter oder ein mit in der Wohnung wohnender Angehöriger psychisch krank und selbstmordgefährdet, kann dies zu einer Verlängerung der Räumungsfrist führen. Der Bundesgerichtshof entschied 2005 einen Fall, in dem es wegen Mietschulden zu Kündigung und Räumungsverfahren gekommen war (Az.: I ZB 10/05). Die Richter gestanden dem Mieter aufgrund der psychischen Erkrankung seines Vaters zwar einen Räumungsaufschub zu. Sie betonten aber, dass der Mieter eine Mitwirkungspflicht habe.

Er müsse sich nach dem Aufschub intensiv um eine neue Wohnung kümmern. Der erkrankte Angehörige dürfe sich einer Behandlung – gegebenenfalls auch stationär – nicht verweigern. Es sei eine sorgfältige Abwägung der Rechte der Beteiligten

vorzunehmen. Auch im Falle einer Suizidgefahr dürfe das grundgesetzlich garantierte Recht des Vermieters an seinem Eigentum nicht vernachlässigt werden. Gerichte müssen nach dem BGH bei Anordnung einer Zwangsräumung in einem solchen Fall Auflagen treffen, um einer Gesundheitsgefährdung des Mieters möglichst vorzubeugen (z.B. Anwesenheit eines Amtsarztes).
Siehe / Siehe auch: Räumungsfrist, Räumung (Mietwohnung)

PublG
Abkürzung für: Publikationsgesetz

Public Private Partnership (PPP)
PPP oder ÖPP (Öffentlich Private Partnerschaft) bedeutet die Teil-Privatisierung öffentlicher Bauaufgaben oder anderer Projekte, mit dem Ziel die Effizienz dieser Maßnahmen zu verbessern und den Nutzen für den öffentlichen Nutzer zu erhöhen. In einem PPP Projekt erwirbt ein privater Investor Eigentum Grund und Boden mit den ggf. öffentlich genutzten vorhandenen Gebäuden. Statt des Erwerbs von Eigentum ist auch die Überlassung in Form von Erbpacht möglich. Der private Investor führt die Baumaßnahmen mit eigenem Projektmanagement aus.
Nach Fertigstellung mietet oder least der Nutzer das Gebäude zurück. Am Ende des langfristigen Mietverhältnisses kann dem Nutzer eine Option auf Verlängerung oder eine Kaufoption eingeräumt werden oder das Gebäude wird an den privaten Investor zurückgegeben.
Juristisch betrachtet ist PPP ein Miet- oder Pachtvertrag. Für die öffentliche Hand wirkt PPP wie ein Kredit, der im Haushalt berücksichtigt werden muss und auf die Kreditlinie angerechnet wird.
Über die Finanzierung hinaus ist eine PPP die langfristig vertraglich geregelte Zusammenarbeit zwischen öffentlicher Hand und Privatwirtschaft, bei der die Partner die erforderliche Ressourcen (z.B. Know-how, Betriebsmittel, Kapital, Personal etc.) zum gegenseitigen Nutzen in einen gemeinsamen Organisationszusammenhang einstellen und vorhandene Projektrisiken entsprechend der Risikomanagementkompetenz der Projektpartner optimal verteilen. Ein Business Improvement District (BID) ist ein typisches Beispiel einer Öfentlich-Privaten Partnerschaft (PPP).
Siehe / Siehe auch: Business Improvement District (BID)

Public Real Estate Management
Ähnlich wie bei den privaten Gesellschaften, die über umfangreichen Grundbesitz verfügen, ist auch in der Liegenschaftsverwaltung der Gebietskörperschaften zunehmend ein „Immobilienbewusstsein" eingekehrt, das sporadisch bereits zu einem Public Real Estate Management (PREM) geführt hat.
In Zeiten knapper Haushalte entsteht ein zunehmender Zwang zur Nutzung oder Verwertung von bisher ungenutzten öffentlichen Liegenschaften, zur Kostensenkung, sinnvollen Bewirtschaftung und auch zur Optimierung der Ertragspotenziale. Die Problemfelder mit denen es PREM zu tun bekommt, liegen im Bereich der fehlenden Organisation zur Erfassung von Bewirtschaftungskosten, einer dezentralen Verwaltungsstruktur mit fehlender Datengrundlage und der Schwierigkeit, langfristig (über die kommenden Haushaltjahre hinaus) zu planen.
Ähnlich wie beim Corporate Real Estate Management setzt PREM an bei einer Bestandaufnahme der vorhandenen Liegenschaften, wobei eine Analyse der Arbeitsplatzstruktur und der Arbeitsabläufe in diesen Gebäuden mit einbezogen wird. Daraus wird ein Optimierungskonzept entwickelt, wobei zwischen notwendigen und nicht notwendigen Liegenschaften unterschieden wird. Im Gefolge der Umsetzung des Konzepts kommt es zu einer Flächenoptimierung unter Berücksichtigung der Betriebsabläufe und der Verwertung nicht notwendiger Liegenschaften.
Siehe / Siehe auch: Corporate Real Estate Management (CREM)

Public Relations
Public Relations werden oft als Aufbau öffentlicher Beziehungen zu Werbezwecken verstanden und die Adressaten von Public Relations Maßnahmen werden mit Kunden gleichgesetzt. In Wirklichkeit zielen Public-Relations-Maßnahmen auf die Gewinnung öffentlichen Vertrauens ab. Zielgruppe ist die in der Öffentlichkeit zusammengefasste Gesamtgesellschaft.
Je herausragender die Funktionen des Einzelnen innerhalb diese Gesamtgesellschaft ist, desto notwendiger wird dessen Rechtfertigungszwang für seine Handlungen.
Eine besondere Bedeutung haben Public Relations für Unternehmen. Da es überall ein Auf und Ab der Entwicklung solcher Unternehmen gibt,

kommt es nicht nur darauf an, in Zeiten der Prosperität in der Öffentlichkeit zu erscheinen, sondern auch dann präsent zu sein, wenn es einmal bergab geht. Wer entgegen der Wirklichkeit nur Positives vermeldet, betreibt Propaganda, die rasch zum Ruin eines Unternehmens führen kann, wenn sich erweist, dass alles nur Schwindel war.
Im Laufe der Zeit haben sich einige Grundsätze der Öffentlichkeitsarbeit herausgebildet.

- Die Öffentlichkeit muss allen Informationen vertrauen können.
- Öffentlichkeitsarbeit macht nur Sinn, wenn gewährleistet ist, dass private und öffentliche Interessen übereinstimmen.
- Die Public-Relations-Arbeit verläuft nach dem Gegenstromprinzip: Die Informationen fließen von innen nach außen. Gleichzeitig wird der Weg freigemacht dafür, dass Informationen, in denen die Interessen der Öffentlichkeit artikuliert werden, im ganzen Unternehmen positiv aufgenommen werden.
- Die Haltung eines Unternehmers bzw. eines Unternehmens zu Fragen der Öffentlichkeit muss, soweit das Unternehmen damit konfrontiert werden, eindeutig sein.
- Die Public-Relations-Arbeit muss langfristig angelegt sein. Ein Lavieren zwischen unterschiedlichen Positionen zerstört Vertrauen. Die grundlegende Haltung des Unternehmens ist die Ausgangsgrundlage (platform of policy) für alle PR-Maßnahmen.
- Nur wenn sich die externen oder internen Grundbedingungen für die Entwicklung eines Unternehmens ändern, sollte auf der Grundlage neuer Zielsetzungen ein Trendwechsel eingeleitet werden, der wiederum zu einer Übereinstimmung privater uns öffentlicher Interessen führen muss.

Instrumente für PR-Maßnahmen sind Pressekonferenzen, Presseinformationen, Veranstaltungen mit Teilhabe der Öffentlichkeit, werbefreie Informationen usw. Die Leistungen von Immobilienunternehmen stehen in besonderem Maße im Blickpunkt der Öffentlichkeit. Bei der PR-Arbeit sollten z.B. Informationen über den Markt, über Auswirkungen politischer Entscheidungen, der Entwicklung der Rechtsprechung usw. im Vordergrund stehen.

Siehe / Siehe auch: Öffentlichkeit

Public-Private-Partnership-Gesellschaft (PPP-Gesellschaft)

Hinter dem Begriff der Public-Private-Partnership verbergen sich Formen der Zusammenarbeit zwischen einer Gebietskörperschaft (z.B. einer Gemeinde) und privaten Unternehmen und Freiberuflern bei der Bewältigung von Aufgaben, die in öffentlichem Interesse liegen. Es kann sich um Entwicklungsmaßnahmen (Autobahnbau, Bau von Flughäfen, Kraftwerken, Kultureinrichtungen oder Maßnahmen der Sanierung und Revitalisierung öffentlicher Gebäude der unterschiedlichsten Zwecksetzung handeln.

Im Bereich der Bauwirtschaft haben sich verschiedene PPP-Modelle entwickelt. Hierzu zählen Finanzierungsmodelle (Immobilienleasing, Mietkauf) und vor allem Organisationsmodelle, insbesondere Betreibermodelle und Kooperationsmodelle. Public-Private-Partnership-Gesellschaften sind der strategische Anker von Kooperationsmodellen. Sie zeichnen sich dadurch aus, dass die Gebietskörperschaft daran mehrheitlich gegenüber dem privaten PPP-Konsortium vertreten ist.

Der letztlich bestimmende Einfluss der Gebietskörperschaft kann auch durch Stimmrechtsregelungen erreicht werden. Die auch als Besitzergesellschaft oder Projektgesellschaft bezeichnete PPP-Gesellschaft, die die Planung, Auftragsvergabe, Errichtung und Finanzierung des Projektes übernimmt, schließt für die Zeit nach der Fertigstellung mit einer Betreibergesellschaft einen Betriebsführungs- und Pachtvertrag. Die Betreibergesellschaft deckt aus den von ihr vereinnahmten Nutzungsentgelten ihre Kosten und zahlt daraus die Pacht an die Besitzergesellschaft.

Der Vorteil der PPP-Gesellschaft für die Gebietskörperschaft gegenüber einem reinen Betreibermodell (ohne Besitzergesellschaft) besteht darin, dass sie durch ihre Beteiligung an der Gesellschaft einen unmittelbaren Gestaltungs- und Kontrolleinfluss geltend machen kann. Beim Betreibermodell sorgt hierfür ein externes eigens installiertes Aufsichtsgremium.

Siehe / Siehe auch: Public Private Partnership (PPP), Wettbewerblicher Dialog (Vergaberecht)

Push- und Pull-Strategien

Beim Marketing kann man grundsätzlich zwischen Push- und Pull-Strategien unterscheiden. Bei Push-Strategien wird ein Produkt, etwa eine Eigentumswohnungsanlage, errichtet bzw. eine bestimmte Facility Dienstleistung kreiert und anschließend wird mit mehr oder weniger intensiven Marketing-Bemühungen versucht, die einzelnen Wohneinheiten abzusetzen, also in den Markt zu „pushen".

Bei Pull-Strategien wird genau der umgekehrte Ansatz gewählt; es findet eine umfassende Analyse der Kundenbedürfnisse statt. Hierauf aufbauend werden entsprechende Produkte und Dienstleistungen entwickelt. Dies ist etwa bei Bauträgern denkbar, die Grundstücke erwerben und diese dann entsprechend den Wünschen ihrer Kunden maßgeschneidert bebauen.

PVG
Abkürzung für: Personalvertretungsgesetz

pVV
Abkürzung für: Positive Vertragsverletzung
Siehe / Siehe auch: Positive Vertragsverletzung

PWC
Abkürzung für: Podesttoilette

QDF
Abkürzung für: Qualitätsgemeinschaft Deutscher Fertigbau

qkm / km²
Abkürzung für: Quadratkilometer

qm / m²
Abkürzung für: Quadratmeter

Quadermauerwerk
Das Quadermauerwerk besteht aus allseitig bearbeiteten, quaderförmigen Steinen. Dabei kann es sich um künstliche Steine, zum Beispiel Ziegel oder Klinker, aber auch um entsprechend behauene Natursteine handeln. Lager- und Stoßfugen erstrecken sich über die gesamte Mauertiefe. Die Höhen der einander abwechselnden Läufer- und Binderschichten können von Schicht zu Schicht variieren, sind jedoch innerhalb einer Schicht über die gesamte Länge der Mauer gleich.
Siehe / Siehe auch: Bruchsteinmauerwerk, Schichtmauerwerk, Trockenmauerwerk, Zyklopenmauerwerk

Qualifizierter Bebauungsplan
Siehe / Siehe auch: Bebauungsplan

Qualitätsmanagement
Qualitätsmanagement bezeichnet die Gesamtheit von Merkmalen bezüglich ihrer Eignung, um festgelegte und vorausgesetzte Erfordernisse eines Unternehmens zu erfüllen: die Forderung des Kunden (Kundenzufriedenheit) und interne Anforderungen. Dies kann nur erfolgen, wenn den Mitarbeitern bewusst ist, dass sämtliche Bemühungen darauf ausgerichtet werden müssen, eine Übereinstimmung mit den Kundenerwartungen und des Produktes zu erzielen, damit Produkte entstehen können, welche die Käufer / Kunden zufrieden stellen.

r

Abkürzung für: Rendite

RA

Abkürzung für: Rechtsanwalt

Rabitzwand

Die Rabitzwand ist eine nach ihrem Erfinder benannte Drahtputzwand, die als besonders feuerfest galt. Auf ein an kreuzweise verlegten Rundstählen befestigtes Geflecht aus verzinktem Stahldraht wurde ein Putzmörtel aus einem Gips-Kalk-Gemisch aufgebracht. Als weitere Bestandteile dieses Putzmörtels fanden Sand, Kälber- oder Rehhaare, Werg sowie zum Teil auch Leim oder Tonerde Verwendung.

Siehe / Siehe auch: Drahtputzwand, Scheidewand, Trennwand

Radiator

Als Radiator wird ein Körper bezeichnet, der in der Regel aus einem wärmeleitfähigen Material besteht und so gestaltet ist, dass er eine große Oberfläche aufweist. Radiatoren dienen zur Übertragung von Wärme aus einem in ein anderes Medium. Sie werden als Heizkörper aber auch als Kühlkörper eingesetzt.

Bei so genannten passiven Radiatoren erfolgt die Wärmeübertragung vorwiegend durch Konvektion; Beispiele dafür sind die herkömmlichen Rippenheizkörper. Für ihren Betrieb ist keine zusätzliche Energie erforderlich, zudem arbeiten sie geräuschlos. Sogenannte aktive Radiatoren verfügen über einen Ventilator, was bei gleicher Heiz- oder Kühlleistung eine kleinere Dimensionierung im Vergleich zu einem passiven Radiator ermöglicht. Nachteile sind der zusätzliche Energiebedarf sowie die Geräusch- und ggf. auch Vibrationsbelastung.

Siehe / Siehe auch: Heizkörper

Radon

Ein in der Natur vorkommendes radioaktives Edelgas, das Lungenkrebs verursacht. In bestimmten Gegenden Deutschlands tritt Radon in erhöhtem Maße aus dem Erdboden aus und kann durch schlecht gedämmte Fundamente und Kellerwände in Häuser und Wohnungen eintreten. Auch bestimmte Baustoffe (u.a. Basalt, Tuff, Granit) können das Gas absondern. Das Bundesamt für Strahlenschutz (BfS) hat eine Karte erstellt, die die Höhe der Belastung bundesweit wiedergibt. Wenig betroffen ist danach die norddeutsche Tiefebene (Ausnahme Ostseeküste); höher belastet sind Eifel, Erzgebirge, Fichtelgebirge, Schwarzwald, Bayerischer Wald. Das Radon-Handbuch-Deutschland des BfS gibt Informationen auch zu Schutzmaßnahmen.

Je nach Strahlenbelastung der Bodenluft hat das Bundesamt für Strahlenschutz Deutschland in drei Vorsorgegebiete unterteilt, in denen unterschiedliche bauliche Maßnahmen zum Schutz vorgeschlagen werden:

- Vorsorgegebiet I: Einziehen einer 15 cm dicken Betonplatte in Keller oder Fundament / Abdichtung von Leitungen
- Vorsorgegebiet II: (Folien-) Abdichtung unterhalb der Bodenplatte und Abluftdränage
- Gebiet III: Anstelle Betonplatte spezielle Fundamentplatte.

Generell in Radongebieten empfohlen:

- Verstärktes Lüften in Keller- und Erdgeschoss
- Schlafzimmer in Einfamilienhäusern in oberen Stockwerken anlegen

Für Altbauten bietet sich die Nachrüstung mit Absauganlage / Abluftventilator an. Sicherheit über eine mögliche Belastung kann nur eine Messung durch ein privates Messbüro erbringen. Dazu muss eine Messdose über längere Zeit im Raum angebracht werden. Erdwärmetauscher (insbesondere offene Kieswärmetauscher) können in radonbelasteten Gebieten Radon ins Haus befördern.

Weitere Infos: www. bfs.de

Siehe / Siehe auch: Mietminderung, Sachmangel (im Mietrecht)

Räumungsfrist

Die Räumungsfrist soll einem Mieter, der seine Wohnung räumen muss, die Möglichkeit geben, sich um eine neue Wohnung zu kümmern und Obdachlosigkeit zu vermeiden. Die Räumungsfrist muss der auf Räumung verklagte Mieter beantragen, und zwar bis Ende der letzten mündlichen Gerichtsverhandlung in der Sache.

Über die Dauer der Frist entscheidet das Gericht, sie muss „den Umständen nach angemessen" sein. Üblicherweise beträgt sie drei Monate. Bei fristloser Kündigung wegen Zahlungsverzuges gestatten z.T. Gerichte eine Räumungsfrist von zwei Monaten ab Zustellung des Urteils. Sie kann allerdings von der Bedingung abhängig gemacht werden,

dass bis zum Auszug pünktlich die Miete – bzw. eine Nutzungsentschädigung in Höhe der Miete – gezahlt wird. Im Einzelfall kann auch einem Mieter, der selbst gekündigt hat, eine Räumungsfrist eingeräumt werden. Eine Räumungsfrist kann mehrfach verlängert werden. Gründe dafür können besondere Härtefälle sein (Obdachlosigkeit droht, Familie müsste in Notunterkunft ziehen, Risikoschwangerschaft).
Ihre maximale Dauer beträgt ein Jahr. Eine derart lange Frist wird auch als gerechtfertigt angesehen, wenn dadurch z.B. ein Zwischenumzug umgangen werden kann. Der Verlängerungsantrag muss bis spätestens zwei Wochen vor Ablauf der Räumungsfrist beim zuständigen Gericht gestellt werden. Er muss mit einer Begründung versehen sein.
Während die Räumungsfrist läuft, muss der Mieter weiter Miete zahlen – und er ist verpflichtet, sich intensiv um eine neue Wohnung zu kümmern. Ein längerer Urlaub des Mieters kann eine Fristverlängerung verhindern (so das Landgericht Stuttgart, WM 90, 447). Der Mieter kann auch vor Ende der Frist ausziehen – sobald er eine neue Wohnung gefunden hat. Keine Räumungsfrist gibt es für gewöhnlich bei Zeitmietverträgen. Allerdings können in ganz besonderen Härtefällen auch hier über den allgemeinen Vollstreckungsschutz der Zivilprozessordnung Räumungsfristen zugestanden werden.
Vollstreckungsschutz kann auch bei unbefristeten Mietverträgen beantragt werden, selbst nach Ablauf einer einjährigen Räumungsfrist. Er wird jedoch nur in ganz besonderen Härtefällen gewährt, in denen eine Zwangsräumung als sittenwidrig erscheinen würde (Beispiel: Mieter ist alt und gebrechlich, bei Zwangsräumung besteht Lebensgefahr).
Siehe / Siehe auch: Beendigung eines Mietverhältnisses, Nutzungsentschädigung, Räumung (Mietwohnung)

Rahmenfüllungstür

Die Rahmenfüllungstür ist eine Tür, deren Türblatt aus einer mehrere Felder bildenden Rahmenkonstruktion besteht, in die Holztafeln – oder auch Verglasungen – als Füllungen eingesetzt werden. Rahmenfüllungstüren sind noch heute in zahlreichen Altbauten anzutreffen. Es handelt sich um eine anspruchsvollere Bauart, die historisch vor allem in Bürgerhäusern und Repräsentationsbauten verwendet wurde, während in Bauernhäusern oft eher einfache Bretter- oder Bohlentüren anzutreffen waren.

Rampe

Eine Rampe ist eine schiefe Ebene zum Überbrücken von Höhenunterschieden. Der Begriff stammt aus dem Französischen rampe und bedeutet geneigte Fläche, Abhang oder Verladerampe. Rampen werden in ihrem Steigungsverhältnis und Neigungswinkel unterschieden. Während die Flachrampe (bis 6 Grad Neigung) keine besondere Behandlung bei der Rutschfestigkeit des Belages benötigt, unterstützen Trittleisten oder Flachstufen das gefahrlose Begehen der Steilrampen (bis 24 Grad Neigung).
Wie bei der Treppe sollte bei den Stufen und Leisten einer Rampe das regelmäßige Steigungsverhältnis eingehalten werden. Wegen ihres geringen Steigungsmaß oder Neigungswinkels sind Rampen einerseits bequem zu begehen, andererseits benötigen sie mehr Platz als Treppen. Sie treten dort auf, wo Höhenunterschiede mit Rädern überwunden werden müssen (Rollstuhlfahrer, Fahrräder, Autos etc.). Zwischen Treppe und Rampen gibt es einige Mischformen, wie die Treppenrampe, die Kinderwagenrampe und Treppe mit Fahrradrampe. Die ungewöhnlich tiefen und stark geneigten Stufen der Treppenrampe stellen selbst eine Folge kleiner Rampen dar und ermöglichen so einen leichteren, müheloseren Aufstieg als es bei einer Treppe möglich wäre. Die Kinderwagenrampe ist eine Kombination aus einer schmalen Treppe, die beidseitig von einer steilen Rampe flankiert wird. Dagegen benötigt die Treppe mit Fahrradrampe nur eine flankierende Rampe zum Hochschieben oder Herunterrollen des Rades. Wegen ihres großen Platzbedarfs werden die meisten Rampen überwiegend im Außenbereich verwendet.
Siehe / Siehe auch: Freitreppen, Gebäudetreppen, Steigungsverhältnis

RAN

Abkürzung für: Richtlinien für die Anlagen der Nebenbetriebe an den Bundesautobahnen

Rang im Grundbuch

Der Rang von Eintragungen in den Abteilungen II und II des Grundbuchs ist bedeutsam für die Beurteilung des Sicherheitsgrades der eingetragenen Last, Beschränkung oder des eingetragenen Grundpfandrechts. Dies spielt dann eine große Rolle, wenn der Grundstückeigentümer Verbindlichkeiten beziehungsweise Berechtigungen Dritter, die im Grundbuch abgesichert werden, im Falle der Überschuldung nicht mehr befriedigen oder gewähren kann. Kommt es dann zur Zwangsversteigerung werden die Ansprüche nach dem Rang ihrer Absicherung befriedigt.

Abgesehen von öffentlichen Lasten, die auch ohne Eintragung im Grundbuch privilegiert sind und vorab befriedigt werden, sind die eingetragenen Lasten, Beschränkungen und Grundpfandrechte ihrer Rangreihenfolge nach eingestuft. Je nach Gebot entscheidet der Zuschlag, welche Eintragungen noch Bestand haben und welche ihre dingliche Rechtswirkung verlieren.

Hinsichtlich der gesetzlichen Rangfolge gelten folgende Grundregeln:

Bei Eintragungen innerhalb einer Abteilung ist die Reihenfolge der Eintragung für die Rangfolge maßgebend. Bei Eintragungen in sowohl der I als auch der II Abteilungen ist das Datum der Eintragung im Hauptbuch zur Bestimmung der Rangfolge maßgeblich. Am selben Tag eingetragene Rechte haben Gleichrang.

Rangänderungen

Vertraglich kann die Rangreihenfolge zwischen den am Grundstück Berechtigten durch Vereinbarung geändert werden. Sind Grundpfandrechte davon betroffen, ist die Zustimmung des Grundstückseigentümers hierfür erforderlich.

Rangänderungen sind in manchen Fällen die Voraussetzung für Neueintragungen. So muss beispielsweise ein Erbbaurecht stets an erster Rangstelle eingetragen werden. Ist das Grundstück an erster Rangstelle mit einem Vorkaufsrecht belastet, muss der Vorkaufsberechtigte mit seinem Vorkaufsrecht im Rang zurücktreten. Weigert er sich, ist eine Begründung des Erbbaurechts ausgeschlossen. In vielen Fällen ist die Einräumung der ersten Rangstelle eines Grundpfandrechts Vorbedingung für die Beleihung.

Vorrangige Rechte müssen dann zurücktreten, wenn die Beleihung nicht scheitern soll. Dies gilt vor allem bei wertmäßig bedeutsamen Rechten wie eine Reallast oder einem Nießbrauchrecht.

Nachrangig abgesicherte Gläubiger lassen für den Fall der Befriedigung der vorrangig abgesicherten Forderungen in der Regel eine Löschungsvormerkung eintragen. Ihr liegt die Verpflichtung des Eigentümers zugrunde, in solchen Fällen das vorrangige Grundpfandrecht löschen zu lassen.

Rangvorbehalt

Der Rangvorbehalt ermöglicht dem Eigentümer eines Grundstücks, bei Begründung eines Rechtes an seinem Grundstück durch einen Dritten, eine vorausgehende Rangstelle für sich offen zu halten. Der Rangvorbehalt wird im Grundbuch eingetragen. Der Eigentümer kann dies dazu nutzen, später vorrangige dinglich absicherbare Rechte an rangbesserer oder ranggleicher Stelle eintragen zu lassen. Durch den Rangvorbehalt wird das Prinzip, wonach sich die Rangstelle nach der zeitlichen Reihenfolge der Eintragungen bestimmt, außer Kraft gesetzt. Das bedeutet für den Eigentümer ein Stück Eigentumsvorbehalt.

Der Rangvorbehalt ist weder abtretbar noch pfändbar. Für den Inhaber des nachrangigen Rechtes bedeutet der Rangvorbehalt eine inhaltliche Beschränkung.

Siehe / Siehe auch: Löschungsanspruch, Öffentliche Lasten

Rangänderung (der im Grundbuch eingetragenen Rechte)
Siehe / Siehe auch: Rang im Grundbuch

Rangstelle / Rangverhältnis (Grundbuch)
Siehe / Siehe auch: Öffentliche Lasten, Rang im Grundbuch

Rangvorbehalt
Siehe / Siehe auch: Rang im Grundbuch

Ratcheteffekt

Der Wohnungsmarkt kennt eine Reihe von Erscheinungen, die die sich auf die Entwicklung von Einkommens- / Mietenrelation beziehen. Hierzu zählt der Racheteffekt. Früher stand im Zentrum der Betrachtung die Starrheit des sogenannten Notbedarfs. Zu diesem Notbedarf zählt das „Dach über dem Kopf". Für die Befriedigung dieses Notbedarfs sind Haushalte mit geringem Einkommen bereit einen sehr hohen Anteil hiervon zu Lasten anderer Konsummöglichkeiten auszugeben (Schwabe'sches Gesetz). Lütge hat dies modifiziert, in dem er die soziale Statuskomponete berücksichtigte. (Gesetz des sozialbedingten Wohnungsaufwandes). Der Ratchet- oder Einklinkeffekt beschreibt ein Phänomen, das sich aus der Veränderung der Konsumstruktur der Haushalte bei steigendem Einkommen ergibt. Unter dem Einfluss des Sozialprestiges leisten sich Haushalte mit steigendem Einkommen einen zunehmend höherwertigen Wohnkonsum und legen sich damit auf ein hohes Wohnkonsumniveau langfristig fest. Sie „klinken" die Entwicklung ihres Konsumniveaus an ihre positive Einkommensentwicklung an. Nach James S. Duesenberry, der dieses Verhalten analysiert hat, wird das hohe Konsumniveau aber bei sinkendem Einkommen beibehalten. Die Entscheidung zum hohen Wohnkonsum ist in vielen Fällen sogar irreversibel.

Dies führt zunächst dazu, dass sich die Sparquote der betroffenen Haushalte vermindert. Bei weiterem Sinken des Einkommens können die aufgenommenen Kredite nicht mehr bedient werden. Ein rechtzeitiges Ausklinken, das wiederum mit Kosten verbunden ist, unterbleibt, so dass am Ende die Zwangsversteigerung steht. Um diesem Effekt entgegenzuwirken, sollte im Zusammenhang mit der Finanzierungsberatung von Immobilieninteressenten dessen individuelle Einkommensentwicklung genau analysiert werden.

Die daraus entstehenden Risiken sollten zusätzlich abgesichert werden. Ziel sollte es stets sein, dass zum voraussichtlichen Zeitpunkt einer Einkommensschrumpfung (beispielsweise beim Übergang ins Rentnerdasein) die Schulden getilgt sind.

Rauchen in der Mietwohnung

Rauchende Mieter sorgen immer wieder für Prozesse. Die Rechtsprechung zu diesem Thema ist uneinheitlich. Fest steht, dass Rauchen in der Wohnung und auf dem Balkon erlaubt ist. Formularmäßige Mietvertragsklauseln, die es verbieten, sind überraschend und daher unwirksam (z.B. LG Köln, Az. 9 S 188/98, AG Albstadt Az. 1 C 288/92). Der Mieter muss vor Vertragsabschluss keine Auskunft darüber geben, ob er Raucher ist. Als individuelle Vereinbarung im Mietvertrag wird ein Rauchverbot als zulässig angesehen (AG Rastatt, Urt. vom 26.4.2005, Az.: 3 C 341/04).

Ob es jedoch auch Gäste und Lebenspartner bindet, ist fraglich. Unterschiedlicher Ansicht sind die Gerichte jedoch, wenn es um die Beseitigung der Folgen des Tabakkonsums geht. Einige Gerichte sehen das Rauchen generell als von der vertragsgemäßen Wohnungsnutzung umfasst an. Damit hat der Vermieter keinen Anspruch auf Schadenersatz für vergilbte Teppichböden, Tapeten, Kunststoffteile oder auf Schönheitsreparaturen über das vertraglich festgesetzte Maß hinaus (LG Hamburg, Az. 333 S 156/00, LG Landau, Az. 1 S 125/01).

Andere Gerichte machen dies vom Umfang des Rauchens abhängig und sehen starke Raucher sehr wohl in der Pflicht, derartige Schäden auf eigene Kosten zu beseitigen (LG Baden-Baden, Az. 2 S 138/00, AG Tuttlingen, Az. 1 C 52/99, AG Cham, 1 C 0019/02). Problematisch ist in derartigen Fällen die Beweisführung für starkes Rauchen.

Wenn eine Schönheitsreparaturen-Klausel unwirksam ist, kann der Vermieter seine Forderung nach gründlicher Endrenovierung der Wohnung nicht auf exzessives Rauchen des Mieters stützen. So entschied der Bundesgerichtshof (Urt. vom 28.6.2006, Az. VIII ZR 124/05). Ein individualvertragliches Rauchverbot bestand in diesem Fall nicht.

In Gemeinschaftsräumen (Flur, Treppenhaus, Keller) kann der Vermieter das Rauchen untersagen (AG Hannover, Az. 70 II 414/99). Tabakrauch, der durch ein Fenster hereinzieht, weil der Nachbar auf dem Balkon oder bei offenem Fenster raucht, muss akzeptiert werden (AG Hamburg, Az. 102 e II 368/00). Zieht allerdings der Rauch aufgrund von Baumängeln in eine Nichtraucher-Wohnung, kann deren Mieter Anspruch auf eine Mietminderung haben (LG Stuttgart, Az. 5 S 421/97).

Siehe / Siehe auch: Schönheitsreparaturen

Rauchmelder

Bei Wohnungsbränden fordert nicht das Feuer selbst, sondern der Rauch die meisten Todesopfer. In einigen Bundesländern ist daher der Einbau von Rauchmeldern zur Pflicht gemacht worden. Dies wird in der jeweiligen Landesbauordnung geregelt. In Schleswig-Holstein ist seit 2005 für Neubauwohnungen vorgeschrieben, dass in Schlafräumen, Kinderzimmern und im Flur zumindest ein Rauchmelder installiert sein muss. Bestehende Objekte müssen bis 31.12.2009 mit Rauchmeldern ausgestattet werden.

In Rheinland-Pfalz und Saarland existieren ähnliche Regelungen. In Hamburg besteht seit Inkrafttreten der neuen Bauordnung am 1.4.2006 die Pflicht, Schlafräume, Kinderzimmer und als Rettungswege dienende Flure von Neubauten mit Rauchmeldern auszustatten. Für Bestandswohnungen existiert eine Nachrüstpflicht bis 31.12.2010. Auch Mecklenburg-Vorpommern hat mit Wirkung zum 1.9.2006 eine Rauchmelderpflicht für Neubauwohnungen eingeführt. Bestandswohnungen sind bis 31.12.2009 nachzurüsten. Besonderheit: In Mecklenburg-Vorpommern ist der Besitzer der Wohnung der Verpflichtete – nicht der Eigentümer. Gegebenenfalls hat also der Mieter die Rauchmelder zu installieren und zu bezahlen.

Moderne optische Rauchmelder besitzen eine Messkammer, in die eine Leuchtdiode regelmäßig Lichtstrahlen sendet. Im Normalfall trifft das Licht nicht auf das eingebaute Fotoelement. Wenn Rauch in den Rauchmelder eintritt, wird das Licht vom Rauch reflektiert, trifft auf die Fotolinse und löst Alarm aus. Tabakrauch soll bei modernen Geräten keinen Alarm auslösen.

Optische Rauchmelder sollten folgende Merkmale erfüllen:
- VdS-Prüfzeichen
- Warnfunktion bei Nachlassen der Batterieleistung
- batteriebetrieben
- Testknopf zur Funktionsüberprüfung
- Rauch kann von allen Seiten in Melder eindringen

Siehe / Siehe auch: Brandschutz, Verband der Sachversicherer / VdS

Raumindex

Im Gegensatz zum Zeitreihenindex ist der Raumindex eine Vergleichsbasis für Preisniveaus von Immobilien für unterschiedliche Teilräume. Der übergeordnete Raum (z.B. ein Bundesland) erhält als Basisraum die Indexzahl 100. Das Preisniveau untergeordneter Räume (z.B. Regierungsbezirke, Land- und Stadtkreise) kann an dieser Raumbasis gemessen werden. Dabei haben die Teilräume mit einer Indexzahl von > 100 ein höheres und die Teilräume mit einer Indexzahl von

Siehe / Siehe auch: RDM-Preisspiegel

Raumordnung

Die Aufgaben, Leitvorstellungen und Grundsätze der deutschen Raumordnung sind im Raumordnungsgesetz (ROG) wiedergegeben. Zu den Aufgaben der Raumordnung zählt die Entwicklung, Ordnung und Sicherung des Gesamtraumes der Bundesrepublik Deutschland durch zusammenfassende überregionale Raumordnungspläne und durch Abstimmung raumbedeutsamer Planungen und Maßnahmen. Die dabei zu beachtenden Grundsätze sind vielfältig. Sie reichen von der Entwicklung und Erhaltung einer ausgewogenen Siedlungs- und Freiraumstruktur über die Erhaltung der dezentralen Siedlungsstruktur und die Sicherung der Verdichtungsräume als Wohn-, Produktions- und Dienstleistungsschwerpunkte bis hin zum Schutz von natürlichen Lebensgrundlagen und der Pflege von Natur und Landschaft. Eine der Leitvorstellungen besteht darin, dass auf gleichwertige Lebensbedingungen in den Teilräumen hingewirkt werden soll. In die Leitvorstellungen und Grundsätze sollen alle Planungsebenen eingebunden werden – die Landesentwicklungspläne, die Regionalpläne bis hin zu den Flächennutzungsplänen.

In den Ländern Berlin, Hamburg und Bremen erfüllen die Flächennutzungspläne die Funktion eines Regionalplanes. Die Verzahnung der Bauleitplanung mit den Zielen der Raumordnung ist im Baugesetzbuch vorgeschrieben.

Räumung (Mietwohnung)

Räumung beschreibt das Verlassen einer Mietwohnung meist auf Aufforderung des Vermieters nach Ende des Mietverhältnisses. Leistet der Mieter dieser Aufforderung nicht Folge, kann der Vermieter den Gerichtsweg einschlagen und eine Räumungsklage einreichen. Verurteilt das Gericht den Mieter zur Räumung, bleibt ihm eine angemessene Räumungsfrist (meist drei Monate, höchstens aber ein Jahr). Durch ein Räumungsurteil wandelt sich das Mietverhältnis in ein Nutzungsverhältnis um. Räumt der Mieter auch nach Ablauf der Räumungsfrist die Wohnung nicht, kann der Vermieter mit dem Räumungsurteil den Gerichtsvollzieher zur Zwangsräumung heranziehen. Dies ist allerdings für den Vermieter mit Kostenrisiken verbunden. So muss eine Sicherheit für das Einlagern der Wohnungseinrichtung des ehemaligen Mieters hinterlegt werden, deren Höhe sich nach der Zimmeranzahl der Wohnung richtet.

Siehe / Siehe auch: Nutzungsverhältnis, Räumungsfrist, Wiedereinweisung, Zwangsräumung

RBerG

Abkürzung für: Rechtsberatungsgesetz

RdErl.

Abkürzung für: Runderlass

RDM

Abkürzung für: Ring Deutscher Makler
Siehe / Siehe auch: Maklerverbände

RDM-IMMONET
Siehe / Siehe auch: IMMONET - RDM IMMONET

RDM-Preisspiegel (IVD-Preisspiegel)

Der jeweils im Sommer eines jeden Jahres veröffentlichte RDM-Preisspiegel enthält Preise für eine Reihe von Miet- und Kaufobjekten in den deutschen Städten, wie sie im Frühjahr für die Objekte bezahlt wurden.

Entstanden ist der RDM Preisspiegel nach Vorarbeiten des RDM-Bayern im Jahre 1969 auf der Grundlage von definierten Normobjekten die den Gesamtmarkt repräsentieren. Ausgewählte RDM Marktberichterstatter schließen von den tatsächlich am Markt erzielten Preisen ihrer individuellen Bezugsobjekte mit Hilfe von aus der Erfahrung gewonnener Umrechnungsfaktoren auf Preise dieser Normobjekte. Der erste bundesweite Preisspiegel erschien 1971. Bei den ermittelten Preisen des RDM-Preisspiegels handelt es sich um Schwerpunktpreise für genau gekennzeichnete Normobjekte und nicht um Preisspannen. Er gilt deshalb heute aufgrund seiner Konstruktion als die einzige Informationsquelle, die es ermöglicht, Konjunkturschwankungen über einen derart langen Zeitraum zu verfolgen. Außerdem besteht die Möglichkeit, Raumindices zu erstellen, die die verschiedenen Städte hinsichtlich ihrer Immobilienpreisniveaus vergleichbar macht. Neben Preisdaten werden auch die den Marktumfang und die Markttendenz kennzeichnenden Indikatoren ermittelt.

Gegenstand der Erfassung von Kaufpreisen sind folgende Objekte

- Baugrundstücke für Ein- und Zweifamilienhäuser für drei Lagekategorien
- Baugrundstücke für Mehrfamilienhäuser mit einer GFZ von 0,8 für drei Lagekategorien
- Freistehende Einfamilienhäuser aus dem Bestand (vier Qualitätskategorien)
- Doppelhaushälften aus dem Bestand (drei Qualitätskategorien) – nur in Bayern
- Reiheneinfamilienhäuser aus dem Bestand (drei Qualitätskategorien)
- Eigentumswohnungen aus dem Bestand (vier Qualitätskategorien)
- Wohnhäuser zur Kapitalanlage (zwei Alterkategorien)
- Geschäftsobjekte, Büroobjekte, Logistikobjekte und Einkaufscenter (nur in Bayern)

Außerdem werden Mietpreise erhoben für:

- Altbauwohnungen (drei Wohnwertkategorien)
- Neubauwohnungen aus dem Bestand (drei Wohnwertkategorien)
- Neubauwohnungen Erstbezug (zwei Wohnwertkategorien)
- Reiheneinfamilienhäuser aus dem Bestand (drei Wohnwertkategorien) nur in Bayern
- Reiheneinfamilienhäuser Erstbezug (drei Wohnwertkategorien) nur in Bayern
- Ladenlokale 1a Geschäftskern (zwei Größenkategorien)
- Ladenlokale 1b Geschäftskern (zwei Größenkategorien)
- Ladenlokale 1a Nebenkern (zwei Größenkategorien)
- Ladenlokale 1b Nebenkern (zwei Größenkategorien)
- Büroobjekte (drei Nutzungswertkategorien)

Der RDM-Preisspiegel war bisher Grundlage zahlreicher wissenschaftlicher Arbeiten. Jan Linsin analysierte auf der Grundlage des RDM Preisspiegels in seiner Dissertation „Der westdeutschen Markt für Einzelhandelsimmobilien" die mietpreisdeterminierenden Faktoren im Kontext sich wandelnder Betriebsformen und der Änderungen im Konsumverhalten (Freiburg 2004).
Daten aus dem RDM Preisspiegel fließen auch regelmäßig ein in die Wohngeld- und Mietenberichte der Bundesregierung, sowie in zahlreiche Veröffentlichungen der Bundesländer und Städte.
Hinzuweisen ist darauf, dass auch der VDM seit 1986 Preisspiegel herausgibt, der im Gegensatz zum RDM-Preisspiegel Preisspannen angibt. Nach Vereinigung von RDM und VDM zum Immobilienverband Deutschland IVD Bundesverband der Immobilienberater, Makler, Verwalter und Sachverständigen e. V. wurde der RDM-Preisspiegel 2005 erstmals unter der Bezeichnung IVD-Preisspiegel herausgebracht.

Siehe / Siehe auch: Normobjekt

Rdnr.
Abkürzung für: Randnummer

Rdnrn.
Abkürzung für: Randnummern

Rdz.
Abkürzung für: Randziffer

RE
Abkürzung für: Rechtsentscheid

Reaktionsgruppen / Controlling der Werbeaktivitäten
Als Reaktionsgruppen bezeichnet man die in einem Einteilungsraster erfassten Gruppen von Personen bzw. Institutionen, die auf Werbemaßnahmen reagieren. Beim Controlling der Werbeaktivitäten von Maklern (Objektwerbung in Zeitungsanzeigen oder Internetwerbung) wird zwischen drei verschiedenen Personengruppen unterschieden.
Die erste Reaktionsgruppe stellen die „Direktinteressenten" dar. Sie kommen unmittelbar als Verhandlungs- und Vertragspartner in Frage. Dabei ist zu unterscheiden, ob es sich um Erstkontakte handelt oder um Kontakte von bereits im Maklerunternehmen registrierten Interessenten.
Die zweite Gruppe sind potenzielle Interessenten, die zwar nicht für das beworbene Objekt in Frage kommen, aber Interessenten für andere Objekte des vom Makler bearbeiteten Objektsortiments sein können. Auch hier wird unterschieden zwischen Erstkontakten und Wiederholungskontakten von bereits registrierten Kunden.
Zur dritten Gruppe zählen die „Nichtinteressenten". Eine Analyse der Reaktionsgruppen lässt Schlüsse auf den Werbeerfolg zu. Beim vorzunehmenden Ranking nimmt die Bewertung der geschilderten Gruppen nach der oben geschilderten Reihenfolge ab: Gruppe IA und IB (Direktinteressenten), Gruppe IIA und IIB (mögliche Interessenten) und Gruppe III (keine Interessenten.).
Dominiert unter den Reaktionsgruppen Gruppe IA / IB, kann von einer hohen Wahrscheinlichkeit ausgegangen werden, dass die Werbemaßnahme zum Erfolg führt. Bei der Gruppe IIA / IIB ist ein Erfolgsbeitrag möglich, während die Gruppe III keinen Erfolgsbeitrag liefern kann. Die Struktur der Reaktionsgruppen spiegelt die Werbequalität wieder.

Real Estate Investment Trust (REIT)
Unter Real Estate Investment Trust (REIT) versteht man eine indirekte Immobilienanlage. Bereits seit dem Jahr 1960 existiert das Modell eines REIT in den USA. Dabei investieren börsennotierte US-Aktiengesellschaften mindestens 75% ihres Kapitals in Immobilien. Parallel dazu müssen 75% des Bruttogewinnes aus Mieteinnahmen von Immobilien stammen. Derzeit notieren an den US-Börsen 300 Gesellschaften, die Immobilien im Wert von rund 61 Mrd. Dollar halten.
Weitere Kennzeichen:
- 95% ihrer erwirtschafteten Erträge müssen die REITs an ihre Anteilseigner ausschütten.
- Durchschnittsrendite in den letzten 25 Jahren 12,8%
- Geringe Kursschwankungen
- Die Zahl der Aktionäre muss mindestens 100 betragen
- Kein Aktionär darf mehr als 49% des Aktienstocks halten
- REITS unterliegen nicht der amerikanischen Körperschaftssteuer

Das Konzept wurde von anderen Ländern als Vorbild gesehen und hat sich weltweit bereits in 20 Staaten etabliert. Inzwischen gibt es REITs in Belgien („SICAFI"), den Niederlanden („FBI"), Frankreich („SIIC"), Japan, Südkorea, Singapur und Hongkong. In Großbritannien wurden die gesetzlichen Grundlagen für REITs (Property Investment Fund) geschaffen. Bei den europäischen REITs gibt es unterschiedliche Ausschüttungsvorschriften. Sie liegen zwischen 80% und 100%.
In Deutschland wird die Schaffung gesetzlicher Grundlagen für REITs vordringlich behandelt. Man erhofft sich durch die Verbriefung des Immobilienbestandes deutscher Unternehmen und der Wohnungsbestände deutscher Wohnungsunternehmen und Städte eine erhebliche Kapitalzufuhr unter der Bedingung, dass die verlässliche Besteuerung beim Anleger sichergestellt wird und positive Wirkungen auf Immobilienmarkt und Standortbedingungen zu erwarten sind.
Siehe / Siehe auch: Immobilienaktiengesellschaften

Real Estate Norm
Instrumentarium zur Grundstücksflächen- und Gebäudeanalyse, das in einem Handbuch eine eindeutige und unmissverständliche Definition von Kriterien auf einer festgelegten Skala liefert und damit den Vergleich von Grundstücken, Gebäuden und Projekten objektiviert. Herausgeber des Handbuchs ist die Real Estate Norm Netherlands Foundation

Real Estate Opportunity Fonds
Real Estate Opportunity Fonds sind Opportunity Fonds, die sich auf Investitionen am Immobilienmarkt fokussiert haben. Diese noch vergleichs-

weise junge Klasse von Fonds hat sich in den vergangenen Jahren, zunächst ausgehend vom angelsächsischen Sprachraum, immer stärker an den internationalen Immobilienmärkten etabliert und spielt hier eine ähnliche Rolle wie Private-Equity-Fonds am Markt für Unternehmensbeteiligungen.

Im Unterschied zu langfristig orientierten Immobilieninvestoren streben Real Estate Opportunity Fonds bei ihren Investitionen vor allem die Realisierung von Wertsteigerungen nach relativ kurzer Haltedauer von etwa fünf Jahren, oft auch weniger, an. Dabei kalkulieren sie mit Eigenkapitalrenditen in der Größenordnung von etwa 20%.

Als Investitionsobjekte kommen Immobilien unterschiedlichster Nutzungsarten in Frage; die Palette reicht dabei von Grundstücksentwicklungen über Projektentwicklungen bis hin zu Bestandsimmobilien mit entsprechendem Wertsteigerungspotenzial. Die von den Fonds genutzten Möglichkeiten zur Realisierung von Wertsteigerungen ergeben sich beispielsweise aus der Optimierung des Vermietungsmanagements, der Nutzung von Baureserven, Privatisierungsaktivitäten oder aus der Entwicklung von Bestandsobjekten, die revitalisiert oder für neue Nutzungen aufbereitet werden. Darüber hinaus nutzen Real Estate Opportunity Fonds häufig die zyklischen Entwicklungen an den Immobilienmärkten, indem sie in Marktabschwungphasen antizyklisch investieren und die erworbenen Objekte in Aufschwungphasen wieder veräußern.

Siehe / Siehe auch: Immobilienfonds

Realkredit

Realkredite sind langfristige Kredite (Kredite mit einer Mindestlaufzeit von 4 Jahren) die durch im Grundbuch eingetragene Grundpfandrechte abgesichert sind. Sie werden nach einer Beleihungsprüfung des zu beleihenden Objektes gewährt. Die Beleihungsgrenze für einen Realkredit liegt bei 60% des Beleihungswertes. Sofern die Beleihungsgrenze überschritten wird, hängt die Gewährung des Kredits in besonderem Maße von der persönlichen Kreditwürdigkeit des Darlehensnehmers ab. Realkredite werden nicht nur durch Realkreditinstitute gewährt (Pfandbriefbanken und Landesbanken mit Pfandbriefprivileg) sondern auch durch Sparkassen, Bausparkassen und in eingeschränktem Umfange Genossenschaftsbanken. Auch Versicherungsgesellschaften gewähren aus ihrem Deckungsstock Realkredite. Je nach Art der Gewährung und der Refinanzierung der Realkredite sind besondere Gesetze und Vorschriften zu beachten, die der jeweils besonderen Form des gesicherten Realkredites Rechnung tragen, so vor allem das Kreditwesengesetz, aber auch das Pfandbriefgesetz, das Gesetz über Bausparkassen und das Gesetz über die Beaufsichtigung der Versicherungsunternehmen.

Reallast

Eine Reallast belastet ein Grundstück dergestalt, dass dieses für wiederkehrende Leistungen des Berechtigten dinglich haftet. Mit einer Reallast können sowohl wiederkehrende Geldleistungen (Erbbauzinsen, Kaufpreisrenten, Überbaurenten) als auch Naturalleistungen etwa im Rahmen eines Leibgedings abgesichert werden. Der durch die Reallast Begünstigte muss nicht eine bestimmte Person sein. Es kann sich auch um den jeweiligen Eigentümer eines anderen Grundstücks handeln. Der Eigentümer des belasteten Grundstücks haftet für die Erbringung der Leistungen nicht nur dinglich, sondern auch persönlich.

Siehe / Siehe auch: Erbbauzinsen, Leibgeding, Überbau

Realteilung

Von Realteilung im Grundstücksverkehr wird dann gesprochen, wenn Miteigentumsanteile an einem Grundstück so aufgeteilt werden, dass jeder Miteigentümer des Gesamtgrundstücks Alleineigentümer eines Grundstücksteils wird. Der Vollzug erfolgt durch Vermessung und Zuschreibung der neu entstandenen Grundstücke in die für die neuen Alleineigentümer anzulegenden Grundbücher.

Rechenschaftsbericht

Zur Information der Anleger bei offenen Immobilienfonds wird zum Geschäftsjahresende ein Rechenschaftsbericht erstellt, der über die Entwicklung des Fonds, das Immobilienportfolio, die Ausschüttung sowie die Anlagepolitik des jeweiligen Fonds informiert. Darüber hinaus erscheint jeweils zur Mitte des Geschäftsjahres für jeden Fonds ein Halbjahresbericht.

Rechenschaftsbericht bei offenen Immobilienfonds

Offene Fonds müssen einmal jährlich einen Rechenschaftsbericht erstellen sowie zwei Halbjahresberichte. Ein Verkaufsprospekt muss parallel dazu über die Anlagegrundsätze und Kosten informieren. Diese Unterlagen müssen dem Käufer zur Einsicht in geeigneter Weise angeboten werden. Der Rechenschaftsbericht erscheint einmal jährlich und beinhaltet eine Vermögensaufstellung, eine Aufwands- und Ertragsrechnung, die Höhe der eventuellen Ausschüttung sowie Informationen zur Geschäfts- und Fondsentwicklung. Die genauen inhaltlichen Anforderungen sind im Paragraf 44 Investmentgesetz festgelegt, die Veröffentlichungsfristen in Paragraf 45 InvG.

RechKredV
Abkürzung für: Verordnung zur Rechnungslegung der Kreditinstitute

Rechnungslegung
Abkürzung für: Rechnungslegung bezieht sich auf Berichte aus dem Rechnungswesen und der Geschäftsführung dessen, der fremdes Vermögen verwaltet. Inhalt und Umfang der Rechnungslegung sind im Einzelnen nicht vorgeschrieben, doch sind alle Einnahmen / Ausgaben des Abrechnungszeitraums nach Kostenarten gegliedert mit Bankkonten, Geldkonten, Geldanlagen und Rücklagen nachzuweisen. Die Belege sind geordnet vorzulegen. Im immobilienwirtschaftlichen Bereich unterliegen der Miethaus- und Vermögensverwalter, Wohnungseigentumsverwalter und Baubetreuer der Pflicht zur Rechnungslegung.

Rechnungsprüfung
In § 29 (3) WEG wird vorgeschrieben, dass der Wirtschaftsplan, die Abrechnung über den Wirtschaftsplan, Rechnungslegungen und Kostenanschläge vom Verwaltungsbeirat geprüft werden sollen. Diese Aufgabe kann delegiert werden. Der Prüfung unterliegen nur die gemeinschaftlichen Gelder, nicht etwa Buchungsvorgänge aus dem Bereich der Sondereigentumsverwaltung.

Rechtsbehelf
Fachausdruck für die Möglichkeit eines Bürgers, sich gegen amtliche Entscheidungen (z.B. Gebührenbescheid) zu wehren. Als Rechtsbehelfe gelten zum Beispiel: Einspruch, Widerspruch und Klage.

Rechtsentscheid
Der Rechtsentscheid war ein Instrument der Rechtsprechung, das nur für den Bereich des Wohnungsmietrechts eingeführt wurde. Er wurde allerdings im Zuge der Reform der Zivilprozessordnung vom 1.1.2002 wieder abgeschafft. Allerdings wirken ergangene Rechtsentscheide nach, so dass sie für die Beurteilung mietrechtlicher Sachverhalte weiterhin von großer Bedeutung sind. Um den Entscheidungsprozess in mietrechtlichen Angelegenheiten zu beschleunigen, wurde jedoch für bestimmte Fälle eine Sprungrevision vom Amtsgericht zum Bundesgerichtshof zugelassen. Die Sprungrevision muss beim Revisionsgericht beantragt werden und ist zuzulassen, wenn die Rechtssache von grundlegender Bedeutung ist oder der Fortentwicklung des Rechts dient. Der Prozessgegner muss mit einer Sprungrevision damit einverstanden sein.

Rechtsfähigkeit (Wohnungseigentümergemeinschaft)
Bisher wurde die Wohnungseigentümergemeinschaft, anders als eine natürliche Person oder ein Unternehmen oder ein Verein in der Form der juristischen Person nicht als selbständiges Rechtssubjekt anerkannt. Auch wenn Verträge im Namen der Wohnungseigentümergemeinschaft abgeschlossen wurden, war nicht die Gemeinschaft als solche, sondern die jeweils im Grundbuch eingetragenen einzelnen Wohnungseigentümer Vertragspartner. Nachdem der BGH (Beschl. vom 2.6.2005, V ZB 32/05) entschieden hatte, dass die Wohnungseigentümergemeinschaft rechtsfähig ist, soweit sie im Rahmen der Verwaltung des gemeinschaftlichen Eigentums am Rechtsverkehr teilnimmt, ist diese Frage nunmehr auch gesetzlich geregelt (WEG § 10 Abs. 6 und 7 WEG). Die Rechtsfähigkeit beschränkt sich dabei nicht nur auf das so genannte Außenverhältnis, also auf Rechtsgeschäfte und Rechtshandlungen mit Dritten, die Lieferungen oder Leistungen für die Gemeinschaft erbringen.
Die Rechtsfähigkeit erstreckt sich auch auf das Innenverhältnis der Wohnungseigentümer, so unter anderem auch auf die Geltendmachung von Beitrags- und Hausgeldvorschüssen oder von Schadensersatzansprüche oder anderen Forderungen (Sonderumlagen) der Gemeinschaft gegen einzelne Miteigentümer. Nicht der Rechtsfähigkeit unterliegen das Sonder- und das Gemeinschaftseigentum. Von der Rechtsfähigkeit ausgenommen bleibt auch die Anfechtung von Beschlüssen der Wohnungseigentümer. Hierbei handelt es sich um

die Willensbildung innerhalb der Gemeinschaft und nicht um eine Angelegenheit des rechtsgeschäftlichen Verkehrs bei der Verwaltung des gemeinschaftlichen Eigentums. Konkret wirkt sich die Rechtsfähigkeit insbesondere auch auf das Haftungssystem aus. Andererseits ergeben sich auch verfahrensrechtliche Konsequenzen insoweit, als die Wohnungseigentümergemeinschaft als solche klagen oder verklagt werden kann, wenn es um Forderungen oder Verbindlichkeiten geht, die das Verwaltungsvermögen betreffen. Insofern wird die Vorlage von Eigentümerlisten entbehrlich. Auch bei der Eintragung von Sicherungshypotheken oder bei der Kontoeröffnung kann nunmehr die Wohnungseigentümergemeinschaft als solche eingetragen werden, ohne dass sich alle Wohnungseigentümer persönlich ausweisen müssen. Auch der Übergang der anteiligen Instandhaltungsrückstellung auf den Ersteher in der Zwangsversteigerung ist nunmehr rechtlich geklärt.

Siehe / Siehe auch: Gesamtschuldnerische Haftung (Wohnungseigentümer), Haftung (Wohnungseigentümer), Insolvenzunfähigkeit (Wohnungseigentümergemeinschaft), Verwaltungsvermögen (Wohnungseigentümergemeinschaft)

Rechtshängigkeit

Von Rechtshängigkeit spricht man, wenn eine Klage nicht nur beim zuständigen Gericht eingegangen, sondern auch der Gegenseite zugestellt worden ist. Die Unterscheidung zwischen Anhängigkeit und Rechtshängigkeit kann aus Kosten- / Fristgründen relevant sein.

Rechtsmangel (Mietverhältnis)

Ein Rechtsmangel liegt vor, wenn durch das Recht eines Dritten dem Mieter der vertragsgemäße Gebrauch der gemieteten Sache ganz – oder zum Teil – entzogen wird.
Dies ist z.B. dann der Fall, wenn der Vermieter zur Gebrauchsüberlassung nicht in der Lage ist, weil ein Vormietberechtigter in den Vertrag eintritt oder der vorherige Mieter zu Recht die Rückgabe der Mietsache verweigert. Auch wenn der Vermieter gleichzeitig mit zwei Mietinteressenten Verträge abgeschlossen hat und ein Mieter eingezogen ist, liegt aus Sicht des anderen Mieters ein Rechtsmangel vor.

Siehe / Siehe auch: Sachmangel (im Mietrecht)

Rechtsp.

Abkürzung für: Rechtsprechung

Rechtsschutzversicherung

Versicherungsschutz, mit dem im Falle einer rechtlichen Auseinandersetzung die Streitkosten im Rahmen gehalten werden können. Je nach Risiko, gegen das versichert werden soll, kann zwischen unterschiedlichen Bausteinen gewählt werden. Kosten aus Rechtsstreitigkeiten mit Nachbarn, sowie rechtliche Konflikte aus Miet- und Pachtverhältnissen sind z.B. durch eine Haus- und Grundbesitzerrechtsschutzversicherung gedeckt. Streitigkeiten, die beim Errichten eines Bauwerks entstehen können, sind mit der Bauausschlussklausel jedoch grundsätzlich vom Versicherungsschutz ausgenommen.

Rechtsstreit, bürgerlicher

Wenn der Mieter dem Mieterhöhungsverlangen des Vermieters nicht zustimmt, muss zur Durchsetzung des Mieterhöhungsbegehrens Klage vor dem Zivilgericht erhoben werden. Bevor die Zwangsversteigerung in ein Grundstück betrieben werden kann, muss zuerst die Forderung gerichtlich festgestellt werden.
In beiden Fällen kommt es zu einem bürgerlichen Rechtsstreit. Der Rechtsstreit, die bürgerlich rechtliche Streitigkeit oder das streitige Verfahren – die Begriffe können synonym verwendet werden – haben festgelegte Vokabeln und unterliegen speziellen Regeln. Sie sind zu unterscheiden von dem Strafverfahren und dem verwaltungsgerichtlichen Verfahren. Den Ablauf eines bürgerlichen Rechtsstreits regelt die Zivilprozessordnung.

Siehe / Siehe auch: Privatklage

Rederecht (Wohnungseigentümerversammlung)

Grundsätzlich hat jeder Wohnungseigentümer in der Wohnungseigentümerversammlung das Recht, sich zu allen Angelegenheiten der Verwaltung des gemeinschaftlichen Eigentums gemäß Tagesordnung zu äußern. Das Rederecht ist deshalb „wesentliches Teilhaberecht" des Wohnungseigentümers, das ihm das Recht und die Möglichkeit gewährt, an der Verwaltung des gemeinschaftlichen Eigentums über die Ausübung des Stimmrechts hinaus teilzunehmen und auf die Meinungsbildung in der Versammlung Einfluss einzuwirken. Es ist insoweit dem Anspruch auf rechtliches

Gehör vergleichbar. Ein Entzug des Rederechts durch den Vorsitzenden der Versammlung ist, ausgenommen die Fälle einer Überschreitung der Redezeit, unzulässig. Selbst im Falle eines Stimmrechtsausschlusses kann das Rederecht nicht entzogen werden. Allerdings wäre ein entsprechender Geschäftsordnungsbeschluss auch im Falle der Annahme nicht selbständig anfechtbar.
Siehe / Siehe auch: Geschäftsordnung (Wohnungseigentümergemeinschaft), Redezeit (Wohnungseigentümerversammlung)

Redevelopment

Unter Redevelopment versteht man alle Maßnahmen, die ergriffen werden müssen, um eine nicht mehr den gewandelten Marktgegebenheiten entsprechende Immobilie so umzugestalten, dass sich die Ertrags- und/oder Nutzungssituation merklich verbessert und auf längere Zeit auf höherem Niveau als vorher stabilisiert wird. Redevelopment ist somit ein umfassender Begriff, der alle Maßnahmen abdeckt, die diesem Ziele dienen, insbesondere Instandhaltung, Modernisierung, Umbau, Revitalisierung, Flächenrecycling und dergleichen mit oder ohne Implementierung neuer Nutzungskonzepte. Redevelopment wird häufig mit dem Begriffspaar der Sanierung und Neuentwicklung in Verbindung gebracht.
Siehe / Siehe auch: Revitalisierung

Redezeit (Wohnungseigentümerversammlung)

Insbesondere in großen Eigentümergemeinschaften und bei umfangreicher Tagesordnung ist es grundsätzlich zulässig, die Redezeit und damit auch das Rederecht zu beschränken. Dies auch unter dem Gesichtspunkt, eine Versammlung nicht ungebührlich in die Länge zu ziehen. Eine solche Beschränkung der Redezeit kann generell in einer von den Wohnungseigentümern beschlossenen Geschäftsordnung geregelt sein, jedoch auch spontan in einer konkreten Versammlung für die Dauer der Aussprache zu einzelnen Tagesordnungspunkten, sowie auch in Bezug auf einzelne Redner verlangt und mit Mehrheit beschlossen werden.
Durch eine konkrete zeitliche Beschränkung der Redezeit eines einzelnen Eigentümers wird grundsätzlich dessen Recht auf rechtliches Gehör nicht verletzt. Eine Beschränkung der Redezeit muss jedoch stets vom Grundsatz der Gleichbehandlung ausgehen und die Eigentümer nicht unterschiedlich behandeln. In der Regel wird davon auszugehen sein, dass eine Beschränkung auf fünf Minuten als angemessen anzusehen ist, sofern nicht im Ausnahmefall der konkrete Sachverhalt längere Ausführungen erforderlich macht. Die Entscheidung, ob in solchen Fällen eine Überschreitung zulässig ist, liegt im Ermessen des Versammlungsleiters.
Siehe / Siehe auch: Geschäftsordnung (Wohnungseigentümergemeinschaft), Rederecht (Wohnungseigentümerversammlung)

Reetdach

Reetdächer sind besonders in Regionen mit weiten Uferzonen verbreitet. Reet ist als Baustoff seit 4.000 Jahren bekannt. Bereits die Ägypter haben Schilf geerntet, um es als Baumaterial zu benutzen. In Europa beginnt der Einsatz von Stroh als Dachdeckung bei den Pfahlbauten am Bodensee. Bei Ausgrabungen wurden gut erhaltene Häuser gefunden, von denen authentische Nachbauten im Pfahlbaumuseum Unteruhldingen präsentiert werden.
Regional sind verschiedene Bauweisen typisch. Da Reet ein elastisches und leicht zu formendes Dachmaterial ist, sind die Möglichkeiten bei der Gestaltung des sogenannten Weichdaches groß. Vom konventionellen, schlichten Dach über ausgestaltete Entwürfe reicht die Palette. Die fließenden Übergänge der Dachbestandteile machen die Reetdächer markant. Die Firstabdeckung erfolgt regional mit verschiedenen Materialien, z.B. Stroh, Heidekraut oder Gras – in Dänemark sind dafür Grassoden verbreitet, in Schleswig-

Holstein wird mit dem „Angeliter Reiter", das sind geviertelte Holzbalken, die Heide von oben gesichert. Auch ausgefallene Ideen können realisiert werden, wenn es das Bauamt genehmigt, z.B. durch die Dachhaut wachsende Bäume oder ein anschließendes Atrium.

Reetdächer sind beliebt wegen ihres außerordentlich hohen Dämmwertes, ihrer Elastizität und ihrer Festigkeit. Sie wirken klimaausgleichend und sind wegen der Verwendung von nachwachsenden Rohstoffen ökologisch. Das Ausgangsprodukt Schilf wächst in den feuchten Niederungen nahe an Gewässern im Sommer als etwa 1,80 m hohe Halme mit buschiger Fahne. Der Anbau von Schilf ist auch eine Perspektive für Bauern in Deutschland, die damit gleichzeitig Landschaftsschutz betreiben und vielen Tierarten eine Heimat bieten. Geerntet wird im Winter. Das Reet wird zu Hocken von 60 cm Umfang zusammengestellt und transportfertig gemacht. Nur geringe Mengen des Rohstoffes kommen aus Deutschland, die Masse wird aus Ungarn, Polen, Rumänien und der Türkei importiert.

Ein Reetdach hält je nach Witterung durchschnittlich 40 bis 60 Jahre, aber auch 100 Jahre alte Reetdächer sind keine Seltenheit.

Siehe / Siehe auch: Dachformen

Regelsparbeitrag (Bausparen)

Der Regelsparbeitrag im Rahmen eines Bausparvertrages richtet sich nach der vereinbarten Bausparsumme sowie nach dem Tarif und ist vom Bausparer in monatlichen, immer gleich hohen Raten zu leisten. Ein Rechtsanspruch auf diese Zahlungen hat die Bausparkasse jedoch nicht. Andererseits können im Interesse einer möglichst raschen Zuteilung des Bausparvertrages zusätzliche Einmalzahlungen geleistet werden.

Regionalfaktoren

Der Regionalfaktor ist eine Kennzahl, die eine Aussage über die wirtschaftliche Entwicklung eines regionalen Raumes im Vergleich zur gesamtwirtschaftlichen Entwicklung zulässt. Bei einem Regionalfaktor = 1 verläuft die Entwicklung identisch. Liegt der Regionalfaktor über 1, ist dies ein Zeichen dafür, dass das wirtschaftliche Wachstum der Region schneller vor sich geht als das gesamtwirtschaftliche Wachstum.

Das bedeutet gleichzeitig, dass wachstumsorientierte Branchen in der Region stärker als im Gesamtdurchschnitt vertreten sind. Ein Regionalfaktor unter 1 zeigt ein Zurückbleiben des Wirtschaftswachstums der Region hinter dem gesamtwirtschaftlichen Wachstum an. Die Regionalanalyse kann sich auch auf einzelne Branchen (z.B. Baubranche) beschränken.

Für die Immobilienwirtschaft sind solche Regionalfaktoren deshalb von Bedeutung, weil sie eine Prognosegrundlage auch für die voraussichtliche Entwicklung im Immobilienbereich liefern. Verschiedentlich wird in der Literatur darauf hingewiesen, dass die Entwicklung der Bauwirtschaft und die durch sie angestoßene Entwicklung der Immobilienwirtschaft mit einem bestimmten „timelag", also einer Zeitverzögerung der gesamtwirtschaftlichen Entwicklung folge (so Th. Dopfer „Der westdeutsche Wohnungsmarkt" München 2000). Erste Auslöser für die Entwicklungsreihenfolge sind Änderungen im Realeinkommen bzw. im Bruttoinlandsprodukt. Die regionale Entwicklungsdifferenzierung hat ihre Ursachen in unterschiedlichen wirtschaftsstrukturellen Vorgegebenheiten.

Als Regionalfaktoren werden auch die im Rahmen der NHK 95 zur Verfügung gestellten „Korrekturfaktoren" bezeichnet, die bei der Bewertung von Immobilien im Sachwertverfahren verwendet werden. Sie ermöglichen, die Unterschiede in den Baukosten der verschiedenen Bundesländer auszugleichen, was bei einem bundeseinheitlichen Baupreisindex früher nicht üblich war.

Für die einzelnen Bundesländer werden folgende Korrekturfaktoren genannt:

- Baden-Württemberg: 1,00 - 1,10
- Bayern: 1,05 - 1,10
- Berlin: 1,25 - 1,45
- Brandenburg: 0,95 - 1,10
- Bremen: 0,90 - 1,00
- Hamburg: 1,25 - 1,30
- Hessen: 0,95 - 1,00
- Mecklenburg-Vorpommern: 0,95 - 1,10
- Niedersachsen: 0,75 - 0,90
- Nordrhein-Westfalen: 0,90 - 1,00
- Rheinland-Pfalz: 0,95 - 1,00
- Saarland: 0,85 - 1,00
- Sachsen: 1,00 - 1,10
- Sachsen-Anhalt: 0,90 - 0,95
- Schleswig-Holstein: 0,90 - 1,00
- Thüringen: 1,00 - 1,05

In den NHK 2000 wurde von der Veröffentlichung von Regionalfaktoren abgesehen. Es wurde dabei davon ausgegangen, dass die Gutachterausschüsse für ihren Bereich solche Faktoren künftig feststellen.

Regionalplan

Der für eine Planungsregion (in der Regel umfasst sie das Gebiet einiger Stadt- und Landkreise) aufgestellte Regionalplan stellt die fachlichen und überfachlichen Ziele für die Entwicklung der Planungsregion dar. Die überfachlichen Ziele beziehen sich auf die Konkretisierung der Versorgungsaufgaben und der Versorgungsreichweiten der zentralen Orte (Oberzentrum, mögliches Oberzentrum, Mittelzentrum, Unterzentrum) für das Umland wie auch die Entwicklung der Verkehrsachsen.

Die fachlichen Ziele zeigen die gewollten Entwicklungs- Erhaltungs- Sicherungsperspektiven auf, die für die einzelnen Bereiche (Gewerbe, Siedlungswesen, Landwirtschaft, Kultur, Landschaft usw.) angestrebt werden. Jeder Regionalplan enthält umfangreiches kartographisches Material. Er kann bei den Geschäftsstellen der regionalen Planungsverbände auch erworben werden.

RegVBG

Abkürzung für: Registerverfahrensbeschleunigungsgesetz

REH

Abkürzung für: Reihenendhaus / Reiheneckhaus

Reihen(einfamilien)haus

Reiheneinfamilienhäuser sind in geschlossener Bauweise errichtete Einfamilienhäuser (eine sog. Hausgruppe). Die an beiden Enden der Reihenhauszeile liegenden Häuser werden in der Bewertungsliteratur als Kopfhäuser und in der Praxis als Reiheneckhäuser bezeichnet. Die dazwischen liegenden Häuser sind Reihenmittelhäuser. Eine besondere Form der Reihenhausbebauung stellen die Kettenhäuser dar, bei denen Reihenmittelhäuser durch beidseitig angebaute Garagen in einer Zeile mit anderen Reihenmittelhäusern verbunden sind. Die durchgehende Reihe bezieht sich damit auf die Erdgeschosshöhe. Reiheneinfamilienhäuser sind wegen des geringen Grundstücksanteils relativ kostengünstig.

Die Grundrisse sind weitgehend standardisiert. Es gibt allerdings nur einen geringen Spielraum für Aus- und Umbauten. Reihenhäuser werden von Bauträgern und Wohnungsunternehmen errichtet.
Siehe / Siehe auch: Einfamilienhaus

Reihenmittelhaus

Siehe / Siehe auch: Reihen(einfamilien)haus

Reinertrag

Zieht man vom Rohertrag (Nettokaltmiete) die Bewirtschaftungskosten ab, erhält man den Reinertrag. Der Reinertrag ist Ausgangsgröße für verschiedene Arten der Wirtschaftlichkeitsrechnungen. Der Reinertrag ist auch die Grundlage für die Ermittlung des Ertragswertes. Je nach Anwendungsbereich kann der Reinertrag eine unterschiedliche Größe darstellen.
Siehe / Siehe auch: Ertragswert, Wirtschaftlichkeitsrechnung

Reines Wohngebiet

Siehe / Siehe auch: Wohngebiete (nach BauNVO)

Reisekosten

Als „sonstige Werbungskosten" kann der Vermieter gegenüber dem Finanzamt bestimmte Reisekosten, die in Zusammenhang mit seiner Vermietertätigkeit stehen, steuermindernd geltend machen.

Dazu zählen Fahrten, um eine Immobilie, die den Vermieter interessiert, vor Ort zu besichtigen, Fahrten zur Baustelle sowie Fahrten zum Mietobjekt, um verschiedene Sachverhalte mit den Mietern zu besprechen. Vermieter, die mit dem eigenen Wagen unterwegs sind, können eine Pauschale von 0,30 Euro je tatsächlich gefahrenem Kilometer geltend machen. Gegebenenfalls lässt sich auch Verpflegungsmehraufwand mit dem Fiskus abrechnen. Bei einer Reisedauer von mindestens 8 Stunden können pauschal 6 Euro, bei einer Reisedauer von mind. 14 Stunden 12 Euro und bei einer Reisedauer ab 24 Stunden 24 Euro pauschal abgerechnet werden.

Diese Reisekostenregelungen sind nicht zu verwechseln mit den neuen Regelungen zur Entfernungspauschale für Arbeitnehmer.

REIT

Abkürzung für: Real Estate Investment Trust
Siehe / Siehe auch: Real Estate Investment Trust (REIT)

Relocation

Relocation bezieht sich auf Umzüge im Rahmen eines dienstlich veranlassten Ortswechsels. Dahinter verbirgt sich ein Dienstleistungsbündel, das die umfassende Betreuung solcher Umzüge, insbesondere von Führungskräften vorsieht. Entstanden ist diese Art der Umzugsdienstleistung in den USA etwa 1960. In Europa gibt es sie seit ca. 1980, in Deutschland seit etwa 1985. Zum Leistungsspektrum gehört u.a. auch die interkulturelle Betreuung (Sprachkurse), praktische Hilfe (Wohnraumbeschaffung, Versorgung mit Gas / Wasser/Strom, Kraftfahrzeug), Behördengänge (Schule, Kindergarten, Ordnungsamt, Ausländerbehörde etc.), Formalitäten (Kündigungen, Abmeldung, Umzugsorganisation), sowie Krisenmanagement. Eine enge Zusammenarbeit mit der Immobilienbranche in den Bereichen Wertermittlung, Immobilienverkauf, Wohnraumbeschaffung, Mietwertermittlung, Suche von Nachmietern wird dabei angestrebt.

Rendite

Der Renditebegriff ist ein betriebswirtschaftlich nicht definierter Begriff. In der Praxis ist Rendite ein Synonym für Gesamtkapitalrentabilität und bezeichnet den Prozentsatz, der dem Verhältnis des Jahresreinertrages einer Kapitalanlage und der ihr zugrunde liegenden Investitionssumme, entspricht.

Wird der Jahresreinertrag des ersten Investitionsjahres der Berechnung zugrunde gelegt, spricht man von Nettoanfangsrendite. Häufig bezieht sich der in der Rendite zum Ausdruck gebrachte Prozentsatz nicht auf das erste Jahr der Investition, sondern auf den (angenommenen) Investitionszeitraum. Er drückt dann einfach das Verhältnis der ausgezahlten zu den eingezahlten Beträgen unter Berücksichtigung aller Kosten und Zahlungstermine aus.

Siehe / Siehe auch: Jahresreinertrag und Jahresrohertrag

Renovierung

Siehe / Siehe auch: Instandhaltung / Instandsetzung (Mietrecht), Instandhaltung / Instandsetzung (Wohnungseigentum)

Rente

Staatliche oder private Versorgungsleistung, die der Rentenbezieher während seines Ruhestands erhält. Bei der gesetzlichen Rentenversicherung gilt im Rahmen des sogenannten Generationenvertrages das sogenannte Umlageverfahren, bei dem die Erwerbstätigen durch ihre Beiträge zur gesetzlichen Rentenversicherung die Versorgungsleistungen der Rentner finanzieren. Die Hauptleistungsbereiche sind die Zahlung von Altersruhegeld, Witwen- und Waisenrenten und in eingeschränktem Umfange auch Erwerbsunfähigkeitsrenten.

Zum Kreis der Versicherten gehören die Angestellten (Bundesversicherungsanstalt) und die Arbeiter (Landesversicherungsanstalten). Private Rentenversicherungen basieren auf der Grundlage des „Kapitaldeckungsverfahrens". Hierbei bemisst sich die Rentenleistung im Alter nach dem zuvor angesparten Vermögen.

Siehe / Siehe auch: Rentenversicherung, private, Altersvorsorge

Rentenbarwertfaktor

Um den Barwert von künftigen gleichbleibenden Zahlungen zu ermitteln, müssen diese auf den Zeitpunkt abgezinst („diskontiert") werden, zu dem der Barwert festgestellt werden soll. Der Abzinsungsfaktor wird als Rentenbarwertfaktor bezeichnet.

Rentenschuld

Die Rentenschuld ist eine besondere Art der Grundschuld. Bei einer Rentenschuld werden jedoch zu regelmäßig wiederkehrenden Terminen bestimmte Geldsummen aus der Grundschuld gezahlt. Die Eintragung erfolgt in Abt. III des Grundbuches. Als Grundpfandrecht hat sie heute jedoch kaum mehr eine Bedeutung.

Rentenversicherung, private

Die private Rentenversicherung ist eine Alternative oder Ergänzung zu staatlichen Altersrente. Es ist möglich, mit einer Lebensversicherungsgesellschaft einen Vertrag dergestalt abzuschließen, dass aufgrund laufender Beitragszahlung von einem bestimmten Alter ab der Betrag, der sonst als Ablaufleistung ausbezahlt wird, in Form einer monatlichen Rente geleistet wird. Der gleiche Effekt kann aber auch dadurch erreicht werden, dass ein Einmalbetrag in die private Rentenversicherung einbezahlt wird. So kann beispielsweise der Verkaufspreis, den ein Immobilienverkäufer erlöst, für eine solche Rentenversicherung verwendet werden. Er hat dann indirekt – also unter Einschaltung einer Lebensversicherung – sein Objekt „verrentet". Eine Variante bildet die fondsgebundene Rentenversicherung, bei der der Sparanteil in Investmentfonds einbezahlt wird. Die Rente ist dann – je nach Entwicklung des Fonds und der Laufzeit höher aber auch risikoreicher.
Siehe / Siehe auch: Ablaufleistung

Reservierungsvereinbarung

Reservierungsvereinbarungen – genauer Aufträge zur Vermittlung einer Reservierung – werden im Zusammenhang mit einem Maklergeschäft dann eingesetzt, wenn ein Immobilieninteressent ein Objekt kaufen will, den Kaufvertrag aber aus irgend einem Grunde erst später abschließen kann. Der Makler sollte immer auch den Eigentümer mit unterschreiben lassen. Sofern ein solcher Reservierungsbedarf seitens des Interessenten besteht und der Makler keine unangemessen hohe Reservierungsgebühr zur Abdeckung des Reservierungsrisikos (entgangene anderweitige Abschlussmöglichkeiten) fordert, sind solche Vereinbarungen legitim.
Sofern die Reservierungsvereinbarung hinsichtlich des beabsichtigen Immobilienerwerbs nicht die Rechtsqualität eines Vorvertrages annimmt, sondern ein „letter of intend" bleibt, unterliegen sie nicht der notariellen Beurkundungspflicht. Reservierungsvereinbarungen dieser Art werden von der Rechtsprechung allerdings höchst unterschiedlich beurteilt. Nicht selten werden sie dabei in Zusammenhang mit einem Maklervertrag gebracht. Soweit sich der Bundesgerichtshof mit Reservierungsvereinbarungen befassen musste, sah er keinen Anlass zur Klärung der Frage ihrer Rechtswirksamkeit. In der Praxis sind Reservierungsvereinbarungen auch im Hotel- und Reisegewerbe und bei Seminarveranstaltern üblich. Gemeinsame Grundlage ist dabei stets die Absicht derjenigen, die „buchen", beziehungsweise reservieren lassen, einen Vertrag abschließen zu wollen.
Siehe / Siehe auch: Vorvertrag

Restitutionsobjekte

Restitutionsobjekte sind Grundstücke und Gebäude, die zu Zeiten der DDR oder des Deutschen Reiches während der Herrschaft des Nationalsozialismus enteignet, geraubt oder entzogen wurden. Die Rechtswirksamkeit dieser Enteignung wird zum gegenwärtigen Zeitpunkt nicht anerkannt, insbesondere dann, wenn sie auch zu damaligen Zeitpunkt gegen geltendes Recht verstieß, so dass ein Anspruch auf Rückübereignung der Alteigentümer besteht.

Restnutzungsdauer von Gebäuden

Siehe / Siehe auch: Gesamtnutzungsdauer von Gebäuden (Wertermittlung)

Restschuldversicherung

Die Restschuldversicherung ist eine besondere Variante einer Risikolebensversicherung, mit der der Bauherr die Hinterbliebenen im Todesfall absichert. Die Versicherungssumme fällt mit der Kredittilgung. Bausparkassen verlangen in aller Regel eine Restschuldversicherung bei Inanspruchnahme eines Bauspardarlehens.
Siehe / Siehe auch: Risiko-Lebensversicherung

Retailimmobilien

Retailimmobilien sind Einzelhandelsimmobilien (Fachmärkte, Einkaufszentren).
Siehe / Siehe auch: Einkaufszentrum

Rettungserwerb

Um im Zwangsversteigerungsverfahren von Immobilien Verluste zu verhüten, bietet sich Gläubigern die Möglichkeit, das Grundstück selbst zu erwerben bzw. ersteigern. Man spricht dabei vom Rettungserwerb. Wird dem Gläubiger aufgrund seines Meistgebotes der Zuschlag erteilt, sind bei der Grunderwerbsteuer die im Zuschlag enthaltenen Darlehensbeträge, die er dem Schuldner gewährt hat, mit zu berücksichtigen. Sie bezieht sich also auch auf den „Eigenanteil" am Versteigerungsobjekt. Ähnliches gilt auch für die Gerichts- und Grundbuchgebühren.

Reverse Mortgage

Beim Reverse Mortgage (umgekehrte Hypothek) handelt es sich um eine amerikanische Variante der Altersicherung durch Einsatz von Immobilienvermögen. Der Immobilieneigentümer erhält vom Darlehensgeber ein grundbuchmäßig gesichertes Darlehen in Form von Raten ausbezahlt, die sich im Laufe der Zeit zu der vereinbarten Darlehensschuld summieren. Der Darlehensnehmer bleibt der Eigentümer der Immobilie und kann auch darüber verfügen. Beim Verkauf fließt ihm der Differenzbetrag zwischen der aktuellen Darlehenssumme und dem Kaufpreis zu, der Rest wird zur Darlehenstilgung verwendet. Beim Tod des Darlehensnehmers sind die Erben, an die die Immobilie übertragen wird, zur Darlehenstilgung verpflichtet.
Siehe / Siehe auch: Immobilienverrentung

Revitalisierung

Unter Revitalisierung wird die Anpassung einer Immobilie an geänderte Marktverhältnisse unter der Bedingung der Beibehaltung oder Erhöhung des Nutzungswertes verstanden. Revitalisierung ist dann erforderlich, wenn die bisherige Nutzungsgestaltung nicht mehr aufrechterhalten werden kann. Die Immobilie unterliegt Erosionserscheinungen, die objektbedingte aber auch umweltbedingte Ursachen haben können. Auf der Grundlage von Standort- und Marktanalysen werden neue Nutzungskonzepte für die betroffene Immobilie entwickelt. Sie wird dann zeitgerecht nutzungsbezogen nachgerüstet.

Die Revitalisierung der Innenstädte zielt darauf ab, den Abwanderungstrend der Wohnbevölkerung und der Geschäfte zu stoppen und die verödenden Innenstädte wieder zu beleben. Maßnahmen sind die Ausdünnung des Individualverkehrs, Schaffung von Fußgängerzonen, Verdichtung des U- und S-Bahnsystems (bessere Erreichbarkeiten), Verbesserung der Aufenthaltsqualität, Durchsatz der Innenstadt mit mehr Wohnnutzung. Zunehmend wird von den Städten die Freizeitnutzung als Chance für eine Revitalisierung der Innenstädte erkannt. Besondere Anstrengungen sind in den Städten der östlichen Bundesländer zu beobachten.

Im Bereich der ökologischen Revitalisierung geht es um die Wiederherstellung von funktionsfähigen Naturlandschaften durch Rückgängigmachung von Verbauungen. Im Vordergrund steht die Belebung von Auengebieten durch wiederhergestellte Flussdurchläufe. Sie dienen als Rückhaltebecken auch dem Hochwasserschutz. Hochwasser selbst verjüngt die natürlichen Lebensräume

Die Revitalisierung „degradierter Auen" basiert auf der Wiederherstellung der Gewässerdynamik. Rechtsgrundlage der ökologischen Revitalisierung ist die „Verordnung über den Schutz von Auengebiete von nationaler Bedeutung".
Siehe / Siehe auch: Standort- und Marktanalyse

RevPAR

Abkürzung für: Revenue per available room
Siehe / Siehe auch: Room Yield

RG

Abkürzung für: Reichsgesetz

RGBl.

Abkürzung für: Reichsgesetzblatt

RGRK

Abkürzung für: Reichsgerichtsrätekommentar

RGZ

Abkürzung für: Entscheidungen des Reichsgerichts in Zivilsachen

RH

Abkürzung für: Reihenhaus
Siehe / Siehe auch: Reihen(einfamilien)haus

RHeimstG/RHStG

Abkürzung für: Reichsheimstättengesetz

RHSt

Abkürzung für: Reichsheimstätte

Richtfest

Das Richtfest gilt in erster Linie als das klassische Fest der an einem Bauprojekt beteiligten Gewerke, denen der Bauherr dankt, indem er sie bewirtet. Das Richtfest markiert die Fertigstellung des Rohbaus und der Dachkonstruktion. Als weithin sichtbares Zeichen, dass der Rohbau vollendet ist, wird auf dem meist noch ungedeckten Dachstuhl die Richtkrone aufgezogen.
Siehe / Siehe auch: Baufeste, Baustellenmarketing, Erster Spatenstich, Grundsteinlegung

Richtwerte
Siehe / Siehe auch: Bodenrichtwert

RICS
Abkürzung für: Royal Institution of Chartered Surveyors
Siehe / Siehe auch: Royal Institution of Chartered Surveyors (RICS)

Ring Deutscher Makler
Während mit Verschmelzung des Bundesverbandes der Ring Deutscher Makler mit dem Verband Deutscher Makler VDM letzterer aufgelöst wurde, existieren einige Bezirks- und Landesverbände, die der Verschmelzung nicht zugestimmt haben, weiter unter dem Namen „Ring Deutscher Makler, Verband der Immobilienberufe und Hausverwalter Landesverband / Bezirksverband ... e.V."
Es handelt sich im Einzelnen um die Landesverbände Berlin, Sachsen, Sachsen-Anhalt und Saarland, sowie um die Bezirksverbände Essen, Düsseldorf, Münster, Südwestfalen und Bremerhaven. Insgesamt haben die RDM Verbände 650 Mitglieder. Näheres hierzu siehe: www.rdm-berlin-brandenburg.de

Risalit
Risalit ist ein meist mehrachsiger, selten einachsiger Teil eines Bauwerks, der – im Unterschied zu Anbauten, Vorbauten usw. – in voller Höhe aus der Fassade hervortritt und vor allem bei Gebäuden mit repräsentativem Anspruch anzutreffen ist. Je nach seiner Lage wird er als Mittelrisalit, Seitenrisalit oder Eckrisalit bezeichnet.

Risiko
Es gibt zwei verschiedene Begriffsauslegungen von Risiko. Risiko in weiterem Sinne bezeichnet Wirkungen, die dazu führen, dass die tatsächlichen Ergebnisse eines Handelns oder Unterlassens zu einem Abweichen von erwarteten bzw. geplanten Ergebnissen führen. Das abweichende Ergebnis kann wirtschaftlich positiv oder negativ zu Buche schlagen. In diesem Begriff kommen die beiden Dimensionen des Risikos zu Ausdruck. Wird nur die negative Seite betrachtet und die positive (Chance) ausgeblendet, haben wir es mit dem eindimensionalen Risikobegriff zu tun. Risiko ist Unsicherheit. Im Gegensatz dazu steht die Ungewissheit, die nicht kalkulierbar ist. Risiko als Unsicherheit dagegen ist eingrenzbar, quantifizierbar bzw. auch kalkulierbar. Grundlage der Risikokalkulation ist die Wahrscheinlichkeitsrechnung. Das Risiko nimmt die Größenordnung Häufigkeit x Schadenshöhe pro (langem) Zeitraum an.
Auch immobilienwirtschaftliche Unternehmen unterliegen – je nach Geschäftsfeld – unterschiedlich beachtlichen Risiken. Man denke an die zeitlichen Bindungen, die man mit der Errichtung und Bewirtschaftung von Gebäuden eingeht, an Projekt-, Finanzierungs- und Kapitaleinsatzrisiken der Bauherren, die Vermietungsrisiken der Bestandshalter, die Kosteneinsatzrisiken der Makler, die Rechtsrisiken der Berater usw. Zu bedenken ist, dass nicht alle Risiken versicherbar sind. Dies gilt insbesondere für typische Unternehmerrisiken.
Siehe / Siehe auch: Risikomanagement

Risiko-Lebensversicherung
Eine Risiko-Lebensversicherung wird in der Regel im Zusammenhang mit einer Baufinanzierung abgeschlossen. Gegenüber der Kapital-Lebensversicherung erbringt sie nach Ablauf der Versicherungsdauer keine Leistung. Wenn der Bauherr oder Käufer der finanzierten Immobilie jedoch stirbt, schützt die Versicherung die Erben vor der Gefahr, dass diese wegen der durch den Tod hervorgerufenen Einkommensminderung oder gar des gänzlichen Einkommensverlustes den Kapitaldienst nicht mehr leisten zu können. Es gibt verschiedene Varianten der Risiko-Lebensversicherung.
Siehe / Siehe auch: Restschuldversicherung

Risikomanagement
Das Risikomanagement eines Unternehmens umfasst die Teilaufgaben der Risikoidentifizierung, der Analyse und Bewertung festgestellter Risiken, der Risikosteuerung und der Risikoüberwachung. In Unternehmen, deren Kerngeschäft in der Entwicklung und Bewirtschaftung von Immobilien besteht, ist das Risikomanagement Bestandteil des Immobilienmanagements. Das Risikomanagement bezieht sich nicht nur auf unternehmensinterne, sondern auch externe („systematische") Risiken, z.B. Marktrisiken.
Das Problem, dass im Rahmen des Risikomanagements nicht alle potenziellen Risiken für das Unternehmen identifiziert werden können, ist selbst ein unternehmensimmanentes Risiko. Je nach Gewicht und Möglichkeit können identifizierte Risiken vermieden, mit Hilfe von Versicherungen überwälzt und unvermeidbare Risiken verringert

werden. Dennoch bleiben stets Restrisiken, die „in Kauf genommen" werden müssen. Seit Inkrafttreten des Gesetzes zur Kontrolle und Transparenz im Unternehmensbereich (KonTraG) vom 1.5.1998 ist Risikomanagement für Aktiengesellschaften ab einer bestimmten Größenordnung vorgeschrieben. Unter anderem müssen Wirtschaftsprüfer nach diesem Gesetz ihren Bestätigungsvermerk versagen, wenn im Lagebericht des Vorstandes Risiken des Unternehmens unzutreffend dargestellt werden.

Zu den weiteren rechtlichen Rahmenbedingungen des Risikomanagements gehört das Transparenz- und Publizitätsgesetz (TransPuG) vom 26.7.2002, mit dem die Berichtpflicht des Vorstandes gegenüber dem Aufsichtsrat verschärft wird. Vor allem sind im Bericht Abweichungen von früher festgelegten Unternehmenszielen darzustellen und zu begründen. Außerdem müssen Vorstand und Aufsichtsrat jährlich erklären, ob sie den durch eine Regierungskommission des Bundesjustizministeriums aufgestellten und empfohlenen „Corporate Governance Kodex" (Cromme-Codex) entsprochen haben.

In Anlehnung an diesen Kodex wurde für deutsche Immobilienaktiengesellschaften von der „Initiative Corporate Governance der Deutschen Immobilienwirtschaft e.V." der „Corporate Governance Kodex der deutschen Immobilienwirtschaft" entwickelt.

Siehe / Siehe auch: Corporate Governance Kodex der deutschen Immobilienwirtschaft

Risikoquote (Maklergeschäft)

Die Risiken des Maklergeschäftes ergeben sich zu einem erheblichen Teil aus den Prinzipien, nach denen dieses Geschäft funktioniert. Dabei fällt ins Gewicht die Tatsache, dass nach dem geltenden Maklerrecht ein Vergütungsanspruch nur im Erfolgsfalle entsteht. Der Makler wird deshalb immer nur mit einer gewissen Wahrscheinlichkeit einen Auftrag erfolgreich zum Abschluss bringen. Die Risikoquote repräsentiert den Geschäftsanteil bei der Auftragsbearbeitung, der nach Abzug der Erfolgsquote verbleicht. Liegt die Erfolgsquote bei 0,75, dann ist die Risikoquote (Rq) $1 - 0,75 = 0,25$. Im Rahmen des Risikomanagements ist es wichtig, den Ursachen des „Nichterfolges" auf die Spur zu kommen. Als Quellen dieses Nichterfolges können z.B. identifiziert werden die Fälle, in denen der Auftraggeber seine Verkaufsabsicht aufgibt oder die angestrebten Vertragskonditionen verschlechtert. Andere Ursachen liegen darin, dass der vom Verkäufer verlangte Preis vom Markt nicht akzeptiert wird. Provisionsausfall kann auch durch ungenügende Absicherung im Maklervertrag entstehen. Die Summe der einzelnen Risiken (r1, r2, r3 usw. ergibt das Gesamtrisiko R.

Hat man die einzelnen Risiken identifiziert und quantifiziert, ist zu untersuchen, welche dieser Risiken unvermeidbar sind, welche in ihren Auswirkungen reduziert werden können und welche „in Kauf" genommen werden können.

Siehe / Siehe auch: Erfolgsquote (Maklergeschäft), Risikomanagement

RKW

Abkürzung für: Rationalisierungskuratorium der deutschen Wirtschaft

RLF

Abkürzung für: Relative Luftfeuchte

RMH

Abkürzung für: Reihenmittelhaus
Siehe / Siehe auch: Reihen(einfamilien)haus

Rnr

Abkürzung für: Randnummer

ROG

Abkürzung für: Raumordnungsgesetz

Rohbauland

Rohbauland bezeichnet den Entwicklungszustand von Flächen mit Baurecht, deren Erschließung noch nicht gesichert ist oder das von der Flächengestaltung (Lage, Form und Größe) durch ein Umlegungsverfahren noch so parzelliert werden muss, dass die zulässige Bebauung erst möglich wird („Bruttorohbauland"). Ist die Parzellierung erfolgt, die Erschließung aber noch nicht gesichert, spricht man von „Nettorohbauland". Sind Flächen nach den öffentlich rechtlichen Vorschriften baulich nutzbar, spricht man von baureifem Land.

Rohbauversicherung

Zur Rohbauversicherung gehören eine Leitungswasserversicherung (Schäden am Rohbau durch austretendes Leitungswasser – ohne Frostschäden) eine Feuerversicherung, die auch die an der Baustelle gelagerten Baumaterialien umfasst (soweit der Versicherungsnehmer dafür die Gefahr trägt)

sowie eine Sturmversicherung (die allerdings erst zum Tragen kommt, wenn das Haus durch Dacheindeckung, Türen und bereits verglaste Fenster nach außen abgeschlossen ist).

Rohertrag (Wertermittlung)

Beim Rohertrag handelt es sich um eine wichtige Rechengröße für die Wertermittlung eines Renditeobjektes. Dem Rohertrag entspricht in der Regel die gezahlte Nettokaltmiete. Entspricht diese nicht den Marktverhältnissen, wird als Rohertrag die nachhaltig erzielbare ortsübliche Vergleichsmiete angesetzt. Bei Prüfung der Nachhaltigkeit ist auch zu berücksichtigen, ob die aktuell bezahlten Mieten sich im zulässigen Rahmen bewegen und bei Wohnraum nicht etwa die Wesentlichkeitsgrenze überschreiten. Auf den Rohertrag bezieht sich auch der Multiplikator, der zur überschlägigen Ermittlung des Kaufpreises von Renditeobjekten verwendet wird.

Siehe / Siehe auch: Reinertrag

Room Yield

Kennziffer aus der Hotelbranche, die den Umsatzerlös pro verfügbares Zimmer angibt und damit wichtige Anhaltspunkte zur Beurteilung der Wirtschaftlichkeit von Hotelimmobilien bzw. zum Vergleich mehrerer Hotels untereinander liefert.

Die Bezeichnung Revenue per available room (abgekürzt RevPAR oder Revpar) wird teilweise synonym für Room Yield, teilweise auch etwas weiter gefasst für „Gesamtertrag Logis pro verfügbares Zimmer" verwendet.

ROV

Abkürzung für: Raumordnungsverfahren

Royal Institution of Chartered Surveyors (RICS)

1868 gegründeter, international tätiger Berufsverband von Immobilienexperten mit Sitz in London. Die Mitgliedschaft bei der RICS setzt eine durch ein Universitätsstudium erworbene fachliche Qualifikation voraus. Die RICS nehmen für sich in Anspruch, im Rahmen der EU, Berufsregelungskompetenz zu haben.

Mit dem deutschen Berufsbildungssystem in der Immobilienwirtschaft ist RICS nur schwer vergleichbar. Eine berufliche Ausbildung nach dem dualen System wie in Deutschland ist dort unbekannt, so dass berufliche Grundlagenkompetenz, die in Deutschland beispielsweise bereits durch die berufliche Ausbildung zum Immobilienkaufmann in der Grundstücks- und Wohnungswirtschaft gewährleistet wird, dort erst im Rahmen eines Universitätsstudiums erworben werden kann.

Diese Ausbildung erreicht allerdings zusätzlich akademisches Niveau, so dass das fachliche Niveau des Studiums das in Großbritannien Voraussetzung für eine Mitgliedschaft bei RICS ist, eher vergleichbar ist mit dem der deutschen Fachhochschulen und Berufsakademien mit immobilienwirtschaftlichen Studiengängen. RICS bemüht sich seit mehreren Jahren durch Akkreditierungsvereinbarungen mit solchen Fachhochschulen und Berufsakademien mit Erfolg, auch deutsche Studienabgänger innerhalb der RICS zu organisieren.

RPflG

Abkürzung für: Rechtspflegergesetz

RSA

Abkürzung für: Richtlinien für die Sicherung von Arbeitsstellen an Straßen

RSG

Abkürzung für: Reichssiedlungsgesetz

Rspr.

Abkürzung für: Rechtsprechung

Rücknahmepreis

Unter Rücknahmepreis versteht man bei offenen Immobilienfonds den Preis, zu dem Anteile von der Investment-Gesellschaft zurück genommen werden. Die Differenz zwischen Rücknahme- und Ausgabepreis ist der Ausgabeaufschlag. Bei offenen Fonds kann der Anleger grundsätzlich Fondsanteile jederzeit kaufen und verkaufen. Die Fondsgesellschaft ist verpflichtet, die Anteile zum gültigen Tageskurs, dem Rücknahmepreis, zurück zu nehmen. Diese Rücknahmekurse findet man in den größeren Tageszeitungen, im Videotext und im Internet.

Rückauflassungsvormerkung

Eine Rückauflassungsvormerkung sichert den Anspruch eines Verkäufers einer Immobilie auf Rückübertragung des Eigentums (Eigentumsvormerkung). Sie wird in der Regel als Sicherungsinstrument des Verkäufers verwendet. Für den Fall, dass der Käufer bestimmte vertraglich vereinbarte

Bedingungen nicht erfüllt (Beispiel Bebauung eines Grundstücks innerhalb einer bestimmten Zeit), kann der Rückerwerb der verkauften Immobilie durch den Verkäufer von Interesse sein. Die Rückerwerbsmöglichkeit kann im Grundbuch durch eine Rückauflassungsvormerkung abgesichert werden.Probleme kann die Rückauflassungsvormerkung bereiten, wenn dadurch eine Finanzierung des Kaufpreises blockiert wird. Gemeinden, die sich z.B. im Rahmen von Einheimischenmodellen den Rückkauf vorbehalten, sichern in solchen Fällen einen Rangrücktritt zu. Bei Eigentumsübertragungen von Immobilien an künftige Erben wird nicht selten eine Rückauflassungsvormerkung eingetragen. Dadurch soll erreicht werden, dass eine weitere Verfügung des Erben zu Lebzeit des Erblassers über das Grundstück blockiert wird.

Rückbau- und Entsiegelungsgebot

Das Rückbau- und Entsiegelungsgebot gehört neben dem Bau- Modernisierungs- / Instandsetzungs- sowie dem Pflanzgebot zu dem städtebaulichen Instrumentarium, mit dem die Gemeinde ihre Planungen durchsetzen kann. Früher wurde für den Rückbau der Begriff Abbruch verwendet. Die neue Terminologie macht deutlich, dass sich das Gebot nicht nur auf ganze bauliche Anlagen, sondern auch auf Teile von baulichen Anlagen unter Erhaltung des Restbestandes beziehen kann. Voraussetzung ist, dass diese Anlage den Festsetzungen eines geltenden Bebauungsplans widerspricht. Handelt es sich um ein Wohn- oder Geschäftshaus, muss die Gemeinde für zumutbaren Ersatzraum sorgen. Entstehende Vermögensnachteile des Eigentümers, Mieters oder Pächters müssen ausgeglichen werden.

Siehe / Siehe auch: Entsiegelungsgebot, Versiegelte Fläche

Rückbaupflicht (Mietrecht)

Mieter sind grundsätzlich dazu verpflichtet, beim Auszug eigene Einbauten aus der Wohnung zu entfernen und die Wohnung wieder in den bei Vertragsbeginn vorgefundenen Zustand zu versetzen. Diese Verpflichtung nennt man auch Rückbaupflicht. Sie umfasst nicht nur die Beseitigung neu vorgenommener Einbauten, sondern ggf. auch die Wiederinstallation von in der Wohnung vorgefundenen Einbauten (z.B. alte Küchenelemente). Hat der Mieter den mitvermieteten intakten E-Herd gegen einen eigenen ausgetauscht, darf er diesen also beim Auszug nicht einfach entfernen, sondern muss das Altgerät wieder fachgerecht anschließen lassen. Oft regeln Mietverträge, dass Einbauten mit vorheriger Genehmigung des Vermieters zulässig sind. Diese Zustimmung kann bei Vorliegen eines wichtigen Grundes versagt werden oder von einem Rückbau beim Auszug des Mieters und auf Kosten des Mieters abhängig gemacht werden. Wurde auf dieser Basis bereits von einem Vormieter ein genehmigter Einbau vorgenommen, der bei dessen Auszug in der Wohnung geblieben ist, kann vom Nachmieter nicht die Beseitigung des Einbaus verlangt werden. Die Zustimmung des Vermieters erlischt nicht mit Einzug eines neuen Mieters. Dies entschied das Landgericht Kiel im Falle einer Holzverkleidung, die ein Vormieter mit Erlaubnis angebracht hatte und die der nächste Mieter beim eigenen Auszug entfernen sollte (Landgericht Kiel, Urteil vom 13.1.2005, Az.: 10 S 30/04).

Rückkaufswert (Versicherung)

Geldsumme, die ein Versicherter von der Lebensversicherung erhält, wenn er seine Kapital-Lebensversicherung vorzeitig kündigt. Der Rückkaufswert ist in den ersten Jahren nach Vertragsabschluss deutlich geringer als die Summe der eingezahlten Beiträge. Bauherren oder Käufer einer Immobilie können das Guthaben allerdings auch im Rahmen ihrer Finanzierung beleihen.

Rücklagen

Siehe / Siehe auch: Instandhaltungsrückstellung - (Instandhaltungsrücklage)

Rücklassungspflicht des Pächters

Rücklassungspflicht bedeutet, dass der scheidende Pächter eines (z.B. landwirtschaftlichen) Betriebes seinem Nachfolger zumindest soviel von den landwirtschaftlichen Erzeugnissen (Saatgut) hinterlassen muss, dass dieser bis zur nächsten Ernte den Betrieb fortführen kann. Ob er selbst am Anfang seiner Pachtzeit auch in den Genuss einer solchen Startausstattung gekommen ist, spielt keine Rolle. Allerdings kann der Pächter vom Verpächter Wertersatz verlangen, wenn er aufgrund dieser gesetzlichen Regelung verpflichtet ist, mehr oder bessere Erzeugnisse zurückzulassen, als er selbst bei Pachtbeginn erhalten hat.

Siehe / Siehe auch: Pachtvertrag, Schätzungsausschuss bei Landpacht, Verpächterpfandrecht

Rückstand
In Rückstand gerät, wer gegenüber dem Gläubiger fällige Zahlungen nicht begleicht bzw. Termine für vereinbarte Leistungen nicht überschreitet. Rechtlich spricht man von Verzug.
Siehe / Siehe auch: Zahlungsverzug

RVO
Abkürzung für: Reichs-Versicherungsordnung

Rz.
Abkürzung für: Randziffer

SachenRBerG
Abkürzung für: Sachenrechtsbereinigungsgesetz
Siehe / Siehe auch: Sachenrechtsbereinigungsgesetz

Sachenrechtsbereinigungsgesetz
Das Auseinanderdriften des Grundstücksrechts zwischen der Bundesrepublik Deutschland und der damaligen DDR führte nach der Wiedervereinigung zu der Notwendigkeit der Anpassung des teils diffusen DDR-Grundstücksrechts an das Grundstücksrecht der Bundesrepublik. Dies geschah durch das Sachenrechtsbereinigungsgesetz vom 1.10.1994. Gebaut werden konnte in der DDR seit 1954 nur noch auf staatseigenem Grund und Boden. Hauptziel des Gesetzes ist eine Rechtsangleichung des ehemaligen DDR-Rechts an das der Bundesrepublik Deutschland, um das dort entstandene bauliche Nutzungsrecht an Grundstücken und das selbständige Gebäudeeigentum in die Rechtssphäre des BGB zu führen. Dies geschieht durch ein Ankaufsrecht des Nutzers bzw. Gebäudeeigentümers für das Grundstück, auf dem das Gebäude errichtet wurde oder alternativ durch eine Erbbaurechtslösung.

Sachmangel (im Mietrecht)
Die Mietsache leidet an einem Sachmangel, wenn die Tauglichkeit zum vertragsgemäßen Gebrauch aufgehoben oder erheblich gemindert ist oder wenn eine zugesicherte Eigenschaft fehlt oder später wegfällt (vgl. §§ 536 ff. BGB). Eine zugesicherte Eigenschaft fehlt, wenn der Vermieter diese Eigenschaft ausdrücklich und termingebunden zugesagt hat – z.B. wenn bei der Übergabe vereinbart wurde, dass der Vermieter bis zu einem bestimmten Termin ein marodes Fenster austauschen wird.
Mit vertragsgemäßem Gebrauch ist normalerweise der Gebrauch zum Wohnen gemeint. Dieser ist z.B. beeinträchtigt, wenn die Heizung im Winter nicht funktioniert, wenn es kein heißes Wasser gibt oder Fenster undicht sind. Ob ein erheblicher Mangel vorliegt, richtet sich nach dem allgemein (orts-)üblichen Gebäudezustand und der Art des Gebäudes. Für das Bauernhaus von 1820 gelten dabei andere Maßstäbe als für einen Neubau. Ein erheblicher Mangel kann zu folgenden Ansprüchen des Mieters führen:
- Mietminderung
- Selbstabhilfe (Handwerker beauftragen, Rechnung an Vermieter)
- Schadenersatz (sofern dem Mieter Folgeschäden entstehen, z.B. Wasserschäden an Möbeln)

Eine Klage wegen eines Sachmangels erfordert oft ein Sachverständigengutachten, für das teure Vorschüsse zu leisten sind. Dies gilt auch für Vermieter, die den geminderten Betrag der Miete einklagen möchten.
Siehe / Siehe auch: Schadenersatzansprüche des Mieters, Schadenersatzansprüche des Vermieters

Sachverständiger für die Bewertung von Grundstücken
Zu unterscheiden ist zwischen öffentlich bestellten und vereidigten, zertifizierten, institutsanerkannten sowie freien Sachverständigen. Die öffentlich bestellten und vereidigten Sachverständigen werden von einer Industrie- und Handelsklammer bestellt. Voraussetzung ist, dass derjenige, der den Antrag stellt, seine besondere Sachkunde nachweisen kann und die persönlichen Voraussetzungen gegeben sind.
Die IHK legt dabei die „Fachlichen Bestellungsvoraussetzungen für das Sachgebiet Bewertung von bebauten und unbebauten Grundstücken sowie Mieten und Pachten" zugrunde. Regelvoraussetzung ist die Ablegung einer Prüfung vor einem Fachausschuss, der aus Sachverständigen besteht. Eine weitere Möglichkeit, sich als Sachverständiger eine gewisse Verkehrsgeltung zu verschaffen, besteht in seiner Zertifizierung, die innerhalb der Europäischen Union anerkannt wird. Die Zertifizierung erfolgt über zwei Zertifizierungsstellen, (die DIA Consulting AG in Freiburg – „ZIB-DIAZert" – oder den Verband privater Pfandbriefbankenbanken – „Hyp-Zert"), die wiederum beim Deutschen Akkreditierungsrat „akkreditiert" und damit als Zertifizierungsstelle anerkannt sind. Das Verhältnis zwischen den öffentlich bestellten und vereidigten Sachverständigen und den zertifizierten Sachverständigen bedarf noch eines gewissen Klärungsprozesses.
Institutsanerkannte Sachverständige sind solche, die auf der Grundlage eines entsprechenden Studiengangs des jeweiligen Instituts oder einer Hochschule in einer Prüfung ihre Qualifikation nachgewiesen haben. Schließlich kann sich aber jedermann, der über die entsprechende Fachkunde verfügt, als „freier" Sachverständiger betätigen.

Öffentlich bestellte und vereidigte Sachverständige für die Bewertung von bebauten und unbebauten Grundstücken sowie Mieten und Pachten sind verpflichtet, auf Anforderung durch Privatpersonen Behörden oder Gerichten Bewertungsgutachten über Grundstücke oder Rechte an Grundstücken zu erstellen. Dabei wenden sie in der Regel die in der Wertermittlungsverordnung festgeschriebenen Bewertungsverfahren an.

Für die Beurteilung von Bauschäden oder Baumängel sind nicht Bewertungssachverständige zuständig, sondern Bauschadenssachverständige. Auch in dieser Sparte gibt es „öffentlich bestellte und vereidigte Sachverständige".

Siehe / Siehe auch: DIA Consulting AG, Gutachter, Gutachterausschuss

Sachwert

Der Sachwert ist das Ergebnis einer Wertermittlung nach dem Sachwertverfahren, das sich an den Herstellungskosten des Bewertungsgegenstandes orientiert. Sie sind die Basis für die Ermittlung des Herstellungswertes. Da die Kosten nicht mit Preisen identisch sind, muss die Lücke zwischen Herstellungswert und dem tatsächlichen „Preis" (Verkehrswert) stets im Wege der Marktanpassung überwunden werden. Gutachterausschüsse stellen teilweise Marktanpassungsfaktoren zur Verfügung.

Beim Sachwertverfahren werden getrennt Bodenwert einerseits und Gebäudewert einschließlich Wert der Außenanlagen und sonstigen Betriebseinrichtungen andererseits ermittelt. Der Bodenwert und der Wert der baulichen Anlagen bilden den Sachwert des Objektes. Der Bodenwert wird durch ein Vergleichswertverfahren ermittelt. Die Wertermittlung des Gebäudeanteils richtet sich vor allem nach dessen technischen Aspekten.

Die Herstellungskosten werden durch Hochrechnen der Baukosten eines bestimmten Basisjahres über den Baukostenindex ermittelt und durch die Alterswertminderung bereinigt. Baunebenkosten werden durch einen Zuschlag berücksichtigt. Der Wertminderung wegen Baumängel und Bauschäden wird durch Abschläge Rechnung getragen. Zu berücksichtigen sind auch sonstige wertbeeinflussende Umstände (z.B. wirtschaftliche Überalterung oder überdurchschnittlicher Erhaltungszustand).

Üblicherweise werden heute zur Ermittlung des Herstellungswertes die NHK 2000 verwendet. Das Sachwertverfahren wird in erster Linie bei Einfamilienhäusern angewendet. Die Schwachstelle des Verfahrens beruht in einer gewissen Marktferne, so dass die Ermittlung des Verkehrswerts mit Hilfe dieses Verfahrens hauptsächlich von der richtigen Wahl der Marktanpassungsfaktoren abhängt.

Siehe / Siehe auch: Alterswertminderung, Gesamtnutzungsdauer von Gebäuden (Wertermittlung), Normalherstellungskosten 2000 (Immobilienbewertung), Verkehrswert

Sachwertverfahren

Siehe / Siehe auch: Sachwert

Sägedach

Sägedach ist die deutsche Bezeichnung für Sheddach, die auf das sägezahnartige Querschnittsprofil eines Sheddaches anspielt.

Sale-and-lease-back

Das Sale-and-lease-back-Verfahren stellt eine Sonderform des Leasings dar. Der Leasinggeber erwirbt vom Leasingnehmer das überwiegend eigengenutzte Objekt und vermietet es an diesen wieder zurück. Dieses Verfahren hat in den letzten drei Jahren zunehmend an Bedeutung gewonnen, da der Leasingnehmer durch den Verkauf stille Reserven im Anlagevermögen heben kann. Das gebundene Kapital wird freigesetzt und in profitablere Anlagen (vor allem im Kerngeschäft) investiert. Aber auch die öffentliche Hand (u.a. das Land Hessen in 2005) nutzt diesen Weg, um die finanziell angespannte Haushaltslage zu verbessern.

Sammelanzeigen

Anzeigen, in denen der Makler seine Angebote zusammenfasst, sind eine Alternative zu Einzelanzeigen. Vorteil einer Sammelanzeige kann sein, dass den Kunden u.U. mehrere Objekte ansprechen. Er wird daher eher einen Makler kontaktieren, bei dem er mit einem einzigen Anruf Informationen über eine ganze Palette relevanter Angebote erhält, als einen, der lediglich verstreute Einzelanzeigen schaltet.

Sammelheizung

Sammelheizung ist der Oberbegriff für Heizanlagen, bei denen die Wärmeversorgung von einer zentralen Stelle aus stattfindet. Die Art der Heizungsanlage ist wichtiges Ausstattungskriterium für Mietwohnungen bei Mieterhöhungen und beim Antrag auf Wohngeld. Bei derartigen Beurteilungen setzt man Sammelheizungen den Etagenheizungen oder Einzelöfen gleich, sofern die Brennstoffversorgung der Anlage automatisch (nicht per Hand) stattfindet und sämtliche Wohnräume ebenso wie Küche und Bad vollwertig beheizbar sind.

Siehe / Siehe auch: Energieeinsparverordnung (EnEV), Etagenheizung, Heiz- und Warmwasserkosten

Sandstrahlen

Sandstrahlen ist ein technologisches Verfahren zur Bearbeitung von harten Oberflächen. Dabei wird mittels Druckluft oder durch ein Schleuderrad ein Strahlmittel in hoher Geschwindigkeit auf die zu behandelnde Fläche geblasen, um diese zu reinigen, zu schleifen oder aufzurauen. Das Verfahren und das dazu verwendete Sandstrahlgebläse wurden von dem Amerikaner Benjamin Chew Tilghman entwickelt, der 1870 das Patent dafür erhielt und einige Jahre später ein darauf spezialisiertes Unternehmen gründete.

Als Strahlmittel werden neben Sand je nach Anwendungsbereich und gewünschtem Effekt auch andere Stoffe wie beispielsweise Hochofenschlacke, Korund, Glas- Stahl- oder Kunststoffgranulat, gemahlene Nussschalen, Granat, Soda oder Eiskristalle verwendet. Der beim Sandstrahlen erzielte Effekt ähnelt dem des Abschleifens mit Sandpapier, doch lassen sich insbesondere Flächen mit Vertiefungen, Vorsprüngen o.ä. wesentlich besser und gleichmäßiger behandeln.

Wegen der mit dem Sandstrahlen verbundenen Staubbelastung sind entsprechende Schutzmaßnahmen wie Be- und Entlüftung, Schutzkleidung, Atemschutzmasken usw. erforderlich, um dem Entstehen der so genannten Staublungenkrankheit (Silikose) vorzubeugen.

Siehe / Siehe auch: Absanden

Sanierung

Städtebauliche Sanierung

Städtebauliche Sanierungsmaßnahmen werden durchgeführt, wenn ein Stadtgebiet den allgemeinen Anforderungen an gesunde Wohn- und Arbeitsverhältnisse oder an die Sicherheit der in dem Gebiet wohnenden und arbeitenden Menschen nicht mehr entspricht oder wenn seine Funktionen (etwas im Hinblick auf den Verkehr) erheblich beeinträchtigt sind (siehe § 136 BauGB). Beurteilungskriterien dabei sind u.a. Belichtung, Besonnung und Belüftung der Gebäude, deren bauliche Beschaffenheit, die Zugänglichkeit zu den Grundstücken, Art, Maß und Zustand der baulichen Nutzung, die vorhandene Erschließung usw.

Mit den Betroffenen (Eigentümern, Mietern, Pächtern) soll die Sanierungsmaßnahme erörtert werden. Ebenso sind öffentliche Aufgabenträger einzubeziehen. Für dieses Gebiet wird eine Sanierungssatzung erlassen in der die Sanierungsziele festgelegt werden. Damit einher geht eine Veränderungssperre, die alle das Gebiet verändernden Vorhaben und Rechtsvorgänge genehmigungsabhängig machen. Die Sanierung umfasst nicht nur eine Einzelobjektsanierung, sondern kann auch in einer Flächensanierung bestehen, die meist Maßnahmen der Bodenordnung voraussetzen. Die Sanierung kann auch einem privaten Sanierungsträger im Rahmen eines städtebaulichen Vertrages übertragen werden.

Die Sanierungsmaßnahmen werden aus der Abschöpfung der sanierungsbedingten Werterhöhung der Grundstücke finanziert. Andererseits wird im Rahmen eines Sozialplanes dafür gesorgt, dass nachteilige Auswirkungen der Sanierung gemildert werden. Über Härteausgleichsregelungen wird den betroffenen Mietern und Pächtern geholfen. Finanziert wird die Sanierungsmaßnahme durch Abschöpfung der sanierungsbedingten Bodenwertsteigerungen. Dabei werden vom Gutachterausschuss einerseits die sanierungsunbeeinflussten Anfangswerte ermittelt andererseits die Endwerte nach Abschluss der Sanierung. Die Eigentümer zahlen den Differenzbetrag als Ausgleich für die erfolgte Sanierung. Der Betrag kann auch in ein Tilgungsdarlehen umgewandelt werden.

Miet- und Pachtverhältnisse können im Rahmen von Sanierungsmaßnahmen durch die Gemeinde auf Antrag des Gebäudeeigentümers aufgehoben werden. Bei Mietverträgen ist dies nur zulässig, wenn angemessener Ersatzwohnraum zur Verfügung gestellt wird (§ 182 BauGB). Der Ersatz von Umzugskosten für Mieter kann im Sozialplan vorgesehen werden.

In Härtefällen sieht das Gesetz einen finanziellen Ausgleich für beide Vertragspartner und damit auch für den Vermieter vor, wenn die Kündigung zur Durchführung städtebaulicher Maßnahmen erforderlich war oder wenn ohne Kündigung des Mietvertrages das Miet- bzw. Pachtobjekt aufgrund städtebaulicher Maßnahmen vorübergehend unbenutzbar ist (vgl. § 181 BauGB).

Gebäudesanierung

Der Begriff der Sanierung im Rahmen von Instandhaltungs- und Modernisierungsmaßnahmen ist nicht eindeutig. In der Regel werden darunter grundlegende Erneuerungsmaßnahmen verstanden die bis zur Entkernung eines Gebäudes führen können. Teilweise wird der Sanierungsbegriff auch auf die Erneuerung von bestimmten Gebäudeteilen beschränkt (Beispiel „Flachdachsanierung"). Sanierung im umgangssprachlichen Sinne ist immer entweder Instandsetzung in großem Umfange plus Modernisierung oder nur Instandsetzung. In den neuen Bundesländern wurde vor der Wiedervereinigung der Begriff der „Rekonstruktion" für Sanierung gebraucht.

Nachhaltige Sanierung im Bestand

Das Projekt „Nachhaltiges Sanieren im Bestand – integrierte Dienstleistungen für zukunftsfähige Wohnstile" war ein vom Bundesministerium für Bildung und Forschung gefördertes Projekt im Förderschwerpunkt „Modellprojekte für nachhaltiges Wirtschaften – Innovation durch Umweltvorsorge". Es begann am 1.11.1998 und endete am 31.3.2001. Beteiligt waren daran

- Institut für sozial-ökologische Forschung (ISOE), Frankfurt am Main (verantwortlich für das Gesamtprojekt)
- Öko-Institut e.V. (ÖI) Darmstadt (verantwortlich für alle mit baulich-technischen Fragen)
- Institut für ökologische Wirtschaftsforschung GmbH (IÖW), Berlin (verantwortlich für Koordination)
- Nassauische Heimstätte – Gesellschaft für innovative Projekte im Wohnungsbau mbH (nhgip), Frankfurt am Main (verantwortlich für die Vermittlung der Kontakte mit den verschiedenen Abteilungen der Nassauischen Heimstätte und für die Kommunikation mit dem Mieterbeirat.
- Nassauische Heimstätte (verantwortlich für Vorbereitung und Durchführung der Modernisierungsmaßnahmen an insgesamt 3 Projekten aus der Baualtersklasse 1950/1960)

Es ging um Projekte mit dem Versuch, die Bewohner der Siedlungen in die Projektarbeit mit einzubeziehen, wobei nicht nur bautechnische Maßnahmen sondern auch andere integrative Maßnahmen im ökologisch-sozialen Bereich eine Rolle spielten. Damit soll eine nachhaltige Wirkung in der Bestandssicherung erreicht und ein erneutes Abgleiten des Quartiers in Richtung „Slum" verhindert werden. Die gewonnenen Erkenntnisse flossen auch in Projekte der „Sozialen Stadt" ein.

Siehe / Siehe auch: Bodenordnung, Erhaltungssatzung, Milieuschutzsatzung, Sanierungsträger, Soziale Stadt

Sanierungsträger

Ein Unternehmen, das die Aufgaben eines Sanierungsträgers im Rahmen städtebaulicher Sanierungsmaßen auf eigene Rechnung übernehmen will, muss bestimmten Anforderungen genügen, um eine „Bestätigung" als Sanierungsträger zu erhalten. Hierzu gehört, dass das Unternehmen nicht selbst als Bauunternehmen tätig oder von einem Bauunternehmen abhängig sein darf.

Die wirtschaftlichen Grundlagen für die Übernahme solcher Aufgaben müssen gegeben sein. Schließlich muss sich das Unternehmen einer jährlichen Prüfung seiner Geschäftstätigkeit unterziehen. Weitere Voraussetzung ist, dass die zur Vertretung des Unternehmens berechtigten Personen und deren leitende Angestellte die erforderliche geschäftliche Zuverlässigkeit besitzen müssen.

Hat der Sanierungsträger zur Durchführung seiner Aufgaben Grundstücke gekauft, dürfen diese nur unter Beachtung sanierungsrechtlicher Bestimmungen und gemeindlicher Auflagen wieder verkauft werden. Nichtveräußerte Grundstücke muss der Träger bei der Gemeinde angeben und auf Verlangen an diese – oder an Dritte – veräußern. Bleibt der Sanierungsträger Eigentümer von Sanierungsgrundstücken, muss er der Gemeinde dafür finanziellen Ausgleich leisten.

Siehe / Siehe auch: Erhaltungssatzung, Milieuschutzsatzung, Sanierung

Satellitenstadt

Siehe / Siehe auch: Trabantenstadt

SBS

Abkürzung für: Sick-Building-Syndrom
Siehe / Siehe auch: Sick Building Syndrom

Schadenersatzansprüche des Mieters

Der Mieter kann gegen den Vermieter Schadenersatzansprüche haben,

- wenn bei Vertragsabschluss ein Mangel der Mietsache vorhanden ist
- später ein Mangel durch Umstände entsteht, die der Vermieter zu vertreten hat
- der Vermieter mit der Beseitigung eines Mangels in Verzug kommt.

Der Mieter darf den Mangel selbst beseitigen und dem Vermieter die Kosten in Rechnung stellen, wenn:
- der Vermieter mit der Beseitigung dieses Mangels in Verzug ist oder
- die umgehende Beseitigung des Mangels zur Erhaltung oder Wiederherstellung des Bestands der Mietsache erforderlich ist.

Beispiele:
- Der Vermieter hat nach Aufforderung mit angemessener Fristsetzung die Mängelbeseitigung nicht vorgenommen.
- Ein altersschwaches Wasserrohr ist geplatzt, der Vermieter ist in Urlaub und nicht zu erreichen.

Keine Ansprüche kann der Mieter anmelden, wenn er Mängel bereits bei Vertragsschluss gekannt und trotzdem unterschrieben hat. Das Gleiche gilt, wenn der Vermieter von dem Mangel aufgrund fehlender / verspäteter Mängelanzeige des Mieters nicht rechtzeitig erfahren hat (vgl. §§ 536a, 536b BGB).

Siehe / Siehe auch: Schadenersatzansprüche des Vermieters

Schadenersatzansprüche des Vermieters

Der Vermieter kann Schadenersatzansprüche gegen den Mieter geltend machen, wenn
- der Mieter die Mietsache schuldhaft beschädigt (z.B.: Überschwemmung durch abgerissenen Waschmaschinenschlauch, wenn die Maschine beim Waschen allein gelassen wurde)
- wenn der Mieter seiner Anzeigepflicht über Gefahren für die Mietsache nicht nachkommt, sodass ein Schaden entsteht (z.B.: Feuchter Fleck an der Wand wird nicht gemeldet, es entstehen schwere Feuchtigkeitsschäden)
- wenn der Mieter die Wohnung Personen überlässt, die an Wohnung, Zubehör oder Haus Schäden anrichten (Untermieter, Gäste)
- wenn der Mieter die Wohnung nach Kündigung verspätet zurückgibt, d.h. nicht pünktlich zum Vertragsschluss (dann Mietzahlung bis Schlüsselübergabe)
- Die pünktliche Wohnungs- und Schlüsselübergabe bei Verweigerung fälliger Schönheitsreparaturen bedeutet nicht, dass die Wohnungsrückgabe verspätet wäre. Sie kann aber zu Schadenersatzansprüchen (Durchführung der Arbeiten durch eine Fachfirma auf Kosten des Mieters) führen (vgl.: §§ 536 c Abs.2, 540 Abs.2, 546 a BGB)

Siehe / Siehe auch: Schadenersatzansprüche des Mieters

Schadenskataster

Schadenskataster ist die systematische zeichnerische oder fotografische Darstellung der bei einer Schadensaufnahme an einem Bauwerk festgestellten Schäden, in der Regel mit Angaben zu Art und Ausmaß der Schäden. Schadenskataster sind vor allem in der Denkmalpflege von Bedeutung, wo sie eine wichtige Grundlage für die Planung von Instandsetzungs-, Sanierungs- und Restaurierungsmaßnahmen an Baudenkmalen bilden.

Schadenspauschale (Mietrecht)

In Mietverträgen werden teilweise so genannte Schadenspauschalen vereinbart.

Beispiel: Pauschale Mahngebühr bei Verzug mit der Mietzahlung von 2,50 Euro, Schadenspauschale bei vorzeitiger Beendigung des Mietverhältnisses 300 Euro.

Seit der Mietrechtsreform vom 1.9.2001 ist dabei zu beachten, dass dem Mieter durch eine entsprechende Formulierung im Mietvertragsformular ausdrücklich der Nachweis erlaubt sein muss, dass der jeweilige Schaden oder die geltend gemachte Wertminderung gar nicht entstanden ist oder zumindest wesentlich niedriger ist als die Schadenspauschale. Steht dies nicht im Vertrag, ist die Regelung unwirksam.

Nach § 309 Nr.5 BGB ist die Vereinbarung einer Schadenspauschale im Formularmietvertrag ebenfalls unwirksam, wenn die Pauschale den Schaden übersteigt, der „nach dem gewöhnlichen Lauf der Dinge" zu erwarten ist. Dem Vermieter bleibt natürlich die Möglichkeit, seinen konkret entstandenen Schaden vom Mieter einzufordern – z.B. bei einer Mahnung Portokosten.

Nicht zu verwechseln ist die Schadenspauschale mit einer Vertragsstrafe. Bei dieser wird dem Verwender des Vertrages im Falle der Nichtabnah-

me der Leistung, der verspäteten Abnahme, des Zahlungsverzuges oder der Lösung des Vertragspartners vom Vertrag Zahlung eines bestimmten Geldbetrages versprochen. In Formularverträgen gegenüber Privatleuten verabredete Vertragsstrafen sind unwirksam.
Siehe / Siehe auch: Mietrechtsreform 2001

Schädliche Bodenveränderungen
Siehe / Siehe auch: Altlasten

Schätzgebühr (Baufinanzierung)
Nebenkosten der Baufinanzierung. Schätzgebühren werden vom kreditgebenden Institut für die Ermittlung des Beleihungswerts der Immobilie berechnet. Die Spannen hierbei sind groß. Es gibt Banken und Sparkassen, die für ihre gutachterliche Tätigkeit kein Geld verlangen. Andere nehmen einen Festbetrag. Viele berechnen jedoch einen festen Prozentsatz vom Darlehen, der üblicherweise zwischen 0,2 und 0,6% liegt. Die Schätzgebühr ist bei der Berechnung des Effektivzinses nicht berücksichtigt.

Schätzungsausschuss bei Landpacht
Der Schätzungsausschuss im Landpachtrecht besteht aus Sachverständigen. In vielen Pachtverträgen über landwirtschaftlich genutzte Betriebe und Flächen wird vereinbart, dass er im Auftrag der Vertragspartner bestimmte Bewertungen vornehmen soll. Unter anderem werden jeweils bei Beginn und Ende der Pacht geschätzt:
- Wert von lebendem und totem Inventar
- Wert des Feldinventars
- Wert der Verwendungen auf die Pachtsache, die der Pächter getätigt hat
- Wert von Baumängeln

Wichtig ist dies z.B. bei einer vertraglich vereinbarten Inventarübernahme zum Schätzwert. Der Schätzungsausschuss wird gebildet, wenn es im Pachtvertrag vorgesehen ist. Die meisten Pachtverträge bestimmen, dass jede Partei einen Sachverständigen ihrer Wahl bestimmt. Die beiden Sachverständigen wählen einen Obmann. Falls dies innerhalb einer Frist von z.B. zwei Wochen nicht passiert, wird der Obmann von einem Verband (z.B. Bauernverband) bestimmt. Die Tätigkeit des Ausschuss richtet sich nach §§ 317 ff. BGB (Bestimmung der Leistung durch einen Dritten) und der Schätzungsordnung für das landwirtschaftliche Pachtwesen. Der Schätzungsausschuss arbeitet nicht umsonst: Jeder Sachverständige erhält 1% aller vom Ausschuss bearbeiteten Werte. Der Obmann erhält 1,1%.

Eine exakte schriftliche Formulierung der Aufgabe des Schätzungsausschusses und der Hononarvereinbarung bewahrt vor späteren Streitigkeiten. Auch nach dem Bodenschätzungsgesetz sind Schätzungsausschüsse zu bilden. Sie dienen jedoch u.a. der Bemessung von Steuern. Für jeden Finanzamtsbezirk existiert ein Schätzungsausschuss, dem der Leiter des örtlichen Finanzamtes vorsteht. Gegen Schätzungsergebnisse kann vom Grundeigentümer nach der Abgabenordnung Einspruch erhoben werden; über diesen entscheidet dann die Finanzbehörde.
Siehe / Siehe auch: Inventarübernahme zum Schätzwert

Schallschutz
Übermäßige Lärmimmissionen erfordern einen Schallschutz. Störender Lärm kann von außerhalb des Gebäudes oder auch von Nachbarwohnungen und Hausinstallationen (Sanitäranlagen, Aufzügen) herrühren. Bei den gesetzlichen Rahmenbedingungen sind der Schallschutz im Städtebau und der Schallschutz bei der Errichtung von Gebäuden zu unterscheiden.

Grundsätzlich müssen nach § 1 Abs.5 Baugesetzbuch (BauGB) die Belange des Umweltschutzes bei der Bauleitplanung beachtet werden. Dazu gehört auch der Schallschutz. § 50 Bundesimmissionsschutzgesetz (BImschG) schreibt vor, dass für eine bestimmte Nutzung vorgesehene Flächen einander so zugeordnet werden müssen, dass schädliche Umwelteinwirkungen auf Wohngebiete möglichst nicht stattfinden. Der Schallschutz soll nach diesen Vorschriften soweit wie möglich berücksichtigt werden, er hat jedoch keinen Vorrang gegenüber anderen Belangen.

Werkzeug der sachgerechten Schallschutzplanung ist die DIN 18005 Teil 1, die sowohl Orientierungswerte für Schallimmissionen im Städtebau, als auch Berechnungsverfahren enthält. Die Orientierungswerte sind dabei nicht Teil der Norm, da sie nur in einem Beiblatt erwähnt werden. Sie sind nicht rechtsverbindlich.

Die Planungsbehörde kann bei der Erstellung des Bebauungsplanes Lärmschutzmaßnahmen vorsehen. Dies können z.B. Lärmschutzwände, nicht bebaubare Flächen zur Abstandswahrung oder

Maßnahmen an Gebäuden wie z.B. Schallschutzfenster sein.
Als weitere wichtige Vorschrift ist die TA Lärm (Technische Anleitung zum Schutz gegen Lärm) zu nennen. In dieser Regelung finden sich Immissionsrichtwerte für Schallimmissionen von Gewerbebetrieben und genehmigungsbedürftigen sowie bestimmten nicht genehmigungsbedürftigen Anlagen. Diese Richtwerte dürfen nur in einem bestimmten (meist tageszeitabhängigen) Maße überschritten werden.
Die VDI-Richtlinie 2058 enthält Richtwerte zur Beurteilung von Lärm am Arbeitsplatz. Ferner behandelt die VDI-Richtlinie 3724 von Freizeiteinrichtungen (z.b. Sportstätten) ausgehende Geräusche. Bei Errichtung und Umbau von Gebäuden ist die DIN 4109 (Schallschutz im Hochbau) zu beachten. Diese Norm enthält verbindliche Grenzwerte z.b. für den in einer Wohnung hörbaren Trittschall aus der darüber liegenden Wohnung.
Siehe / Siehe auch: Lärm, Belästigung durch, Trittschallschutz

Schattenwurf durch Bäume

Stehen auf dem Grundstück eines Miethauses große Bäume, kann es zur „Beschattung" von Wohnungen kommen. Einen Grund zur Mietminderung stellt selbige nicht dar. Allenfalls beim Vertragsabschluss kann der Mieter den Wunsch nach einem verringerten Mietzins äußern – es ist jedoch dem Vermieter überlassen, ob er dem nachkommt.
Wegen verringerten Lichteinfalls in der Mietwohnung ist der Vermieter nicht verpflichtet, die Bäume auszulichten oder gar zu fällen. Unter Umständen ist ihm dies sogar durch eine örtliche Baumschutzverordnung untersagt. Seine Verkehrssicherungspflicht verpflichtet ihn jedoch dazu, regelmäßig (etwa alle sechs Monate) eine Sichtkontrolle der Bäume auf morsche Äste hin vorzunehmen und derartige Gefahrenquellen zu entfernen.
Siehe / Siehe auch: Baumschutzsatzung

Scheidewand

Seit Mitte des 19. Jahrhunderts wurden Wände innerhalb von Gebäuden zunehmend als leichte Wandkonstruktionen ausgeführt. Diese Wände wurden auch als Scheidewand, Leichtwand, Teilungs- oder Trennwand bezeichnet. Sie ermöglichten eine Aufteilung der Räume unabhängig vom System der tragenden Wände. Da sie im Vergleich zu den tragenden Wänden eine deutlich geringere Stärke (z. B. 50 mm) hatten, ergab sich zudem ein Raumgewinn bei gleichzeitiger Materialersparnis. Leichte Trennwände sind heute noch in vielen Altbauten, insbesondere in großstädtischen Miethäusern, zu finden. Ihre Nachteile sind die geringe Belastbarkeit, z. B. im Hinblick auf das Anbringen von Wandschränken oder Regalen, sowie die schlechte Geräuschdämmung. Letztere kann insbesondere dort zum Problem werden, wo leichte Trennwände nicht nur zwischen Räumen innerhalb einer Wohnung sondern auch zwischen unterschiedlichen Wohnungen errichtet wurden.
Siehe / Siehe auch: Drahtputzwand, Rabitzwand, Trennwand

Scheinbestandteil

Im Gegensatz zum wesentlichen Bestandteil eines Grundstücks, der auf Dauer fest mit dem Grundstück verbunden ist, ist die feste Verbindung des Scheinbestandteils mit dem Grundstück nur vorübergehender Natur. So sind z.B. die von einem Gärtner eingepflanzten, aber zum Verkauf und damit zur Umpflanzung bestimmten Bäume Scheinbestandteil. Das gleiche gilt von festen Einbauten eines Mieters in der Wohnung, der diese Einbauten nach Beendigung des Mietverhältnisses wieder entfernen muss. Vom Zubehör unterscheidet sich der wesentliche Bestandteil dadurch, dass Zubehör beweglich und nicht mit einer anderen Sache bzw. einem Grundstück fest verbunden ist.
Siehe / Siehe auch: Wesentlicher Bestandteil, Zubehör

Scheinselbstständigkeit

Was Scheinselbstständigkeit ist, wurde mit Wirkung zum 1.1.1999 im Sozialgesetzbuch geregelt. Die Kritik veranlasste den Gesetzgeber allerdings, die Vorschriften am 12.11.1999 rückwirkend zu korrigieren. Wer im Zusammenhang mit seiner beruflichen Tätigkeit

- keine sozialversicherungspflichtigen Arbeitnehmer beschäftigt (es können jetzt auch Familienmitglieder sein), die mehr als 322 Euro verdienen,
- dauerhaft und im Wesentlichen nur für einen Arbeitnehmer tätig ist (es sei denn, er tut dies freiwillig),
- Arbeitsleistungen erbringt, die der Betrieb des Auftraggebers (oder vergleichbare

Betriebe) regelmäßig auch von abhängig Beschäftigten ausführen lässt,
- typische Merkmale unternehmerischen Handelns vermissen lässt, und vor seiner Selbstständigkeit bei seinem Auftraggeber in einem Beschäftigungsverhältnis stand und dabei vergleichbare Tätigkeiten ausgeführt hat,

gilt seit der in Kraft getretenen Änderung des Sozialgesetzbuches als Scheinselbstständiger (Vermutung), wenn drei der fünf genannten Merkmale zutreffen und die Frage nicht durch ein „Anfrageverfahren" geklärt wurde. Handelsvertreter fallen nicht unter die Vorschrift, wenn sie ihre Tätigkeit im Wesentlichen frei gestalten und ihre Arbeitszeit bestimmen können.

Mit der Neuregelung ist klar gestellt, was vorher in vielen Einzelentscheidungen besonders von Arbeits- und Sozialgerichten so gesehen wurde. Stellt sich im Rahmen des Anfrageverfahrens oder durch nicht widerlegte Vermutung Scheinselbstständigkeit heraus, ergeben sich als Folgen:
- der freie Mitarbeiter ist Angestellter
- der Arbeitgeber muss rückwirkend bis 4 Jahre den vollen Beitrag zur Renten-, Kranken- Pflege- und Arbeitslosenversicherung nachentrichten,
- der „freie" Mitarbeiter muss wegen Nichtanerkennung geltend gemachter Werbungskosten mit Steuernachforderungen rechnen
- der Scheinselbstständige schuldet die von ihm berechnete Umsatzsteuer, aber
- der Auftraggeber verliert trotzdem seinen Vorsteuerabzug aus berechneten Leistungen des Scheinselbstständigen

Von der Regelung sind Maklerunternehmen nur betroffen, wenn sie „freie Mitarbeiter" beschäftigten, die keinen tatsächlichen Handelsvertreterstatus hatten, die also ihre Arbeitszeit und Tätigkeit nicht frei bestimmen konnten. Wer dagegen seinen Außendienst auf die Handelsvertreterbasis gestellt hat (Handelsvertreter sind Kollegen und keine weisungsgebundenen Abhängigen) muss von der neuen Regelung nichts befürchten.

Siehe / Siehe auch: Handelsvertreter, Arbeitnehmerähnliche Selbstständige

SchfG
Abkürzung für: Schornsteinfegergesetz
Siehe / Siehe auch: Bezirksschornsteinfegermeister, Kehr- und Überprüfungsverordnung, Schornsteinfegergesetz

Schichtmauerwerk
Das Schichtmauerwerk ist ein Mauerwerksverband, bei dem Bruchsteine oder Quadersteine zu einem regelmäßigen oder hammerrechten Mauerwerk geschichtet werden. Dabei sind sowohl durchgehende als auch wechselnde Lagerfugen möglich.

Siehe / Siehe auch: Bruchsteinmauerwerk, Quadermauerwerk, Trockenmauerwerk, Zyklopenmauerwerk

Schiedsverfahren / Streitschlichtung
Im Streitfalle muss der erste Weg nicht immer vor Gericht führen. In allen Bundesländern gibt es – mit unterschiedlichen landesrechtlichen Regelungen – Schiedspersonen, die im Streitfall zwischen den Beteiligten schlichten sollen, um eine gütliche Einigung herbeizuführen. Meist schreiben die Landesgesetze vor, dass in bestimmten Fällen eine gerichtliche Klage erst dann erhoben werden kann, wenn zuvor ein erfolgloses Schlichtungsverfahren durchgeführt wurde. Die Schlichter oder Schiedsleute sind meist Privatpersonen, die sich für das Amt zur Verfügung gestellt haben.

Zwingend ist ein Schlichtungsversuch z.B. in Nordrhein-Westfalen in folgenden bürgerlichen Rechtsstreitigkeiten:
- Vermögensrechtliche Streitigkeiten mit Streitwert bis 600 Euro (außer Familiensachen)
- Nachbarschaftsstreitigkeiten
- Ehrverletzungen, die nicht in den Medien begangen wurden.

Eine Klage ist in diesen Fällen erst bei Vorlage einer schriftlichen Bescheinigung über die Erfolglosigkeit des Schiedsverfahrens zulässig. Ist das Verfahren erfolgreich, wird eine schriftliche Vereinbarung erstellt. Deren Einhaltung ist einklagbar. Schiedsverfahren sind kostengünstig, die Kosten liegen z.T. nur bei 25 Euro. Auch im Strafrecht muss in bestimmten Fällen ein Schiedsverfahren oder „Sühneversuch" durchgeführt werden, bevor es vor Gericht geht. Betroffen sind hiervon die sogenannten „Privatklagedelikte", z.B. Hausfriedensbruch, Beleidigung, Bedrohung.

Siehe / Siehe auch: Grenzbaum, Privatklage, Rechtsstreit, bürgerlicher

Schlichtungsgesetze
Auf der Grundlage von § 15a der Einführungsgesetz-Zivilprozessordnung (EGZPO) wurden bis-

her von acht Bundesländern sogenannte Schlichtungsgesetze erlassen. Hierzu zählen Bayern, Baden-Württemberg, Brandenburg, Hessen, Nordrhein-Westfalen, Saarland, Sachsen-Anhalt und Schleswig-Holstein.
Damit soll der Prozessflut entgegengewirkt werden. Die Gesetze schreiben vor, dass Amtsgerichte eine Klage nur dann annehmen können, wenn vorher ein Schlichtungsverfahren durch einen Notar oder Rechtsanwalt, der als Schlichter bestellt ist, ohne Ergebnis durchgeführt wurde. Dabei geht es um vermögensrechtliche Streitigkeiten bis zu einer Geldsumme von 750 Euro, um nachbarschaftsrechtliche Streitigkeiten und Streitigkeiten wegen Verletzung der persönlichen Ehre, soweit sie nicht durch Rundfunk oder Presse begangen wurden. Geht es bei Vermögensstreitigkeiten um eine den genannten Betrag übersteigende Summe, ist die Schlichtung freiwillig.
Für rechtsstreitanfällige Gewerbezweige, wozu wegen der oft unklaren Rechtslage und den veralteten BGB-Vorschriften auch das Maklergewerbe zählt, ist dies eine interessante Entwicklung. Solche Schlichtungen gab es allerdings in der Wirtschaft schon vor diesem Gesetz, wenn es um hohe Streitwerte ging. Ein großer Teil formeller Gerichtsverfahren wird auf diese Weise auf freiwilliger Basis verhindert.

Schlüsselfertig
Planmäßiger Endzustand eines Neubaus. Beim Kauf eines „schlüsselfertigen Hauses" braucht sich der Bauherr bzw. Käufer nicht um die Fertigstellung zu kümmern. Er hat von der Planung bis zur Schlüsselübergabe nur einen Bauträger oder Generalunternehmer als Ansprechpartner. In aller Regel errichten Bauträger schlüsselfertige Häuser und verlangen dafür einen Festpreis.

Schlüsselnotdienst
Schließt sich der Mieter aus der Wohnung aus, kann oft nur noch der Schlüsselnotdienst helfen. Die Kosten trägt der Mieter. Auch in dieser Branche gibt es jedoch „schwarze Schafe", die Notlagen ausnutzen: So werden z.T. völlig überhöhte Sätze und enorme Nacht- und Feiertagszuschläge verlangt, oder es werden gar unnötige Arbeiten vorgenommen. Eine nur zugefallene und nicht verschlossene Tür kann meist geöffnet werden, ohne das Schloss zu zerstören und anschließend ein neues einzubauen.

Hat der Mieter mehr als das dreifache des ortsüblichen Betrages für eine solche Dienstleistung bezahlt, ist die Wuchergrenze überschritten. Den Teil des Betrages, der das übliche Maß überschreitet, kann der Auftraggeber zurückfordern.
Nicht gezahlt werden müssen Kosten für einen überflüssigen zweiten Monteur, PKW-Bereitstellungskosten, „Sofortdienste" oder nicht durchgeführte Reparaturen. Grundsätzlich zulässig sind Nacht-, Feiertags- und Wochenendzuschläge. Die Allgemeinen Geschäftsbedingungen des Notdienstes müssen jedoch klarstellen, dass die Zuschläge nur einmalig anfallen. Der Vermieter ist hier nur im Ausnahmefall in der Zahlungspflicht. Solche Ausnahmen sind:
- Mieter hat sich wiederholt über klemmendes Schloss beschwert, Vermieter hat nicht reagiert, Mieter kommt nicht mehr in die Wohnung
- Unbekannte haben Türschloss mit Klebstoff verklebt oder beschädigt, Vermieter hat Reparatur verweigert.

Schlussrechnung
Mit der Schlussrechnung werden erbrachte Bauleistungen abgerechnet. Die Berechnung der einzelnen Leistungen muss mit den in der Leistungsbeschreibung aufgeführten Leistungen korrespondieren. Hinzu kommen die später noch ausgehandelten Leistungen und solche, die sich aus besonderen und zusätzlichen Vertragsbedingungen (allgemeine und zusätzliche technische Vorschriften ATV und ZTV) ergeben. Die Schlussrechnung muss nachvollziehbar und überprüfbar sein. Die zusätzlich erbrachten Leistungen müssen in der Rechnung deutlich unterscheidbar sein von den vertraglich vereinbarten Leistungen. Leitet der Unternehmer trotz Aufforderung durch den Auftraggeber eine nachprüfbare Schlussrechnung nicht in einer angemessenen Frist zu, kann dieser bei Vorliegen eines VOB-Vertrages selbst eine Schlussrechnung erstellen (lassen) (§ 14 Nr. 4 VOB/B). Die Kosten der Erstellung der Schlussrechnung hat in einem solchen Fall der Unternehmer zu tragen.

Schlusszahlung (Bauvertrag)
Die Schlusszahlung setzt eine prüfbare Schlussrechnung (Abrechnung) des Unternehmers voraus. Außerdem muss die Bauleistung abgenommen worden sein. Die Schlusszahlung ist nach

der VOB / B innerhalb von zwei Monaten nach Zugang zu leisten. Sofern sich bei Prüfung der Schlussrechnung herausstellt, dass bestimmte berechnete Leistungen nicht oder nicht vereinbarungsgemäß erbracht worden sind, ist jedenfalls der unbestrittene Teil der Schlussrechnung als Abschlagszahlung zu leisten. Mit der Schlusszahlung werden früher geltend gemachte aber nicht erledigte Forderungen des Unternehmers ausgeschlossen, es sei denn, der Unternehmer behält sich deren Geltendmachung innerhalb von 24 Werktagen nochmals vor. Der Vorbehalt wird allerdings wieder hinfällig, wenn nicht innerhalb von weiteren 24 Werktagen über die nicht erledigte Forderung eine prüfbare Rechnung dem Auftraggeber (Bauherrn) zugesandt wird (es sei denn, der Betrag ist bereits in der prüfbaren Schlussrechnung im einzelnen aufgeführt).

Siehe / Siehe auch: Schlussrechnung

Schmerzensgeld für Mieter

Neben dem erlittenen materiellen Schaden kann auch Schmerzensgeld verlangt werden, wenn eine Verletzung des Körpers, der Gesundheit, der persönlichen Freiheit oder sexuellen Selbstbestimmung stattgefunden hat.

Ein Mieter, der Gesundheitsschäden erlitten hat, weil die Wohnung schon bei Beginn des Vertragsverhältnisses Mängel aufwies oder der Vermieter mit der Mängelbeseitigung in Verzug gekommen ist bzw. später aufkommende Mängel zu vertreten hat, kann Schmerzensgeld fordern. Der Vermieter muss sich dabei das Verhalten von Personen zurechnen lassen, die für ihn oder in seinem Auftrag tätig sind (Handwerker, Hausmeister).

Das Landgericht Berlin sprach am 19.2.2004 einem Mieter 2.500 Euro Schmerzensgeld zu, der mit zwei Kohleneimern bei defekter Kellerbeleuchtung in den Keller gestiegen war, um Brennstoffnachschub für seinen Ofen zu holen. Der Mann war über einen 80 cm in den Gangbereich hineinragenden Holzbalken gestolpert und hatte sich so schwer verletzt, dass eine Notoperation mit zehntägigem Krankenhausaufenthalt erforderlich wurde (Az. 67 S 319/03).

Die verschuldensunabhängige Haftung kann der Vermieter im Mietvertrag ausschließen. Nicht ausgeschlossen werden kann die Haftung für fahrlässig verursachte Körper- oder Gesundheitsschäden.

Siehe / Siehe auch: Schadenersatzansprüche des Mieters, Schadenersatzansprüche des Vermieters

Schneeräumpflicht für Mieter

Die Schneeräumpflicht ist Teil der Straßenreinigungspflicht. Diese obliegt grundsätzlich der Gemeinde. Hinsichtlich der Bürgersteige werden diese Pflichten in der Regel per Satzung auf die jeweiligen Grundeigentümer übertragen. Ist das Grundstück vermietet, kann der Eigentümer die Pflicht zur Gehwegereinigung und auch zum Schneeräumen auf den oder die Mieter übertragen. Als wirksam übernommen gilt die Reinigungspflicht, wenn sie mietvertraglich vereinbart oder durch tatsächliche Übernahme der Arbeiten akzeptiert wurde. Eine nachträgliche Verpflichtung des Mieters über eine Änderung der Hausordnung ist nicht möglich.

Gereinigt bzw. von Schnee befreit werden müssen Gehwege vor dem Grundstück, der Weg zum Hauseingang und ggf. der Zugang zu den Müllbehältern. Die Einzelheiten der Schneeräumpflicht werden meist in der Hausordnung geregelt. Besonders bei größeren Wohnanlagen muss eine Regelung getroffen werden, wer zu welchem Zeitpunkt zuständig ist. Es empfiehlt sich eine „Schneeräumkarte", die eine Streupflicht für einen Tag mit sich bringt und nur bei tatsächlicher Durchführung von Schneeräumarbeiten an den nächsten Mieter weitergegeben wird. Wer zum Schneeräumen verpflichtet ist, muss morgens ab sieben Uhr und abends bis 20 Uhr Schnee und Eis beseitigen und gegebenenfalls streuen (vorzugsweise Sand). Immerhin darf er nach Ende eines Schneefalles ca. 30 Minuten abwarten, um festzustellen, ob es weiter schneien wird. Geräumt werden muss erst nach Ende des Schneefalles. Fällt permanent Schnee, muss aber trotzdem tagsüber mehrfach geräumt werden. Ist der Betreffende abwesend (Urlaub, Arbeit), muss er dafür sorgen, dass ein Vertreter seine Pflichten erfüllt.

Mietrechtliche Probleme kann es bei älteren oder kranken Mietern geben, die nicht in der Lage sind, ihren Pflichten nachzukommen. Einige Gerichte verlangen von diesen die Bereitstellung eines Vertreters, ggf. einer Firma für die Schneeräumung (z.B. LG Kassel, WM 91, 580). Es existieren auch Urteile, die Senioren von der Schneeräumpflicht freistellen (z.B. LG Münster, WM 2004, 193). Kommt es zu einem Unfall, weil der Mieter seine Pflichten vernachlässigt hat, erwarten ihn hohe Schadenersatzforderungen. Auch eine Strafbarkeit wegen fahrlässiger Körperverletzung ist möglich.

Siehe / Siehe auch: Verkehrssicherungspflicht

Schnellspartarif

Beim Schnellspartarif handelt es sich um eine Bauspartarifvariante, die bei Soforteinzahlung des Mindestsparguthabens die dann optimalen Zuteilungsvoraussetzungen nutzt. Im Gegenzug muss der Darlehensnehmer höhere Tilgungsraten und kürzere Kreditlaufzeiten akzeptieren.

Schönheitsreparaturen

Unter Schönheitsreparaturen versteht man Renovierungsarbeiten, mit denen gebrauchsbedingte Abnutzungserscheinungen in Räumen beseitigt werden. Dazu zählt man:
- Streichen und Tapezieren von Wänden und Decken
- Streichen von Fußböden bzw. Reinigen von Teppichböden
- Lackieren von Heizkörpern und -rohren
- Streichen von Holzfenstern und Außentüren jeweils von innen
- Reparatur kleiner Putz- und Holzschäden

Nicht dazu gehören z.B.:
- Austausch des vom Vermieter verlegten durch normalen Gebrauch abgenutzten Teppichbodens
- Abschleifen und Versiegeln des Parkettbodens
- Streichen von Treppenhäusern und Gemeinschaftsräumen
- Streichen der Fenster von außen

Nach den gesetzlichen Vorschriften ist der Vermieter für die Schönheitsreparaturen zuständig. Durchführung und Kostentragung dürfen jedoch vom Vermieter auf den Mieter im Mietvertrag abgewälzt werden. Angemessene Zeiträume, nach deren Ablauf Schönheitsreparaturen durchgeführt werden müssen, sollten im Mietvertrag vereinbart werden. Allgemein wird von folgenden Zeitintervallen ausgegangen: Küche, Bäder und Duschräume alle 3 Jahre; Toiletten, Dielen, Flure, Wohn- und Schlafräume alle 5 Jahre sowie Nebenräume alle 7 Jahre.

Allerdings sind vertraglichen Vereinbarungen in Formularmietverträgen und anderen vorformulierten Vereinbarungen über Schönheitsreparaturen Grenzen gesetzt. So darf beispielsweise nicht verlangt werden, dass der Mieter – unabhängig vom Zustand der Räume – bei Auszug alle Schönheitsreparaturen durchführen muss. Enthält der gleiche Mietvertrag unterschiedliche Klauseln, nach denen der Mieter einerseits regelmäßig Schönheitsreparaturen durchführen muss, andererseits bei Auszug eine Endrenovierung durchzuführen hat, sind beide Klauseln unwirksam (BGH, Az. VIII ZR 308/02). Der BGH hat in einem weiteren Urteil vom 6.4.2005 (XII ZR 308/02) die Unwirksamkeit einer Kombination zweier unterschiedlicher Renovierungsklauseln in einem Formularmietvertrag über Wohnraum auch auf Gewerberaummietverträge erstreckt. Leitsatz: „Wie im Wohnraummietrecht führt auch in Formularmietverträgen über Gewerberäume die Kombination einer Endrenovierungsklausel mit einer solchen über turnusmäßig vorzunehmende Schönheitsreparaturen wegen des dabei auftretenden Summierungseffekts zur Unwirksamkeit beider Klauseln.

Der BGH (VIII ZR 361/03) hat ferner eine Klausel für unwirksam erklärt, nach der der Mieter auf seine Kosten die Schönheitsreparaturen wenn erforderlich, mindestens aber in der nachstehenden Zeitfolge (dem bekannten Fristenplan) durchzuführen hatte. Grund: Hier war ein starrer Fristenplan vereinbart worden, bei dem die Renovierung unabhängig vom Wohnungszustand immer nach Fristablauf erfolgen musste. Wirksam wäre die Klausel gewesen, wenn der Vermieter statt „mindestens" die Ausdrücke „im Allgemeinen" oder „in der Regel" verwendet hätte. Üblich und wirksam sind auch so genannte Prozentual-Klauseln, nach denen der Mieter bei Auszug vor Ablauf der im Fristenplan genannten Zeiträume einen bestimmten Prozentsatz der für die Schönheitsreparaturen anfallenden Kosten trägt. Diese richten sich nach dem Kostenvoranschlag einer Fachfirma. Weitere

Beispiele für unwirksame vertragliche Regelungen:
- Renovierung allein „nach Bedarf"
- Durchführung von Schönheitsreparaturen nur durch Fachbetrieb
- Renovierung immer alle zwei Jahre
- Renovierung bei Ein- und Auszug.

Im einem extremen Fall sprach der BGH einem Vermieter einen Kostenvorschuss von mehreren Tausend Euro für Schönheitsreparaturen zu. Der Mietvertrag hatte nur allgemein festgelegt, dass der Mieter Schönheitsreparaturen durchführen musste. Das hatte dieser jedoch trotz Aufforderung unterlassen – 47 Jahre lang (BGH, Urt. v. 6.4.2005, Az. VIII ZR 192/04). Der Fall ist jedoch derart extrem gelagert, dass das Urteil nicht unbedingt auf andere Fälle übertragbar sein dürfte. Die Beurteilung des Wohnungszustandes erfolgt in derartigen Fällen durch Sachverständige und kann sehr unterschiedlich ausfallen. Die Mietrechtsreform 2001 hat hinsichtlich der Schönheitsreparaturen für keine klarstellenden Regelungen gesorgt, so dass es hier weitgehend beim „Richterrecht" verbleibt.

Schornsteinfegergesetz

Das Schornsteinfegergesetz (SchfG) in seiner heutigen Form wurde 1969 erlassen und seitdem verschiedentlich geändert. Es regelt das Schornsteinfegerwesen. Nach § 1 müssen die Eigentümer von Grundstücken und Räumen kehr- und überprüfungspflichtige Anlagen fristgerecht vom Schornsteinfeger überprüfen lassen. Das Gesetz enthält u.a. Regelungen über Kehrbezirke, über den Bezirksschornsteinfegermeister und seine Bestellung, über die Berufsausübung, Aufsichtsbehörden und Versorgungsansprüche. Es ermächtigt die Länder zum Erlass von Gebührenordnungen für die Dienstleistungen der Schornsteinfeger.

Da die Europäische Kommission gegen die Bundesrepublik Deutschland in Sachen Schornsteinfegergesetz ein Vertragsverletzungsverfahren eingeleitet hat, ist eine Reform der Regelung beabsichtigt. Erste Eckpunkte wurden Ende 2006 der Europäischen Kommission zur Stellungnahme zugeleitet. Geplant sind u.a. folgende Änderungen:
- Der Tätigkeitsbereich der Bezirksschornsteinfegermeister soll im Umfang eingeschränkt werden.
- Alle Schornsteinfegerarbeiten, die keine Kontrollaufgaben beinhalten, werden aus dem ausschließlichen Tätigkeitsbereich des Bezirksschornsteinfegers herausgenommen. Sie können bei entsprechender handwerklicher Qualifikation frei ausgeführt werden – auch von EU-Ausländern.
- Die Bezirke sollen über ein objektives, transparentes und diskriminierungsfreies Ausschreibungsverfahren vergeben werden.
- Die Bestellung soll befristet erfolgen.
- Für europäische Bewerber soll Chancengleichheit herrschen; ihre Ausbildungen werden anerkannt.
- Das amtsärztliche Gutachten als Bestellungsvoraussetzung entfällt.
- Auch eine vorherige praktische Tätigkeit bei einem anderen Bezirksschornsteinfegermeister wird nicht mehr gefordert.
- Die Residenzpflicht entfällt.
- Das Nebentätigkeitsverbot wird aufgehoben.
- Bezirksschornsteinfeger werden gesetzlich zur gewissenhaften und unabhängigen Erfüllung ihrer Aufgaben verpflichtet.
- Geplant ist ein Inkrafttreten der Reformen am 1.1.2008.

Siehe / Siehe auch: Bezirksschornsteinfegermeister

Schornsteinreinigung

Verfügt ein Gebäude nicht über eine Fernheizung, ist meist ein Schornstein vorhanden, der vom Bezirksschornsteinfegermeister vor der Inbetriebnahme abgenommen und dann regelmäßig, meist vor Beginn der Heizperiode, überprüft und gereinigt werden muss. Ohne regelmäßige Reinigung besteht die Gefahr von Rußablagerungen oder Verstopfungen, was im schlimmsten Falle zu einem Brand oder einer Kohlenmonoxydvergiftung der Hausbewohner führen kann.

Eigentümer von Heizungsanlagen mit Schornstein sind nach dem Schornsteinfegergesetz verpflichtet, die Überprüfung der Anlage zuzulassen. Die Kosten richten sich nach der Schornsteinfeger-Gebührenordnung des jeweiligen Bundeslandes. Die Bewohner – egal ob Mieter oder Vermieter – müssen dem Schornsteinfegermeister Zutritt zur Heizanlage verschaffen. Und dies nicht nur dann, wenn die jährliche Reinigung oder Überprüfung mit Terminabsprache ansteht. Das Oberverwaltungsgericht Rheinland-Pfalz entschied, dass der Schornsteinfeger selbst dann eingelassen werden muss, wenn er tagsüber aufgrund eines anonymen Anrufs die Quelle angeblicher „schlechter Gerüche" feststellen will (OVG Rheinland-Pfalz, 17.2.2000, Az. 11 A 12019/99).

Der Vermieter kann die Kehrgebühren nach der Gebührenordnung der Schornsteinfeger als Betriebskosten auf den Mieter umlegen. Allerdings ist darauf zu achten, dass keine Doppelumlage stattfindet, weil die Kehrgebühren etwa schon bei den Betriebskosten der Heizanlage einberechnet sind.

Siehe / Siehe auch: Betriebskosten

Schriftformerfordernis eines Vertrages (Mietvertrag)

Ein Vertrag genügt dann dem Erfordernis der Schriftform, wenn die Vertragsparteien die im Vertrag zum Ausdruck kommenden Willenserklärungen durch ihre Unterschrift bestätigen. Auch einseitige Willenserklärungen (z.B. Kündigung eines Mietvertrages) können an die Schriftform gebunden werden. Normalerweise führt der Verstoß gegen eine Formvorschrift zur Unwirksamkeit.

Anders beim Mietvertrag: Wird er für längere Zeit als ein Jahr geschlossen, bedarf er zwar der schriftlichen Form. Wird diese Schriftform nicht beachtet, gilt der Vertrag dennoch als geschlossen, aber nur auf unbestimmte Zeit, und kann mit der gesetzlichen Frist gekündigt werden. Die Schriftform erfordert eine körperliche Verbindung der einzelnen Blätter der Urkunde. Der BGH hat neuerdings entschieden, dass auf die feste Verbindung verzichtet werden kann, wenn sich die Einheit der Urkunde aus fortlaufender Seitennummerierung oder einzelnen Bestimmungen, einheitlicher grafischer Gestaltung, inhaltlichem Zusammenhang des Textes oder vergleichbaren Merkmalen zweifelsfrei ergibt.

Allerdings wird vom BGH in einem anderen Urteil gefordert, dass die Vertragsparteien im Mietvertrag im Einzelnen bezeichnet werden müssen. So genügt nicht „Erbengemeinschaft Schmidt vertreten durch den Hausverwalter Mayer", sondern Erbengemeinschaft Schmidt, bestehend aus Herrn ... sowie Frau ... usw.). Wird dies nicht beachtet, fehlt es an der Schriftform mit den entsprechenden Konsequenzen (BGH - XII ZR 187/00). Ebenso wenig genügt es, dass ein Mietvertrag für eine aus mehreren Personen bestehende Gesellschaft des bürgerlichen Rechts von deren Anwalt unterschrieben wird (BGH – VII ZR 65/02).

Schufa

Schufa bedeutet „Schutzgemeinschaft für allgemeine Kreditsicherung". Es handelt sich um ein Unternehmen, das für seine Vertragspartner Informationen über die Kreditwürdigkeit von Kunden sammelt, um die Vertragspartner vor finanziellen Einbußen zu schützen. Kunden sind Geldinstitute und Kreditkartenunternehmen, aber auch Versandhäuser oder Kaufhäuser (da auch diese Kredite gewähren).

Die Schufa bezieht ihr Wissen aus den bei den Amtsgerichten geführten Schuldnerverzeichnissen, aber auch von ihren Kunden. Wenn z.B. bei einer Bank ein Kredit abgeschlossen wird, meldet die Bank dessen Kerndaten (Betrag, Laufzeit, Kreditnehmer) an die Schufa weiter. Wird der Kredit nicht rechtzeitig zurückgezahlt, erfolgt ebenfalls Meldung. Dies gilt nicht nur für größere Kredite z.B. für den Eigenheimbau, sondern auch für den geleasten Fernseher.

Da die Tätigkeit der Schufa dem Bundesdatenschutzgesetz unterliegt, darf sie nur Daten bekommen und speichern, wenn der Betroffene eingewilligt hat. Jeder Kreditvertrag enthält heute daher eine „Schufa-Klausel".

Siehe / Siehe auch: Schufa-Klausel, Schufa-Selbstauskunft

Schufa-Klausel

Passus im Kontoeröffnungsantrag, der das Kreditinstitut berechtigt, Daten an die zuständige Schufa-Filiale (Schutzgemeinschaft für Allgemeine Kreditsicherung) weiterzuleiten.

Der Kontoinhaber muss die Schufa-Klausel mit seiner Unterschrift anerkennen. Er kann den Passus jedoch auch aus dem Antrag streichen.

Siehe / Siehe auch: Auskunfteien

Schufa-Selbstauskunft

Jeder Bundesbürger kann gegen Vorlage des Personalausweises bei der zuständigen Schufa-Filiale eine Selbstauskunft verlangen. Diese gibt Einblick in die bei der Schufa gespeicherten Daten des Betreffenden – und zeigt ihm auch, wer wann und wozu Einsicht in diese Daten beantragt hat.

Vermieter verlangen häufig von Mietinteressenten die Vorlage einer solchen Selbstauskunft. Sie erhalten so zusätzliche Sicherheit hinsichtlich der finanziellen Solidität des Interessenten. Die Auskunft muss vom Mietinteressenten selbst eingeholt werden, da die Schufa Auskünfte nur an

Kreditinstitute und ähnliche Unternehmen erteilt. Der Mieter ist zur Einholung einer Selbstauskunft jedoch nicht verpflichtet.
Die Auskunft kann brieflich oder auch per Internet mit Hilfe eines Kontaktformulars unter www.schufa.de angefordert werden und kommt dann per Post. Die Kosten dafür betragen 7,60 Euro.
Die Schufa testet auch die Erteilung einer Online-Selbstauskunft (nach Registrierung).
Siehe / Siehe auch: Score-Wert

Schuldner – rechtliches Gehör

Liegt ein Antrag auf Vollstreckungsversteigerung oder Zwangsverwaltung eines Grundstücks vor, so sehen die Gerichte in der Regel von der Anhörung des Schuldners ab. Dies erweist sich als zweckmäßig, weil sie die gebotene Sicherung gefährdeter Interessen eines Gläubigers mit wirksamer Beschlagnahme beeinträchtigen würde, die den sofortigen Vollstreckungszugriff notwendig macht.

Schuldübernahme

Beim Erwerb eines mit einem valutierten Grundpfandrecht vorbelasteten Objektes kann es für den Erwerber interessant sein, in das zwischen dem Verkäufer und dem Kreditinstitut bestehende Darlehensverhältnis als neuer Schuldner einzutreten. Dies ist vor allem dann der Fall, wenn die aktuellen Finanzierungskonditionen über dem Zinssatz des bestehenden Darlehens liegen. Das trifft häufig bei Bauspardarlehen zu. Auch zinsverbilligte öffentliche Mittel, die für ein Eigenheim aufgenommen wurden, können übernommen werden, wenn der Käufer die Voraussetzungen (Einkommensgrenzen, Eigennutzung) erfüllt.
Stammen die Baudarlehen von Kreditinstituten, wird eine Schuldübernahme allerdings meist von einer Anpassung der Zinskonditionen abhängig gemacht. In diesem Fall sollte durch Konditionenvergleiche genau gerechnet werden, ob sich die Einsparung der Kosten für die Löschung der alten und Bestellung einer neuen Grundschuld durch die Schuldübernahme noch lohnt.
Die Schuldübernahme kann durch einen Vertrag zwischen dem Käufer und dem Kreditinstitut oder durch einen Vertrag zwischen Verkäufer und Käufer erfolgen. Im letzten Fall ist natürlich die Genehmigung des Kreditinstituts erforderlich. Wird sie verweigert, muss der Käufer für eine Ersatzfinanzierung sorgen, wenn er nicht von einem für diesen Fall vorbehaltenen Rücktrittsrecht Gebrauch machen will. Es ist deshalb stets besser, wenn vor Abschluss des Kaufvertrags die Schuldübernahme zwischen Käufer und Kreditinstitut vereinbart wird. Möglich ist auch die Übernahme einer nicht valutierten Grundschuld. Dies bietet sich vor allem dann an, wenn der Käufer der Immobilie einen Kaufpreisteil mit Hilfe dieser bereits im Grundbuch stehenden Grundschuld finanzieren will.
Siehe / Siehe auch: Grundschuld

Schuldzinsen

Zinsen, die ein Kreditnehmer seiner Bank für ein Darlehen bezahlt. Bei Selbstnutzern sind diese seit 1995 nicht mehr steuerlich absetzbar. Vermieter dürfen weiterhin die Schuldzinsen als Werbungskosten von den Mieteinnahmen abziehen. Stehen sie im Zusammenhang mit Kapitalerträgen (z.B. kreditfinanzierte Investmentanlage), sind sie dort abziehbar.

Schwarzbau

Unter Schwarzbau versteht man die Errichtung eines Gebäudes ohne die erforderliche Baugenehmigung. Wer schwarz baut, riskiert im schlimmsten Fall den Abriss. Ansonsten kann die Baubehörde Bußgelder verhängen oder die Baustelle stilllegen.
Der Nachbar hat keinen Anspruch auf ein Eingreifen der Behörde. Ob Maßnahmen eingeleitet werden, ist eine Ermessensentscheidung. Auch auf die Eigentumsgarantie des Grundgesetzes (Art. 14) kann sich der Grundstücksnachbar des Schwarzbaues nicht berufen, da in der Regel sein eigenes Grundstück nicht unmittelbar betroffen ist.
Anders sieht es jedoch aus, wenn so genannte nachbarschützende Vorschriften verletzt worden sind. Dabei kann es sich z.B. um Regelungen der Landesbauordnungen über Abstandsflächen bei Grenzbebauung handeln.
Ignoriert der Bauherr ohne Genehmigung der Baubehörde derartige Vorschriften, kann der Nachbar nach § 1004 BGB in Verbindung mit den jeweiligen baurechtlichen Regelungen vor dem Zivilgericht den Rückbau oder die Beseitigung des Bauwerks fordern (Oberlandesgericht München, Az. 25 U 6426/91).
Siehe / Siehe auch: Baugenehmigung

Schwarze Wohnungen

Bei dem Phänomen der „schwarzen Wohnungen" handelt es sich um plötzlich auftretende Ablagerungen innerhalb von Wohnungen, sog. schwarzen Staub, der vorwiegend während der Heizperiode bestimmte Stellen der Wohnungen schwarz einfärbt. Das Phänomen wird auch als „Fogging" bzw. „Macig Dust" bezeichnet. In der Regel tritt das Phänomen bei Neubauten oder frisch renovierten Wohnungen auf. Es verschwindet im Sommer, tritt aber in der folgenden Heizperiode wieder auf.

Die Ablagerungen sind nicht auf Heizmaterial, sondern auf bestimmte chemische Substanzen in den beim Bau verwendete Materialien (Weichmacher, langkettige Alkane, Alkohole und Carbonsäuren) zurückzuführen. Sie treten vor allem dort auf, wo Wärmebrücken oder Risse vorhanden sind und wo in der Ausstattung der Wohnungen ebenfalls die erwähnten Materialien konzentriert vorkommen. Schwarzer Staub wird auch erzeugt durch brennende Kerzen und Öllampen. Durch ausreichende Lüftung der Räume vor allem im Winter kann der Konzentration der Stoffe, die zu solchen Staubablagerungen führen, entgegengewirkt werden. Auftretender schwarzer Staub bei Mietwohnungen kann zu Mietminderungen führen.

Schwarzer Staub
Siehe / Siehe auch: Schwarze Wohnungen

Schwarzkauf

Wenn die Beteiligten eines Grundstückskaufvertrages bei der Beurkundung einen niedrigeren Preis angeben als den tatsächlich vereinbarten, um Grunderwerbsteuer, Maklergebühren, Notarkosten usw. zu sparen, so liegt ein Scheingeschäft vor, das nach § 117 Abs. 1 BGB nichtig ist. Dies gilt auch für die tatsächlich gewollte Preisvereinbarung, da sie nicht der Beurkundungsform des § 311b BGB genügt. Der Schwarzkauf (auch Unterverbriefung genannt) erfüllt den Tatbestand der Steuerhinterziehung. Geheilt wird der Vertrag jedoch durch Eintragung des Erwerbers in das Grundbuch.

Schwengelrecht

Schwengelrecht ist ein alter Begriff aus dem Nachbarrecht, auch: Anwenderecht. Mit dem Schwengel ist der Querbalken eines Pfluges gemeint, an dem das Zuggeschirr eines Zugtieres eingehängt wurde. Das Schwengelrecht sorgt dafür, dass ein Landwirt sein Feld bis an die Grundstücksgrenze heran bewirtschaften kann. Es gibt ihm nämlich die Befugnis, diese Grenze mit einem landwirtschaftlichen Gerät (früher: Zugtier) teilweise zu überfahren.

Er kann vom Nachbarn verlangen, bei der Errichtung von Zäunen einen bestimmten Grenzabstand zu wahren, damit dieses Recht nicht vereitelt wird und er ohne Zusammenstoß mit einem Weidezaun ganz an die Grenze heranpflügen kann. Der Nachbar kann sich gegen die Überschreitung seiner Grenze nicht mit Hilfe der Eigentumsstörungs-Regeln des Bürgerlichen Gesetzbuches wehren. In den Nachbargesetzen einiger Bundesländer ist das Schwengelrecht immer noch enthalten. So haben Grundstückseigentümer in Nordrhein-Westfalen nach § 36 des Nachbarrechtsgesetzes bei Einfriedigungen einen Grenzabstand von 50 cm zu beachten, sofern es sich um Grundstücke im Außenbereich handelt, die der Bebauungsplan nicht als Bauland ausweist und bei denen eine landwirtschaftliche Nutzung in Frage kommt.

Schwimmende Häuser

Sieht man einmal von der Arche Noah ab und dem Kulturraum von Thailand, China und Indien oder vom Amazonas in Südamerika, wo es schon seit langer Zeit schwimmende Häuser gab, dann sind sie in Europa eine relativ neue Erfindung. Im Gegensatz zu sogenannten Hausbooten, die teils Umbauten außer Dienst gestellter Nutzschiffe sind (vom ehemaligen Minensuchboot bis zum Frachter) oder Schiffen, mit denen Reisen möglich sind, werden Schwimmende Häuser fest verankert und von vornherein für einen bestimmten Nutzungszweck geplant und gebaut, bei dem vor allem

Wohnen, Urlaubsgestaltung, Gastronomie oder Hotellerie bis hin zum schwimmenden Warenhaus im Vordergrund steht. Verbreitet sind schwimmende Häuser (und Hausboote) vor allem in Norwegen, Schweden, Irland, Holland und Frankreich. Auch in Deutschland werden Schwimmende Häuser zur Miete angeboten. In Russland ist sogar ein schwimmendes Atomkraftwerk geplant.

Sind Schwimmende Häuser mit entsprechenden Motoren und Antriebsaggregaten ausgerüstet, können sie selbstständig ihre Lage verändern. Ansonsten müssen sie von einem Schlepper bewegt werden. Schwimmende Häuser sind wegen ihrer örtlichen Beweglichkeit die einzigen Gebäude, die keine Immobilien sind.

Science Parks

Science Parks sind in Deutschland ein relativ neuer Objekttyp, der sich bestenfalls in der Einführungsphase befindet, wenn gleich es ihn in Amerika in Form des Epcot-Centers von Disney schon über ein Vierteljahrhundert gibt. In England entstand in London ebenfalls ein Science Park in Form des von der Regierung Blair geförderten Millenium Domes an der Themse.

Dieser konnte aber – trotz vollmundiger Ankündigungen – den Beginn des neuen Jahrtausends nur um wenige Monate überleben. Anschließend kam es zu dem bei Sonder- und Spezialimmobilien klassischen Folgenutzungsproblem im Form langen Leerstandes und der Suche nach einem neuen Investor. Dennoch können gut konzipierte, an einem Standort mit hohem Besucherpotential gelegene Science Parks, allein schon wegen ihrer Einzigartigkeit, als interessanter Objekttyp angesehen werden.

Eine neue Erlebniswelt ist auch in Bremen mit dem Universum Science Center auf 4.000 Quadratmeter Ausstellungsfläche entstanden.

Score-Wert

Score-Wert ist ein Ausdruck aus der Kreditwirtschaft. Der von der Schufa verwendete Score-Wert gibt an, welche Wahrscheinlichkeit für einen ordnungsgemäßen Vertragsablauf bei einem Kreditvertrag besteht. In den Wert fließen Erfahrungen aus der Vergangenheit ein. Mit Hilfe eines mathematischen Verfahrens werden statistische Werte mit Erfahrungen bezogen auf den Kreditantragsteller kombiniert. Der Score-Wert liegt zwischen 0 und 1.000. Je höher der Wert, desto wahrscheinlicher soll die pünktliche Rückzahlung des Krediets sein. Der Score-Wert ist nicht unumstritten, da er lediglich das mögliche zukünftige Verhalten von Personen vorhersagt.

In rechtlicher Hinsicht herrscht keine Einigkeit darüber, ob er unter die „personenbezogenen Daten" fällt, bei denen der Betroffene u.a. einen Auskunftsanspruch nach dem Datenschutzgesetz hat.

Die verwendeten Daten dürfen nur zu einem Score-Wert verrechnet werden, wenn der Betroffene vorher zugestimmt hat – was mit jeder Unterschrift unter jeden Kreditvertrag per „Schufa-Klausel" erfolgt. Datenschützer zweifeln an, dass die gängige Schufa-Klausel das Verfahren des Scoring abdeckt, da auch bei einer Zustimmung der Kreditnehmer die Folgen oft nicht überblicken kann.

Früher floss auch die Anzahl der vom Betroffenen eingeholten Schufa-Selbstauskünfte in den Score-Wert ein – eine hohe Anzahl wurde nachteilig für den Betroffenen ausgelegt. Diese Praxis wurde inzwischen abgeschafft. Banken und Schufa ermitteln den Score-Wert nach unterschiedlichen Verfahren und daher mit unterschiedlichem Ergebnis. Der Score-Wert wird bei der Schufa anlassbezogen ermittelt und ist daher kein Bestandteil der Selbstauskunft. Er wird gegen eine geringe Gebühr errechnet und dem Betroffenen mitgeteilt.

Siehe / Siehe auch: Datenschutz, Schufa, Schufa-Klausel, Schufa-Selbstauskunft

SE

Abkürzung für: Sondereigentum

SeeAnlV

Abkürzung für : Seeanlagenverordnung.

Die Seeanlagenverordnung ist eine Vorschrift, die über die Zulässigkeit von Vorhaben in Seegebieten außerhalb der eigentlichen Küstengewässer und damit des deutschen Hoheitsgebietes (in der AWZ – der Ausschließlichen Wirtschaftszone und auf hoher See, wenn der Anlageneigentümer Deutscher ist) entscheidet. Die Verordnung ist u.a. relevant für das Genehmigungsverfahren für Offshore-Windanlagen.

Eine Anlage kann nach der Verordnung nicht genehmigt werden, wenn sie den Schiffsverkehr gefährdet oder die Meeresumwelt beeinträchtigt und dies nicht durch Auflagen verhindert werden kann. Die SeeAnlV kennt insbesondere vier Versagungsgründe für eine Genehmigung:

- Beeinträchtigung von Schifffahrtsanlagen und -zeichen
- Beeinträchtigung der Nutzung der Schifffahrtswege, des Luftraums oder der Schifffahrt
- Mögliche Verschmutzung der Meeresumwelt
- Gefährdung des Vogelzuges.

Grundsätze für die an Offshore-Windanlagen zu stellenden technischen Anforderungen wurden durch das BSH (Bundesamt für Seeschifffahrt und Hydrografie in Hamburg) erarbeitet. Bestimmte Anlagentypen einfacher Bauart, von denen keine der oben genannten Gefahren ausgehen, kann das BSH von der Genehmigungspflicht befreien.

Siehe / Siehe auch: EEG, Windpark, Offshore-Windenergieanlagen, Windenergiefonds

Seeling-Urteil
In dem in Steuerkreisen oft zitierten Urteil hat der Europäische Gerichtshof entschieden, dass die private Nutzung einer zum Betriebsvermögen gehörenden Wohnung umsatzsteuerpflichtig ist. Dies führt dazu, dass die Vorsteuer für alle für die Wohnung anfallenden Kosten abzugsfähig ist (EuGH, 8.5.2003, Az. C-269/00). Die dadurch entstandenen Vorteile sind teilweise durch eine schärfere Besteuerung des Eigenverbrauchs seit 1.7.2004 wieder aufgehoben worden.

SEer
Abkürzung für: Sondereigentümer

Segregation
Unter Segregation versteht man die räumliche Absonderung bestimmter Teile der Bevölkerung einer Stadt von der übrigen Bevölkerung, was zu bestimmten Quartiersbildungen führt. Der Vorgang dieser Entmischung der Bevölkerung wurde zuerst in den USA untersucht, wo es im 18. und 19. Jahrhundert nach der Sklavenbefreiung zu starken Abgrenzungserscheinungen zwischen der schwarzen und weißen Bevölkerung kam. Aber auch andere Bevölkerungsgruppen wie etwa Chinesen („Chinesenviertel" von San Francisco) Italiener und Mexikaner lebten in ihren Quartieren unter sich. In Europa waren die jüdischen Gettos Ausdruck einer Segregation.

Allgemeiner formuliert kann unter Segregation eine disproportionale Bevölkerungsverteilung über die Teilgebiete einer Stadt verstanden werden. Die Segregation entsteht auf der Grundlage einer sozialen, religiösen, oder ethnischen Distanz zwischen verschiedenen Bevölkerungsgruppen. Soziale Statusmerkmale, die bestimmte Bevölkerungsteile miteinander verbinden, ergeben sich z.B. durch Unterschiede in der Bildung, der Sprache, der Hautfarbe aber auch durch Altersunterschiede, Unterschiede in der Haushaltsgröße, Kinderzahl, der Lebensphilosophie. Segregation kann angestrebt werden. Sie kann Personen aber auch gesellschaftlich aufgezwungen werden (passive Segregation).

Je nach Ursache des Phänomens kann Segregation zu einem positiven oder zu einem negativen Image von Stadtteilen (und ganzen Städten) führen. Das Segregationsphänomen hat sich in allen Kulturen, die ein Mindestmaß an sozialer Differenzierung kennen, nachweisen lassen. Heute wird Segregation vielfach aus einer kritischen Distanz als Phänomen beurteilt, das im Zeitalter der Gleichheit aller Menschen und der Nichtdiskriminierung zurückgedrängt werden sollte. Andererseits macht sich auch die Erkenntnis breit, dass die Ungleichheit die Wurzel aller Kulturen ist. Die Segregationsforschung ist Teil der Soziologie, genauer der soziologischen Stadtforschung.

Selbstauskunft
Siehe / Siehe auch: Mieterselbstauskunft, Unzulässige Fragen

Selbsthilfe
Nach § 229 des Bürgerlichen Gesetzbuches sind bestimmte Handlungen, die normalerweise eine Strafe nach sich ziehen, unter bestimmten Bedingungen nicht widerrechtlich. So darf zum Zweck der Selbsthilfe
- eine Sache weggenommen, zerstört oder beschädigt oder
- ein Verpflichteter, der der Flucht verdächtig ist, festgenommen oder
- der Widerstand eines Verpflichteten gegen eine Handlung, die dieser zu dulden hat, beseitigt werden.

Wegen eines Zahlungsanspruches kann eine pfändbare Sache weggenommen werden. Die Zivilprozessordnung enthält einen ganzen Katalog unpfändbarer Sachen, wie z.B. Haushaltsgegenstände oder Gegenstände, die der Berufsausübung dienen. Voraussetzungen:
- Dem Handelnden steht ein Rechtsanspruch zu und

- obrigkeitliche Hilfe ist nicht rechtzeitig zu bekommen und
- ohne sofortiges Eingreifen würde die Verwirklichung des jeweiligen Anspruchs vereitelt oder wesentlich erschwert.

Das Gesetz regelt jedoch auch die Grenzen der Selbsthilfe. So darf sie keinesfalls weiter gehen, als dies zur Gefahrenabwehr unbedingt notwendig ist. Sie dient nur der vorläufigen Sicherung. Die endgültige Entscheidung erfolgt gerichtlich. Für weggenommene Sachen muss der so genannte „dingliche Arrest" beim Gericht beantragt werden. Festgenommene Personen müssen unverzüglich dem örtlichen Amtsgericht zugeführt werden, auch hier muss ein „persönlicher Sicherheitsarrest" beantragt werden. Ablehnung oder Verzögerung der Anträge verpflichten zur sofortigen Rückgabe der Sachen bzw. Freilassung der Personen.

Wer irrtümlich zur Selbsthilfe greift, obwohl er keine ausreichenden Gründe dafür hat, macht sich in jedem Fall unabhängig von einem Verschulden schadenersatzpflichtig. Bestehen keine ausreichenden Gründe, riskiert der Gläubiger auch eine Strafverfolgung. Aus diesen Gründen ist die Selbsthilfe in der Praxis kaum relevant.

Das Selbsthilferecht des Vermieters ist etwas abweichend von dieser allgemeinen Regelung gestaltet und gesetzlich geregelt (§ 562 BGB). Es darf nur angewendet werden, wenn der Mieter beim Auszug oder auch unabhängig davon Gegenstände des Vermieterpfandrechts wegschafft.

Der Mieter darf mit angemessenen Mitteln am Wegschaffen der Sachen gehindert werden. Was noch angemessen ist, kann jedoch von Gerichten unterschiedlich beurteilt werden. Von Gewalt ist in jedem Fall dringend abzuraten, da hier die Möglichkeit der Strafbarkeit besteht.

Ein Aufbrechen der Wohnung durch den Vermieter oder gewaltsames Eindringen in diese ist unzulässig und ggf. als Hausfriedensbruch strafbar.

Siehe / Siehe auch: Vermieterpfandrecht

Selbstkontrahierungsverbot

Es kann passieren, dass der Vertreter einer Person selber Interesse an einem Geschäft hat, das diese Person durchführen will. Um dieses Geschäft zustande zu bringen, müsste der Vertreter dazu mit sich selber das Geschäft durchführen. Die Vorschrift des § 181 BGB verbietet grundsätzlich ein derartiges „Selbstkontrahieren". In vom Notar vorbereiteten Grundstückskaufverträgen findet sich am Schluss meistens eine Bestimmung, dass einem bestimmten Mitarbeiter des Notars die Vollmacht zur Durchführung des Vertrages erteilt wird und dass er befreit wird von der Bestimmung des § 181 BGB. Diese Befreiung hat ihren Sinn darin, dass dieser damit berechtigt ist, z.B. vom Grundbuchamt geforderte Änderungen des Vertrages für die Vertragsparteien und auch für den Notar zu erklären, ohne dass die Vertragsparteien jedes Mal wieder beim Notar erscheinen müssen. Vom Selbstkontrahierungsverbot lassen sich auch Hausverwalter und Baubetreuer befreien, um zu ermöglichen, dass sie aus dem verwalteten Konto die ihnen zustehende Verwaltungs- bzw. Baubetreuungsgebühr abbuchen können.

Selbstnutzung

Darunter versteht man die Nutzung eigener Räume. Solange es die Eigenheimzulage noch gab, war die Selbstnutzung eine wichtige Voraussetzung für die staatliche Förderung von Wohneigentum. Seit dem 1. Januar 2006 ist die Eigenheimzulage allerdings Geschichte. Abgewickelt werden nur noch Hunderttausende sogenannter Altfälle. Diese erhalten die staatliche Finanzspritze, also Eigenheim- und Kinderzulage, so lange, bis der achtjährige Förderzeitraum beendet ist. Als Nutzung zu eigenen Wohnzwecken, also Selbstnutzung, gilt auch die unentgeltliche Überlassung von Wohnraum an Angehörige. Dazu zählen geschiedene Ehegatten, Kinder, Eltern oder Geschwister. Auch für solche Objekte konnten Eigentümer früher Eigenheimzulage erhalten.

Selbstständiges Beweisverfahren / Beweissicherungsverfahren

Wie in vielen anderen Rechtsbereichen ist es auch im Mietrecht immer wieder erforderlich, vorhandene Beweise zu sichern – besonders wenn es um Mietminderung wegen Mängeln oder Schadenersatzansprüche des Vermieters wegen Schäden an der Wohnung geht. Diesem Zweck dient das selbstständige Beweisverfahren. Das selbstständige Beweisverfahren heißt deshalb so, weil es sowohl innerhalb eines Gerichtsprozesses, als auch ganz ohne Prozess eingeleitet werden kann. Man kann damit also erst einmal die Beweise sichern und die Sachlage feststellen, bevor man über die Klageerhebung entscheidet. Bis April 1991 hieß das Verfahren „Beweissicherungsverfahren". Dann wurde die Bezeichnung – ohne große inhalt-

liche Reformen – in „selbstständiges Beweisverfahren" geändert.
Das Verfahren wird auf Antrag einer Partei beim Gericht eingeleitet. Es ermöglicht die Beweiserhebung durch Augenschein (Ortsbesichtigung), Zeugenvernehmung oder Sachverständige. Voraussetzung für ein selbstständiges Beweisverfahren ist, dass der Gegner zustimmt oder dass die Gefahr besteht, dass ein wichtiges Beweismittel verloren geht bzw. seine Nutzung erschwert wird. Ohne eingereichte Klage kann ein schriftliches Sachverständigengutachten nur eingeholt werden, wenn der Betreffende ein rechtliches Interesse an der Beweiserhebung z.B. über den Zustand der Mietwohnung, eine Schadensursache oder die Kosten für die Schadensbeseitigung hat. Wohnungseigentümer können als Maßnahme ordnungsgemäßer Verwaltung beschließen, ein selbstständiges Beweisverfahren zur Feststellung von Mängeln am Gemeinschaftseigentum einzuleiten, wenn zu befürchten ist, dass Beweismittel verloren gehen oder ihre Benutzung erschwert wird, aber auch zur Hemmung der Verjährung. Rechtliches Interesse ist immer vorhanden, wenn die Beweiserhebung helfen kann, einen Rechtsstreit zu vermeiden.
Die Einzelheiten zum selbstständigen Beweisverfahren sind in §§ 485 ff. ZPO (Zivilprozessordnung) geregelt.

Selektionsmerkmale
Siehe / Siehe auch: Zielgruppenselektion

Seniorenimmobilien
Seniorenimmobilien gibt es in verschiedenen Ausprägungsformen. Sie gehen vom schlichten Altenwohnheim, bei dem die Bewohner ihren Haushalt selbst führen, über das Altenheim, bei dem für volle Verpflegung und Betreuung gesorgt wird bis hin zum Altenpflegeheim, bei denen die Bewohner Pflegedienste in Anspruch nehmen müssen.
Vom „Heimgedanken" weg bewegen sich die „Seniorenresidenzen" die eine altersaktive Autonomie der Bewohner weitgehend respektieren und der Bewohner als Kunde wahrgenommen wird. Starker Nachfrage erfreuen sich Konzepte des „Betreuten Wohnens". Dabei werden altersgerechte Wohnungen in größeren Objekten einzeln an Investoren verkauft, die sich dabei die Eigennutzung im Alter vorbehalten.
Bis zu diesem Zeitpunkt erzielt der Anleger Mieteinnahmen. Auch über Geschlossene Immobilienfonds ist die Beteiligung an derartigen Projekten möglich. Altersgerechte Immobilien sind gekennzeichnet durch eine Architektur, die der abnehmenden Beweglichkeit Rechnung trägt. Zudem werden ein Grundservice (Notruf) und ein Zusatzservice (Verpflegung, Reinigung, Einkaufsdienst) angeboten.

Sensitivitätsanalyse
Durch die Sensitivitätsanalyse („Verfahren kritischer Werte") wird ermittelt, welche Einflüsse auf die Wirtschaftlichkeit einer Investition bzw. einer Anlage bedeutsam sind und daher besonders sorgfältig überwacht werden müssen. Dabei werden kritische Werte festgestellt, die nicht über- oder unterschritten werden dürfen, wenn die Wirtschaftlichkeit nicht gefährdet werden soll. Sie stellen das als zulässig erachtete Schwankungsintervall dar. Es soll erkannt werden, bei welchen kritischen Werten aus einer vorteilhaften eine nicht mehr vorteilhafte Anlage wird.
Die Sensitivitätsanalyse wird vor allem im Rahmen von Prospektprüfungen angewandt, um die Wirkung von Abweichungen von Wirtschaftlichkeitsprognosen deutlich zu machen. Allerdings kann durch solche Analysen das Ungewissheitsproblem nicht gelöst werden. Die Sensitivitätsanalyse wird auch auf vielen anderen Gebieten angewandt, z.B. bei Analyse des Energieverbrauches, bei Standortanalysen, beim Ertragswertverfahren zur Ermittlung von Bandbreiten, in der Medizin, der Logistik, der Bautechnik usw.

Separate Office
Seperate Office ist ein Bürokonzept, das auf der Kombination von fest zugeordneten, abgeteilten Zellenbüros mit vergleichsweise kleinen, von den Beschäftigten gemeinsam genutzten Kommunikations- und Technikflächen basiert.
Siehe / Siehe auch: Kombibüro, Zellenbüro

Service-Angebot
Dienstleistungsangebot in Zusammenhang mit einer Immobilie, das die Attraktivität des Objektes für den Nutzer erhöht. In Bürogebäuden können das moderne Telekommunikationskonzepte mit Least-Cost-Routing, Restaurants im Gebäude, Catering-Service, Einkaufs-Service, Schreib- oder Fahrdienste sein. Solche Service Angebote sind funktionaler Teil eines Facility Management.
Siehe / Siehe auch: Facility Management (FM)

Set-Top-Box
Abkürzung: STB. Set-Top-Box heißt übersetzt etwa „Draufstellkasten". Es ist die Bezeichnung für ein Zusatzgerät, das die Inanspruchnahme weiterer Funktionen ermöglicht. Es handelt sich um einen Oberbegriff, der vom Videorecorder bis zum Digitalreceiver diverse Gerätetypen umfassen kann.

Fernsehgeräte älterer Bauart können durch einen Digitalreceiver als Set-Top-Box für den Digitalempfang aufgerüstet werden. In Gebieten, in denen die analoge Fernsehübertragung komplett durch Digitalfernsehen (DVBT) ersetzt wurde, bietet die Set-Top-Box in Verbindung mit einer Zimmerantenne eine Alternative zum Kabel- oder Satellitenempfang. Eine besondere Art des Digitalreceivers sind Pay-TV-Decoder, mit deren Hilfe „Bezahlfernsehen" zu empfangen ist.

Mietwohnungen: Auch in Gebieten ohne analoge terrestrische Fernsehübertragung muss der Mieter selbst die Kosten für eine Set-Top-Box tragen, die sein Gerät zum Digitalempfang per Zimmerantenne befähigt. Vermieter sind allenfalls im Ausnahmefall einer möblierten Vermietung bei mitvermietetem Fernsehgerät in der Pflicht.

Siehe / Siehe auch: Parabolantenne

SGB
Abkürzung für: Sozialgesetzbuch

SGE
Abkürzung für: Strategische Geschäftseinheit

SGG
Abkürzung für: Sozialgerichtsgesetz

Share Deal
Als Share Deal werden im Zusammenhang mit Immobilieninvestitionen solche Transaktionen bezeichnet, bei denen Investoren nicht die betreffenden Immobilien selbst erwerben, sondern Anteile an einer Objektgesellschaft, die ihrerseits eine oder mehrere Immobilien hält. Eigentümer der Immobilie bleibt weiterhin die Objektgesellschaft, während der Investor durch den Share Deal mit seiner Gesellschafterstellung nur mittelbares Eigentum an der Immobilie erlangt. Rechtlich handelt es sich um den Kauf eines Unternehmens beziehungsweise einer Unternehmensbeteiligung, und nicht um einen Immobilienkauf. Die möglichen Gründe, sich statt eines Asset Deals für einen Share Deal zu entscheiden, sind vielfältig.

Insbesondere bei Engagements im Ausland stehen Immobilieninvestoren vor dem Problem, dass der Direkterwerb von Immobilieneigentum durch Ausländer in einigen Staaten aufgrund gesetzlicher Bestimmungen erheblichen Restriktionen unterworfen oder sogar völlig unmöglich ist. In diesen Fällen bilden Share Deals oft den einzigen gangbaren Weg, um in die Immobilienmärkte dieser Länder zu investieren.

So hat der Erwerb von Beteiligungen an Grundstücksgesellschaften beispielsweise im Zusammenhang mit den zunehmenden Auslandsinvestitionen Offener Immobilienfonds stark an Bedeutung gewonnen.

Darüber hinaus wird die Entscheidung zwischen Asset Deal und Share Deal häufig unter steuerlichen Aspekten getroffen. So fällt beispielsweise keine Grunderwerbsteuer an, wenn der Käufer nicht mehr als 95% der Anteile an einer Objektgesellschaft erwirbt und der Verkäufer auf Dauer mehr als 5% der Gesellschaftsanteile behält. Bei den Objektgesellschaften, deren Anteile im Wege eines Share Deals übertragen werden, kann es sich sowohl um Personen- als auch um Kapitalgesellschaften handeln.

Personengesellschaften werden vor allem dann gewählt, wenn eine direkte Zuweisung von Verlusten aus der Objektgesellschaft zu deren Gesellschaftern erwünscht ist. Aus Verkäuferperspektive kann der Verkauf von Anteilen an einer Kapitalgesellschaft steuerlich interessant sein, weil dabei entstehende Veräußerungsgewinne nicht besteuert werden, sofern die Anteile von einer Kapitalgesellschaft gehalten und verkauft werden.

Die Due Diligence ist bei einem Share Deal im Vergleich zum Asset Deal wesentlich aufwendiger und umfangreicher, da sie sich nicht nur auf die Immobilie beschränkt, sondern die gesamte Objektgesellschaft als Unternehmen einbeziehen muss.

Auch wenn die durch die Transaktion unmittelbar ausgelösten Transaktionskosten (z. B. Grunderwebsteuer, Notarkosten) beim Share Deal häufig niedriger sind als bei einem Asset Deal, ist dieser Vergleich allein wenig aussagekräftig, da beim Share Deal mit höheren Kosten für Due Diligence und Beratung zu rechnen ist.

Siehe / Siehe auch: Asset Deal, Due Diligence, Grunderwerbsteuer

Sheddach

Als Sheddach wird eine Dachform bezeichnet, die sich aus einer Folge hintereinander angeordneter Pultdächer ergibt. Dabei werden die steileren Stütz- bzw. Rückwände der einzelnen Pultdachelemente in der Regel verglast, um eine großzügige natürliche Belichtung der überdachten Fläche zu erreichen. Der Name leitet sich ab von dem englischen Begriff „shed", was mit Fach, Regendach, Lagerhaus, Schuppen, Speicher, Verschlag o. ä. übersetzt werden kann.

Sheddächer werden häufig zur Überdachung von Produktionsräumen, Lagerhallen, Markthallen oder Messe- bzw. Ausstellungshallen verwendet. Um eine möglichst blendfreie und gleichmäßige Beleuchtung zu erreichen, wird das Dach vorzugsweise so angeordnet, dass der Lichteinfall von Norden erfolgt.

Siehe / Siehe auch: Sägedach

Shopping Center

Shopping-Center sind abgegrenzte Einkaufszentren, innerhalb der Handelsbetriebe verschiedener Branchenzugehörigkeit Waren und Dienstleistungen anbieten. Entscheidend für den Erfolg ist der richtige Branchenmix, der auf der Grundlage einer kundenorientierten Wichtigkeitsskala ermittelt wird und an deren Spitze ein Anchor (Publikumsmagnet) steht.

Zu unterscheiden sind Shopping-Center in den Innenstädten und in Stadtteilzentren von Shopping Center an Stadträndern oder „auf der grünen Wiese". Etwa 60% der rund 460 deutschen Shopping-Centers befinden sich in den Stadt- oder Stadtteilzentren. Shopping-Center verfügen im Schnitt über 25.000 Quadratmeter. Die Shopping-Center auf der grünen Wiese sind im Schnitt doppelt so groß (ca. 35.000 Quadratmeter) als in den Stadtzentren angesiedelten Shopping-Center (knapp 19.000 Quadratmeter).

Aus der Perspektive der Handelsbetriebe sind entscheidende Größen die erreichbare Flächenproduktivität (Umsatz je Quadratmeter Geschäftsfläche), der Umsatz je Beschäftigter und die Mietkostenanteil am Umsatz.

Zum Imageaufbau eines Shoppings-Centers sind einerseits mietvertraglich vereinbarte Betriebspflichten, andererseits Werbekonzepte erforderlich, die im Rahmen von Werbegemeinschaften konzipiert und realisiert werden. Das Shopping-Center ist eine Erfindung aus den USA. Dort wurde bereits 1923 das Kansas-City Einkaufszentrum realisiert.

In Deutschland entstand in Berlin-Charlottenburg 1961 ein Shopping-Center und auf der grünen Wiese das Main-Taunus-Zentrum (1968).

Siehe / Siehe auch: Einkaufszentrum, German Council of Shopping Centers e.V. (GCSC)

Vielfalt unter einem Dach
Anzahl der Shopping-Center in Deutschland jeweils am Jahresanfang

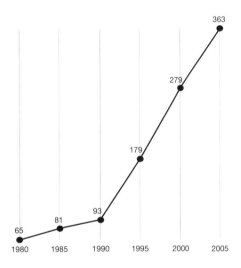

Aufteilung 2005 nach Standort

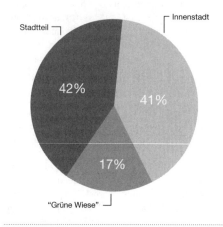

Sicherheitsleistung (Zwangsversteigerung)

Unmittelbar nach Abgabe eines Gebotes wird der Bieter in der Zwangsversteigerung vom Rechtspfleger aufgefordert, sich auszuweisen und 10% seines Gebotes als Sicherheitsleistung zu hinterlegen.

Der Gesetzgeber lässt hier sowohl Bargeld als auch einen Barscheck zu, der allerdings von der Landeszentralbank beglaubigt sein muss. Sinn dieser Maßnahme ist, dass der Bieter die Ernsthaftigkeit seiner Absichten dadurch dokumentiert. Er verliert diesen Betrag, falls er nach erfolgtem Zuschlag die Restsumme nicht beibringen kann. Erhält ein anderer Bieter den Zuschlag, so bekommt der erste Interessent nach Beendigung des Termins seine Sicherheitsleistung zurück.

Sick Building Syndrom

Das Sick Building Syndrom ist ein Sammelbegriff, für Krankheitserscheinungen, deren Ursache in den Raumausdünstungen liegt. Diese Erscheinungen treten vor allem auf, wenn Klimaanlagen nicht richtig eingestellt sind. Untersuchungen wurden erstmals in amerikanischen Geschäfts- und Verwaltungsräumen durchgeführt.

Diese Ursachen sind oft schwer festzustellen. In Gebäude verwendete Baustoffe aber auch in Möbel und Teppichen verwendete Chemikalien (Formaldehyd) können zu Kopfschmerz, Müdigkeit, Augenreizung, Schwindel oder Atembeschwerden führen. Die Beseitigung solcher Ursachen kann sehr kostspielig sein. Ist ein solches Syndrom festgestellt führt in der Regel zu Mietminderungen.

Siehe / Siehe auch: Mietminderung

Sickertheorie

Die Sickertheorie geht davon aus, dass durch Wohnungsneubau nicht nur die Nachfrage nach den neu gebauten Wohnungen befriedigt, sondern dass damit gleichzeitig eine Umzugskette ausgelöst wird.

Ein Teil der nachfragenden Haushalte macht bisher bewohnte Wohnungen frei, die dann wieder als Angebot dem Markt zur Verfügung stehen. Die Umzugskette endet jedoch dann, wenn lediglich eine Haushaltsteilung stattfindet (meist bei Haushalten, die durch Eheschließungen entstehen) oder wenn der leer werdende Wohnraum abgerissen oder einer nicht wohnwirtschaftlichen Nutzung zugeführt wird. Zunehmender Wohnungsbau führt nach dieser Theorie somit zu verstärkten Marktaktivitäten auch im Wohnungsbestandsmarkt.

Die Sickereffekte lassen sich nur schwer berechnen, weil die ausgelösten Umzugsketten nur innerörtlich erfasst werden. Über die Ortsgrenzen hinausgehende Sickereffekte bleiben unberücksichtigt. Untersuchungen des Bundesamtes für Bauwesen und Raumordnung haben ergeben, dass der Anteil der innerörtlichen Umzüge etwa zwischen 55% und 65% liegt. Der Rest sind Wanderungen in die Umgebung und Fernwanderungen.

Siebener

Siehe / Siehe auch: Feldgeschworene

Siebenergeheimnis

Siehe / Siehe auch: Feldgeschworene

Siebenerzeichen

Siehe / Siehe auch: Feldgeschworene

Siedlungs- und Verkehrsfläche

Im Turnus von vier Jahren wird im Rahmen der amtlichen Bodennutzungsstatistik auch die Siedlungs- und Verkehrfläche ermittelt. Es handelt sich um die Summe der Gebäude- und Freiflächen, der Verkehrsflächen, der Erholungsflächen, des Teils der Betriebsflächen, die nicht Abbauflächen sind und die Friedhofsflächen. In Deutschland betrug sie 2005 12,9% der Gesamtfläche.

Skelettbauweise

Die Skelettbauweise ist eine Bauweise, bei der ein Gerüst aus Holz (Fachwerkbau) oder Eisen bzw. Stahl (Eisenskelettbau, Stahlskelettbau) die tragenden Funktionen übernimmt. Die Wände verlieren dabei ihre Rolle als tragende Bauelemente und dienen nur noch der Begrenzung der Räume.
Siehe / Siehe auch: Massivbauweise, Fachwerkbau

SKR
Abkürzung für: Sektorrichtlinie

Slogan
Ein Slogan ist die übergreifende Werbebotschaft, die von einem Unternehmen über einen längeren Zeitraum bei seinen verschiedenen Kommunikationsaktivitäten (Werbung, Pressearbeit) verwendet wird.

SNR
Abkürzung für: Sondernutzungsrecht

Sofortfinanzierung
Siehe / Siehe auch: Vorfinanzierung

Sohlbank
Siehe / Siehe auch: Fensterbank

Solaranlagen

Solaranlagen nutzen die Sonnenstrahlen hauptsächlich zur Gewinnung von Wärme oder mit Hilfe der Fotovoltaik zur Stromerzeugung. Die Solaranlage besteht aus Sonnenkollektoren und einem Wärmespeicher die über Rohrleitungen hydraulisch mit einander verbunden sind. Praktische Bedeutung hat die Solaranlage vor allem im Sommer zu Erwärmung des Brauchwassers. Je nach geographischem Raum ergibt sich ein unterschiedliches Strahlungsangebot der Sonne. In Deutschland liegt es im Schnitt pro Tag zwischen 860 (Norddeutschland) und 1.100 kWh pro Quadratmeter (Süddeutschland). Zum Vergleich: Sahara 2.500 KWh/Quadratmeter.

Solidaritätszuschlag
Zuschlag zur Einkommensteuer, der von allen Steuerzahlern zu entrichten ist. Im Steuerjahr 1997 betrug er 7,5% auf die Einkommensteuerschuld. Ab 1998 wurde er auf 5,5% reduziert. Die Mittel werden in den neuen Bundesländern zum Aufbau einer mit den alten Bundesländern vergleichbaren Infrastruktur verwendet.

SolZ
Abkürzung für: Solidaritätszuschlag

Sonderabschreibung (Einkommensteuer)
Sonderabschreibungen für vermietete Objekte in den neuen Bundesländern auf der Grundlage des so genannten Fördergebietsgesetzes waren möglich. Das Fördergebietsgesetz ist in 2002 ausgelaufen. Statt der Sonderabschreibung für manche Immobilien in den neuen Bundesländern gab es eine Investitionszulage, die direkt an den Bauherrn ausgezahlt wurde. Die Investitionszulage

galt nur noch für Objekte, die vor dem 1.1.2005 abgeschlossen waren.

Sonderausgaben

Bestimmte Ausgaben eines Steuerzahlers, die der privaten Lebensführung zuzurechnen sind, werden als Sonderausgaben steuermindernd berücksichtigt. Dazu zählen beispielsweise Vorsorgeaufwendungen (Versicherungsbeiträge für gesetzliche Sozialversicherung oder freiwillige Versicherungen wie Lebensversicherung).

Nach wie vor können „wie Sonderausgaben" abgezogen werden zehn Jahre lang jeweils neun Prozent von jenen Herstellungskosten, die im Zusammenhang mit selbstgenutzten Baudenkmälern oder Gebäuden in Sanierungsgebieten und städtebaulichen Entwicklungen entstehen.

Sondereigentum

Das Wohnungseigentumsgesetz unterscheidet zwischen dem Gegenstand des Sondereigentums und dem Inhalt des Sondereigentums. Gegenstand des Sondereigentums sind zunächst die jeweiligen Wohnungen (Wohnungseigentum) bzw. die nicht zu Wohnzwecken dienenden Räume (Teileigentum), die in sich abgeschlossen sein müssen (§§ 1 und 3 WEG). Zum Gegenstand des Sondereigentums zählen darüber hinaus die zu den Räumen gehörenden Bestandteile des Gebäudes, die verändert, beseitigt oder eingefügt werden können, ohne dass das gemeinschaftliche Eigentum oder das Sondereigentum bzw. die Rechte der übrigen Eigentümer beeinträchtigt oder die äußere Gestaltung des Gebäudes verändert wird (§ 5 Abs. 1 und 2 WEG).

Diese Abgrenzung und Zuordnung zum Sondereigentum ist für den Gebrauch und Nutzung, aber auch für Instandhaltung und Instandsetzung und somit auch für die Kostentragung von Bedeutung, weil jeder Wohnungseigentümer für sein Sondereigentum selbst aufzukommen hat. Als Inhalt des Sondereigentums werden die Regelungen bezeichnet, die als Vereinbarung abweichend von den gesetzlichen Regelungen bzw. entsprechenden Regelungen in der Teilungserklärung bzw. in der Gemeinschaftsordnung getroffen werden (§ 10 Abs. 2 Satz 2 und Abs. 3 WEG). Diese als Inhalt des Sondereigentums in das Grundbuch eingetragenen Vereinbarungen binden grundsätzlich alle Eigentümer, auch die neuen Eigentümer (Sondernachfolger) im Falle des Eigentümerwechsels.

Siehe / Siehe auch: Teilungserklärung, Gemeinschaftsordnung, Gemeinschaftseigentum, Vereinbarung (nach WEG)

Sonderimmobilien

Siehe / Siehe auch: Spezialimmobilien

Sonderkündigungsrecht bei Mieterhöhung

Das Gesetz schreibt für den Fall der Geltendmachung einer Mieterhöhung durch den Vermieter ein Sonderkündigungsrecht des Mieters vor. Das Sonderkündigungsrecht gilt für Mieterhöhungen bei Modernisierung und Mieterhöhungen bis zur örtlichen Vergleichsmiete.

Der Mieter kann eine außerordentliche Kündigung vornehmen, und zwar bis zum Ablauf des zweiten Monats nach dem Zugang der Mieterhöhungserklärung des Vermieters. Die Kündigung erfolgt zum Ablauf des übernächsten Monats. Die Mieterhöhung tritt dann nicht in Kraft. Das Sonderkündigungsrecht kann nicht per Mietvertrag ausgeschlossen werden. Eine solche Klausel wäre unwirksam.

Siehe / Siehe auch: Mieterhöhung, Mieterhöhungsverlangen, Modernisierung

Sonderkündigungsrecht des Insolvenzverwalters

Besteht bei einem Schuldner im Insolvenzverfahren ein Miet- oder Pachtverhältnis über unbewegliche Sachen oder Räume, kann der mit der Verwaltung seines Vermögens betraute Insolvenzverwalter dieses Vertragsverhältnis kündigen. Das Sonderkündigungsrecht kann mit gesetzlicher Frist ausgeübt werden und gilt unabhängig davon, welche Vertragsdauer vereinbart war. Es kann vom Insolvenzverwalter jederzeit während des Insolvenzverfahrens ausgeübt werden. Die vor Ende der Kündigungsfrist zu zahlenden Mieten gehen – soweit der Insolvenzantrag bereits gestellt war – zu Lasten der Insolvenzmasse. Sinn ist es, die Insolvenzmasse vor einer Belastung durch Miete oder Pacht zu schützen. Keine Gültigkeit hat das Sonderkündigungsrecht, soweit die Wohnung des Insolvenzschuldners betroffen ist. Dadurch soll der Schuldner vor dem Verlust seiner Wohnung geschützt werden – auch unter dem Aspekt, dass er weiterhin die Möglichkeit haben soll, einer geordneten Erwerbstätigkeit nachzugehen und seine Gläubiger zu befriedigen.

Siehe / Siehe auch: Insolvenz, Insolvenz des Mieters, Insolvenz im Gewerberaummietrecht

Sonderkündigungsrecht nach Zwangsversteigerung

Wer bei der Zwangsversteigerung einer Immobilie den Zuschlag erhält, hat nach § 57 a ZVG (Gesetz über die Zwangsversteigerung und die Zwangsverwaltung) das Recht, Mietern im ersteigerten Gebäude mit gesetzlicher Kündigungsfrist zu kündigen. Von Bedeutung ist dies bei auf einen bestimmten Zeitraum abgeschlossenen Mietverträgen oder wenn aufgrund langer Mietzeit für den Vermieter eine verlängerte Kündigungsfrist gelten würde.

Obwohl es sich um ein Sonderkündigungsrecht handelt, darf der neue Eigentümer Wohnungsmietern nur bei berechtigtem Interesse kündigen und muss die üblichen Formalien einer Kündigung beachten. Entscheidend ist, ob er selbst ein berechtigtes Interesse vorweisen kann (z.B. Eigenbedarf).

Die Kündigung muss zum erstmöglichen Termin erfolgen – nämlich bis zum dritten Werktag des auf den Zuschlag folgenden Monats. Danach darf dieses Recht nicht mehr ausgeübt werden.

Siehe / Siehe auch: Beendigung eines Mietverhältnisses, Eigenbedarf, Insolvenz des Mieters, Insolvenz des Vermieters, Insolvenz im Gewerberaummietrecht, Zwangsversteigerung

Sondernutzung von Straßen

Unter einer Sondernutzung öffentlicher Verkehrswege versteht man jede Nutzung, die nicht vom zulässigen Gemeingebrauch umfasst wird – die sich also nicht mehr im Rahmen der üblichen Benutzung einer Straße abspielt. Darunter fallen z.B. die Veranstaltung von Festumzügen, die Aufstellung von Verkaufs- oder Infoständen, die Anbringung von Werbemitteln. Die Sondernutzung ist erlaubnispflichtig. Die Gemeinden verlangen dafür je nach Nutzungsart und z.T. auch Stadtteil unterschiedliche Gebühren.

Siehe / Siehe auch: Anliegergebrauch

Sondernutzungsrecht

Während jeder Wohnungseigentümer mit seinem Sondereigentum im Rahmen der gesetzlichen und vertraglichen Regelungen nach Belieben verfahren kann, es also insbesondere bewohnen, vermieten und verpachten kann (§ 13 Abs. 1 WEG), steht jedem Eigentümer am gemeinschaftlichen Eigentum – nur – ein Mitgebrauchsrecht (§ 13 Abs. 2 WEG) zu und zwar völlig unabhängig von der Größe seines Miteigentumsanteils.

Da in der Praxis allerdings das Bedürfnis besteht, insbesondere an Grundstücksflächen wie auch an ebenerdigen Terrassen vor den Erdgeschosswohnungen oder an Kraftfahrzeug-Stellplätzen einzelnen Eigentümern ein alleiniges Nutzungs- und Gebrauchsrecht einzuräumen, kann das grundsätzlich bestehende Mitgebrauchsrecht am Gemeinschaftseigentum durch eine Vereinbarung (§ 10 Abs. 2 Satz 2 und Abs. 3 WEG) in der Weise beschränkt werden, dass einzelnen oder mehreren Eigentümern ein sogenanntes Sondernutzungsrecht eingeräumt wird.

Das bedeutet, dass außer den Sondernutzungsberechtigten alle übrigen Miteigentümer vom Mitgebrauch der Sondernutzungsflächen oder Sondernutzungsräume ausgeschlossen sind. Ungeachtet dieser Sondernutzungsrechte verbleiben allerdings die entsprechenden Flächen oder Räume im gemeinschaftlichen Eigentum mit der Folge, dass die Instandhaltungs- und Instandsetzungspflichten und die damit verbundene Kostentragungspflicht allen Wohnungseigentümern gemeinschaftlich obliegt, wenn nicht eine abweichende Vereinbarung gemäß § 10 Abs. 2 Satz 2 WEG getroffen wurde. Nach neuem Recht können die Wohnungseigentümer auch durch mehrheitliche Beschlussfassung abweichende Regelung zur Verteilung der Betriebskosten und der Kosten für die Instandhaltung und Instandsetzung des gemeinschaftlichen Eigentums treffen (§ 16 Abs. 3 und 4 WEG).

Siehe / Siehe auch: Sondereigentum, Gemeinschaftseigentum, Vereinbarung (nach WEG), Betriebskosten, Instandhaltung / Instandsetzung (Wohnungseigentum), Kostenverteilung

Sondertilgung

Kreditnehmer, die ihre Immobilie möglichst bald schuldenfrei haben oder ihre jährliche Belastung senken wollen, können – falls vertraglich vereinbart – Sondertilgungen vornehmen. Dies sind Zahlungen, die die vereinbarte Tilgungsrate übersteigen. Solche Sondertilgungen sind bei Bauspardarlehen ohne gesonderte Vereinbarungen möglich. Bei Darlehen mit variabler Verzinsung bestehen ebenfalls keine Probleme, weil diese Darlehen unter Einhaltung einer vierteljährlichen Kündigungsfrist rückzahlbar sind. Bei Darlehen mit Zinsbindungsdauer müssen Sondertilgungen innerhalb dieses Zeitraums zu genau fixierten Terminen vereinbart werden. Übersteigt die Darlehenslaufzeit 10 Jahre, können aufgrund der gesetzlichen Sonderkündigungsmöglichkeit unter Einhaltung einer Frist von drei Monaten beliebige Teile des Kredits oder der gesamte Darlehensbetrag zum Ablauf des 10. Jahres zurück gezahlt werden.

Sonderumlage

Die Kosten der laufenden Ausgaben für die Verwaltung des gemeinschaftlichen Eigentums werden aus den gemäß Wirtschaftsplan – in der Regel monatlich – zu leistenden Hausgeldvorzahlungen gezahlt. Die Deckung notwendiger Instandhaltungs- und Instandsetzungsmaßnahmen erfolgt im Normalfall aus Mitteln der gemäß § 21 Abs. 5 Nr. 4 WEG gebildeten Instandhaltungsrückstellung. In der Praxis kommt es aber immer wieder vor, dass sowohl die laufenden Hausgeldvorauszahlungen wie auch die vorhandene Instandhaltungsrückstellung nicht ausreichen, um die entstandenen Kosten zu decken. Um das Entstehen von Liquiditätsengpässen zu vermeiden oder bereits entstandene Lücken zu decken, können die Wohnungseigentümer im Rahmen ordnungsmäßiger Verwaltung Sonderumlagen in der notwendigen Höhe beschließen.

Auch eine in ausreichender Höhe vorhandene Instandhaltungsrückstellung schließt im Einzelfall nicht aus, dass diese bei notwendigen Instandsetzungsmaßnahmen nur zur Teilfinanzierung in Anspruch genommen und die restlichen Kosten durch Sonderumlagen gedeckt werden. Dies ist immer dann als Maßnahme ordnungsmäßiger Verwaltung anzusehen und folglich mit einfacher Mehrheit zu beschließen, wenn noch weitere Instandsetzungsmaßnahmen absehbar sind und insoweit ein gewisses „Polster" zur Finanzierung dieser Maßnahmen erhalten bleiben soll.

Siehe / Siehe auch: Wirtschaftsplan, Instandhaltungsrückstellung (Instandhaltungsrücklage)

Sonderungsplan

Der Sonderungsplan besteht aus Grundstückskarte und Grundstücksliste und ist relevant in den neuen Bundesländern für Grundstücke ohne Vermessung bzw. katastermäßige Erfassung (Anteile an ungeteiltem Hofraum).

Im Rahmen eines Sonderungsverfahrens / einer Bodensonderung wird die Reichweite der Rechte der beteiligten Eigentümer festgestellt, danach ergeht ein Sonderungsbescheid, der den Sonderungsplan festlegt.

Siehe / Siehe auch: Bodensonderung, Bodensonderungsgesetz, Hofraumverordnung, Ungeteilter Hofraum

Sondervermögen

Das Sondervermögen ist die Summe des bei einer Kapitalanlagegesellschaft oder eines institutionellen Anlegers (Versicherungen, Pensionskassen) durch die Anteilseigner bzw. Versicherten eingezahlten Kapitals (Investments) und den damit angeschafften Vermögensgegenständen (Aktien, Immobilien, festverzinsliche Wertpapiere etc.). Das Sondervermögen eines Investmentfonds oder einer Versicherungsgesellschaft wird von der jeweiligen Kapitalanlagegesellschaft bzw. von der Versicherungsgesellschaft verwaltet und muss vom eigenen Vermögen des Unternehmens getrennt verwaltet werden. Für jeden Fonds einer Kapitalanlagegesellschaft gibt es ein eigenes Sondervermögen.

Sonderwünsche (Bauträgerobjekte)

Unter Sonderwünsche versteht man die vom Bauträger angebotene Möglichkeit, von der Standardausführung eines Bauvorhabens in einem festgelegten Rahmen abweichen zu können. Die Äußerung eines solchen Wunsches führt zu einer entsprechenden Vereinbarung. Anhand der Bau- und Leistungsbeschreibung erkennt der Käufer beim schlüsselfertigen Bau, ob die Ausstattung einer Immobilie seinen Vorstellungen entspricht oder nicht. Alternativen im Rahmen von Sonderwünschen können für den Interessenten kaufentscheidend sein.

Sout.

Abkürzung für: Souterrain

Souterrainwohnung

Die Souterrainwohnung liegt teilweise unter der Geländeoberfläche. Es handelte sich früher meist um Hausmeisterwohnungen. Nach heutigem Bauordnungsrecht werden Wohnungen im Kellergeschoss nur dann genehmigt, wenn sie mindestens 1,2 bis 1,6 m (je nach Landesbauordnung) über die festgesetzte Geländeoberfläche hinausragen und über zwei Drittel ihrer Grundfläche eine lichte Höhe von mindestens 2,30 m haben. Außerdem muss für eine ausreichende natürliche Belichtung durch Außenfenster gesorgt werden.

Soziale Stadt

Durch die für den Städtebau zuständigen Länderminister wurde 1996 eine Gemeinschaftsinitiative entwickelt, die den plakativen Titel Soziale Stadt erhielt.

Problemhintergrund dieser Initiative war die in vielen Städten der Bundesrepublik sich abzeichnende Gefahr, dass ganze Stadtviertel durch den Prozess einer problematischen Entmischung der Bevölkerung, des Verfalls und der öffentlichen Verwahrlosung in eine sozial nicht tragbare Ghettosituation zu geraten drohten. Einerseits wurde die Situation durch den zunehmende Anteil der ausländischen Bevölkerung aus den Problemzonen Europas und Afrikas verschärft, der sich in den Großstädten auf wenige Stadtviertel konzentrierte. Andererseits führte der zunehmende Verlust des auf der früheren Industriegesellschaft beruhenden Sozialgefüges zu einer schichtspezifischen Ausgrenzung ganzer Bevölkerungsteile, die den Gesellschaftswandel nicht mitvollziehen konnten und die mit dem Etikett Langzeitarbeitslose sozial ausgegrenzt wurden.

Die fehlende Integrationsbereitschaft bzw. Integrationskraft der Gemeindeverwaltungen verschärfte die Situation. Nachdem sich das Bundesbauministerium der Länderinitiative angeschlossen hat, wurde 1999 ein Modellprogramm entwickelt, mit dessen Hilfe die vom ökonomischen und baulichen Abstieg bedrohten Wohnquartiere (Stadtteile mit besonderem Entwicklungsbedarf) vor dem Umkippen in die Slum-Bildung bewahrt werden sollte. Die Anzahl der Programmgebiete beträgt 161. Sie befinden sich in 123 Gemeinden. In jedem Bundesland steht ein Gebiet unter der besonderen Obhut des Bundes und hat Modellcharakter. Im Jahr 2000 kamen noch 49 weitere Gebiete dazu. Zum Teil handelt es sich um innerstädtische Altbauquartiere (Beispiel Innenstadt Neunkirchen im Saarland) zum Teil um Großwohnsiedlungen aus der Nachkriegszeit (Beispiel Siedlung Hasenbergl in München).

Die Grundidee der Sozialen Stadt ist es, mit Hilfe eines integrierten Maßnahmebündels alle das Zusammenleben betreffenden Lebensbereiche des geförderten Wohnquartiers zu erfassen. Es bezieht sich auf Handlungsfelder wie Arbeit und Beschäftigung z.B. Jobvermittlung für Schulabgänger, soziale, kulturelle, bildungs- und freizeitbezogene Infrastruktur, Teilnahme der Bewohner am Stadtteilleben, integrierte Förderung und Finanzierung von Gemeinschaftsanlagen.

Zwischen 1999 und 2004 haben Bund, Länder und Gemeinden die Entwicklung in den Quartieren der Sozialen Stadt mit 1,2 Milliarden Euro gefördert. Es wurde eine Bundestransferstelle eingerichtet, die einen bundesweiten Informations- und Datenaustausch ermöglichen soll. Die Anzahl der Programmgebiete beträgt (Stand Dez. 2004) 363. Sie befinden sich in 260 Gemeinden.

Im Zusammenhang mit der Änderung des BauGB am 20. Juli 2004 wurde den Maßnahmen eine gesetzliche Grundlage gegeben. Städtebauliche Maßnahmen der Sozialen Stadt werden in § 171e definiert als Maßnahmen zur Stabilisierung und Aufwertung von durch soziale Missstände benachteiligte Ortsteile des Gemeindegebietes, in denen ein besonderer Entwicklungsbedarf besteht. Das Gebiet, auf das sich die Maßnahmen beziehen, muss förmlich festgelegt werden.

Siehe / Siehe auch: Sanierung

Die Städte und die Zahl der Projekte, in denen Soziale-Stadt-Maßnahmen durchgeführt werden, verteilen sich auf die Bundesländer wie folgt:

Bundesland	Städte	Maßnahmen
Baden-Württemberg	25	35
Bayern	47	57
Berlin	1	17
Brandenburg	12	13
Bremen / Bremerhafen	2	10
Hamburg	1	9
Hessen	25	31
Mecklenb.-Vorpommern	8	12
Niedersachsen	28	33
Nordrhein-Westfalen	33	51
Rheinland-Pfalz	16	29
Saarland	12	13
Sachsen	16	17
Sachsen-Anhalt	9	12
Schleswig-Holstein	11	14
Thüringen	13	15

Sozialer Wohnungsbau

Der Soziale Wohnungsbau stellt ein besonderes Segment der Wohnungswirtschaft dar, bei dem der Staat zusätzliche öffentliche Mittel gewährt. Während des zeitlichen Geltungsbereichs des II. Wohnungsbaugesetzes, das mit Wirkung vom 1. Januar 2002 (bzw. optional 1.1.2003) durch das Wohnraumförderungsgesetz abgelöst wurde, war es das Ziel, die Versorgung breiter Schichten des Volkes mit Wohnraum zu tragbaren Bedingungen sicherzustellen. Um öffentliche Mittel bewilligt zu bekommen, mussten bestimmte gesetzlich definierte Standards eingehalten werden.

Bestimmte Wohnflächengrenzen durften nicht überschritten werden und die Mietbelastung durfte nicht über die Bewilligungsmiete hinausgehen. Für die damals geförderten Wohnungen gilt auch noch heute, dass sie nur Wohnungssuchenden mit Wohnberechtigungsschein überlassen werden dürfen. Mieterhöhungen bei solchen Wohnungen (durch einseitige Mieterhöhungserklärung) sind nach wie vor durch die Kostenmiete beschränkt. Altes Recht wirkt hier fort. Die Einhaltung der Vorschriften wird überwacht. Einen Rechtsanspruch auf eine Sozialwohnung gibt es nicht. Makler dürfen bei Vermittlung von Sozialwohnungen vom Mieter keine Provision fordern, wohl aber vom Vermieter.

Die Berechtigung zum Bezug einer Sozialbauwohnung, die im 1. Förderweg gefördert wurde, ist davon abhängig, dass bestimmte Einkommensgrenzen nicht überschritten werden (Alleinstehende 11.760 Euro, 2 Personenhaushalt 17.077 Euro und jede weitere Person 4.090 Euro. Beim 2. Förderweg ist eine Überschreitung dieser Einkommensgrenzen bis 60% zulässig. Auch die Höchstwohnflächen dürfen um 20% überschritten werden. Der 2. Förderweg spielt heute keine Rolle mehr. Der 3. Förderweg bestand in einer vereinbarten Förderung. Vereinbart wurden Art und Umfang der finanziellen Förderung, Zweckbestimmung und Belegungsbindung (nicht nach dem Wohnungsbindungsgesetz), Beachtung der Einkommensgrenzen sowie Höhe der Anfangsmieten und Mieterhöhungen, die dann später in die Vergleichsmiete einmünden soll. Nicht in allen Bundesländern gibt es diese Art der Förderung. Wesentliche Elemente dieses Förderweges wurden in das neue Fördersystem des Wohnraumförderungsgesetzes übernommen. Im Rahmen des sozialen Wohnungsbaus wurden aber auch (selbst genutzte) Eigenheime und Eigentumswohnungen gefördert. Auch hier war Voraussetzung für den Erwerb, dass bestimmte Einkommensgrenzen nicht überschritten wurden. Neben Wohnbaudarlehen wurden häufig auch noch Familienzusatzdarlehen gewährt.

Am 1. Januar 2002 ist das Wohnraumförderungsgesetz in Kraft getreten, das für den Sozialen Wohnungsbau eine Zäsur bedeutet. Manche Bundesländer – wie Bayern – machten von der Möglichkeit Gebrauch, das Wohnraumförderungsgesetz erst am 1.1.2003 in Kraft treten zu lassen. Es wird nicht mehr auf die Förderung breiter Schichten der Bevölkerung, sondern nur noch auf bedürftige Haushalte abgestellt, die sich am Markt nicht selbst versorgen können und auf Unterstützung angewiesen sind. Außerdem wird jetzt auch der Wohnungsbestand und der Erwerb von bestehenden Wohnungen in die Förderung mit einbezogen werden.

Siehe / Siehe auch: Wohnraumförderungsgesetz

Sozialhilfeempfänger als Mieter

Für Empfänger von Sozialhilfe oder Arbeitslosengeld II wird die Mietzahlung von der Gemeinde übernommen. Sie kommt damit ihrer Verpflichtung nach, der Obdachlosigkeit entgegenzuwirken. Voraussetzung für die Übernahme der Mietzahlung ist, dass die Wohnung angemessen ist. Gegebenenfalls werden zum Abgleich von Mietrückständen Einmalzahlungen von der Gemeinde geleistet. Aus der Perspektive der Vermieter wird dadurch das Mietausfallrisiko begrenzt. Aus der Perspektive der Gemeinde ergeben sich gegenüber der Betreuung von Obdachlosen in Obdachlosenasylen Kosteneinsparungen.

Sozialklausel

In bestimmten Fällen kann der Mieter einer Kündigung widersprechen. Dies ist der Fall, wenn eine besondere Härte vorliegt, die auch durch die berechtigten Interessen des Vermieters nicht gerechtfertigt wäre. Eine solche Härte kann vorliegen, wenn der Mieter mit Kind und Kegel keine andere Wohnung findet und mit Vertragsende auf der Straße stehen würde. Das Gesetz sieht auch die Unmöglichkeit, zu zumutbaren Preisen eine angemessene Ersatzwohnung zu finden, als Härtegrund an.

Nicht widersprechen kann der Mieter der Kündigung trotz Härtefall, wenn der Vermieter Grund zur fristlosen außerordentlichen Kündigung hat. Vermieter müssen beachten, dass nur die im Kündigungsschreiben erwähnten Gründe bei der Würdigung ihrer berechtigten Interessen zu Bu-

che schlagen. Unter der „Sozialklausel" versteht man die gesetzliche Regelung dieses Sachverhalts – heute § 574 BGB.
Siehe / Siehe auch: Berechtigtes Interesse, Sozialklauselgesetz, Ersatzwohnraum

Sozialklauselgesetz
Siehe / Siehe auch: Umwandlung

Sp.
Abkürzung für: Spalte

Spannbeton
Beim Spannbeton handelt es sich um Stahlbeton, für dessen Herstellung vorgespannte Stahleinlagen (Spannglieder) verwendet werden. Das Verfahren wurde durch den französischen Ingenieur Eugene Freyssinet (1879-1962) erfunden und in den 1930er Jahren erstmalig in der Praxis eingesetzt.
Durch die Vorspannung der Stahleinlagen wird auf den Beton eine Druckbelastung ausgeübt, die an dem betreffenden Bauteil auftretenden Zugbelastungen entgegenwirkt. Spannbeton kann daher höhere Zugbelastungen aufnehmen als gewöhnlicher Stahlbeton.
In der Praxis wendet man die Spannbetonbauweise vor allem im Brückenbau, aber auch bei der Herstellung von Decken- oder Dachkonstruktionen an. Spannbetonteile können vor Ort hergestellt oder industriell vorgefertigt werden; als Beispiel für Letzteres seien die häufig verwendeten Spannbeton-Fertigdecken genannt.
Siehe / Siehe auch: Beton, Monierbauweise, Moniereisen, Stahlbeton

Spannungsklausel
Bei der Spannungsklausel handelt es sich nach § 1 Nr. 1 der Preisklauselverordnung um eine Preisklausel, die eine Anpassung ermöglicht, „wenn die ins Verhältnis zueinander gesetzten Güter oder Leistungen im Wesentlichen gleichartig oder zumindest vergleichbar sind". Es handelt sich um eine genehmigungsfreie Klausel.
Spannungsklauseln finden häufig Eingang in Gewerberaummietverträgen. Es geht es um die Anpassung der Miete an die tatsächlich gezahlten Mieten vergleichbarer Objekte. Wenn die Miete des Mietobjekts vom Mietniveau gleichartiger Objekte abweicht, kann eine Mietanpassung erfolgen. Eine Zustimmung zur Anpassung ist nicht erforderlich.

Vergleichbarkeit ist gegeben, wenn die Vergleichsobjekte im Nahbereich liegen, gleichartig sind und in gleicher Weise genutzt werden. Die Anpassung mit Hilfe eines amtlichen Mietindexes zu untermauern, ist deshalb auch nicht möglich. Das Mietniveau, mit dem die Miete verglichen werden soll, ist aus den Mieten der bekannt gewordenen Vergleichsobjekte zu berechnen.
Siehe / Siehe auch: Leistungsvorbehaltsklausel, Wertsicherungsklausel

SparPG
Abkürzung für: Sparprämiengesetz

Spekulationsfrist
Die Spekulationsfrist für Wertpapiere wie Aktien und Anleihen beträgt zwölf Monate, bei vermieteten Immobilien zehn Jahre. Diese Spekulationsfrist beginnt an dem Tag, an dem ein Wertpapier erworben bzw. der Immobilien-Kaufvertrag abgeschlossen wurde.
Für den Privatinvestor bedeutet dies: Kauft und verkauft er ein Wertpapier oder eine fremdgenutzte Immobilie innerhalb der entsprechenden Zeiträume, so müssen die dabei realisierten Wertgewinne mit dem individuellen Einkommensteuersatz versteuert werden. Spekulationsverluste können mit Spekulationsprofiten Steuer sparend verrechnet werden. Allerdings nicht mit Gewinnen aus anderen Einkunftsarten.
Wichtig: Die Große Koalition in Berlin plant, spätestens ab dem Jahr 2008 die Spekulationsfrist sowohl bei Wertpapieren als auch bei vermieteten Immobilien völlig aufzuheben. In dem Fall wären realisierte Wertzuwächse, unabhängig von der vergangenen Zeit zwischen Kauf und Verkauf, grundsätzlich steuerpflichtig.
Siehe / Siehe auch: Privates Veräußerungsgeschäft

Spekulationsgeschäft
Frühere Bezeichnung für „Privates Veräußerungsgeschäft" i.S.d. § 23 EStG
Siehe / Siehe auch: Privates Veräußerungsgeschäft

Spezialfonds
Beim Spezialfonds handelt es sich um eine besondere Art des offenen Immobilienfonds. Im Gegensatz zu Publikumsfonds, deren Zielgruppe für die angebotene Geldanlage das Publikum ist, handelt

es sich bei den Spezialfonds um Immobilienvermögen, deren Anteilscheine nach den Vorschriften des Investmentgesetzes von nicht mehr als zehn institutionellen Anlegern (also keine natürlichen Personen) gehalten werden dürfen und insgesamt mindestens 150 Millionen EURO betragen müssen.
Siehe / Siehe auch: Immobilienfonds - Offener Immobilienfonds

Spezialimmobilien

Spezialimmobilien, auch Sonderimmobilien genannt, sind ein Mixtum Kompositum unterschiedlichster Objekttypen; sie sind ein Oberbegriff, unter dem relativ heterogene Objekttypen subsummiert werden.
Sie umfassen beispielsweise Arenen, Autohöfe, Autobahnrastanlagen, Bahnhöfe, Flughafenterminals, Kraftwerksgebäude, Hotels, Kureinrichtungen, High-way-Hotels, Freizeitparks, Logistikzentren, Musicaltheater, Großdiskotheken, Motor-Dromes, Parkierungsanlagen, Pflegeheime, Sporteinrichtungen/-anlagen, Sporteinrichtungen /-anlagen, Sakralimmobilien (etwa Kirchengebäude, Pfarrsäle), Science Parks, Technologiezentren, Brand Lands großer Markenhersteller, Multiplex-Kinos oder gar Exoten wie Speedway-Anlagen, Strafanstalten bis hin zu Objekten aus dem Bereich des Betreuten Wohnens.
Bei Sonder- und Spezialimmobilien ist das eigentlich prägende Element, dass das Objekt sich im hohen Maße an den spezifischen Nutzungserfordernissen eines bestimmten Nutzers orientiert. Eine andersartige Folgenutzung, d.h. eine sogenannte Drittverwendung, ist entweder nicht oder nur mit exorbitanten Kosten möglich, was das ökonomische Risiko derartiger Objekte erheblich erhöht. Dort wo keine Drittverbindungsmöglichkeit möglich ist, bleibt bei einem Scheitern der Immobilieninvestition lediglich eine völlig nutzlose Ruine zurück. Daher ist es besonders wichtig, immer im Auge zu haben, in welchem Lebenszyklus-Abschnitt sich die einzelnen Sonder- / Spezialimmobilien-Objekttypen befinden.
Neben der stark reduzierten, wenn überhaupt noch gegebenen Drittverwendungsmöglichkeiten, einer damit verbundenen wesentlich geringeren Fungibilität ist dieser Objekttyp durch die Notwendigkeit einen vom fachlichen wie auch finanziellen Background geeigneten Betreiber zu haben der das Objekt nachhaltig erfolgreich betreibt, sehr risikobehaftet. Außerdem ist die Wertermittlung bei Sonder- und Spezialimmobilien wesentlich diffiziler.
Siehe / Siehe auch: Bahnhöfe

Spiering-Marktwertverfahren

Das Spiering (Kiel)-Marktwertverfahren ist ein von Hauke Petersen entwickeltes spezielles Vergleichswertverfahren bei dem die wertbildenden Grundelemente des Bewertungsobjektes, Lage, Ausstattung und Optik, auf Basis der Daten, die für den Vergleich herangezogenen Normobjekten nach dem RDM Preisspiegel, „bepunktet" werden. Wohnflächenabweichungen werden mit Hilfe der „Streichformel 1980" vergleichbar gemacht. Es handelt sich um ein Zensursystem das mit einer Nutzwertanalyse vergleichbar ist. Näheres hierzu: Petersen, Hauke, „Verkehrswertermittlung von Immobilien – Praxisorientierte Bewertung", Stuttgart, 2005.
Siehe / Siehe auch: Normobjekt, Nutzwertanalyse, RDM-Preisspiegel, Vergleichswert

Spindeltreppe

Die Stufen der Spindeltreppe, auch Spiraltreppe genannt, sind gleichmäßig und spiralförmig um einen Mittelpfosten angeordnet. Dieser Mittelpfosten wird als Spindel bezeichnet. Dadurch sind die Stufen gleichmäßig keilförmig. Die Verjüngung der Stufen zur Spindel hat zur Folge, dass die Spindeltreppe unsicher zu begehen sind.
Mit der Festlegung der Treppenlauflinie wird diese Unsicherheit auf ein Minimum reduziert. Seitlich der Lauflinie muss im Bereich der nutzbaren Treppenlaufbreite das erforderliche Steigungsverhältnis eingehalten werden. Bei Wohnhäusern beträgt die nutzbare Treppenlaufbreite mindestens 80-90

Zentimeter. Der Vorteil der Spindeltreppe liegt in ihrem kompakten, raumsparenden Grundriss.
Siehe / Siehe auch: Gebäudetreppe, Steigungsverhältnis, Treppenlauflinie, Wendeltreppe, Wendelung

Sponsoring

Sponsoring ist eine innovative Form der Zielgruppenansprache, die im Bereich Immobilienwirtschaft erst zögerlich und wenig planvoll eingesetzt wird. Im Gegensatz zu Spenden etc. ist eine vertraglich fixierte Gegenleistung (z.B. ein Hinweis auf die sponsernde Immobilienverwaltung im Programmheft und bei der Eröffnung einer Veranstaltung) eine unabdingbare Voraussetzung eines wirklichen Sponsorings.

Sprinkleranlage

Unter einer Sprinkleranlage versteht man eine stets betriebsbereite Löschanlage, die bei Ausbruch von Feuer automatisch in Funktion tritt. Aus ortsfest verlegten Rohren wird über „Sprinkler" Löschwasser abgegeben. Sprinkleranlagen reduzieren das Brandschadenrisiko erheblich. Sprinkler reagieren, sobald eine bestimmte (hohe) Temperatur erreicht wird. Sie reagieren nicht auf Rauch. Da Sprinkler nur dort reagieren, wo tatsächlich Brandherde sind, ist der Löschwasserverbrauch mit den sich daraus ergebenden Folgeschäden deutlich niedriger als bei einem Feuerwehreinsatz.
Nach Versicherungsstatistiken arbeiten Sprinkleranlagen mit einer Erfolgsquote von über 98%. Versicherungsgesellschaften gewähren bei sprinklergeschützten Risiken Rabatte von bis zu 65% auf die Prämien für Feuer- und Betriebsunterbrechungsversicherungen. Ein weiterer Effekt besteht darin, dass durch eine installierte Sprinkleranlage auf einen Teil anderer, dem Brandschutz dienende Investitionen verzichtet werden kann.
Durch geschickte Auslegung des Rohrleitungsnetzes und Verbindung mit einer Niedertemperaturheizung lässt sich die Sprinkleranlage in bestimmten Fällen auch als Heizung einsetzen. Dadurch können Kosten gespart werden.

SRL.

Abkürzung für: Verband für Stadt-, Regional- und Landesplanung

st.Rspr.

Abkürzung für: ständige Rechtsprechung

staatl.

Abkürzung für: staatlich

Stadt

Die Stadt ist rechtlich eine „politische" Gemeinde und geographisch ein Siedlungszentrum, das eine mehr oder weniger weitreichende Versorgungsfunktion für das Umland wahrnimmt. Die Stadt weist einen Stadtkern mit hoher Bebauungsverdichtung auf, die nach den Stadträndern hinzu abnimmt. Die Stadt ist ein in sich relativ abgeschlossenes Siedlungsgebilde, deren Bewohner bestimmte, von einem städtischen Bewusstsein geprägte, Lebensformen pflegen. Die Stadtteile sind unterschiedlich geprägt, was vielfach Ausdruck von Erscheinungen einer stark imageprägenden Segregation ist. Typenbilder von Stadtteilen ergeben sich aus den inhaltlichen Bestimmungen von Baugebietsarten, wie sie in Bebauungs- und Flächennutzungsplänen festgesetzt oder dargestellt werden.
Städte unterscheiden sich in vielfacher Hinsicht. Je nach hervorstechendem Merkmal spricht man von Seestädten, Industriestädten, Kulturstädten, Garnisonsstädten, Universitätsstädten, Hauptstädten usw. Die Stadtkultur lässt sich weit zurückverfolgen.
Antike Städte hatten zum Teil eine hohe Einwohnerzahl (Rom in seiner Blütezeit über 600.000, Konstantinopel nahezu 700.000). Die mittelalterlichen Städte in Deutschland hatten weitaus geringere Einwohnerzahlen, etwa zwischen 10.000 und 50.000, wie etwa Köln als größte deutsche Stadt im 13. bis 14. Jahrhundert, während in Italien Palermo mit 100.000 so groß war wie Paris. Neapel überschritt im 16. Jahrhundert die 200.000-Einwohnergrenze. Relativ groß waren auch die niederländischen Städte.
Bedeutung erlangten die Städte durch das ihnen verliehene Marktrecht, besonders im Hinblick auf den Fernhandel. Das Marktrecht entwickelte sich zum Stadtrecht fort, das auch das Kaufmannsrecht, das Erbrecht, die Besteuerungshoheit, die Gerichtsbarkeit, Zollrechte usw. umfasste. Der Übergang von der Stadtherrschaft zur Selbstverwaltung mit ihrer Stadtverfassung und mit dem Bürgermeister an der Spitze begann im 12. Jahrhundert. Stadtmauern schlossen das Stadtgebiet nach außen ab. Mit zunehmender Bevölkerung verdichteten sich die Städte. Einen Mietwohnungsbau gab es nicht. Es entstand einerseits das „Stockwerkseigentum"

(horizontale Eigentumstrennung) andererseits das „Teilhaus" (vertikale Eigentumstrennung).
In der Neuzeit begann ein Verstädterungsprozess. Paris und London zählten Ende des 17. Jahrhunderts 500.000 bzw. 670.000 Einwohner. Das Wachstum der Städte beschleunigte sich im Zeitalter der industriellen Revolution erheblich. In Deutschland lebten 1815 erst 12% der Bevölkerung in „Städten" (mit über 5.000 Einwohner) 1900 dagegen schon 42%. Parallel hierzu entwickelte sich das Wachstum der einzelnen Städte. Die Zahl der Großstädte (mit über 100.000 Einwohner stieg von 8 im Jahre 1871 auf 48 im Jahre 1910. Im Zuge der Auflockerung der Städte durch Grünanlagen fand auch ein Übergang vom Giebel- zum Fassadenhaus statt.
Ideen der „Gartenstadtbewegung" (Begründer dieser Bewegung war der Engländer Ebenezer Howard) fanden zunehmend Eingang in den Städtebau. Dieser wurde von städtischer Seite allerdings nur „baupolizeilich" gelenkt. Das Städtewachstum selbst fand – wie in England – unter privater Regie statt. Es war Angelegenheit von Terraingesellschaften und von ihnen häufig abhängigen Bauunternehmen.
Die Innenstädte von heute, soweit sie sich von der „Altstadt" vorbei entwickelten, sind trotz der Zerstörungen im 2. Weltkrieg noch weitgehend das Ergebnis dieser unternehmerischen Städtebauaktivitäten des 19. Jahrhunderts. Eine Funktionstrennung im Städtebau wurde 1933 in der „Charta von Athen" gefordert – und auch in Deutschland mit Verspätung weitgehend befolgt. Heute lautet das Motto im Hinblick auf die wachsenden Verkehrsprobleme „Funktionsmischung".
Die heutige amtliche Statistik unterscheidet zwischen:

Landstädten 2000 bis < 5.000 Einwohner
Kleinstädten 5000 bis < 20.000 Einwohner
Mittelstädten 20.000 bis < 100.000 Einwohner
Großstädten mit 100.000 Einwohnern und mehr.

Im Hinblick auf das mittlerweile eingetretene Städtewachstum, vor allem im internationalen Vergleich, erscheint diese Einteilung, die noch aus dem Jahre 1860 stammt, veraltet. Wenn man bedenkt, dass es mittlerweile auf dieser Erde 33 „Megastädte" mit jeweils über 8 Millionen Einwohnern gibt, erscheint manche deutsche Großstadt als klein.
Siehe / Siehe auch: Zentrale Orte, Stockwerkseigentum, Soziale Stadt

Stadtumbau

Die Bevölkerungsverschiebungen in diesem Jahrhundert führen zu der Notwendigkeit, einerseits den Schrumpfungsprozess von Städten und andererseits die Veränderung der Altersstruktur so zu begleiten, dass er den gewandelten Bedürfnissen der Wohnbevölkerung gerecht wird. Im Fokus steht der Abriss nicht mehr nutzbarer Gebäude in Verbindung mit einer Neugestaltung des Wohnumfeldes. Da die Probleme in Ostdeutschland besonders offenkundig sind, konzentrierten sich die Bemühungen zunächst auf den Stadtumbau Ost. Mittlerweile gibt es auch Modellprojekte für den Stadtumbau West.
Der Stadtumbau Ost wird bis 2009 mit 2,7 Mrd. Euro gefördert, wovon 46% für den Abriss und 54% für die Erhaltung und Aufwertung bestehender Quartiere eingesetzt werden sollen. Bis 2003 ist der „Rückbau" von 95.000 Wohnungen im Osten bewilligt worden. Ziel ist der Rückbau von 350.000 Wohnungen. Für den Stadtumbau West stehen – vornehmlich für Forschungszwecke – 15 Millionen Euro zur Verfügung.
Die zunehmende Bedeutung des Stadtumbaus ergibt sich aus der Tatsache, dass er seit 20. Juli 2004 im Baugesetzbuch in den §§ 171a - 171b geregelt ist. In förmlich festgesetzten Stadtumbaugebieten stehen der Gemeinde ein gesetzliches Vorkaufsrecht und Enteignungsansprüche zu.
Durch den Stadtumbau sollen erhebliche Funktionsverluste eines Gebietes, die sich aus einem „dauerhaften Überangebot" an baulichen Anlagen, insbesondere an Wohnraum, ergeben, beseitigt werden. Mit Hilfe eines städtebaulichen Vertrages („Stadtumbauvertrag") sollen die Gemeinden bei den erforderlichen Maßnahmen insbesondere die Eigentümer in die Durchführung einbeziehen.

StädtebaufG

Abkürzung für: Städtebauförderungsgesetz

Städtebauliche Sanierung

Siehe / Siehe auch: Sanierung

Städtebaulicher Vertrag

Bei städtebaulichen Verträgen handelt es sich um Verträge zwischen Kommunen und Privatunternehmen (Investoren, Projektentwicklern, sonstige Maßnahmeträger), bei dem die Kommune die Durchführung von städtebaulichen Aufgaben, die ihr nach dem Baugesetzbuch obliegen, auf das

Privatunternehmen auf deren Kosten überträgt. Die rechtlichen Grundlagen hierzu finden sich in § 11 BauGB. Vertragsgegenstände können u.a. sein:
- Vorbereitung und Durchführung städtebaulicher Maßnahmen (Sanierungs- und Entwicklungsmaßnahmen, Ausarbeitung städtebaulicher Planungen d.h. von Flächennutzungsplänen und Bebauungsplänen einschl. der Erstellung eines Umweltberichts - Bodenordnungsmaßnahmen, Maßnahmen der Bodensanierung und der Erschließung)
- Verträge über die Grundstücksnutzung insbesondere im Zusammenhang mit Projekten der „Sozialen Stadt" oder von Einheimischenmodellen sowie Übernahme von Maßnahmen des Ausgleichs für die Bodenversiegelung (Anlage von Biotopen und Durchführung sonstiger, auch externer Ausgleichsmaßnahmen usw.)
- die Übernahme von sog. Folgekosten, die als Voraussetzung oder Folge des Vorhabens entstehen, über das ein städtebaulicher Vertrag geschlossen wurde

Die Aufzählung ist nicht erschöpfend. Auch der Durchführungsvertrag im Rahmen eines Vorhaben- und Erschließungsplanes zählt zu den städtebaulichen Verträgen. Die Motive zum Abschluss von städtebaulichen Verträgen bestehen seitens der Gemeinde darin, sich finanziell zu entlasten, seitens der Privatunternehmen bzw. Investoren darin, zu Baurechten unter Mitwirkung bei deren Gestaltung und Beschleunigung der Vorhaben zu gelangen.

Ein städtebaulicher Vertrag bedarf der Schriftform bzw. der notariellen Beurkundung, wenn damit die Verpflichtung zum Erwerb oder der Veräußerung oder sonstigen Eigentumsübertragung von Grundstücken verbunden ist.

Siehe / Siehe auch: Entwicklungsmaßnahme, städtebauliche, Sanierung, Vorhaben- und Erschließungsplan

StÄndG
Abkürzung für: Steueränderungsgesetz

StÄndG
Abkürzung für: Steueränderungsgesetz

Staffelmiete / Staffelmietvertrag
Eine Staffelmiete ist eine im Mietvertrag bereits festgelegte Vereinbarung über künftige Mietsteigerungen. Die Erhöhungsbeträge sind von Vertragsbeginn an exakt bestimmt. Dem Mieter ist also bekannt, um wie viel Euro in welchem Jahr die Miete ansteigt.

Bei Wohnraum
In einem Mietvertrag über Wohnraum kann bestimmt werden, dass sich die Monatsmiete im Verlauf der Mietzeit ändert. Dabei müssen die Mieten oder die Änderungsbeträge betragsmäßig bestimmt werden. Eine Angabe in Prozenten ist unwirksam. Eine weitere Voraussetzung für die Wirksamkeit der Vereinbarung ist, dass die Mietstaffel jeweils mindestens ein Jahr unverändert bleiben muss. Das Kündigungsrecht des Mieters kann bei einem Staffelmietvertrag höchstens auf die Dauer von vier Jahren ab Vertragsbeginn ausgeschlossen werden. Neben den Mietstaffeln können Betriebskostenanpassungen vereinbart werden. Zu beachten ist, dass die Mietstaffeln nicht zu einer Überhöhung der Miete führen dürfen, die dann gegeben ist, wenn die Miete mehr als 20% der Vergleichsmiete übersteigt.

Bei Gewerberaum
Die Vereinbarung einer Staffelmiete ist auch bei Gewerberaum möglich. Die für Wohnraum geltenden Beschränkungen brauchen hier nicht beachtet zu werden. Das bedeutet, dass die Intervalle für die Geltung von Mietstaffeln unterhalb eines Jahres liegen können, dass auch eine prozentuale Steigerung der Miete vereinbart werden kann und dass Kombinationsmöglichkeiten mit anderen Mietänderungsregelungen zulässig sind (z.B. Staffelmiete als Grundmiete zuzüglich Umsatzmiete).

Stahlbeton
Als Stahlbeton bezeichnet man Beton, in dessen Inneres bei der Herstellung Bewehrungen aus Stahl eingebracht worden sind. Die Kombination der Druckfestigkeit des Betons mit der Zugfestigkeit des Stahls ermöglicht es, dass aus Beton hergestellte Bauelemente neben Druckbeanspruchungen auch Beanspruchungen auf Zug besser widerstehen können.

Die stärksten Stahlbewehrungen werden an den Stellen positioniert, an denen in dem betreffenden Bauteil die stärksten Zugbelastungen auftreten. In den meisten Fällen werden Betonbauteile heute als Stahlbeton ausgeführt. Unbewehrter Beton wird in der Praxis nur in wenigen Fällen verwendet, zum

Beispiel für Gehwegplatten, die nur Druck- aber keinen Zugbelastungen ausgesetzt sind.
Siehe / Siehe auch: Beton, Monierbauweise, Moniereisen, Spannbeton

Standesregeln des IVD

Die ursprünglich für den RDM geltenden Standesregeln sind 2006 übertragen worden auf den Immobilienverband Deutschland IVD Bundesverband der Immobilienberater, Makler, Verwalter und Sachverständigen e. V. Sie sind in ihrem I. Teil (Standespflichten) eine konkretisierte Aneinanderreihung von zehn Verhaltensvorschriften und in ihrem II. Teil eine Darstellung von sieben Fällen standeswidrigen Verhaltens. Sie entsprechen zu einem großen Teil dem, was durch Gesetz und Rechtsprechung vorgegeben ist. Die Präambel sieht eine Art „Generalklausel" vor, die über die Verbandsebene hinausgreift. Danach soll sich jeder Makler und jeder Hausverwalter innerhalb und außerhalb seines Berufes der besonderen Vertrauensstellung und seiner volkswirtschaftlichen Verantwortung würdig erweisen. Die Regeln sehen folgende Verpflichtungen vor:
- Weiterbildung und Mitwirkung an berufständischen Aufgaben,
- wahrheitsgemäßen Werbung bei der Auftragsakquisition,
- Kundenservice und Kundenberatung,
- Kundenaufklärung über die Marktlage,
- Neutralität bei Doppeltätigkeit,
- unverzügliche Unterrichtung des Auftraggebers bei Eigeninteresse am zu vermittelnden Objekt,
- Abschluss einer Vermögensschadenversicherung,
- Verschwiegenheit und vertrauliche Behandlung von Kundeninformationen,
- Kollegialität und
- getrennte Vermögensverwaltung bei Entgegennahme von Kundengeldern.

StandOG

Abkürzung für: Standortsicherungsgesetz

Standort

Der Standort ist der elementare Teil einer Immobilie, die – wie der Name schon sagt – unbeweglich ist. Ein Standort steht immer in einem Bezug zu einer bestimmten Standortnutzung. In der Immobilienwirtschaft ist daher eine Standortanalyse von besonderer Bedeutung, um Rückschlüsse auf den Erfolg eines standortgebundenen Projektes oder einer Immobilie ziehen zu können und gegebenfalls konzeptionelle Maßnahmen zu berücksichtigen. Eine Standortanalyse kann als systematisches Sammeln, Auswerten und Analysieren von Informationen, die direkt und indirekt mit der Immobilie in Zusammenhang stehen, bezeichnet werden. Zu unterscheiden sind weiche und harte Standortfaktoren.
Zu den harten Standortfaktoren zählen die Verkehrsanbindung, Topographie, technische Ver- und Entsorgung, Umfeldnutzungen sowie sozioökonomische Faktoren (Einwohner im Einzugsgebiet, Bevölkerungsstruktur, Wettbewerbssituation, vorhandene Wirtschaftskraft ...). Als weiche Standortfaktoren bezeichnet man die Faktoren, die subjektive und emotionale Eindrücke und Bewertungen der Rahmenbedingungen darstellen. Solche Faktoren sind Verwaltungs- / politische Strukturen, Wirtschaftsklima, Image des Mikrostandortes sowie Kultur-, Wohn- und Freizeitqualität.
Siehe / Siehe auch: Standort- und Marktanalyse, Lage

Standort- und Marktanalyse

Der Begriff Standort- und Marktanalyse (STOMA) wird im Rahmen des Aufgabenbereichs der Projektentwicklung verwendet. Durch eine gründliche Standort- und Marktanalyse soll ermittelt werden, ob eine Projektidee unter Inkaufnahme welcher Risiken und Ertragschancen realisierbar ist. Bei der Vorgehensweise ist zu unterscheiden zwischen Fällen, in denen ein Grundstück erst gesucht werden muss, um die Projektidee zu verwirklichen oder ob auf einem bereits vorhandenen Grundstück die Projektidee realisiert werden kann. Muss ein Grundstück erst gesucht werden, wird eine Konfiguration des idealen Standorts als Maßstab erstellt. Konkrete Grundstückangebote werden daran gemessen. Die Marktanalyse bezieht sich auf die Untersuchung der für das Projekt relevanten Marktstrukturen.
Siehe / Siehe auch: Lage

StAnz

Abkürzung für: Staatsanzeiger

Statik

Notwendige Berechnungen zu Bauelementen, die Belastungen durch Druck, Zug oder Schub erfahren. Die Berechnungen schreiben Mindestwerte vor, wie tragfähig, steif und fest ein Bauteil sein muss. Zudem soll ein ausgewogenes Verhältnis von Materialaufwand und statischer Sicherheit erreicht werden. Die Berechnungsgrundlage des Statikers ist der Bauplan des Architekten.

Staude

Bei der Anpflanzung von Bäumen und Sträuchern müssen Grenzabstände eingehalten werden (Beispiel Baden-Württemberg: Sträucher 0,5 Meter, schwachwüchsige Obstbäume bis 4 Meter Höhe 2 Meter Grenzabstand, über 4 Meter Höhe je nach Baumart 3 Meter, starkwüchsige Bäume wie Buche und Eiche 8 Meter. Bei innerörtlichen Grundstücken reduziert sich der Grenzabstand z.B. für schwachwachsende Bäume auf die Hälfte).
Als Strauch gelten Holzgewächse mit mehreren sich direkt über dem Boden teilenden Ästen (z.B. Flieder, Holunder). Keine Grenzabstände sind jedoch bei Stauden einzuhalten.
Stauden zeichnen sich dadurch aus, dass die über dem Boden gewachsenen Pflanzenteile im Herbst absterben (z.B. Rittersporn, Sonnenblumen). Eine Zwischenform sind die so genannten Halbsträucher, bei denen nur die Frucht tragenden Äste im Winter absterben (z.B. Brombeeren).
Die Grenzabstände sind Landesrecht und unterscheiden sich von Bundesland zu Bundesland. In einigen Ländern wird bei der Berechnung des Grenzabstandes auf einzelne Pflanzenarten abgestellt, in anderen werden nur grobe Gruppen von Pflanzen gebildet, deren Höhe letztlich entscheidend ist (Bayern, Niedersachsen).
Siehe / Siehe auch: Baumschutzsatzung

StBA

Abkürzung für: Statistisches Bundesamt

StBauFG

Abkürzung für: Städtebauförderungsgesetz

StBerG

Abkürzung für: Steuerberatungsgesetz

Steigungsverhältnis

Das Steigungsverhältnis findet Anwendung bei Treppen oder Rampen, und es regelt das Verhältnis zwischen Steigung und Auftritt. Die Steigung s ist die Höhe, der Auftritt a ist die Tiefe der Trittfläche. Das Steigungsverhältnis einer Treppe soll sich in der Lauflinie nicht ändern. In Ausnahmefällen sind minimale Toleranzen erlaubt. Eine bequem zu begehende Treppe kann mit Hilfe der Schrittlänge des Menschen berechnet werden, wie 1683 der Franzose Francois Blondel mit seinen Regel über das Steigungsverhältnis und das Schrittmaß bewies. Seine Berechnung des Steigungsverhältnisses: $2s + a = 59$ bis 65 Zentimeter ist noch heute gültig. Der Mittelwert beträgt circa 62 cm, das Steigungsverhältnis s/a z.B. 17/28. Die genauen maßlichen Anforderungen einer Treppe können der Tabelle 1 der DIN 18065 Gebäudetreppen-Hauptmaße entnommen werden.
Siehe / Siehe auch: Freitreppen, Gebäudetreppen, Rampe

Steinsetzer

Steinsetzer ist eine Berufsbezeichnung, die in zwei unterschiedlichen Bedeutungen verwendet wird. Zum einen bezeichnet sie einen Bauberuf, dessen Tätigkeitsschwerpunkt das Setzen und Verlegen von Natur- oder Betonsteinpflastern einschließlich der zugehörigen Randeinfassungen bildet. Steinsetzer / Steinsetzerinnen arbeiten im Straßenbau sowie im Garten- und Landschaftsbau. Darüber hinaus ist Steinsetzer eine historische, regional verbreitete Bezeichnung für Feldgeschworene, die auf das Setzen von Grenzsteinen als eine ihrer Hauptaufgaben anspielt.
Siehe / Siehe auch: Feldgeschworene

Stellplätze

Nach den Landesbauordnungen sind Bauherrn verpflichtet, Stellplätze oder Garagen in ausreichendem Umfange zu Verfügung zu stellen. Die Zahl der Garagen bzw. Stellplätze richtet sich nach der Art der baulichen Anlage. In Nordrhein-Westfalen z.B. bei Einfamilienhäusern 1 bis 2, bei Miethäusern 1 bis 1,5 je Wohnung, bei Büro- und Verwaltungsgebäuden 1 Stellplatz je 40 m² Nutzfläche, bei Läden etwa 1 Stellplatz je 30 m² Verkaufsfläche.

Ist die Errichtung von Garagen oder Stellplätzen baurechtlich oder faktisch nicht möglich, kann der Bauherr sich durch Ablösevereinbarungen mit der Gemeinde hiervon befreien lassen. Entsprechende Ablösesatzungen der Gemeinden müssen von der übergeordneten Bauaufsichtsbehörde genehmigt werden.

Die Höhe dieser Ablösesummen ist vielfach ein Stein des Anstoßes. Sie kann sich z.B. an den durchschnittlichen anteiligen Kosten der Errichtung eines Stellplatzes im Rahmen einer gemeindlichen Tiefgarage oder eines Parkhauses orientieren, darf aber 60% dieser Kosten nicht überschreiten. Die Gemeinde ist allerdings auch verpflichtet, die aus solchen Vereinbarungen resultierenden Geldbeträge für öffentliche Parkeinrichtungen oder die Schaffung zusätzlicher privater Stellplätze zu verwenden.

Ein Anspruch aus dem Vertrag zur Errichtung solcher Anlagen ergibt sich für den Stellplatzpflichtigen allerdings ebenso wenig wie ein Rückerstattungsanspruch, wenn die Gemeinde ihrer Verpflichtung nicht nachkommt. Bezahlte Ablösebeträge sind steuerrechtlich wie Herstellungskosten zu behandeln.

Stellplatzverordnung

Stellplatzverordnungen enthalten verschiedene Vorgaben für Autostellplätze und meist auch für Garagen. Sie sind teilweise als eigenständige Landesverordnung geregelt, teilweise finden sich einschlägige Vorschriften in der Landesbauordnung. Geregelt sein können z.B. die Länge von Zufahrten zwischen Garage und öffentlicher Straße, die Fahrbahnbreite bei Rampen zu Großgaragen, eine Pflicht zum Anlegen von Gehwegen neben Zufahrten sowie die Maße von Stellplätzen. Auch Brandschutzvorschriften und Regelungen über Rettungswege sind möglich.

Die Landesbauordnungen erlauben es den Gemeinden, Stellplatzsatzungen zu erlassen. Diese regeln Anzahl und Gestaltung der bei einem Neubau herzustellenden Stellplätze und die Ablösung der Stellplätze.

Siehe / Siehe auch: Ablösung von Stellplätzen

Steuerbescheid

Amtlicher Bescheid des Finanzamts, in dem die Steuerschuld des Steuerpflichtigen für ein bestimmtes Jahr festgestellt wird. Ebenso werden die geleisteten Vorauszahlungen festgestellt und von der Steuerschuld abgezogen. Hinsichtlich der Differenz ergeht unter Setzung eines Termins eine Zahlungsaufforderung. Übersteigen die Steuervorauszahlungen die Steuerschuld, ist der Steuererstattungsbetrag im Steuerbescheid ausgewiesen, verbunden mit der Ankündigung der Rückzahlung auf das Konto des Steuerpflichtigen. Weicht das Finanzamt in seinem Steuerbescheid von Angaben in der Steuererklärung ab, wird im Steuerbescheid unter Bezugnahme auf die dabei zum Zuge kommende Vorschrift hingewiesen.

Steuererklärung

Die Steuererklärung ist ein Instrument, mit dem Steuerzahler ihre Jahresabrechnung mit dem Finanzamt machen. Die Steuererklärung besteht – formal betrachtet – aus einem Mantelbogen, in den persönliche Angaben wie Name, Anschrift, Geburtsdatum und Beruf eingetragen werden. Je nachdem, welche der sieben Einkunftsarten vorhanden sind, müssen diese im Mantelbogen angekreuzt werden – der entsprechende Vordruck (z.B. Anlage V für Einkünfte aus Vermietung und Verpachtung) wird beigelegt.

Die Abgabefrist für die Steuererklärung ist grundsätzlich der 31. Mai. des auf das Steuerjahr folgenden Kalenderjahres. Die gleich lautenden Erlasse der obersten Finanzbehörden der Länder über Steuererklärungsfristen vom 23.2.2006 sehen eine allgemeine Fristverlängerung für durch Steuerberater erstellte Steuererklärungen zum 31.12. des Folgejahres vor. Aufgrund begründeter Einzelanträge kann die Frist bis zum 28.2. des Zweitfolgejahres verlängert werden. Darüber hinaus kommen Fristverlängerungen grundsätzlich nicht in Betracht.

Siehe / Siehe auch: Einkommensteuergesetz (EStG)

Steuerliche Förderung

Die Art und Weise der staatlichen Förderung von Immobilieneigentümern unterscheidet sich nach der Nutzungsart. Sie hängt also davon ab, ob das Objekt vom Eigner selbst bewohnt oder vermietet wird. Bei selbst genutzten Immobilien gibt es jene staatliche Förderung in Form der Eigenheimzulage seit dem 1.1.2006 nicht mehr. Dies bedeutet konkret: Wer nach Silvester 2005 einen Bauantrag gestellt oder einen notariellen Kaufvertrag unterschrieben hat, der bekommt weder Eigenheim- noch Kinderzulage. Zuvor bestand, sofern die gesetzlichen Voraussetzungen erfüllt waren, Anspruch auf acht Jahre lang bis 1.250 Euro Grundförderung und ebenfalls acht Jahre lang jeweils 800 Euro Kinderzulage je Sprössling. Auf diese Weise konnte sich eine vierköpfige Familie insgesamt bis 22.800 Euro staatliche Finanzspritze sichern. Nach dem Wegfall der staatlichen Förderung werden nunmehr nur noch die Altfälle abgewickelt.

Vermieter dürfen ihre Mieteinnahmen mit dem finanziellen Aufwand, der im Zusammenhang mit der Immobilie entsteht, abziehen. Als Werbungskosten, so der Fachausdruck, sind anzusetzen: Schuldzinsen, Finanzierungsnebenkosten sowie Geldbeschaffungskosten, Erhaltungsaufwand, Absetzung für Abnutzung (AfA) und sonstige Werbungskosten. Zu diesen zählen vor allem Ausgaben für Hausverwaltung, Fahrten zum Mietobjekt usw. Allgemein also solche, die sich nicht auf den Mieter umlegen lassen. Um die Steuervorteile möglichst früh zu nutzen, ist es ratsam, auf der Lohnsteuerkarte einen entsprechenden Freibetrag eintragen zu lassen, möglich wenn der Eigentümer Arbeitnehmer ist.

Auch bei vermieteten Immobilien gibt es seit Jahresbeginn 2006 eine gravierende Änderung. Aufgehoben wurde nämlich die degressive Abschreibung (AfA) bei neuen Objekten. Dort gilt, wie bei Immobilien aus zweiter Hand, nunmehr allein die lineare Abschreibung. Diese beträgt zwei Prozent im Jahr, so dass die Gebäudekosten über fünfzig Jahre abgeschrieben werden können. Bei älteren Objekten, die vor dem Jahr 1925 errichtet worden sind, beträgt der AfA-Satz immerhin 2,5% im Jahr.

Siehe / Siehe auch: Eigenheimzulage, Absetzung für Abnutzung (AfA)

Steuermessbetrag
Siehe / Siehe auch: Grundsteuer

Steuerveranlagung
Unterschieden wird bei Ehegatten zwischen der gemeinsamen und der getrennten Veranlagung. Ehegatten haben nur dann die Möglichkeit zur Zusammenveranlagung, wenn sie nicht dauernd getrennt leben. Liegen diese Voraussetzungen vor, können Ehegatten zwischen Zusammenveranlagung oder getrennter Veranlagung wählen. Bei der Zusammenveranlagung wird das Einkommen der Eheleute zusammengerechnet. Es wird jedoch nur der Steuersatz angewendet, der auf das hälftige Einkommen entfällt (Splittingtabelle).

Entscheiden sich Ehegatten, für die getrennte Veranlagung, werden sie aus steuerlicher Sicht wie Ledige behandelt. Jeder zahlt dann gemäß der Grundtabelle wie ein Alleinstehender. In der Regel übersteigen die Steuern bei getrennter Veranlagung nach der Grundtabelle die Steuern, die bei der Berechnung nach der Splitting-Tabelle anfallen. Vorsichtshalber sollten Vor- und Nachteile der getrennten Veranlagung mit einem Fachmann (Steuerberater) im Einzelfall vorab geklärt werden.

Steuerwert
Siehe / Siehe auch: Grundbesitzwert

StGB
Abkürzung für: Strafgesetzbuch

Stillschweigende Abnahme
Von stillschweigender Abnahme spricht man, wenn die Abnahme eines Bauwerks durch schlüssiges Verhalten erfolgt. Im Gegensatz zur fiktiven Abnahme entspricht hier die Ingebrauchnahme des Bauwerks durch Einzug oder Benutzung einer Einverständniserklärung mit dem Bauwerk, wie es am Tage der ersten Benutzung vorgefunden wird. Die Möglichkeit, bei später auftretenden Baumängeln Nacherfüllungsansprüche zu stellen, wird durch die stillschweigende Abnahme nicht ausgeschlossen.

Siehe / Siehe auch: Bauabnahme, Fiktive Abnahme

Stillschweigende Verlängerung
Ein Mietvertrag kann nach § 545 BGB auch verlängert werden, indem beide Vertragspartner einfach nichts tun. Nach dem Gesetz verlängert sich das Mietverhältnis auf unbestimmte Zeit, wenn der Mieter nach Ablauf der Mietzeit den Gebrauch der Mietsache fortsetzt und der Vermieter nicht innerhalb von zwei Wochen erklärt, dass er den Mietvertrag beenden will.

die Zwei-Wochen-Frist beginnt für den Mieter mit der Fortsetzung des Gebrauchs der Wohnung und

für den Vermieter zu dem Zeitpunkt, in dem er von dieser Fortsetzung erfährt.
Siehe / Siehe auch: Mitteilungspflichten des Vermieters

Stimmenthaltung
Siehe / Siehe auch: Stimmrecht (Wohnungseigentümerversammlung)

Stimmrecht (Wohnungseigentümerversammlung)
In der Wohnungseigentümerversammlung hat jeder Wohnungseigentümer eine Stimme. Damit gilt, wenn in der Teilungserklärung oder der Gemeinschaftsordnung nicht etwas anderes ausdrücklich geregelt ist, das sogenannte Kopfprinzip (§ 25 Abs. 2 WEG). Gehört eine Wohnung mehreren Eigentümern gemeinsam, beispielsweise Eheleuten jeweils zur Hälfte, können sie bei Geltung des gesetzlichen Kopfprinzips das Stimmrecht nur gemeinsam ausüben.
Abweichend vom gesetzlichen Kopfstimmrecht kann durch entsprechende Vereinbarung (§ 10 Abs. 2 Satz 2 WEG) in der Gemeinschaftsordnung oder in der Teilungserklärung das Stimmrecht auch nach dem Objekt- oder dem Wertprinzip geregelt sein. Beim Objektprinzip entfällt auf jede Wohnung eine Stimme. Beim Wertprinzip ist das Stimmrecht nach der Höhe der Miteigentumsanteile geregelt. In beiden Fällen kann es dazu kommen, dass ein einzelner Eigentümer, dem mehrere oder sogar die meisten Wohnungen (noch) gehören, über die Stimmenmehrheit in der Wohnungseigentümerversammlung verfügt.
Eine solche Majorisierung führt selbst bei beherrschender Stimmrechtsausübung durch einen einzigen Wohnungseigentümer nicht zur Unwirksamkeit der mit seiner Stimmenmehrheit gefassten Beschlüsse. Sie sind allerdings anfechtbar und unterliegen insoweit der richterlichen Überprüfung, werden aber nur im Falle der rechtsmissbräuchlichen Stimmrechtsausübung, also bei Verstoß gegen die Grundsätze ordnungsmäßiger Verwaltung, für ungültig erklärt.
Das Stimmrecht in der Versammlung steht nur dem im Grundbuch eingetragenen Wohnungseigentümer zu. Deshalb ist auch der Käufer einer Eigentumswohnung erst dann stimmberechtigt, wenn er in das Grundbuch als Eigentümer eingetragen ist. Auch der Nießbraucher ist nicht stimmberechtigt. Strittig ist, ob dem Zwangsverwalter das Stimmrecht in der Versammlung zusteht. Mehrheitlich wird dabei die Auffassung vertreten, dass er allein stimmberechtigt ist.
Siehe / Siehe auch: Wohnungseigentümerversammlung

Stirling-Motor
Ein Stirling-Motor ist eine Wärmekraftmaschine, die Wärme in mechanische Arbeit umsetzt. Neuerdings verstärkt propagiert für Hausheizanlagen (Mini-Blockheizkraftwerk). Arbeitsmedium ist Heißluft, die in einem geschlossenen Gefäß (Verdrängerkolben) erhitzt wird, dadurch ihr Volumen ändert und einen Arbeitskolben bewegt. Anschließend wird die Luft abgekühlt und komprimiert. Dann beginnt der Vorgang von Neuem.
Der 1816 von dem schottischen Geistlichen Robert Stirling erfundene Motor wurde bereits für verschiedenste Anwendungen eingesetzt, konnte sich aber bisher nicht durchsetzen. Ein Vorteil besteht darin, dass das erhitzte Gas in einem geschlossenen Kreislauf verbleibt und keine Abgase entstehen. Der Motor erzielt einen höheren Wirkungsgrad als ein Verbrennungsmotor. Inwieweit er tatsächlich abgasfrei arbeitet, hängt von der Art der verwendeten Wärmeerzeugung ab. Hier kann Solarenergie verwendet werden. Auch Kombinationen mit einem Holzpellet-Heizkessel sind möglich.
Weitere Vorteile:
- Verwendbarkeit beliebiger Brennstoffe bei Energieerzeugung durch Verbrennung
- Geringe Geräuschentwicklung durch fehlende Explosions- und Abgasgeräusche
- Geringer Verbrauch an Schmierstoffen
- Vielfältige Bauarten mit unterschiedlichen Anwendungsmöglichkeiten
- Geringer Wartungsaufwand

Nachteile:
- Leistungsänderung erfolgt durch Steuerung des Wärmestromes und ist sehr langsam
- Hoher Arbeitsdruck, große Wärmetauscher erforderlich, hohes Gewicht

Mögliche Anwendungen:
- Kühlaggregat
- Wärmepumpe
- Kleine Blockheizkraftwerke, Erzeugung von Strom und Heizwärme
- Bootsantriebe bei großer Laufruhe
- Solarbetriebene Pumpen für Brunnen in Entwicklungsländern

Siehe / Siehe auch: Allesbrenner, Blockheizkraftwerk

StJB
Abkürzung für: Statistisches Jahrbuch

StMBG
Abkürzung für: Missbrauchsbekämpfungs- und Steuerbereinigungsgesetz

Stockwerkseigentum
Stockwerkseigentum ist ein ideeller Vorläufer des Wohnungseigentums. Im Rahmen der Vertragsfreiheit konnte vor Inkrafttreten des BGB und der Grundbuchordnung in einigen Ländern des Deutschen Reiches (z.B. Bayern, Baden-Württemberg, Hessen) Stockwerkseigentum begründet werden. Am 1.1.1900 bestehendes Stockwerkseigentum konnte mit Hilfe von Vorschriften in den jeweiligen Einführungsgesetzen zum BGB fortgeführt werden. Es spielt heute faktisch kaum mehr eine Rolle.

STOMA
Abkürzung für: Standort- und Marktanalyse
Siehe / Siehe auch: Standort- und Marktanalyse, Projektmanagement (immobilienwirtschaftlich)

Stoßlüften
Beim Stoßlüften werden – anders als beim Dauerlüften – Fenster und Türen für kurze Zeit weit geöffnet. Auch gelegentliches Stoßlüften spart gegenüber dem Dauerlüften bereits viel Energie ein. Der Unterschied: Beim Dauerlüften gelangt kontinuierlich Wärme von drinnen nach draußen. Beim Stoßlüften dagegen wird der gesamte Luftinhalt des Raumes bzw. der Wohnung einmal ausgetauscht. Mauerwerk und Inneneinrichtung bleiben dabei warm, es kommt nicht zu einer allmählichen Auskühlung. Entsprechend schneller erwärmt sich die Raumluft nach dem Schließen der Fenster. Tägliches Stoßlüften stellt auch eine sinnvolle Vorbeugung gegen Schimmelbildung in der Wohnung dar. Mauerwerk und Tapeten nehmen dabei nicht so viel Feuchtigkeit auf wie beim Dauerlüften.
Siehe / Siehe auch: Feuchtigkeit / Feuchte Wände

StPO
Abkürzung für: Strafprozessordnung

str.
Abkürzung für: strittig / streitig

Straßennamen
Für fast jede Stadt finden sich in Archiven der Städte und im Internet oft umfangreiche Informationen über die Bedeutung der Straßennamen. Es ist üblich Straßen
- nach berühmten oder herausragenden Personen zu benennen: Konrad Adenauer Damm, Frau-Klara-Straße
- nach Zielen: Hamburger Chaussee
- nach Flurbezeichnungen: Am Rethwisch,
- nach geografischen Besonderheiten: Bergstraße
- nach Ereignissen: Straße des 17. Juni, oder
- nach örtlichen Besonderheiten: Waisenhofstraße, Bahnhofstraße

Gebräuchliche Bezeichnungen für Straße sind auch Allee, Chaussee, Weg, Gang, Damm, Gasse, Pfad, Promenade, Boulevard, Ring, Platz, Carree, Avenue. Ortsangaben wie „Außerhalb", „Am Rand", „Hackesche Höfe" können ebenfalls Straßenbezeichnungen sein.

Straßen müssen nicht immer Namen bekommen, sondern können auch mit Nummern oder Buchstaben bezeichnet werden. Das betrifft nicht nur die Bundes-Autobahnen oder Landesstraßen, sondern ist bekannt aus New York. Nach einem Zonenplan wurden dort bereits 1811 die 12 nummerierten von Norden nach Süden verlaufende Avenues und Seitenstraßen geplant. Nur der Broadway führt quer durch das Gitternetz. Nummern als Straßen sind aber auch eine Besonderheit Mannheims. Das Herz der Altstadt bildet die alte kurfürstliche Festung, die von einer Stadtmauer umgeben war. Sie hat ziemlich genau die Form eines Halbkreises, in dem Quadrate liegen. Die Anordnung der Häuserblocks wurde auf dem Reißbrett entworfen und wird in ihrer Exaktheit mit der Anordnung der Blocks in Manhattan / New York verglichen. In Mannheim sind nicht wie in Manhattan die Straßen, sondern Blöcke nummeriert, z.B. A1, B3 oder F5. Eine Adresse lautet z.B. Vorname Name; C 3, 8; 68161 Mannheim.

Die Ratsversammlungen der Städte und Gemeinden können nach der jeweiligen Landes-Kommunalordnung in öffentlicher Sitzung Straßen umbenennen oder Straßen in Neubaugebieten Namen geben. Die Bürger können sich an der Namensfindung beteiligen. Die neuen Straßenbezeichnungen

werden öffentlich bekannt gegeben und – wenn kein begründeter Widerspruch erhoben wird – zu einem fest gelegten Zeitpunkt wirksam.
Siehe / Siehe auch: Hausnummer

Strategische Umweltprüfung (SUP)
Im Zusammenhang mit der Richtlinie 2001/42/EG des EU-Parlaments und unter Berücksichtigung der Vorgaben des UN-ECE-Protokolls über strategische Umweltprüfung muss in Deutschland in Ergänzung zur bisherigen Umweltverträglichkeitsprüfung für bestimmte Planungen und Programme eine Strategische Umweltprüfung durchgeführt werden.
Betroffen davon sind z.B. Verkehrswegeplanungen auf Bundesebene, Ausbaupläne nach dem Luftverkehrsgesetz für größere Ausbauten von Flughäfen, Planung von Seeanlagen, Abfallwirtschaftspläne, soweit sie sich auf gefährliche Abfälle beziehen, Festsetzungen von Überschwemmungsgebieten, Hochwasserschutzpläne, forstliche Rahmenpläne usw. Die Vorschriften über die Strategische Umweltprüfung befinden sich seit Juni 2005 im Umweltverträglichkeitsprüfungs-Gesetz (UVPG).
Am Verfahren werden wie bei der Bauleitplanung Behörden und die Öffentlichkeit beteiligt. Die Ergebnisse und die Feststellungen im Umweltbericht sind bei der weiteren Entscheidungsfindung zu berücksichtigen. Außerdem sollen die Auswirkungen der Maßnahmen nach ihrer Durchführung ständig beobachtet werden (Monitoring).
Mit der strategischen Umweltprüfung soll innerhalb der Europäischen Union ein hohes Umweltschutzniveau hergestellt werden.
Siehe / Siehe auch: Umweltverträglichkeitsprüfung / Umweltprüfung

Strategisches Management
Marktorientiertes strategisches Management dient der Früherkennung von Chancen und Risiken, die auf ein Unternehmen zukommen. Grundlage ist eine Definition langfristig angelegter Zielsetzungen, die unter Abwägung der Risiken und Chancen des einzuschlagenden Weges zu Grundsatzentscheidungen führen. Ob eine Strategie richtig ist, entscheidet am Ende der Markt.
In der Immobilienwirtschaft spielt Langfristigkeit eine besondere Rolle. Sie betrifft sowohl die Investitionsphase als auch die Bewirtschaftungsphase. Hier geht es primär um Festlegungen auf Märkte, die bedient werden sollen. Für sie werden strategische Geschäftsfeldeinheiten gebildet. Dabei sind die prägenden Determinanten von Angebot und Nachfrage und ihre voraussichtliche Entwicklung zu analysieren.
Der Realitätsbezug der Strategie wird mit Hilfe einer Stärken-Schwächeanalyse festgestellt. Die Umsetzung der gewählten Strategie hat Auswirkung auf das Marketing, auf die Personalentwicklung, die betriebliche Organisation, die Fokussierung des Controlling auf den Zielerreichungsgrad, Möglichkeiten von Kooperationen und Fusionen und schließlich das herzustellende und zu wahrende Finanzierungspotential.

StRefG
Abkürzung für: Steuerreformgesetz

StrWG
Abkürzung für: Straßen- und Wegegesetz

Studentenwohnheim
Ein Studentenwohnheim ist ein Gebäude, das vom Eigentümer dem Zweck des studentischen Wohnens gewidmet wurde. Es muss für diesen Zweck auch geeignet sein; die Miete muss gegenüber der örtlichen Vergleichsmiete günstig sein. Bestimmte Gemeinschaftseinrichtungen oder die ausschließliche Belegung mit Studenten sind nicht vorgeschrieben.
Treffen diese Rahmenbedingungen auf ein Wohnheim zu, gelten besondere Regeln. Der gesetzliche Mieterschutz ist hier sehr reduziert. Der Vermieter muss kein berechtigtes Interesse anführen, um den Mietvertrag zu kündigen. Trotzdem darf die Kündigung nur schriftlich erfolgen. Für die ordentliche Kündigung gilt die für Wohnräume übliche dreimonatige Frist. Der Vermieter muss in der Kündigung auf die Möglichkeit hinweisen, wegen eines Härtefalles der Kündigung zu widersprechen. Auch Form und Frist dieses Widerspruches sind zu nennen. Allein die „Sozialklausel" ermöglicht es den Studenten im Ausnahme- bzw. Härtefall, eine Verlängerung des Mietvertrages zu verlangen. Examensvorbereitungen werden hier als Begründung akzeptiert. Die meisten Mietverträge sehen eine ordentliche Kündigungsmöglichkeit zum Semesterende vor. Das Ende des Studiums muss dem Vermieter mitgeteilt werden, auch dann darf der Vermieter kündigen.
Zeitmietverträge dürfen für Zimmer in Studentenwohnheimen nicht mehr abgeschlossen werden.

Auch die Mieterschutzregelungen hinsichtlich einer Mieterhöhung gelten bei Studentenwohnheimen nicht. Die Miete kann praktisch beliebig erhöht werden; Kündigungen zum Zweck der Mieterhöhung sind zulässig. Die Mietkaution muss wie bei gewöhnlichen Mietwohnungen vom Vermieter getrennt von seinem übrigen Vermögen angelegt werden. Verzinst werden muss sie nach § 551 Abs.3 BGB nicht.
Siehe / Siehe auch: Studentenzimmer, Vermietung

Studentenzimmer, Vermietung

Für Studenten gelten grundsätzlich keine anderen mietrechtlichen Vorschriften als für andere Mieter. Ausnahmen:
- Kurzfristiges Mietverhältnis: Es wird Wohnraum nur zur vorübergehenden Nutzung vermietet.
- Möbliertes Zimmer: Es wird ein Zimmer vermietet, dass der Vermieter überwiegend mit Einrichtungsgegenständen ausgestattet hat; dieses Zimmer befindet sich in der vom Vermieter selbst bewohnten Wohnung; es darf dem Mieter nicht zum dauerhaften Gebrauch mit Familie oder anderen Personen, mit denen er einen gemeinsamen Haushalt führt, überlassen werden.

In diesen Fällen gelten folgende Mieterschutz-Vorschriften nicht:
- Regelungen zur Mieterhöhung
- Beendigung des Mietverhältnisses / Kündigungsfristen
- Begründung von Wohneigentum (Kündigungsschutz bei Umwandlung von Miet- in Eigentumswohnungen).

Bei nur zum vorübergehenden Gebrauch vermietetem Wohnraum ist generell eine kürzere als die gesetzliche Kündigungsfrist (drei Monate) zulässig. Bei möblierten Zimmern innerhalb der Wohnung des Vermieters kann spätestens am 15. eines Monats zum Ablauf des gleichen Monats gekündigt werden.
Siehe / Siehe auch: Studentenwohnheim

Studiengänge (immobilienwirtschaftliche)

An verschiedenen Fachhochschulen und Berufsakademien werden im Rahmen des Diplomstudiums immobilienwirtschaftliche Studiengänge oder Studienschwerpunkte angeboten. Hierzu zählen die Fachhochschulen Anhalt (Zweig Bernburg), Ansbach, Aschaffenburg, Berlin, Lippe, Nürtingen (Zweig Geislingen) und Zittau (Görlitz), sowie die Berufsakademien Leipzig, Berlin, Mannheim und Stuttgart. Das Fachhochschulstudium umfasst 8 Semester, davon ein bis zwei Praxissemester. Das Studium an einer Berufsakademie verläuft streng nach dem dualen System. Es umfasst 6 Semester (3 Jahre), wovon die Hälfte der Zeit an der Akademie und die andere Hälfte in der Ausbildungsstätte studiert wird.
Siehe / Siehe auch: Aus- und Weiterbildung, Immobilienfachwirt, Fachkaufmann für die Verwaltung von Wohnungseigentum, Kaufmann/Kauffrau in der Grundstücks- und Wohnungswirtschaft (IHK), Immobilienkaufmann / Immobilienkauffrau

Stufe

Der wohl wichtigste Teil einer Treppe ist die Stufe. Sie wird unterteilt in Tritt- und Setzstufe. Nur die horizontale Trittstufe ist als Auftrittfläche erforderlich. Die vertikale Setzstufe, auch Futterstufe genannt, macht aus einer offenen eine geschlossene Treppe. Die Höhe der Setzstufe und die Tiefe der Trittstufe stehen in einem bewährtem Verhältnis zueinander, dem sogenannten Steigungsverhältnis. Abhängig von der Treppennutzung gibt das Steigungsverhältnis stets gleichmäßigen Abmessungen sowohl der Tritt- als auch der Setzstufe in der Treppenlauflinie vor.
Die Stufe wird von verschiedenen Unterkonstruktionen getragen. So wird sie auf flankierende Wangen, einem Mittelholm oder einer Laufplatte integriert. Ausschließlich im Außenbereich kann die Stufe als Massivplatte in einem Bett verlegt werden. Das Material im Außenbereich sollte witterungsbeständig und rutschfest sein. Aber auch im Innenbereich müssen Stufen sicher begehbar sein. Ein rutschfester Kantenschutz oder eine aufgeraute Oberfläche ermöglichen dies.
Siehe / Siehe auch: Gebäudetreppen

Stundenlohnvertrag

Der Stundenlohnvertrag regelt eine Art der Vergütung von Bauleistungen, die in der Baubranche als Ausnahme gilt. Nach § 5 Abs. 2 der Vergabe- und Vertragsordnung (VOB 2002) können Bauleistungen geringeren Umfanges, die überwiegend Lohnkosten verursachen, im Stundelohn vergeben werden.

Die näheren Regelungen über Stundenlohnarbeiten sind in § 15 VOB 2002 zu finden. Der Stundenlohnvertrag bezieht sich in der Regel auf Nebenleistungen oder Reparaturleistungen. Er bedarf immer einer besonderen Vereinbarung. Grundlage für die Berechnung sind Stundenlohnzettel, die vom Bauherrn unterschrieben werden. Werden die Stundenlohnzettel vom Bauherrn nicht unterschrieben, obliegt dem Unternehmer die Beweislast hinsichtlich der ausgeführten Leistungen. Wenn die Bauleistungen vor Vergabe nicht eindeutig und so erschöpfend bestimmt werden können, dass eine einwandfreie Preisermittlung nicht möglich ist, kann auch ein Selbstkostenvertrag geschlossen werden. Allerdings müssen in diesem Fall Vereinbarungen darüber getroffen werden, wie Löhne, verarbeitetes Material, Gerätevorhaltung und Gemeinkosten zu vergüten sind und wie hoch der Gewinn sein darf.

Siehe / Siehe auch: Einheitspreisvertrag

Sturz
Ein Sturz ist eine tragende Überdeckung einer Öffnung an einem Bauwerk (Türsturz, Fenstersturz). Der Sturz kann vorgefertigt oder auf der Baustelle hergestellt werden. Seine Form kann gerade oder gebogen sein.

StVG
Abkürzung für: Straßenverkehrsgesetz

StVO
Abkürzung für: Straßenverkehrsordnung

Subsidiärhaftung
Von Subsidiärhaftung wird gesprochen, wenn es neben dem an erster Stelle für ein Verschulden Haftenden eine Person oder Institution gibt, die als zusätzlich Haftende dann in Anspruch genommen werden können, wenn der Haftungsanspruch gegen den „primär" Haftenden nicht durchgesetzt werden kann. In Bauträgerverträgen wird häufig der Anspruch wegen Baumängel gegen Bauunternehmen, die an der Erstellung des Bauwerks beteiligt waren an den Erwerber abgetreten. Der Erwerber muss also etwaige Haftungsansprüche gegen den Bauunternehmer geltend machen. Für den Fall, dass dieser z.B. wegen Insolvenz zur Nacherfüllung nicht mehr in der Lage ist, muss der Bauträger als subsidiär Haftender für Abhilfe sorgen.

Subtraktionsmethode
Die Subtraktionsmethode ist eine Methode zur Feststellung des Abstimmungsergebnisses einer Eigentümerversammlung. Sofern Teilungserklärung oder Gemeinschaftsordnung keine anderen Regelungen treffen, bestimmt der Versammlungsleiter darüber, wie das Ergebnis einer Abstimmung festzustellen ist. Die Subtraktionsmethode setzt sich dabei zunehmend durch. Statt einzeln über Ja, Nein und Enthaltung abzustimmen und jeweils die Stimmen auszuzählen, muss nur über zwei dieser Fragen abgestimmt werden. Die dritte Zahl wird dann durch Subtraktion der anwesenden Stimmen von den bereits gezählten ermittelt. Zum Beispiel werden zuerst die Ja-Stimmen gezählt, dann die Nein-Stimmen. Die Enthaltungen werden als Differenz der anwesenden / vertretenen Stimmen und der gezählten Ja / Nein Stimmen durch Subtraktion festgestellt.

Dieses gerade bei großen Versammlungen zeitsparende Verfahren war gerichtlich zeitweise umstritten. Der Bundesgerichtshof (Az. V ZB 37/02, Beschluss vom 19.9.2002) hat es für zulässig erklärt, sofern die Anzahl der Abstimmenden durch geeignete Zugangskontrollen feststehe. Das Bayerische Oberlandesgericht (Az. 2 Z BR 109/04, 10.11.2004) hat noch liberaler entschieden: Danach sind keine besonderen organisatorischen Schritte erforderlich – solange eindeutige Mehrheitsverhältnisse gegeben sind.

Damit kann die Subtraktionsmethode unbedenklich angewendet werden, wenn die bei der Abstimmung anwesenden Eigentümer ganz offensichtlich die Mehrheit darstellen.

Siehe / Siehe auch: Gemeinschaftsordnung, Teilungserklärung, Wohnungseigentümerversammlung

Subunternehmer
Als Subunternehmer bezeichnet man alle Auftragnehmer (i.d.R. Handwerker, Unternehmen der Bauindustrie), die von einem Hauptunternehmer (Generalunternehmer oder Generalübernehmer) mit der Erbringung einzelner Werkleistungen beim Errichten eines Bauwerks betraut werden.

Der Subunternehmer tritt in keine Rechtsbeziehung mit dem Bauherrn. Die Abnahme von Bauleistungen des Subunternehmers ist Sache des Generalunternehmers. Den Subunternehmer trifft eine Mängelbeseitigungspflicht nur gegenüber dem Generalunter- / übernehmer nicht aber

gegenüber dem Bauherrn. Grundsätzlich darf ein Hauptunternehmer einen Subunternehmer nur mit Genehmigung des Bauherrn oder auf der Grundlage einer entsprechenden Vereinbarung mit ihm einschalten.
Siehe / Siehe auch: Generalübernehmer, Generalunternehmer

Such- und Informationskosten

Such- und Informationskosten sind eine unmittelbare Folge der fehlenden Transparenz (insbesondere des Immobilienmarktes) eines Marktes.
Sie entstehen durch
- unmittelbare Aufwendungen (z.B. Marketingaufwendungen, Kundenbesuche, Suchanzeigen)
- mittelbare Aufwendungen durch den Aufbau organisierter Märkte (z.B. Immobilienmessen, Dimax, Gefox)
- Kommunikationskosten zwischen potenziellen Tauschpartnern (Telekommunikationskosten, Aufwendungen für Vertreter und Makler usw.)
- Kosten im Zuge von Informationserhebungen und zum Vergleich von Preisen (Research, Marktberichterstellungen, Bewertungen etc.)
- Kosten durch Tests und Qualitätsurteile (Bonitäts- und Eignungsüberprüfungen von Marktteilnehmern)

Siehe / Siehe auch: Markttransparenz

SWOT-Analyse

Die SWOT-Analyse (Strengths, Weaknesses, Opportunities und Threats) ist der englische Ausdruck für eine Stärken-Schwächen-Chancen-Risiken-Analyse. Sie ist ein Werkzeug des strategisches Managements von Unternehmen oder Produkten. Auf dessen Basis werden Strategien für die weitere Unternehmensentwicklung abgeleitet.

Szenario-Technik

Die Szenario-Technik wird für Zukunftsprognosen eingesetzt, um die Wirkungsrichtung und -intensität bei Veränderung eines oder mehrerer Einflussfaktoren innerhalb eines Szenarios festzustellen. Die Entwicklung verläuft zwischen einem positiven (best-case) und einem negativen (worst case) Extremverlauf. Die einfachste Methode besteht in der Trendforschreibung. Die bisherige Entwicklung wird in die Zukunft projiziert. Sie lässt allerdings qualitative Änderungen von Einstellungen der in der Szenariolandschaft angesiedelten Personen meist außer Betracht. Mit der Szenario Technik wird gerade versucht, quantitative Grunddaten mit qualitativen Informationen und Einschätzungen zu verbinden. Szenarioanalysen sind oft Entscheidungsgrundlagen in Politik und Wirtschaft.

TA
Abkürzung für: Technische Anleitung
Siehe / Siehe auch: Technische Anleitungen (TA)

Tab.
Abkürzung für: Tabelle

Tafelgeschäft
Unter Tafelgeschäft versteht man Transaktionen von Wertpapieren, bei denen kein Bankdepot eingeschaltet wird. Kauf und Verkauf erfolgen gegen Bargeld am Bankschalter. Auch die Zins- und Dividendenscheine werden am Bankschalter gegen Barauszahlung eingelöst.

Tagesmutter
Eine Tagesmutter betreut tagsüber die Kinder berufstätiger Eltern. Mietrechtlich sorgt diese Betätigung immer wieder für Probleme, da sich andere Mieter über Kinderlärm beschweren oder der Vermieter eine Zweckentfremdung der Wohnung befürchtet. Die Gerichte haben entschieden, dass Tagesmütter ihrer Tätigkeit auch in der Mietwohnung nachgehen dürfen. Allerdings müssen die räumlichen Verhältnisse berücksichtigt werden. Nach einem Urteil des Landgerichts Hamburg (LG Hamburg, NJW 82, 2387) durfte die Mieterin einer 90-Quadratmeter-Wohnung mit eigenem vierjährigen Kind nicht mehr als drei fremde Kleinkinder gleichzeitig betreuen. Das Landgericht Berlin hielt den Rahmen des Zumutbaren bei der Beaufsichtigung von fünf Kindern in einer Mietwohnung für überschritten (Urteil vom 6.7.1992, Az. 61 S 56/92).
Grundsätzlich ist für eine Berufsausübung in der Wohnung immer eine Genehmigung des Vermieters notwendig. Hat der Vermieter die Tätigkeit als Tagesmutter gestattet, müssen kurzfristige Ruhestörungen im Haus durch Holen und Bringen der Kinder hingenommen werden. Dies gilt auch für kurzzeitige Parkplatzprobleme vor dem Haus oder das zeitlich begrenzte Abstellen von Kinderwagen im Treppenhaus. All dies ist bei der Tagesmutter-Tätigkeit nicht zu vermeiden und stellt – wenn diese erlaubt wurde – keinen Kündigungsgrund dar. Anders ist es jedoch, wenn ohne Erlaubnis des Vermieters eine solche Tätigkeit ausgeübt wird.
Erlaubt jedoch der Vermieter die Tätigkeit und trifft er sogar eine schriftliche Vereinbarung mit der Mieterin über eine Erhöhung der Betriebskostenanteile für Wasser und Abwasser, kann der Vermieter später nicht nachträglich einseitig seine Zustimmung zurückziehen. Dies entschied das Amtsgericht Wiesbaden in einem Fall, bei dem es um die Tagesbetreuung von regelmäßig acht bis neun Kindern in einer Dreizimmerwohnung über einen Zeitraum von 14 Jahren ging (Urt. vom 26.11.2002, Az. 92 C 546/02-34).
Siehe / Siehe auch: Berufsausübung durch Mieter, Zweckentfremdung, Zweckentfremdungsgenehmigung

Tagesordnung (Wohnungseigentümerversammlung)
Zur Gültigkeit eines Beschlusses der Wohnungseigentümerversammlung ist es erforderlich, dass der Gegenstand der Beschlussfassung bei der Einberufung der Versammlung bezeichnet ist. Deshalb ist der Einladung eine Tagesordnung beizufügen. Sie soll den Eigentümern die Möglichkeit geben, zunächst zu entscheiden, ob sie an der Versammlung teilnehmen wollen, und ihnen im übrigen die Gelegenheit schaffen, sich über Inhalt und rechtliche Folgen der vorgesehenen Beschlussfassungen vorab zu informieren.
Die Aufstellung der Tagesordnung für die Wohnungseigentümerversammlung erfolgt üblicherweise durch den Verwalter, zweckmäßigerweise in Abstimmung mit dem Verwaltungsbeirat, wenn ein solcher gewählt ist. Einzelne Wohnungseigentümer können nur in Ausnahmefällen die Aufnahme bestimmter Tagesordnungspunkte verlangen. Der Verwalter muss diesem Verlangen jedoch entsprechen, wenn es sich um Angelegenheiten der ordnungsmäßigen Verwaltung handelt, auf die jeder Wohnungseigentümer einen individuellen, auch gerichtlich durchsetzbaren Anspruch hat.
Wird in der Versammlung über Angelegenheiten beschlossen, die nicht in der Tagesordnung angekündigt waren, sind diese Beschlüsse jedoch nicht unwirksam, sondern bedürfen der Anfechtung innerhalb Monatsfrist (seit Beschlussfassung in der Versammlung). Erfolgt eine Anfechtung, werden Beschlüsse über nicht in der Tagesordnung angekündigte Angelegenheiten im Regelfall für ungültig erklärt.
Siehe / Siehe auch: Wohnungseigentümerversammlung, Beschluss

Tankstellen
Tankstellen sind Abfüllplätze an ortsfesten Anlagen für Benzin und Dieselkraftstoff. Beim Betrieb

von Tankstellen sind die von den Bundesländern erlassenen Tankstellenverordnungen zu beachten. Dabei geht es darum, zu verhindern, dass Benzin und Dieselkraftstoff nicht den Boden und die darunter liegenden Bodenschichten, in das Grundwasser oder Abwasser oder in andere Gewässer eindringen kann. Abfüllplätze müssen dauerhaft flüssigkeitsundurchlässig und beständig sein. Zapfautomaten müssen mit einer automatischen Abschalteinrichtung versehen sein.Tankstellen sind nach der BauNVO zulässig in Dorf-, Misch-, Gewerbe- und Industriegebieten. In Kleinsiedlungsgebieten, in allgemeinen oder besonderen Wohngebieten, sowie in Kerngebieten können sie ausnahmsweise zugelassen werden. Auf keinen Fall zulässig sind sie in reinen Wohngebieten.

Tarif (Bausparvertrag)

Je nach Wunsch kann der Bausparer beim Abschluss eines Bausparvertrags zwischen unterschiedlichen Tarifgestaltungen wählen. Dabei variieren die Zinssätze für das Bauspardarlehen und das Bauspareguthaben sowie die Voraussetzungen für die Zuteilung. Ebenso sind im Tarif der Regelsparbeitrag der Tilgungsbeitrag und die Gebühren festgelegt. Üblicherweise wird zwischen Standardtarif und Optionstarif unterschieden. Es gibt auch einen Schnellspartarif.
Siehe / Siehe auch: Schnellspartarif

TC

Abkürzung für: Trockenklosett

TE

Abkürzung für: Teilungserklärung im Sinne des Wohnungseigentumsgesetzes
Abkürzung für: Teileigentum

Technische Anleitungen (TA)

Verwaltungsvorschriften des Bundes, die sich auf einheitliche Anforderungen und Regeln zur Begrenzung von Immissionen beziehen nennt man Technische Anleitungen TA. TA Luft dient der Reinhaltung der Luft. Sie richtet sich an Betreiber von Anlagen, bei deren Betrieb gas- oder staubförmige Stoffe entstehen. TA Lärm soll die im Bereich von Gewerbe- und Industrieanlagen entstehenden Lärmemissionen begrenzen, wobei die Art der umliegenden Nutzungen (z.B. Krankenhaus, Wohngebiet) besonders berücksichtigt wird.

TEer

Abkürzung für: Teileigentümer

TEGOVA (The European Group of Valuers' Associations)

Die TEGOVA ist eine europäische Institution in Form einer Nichtregierungsorganisation (NRO), die sich der Schaffung einheitlicher Standards für die Bewertungspraxis in Europa widmet. Es handelt sich wegen der unterschiedlichen kulturellen, politischen und wirtschaftlichen Entwicklung in den einzelnen EU-Ländern um ein schwieriges Unterfangen. Der TEGOVA gehören 38 Berufsverbände für Immobilienbewertung aus 27 Ländern an. Die Immobilienverbände vertreten etwa 500.000 Immobilienspezialisten. Deutschland ist vertreten durch den

- Bund der öffentlich bestellten Vermessungsingenieure (BDVI)
- Bundesverband öffentlich bestellter und vereidigter, sowie qualifizierter Sachverständiger (BVS)
- Deutscher Verein für Vermessungswesen (DVW)
- Ring Deutscher Makler (RDM), nunmehr Immobilienverband Deutschland (IDV)
- Verband deutscher Pfandbriefbanken
- (VdH)+Bundesverband öffentlicher Banken Deutschlands (VÖB)

Die TEGOVA veröffentlichte im April 2003 die fünfte Auflagen ihrer European Valuation Standards (das „Blue Book").
Siehe / Siehe auch: Blue Book

Teilauszahlungszuschläge

Abkürzung für: Teilauszahlungszuschläge sind Nebenkosten der Baufinanzierung, wenn das Darlehen nicht als Ganzes auf einmal, sondern nach Baufortschritt abgerufen wird. Dieser Posten hat keinen Einfluss auf die Höhe des Effektivzinses. In der Regel handelt es sich bei solchen Zuschlägen um verhandelbare Größen.

Teilbaugenehmigung

Will der Bauherr sein Bauvorhaben so schnell wie möglich realisieren und nicht erst den Abschluss des gesamten Baugenehmigungsverfahrens abwarten, kann er eine Teilbaugenehmigung beantragen. Damit spaltet er das Genehmigungsverfahren in einzelne Bauabschnitte auf. Im Unterschied zum Vorbescheid aufgrund der Bauvoranfrage erhält der Bauherr mit einer Teilbaugenehmigung die Erlaubnis zum sofortigen Baubeginn für die beantragten Arbeiten. Gegen die Möglichkeit, die Durchführung von Bauvorhaben die aus mehreren Gebäuden bestehen, durch Teilbaugenehmigungen zu beschleunigen, muss das Risiko der Nichtgenehmigung einzelner Bauvorhabensabschnitte abgewogen werden. Das abschnittweise Genehmigungsverfahren sollte – zumindest wenn es sich um die Bebauung von unbeplantem Innenbereich handelt – durch Bauvoranfragen, die sich auf das Gesamtvorhaben beziehen, abgesichert werden.

Teilbausparsumme
Die ursprünglich vereinbarte Bausparsumme kann je nach Tarif bei Bedarf des Bauherrn in Teilsummen aufgeteilt werden. Dadurch wird ein Teilbetrag kurzfristig zugeteilt und der Bauherr kann so mit seinem Bauvorhaben beginnen.

Teilbetreuung
Siehe / Siehe auch: Baubetreuung

Teileigentum
Als Teileigentum bezeichnet das Wohnungseigentumsgesetz das Sondereigentum (Alleineigentum) an Räumen, die nicht Wohnzwecken dienen in Verbindung mit einem Miteigentumsanteil am gemeinschaftlichen Eigentum zu dem es gehört (§ 1 Abs. 3 WEG).
Ebenso wie bei der gesetzlichen Definition des Wohnungseigentums wohnt dem Begriff Teileigentum eine vom Gesetzgeber vorgegebene Zweckbestimmung inne, nämlich die Nutzung für Nicht-Wohnzwecke und damit allgemein für jede gewerbliche Nutzung, sei es als Laden, Büro, als Keller oder Bodenraum oder auch als Garage. Ausdrücklich ausgeschlossen ist gemäß gesetzlicher Regelung die Nutzung für Wohnzwecke.
In den meisten Teilungserklärungen ist die generell zulässige, allgemeine gewerbliche oder berufliche Nutzung von Räumen, die als Teileigentum ausgewiesen sind, durch Vereinbarungen im Sinne von § 10 Abs. 2 Satz 2 und Abs. 3 WEG dadurch eingeschränkt, dass eine ergänzende Zweckbestimmung mit Vereinbarungscharakter zur Nutzung als „Büro", „Laden", „Praxisräume" etc. aufgenommen wurde. In diesen Fällen ist nur die insoweit typische Nutzung zulässig, allerdings auch hier mit der Ausnahme, dass abweichende Nutzungen dann zulässig sind, wenn die dabei auftretenden Störungen nicht größer sind als die bei einer bestimmungsgemäßen Nutzung typischerweise zu erwarten sind. Unter diesem Gesichtspunkt ist beispielsweise die Nutzung eines „Ladens" als „Gaststätte" nicht zulässig.
Siehe / Siehe auch: Wohnungseigentum, Sondereigentum, Gemeinschaftseigentum

Teileigentumsgrundbuch
Siehe / Siehe auch: Wohnungs- und Teileigentumsgrundbuch

Teilgrundstück
Unter einem Teilgrundstück versteht man eine Fläche, die Teil eines Flurstücks ist und erst durch Teilung dieses Flurstücks im Wege der Vermessung und Eintragung ins Bestandsverzeichnis des Grundbuchs zu einem handelbaren eigenen Grundstück wird.
Soll ein Teilgrundstück Gegenstand eines Kaufvertrages werden, muss das Teilgrundstück auf einem Lageplan so genau durch entsprechende Linienziehung gekennzeichnet werden, dass beim Vermessen der Ort der Wille der Vertragsparteien nachvollzogen werden kann. Dieser Lageplan wird Bestandteil des Kaufvertrages und ist gesondert zu unterschreiben. Zweckmäßig ist es, sich dabei eines vergrößerten amtlichen Lageplans zu bedienen. Die Erklärung der Parteien, dass Eigentum am Grundstücksteil auf den Erwerber übergehen soll, kann nicht – wie sonst üblich – im Kaufvertrag abgegeben werden. Sie setzt vielmehr den Vollzug der Teilung des Grundstücks und damit die rechtliche Existenz des Grundstücks voraus. Die Parteien müssen zur Abgabe dieser Erklärung also nochmals zum Notar. Die frühere Teilungsgenehmigung, die sich Gemeinden durch Satzung vorbehalten konnten, ist mittlerweile durch die Änderung des § 19 BauGB abgeschafft worden. Nach wie vor gilt aber, dass die Grundstücksteilung keine Verhältnisse entstehen lassen dürfen, die den Festsetzungen eines Bebauungsplanes widersprechen.
Siehe / Siehe auch: Grundstück

Teilkündigung des Vermieters
Unter bestimmten Voraussetzungen kann ein Vermieter eine auf Teile des Mietobjekts beschränkte Kündigung aussprechen, bei der er nicht wie sonst üblich ein berechtigtes Interesse nachweisen muss. Diese Möglichkeit besteht für nicht zum Wohnen

bestimmte Nebenräume oder Teile eines Grundstücks, wenn der Vermieter
- neu zu vermietenden Wohnraum schaffen möchte
- neuen oder vorhandenen Wohnraum mit Nebenräumen oder Grundstücksteilen ergänzen möchte.

Die Kündigung muss sich ausdrücklich auf diese konkreten Grundstücksteile oder Nebenräume beschränken.Sie muss spätestens am dritten Werktag eines Monats zum Ablauf des übernächsten Monats vorgenommen werden.

Der Mieter ist berechtigt
- bei verzögertem Baubeginn eine entsprechende Verlängerung des Mietverhältnisses für die Räume zu verlangen
- eine angemessene Senkung der Miete zu fordern.

Zum Nachteil des Mieters von dieser gesetzlichen Regelung (vgl. § 573 b BGB) abweichende Vereinbarungen sind unwirksam.

Siehe / Siehe auch: Berechtigtes Interesse

Teilmieten

Teilmiete ist ein Begriff für die unterschiedlichen Miet- und Vorauszahlungsarten, die auf einem Mietekonto zum Fälligkeitsdatum ins Soll, d.h. als Verbindlichkeit des Mieters gebucht werden. Typische Teilmieten sind Grundmiete, Vorauszahlungen für Betriebs- und Heizkosten, Zuschläge zur Grundmiete für die Nutzung von Stellplätzen, der Genehmigung von Untermietern etc.

Teilrechtsfähigkeit (Wohnungseigentümergemeinschaft)

Siehe / Siehe auch: Rechtsfähigkeit (Wohnungseigentümergemeinschaft)

Teilungserklärung

Ein Grundstückseigentümer kann sein Eigentum am Grundstück in der Weise in Miteigentumsanteile aufteilen, dass jeder Miteigentumsanteil am Grundstück mit dem Sondereigentum an einer bestimmten Wohnung (Wohnungseigentum) oder an nicht zu Wohnzwecken bestimmten Räumen (Teileigentum) in einem bereits bestehenden oder erst noch zu errichtenden Gebäude verbunden wird (§ 8 Abs. 1 WEG). Die Wohnung oder die nicht zu Wohnzwecken dienenden Räume müssen in sich abgeschlossen sein (§ 8 Abs. 2 WEG). In dieser Teilungserklärung, die gegenüber dem Grundbuchamt abzugeben ist, erfolgt die gegenständliche und räumliche Abgrenzung und Zuordnung der Grundstücks- und Gebäudeteile zum Sondereigentum und zum Gemeinschaftseigentum, sowie die Festlegung der Höhe der Miteigentumsanteile und die Abgrenzung und Zuordnung von Sondernutzungsrechten. Man spricht in diesem Fall von der Begründung des Wohnungseigentums durch Teilungserklärung.

Handelt es sich bei dem Grundstückseigentümer bereits um mehrere Eigentümer (z.B. Erbengemeinschaft) erfolgt diese Begründung durch einen Einräumungsvertrag (§ 3 Abs. 1 WEG), also durch eine vertragliche Regelung der Aufteilung des Grundstücks in Miteigentumsanteile und entsprechende Verbindung mit dem Sondereigentum an einer bestimmten Wohnung oder an nicht zu Wohnzwecken dienenden Räumen eines bestehenden oder noch zu errichtenden Gebäudes. Teilungserklärung und Einräumungsvertrag können später nur mit Zustimmung aller Eigentümer geändert werden. Änderungen bedürfen der Eintragung das Grundbuch.

Siehe / Siehe auch: Abgeschlossenheit / Abgeschlossenheitsbescheinigung, Sondereigentum, Gemeinschaftseigentum, Miteigentumsanteil, Sondernutzungsrecht

Teilungsgenehmigung

Die Gemeinde konnte früher durch Satzung bestimmen, dass die Teilung eines Grundstücks im Geltungsbereich eines Bebauungsplanes der Genehmigung bedurfte. Wurde die Teilungsgenehmigung nicht innerhalb der geltenden Frist abgelehnt, galt sie als erteilt (so geannte fiktive Teilungsgenehmigung). Die Genehmigung konnte versagt werden, wenn die Teilung oder die mit ihr bezweckte Nutzung den Festsetzungen des Bebauungsplans widerspricht.

Mit dem Europarechtsanpassungsgesetz vom Juli 2004 wurden die Vorschriften über Teilungsgenehmigung aus dem Baugesetzbuch ersatzlos gestrichen. Soweit Gemeinden entsprechende Satzungen erlassen haben, müssen sie diese jetzt aufheben.

Teilungsmasse - Teilungsplan (Zwangsversteigerung)

Nachdem im Zwangsversteigerungsverfahren der Zuschlag erteilt worden ist, beraumt das Versteigerungsgericht einen Verteilungstermin an und stellt dort fest, wie viel die zu verteilende Masse beträgt. Zu dieser Teilungsmasse gehören der im Zuschlagsbeschluss genannte, bar zu zahlende Betrag des Meistgebots – das sog. bare Meistgebot – die Zinsen des Bargebots, der Erlös aus einer etwaigen besonderen Versteigerung oder anderweitigen Verwertung, Zuzahlungen gemäß §§ 50, 51 ZVG sowie etwaige Ansprüche auf Versicherungsgelder, die gegebenenfalls nicht zur Masse gelangen, aber mitversteigert wurden.

Im Teilungsplan wird bestimmt, wie viel und in welcher Reihenfolge der Ersteher eines zwangsversteigerten Grundstückes an wen zu zahlen hat. Er wird nach Anhörung der Beteiligten im Verteilungstermin aufgestellt. Dazu wird zunächst die Teilungsmasse festgestellt. Dann wird die Schuldenmasse ermittelt, und schließlich erfolgt die Zuteilung der Masse auf die Ansprüche. Gegen den Teilungsplan kann Widerspruch eingelegt werden. Dazu berechtigt sind alle Beteiligten, die ein Recht auf Befriedigung aus dem Versteigerungserlös haben, aber im Teilungsplan durch einen anderen ganz oder zum Teil verdrängt wurden, sowie der Vollstreckungsschuldner und – bei Eigentumswechsel nach Beschlagnahme – der neue Grundstückseigentümer.

Teilungsversteigerung

Kommt es zwischen mehreren Eigentümern einer Immobilie – z.B. einer Erbengemeinschaft oder Ehepartnern – zu keiner Einigung über den Verkauf, kann jeder Miteigentümer Antrag auf Teilungsversteigerung stellen. Der Versteigerungserlös wird auf die Parteien aufgeteilt. Zahlungsunfähigkeit ist für eine Teilungsversteigerung nicht nötig. Die Teilungsversteigerung kann testamentarisch oder vertraglich ausgeschlossen werden. Ist Testamentsvollstreckung angeordnet, kann sie nur der Testamentsvollstrecker einleiten. Kommt es zur Teilungsversteigerung einer vermieteten Wohnung, tritt der Erwerber anstelle des bisherigen Vermieters in den Mietvertrag ein. Anders als bei einer Zwangsversteigerung wegen Zahlungsunfähigkeit gibt es bei der Teilungsversteigerung kein Sonderkündigungsrecht des Erwerbers hinsichtlich des Mietvertrages. Dieser darf nur mit gesetzlicher Frist und bei Vorliegen eines gesetzlich zulässigen Kündigungsgrundes kündigen.

Siehe / Siehe auch: Beendigung eines Mietverhältnisses, Sonderkündigungsrecht nach Zwangsversteigerung

Teilwertabschreibung

Art der Abschreibung für Immobilien im Betriebsvermögen. Hier kann neben den anderen Abschreibungsmethoden eine Abschreibung auf den niedrigeren Teilwert erfolgen. Durch eine Teilwertabschreibung kann beim Sinken des Verkehrswertes der Immobilienwert „bilanzmäßig" angepasst werden.

Teilzeit-Wohnrechtevertrag

Auch bekannt als „Time-Sharing". Bei Ferienwohnanlagen beliebtes Modell, bei dem ein Anteil einer Immobilie oder Gesellschaft gekauft wird und der Käufer dafür das Recht erhält, dort jedes Jahr einen gewissen Zeitraum zu verbringen, um Urlaub in „seiner" Ferienwohnung zu machen.

Im Rahmen der Umsetzung einer EU-Richtlinie wurde 2002 ein eigener Abschnitt über Teilzeit-Wohnrechteverträge in das Bürgerliche Gesetzbuch eingefügt. Nach der gesetzlichen Definition handelt es sich um Verträge, durch die ein Unternehmer einem Verbraucher gegen Zahlung einer Gesamtsumme das Recht einräumt oder verspricht, für mindestens drei Jahre ein Wohngebäude oder einen Teil davon für einen begrenzten Zeitraum des Jahres für Erholungs- oder Wohnzwecke zu nutzen. Unwichtig ist dabei, ob es sich von der juristischen Ausgestaltung her um ein dingliches oder anderes Recht, eine Vereinsmitgliedschaft oder einen Gesellschaftsanteil handelt. Für derartige Verträge gelten folgende Rahmenbedingungen:

- Der Unternehmer ist verpflichtet, jedem Interessenten einen Prospekt auszuhändigen.
- Der Prospekt muss bestimmte gesetzlich geregelte Mindestangaben enthalten.
- Prospekt und Vertrag müssen in der Amtssprache des EU-Mitgliedsstaates sein, in dem der Verbraucher wohnt. Ist der Verbraucher Bürger eines anderen EU-Staates, kann er statt der Sprache seines Wohnsitzstaates auch eine Amtssprache des Staates, dem er angehört, auswählen.
- Ein derartiger Vertrag bedarf mindestens der Schriftform. Eine elektronische Form ist unzulässig.
- Die Prospektangaben werden Vertragsbestandteil, wenn nicht beide Vertragspartner etwas anderes schriftlich vereinbaren.
- Auch der Vertrag muss bestimmte Pflichtangaben enthalten.
- Der Verbraucher hat nach dem Vertragsab-

schluss ein Widerrufsrecht. Der Widerruf muss innerhalb von zwei Wochen stattfinden, die Frist beginnt mit dem Erhalt der Widerrufsbelehrung. Wird er erst nach Vertragsschluss über sein Widerrufsrecht aufgeklärt, beträgt sie einen Monat. Die im Widerrufsfall entstehenden Kosten müssen in der Belehrung angegeben sein.
- Anzahlungen sind verboten. Vor Ablauf der Widerrufsfrist darf der Unternehmer keinerlei Geld annehmen.
- Unwirksam sind laut Gesetz auch jegliche intelligenten Umgehungen dieser Regeln.

Telefon-Akquise
Siehe / Siehe auch: Telefonwerbung, Kaltakquise

Telefonwerbung
Es ist nicht erlaubt, Privatleute zu Werbezwecken anzurufen, wenn diese nicht ausdrücklich zugestimmt haben. Beim Aufbau einer Kunden- oder Interessentenkartei sollte deshalb stets darauf geachtet werden, dass eine derartige Klausel („Ich möchte zukünftig auch telefonisch über das Immobilienangebot der Maklerfirma informiert werden.") in Auftragsformularen etc. enthalten ist. Gerichte sehen in unerwünschter Telefonwerbung einen Verstoß gegen das Gesetz gegen unlauteren Wettbewerb. Ähnliches gilt übrigens für das Versenden von Emails und Faxen zu Werbezwecken, auch an Gewerbetreibende.

Tennis- und Squash-Anlagen
Tennis- und Squash-Anlagen sind derzeit ein Beispiel für problematische Immobilien, besonders der Bereich Squash ist problematisch geworden. Teilweise wurden hier Umwandlungen in Go-Kart-Bahnen aber auch in Hallen für Flohmärkte vorgenommen. In Einzelfällen wird sogar ein Abriss ins Auge gefasst.
Teilweise wurden auch Verkleinerungen vorgenommen, indem etwa bei Fitness-Studios mit Squash-Anlage ein Teil der Squash-Courts zurückgebaut und dem Fitness-Bereich zugeschlagen wurden. Teilweise werden Courts auch zeitweise für andere Sportangebote etwa Spinning genutzt.
Beim Squash wirkt sich negativ aus, dass die Öffentlichkeit diesen Sport unter Gesundheitsaspekten (Verletzungsgefahr, aber auch Schädigung der Gelenke) zunehmend kritisch sieht, es kaum gezielte Jugendarbeit durch Vereine gibt, die diesem Sport Nachwuchs zuführen und es hier – ganz im Gegensatz zum Tennis – keine Squash-Idole gibt, die immer wieder im Fernsehen zu bewundern sind und dieser Sportart Impulse verleihen.

Teppichboden
Vor dem Einzug des Mieters in einer Mietwohnung verlegte Teppichböden gelten grundsätzlich als mitvermietet. Dies gilt auch, wenn der Teppichboden vom Vormieter angeschafft wurde.
Anders ist es nur, wenn im Mietvertrag etwas Abweichendes vereinbart wurde oder der Mieter den Bodenbelag vom Vormieter gegen Ablöse erworben hat. Gehört der Teppich dem Vermieter, muss der Mieter ihn pfleglich behandeln und ihn wenn nötig auch reinigen. Die Teppichreinigung gehört nicht zu den üblichen Schönheitsreparaturen. Dem Mieter kann jedoch vertraglich auferlegt werden, beim Auszug eine Grundreinigung vorzunehmen. Diese muss fachgerecht erfolgen, allerdings sind Vertragsklauseln unwirksam, die eine Reinigung durch eine Fachfirma verlangen (Oberlandesgericht Stuttgart, WM 93, 528). Eine normale Abnutzung des Teppichbodens lässt sich bei Nutzung der Wohnung nicht vermeiden; ein abgenutzter Teppichboden muss daher nicht bei Auszug vom Mieter ersetzt werden. Unwirksam sind auch formularmäßig vereinbarte Teppichbodenabnutzungsgebühren (Amtsgericht Hamburg, WM 86, 310). Hingegen gestehen manche Gerichte dem Mieter bei völlig verschlissenem (vermietereigenem) Teppichboden sogar einen Anspruch auf Austausch oder Mietminderung zu. Darüber, wann ein Teppichboden verschlissen ist, gibt es bei den Gerichten verschiedenste Ansichten. Meist werden Zeiträume von fünf bis zehn Jahren angesetzt, auch der wirkliche Zustand spielt eine Rolle. Vermieter können nicht zum Austausch nach einem bestimmten Zeitablauf gezwungen werden. Beschädigt der Mieter den vermietereigenen Teppichboden durch Rotweinflecke oder Brandlöcher, muss er Schadenersatz leisten bzw. einen Austausch bezahlen. Kommt es zum Streit vor Gericht, berechnen die Gerichte bei der Schadenshöhe einen Abzug „neu für alt".
Kein Schadenersatz ist für Uralt-Böden zu leisten, die bereits die normale Lebensdauer von 10-15 Jahren überschritten haben. Möbelabdrücke oder kleine Flecken gelten nicht als Beschädigungen. Wurde die Wohnung ohne Bodenbelag vermietet, darf der Mieter ohne weitere Genehmigung

Teppichboden verlegen und diesen auch wieder entfernen. Beim Auszug des Mieters kann der Vermieter die restlose Entfernung des Teppichbodens und ggf. aller Klebstoffreste verlangen. Einen vom Vormieter verlegten Teppich muss der Mieter nur bei entsprechender vertraglicher Absprache entfernen.
Siehe / Siehe auch: Schadenersatzansprüche des Mieters, Schadenersatzansprüche des Vermieters

TErbbR
Abkürzung für: Teilerbbaurecht

Terr.
Abkürzung für: Terrasse
Siehe / Siehe auch: Terrasse

Terrasse

Unter Terrasse versteht man eine mit einem massiven Unterbau versehene Nutzungsebene über dem natürlichen Geländeniveau. Darin unterscheidet sie sich von einem Freisitz, der eine befestigte Fläche auf der Ebene des Gartens darstellt. Der Unterschied ist bauordnungsrechtlich relevant. Terrassen sind im Grenzabstandsbereich nicht zulässig, Freisitze (ohne Überdachung) jedoch schon. Terrassen werden häufig auch auf Garagendächern angelegt. Auch hier gilt, dass dies nur zulässig ist, wenn sich die Dächer nicht im Grenzabstandsbereich befinden. Als Terrassenhaus wird eine Hausanlage bezeichnet, die auf mehreren Geschossebenen über Terrassen verfügen, deren Anlage durch sukzessive Verkleinerung der jeweils darüber liegenden Geschosse ermöglicht wird. Oft wird jedoch nur dem obersten Geschoss eine „Dachterrasse" beigefügt.

Terrassenhaus
Siehe / Siehe auch: Terrasse

Testamentsvollstrecker
Wer Vermögen vererben und sicher gehen will, dass sein Wille auch von den Erben respektiert wird, kann einen Testamentsvollstrecker einsetzen. Die Einsetzung geschieht im Testament oder Erbvertrag. Der Erbe kann die Einsetzung eines Testamentsvollstreckers auch dem Nachlassgericht übertragen. Der Testamentsvollstrecker handelt im Auftrag des Erblassers. Er ist für die Erbteilung und für die Verfügung über das Vermögen und gegebenenfalls für die Verwaltung zuständig. Die Befugnisse des Testamentsvollstreckers können vom Erblasser auch eingeschränkt werden. Der Testamentsvollstrecker muss die Annahme dieses Amtes dem Nachlassgericht gegenüber erklären.
Damit beginnt seine Tätigkeit. Sie endet nach der im Testament bestimmten Frist (spätestens in 30 Jahren), mit dem Tod oder mit der Kündigung durch den Testamentsvollstrecker. Die Erben können auch nicht mit Mehrheitsbeschluss den Testamentsvollstrecker entlassen. Gehört zur Erbmasse auch Grundvermögen, wird mit Eintragung der Erben ins Grundbuch auch ein Testamentsvollstreckungsvermerk eingetragen. Dieser stellt sicher, dass nur der Testamentsvollstrecker über das Grundstück verfügen kann.
Der Testamentsvollstrecker ist zur ordnungsgemäßen Ausübung seines Amtes verpflichtet. Er darf keine Geschenke aus der Erbmasse machen. Er darf auch keine das Erbvermögen betreffende Geschäfte mit sich selbst abschließen. Den Erben gegenüber ist er zur Auskunft und im Bereich der Verwaltung zur Rechnungslegung verpflichtet. Ist die Vergütung des Testamentsvollstreckers nicht vom Erblasser bestimmt, muss sie „angemessen" sein.
Sie richtet sich im Fall der Abwicklung nach dem Wert des Vermögens (zwischen 1 - 5%). Bei einer auf Dauer angelegten Verwaltung kann er sich an den üblichen Hausverwaltergebühren orientieren.

Textform

In Gesetzen war früher oft von der Schriftform die Rede. Mit Rücksicht auf den technischen Fortschritt ist dieser Ausdruck nun z.T. durch Textform ersetzt worden. Im Mietrecht sind z.B. Mieterhöhungen, Modernisierungen und Erhöhungen von Nebenkostenvorauszahlungen in Textform anzukündigen.

Bei einer Nachricht in Textform ist eine eigenhändige Unterschrift nicht mehr notwendig. Ausreichend ist es, wenn der Absender lesbar und klar erkennbar ist und am Ende des Textes eine Unterschrift zumindest maschinell nachgebildet ist (Name mit Maschine oder PC geschrieben, künstlich nachgeahmte Unterschrift). Mieterhöhungen können durch den Vermieter also z.B. per E-Mail oder Fax angekündigt werden. Dies gilt aber nicht für alle Arten von Erklärungen: Zum Beispiel sind Kündigungen und Vollmachten immer noch in Schriftform zu erklären und nur mit eigenhändiger Unterschrift wirksam.

Auch für die früher für die Einladung zur Wohnungseigentümerversammlung vorgeschriebene schriftliche Einberufung gilt seit dem 1. August 2001 die neue Regelung, wonach gemäß § 24 Abs. 4 WEG die Einberufung „in Textform" zu erfolgen hat. Das bedeutet, dass die Einladung zur Wohnungseigentümerversammlung nicht mehr der eigenhändigen Unterzeichnung des Verwalters bedarf. Es reicht vielmehr die Einladung in kopierter oder sonstiger vervielfältigter Form, beispielsweise auch EDV-gefertigt. Grundsätzlich zulässig ist auch die Einladung per Fax, per E-Mail oder auch als SMS. Die letztgenannten Formen der Einladung bedürfen allerdings derzeit noch der Zustimmung aller Eigentümer. Ein Mehrheitsbeschluss dürfte allerdings nicht nichtig, sondern nur anfechtbar sein. Wird gegen die Textform verstoßen, führt dies als Ladungsmangel nicht automatisch zur Ungültigkeit gefasster Beschlüsse, sondern nur zu deren Anfechtbarkeit.

TG

Abkürzung für: Tiefgarage

TG-Pl

Abkürzung für: Tiefgaragenplatz

TH

Abkürzung für: Traufhöhe

Thermalbäder

Die Geschichte der Thermalbäder reicht in Altertum zurück. Berühmt waren die groß angelegten Thermen der Römer, die von der Bevölkerung genutzt werden konnten. Relikte finden sich z.B. in Rom, Pompeji und Trier. Unter Thermalbäder sind heute Kureinrichtungen zu verstehen, die therapeutischen Zwecken dienen. Der Begriff des Thermalbades ist geschützt. Sie müssen über ein Thermalsolewasser verfügen, das über einen Mindestgehalt an Mineralstoffen verfügt. Meist unterhalten Thermalbäder auch Kurmittelabteilungen, in denen Einzelanwendungen möglich sind. Zunehmend kommen Wellnessaspekte hinzu. In Deutschland gibt es heute ca. 265 Thermalbäder.

Thermen

Thermen sind Geräte zur Erzeugung von Warmwasser. Sie verbrennen Gas und werden z.B. in Etagenheizungen verwendet. Grundsätzlich können Kosten für die Wartung von Heizanlagen und Warmwassergeräten per Vereinbarung im Mietvertrag als Betriebskosten auf den Mieter umgelegt werden. Hinsichtlich der Thermen kommt es auf die genaue Formulierung an: Instandhaltungsklauseln, nach denen der Mieter generell verpflichtet ist, die Kosten der Thermenwartung zu tragen, sind unwirksam. Ebenso darf der Mieter nicht verpflichtet werden, selbst einen Wartungsvertrag mit einem Fachbetrieb abzuschließen.

Wirksam ist eine Vereinbarung, die den Mieter verpflichtet, die Wartungskosten für die Therme bis zu einem bestimmten Höchstbetrag zu übernehmen. Die Gerichte ziehen hier Parallelen zu Kleinstreparaturen (Landgericht Braunschweig, Az.: 6 S 784/00). Es besteht keine Pflicht des Mieters, die Arbeiten selbst in Auftrag zu geben. Die Wartung ist vom Vermieter zu veranlassen, auch wenn der Mieter die Kosten übernehmen muss.

Siehe / Siehe auch: Betriebskosten

Thermohaut

Die so genannte Thermohaut dient der Wärmedämmung eines Gebäudes von außen. Sie ist ein preisgünstiges Wärmedämmsystem sowohl für Alt- als auch für Neubauten. Bei dem Verfahren werden Platten aus Mineralwolle oder Hartschaum auf den Außenputz geklebt und zusätzlich verdübelt. Auf den Platten wird in Armierungsmörtel ein Armierungsgewebe aufgebracht, darauf der neue Außenputz. Eine Dämmschichtdicke von

10 cm ist damit einfach zu erreichen und reduziert den Wärmeverlust erheblich.
Siehe / Siehe auch: Einschaliges Mauerwerk, Energieeinsparverordnung (EnEV), Kerndämmung, Umkehrdach, Zweischaliges Mauerwerk

Thesaurierung

Thesaurierung bezeichnet die Erweiterung eines Kapitalanlagevolumens durch Zuführung der jeweiligen Kapitalerträge zum Kapital. Bei einem Fonds mit Thesaurierung werden die erwirtschafteten Gewinne im Gegensatz zu ausschüttenden Fonds im Fonds reinvestiert. Es entsteht ein wachstumsfördernder Zinseszinseffekt. Eine Ausschüttung an den Anleger findet nicht statt.

THS

Abkürzung für: Treuhandstelle

Tiefbau

Tiefbau umfasst die Planung, Erstellung und Koordination von Bauwerken, die ebenerdig, in oder unter der Erdoberfläche liegen, wie z.B. Straßenbau, Kanalisationsbau, Wasserbau, Brückenbau und Bergbau. Im Vordergrund steht die Konstruktion und nicht die Ästhetik, weshalb sich fast ausschließlich der Bauingenieur mit diesem Zweig des Bauwesens beschäftigt. Das Gegenteil des Tiefbaus ist der Hochbau.
Siehe / Siehe auch: Hochbau

Tierhaltung in Wohnungen

Mietwohnung

Dem Mieter einer Wohnung ist Tierhaltung grundsätzlich gestattet. Dies gilt vor allem für Tiere, von denen keine Störung ausgeht. Ein in einem Formularmietvertrag vereinbartes Verbot der Tierhaltung ist unwirksam. Allerdings kann der Vermieter die Haltung von Tieren, z.B. Hund oder Katze, durch den Mieter von seiner Zustimmung abhängig machen, die er aber nur aus wichtigem Grund (z.B. Haltung eines Kampfhundes oder wenn eine artgerechte Tierhaltung ausgeschlossen ist) verweigern darf. Aus einer Internet-Umfrage des Deutschen Mieterbundes geht hervor, dass 44% der befragten Mieter sich gegen ein Verbot der Tierhaltung aussprechen, 39% nur bei großen und gefährlichen Tieren, 17% sind für ein Verbot.

Eigentumswohnung

Ob die Haltung von Haustieren in Eigentumswohnungen zulässig ist, ist nach § 14 (1) WEG daran zu messen, ob und inwieweit für die anderen Wohnungseigentümer hieraus Nachteile entstehen. Dies wurde z.B. bejaht bei einer übermäßigen Haustierhaltung, da hier eine störende Geruchsbelästigung und auch die Ausbreitung von Ungeziefer befürchtet werden können. Der BGH hat auch einen einstimmigen Beschluss der Wohnungseigentümer nicht beanstandet, der ein generelles Verbot der Hundehaltung zum Inhalt hatte. Sofern allerdings nach der Gemeinschaftsordnung die Hundehaltung erlaubt wäre, wäre ein Mehrheitsbeschluss, der diese Vereinbarung ersetzen würde, von vornherein unwirksam. Allerdings können die Wohnungseigentümer mehrheitlich beschließen, dass Hundehalter dafür sorgen müssen, dass ihre Hunde nicht in den Außenanlagen herumlaufen.
Siehe / Siehe auch: Zitterbeschluss (Wohnungseigentümerversammlung)

Tilgung

Wer schnell tilgt, spart viel Zeit

Schon bei 4 % Tilgung wird die Laufzeit eines Hypothekendarlehens mehr als halbiert*

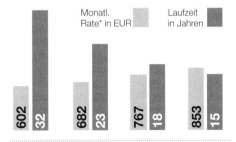

Betrag, mit dem ein Kreditnehmer seine Schuld (meist in Raten) zurückbezahlt. Überwiegend wird im Immobilienbereich noch mit jährlichen Raten von 1 oder 2% des Anfangsdarlehens getilgt, ausser bei Bausparkassen. Hier sind es normalerweise rund 7%. Der Anfangstilgungssatz kann auch einem individuell gewünschten zeitlichen Tilgungsziel (z.B. Tilgung in 18 Jahren) angepasst werden. Der Anfangstilgungssatz beträgt im Beispielsfall 3,25%, bei 6% Zins. Bei einem Darlehen mit gleichbleibender Annuität (Annuität = Zins- +

Tilgungsbetrag pro Jahr) wächst der Verzinsungsbetrag, der durch die geringer werdende Darlehensschuld erspart wird, der Tilgung zu.
Siehe / Siehe auch: Annuitätendarlehen

Tilgungsaussetzung

Die Tilgungsaussetzung kann ein wirkungsvolles Instrument sein, um gefährdete Darlehen zu sichern und somit den Fortbestand der ursprünglich beabsichtigten Baufinanzierung zu gewährleisten. Meist wird die Tilgungsaussetzung im Rahmen einer besonderen Finanzierungsstrategie vereinbart, wenn ein Tilgungsersatz vorgesehen ist. Dies kann beispielsweise eine Lebensversicherung sein, die besonders bei vermieteten Objekten ein geeigneter Finanzierungsbaustein ist.
Ohne die Tilgung bleibt das Fremdkapital gleich hoch, so dass die Zinsbelastung während der Finanzierungszeit bei gleich bleibendem Zinssatz ebenfalls konstant bleibt. Die Immobilienfinanzierung mit Tilgungsaussetzung, abgesichert durch eine Kapital-Lebensversicherung, bietet Vermietern durchweg attraktive Steuervorteile.

Tilgungsdarlehen

Siehe / Siehe auch: Annuitätendarlehen

Tilgungsdauer

Die Tilgungsdauer eines Darlehens mit gleichbleibender Annuität hängt von verschiedenen Faktoren ab. Dies sind insbesondere:
- die Höhe der Tilgungsleistung,
- Tilgungsverrechnung (monatlich, vierteljährlich, halbjährlich oder jährlich),
- Höhe des Zinssatzes und
- der laufend steigende Tilgungsanteil, der sich aus der Differenz zwischen dem Anfangszins und dem durch vermehrte Darlehenstilgung verringerten Zins ergibt.

Durch Tilgungsstreckung verlängert sich die Tilgungsdauer um die Jahre, in denen von der Darlehensauszahlung an gerechnet, keine Tilgung bezahlt wird. Dieser Effekt kann aber auch durch Reduzierung der Anfangstilgung erreicht werden.
Bei Darlehen mit laufend gleichbleibender Tilgung („Abzahlungsdarlehen") ist die Tilgungsdauer der Quotient aus dem nominalen Darlehensbetrag und der Jahrestilgung.
Bei Festdarlehen richtet sich die Tilgung nach der vereinbarten Laufzeit. In Verbindung mit einer Lebensversicherung gilt dies ebenfalls, wobei im Fall des vorzeitigen Todes des Darlehensnehmers die Auszahlung an die Erben schon entsprechend vorher vorgenommen wird. Diese Formen des Darlehens werden auch als „endfällige" Darlehen bzw. Fälligkeitsdarlehen oder – fälschlicherweise – als „tilgungsfreie" Darlehen bezeichnet. Darlehen, die nie getilgt werden müssen, wären Schenkungen.
Siehe / Siehe auch: Annuitätendarlehen, Lebensversicherung

Tilgungsstreckung

Siehe / Siehe auch: Tilgungsdauer

Tilgungsverrechnung

Siehe / Siehe auch: Zins- und Tilgungsverrechnung

Timesharing

Beim Timesharing handelt es sich um ein zeitlich begrenztes Nutzungsrecht (z.B. ein, zwei oder mehrere Wochen im Jahr) an einem Hotel-Appartement. Solche Objekte sind besonders in Spanien, Frankreich und Italien anzutreffen. Dabei erwirbt der Anleger / Urlauber über eine einmalige Investition – meist deutlich mehr als 10.000 Euro zuzüglich Kosten – das Recht, jedes Jahr für eine bestimmte Dauer eine (Ferien-) Immobilie zu nutzen. Neben dem Kaufpreis für die Wochen muss der zeitanteilige Eigentümer zusätzliche Kosten für die Bewirtschaftung der Immobilie berücksichtigen.
Die restlichen Jahreswochen, die der Anleger nicht erwirbt, werden von anderen Investoren gekauft, so dass, vereinfacht formuliert, das Eigentum an einem bestimmten Hotelobjekt nach Wochen auf unterschiedliche „Teilzeit-Eigentümer" verteilt wird. Geregelt wurden die Rechtsverhältnisse der „Veräußerung von Teilzeitnutzung an Wohngebäuden" im Teilzeitwohnrechtsgesetz vom 20.12.1996.
Tipp: Bei Fragen zum Bereich „Timesharing" bieten sich folgende Gesprächspartner an:
- Bundesverband für Teilzeitwohnrechte e.V., Bonn.
- Schutzvereinigung für Timesharing- und Ferienwohnrechts-Inhaber in Europa e.V., Wiesbaden.

Von Seiten der Anbieter:
- Mondi Ferienclub mit Sitz in München,
- Hapimag mit Geschäftssitz in CH-Baar.

Siehe / Siehe auch: Teilzeit-Wohnrechtevertrag

Timesharing (Unternehmensbeispiel Hapimag)

Die 1963 gegründete Hapimag (Hotel- und Appartmenthaus Immobilien Anlage AG) hat heute 4.500 Wohnungen an 53 Orten in 15 Ländern. Rund 120.000 Anteilseigner sind an dem Genossenschaftsmodell beteiligt und bekommen dafür jährlich zwölf „Wohnrechtspunkte", die gegen Urlaubswochen in den Hapimag-Wohnanlagen eingetauscht werden können. Dabei gibt es durchaus Kritik an dem Modell: Bei Anteilspreisen von 8.500 Schweizer Franken ist die Wahl des Urlaubsortes nur bedingt möglich. Zudem kosten beliebte Ziele zur Ferienzeit mehr als das Dutzend jährlich ausgegebener Punkte.

TKP

Abkürzung für: Tausender-Kontakt-Preis

Tod des Mieters

Verstirbt ein Mieter, endet dadurch das Mietverhältnis nicht, es sei denn, es wäre auf Lebenszeit abgeschlossen worden. Im Normalfall wird das Mietverhältnis entweder durch Verwandte, Mitmieter oder Erben fortgesetzt oder gekündigt.

Fortsetzung mit überlebenden Mietern

Haben mehrere Personen den Vertrag gemeinsam als Mieter unterzeichnet, führen die überlebenden Mieter den Mietvertrag ohne weitere Formalitäten fort. Sie können den Mietvertrag allerdings mit einer Frist von drei Monaten kündigen. Die Kündigung muss innerhalb eines Monats nach Kenntnisnahme vom Todesfall stattfinden.

Eintritt in den Mietvertrag

Folgende Personengruppen treten auch ohne Unterschrift unter den bisherigen Mietvertrag automatisch beim Tod des Mieters in den Vertrag ein, sofern sie mit ihm einen auf Dauer angelegten gemeinsamen Haushalt geführt haben:
- Ehepartner / eingetragener Lebenspartner
- Kinder (sofern nicht Ehegatte eintritt)
- Verwandte (sofern nicht Ehegatte oder Lebenspartner eintritt)
- jedes andere dauerhafte Haushaltsmitglied (sofern nicht Ehegatte oder Lebenspartner eintritt)

Der Vertrag besteht unverändert weiter, die genannten Personen werden automatisch zu Mietern. Alle diese Personen können jedoch innerhalb eines Monats nach der Kenntnisnahme vom Tod des Mieters erklären, dass sie nicht in den Vertrag eintreten wollen. Dann ist der Mietvertrag beendet. Bei Eintritt mehrerer Personen kann jeder Einzelne die Erklärung für sich abgeben.

Findet keine Fortsetzung mit überlebenden Mietern und auch kein Eintritt in den Vertrag statt, kommt es zur Vertragsfortsetzung mit den Erben. Diese müssen keinen gemeinsamen Haushalt mit dem Mieter geführt haben. Die Erben können den Mietvertrag mit einer dreimonatigen Frist kündigen. Dafür haben sie einen Monat Zeit, gerechnet von dem Zeitpunkt an, zu dem sie vom Tod des Mieters und von der Nichtfortsetzung des Mietverhältnisses mit anderen Personen erfahren haben.

Der Vermieter hat folgende Kündigungsmöglichkeiten

- Bei Fortsetzung durch überlebende Mieter: Es gelten die gesetzlichen Kündigungsregeln.
- Bei Eintritt in den Mietvertrag: Kündigung mit Dreimonatsfrist, zulässig innerhalb eines Monats ab Kenntnisnahme vom Vertragseintritt. Voraussetzung: Wichtiger Grund in der Person des künftigen Mieters.
- Bei Vertragsfortsetzung mit Erben: Dreimonatige Kündigungsfrist, zulässig innerhalb eines Monats ab Kenntnisnahme vom Todesfall und von der Nichtfortsetzung des Vertrages mit anderen Personen. Kein berechtigtes Interesse an der Kündigung erforderlich.

Für alle Forderungen aus dem Mietvertrag bis zum Tod des Mieters haften die Erben und gleichermaßen die in den Vertrag eintretenden Personen sowie ggf. die überlebenden Mieter, mit denen der Vertrag fortgesetzt wird. Falls der Verstorbene keine Kaution gestellt hat, kann der Vermieter von den Personen, die in den Vertrag eingetreten sind oder mit denen er fortgesetzt wird, die Stellung einer Mietkaution verlangen.

Siehe / Siehe auch: Beendigung eines Miet-verhältnisses, LPartG, Mietkaution, Tod des Vermieters

Tod des Vermieters

Beim Ableben des Vermieters werden seine Erben neue Eigentümer des Mietobjekts und treten in den Mietvertrag als neue Vermieter ein. Handelt es sich um mehrere Personen (Erbengemeinschaft), ohne dass ein für die Vermietungsangelegenheiten bevollmächtigter Vertreter bestimmt wurde, muss der Mieter Erklärungen (z.B. Mängelrüge, Kündigung) jeder dieser Personen einzeln zukommen lassen. Umgekehrt müssen auch alle Vermieter gegenüber dem Mieter abgegebene Erklärungen unterschreiben.

Findet infolge eines Todesfalles ein Vermieterwechsel statt, können beim Mieter Unsicherheiten darüber entstehen, an wen künftig die Miete zu zahlen ist. Die Rechtsverhältnisse können – z.B. im Hinblick auf Erbengemeinschaften, Nießbrauchsrechte und Testamentsvollstreckung – kompliziert sein. Der Bundesgerichtshof hat entschieden, dass der Mieter seine Mietzahlung so lange vorläufig zurückhalten darf, bis ihm zweifelsfrei nachgewiesen wird, wer zum Empfang der Miete berechtigt ist. Bis zu diesem Nachweis kommt der Mieter nicht in Zahlungsverzug. Eigene Nachforschungen durchführen oder Grundbucheinsicht vornehmen muss der Mieter nicht (BGH, Urteil vom 7.9.2005, Az. VIII ZR 24/05).

Siehe / Siehe auch: Beendigung eines Mietverhältnisses, Tod des Mieters

TÖB

Abkürzung für: Träger öffentlicher Belange
Siehe / Siehe auch: Träger öffentlicher Belange / Behörden

Total Quality Management

Total Quality Management (TQM) bietet den Ansatz für eine Managementmethode, die alle Mitarbeiter einbezieht. Das Leistungsangebot des Unternehmens sollte mit der Kundenanforderung übereinstimmen. Des Weiteren sollte das Unternehmen Qualitätsversprechen gegenüber den Kunden einhalten. Auch die Motivation der Mitarbeiter ist von Bedeutung, denn nur ein motivierter Mitarbeiter, der seinen Job gerne ausübt, kann Kunden zufrieden stellen – und: zufriedene Kunden motivieren gleichzeitig die Mitarbeiter. Dem Qualitätsmanagement kann ein Handbuch für Mitarbeiter zu Grunde liegen. Um das Qualitätsmanagement voran zu bringen werden Qualitätssicherungsprozesse, Audits und ständige Verbesserungsprozesse benötigt. Eine Strukturierung der Ziele ist wichtig, ebenso wie die Dokumentation und die Zugänglichkeit für die Mitarbeiter. Als Folge von Qualitätsmanagement kann die Verbesserung der Wettbewerbfähigkeit gesehen werden. Qualität als Garantie ist für den Kunden wichtig.
Bei der Beantwortung der Frage „Was ist Qualität?" helfen folgende Stichwörter:
- Kundenzufriedenheit
  (durch Umfragen ermitteln)
- Betreuung des Kunden über den Kauf hinaus
- Produkt ohne Mängel, Zuverlässigkeit, Langlebigkeit, Alltagstauglichkeit
- Benchmarking: Vergleichbarkeit der Produkte, Dienstleistungen, Unternehmen als Anreiz der Qualitätsverbesserung
- Herkunft
- Preis-Leistungs-Verhältnis
- Marke / Image

Auf die Immobilienwirtschaft übertragen bedeutet das beispielsweise bei der Vermietung: Termine eingehalten, Schlüsselservice, freundliche Beratung, Service für Mieter, pünktliche Nebenkostenabrechnungen, Sozialberatung für „Problemfälle", unverzügliche Mängelbeseitigung, Hausmeisterservice usw.

Vorteile durch das Qualitätsmanagements: Neue Kunden, Mitarbeitermotivation als Voraussetzung für das Qualitätsmanagements, Kosteneinsparung durch Fehlervermeidung von Anfang an, Wettbewerbsfähigkeit, Kundenorientierung, Imageverbesserung, Transparenz durch Systematik, Organisationszwang, Prozesskontrolle statt Ergebniskontrolle, Reduzierung von Fehlern und Reklamationen, Kosteneinsparung durch Beseitigung von Fehlerquellen, Kostensenkung, zufriedene Kunden sparen Geld, Zeit und Nerven, Mitarbeiterzufriedenheit.

Audits dienen der systematischen und unabhängigen Untersuchung einer Aktivität. Deren Ergebnisse werden durch das Vorhandensein und die sachgerechte Anwendung spezifischer Anforderungen beurteilt und dokumentiert. Dadurch sollen Schwachstellen aufgezeigt werden und Verbesserungsmaßnahmen angeregt werden, wobei die Wirkung der Verbesserung überwacht wird.

Trabantenstadt

Trabantenstädte (Satellitenstädte) entstanden in Deutschland nach 1968 als Teil von Großstädten an deren Rändern.

Als Beispiel kann das „Olympische Dorf" in München dienen. Ähnliches gilt für Neuperlach, einer „Entlastungsstadt" für 80.000 Einwohner im Münchner Südosten. Eine solche Trabantenstadt zeichnet sich durch einen sehr hohen Anteil von vielstöckigen, oft die Hochhausgrenze überschreitenden Miethäusern und Eigentumswohnanlagen aus. Im Volksmund wurde von „Betonburgen" oder von „Mietghettos" gesprochen. Es hat sich deutlich gezeigt, dass eine solche „Stadt in der Stadt" der Komplexität einer Stadtkultur nur in geringem Umfange gerecht werden kann. Lebendige Nachbarschaftsverhältnisse können sich kaum entwickeln.

Träger öffentlicher Belange / Behörden

Nach dem BauGB sind bei der Bauleitplanung öffentliche und private Belange gegeneinander und untereinander gerecht abzuwägen. Das bedeutet, dass den Behörden und sonstigen Trägern öffentlicher Belange (TÖB) ebenso wie der Öffentlichkeit (Bürger und Bürgerinnen) Gelegenheit zur Mitgestaltung aus ihrer jeweiligen Perspektive gegeben werden muss. Das Begriffspaar „Träger öffentlicher Belange" und „Bürger" wurde mit der vor Novellierung des BauGB 2004 durch das Begriffspaar „Behörden" und „Öffentlichkeit" ersetzt. Es wird nur noch von „sonstigen Trägern öffentlicher Belange" gesprochen, die keine Behörden sind und damit jetzt der „Öffentlichkeit" zugerechnet werden.

Als Behörden kommen unterschiedliche Bundes- Landes- Kreis- und Gemeindebehörden, sowie öffentlich rechtliche Fachkörperschaften (z.B. Industrie- und Handelskammern, Handwerkskammern, Denkmalschutzbehören usw.) und die Kirchen in Frage. Sonstige Träger öffentlicher Belange sind „Nichtbehörden", die aber öffentliche Aufgaben erfüllen.

Hierzu können gehören der Bauernverband, das Deutsche Rote Kreuz, der Jagdverband, Post, Bahn und Telekom, Versorgungsunternehmen, freiwillige Feuerwehr, der Bund Naturschutz, Hotel- und Gaststättenverband. Welche Behörden und sonstigen Träger öffentlicher Belange im Einzelfall zu beteiligen sind, ergibt sich aus der Zielausrichtung der Planung (Art der baulichen Nutzung) und den Belangen, die durch die Planung berührt werden können. Soweit im Einzelfall kein absoluter Planungsvorrang einer Behörde zu beachten ist, kann sich die Gemeinde im Rahmen der Abwägung auch zur Nichtberücksichtigung einer Fachplanung entschließen.

Träger öffentlicher Belange und Behörden kommen auch bei Planfeststellungsverfahren für Baumaßnahmen von überörtlicher Bedeutung und bei der Landschaftsplanung zu Wort. Die frühere Bürgerbeteiligung mündet jetzt ein in die Beteiligung der Öffentlichkeit.

Siehe / Siehe auch: Bauleitplanung

Transshipment Center

Transshipment Center gehören zu den Logistikimmobilien. Teilweise werden die Begriffe Transshipment Center, Cross Docking Center oder Transitterminal synonym verwendet. Es handelt sich um Warenumschlagzentren, in denen ankommende Sendungen von verschiedenen Absendern eingehen und ohne Zwischenlagerung zu Sendungen für verschiedene Empfänger neu zusammengestellt werden. Da sie lediglich dem Warenumschlag, nicht aber der Lagerung dienen, werden sie auch als „bestandslose Umschlagpunkte" bezeichnet.

Im engeren Sinne meint der Begriff Transshipment Center ein Warenumschlagzentrum, in dem artikel- bzw. sortenreine Sendungen angeliefert und erst hier empfängerbezogen kommissioniert werden. Demgegenüber werden in Cross Docking Centers bereits empfängerbezogen vorkommissionierte Sendungen angeliefert.

Beispielsweise könnten in einem Transshipment Center Waren unterschiedlicher Hersteller von Käse, Schokolade und Kosmetikprodukten eintreffen, aus denen dann die Lieferungen nach den Bestellungen einzelner Supermärkte zusammengestellt werden.

Siehe / Siehe auch: Cross Docking Center, Logistikimmobilien

Traufe
Siehe / Siehe auch: Dachtraufe

Traufkante
Siehe / Siehe auch: Dachtraufe

Traufständiges Haus
Haus, das mit Firstlinie und Dachtraufe parallel zur Straße steht. Die Giebel eines traufständigen Hauses bilden mit der Straße einen rechten Winkel.
Siehe / Siehe auch: Dachtraufe, Giebel

Traufwasser
Das Traufwasser ist zu unterscheiden vom Niederschlagswasser, also dem Regen oder Schneewasser, das unmittelbar auf den Boden fällt. Fällt dieses Niederschlagswasser zunächst auf eine bauliche Anlage eines Grundstückes und von dort

auf den Erdboden, so handelt es sich um Traufwasser. Bezüglich dieses Niederschlages trifft den Grundstückseigentümer gegenüber Grundstücksnachbarn eine Sicherungspflicht.

Trennwand

Eine Trennwand ist eine leichte Wandkonstruktion, die zur Abteilung von Räumen dient. In der Regel sind Trennwände von vergleichsweise geringer Stärke und haben keine tragende Funktion.
Siehe / Siehe auch: Drahtputzwand, Rabitzwand, Scheidewand

Treppe

Siehe / Siehe auch: Freitreppen, Gebäudetreppen, Rampe

Treppenauge

Das Treppenauge ist der vertikale Luftraum, der außerhalb der Treppe entsteht und mit dem Geländer gesichert wird.
Siehe / Siehe auch: Gebäudetreppen, Wendeltreppe, Wendelung

Treppenhaus und Hausflur

In einem Mehrfamilienhaus gelten Treppenhäuser und Flure als gemeinschaftlich genutzte Räume. Streit entsteht meist wegen darin abgestellter Gegenstände (Fahrräder, Rollstühle, Kinderspielzeug). Ein Beschluss der Wohnungseigentümerversammlung, nach dem einem behinderten Hausbewohner das Abstellen seines Rollstuhles im Hausflur verboten wird, ist nach dem Oberlandesgericht Düsseldorf sittenwidrig und unwirksam (OLG Düsseldorf, ZMR 84, 161). Kinderwagen dürfen zumindest vorübergehend im Hausflur abgestellt werden (Oberlandesgericht Hamm, 3.7.2001, Az. 15 W 444/00). Die Gestaltung des Treppenhauses muss ein Mieter dem Vermieter überlassen. So kann ein evangelischer Mieter nicht die Miete mindern, weil der katholische Vermieter in einer Treppenhaus-Nische eine Madonna aufgestellt hat (Amtsgericht Münster, Az.: 3 C 2122/03). Zettelaushänge im Treppenhaus, auf denen der Vermieter kritisiert wird, bewegen sich am Rande übler Nachrede. Stellt ein Mieter jedoch nur objektiv bestehende Missstände dar (monatelanger Heizungsausfall im Winter ohne Reparatur), muss sich der Vermieter die Kritik gefallen lassen (Landgericht Berlin, Az.: 53 S 25/04).
Siehe / Siehe auch: Treppenlift

Treppenholm

Der Treppenholm wird auch als Treppenbalken oder Treppenlaufträger bezeichnet. Er verläuft schräg unter der Treppe und trägt die Treppenstufen. Statt eines Holmes wird auch die Treppenlaufplatte oder die zwei treppenflankierenden Wangen zur Konstruktion der Treppe eingesetzt.
Siehe / Siehe auch: Gebäudetreppen, Wange

Treppenkonstruktion

Die Treppenkonstruktion ist das statische System einer Treppe. Dieses erschließt sich aus der Lastenannahme durch das Eigengewicht und die Belastung durch die Nutzung. Hierbei ist es von großer Bedeutung, ob es sich um eine Massivtreppe (üblicherweise eine Stahlbetontreppe) oder um eine leichtere Ausführung (Holz- oder Stahltreppe) handelt.
Zudem werden freitragende Treppen oder an vorhandene Bauteile befestigte Treppen unterschieden. Im Wesentlichen besteht die Treppe aus dem tragenden Element, wie Laufplatte, Wangen oder Holmen, den Stufen und dem sichernden und abschließenden Geländer mit Handlauf.
Unterschiedliche Materialien stellen unterschiedliche Anforderung an die Konstruktion. So ist der Fertigungsprozess einer massiven Stahlbetontreppen eine andere als die der Stahltreppe. Die tragende Laufplatte der Massivtreppe stützt die darauf betonierten Stufen. Bei leichteren Treppenkonstruktionen wie der Stahl- und Holztreppe werden die Einzelteile von Schrauben zusammen montiert oder geschweißt.
Die Treppenkonstruktion ist abhängig von dem verwendeten Material.
Siehe / Siehe auch: Gebäudetreppen, Stufe, Treppenholm, Wange

Treppenlauf

Bei der Grundrissform wird in ein- oder mehrläufige Treppen unterschieden. Als einläufig wird eine ununterbrochene Folge von mehreren Stufen bezeichnet. Unterbricht beispielsweise ein Zwischenpodest eine Lauffolge, so wird dies als zweiläufig bezeichnet. Folgerichtig hat eine dreiläufige Treppe zwei Zwischenpodeste.
Es gibt repräsentative Treppen, deren gerade Abfolge mehrer Läufe von entsprechenden Podesten unterbrochen wird. Aus Platzgründen knicken die Läufe in der Regel im 90 Grad Winkel ab. In diesem Fall beschreibt die Lauflinie der Treppe eine

Halbkurve. Deshalb wird eine Treppe mit einem Richtungswechsel Halbtreppe genannt. Eine Vierteltreppe knickt zweimal ab und beschreibt in der Lauflinie eine Viertelkurve.

Siehe / Siehe auch: Gebäudetreppen, Treppenlauflinie, Treppenlaufrichtung

Treppenlauflinie

Die sogenannte Lauflinie definiert den tatsächlichen mittleren Gehbereich einer Treppe. Diese unsichtbare Linie regelt das Verhältnis der Höhe und Tiefe der Stufen zueinander (Steigungsverhältnis), und sie muss nicht der Mittellinie einer Treppe entsprechen, wie an der gewendelten Treppe zu sehen ist.

Um ein sicheres Begehen der Treppe mit einer Wendelung zu ermöglichen, errechnet sich entlang der Lauflinie stets die gleiche Stufenhöhe, Auftrittiefe und -breite. Dargestellt wird sie am unteren Antritt durch ein Kreissymbol und im oberen Austritt durch ein Pfeilsymbol.

Siehe / Siehe auch: Gebäudetreppen, Steigungsverhältnis, Stufe

Treppenlaufrichtung

Die Benennung der Laufrichtung einer Treppe verhindert Missverständnisse in der Planung und am Bau. Sie richtet sich nach der Aufwärtsbewegung der Treppe. Eine im Uhrzeigersinn verlaufende Treppe ist eine Rechtstreppe. Dagegen ist eine Treppe gegen den Uhrzeigersinn eine Linkstreppe.

Siehe / Siehe auch: Gebäudetreppen

Treppenlift

Wird ein Mehrfamilienhaus von einer Eigentümergemeinschaft bewohnt, hat ein behinderter Eigentümer das Recht, ohne Zustimmung der anderen Eigentümer auf eigene Kosten in dem zum Gemeinschaftseigentum gehörenden Treppenhaus einen Treppenlift installieren zu lassen.

Voraussetzung ist allerdings, dass die bauordnungsrechtlichen Regeln beachtet werden und die Nutzungsmöglichkeit des Treppenhauses nicht über das unvermeidliche Maß hinaus eingeschränkt wird. Nach einem Beschluss des Bayerischen Obersten Landesgerichts durfte der Eigentümer zur Installation des Lifts sogar den zweiten Handlauf des Geländers entfernen (BayObLG, Beschl. vom 25.9.2003, Az. 2 Z BR 161/03).

Auch ein Mieter kann einen Anspruch darauf haben, dass der Hauseigentümer der Installation eines Treppenliftes für den behinderten Lebenspartner zustimmt – wobei die Einbaukosten der Mieter trägt (Bundesverfassungsgericht, WM 2000, 298).

Siehe / Siehe auch: Treppenhaus und Hausflur

Treu und Glauben / treuwidrig

Nach § 242 BGB ist derjenige, der eine vertragliche Leistung zu erbringen hat, „verpflichtet, die Leistung so zu bewirken, wie Treu und Glauben mit Rücksicht auf die Verkehrssitte es erfordern".

Die Gerichte haben dazu eine Menge Grundsätze entwickelt, mit deren Hilfe offensichtliche Ungerechtigkeiten bei der Ausübung von Rechten vermieden werden sollen. In jedem Fall findet bei Anwendung der Vorschrift eine Abwägung aller beteiligten Interessen statt. Obwohl die Vorschrift keinen konkreten Anspruch auf etwas gewährt und keinen Freibrief für jeden darstellt, der sich ungerecht behandelt fühlt, kann sie praktische Auswirkungen haben.

Z.B. im Mietrecht

Eine Eigenbedarfskündigung, bei der ein Vermieter schon bei Vertragsabschluss absehen konnte, dass er diese aussprechen würde, ist treuwidrig. Folge: Kündigung ist unwirksam.

Siehe / Siehe auch: Eigenbedarf

Treuhänder

Treuhänder handeln im eigenen Namen für fremde Rechnung. Bei Treuhändern handelt es sich oft um Rechtsanwälte, Vermögensverwalter, Steuerberater oder Wirtschaftsprüfer und deren Gesellschaften. Sie verwalten das Vermögen ihrer Kunden und können aufgrund ihrer Vollmacht darüber verfügen. Besteht das Treugut in Geldvermögen, ruht es auf Treuhandkonten, die auf den Namen des Treuhänders lauten, über die der Treuhänder nach Maßgabe vertraglicher Vereinbarungen oder nach eigenem Ermessen im Interesse des Treugebers verfügen kann. Besteht das Treugut in Immobilienvermögen, sind die Treuhänder auch im Grundbuch eingetragen, wie etwa bei geschlossenen Immobilienfonds.

Treuhandkommanditist

Um die Verwaltung des Fonds zu vereinfachen, wird bei geschlossenen Immobilienfonds in der

Rechtsform einer Kommanditgesellschaft oftmals auf die Handelsregistereintragung jedes einzelnen Fondszeichners als Kommanditist verzichtet. Stattdessen wird im Handelsregister ein Treuhandkommanditist eingetragen, der als Treuhänder für die Kommanditisten fungiert. Dabei muss es sich der Rechtsprechung zufolge um einen Rechtsanwalt handeln. Der Treuhandkommanditist hält die Fondsbeteiligungen auf eigenen Namen, aber auf Rechnung des Treugebers, d. h. des jeweiligen Anlegers.

Siehe / Siehe auch: Direktkommanditist, Immobilienfonds – Geschlossener Immobilienfonds

TRF

Abkürzung für: Technische Regeln für Flüssiggas-Installation.

Es handelt sich um ein technisches Regelwerk, das bei der Errichtung von Anlagen zu beachten ist, die mit Flüssiggas arbeiten.

Siehe / Siehe auch: DVGW, TRWI, TRGI

TRGI

Abkürzung für: Technische Regeln für Gas-Installation; zurzeit aktuell: TRGI 1986/1996.

Dabei handelt es sich um ein von der DVGW (Deutsche Vereinigung des Gas- und Wasserfaches) geschaffenes technisches Regelwerk. Die darin festgelegten Regeln gehören zu den „anerkannten Regeln der Technik". Die Zweite Verordnung zur Durchführung des Energiewirtschaftsgesetzes vom 14.1.1987 schreibt vor, dass bei der Einrichtung und Erhaltung von Anlagen zur Erzeugung, Fortleitung und Abgabe von Gas die allgemein anerkannten Regeln der Technik beachtet werden müssen. § 2 Abs. 2 der VO weist zusätzlich auf die Regeln der DVGW hin. Daher sind die Vorgaben der TRGI zu beachten, obwohl sie nicht vom Gesetzgeber selbst stammen.

Siehe / Siehe auch: DVGW, TRF, TRWI

Trinkwasserverordnung

Ab 1. Januar 2003 gilt die neue Trinkwasserverordnung. Sie dient dem Gesundheitsschutz. Sie verpflichtet die Hauseigentümer (als Inhaber von Wasserversorgungsanlagen), sofort die Gesundheitsbehörde zu informieren, wenn sich die Trinkwasserqualität („grobsinnlich wahrnehmbar") verschlechtert hat (z.B. braune Färbung, Geruch). Entsprechende Meldungen von Mietern muss sofort nachgegangen werden. Gegenüber den Mietern besteht eine Informationspflicht in Bezug auf das Trinkwasser. Per Aushang oder per Post müssen die alle Wasserdaten der Wasserkraftwerke bekannt gegeben werden.

Unter Trinkwasser versteht die Verordnung Wasser in ursprünglichen Zustand oder nach Aufbereitung, das zum Trinken, Kochen, zur Zubereitung von Speisen und Getränken und zu anderen häuslichen Zwecken bestimmt ist, nämlich zur Körperpflege, Reinigung von Gegenständen, die mit Lebensmittel in Berührung kommen und Gegenständen die nicht nur vorübergehend mit dem menschlichen Körper in Kontakt kommen.

Auch Betreiber öffentlicher Gebäude (z.B. Schulen, Kindergärten, Gaststätten, Krankenhäuser) sind in die Pflicht genommen. Sie müssen die Wasserqualität regelmäßig überprüfen lassen und zusätzliche Untersuchungen veranlassen, wenn Verdacht auf Verunreinigungen des Wassers besteht. Für den Neubau und Instandsetzungsmaßnahmen dürfen künftig nur noch bestimmte vorgegebene Werkstoffe verwendet werden. Außerdem wird die Art von Zusatzstoffen für Wasseraufbereitungsanlagen mit Reinheitsanforderungen, Verwendungszweck Zugabemengen und Höchstkonzentration von im Wasser verbleibenden Restmengen und Restprodukten vorgegeben. Die Grenzwerte für mikrobiologische und chemische Inhaltsstoffe wurden zum Teil erheblich herabgesetzt. Dies gilt insbesondere für neue Hausinstallationen mit Kupfer und für Blei in alten Installationen.

Besondere Gesundheitsrisiken bestehen, wenn die Wasserversorgung über Bleirohre verläuft. Dies ist im süddeutschen Raum praktisch nicht der Fall. In anderen Gegenden Deutschlands dann nicht, wenn das Haus innerhalb der letzten 30 Jahre gebaut wurde.

Triple-Net-Mietvertrag

Von einem Triple-Net-Mietvertrag wird gesprochen, wenn der Mieter neben den Betriebskosten auch die Instandhaltungskosten an Dach und Fach übernimmt. Dies bezieht sich auf Instandhaltungsmaßnahmen am Dach, an der Fassade, an Fenstern und Außentüren. Ein solcher Mietvertrag ist nur bei Gewerberaummietverträgen möglich. Die Verpflichtung des Mieters aus einem Triple-Net-Mietvertrag entspricht dem englischen Vertragstyp, bei dem der Mieter „Full Repair and Insurance Lease", d.h. volle Reparatur- und Versicherungszahlungen zur Miete übernimmt.

Trittschallschutz

Trittschall ist das von Schritten in einer Wohnung erzeugte Geräusch. Da dieses abhängig von der Bauausführung für Bewohner darunter liegender Wohnungen zu einer Belästigung führen kann, gibt es hierzu spezielle Regelungen. Die DIN 4109 schreibt vor, welche dB-Werte maximal noch erreicht werden dürfen und welche technischen Gegenmaßnahmen zur Schalldämmung bei Neubauten zu treffen sind.

Man unterscheidet zwischen erhöhtem Schallschutz, hier dürfen in der darunter liegenden Nachbarwohnung höchstens 46 dB messbar sein – und einfachem Schallschutz mit maximal 53 dB.

Nach der Rechtsprechung gelten bei Altbauten die Grenzwerte der maßgeblichen Normen zum Zeitpunkt der Errichtung des Gebäudes; eine Anpassung an heute gültige Richtlinien kann von Mietern nicht gefordert werden (vgl. BGH, 6.10.2004, Az. VIII ZR 355/03). Allerdings ist bei Aufstockung oder sonstigem maßgeblichem Umbau von Altbauten der einfache Schallschutz auf Basis der zum Umbauzeitpunkt geltenden Normen maßgeblich.

Als weitere Orientierungshilfe für Bauherren kann außer dem Beiblatt 2 zur DIN 4109 (Vorschläge für erhöhten Schallschutz) die Richtlinie VDI 4100 herangezogen werden. Sie enthält keine rechtsverbindlichen Vorgaben; mit Hilfe ihrer Empfehlungen kann jedoch ein höheres Schallschutzniveau als nach den Regelungen der DIN 4109 erreicht werden. Bei einem Bauprojekt sollte vertraglich vereinbart werden, nach welcher Norm bzw. Richtlinie vorzugehen ist.

Wohnungseigentümer haben nach dem WEG das Recht, mit dem im Sondereigentum stehenden Fußboden ihrer Wohnung nach Belieben zu verfahren, sofern sie nicht Gesetze oder Rechte Dritter verletzen. Der Austausch von Bodenbelägen (Teppichboden gegen Parkett, Fliesenerneuerung) ist sogar dann zulässig, wenn die Trittschallbelastung steigt. Allerdings dürfen nicht die Grenzwerte der DIN 4109 (vom Zeitpunkt der Gebäudeerrichtung) überschritten werden. Steigt die Trittschallbelastung durch Handwerkerfehler, hat der darunter wohnende Nachbar einen Anspruch auf Beseitigung bzw. Rückbau.

Es existieren weitere Regelungen und Normen, die einen bestmöglichen Schallschutz für Wohnräume bzw. Wohngebiete zum Ziel haben. Als Beispiel ist hier die Technische Anleitung Lärm (TA Lärm) zu nennen. Bei der Stadtplanung ist der Schallschutz inzwischen ein wichtiges (aber nicht unbedingt vorrangiges) Planungsziel.

Siehe / Siehe auch: Schallschutz

Trockenmauerwerk

Das Trockenmauerwerk ist ein Mauerwerksverband, der aus Bruchsteinen ohne Verwendung von Mörtel hergestellt wird. Die verwendeten Steine werden derart zusammengefügt, dass sich möglichst nur geringe Hohlräume und schmale Fugen ergeben. Die Außenseite (Sichtseite) einer Trockenmauer sollte so ausgeführt werden, dass sie mit einer Neigung von acht bis zwölf Prozent zur Senkrechten aufsteigt.

Die Fugen des Trockenmauerwerks können mit Erde o. ä. ausgefüllt und mit Pflanzen (z.B. Ziergräser oder Stauden) besetzt werden, um einen Bewuchs der Trockenmauer zu erreichen. Trockenmauerwerk wird heute beispielsweise noch zur Herstellung von Weinbergsmauern sowie im Garten- und Landschaftsbau verwendet.

Siehe / Siehe auch: Bruchsteinmauerwerk, Quadermauerwerk, Trockenmauerwerk, Zyklopenmauerwerk

TRWI

Abkürzung für: Technische Regeln für Trinkwasser-Installation.

Diese sind in der DIN 1988 aufgeführt. Es handelt sich um ein technisches Regelwerk, das bei der Installation von Trinkwasser-Anlagen beachtet werden muss. Zweck ist die Sicherstellung einer lebensmittelhygienisch einwandfreien Trinkwasserversorgung.

Siehe / Siehe auch: DVGW, TRGI, TRF

T / t

Abkürzung für: Tonne

Türarten

Für jeden Bedarf und Geschmack gibt es anders geartete Türen. Schiebetüren hängen an Schienen an der Decke oder dem Sturz. Manche Schiebetüren haben zusätzlich eine Führungsschiene im Fußboden. Sie werden seitlich in einen Wandschlitz oder vor eine Wand geschoben. Dieser Platzbedarf muss bei der Planung mit berücksichtigt werden. Mit Hilfe von Raum hohen Schiebetüren ist es möglich, variablere, größere oder kleinere Räume zu schaffen, wie es in traditionellen japanischen Häusern der Fall ist.

Falttüren können ebenso an einer Schiene hängen, lassen sich aber in Pakete zusammenfalten. Scherengittertüren können ihre Eigenlast selbst tragen und lassen sich ebenfalls zu einem kompakten Paket zusammen falten. Es gibt sie mit sichtbarer, unkaschierter Konstruktion oder mit Textilien bespannt. Pendel- oder Schwingtüren pendeln in beide Richtungen und benötigen besonders belastungsstarke Türbeschläge, die sogenannten Bommerbänder. Im Gegensatz zu den beschriebenen Türen in der vertikalen Ebene, liegen Falltüren im horizontalen Bereich, dem Fußboden bzw. der Decke. Üblicherweise führen sie auf Dachböden oder in Kellerräume.

Siehe / Siehe auch: Drehtür, Klöntür, Türen

Türblatt / Türflügel

Das Türblatt oder der Türflügel ist der bewegliche Teil einer Tür und wird mit Bändern oder Scharnieren am Türfutter angeschlagen. Zum Schließen einer Tür werden für das Schloss und die Drückergarnitur Öffnungen in das Türblatt und in dem Türfutter für das Schließblech eingefügt. Türblätter bestehen üblicherweise aus Holz, Metall oder Sicherheitsglas. Die klassische Zimmertür ist aus Holz. In seltenen Fällen sind Holztüren aus Massivholz, meistens werden Türen mit einem Kern aus anderen Materialien eingesetzt. Diese Füllungstürblätter haben einen massiven Rahmen, der mit einer massiven oder einer furnierten Sperrholzplatte beplankt oder mit einem anderen Material gefüllt ist. Ein preiswertes Türblatt hat oft einen Kern aus wabenähnlichen Pappen, der von einem dünnen Rahmen umgeben ist.

Siehe / Siehe auch: Türen, Türfüllung

Türdichtung

Die Dichtung bzw. die Dichtungsprofile von Türen haben unterschiedliche Anforderungen. Sie behindern den Eintritt von Kälte oder Wärme, Nässe, Gerüche, Luftzug und Schall. Zudem schließen Türen mit einer Dichtung leiser. In neueren Tür sind die Dichtungen in eine Nut eingeleimt.

Auf Dauer lohnt es sich, bei älteren Modell diese Nut mit Dichtung anfertigen zu lassen, denn angeklebte Dichtungen haften nicht. Es gibt sie als Lippen- oder Schlauchdichtung, die aus einem der Türfarbe entsprechenden oder transparenten elastischen Kunststoff bestehen. Ein Überstreichen ist zu vermeiden.

Siehe / Siehe auch: Türen

Türen

Eine Tür schließt eine Öffnung in einer Fläche, wie z.B. einer Wand, einer Hecke, einem Auto oder einem Schrank. Weitere Aufgaben der Tür liegen in dem Schutz vor Lärm, Geruch, Kälte oder Wärme. Darüber hinaus gibt es Funktionstüren, die Nässe (z.B. in Badeanstalten), Einbruch und Überfällen, Brand, Rauch und Strahlung (z.B. im Röntgenraum) abwehren sollen. Besondere Anforderungen werden an behindertengerechte Türen und notwendige Fluchttüren gestellt. Behindertengerechte Türen müssen eine lichte Breite von mindestens 90 Zentimeter aufweisen. Die notwendige Fluchttür ist als Rettungsweg z.B. beim Brand im ansonsten unerreichbaren Dachgeschoss vorgeschrieben.

Die Hauseingangstür schützt das Haus vor unberechtigtem Zutritt. Sie sollte deshalb dem üblichen Sicherheitsstandart entsprechen. Als Außentür ist sie wie die Wand die thermische Sperre des Hauses und muss Temperaturschwankungen zwischen innen und außen ausgleichen. Sie muss regendicht und witterungsbeständig sein.

Die Ansprüche an Schallschutz und Einbruchsicherheit sind ähnlich wie an die Wohnungseingangstür, die von Treppenhäusern und Fluren in die Wohnung führt. Eine herkömmliche Innentür im Wohnungsbau dagegen muss sich einfach nur öffnen und schließen lassen. Sie ist auch heute oft aus Holz. Stahltürkonstruktionen setzen sich ebenfalls durch. In Sicherheitsbereichen sind Stahltüren unerlässlich. Eine Glastür mit Stahlzarge sieht auch im Wohnbereich freundlich aus.

Eine Tür besteht aus mehreren Elementen: der Türzarge, dem Rahmen, der die Lasten der gesamten Konstruktion trägt und an der Wand befestigt ist, dem beweglichen Türblatt und der Schwelle, die je nach Funktion unterschiedlich ausgeführt ist.

Siehe / Siehe auch: Türarten, Türrahmen

Türfüllung

Neben der Flächentür die aus einer glatten Sichtfläche besteht, gibt es profilierte Türflügeln. Der Flügelrahmen trägt die Lasten des Türblattes. Deshalb ist es möglich, in den Zwischenräumen Materialen einzusetzen, die keine Belastungen vertragen. Dies ist die so genannte Türfüllung, ausgefüllt mit Materialien wie Glas mit und ohne Sprossen, Sperrholz oder Lamellen. Da der Rahmen deutlich breitere Querschnitte aufweist, liegt die Füllung

etwas tiefer als der Rahmen. Mit Profilleisten werden die Füllungen dekorativ umfasst.
Siehe / Siehe auch: Türen, Türblatt / Türflügel, Türrahmen

Türfutter / Türbekleidung
Als Türfutter und Türbekleidung wird die Holzverkleidung einer Türleibung bezeichnet. Das Türfutter ist der belastete innere Rahmen, der die Leibung abdeckt. In das Futter wird der Türanschlag eingesetzt, der das Türblatt trägt. Die Türbekleidung ist der äußere Rahmen, der auf der Wandebene die Türöffnung umfasst. Die Bekleidung kaschiert den unschönen Anschluss von der Wand an das Türfutter. Häufig wird sie aus dekorativen Gründen besonders bearbeitet. Die Türbekleidung wird auch Einfassung oder Türstock genannt.
Siehe / Siehe auch: Leibung / Laibung, Türen, Türrahmen

Türleibung
Siehe / Siehe auch: Leibung / Laibung

Türschilder
Mieter haben das Recht – und nach manchen Mietverträgen auch die Pflicht – Hauseingang und Wohnungstür mit Namensschildern zu versehen. Ziehen weitere Personen in die Wohnung ein, z.B. ein Lebensgefährte, dürfen die Namensschilder entsprechend ergänzt werden. Bei Beendigung des Mietvertrages müssen die Schilder wieder abgenommen werden.
Gewerbliche Mieter haben ein Anrecht darauf, ihren Firmennamen zumindest in der im jeweiligen Gebäude üblichen Größenordnung anzubringen. Dies gilt nur dann, wenn das Gewerbe auch tatsächlich dort ausgeübt wird, wo das Namensschild aufgehängt werden soll. Die Angehörigen einiger freier Berufe (Ärzte, Rechtsanwälte) dürfen für eine Übergangszeit einen Hinweis auf ihre neue Adresse anbringen.

Türspion
Ein Türspion ist ein auf Augenhöhe in Eingangs- oder Wohnungstüren eingelassener optischer Glaseinsatz mit Weitwinkellinse. Der Türspion erlaubt es, von innen festzustellen, wer vor der Tür steht, ohne selbst gesehen zu werden. Ein Vermieter kann Mietern nicht untersagen, einen Türspion installieren zu lassen: Der Mieter hat ein berechtigtes Interesse daran, zu erfahren, wer an seiner Tür klingelt. Auch als Türspion getarnte Minikameras mit Bildschirmanschluss sind bereits im Handel.

Türsturz
Der Türsturz ist ein Balken in der Wandebene über der Türöffnung. Er soll die Lasten aus den über ihn liegenden Gebäudekonstruktionen wie den Wänden, den Decken oder dem Dach aufnehmen. Im Mauerwerksbau handelt es sich in der Regel um einen vorgefertigten Sturz aus Stahlbeton. Im Stahlskelettbau oder Fachwerkbau besteht er aus Stahl oder Holz.
Siehe / Siehe auch: Fachwerkbau, Mauerwerk, Skelettbauweise, Stahlbeton, Türen

Türzarge
Als Türzarge wird der feststehende Rahmen einer Türkonstruktion bezeichnet. Sie wird an der Wand befestigt und trägt den Türflügel. Die Wand wird entweder von den Seitenteilen der Zarge umfasst oder schließt bündig mit der Wandebene ab. Es gibt Holz- und Stahlzargen, die aus einem oder mehren Elementen bestehen.
Siehe / Siehe auch: Türen, Türrahmen

TÜV
Abkürzung für: Technischer Überwachungsverein

TWD
Abkürzung für: Transparente Wärmedämmung

Tz
Abkürzung für: Teilziffer
Abkürzung für: Textziffer

TzWrG
Abkürzung für: Teilzeit-Wohnrechtgesetz

U-Wert

Früher: K-Wert. Maß für den Wärmedurchgang eines Bauteils. Der U-Wert hängt vom verwandten Material und der Dicke des Baustoffes ab. Die verwendete Maßeinheit ist W/qm x K (= Watt pro Quadratmeter mal Grad Kelvin). Der Wert gibt an, welche Wärmemenge durch einen Quadratmeter eines Bauteiles in einer Stunde bei einem Temperaturunterschied von 1° K hindurchströmt.

Bei modernen Niedrigenergiehäusern sollte der U-Wert nach der Energieeinsparverordnung zum Beispiel beim Dach unter oder gleich 0,15, bei einer Massivwand unter oder gleich 0,20 liegen. Teilweise werden Abwandlungen wie Ug und Uw verwendet. Diese stehen für die U-Werte bestimmter Baustoffe / Bauteile. Z.B. bei Glasflächen Ug und für das gesamte Fenster inklusive Rahmen Uw.

Siehe / Siehe auch: k-Wert

u.E.

Abkürzung für: unseres Erachtens

UCB

Abkürzung für: Unique Consumer Benefit

UDG

Abkürzung für: Urkundsbeamter der Geschäftsstelle

Überbau

Überschreitung der Grundstücksgrenze durch eine bauliche Anlage. Nach § 912 BGB hat der Grundstücksnachbar einen Überbau zu dulden, wenn dem Bauherrn dabei weder Vorsatz noch grobe Fahrlässigkeit zur Last gelegt werden kann („entschuldigter Überbau"). Dies gilt nicht, wenn der beeinträchtigte Nachbar vor oder sofort nach Grenzüberschreitung Widerspruch erhoben hat. Er kann jedoch als Entschädigung eine jährlich im Voraus zu bezahlende Rente verlangen und sie im Grundbuch des anderen Eigentümers als Reallast absichern lassen.

Die Berechnung der Rente erfolgt stets auf der Basis des Wertes des überbauten Grundstücksteils zum Zeitpunkt des Überbaues. Da spätere Wertsteigerungen des Grundstücks nicht die Rente erhöhen, ist in solchen Fällen stets zu raten, einen höheren Zinssatz für die Berechnung der Rente anzusetzen. Der BGH hat z.B. einen Zinssatz von 10% akzeptiert. Ein Überbau, bei dem die Baumaßnahme gegen geltendes Baurecht verstößt oder nicht den allgemein geltenden Regeln der Baukunst entspricht, braucht nicht geduldet zu werden.

Überbaubare Grundstücksfläche

Die überbaubare Grundstücksfläche stellt den Teil eines Grundstücks dar, auf dem Gebäude errichtet werden dürfen. Sie wird im Bebauungsplan durch die Festsetzung von Baulinien, Baugrenzen und Bebauungstiefen bestimmt. Man spricht in der Praxis von Baufenster. Ein geringfügiges Vor- und Zurücktreten von Gebäudeteilen kann als Befreiung (§ 31 BauGB) zugelassen werden.

Zu unterscheiden ist die überbaubare Grundstücksfläche von der zulässigen Grundfläche, die über die Grundflächenzahl bestimmt wird. Die Festsetzungen von überbaubaren Flächen können dazu führen, dass nicht die ganze zulässige Grundfläche auf einem Grundstück baulich genutzt werden kann. Neben der überbaubaren Grundstücksfläche und der zulässigen Grundfläche sind u.a. auch Festsetzungen zur Höhe der baulichen Anlage und der Geschossflächenzahl (GFZ) bei der Beurteilung der Nutzbarkeit eines Grundstücks zu beachten.

Siehe / Siehe auch: Grundflächenzahl (GRZ) – zulässige Grundfläche (GR), Höhe der baulichen Anlagen, Geschossflächenzahl (GFZ) – Geschossfläche (GF)

Überbelegung

Eine Überbelegung der Mietwohnung mit mehr Personen, als im Mietvertrag vorgesehen sind, kann einen Grund für eine außerordentliche Kündigung des Mietvertrages darstellen. Die Überbelegung allein reicht jedoch dafür nicht aus. Es kommt zusätzlich darauf an, ob die Wohnung aufgrund von Ausstattung, Grundriss etc. für die Personenzahl ungeeignet ist. Auch die Lebensgewohnheiten der Bewohner können eine Rolle spielen (Belästigung anderer Mieter). Die Rechte des Vermieters müssen in erheblicher Weise verletzt sein.

Die außerordentliche Kündigung ist ausgeschlossen, wenn sich die Personenzahl allmählich durch Zuzug von Lebensgefährten und Geburt von Kindern erhöht hat. Will der Vermieter in einem solchen Fall kündigen, muss er den Weg der entsprechend begründeten ordentlichen Kündigung mit gesetzlicher Frist einschlagen. Hat er die Überbelegung längere Zeit hingenommen, ist auch dieser Weg versperrt.

Siehe / Siehe auch: Beendigung eines Mietverhältnisses

Überbl.
Abkürzung für: Überblick

Überhöhter Wohnbedarf
Spricht ein Vermieter eine Eigenbedarfskündigung aus, muss die Größe der Wohnung seinem tatsächlichen Wohnbedarf entsprechen. Er darf keinen überhöhten Wohnbedarf geltend machen. Dies ist der Fall, wenn z.B. ein alleinstehender Vermieter eine 90 m² große 4-Zimmer-Wohnung beziehen möchte oder für seine studierende Tochter eine Haushälfte „freikündigen" will. Auch mit der Kündigung eines zweistöckigen Hauses, von dem der Vermieter jedoch nur das Erdgeschoss nutzen will, wird überhöhter Wohnbedarf geltend gemacht. Eine darauf gestützte Eigenbedarfskündigung ist unwirksam.

Die Kündigung einzelner Zimmer zur Umgehung dieser Grundsätze ist unzulässig.

Ein Vermieter kann jedoch bei entsprechender Begründung durchaus das Recht haben, auch für ein größeres Mietobjekt die Eigenbedarfskündigung auszusprechen. Es kommt auf eine nachvollziehbare Begründung und die konkreten Lebensumstände des Vermieters an. So kann die Kündigung eines Einfamilienhauses durch ein Vermieterehepaar zulässig sein, wenn z.B. ein Stockwerk zum Leben und eines für Geschäftsräume genutzt werden soll, um Büroräume in der Nähe zur Wohnung zu besitzen.

Siehe / Siehe auch: Beendigung eines Mietverhältnisses, Eigenbedarf

Überregionaler Immobilienmarkt
Das entscheidende Merkmal des überregionalen Immobilienmarktes besteht im Gegensatz zum regionalen oder lokalen Immobilienmarkt darin, dass die Nachfrage nach Immobilien räumlich nicht determiniert ist. Das Entscheidungskriterium für die Nachfrager ist nicht die Notwendigkeit, innerhalb eines bestimmten Raumes eine Standortentscheidung treffen zu müssen. Vielmehr spielen andere Faktoren, in der Regel Rendite und Entwicklungschancen, als Entscheidungsgrundlage die dominierende Rolle.

Im Gegensatz zum Angebot auf den regionalen Märkten führt das Fehlen einer räumlichen Determinierung der Nachfrage beim überregionalen Immobilienmarkt zu überregionalen Konkurrenzbezügen zwischen den Anbietern. Vor allem Objektangebote aus den verschiedenen Metropolregionen treten mit einander in Konkurrenz. Der viel zitierte Spruch „all business is local" gilt für den überregionalen Immobilienmarkt nicht.

Ob der überregionale Immobilienmarkt noch in einen nationalen und internationalen Marktbereich aufzugliedern ist, spielt bei der zunehmenden Globalisierung eine immer geringere Rolle. So haben auch deutsche offene Immobilienfonds dank der Kapitalmarktförderungsgesetze eine sukzessive Erweiterung ihres räumlichen Anlagespektrums erfahren und damit ihre ursprüngliche Begrenzung auf den deutschen Markt aufgehoben.

Entscheidend für das Funktionieren des überregionalen Immobilienmarktes ist die Qualität des Immobilienmanagements, dessen Stärke darin liegen muss, die unterschiedlichen nationalen Rahmenbedingungen der jeweiligen Immobilienmärkte (Gesetze, Steuern, wirtschaftliche und gesellschaftliche Wirkungskräfte und dergleichen) in quantifizierbare Risikoprofile umzusetzen, um damit zu einem realistischen Investitionsvergleich zu gelangen.

Überschussbeteiligung / Lebens-versicherung
Seit Beginn der Baisse an den internationalen Aktienmärkten im März des Jahres 2000 haben die in Deutschland tätigen Versicherungsgesellschaften die Überschussbeteiligung für ihre Kunden erheblich verringert. Dies ist zum einen darauf zurückzuführen, dass die Assekuranzen einen enormen Wertberichtigungsbedarf bei ihren Aktien-Portefeuilles hatten.

Aber auch die Verzinsung von Staatsanleihen und anderen festverzinslichen Wertpapieren sank hauptsächlich aufgrund der Turbulenzen an den Aktienmärkten auf ein rekordverdächtig niedriges Niveau, so dass es den Versicherungsgesellschaften mitunter schwer fiel, ihren Kunden auch nur den garantierten Rechnungszins von 3,25% (bis Ende 2003) zu überweisen. Seit 1. Januar 2004 beträgt der Rechnungszins nur noch 2,75%. Und die Gesamtverzinsung von Kapital- und privaten Renten-Policen ist im Branchenschnitt auf vier bis fünf Prozent zurückgenommen worden. Früher lag sie bei deutlich über 6% oder sogar bei mehr als sieben Prozent.

Folge: Wer seine Immobilienfinanzierung über die Kombination aus endfälligen Darlehen und einer Lebensversicherung realisiert hat, wird aufgrund der drastisch reduzierten Überschüsse häufig

Nachfinanzierungsbedarf haben. Die bei Vertragsabschluss hochgerechneten Ablaufleistungen werden oft deutlich unter den tatsächlichen Auszahlungen liegen.

Zwar haben praktisch alle Lebensversicherer bis Anfang des Jahres 2006 ihre sogenannten stillen Lasten, also die Verluste während der Baisse an den internationalen Aktienmärkten, abbauen können. Dennoch hat sich an der vergleichsweise mageren Gesamtverzinsung von Kapital-Policen bis dato nichts geändert. Weiterhin beträgt die Rendite zwischen vier und fünf Prozent auf den Sparanteil des Versicherungsbeitrags.

Verantwortlich dafür sind die stetig niedrigen Renditen für festverzinsliche Wertpapiere. Hinzu kommt, dass auch die Garantieverzinsung erneut verringert werden soll. Und zwar bereits zum Jahr 2007 von 2,75 auf dann nur noch 2,25%. Betroffen davon sind sämtliche neu abgeschlossenen Kapital-Lebensversicherungen und privaten Rentenversicherungen. Bei Altverträgen gelten die hohen Garantiezinsen, die in der Spitze – abhängig vom Abschlussdatum – vier Prozent betragen können, weiter fort.

Siehe / Siehe auch: Ablaufleistung, Risiko-Lebensversicherung

Übertragung von Immobilien

Immobilien können bereits zu Lebzeiten als Schenkung an Verwandte oder andere Dritte übertragen werden. Bei Übertragung fällt insoweit keine Grunderwerbsteuer an, als sie nicht mit Auflagen verbunden ist. Eine solche Auflage besteht oft darin, dass sich der Übertragende ein Nießbrauch an dem Grundstück einräumen lässt (Vorbehaltsnießbrauch).

Auflagen gelten als Wert der Gegenleistung. Sie unterliegen der Grunderwerbsteuer, sofern es sich bei dem Beschenkten nicht um den Ehegatten oder einen Verwandten gerader Linie oder dessen Ehegatten oder um ein Stiefkind handelt. Die schenkungsweise Übertragung unterliegt aber der Erbschaft- und Schenkungsteuer.

Siehe / Siehe auch: Erbschaft- und Schenkungsteuer, Grunderwerbsteuer, Nießbrauch (an Immobilien / Wohnungseigentum)

Überwuchs

Wenn Anpflanzungen mit ihren Zweigen oder Wurzeln über die Grenze zum Nachbargrundstück wachsen, spricht man von Überwuchs bzw. Überhang. Gegen den Überwuchs hat der Nachbar ein Selbsthilferecht nach § 910 BGB.

Diese Vorschrift berechtigt ihn, über die Grundstücksgrenze gewachsene Wurzeln von Bäumen oder Sträuchern abzuschneiden. Auch überhängende Äste dürfen abgeschnitten werden, aber nur, wenn dem Besitzer des Nachbargrundstücks vorher eine angemessene Frist zur Beseitigung der Zweige gesetzt wurde und dieser sich nicht darum gekümmert hat.

Grundvoraussetzung für Abschneide- und Absägeaktionen ist jedoch, dass durch die überhängenden bzw. herübergewachsenen Pflanzenteile die Nutzung des Grundstücks beeinträchtigt wird. Findet keine Nutzungsbeeinträchtigung statt, muss die Kettensäge im Keller bleiben.

Siehe / Siehe auch: Grenzbaum, Schiedsverfahren Streitschlichtung

Übliche Maklergebühren

Wird in einem Maklervertrag vereinbart, dass der Auftraggeber im Erfolgsfall eine Provision bezahlen soll, aber deren Höhe nicht bestimmt ist, dann gilt nach § 653 (2) BGB die übliche Provision als vereinbart. Für diese Fälle hat der RDM (jetzt IVD) mit Unterstützung der Hochschule Anhalt in Bernburg eine auf wissenschaftlicher Basis beruhende Zusammenstellung üblicher Gebühren für Makler, Hausverwalter und Baubetreuer herausgebracht.

Sie beruht auf einer Umfrage, die sowohl in Verbänden organisierte als auch nicht organisierte Gewerbetreibende umfasste. Wichtig ist, dass es sich um keine verbindliche Gebührenordnung handelt. Vielmehr sind mit Ausnahme des Bereichs der Wohnungsvermittlung Makler, Hausverwalter- und Baubetreuergebühren frei vereinbar.

UG

Abkürzung für: Untergeschoss

ULI

Abkürzung für: Urban Land Institute
Siehe / Siehe auch: Urban Land Institute

Umbauter Raum

Der umbaute Raum wird in der DIN 277 in der Fassung von 1950 definiert. Er ist in m^3 anzugeben. Unterschieden wird dabei zwischen voll anzurechnenden Räumen (der wesentliche Teil des Baukörpers), mit einem Drittel anzurechnenden

Räumen (z.B. nicht ausgebautes Dachgeschoss) und Bauteile die nicht erfasst werden (z.B. Freitreppen mit mehr als drei Stufen, Brüstungen von Balkonen und begehbaren Dachflächen usw. Der umbaute Raum spielt auch heute noch eine Rolle im Sachwertverfahren zur Ermittlung des Verkehrswertes, obwohl andere Bezugsgrundlagen (z.B. Normalherstellungskosten 2000) in den Vordergrund treten. Unterschiede gibt es auch gegenüber den Festlegungen in der DIN 277 in der Fassung von 1973 und der neuesten Fassung von 1987, in der der Begriff des umbauten Raumes nicht mehr verwendet, sondern durch den Begriff des Bruttorauminhaltes (BRI) ersetzt wird.
Siehe / Siehe auch: Normalherstellungskosten 2000 (Immobilienbewertung), Bruttorauminhalt

Umfinanzierung
Siehe / Siehe auch: Umschuldung

Umgebindehaus
Das Umgebindehaus ist ein Haus, bei dem vor die Außenwände des Erdgeschosses bzw. einer so genannten Umgebindestube ein hölzernes Stützgerüst, das so genannte Umgebinde, gestellt wurde. Umgebindehäuser wurden vom 17. bis zum 19. Jahrhundert vor allem in wald- und holzreichen Gegenden wie dem Oberpfälzer Wald, dem Erzgebirge, dem Egerland, der Oberlausitz und in Oberschlesien errichtet. Die Umgebindestuben können Wände in Holzblock-, Fachwerk- oder Lehmbauweise, aber auch Blockbohlenwände haben.
Zum Teil sind Block-Außenwände von Umgebindehäusern im Zuge von Umbaumaßnahmen durch Massivwände ersetzt worden. Statisch bietet das Umgebindehaus im Vergleich zur Holzblockbauweise den Vorteil, dass die Lasten zum großen Teil über die Stützen des Umgebindes abgeleitet und dadurch die Wände der Umgebindestuben entlastet werden.

Umkehrdach
Das „Umkehrdach" ist eine Methode zur nachträglichen Wärmedämmung bei Flachdächern.
Dabei wird folgendermaßen vorgegangen: Ist eine Kiesaufschüttung vorhanden, muss diese abschnittsweise abgeräumt werden. Die Dachhaut im freigemachten Teilbereich wird dann auf Schäden geprüft und wenn notwendig abgedichtet.
Danach werden auf der Dachfläche spezielle Hartschaumplatten in einer Dicke von mindestens 10 cm verlegt. Über diesen kann eine Trennlage aus einer wasserableitenden Folie angebracht werden. Eine Kiesschicht von mindestens 5 cm Stärke wird darauf verteilt und verhindert ein Davonfliegen der Dämmschichten bei Starkwind.
Siehe / Siehe auch: Einschaliges Mauerwerk, Energieeinsparverordnung (EnEV), Kerndämmung, Zweischaliges Mauerwerk

Uml
Abkürzung für: Umlage

Umlage (Mietrecht)
Unter Umlage im Mietrecht versteht man die neben der Grundmiete zu zahlenden Betriebskostenvorauszahlungen, über die jährlich abzurechnen ist. Im Wohnungsmietrecht des freifinanzierten Wohnungsbaus kann zwischen einer abrechenbaren Umlage und einer nicht abrechenbaren Pauschale gewählt werden. Zu den umlagefähigen Betriebskosten zählen insgesamt 17 Positionen, die in der Betriebskostenverordnung (früher in Anlage 3 zu § 27 der II. Berechnungsverordnung) aufgelistet sind.
Verteilungsmaßstab für die Umlage sind teils Wohnflächenproportionen und teils Verbrauchseinheiten, soweit die Betriebskosten verbrauchsbedingt sind. Die Abrechnung der Umlage muss innerhalb von 12 Monaten nach Ende des Abrechnungszeitraumes dem Mieter übersandt werden. Nachforderungen können später nicht mehr geltend gemacht werden, es sei denn, der Vermieter hat die Verspätung nicht zu vertreten. Andererseits kann der Mieter Einwendungen gegen die Abrechnung spätestens bis zum Ablauf des zwölften Monats nach Erhalt der Abrechnung geltend machen. Nach Ablauf dieser Frist kann der Mieter Einwände nur noch vorbringen, wenn er selbst die verspätete Geltendmachung nicht zu vertreten hat.
Heiz- und Warmwasserkosten müssen stets nach einem in der Heiz- und Warmwasserkostenverordnung vorgegebenen Schlüssel (teile flächenbezogen, teils verbrauchsbezogen) umgelegt werden.
Beispiele für nicht umlagefähige Kosten sind:
- Instandsetzungs- und Reparaturkosten
- Verwaltungskosten
- Instandhaltungsrücklagen
- Rechtsschutzversicherung des Vermieters
- Mietverlustversicherung
- Kreditzinsen
- Portokosten

Bei preisgebundenem Wohnraum müssen die Betriebskosten stets umgelegt werden. Hinzu kommt zusätzlich noch das Umlageausfallwagnis (2% der Betriebskosten).
Bei der Vermietung von Gewerberäumen ist die Umlagefähigkeit von Nebenkosten nicht gesetzlich geregelt. Die Umlage kann sich auch auf Kosten beziehen, die keine Betriebskosten im Sinne der Betriebskostenverordnung sind, z.B. Umlagen für einen beschäftigten Sicherheitsdienst.
Siehe / Siehe auch: Betriebskosten, Heiz- und Warmwasserkosten

Umlageausfallwagnis

Für Sozialwohnungen, die vor dem 1.1.2002 nach dem II. Wohnungsbaugesetz gefördert wurden, dürfen nach wie vor nur sogenannte Kostenmieten gefordert werden. Deren Höhe wurde bestimmt durch eine Wirtschaftlichkeitsberechnung, die Vorraussetzung für die Bewilligung von öffentlichen Mittel war. In sie floss auch das Mietausfallwagnis mit zwei im Hundert der Jahresmiete ein. Da seit 1984 die Betriebskosten kein Bestandteil der Kostenmiete mehr sind, wurde das Risiko der Einnahmeminderung durch uneinbringliche Rückstände von Betriebskosten kalkulatorisch durch ein Umlageausfallswagnis abgedeckt (§ 25a NMV 1970). Es darf 2% der auf einen Abrechnungszeitraum entfallenden Betriebskosten nicht übersteigen.
Siehe / Siehe auch: Aufwendungsbeihilfe, Fehlbelegung, Kostenmiete, Wirtschaftlichkeitsberechnung (Wohnungswirtschaft), Wohnberechtigungsschein

Umlaufbeschluss

Im Regelfall beschließen die Wohnungseigentümer über Verwaltungsangelegenheiten in der Wohnungseigentümerversammlung durch mehrheitliche Beschlussfassung. Das Gesetz räumt ihnen jedoch gemäß § 23 Abs. 3 WEG auch das Recht ein, ihre Angelegenheiten außerhalb der Versammlung zu regeln. Insoweit ist auch ohne Versammlung ein Beschluss gültig, wenn alle Wohnungseigentümer ihre Zustimmung zu diesem Beschluss durch eigenhändige Unterschrift schriftlich erklären, wobei auch telegrafische Zustimmung oder Telefax für ausreichend gehalten wird.
Dieses allstimmige Zustimmungserfordernis gilt auch für die Angelegenheiten, für die in der Versammlung ein Mehrheitsbeschluss ausgereicht hätte. Erst wenn die letzte Zustimmungserklärung vorliegt, kann der Verwalter das Zustandekommen des Beschlusses durch Mitteilung an alle Wohnungseigentümer verkünden. Mit der Mitteilung des Verwalters bzw. dem Zugang der Mitteilung bei den Wohnungseigentümern beginnt dann auch die Beschlussanfechtungsfrist von einem Monat zu laufen. Die Tatsache, dass alle Eigentümer schriftlich zugestimmt haben, hindert keinen Eigentümer daran, den schriftlich zustande gekommenen Beschluss anzufechten.
Siehe / Siehe auch: Beschluss, Beschlussanfechtung (Wohnungseigentum), Beschluss-Sammlung

Umlegung

Siehe / Siehe auch: Bodenordnung, Umlegungsvermerk

Umlegungsvermerk

Mit Einleitung eines Umlegungsverfahrens (Bodenordnung) hat das Grundbuchamt in die Grundbücher der vom Umlegungsverfahren betroffenen Grundstücke nach entsprechender Mitteilung der Umlegungsstelle einen Umlegungsvermerk einzutragen. Dieser Vermerk signalisiert den Grundstückseigentümer und den am Grundstück Berechtigten, dass ein Umlegungsverfahren im Gange ist mit der Folge, dass Verfügungen über das Grundstück oder wertändernde Maßnahmen am Grundstück genehmigungsbedürftig sind.
Siehe / Siehe auch: Bodenordnung, Veränderungssperre

Umlegungsverzeichnis und Umlegungskarte

Die durch das Umlegungsverfahren (Bodenordnung) neu entstandenen Grundstücke sind in ein Umlegungsverzeichnis einzutragen. Die zeichnerische Darstellung des Neuzustandes der Grundstücke ergibt sich aus der Umlegungskarte. Das Umlegungsverzeichnis ist die Grundlage für die Berichtigung des Liegenschaftskatasters und der Grundbücher.
Siehe / Siehe auch: Bodenordnung

Umrechnungskoeffizienten

In Wertermittlungsverfahren wird mit Umrechnungskoeffizienten gearbeitet, um beim Vergleich eines zu bewertenden Grundstücks mit einem Referenzobjekt den Werteinfluss von Abweichungen herausrechnen zu können.

Die bekanntesten Umrechnungskoeffizienten beziehen sich auf Ermittlung von Bodenwerten, wenn das Vergleichsgrundstück (oder Richtwertgrundstück) mit einer anderen GFZ (Geschossflächenzahl) bestückt ist, als das zu bewertende. Solche Umrechnungskoeffizienten werden von Gutachterausschüssen ermittelt.

In ähnlicher Weise können Umrechnungskoeffizienten bei Mietwertermittlung auch herangezogen werden, um Abweichungen in den Flächen von Wohnungen oder Läden gegenüber der Fläche der zu bewertenden Räume auszutarieren. Auch bei Abweichungen bezüglich der Tiefe von Ladenlokalen können die Wertunterschiede mit Hilfe von Umrechnungskoeffizienten quantifiziert werden.

Siehe / Siehe auch: Sachwert

Umsatzmiete

Bei der Vermietung von Geschäftsräumen kann eine umsatzabhängige Miete vereinbart werden. Dies kann in der Weise geschehen, dass der Mieter als Überlassungsentgelt einen bestimmten Prozentsatz seines in den Mieträumen erzielten Umsatzes zu zahlen hat.

Da der Vermieter sich jedoch kaum in großem Umfang am Geschäftsrisiko des Mieters beteiligen und seine Kosten auch bei niedrigem Umsatz sichern will, wird üblicherweise zusätzlich eine bestimmte Mindestmiete vereinbart. Auch eine Begrenzung der Miete nach oben ist möglich.

Um Streitigkeiten über die Höhe des Mietzinses zu vermeiden, empfiehlt sich eine genaue Definition von „Umsatz" im Mietvertrag. Meist wird der Nettoumsatz (ohne Mehrwertsteuer) verwendet, wobei genau festgelegt werden kann, welche Umsätze im Einzelnen eingerechnet werden sollen.

Bei der Vertragsgestaltung ist zu berücksichtigen, dass in einigen Fällen eine allzu enge Definition des Umsatzbegriffes zu Nachteilen für den Vermieter führen kann. Beispiele sind:
- Untervermietung von Geschäftsräumen durch Mieter (Umsatzvereinbarung im Mietvertrag betrifft nur Verkaufsumsatz des Hauptmieters)
- Änderung der Geschäftstätigkeit (Vereinbarung betrifft Umsatz aus Warenverkauf; es werden jedoch nur noch Beratungsdienstleistungen angeboten).

Derartige Veränderungen sollten in die Umsatzklausel des Mietvertrages eingeschlossen werden.

Die Vereinbarung einer Umsatzmiete allein bringt für den Mieter noch keine Betriebspflicht mit sich. Diese muss zusätzlich vereinbart werden. Bei Mietverträgen über Apotheken sind Umsatzmietverträge nach § 8 S.2 Apothekengesetz verboten. Ausnahme ist die Verpachtung einer Apotheke, die jedoch nur unter sehr engen Voraussetzungen zulässig ist (z.B. Apotheker kann selbst seinen Beruf nicht mehr ausüben).

Siehe / Siehe auch: ApoG, Apotheken, Miete / Pacht, Betriebspflicht

Umsatzsteuer (bei Vermietung)

Vermietungen unterliegen nicht der Umsatzsteuer. Im Bereich der Wohnungsvermietung ist dies auch optional ausgeschlossen. Ausgenommen sind Leistungen von Unternehmern, die Wohn- und Schlafräume vorübergehend an Fremde vermieten. (§ 4 Nr. 12 UStG). Dies gilt für alle Fälle – also auch ohne Option. Dagegen kann zur Umsatzsteuer bei Gewerbeimmobilien optiert werden. Sinnvoll ist dies dann, wenn über eine Vorsteuererstattung ein Liquiditätszufluss zu Gunsten des Bauherrn und späteren Vermieters stattfindet oder bei umfangreichen Modernisierungsmaßnahmen der Finanzierungsspielraum erweitert wird.

Allerdings ist die Option nur dann sinnvoll, wenn der Bauherr das errichtete Gebäude oder Räume an Unternehmen vermietet, die ihrerseits darin während eines „Beobachtungszeitraums" von 10 Jahren umsatzsteuerpflichtige Leistungen erbringen. Dies ist beispielsweise nicht der Fall, wenn an Kreditinstitute, Versicherungen oder Ärzte vermietet wird. Die von den Mietern bzw. Pächtern zu erbringenden Umsätze müssen mindestens zu 95% umsatzsteuerpflichtig sein.

Ausnahme:

Bei Objekten, mit deren Errichtung vor dem 11.11.1993 begonnen worden ist und die vor dem 1.1.1998 fertig gestellt worden sind (ein späterer Erwerb ist nicht schädlich), ist eine umsatzsteuerpflichtige Vermietung auch an Mieter, die keine oder nur geringe umsatzsteuerpflichtige Leistungen ausführen, z.B. Kreditinstitute, Versicherungen oder Ärzte, möglich.

Wenn zur Umsatzsteuer optiert wird, werden die Mieten zuzüglich Umsatzsteuer berechnet. Der Mieter selbst erleidet dadurch keinen Nachteil, weil er diese Umsatzsteuer seinerseits wieder als Vorsteuer bei seiner Umsatzsteuererklärung geltend machen kann. Voraussetzung ist wiederum, dass der Mieter selbst vorsteuerabzugsberechtigt ist (Kleinunternehmer mit geringem Umsatz müssen ebenfalls zur Umsatzsteuer optiert haben). Wenn in den vermieteten Räumen nicht während der ganzen 10 Jahre umsatzsteuerpflichtige Leistungen erbracht werden, kommt es zur Vorsteuerberichtigung, die zur entsprechend zeitanteiligen Rückzahlung der erstatteten Vorsteuer ans Finanzamt führt.

Siehe / Siehe auch: Geschäftsräume, Gewerbemietvertrag

Umschuldung

Als Umschuldung wird die Ablösung laufender Kredite durch neue Kredite bezeichnet. Das wichtigste Motiv eines Darlehensnehmers für eine Umschuldung ist in der Regel die Möglichkeit, bei einem anderen Darlehensgeber günstigere Konditionen zu erhalten. Ob sich eine Umschuldung lohnt, hängt davon ab, ob die mit dem neuen Darlehen verbundenen Kosten einschließlich der Zinsen insgesamt geringer sind als diejenigen für das ursprüngliche Darlehen unter Berücksichtigung eventueller Vorfälligkeitsgebühren, Kosten für Notar und Grundbuch usw.

Im Rahmen der Immobilienfinanzierung ergeben sich Umschuldungsmöglichkeiten beispielsweise nach dem Auslaufen der Zinsfestschreibung eines bestehenden Darlehens, bei der Umwandlung von Zwischenfinanzierungen mittels kurzfristiger Bankkredite in langfristige Darlehen oder beim Ersetzen von Gleitzinsdarlehen durch Festzinshypotheken.

Im weiteren Sinne wird unter Umschuldung auch die strukturelle Optimierung der bestehenden Verbindlichkeiten – beispielsweise eines Unternehmens, eines Staates oder eines anderen Kreditnehmers – verstanden. Dabei kann neben dem Ablösen bestehender Kredite durch andere mit günstigeren Konditionen auch das Ablösen mehrerer Kredite bei einer Vielzahl von Gläubigern durch einen oder wenige größere Kredite eines Gläubigers oder einer geringeren Zahl von Gläubigern verstanden werden.

Außer einer Verringerung der Kreditkosten insgesamt kann auch die Reduzierung der laufenden Zins- und Tilgungsbelastungen und somit die Verbesserung der Liquidität ein entscheidendes Motiv für eine Umschuldung sein.

Siehe / Siehe auch: Ablösesumme, Gleitzinsdarlehen, Vorfälligkeitsentschädigung

Umwandlung

Umwandlung bezeichnet einen Vorgang, bei dem Miethäuser in die Rechtsform von Wohn- und Teileigentum überführt werden, meist zu dem Zweck, bei Verkauf der einzelnen Einheiten einen höheren als der für den Erwerb bezahlten Gesamtpreis zu erzielen. Die Möglichkeit der Begründung von Wohnungs- und Teileigentum durch Umwandlung führte Ende der 80er Jahre zu einem Umwandlungsboom mit sozial nicht mehr hinnehmbaren Erscheinungsformen.

Es kam zu sogenannten „Entmietungen". Erschweren wollten deshalb die Baubehörden die Umwandlung von Altbauten dadurch, dass sie die Anforderungen für die Erteilung von Abgeschlossenheitsbescheinigungen in die Höhe schraubten. Sie sollte nur noch erteilt werden, wenn alle geltenden bauordnungsrechtlichen Bestimmungen hinsichtlich Schall-, Wärme- und Brandschutz erfüllt waren. Dieser Praxis hat der gemeinsame Senat der obersten Gerichtshöfe des Bundes mit seinem Beschluss vom 30.6.1992 einen Riegel vorgeschoben. Für die Erteilung von Abgeschlossenheitsbescheinigungen ist also nach wie vor lediglich der Nachweis der räumlichen Abgeschlossenheit in einem physischen Sinne erforderlich.

Eine Umwandlung bewirkt, dass den zum Umwandlungszeitpunkt im Objekt wohnenden Mietern ein besonderer Kündigungsschutz zuwächst. Es gilt im Fall der Umwandlung nach den Vorschriften des BGB generell eine 3-jährige Kündigungssperrfrist, an die die normale Kündigungsfrist anschließt.

Allerdings sind die Bundesländer ermächtigt, durch Verordnung Gemeinden oder Gemeindeteile festzulegen, in denen die Kündigungssperrfrist auf bis zu zehn Jahren erhöht werden kann. Es darf sich dabei nur um Gebiete handeln, bei denen die Versorgung der Bevölkerung mit Wohnraum erheblich gefährdet ist. Aber auch hier kann der Vermieter das Mietverhältnis nach Ablauf von drei Jahren auf der Grundlage eines berechtigten Interesses kündigen.

Er muss dann allerdings eine vergleichbare Ersatzwohnung nachweisen. Zu Gunsten des Mieters besteht ferner nach Umwandlung seiner Mietwohnung in eine Eigentumswohnung ein gesetzliches Vorkaufsrecht, das innerhalb einer Frist von zwei Monaten nach Eingang der Verkaufsmitteilung beim Mieter ausgeübt werden kann. Das gesetzliche Vorkaufsrecht bei Umwandlung mit öffentlichen Mitteln geförderter Wohnungen nach dem Wohnungsbindungsgesetz, das dem Mieter eine Zeit von 6 Monaten für die Entscheidung einräumt, wurde von den Neuregelungen im BGB nicht berührt.

Heute sind Umwandlungen vor allem in Ostdeutschland im Rahmen der Privatisierung des Wohnungsbestandes gewollt. Dabei stehen vor allem Bemühungen im Vordergrund, die Mieter als Käufer für das durch Umwandlung entstehende Wohneigentum zu gewinnen.

Siehe / Siehe auch: Abgeschlossenheit / Abgeschlossenheitsbescheinigung, Kündigungssperrfrist

UmwBerG
Abkürzung für: Umwandlungsbereinigungsgesetz

Umweltbericht
Im Zusammenhang mit der Aufstellung von Bauleitplänen haben die Gemeinden nach § 2 Abs. 4 BauGB grundsätzlich eine Umweltverträglichkeitsprüfung durchzuführen und das Ergebnis im Umweltbericht festzuhalten. Der Umweltbericht besteht gemäß einer Anlage zum BauGB aus einer Einleitung mit folgenden Angaben:
Kurzdarstellung des Inhalts und der wichtigsten Ziele des Bauleitplans, einschließlich der Beschreibung der Festsetzungen des Plans mit Angaben über Standorte, Art und Umfang sowie Bedarf an Grund und Boden der geplanten Vorhaben. Ferner die Darstellung der in einschlägigen Fachgesetzen und Fachplänen festgelegten Ziele des Umweltschutzes, die für den Bauleitplan von Bedeutung sind, und der Art, wie diese Ziele und die Umweltbelange bei der Aufstellung berücksichtigt wurden.

Der Umweltbericht enthält außerdem eine Beschreibung und Bewertung der Umweltauswirkungen, die in der Umweltprüfung ermittelt wurden, mit Angaben der
- Bestandsaufnahme der einschlägigen Aspekte des derzeitigen Umweltzustands, einschließlich der Umweltmerkmale der Gebiete, die voraussichtlich erheblich beeinflusst werden,
- Prognose über die Entwicklung des Umweltzustands bei Durchführung der Planung und bei Nichtdurchführung der Planung,
- geplanten Maßnahmen zur Vermeidung, Verringerung und zum Ausgleich der nachteiligen Auswirkungen und

- in Betracht kommenden anderweitigen Planungsmöglichkeiten, wobei die Ziele und der räumliche Geltungsbereich des Bauleitplans zu berücksichtigen sind.

Zusätzliche Inhalte sind:
- eine Beschreibung der wichtigsten Merkmale der verwendeten technischen Verfahren bei der Umweltprüfung sowie Hinweise auf Schwierigkeiten, die bei der Zusammenstellung der Angaben aufgetreten sind, zum Beispiel technische Lücken oder fehlende Kenntnisse.
- eine Beschreibung der geplanten Maßnahmen zur Überwachung der erheblichen Auswirkungen der Durchführung des Bauleitplans auf die Umwelt und
- eine allgemein verständliche Zusammenfassung der erforderlichen Angaben nach dieser Anlage.

UmweltG
Abkürzung für: Umweltgesetz

UmweltHG
Abkürzung für: Umwelthaftungsgesetz

Umweltverträglichkeitsprüfung / Umweltprüfung
Mit Hilfe der Umweltprüfung wird ermittelt, welche Einflüsse die Verwirklichung eines umweltkritischen großen Bauvorhabens auf die Umwelt hat. Diese Prüfung ist im Gesetz über die Umweltverträglichkeitsprüfung (UVPG) vom 5. September 2001 geregelt. Zweck des Gesetzes ist die Sicherstellung der Ermittlung, Beschreibung und Bewertung der Umwelteinflüsse bei bestimmten großen umweltkritischen Vorhaben und deren Berücksichtigung bei allen behördlichen Entscheidungen (Umweltvorsorge). Die Prüfung bezieht sich auf die Auswirkungen von Vorhaben auf
- Menschen Tiere und Pflanzen,
- Boden, Wasser, Luft, Klima und Landschaft
- Kultur- und sonstige Sachgüter und die
- Wechselwirkung zwischen diesen „Schutzgütern"

Im Rahmen der Bauleitplanung sind die sich aus der Umweltprüfung ergebenden Erkenntnisse in die Abwägung einzubeziehen.

Durch die Novellierung des BauGB wurden vorrangige Vorschriften zur Umweltprüfung eingeführt. Nach § 2 Abs. 4 ist im Zuge der Aufstellung der Bauleitpläne (Flächennutzungs- und Bebauungspläne) für die Belange des Umweltschutzes eine Umweltprüfung durchzuführen, in der die voraussichtlichen erheblichen Umweltauswirkungen ermittelt werden. Damit entfällt für alle nach dem 20. Juli 2004 durch Aufstellungsbeschluss neu zu erstellenden Bauleitpläne die bis dahin durchzuführende Vorprüfung.

Bei Bebauungsplänen der Innenstadt- und Ortskernentwicklung können durch die Änderung des BauGB vom 1. Januar 2007 förmliche Umweltprüfungen von einer Größenordnung bis 20.000 Quadratmeter zulässiger Grundfläche entfallen. Nach dem neu geschaffenen § 13a BauGB gilt das gleiche auf der Grundlage einer Vorprüfung des Einzelfalls bis zu 70.000 Quadratmeter zulässiger Grundfläche.

Siehe / Siehe auch: Baugesetzbuch (BauGB), Bauleitplanung, Strategische Umweltprüfung (SUP), Umweltbericht

UmwG

Abkürzung für: Umwandlungsgesetz

Umzugskosten

Umzugskosten sind sowohl bei beruflich bedingten, als auch bei privat veranlassten Umzügen steuerlich abzugsfähig.

Beruflich bedingte Umzüge

Als beruflich veranlasst gelten Umzüge, bei denen sich die Entfernung zum Arbeitsplatz um mindestens eine Stunde Fahrzeit reduziert. Auch Versetzungen an einen anderen Einsatzort oder Bezug bzw. Kündigung einer Werks-/Dienstwohnung etc. werden anerkannt. Die entstehenden Kosten können bei Nichtselbstständigen als Werbungskosten und bei Selbstständigen als Betriebsausgaben steuerlich geltend gemacht werden. Dabei kann entweder ein Einzelnachweis der entstandenen Kosten vorgenommen oder aber ein Pauschalbetrag angesetzt werden.

Bei Einzelnachweis durch Belege sind z.B. abzugsfähig die Kosten für:
- Wohnungssuche und Besichtigung (Fahrtkosten mit 0,30 Euro/km, Zeitungsanzeigen)
- Schönheitsreparaturen beim Auszug
- Transportkosten für Umzugsgut (sowohl Speditionskosten als auch Miete für Leih-LKW)
- Miete (bei Doppelzahlung für höchstens sechs Monate: Miete für neue Wohnung bis Einzugsdatum und Miete für alte Wohnung ab Tag des Auszugs)
- Maklerprovision
- umstritten: Anschaffungskosten bestimmter Geräte (Elektroherd, Heizgeräte, Öfen).

Die Pauschalen betragen für Umzüge nach dem 1.8.2004 (Schreiben des Bundesfinanzministeriums vom 5.8.2003, Az. IV C 5-S 2353-167/03):
- Verheiratete: 1.121 Euro pro Ehepartner
- Ledige: 561 Euro
- Weitere mit umgezogene Haushaltsmitglieder: 247 Euro pro Person
- Höchstbetrag umzugsbedingte Unterrichtskosten für ein Kind: 1.409 Euro. Werden die Umzugskosten vom Arbeitgeber erstattet, können sie nicht mehr steuerlich geltend gemacht werden.

Private Umzüge

Auch die Kosten für private Umzüge sind ab 1.1.2006 teilweise abzugsfähig. Sie fallen unter die Regelungen über haushaltsnahe Dienstleistungen. Abgesetzt werden können 20% der beim Umzug anfallenden Arbeitskosten, maximal 600 Euro im Jahr. Materialkosten etc. sind nicht absetzbar. Wer also mit einem gemieteten LKW umzieht, statt eine Spedition zu beauftragen, kann nichts absetzen. Dem Finanzamt muss die Rechnung des Spediteurs und zwingend ein Kontoauszug mit erfolgter Abbuchung vorgelegt werden. Quittungen für Barzahlung sind nicht ausreichend.

Siehe / Siehe auch: Erstattung von Umzugskosten, Haushaltsnahe Dienstleistungen, Umzugskostenpauschale

Umzugskostenbeihilfe

Vermieter und Mieter können vereinbaren, dass der Vermieter dem Mieter im Falle des Auszuges eine Umzugskostenbeihilfe zahlt. Zweck: Ein Anreiz für den Mieter, innerhalb eines abgesprochenen Zeitraumes auszuziehen. Es handelt sich dabei um eine einmalige Abstandszahlung im Rahmen eines Mietaufhebungsvertrages.

Sinnvoll, wenn die Wohnung dringend für neue Bewohner benötigt wird oder größere Modernisierungsmaßnahmen anstehen. Die Vereinbarung sollte in jedem Fall schriftlich geschlossen werden. Ein Anspruch auf Umzugskostenbeihilfe besteht nicht.

Siehe / Siehe auch: Abstandszahlung

Umzugskostenpauschale

Eine Umzugskostenpauschale fordern manche Vermieter insbesondere größerer Wohnanlagen von ihren Mietern für den Ein- bzw. Auszug. Hier handelt es sich um Pauschalbeträge, die jeder Mieter einmalig zu zahlen hat, um mutmaßliche Schäden am Gebäude (z.b. Beschädigungen der Wandfarbe im Treppenhaus beim Möbeltransport) abzudecken.
Eine derartige Regelung im Mietvertrag ist unzulässig und unwirksam. Schadenersatzansprüche entstehen nach dem BGB nur dann, wenn tatsächlich ein Schaden entstanden ist und der Betreffende die Entstehung des Schadens schuldhaft verursacht hat.
Siehe / Siehe auch: Umzugskosten, Erstattung von Umzugskosten

UN

Abkürzung für:United Nations

Unbedenklichkeitsbescheinigung

Bei der Unbedenklichkeitsbescheinigung handelt es sich um eine Erklärung des Finanzamtes, dass die Person, zu deren Gunsten die Bescheinigung augestellt wird, ihre steuerlichen Verpflichtungen erfüllt hat. Sie wird zu unterschiedlichen Anlässen ausgestellt.
Besondere Bedeutung hat die Unbedenklichkeitsbescheinigung im Hinblick auf den Grundstückserwerb. Der Notar hat dem örtlich zuständigen Finanzamt auf einem vorgeschriebenen Formblatt innerhalb von 14 Tagen nach Beurkundung Mitteilung über den Erwerbsvorgang unter Beifügung der Erwerbsurkunde (in der Regel Kaufvertrag) zu machen. Das Finanzamt erlässt daraufhin den Grunderwerbsteuerbescheid. Nach Eingang der Zahlung wird die Unbedenklichkeitsbescheinigung ausgestellt, die Voraussetzung für die Eintragung des Erwerbers im Grundbuch ist.

Unerwünschte Werbesendungen

Jeder Mieter darf auf seinem Briefkasten einen Aufkleber mit der Aufschrift „Keine Werbung einwerfen" anbringen. Wurfzettel, Prospekte und Postwurfsendungen dürfen dann nicht mehr eingeworfen werden.
Bei Zuwiderhandlung kann der Mieter über die örtliche IHK eine wettbewerbsrechtliche und kostenpflichtige Abmahnung des Werbetreibenden veranlassen. Werbung gegen den ausdrücklichen Wunsch des Empfängers zu verteilen, gilt rechtlich als unzumutbare Belästigung und damit als unlauterer Wettbewerb. Es handelt sich somit um einen Verstoß gegen § 7 UWG (Gesetz gegen den unlauteren Wettbewerb).
Aber: Der BGH urteilte am 5.12.1991 zugunsten eines Lotterieanbieters, der seine Werbung über die Post hatte verteilen lassen: Eine unzumutbare Belästigung komme schon deshalb nicht in Frage, weil nur ein geringer Eingriff in die persönliche Sphäre des Empfängers vorliege und man sich der Werbesendungen durch Wegwerfen schnell entledigen könne. Die Gefahr der Überfüllung des Briefkastens (wie bei Handzettelwerbung) bestehe hier nicht (BGH, Az. I ZR 53/90, 5.12.91).
Das OLG Frankfurt a.M. entschied am 1.6.1995, dass ein Briefkasteninhaber Postwurfsendungen mit Werbematerial auch von der Post nicht mehr entgegenzunehmen braucht (OLG Frankfurt a. M., Az. 1 U 80/94).
Siehe / Siehe auch: Briefkasten

Unfallversicherung für Helfer

Siehe / Siehe auch: Bauhelferversicherung

Ungerechtfertigte Bereicherung

Eine ungerechtfertigte Bereicherung ist eine Anspruchsgrundlage aus dem Bürgerlichen Gesetzbuch. Nach § 812 BGB kann vereinfacht gesagt jede Leistung, die ohne Rechtsgrund geleistet wurde, zurückgefordert werden. Im Mietrecht erlangt diese Vorschrift in mehreren Bereichen Bedeutung.
Beispiel: Der Vermieter verlangt von einem unerfahrenen Ausländer erheblich mehr Miete als ortsüblich und begeht damit einen Mietwucher. Die Mietvertragsklausel über die Höhe der Miete wird unwirksam. Zumindest für den Betrag, der über die ortsübliche Vergleichsmiete hinausgeht, gibt es keinen Rechtsgrund (keinen gültigen Vertrag) mehr. Dieser Betrag kann zurückgefordert werden.
Siehe / Siehe auch: Mietwucher, Mietpreisüberhöhung

Ungeteilter Hofraum

Auch: Ungetrennter Hofraum.
Sogenannte Anteile an ungeteilten Hofräumen existieren noch in den früheren preußischen Gebieten der neuen Bundesländer. Darunter versteht man Innenstadt-Grundstücke, bei denen zwar die

Außengrenzen, aber nicht die einzelnen Grundstücksflächen innerhalb des Hofraumes vermessen worden sind. Katastermäßig sind diese Flächen nicht erfasst. Das Grundbuch sagt in diesen Fällen nichts über die genaue Lage und Größe der Teilflächen aus, sondern führt sie nur als „Anteil an einem ungetrennten Hofraum".
Diese Erscheinung ist eine Folge der preußischen Grundsteuerreform von 1861. Die für die damals vorgesehene Besteuerung in einigen Gegenden nötige Vermessung der Grundstücke konnte nicht im erforderlichen Tempo durchgeführt werden – also verzichtete man darauf und ließ als amtliches Verzeichnis im Sinne der Grundbuchordnung das damalige Gebäudesteuerbuch ausreichen.
Nach der Wiedervereinigung steht man oft vor dem Problem, dass das Gebäudesteuerbuch nicht mehr vorhanden ist, so dass notwendige Angaben fehlen.
Das Problem zeigt sich an einem Urteil des Bezirksgerichts Erfurt (DNotZ 1992, 804).
Danach kann Grundbesitz, der im Grundbuch nur als Anteil am ungetrennten Hofraum mit Angabe der Flur- und Hausnummer eingetragen ist, kein Grundstück im Sinne des BGB sein. Aus ungeteiltem Hofraum wird erst dann ein Grundstück, wenn die preußische Bezeichnung des Grundbesitzes mit dessen alter Gebäudesteuerrollennummer ins Grundbuch eingetragen ist. Ohne Gebäudesteuerbuch also kein Grundstück, das verkauft oder belastet werden kann.
Zur Rechtsklarheit trägt nun die Hofraumverordnung von 1993 bei, mit der formal die Grundbuchfähigkeit der Anteile an ungeteilten Hofräumen hergestellt werden soll. Dadurch wird die Eintragung, Belastung und Übertragung von derartigen Flächen ermöglicht, wobei bestimmte Ersatzangaben im Grundbuch eingetragen werden können.
Die Grundstücke sind jedoch weiterhin nicht vermessen. Hier soll das Bodensonderungsgesetz Abhilfe schaffen. Danach kann für Grundstücke in den neuen Bundesländern durch einen mit einem sog. Sonderungsbescheid festgelegten Sonderungsplan bestimmt werden, wie weit die Eigentumsrechte reichen. Der Sonderungsplan enthält eine Grundstückskarte, auf der die einzelnen Grundstücke eingezeichnet sind.
Siehe / Siehe auch: Bodensonderung, Bodensonderungsgesetz, Hofraumverordnung, Sonderungsplan

Ungeziefer

Die für die Ungezieferbekämpfung in Mietwohnungen anfallenden Kosten sind grundsätzlich umlagefähige Betriebskosten nach der Betriebskostenverordnung. Der Vermieter kann die Kosten also anteilig auf die Mieter verteilen. Dies ist jedoch nicht in allen Fällen möglich.
Nach einem Urteil des Amtsgerichts Hamburg (Urt. vom 15.8.2001, Az. 45 C 35/01) setzt eine Umlage voraus, dass es sich um regelmäßig anfallende und gleichzeitig vorbeugende Maßnahmen gehandelt hat, die sich auf alle Wohnungen bzw. auf Gemeinschaftsflächen erstreckt haben. Tritt ein akuter Ungezieferbefall in einzelnen Wohnungen auf, der deutlich höhere Kosten verursacht als vorbeugende Maßnahmen in früheren Jahren, gilt: Wer es eingeschleppt hat, bezahlt den Kammerjäger. Die Kosten werden in diesem Fall nicht über die Betriebskostenabrechnung auf alle Mieter umgelegt, sondern sind von den Mietern der befallenen Wohnungen zu tragen.
Tritt Ungeziefer ohne Zutun des Mieters auf, ist der Vermieter in der Pflicht. Es liegt grundsätzlich ein Wohnungsmangel vor, der zur Mietminderung berechtigt. Der Mieter hat Anspruch auf Beseitigung des Problems. Speziell bei einem Befall ab Beginn des Mietvertrages ist Ungeziefer Vermietersache.
Tritt das Getier erst während der Laufzeit des Mietvertrages auf den Plan, hat der Mieter zunächst die Pflicht, dem Vermieter Mitteilung zu machen. Unterlässt er dies und das Ungeziefer verbreitet sich im ganzen Haus, macht er sich schadenersatzpflichtig. Vertragsklauseln, nach denen der Mieter die Wohnung ungezieferfrei halten muss, sind unwirksam.
Stellt sich nach dem Einzug heraus, dass eine Wohnung erheblich mit Ungeziefer verseucht ist, kann der Mieter im Extremfall das Recht zur fristlosen Kündigung sowie Anspruch auf Ersatz der Umzugskosten haben. Hat der Mieter jedoch die Tierchen selbst eingeschleppt, muss er – wiederum im Extrem- bzw. Wiederholungsfall – mit der fristlosen Kündigung des Vermieters und mit Berechnung der Kosten für die Ungezieferbekämpfung rechnen.
Reagiert der Vermieter auf mehrfach gemeldeten Ungezieferbefall nicht, darf der Mieter schon einmal selbst tätig werden. So musste ein Vermieter, der nach wiederholtem Auftreten von Ratten im Treppenhaus nicht reagiert hatte, für das fachgerechte Zumauern des Einschlupflochs auf Betrei-

ben eines Mieters zahlen (Amtsgericht Osnabrück, Az.: 7 C 335/03).
Die Bekämpfung von Ungeziefer muss fachgerecht und ohne Gesundheitsgefährdung der Hausbewohner erfolgen. Das Amtsgericht Köln verurteilte eine Vermieterin zur Zahlung von 1.000 DM Schmerzensgeld an ihre Mieter, nachdem diese durch Einsatz eines für Wohnräume unzulässigen Insektizids durch den Hausmeister Gesundheitsschäden erlitten hatten (Az. 207 C 609/93).
Siehe / Siehe auch: Khrapakäfer, Schmerzensgeld für Mieter

Unique Selling Proposition (USP)
Unique Selling Proposition (USP) ist der einzigartige Produktnutzen, d.h. ein Vorteil, den keine konkurrierende Immobilie bieten kann. Den USP gilt es im Hinblick auf die jeweilige Immobilie zunächst zu suchen und dann in der Werbung gezielt herauszuarbeiten.

Universalmakler
Siehe / Siehe auch: Makler

Unland
Unter Unland versteht man Flächen, die wegen ihrer Art nicht land- und forstwirtschaftlich genutzt und auch nicht durch Kultivierungsmaßnahmen einer solchen Nutzung zugeführt werden können. Es handelt sich um Sandflächen, Felsen und Schutthalden.
Nach dem Bewertungsgesetz wird Unland als eine Betriebsfläche bezeichnet, die auch bei geordneter Wirtschaftsweise keinen Ertrag abwirft. Unland wird nicht bewertet. Ökologisch kann Unland eine Nische für besonders widerstandsfähige Reliktpflanzen sein.
Siehe / Siehe auch: Ödland

Untergänger
Siehe / Siehe auch: Feldgeschworene

Unterhaltssicherungsgesetz
Genauer: Gesetz über die Sicherung des Unterhalts der zum Wehrdienst einberufenen Wehrpflichtigen und ihrer Angehörigen (USG). Das weiterhin wirksame Gesetz vom 26.7.1957 gewährt Wehr- und Zivildienstleitenden eine Reihe von Beihilfen zum Lebensunterhalt. Dazu zählt u.a. die Mietbeihilfe, aber auch die Wirtschaftsbeihilfe für Dienstpflichtige, die bei Dienstantritt bereits über zwölf Monate lang Inhaber eines eigenen Gewerbebetriebes, einer eigenen Land- und Forstwirtschaft oder sonst selbstständig waren.
Für nichtselbstständig tätige Dienstverpflichtete kann eine Verdienstausfallentschädigung gewährt werden. Auch bei Ruhezahlungen für private Krankenversicherungen hilft der Staat – unter den gesetzlich geregelten Bedingungen und nach Anrechnung der steuerpflichtigen Einkünfte des Antragstellers.
Siehe / Siehe auch: Mietbeihilfe

Unterkunft
Eine Unterkunft – auch Obdach genannt – ist alles, was Schutz vor Wind und Wetter bietet und entweder zum bloßen Übernachten oder zum vorübergehenden oder dauerhaften Wohnen dient. Ein Zelt fällt darunter, ebenso wie Gebäude und Fahrzeuge.
Unterkünfte in Form von Gebäuden sind z.B. Wohnheime, Kasernen, Krankenhäuser, Alten- und Pflegeheime, Ferienhäuser, Ferienwohnungen, Hotelzimmer, Pensionen, Baracken, Lauben, Gartenhütten, Almhütten, Jugendherbergen, Wohncontainer und auch Gefängnisse.
Gebäude mit ein bis zwei Freizeitwohneinheiten werden nur dann als Unterkünfte angesehen, wenn ihre Wohnfläche insgesamt unter 50 m² liegt. Unterkünfte in Form von Fahrzeugen werden meist eher vorübergehend benutzt: Z.B. Wohnwagen, Wohnmobile, Wohnschiffe, Hausboote, Yachten, Kreuzfahrtschiffe und Eisenbahnzüge.
Statistische Datenerhebungen erfassen nur bewohnte Unterkünfte. Wohnwagen und Gartenlauben werden nur mitgezählt, wenn deren Bewohner dort permanent wohnen und keine andere Wohnmöglichkeit haben.
Siehe / Siehe auch: Wohnung, Zubehörräume

Unterlassungserklärung
Siehe / Siehe auch: Wettbewerbsrecht

Untermakler
Siehe / Siehe auch: Makler

Untermiete
Das Gesetz schützt das Vertrauen und die Zielsetzung, aufgrund derer der Vermieter nach Prüfung des Mieters den Vertrag abgeschlossen hat. Es gibt daher dem Mieter grundsätzlich kein Recht zur Untervermietung ohne entsprechende Erlaubnis

des Vermieters. Der Wohnungsmieter kann aber auch ein berechtigtes Interesse an der Untervermietung haben.

Beispiele: Arbeitslosigkeit des Mieters, mehrmonatiger Auslandsaufenthalt des Mieters, Verkleinerung der Familie, eigene Pflegebedürftigkeit usw.. In einem solchen Fall kann der Mieter die Zustimmung des Vermieters zur Untervermietung („Gebrauchsüberlassung an Dritte") verlangen. Dies gilt nur dann nicht, wenn in der Person des Dritten ein wichtiger Grund für die Versagung der Erlaubnis liegt oder es zu einer übermäßigen Belegung der Wohnung käme. Wenn dem Vermieter die Untervermietung nur gegen eine angemessene Erhöhung der Miete zuzumuten ist, kann er die Erlaubnis davon abhängig machen.

In Geschäftsraummietverträgen ist es üblich, Regelungen über das Recht zur Untervermietung zu treffen.

Untermiete bei Gemeinde

Untermietverträge können auch mit einer juristischen Person des öffentliches Rechts (Gemeinden) oder mit anerkannten privatrechtlichen Trägern der Wohlfahrtspflege abgeschlossen werden.

Diese Institutionen mieten z.T. im Rahmen ihrer vom Gesetzgeber erteilten Aufgaben und Befugnisse Wohnungen an, die dann z.B. an Personen mit besonders dringendem Wohnungsbedarf untervermietet werden.

Ein Mieterschutz besteht bei derartigen Untermietverhältnissen kaum. Die gesetzlichen Vorschriften über die Mieterhöhung, den Mieterschutz bei Beendigung des Mietverhältnisses und bei der Umwandlung von Miet- in Eigentumswohnungen gelten nicht für Mietverhältnisse über Wohnraum, den eine juristische Person des öffentlichen Rechts oder ein anerkannter privater Träger der Wohlfahrtspflege angemietet hat, um ihn Personen mit dringendem Wohnungsbedarf zu überlassen (vgl. § 549 Abs.2 BGB).

Voraussetzung: Der öffentliche Träger hat den künftigen Mieter beim Vertragsabschluss auf die Zweckbestimmung des Wohnraums und die Ausnahme von den genannten Vorschriften hingewiesen. Eine ordentliche Kündigung kann durch die Gemeinde nur mit gesetzlicher Frist erfolgen, erfordert aber kein berechtigtes Interesse.

Siehe / Siehe auch: Beendigung eines Mietverhältnisses, Räumungsfrist, Sozialklausel, Untermiete

Untermietzuschlag

Die Untervermietung einer Mietwohnung bedarf der Erlaubnis durch den Vermieter. Dieser kann seine Zustimmung davon abhängig machen, dass ein Untermietzuschlag auf die Miete gezahlt wird. Der Zuschlag muss jedoch in einem angemessenen Rahmen bleiben. Seine Höhe muss sich an den für den Vermieter entstehenden Mehrkosten orientieren.

Voraussetzung ist, dass dem Vermieter eine Untervermietung im Einzelfall nur gegen Erhöhung der Miete zumutbar ist. Dies ist insbesondere der Fall, wenn zwischen Vermieter und Mieter eine Inklusivmiete vereinbart wurde, bei der die Nebenkosten mit der Miete abgegolten sind. Die durch Aufnahme einer zusätzlichen Person ansteigenden Nebenkosten können durch die Mieterhöhung aufgefangen werden. Findet in der Wohnung durch die Untervermietung nur ein Bewohnerwechsel statt, ohne dass sich die Anzahl der Bewohner erhöht, kann kein Zuschlag verlangt werden.

Für Sozialwohnungen ist die Höhe des Untermietzuschlags gesetzlich festgelegt:

Pro Monat 2,50 Euro für einen Untermieter, 5,00 Euro für zwei oder mehr Untermieter (§ 26 Abs. 3 NMV – Neubaumietenverordnung).

Siehe / Siehe auch: NMV 70, Untermiete

Unternehmensbewertung

Unternehmensbewertungen sind in der Regel im Vorfeld von Unternehmensverkäufen, Fusionen und Beteiligungen an Unternehmen erforderlich. Die traditionellen Verfahren der Unternehmensbewertung beruhen auf der Vorstellung, dass es einen objektiven Unternehmenswert („Wert an sich") gibt, der als Orientierungsmaßstab fungieren könne. Im Gegensatz hierzu steht die subjektive Unternehmensbewertung, die eine Entscheidungsgrundlage in einer konkreten subjektiven Entscheidungssituation liefern soll.

Zu den älteren Methoden zählen Multiplikatormethoden, (Unternehmenswert als Multiplikator von Gewinn, Umsatz) wobei vor allem letztere wenig aussagekräftig ist. Der Multiplikator wird als branchentypische Erfahrungsgröße aufgefasst. Wird er aus konkreten Gewinnerwartungen abgeleitet, handelt es sich um eine Ertragswertmethode. Eine andere Methode stellt darauf ab, Werteelemente zu ermitteln und zu einem gesamten Unternehmenswert zusammenzufügen, der dann noch um wertmindernde Faktoren zu bereinigen ist.

Vor allem bei Industrieunternehmen wird oft der Substanzwert (der auf den Zeitwert reduzierten Wiederbeschaffungswert) ermittelt, der auf einer Einzelbewertung der in der Bilanz enthaltenen Wirtschaftsgüter beruht. Der immaterielle Geschäftswert (Goodwill), der sich aus verschiedenen Faktoren wie Qualitätsmanagement, Name, Ansehen, Qualität der Verkaufsorganisation, Patente, Lizenzen, Werte aus dem Stand von Forschung und Entwicklung, bestehende Verbindungen usw. zusammensetzt, wird zusätzlich berücksichtigt.

Berechnet wird der Goodwill durch Kapitalisierung des Gewinnanteils, der über eine konstante marktübliche Verzinsung des Substanzwertes hinausgeht. Dabei wird davon ausgegangen, dass dieser Geschäftswert innerhalb eines bestimmten Zeitraumes „abgeschrieben" wird, weil er durch auftretende Konkurrenz seine besondere Ertragsfähigkeit im Wettbewerb zunehmend einbüßt.

Bei Dienstleistungsunternehmen, bei denen der „Persönlichkeitserfolg" stark im Vordergrund steht, z.B. bei Maklerunternehmen, ist es erforderlich, hiervon zu abstrahieren und den vom Unternehmer geschaffenen und übertragbaren Geschäftswert (übertragbares Image, übertragbare Geschäftsverbindungen, vorhandene Organisation und dergleichen) in den Vordergrund zu stellen. Die in den Personen der Verkäufer und Käufer solcher Unternehmen selbst steckenden unterschiedlichen Erfolgspotenziale werden auf diese Weise ausgeblendet.

Der Käufer kann eine bestimmte Zeit vom übertragbaren Geschäftswert „leben". Taugt er nicht für das Unternehmen, wird es zugrunde gehen. Der übertragene Geschäftswert ist damit verbraucht. Für den tüchtigen Käufer ist er dagegen ein immaterielles Startkapital für zusätzliche zukünftige Erfolge, die er sich selbst zuschreiben kann.

Die neuere (subjektive) Unternehmensbewertung beruht auf der Anwendung von Kapitalwertmethoden (englisch „Discounted Cashflow Method"). Hier wird konsequent versucht, Zukunftserfolge eines bestimmten Zeitraumes (z.B. acht oder zehn Jahre), die sich in Ausschüttungen ausdrücken, auf den Bewertungszeitpunkt durch Barwertkalkulationen zu verdichten. Hinzu kommt der Restwert nach Ablauf des Prognosezeitraums, der auf den Bewertungszeitpunkt diskontiert wird.

Zwar überwiegen derzeit die traditionellen Unternehmensbewertungen. Die Discounted Cashflow Methoden sind jedoch auf dem Vormarsch.

Unternehmensethik in der Immobilienwirtschaft

Lange Zeit galt in den Wirtschaftswissenschaften die von Adam Smith aufgestellte These, dass die wirtschaftlich erstrebenswerte Wohlfahrt bei gerechter Güterverteilung sich einstelle, wenn jeder Mensch seine eigenen Interessen verfolge.

Wohlfahrt und gerechte Güterverteilung sind ethisch gebotene anzustrebende Zwecke. Die Steuerung wird einer unsichtbaren Hand zugeschrieben. Das so genannte Pareto-Optimum als Wohlfahrtsoptimum spitzt dies zu, indem Vilfredo Pareto unterstellt, dass nur rationales und eigennütziges Verhalten aller Wirtschaftsakteure erforderlich sei, um das Wohlfahrtsoptimum zu erreichen.

Dies ist die neoliberale Sichtweise von Wirtschaft. Die Institutionenökonomie hat inzwischen neue Grenzen gezogen. Die Grunderkenntnis bleibt auch hier bestehen. Wirtschaft funktioniert durch Gütertausch. Dieser aber ist mit Transaktionskosten verbunden.

Diese Erkenntnis wurde in der klassischen und neoliberalen Theorie nicht genügend berücksichtigt. Die Transaktionskosten können aber durch opportunistisches Verhalten erheblich in die Höhe getrieben werden. Unter einem opportunistischen Verhalten ist „die Verfolgung des Eigeninteresses unter Zuhilfenahme von List" (einschließlich Rechtsverstöße wie Lügen, Unterschlagen und Betrügen) zu verstehen (Oliver Williamson 1990).

Krimineller List kann allerdings durch ein scharfes, prohibitiv wirkendes juristisches Regelwerk begegnet werden. Da aber nicht jeder Opportunismus auch schon einen juristischen relevanten Tatbestand darstellt, gilt es in der Wirtschaft, Regelwerke aufzustellen, die eine Orientierungsgrundlage für ein Verhalten vorgeben, das opportunistisches Verhalten zum Schaden der Vertragspartner als Ausdruck von Unlauterkeit brandmarkt. Es sind ethische Regeln für den Bereich der Wirtschaft.

Ausgangslage für denkbares opportunistisches Verhalten ist die Grundtatsache, dass zwischen Anbietern von und Nachfragern nach Gütern, die auch in Dienstleistungen bestehen können, eine asymmetrische Informationsverteilung vorherrscht. Dies kann durch Informationsverweigerung, Schließung von unvollkommenen Verträgen und sonstigen „hidden actions" dazu führen, dass Transaktionen erheblich verteuert werden.

Nur wenn es einen Verhaltens-Kodex gibt, dessen

Grundnorm auf Ehrlichkeit beruht und wenn er von den Marktakteuren schon wegen der zu verlierenden Reputation ernst genommen wird, liefert Wirtschafts- und Unternehmensethik einen Beitrag zur Optimierung der gesellschaftlichen Wohlfahrt. In der Immobilienwirtschaft gibt es eine Reihe von Ansätzen zur Formulierung von Verhaltenskodices. Bekannt sind die Standesregeln der Maklerverbände aber auch der Corporate Governance Kodex der deutschen Immobilienwirtschaft.

Die Royal Institution of Chartered Surveyors haben ebenfalls die Mitglieder verpflichtende „Rules of Conduct" aufgestellt, die erst 2003 wieder neu formuliert wurden. Die Wirksamkeit der Regelwerke hängt einerseits von der öffentlichen Kenntnisnahme (dem Bekanntheitsgrad) und andererseits vom Funktionieren der Verbandskontrolle ab sowie von der Durchsetzung von Sanktionen durch die Verbände bei Verstößen.

Siehe / Siehe auch: Standesregeln des IVD

Untersagung

baurechtlich

Untersagung ist eine Maßnahme der Bauaufsichtsbehörde zur Gefahrenabwehr, ein anzeigepflichtiges Bauvorhaben zu stoppen, da in einem vereinfachten Verfahren nach den Landesbauordnungen eine Genehmigung der Bauaufsichtsbehörden nicht erteilt werden muss. Die Untersagung kann auch die Nutzung eines genehmigungspflichtigen Bauwerkes, das ohne Genehmigung erstellt oder umgebaut wurde, verhindern, wenn die Bauaufsichtsbehörde von der rechtswidrigen Nutzung Kenntnis erlangt.

gewerberechtlich

Die Gewerbebehörde kann die Ausübung eines Gewerbes untersagen, wenn Tatsachen vorliegen, die auf die Unzuverlässigkeit des Gewerbetreibenden oder einer mit der Leitung des Gewerbebetriebes beauftragten Person schließen lassen. Auf Antrag des Gewerbetreibenden kann der Gewerbebetrieb durch einen Stellvertreter fortgeführt werden. Meist geht dem gewerberechtlichen Untersagungsverfahren ein Strafverfahren voraus. Die im rechtskräftig gewordenen Urteil enthaltenen Gründe sind dann auch maßgebend für die Begründung der Untersagung.

Bei erlaubnispflichtigen Gewerben (Immobilienmakler, Bauträger, Baubetreuer) wirkt der Widerruf der einmal erteilten Erlaubnis wie eine Gewerbeuntersagung.

Unterverpachtung

Die „Nutzungsüberlassung an Dritte" ist beim Pachtvertrag von der Erlaubnis des Verpächters abhängig. Dies gilt sowohl für eine komplette Weiterverpachtung an einen einzelnen „Unterpächter", als auch für die komplette oder teilweise Unterverpachtung an einen Zusammenschluss von Landwirten zur gemeinsamen Nutzung.

Auch wenn der Verpächter die Erlaubnis erteilt, bleibt die Unterverpachtung für den Pächter riskant: Er hat in jedem Fall für ein Verschulden des Dritten (= Unterpächters) bei der Nutzung des Betriebes oder Grundstücks einzustehen.

Siehe / Siehe auch: Pachtvertrag

Unterversicherung

Wer ein Risiko versichert und dafür den Wert – um die Prämie niedrig zu halten – zu niedrig angibt, riskiert, unterversichert zu sein. Man spricht von „Unterversicherung", wenn im Vertrag der Wert des versicherten Gegenstandes deutlich zu niedrig angegeben worden ist.

Nach den Bestimmungen ist es der Versicherungsnehmer, der dafür verantwortlich ist, den Wert (vom Hausrat bis zur Immobilie) richtig und zeitgerecht anzugeben. Oft wird auch einfach vergessen, den Wert nach einigen Jahren anzupassen.

Der Wille zu sparen kann zu bösen Überraschungen führen, denn im Schadensfall rechnet die Versicherung wie folgt:

Versicherungssumme x Schaden : Wiederbeschaffungspreis = Entschädigung

Beispiel: Im Vertrag wird die Versicherungssumme mit 100.000 Euro angegeben. Der Wiederbeschaffungswert beläuft sich nach Eintritt des Versicherungsfalles lt. Gutachten auf 200.000 Euro. Der Schaden liegt bei 20.000 Euro.

Rechnung der Versicherung nach obiger Formel:
100.000 x 20.000 : 200.000 = 10.000

Die festgestellte Unterversicherung führt zu einem Verlust von 10.000,- Euro.

Bei der Hausratversicherung wird als Versicherungsstandard mit einem Versicherungswert von 650 Euro pro m² Wohnfläche gerechnet.

Siehe / Siehe auch: Hausratversicherung

Unterwerfungsklausel (Zwangsvollstreckung)

Die Unterwerfungsklausel findet man meist in Grundstückskaufverträgen und in der Regel in Grundschuldbestellungsurkunden.

Beim Kaufvertrag unterwirft sich der Käufer wegen seiner Zahlungsverpflichtungen der „sofortigen Zwangsvollstreckung in sein gesamtes Vermögen". Voraussetzung dafür, dass der Verkäufer vollstrecken kann, ist eine vollstreckbare Ausfertigung. Bei der Unterwerfungsklausel in Grundschuldbestellungsurkunden ist zu unterscheiden zwischen der dinglichen und der persönlichen Zwangsvollstreckung.

Die dingliche Zwangsvollstreckung wirkt gegen den jeweiligen Eigentümer des Grundstücks und bezieht sich auf das Grundstück und auf dessen Zubehör. Die persönliche Zwangsvollstreckungsunterwerfung wirkt gegen den Schuldner und bezieht sich auf dessen gesamtes Vermögen, z.B. auch auf Bankguthaben. Eine vollstreckbare Ausfertigung der Urkunden darf der Notar nicht mehr erteilen, wenn er weiß, dass der Anspruch nicht entstanden oder bereits erfüllt ist.

Unzulässige Fragen

Vor dem Abschluss des Mietvertrages informiert sich so mancher Vermieter mit Hilfe eines Selbstauskunft-Fragebogens oder auch durch persönliches Gespräch über die Verhältnisse des Mietinteressenten. Einige Fragen sind bei dieser Gelegenheit jedoch unzulässig.

Generell sind alle Fragen des Vermieters unzulässig, deren Beantwortung keine unmittelbare Auswirkung auf das Mietverhältnis haben kann. In manchen Fällen wiegt das Persönlichkeitsrecht des Mieters auch schwerer als das Informationsbedürfnis des Vermieters, so dass hier sogar unwahre Angaben gemacht werden dürfen (Klassischer Fall: „Sind Sie schwanger?"). Unzulässig sind Fragen nach:
- Krankheit oder Behinderung
- Staatsangehörigkeit des Ehepartners
- Kinderwunsch
- Mitgliedschaft im Mieterverein
- Vorstrafenregister
- Mitgliedschaft in Rechtsschutzversicherung
- Partei-oder Gewerkschaftsmitgliedschaft
- Politischen Ansichten
- Aufenthaltserlaubnis

Siehe / Siehe auch: Mieterselbstauskunft

UR

Abkürzung für: Urkundenrolle

Urban 21

Auf der „Urban 21", der „Weltkonferenz zur Zukunft der Städte", die zwischen dem 4. und 6. Juli 2000 in Berlin stattfand – eine Fortsetzung von der Rio-Konferenz – wurde der von der Weltkommission Urban 21 erarbeitete „Weltbericht für die Zukunft der Städte" vorgelegt, der beim Bundesministerium für Verkehr, Bau- und Wohnungswesen über Internet abrufbar ist. Das Ergebnis der Urban 21 ist wiederum Beratungsgegenstand der Nachfolgekonferenz von HABITAT II, die 2001 in New York stattfand. Der Weltbericht enthält auf der Grundlage einer Typisierung von Stadtentwicklungen (von übermäßigem Wachstum, von dynamischem Wachstum und von Überalterung geprägte Stadt) Trendfeststellungen und Empfehlungen für ein politisches Handeln, das zur Trendumkehr führt.

Siehe / Siehe auch: Agenda 21

Urban Entertainment Center (UEC)

Im Gegensatz zum Shopping-Center, bei dem die Erlebniswelt des Einkaufens immer noch im Vordergrund steht, handelt es sich beim Urban Entertainment Center um einen Erlebnisbereich, bei dem die Freizeit- und Unterhaltungskomponenten prägend sind. Es handelt sich um ein konzentriertes privatwirtschaftlich organisiertes Angebot für individuelle Freizeitgestaltung. Hierzu können zählen: Kinos, Bowling, Billiard, Ausstellungen, Internet Cafés, Bühnen für Varietés und Musicals. Die Erfahrung hat allerdings gezeigt, dass auf den in das Freizeitarrangement eingebundene Einzelhandel als Besuchermagnet kaum verzichtet werden kann. Im Vordergrund steht der Freizeit- und Unterhaltungsbezogener Handel.

Aber auch themen- und erlebnisgastronomische Betriebe dürfen nicht fehlen. Das Investitionsrisiko ist keinesfalls gering. Als Standorte kommen vor allem zentral gelegene Liegenschaften (Bahnhöfe, alte Industriekomplexe) in Betracht. Das Frankfurter UEC liegt fünf Gehminuten vom Hauptbahnhof im Europa Viertel. Ein typisches UEC ist der Space Park in Bremen, der 2003 vollendet, 2004 aber mangels Besucherzahlen vorübergehend wieder geschlossen wurde. Derzeit wird es umstrukturiert. Amerikanischen Erfahrungen zufolge besteht die Hauptbesuchergruppe aus 16-

40-Jährigen, vor allem Singles und Touristen. Die Verweildauer beträgt zwischen 3 und 4½ Stunden. Im Gegensatz zu UEC werden große Freizeitparks mit großem Einzugsbereich nicht in Stadtzentren, sondern – ähnlich wie bei Factory Outlet Centers – in Gegenden platziert, deren Verkehrsinfrastruktur mehrere Regionen abdeckt.

Siehe / Siehe auch: Factory Outlet Center (FOC), Freizeitpark

Urban Land Institute

Das Urban Land Institute (ULI) ist eine 1936 gegründete Non-Profit-Organisation, die sich der Forschung, der Weiterbildung und dem Erfahrungsaustausch zu stadtplanerischen und immobilienwirtschaftlichen Fragen widmet. Heute zählt das ULI nach eigenen Angaben weltweit mehr als 30.000 Mitglieder. Neben dem Hauptsitz in Washington und dem Europäischen Büro in London bestehen weitere Servicebüros und Repräsentanzen in Australien, Brasilien, Hong Kong, Japan, Mexico und Singapur. Auf lokaler Ebene wird die Arbeit des ULI von den District Councils getragen.

Der Mitgliederkreis des ULI umfasst Einzelpersonen, Unternehmen und Institutionen sowohl aus der Privatwirtschaft und als auch aus dem öffentlichen Sektor. Sie repräsentieren das gesamte Spektrum der unterschiedlichen Fachrichtungen aus den Bereichen Flächennutzung und Immobilienentwicklung. So sind unter den Mitgliedern Immobilieneigentümer, Investoren, Berater, Entwickler, Architekten, Juristen, Finanzierer, Planer, Behörden, Bauunternehmen, Ingenieure und Hochschullehrer, aber auch Studenten und Referendare vertreten. Mehr als 20% der ULI-Mitglieder arbeiten in Regierungsbehörden, Hochschulen und Public-Private-Partnerships.

In seiner Tätigkeit widmet sich das ULI gleichermaßen ökonomischen, sozialen und ökologischen Aspekten und versteht sich als interdisziplinäres Forum für den offenen Austausch zwischen Führungskräften aus der Wirtschaft und politischen Entscheidungsträgern. Das Institut betreibt Untersuchungen zu neuen Trends auf dem Gebiet der Stadtplanung und des Bauwesens und erarbeitet auf der Basis seiner Forschungsergebnisse neue Lösungsansätze.

Neben den eigenen Forschungsergebnissen und Marktdaten publiziert das ULI Erfahrungsberichte aus der Praxis; zudem werden regelmäßig Fachkonferenzen in den USA und anderen Ländern veranstaltet. Das Monatsmagazin „Urban Land" deckt mit seiner Berichterstattung entwicklungsbezogene Themen aus allen Immobilienmarktsegmenten wie Büro, Einzelhandel, Industrie oder Wohnen rund um die Welt ab. Wegen seines unabhängigen Status zählt das ULI zu den international am häufigsten zitierten Organisationen in Fragen der Stadtplanung, der Flächennutzung und des Bauwesens.

Website: www.uli.org

Urheberrecht – Architektenplanung

Dem Architekten steht ein Urheberrecht an den von ihm entworfenen Plänen zu. Dies gilt allerdings nur in einem eingeschränkten Umfang.

Der Entwurf von Zweckbauten, der keine besonderen schöpferisch-architektonischen Leistungen erfordert, wird vom Urheberrechtsschutz nicht erfasst. Wenn ein Bauherr allerdings die vom Architekten erstellte Planung mehrfach nutzt, kann für den Architekten ein zusätzlicher Honoraranspruch entstehen.

Urkundenprozess

Wem ein Anspruch aus einer Urkunde zusteht, der hat die Möglichkeit, statt eines langwierigen Rechtsstreites einen so genannten Urkundenprozess zu führen. Die den Anspruch begründenden Tatsachen müssen sich unmittelbar aus der Urkunde ergeben. Als Beweismittel stehen nur Urkunden zur Verfügung, aus denen sich die zugrunde liegende Forderung ergibt. Der Prozess ist damit in der Regel sehr schnell beendet.

Der Sinn besteht darin, dass dem Kläger im Urkundenprozess schnellstmöglich ein vollstreckbares Urteil zur Verfügung steht, wenn zu befürchten ist, dass möglicherweise gegen den Schuldner wegen Zahlungsunfähigkeit oder Überschuldung ein Insolvenzverfahren eingeleitet wird oder der Schuldner an einen unbekannten Ort verzieht.

Auf den Urkundenprozess folgt das so genannte Nachverfahren, in dem alle Beweismittel zugelassen sind. Hier hat der Beklagte nun auch bessere Verteidigungsmöglichkeiten.

Nach einer Entscheidung des Bundesgerichtshofes (Az. XII ZR 321/97) können auch Mietforderungen im Urkundenprozess geltend gemacht werden. Dem Urteil lag ein Gewerberaummietverhältnis zugrunde. Am 1.6.2005 entschied der Bundesgerichtshof, dass dies auch für Mietforderungen aus Wohnraummietverträgen gilt – und zwar selbst

dann, wenn der Mieter mit Mängeln der Mietwohnung gegen die Forderung argumentiert.
Der Gerichtshof entschied, dass der Mieter seine Argumente, wenn er sie nicht per Urkunde beweisen kann, im Nachverfahren geltend machen muss. Allerdings muss der Vermieter für einen eventuellen Schaden des Mieters aus der Vollstreckung aufkommen, wenn der Mieter in diesem Nachverfahren den Sieg davonträgt (BGH, Az. VIII ZR 216/04).
Siehe / Siehe auch: Sachmangel (im Mietrecht)

URNr.
Abkürzung für: Urkundenrollennummer

Ursächlichkeit
Der Makler erhält seine Provision nur dann, wenn infolge seiner Maklertätigkeit der (Haupt-) Vertrag zustande kommt. Das bedeutet, dass er zumindest zum Zustandekommen beigetragen haben muss (Mitursächlichkeit genügt). Beim Makler, der seinen Provisionsanspruch auf einen vorangegangenen Nachweis stützt (Nachweismakler), muss der Ursachenzusammenhang unmittelbar sein.
Das vom Makler angebotene Geschäft muss mit dem tatsächlich zustande gekommenen Geschäft hinsichtlich Objekt, Art des Vertrages und den vom Makler zusammengeführten Personen identisch sein. Kommt statt einem angebotenen Mietvertrag ein Kaufvertrag zustande, oder tritt als Käufer nicht der vom Makler benannte X sondern Herr Y auf, ist Ursächlichkeit nicht mehr gegeben. Gleiches gilt, wenn z.B. der Makler eine Eigentumswohnung Nr. 45 anbietet, bei der Besichtigung zeigt der Hausmeister auch die ebenfalls noch verkäufliche Eigentumswohnung Nr. 42, über die dann der Vertrag zustande kommt (fehlende Objektidentität).
Denkbar aber ist auch, dass die Identität zwischen angebotenem und abgeschlossenem Geschäft gegeben ist und es dennoch an der Ursächlichkeit mangelt: Dann liegt eine Unterbrechung des Ursachenzusammenhanges vor. Das ursprünglich vom Makler entfachte Interesse ist völlig erloschen. Ausschließlich durch einen neuen Anstoß von außen (z.B. nochmaliges Angebot eines anderen Maklers) wird neues Kaufinteresse entfacht, das dann zum Abschluss führt.
In diesem Fall geht der erste Makler leer aus. Beim Vermittlungsmakler spielt das Identitätserfordernis dann keine Rolle, wenn auf seine Bemühungen hin ein anderes als das ursprünglich vereinbarte Geschäft zustande kommt.

Urt.
Abkürzung für: Urteil

USG
Abkürzung für: Unterhaltssicherungsgesetz
Siehe / Siehe auch: Mietbeihilfe, Unterhaltssicherungsgesetz

USP
Abkürzung für: Unique Selling Proposition; das ist der einzigartige, der Konkurrenz überlegene Wettbewerbsvorteil eines Produktes
Siehe / Siehe auch: Unique Selling Proposition (USP)

USt
Abkürzung für: Umsatzsteuer

UStDV
Abkürzung für: Umsatzsteuerdurchführungsverordnung

UStG
Abkürzung für: Umsatzsteuergesetz

UStR
Abkürzung für: Umsatzsteuerrichtlinien

UVP
Abkürzung für: Umweltverträglichkeitsprüfung

UVPG
Abkürzung für: Umweltverträglichkeitsprüfungsgesetz

UVV
Abkürzung für: Unfallverhütungsvorschriften

UWG
Abkürzung für: Gesetz gegen den unlauteren Wettbewerb

V
Abkürzung für: Volumen des Gebäudes
Abkürzung für: Verkehrswert
Abkürzung für: Größe des vorhandenen Grundstückes
Abkürzung für: vom, von

v.H.
Abkürzung für: vom Hundert

v.T.
Abkürzung für: vom Tausend

VA
Abkürzung für: Verwaltungsanordnung

VAA
Abkürzung für: Vereinigung Angestellter Architekten

VAG
Abkürzung für: Versicherungsaufsichtsgesetz

Vandalismus

Vandalismus kann verschiedene Ursachen haben. Hierzu zählen Zerstörungswut, Demonstration jugendlicher Kraftmeierei, Psychopathie aber auch Selbstverwirklichungssyndrome.
Im Rahmen der Immobilienwirtschaft tritt Vandalismus überwiegend auf durch Sprayen von Graffitis an Hauswänden, Mauern, Schaufenstern. Aber auch Eisenbahn und S-Bahnwaggons sind Zielscheiben des Vandalismus. Um die Kosten der Beseitigung der Schäden steuern zu können, ist es ratsam, die Risiken in die verbundene Wohngebäudeversicherung mit einzubeziehen.

VAZ
Abkürzung für: Veranlagungszeitraum

VB
Abkürzung für: Verhandlungsbasis

VbF
Abkürzung für: Verordnung über brennbare Flüssigkeiten

VDA
Abkürzung für: Verband Deutscher Architekten

VDE
Abkürzung für: Verband Deutscher Elektroingenieure

VdH
Abkürzung für: Verband deutscher Hypothekenbanken

VDH
Abkürzung für: Verband der Hausverwalter

VDI
Abkürzung für: Verein Deutscher Ingenieure

VDM
Abkürzung für: Verband Deutscher Makler
Siehe / Siehe auch: Maklerverbände

VDZ e.V.
Abkürzung für: Verband Deutscher Zeitschriftenverleger e.V.

VEB
Abkürzung für: Volkseigener Betrieb / Gebäudewirtschaft

VEP
Abkürzung für: Vorhaben- und Erschließungsplan

Veränderungssperre
Die Veränderungssperre ist ein Instrument zur Sicherung der Bauleitplanung. Reichen Bauherren nach Erlass einer Veränderungssperre einen Bauantrag ein, wird dieser in aller Regel unter Hinweis auf die Veränderungssperre abgelehnt. Die Veränderungssperre wird aber in Verbindung mit einer zusätzlichen Verfügungssperre auch eingesetzt zur Abwehr von Behinderungen im Zusammenhang mit städtebaulichen Sanierungs- und Entwicklungsmaßnahmen, Umlegungen zur Neugestaltung der Grundstücksverhältnisse auf der Grundlage eines Bebauungsplanes, sowie der Einleitung von Enteignungsverfahren. Während zur Sicherung der Bauleitplanung, genehmigungs-

bedürftige oder sonstige wertsteigernde bauliche Anlagen zu errichten oder andere wertsteigernde Veränderungen des Grundstücks schlicht nicht zugelassen sind, können solche Veränderungen bei Maßnahmen der Bodenordnung genehmigt werden. Eine Veränderungssperre tritt erst nach Ablauf von zwei Jahren außer Kraft, sie kann jedoch bei Vorliegen bestimmter Voraussetzungen bis auf vier Jahre verlängert werden.Werden Verfügungs- und Veränderungssperren erlassen, schlägt sich dies auch im Grundbuch durch Eintragung eines entsprechenden Vermerks nieder.
Siehe / Siehe auch: Umlegungsvermerk, Sanierung

Veräußerbarkeit / Fungibilität

Mit Fungibilität oder Veräußerbarkeit bezeichnet man die Handelbarkeit und die Weiterveräußerbarkeit von Anteilen an geschlossenen Immobilienfonds. Die Veräußerbarkeit dieser Anteile ist derzeit noch relativ eingeschränkt, da für Beteiligungen an geschlossenen Immobilienfonds – anders als bei Aktien oder Anteilen an offenen Immobilienfonds – noch kein geregelter Markt existiert.
Im Rahmen der Weiterveräußerung geschlossener Fondsanteile ist daher noch immer ein hohes Maß an Eigeninitiative seitens des Anlegers wie beispielsweise durch Inserate in Wirtschaftszeitungen und die Hilfestellung des Projektinitiators erforderlich.

Veräußerungsbeschränkung (Wohnungseigentum)

Um den Wohnungseigentümern die Möglichkeit einzuräumen, das Eindringen „unerwünschter Personen" in die Gemeinschaft zu verhindern, kann nach § 12 Abs. 1 WEG eine Vereinbarung getroffen werden, die die Veräußerung eines Wohnungseigentums von der Zustimmung Dritter, beispielsweise des Verwalters, abhängig macht. Diese Zustimmung darf jedoch nur bei Vorliegen eines wichtigen Grundes verweigert werden, wobei der wichtige Grund stets in der Person des Erwerbers liegen muss. Hausgeldrückstände des veräußernden Eigentümers sind deshalb kein Grund, um die Zustimmung zu verweigern.
Diese Vorschrift hat sich in der Verwaltungspraxis als wenig praktikabel erwiesen. Um jedoch grundsätzlich die Möglichkeit einer solchen Veräußerungsbeschränkung zu erhalten, können die Wohnungseigentümer jetzt gemäß § 12 Abs. 4 WEG durch einfachen Mehrheitsbeschluss eine insoweit bestehende Vereinbarung aufheben. Diese neue Regelung ist unabdingbar. Der Aufhebungsbeschluss soll grundbuchmäßig in entsprechender Anwendung von § 26 Abs. 4 WEG nachgewiesen werden.

Veräußerungskosten

Veräußerungskosten sind Aufwendungen anlässlich des Verkaufs einer Immobilie, wie zum Beispiel Renovierungskosten, Maklerprovision und Grundschuldlöschungskosten. Veräußerungskosten können steuerlich in der Regel nicht abgezogen werden. Dies gilt auch dann, wenn die Immobilie vorher vermietet war.

Verband der Sachversicherer / VdS

Die VdS Schadenverhütung GmbH ist eine Einrichtung des Gesamtverbandes der Deutschen Versicherungswirtschaft (GDV). Sie prüft und zertifiziert Produkte und Dienstleister des Sicherheitsmarktes. Hauptthemen sind dabei Brandschutz und Einbruchdiebstahlschutz. Ferner vertreibt sie ein eigenes Richtlinienwerk sowie Aus- und Weiterbildungen. Bestimmte Produkte, z.B. Rauchmelder, werden nach entsprechender Qualitätsprüfung mit dem VdS-Gütesiegel versehen.
Siehe / Siehe auch: Brandschutz, Rauchmelder

Verband Deutscher Haushüter-Agenturen e.V. / VDHA

Der Verband Deutscher Haushüter-Agenturen e.V. mit Sitz in Münster / Westfalen ist ein Zusammenschluss von behördlich zugelassenen Haushüter-Agenturen. Er informiert über das Haushüten und stellt Kontakt zu örtlichen Anbietern her.
Internetadresse: www.haushueter.org
Siehe / Siehe auch: Haushüter / Homesitter

Verband deutscher Pfandbriefbanken (vdp)

Der Verband deutscher Pfandbriefbanken (früher Verband deutschen Hypothekenbanken) vereinigt als Mitglieder 18 Pfandbriefbanken und drei außerordentliche Mitglieder. Sie nimmt satzungsgemäß die Rechte und Interessen der Pfandbriefbanken wahr und übernimmt die Öffentlichkeitsarbeit auf den Politikfeldern Kapitalmarkt, Staat, Immobilien, Schiffsfinanzierung und Steuern sowie der Rechtsgestaltung. Sie erfüllt für ihre Mitglieder Lobbyfunktion bei den gesetzgebenden Körperschaften und Behörden auf nationaler, europäischer und internationaler Ebene und ist Sprecher gegenüber anderen nationalen, europäischen und internationalen Berufsverbänden.

Zum Verbandszweck zählt auch die Mitgliedschaft in nationalen, europäischen oder internationalen Berufsverbänden oder die Beteiligung an Unternehmen gleich welcher Gesellschaftsform, soweit Mitgliedschaft oder Beteiligung dem Verbandszweck oder den Mitgliedern des Verbandes dienlich sind.

Die Mitgliedsunternehmen widmen sich auf internationaler Ebene dem Finanzierungsgeschäft auf Pfandbriefbasis bei der Immobilienfinanzierung, der Schiffsfinanzierung und der Finanzierung der Körperschaften des öffentlichen Rechts (Kommunen, Bundesländer, Bund).

Der Stand des langfristigen Wohnbaukreditvolumens belief sich bei den Mitgliedunternehmen Ende Mai 2005 auf 207 Mrd. Euro. Davon entfielen auf Ein- / Zweifamilienhäuser knapp 80 Mrd. Euro, Eigentumswohnungen 48 Mrd. und den übrigen Wohngebäuden 79 Mrd. Euro. Auf dem gewerblichen Sektor lag der Darlehensbestand (überwiegend Büro- und Verwaltungsgebäude, gefolgt von Handels- und Lagergebäuden) zum gleichen Zeitpunkt bei knapp 135 Mrd. Euro.

Verband Geschlossene Fonds e. V. (VGF)

Der VGF Verband Geschlossene Fonds e. V. mit Sitz in Berlin versteht sich als Fachverband, Dienstleister und Serviceeinrichtung mit dem Ziel, die Interessen von Initiatoren geschlossener Fonds gegenüber der Politik, den Medien und der Öffentlichkeit zu vertreten. Die Mitgliedschaft steht in erster Linie Banken und Emissionshäusern offen, die geschlossene Fonds auflegen.

Der VGF ist aus dem VGI Verband Geschlossene Immobilienfonds hervorgegangen. Dessen Mitgliederversammlung hatte am 3. September 2004 beschlossen, den Verband auch für Initiatoren anderer geschlossener Fonds zu öffnen, die beispielsweise in den Bereichen Schiffe, regenerative Energien, Leasing oder Private Equity investieren. Seither firmiert der Verband unter der Bezeichnung VGF Verband Geschlossene Fonds e. V.

Zum Leistungsangebot des VGF gehören die Kommunikation mit politischen Entscheidungsträgern, Beratung in Gesetzgebungsverfahren und Präsenz bei Anhörungen im Bundestag, in Ministerien sowie in europäischen Institutionen, die Organisation und Durchführung von Fachseminaren, die Klärung rechtlicher Grundsatzfragen und die Förderung des Informationsaustausches zwischen den Marktteilnehmern.

Anfang Oktober 2006 gehörten dem VGF 40 Mitglieder an. Bezogen auf den Gesamtmarkt der geschlossenen Fonds in Deutschland mit insgesamt rund 344 aktiven Anbietern und einem Fondsvolumen von 24,1 Mrd. Euro (Stand 2005) repräsentieren die Mitglieder des VGF mit einem realisierten Investitionsvolumen von ca. 14,5 Mrd. Euro (davon ca. 6,8 Mrd. Euro Eigenkapital) einen Marktanteil von rund 60%.

Siehe / Siehe auch: Immobilienfonds – Geschlossener Immobilienfonds

Verband Wohneigentum e.V.

2006 wurde der frühere „Deutsche Siedlerbund e.V. – "Gesamtverband für Haus- und Wohneigentum" – in Verband Wohneigentum e.V. umbenannt. Damit sollte seine Hauptzielrichtung – Förderung des selbstgenutzten Wohneigentums – stärker zum Ausdruck gebracht werden. Der in Bonn ansässige Verband verfügt über 370.000 Mitglieder. Er ist gemeinnützig. Die 16 Landesverbände sind teilweise noch in selbständigen Bezirksverbänden untergliedert.

Näheres siehe: www.verband-wohneigentum.de

Verbilligte Vermietung

Eine verbilligte Vermietung ist eine Vermietung zu einem Mietzins, der unter der ortsüblichen Marktmiete liegt. Bevorzugt verwendet bei der Vermietung an nahe Familienangehörige. Eine verbilligte Vermietung stellt aus Sicht des Finanzamtes die Absicht der Einkünfteerzielung durch Vermietung in Frage, so dass ein steuerlicher Abzug der mit der Vermietung verbundenen Aufwendungen an besondere Voraussetzungen geknüpft wird.

Siehe / Siehe auch: Einkünfteerzielungsabsicht beim Vermieter, Vermietung an Angehörige

Verbraucher

Unter Verbraucher versteht man nach § 13 BGB jede natürliche Person, die ein Rechtsgeschäft zu einem Zweck abschließt, der weder ihrer gewerblichen noch selbständigen beruflichen Tätigkeit zugerechnet werden kann.

Verbraucher genießen einen besondern zivilrechtliche Schutz, insbesondere ein Widerrufsrecht bei

- Haustürgeschäften (§ 312 BGB)
- Abschluss eines Darlehensvertrages (§§ 419 ff BGB),
- Teilzeit-Wohnrechtsverträgen (§§ 481 ff BGB) und
- bei Fernabsatzverträgen (§ 312e BGB).

Verbraucherschützende Bestimmungen finden sich auch im Investmentgesetz und im Fernunterrichtsgesetz. Im weiteren Sinne haben auch die Vorschriften des BGB über das Wohnungsmietrecht verbraucherschützenden Charakter.

Öffentlich rechtliche Schutzvorschriften für Verbraucher finden sich in der Preisangabenverordnung, der Makler-Bauträger-Verordnung, dem Wohnungsvermittlungsgesetz.

Siehe / Siehe auch: Makler- und Bauträgerverordnung (MaBV), Preisangabenverordnung (PangV), Wohnungsvermittlungsgesetz

VerbrKrG
Abkürzung für: Verbraucherkreditgesetz

Verbundene Wohngebäudeversicherung

Die verbundene Wohngebäudeversicherung bündelt mehrere Versicherungsrisiken in einer Versicherung. Hierzu zählen Schadensrisiken am Gebäude, Zubehör und außen am Gebäude angebrachten Sachen, die auf Feuer, Leitungswasser, Hagel und Sturm (bei Mindestwindstärke von 8) zurückzuführen sind. Unterversicherungen werden durch eine gleitende Neuwertversicherung vermieden, die überwiegend noch auf die Wertebasis von 1914 zurückgreift.

Die Prämie richtet sich nach Versicherungssumme, Bauartklasse und Tarifzone. Durch einzelvertragliche Gestaltung kann der Versicherungsumfang erweitert werden, z.B. auf Regulierung von Schäden durch Aquarien, Klima-, Wärmepumpen- und Solaranlagen, Gebäudebeschädigungen durch unbefugte Dritte usw.

Siehe / Siehe auch: Gleitende Neuwertversicherung, Unterversicherung

Verdachtsflächen

Verdachtsflächen sind Bodenflächen, bei denen der Verdacht auf schädliche Bodenveränderungen besteht. Verdachtsflächen sind zu registrieren. Gibt es Anhaltspunkte für schädliche Bodenveränderungen, hat die Behörde entsprechende Maßnahmen zu ergreifen und festzustellen, ob die Schadstoffkonzentration bestimmte – in einer Verordnung festgelegte – Grenzwerte überschreitet. Grundsätzlich sind Bodeneigentümer, Pächter und Personen, die „Verrichtungen" (z.B. Bebauung) auf dem Grundstück durchführen, verpflichtet, Vorsorge zu treffen, damit es nicht zu schädlichen Bodenveränderungen kommt. Verdachtsflächen werden in das Altlastenkataster eingetragen.

Siehe / Siehe auch: Altlastenkataster

Verdingungsordnung für Bauleistungen (VOB)

Siehe / Siehe auch: Vergabe- und Vertragsordnung für Bauleistungen VOB 2002

Vereinbarung (nach WEG)

Das Verhältnis der Wohnungseigentümer untereinander richtet sich nach den Vorschriften des Wohnungseigentumsgesetzes und, soweit dieses Gesetz keine besonderen Bestimmungen enthält, nach den Vorschriften des Bürgerlichen Gesetzbuches über die Gemeinschaft (§ 10 Abs. 2 Satz 1 WEG). Als Rahmengesetz lässt das Wohnungseigentumsgesetz den Wohnungseigentümern jedoch weitestgehend Vertragsfreiheit. Es räumt ihnen die Möglichkeit ein, von den Vorschriften des Wohnungseigentumsgesetzes abweichende Vereinbarungen zu treffen, soweit nicht etwas anderes ausdrücklich – durch sogenannte unabdingbare oder zwingende Vorschriften – bestimmt ist (§ 10 Abs. 2 Satz 2 WEG).

Bei den Vereinbarungen im Sinne dieser Vorschrift handelt es sich um Regelungen, denen alle im Grundbuch eingetragenen Eigentümer zustimmen müssen. Eine nur mehrheitliche Zustimmung reicht nicht aus, um solche abweichenden oder das Gesetz ergänzende Regelungen zu treffen. Damit diese vom Gesetz abweichenden oder das Gesetz ändernde Regelungen auch im Falle des Eigentümerwechsels Rechtswirkung gegenüber dem neuen Eigentümer entfalten, müssen diese Vereinbarungen als sogenannter Inhalt des Sondereigentums in das Grundbuch eingetragen werden (§ 10 Abs. 3 WEG). Ohne Eintragung in das Grundbuch wirken Vereinbarungen zwar unter den jeweiligen Eigentümern, die vom Gesetz abweichenden Regelungen getroffen haben, verlieren jedoch grundsätzlich ihre Rechtswirkung unter allen Beteiligten, wenn ein neuer Eigentümer in die Gemeinschaft eintritt.

Von einer Vereinbarung zu unterscheiden ist der

Beschluss. Vereinbarungen sind immer dann erforderlich, wenn vom Gesetz abweichende Regelungen getroffen werden sollen, während Beschlüsse der Wohnungseigentümer Verwaltungsangelegenheiten regeln, für die das Gesetz den Wohnungseigentümern ausdrücklich die sogenannte Beschlusskompetenz einräumt.

Nach den neuen Bestimmungen können jedoch bestimmte Regelungen, die früher einer Vereinbarung bedurft hätten, durch mehrheitliche Beschlussfassung getroffen werden. Dies gilt in erster Linie für Kostenverteilungsregelungen (§ 15 Abs. 3 und 4 WEG) und für Modernisierungsmaßnahmen (§ 22 Abs. 2 WEG).

Siehe / Siehe auch: Sondereigentum, Beschluss, Modernisierungsmaßnahmen (Wohnungseigentum), Kostenverteilung

Vereinbarungsänderungen

Wohnungseigentümer können mittels Vereinbarung Angelegenheiten der Wohnungseigentümergemeinschaft regeln. Einen gesetzlichen Anspruch auf Änderung von Vereinbarungen für die Fälle, in denen mangels Zustimmung aller Eigentümer eine Änderung nicht zustande kam, gab es bisher nicht. Die herrschende Rechtsprechung billigte einem Wohnungseigentümer diesen Anspruch jedoch dann zu, wenn außergewöhnliche Umstände ein Festhalten an der geltenden Regelung als grob unbillig und damit als Verstoß gegen Treu und Glauben erscheinen ließen (BGH, Beschluss vom 25.9.2003, V ZB 21/03).

Dieser bisher nur aufgrund der Rechtsprechung bestehende Anspruch ist nunmehr gesetzlich geregelt (§ 10 Abs. 2 Satz 3 WEG), wobei die bislang hohen Voraussetzungen auf vom Gesetz abweichende Vereinbarungen oder deren Änderung deutlich abgemildert wurden. So kann jetzt die Änderung einer Vereinbarung verlangt werden, wenn ein Festhalten an der geltenden Regelung aus schwerwiegenden Gründen unter Berücksichtigung aller Umstände des Einzelfalles, insbesondere der Rechte und Interessen der anderen Wohnungseigentümer, unbillig erscheint. Der Änderungsanspruch erstreckt sich jedoch nur auf die (schuldrechtlichen) Vereinbarungen im Sinne von § 10 Abs. 2 WEG, nicht aber auf Änderungen der sachenrechtlichen Zuordnung des Wohnungseigentums oder auf Änderungen des Miteigentumsanteils. Soweit Änderungen von Vereinbarungen zustande gekommen waren, war nach herrschender Meinung zusätzlich die Zustimmung der Grundpfandrechtsgläubiger erforderlich, wenn deren Rechte nicht nur wirtschaftlich, sondern auch rechtlich betroffen sind (§§ 877, 876 BGB; OLG Hamm, 15.8.1996, 15 W 58/96, mit Hinweis auf BGH, 14.6.1984, V ZB 32/82). Das galt beispielsweise für solche Fälle, in denen Eigentümern Sondernutzungsrechte an Kraftfahrzeug-Stellplätzen oder an Gartenflächen eingeräumt werden sollen. Durch die Neuregelung nach § 5 Abs. 4 Satz 2 WEG ist nunmehr das Zustimmungserfordernis von Grundpfandrechtsgläubigern zur Änderung einer Vereinbarung ausschließlich auf diese Fälle beschränkt und ist daher nur noch dann erforderlich, wenn ein Sondernutzungsrecht begründet oder ein mit dem Wohnungseigentum verbundenes Sondernutzungsrecht aufgehoben, geändert oder übertragen wird. Wird im Rahmen der Vereinbarung auch das belastete Wohnungseigentum mit einem Sondernutzungsrecht verbunden, soll die Zustimmung allerdings entbehrlich sein.

Bei anderen Vereinbarungen (Verfügungsbeschränkungen gemäß § 12 WEG, Zweckänderungen gemäß § 13, Gebrauchsbeschränkungen gemäß § 15, Kostentragungs- und Verteilungsregelungen gemäß § 16 WEG) sowie bei Dienstbarkeiten, Vorkaufsrechten und im Falle des Nießbrauchs ist das Zustimmungserfordernis entbehrlich.

Siehe / Siehe auch: Vereinbarung (nach WEG), Beschluss

Vereinbarungsersetzender Mehrheitsbeschluss

Bei einem vereinbarungsersetzenden Mehrheitsbeschluss handelt es sich um einen Beschluss in Angelegenheiten, die den Rahmen des ordnungsmäßigen Gebrauchs im Sinne des § 15 Abs. 2 WEG, der ordnungsmäßigen Verwaltung im Sinne des § 21 Abs. 3 WEG oder der ordnungsmäßigen Instandhaltung und Instandsetzung im Sinne des § 22 Abs. 1 WEG überschreiten und zu deren Regelung deshalb eine Vereinbarung oder ein einstimmiger Beschluss erforderlich ist. In diesem Fall ersetzt aber ein unangefochtener (Nur-) Mehrheitsbeschluss die an sich erforderliche Vereinbarung oder den einstimmigen Beschluss (BGH, Beschluss vom 20.9.2000, V ZB 58/99).

Die Rechtswirksamkeit dieser vereinbarungsersetzenden Mehrheitsbeschlüsse ergibt sich daraus, dass es sich bei den genannten Regelungen um Angelegenheiten handelt, für die das Gesetz den

Wohnungseigentümern ausdrücklich die Möglichkeit einer Mehrheitsentscheidung im Rahmen „ordnungsmäßiger Maßnahmen" einräumt, die Beschlusskompetenz damit ausdrücklich vorgegeben ist. Im Rahmen dieser ordnungsmäßigen Maßnahmen reicht ein Mehrheitsbeschluss aus, wenn eine gesetzliche Regelung oder eine Vereinbarung nicht entgegensteht (§§ 15 Abs. 2, 21 Abs. 3 WEG). Handelt es sich um Maßnahmen, die über den ordnungsmäßigen Rahmen hinausgehen, ist grundsätzlich ein einstimmiger Beschluss erforderlich.

Da den Wohnungseigentümern aber für beide Fälle die Beschlusskompetenz eingeräumt ist, gilt grundsätzlich die Bestimmung des § 23 Abs. 4 WEG, wonach ein Beschluss nur ungültig ist, wenn er innerhalb Monatsfrist angefochten und durch das Gericht für ungültig erklärt wird.

Damit gilt, dass für Gebrauchs-, Verwaltungs- und Instandhaltungs- bzw. Instandsetzungsmaßnahmen oder bauliche Veränderungen an der bisherigen Rechtsprechung festzuhalten ist, wonach in diesen Angelegenheiten bestandskräftige (also nicht angefochtene und nicht für ungültig erklärte) Mehrheitsbeschlüsse (Ersatzvereinbarung bzw. Zitterbeschlüsse) gültig sind, auch wenn der Regelungsgegenstand mangels Ordnungsmäßigkeit an sich eine Vereinbarung im Sinne von § 10 Abs. 2 Satz 2 WEG oder einen einstimmigen Beschluss erforderlich gemacht hätte. Vereinbarungsersetzende Mehrheitsbeschlüsse sind daher nicht nichtig, sondern – nur – anfechtbar.

Von besonderer Bedeutung für die Praxis ist die Tatsache, dass für die Aufhebung solcher vereinbarungsersetzenden Mehrheitsbeschlüsse ein einfacher Mehrheitsbeschluss als Beschluss im Rahmen ordnungsmäßiger Verwaltung dann wiederum ausreicht, wenn mit dieser Beschlussfassung die ursprünglich geltende Regelung wiederhergestellt wird (OLG Karlsruhe, Beschluss vom 31.5.2000, 11 Wx 96/00). Nach dieser jetzt herrschenden Rechtsauffassung ist auch ein (nur) mit Mehrheit beschlossenes generelles Tierhaltungsverbot wirksam und bindet alle Wohnungseigentümer, im Falle des Eigentümerwechsels auch den neuen Eigentümer, wenn der Beschluss nicht angefochten und für ungültig erklärt wird. Voraussetzung für eine mehrheitliche Beschlussfassung ist allerdings, dass keine entgegenstehende Tierhaltungsregelung in der Teilungserklärung oder der Gemeinschaftsordnung enthalten ist. Im Übrigen kann das nur mehrheitlich beschlossene Tierhaltungsverbot jederzeit durch mehrheitliche Beschlussfassung als Maßnahme ordnungsmäßiger Gebrauchsregelung wieder aufgehoben werden.

Siehe / Siehe auch: Vereinbarung (nach WEG), Gesetzesändernder / vereinbarungsändernder Mehrheitsbeschluss, Tierhaltung in Wohnungen, Gesetzeswidriger / vereinbarungswidriger Mehrheitsbeschluss

Verfahrensstandschaft

Die Wohnungseigentümer können den Verwalter durch Mehrheitsbeschluss oder durch eine Vereinbarung im Verwaltervertrag ermächtigen, Ansprüche der Wohnungseigentümer in eigenem Namen geltend zu machen (Prozessstandschaft).

Verfügung über Gesamtvermögen

Gilt der gesetzliche Güterstand der Zugewinngemeinschaft, dann kann ein Ehepartner nur mit Zustimmung des anderen über sein Vermögen als Ganzes oder über den wesentlichen Teil seines Vermögens verfügen. Bedeutsam ist diese Vorschrift vor allem dann, wenn ein Grundstück dieses Vermögen darstellt. In einem solchen Fall muss der im Grundbuch nicht eingetragene Ehepartner dem Verkauf des Grundstücks durch den anderen Ehepartner zustimmen.

Verfügungssperre

Im Zusammenhang mit Maßnahmen der Bodenordnung und städtebaulichen Sanierung können Gemeinden eine Verfügungs- und Veränderungssperre erlassen. Die Verfügungssperre bedeutet nicht, dass das Grundstück nicht verkauft werden kann. Vielmehr wird die Verfügung von einer Genehmigung abhängig gemacht. Das gleiche gilt für eine Grundstücksteilung, eine Belastung des Grundstücks in Abt. II oder das Eingehen von Baulasten.

Siehe / Siehe auch: Veränderungssperre, Bodenordnung

Vergabe

Nach der Angebotseinholung aufgrund einer Ausschreibung werden die Aufträge an Bauunternehmer und Handwerker vergeben. Entscheidend bei der Vergabe ist nicht allein der Angebotspreis, sondern auch die garantierte fachliche Ausführung bis zum vorgegebenen Termin.

Vergabe- und Vertragsordnung für Bauleistungen (VOB 2002 / 2006)

Die VOB ist keine Rechtsvorschrift mit Gesetzesrang. Es handelt sich vielmehr um Normen, die vom Deutschen Vergabe- und Vertragsausschuss für Bauleistungen (DVA) in Berlin (früher Deutscher Verdingungsausschuss für Bauleistungen) erarbeitet und herausgegeben werden. Die VOB A, B und C entsprechen jeweils einer DIN. VOB B muss für Bauverträge in jedem Einzelfall vereinbart werden, wenn sie Vertragsinhalt werden soll. Die VOB wurde zuletzt in Zusammenhang mit der Novellierung des Schuldrechts im BGB neu gefasst. Ein großer Teil der Änderungen ist redaktioneller Natur, soweit es sich z.b. um terminologische Anpassungen an das neue BGB-Recht handelt (etwa Ersatz des alten Begriffs der Gewährleistung durch Mängelanspruch). Während die Teile B und C dieser Fassung noch gelten, musste der Teil A europakonform angepasst werden.

Hinsichtlich des AGB-Rechts gilt VOB Teil B (Vertragsrecht) insoweit als privilegiert, als eine Inhaltskontrolle durch die Gerichte nicht stattfindet, wenn alle VOB/B-Bestimmungen Inhalt des Bauvertrags werden. Werden nur einzelne VOB-Bestimmungen, in den Bauvertrag eingeführt, sind sie der Inhaltskontrolle unterworfen. So war bisher schon klar, dass z.B. die für den Unternehmer günstigere Regelung der Verjährungsfrist (die jetzt im VOB-Vertrag auf 4 Jahre angehoben wurde) in einem BGB-Vertrag unwirksam ist.

VOB Teil A enthält die Allgemeinen Bestimmungen für die Vergabe von Bauleistungen und zwar in vier Abschnitten:

- Abschnitt 1 mit den Basisparagraphen,
- Abschnitt 2 mit zusätzlichen Bestimmungen nach der EG-Baukoordinierungsrichtlinie in der Fassung von 1989,
- Abschnitt 3 mit zusätzlichen Bestimmungen nach der EG-Sektorenrichtlinie von 1990 und
- Abschnitt 4 mit einer weiteren speziellen Richtlinie im Bereich der Wasser-, Energie- und Verkehrsversorgung.

Die Neufassung der VOB A (2006) wurde bedingt durch eine Änderung der EU-Richtlinien von 2004. Im Zusammenhang mit der Neufassung wurde u.a. bestimmt, dass bei Vergabe von Bauleistungen durch öffentliche Auftraggeber Unternehmen ihre (auftragsunabhängige) Eignung als Auftragnehmer durch den Eintrag in eine Liste „präqualifizierter Bauunternehmen" nachweisen können. Der Eintrag wird von der Erfüllung bestimmter Eignungskriterien abhängig gemacht, die früher in jedem Vergabefall vom Bauunternehmen einzeln dargelegt werden mussten. Dies gilt für öffentliche Aufträge mit einer Bausumme von über 6.242.000 Euro. Die Liste wird in Deutschland von dem „Verein für Präqualifikation von Bauunternehmen e.V." geführt.

VOB Teil B, die wie VOB C ebenfalls zur Novellierung ansteht, enthält das Bauvertragsrecht.

In VOB Teil C befinden sich die technischen Vorschriften.

Siehe / Siehe auch: VOB-Vertrag

Vergleich

Gerichtsverfahren enden normalerweise mit einem Urteil. Aber auch ein Vergleich oder Prozessvergleich ist durchaus üblich.

Man unterscheidet:

Außergerichtlicher Vergleich

Im Zivilprozess sind im Gegensatz zum Strafprozess die Parteien „Herren des Verfahrens". Sie können sich daher auch außergerichtlich darauf einigen, eine für beide Seiten akzeptable Lösung zu finden und den Rechtsstreit dann für erledigt zu erklären. Auch ein außergerichtlicher Vergleich sollte gerichtlich protokolliert werden. Dadurch wird das Abgesprochene einklagbar.

Gerichtlicher Vergleich

Vor Gericht geschlossener Vergleich. Ein derartiges „Abkommen" kommt oft durch die Anregung des Richters zu Stande. Dieser kann z.B. andeuten, dass er die Beweislage zu Gunsten einer Partei nicht für ausreichend hält. Besteht der Beteiligte dann auf „seinem Recht", ohne sich auf einen Vergleich einzulassen, kommt es ggf. zu einem für ihn nachteiligen Urteil.

Als Unterart des gerichtlichen Vergleichs existiert seit einiger Zeit der „schriftliche gerichtliche Vergleich". Dabei unterbreitet entweder das Gericht den Parteien vor der Verhandlung einen schriftlichen Vergleichsvorschlag oder dieser wird von den Parteien selbst dem Gericht schriftlich unterbreitet. Nehmen die Parteien an, ist gar keine mündliche Verhandlung mehr notwendig. Es folgt ein Gerichtsbeschluss über das Zustandekommen des Vergleichs. Die Regelung findet sich in § 278 Abs. 6 der Zivilprozessordnung.

Siehe / Siehe auch: Insolvenz

Vergleichsmiete, ortsübliche (Wohnungsmiete)

Die ortsübliche Vergleichsmiete ist ein Maßstab für Mieterhöhungsverlangen (§ 558 BGB) und für Neuvermietungen (§ 5 WiStG). Als Bezugsgröße für den Vergleich sind Mieten heranzuziehen, die in den letzten vier Jahren neu vereinbart oder im Rahmen bestehender Mietverträge angepasst wurden. Vergleichbar müssen die Wohnungen hinsichtlich Art, Größe, Ausstattung, Beschaffenheit und Lage innerhalb der Gemeinde oder vergleichbaren Gemeinden sein.

Orientierungsgrundlage sind so genannte Mietspiegel. Zu unterscheiden ist zwischen einem einfachen und einem qualifizierten Mietspiegel. Letzterer wird unterstellt, wenn er nach anerkannten wissenschaftlichen Grundsätzen erstellt und von den Interessenvertretern der Mietvertragsparteien anerkannt wurde.

Der Vermieter kann sich zur Begründung seines Mieterhöhungsverlangens aber auch auf die Mieten von drei vergleichbaren Wohnungen stützen, die die Vergleichsmiete annähernd repräsentieren. Eine weitere Möglichkeit besteht darin, das Gutachten eines öffentlich bestellten und vereidigten Sachverständigen einzuholen. Zu beachten ist allerdings, dass eine gesetzliche Vermutung dafür spricht, dass ein qualifizierter Mietspiegel die ortsübliche Vergleichsmiete widerspiegelt und damit Vorrang hat.

Der Vermieter kann die Zustimmung zur Mieterhöhung grundsätzlich verlangen, wenn die neue Miete die ortsübliche Vergleichsmiete nicht überschreitet.

Allerdings ist auch noch eine Kappungsgrenze zu beachten. Der Mieterhöhungsbetrag darf danach innerhalb von drei Jahren 20% der Ausgangsmiete nicht übersteigen. Bei niedrigem Ausgangsmietniveau kann die Anpassung an die Vergleichsmiete damit viele Jahre dauern.

Siehe / Siehe auch: Mietspiegel

Vergleichswert

Der Vergleichswert spielt im Rahmen der Ermittlung von Verkehrswerten eine große Rolle. Verglichen wird das zu bewertende Grundstück mit den Preisen von Vergleichsgrundstücken die am Immobilienmarkt möglichst nahe am Bewertungszeitpunkt veräußert wurden. Ungleiche Grundstücke können, wenn die Abweichungen vom zu bewertenden Grundstück nicht zu groß sind, durch Umrechnungskoeffizienten vergleichbar gemacht werden. Da das Vergleichswertverfahren das Marktgeschehen am besten nachzeichnet, genießt es den Vorzug vor den anderen Verfahren (Ertragswert- und Sachwertverfahren).

Bei unbebauten Grundstücken ist stets der Vergleichswert zu ermitteln (siehe Bodenwert). Hier stehen Bodenrichtwerte der Gutachterausschüsse zur Verfügung (mittelbarer Preisvergleich), wenn es nicht genügend Verkaufsfälle (unmittelbarer Preisvergleich) an vergleichbaren Bodenflächen gibt. Problematisch sind in der Regel Bodenrichtwerte von Geschäftsgrundstücken im Geschäftskern, bei denen oft nur Erfahrungswerte vorhanden sind, die weit in der Vergangenheit wurzeln.

Bei bebauten Grundstücken kann der Vergleichswert auch mit Hilfe von Vergleichsfaktoren ermittelt werden. Unterschieden wird dabei im Wesentlichen zwischen Gebäudefaktoren z.B. m²-Preise, m³-Preise und Ertragsfaktoren (siehe Ertragswert / Multiplikatoren). Gebäudefaktoren können bei verschiedenen Gebäudearten eingesetzt werden, vor allem bei Eigentumswohnungen und Reihenhäusern, aber auch bei Lagergebäuden. Ertragsfaktoren werden vor allem bei der Bewertung von Mietobjekten eingesetzt. In der Regel kommt den Ertragsfaktoren allerdings nur eine Plausibilitätsfunktion zu. Sie sollen das Ergebnis eines im Ertragswertverfahrens ermittelten Wertes absichern.

Siehe / Siehe auch: Bodenwert, Bodenrichtwert, Ertragswert, Spiering – Marktwertverfahren

VerglO

Abkürzung für: Vergleichsordnung

Verhandlungstermin

Irgendwann in einem Rechtsstreit wird vor Gericht verhandelt. Dies soll nach dem Gesetz so früh wie möglich geschehen, so dass das Gericht entweder einen „frühen ersten Termin" bestimmt, oder das schriftliche Vorverfahren.

Verjährung

Ansprüche, von einem anderen ein Tun oder Unterlassen zu verlangen, unterliegen der Verjährung. Das bedeutet, dass die Ansprüche nicht zeitlich unbegrenzt geltend gemacht werden können. Die regelmäßige Verjährungsfrist beträgt drei Jahre (früher 30 Jahre!).

Entscheidend ist die Frage, wann die Verjährungsfrist zu laufen beginnt. Die regelmäßige Verjährungsfrist beginnt mit dem Schluss des Jahres, in dem der Anspruch entstanden ist und der Anspruchsberechtigte Kenntnis von dem die Verjährung auslösenden Umständen und die Person des Schuldners erlangt hat oder (ohne grobe Fahrlässigkeit) hätte erlangen müssen. Das bedeutet, dass sich die Frist verlängern kann, wenn zwischen dem Zeitpunkt, in dem der Anspruch entsteht und dem Zeitpunkt der Kenntnisnahme des Umstandes, der den Anspruch entstehen ließ, eine längere Zeit verstreicht. Denn dann ist maßgebend für den Beginn der Frist die spätere Kenntnisnahme.

Allerdings kann der Anspruch nach Ablauf von 10 Jahren nach seiner Entstehung nicht mehr geltend gemacht werden. Bei bestimmten Schadensersatzansprüchen (etwa bei Verletzung der Gesundheit) liegt die Höchstfrist für die Geltendmachung des Schadens bei 30 Jahren.

Entsteht aufgrund einer Handlung, einer Pflichtverletzung oder eines anderen Schaden verursachenden Ereignisses der Schaden erst viel später, dann beginnt die dreijährige Verjährungsfrist erst ab dem Eintritt des Schadens und seiner Kenntnisnahme. Nach Ablauf von 30 Jahren aber kann auch hier kein Anspruch mehr geltend gemacht werden.

Die Verjährung kann gehemmt werden, etwa durch Verhandlungen, durch Klageerhebung, Mahnbescheid usw. Sie kann aber auch neu beginnen, wenn der Anspruch von dem in Anspruch genommenen anerkannt wird (z.B. durch Teilzahlung). Neben der dreijährigen Regelfrist kennt das BGB 10- und 30-jährige Fristen. So verjähren in 10 Jahren Ansprüche auf Eigentumsübertrag an Grundstücken, auf Begründung, Übertragung oder Aufhebung von Rechten an Grundstücken. Die 30-jährige Verjährungsfrist bezieht sich unter anderem auf Herausgabeansprüche aus Eigentum und anderen dinglichen Rechten, familien- und erbrechtliche Ansprüche, rechtskräftig festgestellte Ansprüche.

Schließlich muss noch auf schuldrechtstypische Verjährungsregelungen hingewiesen werden. Hierzu gehören im immobilienwirtschaftlichen Bereich besonders miet-, kauf- und werkvertragliche Verjährungsfristen. Ferner gibt es in anderen Gesetzen außerhalb des BGB weitere Verjährungsregelungen.

Siehe / Siehe auch: Verwirkung

Verjüngungsprinzip

Die Gesamtnutzungsdauer eines Gebäudes ist eine feststehende Größe. Sie kann sich jedoch faktisch verlängern, wenn Modernisierungsmaßnahmen durchgeführt werden. Anstatt aber entsprechende Jahre daran zu hängen (Verlängerungsprinzip), geht man heute so vor, dass das Baujahr fiktiv in Richtung Bewertungsstichtag herangezogen wird, wodurch die Gesamtnutzungsdauer gleich bleibt und sich nur die Restnutzungsdauer verlängert.

Verkaufsfaktor

Der Verkaufsfaktor gibt an, wie vielen Jahresnettomieten der beim Verkauf einer Immobilie erzielte Erlös entspricht. So wird beispielsweise in Prognoserechnungen von Initiatoren geschlossener Immobilienfonds der zu einem bestimmten Zeitpunkt erwartete Veräußerungserlös errechnet, indem die für diesen Zeitpunkt prognostizierte Jahresnettomiete mit dem angestrebten Verkaufsfaktor multipliziert wird.

Unter dem Aspekt der kaufmännischen Vorsicht sollte für den Verkaufsfaktor in der Regel kein höherer Wert als der Einkaufsfaktor beim Erwerb der Immobilie veranschlagt werden. Eher ist es sinnvoll, im Sinne einer konservativen Kalkulation Abschläge vom ursprünglichen Einkaufsfaktor vorzunehmen.

Siehe / Siehe auch: Einkaufsfaktor für Immobilien

Verkaufsschilder

Während regelmäßig über sinkende Anzeigenerträge und hohe Werbekosten lamentiert wird, vergessen Makler und Bauträger häufig eine interessante Werbevariante: Verkaufsschilder an den jeweiligen Objekten.

Dies ist um so verwunderlicher, als in vielen anderen Ländern, speziell in den anglo-amerikanischen, Schilder eine große Marketing-Bedeutung haben und vielerorts bereits zum festen Stadtbild gehören – ob man das nun ästhetisch findet oder nicht. Ein solches Schild aufzustellen ist dort auch das erste, was ein Makler, nachdem er einen Auftrag akquiriert hat, angeht.

Bei uns erfreuen sich Verkaufsschilder allerdings nur bei Bauträgerobjekten großer Beliebtheit. Makler verzichten meist auf das Anbringen von Verkaufsschildern – ein Fehler, weil diese Schilder hervorragende Werbeträger für das Objekt wie auch den Makler sein können.

Verkehrsberuhigung

Verkehrsberuhigung hat vornehmlich die Verringerung und die umweltschonende Abwicklung des Autoverkehrs zum Ziele. Es sollen dabei auch die Lärm- und Schadstoffemissionen reduziert werden. Man erhofft sich durch Geschwindigkeitsbegrenzungen auch einer Erhöhung der Verkehrssicherheit. Fußgängerzonen, Spielstraßen und Tempo-30-Zonen sind die gängigen Maßnahmen einer flächendeckenden Verkehrsberuhigung. Erreicht wird insbesondere eine Verringerung des gebietsfremden Durchgangsverkehrs. Verkehrsberuhigte Zonen werden an ihrem Beginn in der Regel durch Bremsschwellen markiert, die farblich gekennzeichnet sind und – bei Tempo-30-Zonen – bis zu 7 cm Höhe erreichen können. Sie zwingen den schnellen Autofahrer zur Drosselung seines Tempos. Verkehrsberuhigte Zonen steigern in der Regel den Wohnwert des davon betroffenen Gebietes nicht unerheblich.

Verkehrsfläche

Siehe / Siehe auch: Grundfläche nach DIN 277/1973/87, Siedlungs- und Verkehrsfläche

Verkehrssicherungspflicht

Derjenige, der eine Gefahrenquelle schafft (Haus, Schwimmbad, usw.), ist verpflichtet, alle zumutbaren Maßnahmen zu treffen, damit die Gefahrenquelle beseitigt wird. Unterlässt er diese Sicherungsvorkehrungen, kann er schadensersatzpflichtig werden. Kommt beispielsweise ein Passant vor einem Haus zu Fall, weil der Grundstückseigentümer im Winter nicht den Schnee geräumt hat, kann der Fußgänger Ansprüche gegen den Grundstückseigentümer geltend machen.

Ebenso muss der Eigentümer in der Eigenschaft als Vermieter dafür sorgen, dass seine Mieter ohne Gefahr für Körper und Gesundheit die Mietwohnung vertragsgemäß nutzen können. Dies bezieht sich z.B. auf sicheren Zustand der Leitungen, funktionierende Treppenhausbeleuchtung, mögliche Gefahrenquellen in Hof, Treppenhaus oder gemeinschaftlich genutzter Gartenanlage. Regelmäßige Kontrollen der Sicherheit sind erforderlich.

Die Beauftragung einer Hausverwaltungsfirma befreit den Vermieter nicht von seiner Haftung aus der Verletzung von Verkehrssicherungspflichten, da er nach dem Bürgerlichen Gesetzbuch für etwaige Pflichtverletzungen seiner Erfüllungsgehilfen – also der von ihm im Rahmen seiner vertraglichen Pflichten gegenüber den Mietern beauftragten Personen oder Unternehmen – haften muss.

Gewisse Einschränkungen dieser Vermieterhaftung ergeben sich für die Mieträume selbst. Treten hier Gefahren auf, muss der Mieter sie dem Vermieter melden. Tut er dies nicht, kann der Vermieter nicht reagieren. Damit haftet er nicht und kann gegebenenfalls vom Mieter Schadenersatz verlangen.

Gängige Mietverträge enthalten Regelungen, durch die ein Teil der Verkehrssicherungspflichten auf den Mieter abgewälzt wird – so z.B. die Räum- und Streupflicht. Ein durch die Schuld des Mieters Geschädigter kann in diesem Fall sowohl Vermieter als auch Mieter in Anspruch nehmen. Kann der Vermieter nachweisen, dass er mit Bedacht einen zuverlässig erscheinenden Mieter ausgewählt hat, haftet er nicht. Gelingt der Nachweis nicht, muss er zwar Schadenersatz leisten, kann aber seinerseits den Mieter in Anspruch nehmen.

Gegen Schadensersatzansprüche wegen Verletzung von Verkehrssicherungspflichten können sich Hausbesitzer durch den Abschluss einer Haushaftpflichtversicherung schützen.

Mieter können sich durch den Abschluss einer Privathaftpflichtversicherung absichern.

Siehe / Siehe auch: Schadenersatzansprüche des Mieters, Schadenersatzansprüche des Vermieters

Verkehrswert

Der Verkehrswert (Marktwert) wird durch den Preis bestimmt, der zum Wertermittlungsstichtag im gewöhnlichen Geschäftsverkehr am Grundstücksmarkt im Falle eines Verkaufes am Bewertungsstichtag zu erzielen wäre. Dabei sind rechtliche Gegebenheiten (Beispiel: Wegerecht) tatsächliche Eigenschaften (Beispiel: Entwicklungszustand des Grundstücks, erschlossen, nicht erschlossen) sowie die sonstige Beschaffenheit (Beispiel: großer Reparaturstau) zu berücksichtigen. Außer Betracht bleiben persönliche und ungewöhnliche Verhältnisse, die das Marktgeschehen beeinflussen. Dies ergibt sich aus der Verkehrswertdefinition des §194 Baugesetzbuch.

Im Zusammenhang mit der Änderung des BauGB durch EAG-Bau 2004 wurde bei der Verkehrswertdefinition zu Zwecken der Klarstellung noch der Klammerzusatz „Marktwert" eingefügt. Damit soll die Identität des Begriffs mit dem des international gebräuchlichen Begriffs des „Market

Value" klargestellt werden. Denkbar ist, dass für den Wertermittlungsstichtag ein anderer als der zu diesem Tag tatsächlich gegebene Zustand des Grundstücks zu unterstellen ist. Beispiel: Bewertung eines erst nach dem Bewertungsstichtag auf dem Grundstück zu verwirklichenden Projektes. Den Verkehrswert stellen „Sachverständige für die Bewertung von bebauten und unbebauten Grundstücken" fest. Auch der Gutachterausschuss kann hierzu beauftragt werden.

Die Anlässe hierfür können vielfältig sein: Vermögensauseinandersetzungen zwischen Erben oder Eheleuten bei Ehescheidung, Zwangsversteigerungen, Überprüfung von finanzamtlichen Wertfestsetzungen, Beleihungen usw. Zu unterscheiden ist hinsichtlich der Adressaten für solche Bewertungen zwischen Gerichtsgutachten und Privatgutachten.

Verkündungstermin

Jede Entscheidung eines Gerichtes muss in einem gesonderten Termin öffentlich verkündet werden. Damit sollen gerichtliche Entscheidungen hinter verschlossenen Türen vermieden werden. In der Regel erscheint außer dem Richter zu diesem Termin niemand, da die Entscheidung den Parteien danach auch noch schriftlich mitgeteilt wird und eventuelle Fristen erst mit schriftlicher Zustellung zu laufen beginnen.

Verluste aus Vermietung und Verpachtung (Steuerrecht)

Verluste aus Vermietung und Verpachtung darf der Vermieter im Rahmen seiner Steuererklärung steuersparend geltend machen. Sie kommen dadurch zustande, dass die tatsächlichen und / oder buchmäßigen Werbungskosten für die vermietete Immobilie (Abschreibung, Hypothekenzinsen, Reparatur- und Instandhaltungskosten) höher sind als die steuerpflichtigen Mieteinnahmen. Die Differenz aus beiden sind „Verluste aus Vermietung und Verpachtung". Sie können mit positiven Einkünften aus anderen Einkunftsarten verrechnet werden, sofern es sich nicht um negative Einkünfte aus Steuerstundungsmodellen handelt.
Siehe / Siehe auch: Vorweggenommene Werbungskosten, Verlustverrechnungsbeschränkung

Verlustverrechnungsbeschränkung

Durch das Gesetz zur Beschränkung der Verlustverrechnung im Zusammenhang mit Steuerstundungsmodellen vom 22.12.2005 ist der § 2b EStG rückwirkend durch § 15 b EStG ersetzt worden. Damit sind die Steuersparmöglichkeiten mit Windkraftfonds und Medienfonds aber auch Leasingfonds seit 11.11.2005 nur noch ganz begrenzt möglich. Die Verlustzuweisung wird jetzt bei allen „Steuerstundungsmodellen" auf maximal 10% des gezeichneten Kapitals begrenzt. Darüber hinaus gehende Verluste sind nur mit späteren Gewinnen aus demselben Steuerstundungsmodell verrechenbar.

Bauträgermodelle müssen nicht zwangläufig unter die Verlustverrechnungsbeschränkung fallen. Dies gilt auch dann, wenn die Erwerber aus den erworbenen Objekten im Weiteren negative Einkünfte z.B. aus Vermietung und Verpachtung erzielen. Ein Kauf vom Bauträger hat – und das gilt auch in Sanierungsgebiets- und Denkmalsanierungsfällen, in denen erhöhte Absetzungen für Abnutzungen nach §§ 7h und 7i EStG geltend gemacht werden können – nur dann einen modellhaften Charakter, wenn der Bauträger neben dem Verkauf und ggf. der Sanierung noch weitere Leistungen erbringt. Hierzu zählen z.B. Mietgarantien, Übernahme der Finanzierung und rechtliche Beratung.

VermBG
Abkürzung für: Vermögensbildungsgesetz

Vermessungsingenieur
Siehe / Siehe auch: ÖbVI

Vermessungspunkt
Der Vermessungspunkt ist ein Lagefestpunkt, der an Hausecken, Mauern oder im Boden durch Bolzen oder Nägel dauerhaft markiert ist und der Orientierung über Grenzverläufe dienen. Es gibt auch Höhenfestpunkte, die der Orientierung der Höhenlage dienen. Höhenmesspunkte findet man häufig an Bahnhöfen oder an Kirchen.

VermG
Abkürzung für: Vermessungsgesetz
Abkürzung für: Vermögensgesetz
Siehe / Siehe auch: Vermögensgesetz

Vermietergemeinschaft
Als Vermieter kann nicht nur eine Einzelperson oder ein Unternehmen auftreten, sondern auch eine Gemeinschaft von Personen. Dies können Ehegatten sein, die als Miteigentümer einer Miet-

wohnung auftreten, oder auch die Mitglieder einer Erbengemeinschaft.

Eine Kündigung des Mietvertrages kann dann nur von allen Mitgliedern der Gemeinschaft zusammen vorgenommen werden; sie muss von allen eigenhändig unterzeichnet sein.

Ausnahme: Die Mitglieder der Gemeinschaft haben einen der ihren dazu bevollmächtigt, derartige Handlungen in ihrem Namen vorzunehmen.

Die Zahlung der Miete gilt als so genannte unteilbare Leistung (§ 432 BGB), d.h. der Mieter kann nur an alle Vermieter gemeinsam bezahlen und jeder einzelne Mit-Vermieter kann die Mietzahlung nur als Ganzes an alle verlangen – also nicht die Zahlung seines Anteils an sich selbst. Bei Mieterhöhungen müssen deshalb auch wieder alle gemeinsam in Aktion treten – oder einen Bevollmächtigten ernennen.

Von der Vermietergemeinschaft zu unterscheiden ist die Eigentümergemeinschaft, bei der die Einzeleigentümer ihre jeweilige Wohnung selbst vermieten oder selbst bewohnen. Hier findet nur eine gemeinsame Verwaltung des gemeinschaftlichen Eigentums statt, zu dem die vermietete Einzelwohnung nicht gehört.

Vermieterpfandrecht

Der Vermieter eines Grundstücks oder einiger Räume erwirbt ein Pfandrecht an den eingebrachten Sachen des Mieters. Dieses Pfandrecht entsteht kraft Gesetz. Begründet wird es durch „Einbringen". Hierunter ist das bewusste Hineinschaffen in die Mieträume zu verstehen. Sachen, die in den Mieträumen hergestellt worden sind, gelten gleichfalls als eingebracht. Nicht eingebracht sind Gegenstände, die sich nur vorübergehend in den Mieträumen befinden. Stellt der Mieter regelmäßig sein Kraftfahrzeug auf dem Mietgrundstück ab, z.B. in einer mit gemieteten Garage oder auf einem mit gemieteten Stellplatz, so ist es eingebracht. Das Landgericht Neuruppin hat im Falle einer Spedition entschieden, dass die LKW auch dann noch als eingebracht gelten, wenn sie täglich im Rahmen des Betriebes vom Grundstück entfernt und abends wieder dort abgestellt werden (Landgericht Neuruppin, Urteil vom 9.6.2000, Aktenzeichen 4 S 272/99).

Sobald die eingebrachten Sachen vom Grundstück entfernt werden, erlischt das Pfandrecht, außer die Entfernung erfolgt ohne Wissen oder mit Widerspruch des Vermieters. Nicht widersprechen darf der Vermieter, wenn die Gegenstände im Rahmen gewöhnlicher Lebensverhältnisse (z.B. Berufsausübung) vom Grundstück entfernt werden oder wenn das, was übrig bleibt, seine Forderungen abdeckt.

Soweit der Vermieter in diesem Rahmen der Entfernung von Gegenständen widersprechen darf, hat er ein Selbsthilferecht. Das heißt: Er darf die Entfernung der Sachen vom Grundstück verhindern, ohne gerichtliche Hilfe in Anspruch zu nehmen. Dies gilt insbesondere beim Auszug des Mieters. Hat es der Mieter trotzdem geschafft, seine Wertgegenstände in Sicherheit zu bringen, hat der Vermieter das Recht auf Herausgabe zum Zwecke der Zurückschaffung auf das Grundstück. Allerdings erlischt das Pfandrecht, wenn der Vermieter innerhalb eines Monats nach Kenntniserlangung vom Wegschaffen der Sachen nicht gerichtlich vorgeht.

Solange der Mieter nicht auszieht und keine eingebrachten Sachen wegbringt, kann der Vermieter nicht zur Selbsthilfe greifen. Ein gewaltsames Eindringen in die Wohnung ist strafbarer Hausfriedensbruch. Der Vermieter kann sein Pfandrecht jedoch gerichtlich durchsetzen. Das Vermieterpfandrecht gibt ihm einen Herausgabeanspruch.

Das Vermieterpfandrecht geht anderen Pfandrechten vor. Allerdings müssen die eingebrachten Sachen im Eigentum des Mieters stehen und dürfen nicht dem Pfändungsschutz unterliegen. Nicht pfändbar sind z.B. Sachen, die dem persönlichen Bedarf oder Haushalt dienen (z.B. Kleidung, Herd, Kühlschrank, Fernseher), sowie Haustiere und auch Gegenstände, die der Berufsausübung des Schuldners dienen.

Wegen des Pfändungsschutzes hat das Vermieterpfandrecht bei Wohnraum (gegenüber Gewerberäumen) nur eine eingeschränkte Bedeutung. Der Vermieter kann selbst oft kaum beurteilen, ob die in Frage kommenden Gegenstände eventuell dem Pfändungsschutz nach § 811 Zivilprozessordnung unterliegen. Darüber hinaus kann ein Vermieter sich in diesem Bereich leicht strafbar machen, da die Grenzen zwischen erlaubter Selbsthilfe und Straftat (Hausfriedensbruch, Nötigung, bei Gewaltanwendung Körperverletzung) fließend sind.

Gesetzliche Regelung: §§ 562 ff. Bürgerliches Gesetzbuch.

Siehe / Siehe auch: Selbsthilfe

Vermieterwechsel

Der Wechsel des Vermieters wirft oft rechtliche Fragen auf. Hier einige Hinweise:
- Bei Verkauf gilt der Grundsatz „Kauf bricht nicht Miete": Der Mietvertrag bleibt so bestehen, wie er mit dem alten Vermieter abgeschlossen wurde.
- Umwandlung: Wird eine Mietwohnung in eine Eigentumswohnung umgewandelt, bedeutet dies nicht die sofortige Kündigung des Mieters. Erst nach einer Frist von drei Jahren darf der neue Eigentümer die Kündigung wegen Eigenbedarfs aussprechen.
- Betriebskostenabrechnung: Wechselt der Vermieter während des laufenden Abrechnungszeitraumes, muss nicht der bisherige, sondern der neue Vermieter über die Betriebskosten des gesamten Abrechnungszeitraumes abrechnen. Auch über bisher geleistete Vorauszahlungen muss der bisherige Vermieter nicht mehr abrechnen (vgl. BGH, Az. VIII ZR 168/03, WM 2004, 94).
- Für Abrechnungszeiträume, die vor dem Wechsel beendet waren, gilt dies nicht: Hier muss der frühere Vermieter abrechnen.
- Kaution: Für alle nach dem 1.9.2001 geschlossenen Mietverträge gilt: Der Erwerber der Wohnung haftet dem Mieter für die Kaution. Dies gilt unabhängig davon, ob er das Geld vom bisherigen Vermieter erhalten hat. Bei Altverträgen ist der Erwerber verpflichtet, den Mieter darüber zu informieren, ob er die Kaution vom Voreigentümer erhalten und korrekt angelegt hat. Ist dies nicht geschehen, hat der Mieter einen Anspruch gegen den alten Eigentümer auf Herausgabe der Kaution an den neuen Vermieter.

Siehe / Siehe auch: Betriebskosten, Mietkaution, Umwandlung

Vermietung an Angehörige

Die Überlassung einer Wohnung an einen nahen Angehörigen kann prinzipiell entgeltlich oder unentgeltlich stattfinden.

Im Falle der Vermietung werden in vielen Fällen Aufwendungen (z.B. Darlehenszinsen) als Werbungskosten steuerlich geltend gemacht. Meist wird ein Mietzins unter dem ortsüblichen Niveau vereinbart, man spricht dann von „verbilligter Vermietung". Das Finanzamt erkennt eine Vermietung an nahe Angehörige (z.B. Eltern oder Kinder) steuerlich nur an, wenn das vermietete Objekt eine abgeschlossene Wohnung mit eigenem Eingang ist, eine Kochgelegenheit besitzt und wenn ein herkömmlicher Mietvertrag besteht. Dieser muss gestaltet sein, als ob er unter Fremden geschlossen wäre und er muss auch so eingehalten werden (Fremdvergleich).

Nach der Rechtsprechung des Bundesfinanzhofes muss die Miete eindeutig als Kalt- oder Warmmiete vereinbart werden (Urteil vom 28.7.2004, Az. IX B 50/04). Es darf für den Vermieter keine Möglichkeit geben, die Wohnung mitzubenutzen (Urteil vom 7.6.1994, Az. IX R 121/92). Auch eine Vermietung innerhalb einer familiären Hausgemeinschaft hat schlechte Chancen auf steuerliche Anerkennung (Urteil vom 15.2.2005, Az. IX R 16/04).

Wichtigstes Kriterium für das Finanzamt ist die so genannte Einkünfteerzielungsabsicht. Wird eine zu niedrige Miete verlangt, zweifelt das Finanzamt die Absicht zur Erzielung von Einkünften an. Die damit verbundenen Aufwendungen sind dann nicht abzugsfähig. Bei einer verbilligten Vermietung gilt seit dem Veranlagungszeitraum 2004:

Vom Vorliegen der Einkünfteerzielungsabsicht wird ausgegangen, wenn die vereinbarte Miete mindestens 75% der ortsüblichen Marktmiete beträgt. Dann ist der Abzug der Vermietungsaufwendungen in voller Höhe möglich.

Beträgt die vereinbarte Miete unter 75%, aber mindestens 56% der ortsüblichen Marktmiete, wird die Einkünfteerzielungsabsicht vom Finanzamt anhand einer Prognoserechnung überprüft. Dabei wird abgeschätzt, ob bei der Vermietung innerhalb des Prognosezeitraumes (meist: 30 Jahre) ein Totalüberschuss erzielt werden kann. Fällt die Prüfung positiv aus, sind die Aufwendungen in voller Höhe absetzbar. Bei negativem Ergebnis ist die Vermietungstätigkeit in einen entgeltlichen und einen unentgeltlichen Teil aufzuspalten. Nur die anteilig auf den entgeltlichen Teil entfallenden Aufwendungen sind dann absetzbar.

Unterschreitet die vereinbarte Miete 56% der Marktmiete, können die Aufwendungen nur im Verhältnis der vereinbarten Miete zur Marktmiete berücksichtigt werden.

Wer eine Wohnung verbilligt an Angehörige vermietet, sollte regelmäßig prüfen, ob es aufgrund einer Änderung der gesetzlichen Grenzwerte Bedarf zur Anpassung der Miethöhe gibt. Problematisch ist, dass Vermieter nach § 558 Abs. 3 BGB

die Miete innerhalb von drei Jahren um maximal 20% erhöhen dürfen. Geht die Mieterhöhung über diesen Prozentsatz hinaus, kann die Gefahr bestehen, dass die Finanzämter einen Missbrauch von Gestaltungsmöglichkeiten annehmen und keinen Werbungskostenabzug zulassen. Die Finanzverwaltungen einiger Bundesländer wollen bei Mieterhöhungen zur Erreichung der 75%-Grenze ausnahmsweise Kulanz walten lassen (z.B. Bayern und Baden-Württemberg). Vermieter sollten sich in solchen Fällen über das konkrete Vorgehen ihres Finanzamtes informieren. Bei der Berechnung der genannten Werte werden die umlagefähigen Nebenkosten einbezogen. Verglichen wird also die vereinbarte Kaltmiete plus vereinbarte Umlagen mit der ortsüblichen Warmmiete.
Siehe / Siehe auch: Einkünfteerzielungsabsicht beim Vermieter, Verbilligte Vermietung

Vermietung und Verpachtung
Siehe / Siehe auch: Einkünfte aus Vermietung und Verpachtung

Vermietung zur Gefälligkeitsmiete
Siehe / Siehe auch: Gefälligkeitsmiete

Vermietungsmanagement
Siehe / Siehe auch: Mieter-Mix

Vermittler-Richtlinie
Die EU-Vermittlerrichtlinie hat den Zweck, die Berufsausübung von Versicherungsmaklern und Versicherungsagenten im Rahmen der Dienstleistungs- und Niederlassungsfreiheit innerhalb der EU-Staaten zu erleichtern. Gleichzeitig soll im Bereich der Versicherungsvermittlung ein bestimmtes Maß an Verbraucherschutz gewährleistet werden. So sollen Versicherungsvermittler über die angemessenen Kenntnisse und Fertigkeiten verfügen, die der Herkunftsmitgliedsstaat verlangt und überprüft. Versicherungsvermittler müssen auch über einen guten Leumund verfügen, dürfen also keine schweren Straftaten im Bereich der Eigentums- und Finanzkriminalität begangen haben. Die nachzuweisende Berufshaftpflichtversicherung muss mindestens 1 Million Euro pro Haftpflichtfall und 1,5 Millionen Euro im Jahr betragen. Die geforderte Informationspflicht bezieht sich auf unternehmensbezogene Verhältnisse (Name, Anschrift, etwaige Beteiligungen an Versicherungsunternehmen, etwaige vertragliche Bindungen zu Versicherungsunternehmen usw.) sowie Regelungen über Beschwerdeverfahren.
Die Richtlinie sieht eine Eintragungspflicht in ein Register im EU-Herkunftsstaat vor. Soweit der Vermittler in anderen EU-Staaten tätig werden will, muss er dies der zuständigen Behörde im EU-Herkunftsstaat mitteilen, die dies dann, wenn diese es wünschen, den zuständigen Behörden der anderen Mitgliedstaaten mitteilt. Die Mitgliedsstaaten, die dies wünschen, müssen dies der EU-Kommission mitteilen.
Siehe / Siehe auch: Versicherungsmakler

Vermittlungsmakler
Siehe / Siehe auch: Makler

VermKatG
Abkürzung für: Vermessungs- und Katastergesetz

VermögensG / VermG
Abkürzung für: Vermögensgesetz
Siehe / Siehe auch: Vermögensgesetz

Vermögensgesetz
Auch: VermG, Gesetz zur Regelung offener Vermögensfragen.
Das Vermögensgesetz vom 18.4.1991 regelt die Rückübertragung von unrechtmäßig enteigneten Grundstücken in der ehemaligen DDR auf den früheren Eigentümer. Miet- oder Nutzungsverhältnisse werden normalerweise durch eine Rückübertragung nicht beeinträchtigt und bestehen weiter. Der neue Eigentümer tritt auf der Vermieterseite in den Vertrag ein. War der Mieter oder Nutzer bei Abschluss des Mietvertrages „nicht redlich", ist der Vertrag jedoch durch behördlichen Bescheid aufzuheben. Darunter fallen Verträge, die gegen DDR-Recht verstoßen haben, auf Korruption oder einer persönlichen Machtstellung beruhen oder denen eine Zwangslage oder Täuschung zugrunde liegt.
Siehe / Siehe auch: Entschädigungsgesetz, Vorkaufsrecht

Vermögensmanagement (Assetmanagement)
Vermögensmanagement bezieht sich auf die Betreuung und Verwaltung von Kundenvermögen. Als Asset Manager (Vermögensmanager, Verwalter von Sachanlagen) werden Anlageberater und Vermögensverwalter bezeichnet, deren Aktivitäten darauf gerichtet sind, den Vermögensbestand

des Kunden durch Umschichtung (einschließlich Kauf und Verkauf), Refinanzierung, Herstellung eines optimalen Mietermix usw. auf einem hohen gewinnorientierten Bewirtschaftungsniveau zu halten. Die Grenzziehung zum Portfolio-Management ist fließend, teilweise damit auch identisch, wenn der portfoliotheoretische Ansatz beim Vermögensaufbau des Kunden im Mittelpunkt steht. Ein Studiengang zum Dipl.-Vermögensmanager wird von der Deutschen Immobilien Akademie angeboten.

Siehe / Siehe auch: Portfoliomanagement (Assetmanagement), Deutsche Immobilien Akademie (DIA)

Vermögensteuer

Die Vermögensteuer bezieht sich auf das Vermögen. Sie kommt in den Ausgestaltungsformen einer Vermögensertragsteuer (wenn die Vermögenswerte sich aus kapitalisierten Erträgen ableiten) oder einer Vermögenssubstanzsteuer (hier wird auf einen Sachwert abgestellt) vor.

Nach einem Urteil des Bundesverfassungsgerichts, das die Verletzung des Halbteilungsgrundsatzes bemängelte, wurde die Erhebung der deutschen Vermögensteuer mit der Neuregelung der Erbschaft- und Schenkungsteuer im Jahressteuergesetz 1997 ausgesetzt. Nach einer Entscheidung des Bundesfinanzhofes war es jedoch rechtens, wenn auch 1997 noch Vermögensteuer für die Vergangenheit festgesetzt oder eingezogen wird. Die prozentuale Steuerhöhe (Steuersatz) war abhängig von der Vermögensart. Von wenigen Ausnahmen abgesehen, betrug der Steuersatz 1%.

Vermögenswirksame Leistungen

Siehe / Siehe auch: Leistungen, vermögenswirksame

Verpächterpfandrecht

Beim Pachtvertrag haben sowohl Pächter als auch Verpächter ein Pfandrecht. Der Verpächter kann für seine Forderungen aus dem Pachtvertrag (z.B. ausstehende Pacht) ein Pfandrecht an den vom Pächter eingebrachten Sachen (z.B. bei einem Landwirtschaftsbetrieb vom Pächter mitgebrachte Fahrzeuge) und an den Früchten der Pachtsache (z.B. landwirtschaftliche Erzeugnisse) geltend machen. Für Schadenersatzforderungen, die erst zukünftig zu erwarten sind, kann der Verpächter sich nicht auf sein Pfandrecht berufen. Wie auch das Vermieterpfandrecht erlischt das Verpächterpfandrecht mit Entfernung der betreffenden Gegenstände vom Grundstück. Dies gilt nicht, wenn der Verpächter vom Abtransport nichts weiß oder ihm widersprochen hat.

Er darf nicht widersprechen, wenn sich der Abtransport im Rahmen der normalen Lebensverhältnisse (d.h. im Rahmen der in einem Landwirtschaftsbetrieb üblichen Tätigkeiten) abspielt oder wenn die verbleibenden Sachen zu seiner Absicherung ausreichen. Soweit der Verpächter dieses Widerspruchsrecht besitzt, darf er einen Versuch des Pächters, die Sachen zu entfernen, im Rahmen seines Selbsthilferechts verhindern.

Er darf bei heimlicher Entfernung der Pfandsachen auch fordern, dass diese zurückgebracht werden. Dieses Recht erlischt jedoch einen Monat nach Wegschaffen der Sachen, falls der Verpächter bis dahin seine Ansprüche nicht vor Gericht geltend gemacht hat.

Das Selbsthilferecht ist äußerst problematisch, da der Verpächter hier leicht mit anderen Gesetzen – auch dem Strafgesetzbuch – in Konflikt kommt. Er darf zwar das Wegschaffen von Gegenständen verhindern; Gewalt anwenden darf er jedoch nicht. Das Eindringen auf das Pachtgrundstück ohne Erlaubnis des Pächters ist Hausfriedensbruch. Zu empfehlen ist ein rechtzeitiges gerichtliches Vorgehen.

Die Zivilprozessordnung zählt eine Reihe von Dingen auf, die unpfändbar sind – und an denen es damit auch kein Verpächterpfandrecht geben kann. Die Liste reicht vom Bettlaken und der Arbeitskleidung bis zu künstlichen Gliedmaßen und Brillen. Hier sind speziell für Landwirte auch das für den Betrieb erforderliche Vieh, Gerät, der Dünger und zur Existenzsicherung nötige landwirtschaftliche Erzeugnisse genannt.

Achtung: Für alle „normalen" Pfändungen sind diese für Landwirtschaftsbetriebe nötigen Wirtschaftsgüter unpfändbar. Für das Verpächterpfandrecht gilt das nicht: Der Verpächter kann auch daran ein Pfandrecht geltend machen.

Siehe / Siehe auch: Pachtvertrag, Pächterpfandrecht

Versäumnisurteil

Hat ein Gericht z.B. dem Mieter, gegen den ein Mieterhöhungsbegehren rechtshängig gemacht worden ist, zum Verhandlungstermin geladen, und folgt der Mieter dieser Ladung nicht, so kann der

Vermieter den Erlass eines Versäumnisurteils beantragen. In der Regel wird dem Vermieter dann alles zuerkannt, was er beantragt hat. Gegen dieses 1. Versäumnisurteil ist das Rechtsmittel des Einspruchs gegeben. Legt der Mieter Einspruch ein, so geht der Rechtsstreit normal weiter. Ist gegen ein Versäumnisurteil Einspruch eingelegt worden und hat darauf das Gericht einen neuen Verhandlungstermin anberaumt, ohne dass die schon einmal säumige Partei erscheint, ergeht auf Antrag der anderen Partei ein 2. Versäumnisurteil. Gegen dieses ist die Möglichkeit des Einspruchs nicht mehr gegeben. Das Urteil ist unanfechtbar.
Siehe / Siehe auch: Rechtshängigkeit

Versammlungsort / Versammlungstermin

Als Ort der Wohnungseigentümerversammlung sind Räumlichkeiten am Ort der Wohnanlage oder in deren verkehrsmäßig gut erreichbarer Nähe zu wählen. Es muss sich um Räume handeln, die einen ungestörten Verlauf unter Ausschluss Dritter ermöglichen, um die „Nicht-Öffentlichkeit" der Versammlung zu gewährleisten.
Dies gilt auch für Versammlungen in Gaststätten. Im Übrigen gibt es hinsichtlich der Art der Räumlichkeiten keine allgemein verbindlichen Regeln. So hat die Rechtsprechung beispielsweise auch die Durchführung einer (kurzen) Versammlung in der Waschküche einer Wohnungseigentümergemeinschaft für zulässig erachtet. Eine Zufallsversammlung (Stammtischversammlung) stellt jedoch keine ordnungsmäßige Versammlung dar.
Der Termin ist so zu wählen, dass er für alle Wohnungseigentümer auch unter Berücksichtigung der berufstätigen Eigentümer verkehrsüblich und zumutbar ist. Damit scheiden zumindest nach derzeit noch vorherrschender Rechtsauffassung Termine zur frühen Nachmittagszeit an Werktagen aus, von Ausnahmefällen abgesehen. Andererseits werden Termine auch an Sonn- und Feiertagen unter bestimmten Voraussetzungen noch als verkehrsüblich angesehen (Karfreitag, Sonntagvormittag).
Grundsätzlich gilt aber auch hinsichtlich des Ortes und des Termins der Versammlungen bei Nichtbeachtung dieser rechtlichen Vorgaben, dass Beschlüsse nicht ordnungsmäßig durchgeführter Versammlungen nicht nichtig, sondern nur anfechtbar sind. Im Falle der Nichtanfechtung der insoweit ordnungswidrig gefassten Beschlüsse sind sie wirksam und binden alle Wohnungseigentümer.

Siehe / Siehe auch: Wohnungseigentümerversammlung, Beschluss

Versammlungsprotokoll

Siehe / Siehe auch: Niederschrift (Wohnungseigentümerversammlung), Wohnungseigentümerversammlung

Versammlungstermin

Siehe / Siehe auch: Versammlungsort / Versammlungstermin

Versammlungsvorsitz

Den Vorsitz in der Wohnungseigentümerversammlung führt im Regelfall der Verwalter (§ 24 Abs. 5 WEG). Handelt es sich beim Verwalter um eine juristische Personen, können auch Angestellte des Verwaltungsunternehmens den Vorsitz in der Versammlung führen. Andererseits bleibt es den Wohnungseigentümern unbenommen, auch aus ihrem Kreis, beispielsweise den Vorsitzenden des Verwaltungsbeirates, ein anderes Beiratsmitglied oder einen Miteigentümer zum Versammlungsvorsitzenden zu wählen.
Der Vorsitzende leitet die Versammlung und hat bei den nach der Tagesordnung vorgesehenen Beschlussfassungen die Abstimmung vorzunehmen und das Beschlussergebnis festzustellen und zu verkünden. Mit der (konstitutiven) Feststellung des Beschlussergebnisses durch den Versammlungsvorsitzenden werden die Beschlüsse wirksam und binden alle Wohnungseigentümer, und zwar auch diejenigen, die nicht an der Versammlung teilnehmen. Selbst wenn der Versammlungsvorsitzende einen Beschluss als mehrheitlich angenommen und deshalb wirksam verkündet, obwohl wegen falscher Stimmenwertung oder falscher Stimmauszählung die an sich erforderliche Mehrheit nicht erreicht wurde, ist ein solcher Beschluss wirksam, wenn er nicht angefochten und durch das Gericht für ungültig erklärt wird.
Siehe / Siehe auch: Wohnungseigentümerversammlung, Beschluss, Verwaltungsbeirat

Versicherungen (Immobilienbereich)

Versicherungen, die im Zusammenhang mit der Errichtung und Bewirtschaftung eines Hauses oder dem Erwerb von Immobilieneigentum von Bedeutung sein können, sind:
- Bauhelferversicherung
- Bauherrenhaftpflichtversicherung

- Bauleistungsversicherung
- Feuerversicherung (sofern nicht in der verbundenen Gebäudeversicherung enthalten)
- Hausratversicherung
- Haus- und Grundbesitzer-Haftpflichtversicherung
- Rechtschutzversicherung
- Wohngebäudeversicherung

Versicherungsmakler

Im Gegensatz zum Versicherungsvertreter, der eine Versicherungsgesellschaft (und damit auch deren Interessen) vertritt, ist der Auftraggeber des Versicherungsmaklers der Kunde. Kennzeichen des Versicherungsmaklers ist seine Unabhängigkeit von einer Versicherungsgesellschaft.

Aufgabe des Versicherungsmaklers ist es, den genauen Versicherungsbedarf des Kunden zu ermitteln, um ihm dann nach Verhandlungen mit verschiedenen Versicherungsgesellschaften das beste Angebot zu unterbreiten. Auch wenn der Versicherungsmakler Interessenvertreter des Kunden ist, erhält er seine Provision unmittelbar von der Versicherungsgesellschaft. Die Einschaltung von Versicherungsmaklern empfiehlt sich auf jeden Fall bei einem komplexen Versicherungsbedarf.

Die EU-Richtlinie vom 15. Januar 2003 für Vermittler sieht vor, dass Versicherungsvermittler (das sind Versicherungsvertreter und Versicherungsmakler) verpflichtet werden sollen, eine EU-weit geltende Berufshaftpflichtversicherung abzuschließen. Die Umsetzung in nationales Recht, die von Brüssel bereits angemahnt wurde, soll im Rahmen der Gewerbeordnung durch Aufnahme eines § 34d erfolgen.

Geregelt werden hier die Erlaubnispflicht und die Voraussetzungen zur Erlangung der Erlaubnis und der Eintragung in ein noch zu schaffendes Register. Voraussetzungen für die Erlaubnis sind nach der Richtlinie
- für das Vermittlungsgeschäft erforderliche angemessene Kenntnisse und Fähigkeiten
- Guter Leumund (für den Betrieb erforderliche Zuverlässigkeit)
- Vorliegen einer Berufshaftpflichtversicherung

In das „Gesetz über den Versicherungsvertrag" soll eine Informationspflicht sowie eine Beratungs- und Dokumentationspflicht des Versicherungsvermittlers eingefügt werden. Näheres soll durch eine „Verordnung über die Versicherungsvermittlung" geregelt werden. Sie sieht neben den Modalitäten der Haftpflichtversicherung, die alle Versicherungsvermittler abschließen müssen, Vorschriften speziell für Versicherungsmakler vor, die denen der MaBV ähneln. Hierzu gehören neben den Informationspflichten, Vorschriften über Sicherheitsleistungen und Versicherung (Vertrauensschadenversicherung) bei Entgegennahme von Zahlungen des Versicherten, eine Buchführungspflicht, Vorschriften über eine Prüfung aus besonderem Anlass, sowie Regelungen über Beschwerdeverfahren.

Versicherungspolice

Die Versicherungspolice ist eine Urkunde der Versicherungsgesellschaft, aus der sich die im Versicherungsantrag enthaltenen Versicherungsleistungen ergeben. Es handelt sich um eine Beweisurkunde für das Bestehen der abgeschlossenen Versicherung. Deckungszusagen können bereits vor Aushändigung der Versicherungspolice vom Versicherungsvertreter gegeben werden. Maßgeblich ist der Tag des Versicherungsbeginns und nicht der Urkundenausfertigung.

Versicherungssumme

Die Versicherungssumme ist die Summe, die der Versicherer bei Eintritt des Versicherungsfalls nach dem Versicherungsvertrag zu leisten hat. Bei Kapitallebensversicherungen werden außer der Versicherungssumme auch noch die Gewinnbeteilungen (Überschussanteile) und z.T. auch eine Schlussdividende ausbezahlt. Die Gewinnbeteiligung ergibt sich aus dem Ergebnis der Anlage des Sondervermögens (Prämieneinzahlungen der Versicherungsnehmer) durch die Versicherungsgesellschaft.

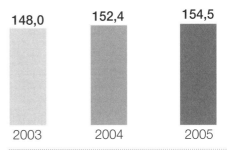

Beitrageinnahmen der Versicherungswirtschaft in Deutschland   Quelle: GVD

148,0 — 2003
152,4 — 2004
154,5 — 2005

Versicherungswesen (BAV / BAFin)

Bis 30. April 2002 war das Bundesaufsichtsamt für das Versicherungswesen (BAV) Kontrollbehörde für alle Versicherungsgesellschaften, die auf dem deutschen Markt tätig sind. Das Amt ist danach der Bundesanstalt für Finanzdienstleistungsaufsicht angegliedert worden. Die Funktionen des BAV werden nunmehr von dort im Bereich Versicherungswesen wahrgenommen. Nach der Liberalisierung des europäischen Versicherungsmarktes zum 1. Juli 1994 hatte das BAV bereits an Bedeutung verloren. Versicherungsnehmer haben jedoch immer noch die Möglichkeit, sich bei der BAFin zu beschweren, wenn Ärger und Streitigkeiten mit einer Versicherungsgesellschaft entstehen.
Siehe / Siehe auch: Bundesanstalt für Finanzdienstleistungsaufsicht (BAFin), BAKred

Versiegelte Fläche

Versiegelt ist eine Fläche, die in irgendeiner Weise zugebaut, gepflastert oder betoniert wurde. Dies kann durch ein Gebäude wie auch durch eine Straße geschehen. Unter gewissen Voraussetzungen können Grundstückseigentümer zur Entsiegelung versiegelter Flächen verpflichtet werden. Regelungen dazu finden sich im Baugesetzbuch und im Bundesbodenschutzgesetz. Die m²-Größe der versiegelten Fläche eines Grundstücks ist Maßstab für die Bemessung der gemeindlichen Niederschlagswassergebühren.
Siehe / Siehe auch: Entsiegelungsgebot, Niederschlagswasser, Rückbau- und Entsiegelungsgebot

Versiegelung

Bauordnungsrecht

Wird eine Baustelle von Amtswegen stillgelegt, kann die Behörde eine Versiegelung des Gebäudes oder einzelner Räume anordnen. Es handelt sich um eine Zwangsmaßnahme, mit der ein Weiterbau (oder eine weitere ordnungswidrige Nutzung von Gebäuden und Räumen) verhindert werden soll. Die Beschädigung oder Entfernung des Siegels ist strafbar.

Bauplanungsrecht

Die Bebauung von Flächen führt zu Bodenversiegelung. Dies ist stets verbunden mit einem Eingriff in die Natur. Im Interesse des Naturschutzes sind mit der Baulandausweisung durch die Gemeinden Ausgleichsflächen darzustellen oder festzusetzen oder Ausgleichsmaßnahmen durchzuführen. Der Ausgleich kann auch auf Flächen außerhalb des Bebauungsplangebietes erfolgen (externe Kompensation).

Bautechnik

Bei der Versiegelung von Oberflächen handelt es sich um Anstriche, die nach Verdünstung des Lösungsmittels eine bestimmte Trockenschichtdicke aufweisen und wasserabweisend sind. Die für die Versiegelung in Frage kommenden Anstriche können farbig oder farblos sein.
Siehe / Siehe auch: Ausgleichsflächen

VersR

Abkürzung für: Versicherungsrecht

VersStG

Abkürzung für: Versicherungsteuergesetz

Versteigerer

Siehe / Siehe auch: Auktion (Immobilien)

Versteigerungsgericht

Die Zwangsvollstreckung in ein Grundstück in Form der Zwangsversteigerung wird ausgeführt durch das Vollstreckungsgericht in dessen Bezirk das fragliche Grundstück liegt.
Siehe / Siehe auch: Versteigerungstermin

Versteigerungstermin

Soll die Zwangsversteigerung eines Grundstückes durchgeführt werden, hat das zuständige Versteigerungsgericht nach Beschlagnahme des Grundstückes und nach Eintragung des Versteigerungsvermerks im Grundbuch einen Termin zu bestimmen. Zwischen Anberaumung und Durchführung sollen nicht mehr als 6 Monate liegen. Wenn aber das Verfahren zwischenzeitlich einstweilig eingestellt war, soll die Frist nicht mehr als 2 Monate, (sie muss aber mindestens einen Monat) betragen.
Siehe / Siehe auch: Versteigerungsgericht

VersWi

Abkürzung für: Versicherungswirtschaft

Verteilungsschlüssel (Wohnungseigentum)

Die Verteilung der Lasten und Kosten der Verwaltung des gemeinschaftlichen Eigentums, seiner

Instandhaltung und Instandsetzung, des gemeinschaftlichen Gebrauchs und der sonstigen Verwaltung richtet sich nach dem Verhältnis der für die einzelnen Wohnungseigentümer im Grundbuch eingetragenen Miteigentumsanteile (§ 16 Abs. 2 WEG), nach einer gemäß § 10 Abs. 2 Satz 2 WEG () getroffenen Vereinbarung oder, soweit das Gesetz dies zulässt, nach mehrheitlicher Beschlussfassung (§ 16 Abs. 3 und 4 WEG).

Abweichend vereinbarte oder beschlossene Verteilungsschlüssel können sich nach der Größe der Wohnfläche, der Zahl der Wohnungen oder auch nach der Personenzahl bzw. nach dem Verbrauchs- oder Verursacherprinzip richten. Abweichende Regelungen können bereits in der Teilungserklärung oder der Gemeinschaftsordnung durch den teilenden Eigentümer vorgenommen werden, also durch denjenigen, der die Eigentumswohnungen errichtet. Sie können aber auch durch die späteren Eigentümer erfolgen, vorausgesetzt, alle Eigentümer stimmen dieser abweichenden Regelung zu.

Abweichend gemäß § 10 Abs. 2 Satz 2 WEG vereinbarte Verteilungsschlüssel bedürfen, damit sie im Falle eines Eigentümerwechsels auch gegenüber dem neuen Eigentümer gelten, der Eintragung in das Grundbuch. Mehrheitlich beschlossene Verteilungsschlüssel sind wie alle anderen Beschlüsse in die Beschluss-Sammlung gemäß § 24 Abs. 7 WEG aufzunehmen. Die fehlende Aufnahme und damit auch der fehlende Nachweis stehen allerdings der Wirksamkeit des beschlossenen Verteilungsschlüssels nicht entgegen.

Siehe / Siehe auch: Miteigentumsanteil, Teilungserklärung, Vereinbarung (nach WEG), Beschluss-Sammlung

Verteilungstermin

Der Verteilungstermin im Rahmen der Zwangsversteigerung findet in der Regel 4 bis 8 Wochen nach der eigentlichen Versteigerung statt. Am Verteilungstermin werden für den Ersteigerer die restlichen 90% des Erwerbspreises fällig. Der erzielte Erlös wird durch den Rechtspfleger an die Gläubiger des vorherigen Eigentümers (meist Banken, Sparkassen, Versicherungen) „verteilt".

Vertikale Verlustverrechnung

Bei Immobilieninvestitionen fallen des Öfteren auch steuerliche Verluste an – sei es durch Zinsen, die bei vermieteten Immobilien steuerlich geltend gemacht werden können oder durch erhöhte Abschreibungen. Durch die 1999 eingeführte Einschränkung des vertikalen Verlustausgleichs war eine Verrechnung dieser Verluste mit positiven Einkünften jedoch nur noch eingeschränkt möglich.

In Paragraf 2 Abs. 3 des Einkommensteuergesetzes war bislang geregelt worden, dass steuerliche Verluste – beispielsweise aus der Vermietung einer Immobilie – nur bis zu einem Betrag von 51.500 Euro in voller Höhe verrechnet werden dürfen. Dies hatte zu zahlreichen Klagen vor den Finanzgerichten geführt – einige Prozesse wurden bis zum BFH getragen.

Führende Verfassungsrechtler hatten die Verfassungsmäßigkeit dieser komplizierten Regelung angezweifelt. Selbst Steuerberater oder Finanzbeamte konnten die steuerlichen Auswirkungen nur noch mit sehr komplexer Software berechnen. Seit Beginn des Jahres 2004 ist die Regelung gekippt worden. Die Mindestbesteuerung nach §2 Abs. 3 EStG ist komplett gestrichen. Steuerliche Verluste können unbegrenzt verrechnet werden.

Vertrag zu Gunsten Dritter (Provisionsabsicherung)

Zur Absicherung einer Maklerprovision kann im notariellen Kaufvertrag oder in einem Mietvertrag ein Vertrag zu Gunsten Dritter (zu Gunsten des Maklers) nach § 328 BGB vereinbart werden. Daraus erhält der Makler einen unmittelbaren Zahlungsanspruch gegenüber derjenigen Partei, die die Zahlung im Kauf- / Mietvertrag verspricht. Wichtig ist, dass sich aus der Formulierung der Bedingung eindeutig der Verpflichtungscharakter des Versprechenden und der unmittelbare Anspruch des Begünstigten ergeben. Ein reiner Hinweis darauf, dass der Käufer oder der Verkäufer bzw. der Mieter oder Vermieter an den Makler eine Provision zu zahlen habe, genügt nicht.

Beim notariellen Kaufvertrag ist eine solche Vertragskonstruktion dann von Bedeutung, wenn für einen Dritten ein Vorkaufsrecht besteht. Verpflichtet sich der Käufer zur Provisionszahlung, dann muss in diese Kaufvertragsbedingung auch der Vorkaufsberechtigte eintreten. Fehlt eine solche Bedingung, verliert der Makler seinen Anspruch, obwohl er den Vertrag vermittelt hat.

Siehe / Siehe auch: Maklerprovision

Vertragsfreiheit

Das Zivilrecht wird vom Grundsatz der Vertragsfreiheit beherrscht. Rechtsbeziehungen können von den Vertragspartnern frei gestaltet werden. Gesetzliche Regelungen greifen ein, soweit vertragliche Lücken bestehen. Die Vertragsfreiheit kann jedoch durch zwingende Vorschriften und gesetzliche Verbote außer Kraft gesetzt werden. Nichtig sind auch Vereinbarungen, die gegen die guten Sitten verstoßen. Das öffentliche Recht kennt im Rahmen des Verwaltungshandelns keine Vertragsfreiheit.

Vertragsstrafe

Vertragsstrafe ist eine Geldsumme, die der Schuldner seinem Gläubiger für den Fall verspricht, dass er mit der zugesagten Leistung in Verzug gerät, oder diese Leistung nicht mängelfrei erbringt. Die Vertragsstrafe kann vom Gericht herabgesetzt werden. In der Bauwirtschaft handelt es sich um ein Instrument, mit dem abgesichert werden soll, dass Bauzeitenpläne eingehalten werden. Bei der Abnahme der Bauleistung ist im Protokoll gegebenenfalls zu vermerken, dass die Vertragsstrafe verwirkt ist. Fehlt der Hinweis, kann sich der Bauherr nicht mehr auf die vereinbarte Vertragsstrafe berufen. Vertragsstrafen werden auch im Zusammenhang mit einer wettbewerbsrechtlichen Unterlassungsverpflichtung versprochen, um die Wiederholungsgefahr unlauterer Handlungen zu verringern.

Vertragsverlängerung, stillschweigende (Mietrecht)

Hat der Vermieter den Mietvertrag gekündigt und zieht der Mieter nach Ablauf der Kündigungsfrist nicht aus, kann es zu einer stillschweigenden Vertragsverlängerung kommen. Diese kommt zu Stande, wenn keiner der Vertragspartner innerhalb von zwei Wochen dem anderen mitteilt, dass er den Vertrag beenden will. Rechtlich geht man dann davon aus, dass beide Parteien durch ihr Verhalten ihren Willen bekundet haben, am bisherigen Vertrag festzuhalten. Der Mieter kann dann – gegen Weiterzahlung der vertragsgemäßen Miete plus Betriebskosten – in der Wohnung bleiben.
Wichtig: Die zweiwöchige Frist beginnt für den Mieter mit dem Ende der Kündigungsfrist. Für den Vermieter jedoch beginnt sie erst zu dem Zeitpunkt, an dem er vom Verbleiben des Mieters in der Wohnung erfährt. Der Vermieter hat drei Möglichkeiten, die Verlängerung zu verhindern:

- Er widerspricht der stillschweigenden Vertragsverlängerung schriftlich innerhalb von zwei Wochen.
- Er widerspricht vorsorglich schon im Kündigungsschreiben.
- Er schließt die stillschweigende Verlängerung von vornherein im Mietvertrag aus.

Die gesetzliche Regelung findet sich in § 545 BGB.

Siehe / Siehe auch: Beendigung eines Mietverhältnisses

Vertretung (Wohnungseigentümerversammlung)

Jeder Wohnungseigentümer kann sich im Falle der persönlichen Verhinderung wegen Urlaub, Krankheit oder aus anderen Gründen in der Wohnungseigentümerversammlung durch jede beliebige Person, also durch Familienmitglieder, Anwälte, Steuerberater oder – im Falle der Vermietung – auch durch seinen Mieter vertreten lassen.
Außerhalb der Vertretung bei Nichtteilnahme dürfen jedoch andere außenstehende Personen wegen der Nicht-Öffentlichkeit an den Versammlungen der Wohnungseigentümer nicht teilnehmen, auch nicht als Berater. Ausnahmen gelten nur in solchen Fällen, in denen ein Wohnungseigentümer aus gesundheitlichen oder anderen körperlichen Gründen auf die Hilfe Dritter angewiesen ist.
Das grundsätzlich uneingeschränkte Vertretungsrecht kann jedoch durch Vereinbarungen in der Teilungserklärung oder der Gemeinschaftsordnung auf bestimmte Personenkreise beschränkt werden, so im Regelfall auf Ehepartner, Miteigentümer oder auf den Verwalter. Auch im Falle solcher Beschränkungen werden jedoch nach neuerer Rechtsauffassung auch die Partner aus ehe-ähnlichen, auf Dauer angelegten Lebensverhältnissen als vertretungsberechtigt angesehen.
Sind Vertretungsbeschränkungen vereinbart, braucht die Anwesenheit von Nicht-Wohnungseigentümern in der Versammlung nicht geduldet zu werden. Davon sind auch die Käufer von Eigentumswohnung betroffen. Sie sind erst nach ihrer Eintragung in das Grundbuch berechtigt, an der Wohnungseigentümerversammlung teilzunehmen, selbst wenn der Verkäufer sie im Kaufvertrag zur Vertretung bevollmächtigt haben sollte.

Siehe / Siehe auch: Wohnungseigentümerversammlung

Verunstaltungsverbot

Jede Landesbauordnung kennt das sog. Verunstaltungsverbot (Ästhetikklausel). Danach sollen bauliche Anlagen mit ihrer Umgebung so in Einklang gebracht werden, dass sie das Straßen-, Orts- und Landschaftsbild nicht verunstalten und deren künftig beabsichtige Gestaltung nicht beeinträchtigen. Bei Beurteilung der Verunstaltung spielen Form, Maßstab, Farbe und Verhältnis der Baumassen und Bauteile zueinander eine Rolle. Auch auf Werbeanlagen und Automaten im öffentlichen Verkehrsraum ist das Verunstaltungsverbot anzuwenden.

Verwalter (WEG)

Der Verwalter i.S.d. WEG ist das Organ der Wohnungseigentümer, das deren Beschlüsse auszuführen und dafür zu sorgen hat, dass die mit der Verwaltung einer Wohnungseigentumsanlage gesetzlich vorgegebenen Verwaltungsmaßnahmen durchgeführt werden.

Verwalter kann eine natürliche oder juristische Person sein. Der Verwalter kann seinen Verwaltungsbestand nicht ohne Zustimmung der Wohnungseigentümer an Dritte übertragen. In diesem Falle ist eine ausdrücklich Bestellung des Dritten durch die Wohnungseigentümer erforderlich. Der Verwalter einer neu entstehenden Wohnungseigentumsanlage wird in der Regel nicht von den Wohnungseigentümern, sondern vom Bauträger im Rahmen der Gemeinschaftsordnung bestellt. Die Bestellung kann auf Antrag eines Wohnungseigentümers auch vom Amtsgericht erfolgen, wenn z.B. ein Verwalter fehlt und deshalb eine die Eigentümerversammlung zum Zwecke der Verwalterbestellung nicht einberufen wird.

Der Verwalter hat weitreichende Kompetenzen. Dessen Aufgaben und Befugnisse können die Wohnungseigentümer weder einschränken noch anderen Personen übertragen. Der Zeitraum der Bestellung des Verwalters darf 5 Jahre nicht überschreiten. Die wiederholte Bestellung ist möglich; sie bedarf eines erneuten Beschlusses frühestens ein Jahr vor Ablauf der Bestellungszeit. Die Abberufung des Verwalters kann auf das Vorliegen eines wichtigen Grundes beschränkt werden.

Zu den Verwalteraufgaben zählt die jährliche Einberufung einer Eigentümerversammlung, auf der regelmäßig die Abrechnung des vergangenen Kalenderjahres und der Wirtschaftsplan des gegenwärtigen Kalenderjahrs von ihm vorgelegt und erläutert wird. Die Entlastung bedeutet Einverständnis mit der Geschäftsführung des Verwalters im abgelaufenen Wirtschaftsjahr und Verzicht auf etwaige Ersatzansprüche, soweit die solche Ansprüche begründenden Umstände bekannt oder erkennbar waren.

Einen Anspruch auf Entlastung hat der Verwalter nicht. Er kann allerdings von der Wohnungseigentümergemeinschaft Offenlegung der für die Nichtentlastung herangezogenen Gründe verlangen. Im Regelfall wird der Verwalter nicht unentgeltlich, sondern gegen Vergütung tätig. Die Höhe seines Entgelts richtet sich nach der zwischen der Wohnungseigentümergemeinschaft und dem Verwalter im Verwaltervertrag getroffenen Vereinbarung. Die Vergütung kann jederzeit durch Mehrheitsbeschluss der Wohnungseigentümerversammlung zwecks Anpassung an das Preis- / Kostengefüge erhöht werden. Die Höhe der Verwaltervergütung ist sehr unterschiedlich; sie wird nicht nur von der Qualität und dem Umfang der Leistungen des Verwalters bestimmt, sondern auch von der Objektgröße, den jeweiligen Marktverhältnissen und der Ortsüblichkeit beeinflusst. Für die Erfüllung von Aufgaben, die dem Verwalter über das gesetzliche Maß hinaus – durch Verwaltervertrag oder Mehrheitsbeschluss – auferlegt werden, können Zusatzvergütungen vereinbart werden. Der Beschluss der Wohnungseigentümerversammlung, mit dem der Verwalter bestellt worden ist, ist zugleich ein Angebot zum Abschluss des Verwaltervertrages.

Ein Verwaltervertrag kommt bereits dadurch zustande, dass der Bestellte die Bestellung annimmt, sei es mündlich, schriftlich oder konkludent durch Aufnahme seiner Tätigkeit. Der Inhalt des Vertrages richtet sich dann nach den gesetzlichen Bestimmungen. Es ist ratsam, einen schriftlichen Verwaltervertrag abzuschließen, der als Geschäftsbesorgungsvertrag die wichtigsten Einzelheiten zwischen den Vertragspartnern regeln sollte.

Siehe / Siehe auch: Hausverwalter, Zwangsverwalter, Verwalteraufgaben / Verwalterbefugnisse (Wohnungseigentum)

Verwalter als Makler

Eine nicht unbeachtliche Zahl von Verwaltern betätigt sich auch als Makler. Unbedenklich ist dies in allen Fällen, in denen zwischen dem Verwalter als Makler und dessen Auftraggeber keine das Verwaltergeschäft berührenden Verbindungen bestehen, die beiden Geschäftsbereiche also nicht

miteinander in Berührung kommen. Gibt es jedoch Überlappungen, dann stellt sich die Frage, ob und in welchen Fällen der Verwalter als Makler einen Provisionsanspruch erwerben kann. Folgende Fälle sind zu betrachten:
Der Makler verwaltet Mietwohnungen über die er einen Mietvertrag vermitteln will. Ein Provisionsanspruch ist hier nach dem Wohnungsvermittlungsgesetz ausgeschlossen. Dies gilt auch, wenn der Makler mit dem Verwalter zwar nicht identisch, aber doch wirtschaftlich oder rechtlich mit ihm verflochten ist. Gleiches gilt, wenn der Makler selbst Vermieter oder Mieter der zu vermittelnden Wohnung ist. Die Provisionsverbote sind zwingend, können also durch eine vertragliche Vereinbarung nicht außer Kraft gesetzt werden. Was für die Vermittlung eines Mietvertragsabschlusses mit einem neuen Mieter gilt, gilt auch für die Vermittlung von Vertragsänderungen oder Vertragsverlängerungen, selbst wenn sie für den Mieter zu günstigeren Mietbedingungen führen. Auch hier gilt bei Wohnungen ein Provisionsverbot.

Handelt es sich um Gewerberäume, die der Makler verwaltet, kann er jedenfalls vom Mieter keine Provision verlangen. Da aber keine gesetzlichen Provisionsverbote bestehen, kann jedenfalls eine von der rechtlichen Ausgangslage abweichende Vereinbarung getroffen werden. Es handelt sich dann nicht um eine Provision, sondern um ein von einer Maklerleistung unabhängiges selbständiges Schuldversprechen des Mieters. Dies muss in der Vereinbarung auch zum Ausdruck kommen.

Ist der Makler Sondereigentumsverwalter einer vermieteten Eigentumswohnung, über die ein Kaufvertrag vermittelt werden soll, ist eine provisionspflichtige Maklertätigkeit für den Verkäufer wie auch für den Käufer, der nicht der Mieter ist, möglich, da in einem solchen Fall kein Interessenkonflikt besteht. Bei Doppeltätigkeit muss sich der Makler allerdings neutral verhalten.

Ist der Makler Verwalter des gemeinschaftlichen Eigentums, kann er bei Verkauf einer Wohnung (Sondereigentum) für den Käufer als Makler tätig werden und mit ihm eine Provision vereinbaren. Dies entschied erst jüngst der BGH (Beschl. vom 28.4.2005 - III ZR 387/04 - WuM 2005, 470). Ein sogenannter institutionalisierter Interessenkonflikt tritt aber dann auf, wenn der Makler gleichzeitig aufgrund einer Bestimmung in der Gemeinschaftsordnung dem Kaufvertrag, den er vermittelt hat, seine Zustimmung als Verwalter erteilen muss.

Ein Provisionsanspruch – auch gegenüber dem Verkäufer – ist damit ausgeschlossen. Die Möglichkeit der Vereinbarung einer von einer Maklerleistung abgekoppelten Zahlungspflicht bleibt aber bestehen.

Klar ist, dass ein Verwalter von Grundstücken jeder Art auch beim Verkauf der von ihm verwalteten Objekte auch für den Käufer als Makler fungieren darf.

Siehe / Siehe auch: Makler, Verwalter (WEG)

Verwalteraufgaben / Verwalterbefugnisse (Wohnungseigentum)

Durch die Zuerkennung der Teilrechtsfähigkeit wird der nach § 26 Abs. 1 WEG zu bestellende Verwalter in einer Doppelfunktion tätig. Nach der deshalb erforderlichen Neuregelung sind die Aufgaben und Befugnisse gemäß § 27 Abs. 1 bis 3 WEG danach zu unterscheiden, ob der Verwalter für die Wohnungseigentümer oder für die teilrechtsfähige Wohnungseigentümergemeinschaft tätig wird. Deshalb ist zu unterscheiden zwischen den Aufgaben und Befugnissen des Verwalters, zu denen er gegenüber Wohnungseigentümern und gegenüber der Gemeinschaft berechtigt und verpflichtet ist (u.a. Beschlüsse durchzuführen und für die Durchführung der Hausordnung zu sorgen); die ihn berechtigen, im Namen aller Wohnungseigentümer und mit Wirkung für und gegen sie tätig zu werden (u.a. Willenserklärungen und Zustellungen entgegenzunehmen, soweit sie an alle Wohnungseigentümer gerichtet sind); die ihn berechtigen, im Namen der Gemeinschaft und mit Wirkung für und gegen sie zu handeln (u.a. Maßnahmen zur erforderlichen Instandhaltung und Instandsetzung zu treffen und auch mit einem Anwalt besondere Vergütungsregelungen zu vereinbaren).

Die dem Verwalter nach den Vorschriften des § 27 Abs. 1 bis 3 WEG zugewiesenen Aufgaben und Befugnisse können gemäß § 27 Abs. 4 WEG nicht eingeschränkt oder ausgeschlossen werden.

Der Verwaltungsvertrag ist zwischen dem Verwalter und der (teilrechtsfähigen) Wohnungseigentümergemeinschaft abzuschließen und durch ein oder zwei durch Beschluss der Wohnungseigentümerversammlung bevollmächtigte Wohnungseigentümer (Verwaltungsbeiräte) zu unterzeichnen.

Siehe / Siehe auch: Verwalter (WEG)

Verwaltervergütung

Zu den Kosten der Verwaltung des gemeinschaftlichen Eigentums im Sinne des § 16 Abs. 2 WEG gehört auch die an den Verwalter zu zahlende Vergütung. Die Höhe dieser Vergütung ist gesetzlich nicht geregelt und kann demnach zwischen Verwalter und Wohnungseigentümern frei vereinbart werden. Als allgemeiner Orientierungsmaßstab für die „Üblichkeit" der Vergütung können die Vorschriften der Zweiten Berechnungsverordnung in der seit dem 1. Januar 2002 geltenden Fassung dienen. Danach können für die Verwaltung von Eigentumswohnungen 275 Euro pro Wohnung und Jahr und für die Verwaltung von Garagen 30 Euro pro Garage und Jahr berechnet werden. Am 1. Januar 2005 konnten diese Pauschalen erstmals angepasst werden und zwar entsprechend der Veränderung des Verbraucherpreisindex für Deutschland (Basis 2000 = 100). Die konkrete Höhe der Verwaltervergütung wird im Regelfall im Verwaltervertrag vereinbart. Nach der Jahrhundertentscheidung des BGH (Beschl. vom 20.9.2000, V ZB 58/99) konnte zwar die Gesamtvergütung des Verwalters entsprechend der Zahl der Wohnungen pro Wohnung und Jahr vereinbart werden, im Verhältnis der Wohnungseigentümer untereinander war die Aufteilung der Gesamtvergütung im Verhältnis der Miteigentumsanteile vorzunehmen. Dies galt ungeachtet der Tatsache, dass dann der Eigentümer einer großen Wohnung entsprechend seinem höheren Miteigentumsanteil ein Mehrfaches an Verwaltervergütung zu zahlen hat als der Eigentümer einer kleinen Wohnung. Etwas anderes gilt nur, wenn eine abweichende Vereinbarung gemäß § 10 Abs. 1 WEG getroffen wurde.

Nach den jetzt geltenden Bestimmungen können gemäß § 16 Abs. 3 WEG auch die Verwaltungsvergütungen abweichend von § 16 Abs. 2 WEG durch mehrheitliche Beschlussfassung geregelt werden. Damit wird in der Praxis davon auszugehen sein, dass die Höhe der Vergütung pro Wohnung und Monat auch im Verhältnis der Wohnungseigentümer untereinander verteilt wird. Mit der üblichen Vergütung sind sämtliche Leistungen des Verwalters abgegolten, die ihm nach dem Gesetz im Rahmen seiner „Kardinalpflichten" obliegen. Die vom gewerbsmäßigen Verwalter zu zahlende Umsatz- / Mehrwertsteuer kann auf die vereinbarte Verwaltervergütung aufgeschlagen werden, jedoch bedarf es dazu einer ausdrücklichen vertraglichen Regelung.

Zusatzvergütungen sind grundsätzlich zulässig, beispielsweise im Falle der gerichtlichen Vertretung oder im Zusammenhang mit der Überwachung größerer baulicher Maßnahmen. Diese Vergütungen müssen jedoch angemessen und überschaubar sein und den entsprechenden Zeit- und Arbeitsaufwand berücksichtigen. Dabei empfiehlt sich hinsichtlich der genannten Leistungen eine Orientierung an den Sätzen der HOAI bzw. der BRAGO, jetzt des RVG.

Siehe / Siehe auch: Kostenverteilung

Verwaltervertrag

Grundlage für den Abschluss eines Verwaltervertrages mit einer Wohnungs- / Teileigentümergemeinschaft ist die Bestellung des Verwalters. Ohne Bestellung wäre ein Verwaltervertrag unwirksam. Übernimmt der Verwalter – ohne bestellt zu sein – Verwaltungsaufgaben, handelt er als Geschäftsführer ohne Auftrag, mit der Folge, dass ihm nur ein Aufwendungsersatz zusteht. Im Außenverhältnis kann er in die Situation geraten, dass er als vollmachtloser Vertreter handelt. Der Abschluss eines formellen Verwaltervertrages ist nicht zwingend erforderlich. Übernimmt der Verwalter nach Kenntnisnahme seiner Bestellung die Verwaltung, kommt auf diese Weise stillschweigend ein Verwaltervertrag zustande. Regelmäßig wird ein Verwalter, der bestellt werden soll, im Vorfeld seiner Bestellung seine Vertragsvorstellungen darlegen und wenn möglich ein Angebot auf Abschluss eines Verwaltervertrages vorlegen, das dann auch Grundlage für den Bestellungsbeschluss ist. Der Bestellungsbeschluss kann hier gleichgesetzt werden mit der Annahme des Angebots auf Abschluss eines Verwaltervertrages. Überwiegend wird aber im Bestellungsbeschluss der Verwaltungsbeirat ermächtigt, den Vertrag mit dem Verwalter auch formell abzuschließen. Ähnliches gilt auch für die erstmalige Bestellung eines Verwalters in der Teilungserklärung. Auch hier wird im Vorfeld mit dem in Aussicht genommenen Verwalter der Inhalt des Verwaltervertrags abgesprochen. Die Bestellung erfolgt hier mit Wirksamwerden der Gemeinschaftsordnung.

Da die Aufgaben und Befugnisse des Verwalters im WEG weitgehend geregelt sind und zumindest die in § 27 WEG genannten nicht eingeschränkt werden können, geht es beim Verwaltervertrag vorwiegend darum, festzulegen, ob der Verwalter noch weitergehende Verpflichtungen als im WEG genannt übernehmen soll. Dies kann sich teilweise aus der Gemeinschaftsordnung ergeben (z.B. Zustimmung zur Wohnungsveräußerung, wenn nach der Gemeinschaftsordnung eine solche Zustimmung erforderlich ist). Andere Aufgaben, die sich nicht aus dem WEG ergeben, können z.B. sein Planung und Durchführung von Um- und Ausbauten, Verfolgung von Mängelbeseitigungsansprüchen, Beschaffung fehlender Verwaltungsunterlagen usw.

Weiterer Gegenstand des Verwaltervertrages ist die Festlegung der Verwaltervergütung für reguläre und besondere Leistungen. Sofern sich aus der Gemeinschaftsordnung nichts anderes ergibt, ist Maßstab für die Verteilung der Verwaltervergütung auf die Wohnungseigentümer deren Miteigentumsanteil. Wenn die Verwaltervergütung nach Wohneinheiten umgelegt werden soll, muss dies in der Gemeinschaftsordnung so geregelt werden. Im Verwaltervertrag ist in solchen Fällen die Höhe der Vergütung pro Wohnungs- / Teileigentumseinheit zu bestimmen. Ebenso sind im Verwaltervertrag besondere Vergütungen zu regeln z.B. Vergütung für die Zustimmungserklärungen des Verwalters bei Wohnungsveräußerungen, Höhe einer Mahngebühr (als Aufwendungsersatz), Höhe der Vergütung für die Betreuung von großen Instandsetzungs-, Modernisierungs- oder Umbauarbeiten.

Weitere Regelungen des Verwaltervertrages beziehen sich auf Pflichten des Verwalters bei Beendigung des Vertragesverhältnisses, sowie auf Haftung und Verjährung von Ansprüchen.

Siehe / Siehe auch: Verwalteraufgaben / Verwalterbefugnisse (Wohnungseigentum)

Verwalterwechsel

Der Verwalter hat nach Ablauf des Wirtschaftsjahres – in aller Regel das Kalenderjahr – seine Abrechnung zu erstellen. Der zum Jahresende (31.12.) ausscheidende Verwalter ist dann nicht mehr im Amt, so dass der neue Verwalter zur Abrechnung verpflichtet ist. Der Vorgänger hat eine Rechnungslegung – unter Beifügung sämtlicher Belege – vorzunehmen. Auch bei einem Verwalterwechsel während des Jahres ist der ausscheidende Verwalter zur Rechnungslegung verpflichtet.

Verwaltungsbeirat

Die Verwaltung des gemeinschaftlichen Eigentums obliegt den Wohnungseigentümern, dem Verwalter und dem Verwaltungsbeirat, sofern dieser bestellt ist (§ 20 Abs. 1 WEG). Die Wohnungseigentümer entscheiden über die Verwaltung, der Verwalter ist verantwortlich für die Durchführung der Verwaltung und der Verwaltungsbeirat unterstützt den Verwalter bei der Durchführung seiner Aufgaben. Daneben weist ihm das Gesetz besondere Aufgaben zu, nämlich die Prüfung des Wirtschaftsplans, der Jahresabrechnung, der Rechnungslegung und der Kostenvoranschläge. Vor der Beschlussfassung hierüber soll der Verwaltungsbeirat gegenüber den Wohnungseigentümern in der Versammlung schriftlich oder auch mündlich eine entsprechende Stellungnahme abgeben (§ 29 Abs. 2 und 3 WEG).

Im konkreten Einzelfall können dem Beirat auch weitere Aufgaben durch mehrheitliche Beschlussfassung übertragen werden, soweit diese Aufgaben ordnungsmäßiger Verwaltung entsprechen und dadurch die ureigenen Rechte und Pflichten der Wohnungseigentümer und des Verwalters nicht beeinträchtigt, eingeschränkt oder aufgehoben werden. Der Verwaltungsbeirat wird von der Wohnungseigentümerversammlung gewählt bzw. bestellt. Er setzt sich zusammen aus drei Wohnungseigentümern, von denen einer als Vorsitzender und die beiden weiteren als Beisitzer fungieren. Bestellt die Wohnungseigentümerversammlung im konkreten Fall mehr als drei Mitglieder als Verwaltungsbeirat und gegebenenfalls auch nur einen oder mehrere Nicht-Eigentümer ist der konkrete mehrheitliche Bestellungsbeschluss nur gesetzeswidrig, nicht aber nichtig. Erfolgt also keine Anfechtung und Ungültigerklärung durch das Gericht, ist auch ein Beirat wirksam bestellt, dessen Zahl und Zusammensetzung der gesetzlichen Regelung widerspricht.

Verwaltungskosten, Verwaltergebühren

Nach der Definition der Zweiten Berechnungsverordnung sind Verwaltungskosten die Kosten für die zur Verwaltung eines Gebäudes oder der jeweiligen Wirtschaftseinheit erforderlichen Arbeitskräfte und Einrichtungen, ferner die Kosten der Aufsicht und der Wert der persönlichen Verwaltungsarbeit des Verwalters. Auch die Kosten der gesetzlichen oder freiwilligen Prüfungen des Jahresabschlusses und der Geschäftsführung gehören dazu. Bei Wohnanlagen, die einer Wohnungseigentümergemeinschaft gehören, ist zwischen der Verwaltung des Gemeinschaftseigentums und der des Sondereigentums (einzelne Wohnung des Eigentümers) zu unterscheiden. Grundsätzlich verwaltet der Verwalter das Gemeinschaftseigentum und setzt dafür einen Gebührensatz an. Eine Verwaltung des Sondereigentums – z.B. der vermieteten Eigentumswohnung – wird meist gegen Aufpreis angeboten.

Die Höhe der Verwaltergebühren kann sehr unterschiedlich ausfallen. Einfluss haben darauf u.a. Art, Größe, Alter und Lage der Wohnanlage. Gesetzliche Grenzen setzt die Zweite Berechnungsverordnung, nach der die Verwaltungskosten höchstens 230 Euro im Jahr pro Wohnung, bei Eigenheimen, Kaufeigenheimen und Kleinsiedlungen je Wohngebäude betragen dürfen. Für Garagen und Einstellplätze liegt die Grenze bei 30 Euro jährlich.

Diese Beträge sind jedoch nicht fest, sondern an die allgemeine Preisentwicklung gekoppelt. Am 1. Januar 2005 und danach am 1. Januar jedes dritten Jahres verändern sich die Maximalbeträge um den Prozentsatz, um den sich der Verbraucherpreisindex des Statistischen Bundesamtes für den der Veränderung vorausgehenden Monat Oktober gegenüber dem Index für den der letzten Veränderung vorausgehenden Oktober erhöht oder verringert hat.

Für Januar 2005 war die Veränderung des Verbraucherpreisindexes entscheidend, die zwischen Oktober 2001 und Oktober 2004 stattgefunden hat.

Für die Frage, welche Kostenarten der Vermieter auf den Mieter umlegen kann, ist nach der Zweiten Berechnungsverordnung nun die Betriebskostenverordnung maßgeblich. Danach können bei einer Mietwohnung die Verwaltungskosten nicht auf den Mieter umgelegt werden.

Siehe / Siehe auch: Betriebskosten, Betriebskostenverordnung, Zweite Berechnungsverordnung, II. BV

Verwaltungsvermögen (Wohnungseigentümergemeinschaft)

Als teilrechtsfähige Gemeinschaft verfügt diese über ein ihr als Rechtssubjekt zugeordnetes Verwaltungsvermögen (§ 10 Abs. 7 WEWG). Dieses Vermögen umfasst alle im Rahmen der gesamten Verwaltung gemeinschaftlichen Eigentums gesetzlich und rechtlich erworbenen Sachen und Rechte sowie die bei der Verwaltung entstandenen Verbindlichkeiten. Damit gehören zum Verwaltungsvermögen neben den Guthaben bei Kreditinstituten auch sämtliche Forderungen gegenüber Dritten und Wohnungseigentümern.

Ebenfalls gehören zum Verwaltungsvermögen alle mobilen Gegenstände (z.B. Rasenmäher) sowie alle eingenommenen Gelder (Erträge aus der Vermietung und Verpachtung gemeinschaftlichen Eigentums, Zinserträge und Erträge beispielsweise aus dem Verkauf von Waschmünzen). Auch Immobilienvermögen kann zum Verwaltungsvermögen gehören. Ferner gehören zum Verwaltungsvermögen sämtliche Ansprüche und Befugnisse aus Rechtsverhältnissen mit Dritten und Wohnungseigentümern. Darunter fallen Forderungen gegen jeden Einzeleigentümer aus seiner sich aus § 16 Abs. 2 WEG ergebenden Zahlungsverpflichtung, unabhängig davon, ob bereits ein Beschluss unter entsprechender Fälligstellung gefasst ist. Ausdrücklich zählt das Gesetz auch die entstandenen Verbindlichkeiten zum Verwaltungsvermögen.

Das so definierte Verwaltungsvermögen geht bei jedem Eigentümerwechsel, unabhängig vom rechtsgeschäftlichen Erwerb oder vom Erwerb in der Zwangsversteigerung anteilig auf den Sondernachfolger über. Jeder Gläubiger der Gemeinschaft hat einen vollstreckbaren Anspruch auf das Verwaltungsvermögen.

Siehe / Siehe auch: Rechtsfähigkeit (Wohnungseigentümergemeinschaft)

Verwirkung

Von der Verwirkung eines Anspruchs, beispielsweise im Falle von Eigentumsstörungen, wie sie im Bereich des Wohnungseigentums durch eigenmächtige bauliche Veränderungen auftreten können, spricht man dann, wenn dieser Anspruch über einen längeren Zeitraum nicht geltend gemacht wurde (Zeitmoment) und im Übrigen besondere Umstände hinzutreten, aufgrund derer die verspätete Geltendmachung als unzulässige, unzumutbare Rechtsausübung und insoweit als Verstoß gegen Treu und Glauben anzusehen ist.

Von diesem sogenannten Umstandsmoment ist dann auszugehen, wenn der Schuldner, im Falle der eigenmächtigen baulichen Veränderung also der betreffende (störende) Eigentümer, wegen des passiven Verhaltens und der Duldung der Maßnahme durch die übrigen Eigentümer, annehmen konnte, dass ein Beseitigungsanspruch nicht geltend gemacht wird. Diese Rechtsauffassung hatte in der Vergangenheit dazu geführt, dass dann,

wenn eine Berufung auf Verwirkung nicht möglich war, Beseitigungsansprüche bei baulichen Veränderungen selbst noch nach Ablauf von zehn und mehr Jahren geltend gemacht werden konnten. Vor dem Hintergrund der jetzt verkürzten Regelverjährungsfrist auf drei Jahre dürfte die Berufung auf die Verwirkung jedoch an Bedeutung verlieren.
Siehe / Siehe auch: Verjährung

Verzug
Siehe / Siehe auch: Zahlungsverzug

Verzugszinsen
Siehe / Siehe auch: Zahlungsverzug

VFA
Abkürzung für: Verein Freischaffender Architekten

Vfg
Abkürzung für: Verfügung

VFW
Abkürzung für: Verband freier Wohnungsnehmer

VG
Abkürzung für: Verwaltungsgericht

vg.
Abkürzung für: vorgenannte

VGB
Abkürzung für: Allgemeine Wohngebäude-Versicherungsbedingungen

VGF
Siehe / Siehe auch: Verband Geschlossene Fonds e. V. (VGF)

VGH
Abkürzung für: Verwaltungsgerichtshof (Mannheim)

VGI
Abkürzung für: Verband Geschlossene Immobilienfonds
Siehe / Siehe auch: Immobilienfonds - Geschlossener Immobilienfonds, Verband Geschlossene Immobilienfonds, Verband Geschlossene Fonds

vgl.
Abkürzung für: vergleiche

VglO
Abkürzung für: Vergleichsordnung

VGR
Abkürzung für: Volkswirtschaftliche Gesamtrechnung

VH
Abkürzung für: Vorderhaus

VHB
Abkürzung für: Vergabehandbuch

VHB / Vhb
Abkürzung für: Verhandlungsbasis

VHG
Abkürzung für: Gesetz über die richterliche Vertragshilfe

vhw
Abkürzung für: Volksheimstättenwerk
Siehe / Siehe auch: vhw Bundesverband für Wohneigentum und Stadtentwicklung

vhw Bundesverband für Wohneigentum und Stadtentwicklung
Der vhw Bundesverband für Wohneigentum und Stadtentwicklung (ursprünglich Deutsches Volksheimstättenwerk) ist eine Nachfolgeorganisation des Bundes Deutscher Bodenreformer und des Deutschen Vereins für Wohnungsreform mit Sitz in Berlin.
Der vhw setzt sich dafür ein, dass der Bürger seine Vorstellungen von angemessenem Wohnen – vor allem durch die Bildung von selbst genutztem Wohneigentum – verwirklichen kann. Er will seine Position durch eine nachfrageorientierte Wohnungs- und Städtebaupolitik aktivieren und stärken. Politikberatung und Fortbildung in den Bereichen Stadtplanung, Städtebaurecht, kommunale Organisation und Wirtschaft sowie Immobilienwirtschaft sind Schwerpunkte der Vereinsaktivitäten. Der vhw verfügt über einen eigenen Verlag mit Veröffentlichungen zu den Bereichen Planungsrecht, Umweltrecht, Bodenordnung, Erschließungsrecht, Immobilienwirtschaft und Vergaberecht. Die Verbandszeitschrift „vhw Forum

Wohneigentum" erscheint mit wissenschaftlichen Beiträgen alle zwei Monate.
Näheres siehe:www.vhw-online.de

Videoüberwachung im Mietobjekt

Im öffentlichen Raum kommt die Überwachung mit Videokameras immer stärker in Gebrauch. Relevant ist hier § 6b Bundesdatenschutzgesetz, der Voraussetzungen und Umstände der Überwachung regelt. Auch Vermieter oder Mieter interessieren sich aus Sicherheitsgründen verstärkt für derartige Geräte. Die rechtlichen Voraussetzungen für eine Überwachung im privaten Bereich unterscheiden sich von denen für die Überwachung öffentlicher Räume.

Videoüberwachung ist rechtlich bedenklich, da sie in jedem Fall einen Eingriff in die Persönlichkeitsrechte anderer darstellt. Sie sollte daher immer der Ausnahmefall bleiben. Im Gemeinschaftsbereich einer Wohnanlage sind Kameras unter folgenden Voraussetzungen zulässig:

- Sie sind zur Wahrnehmung des Hausrechts erforderlich.
- Es wird durch deutliche Hinweisschilder darauf hingewiesen.
- Es findet keine Speicherung der Aufnahmen statt.

Die verdeckte Videoüberwachung durch versteckte Kameras ist unzulässig. Erlaubt sind Kameras, die direkt mit einem Bildschirm verbunden sind, ohne dass eine Aufzeichnung stattfindet (vgl. OLG Koblenz, NJW-RR 99, 1394).

Auch ein Mieter darf Kameras verwenden. So existieren bereits Systeme, bei denen eine Minikamera an Stelle des Türspions eingebaut wird und ihr Bild auf einen Monitor in der Wohnung überträgt. Gerichtlich zugelassen wurde dies insbesondere für behinderte Bewohner.

Voraussetzung für Mieter und Vermieter: Die Überwachung darf den Bereich nicht überschreiten, in dem der Überwacher sein Hausrecht ausüben kann. Eine flächendeckende Überwachung des gesamten Hausflurs ist unzulässig. Der Mieter darf z.B. keine Besucher anderer Wohnungen überwachen (OLG Karlsruhe, WM 2000, 128), der Vermieter darf keine Wohnungstüren filmen, um zu überprüfen, welche Besucher der Mieter empfängt.

Nur in einem Ausnahmefall erlauben die Gerichte eine Speicherung von privaten Überwachungsaufzeichnungen: Wenn konkrete Anhaltspunkte dafür bestehen, dass unmittelbare Angriffe auf bestimmte Personen zu erwarten sind und diese Gefahr nicht in anderer zumutbarer Weise abgewehrt werden kann.

Das Landgericht Koblenz wies am 22.3.2006 die Klage eines Grundstückseigentümers ab, der sich durch Videokameras des Nachbarn überwacht fühlte. Letzterer hatte wegen wiederholter Übergriffe durch Unbekannte auf dem Grundstück die Kameras installiert. Das Gericht sah eine Überwachung hier als rechtmäßig an. Zusätzlich stellte es fest, dass die Kameras nicht schwenkbar seien und daher das Nachbargrundstück kaum erfassen konnten (Az.12 S 17/06).

Öffentliche Straßen und Wege oder Nachbargrundstücke dürfen nicht aufgenommen werden. So wurde ein Berliner Kaufhausbetreiber auf die Klage eines Passanten hin dazu verurteilt, den Überwachungsradius der an der Gebäudeaußenseite montierten Kameras erheblich einzuschränken, damit Fußgänger auf dem öffentlichen Gehweg nicht mehr flächendeckend erfasst werden konnten (Amtsgericht Berlin-Mitte, Az.: 16 C 427/02, 18.12.2003). Hier kam das Bundesdatenschutzgesetz zur Anwendung, da es um öffentliche Wege ging.

Siehe / Siehe auch: Datenschutz

Villa

Siehe / Siehe auch: Einfamilienhaus

VIP

Abkürzung für: Very important person

VM

Abkürzung für: Vorstandsmitglied

VNW
Abkürzung für: Verband norddeutscher Wohnungsnehmer

VO
Abkürzung für: Verordnung

VOB
Abkürzung für: Verdingungsordnung für Bauleistungen
Siehe / Siehe auch: VOB-Vertrag

VOB-Vertrag
Die Beauftragung von Bauunternehmen zur Erbringung von Bauleistungen erfolgt durch einen Vertrag, der als Werkvertrag im Sinne des Bürgerlichen Gesetzbuchs (§ 631 BGB) klassifiziert wird. Der Beauftragung können durch ausdrückliche Vereinbarung die Bedingungen der VOB (Vergabe- und Vertragsordnung für Bauleistungen) Teil B zugrunde gelegt werden. Sie gelten dann vorrangig vor dem BGB-Recht. Die Rechtsprechung hat anerkannt, dass die Zugrundelegung der VOB als Ganzes im Lichte der Vorschriften über AGB unbedenklich ist. Problematisch wird es jedoch dann, wenn nur einzelne Teile der VOB gelten sollen, im Übrigen aber BGB-Recht. Dies gilt vor allem dann, wenn isoliert nur die für das Bauunternehmen günstigeren Mängelbeseitigungsvorschriften dem Vertrag zugrunde gelegt werden. Eine solche Vertragsgestaltung widerspräche den Vorschriften über AGB im BGB mit der Folge Unwirksamkeit der entsprechenden VOB-Bedingung.

Auch beim VOB-Vertrag handelt es sich um einen Werkvertrag im Sinne des BGB. In einigen Punkten werden jedoch die gesetzlichen Bestimmungen durch die speziellen Regelungen der Verdingungsordnung (VOB) ersetzt.

Wichtige Unterschiede bestehen bei der
- möglichen Reaktion auf Verzögerungen bei der Bauausführung: Die VOB enthält Regelungen über Ausführungsfristen. Werden die vertraglich vereinbarten Fristen vom Unternehmen nicht beachtet, muss der Bauherr im Gegensatz zum BGB-Recht eine weitere angemessene Frist setzen. Erst wenn diese verstreicht, kann er vom Vertrag zurücktreten, wenn er das angekündigt hat.
- Verjährung der Mängelbeseitigungsansprüche (früher Gewährleistungsansprüche): Im Gegensatz zum BGB-Vertrag (fünf Jahre Verjährungsfrist) beträgt die Verjährungsfrist für Bauwerke und für Holzerkrankungen beim VOB-Vertrag vier Jahre. Für Arbeiten an einem Grundstück sowie für Teile des Bauwerks, die vom Feuer berührt werden (z. B. Kamin), zwei Jahre. Mängel, die nach Ablauf der Gewährleistungsfrist auftreten, muss der Bauherr (Auftraggeber) grundsätzlich aus der eigenen Tasche zahlen. Nach Untersuchungen von Experten treten die meisten Bauschäden innerhalb der ersten sieben Jahre auf. Nach seiner Geltendmachung verjährt der Anspruch auf Mängelbeseitigung in zwei Jahren
- Vergütung: Der Unternehmer erhält schon vor Fertigstellung des gesamten Bauvorhabens Teilzahlungen, soweit abgeschlossene Teile des Bauwerkes abgenommen sind. Allerdings gewährt seit 1.5.2000 auch das BGB (§ 632 a) dem Unternehmer einen der VOB nachgebildeten Anspruch auf Abschlagszahlungen. Die Schlusszahlung muss der Bauherr binnen zweier Monate, nachdem der Handwerker eine nachprüfbare Rechnung vorgelegt hat, begleichen. Nach dem BGB-Recht ist dagegen die Vergütung „bei Abnahme" des Werks zu entrichten (§ 641 BGB).

Seit dem 1. November 2006 gilt die Neufassung der VOB / B, die neue Regelungen zu Abschlagszahlungen, Einwendungen des Auftraggebers gegen die Schlussrechnung, Sicherheitsleistungen und zur Kündigung im Insolvenzfall enthält.
Siehe / Siehe auch: Werkvertrag

VOF
Abkürzung für: Verdingungsordnung für freiberufliche Leistungen

Vogelfütterung
Viele Mieter hängen im Winter Futterglocken oder Futterhäuschen auf oder servieren Singvögeln auf der Fensterbank die eine oder andere Körnermahlzeit. Dies ist zulässig und bewegt sich im Rahmen der vertragsgemäßen Nutzung der Mietwohnung. Anders ist es mit der Fütterung von Tauben. Diese sammeln sich schnell in großen Mengen an, verursachen gesundheitsgefährdenden Schmutz und stören eventuell durch kollektives Gurren die Morgen- oder Abendruhe gestresster Mitbewohner. Die Taubenfütterung kann daher vom Vermieter untersagt oder vertraglich ausgeschlossen

werden. In norddeutschen Landen gilt dies auch für Möwen.

Vogelschutzgebiet

Nach der EU-Vogelschutz-Richtlinie von 1979 sind alle Mitgliedsstaaten zur Ausweisung von Vogelschutzgebieten verpflichtet. Diese Gebiete sind nun auch Teil des Natura 2000-Netzwerkes von Schutzgebieten. Die EU-Vogelschutz-Richtlinie wird durch Ausweisung von Natur- und Landschaftsschutzgebieten umgesetzt.

Zum Teil werden auch Vereinbarungen mit den betroffenen Nutzern oder Eigentümern der Grundstücke getroffen. Die wirtschaftliche Nutzung ist teilweise eingeschränkt möglich, die Durchführung von Baumaßnahmen meist nicht. Es existieren Regelungen über Ausgleichszahlungen nach den Landesnaturschutzgesetzen; ökologische Projekte in Schutzgebieten können mit EU-Geldern gefördert werden.

Siehe / Siehe auch: Entwicklung ländlicher Räume, Flora-Fauna-Habitat-Richtlinie, Natura 2000-Gebiet

VOL

Abkürzung für: Verdingungsordnung für Leistungen

Volatilität

Als Volatilität wird die Schwankungsbreite eines Wertes im Zeitverlauf (z.B. innerhalb von 3 Monaten oder eines Jahres) bezeichnet. Es handelt sich um eine mathematische Größe (Standardabweichung) In ihr kommt das Risiko zum Ausdruck, das dem Wert anhaftet. Je höher die Volatilität, desto höher das Risiko und umgekehrt.

Die historische Volatilität zeichnet das Risikobild einer Anlage in der Vergangenheit. Die implizite Volatilität ist ein Maß der erwarteten Fluktuation des Wertes, das auf der Grundlage aktueller Marktpreise berechnet wird.

Vollbetreuung

Siehe / Siehe auch: Baubetreuung

Vollfinanzierung

Unter Vollfinanzierung wird eine Finanzierung verstanden, bei der der gesamte Kaufpreis eines Objektes bzw. die gesamte Investitionssumme eines Bauvorhabens ausschließlich mit Hilfe von Fremdmitteln finanziert wird.

Vollgeschoss

Bauordnungsrechtlich ist jedes Geschoss ein Vollgeschoss. Überwiegend ist in den Landesbauordnungen eine Mindesthöhe von 2,30 m bestimmt, soweit die Räume zum dauernden Aufenthalt von Personen geeignet sein sollen. Gemessen wird von der Fußbodenoberkante zur Fußbodenoberkante des darüber liegenden Geschosses (Bayerische Bauordnung).

In der Musterbauordnung wird die „lichte Höhe" vorgeschlagen. Aufenthaltsräume in Kellergeschossen sind nach den meisten Landesbauordnungen möglich, wenn ihre Fußbodenoberkante nicht mehr als 0,7 m (teilweise sind 0,5 m vorgeschrieben) unter der natürlichen Geländeoberfläche liegt und die natürliche Belichtung durch ein Fenster einen Lichteinfallswinkel von 45° ermöglicht.

Nach der Musterbauordnung muss die Deckenoberkante mehr als 1,4 m über die festgelegte Geländefläche hinausragen, wenn das Kellergeschoss als Vollgeschoss gelten soll. Ausnahmen sind nach den Länderbauordnungen möglich (Verkaufsräume, Räume für Gaststätten und sonstige Aufenthaltsräume, wenn sie zusätzlichen bauordnungsrechtlichen Anforderungen genügen. Aufenthaltsräume in Dachgeschossen müssen zur Hälfte ihrer Grundfläche mindesten eine lichte Höhe von 2,3 m haben (Sächsische Bauordnung). Die Darstellung zeigt, dass gerade im Bereich der Festlegung dessen, was ein Vollgeschoss ist, die Bestimmungen in den einzelnen Landesbauordnungen doch auseinandergehen. Es ist deshalb ratsam, die für das jeweils zu beurteilende Objekt oder Bauvorhaben maßgebliche Bauordnung zu Rate zu ziehen. Die Musterbauordnung hat nur empfehlenden Charakter.

Vollmacht

Die Vollmacht ermächtigt den Bevollmächtigten, für den Vollmachtgeber zu handeln. Grundsätzlich ist die Vollmacht formfrei und richtet sich nicht nach der Form, die gegebenenfalls für das Rechtsgeschäft vorgeschrieben ist. Wenn aber u.a. die Vollmacht bereits dem selben Zweck dienen soll, wie das Hauptgeschäft – so z.B. beim Grundstückserwerb oder der Grundstücksveräußerung – dann entfällt grundsätzlich die Formfreiheit der Vollmacht. Die Form richtet sich dann nach § 311b BGB (notarielle Beurkundung). Dieses gilt immer dann, wenn die Grundstücksveräußerung oder Erwerbsvollmacht unwiderruflich erteilt ist. Unter den genannten Voraussetzungen ist die grundsätzlich ebenfalls formfreie Auflassungsvollmacht auch zu beurkunden.

Vollmachtloser Vertreter – Genehmigung

Der vollmachtlose Vertreter (Falsus Prokurator) handelt für einen anderen, ohne die erforderlich Vertretungsvollmacht zu besitzen. Die von ihm für den Vertretenen abgegebenen Willenerklärungen müssen von diesem genehmigt werden (§ 177 BGB). Dies kommt manchmal auch bei der Beurkundung von Grundstückskaufverträgen vor.

Diese werden erst dann wirksam, wenn der Kaufvertrag vom Vertretenen genehmigt wird. Grundsätzlich ist die Genehmigung formfrei. Ist aber die Vollmacht formbedürftig, dann ist es grundsätzlich auch die Genehmigung. Der Notar kann auch die Unterwerfung unter die sofortige Zwangsvollstreckung durch den vollmachtlosen Vertreter beurkunden, wenn eine nachträgliche Genehmigung erwartet werden kann.

Vollstreckungstitel

Ein Vollstreckungstitel findet Eingang in ein Endurteil, das rechtskräftig oder für vorläufig vollstreckbar erklärt ist oder in einem sonstigen vereinbarten Schuldtitel (z.B. vollstreckbare Ausfertigung eines Kaufvertrages). Diese müssen den zu vollstreckenden Anspruch des Gläubigers ausweisen.

Volltilgungsdarlehen

Siehe / Siehe auch: Annuitätendarlehen

Voraufl.

Abkürzung für: Vorauflage

Vorausverfügung über Miete

Eine Vorausverfügung des Vermieters über die Miete kann z.B. durch Abtretung seines Anspruches oder durch Aufrechnung mit Ansprüchen des Mieters stattfinden.

Probleme können beim Verkauf des Mietobjekts entstehen, wenn der Veräußerer im Voraus über Mietzahlungen in einem Zeitraum verfügt hat, der nach dem Eigentumsübergang liegt. Das Gesetz schreibt für diesen Fall vor, dass die Verfügung wirksam ist, soweit sie sich auf die Miete für den zur Zeit des Eigentumsübergangs laufenden Monat bezieht.

Falls der Eigentumsübergang nach dem 15. eines Monats stattfindet, sind auch Vorausverfügungen über die Miete des folgenden Monats gültig.

Wenn der Käufer bei Übergang des Eigentums darüber Bescheid weiß, dass der Verkäufer auch die Miete für weitere Monate bereits verplant hat, kann er sich auch in diesen Zeiträumen keine Hoffnung auf Mieterträge machen.

Siehe / Siehe auch: Aufrechnung

Vorauszahlungen nach VOB / B

Vorauszahlungen können in einem nach den VOB / B abgeschlossenen Vertrag über Bauleistungen vereinbart werden. Eine solche Vereinbarung ist auch nach Vertragsschluss möglich. Dann ist auf Verlangen des Auftraggebers ausreichende Sicherheit zu leisten. Solche Vorauszahlungen sind – wenn nichts anderes vereinbart wurde – mit 3% über dem Basiszinssatz zu verzinsen.

Im Gegensatz zu Abschlagszahlungen setzen Vorauszahlungen keine erbrachten Bauleistungen voraus. Sie sind auf die nächstfälligen Abschlagszahlungen anzurechnen soweit die Vorauszahlungen für die dabei zu bezahlenden Leistungen erbracht wurden. Für Vorauszahlungen auf noch nicht erbrachte Leistungen wird die gesetzliche Mehrwertsteuer fällig. Im Rahmen der Mehrwertsteuererhöhung von 16% auf 19% zum 1.1.2007 ist zu beachten, dass sich die Umsatzsteuer nach dem Zeitpunkt der Leistungserbringung richtet. Bei in 2006 geleisteten Vorauszahlungen auf Leistungen, die in 2007 erbracht werden, muss der Unternehmer zunächst 16% Umsatzsteuer abführen. Bei Erbringung der Leistung in 2007 muss er zusätzliche 3% nachträglich entrichten. Er kann diesen Betrag dem Auftraggeber allerdings nur zusätzlich in Rechnung stellen, wenn dies im Vertrag zuvor ausdrücklich so vereinbart wurde. (Vgl. § 16 VOB/B 2002)

Siehe / Siehe auch: Abschlagszahlung

Vorbehalt der Vertragsstrafe

Siehe / Siehe auch: Vertragsstrafe

Vorbereitung bei der Vergabe

Die Vorbereitung bei der Vergabe ist die 6. Leistungsphase nach § 15 der HOAI (Honorarordnung für Architekten und Ingenieure). Sie wird mit 10% (Gebäude), 7% (Freianlagen, raumbildende Ausbauten) bewertet, bemessen am gesamten Honorar der Architekten und Ingenieure.

In dieser Planungsphase ermittelt der Architekt oder Bauleiter die Massen der benötigten Bauteile (Massenermittlung für die Ausschreibung). Er erstellt Leistungsverzeichnisse für einzelne Gewerke und koordiniert diese mit den am Bau beteiligten Fachleuten.
Siehe / Siehe auch: Ausschreibung, HOAI - Honorarordnung für Architekten und Ingenieure, Leistungsphasen, Mitwirkung bei der Vergabe

Vorbescheid
Siehe / Siehe auch: Bauvoranfrage

Vorfälligkeitsentschädigung
Mit der Vorfälligkeitsentschädigung lassen sich Kreditinstitute für den Fall einer Darlehensrückzahlung vor Ende der vereinbarten Laufzeit den Differenzbetrag entschädigen, der dadurch entsteht, dass die Bank den zurückfließenden Darlehensbetrag nur unter für sie ungünstigeren Bedingungen wieder anlegen kann. Als Anlagemöglichkeiten kommen Pfandbriefe, Kommunalobligationen und öffentliche Anleihen in Frage. Deren Konditionen stimmen aber oft nicht überein. Der BGH hat deshalb am 7.11.2000 entschieden, dass für die Berechnung der Vorfälligkeitsentschädigung der für den Darlehensnehmer günstigste Zinssatz für eine Anlage des zurückfließenden Darlehensbetrages anzusetzen ist (XI ZR 27/00). Damit können Umfinanzierungen, die den Ersatz teurer Darlehen durch billige Darlehen bewirken sollen, durchaus interessant sein. Die Darlehnsnehmer haben Anspruch auf die Offenlegung der Berechnung der Vorfälligkeitsentschädigung.
Die gleichen Grundsätze gelten für die Nichtabnahmeentschädigung. Für den besonderen Fall, dass ein Darlehen im Zuge des Hausverkaufes zurückgeführt werden soll, weil der Erwerber das Darlehen nicht übernehmen will und der Verkäufer mit dem Kaufpreis den Erwerb eines anderen Hauses finanzieren will, hat der BGH eine Möglichkeit aufgezeigt, keine Vorfälligkeitsentschädigung bezahlen zu müssen. Urteil (Az. XI ZR 398/02). Das Darlehen kann nämlich bei gleichwertiger Besicherung fortgeführt werden. Allerdings ändert sich dann auch nichts an den Darlehenskonditionen. Bauherren brauchen dann nur die Gebühren für den Austausch der Sicherheiten zahlen. Ob sich dies rechnet, sollte sorgsam überprüft werden.
Tipp: Bauherren, die eine Immobilie mit Grundstück verkaufen und gleichzeitig eine andere bereits besitzen oder erwerben wollen, sollten ihrer Bank unter Hinweis auf das Urteil den Austausch der Sicherheiten dann vorschlagen, wenn die Aufnahme eines neuen Darlehens nur zu deutlich ungünstigeren Bedingungen möglich ist.
Siehe / Siehe auch: Darlehen, Nichtabnahmeentschädigung

Vorfinanzierung
Vorfinanzierung ist die Bereitstellung von kurz- bis mittelfristigen Krediten, die zur Finanzierung der Herstellungskosten bei Bauvorhaben oder Kaufpreisen bei Häusern mit der Absicht eingesetzt werden, diese später durch langfristige Darlehen zu ersetzen. Eine Vorfinanzierung kann z.B. sinnvoll sein, um niedrigere Zinsen abzuwarten oder um die Zeit bis zur Zuteilung eines Bausparvertrags zu überbrücken.
Bei Bausparverträgen kann die Bausparsumme, wenn das vertraglich festgelegte Mindestguthaben noch nicht erreicht ist, Darlehen und Guthaben jedoch früher benötigt werden, von der Bausparkasse vorfinanziert werden. Damit wird die Zeit bis zur Zuteilungsreife überbrückt. Dies geschieht allerdings meist zu höheren, von den Marktverhältnissen abhängigen Zinsen, als sie beim Bauspardarlehen anfallen. Ist die Mindestbausparsumme oder die für die Zuteilung erforderliche Bewertungszahl erreicht, der Bausparvertrag also zuteilungsreif, spricht man von Zwischenfinanzierung, wenn der Auszahlung des Bauspardarlehens noch Hinderungsgründe im Wege stehen.
Siehe / Siehe auch: Zwischenfinanzierung (Zwischenkredit)

Vorhaben
Vorhaben im Sinne des Bauplanungsrechts beziehen sich auf die Errichtung, Änderung und Nutzungsänderung baulicher Anlagen. Außerdem gehören dazu Aufschüttungen und Abgrabungen größeren Umfanges, sowie Ausschachtungen, Ablagerungen und Lagerstätten.
Die Zulässigkeit von Vorhaben ergibt sich aus den §§ 30 sowie 33-35 BauGB. Sind mit Vorhaben bestimmte Eingriffe mit Beeinträchtigungen von Erhaltungszielen im Sinne des Bundesnaturschutzgesetzes verbunden, sind die Bestimmungen dieses Gesetzes zu beachten. Im Interesse der Erhaltung von Vogelschutzgebieten ist bei bestimmten Vorhaben vorher eine Stellungnahme der Europäischen Kommission einzuholen.

Vorhaben- und Erschließungsplan

Unternehmen (Vorhabenträger) können mit einer Gemeinde einen Plan zur Durchführung eines bestimmten Bauvorhabens und den dazugehörenden Erschließungsmaßnahmen aushandeln. Voraussetzung ist, dass sich das geplante Vorhaben in die Vorgaben des Flächennutzungsplanes einfügt. Der Vorhabenträger verpflichtet sich zur Durchführung des Vorhabens und der Erschließung innerhalb einer im Durchführungsvertrag vereinbarten Frist und zur Tragung der Planungs- und Erschließungskosten.

Der Vorhaben- und Erschließungsplan wird Bestandteil des von der Gemeinde als Satzung zu beschließenden vorhabenbezogenen Bebauungsplan. Wird das Vorhaben nicht innerhalb der vereinbarten Frist ausgeführt, soll die Gemeinde den Bebauungsplan aufheben. Der Vorhabenträger kann seine Pflichten aus dem Durchführungsvertrag auch an einen anderen Vorhabenträger übertragen. Allerdings muss die Gemeinde dem zustimmen. Sie kann die Zustimmung nur verweigern, wenn davon auszugehen ist, dass die fristgemäße Durchführung des Vorhaben- und Erschließungsplanes gefährdet ist.

Für das Aufstellungsverfahren des vorhabenbezogenen Bebauungsplans gelten die gleichen Vorschriften wie beim normalen Bebauungsplan. Das bedeutet, dass die Öffentlichkeit und die Behörden beteiligt werden müssen. Ebenso ist auch hier eine Umweltverträglichkeitsprüfung durchzuführen.

Der Umweltbericht wird Bestandteil der Begründung des Bebauungsplanes.

Vorkaufsrecht

Das Vorkaufsrecht verleiht dem Vorkaufsberechtigten das Recht, mit dem Verkäufer eines Grundstücks einen Kaufvertrag zu den Bedingungen zu schließen, zu denen vorher ein Kaufvertrag mit einem Dritten abgeschlossen wurde. Damit der Vorkaufsberechtigte in der Lage ist, sein Recht zu wahren, hat der Verkäufer die Verpflichtung, ihm unverzüglich den erfolgten Verkauf mitzuteilen. Diese Mitteilung wird in der Regel vom Notar übernommen. Das Vorkaufsrecht wird durch eine entsprechende Erklärung gegenüber dem Verkäufer ausgeübt, die innerhalb von zwei Monaten nach Eingang der Verkäufermitteilung abzugeben ist.

Bei Vorkaufsrechten ist einerseits zwischen gesetzlichen und vertraglichen andererseits zwischen schuldrechtlichen und dinglichen Vorkaufsrechten zu unterscheiden. Gesetzliche Vorkaufsrechte haben für eine große Anzahl von Verkaufsfällen die Gemeinden nach dem BauGB, das sie in beschränktem Umfange auch zu Gunsten Dritter ausüben können. Überschreitet in Kaufverträgen der vereinbarte Kaufpreis den Verkehrswert in einer „dem Rechtsverkehr erkennbaren Weise" deutlich, kann das Vorkaufsrecht zum Verkehrswert ausgeübt werden (preislimitierendes Vorkaufsrecht). Der Verkäufer kann dann allerdings vom Vertrag zurücktreten, mit der Folge, dass die Gemeinde die Kosten des Vertrages (einschließlich einer etwaigen Maklergebühr) zu zahlen hat.

Weitere gesetzliche Vorkaufsrechte gibt es im Rahmen des Reichssiedlungsgesetzes (Verkauf landwirtschaftlicher Flächen über 2 Hektar Größe) und der Denkmalschutzgesetze einiger Bundesländer. Auch die Mieter von vorher in Wohnungseigentum umgewandelten Wohnungen haben im Verkaufsfalle ein gesetzliches Vorkaufsrecht. Soweit es sich um eine mit öffentlichen Mittel geförderte Wohnung handelt, beträgt die Erklärungsfrist des Mieters für das Vorkaufsrecht sechs Monate. In den neuen Bundesländern haben Mieter und Nutzer auch nach dem Vermögensgesetz ein Vorkaufsrecht. Gesetzliche Vorkaufsrechte sind nicht im Grundbuch eingetragen.

Schuldrechtliche Vorkaufsrechte machen nur dann Sinn, wenn mindestens eine Vormerkung im Grundbuch eingetragen ist. Dingliche, also im Grundbuch eingetragene Vorkaufsrechte können eine bestimmte Person berechtigen (subjektiv persönliches Vorkaufsrecht), oder den jeweiligen Eigentümer eines anderen Grundstücks (subjektiv dingliches Vorkaufsrecht). Hat ein Makler ein mit einem Vorkaufsrecht belastetes Grundstück vermittelt, und wird vom Vorkaufsrecht Gebrauch gemacht, kann er nur eine etwa vereinbarte Verkäuferprovision erhalten. Die Käuferprovision entfällt. Allerdings kann der Makler seinen Provisionsanspruch sichern, wenn der Verkäufer bereit ist, die Zahlung der Maklergebühr zu einer echten Kaufvertragsbedingung im Grundstückskaufvertrag zu machen. Es handelt sich um die so genannte Maklerklausel, ein Vertrag zugunsten Dritter, der als selbstständiges Schuldversprechen ausgestaltet ist. In einem solchen Fall muss dann auch der Vorkaufsberechtigte diesen Teil des Kaufvertrages erfüllen und die Provision bezahlen. Wurde in einem Mietvertrag ein Vorkaufsrecht vereinbart, ist es unwirksam, wenn es nicht notariell beurkundet

wurde. Es kann auch sein, dass nicht nur die entsprechende Klausel, sondern der gesamte Mietvertrag unwirksam ist, dann nämlich, wenn durch das Vorkaufsrecht Investitionen des Mieters gesichert werden sollten und es damit für den Mieter eine wesentliche Bedeutung hatte. (OLG Düsseldorf, Urteil vom 25.3.2003, Az. I 24 U 100/1)
Siehe / Siehe auch: Maklerprovision, Innenprovision

Vorkenntnis (Maklergeschäft)
Provisionszahlungen an Maklern werden oft mit dem Hinweis verweigert, das angebotene Objekt sei bereits bekannt gewesen. In diesem Fall wird Vorkenntnis geltend gemacht. Die Ursächlichkeit scheint damit zu fehlen und der Provisionsanspruch entfällt. Wenn allerdings der Makler durch weitere Informationen oder Übergabe von Unterlagen die Entscheidungsbasis des Interessenten nicht unerheblich erweitert hat, bleibt die Ursächlichkeit erhalten und damit der Provisionsanspruch des Maklers trotz Vorkenntnis bestehen.

Vormerkung
Die Vormerkung sichert nach dem § 883 BGB einen zukünftigen Rechtsanspruch oder eine zukünftige Aufhebung eines Rechtes im Grundbuch ab. Die Vormerkung ist eine Anwartschaft auf ein Recht, die einseitig nicht mehr vom eingetragenen Eigentümer eines Grundstückes zerstört werden kann. Eine Verfügung, die nach Eintragung der Vormerkung in das Grundbuch getroffen wird, ist unwirksam, wenn der Anspruch des vorgemerkten Rechtes zerstört würde. Insbesondere sichert die Vormerkung vor dem Verlust des Rechtes bei gutgläubigem Eigentumserwerb durch einen Dritten bei unrichtigen Grundbuch.

Vormietrecht
Das Vormietrecht ist gesetzlich nicht geregelt. Es kann nur auf einer vertraglichen Vereinbarung zwischen Vermieter und Vormietberechtigtem beruhen. Das Vormietrecht bezeichnet das Recht eines Dritten (Vormietberechtigten), in einem zwischen Vermieter und Mieter geschlossenen Vertrag die Rolle des Mieters einzunehmen.
Der Vormietberechtigte kann gegenüber dem Verpflichteten (Vermieter) erklären, dass er sein Vormietrecht ausüben will. Dadurch kommt ein neuer Mietvertrag zu den von den ursprünglichen Vertragsparteien vereinbarten Bedingungen nunmehr zwischen dem Vormietberechtigten und dem Vermieter zustande. Dies bezieht sich auch auf Vertragsdauer und Kündigungsfristen. Die gesetzlichen Regeln des Vorkaufsrechts sind analog anwendbar. Entsprechend den Regelungen zum Vorkaufsrecht muss der Vormietberechtigte sein Vormietrecht innerhalb einer Frist von zwei Monaten nach Mitteilung des Vormietfalles durch den Vermieter geltend machen (vgl. § 469 Abs. 2 BGB). Dieser ist zur unverzüglichen Mitteilung bei Abschluss eines Mietvertrages mit einem Dritten verpflichtet. Er muss den Vormietberechtigten auch über den genauen Vertragsinhalt in Kenntnis setzen. Für die Ausübung des Rechtes kann vertraglich eine Frist vereinbart werden, die von der gesetzlichen Zwei-Monats-Frist abweicht. Die Schriftform ist für die Vereinbarung eines Vormietrechtes nicht vorgeschrieben, aber dringend zu empfehlen. Zur Anwendung kommt das Vormietrecht meist bei der Geschäftsraummiete, wenn kein Mietoptionsrecht vereinbart wurde.
Siehe / Siehe auch: Anmietrecht, Mietoption, Mietvorvertrag

Vorplanung
Die Vorplanung ist die 2. Leistungsphase nach § 15 der HOAI (Honorarordnung für Architekten und Ingenieure). Sie wird mit 7% (Gebäude, raumbildende Ausbauten), 10% (Freianlagen) bewertet, bemessen am gesamten Honorar der Architekten und Ingenieure. In dieser Planungsphase wird auf Basis der Grundlagenermittlung gearbeitet, entwurfsrelevante Fragen aufgeworfen und ein Vorentwurf skizziert.
Werden mehrere Vorentwürfe vom Bauherren gefordert, so tritt § 20 der HOAI in Kraft, nach der ein Architekt oder Ingenieur dem Auftraggeber für jede weitere umfassende Entwurfsplanung nach grundsätzlich verschiedenen Anforderungen ein höheres Honorar in Rechnung stellt.
Siehe / Siehe auch: Architekt, Entwurfszeichnungen, HOAI - Honorarordnung für Architekten und Ingenieure, Leistungsphasen

Vorratsbau
Siehe / Siehe auch: Bestellbau

Vorschaltdarlehen
Kurzfristiges Darlehen mit durchweg zwei Jahren Laufzeit und einem festen Zins, das während der Laufzeit jederzeit gekündigt oder verlängert wer-

den kann. Bei sinkenden Zinsen kann der Kreditnehmer sich schnell die günstigeren Konditionen sichern. Vorschaltdarlehen dienen besonders in Hochzinsphasen zur Überbrückung. Sie sind teurer als andere Festzinsdarlehen.

Vorsteuerberichtigung (Option zur Umsatzsteuer bei Vermietung)

Eine Vorsteuerberichtigung führt zur Rückzahlung von erhaltenen Vorsteuerbeträgen aus den Baukosten an das Finanzamt. Innerhalb eines Zeitraumes von 10 Jahren nach der erstmaligen Verwendung kann das Finanzamt unter bestimmten Voraussetzungen Vorsteuerbeträge zurückfordern. Dies kann bei einer umsatzsteuerlich freien Vermietung oder auch beim Immobilienverkauf passieren, wenn zuvor nach Option eine Vermietung mit Umsatzsteuer vorlag. Zurückgezahlt werden muss nur zeitanteilig, d.h. für jeden Monat, in dem die Voraussetzungen nicht vorliegen.

Vorteil: Die Rückzahlungsbeträge können steuerlich als Werbungskosten bei den Einkünften aus Vermietung und Verpachtung geltend gemacht werden.

Siehe / Siehe auch: Umsatzsteuer (bei Vermietung)

Vorvertrag

Vorverträge enthalten verbindliche Erklärungen, die eine oder beide Parteien verpflichten, einen bestimmten Vertrag abzuschießen. Vorverträge kommen vor allem im Geschäftsverkehr zwischen Architekten und Bauherrn vor. Der Architekt will im Vorplanungsstadium sicherstellen, dass er dann, wenn sich der Bauherr zur Durchführung des Bauvorhabens entschließt, auch eingeschaltet wird. Solche Vorverträge sind wirksam. Im Gegensatz hierzu ist ein so genannter „Letter of Intent" eine Absichtserklärung, in der zwar bestimmte Absprachen und wirtschaftliche Eck-daten eines kommenden Vertrages formuliert werden. Der Abschluss des Vertrages wird aber nur unverbindlich in Aussicht gestellt.

Ähnliches gilt für „Vorverhandlungen". Allerdings kann hier ein Vertrauensverhältnis entstehen, das dem eines Vorvertrages ähnelt und das bei schuldhafter Verletzung der Pflicht zur Rücksichtnahme zu Schadensersatzansprüchen führen kann (culpa in contrahendo). Einseitige Vorverträge (Optionen) sind Vorkaufs- und Ankaufsrechte. Vorverträge zwischen Grundstückskaufvertragsparteien bedürfen zu ihrer Wirksamkeit der notariellen Form. Makler, die Vorverträge vermitteln, die nicht dieser Form genügen, verlieren selbst dann ihren Provisionsanspruch, wenn auf der Grundlage solcher nichtigen Vorverträge ein wirksamer notarieller Vertrag zustande kommt.

Vorweggenommene Werbungskosten

Vorweggenommene Werbungskosten sind Aufwendungen vor der Vermietung einer Immobilie. Die Kosten dürfen nicht zu den Anschaffungs- oder Herstellungskosten gehören. Damit die Aufwendungen steuerlich geltend gemacht werden können, muss man dem Finanzamt gegenüber nachweisen, dass man zumindest beabsichtigt hat, Einkünfte aus Vermietung / Verpachtung zu erzielen. Beispiele für vorweggenommene Werbungskosten: Bauzeitzinsen, Finanzierungs- und Geldbeschaffungskosten, Grundsteuer sowie Kosten für Fahrten zum Mietobjekt, die im Zusammenhang mit der Verwaltung des Objektes stehen.

Vorzeitiges Pachtende, Ersatzpflicht

Wenn ein Pachtvertrag vorzeitig während des laufenden Pachtjahres beendet wird, gibt es gerade bei landwirtschaftlichen Betrieben das Problem, was mit den noch ungeernteten Feldfrüchten zu geschehen hat.

Das Gesetz regelt dies folgendermaßen: Der Verpächter muss dem Pächter den Wert der Feldfrüchte ersetzen, die zwar noch nicht geerntet sind, die aber bei ordnungsgemäßer Bewirtschaftung noch vor Ende des Pachtjahres geerntet werden müssen. Das Ernterisiko muss bei der Berechnung berücksichtigt werden.

Wenn sich dieser Wert nicht feststellen lässt, weil z.B. noch nichts aufgegangen ist, muss der Verpächter dem Pächter seine darauf getätigten Aufwendungen ersetzen, soweit diese sich noch im Rahmen einer ordnungsgemäßen Bewirtschaftung bewegen.

Die Ersatzpflicht des Verpächters gilt bei Forstbetrieben auch für zum Einschlag vorgesehenes, aber noch nicht geschlagenes Holz. Hier kann jedoch auch der Pächter zu Zahlungen herangezogen werden: Wenn er mehr Holz geschlagen hat, als bei ordnungsgemäßer Nutzung zulässig gewesen wäre, muss er den Wert des Überhanges ersetzen.

Viele Pachtverträge sehen vor, dass bei Streitigkeiten über den Wert von Feldfrüchten, Vieh,

Betrieben etc. der Schätzungsausschuss anzurufen ist, der aus Sachverständigen besteht.
Siehe / Siehe auch: Pachtvertrag, Schätzungsausschuss bei Landpacht

VoSt.
Abkürzung für: Vorsteuer

VRS
Abkürzung für: Verkehrsrechtssammlung

VStG
Abkürzung für: Vermögensteuergesetz

VSW
Abkürzung für: Verband der Südwestdeutschen Wohnungswirtschaft

VV
Abkürzung für: Vertreterversammlung
Abkürzung für: Verwaltungsvorschrift

VVG
Abkürzung für: Versicherungsvertragsgesetz

VW
Abkürzung für: Versicherungswirtschaft

VWA
Abkürzung für: Verwaltungs- und Wirtschaftsakademie

VwGO
Abkürzung für: Verwaltungsgerichtsordnung

VwV
Abkürzung für: Verwaltungsvorschriften

VwVfG
Abkürzung für: Verwaltungsverfahrensgesetz

W
Abkürzung für: Wohnung

WährG
Abkürzung für: Währungsgesetz

Wärmeschutzverordnung
Siehe / Siehe auch: Energieeinsparverordnung (EnEV)

Wäschetrockner
Ein Wäschetrockner, der bei Abschluss des Mietvertrages in der Wohnung steht und den die Mieter tatsächlich auch benutzen können, gilt als Zubehör des Mietobjektes. Der Trockner wird dann als „maschinelle Wascheinrichtung" angesehen, deren Kosten (z.B. Stromverbrauch) über die Betriebskostenabrechung auf den Mieter umzulegen sind. Fällt das Gerät jedoch aus, sind Reparatur oder Ersatzbeschaffung Sache des Vermieters. Reparatur- und Instandsetzungskosten sind generell nicht umlagefähig. Ersatzlos entfernt werden darf der mitvermietete Trockner nicht. Gleiches gilt für Waschmaschinen. Gibt es kein vermietereigenes Gerät, darf der Mieter einen Wäschetrockner aufstellen. Dabei muss jedoch darauf geachtet werden, dass in der Wohnung keine Schäden z.B. durch Feuchtigkeit entstehen. Ist eine ordnungsgemäße Entlüftungsmöglichkeit / Abluftrohr vorhanden, muss das Gerät auch daran angeschlossen werden.
Nicht zulässig ist es für den Mieter, die feuchte Abluft einfach per selbst gebasteltem Schlauch nach draußen abzuleiten. Dabei können nämlich Nebelschwaden entstehen, die wiederum berechtigten Ärger bei Nachbarn auf den Plan rufen. Diese haben bei derartiger Vernebelung unter Umständen einen Anspruch auf Mietminderung. Ein Anspruch des Mieters auf Aufstellung eines eigenen Wäschetrockners in der Gemeinschaftswaschküche besteht nicht. In vielen Fällen wird dies jedoch nach Absprache und in Abhängigkeit vom zur Verfügung stehenden Platz und natürlich der Entlüftung möglich sein.
Siehe / Siehe auch: Betriebskosten

Wange
Die Wangen sind die seitlichen Bauteile beidseitig der Treppe. Die Treppenwangen tragen neben ihrer Eigenlast die Lasten der Stufen. Die Stufen werden in eingestemmte Ausschnitte der Wange eingesetzt oder in stufenförmige Einschnitte oberhalb der Wange aufgesattelt und fest mit der Wange verbunden.
Im Gegensatz zur selbsttragenden Wange ist die Wandwange an der Wand befestigt. Statt der Wangen kann der Holm, auch Treppenbalken genannt, die Stufen tragen oder unterstützen.
Siehe / Siehe auch: Gebäudetreppen, Stufe, Treppenholm

Wartezeit (Bausparvertrag)
Wartezeit ist die Zeitspanne zwischen Abschluss und Zuteilung eines Bausparvertrags. Einer Bausparkasse ist es laut Bausparkassengesetz verboten, verbindliche Zusagen über den Zeitpunkt der Zuteilung eines Bausparvertrags zu machen.

Wartung
Durch Wartung, die im Allgemeinen in regelmäßigen Zeitabständen durchgeführt wird, soll die Betriebssicherheit von Anlagen und Einrichtungen aufrechterhalten werden. Dazu gehören das Überprüfen, Einstellen, Reinigen der Anlage sowie das Austauschen kleinerer Verschleißteile. Durch Abschluss eines Wartungsvertrages können diese Leistungen gegen ein pauschales Wartungsentgelt eingekauft werden. Bei maschinellen oder elektronischen Anlagen verkürzt sich die Mängelbeseitigungsfrist auf zwei Jahre, wenn VOB/B 2002 vereinbart ist und ein Wartungsvertrag nicht abgeschlossen wird (mit Wartungsvertrag beträgt sie vier Jahre).

Waschmaschine in der Mietwohnung
Mieter dürfen in ihrer Wohnung grundsätzlich eine Waschmaschine aufstellen. Dies gilt auch bei Vorhandensein einer Gemeinschaftswaschmaschine. Der Vermieter ist jedoch nicht verpflichtet, einen Waschmaschinenanschluss neu installieren zu lassen. Das Gerät muss vom Mieter fachgerecht angeschlossen werden. Der Wasserhahn zur Maschine darf ohne zusätzliche Sicherheitseinrichtung (Aqua Stop) nicht ständig offen bleiben. Kommt es zu einem Wasserschaden, weil der Mieter jahrelang den Wasserhahn geöffnet gelassen hat, ohne den festen Sitz der Schläuche zu kontrollieren, haftet der Mieter wegen grober Fahrlässigkeit (vgl. OLG Oldenburg, 5.5.2004, Az. 3 U 6/04). Beim Waschen sind die meist in der Hausordnung geregelten Ruhezeiten einzuhalten. Gibt es Trockenräume, so müssen diese zumindest

für größere Wäschestücke benutzt werden. Der Vermieter kann das Trocknen der Wäsche in der Wohnung vertraglich untersagen.

Siehe / Siehe auch: Wäschetrockner

Wasserflächen / Gewässerschutz

Bei Wasserflächen handelt es sich um Flächen, die ständig oder zeitweise mit Wasser bedeckt sind, unabhängig davon, ob es sich um natürliche oder künstliche Gewässer handelt. Zu den Wasserflächen zählen Seen, Weiher, Teiche (sogenannte Stillgewässer) sowie Flüsse, Bäche und Kanäle (so genannte Fließgewässer). In Deutschland sind knapp 2,3% der Bodenfläche Wasserfläche.

Oberflächengewässer werden auf unterschiedliche Weise in Anspruch genommen bzw. benutzt (Schifffahrt, Wasserentnahmen, Abwassereinleitungen). Dadurch wird die Gewässergüte beeinträchtigt. Dies führte zum Aufbau eines Gewässerschutzrechtes, auf europäischer Ebene zur EG-Wasserrahmenrichtlinie. Sie verpflichtet die Staaten der EU zur schrittweisen Umsetzung bestimmter Maßnahmen bis 2015.

Ziel ist die Erreichung eines einheitlichen hohen ökologischen Qualitätsstandards des Wassers. Bestimmte Grenzwerte dürfen dann nicht mehr überschritten werden. Die Richtlinie trat am 22.12.2000 in Kraft. Die wichtigsten Rechtsgrundlagen auf Bundesebene sind das Wasserhaushaltsgesetz, das einen Rahmen für gesetzliche Vorschriften (Landeswassergesetze) durch die Bundesländer enthält, die Abwasserverordnung, das Abwasserabgabengesetz und das Pflanzenschutzgesetz.

Wasserkostenabrechnung

Entgegen früherer Auffassung zählen die Kosten der Wasserversorgung der einzelnen Sondereigentumseinheiten einschließlich der hieran gekoppelten Kosten der Abwasserentsorgung nicht zu den Kosten des gemeinschaftlichen Gebrauchs gemäß § 16 Abs. 2 WEG.

Nach höchstrichterlicher Rechtsprechung konnten die Wohnungseigentümer deshalb über die Verteilung der Kosten der Wasserversorgung – auch der Abwasserentsorgung – der Sondereigentumseinheiten im Rahmen ordnungsmäßiger Verwaltung durch Mehrheitsbeschluss entscheiden und die verbrauchsabhängige Abrechnung einführen, wenn über die Verteilung der Kosten des Sondereigentums nicht bereits eine abweichende Vereinbarungen im Sinne von § 10 Abs. 1 und 2 WEG getroffen worden war (BGH, 25.9.2003, V ZB 21/03).

War allerdings eine solche Vereinbarung in der Teilungserklärung oder der Gemeinschaftsordnung getroffen, beispielsweise eine Verteilung der Wasserkosten nach Köpfen oder Wohnfläche, konnten die Wohnungseigentümer eine Umstellung auf eine verbrauchsabhängige Abrechnung nur dann beschließen bzw. verlangen, wenn außergewöhnliche Umstände ein Festhalten an der bisherigen Regelung als grob unbillig und damit als gegen Treu und Glauben verstoßend erscheinen ließen.

Nach der jetzt geltenden Regelung über eine von § 16 Abs. 2 WEG abweichende Verteilung von Betriebskosten durch mehrheitliche Beschlussfassung kann eine Umstellung auf die verbrauchsabhängige Abrechnung auch dann vorgenommen werden, wenn bisher schon eine abweichende Vereinbarung bestand (§ 16 Abs. 3 und 5 WEG). Bei der Einführung der verbrauchsabhängigen Wasserkostenabrechnung im Rahmen ordnungsmäßiger Verwaltung haben die Wohnungseigentümer im Übrigen einen breiten Ermessensspielraum, der es ihnen ermöglicht, alle für und gegen die verbrauchsabhängige Abrechnung sprechenden Umstände abzuwägen, also insoweit die Kosten der Einführung einerseits den Kosten der Einsparung andererseits gegenüber zu stellen.

Ob für die Kosten der Anschaffung und der Installation, der Wartung und der Eichung bzw. Nacheichung der Erfassungsgeräte eine von § 16 Abs. 2 WEG abweichende Kostenverteilung durch mehrheitliche Beschlussfassung gemäß der Neuregelung nach § 16 Abs. 3 WEG getroffen werden kann, könnte strittig sein. Es handelt sich bei den Erfassungsgeräten um gemeinschaftliches Eigentum, so dass insoweit die Kostenverteilung nach der gesetzlichen Regelung des § 16 Abs. 2 WEG bzw. einer entsprechend abweichend getroffenen Vereinbarung gemäß § 10 Abs. 2 Satz 2 WEG vorzunehmen ist. Dies gilt zumindest für die Kosten der Anschaffung und der Installation der Wasserzähler. Dagegen dürften die Kosten für die Wartung und Nacheichung und gegebenenfalls an deren Stelle der Austausch zu den Betriebskosten zählen, für die eine abweichende Verteilung durch Mehrheitsbeschluss zulässig ist.

Der gesondert zu erfassende gemeinschaftliche Wasserkostenverbrauch ist dagegen nach Miteigentumsanteilen zu verteilen. Der bei der Warmwasserversorgung entstehende Wasserverbrauch ist gegebenenfalls gesondert zu erfassen und nach den Vorschriften der Heizkostenverordnung abzurechnen.

Siehe / Siehe auch: Betriebs- und Verwaltungskosten (Wohnungseigentum)

Wasserverbrauch

Die Deutschen gehen sparsam mit Trinkwasser um. Der durchschnittliche Haushaltswasserverbrauch pro Einwohner und Tag sank zwischen 1990 und 2005 um 29,7 auf 124 Liter. Die Kosten für Trinkwasser betrugen 2004 1,77 Euro pro Kubikmeter. Die Bundesbürger zahlen im Schnitt täglich 0,23 Euro für Trinkwasser.

Betrachtet man die Wasserpreise im europäischen Vergleich, ergeben sich deutliche Preisunterschiede. Bei der Preisbildung spielen unterschiedliche Faktoren eine Rolle: Kosten bei der Gewinnung, unterschiedliche Steuern, Abgaben und Abschreibungen, Aufbereitung und Verteilung, der Wasserverbrauch und nicht zuletzt die Qualität des Wassers. Deutsches Wasser ist zwar eines der teuersten, aber auch eines der besten. In Deutschland gilt seit 1.2.2003 eine neue Trinkwasserverordnung.

Haushaltswasserverbrauch in Litern
je Einwohner je Tag

Land	
Deutschland	124
Spanien	145
England	147
Frankreich	151
Österreich	160
Italien	213
Schweiz	237
Norwegen	260
Japan	278
USA	295

Zahlen für die Jahre 2002-2005, Stand 1/05
Quelle: Bundesverband deutscher Gas- und Wasserwirtschaft, BGW

Siehe / Siehe auch: Trinkwasserverordnung

WaV
Abkürzung für: Warenhausverordnung

WaVU
Abkürzung für: Wasserversorgungsunternehmen

Wb
Abkürzung für: Wirtschaftlichkeitsberechnung

WB
Abkürzung für: Wertanteil des Erbbauberechtigten (Besitzers)

WBG
Abkürzung für: Wohnungsbaugesellschaft

WBK
Abkürzung für: Wohnungsbaukreditanstalt

WBS
Abkürzung für: Wohnberechtigungsschein
Siehe / Siehe auch: Wohnberechtigungsschein

Wbw
Abkürzung für: Wiederbeschaffungswert

WE
Abkürzung für: Wertanteil des Erbbaurechtgebers (Eigentümers)
Abkürzung für: Wohneinheit
Abkürzung für: Wohnungseigentum

WEer
Abkürzung für: Wohnungseigentümer

WEG
Abkürzung für: Wohnungseigentumsgesetz
Siehe / Siehe auch: Wohnungseigentumsgesetz

Wegerecht
Ein Wegerecht wird abgesichert durch eine Grunddienstbarkeit. Sie räumt dem jeweiligen Eigentümer eines anderen Grundstücks das Recht zum Begehen oder Befahren des damit belasteten Grundstücks ein.

Kann ein Grundstückseigentümer sein Grundstück nur über ein fremdes Grundstück erreichen, steht ihm ein Notwegerecht zu. Er kann es unabhängig davon nutzen, ob es im Grundbuch eingetragen ist oder nicht. Die Eintragung empfiehlt sich aber dennoch, weil damit die Grenzen des Wegerechts genau bezeichnet werden können.

Siehe / Siehe auch: Grunddienstbarkeit, Notwegerecht

Wegfall des Eigenbedarfsgrundes

Der Bundesgerichtshof hat im November 2005 entschieden, wie Vermieter zu verfahren haben, wenn nach einer berechtigten Eigenbedarfskündigung unerwartet der Eigenbedarfsgrund entfällt. Grundsätzlich wird die wirksame Kündigung nachträglich unwirksam, wenn der Eigenbedarf des Vermieters vor Ende der Kündigungsfrist entfällt. Unsicher war bisher, inwieweit der Vermieter den Mieter über den Wegfall informieren muss. Im verhandelten Fall hatte der Vermieter die Wohnung für seine Schwiegermutter beansprucht. Die Mieter wurden zur Räumung verurteilt. Während der Räumungsfrist verstarb die Schwiegermutter. Die Mieter erhoben nach dem Auszug Schadenersatzklage mit der Begründung, der Vermieter hätte sie informieren müssen.

Grundsatzurteil des BGH: Der Vermieter muss im Rahmen seiner vertraglichen Treuepflicht den Mieter über den Wegfall des Eigenbedarfsgrundes (und damit über die Unwirksamkeit der Kündigung) informieren, allerdings nur bis zum regulären Ende der Vertragslaufzeit, d.h. bis zum letzten Tag der Kündigungsfrist. Danach existiert kein Vertrag mehr und somit keine Treuepflicht. Da die gerichtliche Räumungsfrist nur einen Räumungsaufschub nach Ablauf der Kündigungsfrist darstellt, braucht zu diesem Zeitpunkt keine Information mehr zu erfolgen. Der Mietvertrag ist bereits wirksam beendet (Bundesgerichtshof, Urteil vom 9.11.2005, Az.: VIII ZR 339/04).

Siehe / Siehe auch: Beendigung eines Mietverhältnisses, Eigenbedarf

Wegnahme von Einrichtungen

Bei Rückgabe der Mietwohnung darf der Mieter Einrichtungen wegnehmen, mit denen er die Wohnung versehen hat. Der Vermieter kann dies verhindern, indem er eine angemessene Entschädigung für die Gegenstände bezahlt. Macht der Mieter ein berechtigtes Interesse daran geltend, diese Sachen mitzunehmen, muss der Vermieter dies hinnehmen.

Einrichtungen im Sinne dieser gesetzlichen Regelung (§§ 539, 552 BGB) sind für die vorübergehende Nutzung eingebaute bewegliche Sachen, die durch den Mieter mit der Mietwohnung körperlich verbunden worden sind. Sie müssen sich von der Mietsache unterscheiden und auch von dieser wieder trennbar sein.

Nicht dazu gehören fest eingefügte Sachen, durch deren Einbau die Wohnung erst in vertragsgemäßen Zustand versetzt oder verändert wird. Auch Einbauten im Rahmen baulicher Veränderungen gehören nicht dazu. Beispiele für wegnehmbare Einrichtungen: Öfen, Teppichböden, Schlösser, Steckdosen, Lichtschalter, umpflanzungsfähige Sträucher, Stauden und andere Pflanzen. Nicht wegnehmbar sind zum Beispiel Böden, neu verlegte Rohr- und Elektroleitungen, Einbauküche, Fliesen.

Siehe / Siehe auch: Staude

Weiche Kosten

Bei den so genannten weichen Kosten handelt es sich um Aufwendungen von Fondsgesellschaften, die Anlegern im Zusammenhang mit ihrer Beteiligung an geschlossenen Fonds in Rechnung gestellt werden. Dazu gehören beispielsweise Kosten für Vertriebsprovisionen, Platzierungsgarantien oder Entgelte für Treuhänder, Steuerberater und die Verwaltung des Fonds. Je höher die Weichkosten, desto geringer ist derjenige Anteil an der Zeichnungssumme des Anlegers, der tatsächlich in das Fondsobjekt investiert wird.

Wellnessimmobilien

Wellnessimmobilien sind Wohlfühlimmobilien, d.h. Immobilien, deren Zweck darin besteht, den Besuchern ein Wohlgefühl zu vermitteln. Es handelt sich um eine Erfindung des antiken Roms. Seit 20 Jahren, zu erst in der Vereinigten Staaten, dann bei uns wieder belebt, bringt es den Betreibern teilweise gute Gewinne ein.

Im Gegensatz zu Fitnessstudios, die dem Besucher Vergnügen dadurch bereiten wollen, dass sie ihnen harte Arbeit aufbürden, setzt Wellness auf die sanfte Tour: Sauna, Fußpflege, Massage bei freundlicher (sanfter) Musik. Zu Wellnessimobilien rechnen sich auch die „Romantik-Hotels". Die Trends bei Wellnessimmobilien verlaufen in Richtung medizinische Vorsorge, ein Aspekt der dazu führt, dass zunehmend auch Fitnessbereiche integriert werden.

Die Zahl der in Wellness- und Fitnessstudios organisierten Well- und Fitnessfreunde nahm jahrelang stetig zu, in den letzten Jahren allerdings spricht man von einem stagnierenden Wachstum. Nach einer Untersuchung von Detoilette & Touche vom Juni 2004 zählten die rund 5.600 Wellness- und Fitnessstudios immerhin 4,5 Millionen Mitglieder.

Wendeltreppe

Die Stufen einer Wendeltreppe sind gleichmäßig und kreisförmig um ein Treppenauge angeordnet. Dadurch sind die Stufen gleichmäßig keilförmig. Durch die Verjüngung der Stufen zum Treppenauge sind diese Stufen schwieriger zu begehen. Mit der Festlegung der Treppenlauflinie wird diese Unsicherheit auf ein Minimum reduziert.

Seitlich der Lauflinie muss im Bereich der nutzbaren Treppenlaufbreite das erforderliche Steigungsverhältnis eingehalten werden. Bei Wohnhäusern beträgt die nutzbare Treppenlaufbreite mindestens 80-90 cm. Der Vorteil der Wendeltreppe liegt in ihrem kompakten, raumsparenden Grundriss.

Siehe / Siehe auch: Gebäudetreppen, Spindeltreppe, Wendelung

Wendelung

Die Wendelung der Treppe ist eine Abfolge angeschnittener Stufen. Dabei kann es sich um eine Spindel-, Wendel- oder auch gewendelte Treppe handeln. Wegen ihrer Kompaktheit werden gewendelte Treppen oft im Eigenheimbau verwendet. Der Antritt (und Austritt) ist gerade, aber wenn der Treppenlauf die Kurve beschreibt, müssen die Stufen angeschnitten werden.

Im Gegensatz zur Spindel- und Wendeltreppe ähnelt bei der gewendelten Treppe keine Stufen der vorherigen, denn die angeschnittenen Stufen folgen im Innenbereich einem Mittelpunkt, der sich nach außen hin unregelmäßig verbreitert. Folgerichtig bildet die Lauflinie der gewendelten Treppe einen Halb- oder Viertelkreis. Die Lauflinie von Spindel- und Wendeltreppe ist kreisförmig.

Siehe / Siehe auch: Gebäudetreppen, Lauflinie, Spindeltreppe, Wendeltreppe

WErbbR

Abkürzung für: Wohnungserbbaurecht

Werbung des Immobilienunternehmens

Bei der Kostenstruktur von Immobilienunternehmen spielen Werbekosten eine bedeutende Rolle. Hinzu kommt, dass weitere Kosten für Werbe- und Öffentlichkeitsarbeit in den Kostenblöcken „Personal" und „sonstige Kosten" speziell in Form des in der Werbe- und Öffentlichkeitsarbeit eingesetzten Personals enthalten sind.

Grundsätzlich gilt: Werbung ist letztendlich „eine Investition in das Bewusstsein von Menschen". Werbung wird in der Werbelehre oft definiert als planvoller Einsatz von Werbemitteln zur Erzielung eines bestimmten Absatzerfolges. Diese Definition trifft vor allem beim Makler nur eine Seite, wenn auch die wichtigste des von ihm abzudeckenden Werbeumfeldes. Der Makler muss aber nicht nur verkaufen und damit Objekte bewerben. Er befindet sich, ähnlich wie auch der Bauträger bei der Grundstücksbeschaffung, auch auf der Einkaufsseite in einer Wettbewerbssituation, die ihn zur Werbung zwingt (Akquisitionswerbung bzw. Beschaffungsmarketing).

Worauf es bei dieser Definition der Werbung aber ankommt, ist die Einbeziehung des Werbeplanes in die Überlegungen. Werbung ist „planvoller Einsatz von Werbemitteln". Damit ist klar, dass jene in der Branche so oft praktizierte Ad-hoc-Entscheidung darüber, welches Objekt mit welchem Anpreisungstext übermorgen im Zeitungsinserat stehen soll, kaum etwas mit planvoller Werbung zu tun haben kann. Natürlich gehen die Kosten für das Inserat in die Werbungskosten ein. Ob aber das Werbeergebnis das Betriebsergebnis positiv oder negativ beeinflusst, ist eine andere Sache.

Die Wichtigkeit einer solchen begrifflich auch die Öffentlichkeitsarbeit umfassenden Werbeplanung ergibt sich aus der Bedeutung der hier anfallenden Kosten für das Immobilienunternehmen – insbesondere für Makler. So zeigt der jährlich beim Institut für Handelsforschung an der Universität Köln für die Mitglieder des RDM durchgeführte Betriebsvergleich, dass der Werbeetat eines Maklers allein für Inseratewerbung zwischen 10% und 14% des Umsatzes beträgt. Hinzu kommen weitere Werbeausgaben von 1% bis 2%. 1998 wurden 13,9% für Inserate und 2,3% für sonstige Werbekosten ausgegeben.

Werbungskosten – allgemein

Werbungskosten sind Aufwendungen, die dazu dienen, Einnahmen aus einer Einkunftsart zu erwerben, zu sichern und zu erhalten. Sie können bei den „Überschusseinkünften" geltend gemacht werden. Das sind Einkünfte aus nichtselbstständiger Arbeit, aus Vermietung und Verpachtung, aus Kapitalvermögen sowie sonstige Einkünfte.

Steuerzahler, die die Aufwendungen in ihrer Höhe nicht einzeln nachweisen wollen, können teilweise eine Pauschale geltend machen.
Diese fällt je nach Einkunftsart unterschiedlich hoch aus und ist im Einkommensteuergesetz festgelegt. Bei der Einkunftsart Vermietung und Verpachtung gibt es die Möglichkeit einer Pauschale nicht.

Werbungskosten bei Vermietung und Verpachtung

Der Werbungskostenkatalog bei der Einkunftsart Vermietung und Verpachtung ist sehr umfangreich. Zum ihm gehören neben den Fremdkapitalzinsen und Finanzierungsnebenkosten alle Betriebskosten, Instandhaltungskosten, Verwaltungskosten sowie die AfA.

Steuerlich werden die Werbungskosten dem Jahr zugeordnet, in dem der Zahlungsabfluss stattfindet. Findet der Zahlungsabfluss bei regelmäßig wiederkehrenden Leistungen innerhalb von 10 Tagen vor Jahresbeginn oder nach dem Jahresende statt, sind sie dem Jahr zuzuordnen, in dem die Aufwendungen zu leisten sind.

Die Verteilung von größeren Instandhaltungskosten bei Wohngebäuden auf 2 bis 5 Jahre ist seit 1.1.2004 wieder möglich. Bei Verkauf einer Immobilie ist zu beachten, dass für Aufwendungen, die mit dem Verkauf der Immobilie zusammenhängen, ein Werbungskostenabzug nicht möglich ist.

Das bedeutet, dass z.B. die Renovierung einer Eigentumswohnung nach Auszug des Mieters und vor Abschluss des Kaufvertrages durch den Verkäufer aus steuerlicher Perspektive uninteressant ist. Nach dem auch der Vorkostenabzug zugunsten des erwerbenden Selbstnutzers der Wohnung nicht mehr möglich ist, bleiben diese Kosten quasi in der Luft hängen.

Etwas anderes gilt jedoch, wenn die Aufwendungen im Rahmen der Vermietung entstanden sind, aber erst nach dem Verkauf bezahlt werden. Auch ein Wohnungskäufer, der vermieten will, kann diese Renovierungskosten als Werbungskosten geltend machen.

Siehe / Siehe auch: Absetzung für Abnutzung (AfA), Anschaffungsnaher Erhaltungsaufwand, Einkünfte aus Vermietung und Verpachtung, Verluste aus Vermietung und Verpachtung (Steuerrecht), Vermietung und Verpachtung

Werkmietwohnung

Eine Werkmietwohnung / Werkwohnung wird mit Rücksicht auf das Bestehen eines Arbeitsverhältnisses vermietet.

Der Vermieter kann mit Ende des Arbeitsvertrages mit folgenden besonderen Fristen den Mietvertrag kündigen:

- Wenn der Mieter weniger als zehn Jahre lang in der Wohnung gewohnt hat und diese für einen anderen Mitarbeiter benötigt wird: drei Monate (d.h. Kündigung spätestens am dritten Werktag eines Monats zum Ablauf des übernächsten Monats)
- Wenn das jeweilige Arbeitsverhältnis die Überlassung einer Wohnung in unmittelbarer Nähe zur Arbeitsstätte erfordert hat und diese jetzt für einen anderen Mitarbeiter benötigt wird: spätestens am dritten Werktag eines Monats zum Ablauf dieses Monats. (vgl. § 576)

Siehe / Siehe auch: Betriebsbedarf, Dienstwohnung, Widerspruchsrecht bei Werkmietwohnungen

Werkwohnung

Siehe / Siehe auch: Werkmietwohnung

Werkstättenverordnung

Auch: WVO. Sie regelt die rechtlichen Gegebenheiten für Behinderten-Werkstätten. Dort soll behinderten Menschen die Möglichkeit gegeben werden, am Arbeitsleben teilzunehmen bzw. wieder in das Arbeitsleben eingegliedert zu werden. Die Aufnahme ist nur nach einem Eingangsverfahren möglich, mit dem die Eignung des Betreffenden überprüft wird. Es finden berufsbildende Kurse statt, um eine Teilnahme am Arbeitsleben zu ermöglichen.

Werkvertrag

Mit dem Abschluss eines Werkvertrags verpflichtet der Auftraggeber („Besteller") den Unternehmer zur Errichtung des versprochenen „Werks". Im Gegenzug muss der Auftraggeber das Werk abnehmen und die vereinbarte Vergütung zahlen. Wichtig ist die Erfolgsbezogenheit dieses Vertragstyps. Der Unternehmer schuldet also immer einen bestimmten Erfolg, z.B. die fachgerechte Installation der Sanitäranlagen.

Ist im Werkvertrag die Erbringung von Bauleistungen vereinbart, wird der Vertrag auch als

Bauvertrag bezeichnet. Mit dem „Gesetz zur Beschleunigung fälliger Zahlungen" vom 30.3.2000 wurde dem Unternehmer gegenüber dem Auftraggeber ein gesetzlicher Anspruch auf Abschlagszahlungen „für in sich abgeschlossene Teile des Werkes" eingeräumt (§632a BGB). Ähnliches galt bisher schon beim so genannten VOB-Vertrag, einem Bauvertrag, dem die VOB/B zugrunde gelegt wurden. Die Rechtsposition des Unternehmers wurde gegenüber dem Auftraggeber auch dadurch gestärkt, dass bei unberechtigter Verweigerung der Abnahme durch den Auftraggeber (wegen unwesentlicher Mängel) der Werklohn auch ohne Abnahme nach der dem Auftraggeber gesetzten Frist eingeklagt werden kann.

Die Abnahme kann durch eine Fertigstellungsbescheinigung eines Gutachters ersetzt werden, in der bestätigt wird, dass die erbrachte Bauleistung frei von solchen Mängeln ist, die der Auftraggeber gegenüber dem Gutachter gerügt hat. Allerdings kann der Auftraggeber bei tatsächlich vorhandenen Baumängeln die Zahlung eines angemessenen Teils der Vergütung verweigern (mindestens in Höhe des Dreifachen der Kosten, die zur Beseitigung des Mangels erforderlich sind).

Siehe / Siehe auch: VOB-Vertrag

Wertentwicklung (Anlagen)

Ein Vergleich der Wertentwicklung für verschiedene Anlageformen über einen Zeitraum von 31 Jahren bringt es an den Tag: Als Wertanlage folgt das Eigenheim den Aktien.

Wuchs der Wert von 1970 investierten 100.000 Euro in Spareinlagen nur auf rund 368.000 Euro im Jahr 2001, so belief sich der Wert der Aktien auf 1.814.000 Euro. (wobei das Jahr 2000 für Aktien Spitzenwerte erreicht wurden dem 2003 ein erheblicher Einbruch folgte). Die Jahresrendite lag immerhin bei 9,8%.

Beim Einfamilienhaus wurden aus 100.000 Euro immerhin 1.026.000 Euro. Der durchschnittliche Wertzuwachs belief sich damit auf jährlich 7,8%.

Bei festverzinslichen Wertpapieren betrug im Jahr 2001 der Wert 914.000 Euro. Die Rendite lag bei 7,4%.

Danach rangiert Gold mit 440.000 Euro (4,9% Rendite) gefolgt vom Sparbuch mit 368.000 Euro und einer jährlichen Rendite von 4,3%. Die durchgeführten Untersuchungen lassen Eigenheimer zumindest in Wachstumsregionen auch optimistisch in die Zukunft sehen. Die Wertentwicklung von Eigenheimen wird dort auch in den nächsten Jahren weiter nach oben gerichtet sein.

Wertentwicklung einzelner Anlageformen

Eine Investition 1970 von 50.000 Euro ergibt in der jeweiligen Anlageform 2001 diesen Vermögensbestand:

Quelle: Verband der Privaten Bausparkassen e.V.

Wertermittlungsrichtlinien (WertR 2006)

Die WertR interpretieren die Vorschriften der Wertermittlungsverordnung. Sie bieten eine Hilfestellung zur Ermittlung von Verkehrswerten und von grundstücksbezogenen Rechten und Belastungen für die Gutachterausschüsse. Dabei werden in der Anlage Wertermittlungsformulare zur Verfügung gestellt Die Richtlinien sind zu beachten, wenn sie angeordnet wurden. Außerdem enthalten sie Grundsätze der Enteignungsentschädigung.

Aber auch für Sachverständige ergeben sich nützliche Hinweise. Überarbeitet wurden in der Neufassung des Jahres 2006 vor allem die Bereiche Erbbaurecht, Wohnungs- und Nießbrauchrecht, Wege- und Leitungsrecht sowie der Überbau.

Die Anlagen enthalten u.a. den Bewirtschaftungskostenkatalog mit Kostenansätzen, die durchschnittlichen Gesamtnutzungsdauern der verschiedenen Gebäudearten, Vervielfältigertabellen für das Ertragswertverfahren, das Schema für die Ermittlung der Brutto-Grundfläche, die NHK 2000, Tabellen zur Berechnung der Alterswertminderung, Diskontierungsfaktoren, Abschreibungsdivisoren, einen Mustererbbauvertrag, und Berechnungshinweise im Bereich des Erbbaurechts und Umrechnungskoeffizienten (GFZ:GFZ).

Siehe / Siehe auch: Bewirtschaftungskosten, Erbbaurecht, Gesamtnutzungsdauer von Gebäuden (Wertermittlung), Gutachterausschuss,

Nießbrauch (an Immobilien/Wohnungseigentum), Überbau, Umrechnungskoeffizienten

Wertermittlungsverordnung

Die Wertermittlungsverordnung (WertV regelt die Verfahren zur Ermittlung von Verkehrswerten von Grundstücken, von Rechten an Grundstücken und grundstücksgleichen Rechten. Die Verordnungsermächtigung findet sich im Baugesetzbuch, wo auch der Begriff des Verkehrswerts definiert wird. Die derzeit geltende WertV stammt vom Dezember 1988 und wurde zuletzt 1997 geändert.Bezweckt werden soll die einheitliche Anwendung gleicher Grundsätze bei der Ermittlung der Verkehrswerte und bei Ableitung der Daten, die für die Wertermittlung von Bedeutung sind.

Die WertV ist in allen Fällen verbindliche Norm für die Verkehrswertermittlung, bei denen in Gesetzen auf den Verkehrswert i.S.d. § 194 BauGB verwiesen wird. Das gilt auch für die Wertermittlung im Zusammenhang mit Zwangsversteigerungsverfahren. Wird ein Sachverständiger im Auftrag eines privaten Auftraggebers tätig, ist die WertV nur dann verpflichtend anzuwenden, wenn dies im Gutachtensvertrag vereinbart ist.

Dies ist der Fall, wenn Gegenstand des Gutachtensauftrages die Ermittlung des „Verkehrswertes" ist. Da durch das Europarechtsanpassungsgesetz von 2004 die Verkehrswertdefinition durch den Klammerzusatz „Marktwert" ergänzt wurde, ist davon auszugehen, dass auch bei einem Auftrag, in dem die Erstellung eines Gutachtens zur Ermittlung des Marktwertes erteilt wurde, die WertV anzuwenden ist.

Die Anwendung dieser Grundsätze hat auch weitgehend Eingang in die Verkehrswertermittlung für private Zwecke und bei Gerichtsgutachten gefunden. Auch dann, wenn keine entsprechende Vereinbarung getroffen wurde. Die WertV ist wie folgt gegliedert:
- Erster Teil:
  Anwendungsbereich, allgemeine Verfahrensgrundsätze und Begriffsbestimmungen
- Zweiter Teil:
  Ableitung erforderlicher Daten (Indexreihen, Umrechnungskoeffizienten, Liegenschaftszinssatz und Vergleichsfaktoren)
- Dritter Teil:
  Wertermittlungsverfahren (Vergleichswertverfahren, Ertragswertverfahren, Sachwerteverfahren)Vierter Teil:Ergänzende Vorschriften (im Zusammenhang mit der Wertermittlung bei städtebaulichen Sanierungs- und Entwicklungsmaßnahmen)

WertR

Abkürzung für: Wertermittlungsrichtlinien

Wertsicherungsklausel

Langjährige wiederkehrende Leistungen werden normalerweise gegen den Geldwertschwund durch Wertsicherungsklauseln abgesichert. In der Immobilienwirtschaft sind sie deshalb üblich in Miet- und Pachtverträgen, Erbbauverträgen und Kaufverträgen, wenn ein Teil des Kaufpreises „verrentet" wird.

Unterschieden wird nach der Preisklauselverordnung zwischen genehmigungsfreien, genehmigungspflichtigen und „vertragsspezifischen Klauseln" die als „genehmigt gelten". Genehmigungsfrei sind vor allem so genannte Leistungsvorbehaltsklauseln, bei denen die Neubestimmung der Anpassung den Vertragsparteien vorbehalten bleibt. Sie finden sich häufig in Gewerberaummietverträgen.

In der Regel bestimmt im Falle der Nichteinigung ein unabhängiger Sachverständiger die neue Höhe der Leistung. Kostenelementklauseln sind ebenfalls genehmigungsfrei. Sie machen die zu leistende Vergütung oder den zu zahlenden Preis abhängig von der Kostenentwicklung (z.B. bei einem Vertrag mit einem Generalunternehmen von der Entwicklung der Löhne am Bau). Schließlich sind auch noch so genannte Spannungsklauseln genehmigungsfrei. Bei ihnen wird die Höhe des geschuldeten Betrages vom künftigen Preis oder Wert eines gleichartigen Gutes abhängig gemacht. (Beispiel: Baupreis wird an der Entwicklung des Baukostenindex gekoppelt).

Die Wertsicherung von Erbbauzinsen ist genehmigungsfrei, wenn der Erbbauvertrag (siehe Erbpacht) mindestens 30 Jahre läuft. Dabei sind bei Erbbaurechten, die Wohnzwecken dienen, ohnehin die Vorschrift des § 9a ErbbauVO zu beachten, wonach maßgeblich für die Erhöhungsobergrenze die Entwicklung der allgemeinen wirtschaftlichen Verhältnisse ist.Soweit Genehmigungen erforderlich sind, ist dafür das Bundesamt für Wirtschaft in Eschborn zuständig.

Siehe / Siehe auch: Erbbauzinsen, Erbpacht, Bundesamt für Wirtschaft, Spannungsklausel

WertV
auch: WertVO
Abkürzung für: Wertermittlungsverordnung

Wesentlicher Bestandteil
Wesentliche Bestandteile einer Sache sind nach § 93 BGB solche, die von ihr nicht ohne Zerstörung oder Veränderung ihres Wesens getrennt werden können. Deshalb sind z.B. Gebäude oder Bäume und Sträucher wesentlicher Bestandteil eines Grundstücks. Wesentliche Bestandteile eines Gebäudes sind fest mit ihm verbundene Einrichtungen, z.B. eingebaute Badewannen. Bei Einbauküchen ist zu prüfen, ob sie tatsächlich „eingebaut", also nicht mehr ohne Zerstörung herausnehmbar sind, oder ob es sich nur um ins Raumgefüge eingepasste Möbelteile handelt.

Wesentlicher Bestandteil kann nicht Gegenstand besonderer Rechte sein. Bei einem bebauten Grundstück ist es nicht möglich, das Eigentumsrecht am Gebäude vom Eigentumsrecht am Grundstück zu trennen. Eine Ausnahme bildet das „grundstücksgleiche" Erbbaurecht. Im Gegensatz zum wesentlichen Bestandteil sind einfache Bestandteile eines Grundstücks handelbar. Über Bestandteile eines Gebäudes, z.B. Feuermelder, Antennen usw., also alles, was abmontierbar ist, kann verfügt werden. Eigentumsvorbehalte bleiben nach Montage bestehen. Auch Rechte, die mit dem Grundstück verbunden sind (z.B. ein Geh- und Fahrrecht an einem anderen Grundstück), sind einfache Bestandteile.

Siehe / Siehe auch: Erwerbsnebenkosten beim Grundstückskauf, Grundstück, Zubehör

Wesentlichkeitsgrenze (Vermietung von Wohnraum)
Nach § 5 WiStG darf bei Vermietung von Wohnraum eine neu vereinbarte Miete bis höchstens 20% über der Vergleichsmiete liegen. Wird diese Grenze überschritten, handelt es sich um eine Ordnungswidrigkeit, es sei denn, die Miete deckt lediglich die laufenden Aufwendungen. Anwendung findet die Vorschrift im Übrigen nur dann, wenn der Vermieter ein „geringes Angebot" an vergleichbaren Mietobjekten zur Vereinbarung einer überhöhten Miete ausnutzt.

Liegt das Angebot deutlich über der Nachfrage, kann davon im Regelfall nicht ausgegangen werden. Das geringe Angebot, das für die zu betrachtende Wohnungsgruppe zu prüfen ist, muss sich auf einen räumlichen Teilmarkt beziehen, der nicht zu eng (z.B. nur auf ein Stadtviertel) gefasst werden darf.

Siehe / Siehe auch: Mietwucher

Wettbewerblicher Dialog (Vergaberecht)
Die zunehmende Bedeutung von Public-Private-Partnerships kam in dem Versuch zum Ausdruck, die gesetzlichen Rahmenbedingungen für PPP durch das Gesetz zur Verbesserung der Grundlagen für öffentlich-private Partnerschaften (ÖPP-Gesetz) zu verbessern, das am 30. Juni 2005 verabschiedet wurde. In das Vergaberecht wurde dabei der so genannte „wettbewerbliche Dialog" als eine dem Ausschreibungsverfahren vorgezogene Vorbereitungs- und Klärungsinstanz eingeführt. In diesem Verfahren des wettbewerblichen Dialogs sollen zunächst die oft sehr komplexen Vergabebereiche und -modalitäten des staatlichen/kommunalen Auftraggebers mit potentiellen Vertragspartnern geklärt werden. Diese bringen ihr Know-how ein. Dadurch soll die Leistungsbeschreibung so konkretisiert werden, dass eine mängelfreie Ausschreibung möglich wird. Eine solche ist ja bei Public-Private-Partnerships europaweit vorgeschrieben, wenn der behördliche Auftraggeber über einen bestimmenden Einfluss beim vorgesehenen Projekt verfügt.

Siehe / Siehe auch: Garantierter Maximalpreisvertrag (GMP), Public-Private-Partnership-Gesellschaft (PPP-Gesellschaft)

Wettbewerbsgesetze
Siehe / Siehe auch: Wettbewerbsrecht

Wettbewerbsrecht
Grundlage des Wettbewerbsrechts im engeren Sinne ist das UWG Gesetz gegen den unlauteren Wettbewerb. Geändert haben sich einige Begriffe und Paragraphen. Wettbewerbsrechtlich relevant sind darüber hinaus die Preisangabenverordnung und für Makler speziell noch das Wohnungsvermittlungsgesetz mit seinen öffentlich-rechtlichen Vorschriften, sowie zahlreiche weitere Gesetze und Verordnungen.

Das Wettbewerbsrecht zielt darauf ab, Störungen des gesunden Leistungswettbewerbs insbesondere durch unlauteren Wettbewerb (neu § 3 UWG) und irreführende Werbung (neu § 5 UWG), die zu einer Benachteiligung der Mitbewerber führen, wirksam begegnen zu können. Eine vergleichende Werbung, die mittelbar oder unmittelbar einen Mitbewerber oder die von einem Mitbewerber angebotenen Produkte oder Dienstleistungen erkennbar macht, ist seit September 2000 in bestimmten Grenzen erlaubt. Sie muss sachlich und darf nicht pauschal sein. Es darf auch keine Irreführung hervorgerufen werden.

Den Mitbewerbern wird zu diesem Zweck eine eigene Aktivlegitimation (Klagebefugnis) zur Verfolgung unlauteren Wettbewerbs eingeräumt. Einzelne Branchen – so auch die Makler – haben eigene Wettbewerbsregeln mit Geboten und Verboten erlassen, die allerdings die Rechtsprechung nur eingeschränkt binden. Der Rechtsprechung dienen sie aber als Orientierungsgrundlage dafür, was innerhalb der Branche als wettbewerbsschädliche Verhaltensweise angesehen wird.

Solche Wettbewerbsregeln müssen vom Bundeskartellamt genehmigt und in das dort geführte Register eingetragen werden. Sie werden dann genehmigt, wenn das Bundeskartellamt keine kartellrechtlichen Bedenken gegen die Regeln einzuwenden hat.

Neben jedem einzelnen Mitbewerber, der in einem konkreten Wettbewerbsverhältnis stehen muss, können Wettbewerbsvereine – auch Abmahnvereine genannt – wettbewerbsrechtliche Unterlassungsansprüche (neu § 8 UWG)geltend machen. Sie müssen bestimmten Anforderungen genügen. Gleiches gilt für Verbrauchervereine, die gegen unlauteren Wettbewerb dann vorgehen können, wenn ein Wettbewerbsverstoß auch Verbraucherinteressen berührt.

In den drei Gruppen tauchen immer wieder unseriöse Vereine und Mitbewerber auf, die ihre Befugnis, unlauteren Wettbewerb verfolgen zu können, zu Zwecken des Gelderwerbs missbrauchen. Wer wettbewerbsrechtlich abgemahnt wird, sollte daher grundsätzlich prüfen um wen es sich bei dem „Abmahner" handelt.

Der Bundesgerichtshof hat in zwei Entscheidungen vom 5. Oktober 2000 (I ZR 210/98 und ZR 237/98) gegen einen bundesweit bekannten Münchner Abmahner entschieden. In der ersten Entscheidung wurde erkannt, dass wegen der Besonderheiten des Immobilienmarktes zwischen bundesweit tätigen Anbietern von Immobilien nicht ohne weiteres ein konkretes Wettbewerbsverhältnis besteht und die Angabe nur des Quadratmeter-Preises für eine Immobilie grundsätzlich nicht geeignet sei, den Wettbewerb auf dem Immobilienmarkt wesentlich zu beeinträchtigen.

In der zweiten Entscheidung wurde dem Abmahner, einem Rechtsanwalt, der zugleich als Bauträger und Altbausanierer tätig ist, die Klagebefugnis entzogen, weil die Abmahnbefugnis zur Erreichung sachfremder Ziele missbraucht wurde.

Diese bedeutsamen Entscheidungen sollten jedoch nicht zu der Auffassung verleiten, jegliche Abmahnung im Immobilienbereich sei wegen des fehlenden Wettbewerbsverhältnisses zum Scheitern verurteilt. Es gibt nach wie vor Fallgestaltungen, bei denen Abmahnungen durchaus zulässig und auch sehr nützlich sind.

Der größte und einer der ältesten und seriösen Wettbewerbsvereine ist die „Zentrale zur Bekämpfung unlauteren Wettbewerbs". Dort sind neben den Industrie- und Handelskammern auch zahlreiche Berufsverbände – auch aus dem Immobilienbereich – Mitglied. Die „Zentrale" ist deshalb, von der Zusammensetzung der Mitglieder her gesehen, immer klagebefugt.

Die Klärung einer Wettbewerbshandlung in einem Wettbewerbsverfahren geht in folgenden Schritten vor sich:

1.) Abmahnung

Die Abmahnung (näheres siehe Abmahnung) ist eine Aufforderung, eine unzulässige wettbewerbsrechtliche Handlung oder Werbung in Zukunft zu unterlassen. Hierfür wird eine kurze Frist (etwa 8 bis 10 Tage) gesetzt. Die Abmahnung soll der schnellen außergerichtlicher Beilegung von Auseinandersetzungen über Wettbewerbshandlungen zwischen Konkurrenten dienen und eine vergleichsweise kostengünstige Möglichkeit zu ihrer Beilegung sein. Sie ist verbunden mit der Aufforderung, eine strafbewehrte Unterlassungserklärung abzugeben, worin sich der Abgemahnte zur Zahlung einer Vertragsstrafe für jeden künftigen Wiederholungsfall verpflichtet. Die Abmahnung löst einen Kostenerstattungsanspruch des Abmahnenden gegenüber den Abgemahnten aus (neu § 12 Abs. 1 UWG). Die Reaktion auf eine Abmahnung sollte immer nur nach Absprache mit einem Anwalt oder dem Berufsverband innerhalb der gesetzten Frist erfolgen.

2.) Unterlassungserklärung

Die Unterlassungserklärung hat die Verpflichtung des Abgemahnten zum Inhalt, die gerügte unzulässige Wettbewerbshandlung in Zukunft zu unterlassen. Zur Einhaltung muss eine angemessene Vertragsstrafe versprochen werden, diese beträgt heute in der Regel zwischen 3.000 und bis zu 10.000 Euro. Es ist aber auch möglich, eine Unterlassungserklärung nach sog. „Neuen Hamburger Brauch" mit einer unbestimmten Vertragsstrafenhöhe abzugeben.

Die Unterlassungserklärung hat Bindungswirkung bis zur Aufhebung des Vertrages und solange die Vertragspartner existieren. Eine Änderung der höchstrichterlichen Rechtsprechung oder einer Gesetzesänderung bewirkt nicht automatisch die Nichtigkeit der abgegebenen Unterlassungserklärung. Für diesen Fall besteht aber ein Kündigungsrecht. Man kann die Unterlassungserklärung aber auch mit einer entsprechenden auflösenden Bedingung für die vorgenannten Fälle abgeben. Bei einem Verstoß gegen die Unterlassungserklärung wird die Vertragsstrafe fällig.

3.) Einstweilige Verfügung

Wird keine Unterlassungserklärung abgegeben, wird unmittelbar nach Ablauf der gesetzten Frist im Regelfall beim zuständigen Landgericht (= Eingangsinstanz) eine einstweilige Verfügung beantragt. Die einstweilige Verfügung kann vom Abgemahnten endgültig anerkannt werden, es kann aber auch Widerspruch eingelegt werden und es kommt zu einer mündlichen Verhandlung.

4.) Hauptsacheverhandlung

Verweigert der Abgemahnte die Anerkennung, kommt es auf Betreiben des Abmahners zur Hauptsacheverhandlung. Dort bestehen – allerdings bei einem hohen Kostenrisiko – bessere Möglichkeiten, sich zu wehren, insbesondere bei Zweifel über die Klagebefugnis des Abmahners. Der weitere Rechtsweg verläuft über das OLG und – wenn die Revision zugelassen wird – zum BGH.

Oft wiederkehrende Verstöße sind: Verstöße gegen die Impressumspflicht aus § 6 TDG, Verstöße gegen das Urheberrecht an Karten und Stadtplänen oder Fotos und Texten, Werbung mit Quadratmeter-Preisen, Anzahlungen, monatlichem Aufwand und dergleichen ohne Endpreisangabe, das Verschweigen der Maklereigenschaft, Irreführung über Steuervorteile, fehlender Hinweis auf Miete und/oder Nebenkosten (Kalt- / Warmmiete) oder ein falscher Name im Inserat eines Wohnungsvermittlers, Hinweise auf günstige Darlehen ohne Angabe des anfänglich effektiven Jahreszinses, Flächenabkürzungen wie WNFl. oder Wfl/Nfl, Deklarierung des Preises als „notarieller Festpreis", fehlender Hinweis auf den „anfänglich effektiven Jahreszins" usw. Berufsverbände (IVD oder BFW) und Industrie- und Handelskammern können den Gewerbetreibenden Informationen und Hilfe zur Verfügung stellen. Es gibt dort sowohl Tipps für die richtige Werbung, als auch Informationen über Wettbewerbshüter.

Siehe / Siehe auch: Abmahnung, Impressum (Homepage), WNFl., Wfl.-/Nfl., Wohnflächenangaben in der Werbung

WEV
Abkürzung für: Wohnungseigentümerversammlung

WFA
Abkürzung für: Wohnungswirtschaftlicher Fachausschuss des Instituts der Wirtschaftsprüfer

WFB
Abkürzung für: Wohnungsbauförderungsbestimmung

WFL / NFl.
Abkürzung für: Wohn-/Nutzfläche
Siehe / Siehe auch: WNFl., Wfl.-/Nfl.

WFL / Wfl.
Abkürzung für: Wohnfläche
Siehe / Siehe auch: WNFl., Wfl.-/Nfl.

WG
Abkürzung für: Wohngemeinschaft

WGDV
Abkürzung für: Wohnungsgemeinnützigkeitsverordnung

WGG
Abkürzung für: Wohnungsgemeinnützigkeitsgesetz

WGGDV
Abkürzung für: Verordnung zur Durchführung des Wohnungsgemeinnützigkeitsgesetzes

WGH
Abkürzung für: Wohn-Geschäfts-Haus

WHG
Abkürzung für: Wasserhaushaltsgesetz

Whg.
Abkürzung für: Wohnung

Widerspruch
Abwehrmaßnahme gegen einen behördlichen Bescheid, z.B. gegen einen Steuer-, Gebühren- oder Baubescheid. Die Widerspruchsfrist beträgt einen Monat ab Bekanntwerden des Bescheids.

Der Widerspruch muss schriftlich oder zur Niederschrift bei der Behörde erhoben werden, die den angegriffenen Bescheid erlassen hat. Er kann auch bei der nächsthöheren Behörde eingereicht werden, die im Normalfall den Widerspruchsbescheid zu erlassen hat.

Nicht ausreichend ist es, mündlich oder telefonisch Widerspruch bei der Behörde einzulegen – auch dann nicht, wenn ein Beamter darüber eine Aktennotiz anfertigt. Es ist nicht zwingend erforderlich, dass der Widerspruch ausdrücklich als solcher bezeichnet wird. Es muss nur klar daraus hervorgehen, dass der Betroffene sich durch den Bescheid bzw. Verwaltungsakt der Behörde belastet fühlt und eine formelle Überprüfung wünscht.

Die Behörde, gegen deren Bescheid ursprünglich Widerspruch eingelegt wurde, kann dem Widerspruch abhelfen – z.B. durch Erlass eines neuen Bescheides im Sinne des Bürgers. Soll der Widerspruch abgewiesen werden, ergeht ein Widerspruchsbescheid. Diesen erlässt die nächsthöhere Behörde. Sowohl die Abhilfe als auch der Widerspruchsbescheid können für den Widerspruchsführer mit Kosten verbunden sein.

Mit Zustellung des Widerspruchsbescheids beginnt die Frist zu laufen, innerhalb welcher der Empfänger ggf. Klage vor dem Verwaltungsgericht einreichen kann. Diese beträgt bei den gängigen Klagearten der Anfechtungs- und Verpflichtungsklage einen Monat.

Widerspruchsrecht bei Werkmietwohnungen
Nach dem BGB darf ein Mieter unter bestimmten Voraussetzungen der Kündigung der Wohnung durch den Vermieter widersprechen (§ 574 BGB, „Sozialklausel"). Dies gilt grundsätzlich auch für Werkmietwohnungen. Hier sind jedoch auch die Belange des Arbeitgebers zu berücksichtigen (§ 576a BGB). Ein Widerspruch wegen eines Härtefalles ist ausgeschlossen, wenn der Arbeitgeber eine so genannte funktionsgebundene Werkmietwohnung gekündigt hat, die in unmittelbarer Beziehung oder Nähe zur Arbeitsstätte steht (z.B.: Pförtnerwohnung, Hausmeisterwohnung) und die nun für den neuen Stelleninhaber benötigt wird. Auch bei Kündigung des Arbeitsverhältnisses durch den Arbeitnehmer / Mieter ohne dass der Arbeitgeber dazu einen Anlass gegeben hat, gelten die Härtefallvorschriften nicht. Ebenso wenig dann, wenn der Arbeitnehmer die Kündigung durch sein Verhalten herausgefordert hat.

Siehe / Siehe auch: Betriebsbedarf, Dienstwohnung, Sozialklausel, Werkmietwohnung

Wiedereinweisung
Die Wiedereinweisung ist eine Verfügung der Gemeinde gegen einen Wohnungseigentümer, nach der er einen bereits gekündigten Mieter trotz beendeten Mietvertrages weiter in der Wohnung wohnen lassen muss. Juristisch gesehen gilt die Wiedereinweisung als Beschlagnahme.

Sie wird nur in Extremfällen drohender Obdachlosigkeit vorgenommen und ist zeitlich auf drei bis sechs Monate begrenzt. Für ihre Dauer muss die Gemeinde die Miete begleichen. Sie haftet dem Vermieter auch, wenn der Zugewiesene sich nach Ablauf der Zuweisungsdauer nicht freiwillig entfernt oder wenn er Schäden an der Wohnung anrichtet.

Endet der in der Verfügung gesetzte Zeitrahmen, kann der Vermieter wieder die Räumung betreiben. Für ihn ist es sinnvoll, sich schon vorher ein Räumungsurteil zu besorgen. Dieses Urteil bzw. der Titel bleibt trotz Wiedereinweisung erhalten. Die Wiedereinweisung gilt als letztes Mittel im Extremfall. Wenn die Ordnungsbehörde dem gekündigten Mieter irgendeine Art von Notunterkunft zur Verfügung stellen kann, die seine notwendigsten Wohnbedürfnisse erfüllt, wird keine Wiedereinweisung vorgenommen (OVG Münster, WM 90, 581 f.). Auch die Unterbringung in einer Obdachlosenunterkunft ist nicht ausgeschlossen.

Siehe / Siehe auch: Räumung (Mietwohnung), Räumungsfrist

Wiederholungsversammlung
Ist eine Wohnungseigentümerversammlung nicht beschlussfähig, beruft der Verwalter eine neue Versammlung ein, und zwar mit der gleichen Tagesordnung. Diese Versammlung ist dann unab-

hängig von der Zahl der anwesenden oder vertretenen Versammlungsteilnehmer und der Höhe der von ihnen repräsentierten Miteigentumsanteile beschlussfähig. Darauf ist bei der Einladung zur Zweit- oder Wiederholungsversammlung hinzuweisen (§ 25 Abs. 4 WEG).

Um eine solche Versammlung zu einem neuen (anderen) Termin zu vermeiden, besteht grundsätzlich die Möglichkeit, durch eine sogenannte „Eventualeinladung" gleichzeitig mit der Einladung zur ersten Versammlung zu einer neuen Versammlung am gleichen Tage mit gleicher Tagesordnung, lediglich zeitverschoben um eine viertel oder halbe Stunde später, für den Fall einzuladen, dass die Erstversammlung nicht beschlussfähig sein sollte. Eine solche Eventualeinladung bedarf jedoch nach jetzt herrschender Rechtsauffassung einer Vereinbarung (§ 10 Abs. 2 Satz 2 WEG), also einer Regelung, der alle Eigentümer zustimmen müssen und die in das Grundbuch einzutragen ist, damit sie im Falle eines Eigentümerwechsels auch gegenüber den neuen Eigentümern gilt.

Siehe / Siehe auch: Wohnungseigentümerversammlung, Beschlussfähigkeit

Wiederkaufsrecht

Das Wiederkaufsrecht verleiht das Recht, ein Grundstück bei Eintritt bestimmter vertraglich vereinbarter Voraussetzungen zurückzukaufen. Dinglich abgesichert werden kann das Wiederkaufsrecht nur durch eine Auflassungsvormerkung.

WiKG

Abkürzung für: Gesetz zur Bekämpfung der Wirtschaftskriminalität

Wildabfließendes Wasser

Bei wildabfließendem Wasser handelt es sich im Gegensatz zu Niederschlags- und Traufwasser um Wasser, das nur durch das natürliche Gefälle eines Geländes oberirdisch von einem Grundstück zum anderen abfließt. Die Wassergesetze der Bundesländer regeln, wie der Grundstückseigentümer mit dieser Art von Wasser zu verfahren hat.

Windenergiefonds

Die Finanzierung der Windenergie erfolgt weitgehend über Windenergiefonds. Es handelt sich um Gesellschaften meist in Form einer GmbH & Co, bei denen die voll haftende GmbH die Stellung des Komplementärs und der Anleger die des Kommanditisten übernimmt. In den Prospekten der Fonds werden Ausschüttungen von bis zu 18% jährlich versprochen werden. Der Anteilseigner partizipiert in der Investitionsphase an den steuerlichen Abschreibungen. Er kann negative Ergebnisse maximal bis zur Höhe seiner Einlage mit positiven Einkünften verrechnen. Gehen sie darüber hinaus, kann der Verlust mit den Gewinnen der Folgejahre verrechnet werden. Durch den neuen § 15 b EStG (Verluste im Zusammenhang mit Steuerstundungsmodellen) ist die Verrechnungsmöglichkeit von Verlusten mit Einkünften aus anderen Einkunftsarten weggefallen.

Windpark

Windparks (Gruppierungen von Windrotoren zur Stromerzeugung) sind in den letzten Jahren immer mehr zum begehrten Anlageobjekt z.B. im Rahmen von Windanlagen-Fonds geworden. Ursache waren insbesondere die zur Förderung regenerativer Energien staatlich festgesetzten erhöhten Einspeisungspreise für Strom in die Netze der Stromversorger. In Deutschland arbeiten mittlerweile 18.054 Windenergieanlagen mit einer installierten Leistung von 19.299 Megawatt. Die Windenergie deckt damit einen potenziellen Anteil von 6,8% am Nettostromverbrauch in Deutschland ab.

Einige Zahlen für Schleswig-Holstein (Stand 2006):
- Installierte Windrotoren: 2.188
- Gesamtleistung: 1.907 Megawatt

Heute werden bereits über 30% des Stromverbrauchs in Schleswig-Holstein durch Windenergie erzeugt. Die Anlagenbetreiber erhielten 2002 von den Netzbetreibern 275 Millionen Euro an Einspeisungsvergütungen.

Die gesetzlichen Grundlagen sind im Erneuerbare-Energien-Gesetz (EEG) geregelt. Mit der am 7.7.2005 zuletzt geänderten Fassung des EEG wurde die Förderung für Windkraftanlagen an Land verringert und auf Anlagen mit einem gesetzlich festgelegten Wirkungsgrad konzentriert. Dies geschah durch eine Reduzierung der für die ersten fünf Jahre festen und dann etappenweise absinkenden garantierten Einspeisungsvergütungen. Erhöhte Vergütungen wurden für Anlagen auf See vorgesehen.

Bei Investitionen in Windfonds ist auf realistische Prognosen von Windgeschwindigkeit und Rendite Wert zu legen. Nach Pressemeldungen muss

davon ausgegangen werden, dass diese nicht immer selbstverständlich sind.
Siehe / Siehe auch: EEG, Offshore-Windenergieanlagen, Windenergiefonds

Wintergarten

Beim Wintergarten handelt es sich um eine bauliche Anlage. Soll er nachträglich angebaut werden, ist derzeit noch eine Baugenehmigung erforderlich. Sie kann mit Hilfe einer Bauvoranfrage abgesichert werden. Sofern ein Wintergarten in den Abstandszonenbereich hineingebaut werden soll, ist die Zustimmung des Nachbarn erforderlich.

Ein Wintergarten kann je nach seiner Ausrichtung und Größe zeitweise – insbesondere im Sommer - als Wohnraum genutzt werden. Dies gilt vor allem dann, wenn die Verglasung mit Wärmeschutzgläsern erfolgt. Soll er im Winter wohnlich genutzt werden ist der Anschluss an das Heizsystem des Hauses erforderlich. Abgesehen von seinen Nutzungsmöglichkeiten wirkt er im Winter als Heizenergie sparende Pufferzone. Wintergärten sind in den letzten Jahren besonders beliebt geworden. Rund 55.000 Wintergärten werden pro Jahr angebaut. Pro m^2 muss mit Kosten zwischen 1.000 und 1.500 Euro gerechnet werden.

Siehe / Siehe auch: Bauvoranfrage

Wirtschaftliche Restnutzungsdauer

In Wertermittlungsverfahren für Gebäude spielt die wirtschaftliche Restnutzungsdauer des zu bewertenden Gebäudes eine wichtige Rolle. Sie gibt Auskunft darüber, wie lange ein Gebäude bei einer ordnungsgemäßen Bewirtschaftung einschließlich Instandhaltung wirtschaftlich noch nutzbar ist. Es handelt sich stets um eine Prognose, die mit zunehmendem Zeithorizont unsicherer wird.

Die wirtschaftliche Restnutzungsdauer ist von einer Reihe von Faktoren abhängig. Hierzu zählt in erster Linie der Gebäudezustand zum Wertermittlungsstichtag. Aber auch Ausstattungsmerkmale, Raumaufteilung, Sicherheitsaspekte, die Variabilität der Nutzungsmöglichkeiten usw. müssen bei Abschätzung der Restnutzungsdauer berücksichtigt werden.

Die technische Restlebensdauer kann in bestimmten Fällen die wirtschaftliche Restnutzungsdauer begrenzen. Im Ertragswertverfahren findet die wirtschaftliche Restnutzungsdauer zusammen mit dem gewählten Liegenschaftszinssatz in „Vervielfältiger" i.S.d WertV Eingang.

Siehe / Siehe auch: Ertragswert, Wertermittlungsverordnung

Wirtschaftlichkeitsberechnung (Wohnungswirtschaft)

Mit Hilfe einer Wirtschaftlichkeitsberechnung wird das Verhältnis von Kosten und Erlösen eines Projektes ermittelt. In der Wohnungswirtschaft spielte die Wirtschaftlichkeitsberechnung insbesondere beim sozialen Wohnungsbau eine Rolle. Im Hinblick auf das Kostendeckungsprinzip wird dabei festgestellt, ob und inwieweit die laufenden Aufwendungen eines Wohngebäudes durch Mieterträge gedeckt werden. Für die Mieterträge war während des Geltungsbereichs des II. Wohnungsbaugesetzes als Obergrenze die Bewilligungsmiete zu berücksichtigen. Lag sie unterhalb der Kostenmiete, musste das Wohnungsunternehmen Aufwendungsverzichte hinnehmen, wenn es das Bauvorhaben durchführen sollte. Grundlage ist die Ermittlung der Gesamtkosten des Bauvorhabens, aus denen sich die Abschreibung ergibt, und der Finanzierungsplan, dem die Kapitalkosten zu entnehmen sind.

Die Wirtschaftlichkeitsberechnung berücksichtigte folgende laufende Aufwendungen:

Kapitalkosten
- Fremdkapitalzinsen
- Erbbauzinsen
- Eigenkapitalzinsen
- begrenzt Tilgungsleistungen, die einen Tilgungssatz von 1% überschreiten (Tilgungen werden kalkulatorisch aus der Abschreibung finanziert)

Bewirtschaftungskosten
Abschreibung (Gebäudeabschreibung 1%)
- Verwaltungskosten (Pauschale)
- Instandhaltungskosten (Pauschale) und
- Mietausfallwagnis
  (2% der laufenden Aufwendungen)
- Betriebskosten (Abrechnung durch Umlage)
- Umlagenausfallwagnis
  (2% der Betriebskosten)

Die Summe aus Kapital- und Bewirtschaftungskosten werden als laufenden Aufwendungen bezeichnet. Aus ihnen ließ sich die Durchschnittsmiete pro Quadratmeter Wohnfläche errechnen und daraus die Einzelmiete für jede Wohnung. Änderungen in den Ansätzen z.B. der Verwaltungskosten oder der Instandhaltungskosten führen zur Fortschreibung der Kostenmiete im Rahmen von so genannten Teilwirtschaftlichkeitsberechnungen. Auf Wohnraum, der seit 1.1.2002 nach dem Wohnraumförderungsgesetz gefördert wurde bzw. wird, ist die Wirtschaftlichkeitsberechnung nicht anzuwenden. An die Stelle der Kostenmiete tritt hier die vereinbarte Miete.

Wirtschaftlichkeitsrechnung

Nach der allgemeinen Betriebswirtschaftslehre gehören Wirtschaftlichkeitsrechnungen zu den Investitionsrechnungen. Es soll die Vorteilhaftigkeit einer oder mehrerer geplanter Investitionen ermittelt werden. Unterschieden wird zwischen statischen und dynamischen Modellen. Investitionsrechnungen liefern Entscheidungsgrundlagen für mögliche Investitionen.

Kennzeichnend für die statischen Wirtschaftlichkeitsrechnungen ist die Ermittlung einer auf einen bestimmten Zeitpunkt oder Zeitraum bezogenen Wirtschaftlichkeit, wobei zeitliche Unterschiede im Verlauf der Einnahmen und Ausgaben innerhalb des Investitionszeitraums nicht oder nur durch Durchschnittsbildungen berücksichtigt werden.

Neben Kostenvergleichs-, Gewinnvergleichs- und Amortisationsrechnungen zählt auch die Rentabilitätsrechnung zu den statischen Verfahren. Die Kostenvergleichsrechnung wird angewandt, um für die kostengünstigere Version zweier oder mehrere verschiedener Investitionsalternativen zu ermitteln. In Betracht gezogen werden dabei sowohl die Betriebs- als auch die Kapitalkosten der Investition. Erstreckt sich die Nutzungsdauer des Investitionsgutes auf mehrere Perioden, geht man von Durchschnittskosten aus.

Die Gewinnvergleichsrechnung stellt auf den Vergleich der sich aus zwei oder mehreren verschiedenen Investitionsalternativen ergebenden Gewinne (Erlöse – Kosten) ab. Die Ermittlung der Eigenkapitalrentabilität, der Gesamtkapitalrentabilität, des erweiterten „Return on Investment" (ROI) bezieht sich auf durchschnittliche Verzinsung des für eine Investition eingesetzten Kapitals. Die Amortisationsrechnung ermittelt die Amortisationsdauer einer Investition. Es wird keine Veränderung der Zahlungsströme im Laufe der Zeit unterstellt.

Bei den dynamischen (finanzmathematischen) Investitionsrechnungen werden hauptsächlich drei verschiedene Verfahren unterschieden, nämlich die Kapitalwertmethode, die Annuitätenmethode und die interne Zinsfußmethode. Sie berücksichtigen im Gegensatz zu den statischen Berechnungen die Unterschiede in der zeitlichen Entwicklung der sich aus der Investition ergebenden Einnahmen und Ausgaben. Diese werden auf den Investitionszeitpunkt abgezinst.

Bei der Kapitalwertmethode wird der Kapitalwert der Überschüsse berechnet, der sich aus den abgezinsten Ein- und Ausgaben einschl. Kapitalamortisation während des Investitionszeitraumes abzüglich des Barwertes der geforderten (Mindest-)Verzinsung, ergibt. Es handelt sich also um die Feststellung des Kapitalwertes der in den künftigen Perioden über die geforderte Kapitalverzinsung hinaus entstehenden Gewinne. Bei der Annuitätenmethode wird dieser Kapitalwert auf die Perioden des Investitionszeitraumes gleichmäßig „aufgeteilt".

Die interne Zinsfußmethode stellt auf die Entwicklung einer Rentabilitätskennzahl ab. Der interne Zinsfuß ist das Ergebnis der auf den Investitionszeitpunkt diskontierten Ein- und Auszahlungen (Überschüssen) zuzüglich der Kapitalamortisation, die sich aus der Differenz zwischen den Überschüssen und den erwirtschafteten Rückflüssen ergibt.

Wirtschaftsjahr

Das Wirtschaftsjahr kann abweichend vom Kalenderjahr bestimmt werden. Damit einher gehen entsprechende Verlagerungen von Bilanzstichtagen, Abrechnungsstichtagen und dergl. Kalenderjahr und Wirtschaftsjahr können auch im Rahmen einer einheitlichen Verwaltungseinheit für unterschiedliche Bereiche festgelegt werden. (Beispiel Jahresabrechnung bei der Wohnungseigentümergemeinschaft nach Kalenderjahr, bei gleichzeitiger Abrechnung von Heizperioden, Juni-Juli.) Einer einheitlichen Abrechnung auf der Basis von Kalenderjahren sollte im Zweifel der Vorzug gegeben werden.

Wirtschaftsplan

Dem Wohnungseigentumsverwalter obliegt gemäß § 20 Abs. 1 WEG die Verwaltung des gemeinschaftlichen Eigentums nach den entsprechenden Vorschriften des Gesetzes (§§ 26 bis 28 WEG). Um jederzeit über die zur Verwaltung des gemeinschaftlichen Eigentums erforderlichen finanziellen Mittel verfügen zu können, sind die Wohnungseigentümer verpflichtet, entsprechende Vorschüsse an den Verwalter zu zahlen (§ 28 Abs. 2 WEG). Dazu hat der Verwalter gemäß § 28 Abs.

1 WEG jeweils für ein Kalenderjahr einen Wirtschaftsplan zu erstellen, der folgende Mindestangaben enthalten muss:
- die voraussichtlichen Einnahmen und Ausgaben bei der Verwaltung des gemeinschaftlichen Eigentums;
- die anteilmäßige Verpflichtung der Wohnungseigentümer zur Lasten- und Kostentragung;
- die Beiträge zu der nach dem Gesetz vorgesehenen Instandhaltungsrückstellung, die jeder Wohnungseigentümer zu leisten hat.

Die konkrete Ausgestaltung des Wirtschaftsplans hängt unter anderem von den Gegebenheiten in der Wohnungseigentumsanlage ab und obliegt im Übrigen der Entscheidung der Wohnungseigentümer. Im Einzelfall sind auch die in Teilungserklärung und Gemeinschaftsordnung getroffenen Regelungen zu beachten, so insbesondere von der gesetzlichen Regelung (§ 16 Abs. 2 WEG) abweichende Verteilungsschlüssel, Ausnahmeregelungen hinsichtlich der Beteiligung nicht aller Eigentümer an einzelnen Verwaltungskosten (z.B. Fahrstuhlkosten) oder auch Regelungen zu Terminen oder Fristen, innerhalb derer der Wirtschaftsplan zur Beschlussfassung vorzulegen ist.

Die Entscheidung zur Gliederung des Wirtschaftsplans in Einzelpositionen sollte sich sinnvollerweise an den Vorschriften der seit 1. Januar 2004 geltenden Betriebskosten-Verordnung orientieren, um bei vermieteten Eigentumswohnungen dem jeweiligen Eigentümer die Abrechnung der Betriebskosten zu erleichtern.

Die Beschlussfassung erfolgt durch mehrheitliche Entscheidung in der Wohnungseigentümerversammlung und zwar über den Gesamt- und die Einzelwirtschaftspläne. Letztere legen die Zahlungsverpflichtung der einzelnen Wohnungseigentümer fest und sind deshalb unverzichtbarer Bestandteil der Beschlussfassung über den Wirtschaftsplan. Ein Mehrheitsbeschluss, der lediglich den Gesamtwirtschaftsplan zum Inhalt hat, ist auf Anfechtung hin für ungültig zu erklären (BGH, Beschluss vom 2.6.2005, V ZB 32/05). Enthält ein Wirtschaftsplan falsche Angaben, z.B. einen falschen Verteilungsschlüssel, löst er dennoch für alle Eigentümer die Zahlungspflicht aus, wenn der Beschluss nicht bei Gericht angefochten wird und folglich keine Ungültigerklärung erfolgt.

Sinnvoll ist es, mit der Beschlussfassung über den konkreten Wirtschaftsplan eines Kalenderjahres dessen Fortgeltung bis zur Beschlussfassung über den Wirtschaftsplan des Folgejahres zu beschließen. Eine generelle Fortgeltung und damit ein Abweichen von der gesetzlichen Regelung gemäß § 28 Abs. 1 WEG (Aufstellung für jeweils ein Kalenderjahr) kann jedoch nicht mit Mehrheit beschlossen werden. Ein solcher Beschluss ist nichtig (vgl. auch insoweit BGH, Beschluss vom 2.6.2005, V ZB 32/05; i.Ü. BGH, Beschluss vom 20.9.2000, V ZB 58/99). Die Abrechnung über die tatsächlichen Einnahmen und Ausgaben hat der Verwalter in der ebenfalls vorzunehmenden Jahresgesamt- und Einzelabrechnung vorzunehmen und der Wohnungseigentümerversammlung zur genehmigenden Beschlussfassung vorzulegen (§ 28 Abs. 3 und 5 WEG).

Siehe / Siehe auch: Jahresabrechnung (Wohnungseigentum), Verteilungsschlüssel (Wohnungseigentum), Einzugsermächtigung (Wohnungseigentum), Einzelwirtschaftsplan

Wirtschaftsstrafgesetz

Das Wirtschaftsstrafgesetz regelt die Verfolgung von zu ahndendem wirtschaftlichen Fehlverhalten. Wichtig für die Wohnungswirtschaft ist § 5, wonach es ordnungswidrig ist, ein geringes Angebot an Wohnraum zur Erlangung überhöhter Mieten auszunutzen. Eine Mietüberhöhung liegt vor, wenn die geforderte oder angenommene Miete 20% der ortsüblichen Vergleichsmiete überschreitet. Wenn der Vermieter allerdings nachweisen kann, dass eine solche Miete erforderlich ist, um die laufenden Aufwendungen zu decken, greift die Vorschrift nicht. Mietpreisüberhöhung wird mit Bußgeld bis zu 50.000 Euro belegt.

Siehe / Siehe auch: Wohnungsmangel, Mietpreisbindung, Mietpreisüberhöhung

WiStG
Abkürzung für: Wirtschaftsstrafgesetz

WKSchG
Abkürzung für: Wohnraumkündigungsschutzgesetz

WLVO
Abkürzung für: Wohnungslenkungsverordnung

Wm
Abkürzung für: Wertminderung

WM
Abkürzung für: Wertpapiermitteilungen
Abkürzung für: Warmmiete, Bruttomiete

WM / WaMa
Abkürzung für: Waschmaschine

WNFl., Wfl.-/Nfl.
Abkürzung für: Wohn-/Nutzfläche
Einige in der Immobilienwirtschaft genutzten Abkürzungen sind abmahngefährdet. Die Gerichte haben die Abkürzung in der Vergangenheit fälschlich mit „Wohnnettofläche" übersetzt, was zwar nicht dem Duden entspricht, aber für eine kostenpflichtige Abmahnung reicht. Besser ist es den Begriff in der Werbung für Wohnimmobilien auszuschreiben.
Angeblich soll aber auch die zusammengefasste Zahl der beiden Flächen wettbewerbswidrig sein, Ausnahme ist der Bereich der Wohn- / Geschäftshäuser. Da die Rechtsprechung uneinheitlich ist, ist es ist sicherer, die Flächen – jedenfalls im Bereich der selbstgenutzten Immobilien – getrennt anzugeben.
Siehe / Siehe auch: Wohnfläche, Wohnflächenangaben in der Werbung

WoBauErlG
Abkürzung für: Wohnungsbauerleichterungsgesetz

WoBauFG
Abkürzung für: Gesetz zur steuerlichen Förderung des Wohnungsbaus

WoBauFördG
Abkürzung für: Wohnungsbauförderungsgesetz

WoBauG
Abkürzung für: Wohnungsbaugesetz

WoBaulG
Abkürzung für: Wohnbaulandgesetz

WoBauPrämienG
Abkürzung für: Wohnungsbauprämiengesetz

WoBindG
Abkürzung für: Wohnungsbindungsgesetz (Gesetz zur Sicherung der Zweckbestimmung von Sozialwohnungen)

WoEigG
Abkürzung für: Wohnungseigentumsgesetz

WoGG
Abkürzung für: Wohngeldgesetz

WoGSoG
Abkürzung für: Wohngeldsondergesetz

WoGV
Abkürzung für: Wohngeldverordnung

Wohnbauförderung
Siehe / Siehe auch: Wohnraumförderung durch Bundesländer und Bund

Wohnberechtigungsschein
Der Wohnberechtigungsschein ist eine amtliche Bescheinigung, mit deren Hilfe ein Mieter nachweisen kann, dass er berechtigt ist, eine mit öffentlichen Mitteln geförderte Wohnung (Sozialwohnung) zu beziehen.
Der Wohnberechtigungsschein wird vom Wohnungsamt der Gemeinde an Personen ausgestellt, deren Einkommen die Grenzen nach dem Wohnraumförderungsgesetz nicht übersteigt. Die Grenzen sind:
- 12.000 Euro für einen Einpersonenhaushalt
- 18.000 Euro für einen Zweipersonenhaushalt
- plus 4.100 Euro für jede weitere Person (wenn die Person ein Kind ist nur plus 500 Euro).

Die Bundesländer können abweichende Grenzen festlegen.Bei der Berechnung des Haushaltseinkommens (auch: Gesamteinkommen) werden die Jahreseinkommen aller Haushaltsmitglieder addiert. Unter dem Jahreseinkommen ist das Bruttoeinkommen zu verstehen, abzüglich der Werbungskosten und einer 10%-igen Pauschale für die Entrichtung der Einkommensteuer und der gesetzlichen Sozialversicherungsbeiträge. Werden keine Beiträge für gesetzliche Sozialversicherungen gezahlt, können auch die Prämien für private Versicherungen in gewissen Grenzen abgezogen werden. Vom Gesamteinkommen des Haushalts sind neben Unterhaltsleistungen noch verschiedene Freibeträge abzuziehen (z.B. für Schwerbehinderte, junge Ehepaare, Kinder unter 12 Jahren). Bei einer gewissen Überschreitung der angegebenen Maximalbeträge des Gesamt-Haushaltseinkommens (20%, z.T. weniger abhän-

gig vom Bundesland) entfällt die Berechtigung. Es können Ausgleichszahlungen fällig werden; vgl. WoFG § 9.
Siehe / Siehe auch: Ausgleichszahlung für Sozialwohnungen, Fehlbelegung, Wohnraumförderungsgesetz

Wohneigentumsquote

Nur rund 43% der Privathaushalte in der Bundesrepublik leben in den eigenen vier Wänden. Damit ist die Wohneigentumsquote in Deutschland im europäischen Vergleich sehr niedrig. Der Durchschnitt innerhalb der Europäischen Union liegt nämlich bei 61%. Bei der Ermittlung der (deutschen) Wohneigentumsquote ist lediglich die Selbstnutzung des eigenen Wohnraums entscheidend. Man spricht von Eigentümerhaushalten. Über die Streubreite der Vermögenswerte von Immobilien macht diese Messgröße keine zuverlässigen Angaben, da das mittlerweile breit gestreute fremd genutzte Immobilieneigentum von Mieterhaushalten nicht in die Berechnung der Wohneigentumsquote einbezogen wird.

Die Eigentumsquote steigt mit zunehmender Haushaltgröße. Von den Einpersonenhaushalten leben nur 19% in den eigenen vier Wänden, von den Dreipersonenhaushalten immerhin 48% und bei den Fünfpersonenhaushalten gar bei 66%.

Wohneigentumsanteil in Europa, Kanada und USA

Spanien	87
Norwegen	78
Irland	77
Portugal	76
Polen	75
Griechenland	74
Italien	73
Luxemburg	70
Großbritannien	70
USA	69
Belgien	66
Schweden	65
Kanada	63
Finnland	60
Österreich	57
Frankreich	57
Niederlande	55
Dänemark	53
Tschechien	47
Deutschland	43
Schweiz	35

Angaben in Prozent, private Haushalte in eigenen Wohnungen oder Häusern, Quelle: Stat. Bundesamt, ifs, LBS Research – 2005 – gerundete Werte

WohneigFG

Abkürzung für: Wohnungseigentumsförderungsgesetz

Wohnfläche

Bei der Wohnfläche einer Wohnung handelt es sich um die Summe aller Grundflächen in den Räumen, die ausschließlich zu dieser Wohnung gehören. Diese Grundflächen werden jedoch bei bestimmten Flächen nur teilweise angerechnet. Wie im Einzelnen zu rechnen ist, ergibt sich aus der Wohnflächenverordnung. Zur anrechenbaren Grundfläche gehören:

- Wintergärten, Schwimmbäder und ähnliche nach allen Seiten geschlossene Räume (nur zur Hälfte, wenn sie nicht beheizbar sind)
- Raumteile mit einer lichten Höhe von über 2 m Höhe werden stets ganz angerechnet, zwischen ein und zwei Meter zur Hälfte, darunter keine Anrechnung
- Balkone, Loggien, Dachgärten und Terrassen in der Regel zu einem Viertel, höchstens jedoch zur Hälfte
- Fenster- und offene Wandnischen, die mehr als 0,13 Quadratmeter tief sind
- Nicht angerechnet werden Treppen mit über drei Steigungen, Treppenabsätze und Mauervorsprünge mit mehr als 0,1 m² Fläche.

Nicht zur Wohnfläche gehören die Flächen von Zubehörräumen (z.B. Keller, Waschküchen, Heizungsräumen), sowie Räume, die nicht den an ihre Nutzung zu stellenden Anforderungen des Bauordnungsrechts der Länder genügen (z.B. in der Regel Hobbyräume im Kellergeschoss) sowie Geschäftsräume. Die Wohnflächenverordnung, die am 1.1.2004 in Kraft trat, knüpft inhaltlich an die außer Kraft getretene II. Berechnungsverordnung an.

Wohnfläche je Einwohner in ausgewählten Ländern in m^2

USA	68,1
Dänemark	50,6
Großbritannien	44,9
Schweden	44,4
Schweiz	44,0
Westdeutschland	41,8
Luxemburg	41,2
Deutschland	41,2
Niederlande	41,0
Griechenland	40,1
Ostdeutschland	38,5
Österreich	38,3
Frankreich	37,5
Finnland	36,3
Irland	35,0

Quelle: Institut für Städtebau, Wohnungswirtschaft und Bausparwesen (ifs) – 2005

Siehe / Siehe auch: WNFl., Wfl.-/Nfl.

Wohnflächenangaben in der Werbung

Es gibt kein Gesetz, dass Flächenangaben in der Werbung für Immobilien verlangt. Gibt man aber Flächen an, sollten diese stimmen und richtig bezeichnet sein.
Generell gilt für die Wohnfläche, dass – vom öffentlich geförderten Wohnungsbau abgesehen – zur Zeit keine gesetzliche Regel existiert, die eine bestimmte Berechnungsart verlangt. Die Gerichte wenden aber auch im freifinanzierten Wohnungsbau die Wohnflächenverordnung als Maßstab an. Besser wäre es, bei Flächenangaben im Exposé anzugeben, nach welcher Norm oder Verordnung die Flächenermittlung erfolgte.
Siehe / Siehe auch: WNFl., Wfl.-/Nfl.

WohnGB
Abkürzung für: Wohnungsgesetzbuch

Wohngebäudeversicherung
Siehe / Siehe auch: Verbundene Wohngebäudeversicherung

WohnGebBefrG
Abkürzung für: Gesetz über Gebührenbefreiung beim Wohnungsbau vom 30.5.1953

Wohngebiete (nach BauNVO)

Wohngebiete können in Flächennutzungsplänen dargestellt werden, müssen aber – soweit eine Wohnnutzung im Vordergrund stehen soll – in Bebauungsplänen verbindlich festgesetzt werden. Wohngebietsarten sind nach der Baunutzungsverordnung das Kleinsiedlungsgebiet, das reine Wohngebiet, das allgemeine Wohngebiet und das besondere Wohngebiet.

Art der baulichen Nutzung

- Kleinsiedlungsgebiete (WS) dienen vorwiegend dem Bau von Kleinsiedlungen mit Häusern, deren besonderes Merkmal größere Nutzgärten oder landwirtschaftliche Nebenerwerbsstellen sind. Zulässig sind in diesen Gebieten auch Läden, Gastwirtschaften und nicht störende Handwerksbetriebe.
- Reine Wohngebiete (WR) dienen dem Wohnen. Ausnahmsweise können auch Läden, nicht störende Handwerksbetriebe (z.B. Schneiderei) die zur Deckung des täglichen Bedarfs der Bewohner dienen und kleine Pensionen zugelassen werden. Seit 1990 können auch Anlagen für soziale Zwecke (z.B. Pflegeheime) sowie für kirchliche, kulturelle und sportliche Zwecke in reinen Wohngebieten errichtet werden.
- Allgemeine Wohngebiete (WA) dienen vorwiegend dem Wohnen. Zulässig sind wie bei den Kleinsiedlungsgebieten auch Läden, Gastwirtschaften und nicht störende Handwerksbetriebe sowie Anlagen für soziale, kirchliche, kulturelle und sportliche Zwecke. Das allgemeine Wohngebiet kann sich dem Mischgebiete dadurch annähern, dass in Ausnahmefällen auch nicht störende Gewerbebetriebe, Pensionen, Gebäude der öffentlichen Verwaltung, Gartenbaubetriebe und Tankstellen zugelassen werden können.
- Besondere Wohngebiete (WB) haben eine Sonderstellung. Es handelt sich stets um bereits bebaute Gebiete, die den Status eines „Innenbereichs" haben. Durch entsprechende Festsetzungen soll die besondere Eigenart dieser Gebiete erhalten und noch weiter entwickelt werden. Einige nicht störender weitere Nutzungsarten sind wie beim rei-

nen Wohngebiet zulässig. Allerdings ist der Katalog der Ausnahmen relativ groß und nähert sich dem des allgemeinen Wohngebietes. Durch die Festsetzung als besonderes Wohngebiet soll einem Abgleiten in Richtung Mischgebiet entgegen gesteuert werden. Aus diesem Grunde kann auch bestimmt werden, dass ab einer bestimmten Geschosszahl nur Wohnungen zulässig sind oder dass ein bestimmter Mindestgeschossflächenanteil dem Wohnen vorbehalten bleiben muss.

Die Gemeinden können bei ihren Festsetzungen von den Vorgaben der BauNVO zwar abweichen, jedoch nicht in einem Umfang, der den Wohngebietscharakter gefährden würde.

Siehe / Siehe auch: Art der baulichen Nutzung, Bebauungsplan, Flächennutzungsplan (FNP)

Wohngeld

Das Wohngeld ist ein staatlicher Zuschuss für sozial schwache Mieter (Mietzuschuss) und Eigenheimer (Lastenzuschuss). Es differiert nach Gemeindegrößenklasse, Familiengröße und Qualitätsklasse der bewohnten Wohnung. Die Zahlung von Wohngeld hängt von drei Faktoren ab:
- die Anzahl der zum Haushalt gehörigen Familenmitglieder
- die Höhe des Gesamteinkommens
- die Höhe der Miete bzw. der Belastung

Man nennt dieses Wohngeld „Tabellenwohngeld", weil es aus entsprechenden Tabellen ermittelt werden kann. Daneben gibt es das pauschalierte Wohngeld für Empfänger von Sozialhilfeleistungen, das sich nach einem Prozentsatz der sozialhilferechtlich anerkannten Aufwendungen für die Miete bemisst. Auf Wohngeld besteht Rechtsanspruch, wenn die Voraussetzungen für die Wohngeldberechtigung vorliegen. Das Wohngeldsondergesetz, das nur für die neuen Bundesländer gilt, sieht gegenüber den Regelungen des Wohngeldgesetzes abweichende Wohngeldhöhen vor. Vorab muss immer ein Antrag gestellt werden, der nach Bewilligung alle 12 Monate neu gestellt werden muss. Anträge gibt es bei der örtlichen Wohngeldstelle der Gemeinde-, Stadt- oder Kreisverwaltung. Ratschläge und Hinweise finden Sie auf der Internetseite des Bundesministeriums für Verkehr, Bau und Stadtentwicklung, www.bmvbs.de.

Siehe / Siehe auch: Hausgeld

Wohngemeinschaft

Zweckgemeinschaft mehrerer Personen, die gemeinsam in einer Wohnung leben.
Es gibt drei mögliche Konstruktionen:
- ein Hauptmieter, mehrere Untermieter
- alle als gleichberechtigte Hauptmieter
- jeder mit Einzel-Mietvertrag.

Alternative 1

Der Hauptmieter schließt den Mietvertrag mit dem Vermieter und untervermietet einzelne Räume. Der Hauptmieter ist dann in einer starken Position gegenüber den Untermietern, denen er ggf. kündigen kann. Es besteht keine Vertragsbeziehung zwischen Untermietern und Vermieter (= Wohnungseigentümer). Der Hauptmieter muss für Miete und Nebenkosten geradestehen und ist für deren pünktliche Zahlung verantwortlich.
- Vorteile: Einzelne Bewohner können ggf. einzeln (gegenüber dem Hauptmieter) kündigen und ausziehen. Hauptmieter kann „Störenfried" kündigen.
- Nachteil: Wenn Hauptmieter kündigt oder gekündigt wird, ist WG beendet. Wenn Hauptmieter z.B. Stromrechnung nicht bezahlt, wird allen der Strom abgestellt.

Alternative 2

Alle unterschreiben einen Mietvertrag gemeinsam. Bezüglich der Miete, der Nebenkosten und eventueller weiterer Ansprüche haften alle als Gesamtschuldner, d.h. jeder muss notfalls für den gesamten Betrag der Forderungen (d.h. z.B. die gesamte Wohnungsmiete) geradestehen. Der Vermieter kann sich aussuchen, an wen er sich notfalls klageweise wendet. Die Bewohner haben untereinander Ausgleichsansprüche.
- Vorteil: Kein Hauptmieter.
- Nachteile: Mietvertrag kann nur durch alle gemeinsam gekündigt werden. Führt zu Streitigkeiten, da oft ein Bewohner kündigen möchte und andere bleiben wollen. Da eine WG auch als „Gesellschaft bürgerlichen Rechts" betrachtet wird, kann in manchen Fällen eine Kündigung durch einen Einzelmieter nach § 723 BGB erfolgen („Kündigung durch Gesellschafter").
Der Vermieter kann nur allen gemeinsam kündigen und die Kündigung nicht auf Gründe stützen, die vor Eintritt der letzten WG-Bewohner entstanden sind.

Alternative 3

Vermieter schließt mit allen Mietern separate Verträge über ihr jeweiliges (Schlaf-) Zimmer. Alle zahlen ihre Miete getrennt.
Die Verträge beinhalten Mitbenutzungsrechte für Küche, Bad, Flur, Wohnzimmer.
- Vorteil: Mieter können separat kündigen und gekündigt werden.
- Nachteil: Die WG hat kein Mitspracherecht, wer einzieht. Komplizierte Vertragskonstruktion mit der Gefahr der Überreglementierung.

Qualifizierte Zeitmietverträge oder Verträge mit befristetem gegenseitigem Verzicht auf das Recht der ordentlichen Kündigung widersprechen dem Zweck einer Wohngemeinschaft und führen mit fast an Sicherheit grenzender Wahrscheinlichkeit zu Problemen oder gar kostenintensiven Gerichtsverfahren.

Kündigungswillige WG-Mieter kommen dabei oft auf die Idee, einfach keine Miete mehr zu zahlen, um selbst außerordentlich gekündigt zu werden. Der Vermieter hat in diesem Fall Schadenersatzansprüche wegen entgangener Mietzahlung zumindest bis zur Neuvermietung der Wohnung.

Empfehlung

Abwandlung von Alternative 2.: Mietvertrag mit allen Mietern gemeinsam als ausdrücklicher „WG-Mietvertrag". Auszug einzelner Mieter gestattet. Neuvermietung des Zimmers möglich. Mieterauswahl durch Bewohner, aber mit Mitspracherecht des Vermieters. Gesetzliche Kündigungsfrist. Diese Variante kommt beiden Seiten zugute.
Siehe / Siehe auch: Untermiete

Wohnraumförderung durch Bundesländer und Bund

Auch nach Beendigung der Förderung durch die Eigenheimzulage können bestimmte Bauherren für ihr Eigenheim gegebenenfalls die Wohnbauförderung durch ihr Bundesland in Anspruch nehmen. Rechtsgrundlage ist das Wohnraumfördergesetz, das das II. Wohnungsbaugesetz abgelöst hat.
Voraussetzung ist, dass bestimmte Einkommensgrenzen nicht überschritten werden (§ 9 WoFG). Zuständig für die Förderung sind die Bundesländer. Die Förderung kann bestehen in der Zurverfügungstellung von zinslosen oder zinsverbilligten Baudarlehen, Zusatzdarlehen für kinderreiche Familien und Aufwendungsbeihilfen (Aufwendungsdarlehen und Aufwendungszuschüsse) Die Förderung beschränkt sich nicht nur auf den Wohnungsbau, Nutzungsänderungen an Gebäuden oder den Ausbau zur Schaffung zusätzlichen Wohnraums, sondern kann auch gewährt werden für den Ankauf einer Wohnimmobilie aus dem Bestand und deren Modernisierung.
Weitere Fördermöglichkeiten gewährt der Bund über die KfW Programme (KfW-Wohnungseigentumsprogramm, KfW-Programm Ökologisch Bauen, KfW-CO_2-Gebäude-Sanierungsprogramm, KfW-Programm Wohnraum Modernisieren, KfW-Programm Solarstrom Erzeugen).
Siehe / Siehe auch: Wohnraumförderungsgesetz

Wohnraumförderungsgesetz

Am 1.1.2002 trat das „Gesetz zur Reform des Wohnungsbaurechts" (Wohnraumförderungsgesetz) in Kraft. Nach § 9 Abs. 3 konnten die Bundesländer das Inkrafttreten dieses neuen Gesetzes auf 1.1.2003 verschieben.
Gleichzeitig wurde das II. Wohnungsbaugesetz im Hinblick auf die künftigen Fördermaßnahmen aufgehoben. Aufgehoben wurde auch das Modernisierungs- und Energieeinsparungsgesetz. Änderungen erfuhren u.a. das Wohnungsbindungsgesetz, die Neubaumietenverordnung das Wohngeldgesetz und die II. Berechnungs-Verordnung (II. BV). Teile der II BV sollen durch eine neue Verordnung auf der Grundlage des § 19 des Wohnraumförderungsgesetzes ersetzt werden. Dies bezieht sich auf einen neuen Betriebskostenkatalog und neue Wohnflächenberechnungsregeln. In Ausführung dieser Verordnungsermächtigung wurden am 1.1.2004 die neue „Wohnflächenverordnung" und die „Betriebskostenverordnung" in Kraft gesetzt. Gefördert werden nach dem neuen Recht der Wohnungsbau der Ersterwerb und die Modernisierung von Wohnraum.
In den Förderbereich mit einbezogen werden ferner der Erwerb von Belegungsrechten an bestehendem Wohnraum und der Erwerb bestehenden Wohnraums. Die Förderung erfolgt durch Fördermittel, Bürgschaften und Zurverfügungstellung von verbilligtem Bauland. Zielgruppe sind nicht mehr die breiten Schichten der Bevölkerung, sondern Haushalte, die sich am Markt nicht mit angemessenem Wohnraum selbst versorgen können und auf Unterstützung angewiesen sind. Nach wie vor sind Einkommensgrenzen für die Förderung zu beachten. Neu ist das Institut des

Kooperationsvertrages, den die Gemeinden mit den Eigentümern von Wohnraum abschließen können.Gegenstände sind insbesondere die Begründung von Belegungsrechten zugunsten der Gemeinde einschließlich der im Rahmen der Förderung zu vereinbarenden Bindung an eine „höchstzulässige Miete". Gegenstand kann auch die Übernahme von wohnungswirtschaftlichen, baulichen und sozialen Maßnahmen sein, die der Verbesserung des Wohnumfeldes, der Behebung sozialer Missstände und der Quartiersverwaltung dienen. Es soll damit vor allem einer Ghettobildung von sozialschwachen Bevölkerungsschichten entgegen gewirkt werden.
Siehe / Siehe auch: Wohnberechtigungsschein

Wohnrecht
Siehe / Siehe auch: Wohnungsrecht

Wohnstift
Wohnstifte sind Einrichtungen, die älteren Menschen ermöglichen, unter Wahrung ihrer Selbstbestimmung den Lebensabend in einer freundlichen naturnahen Umgebung verbringen zu können. Ein Wohnstift enthält neben Wohnungen auch Gemeinschaftsräume (Hobbyräume, Cafeteria). Neben Standardleistungen für ein und zwei Personen werden zusätzliche Wahlleistungen angeboten. Für Besucher stehen häufig Gästezimmer zur Verfügung. Teilweise sind hauswirtschaftliche Dienste im Grundpreis ebenso wie das Frühstück enthalten. Wahlleistungen werden zusätzlich abgerechnet. Manche Wohnstifte übernehmen für Bewohner des Wohnstiftes im Bedarfsfall auch Pflegeleistungen. Wohnstifte haben nicht den Charakter eines Pflegeheims.
Die Preise richten sich nach Größe, Ausstattung der Wohnung und die angebotenen Dienste. Die Größe soll so bemessen sein, dass der Bewohner genügend Bewegungsspielraum hat (für eine Person 40-50 m², für 2 Personen 50-60 m² jeweils einschließlich Küche oder Kochnische). Abgesichert werden die Wohnrechte durch Vertrag (Dauermietvertrag) oder, wenn der Bewohner Finanzierungsmittel zur Verfügung stellt, durch ein Wohnungsrecht.

Wohnung
Wohnung ist ein wirtschaftliches Gut, das das menschliche Bedürfnis eines „Daches über dem Kopf" befriedigt. Es genügt darüber hinaus kulturellen, gesundheitlichen, sozialen und technischen Ansprüchen der Wohnungsnutzer. Teilweise sind Wohnungsstandards durch den Gesetzgeber (Bauordnungsrecht) vorgegeben, teilweise entsprechen sie einer Übereinkunft von Fachleuten, die sie definieren. So ist nach DIN 283 Blatt 1 unter einer Wohnung die Summe aller Räume zu verstehen, die die Führung eines Haushalts ermöglichen. Darunter muss sich eine Küche oder ein Raum mit Kochgelegenheit befinden. Nach den Landesbauordnungen muss außerdem jede Wohnung von anderen Wohnungen und fremden Räumen baulich abgeschlossen sein und einen eigenen abschließbaren Zugang unmittelbar vom Freien, von einem Treppenhaus, einem Flur oder Vorraum haben. Jede Wohnung, die heute gebaut wird, muss über ein WC und ein Bad mit Badewanne oder Dusche verfügen.
Von den Größenverhältnissen her betrachtet, wurde in der früheren Statistik zwischen Klein-, Mittel- und Großwohnungen unterschieden (klein: bis 65 m² Wohnfläche, mittel: zwischen 65 m² und 90 m², groß: über 90 m²).
Eine Sondergröße bildeten die „Kleinstwohnungen" bis 45 m² Wohnfläche. Diese Größeneinteilung ist überholt. Als repräsentative Normgröße, die die Gesamtheit des marktwirksamen Mietwohnungsbestandes repräsentiert, gilt nach dem RDM-Preisspiegel (seit 2005 IVD-Preisspiegel) die 70 m² Wohnung. Steuerrechtlich muss eine Wohnung 23 m² nutzbarer Fläche umfassen, um als Wohnung anerkannt zu werden.
In der Vergangenheit gab es Überlegungen, die Wohnung zu einem „meritorischen Gut" zu erklären. Das bedeutet, dass von der Befriedigung eines subjektiven Wohnbedürfnisses abstrahiert wird – das im Einzelfall sehr niedrig angesiedelt sein kann. Es kommt vielmehr auf einen definierten objektiven Wohnbedarf an, der im Interesse der Gesundheit der Bevölkerung ein bestimmtes Wohnkonsumniveau vorschreibt. Insoweit besteht ein Verpflichtungsanspruch an die Haushalte hinsichtlich ihrer nachgefragten Wohnnutzung. So darf eine Überbelegung der Wohnung etwa durch übermäßige Untervermietung nicht stattfinden.
Die Wohnung wurde in der Vergangenheit auch als „Sozialgut" definiert, wobei allerdings der Sinn verschwommen bleibt. Soweit die Wohnung einem Haushalt als sozialer Einheit zur Daseinsverwirklichung dient, ist dagegen nichts einzuwenden. Sofern aber damit der Gedanke verbunden wird,

die Wohnnutzung sei von wirtschaftlichen Interessenlagen abzukoppeln und damit auch generell unterhalb kostendeckender Marktpreise zur Verfügung zu stellen, kann dies nur vorübergehend und in Ausnahmezeiten (etwa der Zeit kurz nach dem 2. Weltkrieg) gelten. Die Konsequenz der aus einer solchen Haltung heraus praktizierten Wohnungspolitik zeigte sich offen im Schicksal des Wohnungsbestandes der früheren DDR. Während die Wohnung im vorindustriellen Zeitalter gleichzeitig Produktionsstätte war, fand im Zuge der industriellen Revolution eine Trennung von Wohnen und Arbeiten statt. Dies führte im weiteren Verlauf auch städteplanerisch zu einer funktionalen Trennung in Wohn- und Gewerbegebieten. Dies wurde vor allem durch die „Charta von Athen" (1933) als Zielvorstellung proklamiert. Heute gehen die städtebaulichen Konzepte umgekehrte Wege. Es geht zur Vermeidung bzw. Verringerung von Verkehrswegen im Interesse der Umwelt um Mischung der Funktionen. Die künftige Entwicklung wird im Rahmen der „Neuen Ökonomie" dadurch geprägt sein, dass die strenge Unterscheidung zwischen Wohnen und Arbeiten erheblich relativiert wird. Bestandteil künftiger Wohnungen wird zunehmend ein privat und geschäftlich zu nutzender virtueller Kommunikationsraum als Verbindungsstelle nach außen sein.

Die demographische Entwicklung führt sukzessive zu einer weiteren Änderung der Wohnbedürfnisse. Der Anteil der alten Bevölkerung steigt ständig. Hinter dem Schlagwort „altersgerechte Wohnungen" verbergen sich mittlerweile viele Initiativen. Zum einen geht es darum, Wohnungsbestände an die neuen Anforderungen an altengerechtes Wohnen anzupassen. Zum anderen ist bei der Planung neuer Wohnanlagen darauf zu achten, dass sie auf Dauer eine gute Durchmischung von Haushalten verschiedener Altersgruppen ermöglichen und damit Segregationserscheinungen entgegenwirken.

Siehe / Siehe auch: Normobjekt, Wohnungsmarkt

Wohnungs- und Teileigentumsgrundbuch

Auf der Grundlage einer Teilungserklärung oder eines Teilungsvertrages nach dem WEG legt das Grundbuchamt von Amts wegen so genannte Wohnungs- und Teileigentumsgrundbücher an, die in Aufbau und Inhalt im Wesentlichen dem herkömmlichen Grundbuch entsprechen. Es enthält auf dem Deckblatt den zusätzlichen Hinweis „Wohnungsgrundbuch" (bei Nichtwohnräumen „Teileigentumsgrundbuch"). Im Bestandsverzeichnis wird jeweils der Miteigentumsanteil an dem Grundstück eingetragen mit dem Vermerk: verbunden mit dem Sondereigentum an der im Aufteilungsplan mit Nr. x bezeichneten Wohnung im 1. Obergeschoss. Für jeden Anteil ist ein besonderes Grundbuchblatt angelegt (Blatt 345-355). Außerdem wird vermerkt, dass der hier eingetragene Miteigentumsanteil durch die zu den anderen Miteigentumsanteilen gehörenden Sondereigentumsrechte beschränkt ist. Ebenfalls im Bestandsverzeichnis werden etwaige Veräußerungsbeschränkungen (Zustimmungserfordernisse des Verwalters) eingetragen. Die Abteilungen I, II und III entsprechen im Übrigen dem normalen Grundbuchaufbau. Der Aufteilungsplan ist Bestandteil der Grundakte des Grundbuchs.

Siehe / Siehe auch: Grundbuch, Aufteilungsplan

Wohnungsabnahmeprotokoll

Kurz vor dem Auszug des Mieters aus der Wohnung schriftlich verfasster Bericht über deren Zustand. Das Wohnungsabnahmeprotokoll wird von Vermieter und Mieter unterzeichnet und gibt dem ehemaligen Mieter Rechtssicherheit gegenüber finanziellen Nachforderungen des Vermieters. Für Schäden, die ins Abnahmeprotokoll nicht aufgenommen wurden, muss der Mieter nicht mehr einstehen. Im Abnahmeprotokoll werden auch die Zählerstände (Strom, Gas usw.) vermerkt.

Der Vermieter kann sich im Nachhinein nicht darauf berufen, dass bestimmte Schäden bei der Abnahme nicht erkennbar waren. Ist eine Wohnungsübergabe im Beisein des Vermieters oder seines Beauftragten nicht möglich, kann der Mieter einen Fachmann (Malermeister etc.) hinzuziehen und diesen eine Beschreibung des Wohnungszustandes unterschreiben lassen. Weder Mieter noch Vermieter haben Anspruch auf Ersatz der Kosten für einen Sachverständigen, wenn für die Begutachtung der Wohnung keine besonderen Fachkenntnisse nötig sind und jeder beliebige neutrale Zeuge über deren Zustand ausreichend Auskunft geben kann.

Wohnungsabnutzung

Wohnungsabnutzung nennt man die Abnutzung einer Wohnung oder eines Hauses durch den normalen, vertragsgemäßen Gebrauch. Der Vermieter darf den Mieter dafür nicht zur Rechenschaft

ziehen oder von ihm verlangen, die Abnutzungsschäden zu beheben.
Klassisches Beispiel: Abnutzung des Teppichbodens. Bei normalem gebrauchsbedingtem Verschleiß kann der Vermieter bei Auszug des Mieters oder im Rahmen von Schönheitsreparaturen nicht den Ersatz des Teppichbodens fordern. Anders verhält sich dies jedoch, wenn regelrechte Beschädigungen vorhanden sind (Brandlöcher von Zigaretten, Farbflecken etc.). Auch Abschleifen und neues Versiegeln eines Parkettbodens können wegen normaler Abnutzung nicht verlangt werden.
Siehe / Siehe auch: Schönheitsreparaturen

Wohnungsbauförderung
Siehe / Siehe auch: Öffentliche Mittel

Wohnungsbauprämie
Nach dem Wohnungsbauprämiengesetz werden seit dem 1. Januar 2004 8,8% der dem Bausparkonto gutgeschriebenen Beträge als Prämie gewährt, allerdings nur bis zu folgenden Höchstbeiträgen: Alleinstehende 512 Euro, Verheiratete 1.024 Euro pro Jahr. Die Einkommensgrenze, bis zu der Bausparer einen Anspruch auf Wohnungsbauprämie haben, beträgt 25.600 bzw. 51.200 Euro (Alleinstehende / Verheiratete) zu versteuerndes Jahreseinkommen. Das Bruttoeinkommen darf also wesentlich höher ausfallen.

Wohnungsbauzyklus
Im Rahmen der Entwicklung einer dynamischen Theorie in der Volkswirtschaftlehre wurden in der ersten Hälfte des 20. Jahrhunderts die zyklischen Bewegungen auf verschiedenen Märkten untersucht. Bekannt geworden ist der „Schweinezyklus" von Prof. Hanau. Ein ähnlicher Zyklus wurde für den Schiffsbau ermittelt. Erstaunlicherweise wird der von dem niederländischen Wirtschaftsnobelpreisträger Jan Tinbergen festgestellte Wohnungsbauzyklus in der Literatur kaum erwähnt. Er wies als erster mit Hilfe von Modellberechnungen nach, dass in bestimmten Abständen die Wohnungsproduktion ihre Impulse aus jeweiligen Angebotsdefiziten vorhergehender Perioden erhält. Die zyklischen Bewegungen beim Wohnungsbau sind heute leicht an der Entwicklung der Wohnungsproduktion nachzuweisen. Was allerdings kaum zur Kenntnis genommen wird, ist die Tatsache, dass die Ausschläge nach oben und unten durch politische Einflussnahmen insbesondere im Bereich des Mietrechts und der steuerlichen Subventionen verstärkt und beschleunigt werden. Ein Umkippen des Wohnungsmarktes von einem Mieter- zu einem Vermietermarkt wurde in der Vergangenheit regelmäßig begleitet durch eine Verschärfung des Mieterschutzes, was zu weiteren Anpassungsverzögerungen führte. Diese mussten dann durch Subventionsschübe im steuerlichen Bereich wieder ausgeglichen werden. Die Subventionen führten dann wiederum zu Wohnbauaktivitäten, an deren Ende das Überangebot stand. Begleitet wird diese politisch verschärfte Sonderkonjunktur des Wohnungsmarktes regelmäßig durch erhebliche nachhinkende Kapazitätsauf- und -abbauten in der Bauwirtschaft, die per Saldo enorme volkswirtschaftliche Verluste zur Folge hatten.

Wohnungsbestand
Die nachfolgende Übersicht gibt die aktuellen Werte des Wohnungsbestandes in Deutschland wieder, zeigt gleichzeitig die Entwicklung der letzten Jahre und bietet zusätzlich wichtige Strukturdaten an.

Ausgewählte Ergebnisse in % pro Jahr

Wohnungsbestand Deutschland				
	2002	2003	2004	2005
Wohnungen (Wohn- und Nichtwohngeb.)	38.925	39.142	39.363	39.551
davon mit ... Räumen				
1	841	843	844	844
2	2.418	2.424	2.429	2.433
3	8.500	8.515	8.526	8.536
4	11.608	11.635	11.663	11.686
5	7.530	7.590	7.652	7.704
6	4.082	4.134	4.191	4.239
7 und mehr	3.946	4.000	4.058	4.109
Räume insg.	170.508	171.725	172.992	174.073
Wonfläche insg. in Mill. m²	3.311	3.339	3.369	3.395
Strukturdaten zum Wohnungsbestand				
Wohnungen je 1.000 Einwohner	472	474	477	480
Wohnfläche je Wohnung in m²	85	85	86	86
Wohnfläche je Einwohner in m²	40	41	41	41
Räume je Wohnung	4	4	4	4

Quelle: Stat. Bundesamt – 2006, Werte gerundet

Wohnungseigentümer

Wohnungseigentümer ist derjenige, der im Wohnungsgrundbuch als Eigentümer der dort bezeichneten Miteigentumsanteile, verbunden mit dem Sondereigentum an einer bestimmten Wohnung eingetragen ist. Solange der Erwerber eine Eigentumswohnung im Grundbuch noch nicht eingetragen ist, spricht man vom „werdenden" Wohnungseigentümer. Dieser kann den im Grundbuch noch eingetragenen Eigentümer in der Eigentümerversammlung als Bevollmächtigter vertreten.

Wohnungseigentümerversammlung

Die Verwaltung ihres gemeinschaftlichen Eigentums steht allen Wohnungseigentümern gemeinschaftlich zu, wenn nicht das Gesetz selbst oder entsprechende Vereinbarungen etwas anderes vorschreiben (§ 21 Abs. 1 WEG). Ist für die Verwaltung keine Vereinbarung getroffen, entscheiden die Wohnungseigentümer über alle Angelegenheiten und Maßnahmen der ordnungsmäßigen Verwaltung durch mehrheitliche Beschlussfassung (§ 21 Abs. 3 WEG). Soll über Angelegenheiten entschieden werden, die über die ordnungsmäßige Verwaltung hinausgehen, wie beispielsweise bei baulichen Veränderungen, von denen alle Eigentümer betroffen sind, ist die Zustimmung aller im Grundbuch eingetragener Eigentümer erforderlich (einstimmiger Beschluss).

Die so zu treffenden Entscheidungen werden durch Beschlussfassung in der Wohnungseigentümerversammlung geregelt (§ 23 Abs. 1 WEG). Auch außerhalb der Wohnungseigentümerversammlung können die Wohnungseigentümer die Verwaltung des gemeinschaftlichen Eigentums regeln, und zwar auf schriftlichem Wege. Dazu bedarf es jedoch ausnahmslos der Zustimmung aller Wohnungseigentümer (§ 23 Abs. 3 WEG).

Üblicherweise erfolgt die Einberufung der Wohnungseigentümerversammlung mindestens einmal jährlich durch den Verwalter mit einer Mindestfrist von zwei Woche (§ 24 Abs. 4 WEG). Die Einberufung hat in Textform zu erfolgen, den Eigentümern ist gleichzeitig mit der Einberufung die Tagesordnung zu übersenden (§ 24 WEG). Damit die Versammlung beschlussfähig ist, müssen die anwesenden oder vertretenen Wohnungseigentümer mehr als die Hälfte der für sie eingetragenen Miteigentumsanteile repräsentieren (§ 25 Abs. 3 WEG). Den Versammlungsvorsitz führt in der Regel der Verwalter der Wohnungseigentümergemeinschaft, sofern die Versammlung nichts anderes beschließt (§ 24 Abs. 5 WEG). Über die in der Versammlung gefassten Beschlüsse hat der Verwalter eine Niederschrift anzufertigen (§ 24 Abs. 6 WEG, die vom Versammlungsvorsitzenden und einem Wohnungseigentümer und gegebenenfalls auch vom Verwaltungsbeiratsvorsitzenden bzw. seinem Stellvertreter zu unterzeichnen ist. Sie braucht den Wohnungseigentümern zwar nicht übersandt zu werden, muss aber rechtzeitig vor Ablauf der Anfechtungsfrist zur Einsichtnahme zur Verfügung stehen. Nach den neuen Vorschriften ist unabhängig von der Beschluss-Niederschrift eine Beschluss-Sammlung zu führen (§ 24 Abs. 7 WEG).

Siehe / Siehe auch: Beschlussfähigkeit, Wiederholungsversammlung, Textform, Einberufung der Wohnungseigentümerversammlung, Versammlungsvorsitz, Niederschrift (Wohnungseigentümerversammlung), Tagesordnung (Wohnungseigentümerversammlung), Beschluss-Sammlung

Wohnungseigentum

Wohnungseigentum ist nach der gesetzlichen Regelung das Sondereigentum (Alleineigentum) an einer Wohnung in Verbindung mit einem Miteigentumsanteil am gemeinschaftlichen Eigentum, zu dem es gehört (§ 1 Abs. 2 WWEG). Mit dieser gesetzlichen Definition (Zweckbestimmung) sind grundsätzlich Art und Umfang der zulässigen Nutzung der so bezeichneten Räume festgelegt. Räume, die in der Teilungserklärung als Wohnungseigentum bezeichnet sind, dürfen grundsätzlich nur für Wohnzwecke genutzt werden, wenn nicht bereits in der Teilungserklärung selbst oder in der Gemeinschaftsordnung eine ergänzende oder abweichende Vereinbarung getroffen wurde.

Nach herrschender Rechtsprechung sind aber von der grundsätzlichen Zweckbestimmung (Nutzung für Wohnzwecke) abweichende Nutzungen dann zulässig, wenn die von der zweckwidrigen Nutzung ausgehenden Störungen nicht größer sind als die Störungen, die sich auch bei bestimmungsgemäßer Wohnnutzung ergeben würden. Danach können auch als Wohnungseigentum bezeichnete Räume für bestimmte berufliche Zwecke genutzt werden (Anwalts- / Architekturbüro, Steuerberaterpraxis, Arztpraxis, allerdings keine Kinderarztpraxis).

Einer besonderen Zustimmung bedarf eine solche Nutzung nicht, wenn keine weitergehenden

Störungen auftreten oder die Teilungserklärung bzw. die Gemeinschaftsordnung ausdrücklich die Zustimmung zur beruflichen Nutzung vorschreiben.

Siehe / Siehe auch: Eigentumswohnung, Miteigentumsanteil, Gemeinschaftseigentum, Sondereigentum, Vereinbarung (nach WEG), Gemeinschaftsordnung, Wohnungseigentümer, Teilungserklärung

Wohnungseigentumsgesetz

Nach den Vorschriften des Bürgerlichen Gesetzbuches können an den wesentlichen Bestandteilen einer Sache keine besonderen Rechte eingeräumt werden (§ 93 BGB). Da Gebäude zu den wesentlichen Bestandteilen des Grundstücks zählen, konnte folglich an einzelnen Wohnungen oder Räumen in dem Gebäude auch kein selbständiges Eigentum gebildet werden (§ 94 BGB).

Da es nach dem Zweiten Weltkrieg darum ging, möglichst schnell Wohnraum für breite Bevölkerungskreise zu schaffen und Kapital für den Wohnungsneubau zu mobilisieren, wurden deshalb bereits im Jahre 1951 die gesetzlichen Grundlagen geschaffen, um die Bildung von Einzeleigentum an Wohnungen und anderen Räumen und damit gleichzeitig eine breite Eigentumsbildung zu ermöglichen. Mit dem Wohnungseigentumsgesetz, abgekürzt WEG, vom 15. März 1951 wurde der gesetzliche Grundstein für das „Eigenheim auf der Etage" gelegt. Als Rahmengesetz regelt dieses Gesetz neben den eigentumsrechtlichen Grundlagen u.a. die Verteilung der gemeinschaftlichen Lasten und Kosten, den Gebrauch von Sonder- und Gemeinschaftseigentum, die gemeinschaftliche Verwaltung durch Wohnungseigentümer, Verwalter und Verwaltungsbeirat, die Instandhaltung und Instandsetzung von Sonder- und Gemeinschaftseigentum sowie Abrechnungs-, Rechnungslegungs- und Zahlungspflichten.

Die weiteren Rechte und Pflichten der Wohnungseigentümer ergeben sich aus der Teilungserklärung, der Gemeinschaftsordnung, Vereinbarungen und Beschlüssen der Wohnungseigentümer sowie aus dem mit dem Verwalter zu schließenden Verwaltungsvertrag. Soweit sich im Übrigen aus diesen Bestimmungen keine Regelungen ergeben, gelten die entsprechenden Regelungen des Bürgerlichen Gesetzbuches. Inzwischen sind nach diesen Vorschriften des Wohnungseigentumsgesetzes rund 4,5 Millionen Wohnungen in der Rechtsform des Wohnungseigentums entstanden, die etwa zur einen Hälfte von ihren Eigentümern selbst genutzt bzw. zur anderen Hälfte vermietet sind.

Siehe / Siehe auch: Gemeinschaftsordnung, Vereinbarung (nach WEG), Beschluss, Teilungserklärung, Wohnungseigentümer, Verwalter (WEG), Verwaltervertrag

Wohnungseigentumsgesetz – Novellierung vom 14.12.2006

Der Deutsche Bundestag hat am 14.12.2006 den nach langen Diskussionen von der Bundesregierung am 8.3.2006 beschlossenen „Entwurf eines Gesetzes zur Änderung des Wohnungseigentumsgesetzes und anderer Gesetze" (BT-Drucksache 16/887 vom 9.3.2006) in 2. und 3. Lesung verabschiedet. Dieser Gesetzentwurf tritt am 1.6.2007 nach seiner Verkündung im Bundesgesetzblatt in Kraft.

Die insbesondere vor dem Hintergrund der beiden Grundsatzentscheidungen des Bundesgerichtshofes zum „Zitterbeschluss" (BGH, 20.9.2000, V ZB 58/99) und zur Teilrechtsfähigkeit (BGH, 2.6.2005, V ZB 32/2005) vorgenommenen Änderungen betreffen in erster Linie Änderungen und Ergänzungen des Wohnungseigentumsgesetzes. Dabei steht die Erleichterung der Willensbildung der Wohnungseigentümer im Vordergrund. So ist das früher geltende starre Einstimmigkeitsprinzip, zum Beispiel bei Änderungen der Kostenverteilung, durch Einführung der Mehrheitsentscheidung aufgehoben. Gleiches gilt für Modernisierungsmaßnahmen und für Maßnahmen zur Anpassung des Gemeinschaftseigentums an den Stand der Technik. Im Übrigen sind durch die Gesetzesänderung neben verfahrensrechtlichen Änderungen die Haftungsbestimmungen zugunsten der Wohnungseigentümer verbessert und auch die seit mehr als drei Jahrzehnten erhobene Forderung nach einer bevorrechtigten Behandlung von Hausgeldforderungen der Wohnungseigentümergemeinschaft in der Zwangsversteigerung realisiert. Damit wurde die Stellung der Wohnungseigentümer gegenüber den Kreditinstituten in der Zwangsversteigerung deutlich verbessert.

Im Einzelnen geht es um die nachstehenden Regelungen:
1. Zustimmungserfordernis Dritter zu Vereinbarungen – § 5 Abs. 4 Satz 2 WEG
2. Ausfertigung und Bescheinigung von Aufteilungsplan und Abgeschlossenheitsbe-

scheinigung – § 7 Abs. 4 Satz 3 WEG
3. Abgrenzung der Rechte und Pflichten zwischen Wohnungseigentümern und Wohnungseigentümergemeinschaft – § 10 Abs. 1 WEG
4. Anspruch auf Änderung von Vereinbarungen – § 10 Abs. 2 Satz 3 WEG
5. Rechtsfähigkeit der Wohnungseigentümergemeinschaft – § 10 Abs. 6 WEG
6. Verwaltungsvermögen der Wohnungseigentümergemeinschaft – § 10 Abs. 7 WEG
7. Begrenzung der Haftung der Wohnungseigentümer – § 10 Abs. 8 WEG
8. Insolvenzfähigkeit und Unauflöslichkeit der Gemeinschaft – § 11 Abs. 3 WEG
9. Aufgaben und Befugnisse des Verwalters bei Insolvenz der Gemeinschaft – § 11 Abs. 4
10. Aufhebung von Veräußerungsbeschränkungen – § 12 Abs. 4 WEG
11. Änderung der Verteilung der Betriebs- und Verwaltungskosten – § 16 Abs. 3 WEG
12. Änderung der Kostenverteilung bei Instandhaltung, Instandsetzung und baulichen Veränderungen – § 16 Abs. 4 WEG
13. Ausübung des Entziehungsrechts – § 18 Abs. 1 Satz 2 WEG
14. Wirkung des Entziehungsurteils – Berechtigung zur Zwangsvollstreckung – § 19 Abs. 1 Satz 2 WEG
15. Erweitere Beschlusskompetenz bei Verwaltungsmaßnahmen und Zahlungsmodalitäten – § 21 Abs. 7 WEG
16. Gerichtliche Ersatzregelungen bei Verwaltungsangelegenheiten – § 21 Abs. 8 WEG
17. Beschlusskompetenz bei bauliche Veränderungen – Erfordernis und Entbehrlichkeit der Zustimmung – § 22 Abs. 1 WEG
18. Mehrheitsbeschluss bei Modernisierungsmaßnahmen / Abgrenzung zur modernisierenden Instandsetzung – § 22 Abs. 2 und 3 WEG
19. Verlängerung der Einladungsfrist - § 23 Abs. 4 WEG
20. Bestellung eines Notverwalters entfällt – § 26 Abs. 3 WEG
21. Pflicht zur Führung einer Beschluss-Sammlung – § 24 Abs. 7 und 8 WEG
22. Nicht ordnungsmäßige Führung eines Beschluss-Sammlung als Abberufungsgrund – § 26 Abs. 1 Satz 4
23. Aufgaben und Befugnisse des Verwalters gegenüber Wohnungseigentümer und Wohnungseigentümergemeinschaft
24. Regelung künftiger WEG-Streitigkeiten im ZPO-Verfahren – § 43 WEG
25. Begrenzter Vorrang für Hausgeldforderungen in Zwangsversteigerung – § 10 ZVG

Wohnungseigentumsverfahren

Mit Inkrafttreten der neuen Bestimmungen des Wohnungseigentumsgesetzes wird über Streitigkeiten in Wohnungseigentumssachen nach den Vorschriften der Zivilprozessordnung entschieden. Die dadurch erfolgten Änderungen betreffen unter anderem den Wegfall der Amtsermittlungspflicht und zum anderen die neue Kostenregelung, wonach die im Verfahren Unterlegenen sämtliche Kosten des Verfahrens zu tragen haben. Die Regelungsinhalte des § 43 WEG werden im Wesentlichen übernommen. Zuständig bleibt weiterhin das Amtsgericht, in dessen Bezirk die Wohnungseigentumsanlage liegt. Damit bleibt die Nähe zum Gericht erhalten, ein Anwaltszwang besteht auch weiterhin nicht. An die Stelle des bisherigen drei- bzw. vierstufigen Verfahrens ist jetzt das zwei- bzw. dreistufiges Verfahren getreten (Amtsgericht, Landgericht und Bundesgerichtshof).
Siehe / Siehe auch: Rechtsfähigkeit (Wohnungseigentümergemeinschaft)

Wohnungserbbaugrundbuch

Wohnungseigentum kann auch auf der Grundlage eines Erbbaurechts begründet werden. In diesem Falle wird pro Wohn- / Teileigentum ein Wohnungs- / Teileigentumserbbaugrundbuch angelegt. Die Struktur entspricht dem des Erbbaugrundbuchs, wobei lediglich der Miteigentumsanteil und das damit verbundene Sondereigentum im Bestandsverzeichnis zusätzlich mit aufgeführt sind. Für den Erbbauzins haften die Wohnungseigentümer gesamtschuldnerisch, wenn nicht eine Aufteilung nach Miteigentumsanteilen mit dem Grundstückseigentümer und damit die Begründung einzelner Schuldverhältnisse zwischen Wohnungseigentümer und Erbbaurechtsgeber vereinbart wird.
Siehe / Siehe auch: Wohnungs- und Teileigentumsgrundbuch

Wohnungsgenossenschaft

Wohnungsgenossenschaften sind wie die übrigen Arten von Genossenschaften Gesellschaften mit einer nicht geschlossenen Zahl von Mitgliedern (Genossen), die einen wirtschaftlichen Zweck verfolgen und sich dabei eines gemeinsamen Geschäftsbetriebes bedienen. Das Geschäftsprinzip ist Selbsthilfe der Mitglieder durch gegenseitige Förderung.

Sie entstehen mit Eintragung in das Genossenschaftsregister. Finanzielle Geschäftsgrundlage der Genossenschaften sind die von den Mitgliedern eingezahlten Geschäftsanteile. Die Geschäftsanteile vermehren sich um die Gewinne. Je nach Art der Wohnungsgenossenschaft ist es ihr Zweck, entweder an Mitglieder Genossenschaftswohnungen zu vermieten bzw. Ihnen die Nutzung der Wohnung zu überlassen oder bei Wohnbaugenossenschaften, an Mitglieder Eigenheime zu verkaufen.

Eine Besonderheit der Genossenschaften besteht in der Identität von Träger und Kunden. Sie funktionieren auf der Grundlage genossenschaftlicher Solidarität – jedes Mitglied hilft dem anderen, zum Ziele zu gelangen. Der Vorstand hat alle Mitglieder gleich zu behandeln. Zum Beispiel müssen Mietererhöhungen deshalb für alle Mitglieder in gleicher Höhe vorgenommen werden. Mietverträge mit einer Genossenschaft richten sich nach den üblichen mietrechtlichen Regelungen. Jedoch wirken auch das Genossenschaftsgesetz und die von der Genossenschaft selbst beschlossene Satzung ins Mietverhältnis hinein.Besonderheiten im Mietverhältnis:

Beim Eintritt sind Genossenschaftsanteile zu erwerben. Genossenschaftsmieter entrichten üblicherweise keine Mietkaution. Die Höhe der Anteile übersteigt meist die einer Kaution. Vorteil einer Genossenschaftswohnung aus Mietersicht ist die meist im Vergleich niedrigere Miete.

Zur Vermeidung von Wohnungsleerständen darf die Genossenschaft den Mietzins für eine oder mehrere Wohnungen senken, ohne das die Mieter anderer Wohnungen Anspruch auf eine entsprechende Senkung haben.

Eine Erhöhung der Miete für einzelne Wohnungen widerspricht dem genossenschaftlichen Gleichbehandlungsgrundsatz und ist unzulässig.

Wenn das Genossenschaftsmitglied verstirbt, wird das Mietverhältnis nach den gesetzlichen Bestimmungen mit dem Ehegatten fortgesetzt. Der Erbe des „Genossen" erbt auch die Genossenschaftsanteile und damit den Anspruch auf eine Wohnung. Eine Eigenbedarfskündigung gibt es nicht. Allerdings hat die Genossenschaft ein berechtigtes Interesse an der Kündigung, wenn ein Mieter wegen genossenschaftswidrigen Verhaltens ausgeschlossen wird und die Wohnung für ein anderes Mitglied benötigt wird.

Die Genossenschaftsanteile werden bei Ende des Mietverhältnisses zurückgezahlt. Bei manchen Genossenschaften kann die Kündigungsfrist für die Anteile länger als die für die Wohnung ausfallen, da die Einlagen in laufenden Projekten gebunden sind. Manche Genossenschaften beteiligen den Mieter / das Mitglied an ihren Gewinnen. Geht eine Genossenschaft in Konkurs, fallen die Genossenschaftsanteile in die Konkursmasse. Eine Nachschusspflicht oder eine über den Anteil hinaus gehende Haftung des Mieters gibt es nicht. Hartz IV: Genossenschaftsanteile werden (wie die Mietkaution) nicht zum Vermögen gerechnet. Wenn nach einem Wohnungswechsel die Genossenschaftsanteile zurückgezahlt und wieder auf dem Konto gutgeschrieben sind, müssen sie beim nächsten Antrag als Vermögen angegeben werden.

Zum 18. August 2006 sind erhebliche Änderungen des Genossenschaftsgesetzes in Kraft getreten. Die Reform soll die Genossenschaft als Rechtsform attraktiver machen. Die Gründung kleiner Genossenschaften wurde erleichtert; Genossenschaften mit einer Bilanzsumme bis zu 1 Mio Euro oder mit Umsatzerlösen bis zu 2 Mio. Euro sind von der Pflicht zur Prüfung des Jahresabschlusses befreit. Weitere Regelungen sollen eine bessere Informationsversorgung der Mitglieder sicher stellen.
Siehe / Siehe auch: Eigenbedarf, Nachschusspflicht

Wohnungsgröße

Die Wohnungsgröße hat bei preisgebundenen Wohnungen (öffentlich geförderter Wohnraum) eine erhebliche Bedeutung. Sie kann hier nicht vom Mieter nach freiem Belieben gewählt werden. Damit keine Unterbelegung von mit öffentlichen Geldern geförderten Wohnungen stattfindet, wird im Wohnberechtigungsschein durch die Behörde angegeben, welche Wohnungsgröße für den jeweiligen Mieter maximal noch als angemessen betrachtet wird. Der Vermieter muss sich daran halten.

Nach welchen Kriterien die zulässige Wohnungsgröße bestimmt wird, ist in allen Bundesländern in eigenen Verwaltungsvorschriften geregelt. So kann für eine Einzelperson z.B. maximal eine Wohnung von 40 oder 45 Quadratmetern zulässig sein.

Siehe / Siehe auch: Angemessene Miete, Hartz-IV und Miete, Wohnberechtigungsschein

Wohnungsgrundbuch

Sowohl bei der vertraglichen Begründung von Wohnungseigentum (§ 3 WEG) wie auch bei der Begründung durch Teilungserklärung (§ 8 WEG) wird vom Grundbuchamt für jeden Miteigentumsanteil ein besonderes Grundbuchblatt angelegt, das als Wohnungsgrundbuch (bei Wohnungen) oder als Teileigentumsgrundbuch (bei nicht zu Wohnzwecken dienenden Räumen) bezeichnet wird.

Im Bestandsverzeichnis wird der jeweilige Miteigentumsanteil eingetragen mit dem zusätzlichen Vermerk „verbunden mit dem Sondereigentum an der mit Nr. xx bezeichneten Wohnung und (gegebenenfalls) dem zugehörigen Kellerraum Nr. xx und dem Kraftfahrzeug-Stellplatz Nr. xx".

Ergänzend wird vermerkt, dass der eingetragene Miteigentumsanteil durch die zu den anderen Miteigentumsanteilen gehörenden Sondereigentumsrechte beschränkt ist. Ebenfalls im Bestandsverzeichnis eingetragen sind weitere Regelungen – vielfach Beschränkungen – hinsichtlich der Veräußerung oder des Gebrauchs, ebenso vom Gesetz abweichende Vereinbarungen (§ 10 Abs. 1 und Abs. 2 WEG), beispielsweise zur abweichenden Kostenverteilung.

Diese Eintragungen sind deshalb von besonderer Bedeutung, weil vom Gesetz abweichende Vereinbarungen im Falle des Eigentümerwechsels gegenüber dem neuen Eigentümer nur dann Rechtswirkung entfalten, wenn sie im Grundbuch eingetragen sind. Die Abteilungen I, II und III entsprechen dem normalen Grundbuchaufbau.

Siehe / Siehe auch: Miteigentumsanteil, Vereinbarung (nach WEG), Wohnungs- und Teileigentumsgrundbuch, Grundbuch

Wohnungsmangel

Von Wohnungsmangel wird dann gesprochen, wenn die sich am Markt artikulierende Nachfrage nach Wohnraum zu angemessenen Bedingungen durch das Angebot nicht befriedigt werden kann.

Als allgemeine Kennzahl für Wohnungsmangel wird in der Regel das Verhältnis der Zahl der Haushalte zur Zahl bewohnbarer Wohnungen herangezogen. Allerdings hat bei der sehr differenzierten Teilmarktstruktur des Wohnungsmarktes eine solche allgemeine Kennzahl keine besondere Aussagekraft. Bei der Vielzahl der Teilmärkte kann zum gleichen Zeitpunkt in einem Teilmarkt ein Angebotsmangel, in einem anderen ein Angebotsüberschuss bestehen. Wird in Deutschland ein geringes Angebot zur Erzielung überhöhter Mieten ausgenutzt, liegt der Tatbestand der „Mietpreisüberhöhung" vor, die als Ordnungswidrigkeit mit Bußgeld geahndet werden kann.

In einem Urteil des BGH zur Mietpreisüberhöhung (Az.: VIII ZR 44/04, Urteil vom 13.4.2005) wird klargestellt, dass der Wohnungsmangel nicht nur in einem einzigen Stadtteil vorliegen darf, um bei entsprechend überhöhter Miete den Tatbestand dieser Ordnungswidrigkeit zu erfüllen. Es muss sich vielmehr um einen Wohnungsmangel in der gesamten Stadt bezogen auf vergleichbare Wohnungen handeln.

In deutschen Großstädten wird von manchen Experten und Verbänden in den nächsten Jahren ein verstärkter Wohnungsmangel befürchtet. So wird z.B. in der Metropolregion Hamburg ein Bevölkerungsanstieg erwartet, der bei gleich bleibender Bautätigkeit im Jahr 2020 zum Fehlen von 35.000 Wohnungen führen könnte.

Der Begriff Wohnungsmangel ist nicht zu verwechseln mit dem Sachmangel der Mietwohnung, der deren Gebrauchsfähigkeit beeinträchtigt.

Siehe / Siehe auch: Mietwucher, Mietpreisüberhöhung, Sachmangel (im Mietrecht), Wirtschaftsstrafgesetz

Wohnungsmarkt

In der Skala des Bedürfnisbewusstseins rangiert in unserem Kulturkreis die Wohnung an erster Stelle. Der größte Teil der Versorgung der Bevölkerung mit Wohnraum findet auf dem Wohnungsmarkt statt. Er ist deshalb Gegenstand zahlreicher Untersuchungen und politischer Steuerungsversuche. Im Zentrum der Betrachtung steht dabei die Mietpreisbildung. Der Staat will sie nicht dem ungebremsten Spiel der Marktkräfte überlassen.

Dies führte zu Gunsten einkommensschwacher Schichten zum Aufbau eines neben dem Wohnungsmarkt agierenden Wohnungszuteilungssystems mit Mietpreis- und Wohnungsbindung. Aber auch der Markt selbst wurde und wird auch heute noch trotz des relativ guten Versorgungsgrades durch zahlreiche miet- und mietpreisrechtliche Vorschriften gesteuert. Nach einer Verlautbarung des Bundesministeriums für Verkehr, Bau- und Stadtentwicklung soll immerhin der größte Teil der Haushalte mit niedrigem Einkommen, darunter zwei Drittel aller Wohngeldempfänger, in frei finanzierten Mietwohnungen wohnen.

Die Wohnungsmärkte in Deutschland weisen höchst unterschiedliche Entwicklungen auf. In Schrumpfungsgebieten gibt es einen permanenten Angebotsüberhang mit sinkenden Preistendenzen. Hierzu gehört ein großer Teil der östlichen Bundesländer. In Wachstumsregionen wird oft ein Mietpreisniveau erreicht das bei vergleichbarem Wohnungsstandard mehr als das Doppelte der Mietpreise in Schrumpfungsregionen erreicht.

Im Laufe der Zeit wurden verschiedene Gesetzmäßigkeiten, denen der Wohnungsmarkt unterworfen ist, formuliert. Es begann mit dem Schwabe'schen Gesetz. Der Statistiker Schwabe hat nachzuweisen versucht, dass Haushalte mit niedrigen Einkommen einen relativ größeren Einkommensteil für die Miete ausgeben müssen, Haushalte mit höheren Einkommen dagegen einen relativ niedrigen Einkommensteil. Lütge hat in seinem „Gesetz des sozialbedingten Wohnungsaufwandes" festgestellt, dass z.B. bei vergleichbaren Einkommen bestimmte Schichten, hier die Beamten, mehr für die Miete ausgeben als andere Schichten.

Nachgegangen wurde auch der Frage, wie lange die durchschnittliche Umzugskette ist, die durch den Wohnungsbau hervorgerufen wird, bis sie schließlich versickert (kurzfristig wirksame Sickerprozesse).

Die Filteringtheorie erörtert die Frage, wie durch den alterungsbedingten Qualitätsschwund des Wohnungsbestandes Haushalte mit höherem Einkommen in bessere Wohnquartiere übersiedeln und damit qualitativ geringwertigen Wohnraum Haushalten mit geringerem Einkommen zur Verfügung gestellt werden (Filtering-down). Andererseits aber werden durch Modernisierungs- und Revitalisierungsmaßnahmen in alten Stadtvierteln Haushalte mit hohem Einkommen angezogen (Filtering-up). Die Filteringtheorie beschreibt langfristige Wirkungen des Wohnungsmarkts.

Das Arbitragemodell zeigt, wie Wohnungsmärkte durch die Entwicklung von homogenen Nachbarschaften in Untermärkte aufgespalten werden, die zu Gettobildungen aber auch zu Erscheinungen der Gentrification (Aufwertung von Wohnquartieren) führen.

Der Ratcheteffekt beschreibt das Phänomen, dass Haushalte mit steigendem Einkommen ihr Konsumniveau auch im Wohnbereich ständig nach oben anpassen. Sie „klinken" sich in diesen Prozess des steigenden Konsums ein. In Zeiten sinkender Einkommen halten sie jedoch an dem einmal erreichten Niveau aus Prestigegründen fest. Sie verzehren damit ihr Vermögen und fallen schließlich nach Eintritt der Zahlungsunfähigkeit der Armut anheim.

Siehe / Siehe auch: Gentrifizierung, Filtertheorie, Ratcheteffekt

Wohnungsprivatisierung

Wohnungsprivatisierung handelt von der Überführung von Wohnungsbeständen der öffentlichen Hand (insbesondere Bund Länder und Gemeinden) in den privatwirtschaftlichen Bereich. Während der Bund seinen Wohnungsbestand weitgehend verkauft hat, verfügen die Bundesländer noch über einen Bestand von ca. 320.000 Wohneinheiten, die Gemeinden von ca. 2.500.000 Wohneinheiten.

Die Privatisierung kann erfolgen durch Verkauf direkt an Mieter nach Begründung von Wohneigentum („Mieterprivatisierung"), durch Verkauf an eine Privatisierungsgesellschaft, die sich dann um den Einzelverkauf an die Mieter kümmert, durch „Blockverkauf" an einen privaten Investor oder ein Wohnungsunternehmen, durch Unternehmensverkauf oder durch Gründung einer Wohnungsgenossenschaft.

Da sich die Privatisierung sozialverträglich steuern lässt, gibt es heute kaum mehr gewichtige Argumente gegen die Wohnungsprivatisierung, die vor allem Kommunen erheblich entlasten würde. Anreize für den Kauf der Wohnungen durch Mieter bestehen in der Gewährung von Sozialrabatten auf den Kaufpreis und die Gewährung von günstigen Finanzierungskonditionen.

Wohnungsreallast

Eine Wohnungsreallast unterscheidet sich von einem Wohnungsrecht dadurch, dass sie sich nicht auf die Zurverfügungstellung einer konkreten Wohnung zugunsten einer bestimmten Person bezieht, sondern auf die Absicherung der Verpflichtung des Eigentümers, eine oder mehrere Wohnungen (meist unter Bestimmung ihrer Größe) dem Berechtigten zur Verfügung zu stellen und instand zu halten. Nutzer sind die vom Berechtigten bestimmten Personen.

Wohnungsrecht

Ein Wohnungsrecht, auch Wohnrecht genannt, ist ein subjektiv persönliches, also an eine bestimmte Person gebundenes Recht, das im Grundbuch als beschränkte persönliche Dienstbarkeit eingetragen wird. Es wird dem Berechtigten meist im Gegenzug zur Übertragung, (Erbschaft oder Schenkung oder Verkauf) eines Wohnhauses eingeräumt. In der Regel ist das Wohnungsrecht unentgeltlich. Es kann aber vereinbart werden, dass der Berechtigte bestimmte Unterhaltungspflichten (laufende Instandhaltung der Wohnung) übernimmt.

Die dem Eigentümer obliegenden Grundstückslasten können nicht mit dinglicher Wirkung auf den Wohnungsberechtigten im Rahmen des Wohnungsrechts übertragen werden. Da die Zweckbestimmung des Wohnungsrechts ausschließlich das Wohnen durch den Berechtigten ist, kann ein Wohnungsrecht nicht an einem Teileigentum nach dem WEG begründet werden. Das Wohnungsrecht kann nicht entgeltlich bestellt werden. Ausgewichen wird deshalb in seltenen Fällen auf eine schuldrechtliche Entgeltvereinbarung, in der die Verpflichtung zur Entgeltzahlung zur Bedingungen für die Ausübung des Wohnungsrechts gemacht wird. Es erlischt mit dem Tode des Berechtigten oder mit der Zerstörung des Gebäudes.

Im Gegensatz zum Wohnungsrecht steht eine Wohnungsreallast, die zum Inhalt die Gewährung von Wohnraum (nicht an einer bestimmten Wohnung) hat. Die Verpflichtung des Gebäudeeigentümers besteht in der Zurverfügungstellung von Wohnraum und seiner Erhaltung. In einigen Fällen werden auch unentgeltliche schuldrechtliche Wohnungsrechte vereinbart.

- Beispiel: Erben lassen Hausangestellte eines verstorbenen Elternteils unentgeltlich in einem Teil des geerbten Hauses wohnen. Meist werden in diesen Fällen die Wohnräume unentgeltlich zur Nutzung auf Lebenszeit zur Verfügung gestellt. Besondere Formalien oder eine notarielle Beurkundung sind nicht erforderlich.

Bei dieser Konstruktion kann vertraglich vereinbart werden, dass der Wohnberechtigte auch die für die Wohnung anfallenden Nebenkosten nicht zahlen muss. Ohne besondere Vereinbarung muss er diese übernehmen, außer wenn der zugrunde liegende Vertrag „Versorgungscharakter" hat, d.h. zum Beispiel einen Teil der Altersversorgung einer Person darstellt. Problematisch ist, was mit einem schuldrechtlichen unentgeltlichen Wohnrecht bei Verkauf der Wohnung passiert: Es ist umstritten, ob der Käufer das Wohnungsrecht beachten muss.

Siehe / Siehe auch: Grunderwerbsteuer, Reallast

Wohnungsschlüssel für Mietwohnung

Mieter können vom Vermieter die Anzahl von Schlüsseln für die Mietwohnung verlangen, die sie benötigen. Üblich wie auch angemessen sind je zwei bis drei Schlüssel für Haustür, Wohnungstür, Briefkasten und ggf. Keller- und Garagentüren. Benötigt der Mieter eine größere Anzahl von Schlüsseln, weil der Haushalt aus mehr Personen besteht, muss der Vermieter die benötigte Anzahl zur Verfügung stellen.

Der Mieter darf selbst ohne Weiteres Schlüssel für seine Wohnung nachfertigen lassen. Schlüssel für die Hauseingangstür gehören meist zu einer Schließanlage und dürfen nur mit Genehmigung des Hauseigentümers nachgefertigt werden. Alle nachgefertigten Schlüssel sind beim Auszug dem Vermieter auszuhändigen. Vermieter sollten dies im Mietvertrag regeln.

Der Vermieter ist ohne Zustimmung des Mieters nicht berechtigt, Zweitschlüssel zur Mietwohnung zu besitzen. Besteht eine solche Zustimmung, darf er die Wohnung nicht ohne Erlaubnis des Mieters betreten, da dieser dort das Hausrecht innehat.

Schlüsselverluste müssen dem Vermieter gemeldet werden. Bei Verschulden des Mieters muss der Mieter die Anfertigung von Ersatzschlüsseln oder den Austausch der Schlösser bezahlen. Handelt es sich um Schlüssel einer Schließanlage, kann dies teuer werden: Gegebenenfalls kann vom Mieter der Austausch aller Schlösser der Schließanlage und damit an allen Wohnungs- und Haustüren des Gebäudes gefordert werden.

Diese Verpflichtung trifft den Mieter nur bei Verschulden, d.h. Vorsatz oder Fahrlässigkeit. Werden dem Mieter Schlüssel gestohlen, muss der Vermieter die Kosten tragen. Daran ändern entsprechende gegenteilige Vertragsklauseln nichts.

Siehe / Siehe auch: Hausrecht

Wohnungstausch

Es gibt Fälle, in denen ein Wohnungstausch unter Mietern sinnvoll sein kann. Denkbar ist dies z.B., wenn im gleichen Haus ein Mieter wegen einer Trennung eine kleinere Wohnung und ein anderer wegen Familienzuwachs eine größere Wohnung sucht. Der Vermieter muss jedoch einen solchen Tausch nicht akzeptieren, wenn er nicht will.

Ein anderer Wohnungstausch findet statt, wenn z.B. zwei Wohnungsinhaber vereinbaren, ihre Wohnungen gegenseitig zu Urlaubszwecken benutzen zu dürfen.

Richtet der Tauschpartner Schäden in der Mietwohnung oder am Haus an, haftet dafür jedoch der Mieter selbst – wie bei jedem geladenen Gast oder Besucher auch. Der urlaubsbedingte Wohnungstausch stellt eine vertragswidrige Nutzung der Wohnung dar und ist nur mit vorheriger Erlaubnis des Vermieters zulässig.

Siehe / Siehe auch: Besucher, Haushüter / Homesitter

Wohnungsunternehmen

Von Wohnungsunternehmen spricht man, wenn die Zwecksetzung des Unternehmens ganz oder überwiegend in der Errichtung und Bewirtschaftung von eigenen Wohngebäuden, der Errichtung von Eigenheimen und Eigentumswohnungen für den Markt sowie der Verwaltung fremden Wohnungsbestandes besteht. Die frühere Abgrenzung zwischen gemeinnützigen und freien Wohnungsunternehmen ist nach Aufhebung des Wohnungsgemeinnützigkeitsgesetzes hinfällig geworden.

Allerdings haben viele Wohnungsunternehmen, vor allem die kommunalen und kirchlichen die Wohnungsgemeinnützigkeit weiterhin in ihrer Satzung verankert. Wer ausschließlich für den Markt produziert wird auch als Bauträger bezeichnet. Wohnungsunternehmen sind überwiegend im GdW Bundesverband deutscher Wohnungsunternehmen e.V. oder im Bundesverband Freier Wohnungsunternehmen e.V. (beide mit Sitz in Berlin) organisiert.

Siehe / Siehe auch: Bauträger

Wohnungsvermittlung

Wohnungsvermittlung ist ein Teilbereich des Geschäftsfeldes von Maklern. Im Schnitt entfallen ca. 10% der Provisionserlöse der Maklerunternehmen auf diesen Bereich. Wohnungsvermittler müssen zusätzlich zum BGB-Maklerrecht die Spezialvorschriften des Wohnungsvermittlungsgesetzes beachten, die dem besonderen Schutzbedürfnis von Wohnungssuchenden dienen. Der Geschäftsbereich der Wohnungsvermittlung zeichnet sich durch eine relativ hohe Erfolgsquote aus und ist wegen der schnellen Umschlagsgeschwindigkeit des Marktgutes Wohnung trotz der Provisionsbegrenzung in normalen Zeiten ein stabiles Basisgeschäft.

Siehe / Siehe auch: Wohnungsvermittlungsgesetz

Wohnungsvermittlungsgesetz

Das WoVermG regelt einerseits die Beziehungen zwischen Mietinteressent und Wohnungsvermittler (Makler). Andererseits enthält es öffentliche rechtliche Vorschriften, die dem Verbraucherschutz dienen.

Die zivilrechtlichen Vorschriften sind weitgehend zwingend. Hierzu gehören hauptsächlich die so genannten „Provisionsverbote", also die Fallgestaltungen, in denen der Wohnungsvermittler keine Provision verlangen darf. Dies ist gegeben, wenn er gleichzeitig Eigentümer, Vermieter, Verwalter oder Mieter der Wohnung ist oder wenn zwischen dem Wohnungsvermittler einerseits und dem Eigentümer / Vermieter / Verwalter andererseits eine wirtschaftliche oder rechtliche Beteiligung besteht.

Gegenüber dem Mieter darf der Wohnungsvermittler keine Provision verlangen, wenn es sich um öffentlich gefördertem Wohnraum handelt. Die Wohnungsvermittlungsprovision, die der Mieter zu zahlen hat, darf zwei Monatsmieten zuzüglich Umsatzsteuer abzüglich Nebenkosten, über die gesondert abzurechnen ist, nicht übersteigen. Zu Unrecht bezahlte Provisionen kann der Mieter innerhalb von drei Jahren zurückfordern.

Öffentlich rechtliche Vorschriften beziehen sich auf das Anbieten von Wohnungen in Zeitungen. Der Makler muss seinen Namen, seine Wohnungsvermittlereigenschaft und die Mieten der angebotenen Wohnungen mit einem klarstellenden Zusatz hinsichtlich der Nebenkosten in das Inserat aufnehmen. Verstöße gegen diese Vorschriften oder das Verlangen einer Provision von über zwei Monatsmieten sind Ordnungswidrigkeiten und werden mit Bußgeld geahndet.

Wohnungswirtschaft

Die Wohnungswirtschaft ist ein wesentlicher Teil der Immobilienwirtschaft. Sie umfasst im Wesentlichen die Dienstleistungsbereiche und Marktvorgänge der wohnungswirtschaftlich ausgerichteten Immobilienentwicklung, der Errichtung von Miet- und Eigentümerwohnungen, der Bewirtschaftung, Instandhaltung, Modernisierung und Sanierung des Wohnungsbestandes.

Im Jahr 2005 waren 44% aller Haushalte Eigentümerhaushalte. Der Rest wohnt zur Miete. Die durchschnittliche Bruttokaltmiete, die ein Hauptmieter zu zahlen hatte, lag 2003 bei 408 Euro. Die durchschnittliche Streuung der Miete zwischen dem Einpersonenhaushalt und dem Haushalt mit 3 und mehr Personen lag zwischen 384 und 563 Euro. In der Summe gaben für Wohnung, Wasser, Strom, Gas die Haushalte in Deutschland 298,5 Mrd. Euro aus (einschließlich Mietwerte eigen genutzter Wohnungen). Dies sind 25,2% aller konsumtiven Ausgaben im Inland. Die nachfolgenden Zahlen für 2002 (Quelle Statistisches Bundesamt) geben einen Einblick über das wohnungswirtschaftliche Versorgungsniveau und Mietbelastung.

Strukturdaten Statistisches Bundesamt

2002	Einheit	Deutschland	alte Länder	neue Länder
Wohnungsbestand				
	1000	38.957,1	31.232,4	7.724,7
Bewohner pro Wohnung				
	Anzahl	2,2	2,2	1,9
Wohnfläche je Wohnung				
	Quadratmeter	89,4	92,2	76,7
Wohnfläche je Einwohner				
	Quadratmeter	41,6	42,8	36,2
Räume je Wohnung				
	Anzahl	4,35	4,4	4,25
Eigentümerhaushalte				
	Anteil in %	42,2	44,1	33,8
Hauptmieterhaushalte				
	Anteil in %	55,5	53,7	63,5
Untermieterhaushalte				
	Anteil in %	2,3	2,3	2,7
Durchschnittsmiete				
	EURO	408	432	324

Ende 2007 werden neue Ergebnisse vorliegen.

Wohnwertverbesserungen (Mietrecht)

Wohnwertverbesserungen gehören zu den Modernisierungsmaßnahmen, die einen Vermieter zur Mieterhöhung bei Modernisierung berechtigen. Unter Wohnwertverbesserungen versteht man Maßnahmen, die die Miträume oder das Wohnumfeld außerhalb der Wohnung selbst verbessern. Beispiele:
- Einbau von Isolierglasfenstern an Stelle Einfachverglasung
- Einbau einer Zentralheizung statt Einzelöfen
- Einbau neuer Bäder und Toiletten
- Wärmedämmung von Außenmauern
- Befestigung des Hofes
- Anschluss an Breitbandkabelnetz
- Einrichtung neuer KfZ-Stellplätze

Nicht als Wohnwertverbesserungen werden von den Gerichten anerkannt:
- Neue Hauseingangstür
- Einbau einer Zentralheizung statt einer Gasetagenheizung
- Erneuerung von Fliesen
- jegliche Erhaltungsmaßnahmen (Instandhaltung und Instandsetzung).

Siehe / Siehe auch: Duldung der Modernisierung (Mietrecht), Mieterhöhung bei Modernisierung, Mietermodernisierung

Wohnwirtschaftliche Verwendung (Bausparvertrag)

Wer die staatlichen Subventionen für Bausparverträge (z.B. Wohnungsbauprämie, Sonderausgabenabzug, Sparzulage) nutzt, muss bestimmte Sperrfristen (7 bzw. 10 Jahre) beachten. Grundsätzlich kann der Bausparer erst nach Ablauf dieser Sperrfristen über das angesammelte Guthaben verfügen. Diese Sperrfristen müssen nicht eingehalten werden, wenn der Bausparvertrag zur Finanzierung sog. wohnwirtschaftlicher Maßnahmen verwendet wird. Dies bedeutet, dass beispielsweise ein zuteilungsreifer Bausparvertrag bereits 4 Jahre nach Abschluss für den Erwerb eines Grundstückes oder die Modernisierung einer Wohnung verwendet werden kann, ohne dass dem Bausparer hierdurch Nachteile entstehen.

Wolkenkratzer

Siehe / Siehe auch: Hochhaus

WoModG
Abkürzung für: Wohnungsmodernisierungsgesetz

WoP
Abkürzung für: Wohnungsbauprämie

WoPDV
Abkürzung für: Wohnungsbauprämien-Durchführungsverordnung

WoPG
Abkürzung für: Wohnungsbau-Prämiengesetz

WoVermG
Abkürzung für: Wohnraumvermittlungsgesetz

WPO
Abkürzung für: Wirtschaftsprüferordnung

WRP
Abkürzung für: Wettbewerb in Recht und Praxis

WsGB
Abkürzung für: Wohnungsgrundbuch

WSV / WSVO
Abkürzung für: Wärmeschutzverordnung

WuH
Abkürzung für: Wohnung und Haus

www
Abkürzung für: world wide web

WWZ
Abkürzung für: Wohnungswirtschaftliches Zentrum

Wz
Abkürzung für: Wertzuwachs

Zählermiete

Der Vermieter muss zur Erfassung des Verbrauchs an Wärme, Warm- und Kaltwasser die Mieträume mit Zählern bzw. Messuhren (Fernheizung: Heizkostenverteiler) ausstatten. Für Kaltwasserzähler besteht noch keine bundeseinheitliche Einbaupflicht. In vielen Bundesländern muss inzwischen jedoch jede Wohnung mit einem Kaltwasserzähler ausgestattet sein.

Der Vermieter kann diese Geräte auswählen und entscheiden, ob er sie kauft, mietet oder least. Der Mieter muss die Zähleinrichtungen bezahlen. Bei gekauften Zählern kann die Miete um jährlich 11% des Kauf- und Einbaupreises erhöht werden. Diese Erhöhung stellt eine Modernisierungsumlage dar. Bei gemieteten Zählern können die anfallenden Kosten im Rahmen der Nebenkostenabrechnung auf den Mieter umgelegt werden.

Gemietete Zähler haben den Vorteil, dass die Einhaltung der gesetzlich vorgeschrieben Eichfristen durch die Firma (Stadtwerke, Ableseunternehmen) überwacht wird, die Eigentümer der Zähler ist. Der Austausch der Zähler wird kostenfrei vorgenommen. Es sollte jedoch vor dem Abschluss längerfristiger Verträge ein Vergleich der anfallenden Gebühren für die Zählermiete mit dem Kauf- und Einbaupreis der Zähler stattfinden. Entscheidet sich der Hauseigentümer für die Anschaffung eigener Zähler, muss er selbst auf die Einhaltung der Eichfristen achten.

Die Eichfristen betragen für Wärme- und Warmwasserzähler fünf und für Kaltwasserzähler sechs Jahre. Gaszähler müssen alle acht Jahre, Stromzähler alle 16 Jahre geeicht werden.

Anbringen und Ablesen der Geräte sind vom Mieter zu dulden. Wenn Zähler eingebaut sind, hat der Vermieter die Pflicht, den Verbrauch regelmäßig zu erfassen und dem Mieter auf Wunsch Einblick in die Originalunterlagen der Ablesefirma zu geben.

Siehe / Siehe auch: Betriebskosten,
Heiz- und Warmwasserkosten,
Nebenkosten (mietrechtliche)

Zahlungsverzug

Seit Inkrafttreten des „Gesetzes zur Beschleunigung fälliger Zahlungen" am 30. Mai 2000 kommt ein Schuldner automatisch in Verzug, wenn er nach Ablauf von 30 Tagen nach Zugang der Rechnung bzw. dem in der Rechnung ausgewiesenen Fälligkeitstermin nicht gezahlt hat. Eine etwaige zusätzliche Mahnung berührt die 30-Tagefrist nicht.

Allerdings kann in einem Vertrag abweichend von der neuen Regelung vereinbart werden, dass der Verzug mit der Mahnung einsetzt – auch vor Ablauf der 30-Tagefrist.

Bei Schuldverhältnissen, die zu wiederkehrende Zahlungen an bestimmten Kalendertagen verpflichten, tritt nach wie vor Verzug bereits ein, wenn die Zahlung zu einem dieser Termine nicht erfolgt. Ab Verzug entstehen Verzugszinsen in Höhe von nunmehr 5% über dem Basiszinssatz, der von der Bundesbank in viermonatlichen Abständen (1.1., 1.5. und 1.9.) an die Entwicklung des Zinssatzes für längerfristige Refinanzierungsgeschäfte, einem der Leitzinsen der Europäischen Zentralbank, angeglichen wird.

Zarge

Als Zarge werden Rahmen bezeichnet, die stehend Lasten aufnehmen. Ihrer Funktion entsprechend werden sie z.B. als Türzarge, Fensterzarge oder Bettzarge bezeichnet.

Siehe / Siehe auch: Fensterrahmen, Türrahmen

ZASt

Abkürzung für: Zinsabschlagsteuer

ZAW

Abkürzung für: Zentralausschuss der Werbewirtschaft

ZDB

Abkürzung für: Zentralverband des Deutschen Baugewerbes

Zebra-Gesellschaft

Als Zebra Gesellschaft wird eine ausschließlich vermögensverwaltende Personengesellschaft bezeichnet, an der neben Personen, die ihre Beteiligung im Privatvermögen halten, mindestens ein Gesellschafter beteiligt ist, dessen Anteil zu einem steuerlichen Betriebsvermögen zählt. Anteilseigner, deren Anteile sich im steuerlichen Privatvermögen befinden, beziehen Einkünfte aus Vermietung und Verpachtung. Werden die Anteile hingegen im Betriebsvermögen gehalten, so liegen Einkünfte aus Gewerbebetrieb vor.

Zeichner

Zeichner werden diejenigen Personen genannt, die Anteile an einer Fondsgesellschaft erwerben (zeichnen). Teilweise werden synonym auch die

Begriffe Anleger oder – je nach Rechtsform der Fondsgesellschaft – Kommanditist bzw. Gesellschafter verwendet.
Siehe / Siehe auch: Fondsinitiator, Leistungsbilanz, Immobilienfonds – Geschlossener Immobilienfonds

Zeichnungsfrist
Die Zeichnungsfrist ist der Zeitraum, innerhalb dessen sich Anleger an einem neu aufgelegten geschlossenen Fonds beteiligen oder Kaufaufträge für neu zu emittierende Wertpapiere abgeben können.
Siehe / Siehe auch: Immobilienfonds – Geschlossener Immobilienfonds

Zeichnungsschein
Durch seine Unterschrift auf dem Zeichnungsschein erklärt ein Anleger seinen Beitritt zu einer geschlossenen Fondsgesellschaft. Auf dem Zeichnungsschein ist daher neben den persönlichen Daten des Anlegers auch die von ihm übernommene Zeichnungs- / Eigenkapital-Summe zu dokumentieren.
Siehe / Siehe auch: Beitrittserklärung

Zeitmietvertrag
Zu unterscheiden ist zwischen einem Mietvertrag, der ohne Verlängerungsklausel für eine bestimmte Laufzeit abgeschlossen wurde und einem Zeitmietvertrag, dessen Terminierung zusätzlich verbunden wurde mit dem Hinweis auf eine besondere Verwendungsabsicht des Vermieters nach Ablauf der Mietzeit. Die erste Variante des Zeitmietvertrags kann nur noch bei Mietverträgen über Gewerberäume abgeschlossen werden. Die Mietrechtsreform 2001 sieht eine solche Vereinbarungsmöglichkeit für Wohnraum nicht vor.
Bei der zweiten Variante des Zeitmietvertrages kann der Mieter frühestens vier Monate vor Ablauf der Frist verlangen, dass der Vermieter ihm binnen eines Monats mitteilt, ob der Grund für die Befristung noch besteht.
Als Verwendungsabsicht kann nur geltend gemacht werden, wenn der Vermieter
- Eigenbedarf für sich, eine zu seinem Hausstand gehörende Person oder einen Familienangehörigen geltend machen will
- die Beseitigung, wesentliche Veränderung oder Instandsetzung der Miethäume beabsichtigt und die Fortsetzung des Mietverhältnisses dieses Vorhaben wesentlich erschweren würde oder wenn
- die Räume an einen Dienstverpflichteten (z.B. Angestellten des Vermieters) vermietet werden sollen.

Darüber hinaus kann bei einem gängigen unbefristeten Mietvertrag das Kündigungsrecht für eine bestimmte Zeit beiderseitig ausgeschlossen werden. Der Vertrag hat damit eine bestimmte vertraglich vereinbarte Mindestdauer. Ein gegenseitiger Ausschluss des Kündigungsrechtes ist nach höchstrichterlicher Rechtsprechung allerdings für maximal vier Jahre zulässig.
Siehe / Siehe auch: Mietrechtsreform 2001

Zellenbüro
Das Zellenbüro ist eine traditionelle Form des Büros, die auch heute nach wie vor weit verbreitet ist. Zellenbüros sind nach den angrenzenden Räumen hin abgeschlossen und werden in der Regel von ein bis zwei, seltener auch von mehr Personen genutzt. Sie gelten insbesondere für solche Tätigkeiten als vorteilhaft, die ein hohes Maß an Konzentration erfordern. Als Nachteil kann sich die vergleichsweise geringe Flexibilität der Raumstrukturen erweisen.
Siehe / Siehe auch: Großraumbüro, Gruppenbüro, Kombibüro

Zentrale Orte
Zentrale Orte sind solche Gemeinden bzw. Städte, denen im Hinblick auf das Umland eine bestimmte Versorgungsfunktion zukommt. Es handelt sich um Versorgungsfunktionen im Bereich privater und öffentlicher Dienstleistungen, deren Angebot über die engen Gemeindegrenzen wirksam wird. Zu solchen Versorgungsleistungen zählen Schulen, Gymnasien, Universitäten, Bibliotheken, Sportanlagen, Krankenhäuser aber auch Einrichtungen der öffentlichen Verwaltung, Banken und Versicherungsgesellschaften. Von entscheidender Bedeutung für die Bewertung der Zentralität sind auch Verkehrswege, mit denen Umland und Zentrum vernetzt sind. Im Rahmen der Landesplanung unterscheidet man verschiedene Zentralitätsstufen. Die Hierarchie der Zentralität (vom Unter- und Kleinzentrum über das Mittelzentrum bis zum Oberzentrum) kennzeichnet die zunehmende Reichweite der Versorgungsleistungen. Orte höchster Zentralitätsstufe, auf die sich vor allem der öffentliche Verwaltungsbereich kon-

zentriert, die aber auch in der Regel Kultur- und Wirtschaftszentren darstellen, sind Hauptstädte: In Deutschland sind das Berlin und die Landeshauptstädte. Ihnen kommt häufig eine Metropolfunktion zu, insbesondere wenn sie wegen internationaler Einrichtungen oder Veranstaltungen von internationalem Rang besondere Bedeutung erlangen.

Zu beobachten sind Tendenzen von Wanderungen aus den Kernstädten in das Umland, des Abbaus alter Industrien in den Kernstädten und des Aufbaus neuer Industrien im Umland und damit verbundene eine Verdichtung der Region. Oberzentren geraten dadurch zunehmend in das Spannungsfeld, einerseits erhöhte überregional wirksamen Leistungen für das Umland erbringen zu müssen, andererseits aber mit relativ sinkenden Steuereinnahmen fertig werden zu müssen.

In Deutschland gibt es nach einer Einstufung vom Januar 2004 insgesamt 91 Oberzentren und 6 mögliche Oberzentren. Hinzu kommt eine Reihe von mit einander zu jeweils einem Oberzentrum verbundenen Städten z.B. Nürnberg-Erlangen-Fürth. Einige Mittelzentren übernehmen darüber hinaus Teilfunktionen eines Oberzentrums. Außerdem gibt es 728 Mittelzentren.

Untersuchungen haben ergeben, dass sehr große Unterschiede zwischen den Bundesländern bestehen, was die Differenzierung der Stufigkeit der Zentrale-Orte-Hierarchie und die Mindestbevölkerungszahlen der zentralörtlichen Verflechtungsbereiche angeht.

Im Zuge der Novellierung des Baugesetzbuches wurde Wert darauf gelegt, bei den Abstimmungsprozessen von Bauleitplänen zwischen den Gemeinden auf deren unterschiedliche Zentralitätsfunktionen stärker Rücksicht zu nehmen.

Das Modell der zentralen Orte (Zentrale-Orte-System ZOS) wurde in den 30er Jahren des 20. Jahrhunderts von W. Christaller entwickelt und gehört zu den Ursprungsgrundlagen der heutigen Raumordnung und Landesplanung. In der Wissenschaft gehört die Zentralitätstheorie zu einem selbständigen Theoriegebäude innerhalb der Geographie.

Zentraler Immobilienausschuss (ZIA)

In Anlehnung an den „Zentralen Kreditausschuss" wurde von den Initiatoren der Bündelungsinitiative „Mit einer Stimme" im Juni 2006 der Zentrale Immobilienausschuss (ZIA) gegründet, dem namhafte Unternehmen (u.a. Deutsche Bank, Allianz Immobilien, Degi, DeTe-Immobilien, Deutsche Wohnen AG, IVG Immobilien AG usw.) und Verbände (darunter auch der Immobilienverband Deutschland) angehören. Der ZIA will die gesamte Breite der modernen Immobilienwirtschaft repräsentieren.

Der ZIA macht sich für die Einführung einer deutschen Variante von Real-Estate-Investment-Trusts (REITs) stark. Angestrebt wird eine Mitgliedschaft beim Bundesverband der deutschen Industrie. Die ZIA ist ein eingetragener Verein und hat ihren Sitz in Berlin. Näheres siehe: www.zia-deutschland.de

Zersiedelung

Zersiedelung ist der Begriff für die Neubautätigkeit außerhalb geschlossener Ortschaften oder einhergehend die Abwanderung von Teilen der Bevölkerung in das ländliche Umland von Ballungszentren (Landflucht). Das Anwachsen kleinerer Umlandgemeinden um Ballungszentren wird Speckgürtel genannt, da sich die wirtschaftlich starken und mobilen Bevölkerungsschichten in diesen oft stark anwachsenden Ortschaften ansiedeln.

Für die Zersiedelung ist der private Individualverkehr von herausragender Bedeutung mit der Folge, dass alte und sozial schwache Menschen in den Ballungszentren zurückbleiben. Insbesondere in den sogenannten Trabantenstädten, Großsiedlungen der 60er und 70er Jahre des letzten Jahrhunderts, entstehen einseitig besetzte Bewohnerstrukturen (Ghettoisierung).

Zerstörung der Wohnung

Im Mietrecht bezeichnet der Begriff der Zerstörung einer Wohnung eine Beschädigung in so hohem Maße, dass eine Wiederherstellung zum Zwecke des Wohnens gar nicht oder nur mit unverhältnismäßig hohen Kosten möglich ist.

Dies kann passieren durch Feuer, Blitzschlag, Explosionen, Überschwemmungen, Erdrutsch, Einsturz des gesamten Gebäudes und ähnliche katastrophale Ereignisse.

Die Haftung richtet sich danach, ob die Ursache der Zerstörung einem bestimmten Verursacher zugerechnet werden kann. Ist dies nicht der Fall, kann der Mieter keine Wiederherstellung der Wohnung mehr fordern. Der Vermieter verliert im Gegenzug jeden weiteren Mietzinsanspruch.

Ist die Zerstörung dem Vermieter zuzurechnen – z.B. Explosion wegen fehlerhaft gewarteter Gasheizung – hat der Mieter zwar ebenfalls kein Recht auf Wiederaufbau; er kann jedoch Schadenersatz für alle Kosten fordern, die ihm im Zusammenhang mit Wohnungssuche und Umzug entstehen. Ein formularmäßiger Ausschluss der Haftung des Vermieters für durch leichte Fahrlässigkeit verursachte Schäden ist unwirksam. Durch individuelle Absprachen ist ein solcher Haftungsausschluss möglich.

Hat der Mieter die Zerstörung zu verantworten (Katze spielt mit Christbaum – Haus brennt ab) kann er ebenfalls keinen Wiederaufbau fordern. Zu seinem Pech muss er jedoch weiter Miete zahlen. Der Vermieter muss lediglich den Betrag, den er selbst durch die Zerstörung des Gebäudes einspart (Betriebskostenvorauszahlungen etc.) von der Warmmiete abziehen.

Der Mieter ist dem Vermieter zusätzlich zur Schadenersatzleistung verpflichtet – ggf. für das ganze Haus (und für den entgangenen Gewinn aus Vermietung), wenn dessen Zerstörung auf der gleichen Ursache wie die Zerstörung der Wohnung beruht.

Der Mieter kann nur ordentlich mit dreimonatiger Frist kündigen. Eine fristlose außerordentliche Kündigung wegen Nichtüberlassung der Mietsache kommt hier nicht in Frage. Für Vermieter und Mieter empfehlen sich geeignete Versicherungen (Wohngebäude-Versicherung gegen Feuer, Sturm etc., Hauseigentümerhaftpflicht, Privathaftpflicht).

Siehe / Siehe auch: Schadenersatzansprüche des Vermieters, Schadenersatzansprüche des Mieters

Zertifizierung

Unter Zertifizierung ist die Überprüfung des Unternehmens nach einer bestimmten ISO-Norm (ISO 9000 ff) zu verstehen. Dabei werden diverse Produktionsabläufe auf Effizienz und Funktionsfähigkeit untersucht.

ZFH

Abkürzung für: Zweifamilienhaus

ZGB

Abkürzung für: Zivilgesetzbuch der DDR
In einigen Bereichen der Immobilienwirtschaft ist es noch immer von Bedeutung.

ZH

Abkürzung für: Zentralheizung

Zi

Abkürzung für: Zimmer

Zielbaummethode

Bei der Zielbaummethode handelt es sich um eine von Auernhammer Ende der 70er Jahre entwickelte Bewertungsmethode für Grundstücke, die durch fortschreitende Analyseschritte versucht, den „Globalwert" des Bewertungsobjektes (= 100%) durch Definition und Gewichtung seiner Wertbestandteile mit zunehmender Verästelung zu verfeinern.

Es entsteht dabei ein System von drei bis vier Differenzierungsebenen. Die Summe der Wertanteile auf jeder Ebene entspricht dem Globalwert = 100%. Für jeden jeweils festgelegten Teilbereich (Teilziel) der über die Analyse erreicht werden soll, ist eine Entscheidung über seine Bewertung bzw. Gewichtung im Gesamtsystem erforderlich.

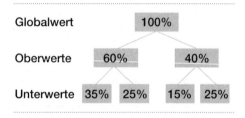

Zielbewertungszahl

Die Zuteilung eines Bauspardarlehens ist u.a. abhängig von der Bewertungszahl. Sie erfolgt in der Reihenfolge der erreichten Bewertungszahlen. Die niedrigste ausreichende Bewertungszahl wird Zielbewertungszahl genannt. Den Bausparern, die an den vorgegebenem Stichtagen die Zahl erreicht oder überschritten haben, teilt die Bausparkasse die Zuteilungsreife ihres Bausparvertrages mit.

Zielgruppenselektion

Ein wichtiger Erfolgsfaktor für einen Makler ist die Fähigkeit, sich bei seinen Werbeaktivitäten an den richtigen Zielgruppen auszurichten. Dennoch ist diese Zielgruppen orientierte Werbearbeit in der Praxis häufig leider nur ein frommer Wunsch. Oft wird geworben, koste es was es wolle; an Zielgruppen wird dabei nur am Rande gedacht. Oder es wird eine sehr große Zielgruppe, z.B. die gesamte erwachsene Bevölkerung des Großraums Dresdens, oder es werden mehrere Zielgruppen gleichzeitig gewählt.

Dabei erschwert die Wahl einer zu großen Zielgruppe die Werbearbeit ganz erheblich. Denn je kompakter, je eingegrenzter die Zielgruppe ist, um so intensiver kann sie bearbeitet werden. Es sollten nicht möglichst viele Personen, sondern möglichst viele Zielpersonen angesprochen werden.

Mit dieser Zielgruppenverdichtung sollen Personen selektiert werden, die auch wirklich interessiert oder hoch motiviert (hohe Antriebsstärke) sind, statt einer Vielzahl gering interessierter Personen, die den Makler nur unnötig Zeit und Geld in Form von Exposés und Besichtigungsterminen kosten. Gefragt ist also Qualität hinsichtlich der Zielgruppe und nicht unreflektierte Quantität um jeden Preis.

Ziff.
Abkürzung für: Ziffer

Zins- und Tilgungsverrechnung
Die Bank kann die Zins- und Tilgungsrate je nach Vereinbarung monatlich, vierteljährlich, halbjährlich oder jährlich einziehen. Je häufiger die Zinszahlung erfolgt, um so stärker wachsen der Effektivzins und die Kostenbelastung für den Bauherrn, denn ihm fehlen die Finanzmittel vorzeitig.

Bei jährlicher Zahlung liessen sich die bis dahin angesammelten Gelder anlegen und Guthabenzinsen erzielen. Tilgungszahlungen sollten von der Bank tagegenau mit der Restschuld verrechnet werden. Nur so ist sicher, dass der Kreditnehmer nicht Zinsen auf einen Darlehensanteil bezahlt, der bereits zurückgezahlt wurde.

Zinsabschlagsteuer
Seit dem 1.1.1993 sind Kreditinstitute verpflichtet, von allen gutgeschriebenen Zinsen einen Abschlag in Höhe von 30%, bei Tafelpapieren sogar von 35%, einzubehalten und an das Finanzamt abzuführen.

Wer seinem Kreditinstitut einen Freistellungsauftrag erteilt bzw. eine Nichtveranlagungsbescheinigung vorlegt, dessen Kapitaleinkünfte bleiben derzeit bis 1.421 Euro (Alleinstehende) und maximal 2.842 Euro (zusammen zur Einkommensteuer veranlagte Ehepaare) steuerfrei. Die jeweilige Summe ergibt sich aus dem so genannten Sparerfreibetrag von 1.370 Euro pro Jahr und Person sowie der Werbungskostenpauschale von 51 Euro – ebenfalls jährlich und je Person.

Wichtig: Der Sparerfreibetrag, der in den vergangenen Jahren bereits mehrmals spürbar verringert wurde, wird zum 1. Januar 2007 erneut herabgesetzt auf 750 Euro für Alleinstehende bzw. 1.500 Euro für zusammen veranlagte Ehegatten. Die Werbungskostenpauschale bleibt unverändert.

Zinsänderungsrisiko
Das Zinsänderungsrisiko, vereinfachend auch als Zinsrisiko bezeichnet, ist das Risiko eines Kreditnehmers beziehungsweise eines Kreditgebers, infolge einer Veränderung des Zinsniveaus wirtschaftliche Nachteile zu erleiden.

Für den Kreditgeber realisiert sich das Zinsänderungsrisiko dann, wenn er einen Anstieg der Zinsen aufgrund einer vereinbarten Zinsfestschreibung nicht auf den Kreditnehmer umlegen kann. Er erhält dann für den gewährten Kredit unverändert denselben Zins, während sich seine eigene Refinanzierung verteuert.

Aus Sicht eines Kreditnehmers besteht das Zinsänderungsrisiko darin, dass die Zinsen für ein aufgenommenes Darlehen während der Laufzeit des Darlehens steigen. Durch die Vereinbarung einer Zinsfestschreibung kann dieses Risiko zumindest für eine bestimmte Zeit ausgeschlossen werden.

Siehe / Siehe auch: Darlehen, Gleitzinsdarlehen

Zinsbindung – Wahl
Unter Zinsbindung versteht man die Vereinbarung im Darlehensvertrag, mit der das Kreditinstitut sich verpflichtet, den Darlehenszinssatz für eine vereinbarte Zeit unverändert zu lassen.

Im Rahmen der Kaufpreis- oder Baufinanzierung empfehlen Finanzierungsberater grundsätzlich, bei hohen Zinsen kurzfristige und bei niedrigen langfristige Bindungen einzugehen.

Welche Bindungsfrist vorteilhafter ist, hängt von der Situation ab. Rein rechnerisch gibt es Eckwerte, die zu beachten sind: Wenn ein Darlehen mit einer Laufzeit von 5 Jahren derzeit 5,5% kostet und ein anderes mit einer Laufzeit von 10 Jahren 6,5% ergibt sich für die ersten fünf Jahre ein Vorteil für das erste Angebot. Wer den Vorteil auch danach erhalten will, muss darauf achten, dass der anschließende Vertrag nicht soviel ungünstiger ist, dass der Vorteil aus den ersten fünf Jahren aufgefressen wird.

Rechnerisch ergibt sich bei diesem Beispiel, dass der nächste Vertrag 8% Zinsen nicht überschreiten darf. Wird das neue Darlehen unter diesem Wert abgeschlossen, hat man „Gewinn" gemacht, liegt man aber darüber, dann wäre es vorteilhafter gewesen, gleich das Darlehen über 10 Jahre mit einem Zins von 6,5% abgeschlossen zu haben.

Zinsbindungsfrist

Die Zinsbindungsfrist ist der Zeitraum, in dem ein bestimmter Darlehenszins, den der Kreditnehmer mit seiner Bank vereinbart hat, fest und unabänderlich gilt. Übliche Zinsbindungszeiten sind 5, 8, 10 oder 15 Jahre. Mit zunehmender Zinsbindungsdauer steigt im Allgemeinen der Zins. Eine Umkehrung dieser Regel (inverse Zinsstruktur) gilt als Ausnahme.

Zinsen

Der Zins ist der Preis für die zeitweise Überlassung eines Darlehens, der an den Darlehensgeber zu zahlen ist. Der Zinssatz richtet sich nach den Verhältnissen am Geld- und Kapitalmarkt. Bei Baukrediten wird er meist für mehrere Jahre (5 bis 15) festgeschrieben. Bei Bauspardarlehen steht der Zinssatz bei Vertragsabschluss fest und wird durch Kapitalmarktschwankungen nicht verändert.
Der Zinsbegriff hat nicht nur als Zahlungs-, sondern auch als Rechnungsgröße (Kostenrechnung, Investitionsrechnung) eine Bedeutung. Volkswirtschaftlich gesehen, sind Zinsen Einkommen aus dem Produktionsfaktor Kapital. Eine zinsähnliche Funktion haben „Erbbauzins" und „Mietzins".
Siehe / Siehe auch: Nominalzins

Zinshistorie (Hypothek)

Für unterschiedliche Laufzeiten werden regelmäßig unterschiedliche Zinssätze berechnet. Die Zinskurve macht deutlich, wie sich die Zinssätze mit zunehmender Laufzeit verändern.
Der Abstand zwischen kurz- und langfristigen Zinsen ist geringer geworden. Die Folge: Langfristige Zinssicherheit kann mit relativ geringen Zusatzkosten erkauft werden.
Bei einer „inversen" Zinsstruktur sinken die Zinssätze für langfristige Ausleihungen unter die Zinssätze für mittelfristige Ausleihungen.
Ursache für solche (vorübergehenden) Erscheinungen sind besondere Knappheitsverhältnisse am Geldmarkt.

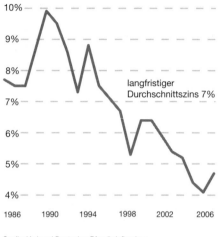

Effektivzins für Hypothekendarlehen
bei zehnjähriger Zinsfestschreibung

Quelle: Verband Deutscher Pfandbriefbanken

ZIP

Abkürzung für: Zukunftsinvestitionsprogramm des Bundes und der Länder

zit.

Abkürzung für: zitiert

Zitterbeschluss (Wohnungseigentümerversammlung)

Beschlüsse der Wohnungseigentümer sind gemäß § 23 Abs. 4 WEG nur ungültig, wenn sie nach Anfechtung innerhalb Monatsfrist durch rechtskräftiges Urteil für ungültig erklärt sind. Dies gilt grundsätzlich – auch nach der Novellierung des WEG – für (nur) mehrheitlich gefasste Beschlüsse, die an sich der Zustimmung aller Eigentümer bedürfen. Man „zittert" also einen Monat, ob eine Anfechtung und damit eine Ungültigerklärung erfolgt oder ob die Anfechtung unterblieb, und damit der nur mehrheitlich gefasste Beschluss trotz an sich erforderlicher Allstimmigkeit in sogenannte Bestandskraft erwächst.
Die an sich nur für Beschlussangelegenheiten geltende Regelung des § 23 Abs. 4 WEG wurde seit Ende der 80er Jahre bis zur Jahrhundertentscheidung des BGH vom 20. September 2000 (Az. V ZB 65 8/99) über lange Zeit auch auf Angelegen-

heiten bzw. in Fällen angewendet, die eigentlich nur durch eine Vereinbarung gemäß § 10 Abs. 2 WEG, nämlich durch Zustimmung aller Eigentümer und Eintragung in das Grundbuch, hätten geregelt werden dürfen. Dies betraf insbesondere Regelungen, durch die die gesetzliche oder in Teilungserklärungen bzw. Gemeinschaftsordnungen getroffene Kostenverteilung durch mehrheitliche Beschlussfassung geändert wurde. Unterblieb die Anfechtung, wurden diese „Zitterbeschlüsse", auch als „Pseudovereinbarung" oder „Ersatzvereinbarung" bezeichnet, bestandskräftig.

Mit seiner Jahrhundertentscheidung zog der BGH unter diese Rechtsauffassung einen Schlussstrich. Seither sind Mehrheitsbeschlüsse, durch die gesetzliche Bestimmungen oder davon abweichend getroffene Vereinbarungen geändert oder aufgehoben werden, als gesetzes- oder vereinbarungsändernde Mehrheitsbeschlüsse von Anfang an nichtig, und zwar auch rückwirkend.

Siehe / Siehe auch: Wiederholungsversammlung, Gesetzeswidriger / vereinbarungswidriger Mehrheitsbeschluss, Gesetzesersetzender / vereinbarungsersetzender Mehrheitsbeschluss, Wohnungseigentümerversammlung, Vereinbarungsersetzender Mehrheitsbeschluss

ZKA

Abkürzung für: Zentraler Kreditausschuss

Zoning

Unter Zoning versteht man eine Formel für die genaue Mietpreisberechnung von Ladenflächen. Die Ladenfläche wird dabei in mietwertrelevante „Zonen" eingeteilt. Eine Spitzenmiete betrifft in aller Regel nie die gesamte Fläche eines Geschäftes, sondern nur die besonderen Verkaufsbereiche im Frontbereich.

Mit der Zoning-Methode werden Mietflächen in mehrere Mietpreis-Zonen aufgeteilt. Z.B.
- Von 7 m Ladentiefe: 100% Mietansatz bis 100 m², 90% über 100 m²
- Von 7 bis 14 m Ladentiefe: 50% Mietansatz
- Über 14 m Ladentiefe: 25% Mietansatz

Mietwertdifferenzen resultieren aus der Tatsache, dass der Umsatz in den verschiedenen Ladenbereichen unterschiedlich hoch ist. Das gleiche gilt auch bei einer Verteilung der Ladenfläche auf mehrere Etagen (ausführlich beschrieben von Kemper's Immobilien, Düsseldorf, Müller International und Comfort).

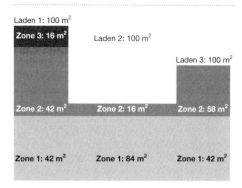

Das Zoning
anhand eines einfachen Beispiels:
Es werden drei Läden zur Vermietung angeboten. Der Hauseigentümer will nun wissen, wie hoch die Miete ist. Der Maximal-Preis liegt bei 51 Euro je m².

Mietpreisermittlung:

Zone 1	42 m² x	51 EUR =	2.147 EUR
Zone 2	42 m² x	25,50 EUR =	1.074 EUR
Zone 3	16 m² x	12,80 EUR =	205 EUR
Gesamtfläche (100 m²)		**= 3.426 EUR**	
Zone 1	84 m² x	51 EUR =	4.295 EUR
Zone 2	16 m² x	25,50 EUR =	409 EUR
Zone 3	0 m²		
Gesamtfläche (100 m²)		**= 4.704 EUR**	
Zone 1	42 m² x	51 EUR=	2.147 EUR
Zone 2	58 m² x	25,50 EUR =	1.483 EUR
Zone 3	0 m²		
Gesamtfläche (100 m²)		**= 3.630 EUR**	

Quelle: Grabener Verlag

ZP

Abkürzung für: Zivilprozess

ZPO

Abkürzung für: Zivilprozessordnung

ZS

Abkürzung für: Zivilsenat

ZSEG

Abkürzung für: Gesetz über die Entschädigung von Zeugen und Sachverständigen. Mit Wirkung ab 1. Juli 2004 wurde das ZSEG durch das JVEG (Justizvergütungs- und Entschädigungsgesetz) ersetzt.

Siehe / Siehe auch: Gerichtskosten

Zubehör

Zubehör sind nach § 97 BGB bewegliche Sachen, die dem wirtschaftlichen Zweck der Hauptsache zu dienen bestimmt sind, ohne Bestandteil der Hauptsache zu sein. Ein wichtiges Merkmal des Zubehörs besteht darin, dass die Sache in der Verkehrsauffassung auch als Zubehör betrachtet wird. Dies kann von Land zu Land, ja von Ort zu Ort unterschiedlich sein. Zubehör zu einer Immobilie gilt beim Verkauf im Zweifel als mitverkauft, auch wenn darüber im notariellen Kaufvertrag nichts vereinbart wurde. Es gilt im Zwangsversteigerungsverfahren oder bei einer Beleihung als mitverpfändet. Besonderes Gewicht kommt dem Zubehör bei gewerblichen und landwirtschaftlichen Betrieben zu. Zubehör des Gewerbebetriebes können z.B. Maschinen und sonstige bewegliche Betriebseinrichtungen sein, bei einem landwirtschaftlichen Betrieb gehören das Vieh und die landwirtschaftlichen Geräte zum Zubehör.

Da im Verkaufsfall Zubehör nicht mit der Grunderwerbsteuer belastet wird, ist es zweckmäßig, es in der notariellen Urkunde mit aufzuführen und einen Wert hierfür anzusetzen.

Siehe / Siehe auch: Wesentlicher Bestandteil

Zubehörräume

Nach der Wohnflächenverordnung sind Zubehörräume innerhalb eines Wohngebäudes solche Räume, deren Grundflächen nicht zu den Wohnräumen zählen. Dies sind Kellerräume, Abstellräume und Kellerersatzräume außerhalb der Wohnung, Waschküchen, Bodenräume, Trockenräume, Heizungsräume und Garagen.

Zuckerbäckerstil

Als Zuckerbäckerstil wurde der bürgerliche Baustil bezeichnet, der in der früheren Sowjetunion während der Stalinära bei der Errichtung von Repräsentativbauten gepflegt wurde. Vor allem in Moskau aber auch in anderen sowjetischen Großstädten (Leningrad, Tiflis, Kiew, Charkow, Minsk usw.) wurden solche Gebäude errichtet. Der Stil zeichnete sich durch überreiche Verzierungen an den Fassaden, Säulen, Säulenhallen, komplizierten Gesimsen, Turmaufbauten usw. aus. Ins Schussfeld geriet z.B. das Hotel Leningrad auf dem Kalantscha Platz in Moskau, wo die Fläche der dort untergebrachten 1.000 Zimmer nur 22% der Gesamtfläche betrugen. Auch die Lomonossow-Universität in Moskau wurde auf dem „Lenin-Hügel" im Zuckerbäckerstil errichtet. Ein Verwaltungsgebäude in Tiflis erhielt einen 55 m hohen Turm. Allein die Ausgaben für die Verkleidung der Fassade verschlangen nach einem Bericht der Prawda vom 10.November 1955 33% der gesamten Baukosten. Nach dem Tode Stalins unterzog Chruschtchow im Herbst 1955 diesen Stil einer radikalen Kritik. Die Namen der missliebigen Architekten wurden veröffentlicht. Unter Chruschtchows Ägide wurden dann die Plattenbauten eingeführt.

In der früheren DDR wurden vor der Plattenbauära Häuser in der Karl-Marx-Allee in Berlin – damals Stalinallee – im Zuckerbäckerstil (nach dem Vorbild der Lomonossow-Universität) errichtet. Telweise mussten sie 1971 wegen Baumängel wieder abgerissen werden.

Heute bezeichnet man den Stil als Sozialistische Klassik.

Siehe / Siehe auch: Plattenbauten

Zufallschaden

Schadensereignis, dass weder der Mieter noch der Vermieter verursacht hat und durch das der vertragsgemäße Gebrauch der Mietwohnung eingeschränkt wird. Für die Schadensbeseitigung (und die damit anfallenden Kosten) ist der Vermieter zuständig. Man unterscheidet Schäden durch höhere Gewalt und Schäden durch Einwirkung Dritter. Höhere Gewalt sind z.B. Blitzschlag, Hochwasser, Erdrutsch – allgemein jedes unvorhersehbare von außen einwirkende Ereignis.

Schäden durch Einwirkungen Dritter entstehen, wenn z.B. Fassaden beschädigt, Fenster eingeworfen, Türen beim Einbruch beschädigt oder Mülltonnen angezündet werden. Dazu gehören auch Schäden durch Dritte, die dem Mieter oder Vermieter bekannt sind.

Für Zufallschäden haftet der Mieter nicht. Dies gilt auch für Schönheitsr-eparaturen, die als Folge von

Zufallsschäden nötig werden (z.B. Malen und Tapezieren nach Hochwasser). Der Vermieter muss die Wohnung aufgrund seiner Instandsetzungspflicht wieder in vertragsgemäßen Zustand bringen und ggf. auch Renovierungsarbeiten bezahlen. Er kann die Haftung für Zufallschäden nicht auf den Mieter abwälzen (eine solche Vertragsklausel wäre ein Verstoß gegen die guten Sitten im Sinne von § 138 BGB und damit unwirksam).

Der Mieter haftet allerdings für Schäden an Wohnung oder Haus, die durch von ihm selbst eingeladene Besucher oder Gäste verursacht werden.

Beispiel:
- Der in die Wohnung eingezogene Freund der Mieterin wirft nach einem Streit im Treppenhaus alle Fenster ein: Die Mieterin ist schadenersatzpflichtig.
- Der bereits aus der Wohnung ausgezogene Exmann der in Trennung lebenden Mieterin reist an, um im Zorn die Fenster einzuwerfen: Höhere Gewalt, Vermieter muss neue Fenster einbauen.

Siehe / Siehe auch: Schadenersatzansprüche des Vermieters, Schadenersatzansprüche des Mieters

ZugVO
Abkürzung für: Zugabenverordnung

Zurückbehaltungsrecht
Kommt der Vermieter seiner Pflicht zur Beseitigung von Wohnungsmängeln nicht nach, kann der Mieter abhängig von der Erheblichkeit des Mangels die Miete mindern. Erfolgt auch hierauf keine Reaktion, steht ihm als weitere Möglichkeit das Zurückbehaltungsrecht zur Verfügung. Dieses entstammt § 320 des Bürgerlichen Gesetzbuches. Danach kann, wer aus einem Vertrag Verpflichtungen hat, die Zahlungen bis zur Bewirkung der Gegenleistung verweigern, wenn er nicht vorleisten muss (Einrede des nicht erfüllten Vertrages). Konsequenz im Mietrecht: Der Mieter zahlt vorläufig weniger oder gar keine Miete mehr. Vorläufig, weil er bei Beseitigung der Mängel den vollen Betrag nachzahlen muss – denn es geht hier nicht um geminderte Miete, sondern nur um einen Zahlungsaufschub als Druckmittel.

Die Höhe des Zurückbehaltungsrechts wird von Gerichten unterschiedlich beurteilt. Manche setzen als Maximalbetrag das Dreifache der Kosten der Mängelbeseitigung an (BGH WM 2003, 439), andere das drei- bis fünffache der zulässigen Mietminderung (Mietminderung 5% = Zurückbehaltung 15-25% der Miete). Im Extremfall kann die Zurückbehaltung die gesamte Miete umfassen. Seit der Mietrechtsreform von 2001 ist dieses Recht des Mieters in § 556b BGB näher geregelt. Danach kann der Mieter ein Zurückbehaltungsrecht bei der Mietzahlung geltend machen, wenn er gegen den Vermieter eine offene Forderung wegen Schadenersatz aufgrund von Wohnungsmängeln, aus ungerechtfertigter Bereicherung wegen zu viel gezahlter Miete oder auf die Mietsache getätigten Aufwendungen hat. Er muss diese Absicht jedoch mindestens einen Monat vor Fälligkeit der Miete, die er zurückbehalten will, dem Vermieter in Textform ankündigen.

Alternativ kann der Mieter in diesen Fällen auch mit Gegenforderungen des Vermieters aufrechnen. Soll jedoch Druck ausgeübt werden, um die Beseitigung von Mängeln zu bewirken, wird das Zurückbehaltungsrecht in der Regel das sinnvollere Mittel sein.

Siehe / Siehe auch: Mietminderung, Sachmangel (im Mietrecht)

Zuschlag
Im Zwangsversteigerungsverfahren die rechtliche Übereignung einer Immobilie an den Meistbietenden im Versteigerungstermin. Mit dem Zuschlag wird der Meistbietende Eigentümer des ersteigerten Grundstücks. Der Zuschlag muss dem Meistbietenden nicht zwingend am Ende der Bietzeit erteilt werden. Er kann auf Antrag des Gläubigers ausgesetzt und erst nach Tagen oder sogar Wochen erteilt werden. Er kann auf Antrag des Gläubigers ausgesetzt werden und erfolgt dann erst oft nach Tagen oder sogar Wochen.

zust.
Abkürzung für: zustimmend/-e/-en

Zuteilung (Bausparvertrag)
Zeitpunkt, zu dem die Bausparkasse die Bausparsumme zur Auszahlung bereithält. Die Zuteilung erfolgt meist drei bis neun Monate nach dem Stichtag, an dem Mindestguthaben und Zielbewertungszahl erreicht sind.

ZVG
Abkürzung für das Gesetz über die Zwangsvollstreckung und Zwangsverwaltung.

Es regelt z.B. in seinem ersten Abschnitt die Zwangsversteigerung und Zwangsverwaltung von Grundstücken im Wege der Zwangsvollstreckung.
Siehe / Siehe auch: Sonderkündigungsrecht nach Zwangsversteigerung, Zwangsversteigerung

Zwangshypothek

Die Zwangshypothek ist neben Zwangsversteigerung und Zwangsverwaltung eine der drei Möglichkeiten der Immobiliarvollstreckung. Die Vollstreckungsmaßnahme dient der Sicherung von Forderungen und wird im Grundbuch eingetragen. Voraussetzung dafür ist ein Vollstreckungstitel, beispielsweise ein vollstreckbares Urteil oder ein Vollstreckungsbescheid.
Siehe / Siehe auch: Zwangsversteigerung, Zwangsverwaltung

Zwangsräumung

Die Zwangsräumung ist die Räumung einer Wohnung oder eines Hauses, die der Vermieter nur mit gerichtlicher Hilfe durchsetzen kann. Allerdings hat der Mieter, der durch das Gericht zur Räumung verurteilt wurde, bei besonderer Härte einen so genannten Vollstreckungsschutz (Räumungsschutz). Das bedeutet, dass die Zwangsräumung nicht sofort stattfindet. Durchgeführt wird die Zwangsräumung durch den Gerichtsvollzieher.
Siehe / Siehe auch: Räumungsfrist, Räumung (Mietwohnung)

Zwangsversteigerung

Die Ersteigerung einer Immobilie stellt oftmals eine interessante Alternative zum Bau oder zum Kauf eines vergleichbaren Objektes dar. Denn in der Regel erhält der Ersteigerer den Zuschlag zu einem niedrigeren Betrag als dem Verkehrswert. Zwangsversteigerungen werden von dem Amtsgericht durchgeführt, in dessen Zuständigkeitsbereich die Immobilie liegt.
Die Versteigerungstermine können daher auch beim jeweiligen Amtsgericht in Erfahrung gebracht werden. Darüber hinaus werden sie als amtliche Bekanntmachungen in der Tagespresse veröffentlicht. Manche Verlage bieten so genannte Versteigerungskalender an, die regelmäßig die aktuellen Termine mit Beschreibung der Objekte enthalten (z.B. Argetra Verlag, Ratingen). Für die Zwangsversteigerung von Immobilien gelten besondere Regeln, über die sich Interessierte vorab informieren sollten. Einige davon:

- Die so genannte Bietzeit (Bietstunde) dauert mindestens 30 Minuten.
- Als Sicherheit sind 10% des Verkehrswertes zu hinterlegen.
- Neben Bargeld, einem so genannten LZB-Scheck, werden von Kreditinstituten ausgestellte Verrechnungsschecks als Sicherheit akzeptiert.

Der Erwerb des Immobilieneigentums im Zwangsversteigerungsverfahren erfolgt bereits durch Zuschlag und nicht erst mit der darauf folgenden Umschreibung im Grundbuch.
Zu unterscheiden ist die Zwangsversteigerung, die ein Gläubiger betreibt, von der Zwangsversteigerung zum Zwecke der Aufhebung der Gemeinschaft. Letztere kommt vor, wenn sich z.B. eine Erbengemeinschaft nicht auf einen Verkauf des gemeinsam geerbten Hauses einigen kann.
Die Aufhebung einer Wohnungseigentümergemeinschaft ist dagegen nicht möglich, es sei denn, das Gebäude wird ganz oder teilweise zerstört. Für diesen Fall muss aber das Recht auf Aufhebung der Gemeinschaft in der Gemeinschaftsordnung vereinbart sein.
Siehe / Siehe auch: Sonderkündigungsrecht nach Zwangsversteigerung, Zuschlag

Zwangsversteigerungen

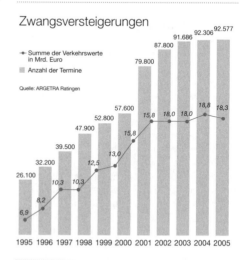

Zwangsverwalter

Der Zwangsverwalter wird im Rahmen des Zwangsverwaltungsverfahrens vom Gericht bestimmt. Er muss die Verwaltung des Grundstücks führen wie ein sparsamer ordentlicher Eigentümer und dabei ständig bemüht sein, die Gläubiger zu befriedigen. Dabei handelt er selbstständig und ist nicht an die Wünsche und Anweisungen der Beteiligten gebunden. Die Festsetzung der Vergütung und die Beaufsichtigung des Zwangsverwalters erfolgen durch das Gericht.

Dieses kann gegebenenfalls ein Zwangsgeld gegen den Verwalter festsetzen und / oder ihn entlassen. Dennoch ist der Zwangsverwalter allen Beteiligten gegenüber verantwortlich und hat diesen in regelmäßigen Abständen bzw. bei Beendigung seiner Tätigkeit Rechnung zu legen.

Siehe / Siehe auch: Verwalter (WEG), Hausverwalter, Zwangsverwalter bei Mietobjekt

Zwangsverwalter bei Mietobjekt

Steht eine vermietete Immobilie unter Zwangsverwaltung, ergeben sich für den Zwangsverwalter spezielle Sorgfaltspflichten. Er muss im Rahmen seiner Erhaltungspflicht von den in seine Obhut gegebenen Eigentumsgegenständen Schaden abwenden und ihren Wert bewahren. Erhält der Zwangsverwalter Hinweise, nach denen z.B. durch das Verhalten eines Mieters wesentliche Schäden für die Immobilie drohen, muss er dem persönlich vor Ort nachgehen und Gegenmaßnahmen ergreifen.

Der Bundesgerichtshof erklärte einen Zwangsverwalter für haftbar, der Beschwerden von Wohnungsnachbarn und Hausverwaltung nicht nachgegangen war. Danach wurde eine unter seiner Verwaltung stehende Wohnung von einem psychisch kranken Müllsammler bewohnt. Der Zwangsverwalter hatte lediglich briefliche Abmahnungen des Mieters vorgenommen. Dies war nach dem BGH nicht ausreichend (BGH, 23.6.2005, Az.: IX ZR 419/00).

Wird ein Mietobjekt unter Zwangsverwaltung gestellt, muss der Zwangsverwalter die Mieter darüber informieren. Die Miete ist von diesem Zeitpunkt an nicht mehr auf das gewohnte Konto des Vermieters, sondern an den Zwangsverwalter zu überweisen. Wird dies nicht beachtet, droht die Kündigung wegen Verzuges mit der Mietzahlung (vgl. Landgericht Berlin, Az. 63 S 278/98).

Der Zwangsverwalter muss notwendige Reparaturen und Instandsetzungsmaßnahmen am Mietobjekt durchführen lassen, wenn dessen Substanz gefährdet ist. Er muss Mietrückstände eintreiben.

An bestehende Mietverträge ist er gebunden. Nicht vermietete Räumlichkeiten muss er nach Möglichkeit vermieten.

Der BGH hat am 26.3.2003 entschieden, dass der Zwangsverwalter die Betriebskosten des Mietobjekts wenn erforderlich auch für Zeiträume abrechnen muss, die vor seiner Bestellung liegen. Er muss Betriebskosten-Guthaben an die Mieter auszahlen, auch wenn er selbst keine Vorauszahlungen für den betreffenden Abrechnungszeitraum bekommen hat (Az. VIII ZR 333/02).

Ferner ist der Zwangsverwalter verpflichtet, mit einem Wohnraummieter nach dessen Auszug über die Mietkaution abzurechnen und diese auszuzahlen – und zwar auch dann, wenn der Zwangsverwalter den Kautionsbetrag nicht vom Vermieter bekommen hat (BGH, Urt. vom 16.7.2003 – Az. VIII ZR 11/03).

Siehe / Siehe auch: Abmahnung, Zwangsverwalter, Zwangsvollstreckung

Zwangsverwaltung

Die Zwangsverwaltung ist eine Art der Immobilienzwangsvollstreckung. Der eingesetzte Zwangsverwalter soll dafür sorgen, dass aus den laufenden Einnahmen eines Grundstücks dessen laufende Kosten und darüber hinaus die Forderungen der Gläubiger gedeckt werden. Neben der Zwangsversteigerung läuft das Zwangsverwaltungsverfahren als eigenständiges Verfahren, auch wenn es Gemeinsamkeiten bei der Anordnung und der Beschlagnahme gibt.

Zwangsvollstreckung

Die Voraussetzung für eine Zwangsvollstreckung ist ein Zwangsvollstreckungstitel, der sich insbesondere aus einem Urteil, aus einem Prozessvergleich oder einer vollstreckbaren Urkunde (z.B. vollstreckbare Kaufvertragsurkunde eines Notars) ergeben kann.

Weiter vorausgesetzt wird eine Vollstreckungsklausel, mit der das Urteil bzw. die Urkunde versehen wird (vollstreckbare Urkunde). Schließlich muss durch Zustellung dafür gesorgt werden, dass der Schuldner Kenntnis von der gegen ihn eingeleiteten Zwangsvollstreckung erhält. Die Zwangsvollstreckung in Immobilienvermögen erfolgt durch Eintragung einer Zwangshypothek und der Anordnung der Zwangsversteigerung bzw. Zwangsverwaltung. Wird die Zwangsversteigerung über ein Grundstück angeordnet, dann

gilt die Anordnung als Beschlagnahme des Grundstücks zugunsten des Gläubigers. Dadurch wird das Recht des Gläubigers begründet, seine Forderung aus dem Grundstück zu befriedigen.
Durch die Beschlagnahme wird nicht nur das Grundstück selbst erfasst, sondern auch alle wesentlichen und nicht wesentlichen Bestandteile, sowie das Zubehör.

Zwangsvollstreckungsklauseln in notariellen Verträgen

In der Regel wird in notarielle Kaufvertragsurkunden eine Zwangsvollstreckungsklausel aufgenommen. In ihr unterwirft sich der Käufer der sofortigen Zwangsvollstreckung in sein gesamtes Vermögen, wenn er den vereinbarten Kaufpreis zum Fälligkeitszeitpunkt nicht oder nicht ganz entrichtet. Der Notar bezieht die Notargebühren – für die beide Parteien gesamtschuldnerisch haften – in die Zwangsvollstreckungsklausel mit ein. Schließlich kann auch für Maklerprovisionen, die zum Kaufvertragsbestandteil gemacht werden, eine Zwangsvollstreckungsklausel vereinbart werden. In einem solchen Fall erhält auf Anforderung auch der Makler eine Vollstreckbare Ausfertigung, die sich auf die Maklergebühr bezieht.

Zweckentfremdung

In den von den Bundesländern erlassenen Zweckentfremdungsverordnungen sind die Gemeinden aufgeführt, in denen die Bestimmungen über die Zweckentfremdung von Wohnraum anzuwenden sind. In solchen Gemeinden muss jede Nutzungsänderung einer Wohnung von der Gemeinde genehmigt werden.
Derzeit existieren in vier Bundesländern Zweckentfremdungsverordnungen: In Nordrhein-Westfalen, Bayern, Baden-Württemberg und Hamburg.
Die Verordnungen gelten auch für Mieter, die z.B. Teile ihrer Wohnung als Büros nutzen wollen. Auch das längere Leerstehenlassen von Wohnraum gilt als Zweckentfremdung. Verstöße gegen das Zweckentfremdungsgebot sind Ordnungswidrigkeiten, die mit Bußgeld geahndet werden. Dieses kann bis zu 50.000 Euro pro Verstoß bzw. Wohneinheit betragen. Möglich sind auch Nutzungsuntersagungen oder – wie in Hamburg – die vorübergehende Zuweisung des Besitzes der Wohnung an einen Treuhänder, der dafür zu sorgen hat, dass die Räumlichkeiten wieder in einen für Wohnzwecke geeigneten Zustand zurückgeführt werden.

Im Bereich der Zweckentfremdungsverordnungen der Länder finden ständig Änderungen statt. So wurde in Niedersachsen die entsprechende Verordnung zum 1.1.2004 außer Kraft gesetzt. Nach den Zweckentfremdungsverordnungen kann unter bestimmten Bedingungen ein Negativattest oder eine Zweckentfremdungsgenehmigung erteilt werden.
Ein Mieter, der seine Wohnung zweckentfremdet, kann vom Vermieter abgemahnt und ihm kann im Fortsetzungsfall gekündigt werden, da er sich nicht an die vertraglich vereinbarte Nutzung der Wohnung zum Wohnen gehalten hat. Auch in Gemeinden ohne Zweckentfremdungsverordnung bedarf die berufliche oder gewerbliche Nutzung einer Mietwohnung grundsätzlich der Zustimmung des Vermieters.
Siehe / Siehe auch: Berufsausübung durch Mieter, Negativattest/Zweckentfremdung, Zweckentfremdungsgenehmigung

Zweckentfremdungsgenehmigung

In Bundesländern, in denen eine Verordnung über die Zweckentfremdung von Wohnraum gilt, kann unter bestimmten Voraussetzungen eine Zweckentfremdungsgenehmigung erteilt werden. Die Voraussetzungen dafür sind meist erfüllt, wenn ...
- entsprechender Ersatzwohnraum nachgewiesen wird,
- eine Ausgleichszahlung nachgewiesen wird
- nachgewiesen wird, dass ohne die geplante Nutzung der Räume zu konkreten beruflichen oder gewerblichen Zwecken eine Existenzgefährdung des Antragstellers eintreten würde
- bei bestimmten öffentlichen Belangen (z.B. Wohnraum soll für die Versorgung der Bevölkerung mit sozialen oder medizinischen Dienstleistungen verwendet werden).Mietvertragsklauseln, nach denen der Mieter eine fehlende Zweckentfremdungsgenehmigung für die Mieträume selbst und auf eigene Kosten einholen muss, sind unwirksam. Mit derartigen Regelungen wird nach dem Kammergericht Berlin gegen vertragliche Hauptpflichten des Vermieters verstoßen, da bei Vertragsabschluss keine Überlassung der Mieträume zum vertragsgemäßen Gebrauch (z.B. Gewerbebetrieb) möglich bzw. zulässig ist (Urt.vom 1.4.2004, Az. 8 U 219/03).
Siehe / Siehe auch: Negativattest / Zweckentfremdung, Zweckentfremdung

Zweckerklärung

Die Finanzierung von Bauvorhaben oder Grundstückserwerben erfolgt meist unter Einsatz von Fremdmitteln. Die Absicherung erfolgt in der Regel über eine Grundschuld. Diese erfüllt ihre Absicherungsfunktion aber erst dann, wenn der Schuldner bestimmt, welchem Zweck diese Grundschuld dienen soll. Diese Erklärung, die gegenüber dem Grundschuldgläubiger abzugeben ist, nennt man Zweckerklärung oder Zweckbestimmungserklärung. Das Grundstück ist dann nur hinsichtlich der in der Zweckerklärung genannten Verbindlichkeit Pfandobjekt.

Zweifamilienhaus

Haus mit zwei abgeschlossenen Wohneinheiten, von denen eine in der Regel vom Eigentümer genutzt und die andere vermietet ist. Es kann sich dabei auch um ein Doppelhaus auf einem Grundstück handeln.Bauherren, die bei der Finanzierung eines Zweifamilienhauses Schuldzinsen in voller Höhe als Aufwand für die vermietete Wohnung geltend machen wollen, müssen besondere Regeln bei der Finanzierung beachten. Nach der neueren Rechtsprechung des BFH (Urt. vom 27.10.98 IX R 44/95) kann nämlich ein einheitliches auf dem Grundstück abgesichertes Darlehen nur dann ausschließlich dem fremdvermieteten Teil zugeordnet werden, wenn der Bauherr die für das Zweifamilienhaus entstehende Baukosten getrennt den Wohnungen zuordnet.Es wird ihm dadurch möglich, die Rechnungen, die sich auf den fremdvermieteten Teil der Wohnung beziehen mit Fremdmittel zu finanzieren und die eigene Wohnung betreffenden Herstellungskosten mit Eigenmitteln. Zu einem anderen Ergebnis kam der BFH allerdings in einem Fall, in dem der Bauherr die Kosten nicht den beiden von ihm errichteten Eigentumswohnungen getrennt zugeordnet, sondern alle Aufträge und damit die berechneten Leistungen für das Gesamtgebäude zusammengefasst hatte (Urt. vom 27.10.98, IX R 29/96). Hier kam nur eine nach dem Wohn-/Nutzflächenanteil ermittelte Zurechnung der Zinsen für die vermietete Wohnung in Betracht.

Es empfiehlt sich also in solchen Fällen stets, schon die Auftragsvergabe und damit die Berechnung der Leistungen so zu gestalten, dass eine Kostenaufspaltung für die beiden Wohnungen möglich ist. Außerdem sollte im Darlehensvertrag klar gestellt werden, dass das Darlehen für die Finanzierung der vermieteten Wohnung verwendet werden soll. Bewohnt der Eigentümer eine der beiden Wohnungen und hat er die andere vermietet, dann braucht er im Falle der Kündigung kein berechtigtes Interesse nachweisen. Die Kündigungsfrist verlängert sich dafür um drei Monate. Nicht zu den Zweifamilienhäusern zählen Doppelhäuser mit je einer Wohnung pro Doppelhaushälfte. Doppelhäuser im klassischen Sinne verfügen über zwei Vollgeschosse. Deren Merkmal besteht darin, dass sie aneinander und nicht übereinander gebaut sind. Jede Doppelhaushälfte ist ein Einfamilienhaus. Es gibt allerdings auch Doppelhäuser, bei denen jede Doppelhaushälfte zwei oder drei Wohnungen beinhaltet, also Zwei-, bzw. Dreifamilienhäuser sind.

Siehe / Siehe auch: Berechtigtes Interesse, Doppelhaus, Einfamilienhaus

Zweiläufige Treppe

Siehe / Siehe auch: Treppenlauf

Zweischaliges Mauerwerk

Das zweischalige Mauerwerk gibt es in unterschiedlichen Ausführungen. Beim Verblendmauerwerk übernimmt die Innenmauer die statische Funktion und den Wärme- und Schallschutz, die individuell zu gestaltende Außenschale den Witterungsschutz. Beliebt sind für die Außenscha-

le Klinkersteine. Die beiden Schalen sind mit Drahtanker aus nicht rostendem Stahl, die bestimmten DIN-Normen entsprechen müssen, zu verbinden.
Außerdem gibt es Konstruktionen, die zwischen Außen- und Innenschale eine Dämmschicht haben. Die beiden Schalen sollten mindestens 11,5 cm dick sein, die Dämmschicht 15 cm. Eine weitere Variante sieht eine zusätzliche Luftschicht von 4 cm vor. Die Luft- und Dämmschicht betragen zusammen 15 cm. Die Außenschale soll in diesem Fall mindestens 9 cm stark sein.
Die Außenschale ist das aus Kalksandstein oder Ziegel bestehende Sichtmauerwerk. Auf die Außenschale kann ein Putz aufgetragen werden.

Zweite Berechnungsverordnung, II. BV

Die II. BV legt fest, wie verschiedene wohnungswirtschaftliche Größen zu berechnen sind.
Anzuwenden ist sie bei der Berechnung von
- Wirtschaftlichkeit, Belastung, Wohnfläche oder angemessenem Kaufpreis für öffentlich geförderten Wohnraum (bei Anwendung des Zweiten Wohnungsbaugesetzes oder des Wohnungsbindungsgesetzes)
- Wirtschaftlichkeit, Belastung oder Wohnfläche für steuerbegünstigten oder freifinanzierten Wohnraum (bei Anwendung des Zweiten Wohnungsbaugesetzes)
- Wirtschaftlichkeit, Wohnfläche oder angemessenem Kaufpreis (bei Anwendung der Verordnung zur Durchführung des Wohnungsgemeinnützigkeitsgesetzes).

Ein Anhang zur Zweiten Berechnungsverordnung beantwortete lange Zeit auch die wichtige Frage, welche Betriebskostenarten auf den Mieter einer Wohnung umgelegt werden konnten. In der neuen Fassung der Zweiten Berechnungsverordnung wird auf die neue Betriebskostenverordnung hingewiesen, die nunmehr diesen Bereich regelt.
Siehe / Siehe auch: Betriebskostenverordnung

Zweite-Haut-Fassade – Doppelte Fassade

Bei der Zweite-Haut-Fassade ist der einfachen Gebäudehülle eine Glasfront vorgelagert. Zwischen den zwei Schichten entsteht ein Luftspalt, der mit der Außenluft in Verbindung steht.
Dieses aus Kostengründen bisher fast nur bei hochwertigen Bürohäusern angewandte Fassadensystem erzeugt ein natürliches Klima im Büroraum und senkt die Energiekosten.

Zweitmarkt

Als Zweitmarkt wird die Gesamtheit der Angebote und Kaufgesuche zu „gebrauchten" Anteilen an geschlossenen Fonds bezeichnet.
Da es hierzu keine einheitlichen Regelungen gibt, ist es für Anbieter oder Nachfrager von Fondsanteilen oft schwierig, den jeweils passenden Transaktionspartner zu finden. Einige Fondsinitiatoren organisieren deshalb für ihre Anleger einen Zweitmarkt, indem sie Angebote und Kaufgesuche sammeln und veröffentlichen, beispielsweise auf einer entsprechenden Internetplattform. Darüber hinaus gibt es Anbieter, die Handelsplattformen für Zweitmarktanteile unterschiedlicher Initiatoren unterhalten, ohne dass sie selbst Fondsinitiatoren sind.
Zentrales Problem am Zweitmarkt und zugleich wichtigstes Hindernis auf dem Weg zu einer größeren Fungibilität der Anteile an geschlossenen Fonds ist bislang die Frage der transparenten Bewertung der Fondsanteile und der Preisfindung am Zweitmarkt.
Siehe / Siehe auch: Immobilienfonds – Geschlossener Immobilienfonds

Zweitmarktbörse

Zweitmarktbörsen sind Einrichtungen, mit deren Hilfe das Zweitmarktproblem geschlossener Fonds gelöst werden soll. Im Vergleich zu den direkten Zweitmarktangeboten der Investoren wird Wert darauf gelegt, dass eine möglichst große Transparenz des jeweils aktuellen Angebots an Fondsbeteiligungen erreicht wird. Die Angebote werden gelistet und via Internet veröffentlicht. Jeder Anbieter bestimmt seinen Angebotspreis. Kommt über die Börse eine Transaktion zustande, ist eine Maklergebühr zu zahlen. Solche Zweitmarktbörsen existieren an der Börse Hamburg und an der Börse Düsseldorf.

Zweitmarktfonds

Es handelt sich bei Zweitmarktfonds um eine Fondskonstruktion, deren Zweck darin besteht, Anteile von verschiedenen geschlossenen Immobilienfonds zu kaufen und zu verwalten. Zur Qualitätssicherung werden nur Anteile von solchen Fonds erworben, die bestimmte Merkmale aufweisen, u.a. positive Entwicklung der Fonds-

beteiligung, Begrenzung des Volumens pro Fonds, von einem Wirtschaftprüfer attestierter Jahresabschluss.
Zweitmarktfonds wurden bisher durch die zur Deutschen Bankgruppe gehörenden DB Real Estate Management GmbH und die zur HypoVereinsbank AG gehörenden H.F.S Hypo-Fondsbeteiligungen für Sachwerte GmbH aufgelegt.

Zweitwohnungssteuer

Die Zweitwohnungssteuer wird von der Gemeinde erhoben. Zunächst wurde sie von Gemeinden in Fremdenverkehrsgebieten eingesetzt, zuerst von Überlingen 1973, mittlerweile ist sie auch in Gemeinden in Nicht-Fremdenverkehrsgebieten üblich (z.B. Köln ab 1.1.2005, Berlin ab 19.12.1997).
Eine Zweitwohnung (auch: Nebenwohnung) im Sinne der Zweitwohnungssteuer-Satzungen ist eine Wohnung, die der Inhaber unterhält:
- neben seiner Hauptwohnung
- nicht dauerhaft, sondern vorübergehend (z.B. Urlaub)
- zu Zwecken seines persönlichen Lebensbedarfs oder des persönlichen Lebensbedarfs seiner Familie.

Steuerpflichtig ist der Inhaber (also der tatsächliche Nutzer der Wohnung), unabhängig davon, ob er:
- Eigentümer oder
- Mieter oder
- Nutzungsberechtigter

seiner Zweitwohnung ist.
Bemessungsgrundlage ist die Nettokaltmiete der Wohnung. Die Kölner Zweitwohnungssteuer beträgt z.B. 10% der Jahresnettokaltmiete. Bei eigengenutzten Wohnungen wird die Miete nach dem jeweils gültigen Mietspiegel der Stadt herangezogen.
Wenn mehrere Personen die Wohnung nutzen, wird der auf den einzelnen Bewohner entfallende Wohnungsanteil als Zweitwohnung gerechnet, es kommen entsprechende Anteile für Küche und andere gemeinsam genutzte Räume hinzu. Bei zwei Personen, von denen eine ihren Nebenwohnsitz an der Adresse hat, ist Bemessungsgrundlage also die halbe Nettokaltmiete.
Von der Besteuerung sind meist verschiedene Arten von Wohnungen ausgenommen. Z.B.:
- Wohnungen in Pflegeeinrichtungen
- Wohnungen, die unentgeltlich zu Therapie- oder sozialpädagogischen Zwecken zur Verfügung gestellt wurden
- Wohnungen, die von Trägern der Jugendhilfe entgeltlich / unentgeltlich zur Verfügung gestellt wurden
- Zufluchtswohnungen in Frauenhäusern
- Räume zum Zwecke des Strafvollzugs.

(Nach: Satzung Köln; je nach Gemeinde unterschiedliche Regelungen möglich). Bei Studenten geht man davon aus, dass der Hauptwohnsitz am Wohn- und Studienort liegt. Ehemalige „Kinderzimmer" bei den Eltern im Heimatort sind meist von der Zweitwohnungssteuer ausgenommen. Der Wohnungsinhaber muss sich bereits beim Einzug Gedanken über den Status der Wohnung machen, da er sich ggf. mit dem Nebenwohnsitz in der betreffenden Gemeinde anmelden muss. Inhaber von Nebenwohnungen fallen unter die Zweitwohnungssteuer. Es handelt sich um eine Jahressteuer, die per Quartal fällig wird.
Das Bundesverfassungsgericht (Beschluss vom 11.10.2005, Az. 1 BvR 1232/00 und 1 BvR 2627/03) hat entschieden, dass die Erhebung einer Zweitwohnungssteuer für die beruflich genutzte Nebenwohnung eines verheirateten, nicht getrennt lebenden Berufstätigen unzulässig ist. Im verhandelten Fall ging es um einen Ehemann, der sich in Hannover eine Nebenwohnung gemietet hatte, um dort während der Woche seiner Arbeit nachzugehen. Frau und Kind wohnten weiter anderenorts in der Hauptwohnung.
Das Gericht befand, dass die Erhebung der Zweitwohnungssteuer hier gegen Art. 6 Abs.1 des Grundgesetzes (Schutz von Ehe und Familie) verstoße. Die entsprechende Satzung der Stadt Hannover sei in diesem Punkt nichtig. Die meisten gemeindlichen Satzungen sind inzwischen dementsprechend geändert worden. Soweit dies noch nicht geschehen ist, können Steuerpflichtige unter Hinweis auf das Urteil gegen einen Steuerbescheid Widerspruch einlegen.

Zwischenfinanzierung (Fonds)

Eine Zwischenfinanzierung für ein geschlossenes Immobilienfondsprojekt wird immer dann erforderlich, wenn bereits vor Einzahlung der Eigenkapitaleinlagen durch die Gesellschafter erste Ausgaben getätigt werden müssen wie beispielsweise Gebühren, Anzahlungen.
Für diese zwischenzeitliche Fremdfinanzierung sollte stets eine Zwischenfinanzierungsgarantie vorhanden sein, die den Fondsgesellschafter davor

schützt, dass das Gesamtprojekt bereits zu Beginn an der Abdeckung eher geringer Anlaufausgaben scheitert. Wie bei jeder Garantie ist auch hier die Bonität und Seriosität des Garantiegebers zu verifizieren.

Zwischenfinanzierung (Zwischenkredit)

Bestehen Ansprüche auf Auszahlung langfristiger Darlehen zur Endfinanzierung im Rahmen der Erstellung eines Gebäudes und sind die Auszahlungsbedingungen noch nicht erfüllt, da das Bauvorhaben z.B. noch nicht fertig gestellt ist, kann die Zeit bis zur Auszahlungsreife des Endfinanzierungsdarlehens durch Zwischenfinanzierung überbrückt werden. Der Auszahlungsanspruch gegen das Kreditinstitut, das die Endfinanzierung zur Verfügung stellt, wird dabei an das zwischenfinanzierende Kreditinstitut abgetreten.

ZwVbVo

Abkürzung für: Zweckentfremdungsverbotsverordnung

Zyklopenmauerwerk

Zyklopenmauerwerk ist die Bezeichnung für eine Sonderform des Bruchsteinmauerwerks ohne durchgehende Lagerfugen. Die unregelmäßigen, polygonalen Sichtseiten der meist relativ großen, gebrochenen Natursteine ergeben ein netzartiges Fugenbild. Zyklopenmauerwerk wurde bereits in alten Hochkulturen, beispielsweise in der griechischen Antike, hergestellt. Der Name spielt auf die Zyklopen, riesenhafte Wesen der altgriechischen Sagenwelt, an.
Siehe / Siehe auch: Bruchsteinmauerwerk, Quadermauerwerk, Schichtmauerwerk

Jetzt sind Sie gefragt, gefordert und ganz persönlich gemeint ...

Sie haben mit diesem Buch gearbeitet, haben unter Umständen den zusätzlichen Service im Internet www.grabener-verlag.de schon ausprobiert und genutzt – und sich eine Meinung gebildet. Dieses Lexikon ist eine Gemeinschaftsarbeit von verschiedenen Autoren und beteiligten Fachleuten, einer eigenständigen Redaktion, Mitarbeitern aus den unterschiedlichsten Disziplinen der Technik bis hin zum Internet, Grafikern, Druckern und Mitarbeitern aus dem Verlag. Sie sehen, an diesem Buch ist eine Vielzahl von Menschen beteiligt – und da können sich hier und da auch einmal Fehler einschleichen.

Genau hierbei können Sie uns helfen
Haben Sie etwas gesucht und nicht gefunden? Dann nehmen Sie bitte umgehend Kontakt mit uns auf! In aller Regel hat der gesuchte Begriff sich als Bestandteil unter einem anderen Stichwort „versteckt", wo er in einem größeren Zusammenhang erklärt wird. Aber es kann auch vorkommen, dass Sie auf eine Lücke gestoßen sind. Und dann werden wir uns umgehend daran setzen, das neue Stichwort erklären, erst einmal ins Online-Lexikon einbinden und später dann auch in das Buch aufnehmen. Natürlich informieren wir Sie auch direkt über das Ergebnis.

Oder: eine Darstellung gefällt Ihnen nicht, ist unzureichend, nicht mehr aktuell, missverständlich, oder aus Ihrer Sicht schlichtweg falsch. Was dann? Der beste Weg ist, die Redaktion im Grabener Verlag kurz zu informieren. Sagen Sie uns in Stichworten, was Sie gefunden haben, das einer Überarbeitung bzw. Richtigstellung bedarf. Wir prüfen den Vorgang – und reagieren umgehend.

Wenn Sie nun ein Stichwort nicht finden, ein neues gerne einbringen wollen, ein anders vielleicht verändern möchten, , und Sie können auch die nötige Erklärung dazu verfassen – prima! Schicken Sie sie an uns, und vergessen Sie auch nicht, Ihren Namen zu nennen! Wir prüfen Ihren Vorschlag, und wenn er gut ist übernehmen wir ihn. Das Recht der Überarbeitung behalten wir uns natürlich vor.

Unsere Leser sind die besten Tipp- und Hinweisgeber. Eine Vielzahl von Ihnen beteiligt sich ganz aktiv an der genauen Beschreibung von einzelnen Stichworten und einige liefern uns auch gleich ihre kompletten Texte. Gerade in den letzten drei Jahren haben uns viele Spezialisten aus ihrem Fachbereich umfassend mit ihren Hinweisen unterstützt. Für uns als Redaktion ist diese Hilfe und Unterstützung mehr als willkommen!

Und so sind wir immer gerne bereit, uns für diese Hilfe sichtbar zu bedanken: Ab einem bestimmten Umfang des Beitrages wird Ihr Name im Abschnitt „Autoren" genannt. Gleichzeitig erhalten alle Autoren beim Wechsel der Auflage ein neues Exemplar des Buches geschenkt. Damit nicht genug – alle Autoren nehmen an der Jahresziehung mit interessanten Preisen teil. Ist das was?

Wir möchten, dass die 9. Auflage noch besser wird als diese. Helfen Sie uns mit Ihrem Wissen und Können – unterstüzen Sie uns, damit wir dieses Ziel erreichen!

Wie können Sie uns erreichen?
Den leichtesten Weg bietet das Internet per E-Mail: **info@grabener-verlag.de**.
Im Bereich des Online-Lexikons finden Sie ein vorbereitetes Muster, mit dem Sie zum einen den Verlag, zum anderen die Redaktion oder auch einzelne Autoren ansprechen können (Zusendungen an Letztere werden vom Verlag aus weitergeleitet). Sie können uns aber auch per **Fax 0431-560 1 580** oder per Brief kontaktieren:

Grabener Verlag
Redaktion
IMMOBILIEN-FACHWISSEN von A–Z
Niemannsweg 8 · 24105 Kiel

Wir freuen uns auf Ihre konstruktive Unterstützung. Auf ein gutes Miteinander!

Ihr Henning J. Grabener
Redaktionsleiter im Grabener Verlag

Die Autoren

Prof. Dr. Hansjörg Bach
Studium der Wirtschafts- und Sozialwissenschaften an der Technischen Hochschule Stuttgart und der Universität Erlangen-Nürnberg. Diplom Kaufmann und Diplom Handelslehrer. Promotion zum Dr. rer. pol. an der Universität Regensburg. Studien- und Forschungsjahr an der University of Michigan als Stipendiat der Max Kade und Fulbright Stiftungen. Leitende Tätigkeit in Immobilienunternehmen seit 1972, derzeit: Mitglied des Vorstands der Siedlungsbau Neckar Fils Bau- und Wohnungsgenossenschaft eG Nürtingen. Berufung zum Hochschullehrer für Immobilienwirtschaft an die Hochschule Nürtingen zum Wintersemester 1996/97. Dekan der Fakultät IV der HfWU Hochschule für Wirtschaft und Umwelt Nürtingen-Geislingen. Juryvorsitz und wissenschaftliche Betreuung des „Zukunftspreises der Immobilienwirtschaft" der „DW Die Wohnungswirtschaft". Juryvorsitz: ÖVI – Forschungspreis des Österreichischen Verbandes der Immobilientreuhänder. Vorsitzender des Fachausschusses „Betriebswirtschaft und Hausbewirtschaftung" des Bundesverband deutscher Wohnungsunternehmen e.V. GdW Berlin. Mitglied des Verbandsrats und des Fachausschusses Betriebswirtschaft des Verbandes baden-württembergischer Wohnungsunternehmen e.V. Stuttgart. Mitglied des Kuratoriums des vhw - Bundesverband für Wohneigentum und Stadtentwicklung e.V.

Dipl.-Volkswirt Volker Bielefeld
Studium der Volkswirtschaft in Hamburg mit Abschluss als Diplom-Volkswirt, Berufseinstieg 1968 bei der GEWOS im Bereich der Stadtsanierung und Stadtentwicklung, 1969 bis 1972 beim RDM-Bundesverband bzw. Landesverband Berlin, u.a. Chefredakteur der Allgemeinen Immobilien-Zeitung (AIZ). Von 1972 bis 2006 beim Zentralverband Haus & Grund Deutschland (seit 2001 in Berlin) als Leiter des Referats Wohnungseigentumsrecht, zuletzt stellvertretender Generalsekretär sowie Chefredakteur der Zeitschrift „DER WOHNUNGSEIGENTÜMER". Seit 1976 gleichzeitig Geschäftsführer des Josef-Humar-Institut e.V., Institut für Wohnungseigentum und Wohnungsrecht (Düsseldorf). Autor von zahlreichen Fachpublikationen zum Wohnungseigentum (u.a. „Ratgeber zum Wohnungseigentum", aktuell 7. Auflage), Autor und Mitherausgeber von Fachzeitschriften, Schriftenreihen und Festschriften, Referent und Leiter zahlreicher Seminare und Fortbildungsveranstaltungen zum Wohnungseigentum in wohnungswirtschaftlichen Verbänden und Verwaltungsunternehmen.

Peter Dietze-Felberg
Jahrgang 1968. Studium der Kunstgeschichte und der Betriebswirtschaftslehre an der Humboldt-Universität in Berlin, Magister Artium 1998. Aufbaustudium Semiotik an der Technischen Universität Berlin. Mehrjährige journalistische und redaktionelle Tätigkeit, u. a. als redaktioneller Mitarbeiter des Jahrbuches „Bau und Raum" des Bundesamtes für Bauwesen und Raumordnung sowie als Wirtschaftsredakteur bei n-tv.de. Seit 2002 Berater für Medien und Kommunikation mit Schwerpunkt Text / Redaktion

Henning J. Grabener
Fachjournalist und Publizist, von 1986 bis Anfang 1997 Chefredakteur der IMMOBILIEN WIRTSCHAFT heute, IWh, Autor für Wirtschaftswoche, Handelsblatt und Fachmagazine, Leiter von Vortrags- und Unterrichtsreihen, Pressesprecher verschiedener Unternehmen im Bereich der Immobilienwirtschaft. Verleger und Autor von Fachbüchern. Redaktionsleiter von betriebswirtschaftlichen Studien und Maklerbetriebsbefragungen. Als Leiter des Grabener Verlages ist er für den redaktionellen Bereich und die Entwicklung von Kunden- und Hauszeitungen für Unternehmen aus der Wohnungswirtschaft zuständig.

Prof. Dr. Stephan Kippes
Jahrgang 1963, lehrt an der Hochschule für Wirtschaft und Umwelt Nürtingen-Geislingen – Nürtingen/Geislingen University. Er ist Inhaber der im deutschsprachigen Raum einzigen ordentlichen Hochschul-Professur für Immobilienmarketing und Senatsbeauftragter für Auslandsangelegenheiten. Zudem steht er dem IVD-Institut – Gesellschaft für Immobilienmarktforschung und Berufsbildung mbh in München vor. Im Wintersemester 2004/2005 verbrachte er ein Forschungssemester in Sydney. Er ist Autor der Fachbücher „Immo-Profitexter", „Hausverwaltungsmarketing" und „Professionelles Immobilienmarketing" sowie zahlreicher weiterer Veröffentlichungen. Prof. Kippes war Mitglied im Gründungs-Fachbeirat der Expo Real. Darüber hinaus ist er ein gefragter Trainer und gehört dem Herausgeberbeirat der Zeitschrift für Immobilienökonomie (ZIÖ) an. Prof. Kippes studierte an der LMU-München und war bis 1994 Referent in der international agierenden Zentralabteilung für Öffentlichkeitsarbeit und Marktkommunikation der BASF. 1994 wechselte er als nach Nachfolger von Dipl.-Volkswirt Erwin Sailer als Geschäftsführer zum heutigen IVD-Institut. 1999 erhielt er einen Ruf an die FHTW-Berlin, den er zu Gunsten der Professur an der HfWU Nürtingen ablehnte. Aktuelle Forschungsschwerpunkte: Immobilien-Marktforschung, Shopping-Center, Büroimmobilien, Marketing-Controlling, Internet-Marketing, wohnungspolitische Grundsatzfragen und Bauträger-Marketing.

Rudolf Koch
1949 in Gelsenkirchen geboren, 1966 Mittlere Reife, 1966 - 69 Facharbeiterausbildung zum Metallflugzeugbauer, 1971 Beginn der nebenberuflichen Tätigkeit in der elterlichen Immobilienfirma, 1973 Abitur auf dem 2. Bildungsweg, 1973 - 76 Studium (Jura), seit 1976 hauptberuflich als Immobilienmakler tätig, seit 1986, ehrenamtliches Vorstandsmitglied im Verband Deutscher Makler LV NRW, seit 1988 Mitglied der Mietspiegelkommission der Stadt Gelsenkirchen, seit 1992 VDM Bundesvorstandsmitglied als ehrenamtlicher Rechtsreferent, seit 1992 Seminare bei IHK und Verbänden und Dozententätigkeit bei verschiedenen Bildungsträgern im Immobilienbereich mit den Themen: Immobilienwerbung und Wettbewerbsrecht, Existenzgründung Immobilienmakler, Maklerrecht, seit 1994 Autor verschiedener Titel zum Thema Wettbewerbsrecht für Immobilienfirmen, seit 2001 Mitglied im Regionalausschuss Gelsenkirchen der IHK Nord Westfalen, seit 2003 Mitglied im Gutachterausschuss der Stadt Gelsenkirchen, seit 2004 ehrenamtlicher Vizepräsident des Immobilienverband Deutschland IVD Bundesverband der Immobilienberater, Makler, Verwalter und Sachverständigen e.V., dem Zusammenschluss von RDM und VDM. So können Sie mich erreichen: koch-ivd@t-online.de

Ulf Matzen

Geboren 1967 in Flensburg. Studium der Betriebswirtschaftslehre und der Rechtswissenschaften in Augsburg. Rechtsreferendariat mit dem Schwerpunkt Wirtschaftsrecht. Auslandsstationen in Istanbul, Amsterdam und Iraklion. Abschluss als Assessor. Tätigkeit bei den WEKA Baufachverlagen als Kundenbetreuer Firmenkunden für baurechtliche Literatur und Software, Immobilienvermittlung im Bereich Mietwohnungen und Auslandsimmobilien. Umzug nach Hamburg und Tätigkeit für die BDO Warentreuhand Wirtschaftsprüfungsgesellschaft. Ab 1.1.2003 freie journalistische Tätigkeit. Mitarbeit bei Aufbau und Pflege des Rechtsportals der D.A.S. Versicherung, ständiges Verfassen von Beiträgen für Anwalts-Nachrichtendienste und für die „Juristische Wochenzeitung"/Luchterhand Verlag, Autor von „Immobilienkauf in Griechenland", erschienen im Grabener Verlag.

Irma Petersen

Jahrgang 1948, Inhaberin der Steuerkanzlei Petersen in Kiel. Beratung und Betreuung von Unternehmen und Privatpersonen. Erfahrung mit steuerlich interessanten Vermögensanlagen. Seit vielen Jahren spezialisiert im Bereich Immobilienanlagen und -besteuerung.

Erwin Sailer

Nach dem Studium der Volkswirtschaft in München, ab 1955 Immobiliemakler in Augsburg, 1966 Wechsel als volkswirtschaftlicher Referent und später Geschäftsführer zum RDM Bayern, Gründungsgeschäftsführer der Süddeutschen Immobilienbörse und des heutigen IVD-Instituts für Marktforschung und Berufsbildung, langjähriger Vorsitzender des Berufsbildungsausschusses beim früheren RDM Bundesverband, Mitinitiator des ersten deutschen Studienganges für Makler an der VWA Freiburg, Dozent an der Deutschen Immobilien-Akademie (DIA) an der Universität Freiburg, wissenschaftlicher Beirat an der DIA, Sachverständiger für berufliche Aus- und Fortbildung am Bundesinstitut für Berufsbildung (Konzeption der Verordnungen für den Immobilienfachwirt und den Ausbildungsberuf Immobilienkaufmann). Herausgeber und Mitautor von Fach- und Lehrbüchern, Veröffentlichung zahlreicher Aufsätze. Ehrenmitglied des IVD-Süd. Weitere Informationen unter: http://www.erwin-sailer.de

Dipl.-Ing. Heike Schwertfeger

Geboren 1966. Studium der Architektur an der Muthesius Kunsthochschule mit Exkursionen in andere Fachbereiche (Kommunikationsdesign/Fotografie, Freie Kunst/ Maltechnik). Finanzierung des Hauptstudiums durch Mitarbeit in Architekturbüros. Abschluss als Diplom Ingenieurin 1998. Langjährige freiberufliche Mitarbeit in einem Bauingenieurbüro. Angestellte für Ausführungsplanung. Längere Auslandaufenthalte zum Kennenlernen von Architektur, Land und Menschen. Weiterbildung und zwischenzeitliche Tätigkeit als Gestalterin und Sozialberaterin. Zur Zeit beschäftigt in einem Kieler Architekturbüro.

Heinz-Josef Simons
Geboren 1956, arbeitete unter anderen als Pressesprecher des Bundes der Steuerzahler NRW sowie als Leiter Presse- und Öffentlichkeitsarbeit eines großen deutschen Finanzvertriebs. Zuletzt hat er für die Financial Times Deutschland gemeinsam mit einer Kollegin und einem Kollegen die Anleger-Beilage „Portfolio" konzipiert und die Redaktion bis Mitte 2001 geleitet. Simons schreibt als freier Autor u.a. für BÖRSE ONLINE, Süddeutsche Zeitung, DAS WERTPAPIER, Handwerkmagazin und weitere Publikationen. Mittlerweile hat er als alleiniger Autor oder als Co-Autor mehr als 20 Bücher veröffentlicht, und zwar u. a. für die Verlage Metropolitan, Walhalla und Compact sowie einen Ratgeber zum Thema „Erben und Schenken" für die ZDF-Ratgeber-Sendung WISO.

Am Lexikon haben außerdem mitgewirkt

Winfried Aufterbeck
Befasst sich seit 1978 mit Zwangsversteigerungen. Sein Versteigerungskalender erscheint nun im 16. Jahr in 12 Regionalausgaben. Argetra GmbH, Verlagsagentur.

Siegfried Bertram
Schreibt und doziert seit mehr als 20 Jahren über die Fachbereiche Immobilien-Verwaltung und -Management. Herausgeber des BEIRATInfo und geistiger Vater des PuR, dessen Herausgeber und Chefredakteur er acht Jahre lang war.

René Boehm
Jahrgang 1942. Nach Verkauf einer Insel an ein Hamburger Triumvirat Konversion zum Inselmakler (1971) mit einer heimlichen Liebe für Gewerbeimmobilien (seit dem Verkauf eines Bürohauses in Boston an deutsche Industriellendynastie).

Beatrix Boutonnet
Dipl. Betriebswirtin (FH), Hotelkauffrau, Pressesprecherin und stellvertretende Marketingleiterin der Ibis-Hotels, München, Mitarbeiterin Presseagentur CMC, Paris, Marketingberatung für den Dienstleistungsbereich, seit 2000 Journalistin.

Bernd-C. Hunneshagen
Rechtswissenschaftliches Studium in Freiburg und Kiel. Als Anwalt in verschiedenen Kanzleien tätig, seit 1987 selbständig in Osdorf bei Kiel. Seit 1991 Privatdozent an der FH Kiel, seit 1996 an der Nordakademie in Elmshorn im Bereich Wirtschaftsrecht. Seit 1998 Fachbuchautor im Immobilienbereich für den WEKA-Verlag.

Stefan Loipfinger
Bankkaufmann, Betriebswirt VWA, Freier Wirtschaftsjournalist, Fondsanalyst und Fachautor.

Liane Mletzko
Studium der romanischen Philologie in Mainz und Paris, 1990 Magister Artium. Seit 1993 Spezialisierung auf die Immobilienbranche als Leiterin der Marketing/ PR-Abteilung einer großen internationalen Immobilienberatung. Seit Januar 1996 selbständig als PR-Beraterin und freie Autorin in der Immobilienwirtschaft.

Manfred Mletzko
Seit April 1995 selbständig als freier Journalist für Fachzeitschriften unter anderem der Immobilienwirtschaft, PR-Agenturen und PR-Abteilungen von Großunternehmen. Seit 1. Januar 1997 Chefredakteur des Newsletters IMMOBILIEN Wirtschaft heute aus dem WEKA-Baufachverlag. Davor 10 Jahre Journalist / Redakteur und Pressefotograf für verschiedene regionale Tageszeitungen, unter anderem für die Frankfurter Rundschau und Frankfurter Neue Presse.

Nadine Mohr
Geboren 1976 in Hamburg, Studium der Immobilienwirtschaft an der Fachhochschule Nürtingen am Standort Geislingen, Abschluss 2003 als Dipl.-Betriebswirtin Fachrichtung Immobilienwirtschaft. Diplomarbeit über „Franchise in der Immobilienwirtschaft – Praxisbeispiel Dahler & Company GmbH". Die Diplomarbeit erhielt einen vom RDM verliehenen Preis als beste Diplomarbeit im Bereich Immobilienmarketing und Maklerwesen. Seit 2003 als freiberufliche Immobilienmaklerin tätig.

Marc Reisner
Geboren 1963 in Berlin, Studium der Wirtschafts- und Organisationswissenschaften an der Universität der Bundeswehr in Hamburg, Diplom-Kaufmann und Hauptmann der Reserve. Nach der Bundeswehr journalistische Ausbildung bei einer großen regionalen Tageszeitung, leitender Redakteur bei der Allgemeinen-Immobilien Zeitung, heute Ressortchef bei einem überregionalen Wirtschaftsmagazin; daneben Fachautor und Dozent für Internet und Immobilien.

Guido Schröder
Geboren 1968 in Hamburg, Studium der Wirtschaftswissenschaften und Kulturwissenschaften an der Fernuni Hagen. Berufliche Weiterbildung zum Gepr. Immobilienfachwirt (IHK), Kontaktstudium an der DIA (Deutsche Immobilien Akademie an der Universität Freiburg) zum Dipl.-Immobilienwirt (DIA). Tätigkeit für die BIG BAU Unternehmensgruppe in Kronshagen bei Kiel, sowie für die Liegenschaftsverwaltung des Landes Schleswig Holstein als Immobilienspezialist.

Claus Volk
Jahrgang 1958. Sparkassen-Betriebswirt/Verbandsprüferexamen, langjährige Tätigkeit in verschiedenen Funktionen im Bankbereich, seit 1993 Inhaber eines unabhängigen Beratungsbüros mit den Schwerpunkten Immobilienfinanzierung und Altersversorgung.

Einzelne Beiträge von

Steffen Haase, Augsburg

Kundenzeitungen – für Ihren Erfolg

Der Grabener Verlag beschäftigt sich seit 1984 ausschließlich mit Themen rund um die Immobilienwirtschaft. Gewachsene Verbindungen zu Organisationen, Verbänden, Fortbildungseinrichtungen und Betrieben in der Immobilienwirtschaft sorgen für die nötige Praxisnähe. Der Grabener Verlag produziert Fachpublikationen, Bücher, Branchendienste und bietet Leistungen im Bereich der Pressearbeit an – wesentlicher Schwerpunkt des Verlages ist die Produktion von Haus- und Kundenpublikationen – Print und Online.
Das komplette Angebot finden Sie unter www.grabener-verlag.de

Kundenbindung mit Format

Kunden-Kommunikation in der Immobilienwirtschaft mit einer Kundenzeitung lohnt sich. Natürlich muss der Aufwand im richtigen Verhältnis zu den Zielen stehen. Die Umsetzung ist einfach und kostengünstig! Denn der Grabener Verlag hat sich spezialisiert und ein ausgefeiltes Konzept entwickelt. Das ist effektiv und kostengünstig – immer zum Festpreis.

▶ Kundenzeitung fix & fertig

Das ist die einfachste Form einer professionellen Kundenzeitung. Alles liegt für Sie bereit. Sie kaufen fertig gedruckte Zeitungen für Ihre Kunden. Im Zeitungskopf finden Sie einen freien Platz zum Einstempeln, Kopieren, Etikettieren oder Einkleben Ihres Firmennamens. Alle Vierteljahr gibt es für Sie eine neue Ausgabe. Leserzielgruppe sind die Kunden von Immobilienverwaltern, Immobilienmaklern, Wohnungsgesellschaften, Bauträgern und Projektentwicklern.
Ab 0,90 Euro / Stück*.

▶ Kundenzeitung mit Namen und Logo

Die Kundenzeitung mit Namen und Logo ist ein zielgenaues Medium und erfüllt alle Anforderungen für eine erfolgreiche Kundenbindung. Das Besondere daran ist der eigene Zeitungskopf, der deutlich macht, woher der Service kommt: aus Ihrem Haus! Die Gestaltung erfolgt nach Ihren Vorgaben und ist im Festpreis enthalten. Die Kundenzeitung mit Namen und Logo hat vier fertige DIN-A4-Textseiten mit Immobilien-Nachrichten, Tipps und Informationen. Alle 3 Monate bietet Ihnen der Grabener Verlag eine neue Ausgabe an – immer zum Komplettpreis. Ab 330 Euro für 250 Stück*.

▶ Kundenzeitung extra

Bei dieser Kundenzeitung stehen Ihre Texte, Bilder, Meldungen und Angebote im Vordergrund – Ihr Unternehmen ist der Mittelpunkt.
Das Grundkonzept bietet vier redaktionell bearbeitete Seiten im Format A4, die Sie übernehmen können oder nach eigenen Wünschen ändern lassen. Wir bearbeiten Ihre Texte und Bilder und gestalten daraus eine Publikation, die die Corporate Identity Ihres Unternehmens wiederspiegelt. Sie bestimmen den Inhalt – und wir setzen Ihre Pläne um.
Sie haben die Möglichkeit, Texte, Bilder und Grafiken auszuwählen, die Ihnen der Verlag fertig zur Verfügung stellt. Außerdem können Sie den Umfang der Zeitung auf 6, 8, 12 oder mehr Seiten erweitern. Ab 470 Euro für 250 Stück*.

* alle Preise zzgl. MwSt. + Versand

Grabener Verlag · Niemannsweg 8 · 24105 Kiel · Tel. 0431-5601560 · www.grabener-verlag.de

Bundesfachverband Wohnungs- und Immobilienverwalter e.V.

Kompetenz und Qualitätsmanagement in der Gemeinschaft des BFW

Es ist ein weiter Weg vom Wohnungsverwalter bis zum professionellen Immobilienverwalter.

Kompetenz, Innovationskraft und die Fähigkeit, das eigene Unternehmen neuen Wegen und Einflüssen zu öffnen, sind Fundamente auf die BFW-Mitglieder bauen.

Die Gemeinschaft im Verband stärkt jedes einzelne Unternehmen und erlaubt damit, von der Erfahrung und Kompetenz aller zu profitieren. Wir brauchen heute das Know-how von vielen, um das Beste für den einen zu erreichen: unseren Kunden. Sein Vermögen gilt es zu erhalten und zu mehren.

Gefragt sind künftig Verwalter von Eigentums-, Miet- oder Gewerbeimmobilien, die nicht nur über ein fundiertes Fachwissen verfügen, sondern auch ausgeprägte soziale und methodische Kompetenzen vorweisen. Sie müssen in der Lage sein, die vielschichtigen Anforderungen an die Immobilie optimal zu koordinieren und in adäquate Dienstleistungen umzumünzen.

Gehen Sie gemeinsam mit uns diesen Weg.

„Werden Sie Mitglied." Ihr Ansprechpartner: H. Michael Sparmann

Rufen Sie uns an oder senden Sie uns einfach eine E-Mail.

Besuchen Sie uns im Internet www.wohnungsverwalter.de

Schiffbauerdamm 8 · 10117 Berlin
Tel. 0 30 / 308 729 17 · Fax 0 30 / 308 729 19 · E-Mail: service@wohnungsverwalter.de

– Anzeige –

Fachwissen für Ihre WebSite
– zum Vorteil Ihrer Kunden

▶ Online-Lexikon „IMMOBILIEN-FACHWISSEN von A–Z"

Durch Service überzeugen – ein Gewinn für Ihre Homepage:
Dafür, dass Ihre Präsenz im Internet mehr bringt, als sie kostet, können Sie etwas tun.
Sorgen Sie für Substanz!

Das Online-Lexikon

- erhöht die Besucherzahl
- bietet erstklassige Fachinformationen
- macht Ihre Homepage aktuell
- zeigt Ihre Kompetenz
- bringt Empfehlungen
- ist ein echter Kunden-Service
- beeindruckt auch Kunden in spe
- sorgt für ein positives Feedback
- wirbt für Sie

Sie bieten damit Ihren Kunden
rund um die Uhr einen zuverlässigen
Informationsservice, den diese
zu schätzen wissen.
In drei Varianten.
Ab 5 Euro / Monat*.

Hier können Sie es anschauen:

www.grabener-verlag.de

Nutzen Sie hier den Button
ONLINE-LEXIKON oben links

Grabener Verlag · Niemannsweg 8 · 24105 Kiel · Tel. 0431-5601560 · www.grabener-verlag.de

www.naheimst.de
www.wohnstadt.de

» Stadtentwicklung
» Projektentwicklung
» Consulting

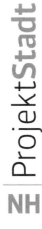
NH | ProjektStadt

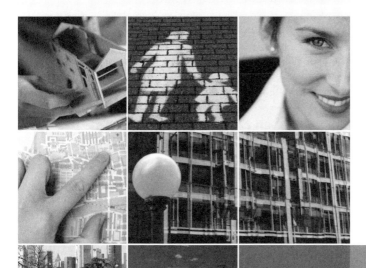

NH | Project**Stadt** –
EINE MARKE DER

UNTERNEHMENSGRUPPE
NASSAUISCHE HEIMSTÄTTE
WOHNSTADT

Wir gestalten
Lebensräume.

– Anzeige –

... schon gelesen?

Der Verwaltungsbeirat in der Praxis
Ein Ratgeber für Wohnungseigentümer und Verwalter:
Aufgaben, Funktion, Haftung, Pflichten und Rechte des
Verwaltungsbeirates im Überblick

Das Buch ist über den Buchhandel oder direkt beim Grabener Verlag, Kiel, zu beziehen: ISBN 978-3-925573-28-6 | Autor: Steffen Haase | 3. Auflage 2007 | ca. 136 Seiten | 22 x 15,5 cm | Broschur | Preis: 22,50 Euro [D]

Immobilienwerbung und Wettbewerbsrecht
Rechtlicher Ratgeber für die Bewerbung von Immobilien – Was darf man in Immobilienanzeigen sagen, was nicht, wo sind die Grenzen?

Das Buch ist über den Buchhandel oder direkt beim Grabener Verlag, Kiel, zu beziehen: ISBN 3-925573-22-4 | 8. komplett überarbeitete, ergänzte und umfassend erweiterte Auflage 2004 / 2005 | rund 128 Seiten | Broschur 15,5 x 22 cmPreis: 19,80 Euro [D]

Haushaltsnahe Dienst- und Handwerkerleistungen in der Praxis des Wohnungseigentums
Auswirkungen des §35a EStG | Ein Ratgeber für Verwalter, Wohnungsgesellschaften und Wohnungseigentümer

Das Heft ist über den Buchhandel oder direkt beim Grabener Verlag, Kiel, zu beziehen: ISBN 978-3-925573-25-5 | Autor: Steffen Haase | 72 Seiten | 21 x 15 cm | Broschur | 1. Auflage 2007 Preis: 15 Euro [D]

Immobilienkauf in Griechenland
Kaufen - Mieten - Verkaufen - Verträge - Marktwissen - Praxistipps

Das Heft ist direkt beim Grabener Verlag, Kiel, zu beziehen | Autor: Ulf Matzen | Inhalt: 40 Seiten | 21 x 15 cm | Broschur | 1. Auflage 2007 Preis: 9,90 Euro [D]

Bauhistorisches Lexikon
Baustoffe, Bauweisen, Architekturdetails

Das Buch ist über den Buchhandel oder direkt beim Grabener Verlag, Kiel, zu beziehen: ISBN 3-931824-29-2 | Autoren: Mila Schrader, Julia Voigt | 1. Auflage 2003 | 336 Seiten | 16 x 24 cm | fester Einband
Preis: 49,90 Euro [D]

Grabener Verlag · Niemannsweg 8 · 24105 Kiel · Tel. 0431-5601560 · www.grabener-verlag.de

TRAUM-HAUS gesucht?*

Im Grünen, am Waldesrand oder Meeresstrand – oder mit City-Flair

Von Westerland bis Warnemünde, von Flensburg bis Hamburg oder Berlin – auch mit Angeboten in Dänemark, Norwegen u. Schweden

Gefunden!

Die Immobilien-Zeitschrift für ganz Norddeutschland

IMMOBILIENMARKT

Alle 2 Monate NEU

*Immer mit weit über 350 Angeboten – größtenteils bebildert! Bei Ihrem Zeitschriftenhändler oder im Abonnement vom Verlag

Immobilienmarkt Verlags GmbH • Königsweg 1 • 24103 Kiel • Tel.: 0431/672701 • Telefax: 0431/678625
Anzeigenverwaltung tile brinkop, Schülperbaum 31, 24103 Kiel • Tel.: 0431/672701 • Fax: 0431/678625 • E-mail: info@brinkop.de
www.derimmomarkt.de • info@derimmomarkt.de • *Auf Wunsch übersenden wir Ihnen gerne kostenlos ein Probeexemplar

---

Jahresabonnement

JA, ich möchte abonnieren. Liefern Sie mir bitte den **IMMOBILIENMARKT** bis auf Widerruf für mind. 6 Ausgaben (12 Monate) zum Bezugspreis von € 15,– (einschl. Inlandsporto und gesetzl. MwSt.)

Ich habe das Recht, diese Bestellung innerhalb von 7 Tagen (Absendedatum genügt) schriftlich beim Verlag zu widerrufen.

Name, Vorname

Straße, Nummer   PLZ, Ort

☐ Einen Verrechnungsscheck über € 15,– habe ich beigefügt
☐ Bitte buchen Sie jährlich bis auf Widerruf von meinem Konto ab.

Kontonummer   BLZ   Bank

Datum   Unterschrift/Stempel

Bitte Coupon ausfüllen, herausschneiden, in einen Umschlag stecken und absenden an:
IMMOBILIENMARKT Verlags GmbH • Leserservice, Königsweg 1 • 24103 Kiel
Telefon (0431) 67 27 01 • Telefax (0431) 67 86 25

– Anzeige –

Fachwissen – verständlich gemacht

▶ Pressearbeit, Fotos & Public-Relation

Wir stellen für Sie die Öffentlichkeit her und verbreiten Ihre Informationen über das Unternehmen und sein Arbeitsfeld gezielt – mit Fachartikeln zu Themen der Immobilienwirtschaft, zum Unternehmen, zum Immobilienmarkt oder zu Ihren individuellen Themenstellungen.

Wir erledigen für Sie die Planung, den Fotodienst, erstellen Infografiken, einen Presseverteiler – vom Einzelauftrag bis zur kompletten Betreuung Ihres Unternehmens.

Nutzen Sie die Möglichkeiten

- unabhängige Fach-Redaktion frei von fremden Interessen
- Journalisten und Fotografen mit dem Themenschwerpunkt Immobilienwirtschaft
- Texten für Print- und Onlinemedien
- erfolgreiche Pressearbeit durch Nutzung der großen verlagseigenen Mediendatenbank
- bundesweit, sowie in Österreich und der Schweiz

Leistungen

• Recherche	• Konzeption
• Organisation	• Texte für verschiedene Medien
• Werbetexte	• Pressetexte
• Textbearbeitung	• Marktberichte
• Pressekonferenz, Vorträge	• Interviews
• Fotodienst	• Infografik
• Internet-Service	• Medien-Datenbank
• Betreuung bestehender Publikationen	

Informationen auch im Internet unter

www.grabener-verlag.de

Grabener Verlag · Niemannsweg 8 · 24105 Kiel · Tel. 0431-5601560 · www.grabener-verlag.de

NORDERNEY-IMMOBILIEN
JANN ENNEN

Schaffen Sie sich Ihr eigenes Urlaubsparadies auf der Insel!

Jann Ennen ist seit über 15 Jahren Ihr Spezialist für Immobilien auf Norderney. Umfassend, kompetent, sach- und fachkundig werden Sie von Jann Ennen und seinem Team betreut – auch nach dem Kauf. Nicht umsonst ist er der Marktführer auf Norderney.

Alte Teestube	T. 04932 / 31 28	www.norderney-immobilien.com
26548 Norderney	F. 04932 / 92 79 42	info@norderney-immobilien.com

Wir vermieten und vermitteln
Ferienwohnungen und
Hotelzimmer
für Ihren Aufenthalt
auf Norderney

Viktoriastr. 12
T. 04932 / 5 42
F. 04932 / 5 44
www.logisservice.de

Ihr erster Weg auf Norderney sollte Sie zu uns führen!

Genießen Sie den Blick auf das Meer!

Täglich geöffnet

Das Cafe am Meer

Viktoriastr. 12
26548 Norderney
T. 04932 / 6 67
www.alteteestube.de

– Anzeige –

... Kundenkommunikation ...

▶ Kundenpublikationen

Die richtige Publikation genau für Ihre Ziele: freie Planung – alles geht: dick, quer, hoch ...

- Angebots- oder Hauszeitung
- Mieter- oder Kundenzeitschrift
- Mitgliederzeitschrift

Kommunikation schreibt man in Ihrem Unternehmen groß. Dafür suchen Sie ein adäquates Medium – genau auf Ihr Unternehmen zugeschnitten:

- zielgruppengerecht
- nach den Regeln Ihrer Corporate Identity
- mit kompetenten Inhalten und
- in perfekt angemessener Form

Aufwand und Ergebnis müssen überein stimmen. Sprechen Sie mit uns über Ihre Vorstellungen.

Alles aus einer Hand

Redaktion
Wir kennen Ihre Zielgruppe und schreiben Ihnen auf Wunsch alle Texte, machen Ihre eigenen Texte druckreif oder bieten Ihnen fertige Texte an.

Bilder und Grafik
Wir liefern Ihnen genau zu Ihren Themen die passenden Bilder und machen aus nackten Zahlen einprägsame Infografiken.

Layout, Satz und Produktion
Von der Idee bis zum fertigen Produkt profitieren Sie von ausgefeilten Konzepten und erprobten Lösungen.

Dienstleistungen
Selbstverständlich organisieren wir auch die Weiterverarbeitung und den Versand.

Informationen auch im Internet unter

www.grabener-verlag.de

Grabener Verlag · Niemannsweg 8 · 24105 Kiel · Tel. 0431-5601560 · www.grabener-verlag.de

Das Wesentliche wöchentlich auf den Punkt gebracht: Die Immobilien Zeitung berichtet umfassend über Pläne, Projekte und Märkte in ganz Deutschland. Erfahren Sie alles über relevante Ereignisse und Neuheiten in der Immobilienwirtschaft. Von internationalen Entwicklungen bis zu regionalen Planungen, von den Großprojekten weltweiter Investoren hin zu Detailfragen des Immobilienrechts. Täglich auf dem neuesten Stand: unser E-mail-Newsletter IZ aktuell. Und für Recherchen: das IZ-Archiv mit über 55.000 Beiträgen.
www.immobilienzeitung.de

Bestellen Sie jetzt Ihr persönliches Abonnement. Info: 0611-973260

– Anzeige –

Im Gespräch mit Mietern, Eigentümern, ...

▶ Mieterzeitschrift

Wohnungswirtschaft im Fokus – Zeitschriften für Mieter, Genossen, Mitglieder ...

Der Strukturwandel in der Arbeitswelt, den Städten und in der Demografie verändert auch das Wohnen. Doch: Was wissen die Beteiligten – ob nun Mieter, Genossenschaftsmitglieder oder Verwaltungskunden – und woher beziehen sie ihre Informationen? Fest steht: Mieter oder Wohnungseigentümer, die sich gut informiert fühlen, reagieren positiv und sind kooperativ.

Deshalb gilt es,
- zu informieren
- auf den Strukturwandel zu reagieren
- Einfluss zu nehmen
- Beteiligte einzubeziehen
- Konflikten rechtzeitig vorzubeugen
- Problemlösungen anzubieten
- Identifikation zu ermöglichen
- Kommunikation herzustellen
- neue Wege zu gehen

Dafür eignen sich Zeitschriften, die den Kontakt halten und für ein ausgeglichenes Miteinander sorgen.

Selbstverständlich erhalten Sie eine Zeitschrift, die speziell auf Ihr Unternehmen abgestimmt ist, seien die Leser nun Mieter, Kunden oder Genossen.
Mit unserem Vorort-Service ist Ihre Publikation immer ganz nah am Leserinteresse.
Besprechen Sie die Möglichkeiten mit uns.

Grabener Verlag · www.grabener-verlag.de
Tel.: 0431 / 560 1 560

– Anzeige –

– Anzeige –

Fachinstitut für die Immobilienwirtschaft

Unsere Seminare machen Sie fit für die Praxis

Seit **12** Jahren bieten wir Ihnen als unabhängiges Institut die besten Voraussetzungen für die Fort- und Weiterbildung in der Immobilienwirtschaft.
In kleinen Seminargruppen vermitteln wir Ihnen Grund- und Fachwissen in Dialogen.
Unsere Seminare finden in Hamburg, Frankfurt / Main, Düsseldorf und Dresden statt.
Firmen, Verbände und Organisationen können alle angebotene Seminare auch an einem Ort ihrer Wahl buchen. Unabhängig davon führen wir auch Firmenseminare nach Ihren Vorgaben und Wünschen durch.

Unser Service nach dem Seminar
Eine kostenlose **Hotline** bietet Ihnen 12 Monate lang praktische Tipps und Hilfestellungen.

Auszug aus unserem Seminarangebot

Immobilienmakler I
Immobilienmakler II
Grundstücksbewertung
Schäden an Bestandsimmobilien
Für Immobilien richtig werben
Zwangs- und Notverwaltung
Geprüfter Immobilienmakler (Zertifikatslehrgang)
Verwaltung von Mietwohnungen
Verwaltung von ETW
WEG-Novelle
Eigentümerversammlung
Wohnraum-Mietrecht
Betriebskostenabrechnung
Gewerberaum-Mietrecht

Geprüfte Weiterbildungseinrichtung des Vereins „Weiterbildung Hamburg e.V."

Fordern Sie mehr Informationen an: E-Mail: info@ml-fachinstitut.de
www.ml-fachinstitut.de
Heckkoppel 2a   Telefon: 040 / 636 639 - 18
22393 Hamburg   Fax: 040 / 6 01 42 00

– Anzeige –